U0906646

北京石景山年鉴(2014)

Beijing Shijingshan Nianjian(2014)

北京市石景山区人民政府 主办
北京市石景山区地方志办公室 承编

中华书局

图书在版编目（CIP）数据

北京石景山年鉴. 2014/北京石景区地方志办公室编.
—北京：中华书局，2014.8
ISBN 978—7—101—10399—1

Ⅰ.北…　Ⅱ.北…　Ⅲ.石景山区—2014—年鉴
Ⅳ.Z521.3

中国版本图书馆 CIP 数据核字（2014）第 210783 号

责任编辑：朱　慧

北京石景山年鉴 2014
《北京石景山年鉴》地方志办公室 编
*
中 华 书 局 出 版
（北京市丰台区太平桥西里 38 号　100073）
http://www.zhbc.com.cn
E-mail:zhbc@zhbc.com.cn
廊坊市金虹宇印务有限公司印刷
*
889×1194　1/16　32.25 印张　24 插页　1 288 千字
2014 年 12 月第 1 版　　2014 年 12 月第 1 次印刷
印数：2000 册　　定价：260.00 元

ISBN 978—7—101—10399—1

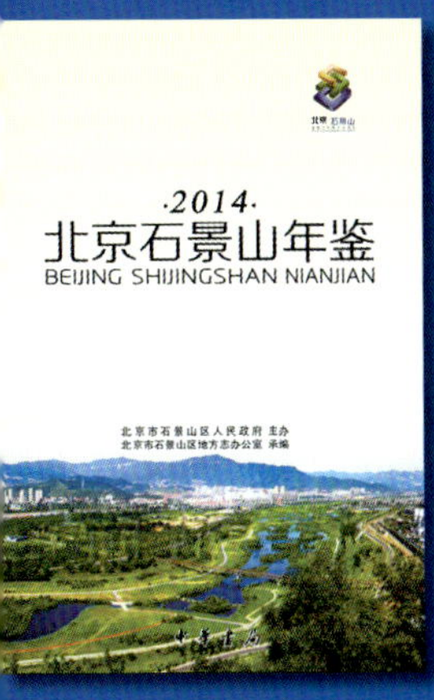

地址

北京市石景山区
八角西街27号

电话

010-68883642

传真

010-68880579

邮编

100043

电子信箱

sjsqzb@126.com

《北京石景山年鉴》编纂委员会

《北京石景山年鉴》编辑部

特约编辑

（按姓氏笔画为序）

万红梅　于　娜　于　培　于殿文　马　光　马彦斌　井梦远
孔存娣　孔　微　尹元靖　尹成云　方南火　王　璐　王介志
王少卿　王立永　王　成　王　闯　王志坚　王秀荣　王　芹
王　欣　王树伟　王晨芳　王　琦　王琳琳　王雁舒　王瑞华
王　鹏　王　静　王　磊　王　薇　邓志宏　付　帅　付国龙
冯　瓅　包和平　叶　萌　田佳丽　申小荣　白旭东　艾咏梅
任　群　刘　可　刘会生　刘　泽　刘爱君　刘笑忱　刘　喆
刘　燕　孙金梅　孙冠军　孙晓红　孙婷婷　孙　蕊　巩云鹏
朱汉京　阮晓毅　齐　岳　何　巍　余雪飞　吴文军　吴长峰
吴妍彦　吴英莉　张　凡　张　旭　张　丽　张宏印　张怡然
张杰磊　张　青　张俊帮　张振颖　张晓云　张桂清　张　晨
张清淑　张　焰　张　慧　张　譞　李　滢　李文娟　李长征
李艾娟　李如松　李　凯　李明轩　李　威　李淑萍　李　菲
李惠卿　李　雷　李　靖　李　颖　李　瑾　李　蕾　杜玉敏
杜志刚　杜海营　杜　雷　杨　丹　杨文彪　杨宗耀　杨　晶
杨朝红　杨嵩松　肖永久　肖秋兰　邵　彬　陈　杰　周　烈
孟令妹　孟林洁　岳　虹　岳继华　苗一聪　范金慧　范晋瑜
郑文靖　南英杰　姜博文　段　娜　炼立颖　胡成杰　胡　旭
胡　浩　贺琼瑶　赵小艳　赵军民　赵秀华　赵国廷　赵　亮
赵　莹　赵超英　赵焕勇　郝亚利　唐　艳　唐丽君　徐国燕
徐晓梅　徐鑫岩　秦　岭　耿瑞雪　贾海艳　郭淑菊　高文玲
高　鹏　寇　佳　崔　乐　崔建国　曹姗姗　隗　婉　谢光辉
谢　昊　甄宏伟　靳淑琴　廖　慧　裴　培　魏国清　魏　莉

编 纂 说 明

一、《北京石景山年鉴》是石景山区人民政府主办、区地方志办公室按年编纂、连续出版的大型综合性、权威性、资料性工具书。以邓小平理论、“三个代表”重要思想为指导，深入落实科学发展观，遵循实事求是的原则，力求体现时代特征、地区特点、行业特色。以全面、系统记录石景山区经济和社会发展的基本情况为任务，旨在为社会各界了解、研究石景山区提供基本资料，同时为修编《北京市石景山区志》积累史料。

二、年鉴收录范围以地域为界，凡在石景山区境域之内的部门单位、各行各业，不论其性质、隶属关系和级别，均在收录之列。本卷以详记区属各系统、各单位情况为主，适当记述驻区中央、市属单位情况，既突出主题又概括全貌。

三、年鉴所收录资料信息的主要形式为文字（文章和条目）、数据（表格）、图片，采用分级分类编纂法，以条目体为主，用规范的语体文直陈其事，文字力求言简意赅。按栏目、分目、次分目、条目四级结构层次编排。

四、年鉴基础框架保持稳定。本卷分为：总述、特载、专文、大事记、中共石景山区委员会、石景山区人民代表大会、石景山区人民政府、政治协商会议石景山区委员会、纪检·监察、民主党派·工商联、人民团体、政法、军事、综合经济管理、财税·金融、中央市属驻区企业、商业贸易、旅游业、规划建设、城市管理、科学技术、教育、文化·传媒、医疗卫生、体育、社会事业、社会建设、人物、统计资料、附录、索引31个栏目。按政治、经济、文化、社会的顺序，依次排列。共有分目133个，次分目188个，条目1975个，彩页60幅、图片167张、图表13个。全书总计约129万字。

五、《北京石景山年鉴》从2006年开始逐年编纂。2012年始，版式改为国际大16开，图片进条目正文。2014卷为总第10卷。其内容记述时限均为2013年1月1日至12月31日，本卷中凡未注明年份的事物，均为2013年内所发生。各级负责人任职情况，一律以2013年12月31日在册统计为准。

六、本鉴所用文章和条目，部分由区属各部门和驻区有关单位确定专人撰写或提供，并经撰稿单位主管领导审核。综合性统计资料由区统计局提供，业务部门的统计数字则由各主管部门提供。随文图片由各单位提供为主，编辑部提供为辅。

七、本鉴卷首有“总目”和“分目”，卷尾有“索引”。索引采用主题分析法，按主题词首字汉语拼音字母顺序排列。“总目”采用中英文对照，便于涉外交流。

八、本鉴在编辑出版工作中，得到全区各单位及各方面的大力支持和配合，也得到中国版协年鉴工作委员会、市志办领导和专家的悉心指导，在此谨表诚挚谢意，同时希望进一步得到关注和帮助。年鉴中存在的疏漏讹误之处，恳请读者批评指正。

编 者

2014年12月

9月7日，京西消费节厨艺秀表演

8月8日，石景山区举办“驻京中外知名企业投资首钢行”活动

10月31日~11月3日，石景山区参展第九届北京金博会

9月12日，世界旅游城市体验中心揭幕

9月18日，“动漫北京”第二届北京动漫节开幕

9月24日，2013光影文化季暨首钢灯光节开幕

2月5日，石景山区军民春节联欢会在北京军区礼堂举行

3月5日，医务人员开展学雷锋志愿活动

9月2日，北京九中开学典礼

6月23日，首届北京诗歌朗诵大赛在石景山区广电中心举办

3月31日，第六届北京清明诗会在石景山区举办

4月1日，眼科医院被评为三级甲等中医专科医院

6月5日，石景山区举办民族健身操舞大赛

7月9日，石景山区成立全市首家毕业生创业基地

5月11日，石景山区开展急救应急演练

8月22日，石景山区召开“十二五”妇女儿童发展规划中期评估督导汇报工作会

11月5日，石景山区开展预防煤气中毒宣传

12月27日，“清洁空气·为美丽北京加油——走进石景山”发布会召开

4月27日，石景山区组织“环区骑行”活动

3月30日，各界群众在莲石湖植树

4月19日，举办世界地球日主题宣传活动

4月26日，石景山区在莲石湖举行公益活动

北京国际雕塑公园

金隅嘉业小区

夏日莲石湖

南马场水库新姿

秋色

4月12日，北京市委书记郭金龙、市长王安顺到首钢生物质能源项目调研

3月14日，首钢召开科技大会

首钢总公司获得“改革开放35周年企业文化竞争力十大典范组织”称号

5月28日，首钢体育展台亮相第二届中国（北京）国际服务贸易交易会

首钢迁钢公司厂区全景

首钢京唐公司焦化工程干熄焦工艺既环保又节能

12月23日，首钢鲁家山生物质能源发电一期工程点火试生产

首钢京唐炼钢生产车间

首钢冷轧公司生产的产品

银河商务区之夜

石景山

美丽家园

总　目

CONTENTS

目 录

石景山区人民代表大会

石景山区人民政府

政治协商会议石景山区委员会

纪检·监察

民主党派·工商联

人 民 团 体

政　法

军　　事

综合经济管理

中央市属驻区企业

商业贸易

旅 游 业

规划建设

总 述

石景山区概览

石景山区位于北京西部西山风景区南麓和永定河冲积扇上,因燕都第一仙山——石景山而得名。地理坐标为北纬39°53′~39°59′,东经116°07′~116°14′,东至玉泉路与海淀区毗连,南抵张仪村与丰台区接壤,北倚克勤峪与海淀区搭界,西濒永定河与门头沟区为邻。辖区东西宽约12.25千米,南北长约13千米,最东端距天安门14千米,总面积85.74平方千米。

石景山区地势北高南低,海拔高度70~130米。西北部山地是太行山余脉,约占全区面积的三分之一,40余座山峰比肩而立。南部横亘着古老的永定河,蜿蜒曲折。中部和东南部是永定河冲积扇形成的夹带残丘的平原,为全区人民生产生活的主要地区。本区地处暖温带半湿润大陆性季风气候区。全年平均气温为12.8℃,接近常年(12.7℃)平均值;全年总降水量519.8毫米,比常年(540.7毫米)偏少。

石景山区自古就是京西历史文化重镇,既是西进京城的军事交通要塞,也是北京现代工业的发祥地,历史文化独特鲜明。境内名胜古迹众多,有近现代重要史迹及代表性建筑21处,以"三山八刹十二景"著称的一代名园八大处、以明代壁画闻名于世的法海寺、石刻造像美仑美奂的田义墓、第四季冰川遗迹陈列馆、八宝山革命公墓等均荟萃于这块美丽的土地上。

石景山区是本市继东城、西城之后第三个没有农业户籍人口的城区,下辖八宝山街道、老山街道、八角街道、古城街道、苹果园街道、金顶街街道、广宁街道、五里坨街道及鲁谷社区等9个街道办事处。全区有46个民族,常住人口64.4万人。

石景山区曾是北京传统重工业区,以首钢为核心的重工业在地区经济社会发展中占有重要地位。根据北京市赋予石景山区"一区三中心"的城市功能定位,随着首钢搬迁调整的逐步深入,石景山区于2006年确定"打造北京CRD,构建和谐石景山,建设现代化首都新城区"的发展战略,在2011年区第十一次党代会上提出由传统工业石景山向绿色生态石景山转型的总方向。2013年,全区认真贯彻党的十八大、十八届三中全会和习近平总书记重要讲话精神,牢牢把握"稳中求进"的工作总基调和"求快、求好、求实"的工作总要求,攻坚克难、奋力进取,经济社会发展取得了新成绩、开创了新局面。

区域经济发展

全年实现地区生产总值完成365亿元,同比增长8%,第三产业比重达到64%;公共财政预算收入突破30亿元,同比增长超过20%;社会消费品零售额完成206.6亿元,同比增长12%;全社会固定资产投资完成160亿元,同比增长10.5%;居民人均可支配收入达到38607元,同比增长9%;城镇登记失业率为2.2%。主要经济指标增速均居全市前列,全年始终保持快速增长势头。

改革创新取得新突破。坚持创新驱动发展战略,扎实推进"四区"建设。市政府出台加快推进本区国家服务业综合改革试点区发展的意见,提出三项重点任务,明确七项支持政策,全区转型发展赢得了新的政策优势和发展机遇。中关村石景山园快速发展,园区企业全年收入突破1100亿元,同比增长30%,进入6个千亿级产业园区行列。国家可持续发展实验区建设取得重要成果,被认定为"国家知识产权试点城市"。完善区政府与首钢总公司工作对接机制,落实全国老工业基地调整改造规划任务,启动首钢西十筒仓改造等项目,新首钢高端产业综合服务区建设取得新进展。促进区内多种经济改革发展。创新投融资模式,国有经济服务发展能力进一步增强。积极推进古城创业大厦等项目建设,启动八大处农工商公司产权制度改革,集体经济向现代经济转型实现新突破。落实促进中小企业发展的各项政策措施,非公有制经济创新发展能力不断增强。完成"十二五"规划中期评估。

主导产业发展形成新优势。现代金融产业强势发展,成功引入国家保险产业园项目,在全市率先出台互联网金融产业发展办法,建立全国第一个互联网金融产业基地,抢占了发展先机。光大银行信用卡中心成为全区税收贡献最大的企业,现代金融产业实现收入377亿元,同比增长近9倍,成为新的增长点,"长安金轴"的集聚效应进一步凸显。文化创意产业快速发展,实现收入290亿元,同比增长20%。高新技术产业高端发展,电子信息和高技术服务业集聚效应不断显现,园区成为全市首批"战略性新兴产业科技成果转化基地"。商务服务业创新发展,石景山区被商务部确定为全市唯一的"商业保理"试点区,银河综合商务区获批北京市首批商务服务业集聚区称号。举办"京西主题消费年"等特色活动,消费拉动经济增长作用持续增强。旅游休闲产业融合发展,召开旅游发展大会,世界旅游城市联合会总部基地体验中心一期工程完工,首钢工业文化旅游区获批市3A级旅游景区。

重大项目建设取得新进展。强化领导分工负责制和督查考核责任制,全力以赴、统筹推进77个在建、续建项目。10项重点工程中9项实现实质开工,园区北Ⅰ区调整为国家保险产业园。全力推进西北热电中心项目建设,提前完成GIS室周边房屋征收工作，项目主体和“两进两出”配套工程基本完工。西山八大处文化景区加快建设，配套基础设施项目全面启动。东下庄棚户区改造项目征收工作基本完成。土地上市实现重大突破，京西商务中心、国际雕塑园地下文化娱乐中心等7个项目完成上市交易，是数量最多、效益最好的一年，为推进重大项目建设和促进区域发展奠定了坚实基础。

区域发展环境实现新提升。召开第七次经济发展推进大会，重新修订26项政策，深入推进“118”行动计划，创新服务平台，深化“石景山服务”品牌建设，进一步营造了招商、安商的良好环境。成功引进中保信等龙头企业，全区新引进企业1100家，其中注册资金亿元以上企业23家，同比增长44%，新引进企业对区公共财政预算收入贡献率达到47%，“招大引强”成效显著。

城市建设与管理

规划水平不断提高。坚持科学规划引领城市建设，加快空间发展格局落实。编制中关村石景山园南区、衙门口地区、西部地区暨高井热电厂控规等规划方案，高度重视保障性住房等民生项目的规划设计，完成绍家坡公租房等6个项目的控规优化工作，推进地铁6号线西延金安桥站一体化方案设计，城市功能布局更加科学合理。

基础设施日趋完善。长安街西延线实现开工建设。投资2.97亿元完成杨庄大街一期、京门新线城市主干路工程，建设金顶北路、古城西街等6条城市次干路、支路，完成黑石头村路北段等6条道路大修改造，实施30条道路中修和部分桥梁加固工程。石莲110KV和永定220KV输变电工程开工建设。投资3.4亿元对人民渠首钢段、北八沟进行中小河道治理，完成麻峪泵站升级改造工程，城市水务保障能力进一步增强。

精细管理深入推进。加快智能交通和停车便民设施建设，调整优化5条公交线路，增设停车位5279个。建设公共自行车服务系统，投入使用服务站点32个、自行车1000辆，为居民绿色出行提供便利条件。在全市率先设立精细管理美化市容专项资金，环境卫生作业保障体系进一步完善。推动“政务物联数据专网”建设，“智慧石景山”应用领域不断拓展。

社会服务管理

就业和社会保障持续改善。继续稳定扩大就业，全年认定充分就业社区85个，新增就业10177人，就业形势保持稳定。全面完成社会保险扩面征缴任务，圆满解决221名“五七”家属工的参保工作，五项社会保险基金累计支出57.1亿元，各项社会保险待遇及时足额发放，社会保障水平进一步提高。加强社会救助工作，投资1.28亿元完成“济困工程”98项，救助各类困难群众24.4万人（户）。统筹推进“便民工程”，投资1.12亿元实施蔬菜零售网络建设等13类“便民工程”，服务能力进一步提升。超额完成保障性住房建设任务，建设和收购房源2125套，竣工2803套。启动古城南里等34个老旧小区综合整治工程，完成建筑节能改造66万平方米，热计量改造133万平方米。

公共服务水平明显提高。实现学前教育三年行动计划目标，新增学位5400个。中小学建设三年行动计划有序推进，城乡新区一体化学校建设升级改造基本完成，五里坨规模学校建设加快推进，九中、古城教育集团教学改革不断深化，教育教学质量持续提升。医药卫生体制改革取得阶段性成果，成功创建北京市慢性非传染性疾病综合防控示范区，妇幼保健院扩建工程开工建设。区文化中心项目完成立项和地上物腾退工作，实施11项文物修缮工程，完成30项基层文化设施项目改建，举办42项有影响力的文化惠民活动，群众文化生活不断丰富。推动体育生活化社区建设，启动“自行车全民健身示范基地”项目，全民健身运动深入开展。

社会服务管理进一步加强。统筹规范20类街道协管员队伍，全面推进网格化社会服务管理体系建设。完成6个市级、9个区级社区规范化示范点创建工作，社区用房平均面积达到438平方米，社区规范化水平明显提升。完成95个社区商业便民服务体系建设，41个社区实现基本公共服务全覆盖。加强新型经济组织和新社会阶层双拥工作，推进军民融合深度发展。民族、宗教、侨务和人口计生等工作进一步加强，大力支持工会、共青团、妇联等人民团体开展工作。

“平安石景山”建设扎实推进。完善社会矛盾多元调解体系，落实“四访”制度，初信初访化解率达到95%，信访总体形势平稳有序。加大“科技创安”工作力度，加强社会治安综合治理，依法防范和惩治违法犯罪活动，石景山区被中央综治委评为“全国平安建设先进区”。加强食品药品安全监管，完善动态监测和处置机制，促进行业自律。开展安全生产大检查及隐患排查，完善管理机制，推动安全生产标准化建设。

生态文明建设

环境整治力度加大。全面启动环境整治攻坚战，深入开展市容秩序、建筑垃圾、背街小巷、小广告等专项治理行动，完成园博园石景山周边等55项环境建设任务。强化部门联动、群众参与，坚决治理违法建设，累计拆除23万平方米，基本实现新增违法建设“零增长”。加快推进沃尔玛、华联2个商业中心区域环境综合整治工程，完成鲁谷大街等5条市级重点道路达标工作，区域环境水平进一步提高。

节能减排加快推进。投入37.3亿元，完成环保十件实事。实施大唐高井热电厂除尘设备升级改造等七项大气污染治理项目，全面完成20蒸吨以上燃煤锅炉清洁能源改造，削减燃煤2800吨，二氧化硫和氮氧化物排放分别减少

23.8 吨和 8.2 吨，石景山区成为全市第三个集中供热无燃煤锅炉地区。制定并落实 2013－2017 年清洁空气行动计划和空气重污染应急预案，严肃查处工业、扬尘、流动源污染和油烟违法排放等环境违法行为，空气中主要污染物可吸入颗粒物浓度同比下降 5.2%，降幅居全市首位。全区万元 GDP 能耗同比下降 3.5%。

生态保护效果突出。加大水环境整治力度，实施五里坨污水处理厂、高井沟、油库沟截污工程，完成黑石头小流域综合治理工程，全区污水处理率达到 80%。完成 5 个重点地质灾害隐患点的整治，实施衙门口道路边沟改造等 29 项防汛消隐工程。完成莲石湖绿色生态走廊、重聚路北等 30 处公共绿地改造提升工程，全区实现绿化 145 公顷。城市绿化覆盖率达到 50.29%，人均公共绿地面积达到 29.73 平方米，均居城六区首位，石景山区被评为“全国绿化模范城市”。

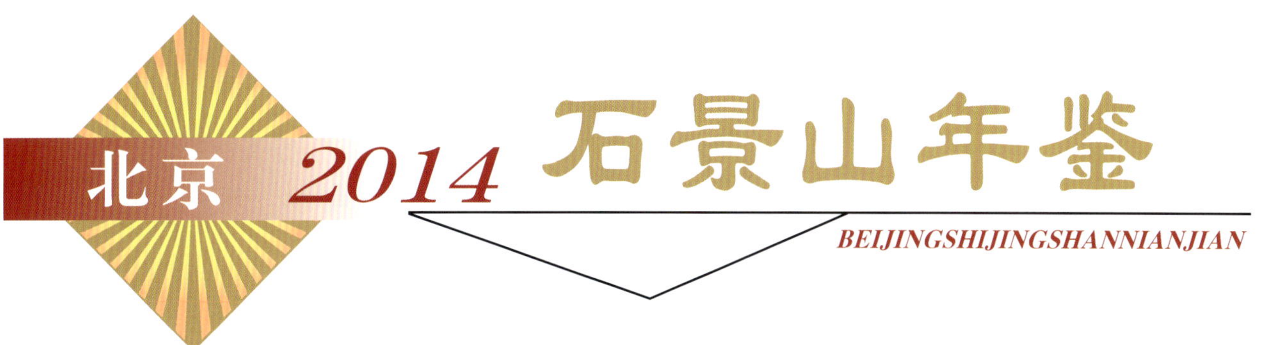

特 载

在区委十一届八次全体(扩大)会上的工作报告

中共北京市石景山区委书记　牛青山

(2013年12月31日)

同志们:

我受区委常委会委托,向全会作工作报告,请予审议。

一、2013年工作总结

2013年是全面贯彻落实党的十八大精神的开局之年。一年来,区委在市委的坚强领导下,深入贯彻落实党中央和市委、市政府一系列重大决策部署,牢牢把握“稳中求进”总基调和“求快、求好、求实”总要求,团结带领全区人民求真务实、攻坚克难、努力拼搏,各项事业稳中有进、稳中有为,取得了新的重要成绩。

(一)深入学习贯彻落实党的十八大精神

区委坚持把学习贯彻落实党的十八大、十八届三中全会和习近平总书记系列重要讲话精神作为全年的首要政治任务,采取组织报告会、举办培训班、组建宣讲团等多种形式,扎实开展学习宣传活动,教育引导广大党员干部进一步统一思想、把握实质,切实增强与党中央保持高度一致的自觉性,为完成全年各项任务奠定了坚实的思想基础。坚决落实中央“八项规定”精神和市委实施意见,出台并严格执行我区的实施办法,切实改进学风、文风、会风和工作作风,不折不扣地把中央、市委要求落到实处,以优良的作风取信于民、推动工作,为经济社会全面转型和科学发展提供了坚强保证。

(二)经济发展取得重要成果

坚持创新驱动发展战略,落实市政府《关于加快推进石景山区国家服务业综合改革试点区发展的意见》,扎实推进“四区”建设,区域经济发展提质增效。主要经济指标快速增长。地区生产总值预计完成365亿元,同比增长8%,第三产业比重达到64%;公共财政预算收入突破30亿元,同比增长超过20%;社会消费品零售额预计完成206.6亿元,同比增长12%;全社会固定资产投资预计完成160亿元,同比增长10.5%;居民人均可支配收入达到38607元,同比增长9%。主要经济指标增幅均位于全市前列。主导产业发展态势良好。率先建立了全国首家互联网金融产业基地,国家保险产业园成功落户我区,“长安金轴”集聚效应不断增强,现代金融产业成为新的增长点。文化和科技产业加快融合,文化创意产业支柱地位进一步巩固,高新技术产业快速发展。商务服务业创新发展,我区成为全市唯一的“商业保理”试点区,银河综合商务区获得北京市首批商务服务业集聚区称号。旅游休闲产业发展能力进一步增强,世界旅游城市联合会总部基地体验中心一期完工,“首钢工业文化旅游区”获批市3A级旅游景区。重大项目建设全面提速。西北热电中心、西山八大处文化景区等重大项目建设步伐加快。十项重点工程按计划推进。首钢西十筒仓改造项目启动,新首钢高端产业综合服务区建设取得新进展。扎实推进棚户区改造,东下庄项目基本完成征收。土地上市工作成效突出,7个土地项目完成上市交易。招商引资工作成效显著。大力营造良好的经济发展环境,引进注册资金千万元以上企业130家,新引进企业对区公共财政预算收入的贡献率达到47%。国有经济发展能力不断提高,非公有制经济创新发展,集体经济转型发展取得新进步。

(三)生态文明和城市环境建设取得明显成效

按照市委、市政府生态文明和城市环境建设动员大会的部署,全面推进生态环境建设的攻坚战役。城市绿化美化工作取得新进展。实现绿化145公顷,绿化覆盖率达到50.29%,荣获“全国绿化模范城市”称号。扎实开展城市环境治理。加强重点区域综合整治,加大违法建设查处力度,基本实现新增违法建设“零增长”。五里坨污水处理厂投入使用,全区污水处理率达到80%。着力治理大气污染。制定2013~2017年清洁空气行动计划,全面实施环保十件实事,加强清洁能源改造,成为全市第三个集中供热无燃煤锅炉地区,主要污染物可吸入颗粒物浓度同比下降5.2%,降幅居全市首位。城市基础设施建设不断加强。长安街西延线实现开工。完成杨庄大街一期、京门新线等城市道路建设,实施道路大中修和部分桥梁加固工程,全面开展中小河道治理,完成麻峪泵站升级改造工程,城市综合承载能力进一步增强。

(四)以改善民生为重点的社会治理扎实推进

高度重视就业和社会保障工作。积极拓宽就业渠道,促进充分就业,城镇登记失业率为2.2%。落实各项社会保障政策,全面完成社会保险扩面征缴任务。完成98项“济困工程”和13类“便民工程”。加强老旧小区综合整治,超额完成保障性住房建设任务。社会事业健康发展。完成学前教育三年行动计划,各类教育教学改革不断深化,教育质量稳步提升。着力提高社区卫生服务水平,启动妇幼保健院扩建等工程,成功创建北京市慢性非传染性疾病综合防控示范区,医疗卫生服务保障水平不断提升。加强公共文化服务体系建设,区文化中心工程加快推进,30项基层公共文化设施项目全部完工,群众文化活动丰富多彩。科技、体育、人口计生等各项事业健康发展。社会治理创新扎实推进。统筹规范街道协管员队伍，网格化社会服务管理体系建设有序推进。加强"六型社区"和"智慧社区"建设，深化新居民互助服务站工作，启动街道"枢纽型"社会组织工作体系建设试点，增加公交微循环线路，公共自行车服务系统投入运行。社会保持和谐稳定。建立健全多元化社会矛盾调解和打防管控一体化工作机制，严格规范和落实重大决策社会稳定风险评估制度，有效化解各类矛盾纠纷。开展安全生产大检查及隐患排查，推动安全生产标准化建设。强化社会治安综合治理，加强对重点地区和突出问题的排查整治，始终保持发案率低、破案率高、社会稳定的良好局面，我区被中央综治委评为"全国平安建设先进区"。

（五）民主法治建设不断加强

坚持和完善人民代表大会制度，大力支持人大及其常委会依法充分履行职能。人大常委会加强对"十二五"规划纲要中期评估的监督，加强对"一府两院"落实常委会决议、审议意见的跟踪检查，人大代表作用进一步发挥。坚持中国共产党领导的多党合作和政治协商制度，区政协和广大政协委员围绕中心工作积极协商议政，开展"我是委员我承诺，我为发展做贡献"主题实践活动，助推区域经济社会发展。积极推进协商民主，各领域统战工作进一步加强。支持法院、检察院依法独立行使审判权、检察权，维护社会公平正义。支持工会、共青团、妇联等人民团体积极发挥作用，区第十二届团代会成功召开。民族、宗教、侨务、外事和对台工作取得新进展。军政军民团结进一步巩固。

（六）党的建设科学化水平进一步提升

区委坚持以改革创新的精神抓班子带队伍，切实加强和改进党的建设。认真贯彻落实全国、全市宣传思想工作会议精神，开展"中国梦"主题宣传教育活动，扎实推进社会主义核心价值体系建设，强化新闻宣传和互联网舆论引导，思想政治建设进一步加强。落实全国、全市组织工作会议要求，完善工作制度，加强领导班子和干部队伍建设，持续推进"百名青年干部培养计划"，制定出台《关于进一步加强党管人才工作的实施意见》，干部和人才工作扎实推进。持续开展党员承诺活动，全面推行基层党建项目化管理，创新"党员工作室"等党建品牌，建立健全基层党建考核长效机制，开展基层党建"三述三评"考核和社区党建"三级联创"工作，基层基础进一步巩固。认真开展"转作风、促发展、惠民生"主题活动，为党的群众路线教育实践活动凝聚了共识、探索了路径、奠定了基础。认真落实党风廉政建设责任制，深化惩治和预防腐败体系建设，实施廉政风险防控项目化管理，在全区各单位全面推进廉政风险防控管理工作。严肃查处违纪违法案件，纠正损害群众利益的不正之风，营造了风清气正的良好环境。

同志们，过去的一年，是区委总揽全局、协调各方，带领全区人民锐意进取、改革创新、求真务实、艰苦奋斗的一年；是全区经济、政治、文化、社会、生态文明建设和党的建设取得重要成绩的一年；是在实践中创造了诸多重要经验，为未来发展奠定了坚实基础的一年。这些成绩的取得，是市委正确领导的结果，是区四套班子团结努力的结果，是各民主党派、工商联、无党派人士齐心协力的结果，是驻区单位和全区人民艰苦奋斗的结果。在此，我代表区委常委会，向长期为我区转型发展倾注了心血与智慧、付出了辛劳与汗水、作出了重要贡献的同志们，表示衷心的感谢！

区委常委会认为，在充分肯定成绩的同时，也要看到我们工作中存在的问题和不足，主要是：经济基础还比较薄弱，需要进一步发展壮大主导产业；城市环境建设中还存在一些突出问题，需要进一步提升建设和管理水平；区域转型发展过程中还存在一些潜在不稳定因素，需要进一步加强社会治理创新；少数党员干部勇于担当、敢于碰硬的意识还不强，需要进一步加强作风建设；"10·11"火灾的发生暴露出我们在安全管理上的漏洞，教训深刻，必须大力整改。对于这些问题，我们将在今后的工作中努力解决。

二、2014年主要工作

同志们，经过多年艰苦奋斗，全区经济结构调整和发展方式转变取得了实质性重要成果：服务型经济结构初步形成，功能区建设有序推进，城市综合承载能力持续增强，公共服务水平稳步提高，社会治理体系逐步完善，环境治理取得明显成效，绿色生态优势不断显现。区委常委会认为，全区的全面转型和科学发展取得了历史性的重要成绩，已经胜利走出了低谷，已经进入"全面深度转型、高端绿色发展"的新的历史阶段。

在新的历史阶段必须以"全面深度转型、高端绿色发展"为战略，必须明确和全面聚焦我们一直为之奋斗的建设国家级绿色转型发展示范区的目标。实现这个目标，必须构建"八个高端体系"，即：高端服务业为主导的产业体系；高端的科技与文化融合驱动体系；高端的城市规划、建设和运行体系；高端的生态文明体系；高端普惠的文化生活体系；高端的民生保障体系；高端的社会治理体系；高端的人才资源管理体系。实现这个目标，我们必须按照科学发展观的要求，走出一条经济、政治、文化、生态、社会全面协调可持续发展的新路，必须避免某些国家和地区那种先发展、后污染、再治理的老路。实现这个目标，我们必须付出长期艰苦的努力，必须继往开来，一张蓝图绘到底，一年接着一年干下去。实现这个目标，我们必须抓住时代机遇、空间机遇、改革机遇和政策机遇，必须瞄准高端，坚定信心，牢记使命，担当责任，改革创新，不懈奋斗。

2014年是全面贯彻落实党的十八届三中全会精神、全面深化改革的第一年，也是落实"十二五"规划和CRD建设第二步任务至关重要的一年。全区工作总的要求是：高举中国特色社会主义伟大旗帜，以邓小平理论、"三个代表"重要思想、科学发展观为指导，深入贯彻落实党的十八大、十八届三中全会、中央经济工作会议、中央城镇化工作会议和习近平总书记系列重要讲话精神，按照市委十一届三次全会部署，坚持"稳中求进"总基调，坚持"全面深度转型、高端绿色发展"战略，坚持建设国家级绿色转型发展示范区的目

标，坚持争创一流的标准，坚持以改革开放为动力，抓住机遇，真抓实干，不断开创科学发展的新局面。

刚刚闭幕的市委十一届三次全会，对全市科学发展作出了全面部署，我们要认真学习，切实抓好落实。统筹考虑区域经济社会发展的实际，经常委会研究，建议2014年经济社会发展的主要预期目标安排为：地区生产总值增长7.5%左右；公共财政预算收入增长12%；社会消费品零售额增长10%；全社会固定资产投资增长10%；居民人均可支配收入增长8%；城镇登记失业率控制在2.5%以内。

（一）紧紧围绕“党要管党、从严治党”方针，全面加强党的建设

坚持和加强党的领导，是中国特色社会主义的最大特色和根本保证，也是实现“全面深度转型、高端绿色发展”的根本保证。要牢牢把握加强党的执政能力建设、先进性和纯洁性建设这条主线，不断提高党的建设科学化水平。

一是把党的思想政治建设作为党的建设的前提，切实抓紧抓好。当前和今后一个时期，要把深入学习贯彻党的十八大、十八届三中全会和习近平总书记系列重要讲话精神作为首要政治任务，进一步把全区党员干部的思想统一到中国特色社会主义的理想信念上来，统一到深化改革、扩大开放的方针政策上来，统一到全心全意为人民服务的宗旨上来，统一到“全面深度转型、高端绿色发展”的战略上来，统一到争创一流的标准上来。要继续加强理论中心组学习、党校教育培养和宣讲团工作，采取“单元式”教学、领导干部带头宣讲等多种形式，切实增强理论武装的针对性和实效性，把思想政治建设提高到一个新的水平。关于深化改革，市委和区委都将召开专题会议，再进行研究部署。

二是把党的组织建设作为决定性环节，切实加强干部人才队伍建设和基层组织建设。要按照习近平总书记在全国组织工作会上提出的“建设一支宏大高素质干部队伍”的要求，以“信念坚定、为民服务、勤政务实、敢于担当、清正廉洁”为标准，把好干部及时发现出来、合理使用起来。各级党组织和组织人事部门要树立强烈的人才意识，努力做到“寻觅人才求贤若渴，发现人才如获至宝，举荐人才不拘一格，使用人才各尽其能”。坚持完善以考任分离为特点的“四双”工作机制和干部选任流程，加强各年龄段干部培养工作，加大机关与基层干部双向交流力度，坚持德才标准、坚持注重实绩、坚持科学考核、坚持公正公平，选优配强班子，选准用好干部。坚持“六化”方向，建设“学习型、服务型、创新型”党组织，推进基层党建工作创新发展。继续高度重视和加强老干部工作，把老干部作为党的宝贵财富，作为我们的政治财富、组织财富、作风财富和工作财富，进一步尊重好、学习好、继承好、服务好；继续落实好各项待遇，让他们更多更好地享受改革发展成果。

三是把扎实开展党的群众路线教育实践活动作为重中之重，下大力气抓好党风廉政建设。群众路线是我们党的生命线和根本工作路线。要紧扣为民务实清廉的主题，按照“照镜子、正衣冠、洗洗澡、治治病”的总要求，采取开门整风的方法，以群众满意为标准，集中解决形式主义、官僚主义、享乐主义和奢靡之风，努力做到坚定理想信念、改进工作作风、密切党群关系、推动改革发展。要深入贯彻落实中央“八项规定”精神和市委意见，严格执行《党政机关厉行节约反对浪费条例》等制度规定，加大对“三公”经费、会议活动、办公用房等情况的监督力度，切实改进学风、文风、会风和工作作风。深入推进惩治和预防腐败体系建设，认真落实党风廉政建设责任制，全面深化廉政风险防控管理，加强权力运行规范化监督体系和信息化防控体系建设，把权力关进制度的笼子里，让权力在阳光下运行。深入开展反腐倡廉教育和廉政文化建设，加大巡视和查办案件工作力度，以优良的党风政风引领社会风气，营造干部清正、政府清廉、政治清明的良好环境。

（二）紧紧围绕构建高端服务业为主导的产业体系，打造经济发展新格局

坚持“高端化、轻质化、集群化、生态化”方向，大力实施创新驱动发展战略，聚焦优势产业，加快构建与国家级绿色转型发展示范区相适应的高端服务业为主导的产业体系。

一要抓紧落实市政府《关于加快推进石景山区国家服务业综合改革试点区发展的意见》，大力加强“四区”建设。按照《意见》提出的任务，采取有效措施，进一步落实三年行动计划。要充分发挥政策辐射和牵引作用，统筹推进“四区”建设。要深化与首钢的战略合作，通过首钢广场等项目落地和高端产业集聚，带动新首钢高端产业综合服务区建设取得新的进展。提升中关村国家自主创新示范区支持政策的带动效应，加快科技体制改革，强化企业创新主体地位，不断提高中关村石景山园和国家可持续发展实验区建设水平。完善国有资产管理体制，增强国有企业市场竞争力。高度重视和深入研究集体经济改革发展问题，促进集体经济高端转型发展。鼓励、支持、引导非公有制经济发展。

二要聚焦国家保险产业园建设，加快产业集聚发展。围绕打造“长安金轴”，全力做好国家保险产业园建设，打造在全市乃至全国具有重要影响力的保险产业创新示范区。推进特色产业功能区建设，坚持科技创新和文化创新双轮驱动战略，加深高新技术和文化创意在信息技术、生态环保等新型领域的融合发展。优化消费结构，促进“商业保理”试点成果转化，建设“电子商务应用创新区”。推进旅游功能区建设，提升旅游休闲产业创新发展水平。

三要大力改善区域发展环境，进一步提升招大引强工作水平。深化“石景山服务”内涵，建立综合服务体系，营造一流发展环境。举全区之力招大引强、扶优扶强，以增量引入和服务创新带动存量发展。坚持和完善以经济贡献配置资源的引导机制，不断提高区域资源的经济效益。

四要加快重大项目建设步伐，进一步增强支撑发展的能力。按照抓规划项目落地、抓筹建项目开工、抓在建项目进度的要求，强化统筹，破解难题，积极推进苹果园交通枢纽等市级重点项目，抓好银河商务区K地块等十项重点工程，加快重点功能区建设。科学把握土地开发和入市节奏，积极推

进土地项目上市交易，为产业发展、民生保障提供载体支撑。

五要进一步整合区域资源，不断增强发展合力。深入挖掘区域内经济和社会资源，加强统筹协调，健全驻区单位、企业多方合作机制，努力形成统筹共建、利益共享的发展格局。

（三）紧紧围绕预防和治理“城市病”，建设绿色生态新城区

预防和治理“城市病”，是避免走那种先发展、后污染、再治理的老路，实现全面深度转型和高端绿色发展的重大课题。

一要坚定不移地加强人口规模调控。以控制总量、优化结构为重点，坚持疏堵结合、综合施策，严格控制住宅建设，建立健全人口规模长效调控机制。要发挥产业调控的基础性作用，通过大力发展高端服务业，加快淘汰粗放式业态，有效控制人口规模，不断优化人口结构。要加强流动人口服务管理，做实做细“以房管人”“以证管人”，努力做到实有人口服务管理全覆盖。

二要大力加强生态文明建设。良好的生态环境是难得的宝贵资源，是重要的民生福祉所在，是一个地区现代文明程度的重要标志，是可持续发展的重要基础。我们要牢固树立“既要绿水青山，也要金山银山；宁要绿水青山，不要金山银山；而且绿水青山就是金山银山”的现代理念，把绿色生态作为我们的突出特色和重大优势，把见山、临水、近绿作为我们的不懈追求，努力建设生态文明典范之区。要实施最高水平的生态发展战略，制定最严密的生态保护规划，确定最严格的生态红线，执行最严格的生态保护制度。要下更大决心和更大力气加强大气污染治理，落实环保十件实事，加强节能减排降耗工作，启动“无煤区”建设。要大力实施城市绿化、净化、亮化、美化工程，促进人居环境持续提升。

三要进一步提高城市建设管理水平。要按照国际一流标准规划和建设城市，统筹地上空间与地下空间，统筹经济、社会、文化、生态各种资源，统筹当前与长远，立体规划、立体建设、立体管理城市。要坚持基础设施优先，加强“智慧石景山”建设，大力推进长安街西延等重大项目，加快实施微循环工程，提高城市承载能力和运行效率。要本着“人民城市人民建、人民城市人民管”的理念，动员社会各界，大力整治城市环境，进一步提高城市管理精细化、标准化水平。要保持“打非治违”专项行动高压态势，坚决依法制止新生违法建设，坚决依法拆除既有违法建设，坚决依法维护城市管理秩序。要积极推进城市管理体制改革，实行“大城管”模式，积极推动以管理重心下移、专业职能下沉、联动综合执法为主要内容的管理创新，提高城市管理科学化水平，努力争创一流。

（四）紧紧围绕“文化兴区”战略，推动文化繁荣发展

文化是民族的血脉，是人民的精神家园，是最高端的民生追求，是可持续发展的生命力所在。

一要发挥文化引领作用。“文化是城市的灵魂，城市是文化的载体”。我区文化底蕴深厚、基础良好，要凝聚“文化兴区”共识，增强文化自觉和文化自信。要充分挖掘我区独特的资源优势和文化禀赋，把文化融入到经济建设、城市建设、社会建设和生态文明建设之中，塑造文化品牌，彰显文化魅力。要大力弘扬先进文化，加强社会主义核心价值体系建设，深化精神文明创建活动，提高公民思想道德素质，提升全区文明水平，打牢全区人民团结奋斗的共同思想基础。

二要丰富群众文化生活。高标准建设区文化中心，推进街道、社区文化设施更新改造，不断健全布局合理、覆盖全面、功能完善的公共文化服务体系。加大统筹协调和资源整合力度，加快推进西山八大处文化景区建设。切实加强文化遗产保护、开发与利用，提高文化遗产的社会效益。继续实施文化惠民工程，抓好“一街道一品牌、一社区一特色”基层文化建设，打造一批文化活动精品，办好第十二届中国国际合唱节、光影文化季等有影响力的文化活动。积极创建“体育生活化社区”。

三要营造良好文化氛围。牢牢把握正确的舆论导向，强化网上思想文化阵地建设，加强对热点问题的引导，弘扬主旋律，凝聚正能量。激发文化创作活力，提高文化产品质量，积极推出一批彰显区域特色、群众喜闻乐见的精品力作。进一步完善公共文化服务管理体系，构建群众广泛参与的文化活动格局。加强文化市场监管，促进文化市场健康发展。深入开展文化合作交流，增强文化发展合力。

（五）紧紧围绕保障和改善民生创新社会治理，建设和谐石景山

人民群众对美好生活的向往是我们的奋斗目标，是我们一切工作的出发点和落脚点。要按照“守住底线、突出重点、完善制度、引导舆论”的思路，统筹做好民生工作，让发展成果更多更好地惠及全区人民。

一要抓好信访这一最迫切的民生问题。做好各项民生工作是解决信访问题的根本保证。要深入推广“信访代理制”，健全“谁主管谁负责、谁主管谁代理、谁主管谁协调、谁主管谁解决”的制度。要把做好信访工作的过程作为党员干部为群众办实事的过程，作为密切党群干群关系的过程，作为体现良好官德人品的过程，作为检验干部综合能力的过程。要把各级党委、政府各部门建设成为“代理人民诉求之家、为民排忧解难之家、主持公平正义之家、法制宣传教育之家和人民满意之家”。各级信访部门要加强组织协调和督促检查。各级组织部门要加强考核，把信访工作成效作为干部考核的主要标准之一。要加强对人民内部矛盾的排查化解，切实落实重大决策稳定风险评估制度，完善人民调解、行政调解、司法调解有效衔接的大调解工作格局，最大限度地减少和化解社会矛盾。

二要抓好劳动就业和社会保障等最根本的民生问题。要进一步健全就业服务体系，改善就业环境，扩大就业规模，推动实现更高质量的就业。要进一步完善社会保障体系，扩大各项社会保险覆盖面，提升社会保障服务水平。要加快棚户区改造和老旧小区综合整治，推动保障性住房建设，改善人民群众的居住条件。要把帮扶特困群体作为改

区，妇幼保健院扩建工程开工建设。区文化中心项目完成立项和地上物腾退工作，实施11项文物修缮工程，完成30项基层文化设施项目改建，举办42项有影响力的文化惠民活动，群众文化生活不断丰富。推动体育生活化社区建设，启动"自行车全民健身示范基地"项目，全民健身运动深入开展。

社会服务管理进一步加强。统筹规范20类街道协管员队伍，全面推进网格化社会服务管理体系建设。完成6个市级、9个区级社区规范化示范点创建工作，社区用房平均面积达到438平方米，社区规范化水平明显提升。完成95个社区商业便民服务体系建设，41个社区实现基本公共服务全覆盖。加强新型经济组织和新社会阶层双拥工作，推进军民融合深度发展。民族、宗教、侨务和人口计生等工作进一步加强，大力支持工会、共青团、妇联等人民团体开展工作。

"平安石景山"建设扎实推进。完善社会矛盾多元调解体系，落实"四访"制度，初信初访化解率达到95%，信访总体形势平稳有序。加大"科技创安"工作力度，加强社会治安综合治理，依法防范和惩治违法犯罪活动，我区被中央综治委评为"全国平安建设先进区"。加强食品药品安全监管，完善动态监测和处置机制，促进行业自律。开展安全生产大检查及隐患排查，完善管理机制，推动安全生产标准化建设。

四、抓治理重实效，生态文明建设成效明显

环境整治力度加大。全面启动环境整治攻坚战，深入开展市容秩序、建筑垃圾、背街小巷、小广告等专项治理行动，完成园博园石景山周边等55项环境建设任务。强化部门联动、群众参与，坚决治理违法建设，累计拆除23万平方米，基本实现新增违法建设"零增长"。加快推进沃尔玛、华联2个商业中心区域环境综合整治工程，完成鲁谷大街等5条市级重点道路达标工作，区域环境水平进一步提高。

节能减排加快推进。投入37.3亿元，完成环保十件实事。实施大唐高井热电厂除尘设备升级改造等七项大气污染治理项目，全面完成20蒸吨以上燃煤锅炉清洁能源改造，削减燃煤2800吨，二氧化硫和氮氧化物排放分别减少23.8吨和8.2吨，我区成为全市第三个集中供热无燃煤锅炉地区。制定并落实2013～2017年清洁空气行动计划和空气重污染应急预案，严肃查处工业、扬尘、流动源污染和油烟违法排放等环境违法行为，空气中主要污染物可吸入颗粒物浓度同比下降5.2%，降幅居全市首位。全区万元GDP能耗同比下降3.5%。

生态保护效果突出。加大水环境整治力度，实施五里坨污水处理厂、高井沟、油库沟截污工程，完成黑石头小流域综合治理工程，全区污水处理率达到80%。完成5个重点地质灾害隐患点的整治，实施衙门口道路边沟改造等29项防汛消隐工程。完成莲石湖绿色生态走廊、重聚路北等30处公共绿地改造提升工程，全区实现绿化145公顷。城市绿化覆盖率达到50.29%，人均公共绿地面积达到29.73平方米，均居城六区首位，我区被评为"全国绿化模范城市"。

五、抓效能转作风，政府自身建设不断加强

一年来，区政府认真落实中央、市委和区委关于改进工作作风、密切联系群众的有关规定，全面加强政府自身建设，严格控制"三公"经费，切实转变文风、会风和工作作风，改进调查研究，着力提高行政效能，推进了工作落实。坚持重大事项报告制度，主动接受人大的法律监督和工作监督，自觉接受政协的民主监督，虚心听取各民主党派、工商联、无党派人士和人民团体的意见建议，95件人大代表议案、建议和136件政协委员提案全部办结。严格落实"三重一大"制度，召开区政府常务会议、区长办公会议44次，对146个重大事项进行研究决策。开展会前学法，落实重大行政决策合法性审查和信息公开制度。邀请部分人大代表、政协委员列席政府常务会议，科学民主决策水平不断提高。全年审定行政许可服务事项5.6万件。严格落实党风廉政建设各项规定，深入开展行政监察、审计工作，对重大工程项目、大额财政支出实施全程监管，廉政建设进一步加强。普法工作顺利推进，统计、档案、民防、保密、外事和对台等工作取得新成绩，对口援助和交流工作富有成效。

各位代表！

过去的一年，是我区经济社会发展取得重要成就的一年，也是政府各项工作成效明显的一年。我们坚持内涵式转型发展道路，加快培育主导产业新优势，形成了内生发展的强劲势头；坚持重大项目带动战略，加强生态文明和城市环境建设，形成了持续发展的坚实基础；坚持蓄势积力谋长远的工作思路，统筹推进经济社会建设，形成了厚积薄发的良好态势。这是市委、市政府和区委正确领导的结果，是区人大、区政协监督支持的结果，是全区广大干部群众和驻区单位、驻区部队群策群力、团结拼搏的结果。在此，我代表区政府，向大家表示衷心的感谢并致以崇高的敬意！

在充分总结成绩的同时，我们也清醒地认识到，我区经济社会发展还面临一些矛盾和问题，政府工作还有一些差距和不足。主要是：经济社会发展中还存在一些体制机制弊端，需要进一步全面深化改革；主导产业发展不平衡，需要进一步提高经济发展的质量和效益；人口资源环境矛盾日益明显，需要进一步提高可持续发展能力；民生保障和公共安全等方面还存在一些薄弱环节，需要进一步提升社会治理水平；部分政府部门和工作人员的执行力和服务能力还不够好，需要进一步转变职能、改进工作作风。我们将正视这些问题，采取有力措施加以解决。

2014年主要任务

2014年是全面贯彻党的十八届三中全会精神，全面深化改革的第一年，也是完成"十二五"规划和CRD建设第二步任务至关重要的一年。改革任务艰巨，发展责任重大，挑战机遇并存。一方面，国内外经济运行还存在诸多不确定性，外部环境依然严峻复杂，需要我们科学判断、冷静应对。另一方面，有利于我们发展的积极因素不断积累。党的十

八届三中全会和中央经济工作会议、中央城镇化工作会议的成功召开，必将释放出巨大的改革红利和政策红利；市委、市政府更加重视和支持我区的转型发展，出台了加快推进国家服务业综合改革试点区发展的意见，并把我区纳入了全国老工业基地调整改造规划，布局了国家保险产业园、互联网金融产业基地等重大产业项目和17项重点基础设施项目，“四区”建设的独特政策优势不断显现，我区转型发展站在了新的历史起点上。

区委十一届八次全会科学判断了我区所处的历史发展阶段，进一步确立了建设国家级绿色转型发展示范区的目标，提出了全面深度转型、高端绿色发展的战略，明确了构建“八个高端体系”的任务，必将引领我区实现更高水平的发展。我们一定要增强战略定力，坚定转型信心，抢抓发展机遇，立足当前、着眼长远，求真务实、克难奋进，不断开创科学发展的新局面。

2014年政府工作的总体思路是：高举中国特色社会主义伟大旗帜，以邓小平理论、“三个代表”重要思想、科学发展观为指导，深入贯彻落实党的十八大、十八届三中全会、中央经济工作会议、中央城镇化工作会议和习近平总书记系列重要讲话精神，按照市委十一届三次全会部署，坚持“稳中求进”总基调，改革创新，求真务实，争创一流，大力实施全面深度转型、高端绿色发展战略，加快主导产业优化升级，加快重大项目建设步伐，着力破解人口资源环境矛盾，着力提升民生保障水平，促进经济持续健康发展、社会和谐稳定。

今年经济社会发展的主要预期目标是：地区生产总值增长7.5%左右，公共财政预算收入增长12%，社会消费品零售额增长10%，全社会固定资产投资增长10%，居民人均可支配收入增长8%，城镇登记失业率控制在2.5%以内。这些指标是综合分析，通盘考虑，结合区情研究确定的。我们将全力而为，力争超额完成。

实现全年目标任务，区政府将重点抓好七个方面的工作：

一、积极推进重点领域改革，增强内生发展动力

深入贯彻落实党的十八届三中全会精神，按照市委、市政府和区委部署，坚持重大问题导向，找准工作结合点、着力点和突破点，大胆先行先试，扎实推进改革，破除各种体制机制弊端，加快全面深度转型，实现高端绿色发展。

深化行政管理体制改革。加快行政审批制度改革，围绕规划落地、项目落地、开工落地，推行政务服务事项目录公开，优化审批流程，扩大告知承诺范围，压缩审批期限，强化限时办结，健全反馈机制，提高工作效率。深化工商登记制度改革，加快推进网上审批登记。创新和完善公共服务供给模式，更多向社会购买服务。稳步推动事业单位分类改革，推进有条件的事业单位转企改制。

深化经济体制改革。坚持“两个毫不动摇”，积极发展混合所有制经济。完善国有资产管理体制，研究制定国有企业分类改革意见，加快区属国有企业公司制改革，增强市场竞争力。系统研究集体经济改革，创新发展模式，加快集体经济高端转型。鼓励、支持、引导非公有制经济发展。发挥市场在资源配置中的决定性作用，落实好财税体制改革各项任务，做好“营改增”扩围工作。推进投融资体制改革，规范国资公司投融资平台管理，探索多元融资模式，组建区属“基础设施建设有限公司”，着力破解基础设施建设的资金瓶颈。支持金融改革创新，大力发展互联网金融等新兴业态，鼓励发展各类新型金融机构。

深化社会治理体制改革。创新社会治理体制机制，有序推进城市管理网格、社会面防控网格、社会服务网格三网融合。加强社会治理创新品牌建设，广泛动员社会组织参与社会治理创新。深化教育领域综合改革和医药卫生体制改革，推动社会事业创新发展。加快推进城市管理执法体制改革，实行“大城管”模式，理顺街道与政府专业管理部门的工作关系，推动管理重心下移、专业职能下沉、联动综合执法为主要内容的管理创新，建立职责明晰、部门协同、高效统一的城市环境综合治理长效机制。建立最严格的环境保护监管制度和考核机制，完善环境治理和生态修复制度，划定生态保护红线，用制度保护生态环境。

二、深化创新驱动战略，夯实内生发展基础

加快转变经济发展方式，促进政策和服务优势转化，推进产业结构优化升级，提升主导产业发展水平，不断提高经济发展的质量和效益。

统筹推进“四区”建设。全面落实市政府关于加快推进国家服务业综合改革试点区发展的意见，分解任务，明确时限，着力推进三年行动计划的实施，把政策优势转化为发展优势。用好中关村国家自主创新示范区“新四条”政策，提高中关村石景山园发展水平，力争全年实现收入和税收分别突破1400亿元和40亿元。加强与首钢总公司战略合作，强化协调机制，在发展政策、项目建设、产业协同、招商引资等方面加强对接合作，加快推进首钢广场、西十筒仓、二型材厂房改造等项目，力争新首钢高端产业综合服务区建设取得新的突破。加快国家可持续发展实验区建设，整合创新资源，强化企业创新主体地位，发挥国家无线电监测中心检测中心等行业龙头的创新骨干作用，激发中小企业创新活力，加快科技成果向现实生产力转化。

促进主导产业高端发展。坚持“高端化、轻质化、集群化、生态化”方向，提高传统服务业发展质量，提升现代服务业发展水平，促进主导产业高端融合发展。围绕打造“长安金轴”，全力做好国家保险产业园、互联网金融产业基地建设。制定并落实发展政策，组建保险产业园投资控股公司，努力打造在全市乃至全国有影响力的金融产业创新示范区，推动现代金融产业集群发展。突出网络游戏、数字媒体等产业优势，推进特色产业功能区建设，提升文化创意产业发展水平。依托战略性新兴产业科技成果转化基地，着力发展新一代信息技术和节能环保等产业，促进高新技术快速发展。优化消费结构，大力发展文化、养老、健康等服务消费，巩固和扩大京西核心消费商圈的影响力。制定促进总部企业发展措施，推动“商业保理”试点成果转化，依托

"电商联盟",扩大电子商务等信息消费规模,推动商务服务业创新发展。有效整合文化旅游资源,加快世界旅游城市联合会总部基地项目进度,推进首钢工业文化旅游区建设,增强旅游休闲产业的文化内涵和影响力。

提升招商安商工作水平。坚持把招商引资作为促进产业优化升级的重要抓手。根据区域产业定位,瞄准高端产业和产业的高端环节,大力开展精细化招商,完善产业链条,引进新兴产业,促进高端集聚。坚持"招大引强"思路不动摇。完善以经济贡献配置经济资源的引导机制,加快向"招商选资"转变,提高招商引资实效。创新招商引资工作体制机制。深化"石景山服务"品牌建设,建立和完善专业化、市场化、社会化、人性化的综合服务体系,搭建融资担保、技术转化、信息咨询、人才引进等高端服务平台,营造一流发展环境,安商富商、招商引商。扎实做好第三次全国经济普查工作。

三、全力加快重大项目建设,提升功能区承载力

着眼打基础、利长远、惠民生,继续加大重大项目建设力度,加快功能区建设步伐,扩大载体规模,支撑区域经济高端发展。

强化重大项目统筹。加强规划引导,建立健全规划、土地、征收和建设衔接,经营项目和配套项目衔接的有效机制,强化对重大项目建设布局、产业集聚区、公共设施建设等层面的统筹规划,提高项目建设效率。总结成功经验,完善工作体系,依法加快推进项目征收和拆迁工作,为项目建设创造条件。科学把握土地开发和入市节奏,积极推进五里坨建设组团部分地块、第二水泥管厂住宅用地等5个项目上市交易,为产业发展、民生保障提供载体资源。

强化重大项目推进。全年安排71个重大项目,力争实现投资176亿元。开工建设S1线西段、M6轨道交通西延、苹果园交通枢纽等市级重点项目。全力抓好银河商务区K地块等十项重点工程。启动京西商务中心、国际雕塑园地下文化娱乐中心等新建项目。加快西北热电中心、西山八大处文化景区等续建项目建设进度。着眼城乡结合部和城中村整体发展,加快实施西井、西黄村、北辛安等棚户区改造,进一步提升城市现代化水平。

强化重大项目保障。严格落实区领导调度和部门协调推进的工作机制,抓规划项目落地、抓筹建项目开工、抓在建项目进度。强化周调度、月通报机制,按照重点项目倒排工期时间表,加强督促检查和工作任务绩效考核,及时解决项目推进中存在的问题和困难。夯实重大项目前期基础,切实发挥好政府投资的杠杆作用,吸引扩大民间投资,拓宽融资渠道,确保重大项目加快推进。

四、促进人口资源环境协调发展,建设绿色生态新城区

良好的生态和优美的环境,既是城市的形象,更是人民群众的高品质生活追求。我们要以服务保障亚太经济合作组织峰会为契机,下更大决心和更大力气,持续推进"城市病"治理攻坚战,提高城市可持续发展水平。

着力加强人口调控。按照中央和市委、市政府要求,着力破解人口与资源环境承载力之间的矛盾。加强人口调控,建立人口调控目标考核指标体系,对重大项目、重要决策进行人口资源环境系统评估,坚决控制人口过快增长。强化产业对人口的引导调节作用,大力发展高端服务业,坚决淘汰低端业态,严格落实人才准入政策,形成有进有出的合理动态流动机制,促进人口结构不断优化。加强流动人口服务管理,强化"以房管人""以证管人",实施居住证制度,开展群租房专项治理,推进实有人口服务管理全覆盖。加强部门协调配合,形成齐抓共管的工作格局,确保人口调控工作取得实效。

全力治理大气污染。认真落实清洁空气行动计划,全面实施"压煤、控车、降尘、治污"四大污染减排工程。实施环保十件实事,深入推进节能减排,启动"无煤区"建设,推进"煤改电"工程,削减燃煤217万吨。严肃查处各类环境违法行为,加大对工业企业、餐饮企业、施工工地、机动车的监管,退出污染企业两家。加强生态规划,严格环境准入标准。力争空气中细颗粒物浓度同比下降5%。

全面提升城市环境品质。始终保持打击违法建设高压态势,坚决加快拆除存在重大安全隐患的违法建设,坚决制止新生违法建设,确保新生违法建设"零增长";坚决有序化解存量违法建设。重拳治理小广告、"黑车"、无证照游商、露天烧烤等城市顽疾。加强垃圾源头治理和控制,完成16个居住小区垃圾分类达标试点工作。深入推进城市环境建设,实施城市"靓景工程"。抓好工疗路等10个背街小巷的环境治理,完成八大处路等5条重点大街环境建设达标任务,实施刘娘府、鲁谷路等17处公共绿地改造工程,推进古城大街等精品区域建设,着力改善群众身边环境。

不断完善综合服务设施。加快推进长安街西延线、北辛安路北段、永引渠南路等城市主干路建设,完成金顶北路、古城西街等6条城市次干路工程,开工建设规划一路、刘娘府路等6条重点功能区配套市政道路。启动五里坨水厂建设,积极推进石景山水厂建设前期工作,实施隆恩寺沟、潭峪沟治理,加强雨洪利用和积滞水点改造,推进污水治理和再生水利用设施建设,增强水资源承载能力。加快西北热电中心配套热力、燃气、电网建设。推进电力设施三年行动计划,实施苹果园110KV、刘娘府110KV输变电工程。完成特勤消防站建设。

深入推进精细化服务管理。切实增强城市交通疏导能力,加强交通信号和行人管理,提高路口通行效率。加快停车设施建设,进一步提高动态、静态交通服务管理水平。深入推进"智慧石景山"建设,深化物联网在城市管理等方面的示范应用,提升城市运行和应急保障能力。完善街道办事处环境卫生作业保障体系,强化落实市容环境秩序督查考评机制,提高城市管理科学化水平。

五、切实保障和改善民生,提升人民群众生活水平

保障和改善民生,是我们义不容辞的责任,是我们对人民群众的郑重承诺。我们将把工作重点进一步向民生倾斜,财力物力进一步向民生投放,织好民生保障安全网,让

改革发展成果更多更公平地惠及人民群众。

扎实做好就业和社会保障工作。健全促进就业创业体制机制，全面做实就业管理、就业服务、就业援助工作，实现新增就业1万人。加大扩面征缴工作力度，确保各项社会保险基金收缴率达到98%以上。加强劳动争议调解制度建设，促进劳动关系和谐稳定。加强保障性住房建设，继续推进老旧小区综合整治，完成45万平方米的抗震加固和节能改造任务。严格落实房屋安全质量责任制，切实让群众住得舒心、住得放心。实施110项“便民工程”，推动早餐示范工程，完善蔬菜零售网络，健全便民服务体系。加快养老机构“一区一品”建设，支持社会力量参与养老服务，推进养老事业健康发展。实施71项“济困工程”，加强对特困群体的帮扶救助。

促进教育和卫生事业健康发展。加强教育基础设施改造，引导社会资金进入，接收3所配套幼儿园，五里坨规模学校年内主体完工，完成景山学校远洋分校高中部改造工程。深入推进“双名”工程，加强教师培养交流，引进和整合优质教育资源，促进教育优质均衡发展，办好人民满意的教育。建立3个医疗联合体，加快五里坨精神病专科医院建设，筹划区中医院改扩建工程，提高社区卫生服务水平，努力为群众健康服务。

积极推动文化事业繁荣发展。文化是高端的民生追求。发挥文化引领作用，加强社会主义核心价值体系建设，深化精神文明创建活动，弘扬主旋律、凝聚正能量，提升全区文明水平。深入研究和挖掘京西文化内涵，有效整合文化资源，打造特色文化品牌，彰显区域文化魅力。加快完善“区、街道、社区”三级文化服务体系，加大文化设施建设力度，区文化中心主体实现开工。深入实施文化惠民工程，推进“一街道一品牌、一社区一特色”基层文化建设。完成皇姑寺等文物修缮工程，做好非移动文物普查和非遗项目申报工作。完善全民健身公共服务体系，积极备战第十四届市运会。

努力提高社会治理水平。扎实开展市级社区规范化示范点创建活动，确保29个社区达到“六型”社区创建标准，不断扩大“智慧社区”建设覆盖面。做好“枢纽型”社会组织试点创建工作。完善“一刻钟社区服务圈”，让群众在家门口就能享受到10大类60项基本公共服务。切实加强民族、宗教、侨务、统计、档案、民防、保密、外事和对台工作。支持工会、共青团、妇联等人民团体开展工作。拓宽军地合作领域，推进军民融合深度发展。

深入推进“信访代理制”。做好各项民生工作是解决信访问题的根本保证。坚持用群众工作统揽信访工作，推行网上信访制度，畅通群众诉求表达渠道，维护信访工作秩序，及时就地解决人民群众反映的合理诉求，着力推进“事要解决”。进一步完善人民调解、行政调解、司法调解联动工作体系，最大限度减少和化解社会矛盾。

六、全力维护社会安全稳定，建设和谐石景山

发展是第一要务，稳定是第一责任，安全是第一保障。社会和谐稳定，人民群众才能安居乐业。我们要全区动员、全力以赴，维护社会安全稳定。

狠抓城市公共安全。安全关乎生命，责任重于泰山。牢固树立安全发展理念，始终警钟长鸣，长抓不懈。着力抓好安全生产工作，建立最严格的安全生产制度，坚持管行业、管业务、管生产必须同时管安全，健全隐患排查治理体系和安全预防体系，实行安全生产和重大安全生产事故风险“一票否决”。加强安全生产监管，强化企业主体责任和政府监管责任，推进安全生产标准化建设和责任体系建设，严格奖惩、严管重罚。加强食品药品等专项整治，保证人民群众食品和用药安全。切实抓好防火、防汛、交通等各领域安全工作，开展地铁、地下空间等重点领域专项整治行动，坚决遏制重特大安全事故发生，切实维护人民群众生命财产安全。

巩固和谐稳定社会局面。深化“平安石景山”建设，完善重大决策社会稳定风险评估机制，健全应急指挥体系，切实提高处置突发公共事件的能力。坚持专群结合、群防群治，建立政企警民“四位一体”安保机制，严厉打击各类违法犯罪活动。把反恐防暴纳入维稳工作体系，创新立体化社会治安防控模式，提高反恐防暴信息预警和安全保卫能力。强化对各类不稳定因素的预警、化解和处置，严防发生恐怖暴力事件、重大恶性案件和群体性事件，确保社会安定有序。

七、转变政府职能，全面建设法治政府和服务型政府

把学习贯彻党的十八大、十八届三中全会精神，作为一项重要政治任务抓实抓好，不断增强推动科学发展能力。围绕提高政府治理水平，进一步转变职能、改进作风、优化服务，建设法治政府和服务型政府。

扎实开展党的群众路线教育实践活动。根据中央、市委和区委要求，紧扣为民务实清廉的主题，把解决形式主义、官僚主义、享乐主义和奢靡之风的总任务贯穿始终，把“照镜子、正衣冠、洗洗澡、治治病”的总要求贯穿始终，把改进调查研究、摸清实情、办好实事贯穿始终，进一步改进工作作风，密切干群关系，推动事业发展。

切实提高依法行政水平。严格执行区人大及其常委会的决议和决定，坚持重大事项报告制度，自觉接受人大监督。主动加强与政协的联系，认真听取各民主党派、工商联、无党派人士和人民团体的意见建议。高质量办好议案、建议和提案。坚持依法科学民主决策，健全决策机制和程序，加强行政决策和规范性文件合法性审查。加强行政复议工作，认真做好行政应诉。深化政务信息公开，推行公共服务办事公开制度。抓好“六五”普法教育，加强和改进行政执法，维护社会公平正义。

切实加强勤政廉政建设。严格落实党风廉政建设责任制，扎实推进惩治和预防腐败体系建设。加强立项监察、专项检查和审计监督，确保各项重大决策透明运行。严格执行《党政机关厉行节约反对浪费条例》等规定，坚持勤俭办一切事业，确保“三公”经费只减不增。组织开展明查暗访，持续治理“庸懒散慢奢”等问题，建设一支廉洁奉公、苦干实

干的高素质公务员队伍。大力发扬“钉钉子”精神，敢啃硬骨头、敢打攻坚战，推动各项工作有效落实。

各位代表！时代赋予重任，奋斗铸就辉煌。石景山区迈上了全面深度转型、高端绿色发展的新征程。让我们更加紧密地团结在以习近平同志为总书记的党中央周围，在市委、市政府和区委的坚强领导下，统一思想、凝聚力量，团结一致、争创一流，为建设国家级绿色转型发展示范区而努力奋斗！

北京市石景山区人民代表大会常务委员会工作报告

——在北京市石景山区第十五届人民代表大会第四次会议上

(2014年1月9日)

北京市石景山区人大常委会主任　赵玉民

各位代表：

我受常委会的委托，向大会报告2013年的工作，并提出2014年的主要任务，请予审议。

过去一年工作的回顾

2013年，是全面贯彻落实党的十八大精神的开局之年。常委会在区委的领导下，按照CRD建设目标任务，围绕“五位一体”总体布局，依法履职，扎实工作。全年共举行常委会会议8次，审议了41个议题。其中听取和审议“一府两院”工作报告15个，作出决议、决定和审议意见12项，接受2名人大常委会副主任、1名副区长辞去职务，任免国家机关工作人员33人次，免去2名人民陪审员职务，补选了18名区第十五届人民代表大会代表，圆满地完成了区第十五届人大三次会议确定的工作任务。

一、积极促进经济持续健康发展

加强经济建设是兴区之本，实现转型发展是强区之要。常委会突出重点，讲求实效，综合运用多种监督形式，加大跟踪监督力度，促进区域经济实现又好又快发展。

做好“十二五”规划纲要中期评估监督工作。常委会成立领导小组，设立财政经济、城建环保、教科文卫、内务司法四个专题调研组，围绕总体规划纲要以及财政经济、生态环境建设、社会保障和民生等方面的26个重点专项规划，与政府的评估工作同步，深入开展了调查研究，形成了1个初审意见和4个专题报告。常委会听取和审议了区政府关于“十二五”规划纲要中期评估的报告，指出了地区生产总值和固定资产投资等指标完成困难、主导产业总体规模偏小、政府公共服务能力和水平有待提高，以及经济发展与人口资源、生态环境还不协调等问题，提出了发挥规划的引领作用，以“四区”和“石景山服务”建设为抓手，完善规划管理制度和运作机制，紧紧依靠规划的实施，扎实有序推进转型发展，进一步提高公共服务能力等审议意见，推动了“十二五”规划中期评估工作，促进了规划的全面实施。

审查监督计划和预算执行。常委会听取和审议了区政府关于2012年财政决算草案、财政预算执行和其他财政收支情况的审计工作报告，审查批准了2012年决算。针对审计和预算执行中发现的一些问题，常委会建议抓好跟踪整改，进一步发挥好审计的监督作用。区政府落实人大审议意见，对部分单位预算追加资金使用率不高、项目预算编制不够科学，以及政府投资的重点建设项目、重点专项资金审计中发现的问题，都进行了整改。常委会还听取和审议了区政府2013年上半年国民经济和社会发展计划、财政预算执行情况的报告，督促政府加快转变经济发展方式，加大主导产业发展和重大项目推进力度；落实积极的财政政策，强化收入征管，优化支出结构，不断提升财政保障能力，提高财政资金使用效益。

推动主导产业优化发展。常委会跟踪检查了区政府落实人大审议意见，推进商务服务业、旅游休闲产业发展的情况。经过不断努力，我区商务服务业以总部经济、电子商务为核心，呈特色化发展，银河综合商务区获批为全市首批“商务服务业集聚区”。2013年，商务服务企业总数已超过3000家，实现收入超过500亿元。在旅游休闲产业方面，区政府加强了统筹协调，出台了关于加快我区旅游业发展的实施意见，引进世界旅游城市联合会总部基地，推进了旅游功能区建设。常委会还视察了“石景山创新平台”建设情况，建议政府抓好“石景山服务”品牌建设，以服务促进产业发展，以创新驱动产业升级，优化政府与市场的关系。区政府加强对驻区企业的服务，建成西山汇集中办公区，为企业发展营造了良好环境。

二、推进民主政治建设发挥代表主体作用

民主政治建设是人大工作的根本任务，发挥代表主体作用是人民代表大会制度的内在要求。常委会始终坚持党的领导、人民当家作主、依法治国有机统一，坚持重大事项向区委请示报告制度，依法履职落实区委决策部署，从保证

人民当家作主的高度，组织开展会议期间代表工作和闭会期间代表活动，服务和保障代表执行职务。

提高人民代表大会会议质量。开好人代会，直接体现人民代表大会制度优势。为开好本次大会，常委会抓住“审议”核心，着力增强会议实效。一是加强了计划、预算编制情况的预先审查。听取和审议了区政府关于2014年国民经济和社会发展计划草案、2014年预算草案的报告，提出了初步审查意见，为本次大会提供了审议参考。二是增强代表会前活动效果。组织代表开展视察、联系选民以及与政府相关部门调研、座谈等活动，为会上审议报告、提出议案和建议做好准备、打下基础。各代表联组预先审查了提交本次大会的各项工作报告，实事求是地提出了修改的意见和建议，有29条得到了采纳。三是改进了会务服务工作。严格落实中央和北京市关于厉行节约的有关规定，精简了会务安排，改进了工作程序，确保会议节俭务实高效。

加大代表建议督办力度。高质量地提出和办理代表建议，是发挥代表主体作用的重要方面。常委会进一步做好代表建议办理工作，力促建议办成率提升，不断激发代表的履职热情。一是坚持重点督办。经过分析、协商，由主任会议确定、主任牵头，对7件涉及面广、办理难度大的代表建议进行了重点督办，由点及面，推进了整体建议办理工作。二是试行分类督办。由工作委员会负责，采取对承办单位集中指导、明确职责、加强协商、集中答复等措施，对城建环保类代表建议进行了分类督办，促进了建议办理工作，也推动城建部门改进了工作，增强了统筹意识。三是加强跟踪督办。对区政府承诺列入计划、逐步解决的建议进行了跟踪督办，使高井排洪渠污水处理、下庄菜蔬楼通天燃气等问题得到较好解决。四是听取和审议了区政府、区人大代表联络室关于建议办理工作情况的报告，推动办理工作再上新台阶。在各承办单位的共同努力下，区第十五届人大三次会议期间收到的92件代表建议已全部办复，办成率从去年的28%提高到36%，列入计划、推动工作的占46%，代表满意率为93%。闭会期间收到的23件代表建议也已办复。

优化代表履职服务工作。常委会积极拓宽渠道，保障代表闭会期间开展活动，代表工作呈现活跃、有序的良好局面。一是密切代表与群众的联系。指导人大各街工委发挥“人大代表之家”和“人大代表联络站”的平台作用，加强代表与选民的联系。127名代表参加了以“知民情、表民意、顺民心”为主题开展的联系选民活动，收集了选民提出的意见和建议313件，其中298件由街道进行了协调处理，其余形成了闭会期间的代表建议。全年有80余名代表到联络站听取了意见，代表履职活动更加丰富，履职积极性进一步提高。二是扩大代表对常委会工作的参与。继续邀请代表列席常委会会议，参加调研、视察和执法检查，旁听法院公开审理案件，接受代表对常委会工作的监督，全年参与活动代表达500余人次。三是加强市、区代表联系。坚持市人大石景山团代表与区人大代表联组联系制度，为市人大代表联系群众提供了载体，也为区人大代表反映民情畅通了渠道。市人大代表共提出议案、建议89件，与区人大代表开展调研、座谈20余次，有65人次参加了区人大常委会的活动，代表履职更加扎实。

三、持续推进实施文化兴区战略

文化具有促进经济社会发展、服务人民群众的重要作用。常委会采取专题视察、跟踪审议意见落实等方式，促进政府大力实施文化兴区战略，推进文化惠民工程，不断提升公共文化服务能力。

关注西山八大处文化景区建设。作为北京市重点文化项目和重点旅游功能区之一，西山八大处文化景区的规划建设为人民群众所关注。围绕处理好文物保护与合理开发利用，常委会跟踪检查了区政府落实人大审议意见、加强文物保护和利用，加快西山八大处文化景区建设的情况。在听取了政府部门的工作汇报后，代表们建议要着眼长远、深挖内涵，充分考虑宗教活动、文物保护和旅游休闲等文化产业因素，高标准进行景区的规划和建设。区政府加强领导、统筹规划、分步推进，初步确定了景区规划建设的空间格局，完成了姚家寺塔修缮等文物修复工程，加快了西山八大处文化景区的建设步伐。

推进文化惠民工程。为促进区政府进一步落实文化惠民的政策措施，加快公共文化设施建设，常委会跟踪检查了区政府落实人大审议意见，实施文化兴区战略、推进文化惠民工程的情况，组织代表调研走访了部分社区文化活动场所，视察了区文化中心规划建设情况。代表们高度关注区文化中心的规划设计、功能配置和建设进度，建议政府坚持文化惠民，突出文化中心的公益性质，确保工程质量，为人民群众提供优质的文化活动载体。区政府进一步完善了文化馆、图书馆、少儿图书馆及社区基础文化设施建设，下大力气统筹推进文化中心建设工程，克服困难、完善规划，完成项目立项和地上物腾退工作，工程建设顺利推进。

四、着力促进民生改善社会和谐

常委会始终把民生关切放在首位，抓住教育质量、食品安全、司法公正等群众最关心最直接最现实的问题，持续开展监督工作。

坚持推动教育优先发展。常委会在连续多年监督促进我区教育优质均衡发展的基础上，抓住教育事业发展的重点环节，听取和审议了区政府关于加强校长队伍建设情况的专项工作报告。审议前，组织代表走访调研了17所学校的办学情况，集中视察了京源学校的教学工作。审议中，组成人员对我区贯彻实施教育法律法规、统筹教育发展、探索“绿色教育”等工作予以充分肯定，建议政府落实“十二五”人才发展规划和教育发展规划，加快校长队伍培养，提升区域教育质量。区政府加大专项投入，启动了“校长成长工作室”，对教育人才队伍建设拟定了激励性的工作措施，进一步激发了学校办学活力和校长创造力。

深入推进食品安全监管。在坚持多年执法检查的基础上，去年，常委会进一步规范了执法检查工作流程，细化了检查项目，采取检查组成员提前学法、代表分组抽查、常委

会集中视察相结合的办法,检查了21家单位实施食品安全法律法规的情况,听取了5个政府职能部门的自查报告。针对检查中发现的检测能力有限、监管效能不足等问题,提出了以食品药品监管系统机构改革为契机,强化政府监管主体责任、实现食品安全各监管环节无缝衔接、提升食品安全监管效能等意见和建议,进一步推动了我区的食品安全监管工作。

努力维护社会公平正义。为促进"两院"公正司法,营造良好法治环境,常委会以商事审判、未成年人刑事检察和司法保护工作为重点,分别听取和审议了"两院"的专项工作报告。针对区法院的商事审判工作,常委会建议要运用好商事纠纷预防机制,充分发挥商事审判的职能作用,进一步提高审判质效。针对区检察院的未成年人刑事检察和司法保护工作,常委会建议要积极落实法律对未成年人司法保护的各项规定,加快相关制度体系建设。常委会跟踪检查了区法院落实人大审议意见、推进知识产权审判工作的情况。区法院通过实施精品案件工程,努力打造知识产权特色审判,强化审判管理,审判质效得到提升,最高人民法院对区法院提出的"智护CRD"工作思路给予了充分肯定。常委会还跟踪检查了区政府落实人大审议意见、贯彻实施残疾人保障法的情况。

五、扎实推进绿色生态石景山建设

常委会牢牢把握传统工业石景山向绿色生态石景山转型的总方向,关注城市生态建设及可持续发展,不断加大监督工作力度。

促进城市生态可持续发展。生态文明对建设美丽石景山提出了新要求。常委会围绕我区绿地系统建设、城市景观提升、公园规划管理等方面进行了专题调研,听取和审议了区政府关于园林绿化可持续发展情况的专项工作报告。针对我区如何进一步发挥园林绿化优势,提升数量和质量,持续扩大城区绿色生态空间,常委会建议政府要巩固"全国绿化模范城市"创建成果,强化规划引领作用,加大依法治绿力度,坚持走可持续发展的道路,推进生态环境建设。经过多年努力,我区绿化面积已达3998.9公顷,绿化覆盖率为50.29%,人均公共绿地29.73平方米,各项指标均居城六区前列,园林绿化事业发展态势良好。

促进城市建设管理水平。常委会着眼于提升我区城市建设管理的能力和水平,听取了区政府关于市政道路建设和大中修计划,以及老旧小区综合整治工作情况的报告,对人大代表和人民群众高度关注的十项重点工程进行了视察。常委会建议,政府要加强统筹,保证重点工程建设速度;强化监管,保证工程建设质量,使重点工程成为带动区域可持续发展的载体,满足人民群众的物质文化生活需要。常委会还重点检查了区政府落实人大审议意见、改善城市交通环境的情况。区政府健全组织机构,加强统筹协调,加快了城市主干路网和交通微循环建设,金顶路西段已大修完工。加强了静态管理,新增居住区停车位2502个。增开和调整了个别公交线路,建设完成了32个公共自行车服务站点,我区交通环境得到改善。

各位代表,过去的一年,常委会认真执行区第十五届人大三次会议决议,围绕我区的经济、政治、文化、社会和生态文明建设,依法履职取得了一定成效。成绩的取得,是区委正确领导,区人大代表和常委会组成人员共同努力,"一府两院"和全区人民大力配合支持的结果。在此,我代表区第十五届人大常委会,向各位人大代表,向所有关心、支持、帮助人大工作的同志们、朋友们,表示崇高的敬意和衷心的感谢!

在总结成绩的同时,我们也清醒地认识到,常委会的工作,按照人民代表大会制度与时俱进的实践要求,还有需要改进的地方。需要进一步解放思想,树立创新进取意识;需要进一步增强责任感,加强对我区深化改革和转型发展重点领域的工作监督和法律监督;需要进一步改进工作作风,密切联系人民群众,服务人大代表发挥主体作用。

2014年的主要工作任务

2014年,常委会要认真学习贯彻习近平总书记系列重要讲话和党的十八大、十八届三中全会精神,以邓小平理论、"三个代表"重要思想、科学发展观为指导,坚持党的领导、人民当家作主、依法治国有机统一,按照区委十一届八次全会的工作部署,围绕我区全面深化改革的各项任务,进一步增强加快转型发展的责任感和紧迫感,把改革创新精神贯彻到人大工作中,使监督工作更加规范,代表作用更加突出,履职能力进一步提升,发挥好人民代表大会制度优势,积极推进国家级绿色转型发展示范区建设。

2014年,常委会重点做好三方面10大项工作。

一、围绕深化改革和转型发展,进一步加大监督工作力度

坚持围绕中心、服务大局,加强工作监督和法律监督,维护宪法和法律权威,支持和促进"一府两院"把深化改革和转型发展的目标任务落到实处,推进法治政府建设,提高司法公信力。

1. 加大财经方面工作监督力度,促进区域经济又好又快发展。一是关注"四区"建设,促进主导产业发展。跟踪区政府落实国家服务业综合改革试点区发展三年行动计划,以及加快区旅游业发展实施意见的情况。二是加强计划监督。跟踪检查区政府落实人大审议意见、推进"十二五"规划纲要全面实施的情况。听取和审议2014年国民经济和社会发展计划上半年执行情况报告、2015年计划草案报告。三是加强预决算审查监督。听取和审议2013年预算执行和其他财政收支的审计工作报告、2013年决算草案报告,审查批准2013年决算。听取和审议2014年上半年预算执行情况报告、2015年预算草案报告。

2. 加大城建方面工作监督力度,促进深化生态文明建设。一是推进城市精细化管理,促进管理重心下移,强化服务保障,拟听取和审议区政府关于居民区环境卫生管理工作情况的报告。二是跟踪检查区政府落实人大审议意见,

推进我区园林绿化可持续发展以及改善城市交通环境的工作情况。三是视察区重点工程建设情况。

3. 加大民生方面工作监督力度,促进发展成果惠及人民群众。一是关注公共卫生服务能力建设,拟听取和审议区政府关于深化医药卫生体制改革工作情况的报告。二是跟踪检查区政府落实人大审议意见,完成学前教育三年行动计划以及推进校长队伍建设的情况。三是检查食品安全法、北京市食品安全条例贯彻实施情况。四是视察我区保障性住房的建设和管理情况。

4. 加大司法工作监督力度,促进维护社会公平正义。一是围绕新刑诉法的贯彻执行,拟听取和审议区法院关于刑事审判工作情况的报告、区检察院关于监所检察工作情况的报告。二是跟踪检查"两院"落实人大审议意见,区法院加强商事审判、区检察院加强未成年人刑事检察和司法保护工作的情况。

二、围绕发挥代表主体作用,进一步加大代表工作力度

坚持尊重代表主体地位,进一步密切常委会与人大代表、代表与人民群众的联系,支持和保障代表依法执行职务、发挥作用。

1. 完善常委会联系代表制度,进一步扩大代表对常委会工作的参与。组织代表学习培训活动,继续邀请代表列席常委会会议,参加调研、视察、执法检查等活动。细化常委会组成人员联系代表办法,完善主任接待代表制度。

2. 健全人大代表联系群众制度,推进代表履职服务规范化。指导人大各街工委、首钢代表联组深化代表履职服务工作,进一步规范"人大代表之家""人大代表联络站"的工作运行。组织好年中和年底代表集中活动,安排好代表每季度进"家站"联系选民活动。

3. 规范代表建议办理工作,深化建议办理机制。坚持代表建议办理工作格局,充分发挥常委会各工作委员会的作用,全面实行代表建议分类督办。继续加大重点督办和跟踪督办工作力度,规范建议办复程序,进一步提高建议办理成效。

三、围绕群众路线教育实践活动,进一步提升常委会履职能力

立足人大职能,通过扎实开展群众路线教育实践活动,引导常委会组成人员、人大代表、人大机关工作人员,牢固树立群众观点,认真实践群众路线,使人大工作更加贴近实际、贴近群众。

1. 认真学习贯彻党的十八大和十八届三中全会精神。通过学习日和专题培训活动,组织常委会组成人员、机关工作人员认真学习贯彻习近平总书记系列重要讲话和党的十八大、十八届三中全会精神,进一步统一思想、凝聚力量,坚定道路自信、理论自信、制度自信。坚持党的领导、人民当家作主、依法治国有机统一,准确把握党对人大工作提出的新要求,紧密联系我区转型发展实际,不断改进人大工作方式,坚持和完善好人民代表大会制度。

2. 扎实开展群众路线教育实践活动。要按照区委的部署和要求,把开展教育实践活动同推动常委会工作紧密结合起来,以为民务实清廉为主题,以解决"四风"方面存在的突出问题为重点,把维护人民群众根本利益作为人大履职、开展实践活动的出发点和落脚点,坚持高标准、严要求,精心组织,周密安排,着力抓好各环节任务的落实。通过深入学习理清认识,广泛听取群众的意见和建议,认真全面查找存在的问题,坦诚进行批评与自我批评。制定落实整改方案,切实推动问题解决、作风改进、工作质量提高。

3. 努力提升常委会履职能力。坚持开展学习培训,召开"实践群众路线、提升履职能力"主题研讨会。建章立制,按照新修订的代表法及市人大的实施办法,制定完善我区代表工作的相关办法、常委会监督工作规程等,进一步规范常委会日常工作。充分发挥常委会各工作委员会作用,组织代表围绕监督议题、群众关注问题开展调查研究,了解民情、反映民意、汇集民智,为提高常委会会议质量奠定基础,推动教育实践活动与常委会工作两促进、两不误。

各位代表,党的十八届三中全会提出了全面深化改革的各项任务,我区也进入了全面深度转型、高端绿色发展的历史新阶段。我们要紧密团结在以习近平同志为总书记的党中央周围,坚定信心,锐意进取,真抓实干,在区委的领导下,依法履行好各项职能,为建设国家级绿色转型发展示范区而努力奋斗!

中国人民政治协商会议
北京市石景山区第九届委员会常务委员会工作报告

——在政协北京市石景山区第九届委员会第三次会议上
（2014年1月6日）

北京市石景山区政协主席　岳德顺

各位委员、同志们：

我受政协北京市石景山区第九届委员会常务委员会委托，向大会报告工作，请予审议，并请列席会议的同志提出意见。

2013年工作回顾

2013年，是贯彻落实中共十八大和十八届三中全会精神的第一年，是推动区域战略转型的重要一年，也是区九届政协工作的深化之年。一年来，区政协在中共石景山区委的领导下，坚持以邓小平理论、“三个代表”重要思想、科学发展观为指导，认真贯彻中共十八大和十八届三中全会精神，按照市、区第十一次党代会工作部署，紧紧围绕区委、区政府的中心工作，牢牢把握团结和民主两大主题，坚持把“促发展、促民生、促稳定”作为工作的总要求，认真履行政治协商、民主监督、参政议政职能，更加主动地服务科学发展，更加主动地关注民生，更加主动地促进社会和谐，更加主动地创新实践，区政协工作有作为、有活力、有成效，为促进我区经济社会发展做出了新贡献。

一、深化大局观念，紧扣党政重点工作，建实言办实事

善于抓住主要矛盾，全力推动重点工作有新突破，是从整体上提高政协工作水平的重要方法。工作中我们注重轻重缓急，坚持集中力量抓带动全局的重点工作，保证各项工作取得实实在在的效果。

注重抓关键，把助推国家服务业综合改革试点区建设作为全年工作的重中之重。石景山区获批国家服务业综合改革试点区，使我区转型发展首次上升到了国家战略层面，是继2008年北京奥运会后又一次难得的发展机遇。试点区建设两年来，在取得成绩的同时，也遇到了机制、政策、资金等方面的制约，区政协抓住这一难点问题，采取“四力合一”的措施助推试点区建设，即：把促进试点区建设作为年初向市政协全会提交的一份重要提案；作为区政协常委理论研讨会的主题，研讨会上，政协常委提交了促进试点区建设方面的论文28篇，有针对性地提出37条意见和建议，并报区委、区政府作为决策参考；作为政协主席和政协专委会调研的课题。其间，我们组织各民主党派主委赴重庆市渝中区对试点工作进行专题调研，形成的调研报告得到了区委、区政府主要领导批示。同时，在区内开展了产业发展、城市环境建设和支撑服务建设等13次调研活动，形成了区政协常委会《关于加快推进我区国家服务业综合改革试点工作的建议案》。区政府有关部门在办理建议案过程中，研究制定了《关于加快推进石景山区国家服务业综合改革试点区发展三年行动计划》。经过区委、区政府的努力，区政协的助力，市政府于今年7月，专门下发了《关于加快推进石景山区国家服务业综合改革试点区发展的意见》，给予试点区政策、项目、资金方面的支持，为我区转型发展提供了新的动力。

注重抓重点，把助推重点工程作为履职之要。组织区政协常委会、主席会议成员视察北京西北热电中心建设工程和五里坨规模学校建设工程，各专委会组织政协委员视察北京西山八大处文化景区建设等工程，为区内的重点工程建设“把脉”。区政协主席、副主席还通过列席区委常委会、区政府常务会，参加区四套班子联席会等机会，对全区的重点工程和民生工程提出意见和建议。

注重挖潜力，把开展招商引资工作作为份内之事。招商引资是我区经济快速发展的源头活水，是推动我区产业转型升级的重要手段。区政协按照区委、区政府的工作部署，充分调动委员招商引资的积极性，发挥联系广泛等优势，主动服务招商、积极参与招商、全力支持招商，招商引资工作成效显著。2013年度，区政协共引进企业44家，注册资金超过158亿元。

二、深化履职为民，紧扣群众所期所盼，出主意献良策

发展是第一要务，保障和改善民生是第一要义。区政协坚持把促进发展和民生改善作为履行职能的出发点和落脚点，倾听民声民意，关注热点难点，努力汇聚促发展的正能量，当好民意的传话人。

在调研视察中关注发展和民生。调研视察是政协履行职能的基础环节，是委员参政议政的有效形式。按照“选题

要准、调研要透、立论要新、转化要实”的要求,组织委员围绕生态环境建设、知识产权保护、文物保护与利用和职业教育发展等开展了一系列调研视察活动,形成了《关于石景山区大气污染防治》《关于提升我区职业教育影响力》《关于加快推进模式口古镇保护与开发利用》《关于加强我区网络游戏产业知识产权保护》的4个调研报告和主席会议建议案,得到了区委、区政府的高度重视,促进了相关工作的改进和加强。协同区委研究室完成了《关于整合石景山区工业文化遗产》的调研课题,积累了宝贵的工业文化资料。

在反映社情民意上突出发展和民生。反映社情民意是政协履行职能的重要基础和关键环节,也是人民政协的职责所在。区政协充分发挥社情民意信息“短平快”“直通车”的作用,探索建立社情民意的反映、上报、批示、落实、反馈、跟踪一整套工作机制,对群众关注的发展与民生问题及时反映、及时办理,对于具有倾向性和苗头性的信息,区委、区政府、区政协主要领导分别批示有关部门认真研究落实。全年收集社情民意信息430条,向区委区政府和市政协编发报送社情民意信息112期,市区领导批示90期次,解决了一批群众关心的经济发展、交通出行、环境卫生等问题。

在形成提案的过程中紧扣发展和民生。提案是人民政协履行职能的重要方式,是政协委员发挥参政议政作用一条重要渠道。区政协注重完善提案工作机制建设,使提案线索在协商中提出、提案在调研中形成、提案办理在协商中完成。九届政协二次全会以来,全年共收到提案205件,其中,平日提案19件,立案190件。在立案的190件提案中,涉及经济建设方面的提案52件,占27.4%;涉及大民生方面的提案138件,占72.6%。通过政协主席会议成员督办、职能部门集中答复、重点提案协商办理和视察等形式,提案办结率达到100%,满意率达到97%。

三、深化工作主题,紧扣协商民主新要求,凝人心聚人力

团结和民主是人民政协的两大主题,是人民政协事业发展的历史依据,是人民政协继往开来的方向和使命,是人民政协标志性特征。

着力推动协商民主制度建设。区政协落实中共十八大提出协商民主的新要求,结合实际,探索协商于推动发展之中,选题在协商中确立,调研在协商中开展,成果在协商中转化。全年共开展各类协商活动35次,形成协商纪要15件。围绕区政府2013年重要指标、重点工程、重要项目、重要举措在区政协二次全会上开展了专题协商;围绕打造石景山服务品牌、区公安派出所基层基础建设、区道路交通建设、“枢纽型”社会组织建设等开展了对口协商;围绕区文化活动中心建设概念设计,组织文化艺术和工商联界别开展了界别协商;围绕模式口文化古街的保护利用开展了提案办理协商;围绕城市管理中群众关心关注的垃圾清运、道路拥堵、人行道不便民等问题,开展了社情民意信息办理协商。所有这些协商活动,都得到了区委、区政府的高度重视,得到了区有关部门的大力支持,解决了一批涉及经济和社会发展的问题,同时也摸索了开展协商民主的方式方法,为推进基层民主政治建设锻炼了队伍、探索了新路。

扎实推进民主政治建设。扩大和完善基层民主,是发展社会主义民主的基础。区政协常委会专门听取了区纪委关于党风廉政建设等情况通报,进行专题协商。区政协财政预算、社会管理综合治理两个民主监督小组充分发挥作用,组织开展督查和视察活动,提出民主监督意见和建议。区政协适应形势发展的需要,成立了城市管理民主监督小组,探索开展城市管理民主监督。坚持尊重和保障各民主党派、工商联和无党派人士的民主权利,建立工作联系制度,通过组织学习、走访座谈、调研视察、情况通报等多种形式,认真听取他们的意见、沟通情况、改进工作,促进政党关系和谐;积极走访民族宗教界代表人士,关心他们的工作和生活,发挥他们的作用,促进民族、宗教关系和谐;加强与新社会阶层代表人士的联系和沟通,增进了解,团结共事,促进各阶层关系和谐。一年来,各民主党派、工商联和无党派人士共提交提案16件,反映社情民意200余篇,提交各类会议发言37篇,在促进区域经济社会发展中发挥了重要作用。

广泛开展团结联谊工作。充分发挥政协联系广泛的优势,广交朋友、深交朋友。组织委员深入到企业、学校、医院、社区和政府部门走访调研,进一步加强了委员与基层的互动,使政协工作“接地气”、有吸引力。举办政协委员、各民主党派、工商联、无党派人士新春联谊会和中秋茶话会、“三·八”节女委员联谊会,为184名委员送上生日祝福,进一步激发了政协委员的活力,增强了政协的感染力和凝聚力。

四、深化创新实践,紧扣委员履职新形式,探新路出实招

创新是人民政协事业的活力之源、动力之本。一年来,区政协进一步强化创新意识,深化创新实践,在新的起点上实现新发展。

深化“我是委员我承诺”主题实践活动。区政协坚持以发挥委员主体作用为切入点,着眼于激发委员履职活力,增强委员的担责之心,提升委员的履职之能,落实委员的尽责之行,深化承诺活动。全区184名委员,在承诺活动中“亮身份、担责任、树形象、做贡献”,提出802项承诺,其中,围绕落实“三个一”要求等方面提出533项基本承诺,围绕招商引资、增加就业等五个方面提出269项重点承诺。委员们认真兑现承诺,取信于民。通过深入开展承诺活动,凝聚了委员、锻炼了委员、激励了委员,委员的责任意识增强了,主动意识增强了,自律意识增强了,政协组织的独特作用和委员的主体作用得到了充分发挥,委员的服务管理取得了明显成效。

着力加强界别建设。界别是人民政协产生、存在和发展的组织基础,是做好政协工作的重要基础和途径。做好界别工作,既要思索,更要探索。今年以来,区政协制定了关于开展界别活动的意见,组建了11个界别活动小组,明

确了界别活动小组召集人，形成主席会议统一领导、专委会协调落实、界别活动召集人负责、界别委员广泛参与的工作机制。全年开展界别调研视察协商等活动25次，提出界别提案4件。区政协主席会议专门听取了各界别活动小组召集人的工作汇报，提出了进一步开展界别活动的协商意见，完善工作方法，拓宽界别活动平台，服务界别群众，反映界别心声。通过开展界别活动，把委员的个体优势转化为群体优势，把界别的潜在优势转化为现实优势。

扎实推进委员联系点建设。为了让委员的提案、调研更有针对性，今年继续深化区政协各专委会在基层建立联系点工作，把联系点办成委员的知情点、学习点、议政点、联谊点、服务点。区政协6个专门委员会分别在对口单位设立了联系点，开展对口联系活动15次。区政协社法委与区法院调整充实“专业技术咨询委员会”人员，组织旁听案件庭审，提供专业咨询意见，为司法实践提供智力支持。

首推聘任特邀委员制度。为适应区域经济社会发展的需要，区政协根据自身的特点和优势，制定了《关于聘任特邀委员的办法》，按照综合性、区五大产业、区社会管理和城市管理三大类，聘任了12名特邀委员，在区政协主席会议的领导下，围绕全区经济社会发展中带有全局性、特殊性、前瞻性的问题，开展深入的调查研究，提出意见和建议，发挥参谋作用、研究作用和助推作用。

推动提案工作常态化。把平日提案摆上议事日程，利用媒体面向社会公开征集提案线索，召开民生工作提案线索协商会，完善闭会期间提案审查程序。九届二次全会以来，共收到平日提案19件，经审查全部立案，并在当年全部办复。

五、深化自身建设，紧扣建设服务型政协组织，抓班子带队伍

区政协不断适应新形势新任务的要求，一手抓业务工作，一手抓自身建设，通过抓自身建设激发内在动力，为履行职能、开展工作提供了有效保障。

深入学习贯彻党的十八大精神。始终把坚持加强委员学习摆在重要位置，抓住“突出学习重点、改进学习方式、务求学习实效”三个环节，举行专题报告会和区情通报会，利用三个半天时间，举办全体委员集中学习中共十八大精神培训班。组织政协党组成员、政协常委和政协机关干部集中学习十八届三中全会精神，学习习近平总书记一系列重要讲话精神，不断提高政治意识和大局意识。

转变作风，密切联系群众。以政协党组名义下发了《关于转变作风，密切联系群众的意见》，按照区委的要求，深入开展“转作风、促发展、惠民生”主题活动。落实联系委员制度，政协主席、副主席及各委室，全年走访政协委员65名，积极为委员所在企业的发展提出意见和建议，帮助解决实际问题。召开政协机关全体会议，征求对政协建设的意见和建议。组织政协机关干部深入到联系点八大处社区开展共建活动；组织委员积极开展扶贫帮困活动，区政协社法委的部分政协委员捐款16.5万元，作为残疾人帮扶资金；八大处灵光寺连续五年举办中秋慈善晚会，捐助30名困难群众。

加强宣传和理论研究工作。加强信息宣传工作，规范信息收集、报送、反馈机制，编发政协信息31期，在《人民政协报》和市区媒体上稿200余篇次，营造了良好的履职氛围。加强政协理论研究，区政协协商民主、民主监督等方面理论研究文章在《政协研究》和《石景山工作》等刊物上发表。

强化机关建设与管理。严格落实中央提出的八项规定，进一步加强政协机关的思想、组织、作风和党风廉政建设。经过一年多的努力，修订完成了政协27项制度。加强财务等方面管理，建立了财务支票使用审批制度，发票双签制度。经市编办批准，增设了专委会工作六室，使政协工作制度更加完善，工作管理更加科学。

过去的一年，区九届政协工作取得了一些成绩，这些成绩的取得，是中共石景山区委正确领导、市政协具体指导的结果，是区政府真正重视、大力支持的结果，是政协各参加单位和广大政协委员共同努力、扎实工作的结果，是离退休老同志、社会各界人士积极参与、热情帮助的结果。在此，我代表区九届政协常委会，向大家表示崇高的敬意和衷心的感谢！

回顾过去一年的工作，我们深刻体会到，区委重视、政府支持、政协主动，是政协工作取得成效的根本保证；围绕中心、服务大局、破解难题，是政协工作始终遵循的基本原则；以人为本、心系群众、履职为民，是做好政协工作的内在要求；突出特色、与时俱进、开拓创新，是政协工作不断增强活力的关键环节；加强学习、提升素质、强化服务，是政协工作提高水平的坚实基础。

在总结成绩的同时，我们也清醒地看到，工作中还有一些需要不断加强和改进的地方，主要表现在：专委会的基础作用需要进一步加强，界别作用的发挥需要进一步提高，协商民主制度建设需要进一步探索和完善，密切联系群众的制度需要进一步落实，政协机关干部队伍建设需要进一步加强，对委员的服务和管理工作需要进一步提高。针对存在的薄弱环节，我们要认真研究，并在今后工作中切实加以改进。

2014年工作意见

各位委员，2014年是深入贯彻落实中共十八大、十八届三中全会精神，推动区域转型发展和深化改革的重要一年，也是九届政协工作深入推进之年，做好今年的各项工作，至关重要。人民政协只有找准定位，选好工作发力的角度，才能发挥独特优势。今年区政协工作的总体要求是：高举中国特色社会主义伟大旗帜，坚持以邓小平理论、“三个代表”重要思想、科学发展观为指导，在中共石景山区委的领导下，认真学习贯彻中共十八大、十八届三中全会精神，牢牢把握“促发展、促民生、促稳定”的工作总要求，深入开展群众路线教育实践活动，坚持抓大事、议大政的工作思路，始终紧扣党委、政府的中心工作，抓住党政所需、群众所盼、政协所能的重大问题，认真履行政治协商、民主监督、参政议政职能，切实发挥协调关系、汇聚力量、建言献策、服务大局的作用，为推动区域经济社会发展做出新的贡献。

为此，要着力做好以下几个方面的工作：

一、坚持加强学习、把握重点，在扎实开展群众路线教育实践活动上下功夫

习近平同志曾指出："历史和现实都告诉我们，事业发展没有止境，学习就没有止境。"每一位政协委员和政协机关工作人员应该把学习作为一种追求、一种爱好、一种健康的生活方式，持之以恒，积少成多、积沙成塔。上半年，区政协将按照市委和区委的工作部署，深入开展群众路线教育实践活动，立足政协工作实际，把学习中国特色社会主义理论，学习中共十八大和十八届三中全会精神，学习习近平同志一系列重要讲话精神贯穿始终；把"照镜子、正衣冠、洗洗澡、治治病"的总要求贯穿始终；把反对形式主义、官僚主义、享乐主义和奢靡之风"四风"问题贯穿始终；把为民服务、助推发展贯穿始终。重点抓好学习教育、听取意见，查摆问题、开展批评，整改落实、建章立制三个环节。采取区情通报会、专委会活动等多种形式，加强对区情的学习研究。坚持边学边改，进一步落实委员联系群众制度，进一步加强作风建设，进一步提升全体政协委员和政协机关党员干部的思想修养、工作作风和精神面貌，推动政协工作再上新台阶。

二、坚持围绕中心、服务大局，在促进经济发展上献良策

围绕中心、服务大局是人民政协履行职能必须始终遵循的重要原则，也是新时期政协事业必须坚持的基本方向。我们要紧紧围绕区委区政府的重要改革、重大决策、重大项目、重大问题，积极主动地开展调研视察协商活动。继续助推国家服务业综合改革试点区建设，对市政府17号文件提出的支持政策落实情况进行视察和协商。要把促进我区旅游产业发展作为2014年区政协常委会理论研讨的主题，组织委员开展调研视察活动，推动我区旅游产业发展。继续抓好招商引资工作，做好服务企业发展工作，支持中小微企业提升发展水平。

三、坚持关注民生、履职为民，在促进社会和谐上建实言

坚持以人为本，以民为先，关注民生民情，维护民本民利，既是政协的职责所在，也是政协委员的履职之要。一是走进群众要真心，畅通渠道听民声。建立健全社情民意的反映、落实和反馈机制，多方了解社情民意，及时反映社会各阶层的利益诉求和人民群众的新期盼，切实发挥社情民意"短平快""直通车"的作用，协助区委区政府做好协调关系、争取人心、凝聚力量的工作，为维护社会和谐稳定尽心尽力。二是反映民意要精心，关注民生献良策。围绕社会管理综合治理、老旧小区改造、大气污染治理、入托入学难、食品卫生安全等关系民生改善和社会和谐稳定的问题，认真开展调研视察，多建利民之言，多谋利民之策。三是了解民意要贴心，主动解忧帮困。更加关注社会困难群体，组织委员开展不同层次、不同群体、形式多样的帮扶活动，扩大参与面，增大受益面，为构建和谐社会献爱心。

四、坚持弘扬主题、协商议政，在巩固统一战线上办实事

团结和民主是人民政协标志性特征。团结才有力量，民主才有活力。

深化协商议政，挖掘委员的"金点子"，汇聚协商的"正能量"，逐步形成"八位一体"的协商民主新格局。一是深入调查研究，切实搞好政协各专委会与政府相关职能部门的对口协商；二是发挥政协主席会议成员和委员作用，倾听专家建议，切实搞好政协主席会议重点协商；三是发挥政协常委会优势，抓住影响大的重点问题，全面剖析，切实搞好政协常委会专题协商；四是发挥全民关注、社会聚焦、集中建言的优势，切实搞好区政协全委会的全面协商；五是广泛征集提案线索，不断提高提案质量，以主席会议成员督办为重点，切实搞好提案办理协商；六是充分发挥界别优势，集中界别智慧，汇聚界别力量，反映界别声音，切实搞好界别协商；七是发挥社情民意"短平快""直通车"的作用，探索健全工作机制，切实搞好社情民意信息办理协商；八是充分发挥各民主党派、工商联、无党派人士和人民团体在政协职能中的特有作用，加强以党派为主体的各类协商活动。继续加强与各民主党派、工商联和无党派人士的联系与服务工作，通过开展调查研究、做好党派提案工作、发挥界别作用等形式，为各民主党派、工商联和无党派人士在政协中履职创造条件。积极开展走访慰问活动，真诚关心台胞台属、归侨侨眷、少数民族、宗教界人士和政协委员的工作、生活。

五、坚持结合实际、探索创新，在增强政协工作活力上出实招

创新是人民政协事业兴旺发达的强大动力，是人民政协工作生机活力的源泉。

建立和完善政协委员联系群众制度。结合开展群众路线教育实践活动，进一步完善政协委员联系群众制度。从政协常委会成员、主席会议成员做起，引导委员接通"地气"，建立"三级联系"制度，即：政协主席会议成员分别联系常委会委员，政协常委会议成员分别联系委员，政协委员分别联系社区。建好"一家一室"，即：在各街道建立政协"委员之家"，在各社区和部分单位建立"委员工作室"，与群众面对面沟通，心贴心交流，实打实听取情况，以委员的真心换得群众的实意，以委员建言献策为区域经济社会发展出力。

深入开展"我是委员我承诺"主题实践活动。在总结两年承诺活动经验的基础上，2014年的承诺活动把政协委员的承诺事项划分为应该做到的和重点选择的承诺事项两个方面。在承诺活动中，区政协主席会议成员要充分发挥带头引领作用，团结带领全体政协委员积极开展承诺活动；各

深化全面转型　实现石景山区可持续发展的战略研究

第一章　把握发展阶段，破解面临难题

工业城市转型大致会经历探索起步、快速发展和成熟稳定三个阶段。探索起步阶段要制定规划，形成共识，重点解决替代产业选择、下岗职工安置及老厂区环境整治等问题。在快速发展阶段，再造产业竞争优势、提升城市综合功能、强化创新支撑、促进绿色发展等成为重要任务，并呈现出由经济转型转向全面转型的典型特征。此后随着阶段性目标的基本完成，转型将进入成熟稳定阶段。随着北京城市总体规划修编实施和首钢涉钢产业搬迁调整，2006年，石景山区开始了建区以来史无前例的战略转型。经过7年的艰苦奋斗，石景山区已顺利实现“十一五”规划和CRD战略第一步发展目标，经济社会转型迈出实质性步伐，为全面转型发展打下了坚实基础。要继续深化全面转型，走可持续发展之路，必须牢牢把握转型阶段性特征，认清新时期新形势下面临的新挑战，聚集转型发展的新焦点。

一、深化全面转型步入“快车道”

2006年，区委、区政府明确提出打造首都文化娱乐休闲区（CRD）的长远目标，按照“首都绿色转型示范区”的发展定位，坚持科学发展，深化全面转型，攻坚克难，多措并举，开启了全面转型发展的新篇章。

（一）全面转型的历程与成就

近七年，石景山区实现了从工业型经济主导向服务型经济主导，从“单位办社会”向社会服务管理模式创新，从“高排放、高污染”模式向集约、生态模式的重大转变，在替代产业选择、职工再就业安置和环境生态整治等方面都取得了巨大成就。

1. 经济实力显著增强，现代服务业快速崛起

面对首钢“涉钢”产业全部停产的不利形势，石景山区以功能区建设为支撑，以招商引资为抓手，转方式、调结构、保增长，在经济转型发展上迈出了坚实步伐，取得了明显成效。2006～2012年地区生产总值保持了年均7.5%的增速，2012年完成345亿元。固定资产投资从2006年的71.6亿元提升到2012年的144.8亿元，实现了总量翻番。从2007年至今，石景山区共引进企业8200多家，每年引进企业数量从2007年的681家上升为2012年的1804家。每年引进企业形成的税收贡献和区财政贡献由2007年的0.34亿元和0.14亿元上升为2012年的30亿元和10亿元，6年增长了近一百倍。地方财政收入也水涨船高。2006年完成10.5亿元、2011年超过20亿元、2012年突破25亿元，同比增长10.6%，增速居北京市城六区第二位。2013年上半年公共财政预算收入完成15.8亿元，同比增长16.7%，增速居城六区首位。

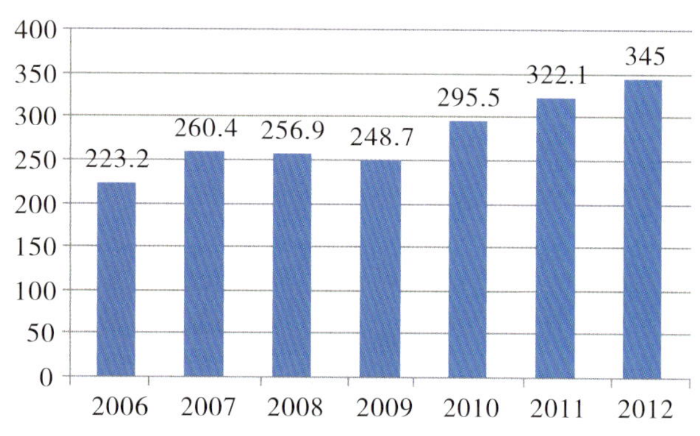

图1　2006－2012年石景山区地区生产总值情况（单位：亿元）
数据来源：石景山区历年统计公报

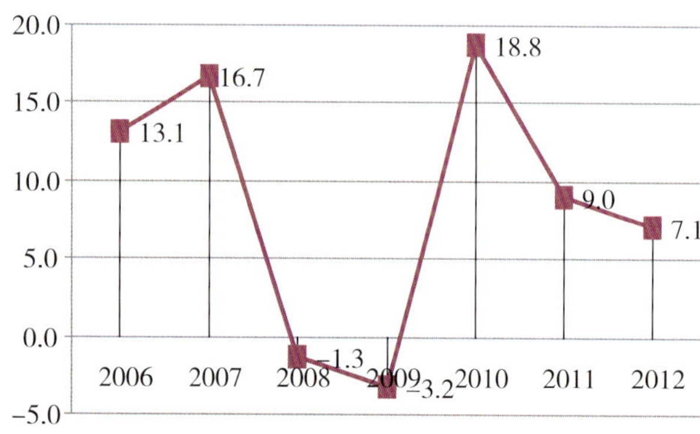

图2　2006－2012年石景山区地区生产总值同比变化趋势（单位：%）
数据来源：石景山区历年统计公报

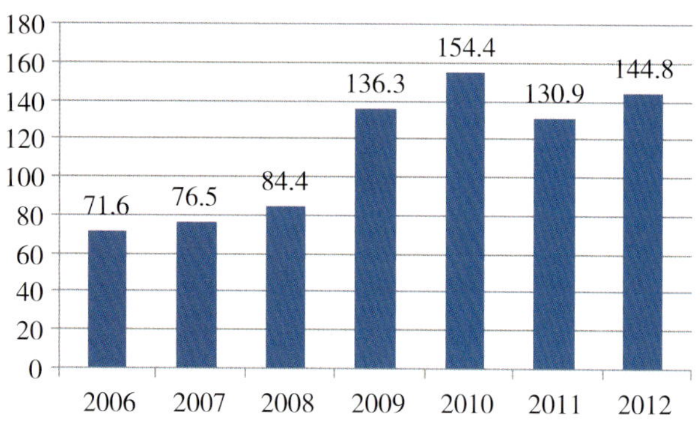

图3　2006－2012年石景山区固定资产投资情况（单位：亿元）
数据来源：石景山区历年统计公报

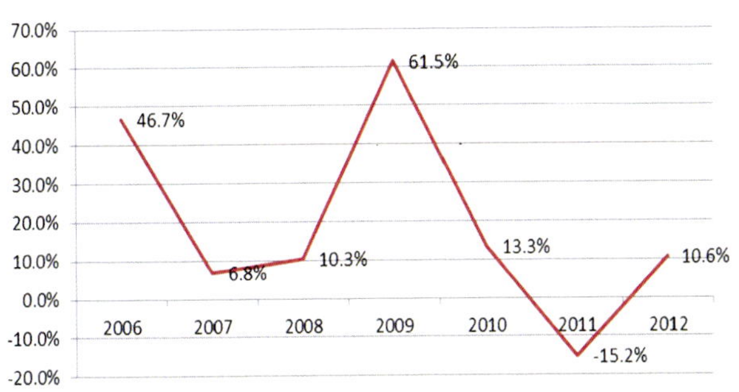

图4　2006－2012年石景山区固定资产投资同比变化趋势(单位:%)
数据来源:石景山区历年统计公报

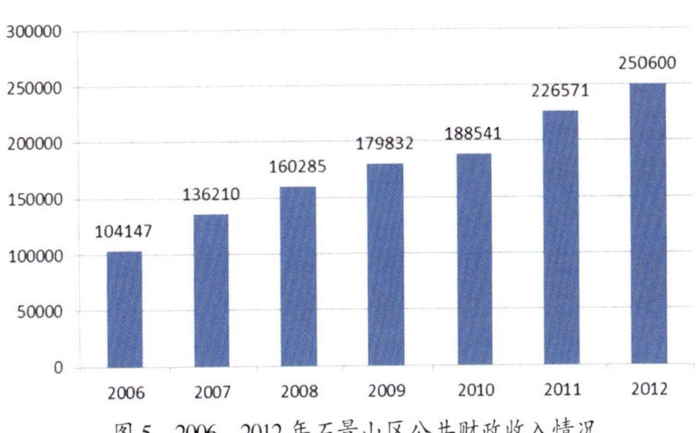

图5　2006－2012年石景山区公共财政收入情况
数据来源:石景山区历年统计公报

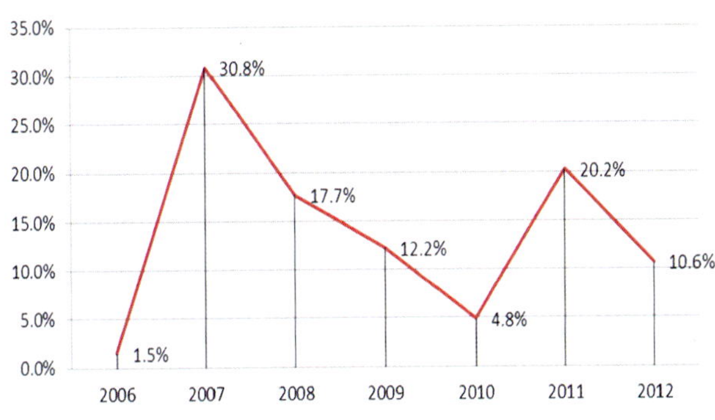

图6　2006－2012年石景山区公共财政收入同比变化趋势
数据来源:石景山区历年统计公报

在总量做大的同时,石景山区产业结构也日趋优化。2006年以来,第三产业增长率在多数年份明显高于GDP增长率。第二、三产业占比由2005初始的70.8:29.1变为2012年的37.2:62.8。近年来,石景山区先后投入扶持资金10.2亿元引导培育主导产业,大力发展的文化创意、高新技术、商务服务、现代金融、旅游休闲五大主导产业,已成为石景山区拥抱未来的坚实臂膀。

(1)文创产业成为区域核心优势产业。自2006年获批“北京市文化创意产业集聚区”以来,石景山区文化创意产业步入品牌化、集群化、规模化提升发展阶段,细分领域不断丰富,新兴业态不断涌现。2012年全区文化创意企业已达3700多家,规模以上企业135家,收入达到240亿元,产业年均增长51.3%,高出全市18.5%的平均水平32.8个百分点,增加值占GDP比重超过12%。其中,游戏动漫产业产值占北京市1/2以上,占全国1/7。石景山区获批“国家级文化创意产业服务标准化试点基地”,北京设计产业示范基地正在规划建设。完美时空、盛大无线、搜狐畅游、巨人网络等全国前十位网游企业总部或分支机构先后落户本区,成为石景山区的亮丽“名片”。

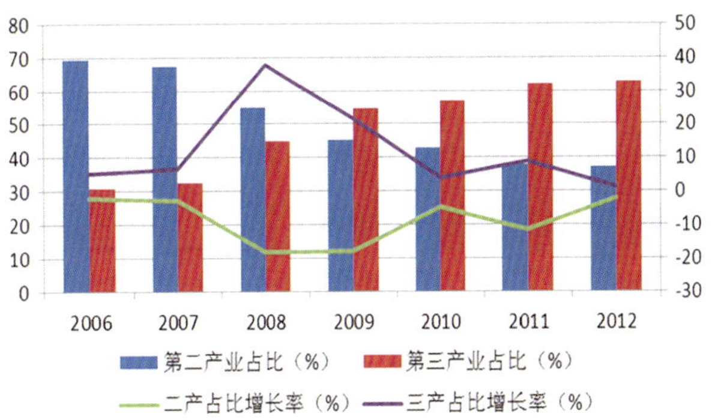

图7　2000－2011年石景山区二、三产业在GDP中占比变化情况
数据来源:石景山区历年统计公报

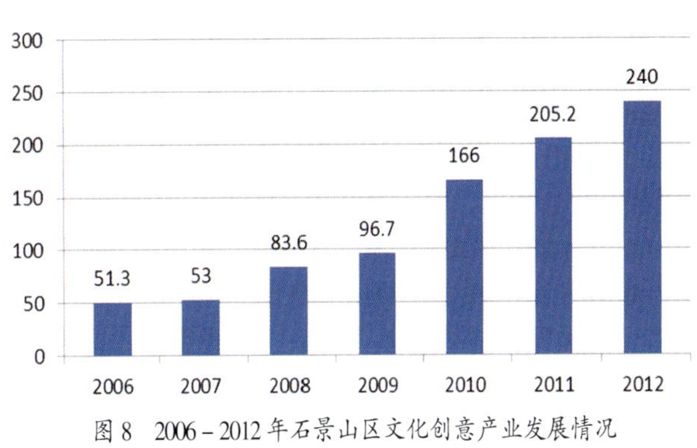

图8　2006－2012年石景山区文化创意产业发展情况
数据来源:石景山区历年统计公报

图9　2006－2012年石景山区文化创意产业同比增长情况
数据来源:石景山区历年统计公报

(2)高新技术产业呈现“融合发展”特征。截至2012年底,石景山区高新技术企业共2017家,实现收入653亿元,税收26亿元,分别占园区收入和税收的72%和96%。其中,符合国家认定标准的高新技术企业248家。这些企业涵盖了数字娱乐、电子信息、新材料、新能源节能、高新技术制造等多个细分领域,并逐步实现与文化创意、制造业、金融业等行业高度融合发展。2012年,成立石景山区科技服务产业联盟,支撑企业科技创新的服务体系不断完善。石景山被五部委认定为“国家级文化和科技融合示范基地”。

代金融、商务服务、旅游休闲等新的主导产业进入加速发展期,全区加快产业结构优化升级、推动区域转型发展任务十分繁重。

2. 城市运行服务正处于全面提升综合承载力的新时期。随着高端服务业的发展,石景山区高层次人才不断聚集,而高端人才的到来也对城区的文化环境、教育品质、城市管理、社会建设等方面提出了更高的要求,并促使消费结构变得越来越多元和高标准,促使城市运行服务迈向新台阶。尽快提高基础设施水平,营造良好的发展环境,提高区域对高端要素吸引力的任务十分繁重。

3. 社会服务管理正在由单位管理全面转向社会管理。石景山因首钢而立。由于长期沿袭计划体制,政府、企业办社会的烙印很明显,这与实现"政社分开",正确处理政府与社会、政府与社会组织的关系,激活社会自治功能的趋势和要求不相适应。下一步,在加快公共服务设施建设,提高社会服务管理能力,解决好企业办社会、城市化过程中农转居遗留问题,加快城乡结合部建设,维护社会安全稳定等方面,石景山区的任务十分繁重。

4. 生态建设由原来的"污染大区"逐步转向生态强区。生态环境问题既是重大的民生问题、社会问题,也是重大的发展问题。十八大报告提出"努力建设美丽中国",把生态文明建设提升到了前所未有的战略高度,这是破解资源、环境约束难题的必然选择。作为传统重工业基地,石景山区长期以来的"高污染、高消耗"模式随着首钢涉钢产业搬迁已退出历史舞台,但生态环境整治的任务、节能减排的压力依然存在。建设"首都绿色转型示范区",实现传统工业石景山向绿色生态石景山转变,都要求石景山区在生态建设上发挥优势、加大力气、建成特色。

(三)深化全面转型的新机遇

1. 老工业基地转型发展的新机遇。根据国务院批复的《全国老工业基地调整改造规划(2013－2022年)》,再造产业竞争新优势、推进绿色发展、增强创新支撑、服务改善民生等将成为调整改造的主要任务,这意味着老工业基地调整改造正式进入转型升级的新阶段。石景山区作为规划涉及的全国120个老工业基地之一,应当抓住这一契机,解决长期存在的产业基础不稳、城市综合服务能力不强等突出问题,用好自身无可比拟的区位优势、政策优势,积极探索老工业基地改造的新模式。

2. 北京西部地区发展的新机遇。石景山区是海淀、丰台、门头沟三区的重要连接点,是京西板块空间结构的支撑点,是西部资源的流动中枢,具有成为西部综合服务中心的天然优势。2011年北京市发布的《关于加快西部地区转型发展的实施意见》(简称《实施意见》)提出,逐步将西部地区打造成为生态友好、功能协调、经济繁荣、人文和谐的京西绿色发展新区。市"十一次"党代会报告再次强调"加快新首钢高端产业综合服务区建设,推进西部综合服务中心区建设,增强对西部转型发展的辐射作用"。这些都体现了京西绿色发展对石景山区的内在要求,也是石景山区发挥后发优势的重大机遇。

3. 石景山"四区"建设的新机遇。国家服务业综合改革试点区、中关村石景山特色园区、国家可持续发展实验区和新首钢高端产业综合服务区,是转型发展的"四张牌""四面旗",是石景山区的独特优势。2013年7月,市政府又专门下发《关于加快推进石景山国家服务业综合改革试点区发展的意见》,为全区服务业发展提供了新的政策支持,"四区"建设优势的发挥还有很大空间。

二、深化全面转型面临新挑战

在看到成绩的同时,也要正视全区转型发展面临的挑战。总体看,全区夯实产业基础还需时日,社会转型的任务依然艰巨,资源的约束效应正越来越强,治污减排的压力也越来越大,整体文化氛围的塑造还需大的提升。

(一)创新能力需进一步提升

经过多年的发展,石景山区创新能力、创新环境等较之转型前有了较大的提升,但从全面转型的目标和要求来看,仍然存在产业创新能力有待加强、创新资源整合力度不够、创新服务体系相对薄弱等问题。石景山区现有文化科技产业总量偏小、龙头企业数量偏小、产业集群不强,产业基础多为重工业遗留,促进文化科技产业发展和创新的资源比较稀缺,发展所需要的载体、项目、资金、人才等处于待补充、待集聚的状态,资源存量还不够,在资源整合、激活、应用等方面也略显薄弱。要适应地区经济转型期及未来科技工作发展需要,顺应北京知识经济发展潮流,提高和增强石景山区持续创新能力,建立行之有效的区域创新服务体系就成为政府管理部门近期及未来的核心任务。

(二)资源集聚能力有待增强

资源集聚能力是一个地区经济活力和潜力的重要表现。是否能有效的集聚土地资源、劳动力资源和市场需求与公共服务等重要资源,成为制约和影响全区可持续发展的重要因素。当前石景山区土地资源利用难度大、人才集聚程度不足、企业融资水平需要提升等一系列问题客观存在,企业难以在集聚区内获取企业发展需要的公共技术和公共服务,集聚区对企业的吸引力不足。伴随而来的问题是企业缺乏核心竞争力,缺乏内生驱动力,缺乏高端产业孵化、培育的氛围,从而制约了石景山区的整体发展。

(三)社会服务管理协调力度需加大

随着全区经济结构调整,大量"单位人"变成"社会人",人们就业、工作和生活方式不断发生变化,对社会的诉求也进一步升级。由于就业形势严峻,群众利益诉求增多,社会矛盾多发,新旧矛盾交织汇聚,尤其在从"三元"社会向城市社会转型过程中,区内依然存在一次性农转居后社会保障、大规模城市建设与拆迁补偿安置等问题,影响着社会稳定大局。尤其是流动人口、老龄人口和特殊人群不断扩大,社会服务管理能力需要进一步提高。

(四)生态治理任务依然繁重

在近些年转型中,石景山区加大了对环境历史遗留问题处理和综合生态整治的力度,但由于首钢、永定河等历史遗留问题,修复改造的难度较大;加上大唐高井和北京京能两大燃煤电厂每年燃煤量约500多万吨,占全市燃煤总量的1/4,工业污染较严重。根据《北京市2013~2017年清洁空气行动计划重点任务分解》,压减燃煤、工业减排、扬尘治理都包括其中,这对石景山地区以大气治理为重点的环境整治提出了新的要求,未来一段时期,石景山地区仍面临着较大的生态治理压力。

(五)CRD文化影响力还需提升

石景山区具有深厚的文化历史底蕴和人文资源,八大处禅林文化、军营文化和以首钢为代表的工业文化相互交融,但总体挖掘和利用还需要深化。社区文化事业需要形成更加鲜明的特色和品牌,公共文化基础设施需要不断完善,整体服务能力有待提高。公共博物馆、图书馆、文化馆、纪念馆、美术馆数量较少,文化高端人才较为匮乏,文化品牌的影响力还需要进一步扩大。

三、深化全面转型需聚焦着力点

石景山深化全面转型已站在新的起点上。要破解发展问题,就必须全面审视发展环境,结合石景山在新时期所承载的使命,重新诠释目标愿景,重点思考目标实现的具体路径,在重大项目和首钢开发上迸发新思路,加快实质性推进,并在促进发展的体制机制上实现新突破。

(一)阐释目标愿景

目标愿景是全区发展的共识。石景山区确立了CRD的发展定位,明确了"三步走"的阶段性任务,如提出"第二步"到2015年"首都文化娱乐休闲区(CRD)的地位基本确立"。这一目标在建设"美丽中国"、实现"创新驱动"、打造"世界城市"的时代背景下,需要进一步丰富和细化,进而为下一步寻求发展路径提供指导。对石景山要打造一个怎样的城区,要有清醒地认识,从而使得在未来十年内,既能超前引领,又能立足自身特色并实现发展的可持续。

(二)夯实产业基础

深化转型的根本还在于夯实产业基础。经济可持续发展是石景山目前存在的最大"短板"。首钢涉钢产业搬迁调整后,以重工业为主的传统第二产业逐步退出,全区重点培育的文化创意、高新技术、商务服务、现代金融、旅游休闲等主导产业对区域经济持续较快发展的支撑能力有待进一步提升。总体上,对石景山区要发展的重点产业和产业发展的重点领域应有更清醒的认识。

(三)策划重大项目

重大项目是经济发展的重要抓手,也是完成固定资产投资任务的重要渠道。要使规划落到实处,还需要有更多重大项目的支撑。要按照"布局集中、用地集约、产业集聚"的原则,统筹重大项目建设,推进产业、社会、生态、文化的全面转型。为此,一方面要继续落实"十二五"规划提出的重大项目,另一方面,也要结合转型发展的新要求,设计新项目、对接新需求。

(四)推进重点区块开发

当前的石景山区处于快速发展的良好态势,拓展载体空间、加快要素集聚就成为了亟待解决的重要课题。要进一步推动五大主导产业在更高水平上集聚发展,必须深入挖掘现有载体资源的潜力,推进资源整合与开发利用,提升全区的空间承载力。因此,能否用好首钢厂区、能否做到中关村石景山园的"扩园提质"至关重要。石景山区应按照团结配合、改革创新要求,发挥市、区、企业多方联动的合作机制作用,推进与首钢的统筹共建、利益共享、融合发展,加快重点区域的开发建设。

(五)创新体制机制

石景山区在国有经济、集体企业市场化改革、中小企业发展、土地制度、环保体制、行政体制等方面,都存在与转型要求不相适应之处。怎样发挥国家服务业综合改革试点区等"四区"建设的政策集成优势,做到有步骤统筹,有重点谋划,都需要全区发扬改革创新精神,在体制机制上先行先试,努力挖掘产业结构升级、城市现代化转型的潜力,实现区域经济社会可持续发展的目标。

第二章 明确发展思路,制定目标战略

为了更好顺应打造"美丽中国"的大趋势,服务北京建设"世界城市"的新要求,未来十年,石景山区要在坚定"一区三中心"的发展定位、稳步实施"首都文化娱乐休闲区"(CRD)"三步走"战略的同时,不断丰富和深化全面转型的内涵,站在建设"首都绿色转型示范区"的高度,统筹兼顾,顺势而为,把可持续发展作为深化转型的方向,以此明确发展思路,制定目标战略,规划实施路径。

一、总体思路

(一)明确可持续发展的战略方向

可持续发展概念,源自世界环境与发展委员会(WECD)1987年发表的《我们共同的未来》报告,可持续发展被定义为:"当代人的发展不以牺牲未来人类发展基础为代价",并确立了可持续发展的三大目标:环境资源保护、经济发展效益和社会公正公平。不断演进的可持续发展内涵,已超越了最初界定的单纯环境保护范畴,它将环境问题与发展问题有机结合起来,成为一个有关社会经济发展的全面性战略。它要求人类在发展中讲求经济效率、关注生态和谐和追求社会公平,最终达到人的全面发展的目的。在这个系统中,经济可持续是基础,生态可持续是条件,社会可持续是目的。人类应该共同追求的是以人为本的自然—经济—社会复合系统的持续、稳定、健康发展。

1. 实现经济可持续发展。经济发展是区域实力和社会财富的基础,也是解决许多不可持续问题的途径。区域经济可持续发展不是以节约资源和保护生态环境为名制约经济增长,而是应该以资源的可持续利用与优化配置、生态环境的良性循环作为前提,通过调结构、转方式,实现经济发展与资源环境相协调、与满足以人为本的要求相适应。

2. 实现生态可持续发展。可持续发展强调了发展是有限制的,没有限制也就没有发展的持续。生态可持续发

展同样强调环境保护，但不同于以往对立的做法，可持续发展要求通过转变发展模式，从发展的源头、从根本上解决环境问题。

3. 实现社会可持续发展。强调社会公平是环境保护得以实现的机制和目标。可持续发展强调发展的本质应包括改善人类生活质量，提高人类健康水平，创造一个保障人们平等、自由、教育、人权和免受暴力的社会环境。

（二）找准“五大转型”的实施路径

全面转型是指一国或地区从经济、生态、社会、文化等各个领域整体上发生显著增长性转变的状态或过程，其目标是为了实现可持续发展。全面转型是实现可持续发展的必要手段，可持续发展是全面转型的最终目的。两者通过不同阶段的纵向衔接和各个领域的横向联系，形成完美融合的共生体。在可持续发展体系下，结合石景山区实际，研究界定的全面转型可以分解为以下五大方面：

1. 经济转型。既要发挥市场调节的基础作用，通过加快产业结构升级转型，大力发展现代服务业，提升产业总体层级和水平，也要发挥政府引导作用，改变经济发展方式，从线性经济转变为循环经济，改进现代工业，发展生态经济、循环经济和低碳经济，深化工业型经济向服务型经济转变。

2. 生态转型。改变过度追求经济发展，忽略环境生态问题的“路径依赖”，从只关注环境治理到全过程实施环境保护。从生产环节开始，直到消费终端，把环保生态意识贯穿其中；改变生活方式，从高能耗消费转型到绿色消费。遵循生态整体性思维，实现经济效益、生态效益和社会效益的统一。

3. 城市转型。城市是各种转型的载体，其本身也存在转型的特定诉求。城市转型一方面体现了对基础市政设施完善等“硬件”的要求，另一方面，也要体现以人为本理念，由管控为主变为服务为主，由传统城区向人文、智慧城区迈进。

4. 社会转型。主要是在发展经济的同时，兼顾民生，保障人们享受到经济发展成果。通过统筹城乡、统筹区域、统筹各领域协调发展，建立完善的社会保障系统、教育医疗系统、人才就业系统和公共服务系统，建设和谐新社区，促进社会各阶层的和谐统一。

5. 文化转型。把文化转型作为全面转型的重要内容，是国家文化大发展大繁荣的必然要求，也是石景山区作为首都休闲娱乐区，所必须具备的要素和优势。文化是一个地区存在的灵魂和标示，文化转型是实现可持续发展在精神层面与时俱进的重要表现，应当作为全面转型的重要组成部分。

二、目标愿景

（一）总体目标

在CRD特色形象定位的引领下，通过经济、生态、城市、社会、文化“五位一体”的全面转型，最终将石景山区打造成经济高度发达、社会事业先进、生态环境优美、文化魅力彰显、生活安全舒适、高端人才聚集、创新氛围浓郁的现代化首都新城区和转型发展示范区。

（二）功能性目标

1. 现代服务业发展集聚城区

利用国家服务业综合改革试点区的政策优势，依托地处长安街西延线得天独厚的区位优势，用足用好以新首钢高端产业综合服务区为核心的载体资源，积极吸引高端要素聚集，大力发展文化创意、商务服务、金融服务等高端服务业，争取服务业占比超过北京市平均水平，将石景山区建设成为辐射京西的高端服务业集聚区。

2. 生态文明特色示范城区

借鉴争创“国家卫生区”和“全国绿化模范城市”经验，继续打好环境整治攻坚战。利用石景山区山水资源优势，强化生态环境建设，争取城市绿化覆盖率超过60%；加大城乡结合部等薄弱环节的环境整治力度；深入开展“打非治违”专项行动，构建生态环境治理的长效机制，真正树立全区在绿色生态上的优势和品牌。

3. 社会功能完善宜居城区

坚持以人为本理念，确保2020年实现居民收入“倍增”，实现基本公共服务对常住居民的全覆盖，切实提高服务能力和水平；创新政府购买服务模式，扶持和发挥社会组织作用，全面建成“一刻钟生活服务圈”；不断提高城市建设与管理水平；倡导良好的社会风气，将石景山区建设成为城市运行有序、人民富裕幸福、生态环境优美的宜居城区。

4. 文化娱乐休闲品牌城区

突出石景山区“京西文化”特色，发挥“近城山水”的生态、休闲价值，不断完善和丰富首都文化、娱乐、休闲功能的使命和职责，将世界城市特点与古韵京西特色相结合，提高公共娱乐休闲服务能力，建立新型社会文化体系，建设文化品牌独特、企业品牌汇聚、城市品牌彰显的首都文化娱乐休闲区。

三、发展战略

在明确思路目标基础上，石景山区在产业、生态、城市、社会、文化等方面应实施“五大转型”的新战略。

（一）产业转型升级战略

在明确五大主导产业个性化发展策略基础上，通过打造产业集群壮大产业规模；通过促进产业高端融合培育新的产业增长点；通过优化空间布局，建设“一轴、一带、一核、一园、多支点”主体功能区；与此同时，优化招商结构，积极吸引国际国内高端人才、跨国公司总部、国际知名机构、要素交易市场等高端要素聚集，推动产业整体升级。

（二）“两型”城区支撑战略

以“资源节约型、环境友好型”城区建设为总体要求，从加强顶层设计入手，实现空间、土地、产业、生态的相互衔接，在实施生态环境修复的基础上，开展节约型园林绿化建设和生态景观建设，重点引进发展生态环保型和低碳型产业，推广绿色建筑和绿色交通，倡导低碳生活，将石景山区打造为低能耗、无污染、资源节约、技术密集、附加值高的“两型城区”。

（三）城区功能优化战略

加快城市基础设施建设，构建便捷高效的路网交通体系，保证安全稳定的资源、能源供给；发挥重点区域的辐射和带动作用，把握首钢搬迁调整的有利契机，加快推进新首钢高端产业综合服务区建设，进一步完善中关村石景山园、西部地区等重点区域基础设施建设；建管并重，利用科技手段完善城市信息化管理体系，推动公共服务智能应用，开展应急管理及生态环境智能应用，建设智能高效新城区。

（四）社会管理提升战略

坚持以人为本理念，在优化就业结构，实现基本公共服务均等化，打造高端教育、医疗品牌上下大力气；不断创新社会服务管理，继续坚持政府购买服务模式，大力扶持和发挥社会组织作用，不断推进“一刻钟生活服务圈”建设，使群众得到更多便利和实惠。

（五）文化创新带动战略

明确文化主题，完善文化设施，创新文化形式，塑造文化品牌。通过实施文化创新带动战略，提升石景山区文化内涵。一方面全力推动文化创意产业发展，提高文化创意产业的首位度、集聚度、关联度和贡献度，使文化创意产业实力进一步增强，发展活力进一步迸发，名家名企进一步集聚，产业品牌进一步打响，影响力和知名度不断提升，另一方面，通过实施公共文化事业提升工程，实现石景山区文化大发展大繁荣。

四、实施路径

按照既定的目标战略，要把工作做好，必须抓重点、抓关键，循序推进。下一步深化全面转型，实现可持续发展，应以国家服务业综合改革试点为统领，加快推进“四区”建设实质性落地，尽快提升石景山的经济实力；在此基础上，更加重视生态环境保护、城市建设管理、社会公共服务以及文化氛围营造等工作，努力完成实现深化全面转型，建设首都绿色转型新城区的历史使命。

（一）着力推进国家服务业综合改革试点建设

“四区”建设（国家服务业综合改革试点区、中关村石景山特色园区、国家可持续发展实验区和新首钢高端产业综合服务区）是摆在石景山区面前实实在在的优势和机遇，要打好这“四张牌”，就必须充分把“四区”之间、“四区”与石景山区面临的重大机遇之间、“四区”与石景山经济发展规划之间进行有效整合。要把国家服务业综合改革试点区作为突破口，以壮大服务业为核心，夯实产业基础，在此基础上，在通盘考虑、顶层设计方面充分挖掘，在创新举措、政策争取、项目设计、资金落实等方面及时有效跟进，把“四区”做实做好。一方面，要结合北京市《关于加快推进石景山国家服务业综合改革试点区发展的意见》，进一步加强组织与政策保障。健全完善国家服务业试点区建设领导机构，明确分工，落实责任。建立纵横向市区两级联动工作机制，做好相关职能部门与市级相关部门的政策对接，制定行业发展重点，细化、完善服务业发展指导目录。使政策更细化，更容易落地，并产生实质性影响。另一方面，要结合重点区域、重大项目，以及其他重大政策落地，将服务业综合改革的思想和行动贯穿其中，将服务业综合改革分解为职能部门能够落实和解决的行动。既要有发展的实招，更要有改革的举措；既着眼于提高区域服务业发展水平，更要形成在服务业体制改革上广泛的国内外影响，打响石景山品牌。

（二）促进经济、社会、文化和生态协调发展

发展的根本目的在于提升人们的生活水平。可持续发展理念强调的是经济、社会、生态的和谐统一。石景山区在顺利度过转型难关、产业发展基础不断夯实的情况下，更要坚持经济、社会、生态等方面协调发展，把生态保护好，把环境治理好，把老百姓的生活条件改善好。根据“三步走”战略，到2015年，现代服务业和高新技术产业初具规模，产业转型成效显现，城市服务功能显著提升，首都文化娱乐休闲区的地位基本确立；到2020年CRD基本建成。这个过程，主要是加快培育和壮大主导产业、加快产业功能聚集区建设和优化区域发展环境的过程。当务之急在于，以国家服务业综合配套改革试点为统领，结合对“十二五”中期评估对形势的判断和下一步发展要求，高标准完成“三步走”第二步的目标任务。在推进“三步走”目标，乃至更长远的目标战略谋划中，要把可持续理念贯穿于生态、社会、文化发展过程中。细化生态、社会和文化等方面的发展任务和实施步骤。生态立区、文化兴区、服务民生，既要做到统筹兼顾，又要在各个阶段有所侧重。尤其是随着发展阶段的变化，石景山区已经能够很好的解决“就业”和“吃饭”问题，更应当腾出精力、保证投入，为石景山区居民创造更优质的生活环境。

第三章　承接目标战略，实施转型举措

石景山区要以“五大转型”举措的实施，为深化全面转型，实现可持续发展奠定坚实基础，以产业转型明确高端融合新路径，以生态转型树立生态城区新特色，以城市转型凝聚京西新城新优势，以社会转型凸显人文智慧新亮点，以文化转型塑造休闲娱乐新品牌。

一、产业转型，明确高端融合新路径

新的历史阶段，石景山区产业转型主要面临如何将主导产业培育为支柱产业并参与区域竞争的问题。原有的“带土移植”模式面临的政策风险日益增大，迫使石景山区在产业发展模式上寻找突破，实现由特色引领向高端融合迈进。

（一）明确产业方向，构建梯度发展体系

坚持产业规模提升和新兴业态导入相结合；坚持不同产业协同互补发展相结合；既要夯实有优势的主导产业，又要培育未来具有发展潜力的新兴产业。对已经具有相当规模、发展较为成熟的产业要“提升规模”，做大做强；对于产业基础较为薄弱，但市场前景广阔、发展潜力大的战略性增长点要“重点培育”，构建石景山梯度发展体系。

表3　五大主导产业及其产业细分增长点

产业	发展策略	发展领域	细分增长点	载体/平台
文化创意产业	规模提升	数字娱乐	网络游戏、影视动漫、数字媒体技术开发，内容制作，媒体平台	中国数字娱乐第一区 中国动漫游戏城
		新闻出版	数字出版	
		广告会展	利用奥运会场馆和首钢载体资源主办中小型会展	
	重点培育	设计服务	动漫游戏设计、工业工程设计、规划建筑设计	北京“设计之都”核心区
高新技术产业	规模提升	信息技术	物联网，云计算，智能交通，智能楼宇，IT产业技术公共平台	智慧石景山 中国绿能港
		新材料	新兴材料研发、技术转移、项目转化	
		新能源	新能源技术咨询、研发设计，新能源技术转移及产品展示平台，合同能源管理	
		节能环保	节能技术研发，环保材料研发，节能环保服务	
	重点培育	高技术服务业	研发服务、标准申请、技术交易、管理咨询、创业辅导、知识产权代理、律师事务所、专利事务所、行业协会	
现代金融业	规模提升	金融要素交易	贵金属交易所，保险、碳排放权交易平台，文化创意产品、高新技术产权交易平台	长安金轴 国家保险产业园 中关村互联网金融产业基地
		金融投资理财	投融资服务机构，财务管理机构及资产管理机构	
		金融后台服务	机构研发中心、数据处理中心、清算中心在内的各类金融机构后台中心，金融后台服务外包	
		金融服务中介	保险中介，资产评估，信用担保，金融租赁、典当，金融信息服务等中介机构，经济鉴证类中介组织	
	重点培育	文化金融	文化银行、文化基金、文化担保等	
商务服务业	规模提升	总部办公	公司地区总部及研发、营销、结算等机构，先进制造企业总部	国家服务业综合改革试点区 总部经济区 中国电子商务总部基地
		会展业	京西会展商务区、天泰山国际会议中心等项目	
		电子商务	创建具有支付、物流配送和信用评级等服务功能的综合性电子商务平台	
	重点培育	专业服务业	信息服务、咨询服务、法律服务、知识产权服务、企业创业服务	
旅游休闲业	规模提升	历史文化旅游易	八大处佛教文化胜地、京西历史遗迹旅游	首都娱乐休闲中心
		生态旅游休闲	天泰山生态旅游资源开发、五里坨地区生态旅游、永定河生态旅游	
		都市休闲娱乐	首钢工业旅游，以石景山游乐园、国际雕塑公园为重点的休闲娱乐体验	
	重点培育	休闲服务业	旅行社，高端旅游集散中心，旅游购物，住宿餐饮业	

1. 继续巩固文化创意产业支柱地位。在保持现有产业优势的基础上，培育具有较大发展潜力的新兴业态，壮大文化创意产业规模。促进文化创意产业与高新技术融合发展，引进具有高附加值、高技术含量的数字三维虚拟影像制作、智能终端等业态。

2. 推动高新技术产业取得突破性进展。发挥“中关村国家自主创新示范区”的品牌效应，积极引入和集聚创新资源，鼓励企业与国内外各高等院校和科研机构开展合作；组建高科技研发中心、开放式实验室，支持高等院校、科研机构以技术入股方式衍生新企业或参与股权收益分配，促进重大科研成果落地转化；打造高层次创新人才集聚区，完善科技创新政策支撑体系，提升整体研发创新能力。推进科技与商业结合的物联网行业、科技与金融结合的科技金融产业创新发展，推进电子支付、电子商务等领域的自主创新，以科技提升旅游会展、休闲娱乐等产业的增加值和发展水平。

3. 实施差异化发展，打造“长安金轴”。大力发展商务金融，实现与金融街、CBD的差异化发展；借助石景山区提出“以长安金轴为载体，打造金融产业集聚地，构建金融服务中心、股权基金中心和产业培育中心三大服务平台”契机，积极开展理念创新、产品创新和服务创新，吸引特色金融机构入驻，探索文化金融、绿色金融、科技金融、电子商务金融等行业特色服务功能，打造特色金融发展集聚区。

4. 推动电商企业集群，提升商务服务业发展水平。充分利用石景山区现有商务楼宇资源，打造商务主题楼宇群，丰富银河综合商务区、京西会展商务区等区域性经济中心内涵，不断提升生活型服务业水平。逐渐形成以总部经济为核心、会展广告为特色、电子商务为支撑、专业咨询服务为主力、提升生活性服务专业水平为重点的商务服务业发展体系。借助石景山区电子商务发展势头，吸引大型电子商务企业建设总部和办公楼宇，打造电子商务主题楼宇，整合瑞达大厦、盛景国际大厦、银河综合商务区等优质载体与配套资源，建设“北京电子商务集聚区”。

5. 加大旅游资源整合力度，增强旅游休闲产业的文化内涵和国际影响力。探索景区经营权整合，建立各景点景区的“经营入股”等合作模式，鼓励经营同一条旅游线路的各旅游区、各企业共同研发完整旅游产品，以联合、促销、战略联盟、新线路策划等方式运作。针对石景山区旅游品牌不足、市场份额小等难题，紧抓首钢工业区将成为后工业时代旅游文化区的机遇，打造世界旅游城市体验中心，加快旅游休闲娱乐产业链条整合。

（二）打造产业集群，增强产业根植性

要着力增强产业的根植性，依靠企业的内生动力、产业链衔接及平台纽带加强产业的集群，实现石景山区空间集聚、行业集聚和企业集聚三种状态的统一。

1. 引导企业加强创新，增强发展内生动力。一是鼓励区内企业不断进行自主创新，使企业通过企业间的合作、地区的创新氛围、发挥龙头企业辐射作用形成稳固的产业集群；二是鼓励区内文化创意等企业与国内外顶尖专业化公司合作，提高创新速度，促进相互竞争；三是引导和鼓励企业主动进行专业化分工与产业配套，通过上下游产业链的分工协作，形成良好的群聚效应，提升产业集群的整体竞争力。

2. 明确载体功能，实现产业的空间集聚。以西山汇新媒体产业基地、国际创意谷、中国动漫游戏城为载体，吸引文化创意企业集聚，打造文化创意产业集群；以中关村石景山园为载体，用好“1+6”政策，吸引高新技术企业集聚，打造高新技术产业集群；以长安街西延线主轴、永定河绿色生态发展带、石景山游乐园、首钢工业主题文化创意区及八大处公园为载体，吸引旅游休闲高端业态入驻，打造旅游休闲产业集群；以首钢高端产业综合服务区、银河综合商务区和京西会展商务区为载体，吸引高端商务要素集聚，打造商务服务产业集群；以长安金轴、京西会展商务区和首钢核心区为载体，吸引高端金融要素集聚，打造现代金融产业集群。

3. 搭建平台纽带，维系产业集群。石景山区产业集群发展缺少两类公共服务平台，一是共性技术和集成技术服务平台；二是中介服务平台。为此，可针对各产业集聚区搭建公共服务平台，以此整合上下游企业、横向关联企业及政府管理部门、中介机构的信息资源，包括企业最关心的产业政策解读、融资支持及公共技术等。另外，应大力推进行业协会建设，成立文化创意、高新技术、现代金融等行业协会，协助石景山区政府实施行业管理，规范企业行为，加强行业自律，维护企业合法权益和公平竞争的环境。

（三）促进高端融合，培育新兴业态

石景山区几大产业的自发融合已有一定基础，下一步要在产业高端融合上做文章，探索更多的产业融合业态，改变产业间各自为战的局面。

1. 实现文化创意与高新技术产业融合，大力发展数字娱乐业。充分利用“国家级文化和科技融合示范基地”的契机，推进文化创意与高新技术深度融合，探索数字出版、数字动漫、数字媒体、三维动画、数字影音、数字音乐、智能终端等新兴融合形态。一是在三维虚拟技术和创意设计应用方面大力发展数字三维虚拟影像制作、数字博物馆等；二是重点支持基于三网融合的全媒体播送交互体系方面的国家新闻出版重大工程、三网合一的数字家庭网络等；三是在行业性设计支撑平台方面支持移动终端及计算机周边产品设计中心、创意服装设计产业园、游戏动漫内容设计和渲染中心等领域快速发展。

2. 实现高新技术产业与现代金融业融合，大力发展科技金融业。以建设国家保险产业园为契机、以互联网金融产业基地为依托，结合中关村石景山园的科技创新优势和现代金融业发展基础，一方面，推动高新技术在金融领域的应用，引导和鼓励各类金融机构在石景山区开展支持科技创新的业务试点，鼓励区内金融企业开发虹膜、指纹、人脸综合识别系统，利用先进技术开拓市场，积极开发针对客户需求特点的高科技理财产品和电子银行业务。另一方面，大力增强金融业对高科技企业的支持力度，推动科技金融业务创新，定制开发股权质押、知识产权质押、信用保险质押等科技金融产品，探索科技贷款担保、科技保险、产权交易与股权交易等新模式，为企业的不同融资需求提供差异化服务。

3. 实现文化创意产业与旅游休闲业融合，大力发展文化旅游业。文化是旅游的灵魂，旅游是文化的载体。石景山区要着力挖掘区内历史文化资源，逐步提升旅游品位，促进旅游业转型升级，形成旅游与文化的“双赢”；同时充分发挥石景山区文化创意产业特色优势，将部分特色鲜明的文化创意元素融入旅游产品中，以此来提升旅游业的文化内涵和文化创意品牌的知名度。

4. 实现旅游休闲与高新技术产业融合，大力发展智慧旅游业。打造旅游电子商务、虚拟旅游产品等智慧旅游方式，充分发挥动漫企业集聚、电子竞技类项目资源丰富的优势，实现其与特色旅游资源的整合，并通过融入高科技元素使游客模拟动漫角色、参加电子竞技运动以及在石景山游乐园设置体现石景山区旅游特色的虚拟场景等，为广大游客量身定做旅游产品，带给旅客全新的旅游体验，打造智慧旅游体验地。

5. 实现高新技术与商务服务产业融合，大力发展电子商务。加快电子商务硬件建设，协助改善网络运行环境。大力推进特色电子商务主题楼宇建设，实施“商务领域电子商务企业示范工程”，加快培育一批有实力的电子商务企业。鼓励电子商务企业技术创新、产品创新和应用模式创新，同时不断完善电子商务的管理体制和机制，推进电子商务公共服务体系建设，帮助企业降低成本。

"绿色北京"实施的九大工程之一。要应充分利用绿色环境优势,积极推广绿色建筑,为建设低碳清洁城区增色添绿。在建筑设计上,执行绿色建筑标准,在采光、通风等设计方面融入低碳环保元素;在建筑绿化上,可进行墙面垂直绿化,既能弥补石景山区土地紧张、绿化用地不足的困境,还能起到降温隔热、过滤有害物质等作用;在建筑工程材料利用上,充分利用节能环保技术,使用太阳能和纳米材料实现太阳能和雨水的循环利用。在试点建设上,采用梯度建设、循序渐进的方式,先在长安西街延长线主干道两旁规划建设的建筑及一些标志性建筑上进行试点,再逐步推广,最终实现全覆盖。此外,要积极推进商务楼宇、产业园区的建筑节能改造,通过补助等方式鼓励新建工程采用高于地方节能标准的环保产品。逐步推进路灯、垃圾处理场等市政设施的节能环保改造。进一步完善老旧小区、商务楼宇、产业园区的绿化配套。

4. 发展绿色交通。一是要构建绿色交通出行系统。优先发展城市公共交通,在长安街西延线等城市主干道开辟城市公共交通车辆专用或优先行驶通道,大力提高公交服务质量,努力使公共交通成为群众出行的主要方式;加强汽车尾气排放监督和治理;加速淘汰高耗能的老旧汽车,控制高耗油、高污染机动车发展;鼓励使用节能环保型车辆和新能源汽车、电动汽车;积极推行公交车、出租车"油改气"工作。二是发展智能交通管理系统。充分应用物联网技术,提升交通系统中的人、交通工具和交通设施之间的有机联系,最佳利用交通系统的"时空"资源。建立交通信息发布和预警、预报系统,为交通出行提供动态信息服务;采用智能交通运行协调指挥和管理系统;积极探索并实行电子智能车牌等。三是做好生态站场建设。打造美丽、壮观、绿色、和谐的生态站场,让重要站场成为人流、物流中心的同时,也成为商贸中心、休闲中心和娱乐中心。

5. 倡导低碳生活。低碳生活既是一种生活方式,同时更是一种可持续发展的环保责任。低碳生活要求人们树立全新的生活观和消费观,减少碳排放,促进人与自然和谐发展。一是大力开展植树造林,推进绿地系统建设,多渠道增加森林碳汇。二是培养低碳生活方式,选择低碳低耗家具、电器,选择低碳绿色交通出行,养成良好的低碳生活习惯。三是要组织多种形式的宣传推广活动,吸纳公益性环保组织参与,让更多的人积极参与宣传实践,践行低碳理念,塑造低碳氛围。

三、城市转型,凝聚京西新城新优势

(一)提升城市基础设施承载力

高起点做好基础设施规划工作,对现有专项规划进行论证和修订,谋定而后动,以城市骨架路网、重要功能区以及土地一级开发地块周边道路,基础设施重要站点的建设为重点,带动地下市政管线和交通、环卫等配套基础设施的建设。一是要加快推进交通路网、苹果园交通枢纽和公共停车场等的建设;二是要加快推进以环卫、水务为重点的市政基础设施建设,在西部地区尽快形成独立的污水管网体系,积极推进西北热电中心建设和全区老旧供热管网设施改造;三是要加快推进防灾减灾基础设施建设。

(二)完善城市信息化管理体系

积极推进物联网等现代信息技术在城市管理方面的示范应用,推进智能社区试点工作,建立覆盖社区的物联网通信平台,促进社区综合管理和智能物业管理。一是依托新首钢、中关村石景山科技园和苹果园交通枢纽建设,加强智能交通技术应用和管理。二是实施若干重大信息化工程,加快"智慧石景山""无线城区"建设,重点实施智能交通工程、数字城管工程、电子政务工程等,推进城市管理和公共服务信息化,提升城市运行效率和管理服务水平。

(三)推动公共服务智能化改造

全面推进面向市民的医疗卫生、社会保障、住房、教育、就业、供电、供水、供气等公共服务智慧应用系统建设。加快推进数字化医院的建设,建立居民电子健康档案,重点在重症监护、病患管理、用药安全、血液制品管理以及医疗废弃物处理等方面开展物联网应用;构建以社会保险、社会救助、社会福利为基础,以基本养老、基本医疗、最低生活保障制度为重点,覆盖全区的数字化社会保障统一管理体系;整合完善水、电、煤气等公共事业缴费服务平台,建立方便快捷统一的缴费方式;推进"智慧社区"建设,提升社区管理、社区服务的数字化水平,创造智能、便捷、安全、绿色的社区生活;推广智能终端进入普通家庭,使居家老人、残疾人、病患人群享受智能辅助服务。

四、社会转型,凸显人文智慧新亮点

(一)优化就业结构

一要提高要素资源集聚程度,改造提升传统产业,大力发展产业链上端产业,以现有五大产业为基础,不断扩大细分业态,改善高端产业发展和集聚的大环境。以中关村石景山园扩园为契机,加快体制机制对接,形成人力资源得到充分发挥的高新技术企业和现代服务业集群。二要多渠道开发就业岗位,在政策调整、规划编制、确定重大事项时要统筹考虑就业因素,梳理"发展"与"就业"两手抓的思路。三要创新政府补贴培训模式。加大培训力度,实现就业转型,尤其是要注重职业教育,结合石景山产业转型的需要,加强成人教育和职业教育,推进域内文化教育资源和设施向公众开放;做好低收入人群的社会保障工作,通过开发式帮扶,提高低收入人群就业竞争力,形成与产业结构相配套的就业结构。

(二)打造高端教育、医疗品牌

建设高端学校、医院,在教育方面,一是要创新教育管理机制,全面提升教育品质,建立财政支出向基础教育倾斜的机制;二是加大社会办学、合资办学等力度,打造名师名校。利用石景山区"绿色教育"引领区域教育资源整合,加快北师大附中分校、清华附中分校等品牌名校在石景山区落户步伐。在卫生事业发展上,一是充分利用现有资源或引进社会资本,引进优质、品牌医疗机构,发展品牌学科、专科特色医疗。同时,争取在解决社会资本进入医疗卫生事

业的瓶颈性制约问题上取得突破，为民营医疗机构创造与国有医院大体平等的政策环境。二是探索地区间医疗协作新机制，利用北京地区乃至全国的人才技术资源优势，不断提升区域医疗服务能力和技术水平。如利用石景山区整形医院等方面优势，可考虑同韩国等国外知名整形医院等合作，大力发展有特色、高效益的整形美容医疗产业。三是建议建立石景山区医疗卫生协调委员会；加强行业监管，维护区内医疗市场秩序。

（三）创新社会管理

1. 全面建设网格化社会服务管理体系。研究制定《石景山区社会服务管理精细化指标体系》，加快建立健全区、街“社会服务管理综合指挥中心”，搭建“三级平台”，实现城市管理网格、社会防控网格、社区网格“三网融合”。与城市管理中的重大问题紧密结合，促进城市管理的精细化发展。树立以人为本、服务为先的理念，让建设成果惠及人民群众。打破“条”“块”分割，充分整合城市管理、应急指挥、综治维稳等各类资源，实现网格化社会服务管理的上下畅通、高效有序、协调有力。充分发挥社区党组织的领导核心和社区居委会的监督指导作用，有效发挥“新居民互助服务站”“商务楼宇工作站”等新型工作载体作用。探索实行网络问政。运用政府网站、微博、微信等新媒介手段，打造网络问政平台。

2. 提升完善应急指挥系统和应急机制。以提高突发事件应急处置能力为重点，高度关注民生安全，严格落实生产、食品、药品、产品质量、消防、交通等安全工作责任制，加强事故隐患排查整改工作，逐步建立长效管理机制。加强流动人口管理服务工作，扎实做好科技创安后续工作，完善社会治安防控体系建设。不断完善信访工作机制，加大人民内部矛盾排查调处力度，不断巩固和发展安全稳定的局面。

3. 鼓励和引导社会组织发挥更大作用。大力发展行业协会商会类、科技类、公益慈善类、城乡小区服务类等四大类社会组织，一是给这类组织注册创造便利条件，二是要通过政府购买公共服务的方式，给民间社会组织提供资助，围绕市区重点工作、热点难题问题，以及创新社会建设的机制，选择贴近民生、贴近社区、贴近百姓的项目由政府出资来购买，形成政府主导、市场补充，社会组织积极参与的居民公共服务支撑体系。

（四）加大服务民生项目建设

1. 完善社会保险和福利体系。完善基本养老保险制度，逐步做实个人账户。完善基本医疗保险制度，进一步提高医疗保障待遇水平。完善工伤保险制度，建立健全预防、补偿、康复相结合的工伤保险机制。建立“保障生活、预防失业、促进就业”三位一体的失业保险制度。稳步推进生育保险工作，努力实现生育保险全覆盖。促进基本保险与补充保险、商业保险有机结合，形成多层次、多元化、广覆盖的社会保险服务体系。进一步扩大救助面，重点将首钢富余人员、农转居人员优先纳入救助服务范围。鼓励和支持民间资金依法进入社会福利和社会服务领域，大力发展慈善事业。继续加大济困工程资金投入，做好低收入家庭的社会救助工作。以医疗、最低生活保障为重点，增强社区社会福利和社会服务功能。

2. 做好特殊人群的保障工作。一是妥善解决农转居人员的社保及其它后续问题。积极研究石景山区集体土地变为国有土地、农用地转为建设用地以及采取“绿地置换”等方式妥善解决农转居后续问题，扩大农转居地区城市政策覆盖面；二是加快建立完善的养老服务体系。健全社区老年医疗和健康知识咨询服务体系。开展社区居家养老服务，逐步建立养老服务实体。建立空巢家庭老人帮扶服务网络，加快社区为老年人服务呼叫系统网络化建设。三是加快推进保障性住房建设。加快五里坨、老古城、刘娘府、西黄村、二管厂、衙门口等地区定向安置房建设，推进麻峪村居民搬迁安置；加快廉租房和公租房建设。

3. 加快“菜篮子”等服务工程建设。大力推进社区公共服务体系建设。拓宽社区服务领域，大力培育社区服务组织，积极推进就业服务体系建设、社会保障体系建设，搞好社区便民生活服务。力争三年时间，在继续完善以“菜市场为主，生鲜超市为辅，便民菜店为重要补充”的蔬菜零售三级框架格局的基础上，对硬件设施缺乏的社区引入“车载车售”新模式，基本形成以菜市场、生鲜超市、便民菜店为主体，以车载市场为补充的蔬菜零售网络“3＋1”模式。发展社区卫生，繁荣社区文化，美化社区环境，加强社区治安。进一步加强社区基础设施建设力度。

五、文化转型，塑造休闲娱乐新品牌

（一）明确主题文化

把石景山区东中西三个区域、传统与现代、动感刺激与恬静休闲等文化资源有机整合、精心策划，在已有的游乐园洋庙会、动漫体验基地、重阳登高节的基础上整体包装，开发出更具吸引力的系列文化旅游项目，在CRD产业、环境和景观建设等环节中，注入更多的文化内涵。依托山水生态文化，深入挖掘京西文化底蕴，营造创新文化氛围，全力培育以休闲娱乐为特色的主题文化。如结合模式口驼铃古道的改造，挖掘饮食文化；挖掘佛牙舍利、中国佛教协会等佛教资源；积极培育生态文化。大力发展休闲娱乐、体育赛事、体育竞技、文艺表演等时尚类活动，营造全区时尚氛围。按照建设创新型城区的要求，创新发展理念，创新体制机制，营造全区良好的创新文化氛围。

（二）完善文化设施

高起点、高标准地建设石景山区文化中心、CRD新剧场、京西博物馆、音乐厅、图书馆等一批文化场馆，逐步形成布局合理、层次分明的“区－街道－社区”三级文化设施体系，提前建成高效的“一刻钟文化服务圈”。实施群众文化品牌工程、文化精品打造工程、文化惠民演出工程和文艺骨干培育工程，完善社区街道文化设施，形成布局合理、覆盖全面的公共文化设施体系。利用京西优质的生态环境资源，与世界知名品牌娱乐机构合作，建设有特色的品牌性娱

乐场所。

(三)创新文化形式

优化整合、提炼创意才是资源利用的最高境界,针对石景山区文化资源的特点,只有开动脑筋、突破观念、整合资源、不断创意才是出路。在文化新业态新产品方面,可将首钢工业遗产、实景游戏和网络游戏相结合,产生新的文化产品;建设"创客空间"等创意平台,可能产生无穷无尽的新创意;将石景山游乐园与古今中外的文化资源相结合,可以突出文化生态多样性的文化主题,成为脱胎换骨新产品。

(四)打造文化品牌

进一步突出地方特色,打造旅游品牌。石景山旅游资源开发要在"特"(特色产品、特色风情、特色服务、特色购物、特色饮食等)、"新"(新经历、新感受、低价位等)、"奇"(奇异之景、奇特景观、风土人情、宗教信仰等)上做文章,以优势资源为基础,突出特色,塑造名牌。如,充分发挥西山八大处灵光寺释迦牟尼佛牙舍利、天泰山慈善寺和南马场水库等特有的宝贵文化资源,加快推进西山八大处文化景区建设,打造集文化传承、健身休闲、旅游观赏、生态文明为一体的旅游景区,使其成为石景山区一张靓丽的名片。进一步提升石景山游乐园娱乐功能,从单纯物理娱乐向虚拟娱乐拓展,与石景山区的数码娱乐基地相结合,发展数码娱乐业等娱乐项目,满足人们对体验消费的需求。

第四章 策划重点项目,力促转型落地

规划要落到实处,离不开重大项目的支撑。根据"五大转型"实施路径安排,石景山区应在现有基础上,以可持续发展理念为指导,对重点项目加以整合、创新和发展,逐步形成助推区域全面转型的新抓手和拉动石景山区可持续发展的新引擎。

一、策划重点项目

(一)项目策划原则与思路

1. 产业项目与生态、城市、社会、文化项目相结合。石景山区转型是经济、生态、城市、社会和文化建设的全面转型,因此项目策划不仅要围绕产业项目展开,还要兼顾社会发展、生态建设、文化创新等各个方面,为石景山区的全面转型提供有力支撑。

2. 存量项目与增量项目相结合。既重视对已有项目的优化提升、深度挖掘和完善,又要依托区域优势和发展潜力,策划具有较强带动作用、较好发展势头、符合石景山区长期发展方向的项目。

3. 品牌项目与大众项目相结合。既要培育少而精的重大活动品牌项目,形成全国性甚至国际性影响力,又要根据时代特点策划具有持续后劲的一般大众化活动项目。娱乐性、体验式的活动要常变常新,以保持新鲜感和对社会大众的吸引力,体现城市的创新活力。

4. 前瞻性与落地性相结合。石景山区项目策划既要体现前瞻性,符合石景山区未来发展的趋势和方向,又要体现落地性,能够具体实施,落到实处,真正成为石景山深化全面转型的抓手

(二)主要项目

基于以上原则和思路,策划项目如下:

1. 文创类项目

(1)设计产业示范基地

项目选址:北方工业大学、首钢科教大楼、茂华大厦、泽洋大厦、东方家园等

功能定位:以创意设计为核心,集商务交往、日常办公、设计交流于一体的商务产业园区。

项目介绍:通过对首钢厂房的改造,形成一种创意化的办公氛围,为石景山设计产业的发展提供规范化的办公园区,促进产业集聚和艺术交流;为设计产业示范基地提供信息交流平台和技术支持平台以及相应的人力、智力、财力支持,打造具有国际化水平的创意设计商务产业园。

(2)轻游戏产业园

项目选址:中国瑞达大厦及周边

功能定位:集研发、运营、支付渠道、IDC服务、广告推广等为一体的,以制作网页游戏与移动互联网游戏为主的产业园。

项目介绍:发挥趣游集团网页游戏行业领军优势,整合国内外产业资源、资本理念、优秀团队,自主研发精品网页游戏,建立轻游戏产业联盟,并设立创业投资基金,扶持产业园内种子期和初创期的小团队,为研发和运营提供资本支持。

(3)动漫网游衍生产业园

项目选址:中国动漫游戏城

功能定位:集动漫网游形象设计中心、动漫网游体验馆、会展中心、动漫网游主题商业街等于一体的产业园。

项目介绍:依托石景山动漫网游的产业优势,整合潜在资源,并有针对性选择国内外知名动漫网游衍生品品牌、龙头企业、专业服务机构入驻,积极拓展下游产业链条,从而更好地服务中国动漫游戏城、中关村石景山园动漫产业。衍生产业园发展的方向为:直接衍生产品,包括动漫图书、报刊、音像制品、玩偶、模型等;间接衍生产品,包括玩具、食品、服装、日用品、办公用品、动漫展会、COSPLAY等;新兴衍生品,包括手机动漫、动漫门户网站、动漫音乐等。

(4)国际动漫游戏体验谷

项目选址:首钢区域内、南大荒湿地公园

功能定位:打造以数字娱乐为主题,集观光、休闲、娱乐、创意体验于一体的数字娱乐核心区。

项目介绍:以"动漫艺术、游戏文化"为主题,将超前的数字娱乐和高新技术完美融合,通过将游戏虚拟场景局部实景化的手段,将一个从未有过的、神秘未知的、超越现实的"奇幻世界"带入现实。游客将以主角的身份,在现实中演绎"穿越奇幻世界"之神话传奇。体验谷内可设置各个主题区,主题区的设置可以与石景山区企业开发的动漫游戏相结合,例如以"浩昊文字国历险记"设置儿童主题区,还可

以设置“武林传奇”“外星传说”“魔兽大陆”“阿凡达”等为主题的动漫文化体验区。还可以创新构建“梦幻演艺大剧院”,上演室内全景3D立体秀,满足游客多元化需求。

2. 金融类项目

(1)保险产业园

项目选址:石景山科技园区

功能定位:创新保险业务模式,积极发展社会保险基金管理、保险电子商务等新兴保险业态,建设集保险公司、保险代理机构、保单交易及保险平台建设于一体的保险产业园。

项目介绍:依托石景山区现代金融产业基地建设,以西山汇为载体,支持企业年金、社保基金等新的机构投资者在石景山发展,及时获取相关信息,鼓励外资保险公司、保险代理机构、社会保险基金管理中心、保险电子商务、保单贴现市场交易平台等高端保险金融机构在石景山区发展。

(2)中关村石景山互联网金融产业基地

项目选址:先期着力在西山汇和北一区,中长期着眼于西长安街沿线和新首钢高端产业综合服务区

项目定位:重点发展基于移动支付、社交网络、大数据和云计算等互联网信息技术的第三方支付、金融机构线上平台、网络带宽等为代表的互联网金融产业,鼓励金融业技术创新、业务创新和服务创新,培育互联网金融新经济增长点。

项目介绍:互联网金融是指借助互联网技术、移动通信技术实现资金融通、支付和信息中介等业务的新型金融模式。伴随着移动支付、社交网络、大数据和云计算等互联网信息技术的发展浪潮,以第三方支付、P2P、网络贷款及金融机构线上平台为代表的互联网金融模式,将对传统金融行业产生根本影响。石景山区应抓住中关村扩园契机,遵循产业发展规律,先期以西山汇和北Ⅰ区为载体,中长期依托长安金轴和新首钢高端产业综合服务区,大力推进科技金融产业集聚发展,打造产业集群。加快推进中关村互联网金融产业基地建设。

(3)北京贵金属交易中心

项目选址:京西会展商务区金融魔方

项目定位:承载黄金交易所、衍生品交易所、贵金属产权交易中心、世界黄金博览会、世界黄金峰会、贵金属文化展览中心等于一体的金融交易中心。

项目介绍:以京西会展商务区金融魔方为载体,以“中钞国鼎”等重大项目建设为龙头吸引国内外重金属交易产业入驻石景山,形成以黄金等贵金属交易为特色的产业集群。同时,建设贵金属交易所和贵金属电子交易平台,以交易市场、交易平台的完善扩大贵金属产业范围和产业链,进而形成北京贵金属交易中心。

(4)北京钢铁期货交易中心

项目选址:首钢搬迁腾退土地

项目定位:建设成为集钢铁信息集散、展览、交易及钢铁电子交易平台于一体的全国性钢铁期货交易中心。

项目介绍:充分发挥“首钢”的品牌效应和首钢总部的信息优势,积极争取全国钢铁期货交易所落户石景山。加快培育钢铁行业信息集散中心,通过期货交易所建设吸引国内外大型钢铁企业总部及销售中心、中介机构,进而形成钢铁总部基地群。

3. 文化旅游类项目

(1)永定河主题公园整合提升工程

项目选址:永定河石景山段、首钢部分区域

功能定位:建成具有生态、观光、旅游、休闲、娱乐、创意等多种功能于一体的大型旅游休闲区。

项目介绍:莲石湖、首钢滨水公园及周边区域整治后将会形成优美的自然环境和宽阔的水面,这为发展水上游乐项目提供了得天独厚的优势。建设特色餐饮、住宿疗养等生态休闲屋;水上俱乐部,如水幕电影、水边美食城、竹筏皮筏漂流、水上气球、水上滑梯等;建设骑马场、垂钓中心、山地滑草、设计野战对抗项目(CS真人对战)、水上欢乐大擂台、沙滩排球、野营帐篷、高网式攀爬等各类项目;建设儿童游乐主题项目,如碰碰车、空中飞船、淘气堡、勇敢者转盘等电玩类、充气类、器械类、嘉年华游乐项目等;开发拓展训练项目等等。同时,还可考虑策划建设湿地生态科技馆,以游客接待及湿地互动教育功能为主,同时促进石景山湿地工程进展;建设体育休闲乐园,实现体育健身和游乐项目的结合,促进体育、旅游的互相促进。通过策划和整合资源,将永定河区域打造成集餐饮、观光、旅游、文化等体验于一体的大型旅游休闲区。

(2)首钢工业遗产文化旅游区

项目选址:原首钢主厂区内、新首钢高端产业综合服务区北部的工业主题园内

功能定位:通过整合首钢主厂区内的工业遗产和山水人文资源,最终将该区域打造成为国内外著名的绿色转型地、工业遗产地和工业旅游目的地。

项目介绍:首钢工业遗产区内具有集工业遗址、人文古迹、自然景观等于一体的多重优势。因此,应当有效整合及开发利用首钢主厂区的资源、工业建筑遗址及优美的环境资源。第一,结合当前首钢博物馆、中国冶金博物馆等博览园的建设,集中开发一、二、三、四高炉及第一蓄水池所在区域内的生产类建筑物及设施设备,如高炉、烟囱和众多的管线,将该区域打造成工业建筑风貌强烈、钢铁文化氛围浓郁的工业遗产公园;同时还可以利用现有的工业厂馆,策划一些专题性较强的、反映钢铁生产工艺的主题馆。第二,充分利用首钢厂区内的自然景观资源,依托石景山、永定河等山水资源,通过开发一些新项目,将该区域打造成与钢铁遗址相呼应的绿色灵秀之地。第三,围绕群明湖及其周边资源,通过对群明湖周边场地及建筑物的整治、修缮与提升,最终将该区域打造成为独具魅力的工业文明背景下集文化、艺术、旅游、休闲、商业、娱乐等多功能于一身的城市休闲区。

(3)西山八大处文化景区

项目选址:八大处、模式口、天泰山

功能定位：通过空间区域的协调和整合，将西山八大处文化景区打造成为石景山区龙头性的文化旅游项目、北京市大西山文化旅游带核心项目、具有世界影响力的中国文化旅游胜地。

项目介绍：西山八大处融佛教、山水、民俗、儒家以及皇家等中华传统文化于一体，是宝贵的历史文化资源。按照突出传承性、世界性、生态性和高端性的原则，深入挖掘西山八大处文化历史内涵，对其进行保护、开发和利用，从而串联起整个大西山地区的文化旅游发展，带动西部经济发展。第一，体现“大景区”理念。充分发挥西山八大处位于城市西部沿山历史文化发展带中心位置的优势，将西部位置相邻、功能互补的天泰山和模式口地区纳入到景区建设范围，进一步加大西山八大处文化景区建设对区域经济的带动和辐射作用，形成以八大处为核心区、模式口为民俗文化体验功能区、天泰山为生态旅游拓展功能区的西山八大处文化“大景区”，使游客在这里既能品味中国佛教文化，又能感受生态休闲美景，还能体验京西民俗风情。第二，精心打造核心区。将现有八大处公园及其东部的古四平台村落建设规模约为8.25万平米的地区，作为文化景区的核心区进行整体规划设计，依托四平台地形以及其两端的“八”字形山脉，以“四平八稳”为寓意进行总体布局。第三，彰显古老历史文化。通过西山八大处文化景区的建设，开发改造模式口和古香道观光线路，复原历史空间、生活场景，使古老的佛教文化、古道文化、休闲文化、民俗文化、古墓文化等得以一一浮现，呈现石景山区独特的历史文化魅力，传承和再造其文化精髓。第四，营造绿色生态环境。以西山良好的生态环境为基础，加大黄栌的种植培育，加强污染防治和生态保护，确保生态环境持续好转。突出生态休闲旅游功能，营造一批以红叶、法海寺森林公园、南马场水库等为主体的绿色休闲生态景观，使生态旅游朝着更加绿色生态的方向发展。

二、加快推进新首钢高端产业功能区建设

新首钢高端产业功能区作为北京西部最大的产业发展空间，跨石景山区、门头沟区和丰台区，总面积约43平方公里，分为核心区、围合区和协作发展区三大区域。其中，在

图13 首钢新区空间布局图

石景山区范围内面积为23.36平方公里，另有近20平方公里属于门头沟区和丰台区。新首钢高端产业综合服务区是北京西部地区唯一一块环山抱水的大规模待开发区域，是全国首个城市中心区特大工业企业搬迁转型区域。要把“贵地不能贱用，整地不能零用”作为开发的出发点，将首钢厂区综合开发作为首钢向具有世界影响力的综合性大企业集团转型发展的重要契机，作为石景山区实现后来居上的重点发展区域和关键抓手。

（一）面临的新挑战

从2007年起，石景山区与首钢共同搭建了四个平台，取得了明显成效。随着新首钢高端产业综合服务区建设的推进，需要认真研究和有效应对新的挑战。

一是要正确处理企业经济效益与社会效益的关系。为改善民生，提升城市功能，首钢厂区在开发建设初期面临大量的基础设施、公共服务、产业项目建设、居民拆迁等各方面的投资需求，与首钢企业的经济效益相矛盾。

二是要正确处理产业导入与新区推进的关系。由于各种因素限制，导致产业规划无法落地，核心原因在于产业规划与新城建设中缺少产业项目策划、事业体系建设等重要环节。

三是要正确处理首钢自主开发与相关各方统筹的关系。城区的建设往往由政府实施，首钢作为一个企业，在统筹项目审批、土地划拨、优惠政策等各方面都面临困难，对首钢新区建设运营造成阻碍。

四是要正确处理土地授权出让与土地性质限制的关系。政府特批新首钢高端产业综合服务区土地可采取包括协议出让等在内的多种灵活供地方式，但首钢新区土地性质为工业用地，对后期项目落地形成阻碍。

五是要正确处理资金压力和政策创新的关系。新首钢高端产业服务区开发建设需要基础设施、土地拆迁整理、生态修复、公共设施等诸多方面的投资，也面临着土地政策、产业政策等多方面的政策壁垒，是一项艰巨复杂的系统工程，单靠石景山或首钢单方之力难以争取和协调，必须通过充分加强市级统筹和顶层设计来推动。

（二）总体推进策略

1. 确立目标定位。瞄准北京建设中国特色世界城市的战略目标，结合市委市政府加快北京西部地区转型发展的战略部署，以及石景山区CRD发展定位，坚持高标准、高站位，着力提升该区域的建设发展层级。以打造集高端商务、总部办公、文化创意、娱乐休闲于一体的业城融合为目标，努力将首钢新区打造成为加快转变经济发展方式的示范区、首都生态文明建设的重点区、首都经济创新驱动的核心区和引领西部地区转型发展的综合服务中心。

2. 坚持“团结配合，改革创新”原则。在强化市级统筹的基础上，结合《新首钢高端产业综合服务区控制性详细规划》，明确产业发展的具体定位和产业选择，从北京市、石景山区和首钢公司三个角度细化分解，建立市、区、厂多方合作机制。

图 14 首钢厂区改造空间布局

3. 成立综合开发推进实体。建议在北京市已经成立首钢新区规划建设和产业调整工作领导小组的基础上，新组建成立由市、区政府和首钢总公司联合组成的"新首钢高端产业综合服务区建设管理委员会"。统一负责新首钢规划建设任务的推进落实，与市、相关区县及首钢等单位做好协调沟通，统筹负责开发建设、产业发展和社会保障等工作。

4. 加快完善多元化投融资体制。探索建立多元化的投融资体制。实行投资主体多元化，积极引导民间和国际资金的介入。探索融资方式的创新，通过 BOT 模式、BT 模式、集合债券、集合信托等吸引民间资金和国际资本参与区域一些重大基础设施建设以及各种经营性社会公共服务设施项目建设，形成政府引导，社会主体的多元化、高效益的投入体系，提供多渠道的资金保障。

5. 积极构建政策支持体系。抓住建设"国家服务业综合改革试点区""国家可持续发展实验区"和"中关村国家自主创新示范区特色区"的有利时机，利用先行先试的优势和机遇，借鉴中关村的优惠政策，早日酝酿提出首钢新区的优惠政策。尽快配套完善相关政策，搞好各类政策的深化、细化、延伸、创新和集成，尽快形成有利于新区发展的政策体系。

三、实现中关村石景山园"扩园"提质

中关村石景山园"扩园"后，面积从 3.45 平方公里扩至 13.34 平方公里。更多的企业将享受所有在中关村实行的税收、财政、土地、知识产权保护等优惠政策，还能享受园区内系列鼓励政策。"扩园"后如何统筹规划、提升园区整体发展品质成为石景山区下一步的重要课题。

（一）明确目标定位

一是以打造展现首都新形象的"特色园区"、中关村自主创新的"示范园区"、石景山创意创智的"智慧园区"为目标，加快北区创意产业核心区建设；二是推进南区高新产业集聚区建设，推动新首钢高端产业综合服务区建设；以中关村互联网金融产业基地和保险产业园建设为契机，加快金融产业发展；推进园区内产业集聚区的建设，以石景山园西山汇为载体，集物联网关键技术研发中心、工程技术应用服务中心、物联网企业孵育中心于一体，建设京西物联网产业基地；全力推进北京数字娱乐留学人员创业园、国际创意谷、新媒体基地、创意产业基地、中关村石景山园新材料研发中心、国际创 E 园的产业聚集发展。三是以长安街西延线为中心轴，以轴线两边商务楼宇为载体，构建金融服务中心、股权基金中心和产业培育中心三大服务平台，完善首都"长安金轴"发展布局。

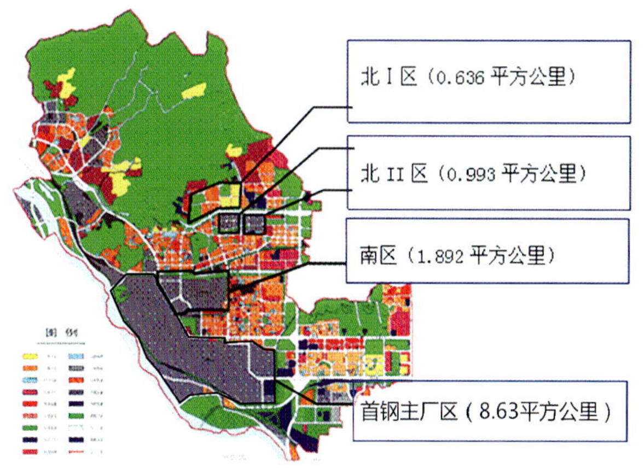

图 15 石景山园区"扩园"后的空间布局

（二）建立统筹有效的协调工作机制

中关村石景山园区"扩园"，其中包括 8.56 平方公里的首钢厂区以及近 2 平方公里不归园区主管的地块，管理较为分散，暂时未形成有效的统筹协调工作机制。应尽快明确园区"扩园"后的工作思路，在全区层面实行职能统筹，成立高层次的联合推进机制和落实机构，进一步实现统筹政策、统筹规划、统筹招商、统筹服务、统筹数据等。

四、推动石景山游乐园改造提升

方案一：拓展改造。以建成具有观光、休闲、娱乐、购物、餐饮等多种功能于一体的、能有效带动上下游产业的超大规模休闲娱乐区为目标，可考虑将游乐园东扩，即与西五环东侧的八角公园、小轮车奥运场馆连成一片，并通过架设高架单轨列车等方式横跨五环路，连通东西两边，方便游客在游乐园区通行和游玩。扩展后的游乐园面积应扩大一倍左右，具体项目设计方面可在丰富改进原有"幻想世界""冒险世界"等主题娱乐区的基础上，增加其他娱乐主题。第一，建设国内最大的室内主题乐园。乐园内可根据需要设计多个主题项目、主题餐厅以及商业设施和表演剧场。第二，建设大型水上世界主题公园。把一些大型的游乐项目"嫁接"到水上的同时，还可设计一些互动以及竞技类的水上游乐项目。第三，建设室内滑雪场。室内滑雪场的建设可以填补北京市区空白。第四，建设大型马戏演艺广场。通过马戏演艺丰富游乐园项目内容，满足顾客多层次的需求。

方案二：整体搬迁。以西山八大处景区为核心，整合石景山游乐园和区内其他优质旅游资源，引进战略伙伴和资

金投入，进行股份制改造，完善法人治理结构。在条件具备的前提下，将游乐园整体迁至永定河东岸，结合巨大的首钢新区部分空间打造“迪斯尼”游乐项目，充实“水岸经济”内涵。

第五章　构筑保障体系，增强活力动力

未来十年，石景山区要在深化全面转型，实现可持续发展上取得突破，关键在于能否最大程度地发挥体制机制创新的动力作用。在坚定CRD发展道路，加快传统工业石景山向绿色生态石景山转型过程中，全区应进一步解放思想、先行先试，对国家给予的试点政策尽快破题，着力创新和完善相关体制机制，着力提供人才和组织保障，着力优化发展环境，打造城市特色品牌，真抓实干，为下个十年的转型发展奠定坚实基础。

一、创新体制机制，重塑制度优势

“改革是中国最大的红利”。作为老工业基地转型的典型代表，石景山区近些年的快速发展离不开“敢于担当、敢于碰硬、敢于创新”的改革创新精神。在深化全面转型、实施可持续发展道路上，石景山区仍然面临着诸多体制机制性障碍，需要继续创新改革步伐，为转型发展提供制度基础。

（一）创新土地制度，保障产业用地

1. 多种形式盘活存量土地。一是运用倒逼机制大力推进集中清理处置“转而未供”土地专项工作。按照“处置一批、优化一批、盘活一批、核销一批”的原则，制定下发相关意见、处理办法，分门别类、落实措施，提高“转而未供”土地的供地率。二是发挥储备用地存量的调控作用。加大储备用地存量。利用储备土地进行统一规划、统一开放、统一平衡资金，实现闲置土地统一规划开发。积极争取北京市支持，开展永定河绿色生态发展带土地储备项目，扩大土地储备开发计划和指标。通过扩大储备用地，用于产业用地、保障房等建设，有效发挥土地对企业、人才的调控作用。大力支持现代服务业用地，对于规模大、技术尖端的高新科技、文化创意等企业，采取以房租补贴或者通过中间转租等方式降低房租。

2. 强化土地产出效益的硬性约束。根据五大主导产业的发展要求及各地区土地资源禀赋，制定重点区域、重点招商引资项目的准入标准。把单位GDP产出、单位面积财政贡献作为硬性约束标准，并及时进行动态调整。建立投资项目管理领导小组，负责工业投资项目的竣工联合验收工作，重点验收项目实际产业类别、投资总额、单位面积投资强度、环保标准、土地用途、容积率等执行落实情况。

3. 创新集体土地用地制度。在明确集体土地权属的基础上，选择以集体经济组织为主体、权属清晰、符合相关规划并依法取得的现状建设用地，探索开展农村集体建设用地使用权流转试点，以土地股份制、物业返还等方式，在不改变土地权属的前提下，提升土地整体产出效益，盘活存量土地资源，保障集体组织权益，最大限度地规避由于征地拆迁引发的不稳定风险。

（二）创新环保体制，助推绿色转型

1. 强化环保监管和服务社会的能力。推进监察、监测标准化体系的建设，完善监测项目更全面、覆盖区域更广阔的环境空气质量、水质自动监测网络，提高信息化水平；完善监测仪器设备，加强人员技术培训，提高环境监测技术水平；建立以污染点源监控为核心的环境物联网，逐步实现各类分散源、流动源的实时自动监控；完善环境应急和安全物联网综合示范应用项目建设，提高环境监测、监控和监管能力；完善应急方案，实施环境、辐射和反恐怖应急力量整合，初步构建应急管理体系和指挥体系，定期组织开展应急演练，提高环境灾害和突发事件的预防水平和应急处置能力。

2. 启动碳排放交易市场建设。按照十八大报告提出“积极开展节能量、碳排放权、排污权、水权交易试点”的要求。石景山区可利用生态环境条件优越，转型示范效应明显的优势，通过与北京环境交易所合作，争取开展地区性碳排放及其衍生品交易市场建设，结合国内碳排放市场推进进度，提前引进国内外有丰富市场经验的碳金融咨询、评估、会计、法律、银行等中介机构，实施绿色金融体系建设。

（三）推进市场化改革，激发企业活力

1. 推进集体经济现代化改革。改变集体经济主要依靠土地出让、房屋出租获得收入的单一、落后模式，以最大化盘活土地、房屋楼宇、资金等集体资产为目的，采取政府主导、专业公司和农工商合作经营的新模式，引导要素资源向五大主导产业汇集，形成新的经济增长点。尽快完成并优化农工商公司等产权制度改革工作，推进古城创业大厦、泰然国际大厦建设和玉泉大厦改造等集体项目，结合石景山经济发展、自身优劣势等选择进入的产业，规范经营和管理方式，重点进入并发展会议经济、旅游经济，适当发展商业地产，形成新的业务发展格局和发展模式。一方面要吸引优秀人才进入企业，使集体经济焕发新的活力；另一方面由金融办牵头，整合农工商公司资金资源，进入小额贷款、投融资等现代金融产业，实现集体资产的保值增值。

2. 加大财税扶持力度。企业是市场的主体。据调查，中关村的企业经营时间平均为2.5年，而石景山区企业平均经营时间为0.8年。下大力气抓好企业扶持工作，改变企业寿命短、实力弱的困局，离不开政府财税政策的有效扶持。

（1）设立“营业税改增值税改革财政扶持资金”。由于经营模式、盈利能力、成本结构和发展时期的不同，“营改增”后在同样的税率水平下，部分企业税负会有所增强。为此，应结合北京市相关规定，发挥“服务业综合改革实验区”政策优势，设立“营业税改增值税试点改革财政扶持资金”，专项用于对服务业“营改增”后因老税制转换而产生税负有所增加的企业，按照“企业据实申报、财税按月监控、财政按季预拨、资金按年清算、重点监督检查”的方式，实施财政扶持政策，减少试点改革阻力，确保“营改增”顺利实施。

（2）加大对重点产业企业的财政支持力度。一是在继续用好2000万文化创意产业项目专项资金的同时，围绕五

大主导产业发展，在财政资金投入、土地出让金返还等方面加大力度。二是针对中小企业融资难题，探索成立中小微型企业贷款风险补偿基金，有序引导和鼓励有能力和投资意愿的区内外企业成立或参股股份制小额信贷公司或融资性担保公司。三是切实发挥"北京服务·新首钢"股权投资基金的作用，实现政府财政资金杠杆对经济的撬动。

（四）创新投融资体系，提供资金支持

石景山区正处于"上大项目、做大投资"的关键时期，亟需资金支持。目前区内项目主要以财政资金、政府融资平台贷款、开发企业带资建设等为主，一方面区财政有限，以财政收入负担政府投资的资金需求难度较大，且由于无法完成配套，导致上级资金无法使用；另一方面，政府投融资平台和开发企业带资建设模式由于自身问题，推广困难，亟需创新完善投融资体系，为全面转型提供资金支持。

1. 推行知识产权质押融资试点。结合石景山区重点发展高新技术、文化创意产业的资金需求，采取"银行＋企业专利权/商标专用权质押"的直接质押融资或"银行＋政府基金担保＋专利权反担保"的间接质押融资等模式，引入知识产权价值评估中介机构，搭建知识产权融资平台，建立知识产权投融资项目储备库，支持银行机构、保险机构、风投企业合作开展知识产权质押融资及相关业务，支持具有自主知识产权、自主品牌、自主营销渠道的企业加快发展。

2. 发挥政府争取资金、搭建平台的作用

(1)积极争取上级资金支持。用好石景山区已有的国家级"牌子"，作为争取资金支持的切入点。加强同上级主管部门的联系，及时掌握国家、北京市相关政策和重大项目信息，争取国家、北京市财政对石景山区基础设施、公共服务设施建设和重点产业发展的专项资金支持。

(2)搭建政府引导的投融资平台。一是利用市场化手段，多渠道为政府募集资金，为落实重大项目提供配套资金和区域发展资金，实现政府的投资引导意图；二是与金融机构密切联系，推出保障房专项贷款、委托贷款、信托、企业债、私募债、融资租赁等创新融资模式；三是积极推进金融机构与项目建设主体的直接对接。通过定期举办融资需求洽谈会、发布项目说明书、金融机构产品推介会等形式，将中小企业的融资需求与专业融资机构的金融服务结合起来。

(3)设立一批重点产业发展专项基金。发挥"北京服务·新首钢""北京旅游产业发展促进基金"等股权投资基金的重要引导作用；设立"石景山区服务业综合改革基金""动漫游戏产业基金""创意设计产业基金"等重点产业发展专项基金，一方面投向文化创意、休闲旅游、高新技术产业等领域的优秀企业；另一方面，积极投向中小企业，对符合条件地集合票据、集合信托、银行贷款企业给予贴息支持。

3. 形成多渠道的投融资体系

(1)探索多元化融资模式和工具。坚持"政府引导、市场化运作、联合开发"的原则，以国有投资为牵引，广泛吸引社会资本进入，通过信托投资、银企合作等多种方式拓宽投融资渠道，积极探索多元化的融资新模式，形成高效的投融资机制。在总结成功发行文化创意中小企业集合票据的经验基础上，探索运用集合票据、集合信托、上市等各种金融手段为企业提供组合式金融服务。

(2)提供专业投融资培训和服务。建立企业上市绿色通道，完善企业上市工作体系。健全拟上市企业育成机制，定期组织区内企业进行公司规范运作和上市知识普及培训；加强政策扶持，落实和兑现各项优惠政策；完善丰富上市重点企业名录，加快培育上市后备资源。

(3)推动民间资本参与区域建设。在城市基础设施建设与改造、科教文体卫事业发展等方面，坚持"非禁即入"原则，打破准入"玻璃门""弹簧门"限制，利用BOT、BT、PPP等模式，发挥社会资本的作用，进行适当超前规划和布局。同时支持企业拓宽直接融资渠道，对符合条件的发行集合票据，集合信托的企业给予贴息支持。

二、用足国家政策，做好先行先试

（一）尽快出台石景山区先行先试行动方案

一是围绕重点产业领域和重点企业，在中关村石景山园区"扩园"过程后，深入贯彻落实"1＋6"系列先行先试政策，不断扩大政策覆盖和受益面。抓住现代服务业试点、文化和科技融合示范基地建设、军民融合创新示范基地建设、人才特区建设、科技金融创新中心建设、空间规模和布局调整等契机，积极推进体制机制先行先试。二是落实好《关于加快推进石景山区国家服务业综合改革试点区发展的意见》《关于建设国家可持续发展实验区的实施意见》，研究并尽快制定关于推进服务业综合改革试点区的实施方案和细化意见，加快我区国家可持续发展实验区下一步行动计划的制定，并加速政策成果的转化，重点从政策落地、资金争取、体制机制创新等方面，研究和挖掘政策，争取实现特殊政策支持、公共型平台项目、专项配套资金等试点资源的汇聚，形成石景山综合性政策先行优势。

（二）主动加强与上级管理部门的对接

区发改委等综合部门，主动对接国家、市级发改委，争取市场准入、价格改革、要素政策等改革政策试点；区国土、规划、住建等建设部门，主动对接国家、市级财政、税务部门，申请延长财政转移支付补助政策，形成税收、财政优惠政策；区商务委、金融办等专业部门，主动对接国家、市级的商务、金融部门，争取商务产业、金融产业发展改革政策试点；区科委、中关村园区管委会等主动对接国家、市级科委、中关村园区等，争取可持续发展政策、园区优惠政策、重点项目落地等。

（三）成立相应的落实推进机构

继续强化石景山区国家可持续发展实验区领导小组的职责和功能，必要时提升机构层级，设立实质性常设机构。在推进服务业综合改革试点建设时，可以大胆借鉴大连市成立服务业委员会、三亚市成立服务业发展领导小组等模式，积极转变政府服务理念和思路，探索组建"石景山区服务业发展委员会"，形成促进服务业发展的合力。

三、优化人口结构，提供人才支撑

（一）创造高端人才集聚的条件

1. 形成人才发展的中长期行动方案。立足北京市建设中国特色世界城市的发展目标，服务于石景山区重点产业发展需求，下大力气改善石景山区人力资源结构。根据《石景山区中长期人才发展规划纲要（2010－2020年）》和《石景山区"十二五"时期人才发展规划》，制定中长期人才发展行动计划，明确未来8－10年人才培育引进的方向、重点，提出更加明确具体的任务和举措，狠抓责任落实，形成人才战略新优势，力促石景山区人口结构优化升级。

2. 创新人才培育及引进工作机制。继续强化人才工作领导小组领导作用，建立统分结合、协调高效的人才工作机制。坚持"一把手"亲自抓、主要领导参与的工作模式。通过打造平台，整合资源，用好人才引进"绿色通道"等政策，引进领军型、紧缺型、复合型专业技术人才。建立企业博士后工作站、中小科技企业研发中心、留学生创业园和创业基地等聚集人才的创业平台；继续完善"石景山高端人才服务港"工作，形成以市场化运营为主体，企业、高校和人才主体三方共同参与的产业人才公共服务平台；搭建并不断完善引进人才数据库、高级专家数据库等现代化信息建设平台，为区委、区政府及相关部门决策、管理和调控提供基础性信息。

3. 完善人才落地扎根的软硬件环境。针对高端人才引进，要在以下几方面有所突破：一是解决高端人才进京户口问题，能够多一些户口指标；二是关注高端人才个人所得税问题，通过多种手段减免个人所得税，吸引高端人才；三是规划建设高端人才公寓，解决高端人才住房需求，在区域内协调高端人才子女入学、教育问题；四是为高端人才提供精细化和便捷性的政务服务，提供国际化的教育和医疗服务体系，妥善解决国际人才在华期间的医疗、养老、生育等社会保障问题。

（二）构建与产业发展匹配的就业结构

1. 明确产业引导、调控优先的策略。一方面，在全面实施人才优先战略前提下，引导符合区域发展战略和长远目标的人才、劳动力人口向区域聚集。另一方面，要通过重点行业的调整和升级，提升就业人口的整体就业层次，大力压缩低端、非正规就业岗位，既要确保居民正常生活需求，又要考虑减少对区域发展几无贡献的低端业态。宏观上，强化产业结构调整对人口结构优化的主导性作用；微观上，应从控制外来人口的流入转向增强用工单位和受益主体的责任分担。通过规范用工行为，提高就业服务水平，引导用工单位合理高效地用工。

2. 提升存量劳动力资源整体层次。一是着眼长远，通过加大基础教育投入，大力发展职业教育，提升区内常住居民的总体素质。继续发挥基础教育在塑造劳动力方面的基础作用，普及学前教育，提升初中教育水平，打造高中教育品牌。结合CRD目标定位和未来着重要发展的五大主导产业需要，加大对职业教育的引导和扶持力度。二要立足当前，促进流动人口的培训与就业，适度发展就业容纳能力较强的企业；设置单位用人门槛，促使企、事业单位规范使用外来劳动力；加强流动人口职业技能培训，提高流动人口的工作能力和综合素质。

（三）建立流动人口长效管理机制

1. 实行流动人口常态化管理。强化流动人口的自我管理和自我服务，促进流动人口的社会参与和社会融入，积极探索社区居委会、社区群众性组织、社区物业、积极分子参与管理的作用。加强流动人口管理模式的探索。深化"以业控人、以房管人、以证管人"的管理模式。结合石景山区"以站管人"的特色，推动社区层面对实有人口管理和服务模式的探索与实践，特别是在城市边缘地带和城乡结合部对基层人口管理模式难题的破解。积极探索"小区化管理""旅店式管理"等新的基层人口管理模式。加强对私搭乱建的整治，真正寻找到根治的路径与方式。

2. 为流动人口提供优质均等的公共服务。积极推进基本公共服务均等化。切实解决流动人口居住、生活、子女入学等实际困难。在明确人户分离人口基本公共服务成本基础上，一是通过与市级政府协调，建立市、区联动的公共财政投入机制，争取国家以及北京市的财政转移支付；二是建立健全引导人口合理分布的服务支撑体系，尤其是注重基本公共服务与实有人口的匹配，平衡区域社会管理和公共服务与人口承载能力；三是要完善基本公共服务投入结构，发挥政府、企业和个人的合力，在政府主导基础上，引入民间资本，形成以公共财政为主体，社会各方共同参与的公共服务供给机制。

四、建设服务型政府，强化组织保障

无论是产业、生态、城市、社会、生态、文化转型，还是体制机制创新，都离不开政府作用的发挥。未来十年，石景山区应把政府自身转型，作为深化全面转型的重要着力点，结合国家层面上推进政府改革的趋势，尽快完成由"经济建设型"政府向"公共服务型"政府的转变，强化干部工作作风建设，塑造高效、公正、阳光、亲民的政府形象。为此，应结合国家新一轮行政审批调整方案，严格按照《行政许可法》的要求，最大限度缩小投资项目审批、核准、备案的范围，进一步明确石景山深化行政审批制度改革的工作重点。"把该放的权力放掉，把该管的事务管好"。通过压缩时限、简化程序、下放权限等方式，加大对涉及实体经济、民间投资和小微企业发展等方面审批项目的清理力度。对保留的审批事项，按照公开透明、便民高效的要求，依法进一步简化和规范审批程序，优化流程，提高效能。继续实施重大项目绿色审批通道工作机制，加快石景山政务服务中心建设，实行行政审批"一个窗口受理、一站式审批、一条龙服务、一个窗口收费"的运行模式。此外，要尽快完成"石景山服务大厦"建设，围绕企业发展中遇到的人才、资金、技术转化、市场拓展等方面的瓶颈问题，融合各级政府部门、中介服务机构的服务资源，通过一系列专项服务、定制服务，形成政府内部服务资源和社会服务资源互动协作的企业服务体系。

为确保重大项目建设顺利推进，在项目推进过程中，全区应围绕统一的战略目标、统一的实施目标、统一的任务目标，统筹集中行政服务资源，建立高效协同的项目推进机制。通过相关职能部门间行政职能的有机统一、行政资源的统筹集成、行政管理的规范高效，实现项目建设、空间开发、产业培育、招商引资的任务目标。完善行政运行机制，建立健全区内各部门间联系，优化政务流程，形成区内各部门间的横向协同，根据职责细分任务、明确责任，建立目标考核机制。

五、营造良好环境，塑造城市品牌

（一）实现区域联动

1. 充分发挥西部发展联席会作用。用好“首都西南区域经济发展论坛”平台，建立集研讨交流、项目合作、环境整治等公共事务处理于一体的工作新机制。一是围绕永定河绿色生态发展带，通过与上下游流域区县合作，实现地区间环境共治。二是在新首钢高端产业综合服务区打造上，石景山区应与门头沟区和丰台区加强沟通协调，站在北京市区发展的高度，探索新的合作模式与合作机制，明确土地权属，通过开发建设和利益主体的多元化，实现资源共享、合作共赢。

2. 积极参与更大范围的区域合作。产业发展上与其他中关村高新技术园区、滨海新区以及与石景山主导产业发展相关联的区域实现联动发展，积极参与京津冀、环渤海地区合作发展。在开放交流方面，发挥各类中介机构、社会团体、行业协会的桥梁与纽带作用，吸引跨国公司总部、各类国际学术组织、产业组织和公益组织等国际高端资源落户石景山区，积极承办国际性会议展览、文化交流、体育赛事等大型活动，大力促进对外合作与交流，带动和支持具有国际竞争力的龙头企业参与国际分工协作，不断提升石景山区的国际影响力。

（二）打造 CRD 品牌形象

1. 加大城市宣传营销力度。根据 CRD 的目标和要求，分别在投资促进和企业服务、旅游促进和开发、市民沟通和雇员服务方面规划和展开城市营销工作。一方面通过多种宣传渠道，加强城市营销活动。深入挖掘区域内涵，通过互联网、电视、报纸、杂志、广播，以及微博、微信等新媒体渠道，加强整体宣传和品牌营销推广力度。另一方面，通过举办大型文体活动扩大影响，打造注意力经济。如三亚在打造城市注意力经济的过程中，就巧妙地利用了当地独特的地理优势、气候优势，通过吸引国际帆船、国际沙滩排球赛等一系列知名赛事打出了品牌。

2. 打造城市品牌形象系统。在城市视觉品牌形象打造上，一是强化 CRD 城市标示和形象，对外主打“休闲娱乐牌”，如尽快把“中国动漫城”的实质性开发提上日程，打造“中国数字娱乐第一区”等；与区内企业配合，做好区内知名文创企业的宣传力度，改变公众对工业石景山的固化形象。二是积极创造条件参与全国各类高层次的城市形象推介活动，对取得的每一个成绩、获得的每一项荣誉都要积极在本地及国内一些有影响力的媒体上做好相关宣传报道，石景山在这方面有很多素材都可以挖掘。三是举办一些有较大影响力的经济或文化活动，学习丰台园博会、平谷音乐节等的经验，通过重大事件活动扩大城市影响，提高公众对城市的知名度、认知度、认同度与美誉度，进而提升城市品牌形象，寻求差异化发展。

课题组长：荣　华
副 组 长：富大鹏
责任单位：区委研究室

石景山区打造首都经济新的增长极的战略研究

一、打造首都经济新的增长极的必要性

北京市第十一次党代会提出了建设中国特色世界城市的战略目标,新的发展阶段,面对更加激烈的竞争压力和更加艰巨的发展任务,需要我们认真研究区域经济发展规律,深入挖掘经济增长潜力,切实把思想和精力集中到促进首都经济持续健康发展上来。石景山区作为首都功能拓展区,正处于由传统工业区向绿色生态区转型的关键期,按照市委、市政府对西部转型作出的战略部署,提出打造首都经济新的增长极,无论是对于首都建设世界城市,还是石景山区深化全面转型,都具有十分重要的现实意义。

(一)经济增长极的内涵

经济增长极这一概念是泊来品,有着丰富的内涵。虽然对这一概念的研究在不断深化,但是厘清其内涵并做出必要的概括,对于界定石景山区所要打造的经济增长极十分必要。

1. 经济增长极概念的来源

经济增长极概念源自法国经济学家弗朗索瓦·佩鲁的发展极理论。佩鲁在其《经济空间:理论的应用》(1950年)和《略论发展极的概念》(1955年)等著述中,最早提出以经济发展极为标志并以不平等动力学或支配学为基础的不平衡增长理论。他从一般抽象的经济空间出发,认为经济空间存在着若干中心,产生类似磁极作用的各种向心力和离心力,从而产生相互联合的一定范围的力场,并总是处于非平衡状况的极化过程之中。在他看来,一国经济乃至全球经济是由各种经济空间构成,它们或者是计划内容,或者是政策运用的经济空间形式、统计学意义的均质的经济空间形式,或者是作为势力范围、力场和增长中心的经济空间形式。

2. 经济增长极概念的深化研究

继佩鲁之后,专家学者对发展极的研究不断深化。针对佩鲁的发展极理论过分强调发展极的正面效应而忽略负面作用、将发展极建立在抽象的经济空间基础上等缺陷,瑞典经济学家缪尔达尔提出"循环的或积累的因果关系"原理,使用"回波"和"扩散"的概念说明经济发达地区(发展极)对其它落后地区的双重作用和影响,进而形成"地理上的二元经济结构"论以及相应的政策主张,丰富和发展了区域经济和发展极理论。瑞典经济学家赫尔希曼也提出类似的观点,即发展极产生极化效应(即回流效应)和涓流效应(即扩散效应),并强调尽管这两种效应会同时起作用,但在市场机制自发作用下,极化效应占支配地位;进而提出了"边际不平衡增长理论"和"核心与边缘区理论"。法国经济学家布代维尔对"经济空间"做了开拓性(从经济空间拓展到地理空间并从经济理论延伸到经济政策)的系统阐释。他认为,经济空间既包括经济变量之间的结构关系,也涵盖经济现象的地域结构或区位关系;发展极既可以是部门的,也可以是区域的,并正式提出"区域发展极"概念。他还把经济空间或经济区域划分为三类:一是同一或均质区域,二是极化区域,三是计划区域。

3. 经济增长极内涵的概括

随着理论研究和实践探索的不断深入,大多数英美学者在发展极概念的基础上使用增长极或增长点的概念,还有些学者鉴于经济增长所在经济区域的空间规模和形状不同,使用增长带、增长轴、增长圈等概念。这些概念在基本指向上是一致的,即是对经济快速增长部门或区域的概括,因此人们更多地使用增长极来表述由于经济快速增长而产生的极化现象。归纳上述对经济增长极的经典阐释,可以将其内涵概括为:经济增长极是在经济不平衡增长机理的作用下,一定范围内主导产业快速发展导致生产要素聚集和扩散速度加快而形成的经济增长速度较快的部门或区域,其产生的经济总量较大,对其它部门或周边区域的经济增长具有较大的影响。

4. 经济增长极的分类

我国学者对经济增长极进行了分类,这些分类虽然不是严格意义上的经济增长极概念的外延,但是其中的观点对于定位石景山区所要打造的经济增长极具有重要的借鉴意义。他们认为狭义的经济增长极有三种类型:一是产业增长极,即有比较优势、竞争优势和较大关联度并有广阔市场前景的产业,这是具有纯经济意义的增长极。二是城市增长极,即城市或城市群具有强有力的吸引、集聚效应或极化效应、扩展效应或涓流效应,并具有区位优势、资源优势和市场优势,以及一批富有创新能力的产业群和企业家群体,有一定凝聚力和鲜明区域特征的社会文化底蕴及精神风貌,以及发达和完备的城市综合基础设施等,这是具有地理或空间意义的增长极。三是潜在的增长极,即具有增长极的潜质、需要着力培育的产业或区域,这种潜在的产业或区域将来有可能成为增长极。

5. 对石景山区要打造的经济增长极的界定

根据理论观点,联系石景山区的实际,可以设定石景山区所要打造的经济增长极,首先,是一个区域性的城市增长极——石景山区未来要发挥自己的区位优势、资源优势和市场优势,围绕科技创新和文化创新,创新理念、创新制度,形成良好的创业发展软环境;同时,大力建设发达和完备的城市综合基础设施,形成良好的创业发展硬环境;吸引一批富有创新能力的企业家到这里创业,产生强大的生产要素集聚和扩散能力,从而成为对北京经济社会全面、协调、可持续发展发挥带动作用的区域;其次,是一个富有特色的产业增长极——首钢涉钢产业搬迁调整后,石景山区加快转变经济发展方式、深度调整产业结构，形成具有比较优势、竞争优势和较大关联度并有广阔市场前景的产业集群，使富有自己特色的主导产业成为推动经济增长的核心动力，从而使该区成为北京市经济增长速度较快、经济总量占比较大的区域；第三，是一个潜力较大的潜在增长极——石景山区有传统工业时代奠定的经济基础，正在大力推进 CRD 发展战略，围绕“一轴、一带、一核、一园、多支点”的总体空间布局，加快培育和不断壮大文化创意、高新技术、现代金融、商务服务、旅游休闲等五大产业，促进产业结构优化升级，加之首都西部转型发展所提供的良好外部条件，使其成为未来具有较大潜力的经济快速增长区域。

（二）经济增长极的形成机制

关于经济增长极的形成机制，主要有市场主导机制、政府干预机制和混合作用机制三种观点。

1. 市场主导机制

佩鲁认为，某些“推进型产业”（主导产业）或有创新能力的企业——企业家的创新是发展进程的主要动因——在一些地区或城市的集聚和优先发展，从而形成类似“磁场极”的多功能的经济活动中心，亦即发展极。它不仅促进自身发展，产生“城市化趋向”，并且以其吸引和扩散作用进一步推动其它地区的发展，从而形成经济区域和经济网络。佩鲁把这种吸引和扩散效应归结为技术的创新和扩散，资本的集中和输出，规模经济效益和集聚经济效益（城市化趋势）。此外，他还对发展极的形成条件作了概括，即必须要有一批有创新能力的企业和企业家，必须具有规模经济效益以及良好的投资环境和生产环境。

2. 政府干预机制

在缪尔达尔和赫希曼等人看来，现实经济生活中，存在各种生产要素向发展极聚集从而扩大地区内经济发展差距的运动趋势，同时还存在各种生产要素在一定发展阶段上从发展极向周围不发达地区的扩散从而缩小经济发展差距的趋势；在这两种趋势中，生产要素聚集效应所产生的差距拉大趋势占主导地位，即使增长极发展到一定程度，开始向周边地区扩散生产要素，其目的也是为了促进该增长极的进一步发展，由此将进一步导致发展的不平衡。因此，政府应该采取积极的干预政策来刺激发展极周围落后地区的发展，填补累积性因果循环所造成的经济差距，从而形成新的经济增长极。后来的学者把这种观点归结为国家干预主义占上风的“诱导的发展极”现象。

3. 混合作用机制

布代维尔认为，经济空间既包括经济变量之间的结构关系，也涵盖其所在的地域结构或区位；发展极既可以是部门的，也可以是区域的，并正式提出“区域发展极”概念。这里实际上已把增长极分为由市场机制支配的自发生成的增长极（极化区域）和计划机制支配的诱导生成的增长极（计划区域）。因此，既可以从经济空间，也可以从地理空间；既可以从经济理论，也可以从经济政策；既可以从创新性产业，也可以从拥有推进型产业综合体的城市和地域的角度理解增长极，并进而纳入区域规划和区域政策之中，成为区域经济发展理论的主要分析工具。吉尔伯特认为：“增长极与地理学中相对应的增长中心两个概念，逐步为政府部门采纳，并引入到区域开发规划之中，这些概念突破了意识形态方面的障碍，原因是它已经既为社会主义国家接受，也为资本主义国家承认并加以应用”。

4. 适合石景山区采用的机制

综上所述，可将经济增长极的形成原因归纳为三种：一是市场机制和自然选择法则长期作用的结果，主要是通过市场机制的调节、自发引导若干产业和行业在城市和发达地区聚集发展而产生的。二是由政府充当主角，通过经济计划和重点投资主动建立的。三是混合型增长极，既具有前两种增长极的长处，又能克服各自的弊端。培育市场主导机制和政府干预机制融于一体的混合经济增长极，对于石景山区具有重要意义。在区域开发中，石景山区应当在发挥市场配置资源的基础性作用的前提下，通过政府的宏观调控作用，选择较为发达的区域和具有较强关联度的新兴产业进行重点培育，形成支柱型主导产业，带动其它区域和相关传统产业的发展，不断增强经济发展的动力，提升经济发展的总量和质量，成为首都经济新的增长极。

（三）经济增长极在经济发展中的作用

经济增长极既能促进区域经济的发展，也能辐射、带动区域周边的经济发展，在经济发展中的作用主要体现在五个方面。这五个方面的作用是石景山区打造经济增长极的基本动因。

1. 增强区域经济实力和综合竞争力

区域经济增长起因于产业部门地理集中所表现的劳动生产率增长，这种生产率的增长主要依靠技术创新，技术等要素的聚集和扩散导致递增的生产与产品创新的区域集中，从而带来规模经济效应。另外，贸易方式和贸易活动的区位选择不仅取决于资源禀赋和要素密集度，并且取决于运输成本和运输密集度。打造经济增长极的重要内容是形成区域主导产业集群。这里所谓的主导产业，是指科技和文化含量高、能够带来高附加值并在经济增长中起支柱作用的产业。主导产业集群的形成对技术创新、规模经济、运输成本等内生经济变量有着更高的要求。技术创新速度加快、规模经济效应扩大、运输成本下降，无疑会增强区域经济实力。另外，区域经济增长很大程度上取决于与其生产率密切相关的竞争环境，即在某一特别领域，聚集一群相互关联的采购商、供应商、行业协会，具有良好的自然资源、人力资源、技术研发、资本投入、基础设施、专业化服务以及制度安排，能够高效获取市场信息、产生品牌效应、形成竞争压力。这样不仅有利于降低交易成本，而且可以改善创新的条件，有利于新企业的生成。这种促进生产率增长和竞争优势形成的区域，才可以称之为区域性增长极。换而言之，区域性增长极定位的原则是竞争优势而不是比较优势。由此可见，打造经济增长极对于增强区域综合竞争力具有重要作用。

2. 促进区域产业升级和结构优化

形成经济增长极会对新兴产业产生强大的吸引力，而这些产业的发展又能有力地推动区域经济的发展，从而实现增长极内产业的升级。如实现经济增长极聚集和扩散生产要素功能的先决条件是信息对称，做到信息对称需要高新技术的支撑，通过高新技术形成发达的信息网络；实现这一功能还要有便捷高效的商务平台，这同样需要高新技术的支撑，通过高新技术形成发达的电子商务网络等。另外，在经济增长极中，主导产业周围会形成合理的产业梯次配置，使传统产业与新兴产业相辅相成、结构优化。为了减少交易费用、拓展外部范围经济，还需要围绕主导产业形成产业的地方化网络联系。增长极的聚集和扩散效应对劳动质量与效率的要求更高，只有具备区域创新环境的地区即拥有大量高质量、高效率、高技术含量的劳动力，才有可能产生成功的聚集和协同作用，由此会带来劳动力结构的优化。

3. 带动周边地区的发展

经济增长极的发展对区域外资源的需求，促成域外资源导向型和劳动密集型行业的发展。随着增长极的产业结构越来越向新的高度发展，它必须从越来越大的范围内取得越来越多的初级产品供应。因此，它可以通过对外投资、技术转让、区际贸易等多种方式增加这些产品的生产，改善它们的供应状况。同时，由于动态比较优势的变化，一些产业尤其是劳动密集型产业已不适合在增长极内发展，因而会外溢到周边劳动力成本较低的地区，带动这些地区的发展。此外，增长极也为周边地区提供了集中统一的消费市场，从而有助于周边地区专业分工的深化与规模经济的形成。这种大市场效应一方面促成了围绕本地资源禀赋优势的专业化生产和规模经济的形成；另一方面，围绕增长极的主导产业配置链，周边有条件的地区能够通过与主导产业的配合，形成不同的专业化生产区，充分发挥聚集效应，从而获得更大的发展。

4. 促进跨区域联动发展

经济增长极在产业升级、结构优化的过程中伴随着技术的扩散，这促进了次梯度地区的技术升级与经济发展。经济增长极的辐射效应的大小取决于接受扩散技术能力的。增长极在技术升级的过程中，通过技术转让或直接投资形式将原有的技术扩散出去，而这时对外投资的区位选择是以技术接受能力为导向的。周边地区如果只是具有廉价的劳动力和丰富的资源储备，而在技术上处于较低层次，那么就不能够成为技术扩散的接受地。相反，一些次梯度地区虽然距离增长极很远，但由于其自身发展水平较高，则可以抓住机遇实现技术升级。因而增长极的扩散效应不是局部的而是全局性的，不仅对区域内经济发展有重大作用，而且对全国区域间经济的联动发展也起着重要作用。

5. 提升对外开放水平

在经济全球化趋势增强的条件下，经济增长极的形成越来越受到国际因素的影响。从国外的发展经验和我国改革开放所取得的成就来看，实施对外开放，广泛参与国际竞争是经济发展的必由之路，也是经济增长极形成的必由之路。生产要素的聚集和扩散、企业的区位选择、产业集群的形成都受到世界市场和国际资本的影响，有些经济增长极是在国际资本直接参与下形成的，并且面向世界市场拓展自己的发展空间。研究表明，北美自由贸易区的形成和经济一体化对各国企业区位选择产生着重大影响，其中对发展中国家的影响大于发达国家。因此，打造经济增长极，要在加强国内区域经济合作、实现跨区域联动发展的同时，积极主动地参与国际合作。这就要求提高对外开放的程度，选择本区域具有优势的产业积极参与国际市场竞争，在竞争中提高自身的发展能力，通过优惠投资政策吸引外国资本和跨国公司参与区域开发和其他经济活动。国外资本的广泛介入不仅有利于弥补落后地区资金不足的问题，而且国外企业所带来的先进技术、先进管理、开放意识具有示范效应，有利于当地经济的发展。

（四）打造首都经济新的增长极的战略意义

在首都经济既有增长极的基础上，石景山区打造新增长极具有推动区域经济科学发展、促进区域产业结构优化、增强区域自主创新能力等重要意义。这些是石景山区打造经济增长极的特殊动因。

1. 当前的首都经济增长极

北京是全国的政治、文化和国际交往中心。北京经济的发展立足北京、服务全国、面向世界，因此使用首都经济这一概念更能反映其特质。当前，从区域角度看，首都经济增长极主要是六大高端产业功能区——中关村国家自主创新示范区、金融街、北京经济技术开发区（亦庄开发区）、CBD商务中心区、临空经济区、奥林匹克中心区。这六大高端产业功能区聚集了全市90%的高技术产业、80%的现代制造业、55%的生产性服务业和52%的文化创意产业。2011年，六大高端产业功能区以占全市7%的土地面积，贡献了全市40%以上的增加值，实现了全市48%的利润，创造了全市42%的纳税额，支撑了全市36%的地区生产总值。虽然六大高端产业功能区的发展水平不同，对全市经济增长的贡献度有较大差异，但是它们的高成长性是显著的。

2. 石景山区在首都经济发展中的地位和作用

新中国成立后，石景山区为北京的经济发展做出了重要贡献，区内以首钢为代表的大型企业在全市产业发展中发挥了支柱作用。随着首钢涉钢产业迁出北京，石景山区面临调整产业结构、转变经济发展方式的艰巨任务。根据《北京城市总体规划（2004－2020年）》对石景山区的城市功能定位，石景山区要建设成为城市功能拓展区以及城市职能中心、综合服务中心、文化娱乐中心。为此，要大力实施产业结构调整，积极发展高新技术产业和城市综合服务业；以高科技产业做支撑，以文化创意、新型休闲娱乐产业为发展主旋律，保护传统工业文化；以营造特色文化氛围和京西花园式生态环境为基础，建设首都文化娱乐休闲区（Culture Recreation District，简称CRD）。这就要求石景山区以科技创新、文化创新为动力，加快产业结构调整，率先实现经济发展方式的转变，不断提升经济发展水平，为首都经济发展做出新贡献。由此决定了石景山区在未来首都经济发展中处于创新驱动发展的前沿地位，具有转型示范、拓展增长空间、增强经济实力和综合竞争力的重要作用。

3. 打造经济增长极是石景山区加快经济发展的必然要求

石景山区作为传统的重工业区，由于历史等方面的原因，经济基础总体比较薄弱。2012 年，石景山区的地区生产总值占全市的 1.8%、现价工业总产值占全市的 9.4%、公共财政预算收入占全市的 0.7%、全社会固定资产投资占全市的 2.2%、实现全社会消费品零售额占全市的 2.3%。这样的经济水平与其在首都经济发展中的地位和作用是不相称的。但是应当看到，在加快转型过程中，经济发展呈现出强劲发展态势。2013 年上半年，地区人均 GDP、地方财政收入、全社会固定资产投资、实现全社会消费品零售额等增速在城六区中排名第二，表明已经出现加速发展的良好势头。如何保持这种势头，趁势推进区域产业升级和结构优化，促进主导产业集群的快速发展，形成新的增长极，是当前石景山区迫切需要解决的问题。它不仅关系到石景山区未来经济可持续发展，而且对首都经济的发展具有深远的影响。只有把这个问题解决好，石景山区的经济增长速度和经济总量才有可能跻身全市前列，从而与其在首都经济发展中的地位和作用相称。

4. 打造经济增长极将推动区域经济科学发展

在打造经济增长极的过程中，石景山区将充分挖掘并发挥自己的自然资源优势、技术优势、文化优势，创新体制机制、大力培育新兴主导产业集群、加快传统产业转型升级、增强经济发展的内生动力，不仅有利于该区释放经济发展潜力、壮大经济实力，而且有助于该区提升经济辐射力、协调区域经济发展、激发京西地区创新发展活力、为传统工业区向现代新型产业聚集区转型发挥示范带动作用。同时，围绕经济增长极，以建设城市功能拓展区和城市职能中心、综合服务中心、文化娱乐休闲中心为目标，以实施重大项目建设为切入点，大幅提升城市综合服务功能，加速推进经济社会平稳转型，实现区域经济社会协调发展。因此，打造经济增长极对于石景山区、京西地区和北京市三个层面上加快转变经济发展方式，促进区域经济科学发展具有重要意义。

5. 打造经济增长极将促进区域产业结构的丰富与完善

2006 年以前，传统的第二产业支撑着石景山区的经济增长，工业增加值曾经占该区地区生产总值的 60%，仅首钢对地区生产总值的贡献率就一度超过 40%。区十次党代会和十一次党代会，按照市委、市政府决策部署，加快转变经济发展方式，提出并不断深化产业发展格局，重建文化创意、高新技术、现代金融、商务服务、旅游休闲等五大产业体系，取得了明显成效。但主导产业聚集效应还没有充分显现，做大做强主导产业仍需加倍努力。打造经济增长极，就是要大力发展新兴产业，形成主导产业集群以及以此为核心的产业网络，推动石景山区产业升级和结构优化，促进区域产业结构的丰富与完善。

6. 打造经济增长极将增强区域自主创新能力

石景山区在 2009 年，制定出台了《关于加速科技进步建设创新型城区的意见》，明确提出加速科技进步，增强区域自主创新能力，推进全区经济结构调整，建设创新型城区。近年来，通过实施《科技石景山建设规划（2011－2015)》，全区自主创新意识和能力不断增强；特别是实施科技创新、文化创新“双轮驱动”发展战略，实现科技与文化融合发展，成为国家科技与文化融合发展示范基地，为石景山区自主创新发展增添了强劲动力。技术创新是经济增长极形成的首要因素，自主创新是打造经济增长极的内在要求。打造经济增长极，石景山区在自主创新方面已经具有良好基础，现在需要在原有基础上加快步伐，聚集各类创新资源，大力发展高新技术产业和高端服务业，取得更多创新成果。随着创新成果在经济社会领域的广泛应用，必将进一步提升创新对各领域的促进作用，从而推动区域自主创新能力全面提升。

二、打造首都经济新的增长极的产业支撑

打造首都经济新增长极，从某种意义上来说，产业是核心。因此，需要认真分析石景山区产业发展现状，依据产业选择原则和产业发展方向定量分析，明确未来产业发展方向，构建未来主导产业体系，提出主导产业发展的思路、重点与策略。

（一）产业发展现状及存在的主要问题

1. 首钢搬迁的影响正在慢慢消除，经济平稳较快发展，但总量规模偏小

近年来，石景山区经济保持良好发展态势，产业总规模稳步扩大。在首钢涉钢产业搬迁调整影响下，石景山区经济总量在经历短期的回落后，又表现出较好的增长态势。2012 年，地区生产总值达到 338.2 亿元，同比增长 6.9%，高于首钢搬迁之前的经济总量，表明首钢搬迁对石景山的影响正在慢慢消除。2012 年，石景山区人均 GDP 达到 5.4 万元，同比增长 5.9%。地方财政收入突破 25 亿元，同比增长 10.6%，增速居北京市城六区第二位。

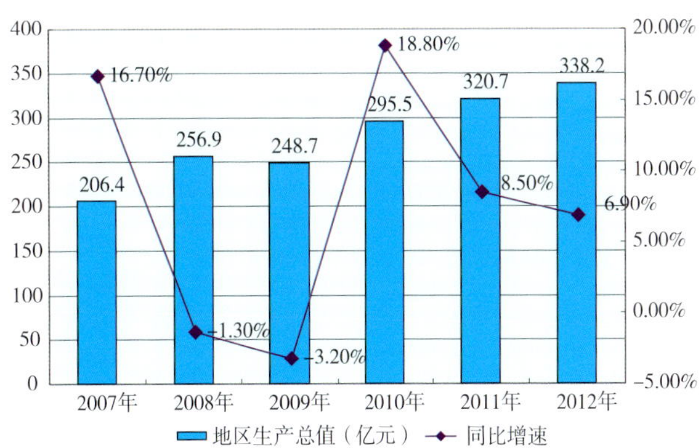

图 1 2007～2012 年石景山区地区生产总值及增长率

同时，产业整体效益保持快速增长，节能降耗不断取得新进展，2012年综合能源消耗量331.1万吨标煤，同比下降了3.4%；万元GDP能耗为0.98吨标煤，同比下降9.8%。

图2 2012年北京市城六区经济总量对比

与周边城区相比，石景山区经济总量虽然增速较快，但总量规模相对偏小。2012年地区生产总值占全市的1.8%。

2.产业结构趋向优化，但新的主导产业规模效应还不明显

2007年以来，随着首钢涉钢产业的逐步停产，石景山区经济发展面临主导产业接续问题。石景山区通过重建产业体系，加快文化创意、高新技术、现代金融、商务服务、旅游休闲等五大主导产业发展，有效推动了产业结构的调整，加快了经济发展方式的转变，促进了区域经济快速发展。2012年，石景山区第三产业实现增加值210.4亿元，占地区生产总值的比重达到62.2%；第三产业同比增长5.8%。其中，信息传输计算机服务和软件业、现代金融、科学研究、技术服务与地质勘察业、教育服务业发展尤为快速。但各产业规模均相对较小，聚集与规模效应还不十分明显，还不能从根本上对区域经济持续增长形成有效支撑。

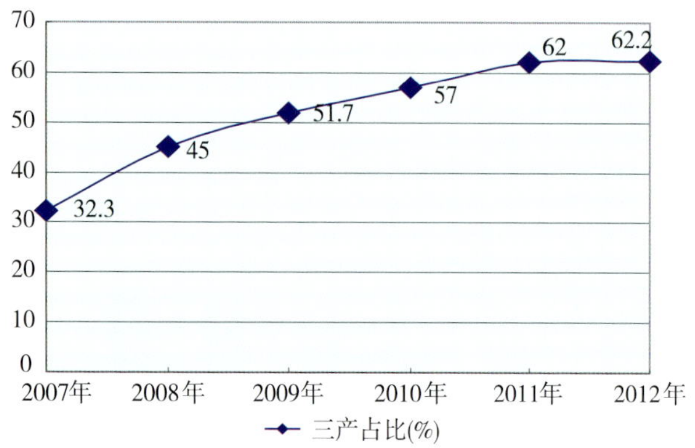

图3 2007-2012年石景山区第三产业占比情况

3.空间布局调整初见成效，但聚集效应尚不显著

2006年以来，随着中关村石景山科技园建设不断提速，园区规模进一步扩大，企业整体实力有所提升；重点商务区建设也取得显著成效，银河商务区、京燕商务区等一批重点工程逐步建成并投入运营，辐射带动能力初步显现；西部地区开发建设开始启动，区内产业布局趋向优化。但是高端产业聚集程度不高，空间资源仍需进一步整合。截至2012年底，全区企业户数排名前三位的行业分别是：科学研究技术服务和地质勘查业、批发和零售业、租赁和商务服务业；注册资本（金）排名前三位的行业分别是：租赁和商务服务业、制造业、科学研究技术服务和地质勘查业。虽然高新技术产业和文化创意产业融合发展已经成为经济增长新亮点——2012年末，全区共有高新技术产业2017家，同比增长22.41%；文化创意产业3700多家，同比增长121.46%，带动零售业的增长和就业岗位的增多，为促进区域经济发展起到良性循环作用，但是企业数量、规模及所占比重和其他发达城区相比仍存在较大差距。石景山科技园、各商务功能区等重点区域规模较小、层级较低，难以形成具有全市影响力的高端产业功能区，也就难以成为推动区域经济发展的增长极。

4.研发投入保持较快增长，但区域创新能力有待进一步提升

近年来，石景山区企业创新意识逐渐增强，研发投入支出不断增长，工业企业R&D增速保持在10%左右；用于新产品开发的经费支出增长尤为迅速——2005年仅为0.4亿元，2006年跃升至1.6亿元，2011年达到7.2亿元。2010年，石景山科技园内的企业合康变频在创业板挂牌上市，成为园区孵化上市的首家企业；2011年8月，园区新材料研发中心开工建设，工程的实施将提升园区自主创新能力，为企业上市提供有力支撑。但是，该区创新型龙头企业总量规模偏低，缺乏具有强大号召力的明星企业、龙头企业，缺乏能够提出项目需求、担当项目组织、实施集成创新的“领头羊”，缺乏新的行业亮点和增长点，在产业细分领域尚未形成明显的差异化竞争力；企业创新要素仍然不足，高端人才、科技金融、市场营销等产业要素、关键环节的发展基础薄弱，尚未形成产业链的良性互动，区域基础设施尚不完善，公共服务设施建设相对滞后，科技产业投融资体系尚未健全，在北京各区县中的核心竞争力不强；科技成果转化量偏低，以本区企业为主导的科技成果转化项目不多，从产品市场开发到形成产业链条过程中促进产业集聚的驱动力还需要进一步增强。

（二）未来产业发展方向选择

1.产业选择原则

打造首都经济新的增长极，产业选择应体现区域发展基础，符合区域发展定位，具备增长快、产业关联度强、对其他产业和整个区域经济发展具有较强带动性、有利于实现经济结构转变等特点。因此，在考虑区情的基础上，产业选择应遵循以下原则：

具有较快增长速度和较强发展潜力。主导产业应具有较强的需求弹性和发展势头，即有较快的增长速度；同时还要有高成长性，即有较强的发展潜力。这种潜力包括企业的研发能力和开拓市场的能力。石景山区正处于产业转型时期，主导产业必须具备快速成长能力，支撑区域经济增长。

具有较高的产业关联度和较强的带动能力。主导产业应具有较大的前、后向联系和影响，对其他产业具有较大的带动作用，通过这种关联产生对相关部门的带动作用，从而产生经济发展中的连锁反应和加速效应，对区域经济发展做出重大贡献。

具有鲜明特色和发展基础。主导产业的选择还要考虑同城内的差异性发展，尽量避免同质化竞争，特别是落后地区追赶先进地区、实现产业转型，要因地制宜培育、壮大特色产业。石景山区拥有丰富的工业文化等资源，应挖掘、用好这些资源，大力推动资源优势向产业竞争力的转化。

符合北京未来产业发展方向。北京产业正在朝着高端、高效、高辐射、高成长性的方向发展。作为城市功能拓展区，石景山区产业发展要以北京市产业发展趋势为导向，调整产业发展方向，重点发展高技术含量、高附加值、低消耗、低污染的“双高双低”型产业。

2. 产业发展方向定量分析。

根据石景山区具体情况、现实产业发展基础，主要采用比重分析和区位商分析方法，对石景山区现有重点产业进行定量研究。

（1）比重分析

比重分析是以产业增加值占地区生产总值的比重为基础，分析重点产业在区域经济发展中的地位及其发展基础。

表1　2012年石景山区各产业比重分析

产　　业	增加值（万元）	占GDP比重（%）
工业	770787	22.79
建筑业	507459	15
交通运输、仓储和邮政业	56384	1.67
信息传输、计算机服务和软件业	485167	14.34
批发和零售贸易业	230496	6.82
住宿和餐饮业	58456	1.73
金融业	294246	8.7
房地产业	174913	5.17
租赁和商务服务业	139761	4.13
科学研究、技术服务和地质勘查业	191882	5.67

续表

产　　业	增加值（万元）	占GDP比重（%）
水利、环境和公共设施管理业	23877	0.71
居民服务和其他服务业	46883	1.39
教育	157674	4.66
卫生、社会保障和社会福利业	100400	2.97
文化、体育和娱乐业	103665	3.07
公共管理和社会组织	135918	4.02
合计	3382138	100

近几年，随着首钢涉钢部分的搬迁，工业比重持续下滑，从2012年石景山区的产业结构来看，工业比重已经下降至22.8%。未来几年中，随着产业结构的转型调整，传统二产还将逐渐退出。在服务业中，信息传输、计算机服务和软件业发展良好，比重高达14.3%，已经成为石景山区仅次于工业与建筑业的最大产业门类。另外，批发和零售业、金融业、科学研究、技术服务和地质勘查业、房地产业、教育所占比重较大，具有一定的发展基础，具备进一步发展的潜质。

（2）区位商分析

区位商又称专门化率，在衡量某一区域要素的空间分布情况，反映某一产业部门的专业化程度，以及某一区域在高层次区域的地位和作用等方面，具有重要意义。该方法可以通过测定各行业（产业部门）在各地区的相对规模聚集化程度，间接反映区域间经济联系的结构和方向。区位商计算公式：

$$LQ=(j_1/j_2)/(b_1/b_2)$$

其中，j_1和j_2分别代表某区域A产业增加值和该地区全部行业增加值，b_1和b_2则分别代表整体地域范围中A产业增加值和该区域全部行业增加值，LQ代表研究区域区位商。若$LQ>1$，表明A产业在研究区域的规模聚集化程度超过整体地域范围，属地区规模聚集化产业，是地区产业结构中的优势产业，具有比较优势，LQ值越大，则产业聚集化程度越高。

利用2012年数据，根据上述模型，计算北京市城六区主要产业区位商，以及第三产业内部各部门在第三产业中的区位商情况。计算结果如下：

表2　北京市城六区主要产业区位商比较

产　　业	石景山	东城	西城	朝阳	丰台	海淀
工业	1.28	0.11	0.42	0.45	0.69	0.46
建筑业	3.23	0.51	0.55	0.62	2.70	1.02
交通运输、仓储和邮政业	0.36	0.40	0.41	0.99	0.83	0.13
信息传输、计算机服务和软件业	1.62	1.34	0.44	0.56	0.53	2.76
批发和零售贸易业	0.55	1.07	0.80	1.89	0.90	0.71
住宿和餐饮业	0.79	1.79	0.79	1.39	1.29	1.04
金融业	1.02	1.34	2.92	0.73	0.64	0.69

续表

产　　业	石景山	东城	西城	朝阳	丰台	海淀
房地产业	0.82	0.90	0.68	1.56	1.24	0.81
租赁和商务服务业	0.50	1.67	1.19	2.07	1.16	0.58
科学研究、技术服务和地质勘查业	0.78	1.45	0.69	0.93	1.89	1.94
水利、环境和公共设施管理业	1.39	0.77	0.73	1.08	2.23	1.26
居民服务和其他服务业	1.84	0.76	0.65	1.19	2.14	0.90
教育	1.23	0.59	0.58	0.74	0.84	2.09
卫生、社会保障和社会福利业	1.49	1.76	1.35	0.90	1.02	0.93
文化、体育和娱乐业	1.42	1.89	1.35	0.65	0.90	1.99
公共管理和社会组织	1.26	2.06	1.69	0.64	1.11	0.59

表3　北京市城六区第三产业区位商比较

产　　业	石景山	东城	西城	朝阳	丰台	海淀
交通运输、仓储和邮政业	0.44	0.32	0.35	0.85	0.84	0.11
信息传输、计算机服务和软件业	1.99	1.06	0.37	0.48	0.54	2.41
批发和零售贸易业	0.67	0.85	0.68	1.62	0.91	0.62
住宿和餐饮业	0.97	1.43	0.67	1.19	1.30	0.91
金融业	0.49	1.07	2.47	0.62	0.65	0.61
房地产业	1.00	0.72	0.58	1.34	1.25	0.71
租赁和商务服务业	0.62	1.33	1.00	1.77	1.18	0.51
科学研究、技术服务和地质勘查业	0.96	1.15	0.58	0.79	1.91	1.69
水利、环境和公共设施管理业	1.71	0.62	0.62	0.92	2.25	1.10
居民服务和其他服务业	2.26	0.60	0.55	1.02	2.16	0.79
教育	1.51	0.47	0.49	0.63	0.85	1.83
卫生、社会保障和社会福利业	1.83	1.40	1.14	0.77	1.03	0.81
文化、体育和娱乐业	1.75	1.50	1.14	0.56	0.91	1.74
公共管理和社会组织	1.54	1.64	1.43	0.55	1.12	0.51

从区位商看，石景山区服务业细分产业中区位商大于1的产业包括：信息传输、计算机服务和软件业，金融业，居民服务和其他服务业，卫生、社会保障和社会福利业，文化、体育和娱乐业，水利、环境和公共设施管理业，公共管理和社会组织，教育，说明石景山区在上述产业中专门化程度相对较高，与其他产业相比具有比较优势。但上述产业中相当一部分属于面向区域内部需求的传统服务产业，对区域经济的发展更多是发挥服务支撑作用，难以承担起引领区域经济发展的作用。

(3)分析结论

以上使用比重分析法、区位商分析法对石景山区产业发展基础进行了计量分析，具体结果如表4所示。

从产业规模、产业发展相对优势以及产业竞争优势等维度出发，选择了上述得到两种以上定量分析方法肯定的产业方向，共计7个方向。但需要注意的是，计量分析是产业选择的重要手段，但也有其局限性，即计量分析是以产业发展现状为基础进行分析，必然无法包含未来产业发展的相关信息。区域产业发展方向的选择需要在计量分析的基础上，按照产业选择原则，充分结合产业发展趋势及区域产业结构调整方向，进行综合考量。一是部分目前发展较好的产业，在计量分析中会有较好的表现，但因为这类产业与区域产业发展方向不符，并不能成为未来的主导产业，如石景山的工业、建筑业，如第三产业中的房地产业等；或者该类产业在未来发展中难以承担起引领区域经济发展的作用，如石景山的教育产业。二是新兴产业、区域潜导产业由于发展基础较为薄弱，通常在计量分析中表现较差，甚至得不到体现，但若考虑到北京市以及石景山区未来产业发展导向，以及产业本身具有的良好发展前景，这类产业也可入选石景山区未来的重点产业，如石景山区的租赁和商务服务业。

综合分析，石景山区要打造经济增长极，以下产业具有较高的成长性，可作为未来产业的发展选项：信息传输、计算机服务和软件业，金融业，租赁和商务服务业，科学研究、技术服务和地质勘查业，文化、体育和娱乐业。

表4　石景山区产业发展方向定量分析结果

产　　业	比重分析（大于5%）	区位商（大于1）
交通运输、仓储和邮政业		
信息传输、计算机服务和软件业	√	√
批发和零售贸易业	√	
住宿和餐饮业		
金融业	√	√
房地产业	√	
租赁和商务服务业		
科学研究、技术服务和地质勘查业	√	
水利、环境和公共设施管理业		√
居民服务和其他服务业		√
教育		√
卫生、社会保障和社会福利业		√
文化、体育和娱乐业		√
公共管理和社会组织		√

（三）产业发展的总体思路和重点领域

产业体系是一个动态优化的过程。随着技术进步，经济发展，产业环境的变化以及产业资源的再配置，产业体系要因势利导，促进各层次产业升级和调整，以适应新竞争的趋势。围绕石景山区经济转型及CRD发展战略，构建现代产业体系已成为抢占产业发展制高点、提升产业发展水平、提高石景山区产业竞争力的一项重大战略任务。

1. 产业发展总体思路

石景山区产业发展总体思路为：以壮大服务型经济为目标，以推进落实国家服务业综合改革试点区为抓手，把握产业融合发展的规律特点，做大做强特色集聚的文化创意产业，重点发展优势明显的现代金融、高新技术产业，加快发展潜力较大的商务服务和旅游休闲产业，加快培育智库和清洁环保技术等新兴产业，形成支撑全面转型和可持续发展的产业体系。

2. 加快五大主导产业发展

①建设文化创意产业特色区。充分整合首钢现有的工业设计、工业文化遗存资源，依托数字娱乐产业基地和中国动漫游戏城两个核心区域，重点发展动漫游戏、电子竞技、设计创意、工业博览、特色演艺等产业，增强首钢国际灯光节等品牌活动影响力，吸引并聚集一批国家级文化创意项目和国内外知名文化创意机构落户。强化数字技术研发及应用，搭建文化科技融合创新平台，逐步形成完整的数字娱乐产业链，打造国家动漫网游中心和首都数字娱乐中心。

②推动现代金融业集聚发展。加快长安街西延线金融创新要素聚集，加大对各类外埠金融机构的引进力度，吸引金融产品研发、结算中心等职能总部及新兴金融机构落户，加快国家保险产业园、互联网金融产业基地等重大项目建设。

③加快高技术服务业创新发展。争取央企、央院、央所等国家级资源及重大科技成果转化项目落户，鼓励传统制造企业向服务产业链条延伸，促进研发和中试服务、检验检测等业态发展。加快中关村国家自主创新示范区石景山园的土地开发建设和产业升级，发挥中国绿能港、首钢技术研究院等创新优势，培育新一代信息技术、新材料、节能环保等战略性新兴产业，推进区域成果转化和自主创新服务，努力构建京西高技术服务基地。

④打造京西商务中心区。推动首钢主厂区面向现代服务业转型，重点发展与钢铁冶炼相关的专业服务、交易结算、中介咨询、资产运营和投融资等各类总部型企业集群，积极吸引国内外钢铁、能源、装备、矿业、有色金属等领域的制造业企业总部。打造银河综合商务区、制造业总部聚集区等若干个现代服务业综合体，建设一批生态智能型商务楼宇。大力发展电子商务，引导电子商务在文化创意、高技术服务、旅游休闲等领域深化应用。积极推进连锁经营、物流配送等现代流通方式，促进商务与旅游、文化、体育、休闲等行业融合发展。

⑤打造京西特色文化旅游融合发展区。以资产重组、对外战略合作为途径，进一步整合区域历史文化、自然生态、工业遗址等旅游资源，促进旅游休闲与相关产业联动发展。加快西山八大处文化景区、永定河绿色生态发展带、新首钢滨河综合休闲带、天泰山旅游休闲区等重点项目建设。开发特色旅游产品，完善旅游配套设施，精心打造精品旅游线路和品牌活动，提升首都文化娱乐休闲区的承载力。

3. 大力培育未来新兴产业

①发展智库产业，打造“中国智谷”。智库产业是知识密集型的咨询服务业。北京具有发展智库产业独一无二的优势，但是在优势互补、功能整合与形成合力上存在明显的不足，同时，传统的智力服务模式很难形成职业化的专业智库。也正因为如此，这给市场化的智库及相关文化产业的诞生和发展，提供了全新的时代机遇。石景山应以地域特有优势，提升并发展咨询、技术和相关智慧类产业，以智库产业带动全产业发展，引发区域经济结构深层调整，在探索新经济增长方式上取得实质进展，确保智慧需求方和智慧供应方都能从中受益，将石景山区打造成“中国智谷”。

②发展清洁环保技术产业，强占产业先机。近年来，清洁技术及相关产业在国际范围内引起普遍关注，并迅速成长为推动全球高新技术产业发展的新兴力量。在德国，环保产业已经成为第二大产业，在国民经济总量中所占比重达到7%。随着相关技术的不断成熟，以及各国政府的大力支持，清洁技术也逐渐受到资本市场的青睐，成为继生物技术和软件之后，风险投资聚焦的第三大高技术领域。随着我国加速

经济转型调整，节约资源、保护环境日益受到重视，新能源、环保、高效节能、环保新材料等清洁技术产业得到政策的大力支持。对石景山来说，大力发展低污染、低消耗的清洁技术产业，将会有力加快石景山区产业结构调整，促进经济增长方式转变，进而推动经济和社会的可持续发展。同时，清洁技术产业在石景山高科技产业中占有较大比重，具有较好的发展基础。

（四）重点产业发展策略

按照产业发展演进规律，专注产业发展前沿，引入和聚集高端要素资源，深化细分领域，打造重点突出、特色鲜明主导产业集群。

1. 坚持文化创新和科技创新“双轮驱动”，做大做强文化创意产业

立足石景山区文化特色和资源优势，激发文化创意产业发展活力，发挥骨干文化创意企业的引领带动作用，重点发展数字娱乐、数字媒体、工业设计等领域，增强文化创意产业集聚效应，将石景山区建设成为创意资源丰富、创意活动活跃的文化创意产业发展高地。

(1)发展思路

抓住国家实施文化产业振兴规划的契机，立足区域文化特色和国家级基地品牌资源，发挥骨干文化创意企业的引领作用，实施差异化产业发展战略，紧抓优势细分领域，着重发展网络游戏、影视动漫、工业设计等领域；大力推进重点项目建设，积极吸引一批国家级文化创意项目落户；加强体制机制创新，激发文化创意产业发展活力，将石景山区打造成为创意资源丰富、创意活动活跃的文化创意产业聚集区。

(2)重点领域及发展策略

①网络游戏

重点研发具有自主知识产权的网络游戏核心技术，推动网络游戏引擎的开发设计，大力支持具有自主知识产权的原创游戏产品研发、推广和出口；积极开展国际国内电竞赛事，鼓励网游产品的健康消费和体验。充分发挥“国家网络游戏动漫产业发展基地”以及“中国电子竞技运动发展中心”等国家级品牌资源的作用，鼓励公共技术平台建设，积极推动网络游戏技术设备和公共技术平台支撑服务体系及共享机制的建立。

②影视动漫

吸引和培育一批影视动漫制作企业，推进影视动漫的创意设计、生产和制作，对于具有民族特色、文化内涵深厚的影视动漫原创作品，重点支持其创作并向海外推广，着力打造一批国产动画精品；积极培育影视动漫交易市场，鼓励、支持影视动漫机构参加影视动画博览会、交易会、展示会等活动，支持和培育动画交易中介机构的发展；强化动漫衍生产品的综合开发，包括图书期刊、音像制品、娱乐设施、游戏软件、动漫节展等各类商品和服务。以“中国动漫游戏城”为依托，重点打造“数字高清影视产业基地”“影视动漫综合交易中心”和“动漫嘉年华主题乐园”，推进影视动漫作品创作、数字高清技术、版权营销、体验消费的发展，打造集策划、制作、交易、营销于一体的影视动漫产业链。

③装备制造智能化

作为高端装备制造业的重点发展方向和信息化与工业化深度融合的重要体现，大力培育和发展智能制造装备产业，是我国提升生产效率与技术水平的重要手段，也是我国制造业在十二五期间的重要任务。要发展智能制造装备业，设计研发等使装备制造业智能化的产业是核心手段。石景山区应借助首钢品牌资源优势，积极吸引一批企业的产品设计中心、国内外知名的专业设计企业和设计机构，形成特色工业设计集群。鼓励工业企业、工业设计企业、高等院校、科研机构建立产学研合作机制，促进形成以企业为主体、市场为导向、产学研相结合的工业设计创新体系。同时，围绕感知、决策和执行等智能功能的实现，针对测控装置、部件和重大智能制造成套装备的开发和应用，突破新型传感原理和工艺、高精度运动控制、高可靠智能控制、工业通信网络安全、健康维护诊断等一批具有共性和基础的关键智能技术，为实现制造装备和制造过程的智能化提供技术支撑。围绕重大智能制造成套装备研发以及智能制造技术的推广应用，开发机器人、感知系统、智能仪表等典型的智能测控装置和部件并实现产业化，从而将石景山区打造成我国智能技术、重大智能制造成套装备的研发和应用推广基地。

④数字媒体

把握“三网融合”的良好契机，大力推动数字技术的开发和创新，推进3G内容制作、数字出版、互联网电视等领域的发展，吸引新媒体技术研发、内容制作和现代传媒企业落户石景山区；加快“西山汇新媒体基地”“国广文化传媒产业基地”等项目载体建设，打造数字新媒体产业集群。

2. 突出差异定位和特色发展，重点发展现代金融产业

经过近几年的积极推进，石景山区金融业的发展取得了明显成效。2012年，石景山区新增现代金融企业33家，截止2012年底，全区各类金融机构总计达到100家，增加值占地区生产总值的8.7%，对区域经济增长贡献度达到25%。现代金融业形成了良好的发展态势，具有非常好的发展前景。

(1)发展思路

按照北京建设“具有国际影响力的金融中心城市”的要求，依托国家国家保险产业园和互联网金融产业基地，大力引进新型金融机构，聚集金融高端要素，打造“长安金轴”，将石景山打造成为北京市乃至全国具有一定影响力的现代金融聚集区。

(2)重点领域及发展策略

①建设国家保险产业园

一是营造良好环境，吸引机构聚集。根据《关于加快推进石景山区国家服务业综合改革试点区发展的意见》，国家保险产业园将以中国保险信息技术有限公司为核心，吸引全国各类保险业态及新兴金融机构抢滩石景山，并将着力构建完善的现代保险市场体系，承担保险业改革创新先行先试工作，重点吸引各类保险机构聚集，支持各保险公司设立数据中心、结算中心等机构，将保险产业园打造为国家保险产业

聚集区、保险创新示范区和保险文化引领区。而数据中心、结算中心等机构的设立，基础设施与研发的投入，通过建设大数据开发中心、云计算基地，集中各类信息处理公司、中间信息服务商等数据处理业态，为人品好保险产业发展奠定技术基础。目前，该产业园的龙头企业——中国保险信息技术管理有限责任公司已经入驻园区，积极推进全国保险数据平台落户石景山。

二是拉伸产业链，夯实产业基础。从核心业务流程看，保险产业价值链与一般制造业价值链是相似的。即由产品研发、设计、创制（精算、设计保险合同）到批量生产、运营（组织展业），再到市场营销、售后服务（展业、定损、理赔），最后是资金运用与风险控制，为客户提供风险规避与金融理财服务。建设国家保险产业园，既需要着力发展保险业的上游产业保险产品设计事务所、精算师事务所等保险产品设计开发机构；也需要发展中游产业，包括保险展业机构及其分销网络和服务代理分包商，包括综合性的与分行业、分专业（产品）的保险公司，银行、证券、基金、互联网及发卡机构，各类保险中介机构如保险代理公司、保险经纪公司、保险公估公司、保险律师事务所等；还需要发展下游产业资金分销、保值增值与风险控制机构。如银行、各类基金公司与投行机构。

②发展互联网金融

依托国家服务业综合改革试点区互联网金融产业基地，大力发展互联网金融服务，为互联网金融产业发展提供一系列人才、政策、服务保障。支持互联网金融产业基地建设、完善基础配套设施、奖励产业人才。

——培育龙头企业。将互联网金融作为推进国家服务业综合改革试点区建设的重要内容，发挥政府引导基金的杠杆作用，吸引社会资本共同参与发起设立互联网金融产业投资基金，扶持互联网金融企业发展，加快培育龙头企业。

——建设以大数据为基础、两大组团为核心的新型互联网金融产业园区。建设大数据开发中心、云计算基地，集中各类信息处理公司、中间信息服务商等数据处理业态，为互联网金融发展奠定技术基础。

——推动产业集聚发展。重点集聚两大产业组团，一是集聚以促进传统金融机构互联网化升级的产业组团，致力于吸引传统金融机构的电子、信息、数据事业部以及网络银证保等服务业态；二是集聚以创新型互联网金融服务为主的产业组团，吸引互联网非银行金融机构、金融服务公司、物联网供应链金融、小额信贷、金融产品垂直搜索与销售等为代表的专业化互联网金融机构。

③金融要素交易。依托中关村科技园区石景山园，积极发展文化创意产品、高新技术产权等交易平台。近期重点推进北京保险交易所、北京贵金属交易所、北京建材交易所、碳排放权交易所等要素交易平台建设，逐步发展成为北京乃至全国重要的金融要素交易中心。

——推进北京保险交易所建设，力争将其打造成中国第一、亚洲最大的专业化保险交易平台，成为北京再保险定价中心；

——加快北京贵金属交易所建设，通过重大项目的带动和示范作用，吸引国内外贵金属交易相关金融产业入驻石景山；

——推进北京建材交易所建设，逐步发展成为国内最大、最为权威、种类齐全、大宗交易的工业建材产品的信息发布与交易平台之一；

——加强与北京环境交易所合作，积极探索通过碳排放交易业务分离，努力形成全国碳排放交易的重要市场。

④金融投资理财

重点吸引以私募股权、风险投资、金融信托、融资租赁、质押典当等为重点的投融资机构，积极引进以资本运作、资金管理、理财服务等为重点的财务管理机构及以资产经营、资产托管、并购重组等为重点的资产管理机构。近期着力引进投资基金、证券投资、信托投资、财务管理等相关企业，努力构建优势互补、市场活跃的投融资环境。

——投资基金：大力吸引国内外基金公司、创业风险投资机构、私募投资机构等在石景山设立企业总部或分支机构；努力吸引一批小额贷款公司落户石景山；筹划建设专业化的商务楼宇，吸引和聚集基金及相关管理企业入驻发展。

——证券投资：大力培育和引进从事股票、基金、债券、期货及其他有价证券投资活动的证券公司和机构；努力引进相关证券咨询、投资分析活动的证券投资顾问咨询公司、证券资信评估企业和机构入驻石景山。

——信托投资：积极吸引国内外知名信托投资公司在石景山设立分支机构或办事处；大力培育和引进从事向企业提供代理资金、财产的信托、管理活动以及基金的托管活动的企业机构。

——财务管理：顺应北京总部经济发展的趋势，在集聚商务服务、研发管理等为主的企业总部的同时，积极吸引国内大型集团财务公司区域性总部及分支机构的入驻，促进区内财务管理行业的发展。

⑤金融中介服务

重点发展保险中介、资产评估、信用担保等领域，努力吸引金融租赁、典当、金融信息服务等中介机构，完善金融市场支撑服务体系。同时，大力吸引国内外信用评级机构和金融风险监管机构，积极建立高效规范的信用市场。

——保险中介：推动现代金融业集聚发展，加快长安街西延线金融创新要素聚集，推动国家保险产业园重大项目落地，吸引全国各保险公司总部、数据中心、外包中心等各类新型金融机构聚集石景山区。大力培育和引进为企业提供保险代理、评估、监督、咨询等服务的机构；努力吸引一批从事保险和再保险业务的企业和机构；积极推进保险中介机构规范发展，形成保险个人营销、兼业代理、专业代理、经纪公司和公估公司有序发展的良好局面。

——资产评估：重点发展整体性企业资产评估、机械设备等实体单项资产评估、商标及专利等无形资产评估、房地产评估、证券业评估等评估业务，打造资产评估服务中心。

——信用担保:重点吸引一批信用好、贡献大、实力强的中小企业信用担保机构,引进有实力的国内外信用担保机构到石景山设点开展业务;推进银企合作,鼓励、支持金融机构与中小企业信用担保机构建立互利合作关系。

⑥高端金融服务外包

与国内外大型金融机构建立长效沟通机制,通过举办金融领域服务外包推介会、金融会展、金融外包服务国际论坛、金融服务外包圆桌会议等,推进高端金融服务外包项目合作,努力吸引金融机构研发中心和清算中心落户石景山。

——研发中心:大力吸引银行及保险机构的研发中心入驻,逐步将石景山区打造成为国内重要的金融创新产品的研发、测试和后台保障基地。

——清算中心:重点吸引国内金融机构在石景山区设立清算中心;促进国际各类准清算组织在石景山区集聚。

3. 着眼未来发展,培育智库产业

以地域特有优势,提升并发展咨询、技术和相关智慧类产业,以智库产业带动全产业发展,引发区域经济结构深层调整,在探索新经济增长方式上取得实质进展,确保智慧需求方和智慧供应方都能从中受益,将石景山区打造成"中国智谷"。

(1)发展思路

通过引进核心发展要素(人才、技术、创意、资金等),推动智库产业的高端化、功能化、集群化发展。突出人才的因素,运用人的智慧进行研发、创造、生产、管理等活动,融合发展关联产业,进行立体式开发。逐渐从"分散式的随机性组织"向"以智库基地或产业区为平台的,以目标为导向的有组织模式"转变,这就需要一定的载体,加强智力资源的整合,形成产学研一体化的智库产业集群。大力发展以"智谷"为模式的智库园产业园区,智库产业区的可持续发展,还必须强化产业链的延伸和优化发展机制,切实发挥市场的主体性和人才的能动性,加强市场营销和政策营销,真正为国家文化战略起到重要推动作用。

(2)重点领域及发展策略

①工程咨询智库

重点发展工程设计、规划咨询(含行业、专项和区域发展规划编制、咨询)、编制项目建议书(含项目投资机会研究、预可行性研究)、编制项目可行性研究报告、项目申请报告和资金申请报告、评估咨询等工程咨询领域,同时大力发展招标代理、工程监理、设备监理及工程项目管理,积极推动工程项目的全过程或若干阶段的管理服务。

②技术服务咨询智库

以提供新技术、新知识为业务方向,服务项目包括设计新产品、对产品进行技术评定、对企业进行新技术改造、培训新技术人才、提供新技术咨询等;包括从项目的制定、设计、实施直至建成投产的全程咨询服务。运用各类专门知识,为委托方提供解决复杂技术问题的系统方案,改进生产方法和质量控制;为技术引进和选择适用技术提供咨询服务,设计生产规划或销售方案等。提供技术情报资料与培训人员技术供应方可以提供各种技能性和知识性的建议、方案、数据信息,并对技术受让方进行技术培训。

③决策管理咨询智库

大力发展哲学社会科学和自然科学相结合的决策管理咨询智库,向党委、政府、企业提供重大政策咨询、重要投资咨询以及行政管理、企业管理等方面的咨询,就经济社会发展和企业发展重大问题拿出解决方案。整合首都高校、科研院所和其他方面能够与市场对接的研究力量,开展战略研究、规划研究、对策研究,使研究成果通过市场机制得到转化运用、实现价值,进一步促进产学研相结合。发挥首都哲学社会科学和自然科学研究机构众多、人才荟萃的优势,聚集人才等要素,形成智库产业集群,并围绕高端人才打造高端生活性服务业、围绕科研成果转化打造知识产权交易市场、围绕重大科研项目融资乃至智库上市打造金融服务平台、围绕科研手段数字化打造信息服务平台;智库产业具有高辐射作用,其影响范围是国际性的,随着国际学术交流与合作的增加,还需要大力打造会展、现代传媒等产业;上下游关联产业的发展必然会壮大智库产业链。

4. 发挥转型优势,培育清洁环保技术产业

近年来,石景山区坚持从传统工业石景山向绿色生态石景山转型,生态环境得到了极大改善,形成了新的优势。与此同时,清洁环保技术呈现快速发展态势,新能源、节能环保、新材料等产业集群化趋势逐渐显现。就重点领域来看,石景山科技园在新材料、高效节能领域表现较为突出,涌现出天山新材料、北京建筑材料研究总院、合康变频等一批具有较强竞争实力的企业。其中,合康变频已经成功登陆创业板,也是石景山科技园培育出的第一家创业板企业。

(1)发展思路

坚持高端化发展方向,深化细分领域,抢占高端领域及高端环节,重点发展新能源、高效节能、环境保护、新材料等具有较好基础的技术领域。坚持重大项目带动,积极争取国家及北京市重大科技成果转化项目。坚持创新引领,大力支持企业加大研发投入力度,重点扶持企业集成创新、原始创新。加大招商引资力度,积极吸引清洁技术总部型企业及研发中心落户,培养、凝聚一批龙头企业,壮大产业竞争力。加快绿能港建设,推进清洁技术产业集群发展,形成产业优势和局部强势。加大政策支持力度,综合运用规划、投资、税收、人才等各种政策手段,推动清洁技术产业发展。

(2)重点领域及发展策略

①新能源

吸引和聚集一批能源总部型企业,着力引进和培育一批有规模效益的新能源研发服务骨干企业,大力发展新能源技术咨询服务、新能源研发设计等,积极发展太阳能、风能等领域关键技术、系统集成及核心部件制造。加强配套设施、服务机构建设,引进建设新能源技术研究中心、新能源技术转移及产品展示平台、合同能源管理及节能评测中心等服务机构,全力打造北京新能源高端服务产业基地。支持企业向"专、精、特、新"方向发展,积极引导重点企业由设备制造向

系统集成、技术咨询等高端领域转变。

②高效节能

发挥中国节能环保集团等龙头企业的辐射带动作用，建立节能环保信息技术展示平台，加大污染治理和环境服务、建筑节能、节电技术等领域招商引资力度，积极引进水处理、水资源利用、固体废弃物处理领域、废气治理领域的企业；加快环保关键技术与装备的自主研发与示范应用，着重吸引节能环保产业链上下游的企业入驻石景山区，发展一批提供节能设计、咨询、审计、能源管理等服务的节能服务公司。

③新型环保材料

大力推动新型节能建材、新型胶粘剂、环保用新材料规模化发展；积极引进可降解材料、能量储存材料，延伸发展有机高分子材料、复合材料，打造节能材料聚集区。统筹现有创新资源和新材料研发平台，组建工程研究中心、工程实验室，为新材料领域技术研发、技术转移、成果推广、项目转化等提供全方位服务。

④大气污染治理

重点发展电厂及工业锅炉烟气脱硫脱硝关键技术和设备，大力发展电除尘、袋式除尘、机动车尾气净化等领域防治技术和装置设备。整合政策资源，集中力量支持一批规模较大的大气污染治理、防治领域企业，扩大企业规模、提高产业化水平。

三、打造首都经济新的增长极的区域空间

从空间角度看，经济增长极是区域增长极，区域空间是经济增长极存在的地理形式，经济发展必须依靠空间布局把区域内所有的经济活动凝结成一个整体，以加强其在区域经济发展中的地位。只有遵循区域经济增长极形成的空间机理，明确区域发展空间优势，才能从空间上对产业进行合理有效的布局，从而确保经济增长极落到实处。

（一）区域经济增长极形成的空间机理

经济增长极理论出现后，被迅速应用于空间发展战略中，并且形成了多个空间格局的理论，主要有点轴理论、双核理论以及多极网络空间组织思想等。这些理论对空间竞争与市场聚集、资本和劳动力要素流动对经济增长极形成的空间机理进行了阐述。

1. 基本的空间理论概述

关于区域规划，波兰的萨伦巴和马利士最先提出了根据点与轴线相结合进行区域开发的模式。我国的陆大道(1986)吸取了据点开发和轴线开发理论的精华，提出了点轴开发理论。双核结构模式和点轴系统理论一样，双核型空间结构兼顾了对所在区域作用和外界联系的需要，实现了区域中心城市的趋中性与港口城市的边缘性的有机结合。故依据点轴系统理论和依据双核结构模式所确定的空间形态是近似的，都以开发轴或发展轴的形态出现(陆玉麟，2004)。

2. 空间竞争与市场聚集

由于信息、技术和自然资源禀赋的不同，企业很少会同时进入同一个地区性的市场。开办新厂或者重新选址存在极大的固定成本。在进行区位选择和进入时机决策时，企业不仅必须考虑当前的利润，而且还要考虑未来的市场增长，以及这种区位选择可能给对手带来的影响。早期进入者的区位选择策略就是为了阻止未来的进入者。空间竞争的动态问题对区位选择问题增加新的变量。在运输成本和固定成本结构之外，动态的影响——包括市场利率和市场增长率以及运输成本等都必须一一考虑进去。

3. 资本流动使得生产力的空间布局得到强化

资本投入不足是落后地区经济滞后的关键，而资本形成差异是导致区域经济差距的重要因素。如果某地区建立了有效率的资本形成机制，那么该地区的资本形成能力就强，金融资源大量聚集，投资规模不断扩张，从而有效地推动经济迅速发展，经济环境不断改善，进一步创造聚集更多金融资源的良好条件，于是整个地区步入良性循环。反之，若不能建立有效的资本形成机制，资本形成能力必然有限，金融资源难以聚集，因而投资不足，产出水平低下，经济发展受阻，金融资源会更加缺乏，资本形成能力进一步弱化，从而陷入恶性循环。

4. 劳动力流动进一步强化生产力的空间布局

任何要素只有在流动起来后，才能在生产中得到最佳利用并实现利润最大化。人力资本作为生产过程中必不可少的先决条件或投入要素，会通过其载体——劳动力的流动而得到有效配置。总体上，劳动力流动有利于提高人力资本的利用效率，使之在经济社会中实现优化配置。劳动力流动不仅使现存的人力资本能够得到有效的配置，不断增值，同时也使人们更加重视对人力资本的投资，从而促进人力资本的形成，增加人力资本存量。

（二）新经济增长极的区域发展空间

在主导产业加快培育、城市基础不断完善的情况下，长安街西延线无疑是石景山区当前最具有吸引力的区域。根据经济增长极理论，本研究将长安街西延线确定为石景山区域经济发展的空间增长极，并以此为轴线带动石景山区整体的产业结构调整。

1. 空间发展优势。

(1)土地利用优势。从深度挖掘的意义上讲，一是首钢涉钢产业搬迁调整，置换出8.63平方公里的具有高价值空间的整地，可以统一开发使用，将成为北京西部综合服务中心和文化创意产业区，承载起行政办公商务区、工业文化遗产保护、工业主题游览、休闲旅游等特色服务功能，完善首都文化娱乐休闲区建设。这对长安街西延线和石景山区而言都是一块宝地；二是随着中关村石景山园的扩园，石景山区西部将拥有更加广阔的纵深空间；三是按照长安街西延线的未来定位，部分土地可以通过规划调整、提高土地使用效率、增强土地承载能力等方式获得增值空间。长安街西延线及其两侧存在一定的纵深发展空间，为长安街西延线产业发展、功能提升、景观塑造、形象打造准备了深度空间。

(2)产业基础优势。长安街西延线经济占据石景山区的半壁江山，主导产业已经形成了一定规模，企业发展质量高于区平均水平。2011年长安街西延线上企业单位总资产占

全区法人单位总资产的 78%；其中第三产业单位总资产占全区第三产业单位总资产的 18.9%；2011 年长安街西延线企业实现的应缴税金占全区规模以上企业应缴税金的 80%；全区六大重点建设商务区中的四个(北京国际雕塑园地下商务区、银河商务区、京燕商务区、京西会展商务区)位于长安街西延线，地理位置优，商务基础实，发展前景好。长安街西延线上科学研究技术服务和地质勘查业、房地产业、文化体育和娱乐业、租赁和商务服务业、信息传输计算机服务和软件业等五大现代服务行业实现主营业务收入、利润总额、应缴税金占全区规模以上服务业企业营业收入比重分别为 46%、28% 和 24%。

(3)区位交通优势。长安街西延线从区位上来看，可以借势长安街这条融汇北京高端功能发展和满足不同层次消费需求的集中轴，满足不同消费主体、消费人群、消费方式的需求。从交通上来看，长安街西延线本身(石景山路)、地铁 1 号线就是城市的主要的、立体化的交通体系，且和京原公路、阜石路、五环路、六环路等交通要道顺畅连接，为人流、物流等的汇聚和发散提供了保障。

2. 存在的主要问题

(1)发展定位需要明确。长安街西延线需要在金融、商务等产业布局上形成明确的定位，沿线各业态、功能区之间形成良好的协作关系，避免同质化竞争。

(2)空间功能需要整合。空间缺乏有效的板块划分，特别是缺乏功能的整合化；板块发展时序未统一到整体发展思路和 CRD 建设的进程上；沿线的车流、人流、商流等尚未进行有效整合。

(3)产业集聚程度需要提升。缺乏大型总部企业的入驻和发展带动，产业集聚效应不明显。文化创意、休闲娱乐呈点状分布，商务办公形态的文化创意、文化休闲娱乐入驻尤其不足。现有建筑物业类型较分散，难以形成浓厚的区域产业气氛。产业配套不足，对产业进入、人才吸引不利。

(4)土地利用效益需要提高。土地利用方向需明确、容积率有待提高、土地权属不统一、土地使用率低、地下空间未得到高效利用。

3. 发展定位

(1)总体定位。立足城市东西轴线、功能拓展区、北京 CRD 特色，以促进城市整体发展为目标，以现代金融产业为发展主旋律，营建时尚高雅的文化氛围，展现靓丽独特的城市景观，塑造现代时尚的区域性格，实现高端复合的轴线价值，形成能力、实力、魅力三力的聚合，打造产业集聚、现代时尚、高端融合的“长安金轴——CRD 核心轴线”，支撑京西地区突破发展、区域转型发展、长安街创新发展、北京高端功能聚合发展。

(2)产业发展定位。发展以高端金融为代表的科技金融业，以网络游戏、影视动漫、数字媒体和装备制造智能化为主的文化创意产业，以咨询、策划、法律服务、信息服务为主的商务服务高端业态，以大型会展、特色旅游为主的旅游会展业态，以及其它高品位商业业态，主要为前述产业提供高附加值的服务型产业。

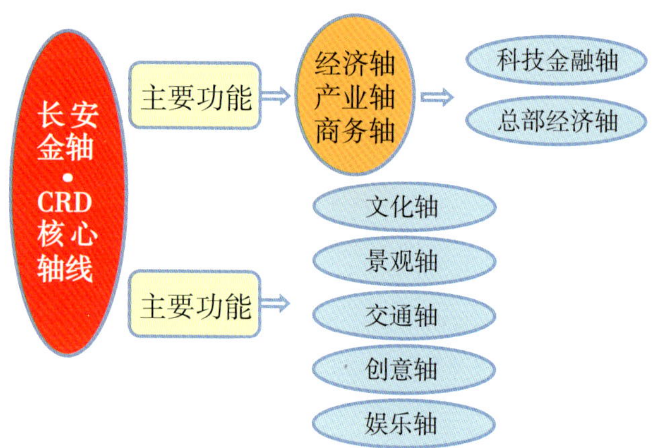

图 4 长安街西延线功能分解图

4. 空间建设

长安街西延线由玉泉路以西至永定河西岸，全长约 9 公里，由东至西按照现状特点、功能承担、产业特色、开发时序等的差异分成三个分区，辐射到西部地区，共同构成一个互动互促的关联整体。形成三个功能分区为：先导区 – 核心区 – 拓展区。

图 5 长安街西延线功能分区

(1)先导区。先导区由玉泉路开始至八角西街附近。在长安金轴整体建设基础上，先导区还要构建特色魅力体验区——从东往西形成从靓丽景观体验向动感活力体验的过渡。以北京国际雕塑公园和银河商务区为中心，展示 CRD 的具体形象(主要包括建筑景观和绿色景观)，形成优雅的时尚文化氛围、娱乐体验氛围、休闲消费氛围，充分体现 CRD 的具像魅力特色。

(2)核心区。核心区由八角西街附近至永定河西岸。在长安金轴整体建设中，核心区是发展的动力之源，其从西往东形成从中期开发向远期储备(置换)开发的过渡。

——中期动力开发：首钢及永定河东岸范围。以首钢文化创意产业区为中心，打造 CRD 和京西地区发展的动力之源。

——远期动力储备：首钢东侧住宅聚集区域。以古城和八角居住区为主，近期、中期整体调整难度较大；但可为远期开发形成后备区域；局部区域(如星座商厦区域)可在整体规划基础上先期启动。

(3)拓展区。拓展区主要为石景山区西部地区，位于北京市区最西部，与门头沟区相衔接，在西六环内，距石景山区中心12公里，距北京市中心25公里。地区总面积约33平方公里，由五里坨建设区、西山八大处文化景区、广宁建设区三个区域组成。区域内自然生态良好，林木覆盖率达75%，是北京市区西部难得的规模绿色资源，开发利用潜力巨大。

5. 交通网络

(1)构建“四横四纵”交通网络。东西向道路建设——延伸鲁谷路、莲石路至首钢地区，石景山路及地铁1号线西向延长至门头沟，完善阜石路并延长至门头沟；南北向道路建设——西五环，“体育场西街－杨庄东街－八大处路”构建长安街西延线与TSM商务区的连通。“古城南街－古城大街－杨庄大街”：构建长安街西延线与北部高科技园区的连通，构建石景山区与海淀区、丰台区的重要联系通道。“北辛安路－G109国道”：构建长安街西延线与苹果园交通枢纽、五里坨地区和八大处景点的连通。

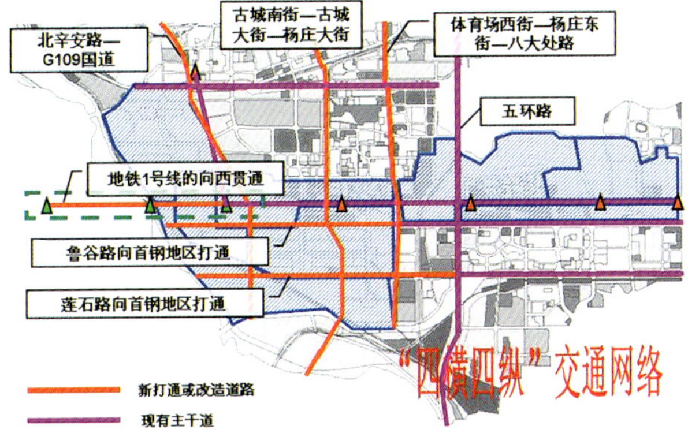

图6　长安街西沿线交通网络

(2)公共交通引导型(TOD)开发。长安街西延线的TOD开发依托石景山路和地铁1号线(均延长至门头沟)建设商务区，强调土地的混合利用和高品质开发，提高建筑的容积率。在地铁站点及重点区域的周边地区、出入口方便可达的地区优先布置综合性的、易于吸引人流的商贸、购物、居住等设施，改善地区服务。

(三)新经济增长极的产业空间布局

1. 主导产业空间布局

按照前述主导产业发展的思路与重点领域，根据“十二五”规划提出的产业空间布局，提出打造石景山增长极的主导产业空间布局。

(1)长安街西延线金融发展轴。以保险产业园的落地和互联网金融基地的建立为契机，主要发展以互联网金融等科技金融、高端金融为代表的现代金融业。

(2)中关村石景山园。依托现有基础，超前发展科技金融业和以节能环保清洁技术为代表的战略性新兴产业，争取在北京市乃至全国占有一席之地。

(3)新首钢高端产业综合服务区。在协调落实新首钢发展规划的基础上，充分利用总部商务办公区和综合配套区，大力发展新型智库产业。

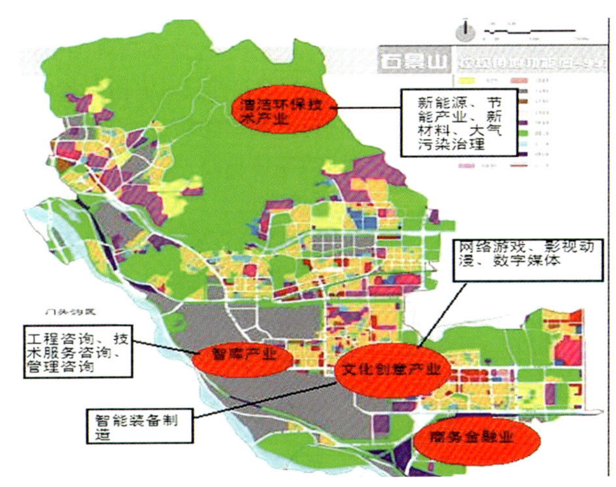

图7　石景山区主导产业空间布局

2. 总体空间布局

按照“产业集聚、用地集约、差异定位、有机联动”的原则，对原有总体空间格局进行调整、丰富和完善，进一步整合空间资源，构筑“一轴、一带、一核、一园、多支点”的空间格局，以长安街西延线、永定河绿色生态发展带为纽带，依托新首钢高端产业综合服务区和中关村石景山园，打造具有更大规模体量、在全市具有影响力的产业功能区，提升功能区层级，形成集约、协同的产业空间格局，实现双轮驱动、东优西进、沿线建设、纵深发展。

形成以银河综合商务区、现代金融创新发展区、台湾文化创意商务区、智能装备制造研发展示区、智库产业聚集区、苹果园交通枢纽商务区、西山八大处文化景区和中国动漫游戏城为支撑的“多支点”。

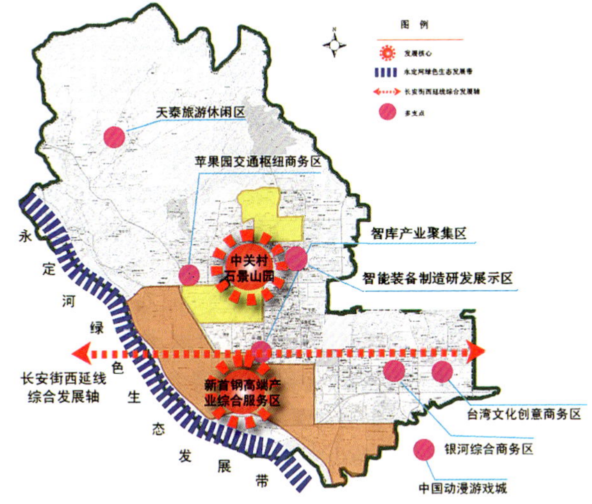

图8　石景山区经济发展空间格局

银河综合商务区。积极推进新能国际大厦等商务楼宇建设，加强中铁建设大厦、万达广场、CRD银座等项目载体的产业引进力度，大力发展商务服务、现代金融等生产性施建设更完善。长安街西延线的开发将是京西南地区的一个盘活点,借助五环路的交通优势拉动投资逐步南移。可以在首钢搬迁腾退土地、门头沟、丰台西以及石景山中部地区的围合区域建设北京新的中央商务区,这不但可以为北京在西南地区寻求新的发展空间提供载体,而且可以发展成为支撑未来首都经济发展的重要增长极和新的发展空间。"三区一厂"空间土地资源比较丰富,围合面积约30平方公里,其中可建设用地约19平方公里,未来要以长安街西延长线为东西发展轴,以永定河为南北生态轴,通过统一规划,分阶段实施,力争用10～15年世间建设成为具有商务办公、总部办公、金融服务、研发设计服务、商务服务、数码娱乐等高端服务业聚集和创意、创新、总部特征凸显的大型中央商务区。

图9 京西南五区联动发展

(3)文化创意产业在西南五区的空间扩展

在西南五区的文化创意产业合作战略中,相邻或者相近的区域将的形成新的优势互补点,在文化地缘相近的前提下达成错位发展的竞合关系,整合、激活区域内包括北京市创新资源,促进创新资源合理流动,形成一切创新活力竞相迸发,一切创新源泉充分涌动的文化大发展大繁荣局面。

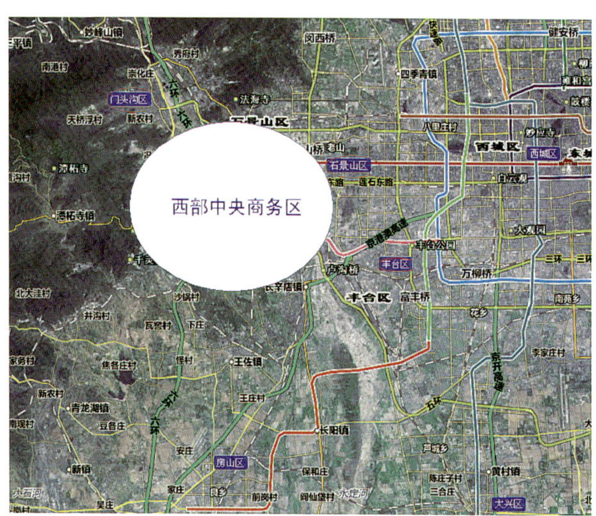

图10 西部中央商务区

科学的前瞻性规划。文化创意产业格局的形成是个动态的过程。对西南五区文化创意产业的整体布局要有科学的判断,前瞻性、战略性的规划。要把西南五区的发展置身于北京市乃至京津冀都市圈的总体发展战略中,不仅要把西南五区的发展与区域经济体的经济腾飞相联系,还要进一步把这一区域经济体的文化创意产业建设与北京市构建中国创意高地的首善之区建结合起来。

充分把握利用区位优势。对西南五区文化创意产业的建设而言,关键取决西南五区文化资源优势、地缘相近优势以及联动布局意识;取决于以永定河为文化主轴和交通网络的便捷性和共通性的比较优势;取决于产业的集聚与带动力和城市经济圈的吸引力;取决于政府提供的软环境支撑以及社会各界对于联动发展的建言献策和鼎力支持。同时还需要西南五区职能部门通过努力,不断扩大西南五区文化创意产业集群的结构和功能,提升竞争力和影响力,使得文化创意产业能够为促进首都文化创意产业的整体发展做出更大贡献,并具有行业的示范性和发展模式的引领性。

形成凝聚和协调作用机制。扩展西南区域文化创意产业空间,有赖于创意企业间协作,政府政策与企业资本之间的协调,政府与民间之间的协调,西南五区除了利用地缘因素之外,历史文脉的相同和文化源头的相近显得更为重要,而如果在创意集群内出现创新停滞或者观念滞后,五区之间的优势将式微。因此,为西南区域文化创意经济体不断地注入创新理念,依托人才的互动和思想碰撞所产生的创新火花,鼓励区域内外人才的流动形成生产要素的超流动机制,凝聚和协调创意力量,才能使合作空间建立在深厚的基础上,才能有不断发展的保障。

打造文化创意优势产业群。西南区域通过地缘、文脉等相近因素进行文化资源的跨地域整合,以重点文化产业为突破口,实施品牌和重大项目带动战略;发展壮大动漫、网络游戏等新兴优势产业,发展软件创意产业等重点优势产业,并不断实现产业转移和产业输出,通过跨地区合作等进行文化的弘扬和传播,着力将文化创意产业发展成为国民经济的支柱产业。

2. 首都经济圈联动发展

2004年5月,北京市发改委提出"3+2"首都经济圈及以"一轴、两核、三区"为框架的京津冀都市圈发展战略构想。2010年,在国家发改委组织编制的京津冀都市圈"十二五"发展规划中,提出要构筑"起飞的飞机"式城市空间结构,以北京－廊坊－天津－滨海新区为发展脊梁和主轴。着力加强主轴上各产业集群间的经济协作与融合,同时加快京津高新技术产业带的城镇建设;以北京－保定－石家庄和北京－唐山－秦皇岛为两大发展次轴。

2011年3月份举行的十一届全国人大四次会议上,"推进京津冀区域经济一体化发展,打造首都经济圈"被明确写入国家"十二五"规划纲要草案,首都经济圈的规划和编制工作随之被提上议事日程。当前,国家发改委正在加紧编制首都经济圈规划,最终可能的方案是1+9+3,即北京+

河北省的张家口、承德、保定、廊坊、唐山、秦皇岛、衡水、沧州、石家庄 + 天津的宝坻区、武清区、蓟县。而衡水、沧州、石家庄成为河北省被最新纳入的 3 个城市。

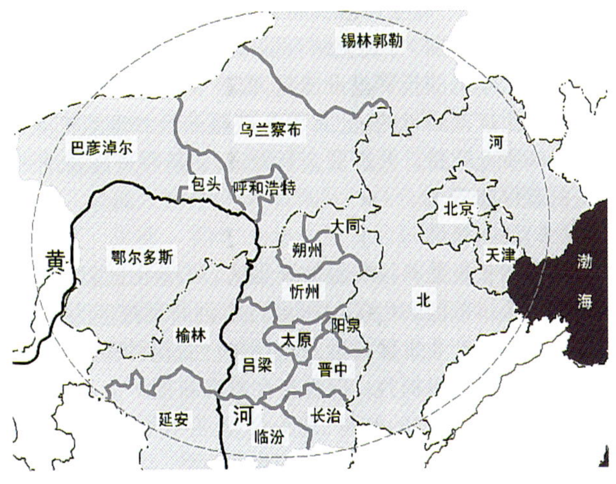

图 11　京津冀都市圈战略构想图

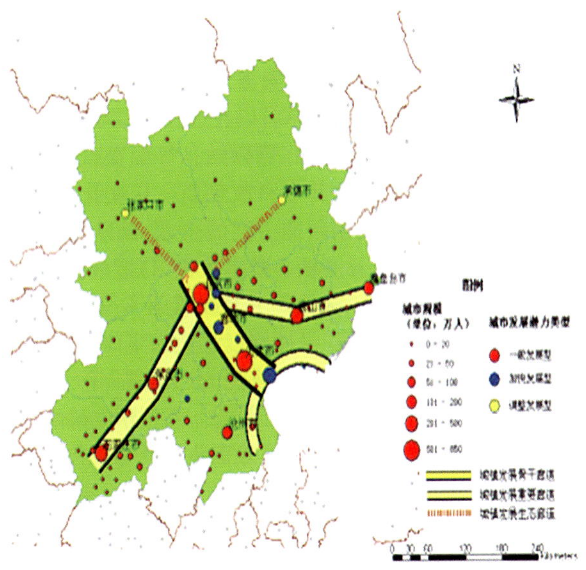

图 12　京津冀城市空间布局

当前生态环境建设已经上升为国家战略，而环首都经济圈战略也正不断向绿色经济圈倾斜，未来将着重发展绿色生产，改善生态环境，打造绿色幸福生活圈。北京将利用自身文化、人才、智力资源，结合河北、天津等地的土地、生态、交通资源，共建环首都经济圈。基于石景山与河北省环首都经济圈南部的生态要素特点与产业布局，结合区域当前文化创意产业和高新技术产业发展势头强劲的实际，重点整合旅游合作项目，通过对产业集群的打造和培育，优化组合生产要素，合理配置资源，建设跨区域精品绿色旅游线路，着力发展文化创意、高端智能装备制造、旅游休闲等三大产业，打造区域合作共赢的三个重点产业集群，形成产业互补与互联，实现与周边区域联动发展。

四、打造首都经济新的增长极的保障机制

经济增长极的重要功能是聚集和扩散生产要素，必须通过体制机制改革和完善组织管理，来实现人才、土地、资本和技术等核心要素的有效聚集与供给，为打造首都经济新的增长极提供重要保障。

图 13　石景山区与环首都经济圈

（一）人才保障

人才是经济运行中的核心要素，各类人才集聚是增长极得以实现的基本条件，打造新的经济增长增长级，需要进一步优化人才发展环境，完善人才管理、投入、服务与激励的体制机制，为高端人才引进与培育提供良好的平台。

1. 注重高级人才的引进与培养

高级人才资源包括高级企业管理人才、创业人才以及创新型科技人才等。实现高级人才集聚，应立足主导产业，完善人才发展政策，利用好现有“石景山区常青藤高端人才集聚区”“博士后（青年英才）创新实践基地”等人才发展平台，推进“石景山人才综合服务港”建设，建立统筹兼顾的高级人才引进与培养保障体系。大力引进总部型、研发型的重点项目，做好相关人才的引进工作。同时，推进人才国际化发展，大力引进海外高层次人才，制定具有国际竞争力的海外人才吸引政策。

2. 落实人才政策

理顺现有人才发展规划与管理政策，将人才工作同打造经济增长极需要结起来，落实人才政策，为创新型人才发展提供政策保障。这些政策，包括石景山区曾在《石景山区中长期人才发展规划（2010 - 2020 年）》提出的“1354”发展思路和 8 个重大工程，包括《石景山区“十二五”时期人才发展规划》提出的构建“1 + 5”人才工作领导机制，以及《石景山区人才工作项目管理暂行办法》。这些政策为打造经济增长极的人才工作引领了方向，下一步，应结合经济增长极的发展要求，及时出台相关的可操作性的实施细节，促进政策得到有效应用。

3. 优化人才发展环境

为优秀人才的集聚提供较好的生活环境、发展环境，重点在于公共服务的保障以及人才发展机制的完善。强化对高层次人才服务的保障机制，增强对高层次人才和紧缺急

机制。坚持和完善基本经济制度，努力营造多种所有制经济依法平等使用生产要素、公平参与市场竞争、同等受到法律保护的体制环境。建立公开、平等、规范的市场准入制度，鼓励非公有制经济与公有制经济公平竞争，引导非公有制经济和集体经济健康发展。鼓励扩大民间投资，支持民间资本进入基础产业、社会事业、市政公用事业、基础设施等领域。强化政府与市场之间的协调，提高政府监管能力，做好规划、政策引导、环境营造以及市场监管等工作，解决市场失灵问题。

5. 建立区域经济发展协调机制

在京西南五区之间加强各区政府之间的沟通与协商，避免五个区在制定发展战略规划出现同质竞争，建立基于北京市政府领导下的区域经济发展协调机制，打破地域界限，明确责任，充分调动各区域的积极性。融入首都经济圈发展战略，通过行政手段与市场手段相结合、政府与非政府组织相结合的运作方式，制定与实施有关基础设施、产业布局、重大项目、市场体系、资源开发和生态保护等方面的战略规划。同时，完善区域合作规则，依托区域合作框架体系，促进区域经济协调发展，为发挥增长极的辐射和带动作用提供有力支撑。

课题组长：夏林茂

副 组 长：文 献 富大鹏

责任单位：区委区政府研究室

大事记

WTCF
尊敬的各位领导，女士们，先生们，朋友们：
Distinguished leaders, ladies and gentlemen, friends,
晚上好！首先，请允许我代表世界旅游城市联合会对各位的光临表示感谢！
Good evening. On behalf of the WTCF,
please allow me to extend
heartfelt thanks to
WTCF
2013年世界旅游城市北京香山旅游峰会
暨世界旅游城市联合会第二届理事会
2013 World Tourism Cities Beijing Fragrant Hills Tourism Summit and the Second World Tourism Cities Association Council
旅游
让城市生活更美好
Better City Life
through Tourism

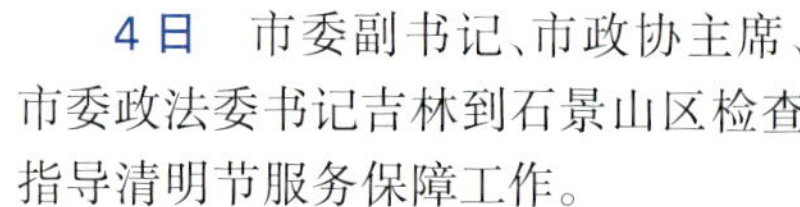

2013 年石景山区大事记

1 月

16～17 日　由中国可持续发展研究会和区政府联合主办的“2012 中国可持续发展论坛暨中国可持续发展研究会学术年会”在石景山区召开。

22～28 日　市人大石景山团代表出席市十四届人大一次会议，提出代表议案 3 件、代表建议 84 件。安丽娟等代表联名提出的 2 件议案被大会确定为正式议案。

30 日　区四套班子领导与首钢总公司领导座谈交流。

※　市政府落实空气重污染日应急措施督查组到石景山区检查工作。

31 日　区四套班子领导与北京军区常委班子集体座谈。

1 月　石景山区正式申请世界旅游城市博览园及总部基地落户北京国际雕塑公园。并启动一期项目建设。

2 月

1 日　石景山区举行“爱心在传递”慈善晚会。

5 日　市人大常委会主任杜德印到石景山区走访慰问优抚对象和困难党员。

※　石景山区 2013 年军民春节联欢会在北京军区大礼堂举行。

18 日　石景山区女企业家联谊会成立。

25 日　公安部常务副部长杨焕宁检查全国“两会”石景山区驻地工作部署情况。

2 月　光大银行信用卡中心入驻北方中惠大厦。

3 月

11 日　副市长张延昆到石景山区就环境整治、消防安全工作进行调研。

15 日　首钢重型机器分公司最后一组 5 台 20 蒸吨以上燃煤供暖锅炉正式熄火，石景山区步入供暖清洁能源时代。

26 日　中关村石景山园科技金融服务推进会暨中关村石景山园科技金融服务联盟成立大会在万商花园酒店举行。

31 日　第六届北京清明诗会《诗韵清明》在石景山体育馆举办。

4 月

2 日　市委常委、常务副市长李士祥到苹果园综合交通枢纽等重点工程现场调研指导工作。

※　启动城市环境大整治工作。

4 日　市委副书记、市政协主席、市委政法委书记吉林到石景山区检查指导清明节服务保障工作。

7 日　区政府召开旅游发展大会。下发加快石景山区旅游业发展的实施意见。

6 日　“弘扬生态文明　建设美丽石景山”大型义务植树活动在莲石湖公园举行。

12 日　中共中央政治局委员、市委书记郭金龙到衙门口垃圾转运站就环境卫生工作进行调研。

19 日　“惊喜在京西·2013 主题消费年”系列活动暨京西汽车文化节启动仪式在盛景国际广场启动。

※　清华校友会投资协会到石景山区调研。

24 日　市委副书记、市长王安顺到衙门口村就旧城改造工作进行专题调研。

※　区委出台开展“中国梦”学习宣传教育工作的实施意见。

25～26 日　开展迎“五一”环境卫生大扫除暨第四个“城市清洁日”活动。

28 日　林献堂抗日事迹陈列馆开馆仪式在北京台湾街五桂楼举行。原全国人大常委会副委员长周铁农，台中市副市长蔡炳坤等出席开馆仪式，中国国民党荣誉主席连战发来贺电。

4～5 月　在全区党员干部中开展第 22 个党风廉政建设宣传教育月活动。

8 月 15 日，市委书记郭金龙与基层干部群众代表座谈　（杜雷　摄）

5 月

6 日　区委、区政府召开经济发展推进大会，修订下发 26 项促进经济发展政策。

11 日　“铁色记忆——中国三大男高音‘唱响首钢’实景音乐会”在首钢石景山厂区举办。

16 日　副市长张工到西北热电中心进行现场调研。

22 日　区人大常委会启动区“十二五”规划中期评估调研工作。8 月 6 日形成 2 项监测评估报告和 1 项专项规划评估报告。

23 日　第 16 届科博会“北京京西

科技企业融资项目洽谈会”在万达铂尔曼大饭店举行。

5~7月 以“美丽石景山，幸福新生活”为主题的第30届“古城之春”艺术节在全区范围举办。

6月

7日 首都见义勇为基金会名誉理事长翟鸿祥一行走访慰问见义勇为伤残人员。

20日 王安顺调研西北热电中心建设情况并组织召开四大燃气热电中心协调会。

23日 由市文化局、市文联、区政府联合主办的“放飞梦想”暨首届北京诗歌朗诵大赛决赛在区广电中心举行。

25日 市委常委、组织部部长姜志刚调研中关村石景山园整体建设情况、“五站合一”工作站运行情况和文化创意产业发展情况。

6~10月 在全区各级党组织和广大党员中开展“转作风、促发展、惠民生”主题活动。着力整治与民争利、“吃拿卡要”等损害群众切身利益的不正之风，推动转变作风不断向基层深化。

7月

5日 全国人大北京代表团一行18人到石景山区就“推进养老事业发展”工作情况进行专题调研。

9日 北京市首家毕业生创业基地落户石景山区。首批60名高校毕业生创业者和8位创业培训导师正式入驻。

16日 科技部国家可持续发展实验区办公室和市科委可持续发展实验区管理办公室组织检查组到石景山区进行国家可持续发展实验区中期检查。

18日 市防汛指挥部督导组到石景山区督查防汛工作。

22日 军地双方在北京军区装备部礼堂举行“强军爱兵暖心工程”慈善拥军活动启动仪式。受助官兵73人，每人受助6000元。

26日 市安委会督查组到石景山区检查督导安全生产大检查工作。

4月26日，市长王安顺调研旧城改造 （区委宣传部供稿）

31日 在北京军区装备部会议厅召开区长第31次进军营现场办公会。

8月

5日 区政府领导与中国动漫集团领导座谈。

7日 市委常委、宣传部部长李伟到石景山区调研，了解文创企业发展情况。

8日 “驻京中外知名企业投资首钢行”活动在新首钢高端产业综合服务区举办。活动由市投促局、区政府和首钢总公司主办，并联合签署《建立联合招商合作机制协议书》。

※ 北京市严厉打击违法用地违法建设专项行动指挥部督查组到苹果园街道办事处，对违法建设治理工作开展专项督查。

15日 郭金龙到老山东里社区，与社区基层干部群众座谈，就深入开展党的群众路线教育实践活动听取基层群众意见建议。

25日 北京双泉寺正式登记为宗教活动场所并启用。

30日 “北京市石景山国家服务业综合改革试点区互联网金融产业基地”揭牌并召开新闻发布会，发布石景山区支持互联网金融产业发展的暂行办法。

8月中旬至11月中旬 组织开展区第十五届人大代表补选工作。

9月

5日 石景山区食品药品监督管理局组建成立，并加挂区食品药品监督管理办公室牌子。

7日 “2013惊喜在京西——北京京西消费节”在石景山万达广场开幕。

12日 世界旅游城市体验中心在北京国际雕塑公园正式亮相。副市长程红与参加第二届世界旅游城市联合会峰会的国内外会员城市市长、副市长参加体验中心宣传推介活动和联合会主雕塑“真诚之水”揭幕仪式。

15日 2013年北京国际太极柔力球交流大会在石景山体育馆举办。

24日 2013光影文化季暨第二届首钢灯光节在首钢群明湖广场及首钢五号高炉演艺广场举办。

28日 首届北京惠民文化消费季——工艺美术非遗嘉年华在北京国际雕塑公园奥运文化广场开幕。

29日 清华校友会考察互联网金融产业基地。

30日 9个街道(鲁谷社区)食品药品监督管理所挂牌成立，并加挂街道(社区)食品药品安全委员会办公室牌子。

10月

11日 凌晨2时59分，苹果园南路喜隆多商场起火，至上午11时扑灭。过火面积约1500平方米。2名参与救火的消防官兵牺牲。区委、区政府召开安全生产紧急会，部署在全区开展安全隐患大排查、大整治。

12日 第二十八届金秋体育盛会在莲石湖公园开幕，莲石湖公园全民健身活动基地揭牌。

14日 石景山区城管执法监察局揭牌。

19日 全国老龄办在寿山福海养老服务中心举行第一届全国"敬老文明号"授牌仪式。寿山福海养老服务中心、联勤部社区居委会入选"敬老文明号"。

24日 第十七届北京·香港经济合作研讨洽谈会在石景山区举行国家服务业综合改革试点区暨新首钢推介会。

10月 石景山区预防腐败局成立。

11月

13日 全市学习十八届三中全会精神首场辅导报告会在石景山区举行。

18日 市委决定，牛青山任中共北京市石景山区委员会委员、常委、书记，荣华不再担任区委书记、常委、委员职务。姜志刚到石景山区宣读市委决定。

12月

10日 全国政协副主席、台盟中央主席林文漪到石景山区调研。

25日 王安顺调研保障性住房建设工作。

※ 中国保险学会、中国保险资产管理协会负责人到石景山区调研。

26日 副市长林克庆带队就石景山区贯彻落实党风廉政建设责任制情况进行检查。

27日 区政府举行"清洁空气·为美丽北京加油——走进石景山"新闻通报会，发布2013～2017清洁空气行动计划实施方案。

※ 张工到华录集团和西山汇调研文创产业发展情况。

北京
2014
石景山年鉴
BEIJINGSHIJINGSHANNIANJIAN

中共石景山区委员会

中共北京市石景山区委2013年党务工作会

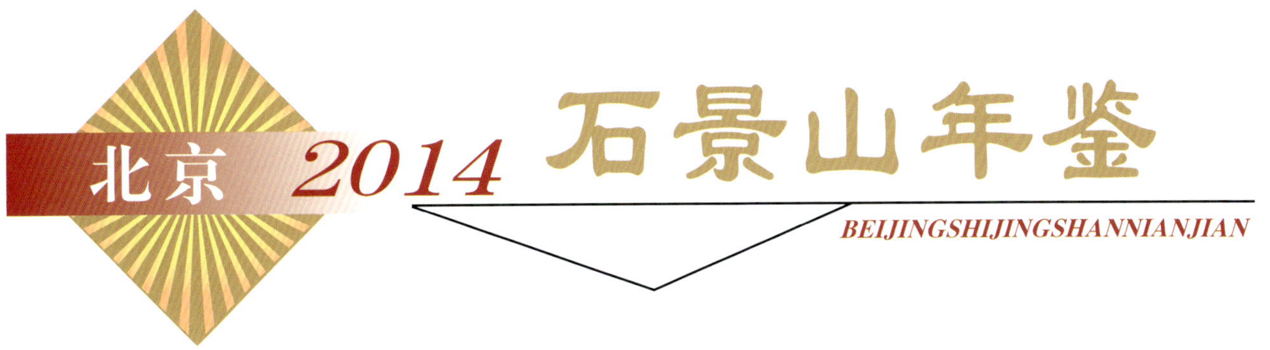

中共石景山区委员会

中共北京市石景山区委员会(简称区委)是中国共产党在石景山区的领导机关。本届(第十一届)区委是在2011年12月8日召开的中共北京市石景山区第十一次代表大会产生的。区委设办公室、纪律检查委员会、组织部、宣传部、统一战线工作部、政法委员会、研究室、机构编制委员会办公室、直属机关工作委员会、社会工作委员会10个工作机构;另设老干部局、保密委员会办公室2个部门管理机构。年内,区委在市委领导下,把深入学习贯彻党的十八大、十八届三中全会和习近平总书记系列重要讲话精神作为首要政治任务,深入贯彻落实党中央和市委市政府一系列重大决策部署,牢牢把握“稳中求进”总基调和“求快、求好、求实”总要求,按照总揽全局、协调各方的原则和要求,支持区人大、区政府、区政协依照宪法和法律独立负责、协调一致地开展工作,支持和保证人大常委会依法履行各项职能。进一步把全区党员干部的思想统一到中国特色社会主义的理想信念上来,统一到深化改革、扩大开放的方针政策上来,统一到全心全意为人民服务的宗旨上来,统一到“全面深度转型、高端绿色发展”的战略上来,统一到争创一流的标准上来,把思想政治建设的精神成果转化为推动科学发展的物质成果。团结带领全区人民励精图治、抢占高端、转变作风、奋力拼搏,攻坚克难、努力拼搏,各项事业稳中有进、稳中有为,民生得到持续改善,生态文明和城市环境建设取得明显成效,党的建设科学化水平进一步提高。

(孙冠军)

区委重要会议

概　　述

区委重要会议包括党的代表大会及由此选举产生的区委全体委员会,以及全委会选举产生的常委委员会所召开的会议。还包括党务工作会议、党代表会议、四套班子联席会议和领导干部会议等。年内,召开区委全会2次、区委常委会28次、区四套班子会2次以及领导干部会议4次。这些会议所作出的决策决定,对贯彻执行中央、市委的方针政策,推动整体工作部署,推进全区经济社会全面转型和科学发展提供坚强保证。

(孙冠军)

【区委十一届七次全体(扩大)会】 7月19日召开。会议贯彻落实全市经济形势分析会精神,总结上半年工作,部署下半年任务。区委书记荣华讲话,区委副书记、区长夏林茂作关于上半年经济社会发展情况和下半年工作安排的报告,区委副书记吴克瑞主持会议并传达全市经济形势分析会精神。大会审议表决关于递补十一届区委委员的决定。区四套班子领导,区委委员、区委候补委员、区纪委委员,各单位党政主要领导和部分区党代表、各民主党派主委参加会议。

(孙冠军)

【区委十一届八次全会】 12月31日召开。区委书记牛青山受区委常委会委托作工作报告并讲话。大会表决通过十一届区委八次全会决议(草案)。区四套班子领导,区委委员、候补委员,区纪委委员,各单位党政正职领导,各民主党派主委、工商联主席,部分市、区党代表参加会议。

(孙冠军)

【区委常委会】 区委坚持科学决策、民主决策、依法决策,全年召开28次区委常委会,围绕经济建设、政治建设、文化建设、社会建设、生态文明建设和党的建设中的重大事项审议议题145个。

表1　　区委常委会会议一览表

会议日期	序号	单　位	议　题　题　目
1月7日 第1次 十一届32次	1	区委办	关于区委常委会当年议题计划的汇报
	2	区委办	关于成立区评选表彰工作领导小组的汇报
	3	园林绿化局	关于绿化美化工作计划的汇报
	4	组织部	关于召开上年度区级领导班子党员领导干部民主生活会工作的汇报
	5	组织部	关于干部任免相关事项的汇报
1月21日 第2次 十一届33次	6	区委办	关于区委当年党务工作会筹备工作的汇报
	7	组织部	关于组织工作要点的汇报
	8	宣传部	关于宣传思想文化工作要点的汇报
	9	纪　委	关于纪检监察工作要点的汇报
	10	政法委	关于政法工作要点的汇报
	11	统战部	关于统战工作要点的汇报
	12	研究室	关于调研工作要点及重点协作调研课题计划的汇报
	13	社会工委	关于社会建设工作要点的汇报
	14	组织部	关于上年度区处级干部年度考核工作方案的汇报
	15	组织部	干部任免

续表

会议日期	序号	单　位	议　题　题　目
2月4日 第3次 十一届34次	16	信访办	关于上年信访工作情况和当年重点工作的汇报
	17	人力社保局	关于上年度目标督查考核工作情况的汇报
	18	组织部	干部任免及相关工作
2月18日 第4次 十一届35次	19	组织部	干部任免及相关工作
	20	政府办	关于春节期间值守应急、城市运行、安全生产及旅游工作汇报
	21	纪　委	关于区党风廉政建设暨深化廉政风险防控管理工作大会筹备工作及《石景山区关于深化廉政风险防控管理工作的通知》的汇报
	22	宣传部	关于区处两级党委(党组)中心组学习计划的汇报
	23	文明办	关于精神文明建设工作要点的汇报
2月26日 第5次 十一届36次	24	人　大	关于召开第十五届人大常委会第八次会议的请示及区人大常委会工作要点的汇报
	25	政　协	关于区政协常委会工作要点的汇报
	26	纪　委	关于《石景山区委落实市党风廉政建设责任制检查反馈意见的整改措施》的汇报
	27	武装部	关于《石景山区关于加强民兵预备役政治工作的实施意见》的汇报
	28	组织部	关于上年处级领导班子和领导干部综合考核评价工作的情况汇报
	29	组织部	干部任免
3月18日 第6次 十一届37次	30	区委办	关于第一次四套班子联席会筹备工作的汇报
	31	公安分局	关于《石景山区2013—2015年科技创安图像信息系统建设规划》和《石景山区2013—2015年社会面图像信息系统建设实施计划》的汇报
	32	纪　委	关于《石景山区2013年党风廉政建设宣传教育月活动计划》的汇报
	33	组织部	关于推荐评选当年全国五一劳动奖状、奖章和全国工人先锋号的情况汇报
3月25日 第7次 十一届38次	34	组织部	关于组织工作的汇报 1. 关于组织开展处级后备干部集中调整工作的汇报 2. 关于组织开展副处级非领导职务遴选工作的汇报 3. 关于本区副师职军转干部不纳入到龄改任规定范围的汇报
	35	组织部	干部任免
4月7日 第8次 十一届39次	36	发改委	关于一季度经济社会发展情况的汇报
	37	工商联	关于建立促进非公有制经济发展联席会议制度的汇报
	38	组织部	关于处级干部上年度考核奖励工作情况的汇报
4月22日 第9次 十一届40次	39	宣传部	关于《关于开展“中国梦”学习宣传教育工作的实施意见》的汇报
	40	政府办	关于经济发展推进大会筹备情况的汇报
	41	八大处 景区管委会	关于北京西山八大处文化景区规划建设工作情况的汇报
	42	编　办	关于分类推进事业单位改革工作情况的汇报
	43	组织部	干部任免
5月7日 第10次 十一届41次	44	人　大	关于召开第十五届人大常委会第九次会议的请示
	45	纪　委	关于《关于加强领导干部反腐倡廉教育的实施方案》的汇报
5月21日 第11次 十一届42次	46	人　大	关于召开第十五届人大常委会第十次会议的请示
	47	组织部	关于上年度干部选拔任用工作“一报告两评议”测评结果分析的汇报
	48	组织部	干部任免

续表

会议日期	序号	单　位	议　题　题　目
6月8日 第12次 十一届43次	49	区委办	关于《关于建立健全重大决策部署贯彻执行情况监督检查机制的实施意见》的汇报
	50	区委办	关于《2013年北京市石景山区厉行勤俭节约、加强预算管理的实施意见》的汇报
	51	610办	关于贯彻市委防范和处理邪教问题领导小组开展2013—2015年教育转化决战会议精神的汇报
	52	组织部	关于援青干部选派工作情况的汇报
	53	组织部	关于处级后备干部集中调整工作及试用期干部考察情况的汇报
6月24日 第13次 十一届44次	54	经信委	关于“石景山服务”工作进展情况的汇报
	55	组织部	关于《关于在全区各级党组织和广大共产党员中深入开展“为民务实转作风”主题实践活动的通知》的汇报
	56	区委办	关于《北京市石景山区党内规范性文件备案审查实施办法(试行)》的汇报
	57	综治办	关于中央综治委深化平安中国建设工作会议有关精神的汇报
	58	组织部	关于传达贯彻干部工作相关通报精神的汇报
7月8日 第14次 十一届45次	59	人　大	关于召开第十五届人大常委会第十一次会议的请示
	60	区委办	关于区委十一届七次全体(扩大)会议筹备工作的汇报
	61	区委办	关于第二次四套班子联席会筹备工作的汇报
	62	区委办	关于《关于将重大决策社会稳定风险评估纳入区委常委会议、区委专题会议和区政府会议决策程序的通知》的汇报
	63	发改委	关于上半年经济社会发展情况的汇报
	64	民政局	关于《关于2013年“八一”期间开展双拥月活动的意见》的汇报
	65	组织部	干部任免
7月22日 第15次 十一届46次	66	社工委	关于《石景山区统筹规范街道协管员队伍管理工作实施方案(试行)》的汇报
	67	信访办	关于上半年信访工作情况的汇报
	68	组织部	干部任免
	69	工　会	听取区总工会工作情况汇报
	70	团　委	听取团区委工作情况汇报
	71	妇　联	听取区妇联工作情况汇报
8月5日 第16次 十一届47次	72	住建委	关于上半年十项重点工程工作情况的汇报
	73	发改委	关于上半年固定资产投资和争取资金完成情况及下半年计划安排的汇报
	74	投促局	关于上半年招商引资工作情况及下半年工作计划的汇报
	75	经信委	关于“智慧石景山”建设进展情况的汇报
	76	组织部	干部任免
8月19日 第17次 十一届48次	77	人　大	关于补选区第十五届人民代表大会代表的请示
	78	经信委	关于新首钢高端产业综合服务区和中国动漫游戏城项目建设进展情况的汇报
	79	环保局	关于上半年环境保护工作进展情况和下半年工作计划的汇报

续表

会议日期	序号	单位	议题题目
9月2日 第18次 十一届49次	80	人大	关于召开第十五届人大常委会第十二次会议的请示
	81	区委办	关于《石景山区电子文件管理暂行办法》的汇报
	82	发改委	关于《〈石景山区国民经济和社会发展第十二个五年规划纲要〉中期评估报告》的汇报
	83	文明办	关于《石景山区深入开展道德领域突出问题专项教育和治理活动的实施方案》的汇报
	84	司法局	关于《关于开展法治石景山建设工作的实施意见》的汇报
	85	红十字会	关于区红十字会第七次会员代表大会筹备工作的汇报
	86	组织部	干部任免
9月16日 第19次 十一届50次	87	宣传部	关于传达全国宣传思想工作会议精神的汇报
	88	科委园区	关于高新技术产业发展情况的汇报
	89	商务委	关于商务服务业发展情况的汇报
	90	旅游委	关于旅游休闲产业发展情况的汇报
9月29日 第20次 十一届51次	91	文委	关于公共文化事业发展情况的汇报
	92	宣传部	关于文化创意产业发展情况的汇报
	93	金融办	关于现代金融产业发展情况的汇报
	94	组织部	关于《关于进一步加强党管人才工作的实施意见》的汇报
	95	纪委	关于《关于处级党政正职主要领导人不直接分管人、财、物等重要事项的办法(试行)》的汇报
10月14日 第21次 十一届52次	96	组织部	关于区气象局设立党组和纪检组的汇报
	97	组织部	干部任免
	98	组织部	关于补选区第十五届人大代表人选情况的汇报
	99	纪委	关于传达市纪委查处违反八项规定案件工作专题会精神的汇报
10月28日 第22次 十一届53次	100	组织部	传达北京市组织工作会议精神
	101	发改委	关于三季度经济社会发展情况的汇报
	102	人大	关于召开第十五届人大常委会第十三次会议的请示
	103	组织部	关于追认区公安分局赵晓平同志为区优秀共产党员的汇报
	104	团区委	关于共青团石景山区第十二次代表大会筹备工作的汇报
	105	组织部	干部任免
10月30日 第23次 十一届54次	106	区委办	通报市委常委(扩大)会议精神
11月11日 第24次 十一届55次	107	宣传部	传达北京市宣传思想工作会议精神
	108	人大办	关于召开第十五届人民代表大会第四次会议的请示
	109	政协办	关于召开区政协第九届委员会第三次会议的请示
	110	卫生局	关于石景山区深化医药卫生体制改革工作情况的汇报
	111	纪委	关于对当年落实党风廉政建设责任制情况进行检查的工作方案
	112	组织部	关于成立区委深入开展党的群众路线教育实践活动筹备工作小组的请示
	113	组织部	干部任免

续表

会议日期	序号	单位	议题题目
12月9日 第25次 十一届56次	114	区委办	关于区委当年常委务虚会筹备工作的汇报
	115	发改委	关于《关于加快推进石景山区国家服务业综合改革试点区发展三年行动计划(2013－2015年)》的汇报
	116	科委园区	关于国家可持续发展实验区建设情况的汇报
	117	财政局	关于当年财政支出预算变动情况和下年财政收支预算初步安排意见的汇报
	118	国土分局	关于当年土地储备项目进展情况和下年土地储备计划的汇报
	119	民政局	关于当年“济困工程”实施情况和下年工作计划的汇报
	120	教委	关于落实《石景山区学前教育三年行动计划(2011－2013年)》的汇报
	121	人力社保局	关于就业、再就业工作情况的汇报
	122	人力社保局	关于当年计划分配军转干部安置工作情况的汇报
	123	人大	关于召开第十五届人大常委会第十四次会议的请示
	124	人大	关于区人大常委会工作报告的汇报
	125	政协	关于区政协常委会工作报告的汇报
	126	法院	关于区人民法院工作报告的汇报
	127	检察院	关于区人民检察院工作报告的汇报
	128	宣传部	关于《关于深入学习宣传贯彻党的十八届三中全会精神的通知》的汇报
	129	政法委	关于进一步做好“10·11”火灾事故善后处置工作的汇报
	130	纪委	关于当年区委巡视工作情况的汇报
	131	组织部	关于挂职干部任职和双管干部调整情况的通报
12月16日 第26次 十一届57次	132	区委办	关于区委十一届八次全体(扩大)会议筹备工作的汇报
	133	人大	关于第十五届人民代表大会第四次会议主席团和秘书长等名单(草案)的汇报
	134	发改委	关于《石景山区2013年国民经济和社会发展计划执行情况与2014年国民经济和社会发展计划草案的报告》的汇报
	135	发改委	关于当年便民工程建设情况和下年工作计划的汇报
	136	投促局	关于当年招商引资工作情况和下年工作计划的汇报
	137	安监局	关于当年安全生产工作情况和下年工作思路的汇报
	138	组织部	关于人才评选工作及拟表彰人选情况的汇报
12月24日 第27次 十一届58次	139	区委办	传达习近平总书记讲话精神、市委常委(扩大)会议精神及市委第十一届委员会第三次全体(扩大)会议的精神
	140	研究室	关于区委常委会工作报告和区委十一届八次全体会议决议(草案)的汇报
	141	研究室	关于区政府工作报告的汇报
	142	发改委	关于下年全社会固定资产投资计划安排情况的汇报
	143	住建委	关于下年十项重点工程计划安排情况的汇报
	144	组织部	干部任免
12月30日 第28次 十一届59次	145	人大办	关于《关于许可对石景山区人大代表齐新采取强制措施，并暂时停止其执行代表职务的意见》的汇报

（王　君　刘　彦）

【领导干部会议】 全年召开4次。2月4日，召开全区领导干部会议，对春节前后和全国“两会”期间的维护稳定、安全生产、环境布置等有关工作进行安排部署。夏林茂主持，吴克瑞传达北京市区县委书记会议精神。同月25日，召开领导干部会议，对全国“两会”期间的社会维稳和服务保障工作进行再部署。9月26日，召开领导干部会议，听取全市国庆假期有关工作部署电视电话会后，对全区国庆假期安全稳定有关工作进行部署。11月18日，召开领导干部会议，市委常委、组织部部长姜志刚宣读《中共北京市委关于牛青山、荣华同志职务变动的决定》。市委决定牛青山任中共北京市石景山区委员会委员、常委、书记，荣华不再担任中共北京市石景山区委员会书记、常委、委员职务。荣华、牛青山分别讲话，夏林茂主持会议。牛青山原为东城区区委副书记、区长。

（孙冠军）

【区四套班子联席会】 全年召开2次。第一次四套班子联席会于4月8日召开。会议听取全区一季度社会经济发展情况和重大项目建设进展情况的汇报。8月2日，召开第二次四套班子联席会，会议听取全区经济运行及重大项目建设进展情况、全区文化事业发展及重点文化旅游项目建设工作、全区教育卫生事业发展工作、全区社会建设、民生保障与促进就业工作的汇报。

（孙冠军）

主要工作和重大活动

概　　述

区委坚持以邓小平理论、“三个代表”重要思想和科学发展观为指导，认真贯彻落实党的十八大、十八届三中全会、习近平系列重要讲话精神和市委市政府一系列重大决策部署，牢牢把握“稳中求进”总基调和“求快、求好、求实”总要求，团结带领全区人民求真务实、攻坚克难、努力拼搏，各项事业稳中有进、稳中有为，各项社会事业全面进步，民生得到持续改善，生态文明和城市环境建设取得明显成效，党的建设科学化水平进一步提高。

（孙冠军）

【区企领导座谈】 1月30日，荣华、夏林茂、赵玉民、岳德顺等区四套班子领导与首钢总公司领导王青海、姜兴宏等座谈交流。10月10日，首钢总公司党委副书记、总经理徐凝一行到区政府，与荣华、夏林茂等区领导座谈交流。11月22日，牛青山与首钢总公司领导王青海、徐凝等座谈交流。12月20日，牛青山与首钢总公司党委书记、董事长靳伟进行座谈交流。首钢总公司与区委区政府多年来共同携手努力，围绕市委市政府总的发展战略和首都城市功能定位，发挥各自优势，共建美好家园，共创美好未来，共谋发展大计。

11月18日，领导干部大会　　（区委宣传部供稿）

（孙冠军）

【军地领导座谈】 1月31日，区四套班子领导与北京军区常委班子集体座谈，互贺新春、共商发展。北京军区司令员张仕波、政委刘福连及司政联装四大部领导参加。座谈会上，荣华向军区首长汇报地区上年经济社会发展情况和双拥工作开展情况。军区首长表示，军区部队将与石景山区广大干部群众团结一心、携手并肩，共同为石景山经济社会发展作出贡献。

（张宏印）

【走访慰问活动】 2月初，荣华、夏林茂、赵玉民、岳德顺等分别带队对老干部、劳动模范、困难党员、困难职工、社区干部、社区工作者进行走访慰问，送去慰问金和慰问品，并致以节日问候。5月29日，区主要领导等先后走访慰问区第三幼儿园和海特花园小学，观摩特色课程展示，观看“六一”节目，为孩子们送去慰问金和礼品，致以节日的祝贺，并向教师表示衷心的感谢。七一前夕，区领导等分别带队对部分优秀党员、生活困难党员和建国前入党的老党员进行走访慰问，将党组织的关心和爱护带到广大党员身边。

（孙冠军）

【调研信用卡中心】 3月19日，荣华、夏林茂等到正式入驻本区北方中惠大厦的光大银行信用卡中心，就企业入驻情况以及如何更好为企业服务进行调研。夏林茂表示，石景山区是企业家投资兴业的热土，更是企业发展壮大、企业家成就事业的福地，光大银行信用卡中心开业后，政府各职能部门要主动与光大银行信用卡中心做好对接、做好服务，为企业下一步发展提供无缝隙对接、全方位服务。荣华指出：信用卡中心6个月内落户石景山实现“四个见证”——见证政企合作的成果，是双方真抓实干的体现；见证工作的速度，速度决定结果，信用卡中心3个月完成装修、6个月完成开业，体现“石景山速度”；见证由传统重工业区向绿色生态新城区转型的成功，相信信用卡中心能创造最大的效益；见证石景山在今后产业发展和金融产业发展的美好前景，为打造北京市“长安金轴”开一个好头。荣华强调，为企业做好全方位的服务，帮助企业兴业发展

是区委区政府及各职能部门长期以来工作的重点，信用卡中心的到来将在助力区域经济发展、加快金融机构聚集等方面发挥巨大作用。

（李　威）

【城市环境大整治】 4月2日，召开生态文明和城市环境建设动员大会。会议由吴克瑞主持，首先播放城市环境问题专题片，田利跃部署环境整治、打击违法建设、大气污染治理和水污染防治相关工作。荣华强调：要切实增强推进生态文明和城市环境建设的紧迫感，统筹推进生态文明和城市环境建设。加强统筹规划和总体设计，着力推进体制机制建设，动员全社会力量广泛参与，举全区之力营造优美宜居的生态环境。夏林茂要求，全区上下要牢固树立一盘棋思想，认真落实属地责任、部门责任，以此次城市环境大整治为契机，一个问题一个方案，有针对性地制定措施，做到部门联动、政策集成，形成强大合力，构建长效化、常态化的管理机制。赵玉民、岳德顺及其他区委常委、副区长和首钢有关部门负责人出席大会。各委办局及所属队、所、街道办事处主要领导共200余人参加会议。

（李　威）

【市委领导调研】 4月4日，市委副书记、市政协主席、市委政法委书记吉林率队到八宝山革命公墓检查指导清明节群众扫墓服务工作。市领导在市清明指挥部召开座谈会，在听取市民政局、市公安局及本区清明节群众扫墓服务工作情况汇报后，吉林肯定各部门工作，提出两点要求：高度重视安全工作，采取有效措施，防止踩踏、火灾事故；针对上访人员多的情况，认真做好维稳工作。6月25日，市委常委、组织部部长姜志刚到区调研，实地参观瑞达大厦、趣游公司、华录集团，考察中关村石景山园整体建设情况、“五站合一”工作站运行情况和文化创意产业发展情况。8月7日，市委常委、宣传部部长李伟到区调研，实地参观中国华录集团、趣游科技有限公司，了解区文创企业发展情况。

（孙冠军　李　威）

【市委书记调研】 4月12日，中共中央政治局委员、市委书记郭金龙到衙门口垃圾转运站调研环境卫生工作，市领导王安顺、赵凤桐、张延昆一同调研。郭金龙一行首先听取荣华就地区环境卫生、垃圾处理和转运站工作情况所作的汇报，随后到中控室了解垃圾转运处理工作流程，实地查看设施运行情况。对相关工作给予肯定。郭金龙指出：要下狠心抓实垃圾分类，提高生活垃圾处理和循环利用水平，实现垃圾减量化、资源化、无害化，切实为百姓创造良好的环境卫生条件。8月15日，郭金龙到老山东里社区，与社区基层干部群众座谈，听取他们对开展党的群众路线教育实践活动的意见建议。市领导姜志刚，市有关部门负责人崔述强、严力强、宋贵伦、陈国平参加，区领导荣华、夏林茂等陪同调研。

（孙冠军）

【“中国梦”学习宣传教育】 4月24日，区委出台关于开展“中国梦”学习宣传教育工作的实施意见。面向全区全面、深入开展“中国梦”学习宣传教育工作。主要内容包括，深入宣传中国梦的重大意义、基本内涵和本质要求；深入宣传市委关于用“中国梦”推动城市创新发展有关决定精神；深入宣传区委关于加快现代化首都新城区的战略部署；深入宣传各条战线为实现“中国梦”贡献力量的生动实践和成功经验。区委要求，坚持抓实、抓细，不断深化拓展、取得实效，重点抓好5项工作：加强理论武装工作；广泛开展群众性的宣传教育活动；加强新闻宣传和网络宣传；开展文艺作品创作和文化活动；加强对青少年等群体的宣传教育。

（孙冠军）

【“转、促、惠”主题活动】 6月，结合庆祝中国共产党成立92周年，在全区各级党组织和广大党员中启动“转作风、促发展、惠民生”主题活动。活动基本定位是党的群众路线教育实践活动的前奏和基础，主要目的是为教育实践活动奠定基础、营造氛围，基本原则是切中关键、简便易行、不搞替代，切入点和关键点都放在以密切联系群众为核心的作风建设上，主要内容是加强学习教育、调查研究、查摆问题、联系群众，主要方法是区委搭建总体的活动平台并加强组织推动，各单位发挥主观能动性和首创精神，立足本地区、本行业和本单位的实际来开展具体工作。活动中，区处两级领导干部共建立600个联系点，深入联系点开展“参加一次党组织活动、召开一次征求意见座谈会、查摆一个突出问题、办一件实事好事”的“四个一”活动。开展社区党员“三议一承诺”党员党性分析工作，选取20名工作有特色、群众基础好

12月30日，宣传党的十八届三中全会精神文艺演出（区委宣传部供稿）

1月19日，文明燃放、平安过节宣传 （区委宣传部供稿）

的优秀党员作为负责人，组建团队，建立本区第一批“党员工作室”。针对加强学习教育增强宗旨意识和群众观点的问题，很多单位开展“群众路线大讲堂”“干部论坛”“重读经典”等活动；针对畅通民意的问题，很多单位设立书记谈心日、开通民情直通车、召开社情民意恳谈会等；针对联系基层的问题，很多单位实行处级干部包片、科级干部联点、下派第一书记等工作；针对作风转变的问题，很多单位开展“查作风、找问题”工作，强化首问责任制、工作限时制、服务承诺制等方法；针对立行立改的问题，很多单位开始着手清理制度机制、规范用房用车等。6月初，围绕筹备组织党的群众路线教育实践活动提出工作要求加强宣传报道，制作拍摄《旗帜的力量——石景山区基层党建项目推动发展纪实》专题片1部，策划拍摄八角金色亲情服务队、鲁谷义工服务队、老山红蜡烛小组、机关系统“共建帮扶”4期专题宣传片，弘扬基层先进事迹，激励党员干部坚定理想信念，服务人民群众，立足本职岗位，发挥模范作用。同月13日，启动“共产党员献爱心”活动，设计制作“党旗凝聚力量、爱心播撒京城”宣传画和宣传片，组织全区各级党组织和党员群众踊跃捐款，截至7月12日，共有23681名党员群众捐款92.9万余元。7月，区委主要领导分六次深入18家基层单位督促指导活动开展。8月，21家单位对活动进展进行工作汇报。9月，区委组织部派出活动指导组，到4个街道现场指导活动开展，推进活动落实。10月，组、宣、纪三部门共同召开情况汇报会，加强对区委直属31个党组织的工作指导，推动主题活动向纵深发展，为下一步开展群众路线教育实践活动奠定思想基础、组织基础、工作基础和群众基础。

（郑一　朱梅　谢葵　刘远）

【全国政协领导调研】 12月10日，全国政协副主席、台盟中央主席林文漪到区调研。台盟中央领导张宁、吴国华、陈静、谢申、马宇鹏，北方工业大学校长王晓纯，区领导牛青山、夏林茂、赵玉民、岳德顺等陪同调研。林文漪在听取相关工作汇报后，对石景山区近年来在发展中所取得的成绩表示肯定。她说，在转型发展中，石景山区经历艰难蜕变。对北京环境质量提升和老工业区改造升级功不可没。绿化面积高、经济发展快、后发优势明显，特别是领导班子团结一致，对区域情况底数清、思想正、心气儿高，石景山区今后发展必将前程似锦。

（孙冠军）

【接受市委专项检查】 12月26日，副市长林克庆带队，市委党风廉政建设责任制领导小组第四检查组到区，对贯彻落实党风廉政建设责任制情况进行全面检查，牛青山作工作汇报，夏林茂、李文起分别作补充汇报。在听取汇报后，林克庆给予充分肯定，并对下一步工作提出要求。检查组在听取工作汇报之前，查阅相关资料，召开座谈会，对重点投资项目和落实财政资金管理制度情况进行抽查。同时还深入区教委、八角街道及社区进行实地走访。

（孙冠军）

【贯彻中央八项规定】 区委认真贯彻落实中央八项规定精神和市委市政府15条实施意见，相继制定厉行勤俭节约、加强预算管理的实施意见、调整区清理和规范节庆论坛展会活动工作领导机构的通知等一系列实施细则和管理举措。严格控制“三公”经费支出和职务性消费，减少和压缩日常开支。各单位迅速行动，精心组织，深入学习讨论，深刻领会其精神实质，并结合地区和部门实际，对贯彻落实中央重要精神进行研究部署，制定实施办法，出台具体规定，解决突出问题，确保八项规定不折不扣落到实处。利用区内媒体广泛宣传，营造氛围。坚持领导班子带头、领导干部率先垂范，严格遵守规定，从自身做起、从现在做起，增强主动性和自觉性，在践行为民服务宗旨、改进工作作风、加强廉洁自律上带好头、做表率。集中开展“转作风、促发展、惠民生”主题教育活动，整治与民争利、“吃拿卡要”等损害群众切身利益的不正之风，推动转变作风不断向基层深化。做到对作风问题“零容忍”，保持对不正之风的严惩态势，营造风清气正的社会环境。以求真务实的优良作风引领社会风尚，取信于民、推动工作，为经济社会全面转型和科学发展提供坚强保证。

（孙冠军）

【开展专题调研】 年内，区委书记围绕经济建设、民主政治建设、生态文明建设、社会建设、党的建设等开展专题调研。

表 2 区委书记主要调研情况一览表

类型	时间	地点	内容	承办单位
经济建设	3月19日	北方中惠大厦 光大银行信用卡中心	关于区域金融产业发展情况	金融办
	6月4日	北京无线天利移动信息技术股份有限公司、北京华谊嘉信整合营销顾问股份有限公司、国家无线电监测中心检测中心	了解高新技术企业状况,推动区域经济健康发展	科委园区
	8月6日	区国资委	区属国有企业经营发展情况	国资委
	8月29日	世界旅游城市体验中心、区机关201会议室	旅游产业发展情况	旅游委
	9月10日	中关村石景山园	深入推进区域经济载体建设,打造石景山综合服务体系	园区管委会
	11月5日	妇幼保健院、古城创业大厦、五里坨规模学校	十项重点工程建设情况	住建委
政治建设	6月27日	鲁谷社区青馨苑社区青年汇、八宝山街道远洋山水社区青年汇、八角街道京原路7号社区青年汇	社区青年汇创建工作	团区委
	8月13日	区工商联会议室	统战系统工作情况	统战部
	11月21日	京原路7号社区青年汇旗舰店	社区青年汇创建工作	团区委
	12月5日	区自来水公司、区总工会、区妇女儿童活动中心	工会及妇联工作开展情况	总工会、妇联
生态文明建设	4月16日	莲石路沿线、衙门口小横街、人民渠	城市环境整治和建设工作	市政市容委
	4月17日	衙门口果园南侧违建出租大院、永定河左堤、西黄村火车站	打击违法用地、违法建设工作	城管执法局
	4月23日	京能热电公司、京西燃气热电有限公司、五里坨污水处理厂、高井沟麻峪村桥污水排口	水、大气污染治理工作情况	发改委、环保局
	4月25日	苹果园地铁北侧、五里坨下石府高雨云采石场、五里坨陈家沟、五里坨铁函闸口	打击违法用地、违法建设工作	城管执法局
	7月9日	老山街道梁公庵村、金顶街街道东山坡、麻峪铁路桥	防洪设施治理工程建设情况	市政、市容委
	12月2日	环卫中心五层会议室	党风廉政建设责任制检查,环卫工作开展情况调研	环卫中心
社会建设	5月6日	漂亮妈妈听力语言康复中心、小飞象训练发展中心、平亚丽北京盲人保健按摩院	关于残疾人事业发展状况	残联
	5月28日	鲁谷社区益民家庭服务超市、金顶街社区服务者协会、金顶街街道办事处	了解社会组织建设,推动社会管理和服务工作	社工委
	6月3日	老山街道办事处、八角街道办事处	“六四”敏感期维护社会稳定工作	综治办
	6月25日	培智中心学校	走访慰问培智中心学校	教委
	7月30日	老山翠谷玉景CRD健身广场、八角文化活动广场、八角中里小区	老旧小区改造及便民工程建设情况	发改委、住建委
	11月20日	信访办第二会议室	信访工作开展情况	信访办
党的建设	7月1日	瑞思集团、北京中康佳中医药研究院长庚医院、茂华大厦党建工作站	非公企业党组织建设推进情况	组织部、社会办
	7月3日	区统计局、区环保局、区环卫中心垃圾转运站	基层党组织建设推进情况	组织部、机关工委

续表

类型	时　间	地　　点	内　　容	承办单位
党的建设	7月11日	区城管执法局老山分队、区财政局、区药监分局	基层党组织建设推进情况	组织部、机关工委
	7月15日	区民政局、区人力社保局、区园林绿化局	基层党组织建设推进情况	组织部、机关工委
	7月23日	区市政工程管理所、区司法局阳光中途之家、区委农工委	基层党组织建设推进情况	组织部、机关工委
	7月25日	区卫生局、区体育局、石景山医院	基层党组织建设推进情况	组织部、机关工委
	9月17日	八角北里社区	“转作风、促发展、惠民生”主题活动	组织部
公检法工作	10月9日	区新古城派出所、区公安分局	区公安分局公安工作及党的群众路线教育实践活动开展情况	公安分局
	12月27日	区检察院	区检察院工作开展情况	检察院
	12月27日	区法院	区法院工作开展情况	法院

（王晓华）

区委日常事务

概　　述

区委办公室作为区委的综合办事机构和参谋服务机构，是区委系统的中枢环节，是区委工作运转的重要依托，是区委对外形象的直接载体。下设4个科、1个室、1个局，分别为综合科、秘书科、信息科、会议科、督查室和机要局(挂密码管理局牌子)。现有工作人员23名，全部具有大学本科以上学历。年内，围绕区委中心工作，充分发挥职能作用，全力服务发展大局，圆满完成各项任务和队伍建设，实现参谋献策有高度、综合协调有广度、督查落实有力度、服务保障有精度4个目标。按照“认真、高效、服务”的工作思路，将改进文风作为改进工作作风的重要抓手，充分发挥文件、文稿服务职能，圆满完成各项工作任务。

地址：石景山区石景山路18号
电话：88699711　88699771
邮编：100043

（孙冠军）

【信息编报】 区委办精简刊物数量，提高信息质量，全方位、多角度提供信息服务。全年围绕区委中心工作，编发各类信息刊物762期，全面反映全区重点工作。其中，普刊71期，增刊156期，报送市委专报532期，业务通讯3期，市委信息采用80条。

（翟菁华）

【文秘工作】 区委办起草、修改、整理领导讲话40余篇，共计20余万字。在《北京工作》刊发文章3篇，展现本区整体发展情况。严格精简发文数量、提高文件质量、全年制发各类文件67件，发挥区委文件对全区工作的指导作用。严格审查、起草备案报告和制定说明相关内容，上报备案审查报告5份。同时，按照下备一级原则，对党委各单位上报的符合备案的红头文件进行备案审查，从根本上避免或减少无权制定、越权制定、重复制定红头文件的现象，维护党内法规制度体系的统一性和权威性。

（孙冠军）

【综合协调】 区委办全年完成46次区委领导参加活动的协调把关工作。完成中央首长调研视察、全国人大代表北京团调研考察、市委领导调研群众路线教育实践活动等各类重要活动、会议75次。完成各类接待活动90余项，其中接待副部级以上领导和外省市领导调研、检查15次，300余人次。加强非常时期区委应急值守，配合有关部门完成“10·11”喜隆多火灾抢险救援等服务保障工作。

（薛　雷）

【会议服务】 区委办全年组织筹备区委常委会28次，区委全会2次，区委专题会、专题工作汇报27次，区四套班子联席会2次，区委电视电话会7次等区委重要会议共计70余次。从把关会议材料、精心做好会务两大方面保证区委重要会议顺利进行。在办会实践基础上，加强统筹协调和沟通协商，保证各类会议的质量和效果。

（王　君）

【强化督查】 区委办对区委重要会议、重大决策和民生事项，加强督查工作创新，注重督查工作实效，狠抓督办落实。全年完成重点督办事项50余件，并按照区委领导要求进行跟踪，书面反馈落实情况。完成人大议案、政协提案督办42件，办结率和满意率均达到100%。以服务群众为宗旨，督办和处理群众信访300余件。

（王晓华）

【机要密码】 区委办注重从日常工作入手，制订并完善规章制度，规范工作流程，改善服务态度，转变工作作风，机要通信及党委信息化工作水平得到提升。全年收发各类文件、电报7000余份，整理文书档案300余件，实现无延误、零差错、零失密的目标。

（李红霞）

组织建设

概　　述

中共北京市石景山区委组织部(简称区委组织部)是区委的重要职能

部门。设办公室、研究室、综合干部科、人才工作科、干部科、干部监督科、组织科、党员教育管理科和组织指导科,行政编制36人;下辖区党员电化教育中心(事业编制3人)。年内,认真贯彻落实党的十八大、十八届三中全会以及全国、全市组织工作会议精神,坚持以服务工作大局为核心,以提高组织工作科学化水平为主线,全面推进领导班子和干部队伍建设、基层党组织和党员队伍建设、人才队伍建设、党内基层民主建设和组织部门自身建设,为全面深度转型,高端绿色发展提供坚强的组织保证。全年编发《石景山组工信息》40期,其中正刊35期、业务通讯3期、领导参阅2期,各类言论文章、工作动态、经验总结、简讯传真176篇次,中组部《党建研究》采稿1篇,《中国组织人事报》采稿5篇,市委组织部《组工动态》采稿18篇,发挥组工信息服务领导决策、促进工作交流的积极作用。围绕组织工作重点、热点、难点开展调查研究,全年形成调研报告11篇。

地址:石景山区石景山路18号
电话:88699810
邮编:100043

(梁汉宋微)

【基层党组织建设】 1月16日,区委召开第2次专题会,听取关于基层党组织建设和非公党建工作所需经费的情况汇报,决定加大对基层党建工作的经费支持力度。同月30日,区委组织部与区财政局联合印发"基层党组织工作和活动经费管理办法",提高经费标准,基层党组织工作和活动经费按照党员年人均不低于200元核定,调整拨付渠道,社区、非公经济组织、社会组织党组织的工作和活动经费作为专项经费,由区财政局根据党内统计人数统一拨付给区委组织部,再由区委组织部向下拨付,实行专款专用。

(谢葵)

【党建项目化管理】 1月,区委组织部正式启动年度基层党建项目申报工作。由各工委、区委直属党委(党总支)负责对所辖基层党组织和本级党组织的申报项目进行收集、汇总和初步审核,2月初上报区委组织部。对上报的133个基层党建项目进行可行性分析和立项,确定非公党建"向日葵"工程、优秀党员工作室、党员讲堂等10个重点项目。5月16～17日,召开党建项目座谈会,对重点项目进行加强指导、座谈交流,促进项目持续开展。

(郑一)

【党内帮扶】 春节和"七一"期间,区委组织部对全区44名市级困难党员、130名区级困难党员和1316名一般困难党员进行帮扶慰问,拨付专项资金133.06万元。加大对建国前入党老党员生活情况的关怀力度,在市级400元补助标准基础上,将补助标准增至每名老党员800元标准,下拨补贴款18.24万元。分两次对建国前入党老党员、优秀共产党员和生活困难党员开展走访慰问活动,区领导分别到22名老党员、困难党员家中亲切探望党员本人及其子女,为党员解决生活困难。完善困难党员信息库,指导各单位认真审查和维护生活困难党员情况。各党(工)委组织开展帮扶和走访慰问工作,在节日期间为基层困难党员和老党员送上党组织的关怀和温暖。在机关系统开展"共建帮扶"爱心行动,组织113个支部和115个帮扶对象结成共建帮扶对子,配套相应资源,帮助困难党员、群众、贫困学生解决日常困难。制定生活困难党员应急帮扶专项资金管理办法,针对突患重病、大病及日常突发意外党员开展应急救助。

(刘远)

【领导干部报告事项】 2月,区委组织部完成42名区级干部、570名处级干部的个人有关事项报告工作,并做好区级干部报告材料的报送工作。期间,召开部署会、下发通知,督促区、处级干部按照填表说明的要求,填写并封装个人报告材料,保证填报内容的真实准确、封装规范整齐。

(张羽)

【我是党员我承诺】 4月9日,区委组织部印发"开展'我是党员我承诺,服务群众我先行'主题实践活动的通知",组织基层党组织和广大党员在强化宗旨、提升能力、转变作风、服务群众等方面普遍承诺、认真履诺、用心践诺,营造"争先服务群众、全力服务群众"的氛围。截至12月,全区参加承诺活动的党员有37622名,参与率达79.3%,提出承诺55385条,兑现54224条,兑现率达97.9%。

(谢葵)

【党代表履职】 4月11日,区委党代表联络工作办公室以"学习十八大精神和党代表任期制暂行条例,提高党代表履职能力"为主题,举办基层一线党代表履职培训班,104名基层一线党代表和部分组织部门工作人员参加培训。7月始,在全区305名党代表中开展以"六个一"为主要内容的直接联系服务党员群众活动,即:参加一次基层支部活动、召开一次社情民意恳谈会、查摆一个具体问题、做出一条务实承诺、撰写一篇群众工作短文、联系一户困难家庭。

(马云尧)

【基层党建考评】 区委组织部推动基层党建考评制度化。4月16日、18日,按组别召开3个总结分析会,通报上年度基层党建考评情况,对成绩突出的10个党组织进行经费支持,按照每个单位5万元的标准进行拨付。11月17日,印发区基层党建考核评价实施办法(试行),明确考评范围、方法、内容等,建成长效机制。根据实施办法,开展年度基层党建考评工作。12月10日、12日,召开年度基层党建考核评价述职汇报会,各工委、区委直属党委(党总支)分成三组以PPT的形式向区委进行集中述职汇报。同月16日,区委派出3个考评组到各单位进行实地考评,包括民主测评、个别谈话、查阅档案等环节,加大考核力度,提升基层党建工作水平。

(郑一)

【"带病提拔"倒查】 4月,区委组织部按照中组部要求和全市部署,对《党政领导干部选拔任用工作责任追究办法》实施以来"带病提拔"的科级领导干部选拔任用过程进行倒查,深入整治用人不正之风。此次倒查对象为2010年3月后提拔任职、提拔后受到撤销党内职务或行政职务以上处分、且违纪违法问题发生在提拔任职前的科级领导干部。有关部门制定工作方案,明确工作时间安排、倒查对象范围、倒查方法步骤和工作要求。经全区各单位自查及区委组织部复查,本区涉及处分的科级干部最后一次提拔任职时间均不属于此次倒查对象范围。

(张 羽)

【市派党员干部进小区】 全面落实北京市选派党员干部深入老旧小区综合整治工程项目现场的要求,成立由区委组织部部长和副区长为组长的协调领导小组。5月8日,区委组织部和区住建委联合印发实施方案,明确以“双对接、双融入、双保障”为主要内容的工作方式,建立召开例会、信息报送、工作台账、督查考核等工作机制。同月10日,召开工作会,部署市派党员干部的对接安排和日常管理工作。市派党员干部每周抽出两个以上半天,深入项目现场了解情况,发挥政策宣传员、矛盾协调员以及质量监督员的作用,协助项目部解决施工过程中遇到的难点问题,同时就施工安全防护、质量预控及现场文明施工等情况进行监督和检查,确保老旧小区综合整治工作圆满完成。12月,区委组织部、区住建委协调各街道对市派党员干部开展工作考核。

(郑 一)

【经济责任审计】 5月和10月,区委组织部委托区审计局在13个单位开展处级正职领导干部离任经济事项交接工作。全年对6名处级正职领导干部开展经济责任审计工作。召开工作部署会,强化工作力度。

(张 羽)

【政工职称评定】 7月19日,区委组织部召开思想政治工作中级专业职称评审委员会,会议认定获得政工师资格1人,同意推荐申报高级政工师1人,经市评审,获得高级政工师资格1人。向全区转发市政工职评工作办公室关于做好下年度全市政工职评工作的通知等有关文件,组织机关、企事业单位相关人员参加本市申报政工专业职务人员考试及继续教育培训。

(顾爱华)

【党员工作室】 7月22日,区委组织部印发开展“党员工作室”建设工作的通知,探索优秀党员发挥作用新路径。以单位、行业、领域、系统、地区内有代表性的优秀党员为核心组建党员工作团队,先后建立20个以优秀党员名字命名的“党员工作室”。主要集中在街道社区、教育、卫生、公安等领域。区委一次性给予每个“党员工作室”5000元启动和运行资金,统一制作标牌和展板,配齐配全相应硬件设施,协调各级党组织落实工作室活动场所,建立“一月一活动、一季一研讨、一年一总结”的基本运行制度。“党员工作室”主要职能为“五带五促”:定期开展理论研讨、培训交流,带动学习教育,促进思想建设;通过“传、帮、带”,每年至少培养1~2名业务骨干,带动素质提升,促进队伍建设;围绕重点难点开展项目攻关、技术推广,带动业务提升,促进事业发展;每年至少开展2次志愿服务活动,带动作风转变,促进党群关系;依托“党员亮身份”“党员先锋岗”等活动,带动社会风尚,促进环境优化。利用媒体资源,宣传工作室进展情况和典型事迹,使广大党员学有方向、学有标杆。

(谢 葵)

【推进非公党建】 12月,区委组织部组织召开非公党建工作推进会。对新成立党组织的非公企业给予一次性补贴,选配100名非公党建指导员,加强培育典型、选树典型、辐射带动,选树10个非公党建标兵,建立健全薪酬待遇保障制度,对非公企业党组织书记和党务工作者给予适当的工作津贴。

(郑 一)

【党员队伍】 截至年底,全区有各级党组织1762个,其中,区委直属党工委15个、区委直属党委18个,区委直属党总支2个。从基层组织覆盖领域来分,全区有机关党组织288个,事业单位党组织175个,企业党组织450个,社区党组织、社会团体党组织、民办非企业党组织、个体工商户党组织、人才交流中心党组织、离退休党组织和中介组织党组织849个。全区党员总数为47425人,其中预备党员377人;社区党员33252人,占党员总数的70.11%;党政机关党员数3891人,占8.2%;女党员18743人,占39.52%;少数民族党员1330人,占2.8%。全年新发展党员280人。从年龄结构上看,60岁以上22954人,占全区党员总数的48.4%,35岁以下5027人,占10.6%;从文化结构看,研究生以上学历1831人,占全区党员总数的3.86%,大学本、专科学历18097人,占38.16%,高中及中专学历党员13652人,占28.79%,初中及以下学历13845人,占29.19%;从职业结构看,公有制单位在职8882人,占党员总数的

5月17日,第一期处级干部进修班研讨交流 (区委党校供稿)

18.73%，非公有制单位在职3024人，占6.38%，学生党员8人，占0.02%，离退休党员29945人，占63.14%，其他党员5566人，占11.74%。

（朱　梅）

【处级干部队伍】　截至年底，全区有处级干部547人。其中，处级领导干部423人（正处136人，副处287人）。女干部176人，占总数的32.2%；少数民族干部22人，占4.0%；党外干部19人，占3.5%。研究生及以上239人，占43.7%；大学本科291人，占53.2%；大学专科16人，占2.9%；中专及以下1人，占0.2%。35岁以下27人，占4.9%；36～45岁146人，占26.7%；46～54岁277人，占50.6%；55岁及以上97人，占17.7%。

（崔　乐）

【公务员统计】　截至年底，全区各党政机关有公务员2736人。其中，女性1194人，占总数的43.6%；少数民族128人，占4.7%；中共党员2279人，占83.3%。研究生学历685人，占25%；大学学历1800人，占65.8%；大专学历230人，占8.4%；中专、高中及以下学历21人，占0.76%。35岁及以下1008人，占36.8%；36～40岁309人，占11.3%；41～45岁440人，占16.1%；46～50岁517人，占18.9%；51～54岁279人，占10.2%；55岁及以上183人，占6.7%。公务员统计工作连续九年获得市委组织部颁发的"优秀统计单位"荣誉。

（刘明君）

【干部培训】　区委组织部协助市委组织部做好46人次局级干部调训，完成18名"80后"处级干部党性修养专题班组织工作。牵头组织2期处级干部进修班、1期中青年干部培训班、1期赴美国开展的境外培训班、1期百名优秀青年干部培训班、1期处级女领导干部培训班、5期十八大精神专题班和首期处级干部学习十八届三中全会和习近平系列讲话精神专题轮训班等培训，培训处级干部725人次，后备干部35人次，优秀科级干部35人次。指导协调各系统各单位开展分类培训，区人力社保局负责内设机构科级及以下干部培训，举办培训班20期，培训干部2630人次，指导各事业单位开展专业技术人员培训6637人次。区委统战部、区委宣传部、区社工委、区妇联、团区委等单位负责开展系统内培训，举办培训班30期，培训1980人次。国资委培训企业经营管理人员606人次。创新培训内容，构建理论武装、党性教育、能力培养"三位一体"的培训课程体系。改进培训方式，继续在处级干部进修班中推进研究式教学，以"千字文"形式为区域建设建言献策；运用案例分析、拓展训练、现场教学等方法，增强培训的感染力和互动性。在异地培训中勤俭办学、注重质量，做到与学习考察相关的内容一个不减少，与学习考察无关的内容绝对不安排。联合区人力社保局开展公务员在线学习全覆盖工作，制定在线学习管理办法、在线学习管理员工作职责等制度，着重做好在线学习的管理和督促工作，截至年底，全区有2682人登记在线学习，全部完成在线学习任务。

（赵立辉　刘明君　王琦月）

【干部选拔任用】　区委组织部坚持德才兼备、以德为先，坚持注重实绩、群众公认，提升干部选拔任用工作水平。全年召开12次区委干部工作专题小组会讨论酝酿干部，区委常委会共讨论决定处级干部任免13批132人次。其中，提拔处级干部44人，交流改任处级干部88人。在提拔的44名处级干部中，正处级干部19人，占43.2%，副处级干部25人，占56.8%。全区处级干部队伍年龄结构不断优化，知识层次进一步提高。在提拔的处级干部中，45岁以下21人，占47.7%；全部为大学以上文化程度，其中研究生以上文化程度19人，占43.2%。注重女干部、少数民族干部、非中共干部的选拔配备，女干部14人、少数民族干部3人、非中共干部1人，分别占31.8%、6.8%和2.3%。加强科级干部选拔任用监督工作力度，将科级非领导职务的选拔任用纳入评议范围。对47家处级单位干部选拔任用工作和304名新选拔任用的科级干部进行民主评议。

（崔　乐　张　羽）

【完善工作机制】　区委组织部完善以"资格准入、考任分离"为基本特点，以"双推、双考、双公示、双票决"为主要内容的干部选拔任用工作机制。全年对42人次正处职领导干部的调整任免征求区委委员及区级领导意见，对提拔任职干部严格进行定向民主推荐考察，对113人次干部的提拔调整进行常委会无记名投票表决，对4名区纪委调研员人选的选拔进行全委会成员差额票决。了解处级领导班子运行状况，开展处级领导班子试点运行研究，撰写完成调研报告，促进处级领导班子科学化管理。

（崔　乐）

【处级后备调整】　区委组织部重视处级后备干部集中调整工作。经民主推荐、组织推荐、资格审查、笔试、组织考察等环节，有458名干部被列为后备干部人选，其中正处级后备干部人选162名，副处级后备干部人选262名，非中共优秀干部人选34名。

（陈　鹏）

【非领导职务遴选】　区委组织部发挥职数资源的正向引导激励作用，通过非领导职务遴选，树立重视基层、崇尚实干的选人用人导向，调动各年龄段干部干事创业的积极性。经组织推荐、资格审查、统一笔试、组织考察、决定任用等环节，5人通过竞争方式提拔到处级非领导职务岗位。

（沈　娟）

【交流任职与挂职】　区委组织部做好全市干部交流任职和挂职锻炼"三个一百"工程，选派8名优秀处级干部参加交流任职和挂职，接收中央、市级机关单位来本区挂职5人，接收新疆、内蒙古、陕西等省区挂职干部8批35人。按照全市统一部署，做好干部赴外地挂职工作，选派2批4人赴内蒙古、青海挂职。丰富处级领导干部的工作经历，加大岗位交流力度，对在同一职位任职时间较长的干部进行交流。选派9名"80后"正科级干部担任街道主任助理，选派60名基层工作经历不满两年的机关干部到社区挂职。

（陈　鹏）

【科级干部管理】　区委组织部以加强

科级干部队伍建设为核心，构建“三个工程”（管理信息化工程、年轻干部能力素质提升工程、履职激励监督工程）。完善科级干部管理系统，实行全区179名人事干部的备案制度、数字证书登录管理制度，规范科级干部选拔任用流程，提升科级干部管理的规范性和科学性。市委组织部信息处、东城区委组织部、房山区委组织部先后专程到区调研和学习，并向全市介绍系统的建设和运行情况，《中国组织人事报》、北京电视台《党建进行时》栏目对相关情况进行报道。组织基层工作经历不足两年的35周岁以下机关公务员到基层锻炼，联合区人力社保局按照3年完成的要求，对全区218名年轻干部到基层锻炼作出统筹安排，其中69人安排在本年度。建立区委组织部、区人力社保局、选派单位、接收单位共同负责的考核监督与评价体系。联合区人力社保局指导各单位全面实施科级及以下干部平时考核，做好党群系统各单位考核结果的上报备案。

（赵立辉　刘明君　王琦月）

【人才培养资助】　经申报推荐、文字审查、数据库汇总、调查核实、综合评估等环节，确定7人申报个人项目，1人获得市优秀人才培养资助。同时，与石景山医院对“石景山区央地一体化人才开发机制建设”集体项目进行结题，加强受资助项目和受资助人的跟踪服务工作。

（顾爱华）

【人才评选表彰】　区委组织部落实人才强区战略，营造“尊重劳动、尊重知识、尊重人才、尊重创造”的社会氛围。邀请国内教育、卫生、科技、企业管理、社会工作等领域的5位知名专家和区有关领导、专家共11人组成评议组对申报人选进行逐个评议，并对拟表彰人选进行为期7日的公示。最终决定10名区“优秀人才”、10名区“优秀青年知识分子”、40名区“先进和科技、管理、高技能人才”名单。

（顾爱华）

【日常管理和服务】　区委组织部完成上年度38名区级领导干部和538名处级干部的年度考核工作，116人获得优秀考核等次。坚持综合考虑、合理使用、人尽其才的原则，顺利安置团职军转干部21人，做好军转干部报到后任职、培训、落实待遇等相关协调工作。强化干部日常管理，开展干部谈心谈话工作，年内，区委书记和组织部部长与55名正处职以上干部进行任免职谈话；组织部部长和分管干部工作的副部长与58名副处职及非领导职务干部进行任免职谈话。开展干部走访慰问活动，采取多种形式看望干部及其家属，了解干部生病住院、家庭出现重大变故等情况，帮助干部解决实际困难。

（杨昆仑）

【基层党员教育】　区委组织部制发全区年度党员教育培训计划，重点实施基层党组织书记、新党员、大学生社工、入党积极分子等多个培训项目。举办非公经济组织党建指导员培训和党员电教培训，持续开展“一月一主题”培训，举办10个培训班次，培训基层党员1736人次。按市委组织部部署，开展“加强党员教育内容体系建设”专题调研，下发调查问卷1280份，梳理总结基本经验，明确加强党员教育内容体系建设的方向、思路和措施。

（刘　远）

【党员发展】　全年发展党员280名。贯彻中央“控制总量、优化结构、提高质量、发挥作用”精神，调整完善发展党员5年工作规划。抓好发展党员主体培训，举办入党积极分子培训班2期、新党员培训班1期，培训学员500余人次。抓好发展党员负责人培训，深入街道社区及机关单位，现场指导业务工作，确保基层发展工作科学规范。坚持发展党员工作公示制、票决制、责任制，试点开展发展党员记实制。解决预备党员归国后如何转为正式党员的问题，探索制定留学归国预备党员转正工作流程，设计制作“因出国留学延长预备期的决议模板”，规范预备党员转正程序。

（刘　远）

【党员电教】　区委组织部举办党员干部现代远程教育培训班，来自各基层单位终端站点管理员和党员教育电视片创作人员180人参加。对电教站点情况进行摸底统计，掌握站点运行最新信息，对电教骨干逐一登记，对其专业背景、培训情况进行登记备案。全区有站点329个，电教骨干329人。建立开通党员电教QQ群。加强与党建读物出版社的联系，报送3部优秀电教作品，被《社区党建》第六、九、十一期音像刊物采纳，面向全国发行。创建电子音像杂志《石景山区党员电教》，梳理近两年来的优质电教资源，择优选取来自街道社区、军休党委、学校、城管大队等单位的7部作品入刊。

（张晓东）

【观摩交流】　区委组织部开展全区党员教育电视片观摩交流活动，共收集报送作品29部，其中《党旗高扬筑堡垒 扬帆奋进谱新篇》《梦绘怀来》两部作品获得市委组织部评选奖项。有12部作品、总计时长166分钟入选市委组织部年度教育教学资源片库。

（张晓东）

【党建研究会】　组织召开区党建研究会一届三次理事会议，总结回顾上年工作，通报表彰优秀课题成果，部署当年任务。加强理论研究和理论宣传工作，指导会员单位做好36个区党建研究会年度重点课题的立项、推进和结题工作。推进市党建研究会年度立项课题《基层党建考评问题调研报告》研究，课题成果获市党建研究会优秀党建调研课题三等奖和1万元资金支持。推荐会员单位优秀研究成果参与市党建研究会课题评比，区委党校《关于石景山区领导干部法律素质的调查与思考》和八宝山街道《“社区联建门店”推行三年来的实践与思考》获市党建研究会年度自选课题优秀成果二等奖。及时向市党建研究会报送全区党建研究动态，全年报送信息7篇，图片新闻5张。

（宋　薇）

宣传教育

概　述

中共石景山区委宣传部（简称区委

7月18日,敬业诚信故事大赛决赛（区委宣传部供稿）

宣传部)是负责全区宣传思想文化工作的职能部门。下设办公室、理论科、新闻科、宣传科、舆情组,主管《石景山报》编辑部、《石景山工作》编辑部、文化创意产业促进中心。年内,全区宣传思想文化战线贯彻落实党的十八大和十八届三中全会精神,认真贯彻落实习近平总书记系列重要讲话、全国和全市宣传思想工作会议精神,立足区域转型发展的阶段性特征,开拓进取、奋发有为,对内凝聚力量,对外树立形象,圆满完成各项工作任务,为推动本区科学发展提供坚实的思想文化保证。主要开展四项工作:一是深入学习宣传贯彻党的十八大精神,"中国梦"学习宣传教育工作有声有色;二是深入开展主题宣传教育活动,推进社会主义核心价值体系建设;三是牢牢把握正确舆论导向,为新城区建设营造浓厚氛围;四是深入推进文化兴区战略,促进文化事业和文化产业协调发展。

地址:石景山区石景山路18号

电话:88699827

邮编:100043

（赵　亮）

【区处中心组学习】 年初,区委制定区处两级理论中心组学习计划,以领导班子和领导干部为重点,加强中国特色社会主义理论体系、党的十八大精神、"中国梦"学习宣传教育。组织理论中心组学习报告会15次。为区处两级中心组成员推荐学习书目10种,为区级中心组成员购买两批8种300余册书籍,为区级中心组成员订阅《学习参考》《大讲堂》《红旗文稿》《党委中心组学习》《时事报告》等理论学习刊物,向全区各单位下发《领导干部半日读》和《深入学习党的十八大精神读本》近2000册、《理性看 齐心办 理论热点面对面2013》8000册。

（王向东）

【"两会"宣传报道】 在全国、市、区"两会"期间,区委宣传部围绕区委区政府中心工作,紧抓主流媒体,形成宣传声势。突出地区科学发展深化转型的特色,加大转型发展建设成果宣传推介。《北京日报》1月26日3版报道夏林茂谈石景山启动建设"设计之都"核心区。各级"两会"召开期间共刊发稿件88篇。

（祁　月）

【第六届清明诗会】 3月31日晚,"诗韵清明"第六届北京清明诗会在石景山体育馆举办。围绕"我们的节日——美丽北京、幸福生活"主题,采用多种艺术表现形式表达美丽中国的百姓之梦,传扬"爱国、创新、包容、厚德"的北京精神。诗会由"时空之念""心灵之忆"和"天地之颂"三大篇章构成,90%的诗歌为近几年的原创作品。来自141个社区656名群众组成的演出方阵成为本届诗会一大亮点。秦怡、杨立新、陶玉玲、奚美娟等众多艺术家吟诵20多首清明主题诗歌作品,蒋大为、罗中旭等也现场献唱,寄托情思。诗会由市委宣传部、首都文明办、区政府和北京电视台共同主办。诗会实况于4月4日19:35在北京电视台文艺频道播出,并在4月6日在北京卫视重播。

（赵　亮）

【清明节红色祭扫】 4月2日,由市委宣传部、市委教育工委、首都文明办、市民政局、团市委、区委区政府联合主办的清明节红色祭扫活动在八宝山革命公墓举行。祭扫活动以"继承先辈遗志 建设美丽北京"为主题,市、区各级领导、驻京部队官兵代表、职工代表、全市大中小学生代表、志愿者代表等300余人手持黄菊,共同缅怀为中华民族解放事业献身的先辈们。

（赵　亮）

【学习型党组织建设】 4月18日,区委宣传部与区委组织部启动全区建设学习型党组织示范点和品牌活动评选工作。经过自主申报、组织推荐、审核评定等阶段,至11月止,从全区26个申报示范点和26个品牌活动中,评选出12个示范点和10个品牌活动,并各择优推荐3个党组织参评市级示范点和品牌活动。

（赵　亮）

【百姓宣讲活动】 4~9月,区委宣传部在全区开展以"我的梦·中国梦"为主题,以"实现中国梦,建设美丽石景山"为主要内容的百姓宣讲活动。4月初制定下发活动方案,23个工委、党委、党总支组织开展本系统宣讲活动。各单位整合系统内资源,组织协调大型国企员工、"两新"组织员工、共建部队官兵等参与宣讲活动。收集宣讲稿530篇,有各级各类宣讲员527名,超过本区常住人口0.7‰的工作要求。各街道(系统)通过多种形式比赛选拔,组建街道(社区)宣讲团和系统基层宣讲团,广泛宣传各行各业普通劳动者和基层党组织为实现个人全面发展、推动社会进步、实现中国梦而实干兴邦、奉献创新、不懈奋斗的感人故事。6月28日,在科技馆举行迎七一“我的梦·中国梦”百姓宣讲报告会。基层党代表、党组织200余名负责人听取7名区级宣讲团成员的宣讲。9月2日,市百姓宣讲推进工作调研活动组到区现场观看来自区社工宣讲团、家庭宣讲团、苹果园街道宣讲团、八角北里社区宣讲团的21名宣讲员的宣讲。活动期间,全区组建宣讲团79支,其中,区级1支,街道10支,社区39支,系统基层28支,家庭宣讲团1支。累计宣讲场次231场,其中区级宣讲团,街道、社区示范团,家庭宣讲团共宣讲46场。获市“我的梦·中国梦”百姓宣讲活动优秀组织单位奖。

(王向东)

10月14日,重阳诗歌会暨禅林文化节闭幕式 (区委宣传部供稿)

【故事演讲比赛】 7月18日,以“立足岗位,实现梦想”为主题的“敬业·诚信”故事大赛决赛在中国电子竞技馆举办,近300名观众观赛。“敬业·诚信”故事演讲比赛是“中国梦”学习宣传教育活动重要内容之一,来自全区的527名选手参赛,23人进入决赛。评选出个人一等奖2名、二等奖3名、三等奖6名和优秀组织奖5名。

(赵 亮)

【政务官方微博】 8月20日,“北京市石景山”政务官方微博在腾讯微博、人民网微博正式上线。年内,协助工商分局、区旅游委、苹果园派出所、区法院等6家单位开通政务微博。开通“石景山宣讲动态”“微访谈”“聚焦石景山,展现西部美”等6个话题。建立石景山政务微博QQ群——石景山博主,构建政务微博矩阵。截至年底,政务微博三平台共有57万人关注,发布政务信息3500余条,转交博友反映问题420余起,答复网民疑惑325条。

(赵 亮)

【“动漫北京”活动】 9月18~20日,由市文化局、区委区政府、中国文化传媒集团和首钢集团共同举办,以“动漫创造快乐”为主题的第二届“动漫北京”在首钢主厂区举行。共设置动漫音乐嘉年华、中国动漫TOP COSPLAY大赛、电子竞技大赛、创新创意APP大赛、民族动漫游戏推介洽商交易5大板块14项活动内容和“情系动漫,浪漫牵手”等公益活动。活动取得丰硕成果,项目合作意向签约额58亿元,创造近年来北京动漫产业洽商新高。

(赵 亮)

3月31日,第六届清明诗会 (区委宣传部供稿)

【新闻应急处置】 10月11日凌晨,苹果园南路东口喜隆多商场着火,两名消防官兵在灭火时不幸牺牲,引发媒体和公众广泛关注。在救火和善后过程中,区委宣传部主动做好媒体接待服务工作,与相关部门保持密切联系,随时掌握事态进展,与现场采访的媒体取得联系,对记者采访主动接待和服务,陆续答复媒体针对火情、扑救情况、两名官兵牺牲情况、官兵家属情况、悼念活动、事故起因、责任认定、赔偿、事故现场保护等有关问题的采访和提问。期间,主动发布信息,掌握话语权,采访区委区政府和各有关部门慰问看望救火英雄和消防支队官兵、机关干部和居民自发组织捐款、以各种形式悼念救火英雄、开展全区安全检查、做好善后处理工作等各方面内容,形成新闻通稿,主动向新华社、《北京日报》《北京晚报》等10家中央和市

属主流媒体发布，宣传报道区委区政府的工作，形成舆论正能量。年内全面处置新闻应急事件20余起。

（祁　月）

【重阳诗歌会】　10月13日上午，在西山八大处公园新游客服务中心广场举办重阳诗歌会暨禅林文化节闭幕式。诗歌会由区委宣传部、区文明办、区社工委、区文化委、区民政局、八大处文化景区管委会共同主办，通过诗词朗诵、歌舞曲艺等艺术形式及现场采访孝星等环节，突出“敬老重阳　放飞梦想”的主题，弘扬敬老爱老传统美德。

（赵　亮）

【先进事迹报告会】　10月23日，在中国电子竞技中心举办。来自区卫生系统、文明引导员队伍及机关、街道社区的200多名观众听取包括全国道德模范贾立群在内的5位宣讲员所作的报告。贾立群从医36年来，秉持“医者仁心”的理念，以精湛医术、高尚医德，夜以继日地超负荷工作，确诊7万余例患儿疑难疾病，挽救2000多位急危重症患儿的生命。

（赵　亮）

【学习十八届三中全会精神】　党的十八届三中全会胜利闭幕后，区委根据中央、市委有关通知要求，把学习宣传贯彻党的十八届三中全会精神作为首要政治任务。11月13日，举行党的十八届三中全会精神首场辅导报告会。国家行政学院教授汪玉凯以“深化行政体制改革，推进国家治理体系和治理能力现代化”为题，就会议精神进行学习辅导。市委讲师团领导，区、处两级中心组成员及各单位副处级以上干部300多人参加报告会。12月16日，下发关于深入学习宣传贯彻党的十八届三中全会精神的通知，明确全区学习宣传贯彻的4个重点方面：充分认识全会的重大历史意义；深刻领会全会精神；迅速兴起学习宣传贯彻热潮；紧密联系实际贯彻落实全会精神。

（孙冠军　赵　亮）

【一把手访谈活动】　11月18日，夏林茂召开新闻发布会，专题发布本区清洁空气行动计划，并组织记者到首钢重型机器分公司清洁能源改造现场进行采访报道。区委宣传部贯彻落实市领导指示精神，按照市委宣传部、市环保局《关于请各区（县）和经济开发区主要领导参加<清洁空气·为美丽北京加油——一把手访谈>的通知》要求，做好落实相关宣传报道工作。

（祁　月）

【《美丽石景山》出版】　12月，丛书《梦想》《影像》由北京同心出版社出版发行。《梦想》一书汇集百姓宣讲活动中的优秀宣讲稿、“敬业·诚信”故事大赛中的优秀稿件、征文比赛中的部分征文和诗歌、歌曲大赛中脱颖而出的部分优秀作品，共计10万字。摄影画册《影像》收录摄影爱好者拍摄的作品260余幅（组），通过山川秀美、古韵风情、发展强劲、时尚魅力、宜居新城五个方面展现“美丽石景山”新风貌。

（赵　亮）

【加强新闻宣传】　区委宣传部坚持团结稳定鼓劲、正面宣传为主，宣传本区科学发展的新成就新经验。借十八届三中全会，市、区“两会”，四区建设等重要时点和重大项目契机开展重点宣传。全年在市级以上媒体共刊发有关报道1960余篇。其中《北京日报》265篇（一版38篇），北京电视台357篇（北京新闻53条），北京广播电台118条，共计740篇条，占所有新闻报道的38%，刊发相关专版专题61个。

（赵　亮）

【争取资金支持】　年内，区委宣传部共申报市文创项目51个，项目总投资11.35亿元，申请专项资金支持2.25亿元，24个项目入围。组织推荐企业参加“全国文化企业30强”“首都文化企业30强、30家”评选，分别组织7家和9家企业参评。组织趣游集团等3家企业和留创园刘刚等10名党员参与市文化创意产业非公党组织、先进基层党务工作者和先进党员评选。

（赵　亮）

【完善舆情研判】　区委宣传部全年撰写《互联网舆情报告》52期，受到区领导117次批示。增设《处置跟踪》栏目，对重点舆情分析做到有因有果，对领导的建议性、参考性更强。针对重点舆情事件撰写《互联网舆情专报》9期。

（赵　亮）

精神文明建设

概　述

北京市石景山区精神文明建设委员办公室（简称区文明办）是区精神文明建设委员会的办事机构，负责全区精神文明建设日常工作。石景山区精神文明建设工作以深入学习贯彻党的十八大精神为重点，坚持以推进社会主义核心价值体系建设为根本，以“做文明有礼的北京人”为主线，大力实施

5月4日，京源中学雷锋班开展“永远的雷锋”活动　（区委宣传部供稿）

思想道德引领战略，全面推进公民道德建设和公共文明引导行动，深入推进未成年人思想道德建设行动计划，不断深化群众性精神文明创建活动，圆满完成年度工作计划确定的各项工作任务，为进一步深化区域全面转型提供强有力的思想保证和精神支持。

地址：石景山区石景山路 18 号
电话：88699862
邮编：100043

（高　鹏）

【公益广告宣传】　区文明办发挥公益广告在传播文明、引领风尚中的重要作用。围绕“中国梦”、生态文明、传统道德、诚实守信等主题，集中在全区重点工地建筑施工围挡和主要大街、繁华商业场所、旅游景点、体育场馆设置“中国梦·讲文明·树新风”系列公益广告，形成规模，壮大声势，提高公益广告覆盖面和社会影响力。使公益广告成为弘扬守信、明礼、报国、尽孝等修身律己理念的主要载体，把公益广告宣传到群众身边，融入到城市生活中，实现“潜移默化、润物无声”的效果。

（高　鹏）

【深化主题活动】　区文明办以各类传统节日为契机，组织开展形式多样的群众性主题活动。指导各街道社区结合各自实际，以“敬老重阳、放飞梦想”为主题，开展“浓浓敬老情，乐龄嘉年华”“爱在金秋—关爱失独老人”等一系列活动，在全区范围内渲染浓厚的敬老、爱老氛围。通过组织开展春节、端午节、中秋节等“我们的节日”主题活动，丰富群众精神文化生活，培养和树立认知传统、尊重传统、继承传统、弘扬传统的思想意识，增强广大市民对中华传统文化的认同感和自豪感。

（高　鹏）

【学雷锋常态化】　区文明办以纪念“向雷锋同志学习”题词五十周年主题活动为契机，推动学雷锋志愿服务大众化、常态化。赋予学雷锋志愿服务新内涵，倡导志愿服务精神，推动志愿服务渗透到文化、生活、科教、环保等诸多领域，涌现出未成年保护志愿者、大型赛事志愿者、消防安全志愿者等一大批志愿服务群体。全区建立学雷锋志愿服务队 500 余支，志愿者人数达 5 万余人，固定服务项目 19 个。按照首都文明办统一部署，在北京国际雕塑公园举办“永远的雷锋”大型主题展览活动，展出雷锋同志生平事迹、典藏实物和“身边雷锋”的主要事迹，参观人数达 8000 人。其中有 500 名观众受展览启发，现场实名注册成为学雷锋志愿者。

（高　鹏）

【学习道德模范】　区文明办发挥道德模范引领道德风尚的旗帜和标杆作用，组织开展第四届全国道德模范评选和首都道德模范评选投票活动。以道德模范评选和学习宣传活动为载体，把动员公众参加投票活动的过程当作学习宣传道德模范、传播社会正能量的新机遇，引导干部群众崇德向善、见贤思齐，提升评选的知晓度和参与率。通过区有线电视台、《石景山报》、各街道、社区的精神文明建设宣传栏等载体，将道德模范先进事迹和优秀品德传播到群众身边，为居民了解和学习模范事迹、投票选出自己心中的道德模范搭建平台，激发干部群众学习道德模范助人为乐、见义勇为、诚实守信、敬业奉献、孝老爱亲等高尚品德的热情。

（高　鹏）

【专项教育治理】　根据首都文明委组织召开的“开展道德领域突出问题专项教育和治理活动电视电话会议”精神，区文明办结合工作实际，制定实施方案。抓住食品安全、社会服务、公共秩序这 3 个重点，围绕着力解决诚信缺失和公德失范问题，开展各类专项活动。强化集中整治，依法严厉打击和惩处食品行业的见利忘义、制假售假等违法行为。加强对行业不正之风的社会监督，综合运用公众、舆论等各方面的力量，促进各类问题的解决。对公共场所不文明行为加大教育规劝力度，依托道德讲堂，深化道德教育，倡导有德光荣、失德可耻的理念，促进和弘扬知荣辱、讲正气、促和谐的良好风尚，推动道德建设水平全面提升。

（高　鹏）

【道德讲堂建设】　按照中央文明委和首都文明委有关要求，区文明办以《全国文明城区测评体系》《全国文明单位测评体系》为标准，通过制定工作方案、确定建设标准、严格活动要求、建立表彰奖励机制、培训宣讲员等途径，推进道德讲堂建设。道德讲堂首先在市级以上文明单位中进行试点建立，并逐步在全区铺开。全年建成道德讲堂 190 个，招募 274 名主持人和 290 名宣讲员。各级文明单位结合自身实际，围绕社会公德、职业道德、家庭美德、个人品德等内容，创新授课方式，拓宽延伸课程内涵，形成主要领导亲自抓、干部群众全参与的“道德讲堂”建设新格局。老山街道结合工作实际，推出“道德讲堂”与未成年人美德教育相结合、与社区居民法制廉政教育相结合、与时代精神教育和道德模范教育相结合的“四结合”建设方式，发掘街道社区中的凡人善举，推动道德讲堂常态化建设，巩固道德讲堂在提高公民思想道德建设上的影响力。“道德讲堂”的深入建设，增强全区干部的岗位服务意识，提高居民的思想道德素质，融洽邻里关系，弘扬社会正气，成为推动精神文明建设、提升干部群众精神文明素养的“宣传窗、播种机、展示台”。

（高　鹏）

【公共文明引导行动】　区文明办以“公共文明引导日”“文明出行推动日”为载体，培养市民文明交通意识。深入旅游景点、公交站台、交通路口等公共场所，通过宣传展板展示、发放公共文明引导手册、宣传折页、文明旅游知识手册等宣传形式，引导广大市民文明出行。主题活动共制作宣传展板 20 块，发放公共文明引导手册、文明旅游知识小手册等 1 万余份。开展“星级”公共文明引导员表彰活动，评出星级公共文明引导员 164 名。开展“中国梦”演讲比赛活动，激发公共文明引导员“服务他人、快乐自己”的工作热情，坚定“奉献他人、提升自己”的服务理念。

（高　鹏）

【网络文明传播活动】　区文明办将网络文明引导作为思想道德建设的重要

阵地，开展文明办网、文明上网活动，推动互联网站健康发展。在各级文明单位、道德模范、身边榜样中招募和培训300名志愿者，成立14支思想素质过硬、人格品德高尚的网络文明传播志愿者队伍。这些志愿者经过培训，积极行动起来，在微博、博客上传播社会正能量，提高网络文明引导水平。营造文明健康、积极向上的网络文化氛围，展示地区网络文明新形象。

（高　鹏）

【生态文明引导活动】 区文明办结合“全面转型、科学发展”的工作要求，围绕“建设生态文明美丽石景山”这一主题，通过四项主题实践活动，倡导绿色出行、绿色消费、绿色公益，打造良好生态环境。组织举办“保护山川河流·共建美丽石景山”志愿服务活动，增强市民的节约意识、环保意识和生态意识；开展“垃圾减量·垃圾分类”活动的宣传，引导市民共建美丽家园；开展倡导绿色出行活动。通过志愿者向公众宣传绿色出行理念、倡导低碳环保的绿色出行方式，组织骑游爱好者及环保志愿者开展骑游活动，提升居民环保意识；借助植树日活动，弘扬“植绿、护绿、爱绿”的生态文明新风尚和“尊重自然、顺应自然、保护自然”的生态文明理念。

（高　鹏）

【“文明餐桌”行动】 区文明办根据“厉行勤俭节约，反对铺张浪费”的有关要求，落实“文明餐桌”行动。在全区范围内普及文明餐桌知识，推广文明餐桌礼仪和文明用语，倡导节约用餐行为，把俭以养德、俭以养性、俭以养身的理念变成广大市民的自觉行为。指导各级文明单位在食堂显要位置设立文明用餐的公益宣传牌，及时制止浪费行为。督促宾馆、饭店、酒店等各类餐饮企业明确主体责任，把节约粮食、珍惜资源的要求融入到企业管理理念当中。动员市民合理消费，珍惜粮食，杜绝浪费，点餐适量，做到不剩饭菜，不求奢华，不讲排场。均衡饮食，不挑食，改变不良消费方式，树立低碳生活的消费理念，树立科学、合理、文明的消费方式，促使“理性消费、文明用餐”深入人心。

（高　鹏）

【“五个一”创建活动】 区文明办开展“五个一”（建好、用好一个道德讲堂，建立一支常态化雷锋志愿服务队，设置一批道德守礼指示牌，开展一系列文明餐桌行动，建立一个网络文明传播服务小组）创建活动，提升文明单位创建水平。把“五个一”作为年度文明创建工作的切入点，以市级以上文明单位为示范，开展形式新颖的主题教育和社会实践活动，激发全区各级文明单位参与文明创建的热情，提升创建工作的品质和内涵。

（高　鹏）

【文明督导团成立】 年内，区文明办组建区精神文明建设督导团，从党代表、人大代表、政协委员、社会人士和“身边好人”中聘任29人作为首批文明督导团成员。文明督导员将常规的每两年一次文明单位评比检查，变为经常性的检查与督促，在宣传精神文明创建重要举措的同时，听取干部群众的意见与建议。在对市、区级文明单位进行调研和复审中，深入基层单位听取汇报、查阅档案资料、实地检查，对文明单位创建情况进行全面了解，实现文明创建工作由“形态”到“功能”，再到“素质”的转变。

（高　鹏）

【军（警）民共建】 区文明办进一步密切“同呼吸、共命运、心连心”的新型军（警）民关系。通过联合驻区部队开展“驻守首都、热爱首都、建设首都——做文明有礼的北京人”主题实践活动，组织部队官兵参与雷锋精神宣讲、城市环境清洁等多种学雷锋志愿服务活动，推动和谐、文明、关爱、育人、荣誉“五项工程”和少年军校建设，实现军（警）民共建范围不断扩大、共建内容不断丰富、共建水平不断提高，带动社会公共文明程度全面提升。

（高　鹏）

【文明小使者活动】 按照首都文明办要求，区文明办对文明小使者活动进行全面升级创新，在充实假期活动内容、丰富活动载体的基础上，开展“争当社区文明小使者认星创优”活动。对中小学生参与社区实践活动情况进行“认星创优”，鼓励全区中小学生在假期投身到社区志愿服务中，培养未成年人的社会责任感、创新精神和实践能力。活动作为丰富学生假期生活、引导学生热心投身社区公益活动的有益载体，促进青少年从小做起，从自身做起，爱护家园，健康成长，得到各街道（社区）、各中小学广泛参与和认可。

（高　鹏）

【中小幼师生“四联展”】 区文明办联合区教委组织开展以“创新课程育人模式、促进学生全面健康发展”为主题，以书法、绘画、篆刻、工艺四大类为主要比赛内容的中小幼师生“四联展”活动。遴选区属80余所中、小学和幼儿园师生创作的优秀作品，在9个街道130个社区的精神文明建设宣传栏进行两个月的集中展示。5月30日，由区教委、区文明办联合主办，区教育分院承办的第27届中小幼师生四联展活动启动仪式在八角街道古城南路社区（古二小展区）举行。活动对传统的活动方式进行大胆创新：社区橱窗成为“四联展”活动主要的宣传展示平台。让孩子们的作品走进社区，让更多的人欣赏到孩子们丰富多彩的内心世界，让广大师生拥有更宽广的舞台，让更多市民参与艺术教育活动中来。“四联展”活动是对学校教育资源与社区资源的一次整合，是实现学校与社区双向服务、办开放式教育的有益探索与尝试。首都文明办将此活动作为未成年人教育创新案例，以简报形式在全市进行推介。

（高　鹏）

【帮扶特殊未成年人】 区文明办重视未成年人心理健康问题，保护未成年人合法权益。通过开展“共享蓝天、健康成长”关爱打工子弟、“我和北京在一起”等主题活动，加大对来京务工人员子女、孤残儿童、特困儿童及边缘未成年人的关注力度，通过深入家庭、跟踪教育的方式，对流动儿童、失足未成年人、受害未成年人等群体开展思想道德教育，对离异、单亲、困难家庭的孩子进行帮扶教育，区人口计生委以提供免费健康体检、赠送图书、带领学生游园为活动载体，将一系列关爱帮扶、道德引导活动送到华奥、黄庄、台京、树仁4所外地来京务工人员子女学校，引起良好社会反响。

（高　鹏）

【推广“首钢关爱”模式】 首钢主厂区涉钢产业停产搬迁调整后，部分原有主流程上的骨干职工被调往河北曹妃甸等外地工作，形成不少“周末家庭”。随之而来，出现子女教育、情感缺失等各种问题和矛盾。首钢职工集中的老山街道于2011年率先启动周末家庭的关爱活动，针对这些家庭比较突出的未成年子女学习辅导等实际需求，由社区提供辅导场地，志愿者为孩子们进行集中的面对面学业辅导。辅导频率根据家庭需求，每天或每周一次。最初参加志愿培训的是北京师范大学的学生，在团区委努力下，又增加北京理工大学和北方工业大学。年内，“首钢周末家庭关爱”活动在多个街道启动，并向全区推广。同时，不断推动“护花服务队”“红蜡烛”“春苗成长工程”等未成年人保护社会志愿服务队伍的建设。

（高　鹏）

统一战线

概　　述

中共北京市石景山区委统一战线工作部（简称区委统战部），是区委主管统一战线工作的职能部门，与区台办合署办公，行政编制11人。年内，在区委领导下，围绕中心、服务大局，探索新时期统战工作的新方法、新途径，挖掘、调动和凝聚各界党外代表人士力量，为区域经济社会转型发展作贡献。严格落实中央八项规定精神、改进工作作风，开展廉政风险防控管理工作，完善相关工作机制。加强节约型机关建设，严格执行各级文件要求，进一步增强机关干部勤俭节约意识。区委统战部获评年度“北京市统一战线理论研究和调查研究优秀单位”“北京市统战系统信息工作优秀单位”“石景山区督查考核工作创新单位”。

地址：石景山区石景山路18号
电话：88699232
邮编：100043

（秦　岭）

【海联会理事会】 4月9日，区海外联谊会召开第三届理事会第四次会议。名誉会长李艳通报区情，会长马刚作工作报告，监事长林宋作上年财务工作报告。会议增补副会长、常务理事、理事。名誉会长岳德顺、倪国锋等出席，来自海内外、区内外的100余名理事参加会议。

（刘景柱）

【党外代表人士】 区委统战部根据中央、市委关于加强党外代表人士队伍建设的文件精神，加强对党外干部的培养力度。完善党外干部工作联席会议制度，牵头为民主党派主委、党外处级干部等党外代表人士与所在单位党政一把手建立直接沟通渠道。加强党外代表人士的教育培训，邀请党外代表人士参加区中心组学习，政协委员学习十八大精神培训班，非公经济人士理想信念教育实践活动，组织非公经济人士到革命圣地延安现场见学，与延安干部学院教授就“中国梦与企业梦”开展主题座谈。配合区委开展党外优秀干部遴选工作，34名党外优秀人才纳入后备干部人才库。组织开展全区党外科级以上干部储备情况调查，筹备成立石景山区知联会。

（贾晓智）

【多党合作制度】 区委统战部加强民主党派参政议政能力建设，为党外人士履职尽责搭建桥梁，协助区委区政府召开民主协商会，就区委全会工作报告、区政府工作报告、人事安排等重大议题征求党外人士意见和建议。发挥各民主党派资源优势，引导民主党派参与社会服务，全区各党派全年组织参与扶贫助困、扶残助学、义诊咨询等社会服务活动20余次，打造“同心”品牌，推进党派自身建设。

（贾晓智）

【主题教育活动】 区委统战部组织各民主党派、工商联和侨联召开统战系统学习十八届三中全会精神座谈会，把深入学习贯彻全会精神作为统一战线的首要政治任务，统一思想认识，凝聚改革发展力量。以纪念“五一口号”发布65周年为契机，组织各民主党派开展系列活动，重温历史、再聚共识。引导统战成员组织参加实现中国梦主题活动和学习中共十八大、十八届三中全会精神交流会，增强统战成员对中国特色社会主义的道路自信、理论自信、制度自信。编辑《石景山报》“党派之声”栏目19期，把统一战线成员的思想统一起来、力量凝聚起来。

（秦　岭）

【建言献策活动】 区委统战部在全区统一战线中组织开展“中国梦同心行、我为发展献一策”主题建言活动，助推区域经济社会科学发展。活动收到建言信息80余篇，促进所提问题的落实，为各级领导决策提供有益参考。围绕市委、区委重点工作，编报信息176条，其中60余条被市委和区委统战部采用，获评区级优秀信息1条，被中央领导批示1条，中央统战部重要刊物采用1条。信息工作排名位居全市各区县统战部第四。

（秦　岭）

【社会领域统战】 区委统战部落实市、区关于加强和改进社会领域统战工作的文件精神，把“双融入双服务”（双融入：将统战工作融入社会建设，发挥社会建设的组织、载体优势；在社会建设中主动引入党外代表人士的力量，充分发挥统战工作的优势和作用。双服务：通过调动社会建设资源为党外代表人士做好服务；引导党外代表人士积极服务和奉献社会，促进社会和谐。）社会领域统战工作引向深入。坚持街道社区统战工作要“工作中有意识、活动中有融入、总结中有体现”，推出鲁谷社区万达广场工作站、古城西路北里社区和八宝山永东北社区等多个社会领域统战工作典型。加强街道社区统战工作“七有”（有组织领导、有基础台账、有制度保障、有沟通平台、有多彩活动、有宣传橱窗、有结对帮扶）标准建设，完善三级组织领导机构，开展侨界空巢老人互助关爱活动，推进社区与统战人士“双向服务”工作

方式，开展楼宇工作站负责人统战知识培训。牵头确定10个公益品牌项目，纳入“同心·关爱民生工程”，涵盖困难家庭援助、残障儿童救济、老年人关爱、社区健康、首钢分流人员再就业等方面。按照市委相关要求，牵头做好宗教专项治理工作，配合有关单位开展“宗教慈善周”等活动，团结引领民族宗教代表人士。制定宗教界代表人士队伍建设实施意见。

（王　佳）

【经济领域统战】 区委统战部联合区委宣传部、区工商联等部门，以《石景山报》为主，连续出刊53个专版，展现非公经济企业文化建设和精神风貌，组织出版《追逐梦想，成就辉煌——石景山区民营经济风采录》一书。牵头成立由32个职能部门参加的“非公经济服务和管理协调领导小组”，建立定期会议、信息通报、专题调研、重大问题会商等制度。组织召开区主要领导与非公经济重点企业家座谈会、企业反映问题专项交办会、企业反映问题解决情况汇报会，全年协调办理企业在生产经营、业务拓展、发展环境、资金保障等方面的实际问题25个。组织开展以“三信”（增强非公有制经济人士对中国特色社会主义的信念、对党和政府的信任、对企业发展的信心）为主要内容的非公经济人士理想信念教育实践活动。组织开展第四届区优秀建设者表彰活动，协助举办纪念区工商联恢复工作20周年系列活动。

（刘景柱）

【调研与宣传】 区委统战部组织协调各民主党派、工商联就区委区政府重点关注课题深入调研，全年开展各类基层调研活动40次，完成涉及地区重点工作内容的调研报告22篇，在区优秀调研报告评选中，有2篇获评一等奖、1篇获得二等奖、2篇获得三等奖。倡导机关干部“人人参与调研工作、每人一篇统战文章”，完成涵盖党派民主监督作用发挥、社会领域统战工作、基层商会建设等7个调研课题，调研报告《新时期统一战线创新群众工作方法探析》获市统一战线理论研究与调查研究优秀成果二等奖。刊发《统战工作简报》4期、《学习参考》3期。在《中国统一战线》《首都统战之窗》《中国工商时报》《团结报》等媒体发表文章20余篇。办好石景山统一战线网站，全年更新信息300余条，完善上网信息审批制度。

（王　佳）

对台事务

概　　述

中共北京市石景山区委台湾工作办公室、北京市石景山区人民政府台湾事务办公室（简称区台办）是区委区政府主管对台工作的职能部门，与区委统战部合署办公，承担全区涉台工作的组织、指导、管理、协调职能。年内，在市台办指导和区委区政府领导下，结合两岸关系进入巩固深化期的新形势和本区主导产业发展及重大项目建设需求，继续推动对台交流交往，不断深化涉台宣传教育，积极做好涉台矛盾调处，为中央和北京市对台工作大局服务，为区域经济和社会发展服务。

地址：石景山区石景山路18号
电话：88699233
邮编：100043

（李　凯）

【赴台交流】 3月26日，区台办组织“台湾文化景区建设考察团”一行8人赴台进行为期7天的考察交流活动。考察团在台期间参观中台禅寺、佛光山、北港天后宫等代表性的景区开发典范，与景区管理机构就景区规划思路、管理模式等方面进行座谈交流，学习台湾地区文化景区建设的经验，为市重点项目西山八大处文化景区建设提供参考。年内办理26个赴台项目，协助区相关部门和企业71人次赴台开展商务、文化、教育等领域的交流。

（李　凯）

【林献堂事迹馆开馆】 4月28日，林献堂抗日事迹陈列馆暨北京五桂楼会馆开馆仪式在北京台湾街五桂楼举行。原全国人大常委会副委员长周铁农，台中市副市长蔡炳坤，梁启超之子梁思礼，林献堂孙媳林芳媖，区有关领导等两岸100余人出席开馆仪式。中国国民党荣誉主席连战为本次活动发来题词：“五桂花开，雾峰林家多壮士；两岸同根，海峡交流有新篇”。台湾台中的雾峰林家是台湾名门望族，1746年从福建漳州渡海到台湾定居。几百年来，林家人才辈出，包括清朝台湾抗法名将林朝栋；民国初期抛家弃产追随孙中山参加辛亥革命的闽南军司令林祖密；台湾日据时期的著名民族运动领袖林献堂等。“梁启超与林献堂信札大陆首展”同日举行，30余封1907年至1914年梁启超与林献堂的书札

4月28日，林献堂事迹馆开馆　　（区委宣传部供稿）

拓本首次在大陆展出。

（李　凯）

【台湾立法部门考察】 6月28日，区台办邀请台湾立法院部门法制局组长、研究员李淑娟一行到区考察文化创意产业发展情况，促进本区与台湾地区文化创意产业的交流合作。区台办、区科委负责人陪同考察团参观文化创意产业展，考察网络游戏龙头企业——趣游科技有限公司，向考察团介绍建设首都文化娱乐休闲区（CRD）的总体情况、以动漫游戏为主的文化创意产业发展情况和"政府引导、企业主体、市场化运作"的创新机制。双方针对两岸文化创意产业发展历程、经验、管理服务机制等问题进行座谈交流。

（李　凯）

【全国台企联考察】 7月10日，区台办邀请并接待全国台湾同胞投资企业联谊会会长郭山辉一行到本区考察投资环境。区台办、区投促局负责人向考察团介绍文化创意、高新技术、现代金融等五大主导产业的发展情况和首钢搬迁调整后首都文化娱乐休闲区（CRD）的建设情况。双方就利用文化创意产业区引进台湾优势产业的初步构想、合理规划业态结构布局及以金融业带动文化创意产业发展等内容进行研讨交流。

（李　凯）

【助力商街发展】 8月7日，区台办邀请京台文化交流研究中心主任、北京联合大学副校长乔东亮一行调研北京台湾街经营发展情况。区台办、北京台湾街商管中心负责人与专家们共同分析北京台湾街存在的困难和问题，研究在充分挖掘现有邓丽君流行音乐文化、林献堂抗日历史文化等品牌资源的基础上，打造多个台湾特色文化支撑点，丰富文化创意等特色文化的多层次发展思路。双方还就北京台湾街与京台文化交流研究中心进行产学合作，共同促进京台文化交流进行初步探讨。

（李　凯）

【宣传投资环境】 9月13日，区台办举办涉台企业考察座谈活动，增进驻区台商对区域经济形势的了解。区领导，区科委、经信委及部分涉台企业负责人参加活动。各职能部门领导向企业家们介绍实施CRD建设战略以来经济转型的基本情况，当前的投资环境、投资重点以及企业优惠政策；企业家参观考察西山文化景区，交流对区域投资环境不断优化的体会，反映企业在发展过程中遇到的问题和困难。

（李　凯）

【青少年涉台教育】 区台办指导全区中小学校开展涉台教育活动。大部分学校除在课堂上进行思想教育外，能够结合各年级学生特点，利用主题升旗仪式、广播、讲座、知识竞赛等活动形式，介绍台湾的历史、地理、风土人情以及两岸关系的形势；部分学校形成较为鲜明的特色，打造自己的品牌。如：实验小学将10月25日台湾回归日定为"涉台教育日"，举办诗歌朗诵会、绘画比赛，集中对学生进行涉台教育，在建立涉台教育固定项目和长效机制方面形成经验；古城第二小学开展台湾主题书画作品展，变学生被动接受教育为主动参与，注重激发学生的参与热情。

（李　凯）

【加强机制建设】 区台办研究制定"石景山区2013－2016年对台工作规划"，明确因公赴台管理工作，制定"石景山区因公赴台管理工作实施意见"，规范因公赴台审批程序，完善公职、非公职人员赴台考察交流、台胞投诉协调工作流程。下发"创建青少年涉台教育基地实施办法"，并对12月27日，召开工作会议，创建涉台教育基地，授予林献堂抗日事迹陈列馆"区涉台教育基地"称号，京源学校、黄庄职业高中、实验小学、古城第二小学"区青少年涉台教育基地"称号。

（李　凯）

【化解矛盾纠纷】 区台办将《台湾同胞投资保护法》的贯彻实施作为工作重点，以保障地区稳定为大局，加大台胞台商的走访力度，完善各项工作机制，引导各部门加强合作，做到及时排查涉台矛盾隐患，引导和化解涉台矛盾纠纷。在涉台热点及"两会"等敏感日期，加强对台胞台商的走访联系，完善与公安、法院、工商等涉台重点部门的定期会商和情况通报机制，掌握台胞思想情况，消除矛盾隐患，完成维稳任务。年内走访台资企业49次，接待台胞、台商来信来访38件次，处理6件涉及台胞的经济纠纷、合同纠纷投诉案件。

（李　凯）

【办理建议提案】 年内，区台办牵头办理市"两会"代表、委员，台盟市委、全国政协委员对北京台湾街经营发展的建议、提案6件。在建议和提案的答复工作中，区台办与区商务委、台湾街商管公司多次沟通了解情况，安排代表和委员实地考察，相互深入交流、密切联系，每件答复都得到理解和认可。

（李　凯）

决策研究

概　　述

中共石景山区委、石景山区人民政府研究室（简称研究室）是负责全区综合性政策研究，为区委区政府科学决策服务的区委工作部门。年内，奋发有为，扎实工作，圆满完成全年任务。加强对事关地区发展重大问题的调查研究并取得一批新成果。全区完成调研报告946篇，其中区领导牵头的重点协作课题25个，处级党政正职领导完成调研120篇。在市级以上刊物刊发调研成果8篇，12万字。编印《石景山区2012年度优秀调研报告文集》，编发《决策参考》20期。高质量地完成一批重要文稿的起草任务。全年起草各类报告、讲话等综合文稿30余篇40余万字。被评为年度全区目标督查考核工作创新单位。本区荣获年度"北京市调查研究工作先进单位"。

地址：石景山区石景山路18号
电话：88699721
邮编：100043

（赵秀华）

【区重点协作课题】 年初，研究室学习贯彻党的十八大精神，落实区"十二

7月30日，主汛期城市应急防汛演练　　（区委宣传部供稿）

五”规划，制定年度全区重点协作调研课题25个。即：关于深化全面转型，实现可持续发展的战略研究；关于保护、开发和利用工业文化资源的调研与思考；关于打造首都新的经济增长极的战略研究；关于打造首都特色金融发展集聚区的对策研究；关于公园现状及功能承载情况的调研；关于促进国家服务业综合改革试点区建设的调研；关于推进执法规范化建设、促进司法公平公正的几点思考；关于加强廉政风险防控管理工作的实践与思考；关于处级领导班子运行状况的调查及提升运行机制科学化的研究；关于打造北京动漫游戏基地的对策研究；关于围绕长安街西延线发展轴打造现代金融产业的调研；关于加强城市防汛排水系统建设的调研；关于以“科技创安”助推平安石景山建设的实践与思考；关于全面提升党委办公系统工作科学化水平的对策研究；关于教育人才队伍建设的调查与思考；关于促进园林绿化可持续发展的调查与思考；关于“十二五”规划中期评估情况的调研；关于发挥“人大代表之家”作用的实践与思考；关于创新招商引资工作机制体制的调研；关于推进旅游功能区建设的调研；关于探索整合区域医疗资源的思考；关于“两新”组织开展拥军活动的调研；关于提高生态文明水平，建设绿色生态新城区的调研；关于加快推进模式口古镇保护和开发利用的调研；关于促进残疾人保障法顺利落实的调研与思考。

（赵秀华）

【优秀调研文集】　4月，研究室编辑完成上年度《石景山区优秀调研报告文集》。收录优秀调研报告76篇（其中一等奖10篇、二等奖20篇、三等奖46篇）、区领导主持的区重点协作调研课题25篇以及当年部分重要文件。

（赵秀华）

【市重点关注课题】　“深化全面转型，实现石景山区可持续发展的战略研究”和“关于打造首都新的经济增长极的战略研究”是市重点关注调研课题。前者由荣华任组长，富大鹏任副组长，区委办、研究室、区委社工委、区发改委、人口计生委、科委园区、市政市容委、统计局、环保局、国土分局等部门共同组成课题组，制定具体实施方案，明确各部门职责和任务。该课题经过4～9月调研，形成1个总报告，9个分报告共计13万字的调研成果。11月，由市委研究室主办的《北京调研》以《专辑》刊发。后者由夏林茂任组长，文献、富大鹏任副组长，研究室、区经信委、科委园区、财政局、统计局、投资促进局共同组成的课题组，经过4～9月调研，完成1个总报告、6个分报告，共计11万余字的研究成果。

（赵秀华）

【长安金轴研究】　研究室开展“打造‘长安金轴’空间载体对策研究课题研究”，加快本区现代金融产业发展，把长安街打造成为首都经济的“金融产业轴”和“黄金发展轴”。该课题由富大鹏主持，研究室任为责任单位，经过6～9月的调研，完成课题调研成果，提出打造“长安金轴”空间载体的对策建议和发展思路，寻找转型发展的新优势，提升发展水平。

（赵秀华）

【地区转型调研】　研究室于10月完成调研报告“石景山区的转型与嬗变”的撰写。调研人员从历史背景、经济转型、空间布局、城市建设、社会管理、绿色生态、保障体系、经验总结8个角度，设置研究方向，采取走访调查、资料查询、设计问卷等多种方式开展调研工作，重点征求区各职能部门、街道、首钢、专家4个层面的意见，完成18万字的调研报告。全面总结近年来本区转型发展过程中的成功经验及启示，增强全面深化转型信心，凝聚力量。

（赵秀华）

【完成综合文稿】　研究室全年起草各类报告、讲话等综合文稿30余篇40多万字。包括：服务区委区政府重要会议，完成“在区委十一届八次全会上的报告”“政府工作报告”“经济发展推进大会上的讲话和报告”“政府工作会议讲话”“在区委十一届七次全体（扩大）会议上的讲话和报告”和“区委工作总结”等重要文稿。服务区域宣传工作，在《前线》《北京工作》刊登“牢牢把握科学发展主动权 深入推进区域经济全面转型”“永远和人民在一起”等多篇理论文章。

（赵秀华）

机构编制管理

概　　述

北京市石景山区机构编制委员会办公室（简称区编办）是区机构编制委

员会(简称区编委)的常设办事机构，在区编委领导下，负责行政管理体制和机构改革以及机构编制管理的日常工作，既是区委工作机构，又是区政府工作机构，列入区委机构序列。年内，以服务区域经济社会发展为主题，以提高机构编制管理工作科学化水平为主线，稳妥推进事业单位改革，着力完善体制机制，积极探索管理创新，机构编制保障工作取得新成效。

地址：石景山区石景山路18号
电话：88699276
邮编：100043

（余雪飞）

【机构编制调整】 区编办全年组织召开专题小组会3次、编委会3次，讨论研究涉及34个单位的50余个机构编制事项，形成55份批复文件，解决相关单位的机构编制问题。为区金融办增设金融市场科并核增行政编制；为区环保局监察队增加领导职数并为环境监测站核增事业编制；设立区残疾人康复中心；调整石景山第二小学等学校机构设置；合理设置居民经济状况核对机构；为区委政法委核增行政编制。合理设置政府法制机关内设机构，明确界定科室职责，科学核定人员编制，充实法制工作力量。为区工商联等部门增加行政编制，为街道社保所等12个部门增设科级领导职数，为区军队离休退休干部服务机构等4个部门增加事业编制，并为部分单位核增聘用人员编制。完善政协机关内设机构建设，增设专委会工作六室，合理调整相关职责分工。重新调整区园林局、区集体经济办等部门内设机构设置，完成社会治安综合治理委员会及其办公室、区检察院和区住建委部分内设机构的更名工作。通过挖潜各行政、事业单位空余编制，协同区人力社保局完成上年度军队转业干部接收安置工作。

（余雪飞）

【体制机制调整】 设立区预防腐败局并为区纪委增设预防腐败室。设立电子监察中心，加强科技防腐惩腐力度。在区政府督查室加挂“石景山区政府绩效管理办公室”牌子，为政府办增设绩效管理科。组建区住房保障事务中心并完成其“三定”工作；将房屋登记事务所及房屋交易中心整合为房屋登记事务中心，并为区住建委增设房屋登记管理科。为区安监局综合科加挂“安全生产应急管理科”牌子；充实街道安全生产管理工作力量，强化属地监管职能。按照全市统一部署，将消费环节食品安全监管职责和编制划入食品药品监管部门。结合区域自然条件和水资源特点，因地制宜设置水行政管理内设机构。落实市编委文件精神，核定区城管执法局“三定”规定，规范内设机构设置，加强对重点区域执法力度。

（余雪飞）

【规范管理与创新】 区编办完善机构编制管理制度，优化机构编制工作程序，完善区政府议事协调机构成立备案流程，加强机构编制管理规范化水平。核减职能萎缩单位的空余编制，补充重点工作领域人员力量，提高机构编制使用效益。研究制定全区控制财政供养人员规模管理办法，确保财政供养人员增长同地区生产总值增长相匹配、同公共财政预算收入增长相适应，提高全区机构编制整体效能，构建高效行政的工作格局。

（余雪飞）

【事业单位分类改革】 区编办按照全市有关精神和要求，设立领导小组，拟定实施方案，组织召开全区分类推进事业单位改革工作会，动员部署事业单位分类工作。经与相关单位反复沟通，并经区编委会审议通过，初步完成全区大部分事业单位的类别认定工作。

（余雪飞）

【事业单位登记管理】 区编办推广使用事业单位网上登记系统，全年共完成73家事业单位法人设立、变更及注销登记工作，完成300余家事业法人年检工作。下半年，根据市编办统一部署，梳理完成事业单位法人证书废止公告名单，共94家。

（余雪飞）

【机构编制事项监督检查】 区编办加强监督检查力度，提升机构编制管理效能。强化机构编制事项监督检查。将新组建部门、增设机构、增加编制的部门列为重点监督检查对象，通过实地走访全面了解其职责履行、人员配备和机构编制批复事项落实情况，建立监督检查工作台账。完成全区20余家社会力量举办事业单位的实地核查工作，全面掌握各事业单位经营运行状况，监督事业单位落实登记事项，探索建立与人力社保、财政、法检等部门间的联动监管体制。推行实名制管理工作，完成全区机关事业单位实有人员名册季度备案工作。实时更新机构编制数据平台和信息台账。开展纪检监察机构编制数据和接收安置军转干部数据专项整理工作。

（余雪飞）

老干部管理

概　　述

中共北京市石景山区委老干部局(简称区委老干部局)由区委组织部管理，是负责贯彻落实党的老干部政策，为本区离休和副处级以上退休干部服务的职能部门。现归属老干部局服务管理的离退休干部共计757人，其中有离休干部178人，异地安置离休干部9人，平均年龄84.4岁，按参加革命时期划分：抗日战争时期的45人，解放战争时期的133人。副处级以上退休干部570人。离退休人员按所在单位性质划分：党政机关564人，事业单位131人，企业单位62人。其中区职离退休干部29人。全年去世28人。年内，全区各单位贯彻落实市、区第26次老干部座谈会精神，围绕中心、服务大局，以落实老干部政治、生活待遇为重点，围绕“中国梦”和习近平总书记系列重要讲话，以“同心共筑中国梦、我为党旗添光彩”为主题，组织学习、宣传、教育、培训、文化、体育及健身等多种形式的系列活动，引导全体离退休干部“离岗不离党、退休不褪色”，为区域转型发展作出应有贡献。区委老干部局荣获“北京市为老服务先进单位”称号，获区“业绩突出单位”表彰。

地址：石景山区古城东街113号

电话:68845174
邮编:100043
网址:www.sjslgb.cn

(王　欣)

【走访慰问】 区领导和区委老干部局对全区离退休干部普遍进行走访慰问。元旦、春节期间区四套班子领导对33名14级以上离休干部和区职退休干部进行走访慰问并发放慰问品。对10名生活有特殊困难的离退休干部每人给予1000元补助;对97名企、事业单位的处级退休干部每人给予400元补助;对12名易地安置离休干部每人给予400~600元补助;对11名因患重大疾病造成生活困难的离退休干部,根据病情和使用自费药情况,每人给予3000~7000元补助,看望慰问生病住院离退休干部300余人次。9月份开展“进百家门、认百家人、知百家情、暖百家心”活动,入户走访109名老干部。

(范曙峤)

【文体活动】 1月下旬,区委老干部局在合众建国会议中心举办春节团拜会。吴克瑞代表区委向全区老同志致以新春问候,区、处两级离退休老领导、老同志及各单位各部门的老干部工作者450余人参加团拜会,观看老干部欣苑艺术团表演节目。9月下旬,老干部各自管组织开展为期3天共11项的自赛活动,300余人次参加,并在老干部局活动中心举行颁奖仪式。

(那　娜)

【健康保障】 3月上旬,区委老干部局组织全区675名离退休干部在石景山医院体检中心健康体检;10月,和区卫生局老医药工作者协会联合组织“九九重阳专家义诊活动”,邀请区属十余名专家为老干部及家属提供现场咨询、检查、诊疗;举办健康知识讲座活动;保健室继续开展日常为老同志测量血压、健康咨询服务。

(范曙峤)

【管理服务】 3月,在鲁谷社区举行永乐西区老干部党校社区课堂揭牌仪式。6月,完善老干部党校社区课堂指导员制度,选聘7名指导员,组织召开社区老干部工作座谈会,老干部社区课堂指导员与社区形成对接。制定和下发在社区组建离退休干部老党员先锋队活动的实施意见,设立区老干部网络文明传播志愿者队伍。选派人员参加市局组建的网络文明监督员和非公党建指导员队伍,制定老干部网络文明宣传员队伍建设的实施意见。

(余　萍)

【交流座谈】 “七一”前夕,区委老干部局组织开展“寻访红色足迹,畅谈中国之梦”主题党日活动,召开纪念建党92周年座谈会。重阳节组织老干部与驻区部队官兵开展现场笔会、座谈交流党史等共建活动。组织年度新老四套班子领导中秋座谈会,区四套班子领导与原区职老领导30余人一起座谈。

(余　萍)

【主题活动】 区委老干部局围绕“同心共筑中国梦、我为党旗添光彩”主题,组织老干部参加各类纪念活动,举办《美丽石景山书法作品展》《纪念毛泽东诞辰120周年书画展》。建军86周年之际,与北京军区老干部大学将军班、区老年书画研究会联合举办庆“八一”军地书画展览等11次书画作品展以及诗词、摄影橱窗展及文化大讲堂等活动。老干部欣苑合唱团参加在解放军军乐厅举办的知青组歌《岁月甘泉》演出、区第二届民族歌曲大家唱比赛,获得二等奖,参加第30届“古城之春”合唱节比赛,获二等奖;模特队和舞蹈队参加中老年健身项目表演赛均获得优秀奖。9月中旬,组织部分离退休干部参观中国光大银行信用卡中心、中关村石景山园京西创业公社。10月上旬,组织“我看新北京”一日游活动,全区400多名离退休干部参观第九届中国(北京)国际园林博览会。

(那　娜　余　萍)

【健康老人评选】 10月,区委老干部局在全区离休干部和75岁以上处级退休干部中开展年度评选表彰“十佳”健康老人活动,全区27名候选人参选,经各单位提名、老干部局评议和公示,菅俊、齐玉甲等10名离退休干部被评为年度“十佳”健康老人。重阳节,在老干部局活动中心举行年度“十佳健康老人”颁奖仪式。

(那　娜)

【为老干部办实事】 区委老干部局增设老年大学补贴,为参加区老年大学的离退休干部每人每年补贴学费300元,鼓励老同志老有所学。改变以往集体组织离休干部外出疗养方式为自行组织,为离休干部每人每年发放健康疗养补助800元;为离退休干部订阅《北京支部生活—北京老干部》杂志;活动中心地面防滑、门窗更新改造等实事全部落实。

(王　欣)

保　密

概　述

区委保密委员会办公室(简称区委保密办)是区委保密委员会的办事机构。保密办和区国家保密局,是一个机构,两块牌子,既是区委保密委员会的办事机构,又是区政府管理保密工作的职能部门,由区委办公室管理。年内,全面贯彻党的十八大精神,落实“十二五”保密事业发展规划、“六五”普法规划工作目标任务。按照市委保密委要求和区委工作部署,围绕全区工作大局,准确把握保密工作的切入点,以加强党政机关、重要涉密单位保密管理为重点,以提高服务保障能力为主线,加强教育培训、监督检查和技术防范,狠抓制度落实,强化保密责任体系,着力推进保密工作科学化,法制化建设,确保国家秘密安全,为维护国家安全和利益、促进区域经济建设和社会稳定提供坚实保障。

地址:石景山区石景山路18号
电话:88699872
邮编:100043
邮箱:baomiju@bjsjs.gov.cn

(王志坚)

【健全保密组织】 年初,区委保密办调整充实新一届区委保密委员会成员,保密委委员由各有关部门一把手组成。各级保密组织按照区委保密委的工作部署和要求,调整和完善保密领导小组成员。形成区委保密委、区委保密办、各单位保密领导小组和保密协作组立体交叉的保密领导网络。发挥保密领导小组组长和协作组组长的领导、协调和督查作用，强化保密管理力度，确保全区保密工作管理不出现死角。

（王志坚）

【行业年审注册】 3月中旬，保密办开展定点企业（复制国家秘密载体定点单位）年审工作。为区内定点印刷企业北京中防安全印务有限公司办理年审注册。同时，检查该单位各项保密制度落实情况，就有关保密安全防范措施提出具体要求。

（王志坚）

【“两会”保密管理】 保密办加强区“两会”期间保密工作，杜绝失泄密事件发生。对涉及“两会”的有关部门工作人员进行保密教育，对涉密文件保密管理、汇编文件等提出明确要求。严格按照有关保密规定，强化对涉密文件、涉密计算机、涉密移动存储介质管理。加强对单位门户网站、办公用自动化设备的检查和管理，严格执行政府信息公开保密审查规定和上网信息保密审查制度，开展保密技术检查，防范黑客入侵、木马窃密等行为发生。加强网站浏览检查，防止内部信息和涉密信息非法上网现象发生。

（王志坚）

【宣传教育】 保密办在全区保密宣传教育月中以实施“六五”保密法制宣传教育规划为主线，以各级领导干部、涉密人员和保密干部为重点，开展《保密法》知识和相关保密制度的宣传普及，提高干部群众保守国家秘密的政治意识和责任意识，强化保密观念、法制观念，掌握保密防范技能。4月16日，区国家保密局联合区经信委，举办1期信息安全保密培训班，各党政机关、企事业单位保密办主任、保密员、网管员共130余人参加培训。培训班设置保密工作档案的收集与整理；信息系统的等级保护工作等课程；还邀请北京安华信博信息技术公司工程师进行保密技术与保密检查培训。5月16日，组织全区重点涉密单位保密员共40余人，参观国家保密局涉密载体销毁中心。

（王志坚）

【知识培训】 保密办开展保密干部全员培训，全区166个党政机关、事业单位、社会团体、中小学校、涉密企业共284名保密干部参加培训。按照统一标准，规范教学，突出重点、全员覆盖的要求，做到不漏一人，不缺一课。全体参训人员完成考试，参考率、合格率100%，培训结束后，发放市国家保密局统一规格的培训结业证书。保密办深入基层单位开展保密讲座10余次，听课人数500余人。在领导干部培训班、新任科级干部培训班、初任公务员培训班、军转干部培训班等设立保密培训课程，对300余人进行保密教育培训。

（王志坚）

【试卷监管】 保密办继续开展对包括高考、中考、自考和成考在内的国家教育考试试卷保管使用情况的监管力度。考试期间每天检查保密室不少于两次，试卷运送过程中全程押运，试卷交接过程中履行手续，确保各类考试试卷的保密安全。

（王志坚）

【保密普查】 8月始，区国家保密局根据市局要求，在全区开展保密普查，于10月14日保质保量地完成普查任务。克服普查工作时间紧、任务重、数据量大、要求高等困难，统计、核查、汇总全区89个涉密单位的涉密数据共192个项目，做到数据详细、真实可靠。

（王志坚）

【保密审查】 依据区政府信息公开保密审查办法和区国家保密局政府信息公开保密审查办法实施细则，区国家保密局开展专项检查。发现个别单位在保密审查工作中存在程序不完善、手续不齐全、责任不明确等问题，及时规范保密审查工作的标准和流程。

（王志坚）

【载体管理】 保密办加强移动存储介质和内部文件资料保密管理，建立健全涉密载体台账制度和涉密设备档案制度，确保涉密载体全程管理。坚持实行涉密载体集中销毁工作，新建存放涉密载体的仓库，全年集中销毁10次，销毁硬盘45块，U盘18个，录像带50余盘，磁带120余盒，光盘400余张，纸介质文件资料近40余吨，保密局全程监销，杜绝销毁环节失泄密问题发生。

（王志坚）

【保密检查】 区委保密委对涉密单位分级管理工作制定检查计划，对全区103个单位，按照涉密等级不同，采取不同检查方式，对12个一级单位全年进行2次检查，29个二级单位每年检查1次，65个三级单位进行重点抽查。深入各单位对计算机信息系统，互联网络，保密要害部门、部位保密管理，涉密载体管理，政府信息公开审查，保密宣传教育落实等情况进行专项检查。对检查中发现的问题当场提出改进意见。

（王志坚）

【平台建设】 保密办根据区保密事业发展“十二五”规划，完成区保密技术监控和教育培训中心一期建设，完成涉密计算机、涉密移动存储介质违规连接互联网集中监控报警平台和全区党政机关门户网站保密检查平台的建设，两个平台投入使用且运行正常，监控效果良好。

（王志坚）

【督查考核】 区国家保密局落实目标督查考核制度，把103个单位的保密工作列入年终目标督查考核之中，采取单位自查、保密协作组互查的方式进行。考核重点是涉密人员教育、管理制度及其落实情况；要害部门、部位保密管理制度及其落实情况；涉密载体保密管理制度及其落实情况；涉密计算机及网络管理制度与落实情况；《保密工作档案》建立情况等。要求一、二级单位采取PPT方式进行自查汇报，协作组成员通过听取汇报、查阅保密档案的方式进行互评，由区委保密委领导听取部分单位自查汇报，确保目标考核覆盖面达到100%。

（王志坚）

企业党建

概　　述

区国资委党委履行区委规定的职责。截至年底，区国资委系统共有68

个基层党组织，其中，党委7个，党总支5个，党支部56个。有党员739名，其中，35岁及以下的党员151人，占20.4%；女党员296名，占40.1%；具有大专以上（含大专）学历的党员582名，占78.8%。年内，贯彻落实党的十八大和十八届三中全会精神，围绕改革发展稳定等重点工作，发挥党组织的政治核心作用，为国有企业科学发展提供强有力的政治保证、思想保证和组织保证。

地址：石景山区杨庄东街59号今尊大厦11层
电话：68883490
邮编：100043

（裴　培）

【主题活动】 区国资委党委开展“转作风、促发展、惠民生”主题活动。建立领导基层联系点76个，领导干部调研基层80余次；召开民主生活会11次，召开专题组织生活会18次；走访慰问困难党员群众20余人次；征求干部职工意见建议440条，查摆具体问题26个，制定问题整改措施28条。开展“我是党员我承诺，服务群众我先行”主题实践活动。全系统党员提出承诺1281条，兑现1256条。加强“五好”基层党组织创建工作。

（裴　培）

【干部队伍建设】 区国资委党委有针对性地调整企业领导班子。对万商公司、建筑公司等单位的领导班子进行调整，新提拔5名干部充实到企业领导班子，改善相关单位领导班子结构。开展企业财务总监轮岗工作，提高财务监督管理水平。将系统领导人员培训工作纳入全区干部教育培训规划中，组织系统负责人参加专题培训班5期、进修班2期，51人次。把出资企业后备干部选拔纳入公司党委统一管理，选拔中层后备干部在公司本部与出资企业之间挂职交流。游乐园党委开展全员竞聘上岗工作，打造优秀管理团队；建筑公司党委针对企业人才短缺问题，对新考取职称的人员实行奖励办法，调动干部职工的学习积极性，提高专业知识技能。

（裴　培）

【基层队伍建设】 经过负责人述职、党组织互评打分、实地考评的流程，宏润公司党委等8家基层党组织被区委认定为第二批“五好”基层党组织。推进学习型党组织创建工作。实兴腾飞公司党委通过检查验收，被评为全区学习型党组织示范点。

（裴　培）

【思想建设】 区国资委党委组织系统党员干部学习领会党的十八大和十八届三中全会精神，明确当前和今后一段时期国企改革发展的思路和方向，破解企业发展难题。在《石景山报》上用两个专版集中宣传国资国企承担的区域重点工作和改革发展取得的成绩，鼓舞职工干劲。依托《石景山国资》、企业自办刊物等媒体，搭建系统内外交流平台。举办系统“我的梦·中国梦”百姓宣讲报告会2场，200余人参会，宣扬国企干部职工把个人理想与企业发展结合起来的生动实践。开展以“立足本岗、实现梦想”为主题的系统“敬业·诚信”故事演讲比赛，2名选手进入全区决赛，获得优秀奖并入选区百姓宣讲团，国资委党委获区优秀组织奖。

（裴　培）

转居地区党建

概　述

中共北京市石景山区委农村工作委员会（简称区委农工委）是负责全区农村系统党的建设、思想政治工作和干部管理工作的区委派出机构，与区集体经济办公室合署办公。内设党委办公室、组宣部、群团工作部（含武装部）、纪检监察机构。整建制一次性农转居后，为维护和保持农转居地区的社会稳定，区集经办系统管理体制依然保留，农转居地区党的建设仍由农工委负责。截至年底，全系统有党总支13个、党支部46个，党员514人。年内加强党组织建设和党员教育管理，全面加强领导班子和干部队伍建设，认真落实党风廉政建设责任制和廉政风险点的防控，大力加强理论学习，进一步理清工作思路，明确发展方向，关心群众利益，提高政务能力，保持农转居地区稳定。

地址：石景山区杨庄西口
电话：68874556
邮编：100043

（胡　浩）

【基层组织建设】 全系统19个基层党组织到期换届，新班子综合素质得到优化。各基层单位在农工委指导下，严格程序、严肃纪律、规范操作，顺利完成党组织换届工作。同时，完成金宝山、向阳亨泰、衙门口亨通、华美宏信、兴盛恒泰5家公司董事会、监事会换届工作，全系统各单位利用“我是党员我承诺”“五好”基层党组织评选、“共产党员献爱心”等活动，加强党员队伍建设。创新实施“双联双促双提高”（党员联系群众、股东代表联系股东；促进经济发展、促进社会和谐；党员代表提高宗旨意识、股东代表提高大局意识）工作机制与开展“转作风、促发展、惠民生”主题活动紧密结合，全系统各种形式的结对达到1352个，其中党员领导干部结对105个、普通党员结对336个、股东代表结对911个。

（胡　浩）

【党风廉政建设】 区委农工委落实中央八项规定，各单位结合自身实际在转变文风会风上做出实际努力。严格执行“三重一大”、招投标及对外投资管理办法，对涉及集体资产和群众利益的重大事项坚持班子集体研究、民主决策，完善工作程序。以党风廉政教育月活动为契机，开展形式多样、意义深远的廉政教育活动。坚持“教育预防为先”的思路，以党风廉政教育月为契机，按照“五廉”（学廉、讲廉、践廉、述廉、颂廉）要求，采取印发学习材料、答卷、安排预防职务犯罪讲座、签订“践廉承诺书”等多种形式开展廉政教育活动，提高党员干部依法行政和廉洁从政的意识。夯实党风廉政建设责任体系，深化廉政风险防控管理。根据上年度廉政风险点修正情况，区委农工委修订党风廉政责任书内容，明确落实责任制的工作目标，层层签订责任书180余份。在集体经济办机关及所属事业单位推进廉政风险防控管理“三个体系”建设，梳理涉权事项，明确工作流程，形成“五本台账”，为规范权力运行夯实基础。

（胡　浩）

直属机关党建

概　　述

中共石景山区委直属机关工作委员会（简称区直机关工委），是区委的工作部门。编制数9人，实有9人。负责领导和管理区直属党、政、群机关基层党组织。截至年底，有58个基层党组织，其中：党委4个，党总支7个，党支部47个，党员1928人；区直机关工会分会60个，会员2486人；机关团工委团支部8个，团员111人。贯彻落实党的十八大和市第十一次党代会精神，以党员队伍建设为主线，以开展转作风、惠民生、促发展主题活动为重点，着力建设学习型、服务型、创新型党组织。以共建活动为重点，积极开展共建双承诺、共建帮扶活动，不断提高服务基层、服务群众水平。加强廉政风险防控，切实加强机关作风建设和反腐倡廉建设，使机关党建工作更好地服务大局、促进发展，为区直机关各部门完成全年任务提供坚强组织保证。全年，区机关干部职工累计捐款人数达1893人次，筹集善款15.5万元。

地址：石景山区石景山路18号
电话：88699175
邮编：100043

（张俊帮）

【学习型党组织】 区直机关工委举办十八大精神学习辅导班2期、研讨班1期。开展区直机关系统“学习十八大和新党章知识答题”活动，有1680名党员干部参加知识答卷活动。以党支部为单位，以教育培训为重点，健全党员干部理论学习和督促检查制度，提高党务工作队伍的业务能力。举办党组织负责人培训班1期，开展“一月一书，一季一课，一年一评”活动。投入资金10余万元，为130个基层党组织配发图书，举办“党员高效执行力”“立足本职、实现梦想”等主题党课3场，辅导机关党员900余人次。

（张俊帮）

【服务型党组织】 区直机关工委开展共建双承诺和共建帮扶活动。要求和鼓励机关党组织和党员干部经常性深入社区一线，了解群众需求、倾听群众意见、帮助解决群众实际困难，增强基层党组织的服务意识。各基层党组织开展两个“共建”活动以来，累计开展活动201次，参加活动人数1881人，投入资金14.6万元，捐赠物品761件，走访慰问1794人次，为社区解决实际问题110件，社区为机关提供各类服务128项。

（张俊帮）

【创新型党组织】 年内，区直机关工委以“三述三评”为主要方式，通过基层党组织自查自评，同级互评，领导小组成员评分的方式，对区直机关系统58个基层党组织进行党建工作考核。将基层党建考核评价结果作为基层党组织评优选先、“七一”表彰、年度考核的重要依据。以提升基层党建科学化水平为目标，以推进党建工作创新为抓手，以实现党建项目化，管理规范化、制度化和科学化为目的，通过各基层组织党建项目申报、论证、复审等环节，立项党建项目23个，其中“共建帮扶”爱心行动项目被区委组织部列为区级党建项目。

（张俊帮）

【党建宣传阵地】 区直机关工委运用报刊、电视等载体，开展宣传工作，出版《机关家园》专刊5期，新闻17条，石景山新闻报道7条。引导各基层组织结合单位实际，建立完善图书室、组建兴趣学习小组；灵活运用在线学习、QQ互动、学习论坛等学习平台开展宣传工作。举办区直机关系统“立足本岗 实现梦想”为主题的“敬业·诚信”故事演讲比赛，组队参加区级“我的梦·中国梦”演讲比赛，并取得二等奖2名、三等奖2名的成绩。推荐选手中有5人被区百姓宣讲团选中，推荐的李梦阳和杨宇华母女，组成家庭宣讲团，作为本区唯一的特色宣讲团参加全市比赛和宣讲活动。

（张俊帮）

【机关廉政建设】 年内，区直机关工委以专题培训、主题教育、典型示范为手段，以学习党章内容为重点，加强宣传教育，增强政治责任意识。引导机关党员干部坚定理想信念，增强“自我净化、自我完善、自我革新、自我提高”的能力。举办专题学习班1期，主题教育展览参观1次。在区直机关各基层党组织及党员干部中，开展“转作风、讲清廉、促发展”党风廉政建设宣传教育月活动。向各基层党组织发放图书140余册，组织50余名党组织负责人参观《光辉典范——抗战时期中国共产党党风廉政建设》展览。加大监督检查力度，严肃查办违纪案件。参加会员卡清理清退活动。查处违纪案件2起，恢复干部党籍1名。

（张俊帮）

【发挥群团作用】 区直机关工委先后组织机关大楼全体干部职工春节团拜活动、区机关“五一”“十一”主题升旗活动。丰富机关干部职工文化体育生活，举办“健步走”“金秋登山”等健身活动，参加人员1200余人次；发挥乒乓球、足球、篮球等兴趣小组作用，开展健身活动；组建广播操队，在首都职工第九套广播操展示活动及市民第九套广播体操比赛总决赛活动中，取得1个二等奖、1个三等奖的成绩。组织560余名科级及以下干部职工进行体检；先后举办网球培训班、瑜伽练习班、游泳班、八段锦培训班等共6期次，培训人员近200人次；妇儿会先后组织“庆三八健康知识讲座”、女支部书记外出参观。区直机关工会被国家体育总局评为2009～2012年度全国群众体育先进单位。

（张俊帮）

党　　校

概　　述

中共北京市石景山区委党校（简称区委党校）是在区委直接领导下培养

4月10日，年度公务员培训班授课 （区委宣传部供稿）

党员领导干部和理论干部的学校，是培训轮训党员领导干部的主渠道。区委党校实行“一个机构、三块牌子”的办学体制，即区委党校、区行政学院、区社会主义学院，负责全区党员领导干部、国家公务员、民主党派及无党派人士培训等。区委党校实行校务委员会领导体制，校长由区委常委、组织部长兼任，日常工作由常务副校长主持。下设7个处室，分别是办公室、培训处、教务处、教研室、科研处、电教信息中心和总务处。现有教职工32人，其中，参照公务员管理24人，事业编制8人。专职教师5人，其中，副教授2人，讲师1人，助教2人。还有一支由中央党校、国家行政学院、市委党校和知名高校专家教授组成的兼职教师队伍。年内，贯彻落实《中国共产党党校工作条例》和2010－2020年干部教育培训改革纲要，围绕全区中心工作，按照“大规模培训干部、大幅度提高干部素质”要求，坚持解放思想、实事求是、与时俱进，创新培训理念，深化教学改革，加强队伍建设，干部教育培训工作取得显著成效。全年共举办各类班次53期，受训学员5045人。其中：完成组织部培训12个班次，培训909人；完成人力社保局培训5个班次，培训519人；帮助委办局举办36个班次，培训3617人。在培训内容上，坚持按需施教，适应干部培训新需求，开发与工业化、信息化、市场化、国际化相适应的培训课程，重点抓好十八大以及十八届三中全会精神进课堂、进专题、进科研、进头脑，把十八大、十八届三中全会精神和习近平总书记系列讲话精神纳入主体班培训内容之中，贯穿于教学培训全过程。在教学方式上，积极推进研究式、案例式、模拟式教学方法的运用，坚持课堂讲授与研究式学习、拓展体验、实践考察相结合，突出培训的针对性、实效性。在队伍建设上，坚持从严治校、从严施教、从严管理，切实加强校风和学风建设，干部培训工作质量迈上新台阶。连续20年被评为“首都文明单位”。

地址：石景山区八角北路9号
电话：68870925
邮编：100043
传真：68870931

（方南火）

【面试考官培训班】 3月14～15日，区行政学院与区人力社保局共同举办第五期面试考官培训班，受训学员42人，开设人事测评概论、基于胜任特征的面试评价（人际沟通）、基于胜任特征的面试评价（综合分析）、结构化面试中考官的误差控制等专题讲座。

（方南火）

【政协委员培训班】 3月19日～4月19日，区社会主义学院与区委统战部联合举办三期政协委员培训班，领会把握中共十八大精神实质，了解国际形势和区域经济发展现状，丰富和巩固政协理论知识，提高参政议政能力和水平。培训专题主要包括：当前我国面临的国际形势、健全社会主义协商民主制度、从统计数据看区域转型发展现状、人民政协的新发展与新任务等，全区政协委员和部分宣传干部参加培训，听课达500人次。

（方南火）

【处级干部专题培训班】 3月27～29日、4月24～26日、5月22～24日、6月5～7日、6月19～21日，区委党校与区委组织部联合举办五期处级干部十八大精神专题培训班，受训干部484人。主要培训专题包括：十八大与中国政治体制改革、加快转变经济发展方式与实现中国梦、十八大报告关于全面提高党建科学化水平、坚持富国强军战略与维护战略机遇期。正确认识和准确把握十八大提出的重大理论观点、方针政策和工作部署，达到提高认识、统一思想、凝聚力量、提升执政水平的培训目的。

（方南火）

【公务员初任培训班】 4月7～19日，区行政学院与区人力社保局联合举办公务员初任培训班，受训公务员38人。培训分为拓展训练、专题讲座（含现场教学）、研讨交流与自学读书、初任公务员宣誓和结业考试五个模块。培训专题讲座主要有：十八大报告基本精神解读、初任公务员职位分析与素质要求、公务员职业精神与服务能力、人际沟通与交往、区情介绍、自救互救知识讲座与实操演练、会议安排与行政礼仪、形势教育、心理健康与心理调节、廉政教育、政务信息培训、依法行政、《保密法》与保密工作等。

（方南火）

【处级干部进修班】 4月19日～5月17日、9月2～30日，区委党校与区委组织部联合举办两期处级干部进修班，受训学员87人。以“提高政治理论素养、优化知识结构”为主线，采取深化理论学习与研究实际问题相结合的方式进行。培训分为专题讲座、研讨交流、自学读书、现场教学4个模块。专题讲座模块安排基本理论教育、形势政策解析、能力素质提升、知识素质拓展4个单元;研讨交流模块以小组为单位,要求学员结合所学知识,联系实际交流党的十八大精神学习体会和培训收获,形成1500字左右的研修报告。主要授课专题包括:社会主义核心价值体系的当代构建、道德素养与科学决策能力、建设生态文明、中医文化与情志养生、十八大与中国政治体制改革、系统思想与创新能力、全面提高党建科学化水平、坚持富国强军战略、毛泽东思想的科学体系与历史地位、中国经济发展模式与道路、全面建成小康社会的主题与三维空间进攻战略、沟通与说服、中国特色社会主义道路的形成与发展、领导干部与"三观"、媒体沟通与领导者的媒介素养、新形势下的党性修养、领导者素质形象与人格魅力、区域经济社会发展现状及若干问题的思考、领导干部的法律理念与法律意识、职务犯罪预防的法制要素、统一战线基本知识与理论政策等。

（方南火）

【科级干部任职培训班】 6月21日～7月5日、11月8～22日,区行政学院与区人力社保局联合举办两期科级干部任职培训班,受训学员139人。重点安排拓展训练(含现场教学)、专题讲座、研讨交流、素质答辩和自学读书五个模块的培训内容。主要专题包括:深入开展中国梦学习宣传教育工作,当前国际国内形势,北京经济发展形势,科级干部心理健康与心理调节,坚持中国特色反腐倡廉建设,互联网时代的舆论引导,行政过程中的法制思维及适用,中层干部执行力的提升,领导干部的口语表达,《党史》二卷辅导,科长的职位分析与素质要求,会议的安排与行政礼仪,《保密法》与保密工作,素质答辩辅导,自学《科长素质能力培训教程》等。

（方南火）

【团干部培训班】 7月9～11日、11月7日、12月16～18日,区委党校与团区委共同举办第六期、第七期、第八期团干部培训班,受训学员95人。培训内容主要包括:十八届三中全会精神解读、中国传统文化解说、中共党史党情知识普及等。提高团干部和团员青年的思想水平、业务能力和综合素质。

（方南火）

【中青年干部培训班】 9月2日～11月20日,区委党校与区委组织部联合举办第19期中青年干部培训班,受训学员35人。培训分为拓展军训、核心课程、异地培训、挂职锻炼4个阶段。核心课程阶段包括政治理论与党性修养、领导素质与履职能力、公共管理与社会服务、形势政策与科学发展、知识拓展与荟萃精华、现场教学与分享经验6个模块。主要培训专题有:投融资与资本运作、北京经济发展现状与展望、新一届中央领导集体治国理政基本思路的哲学梳理、当前中国政治和行政体制改革的几个问题、群众路线与服务型政府、中国特色社会主义道路的形成与发展、《共产党宣言》导读、黄帝养生之节气养生、提高领导干部依法行政的能力、中国古代官德修养、资本论的理论要点及现实意义、十八大与未来十年中国的改革与发展、心理健康讲座、提高运用媒体能力、北京建设世界城市的世界背景与创新路径、践行北京精神、深入开展中国梦学习宣传教育工作、探索近三十年党群之路、儒家的教化思想、文化创新与产业转型、领导人才成长战略、加强和创新社会管理、当前国际形势分析、对突发事件的应对与管理、中层干部执行力的提升、如何开展区情调研、党风廉政教育、培育社会主义核心价值观、《党史》二卷辅导、如何提升演讲技能。培训期间,要求学员以小组为单位,结合区情和工作实际开展调研,并完成5000字左右的小组调研报告,每位学员提交2000字左右的党性锻炼小结和3000字左右的结业论文。

（方南火）

【处级女干部培训班】 10月14～16日,区委党校与区委组织部、区妇联联合举办第四期处级女领导干部培训班,受训38人。主要培训专题包括:积极心理学与生活、女性人才成长和领导力、美国故事与中国梦想、职业女性营养健康等。培训内容新颖时尚,体现培训班女性特色。

（方南火）

【青年干部培训班】 10月14～18日,区委党校与区委组织部共同举办第二期百名青年干部培训班,受训学员33人,培训对象均为纳入本区"百名青年干部培养计划"的科级干部。本期培训班以提升青年干部基层工作能力为主线,采取深化理论认识与研究实际问题相结合的方式进行。主要培训专题包括:文化创新与产业转型、中层干部执行力的提升、北京经济发展的形势分析、深入开展中国梦学习宣传教育工作、对突发事件的应对与管理(案例教学)、公选面试的有关问题、党的群众路线教育实践活动精神解读、依法行政的几个重要问题、青年干部心理健康与心理调节等。

（方南火）

【处级干部轮训班】 12月16～20日,区委党校与区委组织部联合举办第一期处级干部学习十八届三中全会和习近平总书记系列讲话精神轮训班,受训处级干部150人。培训专题讲座主要包括:学习贯彻总书记系列讲话、处理好政府与市场关系、奠定科学发展制度基础、收入分配改革与社会事业改革创新、十八届三中全会和习近平总书记系列讲话精神的实践认知、在群众路线教育实践活动中切实做到为民务实清廉等。在专题学习的基础上加大研讨力度,结业前,每名学员提交1篇1500字左右的学习体会。

（方南火）

【学历教育】 年内,学历教育分为两个系列:中央党校思想政治教育专业2013级在职研究生班,在校生58人。北方工业大学学历班6个班次,在校学员198人,开设计算机信息管理、会计学两个专业。年内毕业学员58人。

（方南火）

【科研工作】 区委党校坚持"以科研促教学、以科研带队伍"的工作思路,年内共完成调研报告和论文42篇。其中,与国家卫生计生委中国人口宣教

	刘云清(9月任)
石景山医院党委书记	苏砚军
总工会党组书记	李桂珍(副区级,女)
妇联党组书记	王宏芬(女,10月免)
	刘　红(女,10月任)
工商联党组书记	丁仁猛
工商分局党组书记	高村田(12月免)
	李广隆(12月任)
地方税务局党组书记	张兴明
食药监局党组书记	张桂敏(9月任)

北京
2014
石景山年鉴
BEIJINGSHIJINGSHANNIANJIAN

石景山区人民代表大会

北京市石景山区第十五届人民代表大会第三次会议

6月20日,视察食品安全情况　　(区人大供稿)

次会议议程(草案);决定区第十五届人民代表大会第四次会议列席人员名单;区人大常委会教科文卫工作委员会向人大常委会提交关于调研区文化中心规划建设进展情况的书面报告;以无记名投票方式,通过王忠华提请的人事任免名单。文献等"一府两院"负责人及部分区人大代表列席会议。

(包和平)

【人大常委会主任会议】 年内,区人大常委会召开25次主任会议,研究处理人大常委会的重要日常工作,指导和协调人大常委会工作机构开展工作。研究确定7次人大常委会会议召开的时间和日程安排,提出各次会议议程草案;研究讨论人大常委会年度工作要点草案及主要工作安排;研究讨论召开区第十五届人民代表大会第三次会议和第四次会议筹备工作方案、议程及有关名单草案、人大工作报告讨论稿;研究讨论人事任免事项33人次;研究讨论召开人大工作研讨会。

(包和平)

重要活动

概　　述

区人大常委会围绕全区发展大局,发挥人大监督对于决策落实的推动作用,找准监督工作的切入点和着力点,依法履职,主动尽责,监督和支持政府工作,推动地区转型发展各项措施的落实。监督工作拓宽新路子,结合区委意图、政府难点、民生热点,改进和完善监督工作方式,有针对性地与"一府两院"共同研究选择监督议题,聚焦监督重点,加强跟踪监督,同步推动区委决策部署贯彻落实,全年开展8项视察和执法检查,受理人民群众来信来访52件次。代表工作形成新特色,普遍建立"人大代表之家"和"人大代表社区联络站",夯实代表工作基础,使代表联系选民有了载体,见到成效。代表建议办理工作形成主任牵头重点督办、工作机构分类督办、代表联络室及人大街工委统筹跟踪督办的格局,实现代表关注、政府办理、人大督办的有机统一。自身建设积累新经验,从机关抓起,全员参与,征集讨论"人大机关精神"表述语;通过调研,梳理工作流程,强化业务,提升能力,人大机关运行和服务管理更加规范。

(包和平)

【围绕经济发展履行职责】 区人大常委会依法行使职权,突出重点,讲求实效,综合运用多种监督形式,围绕总体规划纲要以及财政经济、生态环境建设、社会保障和民生等方面的26个重点专项规划,与政府的评估工作同步,深入开展调查研究,形成1个初审意见和4个专题报告。听取和审议区政府关于"十二五"规划纲要中期评估的报告,提出地区生产总值和固定资产投资等指标完成困难、主导产业总体规模偏小、政府公共服务能力和水平有待提高,以及经济发展与人口资源、生态环境还不协调等意见。

(包和平)

【围绕城市建管履行职责】 区人大常委会把握传统工业向绿色生态转型的总方向,关注城市生态建设及可持续发展,加大监督工作力度,围绕本区绿地系统建设、城市景观提升、公园规划管理等方面进行专题调研,听取和审议区政府关于园林绿化可持续发展情况的专项工作报告;听取区政府关于市政道路建设和大中修计划,以及老旧小区综合整治工作情况的报告。常委会建议政府要巩固"全国绿化模范城市"创建成果,强化规划引领作用,加大依法治绿力度,坚持走可持续发展的道路,推进生态环境建设。区政府要加强统筹,保证重点工程建设速度和质量,加快城市主干路网和交通微循环建设。

(包和平)

【围绕司法监督履行职责】 区人大常委会以商事审判、未成年人刑事检察和司法保护工作为重点分别听取和审议"两院"的专项工作报告。区人大常委会建议要运用好商事纠纷预防机制,发挥商事审判的职能作用,提高审判质量。针对区检察院的未成年人刑事检察和司法保护工作,区人大常委会建议要落实法律对未成年人司法保护的各项规定,加快相关制度体系建设。

(包和平)

【执法检查和视察活动】 区人大常委会组织开展8次视察和执法检查活动。区人大常委会组织部分常委会组成人员和区人大代表,对本区贯彻落实国家食品安全法及本市食品安全条例视察中小学食堂和农贸市场、菜市场。视察本区当年重点工程建设与管理情况。检查区政府办理人大代表建议重点单位工作情况，听取相关单位负责人情况介绍。视察后，将相关情况和代表的意见建议进行整理，形成区人大常委会视察意见书，交区政府处理。

（包和平）

【督办人大代表建议】 区十五届人大三次会议期间，收到代表建议、批评和意见92件，全部按期办复，代表满意率为93%。区人大常委会召开主任会议，专题研究重点督办建议工作。将“提升半月园环境品质”“在八角北里社区开辟老年饭桌”等7件建议列入重点督办建议，分别由区人大常委会主任、副主任牵头督办。加强代表建议检查工作。7月和9月，由主管代表建议工作的副主任带队，组织部分委员和代表对交通支队和市政市容委办理代表建议工作进行检查，提高建议办理工作整体水平。推行分类督办工作方法。落实市人大常委会“分类督办、定性入轨”的要求，城建委带头开展建议分类督办工作，增强督办工作的针对性和有效性。人大街工委协助做好办理工作。

（包和平）

【代表联系选民活动】 6月，区人大常委会集中开展“人大代表联系选民活动”，由全区9个人大街工委和首钢代表联组组织开展，127名区人大代表与1500余名选民通过座谈会、走访等形式，进行面对面的联系沟通。活动收集到选民提出的意见和建议313件。经人大各街工委梳理、研究，由街道说明解释或协调有关单位解决298件，作为闭会建议由市、区人大代表提出15件。

（包和平）

【代表旁听法院庭审】 区人大常委会先后三次组织67名人大代表旁听区法院对刑事、行政和民商事案件的公开审理。庭审后，人大代表与庭审法官、公诉人员、政府机关应诉人员进行座谈，询问有关法律问题，填写本区人大代表旁听审理案件意见表，对庭审法官、公诉人员和行政机关应诉人员在依法审理、执行诉讼程序、公诉能力、应诉水平、举证能力、质证辩证能力、法律知识水平、仪表形象等方面提出意见和建议，经人大常委会内务司法工作委员会统一整理后，反馈给“一府两院”。

（包和平）

7月31日，市人大代表（石景山团）集中活动　　（区委宣传部供稿）

【区人大代表集中活动】 根据区人大常委会工作安排，人大各街工委、代表联组每季度组织一次人大代表联组活动，通报全区或本地区重要工作进展情况、征求意见和建议、组织代表视察和调研活动。6月下旬至7月上旬，10个人大街工委和代表联组分别开展代表联系选民活动。127名人大代表与1500余名选民进行联系沟通，收集选民提出的意见和建议313件，由街道协调解决的298件，形成闭会建议的15件。12月23～25日，各人大代表联组开展会前集中活动，为召开区人民代表大会做准备。推选本代表团团长、副团长；学习有关法律法规；讨论大会议程草案；讨论区第十五届人大第四次会议主席团和秘书长名单草案；讨论区第十五届人大第四次会议国民经济、财政预算审查委员会主任委员、副主任委员、委员名单草案；讨论区第十五届人大第四次会议议案审查委员会主任委员、副主任委员、委员名单草案；讨论区人大、政府、法院、检察院工作报告；准备议案（学习提出议案、建议有关事项的说明）。

（包和平）

【市人大代表集中活动】 7月31日，市第十四届人大代表（石景山团）开展年中集中活动。会议传达郭金龙在全市上半年经济形势分析会上的讲话精神，通报全市上半年经济社会运行情况，及市人大常委会上半年工作情况。夏林茂向与会代表通报本区上半年经济社会发展情况。

（包和平）

【人大工作研讨会】 8月23日，区人大常委会召开人大工作研讨会。付生柱主持会议。与会的人大常委会委员以“围绕转型发展、做好人大工作”为题，在深入开展调研的基础上，结合自己所熟悉领域的工作实际，对地区经济社会发展、加强和改进人大工作等方面，提出很多好的意见和建议。会议共收到研讨文章29篇。荣华对本届常委会工作给予充分肯定，强调人大工作要依法履职，推动地区经济社会转型发展。

（包和平）

【完成代表补选】 11月12日，区人大常委会第一次投票补选区第十五届人大代表。补选工作涉及全区8个街道13个选区。截至11月12日19:00投票选举结束，登记选民38226人，参加此次投票选民37630人，参选率为98.44%；13个选区均一次投票选举成功，选举产生15名石景山区第十五届人大代表。12月17～19日，区人大常委会第二次投票补选区第十五届人大代表。补选工作涉及全区3个街道3个选区。截至12月19日19:00投票选举结束，登记选民12667人，参加此次投票选民12545人，参选率为99.03%；3个选区均一次投票选举成功，选举产生3名石景山区第十五届人大代表。

（包和平）

石景山区第十五届人大常委会主任、副主任、委员

主　任　赵玉民

副主任　付生柱　石玉贵　张文华（女）　范北燕　马丽萍（女，回族）

委　员　（21人，按姓氏笔画为序排列）

马振才　王宏芬（女）　田景安　白宏宽　吕　军　安宝喜　许保国　孙金城　杨文钢　李　敏（女）　李希英　肖　红（满族）　何云飞　张　清（女）　陈　新　岳　强　郑章石　赵美云（女）　夏　阳　龚志彪　梁正刚

石景山区第十五届人大常委会工作机构负责人

财政经济工作委员会主任委员　安宝喜

内务司法工作委员会主任委员　吕　军

教科文卫工作委员会主任委员　杨文钢

城建环保工作委员会主任委员　田景安

石景山区人大常委会办事机构负责人

办公室主任　龚志彪

研究室主任　张　清（女）

代表联络室、市人大代表联络处主任　赵美云（女）

财政经济工作委员会主任　安宝喜

内务司法工作委员会主任　吕　军

教科文卫工作委员会主任　杨文钢

城建环保工作委员会主任　田景安

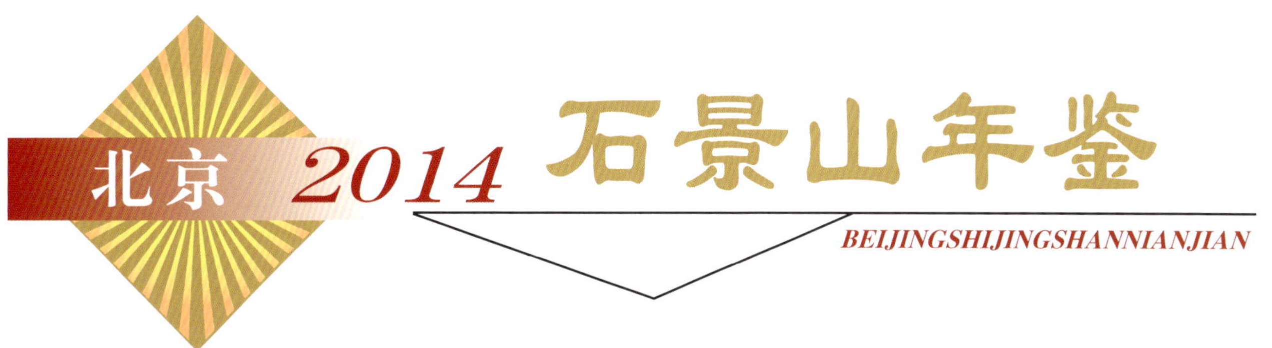

石景山区人民政府

北京市石景山区人民政府(简称区政府)是北京市石景山区人民代表大会的执行机关,是石景山区国家行政机关,对本级人民代表大会及其常务委员会和上一级国家行政机关负责并报告工作。设置政府工作部门29个、部门管理机构1个。本届区政府由石景山区第十五届人民代表大会第一次会议于2011年12月24日选举产生。年内,区政府深入学习贯彻党的十八大、十八届三中全会和习近平总书记系列重要讲话精神,在市委、市政府和区委领导下,在区人大、区政协监督支持下,团结和依靠全区人民,牢牢把握"稳中求进"的工作总基调和"求快、求好、求实"的工作总要求,攻坚克难、奋力进取,经济社会发展取得新成绩、开创新局面。全年实现地区生产总值365亿元,同比增长8%,第三产业比重达到64%;公共财政预算收入突破30亿元,同比增长超过20%;社会消费品零售额完成206.6亿元,同比增长12%;全社会固定资产投资完成160亿元,同比增长10.5%;居民人均可支配收入达到38607元,同比增长9%。城镇登记失业率为2.2%。主要经济指标增速均居全市前列,全年始终保持快速增长势头,全面完成区十五届人大三次会议确定的各项目标任务。

(李　威)

主要工作和重大活动

概　述

2013年是全面贯彻落实党的十八大精神的开局之年,也是落实"十二五"规划和CRD战略第二步目标承前启后的关键之年。区政府全面贯彻落实党的十八大、中央经济工作会议和市第十一次党代会精神,根据区委决策部署和区人大决定事项,围绕主题主线,牢牢把握"稳中求进"的工作总基调和"求快、求好、求实"的工作总要求,着力培育主导产业,着力抓实重大项目,着力保障改善民生,着力加强作风建设,实现经济持续健康发展和社会和谐稳定。

(李　威)

【政府常务会】 全年召开政府常务会17次。

表3　政府常务会一览表

会议时间	会议名称	会议议题
3月27日	第1次	关于报审《区政府工作规则》《区政府党组工作规则》和《邀请区人大代表政协委员列席区政府常务会议的规定》的请示关于一季度经济发展情况的汇报
4月2日	第2次	关于报审《建立促进非公有制经济发展联席会议制度》的请示关于西山八大处文化景区规划建设情况的汇报
5月8日	第3次	学习《北京市食品安全条例》 关于报审《2013年区政府联络区人大、区政协工作安排》的请示 关于报审《食品摊贩监督管理办法》的请示
5月14日	第4次关	于区政府上年财政决算报告的汇报 关于《2012年预算执行和其他财政收支审计工作报告》的汇报
7月3日	第5次	关于上半年财政预算执行情况的汇报 关于上半年经济社会发展情况的汇报
8月1日	第6次	学习《机关事务管理条例》 关于上半年十项重点工程完成情况的汇报 关于上半年固定资产投资和争取资金完成情况及下半年计划安排的汇报
8月14日	第7次	关于新首钢高端产业综合服务区和中国动漫游戏城项目建设进展情况的汇报 关于报审《石景山区人民政府关于校长队伍建设情况的报告》的请示
8月27日	第8次	关于《<石景山区国民经济和社会发展第十二个五年规划纲要>中期评估报告》及评估工作情况的汇报 《关于开展法治石景山建设工作的实施意见》的请示
9月11日	第9次	关于高新技术产业发展情况的汇报 关于商务服务业发展情况的汇报 关于旅游休闲产业发展情况的汇报

续表

会议时间	会议名称	会 议 议 题
9月25日	第10次	学习《北京市审计条例》 关于现代金融产业发展情况的汇报 关于文化创意产业发展情况的汇报 关于公共文化事业发展情况的汇报
10月25日	第11次	关于三季度经济社会发展情况的汇报 关于促进园林绿化可持续发展情况的汇报 关于人大代表建议、批评和意见办理工作情况的汇报
11月6日	第12次	关于报审《加快推进石景山区国家服务业综合改革试点区发展三年行动计划(2013-2015)》的请示 关于深化医药卫生体制改革工作情况的汇报
11月14日	第13次	学习《中华人民共和国旅游法》 关于国家可持续发展实验区建设情况的汇报
11月20日	第14次	关于农转居后续工作推进情况的汇报 关于就业、再就业工作情况的汇报
11月27日	第15次	关于当年财政支出预算变动情况和下年财政收支预算初步安排意见的汇报 关于当年“济困工程”实施情况和下年工作计划的汇报
12月10日	第16次	关于《2013年国民经济和社会发展计划执行情况与2014年国民经济和社会发展计划草案的报告》的汇报 关于当年便民工程实施情况和下年计划安排的汇报 关于当年招商引资工作情况和下年工作计划的汇报
12月16日	第17次	关于西部地区开发建设进展情况的汇报 关于当年十项重点工程完成情况和下年计划安排的汇报 关于当年固定资产投资和争取资金完成情况及下年计划安排的汇报 关于报审《2014年政府工作报告》的请示

(李　威)

【区长办公会】 全年召开区长办公会27次(见下表)。

表4　　区长办公会一览表

会议时间	会议名称	会 议 议 题
1月8日	第1次	人事任免有关事项
1月16日	第2次	关于报审《石景山区做好职业培训工作的实施意见》的请示 关于《2012年区政府常务会议和区长办公会议议题计划》落实情况及当年议题计划制定情况的汇报
1月31日	第3次	人事任免有关事项; 关于报审《2013年折子工程》的请示 关于报审《石景山区政府绩效管理任务考核办法(暂行)》的请示 关于创建国家一级档案馆和档案馆新馆建设情况的汇报 关于上年度目标督查考核工作情况的汇报 关于上年信访工作情况和当年重点工作的汇报
2月27日	第4次	人事任免有关事项 关于精细管理美化市容资金预算及实施意见的汇报 关于园博会本区环境整治情况及问题的汇报 关于报审《重点流域水污染防治规划实施方案》的请示 关于上年度区文化创意产业项目专项资金使用情况的汇报

续表

会议时间	会议名称	会议议题
3月13日	第5次	关于报审市政道路建设及大中修计划的请示 关于报审《2013年石景山区十件环保实事》的请示 关于召开旅游产业发展大会的请示 关于报审2013—2015年图像信息系统建设规划和实施计划的请示 关于建设现代金融产业基地的请示 关于因公出国(境)工作的汇报
3月27日	第6次	关于报审《2013年统计工作要点》和《开展第三次全国经济普查通知》的请示 关于老旧小区综合整治工作的汇报
4月2日	第7次	关于报审《石景山区严厉打击违法用地违法建设专项行动工作方案》的请示 关于报审《石景山区城市环境建设工作方案》的请示 关于报审《北京市石景山区清洁空气行动计划(2013年大气污染控制措施)实施方案》的请示
4月25日	第8次	人事任免有关事项 关于经济发展推进大会筹备情况的汇报 关于报审招商引资系列政策和表彰奖励名单的请示 关于报审《加强服务业统计工作实施方案》和《加强和改进对招商引资企业统计登记管理通知》的请示 关于修改《石景山区促进现代金融产业发展暂行办法》实施细则的请示 关于上年本区中小企业发展专项资金使用情况的请示 关于园区企业贷款贴息、企业上市等政策兑现工作的请示
5月8日	第9次	人事任免有关事项 关于报审《石景山区2013年防汛工作要点》的请示 关于一季度安全生产工作情况的汇报 关于报审《石景山区标准化战略纲要实施意见》的请示
5月14日	第10次	关于报审《石景山区2013年防震减灾工作方案》的请示 关于报审十件教育拟办实事项目的请示 关于南山综合场站建设项目的汇报 关于参加第二届京交会有关工作的请示
5月22日	第11次	关于北京市工资工作会议精神的汇报 关于报审《石景山区2013年扬尘污染控制区创建工作方案》的请示 关于报审《石景山区政府性债务管理办法》的请示 关于"智慧石景山"顶层设计规划研究的汇报 关于信息化工作要点和投资计划安排情况的汇报
6月13日	第12次	关于报审《石景山区生活饮用水卫生安全保障规划实施方案》的请示 关于申请新增小区垃圾分类工作经费的请示 关于申请环卫设施设备改造经费的请示 关于落实义务教育与非义务教育单位绩效工资政策的请示 关于"石景山服务"工作进展情况的汇报
7月3日	第13次	关于西北热电中心项目进展情况及下一步工作计划的汇报 关于光大银行信用卡中心有关工作的请示 关于投融资平台整改及债券发行工作进展情况的汇报 关于申请拨付现代金融产业基地房租的请示 7月10日第14次关于报审《审计结果公告暂行办法》的请示 关于报审石景山区统筹规范街道协管员队伍管理工作实施方案(试行)的请示 关于报审2013光影文化季活动方案的请示 关于上半年食品安全工作情况的汇报 关于上半年安全生产工作情况的汇报 关于上半年信访工作情况的汇报

续表

会议时间	会议名称	会 议 议 题
7月18日	第15次	人事任免有关事项 关于报审上半年经济社会发展情况和下半年工作安排报告的请示 关于实施东下庄综合改造项目房屋征收的请示
8月1日	第16次	关于上半年招商引资工作情况的汇报 关于发挥税收职能作用促进区域经济社会发展的汇报 关于"智慧石景山"建设推进情况的汇报
8月14日	第17次	人事任免有关事项 关于报审《石景山区2013年价格综合调控重点工作任务及分解方案》的请示 关于上半年环境保护工作进展情况和下半年工作计划的汇报
8月27日	第18次	关于引进国家保险产业园有关工作的请示 关于报审《石景山区支持互联网金融产业发展暂行办法》的请示 关于报审"2013京西消费节"及"第四届北京台湾美食文化节"活动方案的请示 关于解决部分地区公交出行问题的请示
9月11日	第19次	人事任免有关事项 关于石景山区科学技术奖励工作情况的汇报
10月25日	第20次	人事任免有关事项 关于我区2013年度市政府绩效管理考评任务工作情况的汇报 关于报审《北京市石景山区2013－2017年清洁空气行动计划实施方案》及重点任务分解的请示
11月6日	第21次	人事任免有关事项 关于1－3季度固定资产投资任务完成情况的汇报 关于报审《北京市石景山区医疗机构设置规划(2013年－2015年)》的请示 关于市级重点环境建设任务情况的汇报 关于进一步加强城市管理综合行政执法工作有关事项的请示
11月14日	第22次	关于落实《石景山区学前教育三年行动计划(2011－2013年)》的汇报 关于区文化创意产业发展专项资金使用建议的汇报; 关于社会保险工作的汇报 关于组建区属基础设施建设有限公司的汇报
11月20日	第23次	关于报审《石景山区空气重污染应急预案(试行)》的请示 关于成立石景山区与首钢总公司工作对接领导小组的请示 关于计划分配军转干部安置工作情况的汇报 关于北京市工资工作会议精神的汇报
11月27日	第24次	关于土地储备项目进展情况和下年储备计划的汇报 关于申请燕山水泥厂保障性住房市政道路建设资金的请示 关于报审《石景山区2013年"促消费、保增长"资金奖励办法》的请示
12月10日	第25次	关于下年市政道路建设和大中修计划的请示 关于下年绿化美化工作计划的请示 关于安全生产工作情况的汇报 关于参与设立本区互联网金融产业投资基金相关事项的请示 关于机关事业单位发放一次性奖金(绩效工资)的汇报

续表

会议时间	会议名称	会议议题
12月16日	第26次	人事任免有关事项 关于食品安全工作情况的汇报 关于报审《石景山区2013－2017年无煤区建设工作方案》的请示 关于报审《关于营造石景山区创新创业环境推进创业带动就业工作的意见》的请示
12月26日	第27次	人事任免有关事项 关于审判用房有关事项的请示

（李　威）

【中国可持续发展论坛】 1月16～17日，由中国可持续发展研究会和区政府联合主办的“2012中国可持续发展论坛暨中国可持续发展研究会学术年会”在本区召开。中国可持续发展研究会理事长邓楠作主旨报告，科技部副部长王伟中，中国科协副主席、党组副书记程东红，国务院参事刘燕华等国家相关部门领导，国家可持续发展实验区代表、中国可持续发展研究会会员等300多人出席活动，区领导荣华、夏林茂等参加活动。中国可持续发展论坛暨学术年会是国内可持续发展研究领域规格最高、规模最大、影响最深远的学术盛会，至今已连续举办9年。本届年会以“发展方式转变与绿色转型”为主题，分析“里约＋20”后的可持续发展趋势、探讨新形势下可持续发展与绿色发展、循环发展、低碳发展的关系。论坛邀请中央党校赵建军教授作题为“生态文明的理论创新与实践探索”的主题报告。上海市崇明县、吉林省四平市、河北省武安市、河南省林州市等国家可持续发展实验区分别结合当地实验区生态建设的经验与做法作交流发言。同时举办第十届中国可持续发展实验区论坛、各专业委员会专题论坛和由政府、专家、企业、社会团体、媒体和青年学者组成的六方主题论坛及科技成果转化对接会等活动，内容涵盖绿色经济与生态建设、水生态文明和安全防灾体系建设等多方面专业议题。

（李　威）

1月16日，中国可持续发展论坛　（区委宣传部供稿）

【公安部领导到区检查】 2月25日，公安部常务副部长杨焕宁到区检查全国“两会”驻地服务保障情况。在听取华北宾馆驻地以及外围安全警卫工作落实情况的汇报，实地检查证件查验和安检设备、中控室、员工通道、警卫组驻地等重点部位及交通组织和警卫工作部署情况后，杨焕宁对前期工作给予肯定，并对做好全国“两会”安保工作提出要求。

（李　威）

【市领导消防检查】 3月11日，副市长张延昆到区调研，并实地检查消防安全、环境整治情况，对在城市建设等方面取得的成绩给予肯定，并就今后工作提出要求：在城市管理方面要坚决贯彻落实好相关文件精神，形成部门联动、信息互通共享、联合执法，全力做好城市管理工作。在安全生产和消防工作上，对100平方米以下的经营场所，尤其是高层住宅，要完善消防设施，做好高层建筑的消防安全演练，提高消防安全意识，把安全隐患降至最低。市政府副秘书长周正宇，市市政市容委主任陈永，区领导夏林茂陪同调研。

（李　威）

【告别燃煤供暖】 3月15日24时供暖季结束，本区最后一组5台20蒸吨以上燃煤供暖锅炉——首钢重型机器分公司锅炉房正式熄火“退休”。石景山区就此步入供暖清洁能源时代。2013年供暖季开始之后，燃煤供暖区的居民供暖将并入市政管网，全区供暖正式迎来“绿色”能源时代，成为除西城区、东城区两个核心区外，全市14个区县中首个无燃煤供暖锅炉的地区。预计全年将节省燃煤1万吨，减少二氧化硫排放23.8吨，减少氮氧化物排放8.23吨。

（李　威）

【科技金融服务】 3月26日，中关村

石景山园科技金融服务推进会暨中关村石景山园科技金融服务联盟成立大会在万商花园酒店举行。50余家金融机构及百余家园区重点企业参会。市知识产权局副局长、中关村管委员会主任助理和区有关领导出席会议并为联盟揭牌。作为"石景山服务"品牌的重要支撑,本区初步形成针对企业不同发展阶段融资需求的科技金融服务体系。该联盟是园区发起成立,由32家金融机构、信用担保、券商、基金等机构组成的非营利性和开放式的合作组织,对提升区域科技金融服务的专业化、精细化水平发挥重要作用,为"石景山服务"再添新动力。市相关部门领导肯定在科技金融服务领域的新探索,表示将在知识产权融资、金融创新等方面继续支持区域产业转型发展。

(李　威)

【常务副市长调研在建工程】 4月3日,市委常委、常务副市长李士祥一行到苹果园综合交通枢纽等重点工程现场调研指导工作。实地考察苹果园交通枢纽综合体和莲石湖东河堤长安街西延工程及跨河大桥项目,了解工程进展情况和存在的困难及问题,针对制约工程建设的疑难问题和节点,现场研究解决措施和方案。在随后召开的现场办公会上,李士祥提出三点要求:要高度重视苹果园交通枢纽、长安街西延等项目建设。通过项目建设完善城市功能,缓解交通压力,方便群众出行,促进投资建设,加快首都西部转型发展和首钢高端产业区建设。要按照市场经济规律的思路精心规划设计,实现打造交通枢纽与促进区域发展的新模式。长安街西延项目是完善北京"两轴－两带－多中心"城市空间结构的重大项目,要坚持依法依规,实现高效率,项目进展要有明确的时限要求。抓紧做好长安街西延工程前期工作,对于涉及的永定变电站拆迁工程资金,由市里统筹安排。对于西延工程及跨永定河"合力之门"大桥的建设工作,相关单位要高度重视,密切配合,共同研究解决制约工程进展的节点问题,力争项目尽快开工。市政府副秘书长徐波、市政府办公厅常务副主任王芳,市发展改革委、市规划委、市交通委、市重大办、市公联公司等部门负责人参加调研。区领导荣华、夏林茂等参加座谈。

(李　威)

【旅游发展大会】 4月7日,在区政府机关北楼102会议室召开。市旅游委主任鲁勇,夏林茂及区旅游发展领导小组成员单位主要领导及主管领导、区假日旅游工作领导小组成员单位主管领导,景区、住宿企业、旅行社代表等200多人参加会议。会议总结本区近三年旅游发展成就和经验,部署下一阶段旅游工作,下发加快本区旅游业发展的实施意见和旅游发展领导小组机构及职责。区旅游重点企业从功能区建设、宾馆饭店效益提升等方面进行交流。会上,鲁勇肯定本区旅游工作,表示市旅游委全力支持石景山区旅游功能区和重点实体项目的规划建设,带动产业升级;全力支持石景山区公共服务设施建设,提高旅游服务能力;全力支持石景山区围绕"必吃、必购、必看、必住"挖掘消费潜能,拉动旅游消费;全力支持石景山区品牌活动、宣传推介和智慧旅游,扩大旅游影响力。夏林茂指出:认清形势,抢抓旅游发展新机遇。推动旅游快速发展,成为区域战略性支柱产业。协调联动,构建旅游发展新机制。建立"旅游一盘棋""大旅游""旅游营销"三大机制。狠抓落实,争创旅游发展新业绩。以项目、以活动、以服务带动发展,取得高效共赢工作成效。

(李文娟)

【市长调研旧城改造】 4月24日,市委副书记、市长王安顺到区调研旧城改造工作。王安顺一行实地查看衙门口村发展现状,入户了解村民生活和居住情况。在听取区主要领导的工作汇报后指出:要做好科学规划。把握好规划工作的整体性,通过改造房屋,将周围的市政基础设施一并改造,为未来的城市建设打好基础。旧城改造涉及到居民的利益,要讲求工作方法,及时回应人民群众的诉求,要把好事办好,实事办实。要创新改造方式,注意总结经验、探索规律,紧密结合实际,探索不同的搬迁改造和环境改造的模式,加快改造工作进度。各相关单位对各区县提出的需求要认真地进一步研究,支持完善政策,加强工作指导,帮助化解改造难题。副市长陈刚、张延昆,市政府秘书长李伟一同调研,荣华、夏林茂等陪同调研。

(李　威)

【环境卫生大扫除】 4月25、26日,全民动员,开展迎"五一"环境卫生大扫除暨第四个"城市清洁日"活动。荣华、夏林茂、赵玉民、岳德顺等区四套班子领导分赴各街道(社区),与市民

5月6日,经济发展推进大会　　(区委宣传部供稿)

6月20日，市长调研西北热电中心建设情况 （区委宣传部供稿）

一起上街打扫环境卫生。活动主题为“净化群众身边市容环境卫生，防控传染性疾病，迎接五一国际劳动节”。一改往年由市政市容委、爱卫办2家主办的情况，新加入文明办、社会办、双拥办、教委、住建委共7个委办单位共同实施。组织社会单位、驻区部队、社区群众、中小学校和高等院校的2.5万余人次参加，对背街小巷、居民小区、机关、企事业单位、学校、部队院内和房前楼后、阳台楼道、地下室、自行车棚、地下车库等进行清扫、擦拭、整理，达到干净整洁，无乱堆乱放、无暴露垃圾、无废弃物、无浮（渣）土、无乱挂、无宠物粪便、无白色污染、无非法张贴（涂写）宣传品。共清理楼道楼顶2.4万平方米、清除卫生死角1200处、清理堆物堆料垃圾340余吨，清理白色污染2500公斤、非法小广告8万余张。

（孙冠军）

【经济发展推进大会】 5月6日召开。会议修订和下发26项促进经济发展的有关政策，其中产业促进12项、创新发展8项、服务提升6项。会议由吴克瑞主持，夏林茂作全区经济工作报告，文献宣读表彰决定。大会对获得“区域经济发展突出贡献单位”和“纳税百强单位”进行表彰。中国光大银行信用卡中心、京能热电股份有限公司、通融通信息技术有限公司、区经信委代表企业和部门作典型发言。荣华作总结性发言，对经济发展推动工作提出三点意见：统一思想，坚定深化全面转型的信心和决心；真抓实干，以改革创新的精神深化全面转型；凝心聚力，形成深化全面转型的强大合力。赵玉民、岳德顺等区四套班子领导，各民主党派主委、工商联主席，部分人大代表、政协委员，各委办局处负责人及企业代表参加大会。

（李　威）

【打造世界旅游城市体验中心】 5月9日，召开建设世界旅游城市体验中心专题会。于上年9月15日在北京正式成立的世界旅游城市联合会，计划在北京国际雕塑公园建设世界旅游城市总部基地和体验中心。北区近5万平方米将建设北京国际旅游中心大厦及功能中心，南区近36.9万平方米的区域将建设旅游体验中心，通过立体投影、数字展示以及三维动漫、SD影院等高科技手段，实现场景转换，展示世界旅游城市风貌。同时筹建世界旅游城市联合会的总部基地，包括国外会员城市驻京办事处、航空公司驻京总部、旅行社驻京办事处。通过南区对旅游资源进行体验和互动之后，到北区进行交易。9月12日，世界旅游城市联合会理事会副主席、副市长程红以及参加第二届峰会的102个国内外会员城市市长、副市长等共400余人参加体验中心宣传推介活动和联合会主雕塑“真诚之水”揭幕仪式。市旅游发展委主任鲁勇介绍世界旅游城市体验中心。

（李　威　冯　璨）

【副市长到区调研】 5月16日，副市长张工到西北热电中心进行现场调研。召开项目建设协调会，要求各单位通力协作，使机组早日投产，确保北京市节能减排任务顺利完成。市发改委、市规划委、市重大办、石景山区、门头沟区、市电力公司、燃气集团等相关单位领导参加调研。12月27日，张工到华录集团和西山汇调研文创产业发展情况。参观易华录智能交通模拟沙盘和可用于交通、社会面防控等领域的高清摄像设备，在听取石景山区相关工作汇报后，张工强调：要抓住永定河周边建设和浅山区地带建设的双重机遇，以服务新首钢发展和中关村扩园建设为抓手，带动石景山区崛起。市政府副秘书长朱炎，区领导牛青山、夏林茂等陪同调研。

（李　威）

【科技企业融资项目洽谈会】 5月23日，第16届科博会“北京京西科技企业融资项目洽谈会”在万达铂尔曼大饭店举行。活动由市贸促会、市投促局和区政府共同主办，相关领导出席活动并讲话。政府代表、专家学者分别对“如何运用财政政策支持科技型企业”“多层次资本市场与创新发展”“科技与文化”等题目进行主题发言。会上，京港投融资协会与光大银行、北京银行等10家银行签署战略合作协议，标志着石景山区中小企业融资服务平台的搭建将为“石景山服务”再添新动力，此平台将在运用政府资金支持企业发展外，引入社会资本，促使科技企业与文化、金融实现多产业的融合。区投促局就重点投资项目进行推介。摩立摩根、IDG资本、中国国际金融有限公司等40余家著名银行、投资机构参会，近200家企业代表参加，并围绕科技企业盈利及创新模式、投资热点等议题进行深入探讨。同时，组委会从全国精选最具投资价值的科技项目企业，搭建资本与项目的高效对接平台。

（李　威）

【市长调研热电中心项目】 6月20日，王安顺率队实地查看西北热电中心京能燃气热电厂项目施工现场，详细了解工程进度，到石景山热电厂（京能热电股份有限公司）调研余热利用情况和环保治理工作。随后组织召开四大燃气热电中心协调会，在听取相关部门工作汇报后，王安顺指出：认真贯彻落实国务院常务会议部署的大气污染防治措施，以壮士断腕的决心，攻坚克难，治理大气污染。四大燃气热电中心建设对于压减燃煤改善空气质量和首都的生态文明建设意义重大。要按照市委市政府的目标要求，各部门加强配合，克服困难，竭尽所能，解决项目建设过程中遇到的问题，明确各项任务的责任主体，严格落实目标责任。中央企业、市有关部门、市属企业、区县政府要积极服务重大项目建设工作，通过项目建设改善民生。副市长张工，市委常委、宣传部长李伟一同调研，荣华等区领导陪同调研。北京西北热电中心京能燃气热电项目，总装机容量1308MW，年发电量58.85亿千瓦时，可满足20万户居民供热。机组投产后将采用天然气清洁能源，替代京能、高井两个燃煤电厂，承担京西的供暖重任。预计每年可压煤530万吨，消减二氧化硫4900余吨、氮氧化物近2万吨。

（李　威）

【试点区意见发布】 7月9日，市政府发布《关于加快石景山区国家服务业综合改革试点区发展的意见》（以下简称《意见》），为石景山区转型发展、地位提升、功能转换提供强有力的政策支持。《意见》对于试点区今后发展明确16个重大项目，包括以动漫游戏、电子竞技、工业博览为主线的文化创意产业；以长安街西延线为依托、引进各类外埠金融机构所推动的现代金融业；以中关村石景山园为载体所培育的高新技术服务业；以“首钢”品牌为优势吸引企业总部落户而打造的京西总部经济；以精品旅游线路及品牌为支撑所发展的京西特色文化旅游产业。《意见》中第一次明确石景山区发展金融的产业方向，特别提到“推动现代金融业集聚发展，加快长安街西延线金融创新要素聚集，推动国家保险产业园重大项目落地，吸引全国各保险公司总部、数据中心、外包中心等各类新型金融机构聚集石景山区。”《意见》进一步明确，作为配套保障措施，市政府固定资产投资优先安排试点区建设资金，以资本金注入等方式，每年3亿元，连续5年支持石景山区国家服务业综合改革试点区投融资平台建设，加快试点区基础和公共服务设施、重点产业园区及重大产业项目建设。地区服务业发展再次加速，支撑区域加快转型，跨越发展。

（李　威）

8月8日，中外知名企业投资首钢行　　（区委宣传部供稿）

【首家毕业生创业基地成立】 7月9日，区政府与蒲公英国际青年创业驿站合作，成立北京市首家毕业生创业基地。首批60名高校毕业生创业者和8位创业培训导师正式入驻。毕业生入驻基地后，每年交纳4000元，即可获得办公场所，电脑、电话等配套办公设施，以及创业优惠政策等一系列服务。基地同北京大学、清华大学、中国传媒大学、北方工业大学等10所知名院校建立合作关系，同时依托“政企联合、校企合作”优势，为来自首都乃至全国有创业意愿的大学毕业生提供包括创业企业小额贷款在内的各项创业优惠措施。基地聘请的创业导师将为青年创业者提供各项决策指导，帮助他们规避创业风险，走好人生创业第一步。此外，区人力社保局还出台专项措施，优先确保辖区内贫困家庭毕业生100%就业。此前本区已先行成立10家毕业生见习基地。

（李　威）

【与中国动漫集团座谈】 8月5日，区政府与中国动漫集团领导座谈。集团监事会主席柳士发介绍业务情况，集团董事长、总经理刘承萱就集团下一步发展思路与区领导进行探讨。夏林茂介绍本区上半年经济发展形势，肯定文化创意产业在区域经济发展中起到的作用，希望同中国动漫集团加强合作。中国动漫集团于上年底落户石景山，购买通景大厦9～14层约1.2万平方米写字楼用于“中国动漫游戏行业综合服务平台”建设，该服务平台主要包括“一中心、一系统、一平台”，即国家动漫创意研发中心、动漫内容集成分发系统和动漫游戏无线整合运营平台。

（赵　亮）

【中外知名企业投资首钢行】 8月8日，由市投资促进局、区政府和首钢总

公司联合主办的"驻京中外知名企业投资首钢行"活动在首钢举办。三家单位在会议现场联合签署《建立联合招商合作机制协议书》。活动通过新首钢高端产业综合服务区开发建设和启动项目介绍、现场项目考察等多种形式,促进更多项目落地。新首钢高端产业综合服务区是北京西部转型发展的核心区,是北京市"十二五"期间重点构建的"两城两带、六高四新"产业格局之中的"四新"之一。其中首钢主厂区占地面积8.63平方千米,规划建筑面积1060万平方米,将形成"五区两带"即总部经济区、综合服务中心区、文化创意产业园、综合配套区、工业主题园、城市公共活动休闲带、滨河综合生态休闲带,逐步建设成为高端要素聚集、创新创意活跃、总部特征明显、生态环境优美的"新首钢高端产业综合服务区"。首钢北京园区已被国家发改委纳入全国城市老工业区搬迁规划试点并获得资金支持,同时被列入市"首批生态示范区"。活动吸引跨国公司、央企、大型民企、股权投资机构等各类企业,市投促局局长周卫民,王青海、夏林茂出席活动并致辞,市投促局、市发改委、市委研究室、首钢总公司和区政府有关领导和招商局集团、港中旅集团、韩国浦项集团、德意志银行、复地集团、中信资本、IBM公司、清控人居建设集团等400余家企业的560名企业领导和高管出席活动。

(李　威)

【互联网金融产业基地】 8月30日,召开"国家服务业综合改革试点区互联网金融产业基地"揭牌新闻发布会。中关村管委会主任郭洪、市发改委、市金融工作局、首钢总公司、清华大学五道口金融学院有关领导,荣华、夏林茂等区领导参加发布会并为基地揭牌。在仪式上发布支持互联网金融产业发展办法(试行),并签署三项战略协议:与市金融局、清华五道口金融学院在本区设立"北京互联网金融研究院";同首钢总公司发起成立互联网金融创业投资基金;吸引网信金融信息服务公司首家入驻产业基地,并为互联网金融产业发展提供一系列人才、政策、服务保障。夏林茂指出:发展互联网金融对于石景山意义重大,机遇难得。要发挥新首钢高端产业综合服务区空间优势、借助独有的政策优势,全面树立"石景山服务"优势,为互联网金融创造良好发展环境。

(李　威)

【2013京西消费节】 9月7日,由区工商联及所属企业联合丰台区、房山区、门头沟区商联会共同主办的"2013惊喜在京西——北京京西消费节"在石景山万达广场开幕。作为2013主题消费年系列活动,本届京西消费节和北京台湾美食文化节纳入首届"北京市惠民文化消费季"活动。活动重点突出"惊喜在京西·京西GO惊喜"主题,围绕"'惠'购、'会'玩、'慧'生活"和"味觉印象·咫尺台湾"主线开展特色消费活动,借助台湾街商圈地理优势,汇集全国各地美食,吸引八方食客前来享受盛宴,穿插台湾小吃名品,促进两岸文化交流与发展。系列活动之"点击购物"打造本区重点企业商务平台,联合众多区内电商资源,借助万达广场、永辉超市两家电子商务平台线上业务的启动,推广点击购物新模式。消费节打破"政府搭台,企业唱戏"的原有模式,活动在地域上,以从东到西的商业空间为载体,在不同时间节点上,推出汽车销售、传统商业零售、餐饮和新兴的电子商务,与文化、旅游、体育等资源相互融合,全面带动京西消费市场。

(李　威)

【中关村论坛活动】 9月12日,中关村论坛创意产业发展分论坛在国家会议中心举行。论坛由中关村管委会、区政府主办,中关村石景山园管委会承办。活动以"文化融合科技创意点亮生活"为主题,探讨文化创意产业中文化元素与科技元素融合的条件、途径,以及由此产生的行业影响,对文化传播力和技术进步将产生怎样的推动力。论坛的举办,为展示本区投资环境和整体形象搭建良好平台,为区域文化创意产业发展提供新思路、新启示,促进文化创意产业科学化、规范化、国际化发展。

(李　威)

【安全生产紧急会】 10月11日召开。荣华指出:要痛定思痛、深刻反思,清醒认识到"10·11"喜隆多商场火灾事故所暴露安全隐患的严重性。要痛下决心、举一反三,在全区迅速开展一次安全隐患大排查、大整治。要整治思想上的松懈,整治管理上的疏漏,整治作风上的飘浮,整治机制上的不顺,整治问责上的不严。要倒查责任、妥善处置,切实做好火灾事故善后工作。要迅速成立事故调查组,全面、细致查清事故原因;要启动责任倒查追究机制,严格依法依规追究事故责任;要切实做好因灾受损商户的安抚和赔偿工作,确保人心稳定;要加强舆论宣传和引导,及时向社会公布事故的真实情况,防止人为炒作。夏林茂主持会议并强调,调查工作组要认真履行职责,依法依规开展调查处理工作,扎实做好善后维稳工作。要按照"全覆盖、零容忍、严执法、重实效"的要求进行排查,整治隐患、堵塞漏洞、强化措施。以"不达目的誓不罢休"的决心和勇气,投入到打击违法建设和环境整治"大会战"中来,以扎扎实实的工作、实实在在的成效,维护群众生命财产安全。吴克瑞通报"10·11"喜隆多火灾相关情况。区领导和各部门、各街道主要负责人,首钢总公司、北京军区等驻区相关单位主管安全生产工作领导和驻区大型生产企业、大型商场、餐饮企业、酒店宾馆负责人共300余人参加会议。

(李　威)

【"敬老文明号"授牌】 10月19日,第一届全国"敬老文明号"授牌仪式在寿山福海养老服务中心举行。全国老龄办党组书记、常务副主任陈传书,共青团中央书记处书记汪鸿雁,副市长戴均良,区领导夏林茂等出席活动,并一同为北京市31家荣获全国"敬老文明号"单位授牌。寿山福海养老服务中心、联勤部社区居委会入选"敬老文明号"。授牌仪式结束后,领导一行参观寿山福海养老服务中心,看望慰问在场的老年人并赠送《中国老年人健康指南》。“敬老文明号”创建活动由全国老龄委发起组织，活动自2011年开展以来，产生广泛社会影响，在第一届创建活动中，评选出1212个优秀集体荣获全国“敬老文明号”称号。

（李　威）

【市长调研保障性住房】　12月25日，王安顺一行到区调研保障性住房建设工作。市领导来到京原家园公租房项目——燕保家园小区，察看小区环境及配套设施建设情况，并入户了解居民租住条件和生活情况。在位于该小区内的本市公租房体验馆，王安顺了解本市保障性住房建设情况，查看样板间，了解公租房标准化产业化实施情况。市委常委、副市长陈刚，市政府秘书长李伟，区领导牛青山、夏林茂等参加调研。京原家园公租房项目建筑总面积15.3万平方米，于2010年开工，上年底竣工，1月入住，共入住1317户，其中外省市来京在本区工作的110户。

（李　威）

【清洁空气五年计划发布】　12月27日，区政府召开新闻通报会，发布2013～2017清洁空气行动计划实施方案。夏林茂接受媒体记者采访时介绍，石景山区年燃煤量约538万吨，占全市燃煤总量的1/4，压减燃煤意义重大。区政府抓住首钢搬迁调整、京西八大厂关停转型的机遇，每年完成环保的十件实事。2009～2013年，共计完成235个环境治理项目，减排二氧化硫4.79万吨，占全市减排总量的六成以上。空气质量明显改善，重污染天数大幅减少。实施方案提出“电厂燃料燃气化、单位用能清洁化、基本实现无煤化”的目标，通过实施“压煤、控车、降尘、治污”四大减排工程，治理大气污染。2015年实现电厂燃料燃气化、辖区无燃煤锅炉，通过城市化改造上楼、城市管网辐射、拆除违建、炊事气化等“四个一批”和煤改电工程，2016年基本建成无煤区，累计消减燃煤约537.6万吨的目标。预计到2017年，全区空气中的细颗粒物年均浓度比2012年下降37%以上，控制在60微克/立方米左右。

（李　威）

政府日常政务

概　　述

石景山区人民政府办公室（简称区政府办）是区政府的综合协调部门和办事机构，设有综合科、秘书科（会议科）、联络科、信息科、信息公开科、机要档案科、督查室、应急办8个科室。年内，围绕区委区政府中心工作，锐意进取，团结拼搏，确保全年各项工作的顺利开展。

地址：石景山区石景山路18号
电话：88699600
邮编：100043
传真：88699611
办公时间：9:00－17:30
值班电话：88699600

（李　威）

【文稿起草】　区政府办本着“吃透上情、把握下情”的服务原则，紧扣政府中心工作，改进文风，提高领导满意度和基层认同感，完成各类综合文稿120余篇，共计30余万字。

（李　威）

【信息编报】　区政府办编发《石景山政务》等刊物290期，向市政府报送信息1000余条、被采用190余条，向市应急委报送信息130余条，获市区领导批示73条。

（李　威）

【公文档案】　区政府办制发公文300余件，办理请示报告1721件，转办文件16000余件，归档文件787件，实现“无差错”目标。

（李　威）

【信息公开】　区政府办主动公开政府信息2295条，完善依申请公开答复区领导签批制度，统筹法制、信访、住建、国土等部门办理公开申请169件，向政府信息查阅点移送各类文件436份。

（李　威）

【会议组织】　区政府办严格审核会议材料，精简压缩会议，多次将不同部门不同业务的全区性大会合并召开，精简压缩常务会、办公会议题，全年共召开44次，研究议题146个，同比减少6.4%、15.1%。

（李　威）

【服务保障】　全年转接市区各类会议1900余次，完成王安顺、陈刚等市领导、市级部门来区调研服务保障工作，安排区长调研活动37次，承接市电视电话会、应急视频会议60余次。

（李　威）

【应急管理】　区政府办完成重点时段的值守应急工作，全年累计加强值守64天。有效应对喜隆多火灾等突发事

5月23日，京西科技企业融资项目洽谈会　（区委宣传部供稿）

件,化解各类风险隐患,协调处置150件突发事件。完善应急指挥平台功能,实现四个对接:将民防指挥中心与移动指挥车视频对接、公安分局4路视频信号与防汛指挥部视频对接、全区9个积水点与应急指挥中心视频对接、应急指挥中心与区电视电话会议室功能对接,为区领导统筹协调、指挥调度提供科学依据。

(李　威)

【督察落实】　区政府办将折子工程、重点工程等区政府重点工作倒排工期,汇编成册,在政府全体会上统一布置,并制定督查考核暂行办法,全年督促办理市政府折子工程和为民实事70项,协调推进区十项重点工程等95项,督促落实市区领导批示事项56件,统筹协调50项市政府绩效管理考核任务。

(李　威)

【联络服务】　区政府办协调办理市"两会"建议提案23件,办理区人大议案4项,人大代表建议88件、政协委员提案136件,办复率达到100%。受理各类问题13800余件,其中受理市中心交办件7200余件,处理居民电话6600余个,办复率达到90%以上。

(李　威)

政府法制建设

概　　述

北京市石景山区人民政府法制办公室(简称区法制办)是区政府主管法制工作的办事机构,对区政府法制工作负有指导、协调、组织和监督责任。年内,全区各级行政机关围绕中心工作,服务大局,认真履职,按照全面推进依法行政、创建法治政府的要求,制定年度全面推进依法行政工作要点,明确全年依法行政工作重点任务,夯实法治建设基础,突出亮点,积极作为,探索创新,重点工作有序开展,各项常态工作稳步扎实推进,依法行政工作取得较好成绩,推进法治政府建设向纵深发展,为保障和促进区域经济社会发展发挥职能作用。

地址:石景山区石景山路18号
电话:68607189
邮编:100043

(张晓云)

【基层依法行政】　3月7日,区法制办召开街道法制干部座谈会,就街道依法行政工作中存在的热点、重点和难点问题进行深入交流,针对推进领导干部学法、法制宣传、重大行政决策制度等问题进行重点培训。同月8日,召开部分行政执法单位座谈会,就本年度推进依法行政工作的计划思路、经验方法、创新举措等进行交流,城管大队、环保局、人保局、烟草专卖局、卫生局、药监局等单位作典型发言。年内,区法制办组织开展2004~2012年依法行政情况调研工作,总结推进依法行政、建设法治政府的基本情况。走访区行政服务中心等6个行政部门,召开2次全区依法行政工作领导小组会议,听取领导小组成员单位意见,汇总完成近9年依法行政工作情况。

(张晓云)

【规范性文件清理】　7月11日,区法制办对区政府上年12月31日前制定并公布的现行有效的规范性文件进行全面清理,清理涉及107件行政规范性文件。其中,建议保留的75件,拟废止的19件,拟宣布失效的11件,拟修改的2件。

(张晓云)

【行政处罚案卷评查】　7月15日,区法制办组织开展全区行政处罚案卷评查工作,采取各单位自查和集中评查相结合的方式,集中评查22个行政执法单位的61本处罚案卷,此次评查发现主体资格、事实和证据、适用法律、履行程序和一般规范性5方面问题32种。针对发现问题,对相关单位提出整改要求,对其整改情况进行重点监督,规范行政执法行为。

(张晓云)

【法制宣传】　区法制办落实市购买社会组织服务——法律咨询与服务进社区活动,增强全社会学法遵法守法用法意识。邀请市律师协会专业委员会秘书长、《法治进行时》咨询律师等30余位资深执业律师组成律师团,以八宝山街道法律大讲堂、鲁谷社区咨询日等形式,展开法律服务进社区系列活动,街道干部、社区工作人员及居民200余人到场咨询,活动围绕《民法》《婚姻法》《继承法》等与百姓生活密切相关的法律,通过具体案例形象生动地普及法律知识。10月,区法制办组织开展区"法治普通话"征集活动,各行政机关领导干部和工作人员踊跃参与,结合本单位依法行政工作提炼出短句、诗歌、对联等230余件优秀作品。

(张晓云)

【领导干部学法】　区法制办坚持领导干部学法制度,举办《中华人民共和国旅游法》《北京市食品安全条例》《北京市审计条例》和《机关事务管理条例》等法制讲座。与区委组织部共同建立领导干部依法行政专题培训制度,以行政学院为依托,组织举办依法行政专题研讨班2期36课时,80余人参加。研讨班采取教师授课、法院旁听、集体座谈、案例分析等方式,就"如何提高领导干部依法行政意识和能力""行政强制法的实施现状及问题""从行政诉讼角度研讨依法行政问题""北京市行政问责办法"等内容,结合区情和工作实际,进行专题研讨。各行政机关处级干部参加市级业务指导部门和区政府组织的统一法制培训,坚持区政府办公会会前学法和自学等方式,完成业务相关法律知识培训均达到40学时以上。

(张晓云)

【依法行政培训】　区法制办制定并下发公务员"六五"普法实施办法和全年依法行政培训年度工作计划,成立领导小组,由区人力社保局、法制办、司法局负责全区"六五"普法期间科级及科级以下公务员法制宣传教育工作。强化监督和考核,将公务员法律法规培训学时记入个人培训档案;对全区52个行政机关的公务员依法行政培训工作进行检查验收,计入区政府工作目标督查考核成绩。

(张晓云)

【行政执法】　区法制办为配合区监察

局开展监察平台建设工作，对全区各委、办、局和街道办事处的执法主体、职权名称、执法流程、执法依据等环节进行重新梳理，以全面指导结合重点抽查的形式，对各部门梳理的事项权限进行严格把关，涉及现行有效的法律、法规和规章共计770部，梳理结果将通过监察系统向社会公示，接受社会对执法行为的监督。为各执法单位开通执法监督工作热线和网上咨询，接到各类咨询电话400余次，采取现场指导的方式，对涉及本区重点工作的执法案件在作出决定前加大指导力度，严格审核把关，将事后监督变为事前监督。发挥执法协调机制作用，采取实地调查、查阅档案资料、召开执法协调会议等多种方式核实案情、开展协调工作。

（张晓云）

【行政文件管理】 区法制办重点审查有关本区经济发展和服务企业的规范性文件20余件，全部向市政府法制办报备；办理区属各单位征求意见函近30件；办理市人大地方性法规、市政府规章草案征求意见函15件，提出修改意见建议50余条。审查招商引资、项目落地、合作办学、对外交往等标的额大、内容复杂的涉内外民商事合同14件，针对合同审查过程中发现的法律风险，提出意见建议，预防和减少合同履约纠纷，为全区招商引资和重点投资项目建设提供法制保障。

（张晓云）

【行政复议】 区法制办按照《行政复议法》和《行政复议法实施条例》，建立重大疑难案件会商会审制度、听证制度，对事实、证据有争议的案件，采取实地调查、现场勘查、调查访问、召开听证会等方式审理，运用调解手段解决行政争议。全年接待行政复议申请62人次。经案前释法、协调、调解，案前化解35件，作出处理决定28件。其中，受理后作出复议决定21件（经调解，申请人撤回复议申请，终止12件；维持9件）；正在审理中5件；补正告知1件；不予受理1件。加强行政复议工作的经验总结和理论研究，创新行政复议新模式，召开专业部门和区县行政复议机构工作座谈会。发挥行政复议委员会非常任委员的作用，实行专家参与案件审理，提高办案质量。

（张晓云）

5月10日，民族传统体育项目比赛　（区民宗侨办供稿）

民族·宗教·侨务

概　述

北京市石景山区人民政府民族宗教侨务办公室（简称区民宗侨办）是区政府主管民族宗教侨务工作的职能部门，行政编制7人，实际在岗人数7人。截至年底，全区有46个民族，少数民族人口21070人，街道属民族幼儿园1所，民族团结教育试点校1所，民族养老院1所。有佛教、伊斯兰教、天主教、基督教4种宗教，信教公民约2万余人，其中佛教信徒9000余人，信仰伊斯兰教的回族、维吾尔族群众6000余人，进寺礼拜400余人，天主教信徒2000余人，基督教信徒3000余人。辖区内有宗教活动场所6处，即八大处北京灵光寺、八大处北京大悲寺、北京双泉寺、模式口南里石景山清真寺、老山地区天主教弥撒点和古城地区基督教聚会点。区属归侨10人，侨眷66人，9个社区共有“侨友之家”33个。全国社区侨务工作明星社区1个。

地址：石景山区石景山路18号
电话：88699260
邮编：100043

（付国龙）

【慈善公益】 1月29日，区民宗侨办在五里坨街道举办“我们和你在一起”爱心帮扶活动，帮助生活困难的少数民族、归侨侨眷和特困家庭。活动为全区50户困难家庭发放慰问品和慰问金。9月18日晚，在北京西山八大处举办区佛教界“慈悲情怀 利乐众生”中秋慈善活动。佛教界爱心人士捐出善款10万元，用于慰问45户困难家庭和区属唯一一家民族幼儿园。5年来，宗教界从事公益慈善活动，先后捐出90万元善款，资助贫困学生、孤寡老人和残障困难家庭540户（次）。先后为国内外受灾地区捐款捐物2000余万元，并为贫困山区、希望学校捐助衣物万余件。

（付国龙）

【安全检查】 4月27日，区民宗侨办对宗教活动场所进行安全检查，将“五一”期间安全工作责任落实到人，把民族宗教界人民内部矛盾排查调处工作做细做实。并对各宗教团体、宗教活动场所负责人提出具体要求：要始终把安全和稳定放在第一位，自觉抵制境内外敌对势力渗透，加强与政府的信息沟通，保证节日期间信教群众合法宗教活动的正常开展。

（付国龙）

【民族文体活动】 5月10日，区民宗侨办联合区体育局和社体中心在区体育中心举办年度区民族传统体育项目比赛。全区240余名运动员参加10个项目的竞赛。6月5日，在区青少年活动中心举行“叙民族情谊，谱和谐新篇”——第五届民族健身操舞大赛。12支来自全区街道系统、教育系统、机关系统的队伍，200余名健身操舞爱好者参赛。同月30日，组织15支队伍参加市第八届民族健身操舞大赛，3支队伍包揽少儿组和社区组的金奖。区民宗侨办获优秀组织奖。10月31日，在区青少年活动中心举行区第二届民族歌曲大家唱比赛。来自全区街道系统、教育系统和机关系统共17支代表队，1000余名民族歌曲爱好者参赛。

（付国龙）

【宗教活动】 5月17日（农历四月初八）是佛教重大宗教节日——浴佛节，区佛教协会在灵光寺和大悲寺分别举行宗教活动庆祝浴佛节，2万余名信徒参加。8月8日是穆斯林的传统节日“开斋节”，全区穆斯林群众800余人到石景山清真寺参加开斋节庆典活动。12月24日平安夜，天主教老山弥撒点和基督教古城聚会点分别举行宗教庆祝活动，430余名天主教信徒和260余名基督教信徒分别参加活动。25日圣诞节，天主教老山弥撒点举行“天明弥撒”，有260余名天主教信徒参加。200余名基督教信徒参加古城聚会点活动。期间，区民宗侨办、公安分局国保支队、消防支队、有关派出所和属地街道均派人员在活动现场值守。各项宗教活动场所秩序良好，平稳有序。

（付国龙）

【宗教场所】 8月25日，北京双泉寺正式登记为宗教活动场所。区佛教界举行启用仪式，市宗教事务局专职委员向区佛教界表示祝贺。希望佛教界一如既往地继承和发扬佛教界的优良传统，高举爱国爱教旗帜，团结和带领四众弟子，秉持人间佛教思想，服从服务于党和国家的大局，为促进发展，维护社会稳定贡献力量。

（付国龙）

【专项检查】 国庆前，区民宗侨办对辖区内登记的清真网点进行排查。重点检查是否存在有少数民族禁忌的食品，从进货渠道、货物运输、储存管理等各个方面认真检查。对发现的自挂清真标识、未在显著位置悬挂清真标志牌等问题，均要求商户当天整改。保证清真食品安全，杜绝“清真不真”问题。联合区伊协加强与辖区清真商户的沟通联络，督促商户诚信经营，收集穆斯林群众对清真网点的意见建议，向有关部门反馈，依法保障穆斯林群众合法权益，维护节日期间民族稳定。

（付国龙）

【明星社区授牌】 12月11日，在鲁谷社区服务中心举行“学习宣传保护法，侨心共筑中国梦”主题活动暨“全国社区侨务工作明星社区”授牌仪式。活动现场为群众发放侨法宣传品300余份，全区150余名侨务干部学习鲁谷新华社社区在创建“全国社区侨务工作明星社区”的工作经验；听取市侨办侨法知识培训。

（付国龙）

【宗教领域维稳】 区民宗侨办围绕以宗教活动场所制度建设和规范宗教团体财务收支为抓手，提高宗教团体和活动场所规范化建设的工作思路开展多项活动。落实国家宗教局以“教风年”为主题的和谐寺观教堂创建活动，对照评分细则要求各宗教活动场所逐项整改，提高软硬件水平；开展“宗教政策法规学习月”活动，组织教职人员、场所民主管理组织成员和骨干信徒学习宗教政策法规和规章制度；与各团体负责人、骨干信徒座谈了解团体日常工作情况，督促落实和完善宗教团体、宗教活动场所的规章制度；召开宗教团体工作会议，集中听取宗教场所的财务收支情况。

（付国龙）

行政服务

概　　述

北京市石景山区行政服务中心（简称中心）是政府统一、集中、联合办理行政许可和行政审批事项工作的组织、协调、指导、监督机构。内设办公室，协调管理科；下设服务保障部为全额拨款科级事业单位。年内，深入贯彻落实科学发展观，以建设服务型政府为目标，更新思想观念，理清发展思路，创新工作机制，改善政务环境，提高行政效能，方便公众办事，促进经济社会又好又快发展。年内，24家具有

行政服务触摸屏　（区行政服务中心供稿）

行政审批职能的政府部门共59人进驻办事大厅，进厅行政事项307项，其中即时事项30项，限时事项277项；行政许可类事项292项，审批类事项15项。驻厅单位全年接待办理行政审批服务事项133597人次，办理咨询事项77752件，受理行政许可服务申请55845件，审定行政许可服务事项55128件，送达行政许可服务决定55034件，行政收费455826元，接受感谢信31封，接受锦旗8面，有效行政投诉率为0；群众参与满意度测评满意率100%。

地址：石景山区八角西街16号

电话：68862778

邮编：100043

（段　娜）

【政府信息公开】 中心年初修订政府信息公开目录和政府信息公开指南，主动公开政府信息36条，电子化率100%。将新梳理的行政许可审批事项目录重新印刷，并对触摸屏内的相关内容进行调整。做好全区纸质主动公开文件的接收及公开工作，接收30个委、办、局及街道办事处提供的主动公开文件及国务院公报、政府公报共1330份，整理成册，供办事人员查阅。

（段　娜）

【加强基层指导】 中心组织召开“街道居民事务大厅规范化建设工作会”。制定街道居民事务大厅规范化建设工作表，将年度工作细化到月度和季度。二、三季度，在驻厅各工作机构和居民事务大厅中开展民主评议活动，征集群众意见建议141条，制定落实整改措施。年终召开街道居民事务大厅规范化建设总结汇报会。对各街道大厅年度规范化建设工作深入分析，整理经验，并进行考核评比。

（段　娜）

【驻厅窗口调整】 11月，中心对新组建的食药监局“四品一械”（食品、药品、保健食品、化妆品和医疗器械）审批事项进厅集中办理。妥善对接，做好该局许可事项进厅办理工作，在原药监局窗口增加工位，联通网络，完成进厅备案，做好对外公示。

（段　娜）

【新版网站上线】 11月，中心新版网站对外运行。将厅内全部行政审批事项的办事规程、文书范本对外公示；增设提示信息栏，增加意见建议栏，安排专人负责处理群众意见建议，保障群众知情权和监督权。网址为：http://xzfwzx.bjsjs.gov.cn/。

（段　娜）

【梳理许可事项】 中心对具有行政许可审批职能单位的行政许可和审批事项进行新一轮梳理。全区现行行政许可事项332项，行政审批事项148项，服务事项63项，共543项。同比增加16项。其中，行政许可事项增加16项，减少13项，净增3项；行政审批事项增加33项，减少27项，净增6项；行政服务事项增加7项。厅内办理事项共288项，同比减少3项；厅外办理事项255项，共增加75项。根据梳理行政许可审批事项情况，编制公示年度区行政审批事项目录。

（段　娜）

【重点企业服务】 中心按照“保障一般，优待重点”原则及重点项目服务规则，采取重大项目联合办理和绿色通道做法。为物美集团、中铁建设集团、光大银行、东土科技股份公司、实兴腾飞公司等一批重点企业办理涉及环保许可、餐饮服务许可、生活饮用水卫生许可、公共场所卫生许可、建筑工程施工许可、商品房预售许可、户外广告许可、消防许可、刻章备案、组织机构代码登记、税务登记、统计登记、审批非京生源户口进京、审批本市工作居住证等10余类300余项行政审批业务。

（段　娜）

【争先创优活动】 中心开展驻厅窗口“争先创优”活动，调动驻厅窗口人员工作积极性。区人力社保局精简办事流程，将报送4种11份集体合同备案手续精减为4种4份；并设立网上预审便民邮箱，窗口工作人员对申报材料进行远程预审，合格后通知申报单位将纸质材料报送窗口，提高一次性申报通过率。国税局将新办税务登记提交材料由6种12份减并到3种3份，将新办个体户提交材料由6种12份减并到5种5份。环保局压缩审批时限，加快环评审批办理进程，审批的2个重点工程建设项目，平均审批时限缩短72%。据统计，中心共有14个单位的34项工作采取压缩审批时限、改进服务形式、规范审批流程等便民举措。

（段　娜）

【非驻厅单位管理】 中心落实非驻厅单位季度工作会和月报表制度，加强与非驻厅审批单位联系，了解行政许可（审批）情况。全年非驻厅单位14家共办理行政审批服务事项11685人次，接待行政许可和服务事项咨询8959件，受理行政许可服务事项申请2726件，审定行政许可服务事项2726件，送达行政许可服务事项决定2726件，行政收费3565元。

（段　娜）

信　访

概　述

中共北京市石景山区委、石景山区人民政府信访办公室（简称区信访办）是区委区政府负责组织协调信访工作、处理信访问题、人民内部矛盾纠纷排查调处和人民意见征集的职能部门。内设机构5个：综合办公室、来信办理科、来访接待科、督查督办科及监察科。人员编制为15名，其中主任1名，副主任2名；科级领导职数5正1副。年内单位实有人数13人。全年信访办受理群众信访3487件24871人次，同比件次下降12%，人次上升1%。其中，受理群众来信1358件4426人次（联名信72件3140人署名），同比下降27%；接待群众来访2129批20445人次，同比批次上升2%，人次上升9%（集体访499批18263人次，同比批次下降9%，人次上升10%）。受理信访复查复核事项29件，同比上升3%。中央国家机关交办信访件2件，北京市交办信访件25件、市领导批示件1件，全部办结。区级领导阅批信访529件，占信访总量的15%。全区初信初访化解率为95%、重信重访化解率为92%，无历史积案。目前，全区

信访总量虽仍在高位运行,但总体平稳可控。被评为年度区“社会管理综合治理先进单位”。

地址:石景山区石景山路18号

电话:68607140

邮编:100043

(范金慧)

【领导接访】 区级领导61人次到区信访办接待上访群众158批4136人次,分别占来访总量的7%和20%;阅批群众来信363件,占来信总量的27%(其中荣华阅批226件);进行专题调研5次;召开信访专题会议11次。处级党政领导干部在本单位、本部门接待上访群众共计860批3330人次,约访、下访219次,将矛盾吸附在属地、化解在基层,实现“小事不出社区、一般事不出街道、大事不出区”的工作目标。

(范金慧)

【推动事要解决】 区信访办坚持领导干部包案制度。年内,由5位区级领导包案7件区级重点信访案件;处级领导对458件重点信访案件进行包案,明确主责单位、责任人及化解方案、化解时限和稳控措施。坚持多渠道化解。通过各级人民调解组织调解矛盾纠纷5680件,调解成功5396件,调解成功率95%;基层组织代理群众信访诉求245件,办结236件,办结率95%;区信访办通过窗口接待、召开协调会(47次)、集体会商(26次)、约访(94次)、下访(15次)等形式,化解矛盾3014件。全区9个街道共邀请2.5万余人参加恳谈会145次,收集各类情况信息、意见建议1800余条,依托社会力量排查化解各类矛盾纠纷539件。落实与驻区中央、市属重点单位的信访工作对接机制,互通信息、交流情况,共同研究解决信访问题8件。运用专项资金化解信访突出问题26件。

(范金慧)

【公安武警备勤】 区信访办坚持公安和武警重大活动、敏感日及“区领导接待日”备勤制度,妥善处置突发事件。年内,维护信访秩序出动警力7011人次,处置围堵区政府机关大门及相关职能部门32批1200余人次、堵路3批230余人次,劝阻到市重点地区进行非正常上访23批480人次,依法处理非正常上访人员10人,其中刑事拘留2人、行政拘留4人、警告4人。

(范金慧)

【复查复核】 年内,区信访办受理复查复核案件29件,其中撤销、变更原答复意见或要求办理机关重新答复13件,占总受理量50%;维持办理机关答复意见14件;经复查机关协调处理,主动申请撤回的信访复查申请2件。到市信访办申请复核的案件10件,全部予以维持。受理的复查案件主要集中在拆迁补偿、小区物业服务与管理、商品房产权及房屋质量问题、集体经济组织成员资格问题、社会保障人员养老退休待遇等方面。

(范金慧)

【宣传培训】 区信访办开展以“畅通和规范群众诉求表达、利益协调、权益保障渠道”为主题的信访条例宣传月活动,引导教育群众依法有序反映诉求,促进各部门、各单位依法妥善处理信访问题。宣传月期间,设大型宣传站15个、社区宣传站128个、悬挂横幅100条、设立宣传展板300块、发放宣传材料4万余份。邀请市信访办接访处处长就如何做好新形势下信访接待工作进行专题讲座,各单位主管领导、信访干部和社区工作者220余人参加。坚持处级领导、专兼职信访干部陪同参与区领导信访接待制度,提高各级干部化解矛盾纠纷的能力。年内,区信访办2人次到国家信访局办信司脱产学习、1人到社区挂职锻炼,提高单位整体业务水平和工作能力。

(范金慧)

【排查调处】 区信访办落实四级网络排查机制,加强对重点时段、重点群体、重点地区和重点问题的排查。对排查出的重点矛盾纠纷,按照“责任不落实不放过,工作不到位不放过,隐患不排除不放过”的原则,建立工作台账,逐一分析研究,明确化解责任,落实领导包案,明确化解时限和工作进度。全年,区级层面进行3次矛盾纠纷排查工作,排查出各类矛盾纠纷105件,已化解95件,化解率90%。

(范金慧)

档案

概述

北京市石景山区档案局、档案馆(简称区档案局馆),是区委区政府负责档案工作的主管部门,与区地方志办公室合署办公。年内,全区档案工作紧跟发展大局,发挥资源优势,扎实推进档案基础业务、档案服务保障、档案文化建设等重点工作,在服务区域经济、城市发展和社会建设等领域取得良好效果。19家单位7292卷(件)档案接收移交进馆,接收政府公开信息文本881件,对馆藏1.8万余卷件档案进行清查,依法开展馆藏70个单位1480卷件档案的鉴定开放工作,经批准向社会新开放档案401卷,全区各级档案部门共接待利用者2332余人次,利用档案1549余卷次。区档案局馆荣获“2009－2012年度北京市档案系统先进集体”称号。

地址:石景山区杨庄东路69号

电话:68833005

邮编:100043

(刘爱君)

【档案知识社区巡讲】 4～9月,区档案局馆开展档案知识社区巡讲活动。活动采取档案知识讲座、发放学习材料、有奖问答和档案咨询等互动形式,内容涉及档案知识、档案馆藏民生档案种类介绍、档案馆利用服务方式及家庭建档的方法等方面,贴近百姓生活,解决百姓疑问,深受社区居民欢迎。活动覆盖全区9个街道社区,培训社区居民约600余人,发放各类宣传材料5500余份。

(刘爱君)

【首届“国际档案日”】 6月9日,以“档案在你身边”为主题的“国际档案日”暨第五届“档案馆日”活动在区档案馆举行。200余居民、大中学校师生各界人士参加。活动推出非遗实物档案展示和“石景山走过的路”主题展览等10余项特色内容。与“国际档案日”宣传相结合，在区属公园和9个街道的主要社区设立档案咨询宣传台，组织全区各有关单位和部门联动开展档案法制宣传活动。

（刘爱君）

【执法检查】 6月，区档案局馆对12家重点单位进行抽查，各单位加强组织领导，制订应急预案，落实库房“八防”要求，保证汛期档案安全。10月，开展全区范围内的档案安全隐患排查工作，对档案库房、阅览室、办公用房的设施、设备进行拉网式检查，排查率达到100%，对发现的问题，制定整改措施，明确整改时限，消除各类安全隐患。11月，联合区法制办开展档案行政执法检查，重点抽查包括迁址单位及形成重要档案的单位在内的13个立档单位，各单位围绕中心工作，创新档案服务机制，推进档案信息化建设。年内，首次将区立档二级单位列入档案执法检查范围，开展专项执法检查2次，综合执法检查1次，将其作为考核其上级单位档案工作的重要依据。

（刘爱君）

【法规培训】 9月29日，市档案局专家在区处级领导干部进修班上作题为《强化档案行政管理，增强依法治档实效》的辅导，列举档案案例，解析档案法律、法规在具体工作中的运用，增强全区领导干部的档案法制意识，受到参加进修的50多名处级领导干部好评。本区是全市档案系统首家将档案法律、法规培训纳入到处级培训班的区县。

（刘爱君）

【历史文化风情展】 9月29日～10月25日，区档案局馆在八大处公园重阳游山会期间，与西山八大处文化景区管委会联合推出《八大处历史文化风情展》大型展览。通过46块展板、300余幅档案资料，再现八大处千年历史。展览先后在八大处公园、杨南社区和特钢社区等地展出，观看群众累计2万余人次。

（刘爱君）

【编纂系列丛书】 12月，区档案局馆发挥部门优势，整合档案资源，编辑出版《档案历史文化系列丛书》。丛书以“突出档案特色、打造编研精品、彰显区域历史文化风采”为宗旨，分为3册：《八大处》《模式口》和《古城村》，共计20余万字，照片700余张，记录八大处、模式口、古城村3个地域的文物古迹和民俗风情。编写人员查阅档案300余份，收集资料近千份。

（刘爱君）

【档案工作登记卡】 区档案局馆总结往年台账管理的经验和不足，创新“抓基层、打基础”工作模式，由分片包干责任人深入基层单位进行全面调研，摸清底数，将其档案工作情况以卡片形式记录在案，建立起立档单位档案工作情况登记卡片，根据责任单位实际情况随时更新卡片内容，以实现对各单位档案工作的动态管理。全区67家单位已完成建卡，覆盖率达100%。

（刘爱君）

地 方 志

概 述

北京市石景山区地方志办公室（简称区志办）为区政府直属全额拨款参照公务员管理事业单位，与区档案局馆合署办公。年内，区志编辑部完成二轮志书初稿总纂，印制《北京市石景山区志<初稿>》（1996－2010），在全区广泛征求意见。8月通过市志办组织的志稿初审验收，成为全市第一个通过初审环节的区县志。《北京石景山年鉴》（2012）在全市年鉴质量检查评比中获三等奖。

地址：石景山区八角西街27号
电话：68880579
邮编：100043

（杜京珊）

【2013鉴出版发行】 《北京石景山年鉴》（2013）编纂工作按照年初计划安排有序推进，历经9个月，完成最终修订，交付印刷，向全区各单位分发1100本。全书共分栏目31个，分目136个，次分目193个，条目2083个，彩页65幅，图片213张，表格54个，总计135万字。2月开始征集入鉴资料，陆续收到全区近170家供稿单位共150万余字的初稿、随文图片260余张；《石景山报》提供照片3500余张。年鉴编辑部自4月初开始分纂、总纂，形成89万余字的征求意见稿；其中条目体部分为66万余字，特载、专文、附录等约23万字，于8月向各供稿单位征求意见，共收到条目、语句、语法、标点等反馈意见数千条。本鉴新增区房屋经营和市场管理中心，区域内25家金融单位首次参与编写，基本实现地区金融机构全覆盖。10月通过中华书局终审。本鉴对人物部分作较大调整，联系区委组织部等相关部门多次核实，以免遗漏、有误。将区委区政府四套

5月21日，区地方志编委会全体会 （区志办供稿）

班子领导成员、各工作机构负责人名录集中收纳，便于读者检索、查阅；收录有年度特色的本区优秀基层党建创新项目、创先争优优秀共产党员、防汛救灾工作先进集体和个人等，增强年鉴存史覆盖面。彩页紧密联系十八大精神，切合本区实际，分为"领导关怀""党的建设""经济建设""社会建设""生态建设""首钢集团""魅力石景山"7个版块，各单位自由供稿，区志办协助排版编辑，免费刊出。

（杜京珊）

【志稿通过市级初审】 区志编辑部完成志书初稿总纂，顺利通过市志办初审环节。修志人员按照年度编修计划，明确分工，扎实推进，于3月结束总纂，全书基本成型。包括概述、大事记、31编和2个专记等，约180万字，较为全面和系统地记述本区15年来的发展变化。5月完成《北京市石景山区志<初稿>》(1996－2010)印制。市志办于8月召开初审评议会，《北京志》常务副主编、市志办主任王铁鹏、《北京志》副主编谭烈飞等领导、专家发表评议意见，市志办副主任张恒彬宣读初审意见。与会人员认为该志稿政治上无缺陷，遵守国家法律、法规；资料性较强，可信度较高；篇目框架基本合理，行文较为通顺，符合志体，同意通过初审。同时也对志稿的篇目设计、语言表述、资料取舍、体例规范等方面提出许多修改意见和建议，希望在成书阶段精雕细琢，提高志稿质量，为下一阶段志书复审打牢基础。

（杜京珊）

【征求意见完善志稿】 《北京市石景山区志<初稿>》成书后，区志办向近300家承编单位下发征求意见通知，通过召开座谈会、实地走访等方式，征求首轮修志老同志、局级以上老干部等相关部门和人员的意见和建议，把好志稿质量和史实关。截至10月底征求意见结束，收集反馈意见605条，涉及编目设置、内容补充、文字表述等多个方面。按照区编委会要求，根据市级专家评审意见和各部门反馈意见，区志办召开主编会和编辑人员会议10余次，研究确定志稿框架结构、编目设置、记述形式的调整与修改。截至年底，完成各编、章、节、目的系统梳理，对交叉重复内容作出调整，并补充有关民俗风情、社区建设、商业贸易、教育、体育等方面的资料，把好志稿的体例关、政治关、质量关。

（杜京珊）

集体经济

概　　述

北京市石景山区集体经济办公室(简称区集体经济办)是主管全区集体经济各项工作的区政府职能部门，挂区动物卫生监督管理局牌子。年内，集体经济系统坚持"稳中求进"的工作总基调，在集体经济发展压力不断增大、困境困难叠加的严峻形势下，努力解决集体经济发展中的难点和问题，着力提高集体经济增长的质量和效益，大力提升集体经济的创新发展能力和管理水平。推进集体经济持续发展。主要经济指标呈现稳步增长，全系统实现总收入9.3亿元，同比增长6%；全年实现增加值4.4亿元，同比增长11%；上缴国家税金6150万元，同比增长2%；年度人均劳动所得32112元，同比增长8%。

地址：石景山区杨庄西口
电话：68861910
邮编：100043

（胡　浩）

【集体经济体改】 区集体经济办按照年初工作安排，启动八大处农工商公司的改制工作。该公司产权制度改革是全区最后一个村级集体经济组织改革，劳龄初步调查统计和老股金发放工作基本完成，改制工作获得区政府正式批复。完成麻峪工贸中心集体股权量化工作，推进华美天祥股东全员注册工作，确保改制后的集体经济组织真正成为"产权清晰、权责明确、政企分开、管理科学"的现代企业。推动社办企业资产处置工作，成立社办企业资产处置领导小组，完成人员、资产的摸底调查工作。

（胡　浩）

【推进信访维稳】 区集体经济办采取多项措施排查矛盾纠纷，在全国"两会"及各重大节日期间加大排查力度，防患于未然。分类梳理信访问题，科学合理解决好每一件信访诉求。全年接待来访172批次、829人次，同比分别下降4.4%和38%，其中集体访44批次、641人次，同比分别下降18.5%和45%。

（胡　浩）

【中心各项工作】 区集体经济发展服务中心加强内部管理，完善会议决策、固定资产管理等相关制度，推动各项工作科学有序开展；完成市、区部署的农机、种子、农药综合执法任务。全年检验农用车195台，立案查处2起；检查转基因，整顿市场76次，完成300个监督抽检样本，检测合格率100%，有效维护地区市场秩序。

（胡　浩）

【完成招商引资】 集体经济系统为招商企业提供载体资源信息，帮助引进企业办理工商注册、税务登记等手续、制作详细的项目说明书、网站投放广告，扩大招商影响力。全年新引进企业37家，企业注册资金2.25亿元，注册资金在100万元以上的企业21家，比计划多10家。截至年底，全系统累计引进企业167家，注册资金7.45亿元。集体经济办连续三年被评为区"招商引资工作突出贡献单位"。

（胡　浩）

【重点项目建设】 经区集体经济办与古城泰然投资公司共同努力，古城创业大厦被列为区政府年度十项重点工程项目。该项目建设规模7万平方米，定位为科学智能、绿色环保、壮美现代的高档写字楼。

（胡　浩）

【集体经济管理】 区集体经济办公室加强对基层单位经济运行和资源资产的监管。建立"农村经济在线审计系统"，完成设备调试和培训工作。强化审计监督，完成4个审计项目，涉及12个会计核算单位，累计审计总金额6.58亿元，查出审计问题9项，提出审计建议10条，针对问题，督促限期进行整改。加强经济合同规范管理，对所

9月27日，渔政监督执法　　（区集体经济办供稿）

属12个村级企业和农工商总公司经济合同进行全面检查清理，对新签合同进行电子备案，共计清理合同448份，涉及金额总计32亿元。清理问题合同66份，对存在的问题提出整改建议。提升科学化管理水平，保证集体经济运行的规范化和资源资产的保值增值。

（胡　浩）

【转居人员待遇】 全系统在岗劳动力年均收入、股东年均分红呈现双增长，平均增幅均在10%以上。为农转居无医疗保障老人和随政策转非无医疗保障老人，办理各项参保手续，发放大病保险补贴金共计39.3万元。组织送温暖活动，解决一批困难群众的具体困难，对“老人老办法”人员调整和补发生活补贴、医疗费共计581.9万元。

（胡　浩）

【转居人员就业】 区集体经济办下达农转居劳动力就业安置指导性指标，挖掘就业渠道，坚持农转居劳动力就业专项资金补助和奖励机制。全系统农转居劳动力总数为5177人，其中在岗人数4852人，就业率达到93.7%，比上年增加2.7个百分点。

（胡　浩）

【违建整治】 区集体经济办配合区环建办及各执法部门对南大荒园博会周边的环境进行整治，拆除3处计6000平方米违法建筑，清理沙石6万立方米。按照“打击违法用地违法建设”指挥部要求，推进违法建设拆除工作，共拆除违法建设193处，计95350平方米。完成文化中心建设项目中所承担的腾退工作。

（胡　浩）

【渔政监督】 成立渔政监督管理机构，与区水务、工商等部门配合建立渔政联合执法工作机制，加大渔政监督管理力度。共计查处违法垂钓30余起，出动执法车辆10余台次、执法人员78人次，对莲石湖公园、南马场水库水域进行科学合理的增殖放流工作，放流水域达1600余亩，放流鱼苗4万余尾。

（胡　浩）

外　事

概　述

北京市石景山区人民政府外事办公室（简称区外办）是负责全区外事和港澳事务的区政府工作部门。年内，深入学习贯彻党的十八大精神，在市政府外办指导和区委区政府领导下，围绕本区工作主题主线，服务现代化首都新城区建设大局，着力构建“大外事”“大开放”工作格局，不断提升外事科学管理水平和服务质量，拓宽对外交流与合作的广度和深度，加快推进区域国际化水平，为区域经济持续健康发展和社会和谐稳定做出新贡献。全年，区外办配合中央及市外事部门共接待党宾、国宾在内的29个国家的32批来访团组428人次，安排来宾到区属重点对外参观单位考察17场次，为43批132人次的顺利出访提供服务，形成具有实践意义的出访报告15篇，实现护照收缴率100%、按期注销率100%和护照的零丢失。

地址：石景山区石景山路18号
电话：88699516
邮编：100043

（冯　璨）

【对外交往】 1月，区外办配合市政府外办做好年度区县外办主任会筹备并在本区召开等工作。3月，接待土耳其安卡拉市市长代表团一行到石景山游乐园参观考察。4月，接待日本阿含宗访华团在灵光寺举办“中日共同祈祷世界和平法会”，并在中日佛教友谊林举行“中日佛教界植树活动”。同月，接待以埃塞俄比亚人民代表院副议长、议会妇女小组主席施塔耶·提扎祖为团长的埃塞俄比亚妇女代表团到区参观访问。7月，应日本东京都日中友好协会邀请，由5名教师和30名学生组成的市青少年夏令营代表团赴日进行友好访问，并与国际友城－东京都板桥区开展青少年间排球交流活动，完成青少年友好交流任务。9月，蒲公英国际青年创业园成为“美国挑战杯全球创业大赛”亚太地区的承办方。配合相关部门，做好中德“环境、冲突与合作”（ECC）巡展。11月，接待“笔尖下的中国——欧洲考察团”中意大利《共和国报》国际部记者弗朗西斯科·米莫先生进行家庭交流。全年共接待党宾、国宾在内的29个国家的32批来访团组428人次，安排来宾到区属重点对外参观单位考察17场次。12月，杨东起率团赴美国丹佛成功申办“2014年国际奥林匹克机器人竞赛”。同月，完善本区企业人员申办APEC商务旅行卡暂行管理办法，加大APEC商旅卡宣传推荐和申办服务力

度，全年受理6家企业的11个申请。

（冯 璨）

【涉外服务】 区外办以维护全国“两会”等敏感节点的涉外安全稳定为中心任务，以落实实行部分外国人72小时过境免签政策为契机，狠抓涉外管理与服务水平双提升，完成春节、元旦、十一等假期和全国“两会”、十八届三中全会、中日佛教界共同祈祷世界和平法会等重要节点和重要活动的涉外防控和维稳任务。完善涉外管理台账，发挥涉外突发事件应急管理联动机制的作用，完善境外非政府组织联席会议、境外记者管理联动机制和定期会商机制。做好因公出国（境）人员的行前安全和领事保护、文明素质教育，与区文明办、区旅游委、区公园管理中心制发提升本区公民旅游文明素质的通知，宣传境外领事保护知识，维护涉外企业和公民在海外的合法权益，全年接待路透社、美联社、CNN、NHK等36家境外主流媒体记者约100人次。10月，配合市有关部门做好市能源结构调整情况境外媒体集体采访活动。

（冯 璨）

【重点领域交往】 区外办支持、指导重点领域开展国际友好交流，全年共有8所学校与境外学校建立友好学校关系，3所学校通过聘请外籍教师初审，1所学校取得招收外籍学生资质。3月，美国国家大教堂学院代表团来到古城中学进行友好交流访问。4月，瑞典Rosendals高中师生代表团就可持续发展项目到北京市九中交流访问。7月，协调区教委组织19名英语教师和部分骨干教师赴澳大利亚执行“2013年基础教育英语教师教学设计能力提升培训”项目，境外培训27天。8月，支持区图书馆组团赴新加坡、泰国、印度尼西亚参加第79届国际图联大会、卫星会议和会前会。9月，组织相关单位、行业部门的干部“走出去”，学习美国经济社会可持续发展的先进理念和经验做法，境外培训21天。10月，邀请参加国际青年组织论坛的65名外籍青年代表参观京原路7号社区青年汇。11月，支持区教委组团赴德国开展可持续发展教育交流项目，六一小学与维德达姆学校签署“中德可持续发展教育国际合作协议”。

（冯 璨）

【友好代表团来访】 4月2日，以希腊雅典市议员、雅典市移民融合委员会主席玛利亚·科弗里女士为团长的希腊青年领袖代表团一行参观中国华录集团和北京漫游谷信息技术有限公司等驻区文化创意企业。5月22日，应中联部邀请，多国政党与媒体联合考察团到区交流访问，考察团一行参观八角街道温馨家园和社区活动中心，走进6户群众家庭进行民宿交流，体验北京居民生活。9月25～26日，以麻浦区生活体育会会长金熙泰为团长的韩国首尔特别市麻浦区少年足球代表团一行25人应邀到区友好访问。代表团分别与北京景山学校远洋分校、北京市京源学校小学部的少年足球队举行足球友谊赛。访问期间，区外办主任在观看足球比赛及欢迎晚宴时顺势切入“法轮功”话题，揭露其邪教本质，取得成效。同月26日，以巴西南大河州科学、创新与技术发展局副局长葛西亚·豪泽尔女士为团长的友好代表团来区访问。代表团参观驻区企业趣游科技公司和石景山科技文化产业融合发展展览，听取趣游公司基本概况和轻文化产业园建设情况，双方就科技园区概况、中国数字创意产业联盟、文化创意产业等议题进行交流。

（冯 璨）

【友城交流合作】 区外办加强与有关部门之间的相互沟通，实现友城工作主体由外事部门“一元化”向各部门团结协作的“多元化”方向转变。6月，夏林茂率团赴意大利罗马市访问并签署与该市第八区友好交流与合作备忘录。7月14～18日，应麻浦区区厅长朴弘燮邀请，由先锋小学3位教师和19名学生组成的区青少年足球团一行22人，赴韩国首尔特别市麻浦区访问。同月，派遣励耘学校35名师生参加市青少年夏令营，赴日本东京都板桥区友好访问。11月，在“2013板桥区国际交流节”上展出反映本区自然风光和经济社会发展风貌的照片77张。同月，张文华随区县人大代表团赴日访问开展友好交流，会见友城－板桥区议会议长茂野善之先生、墨田区议会议长冲山仁先生。12月，岳德顺率团赴俄罗斯赤塔市访问并与该市杜马签署开展友好交流与合作备忘录。推进“两国三地”旅游线路的宣传推介，拓展海外旅游市场，为丽贝亚集团与俄方开展木材业务牵线搭桥。推进石景山游乐园“赤塔风情园”和俄罗斯风情文化广场建设项目，落实多项“两国三地”友好交流工作。

（冯 璨）

5月22日，外宾走访八角街道 （区委宣传部供稿）

【国际太极柔力球交流】 9月15日，由市对外友协、市体育总会、北京体育大学、市残联、市侨联、区政府共同举办，区外办、体育局、文化委、旅游委共同承办的“2013年北京国际太极柔力球交流大会”在石景山体育馆举行。大会邀请来自中国、俄罗斯、英国、法国、德国、比利时、意大利、埃及、白俄罗斯、日本、韩国、哈萨克斯坦、越南、泰国、缅甸、尼泊尔、中华台北、中国香港等多个国家和地区，以及来自北京、天津、上海、山西、陕西、江西、浙江7个省市，共54支代表队650多名运动员参加展演和比赛，吸引千余名太极柔力球爱好者欢聚北京，拓展民间国际交往渠道，推进太极柔力球的普及。

（李　威　冯　瓅）

【国际语言环境建设】 全年，区外办举办窗口行业外语培训活动10次，2000余人次参加，提升窗口行业从业人员的外语应用能力。做好“世界旅游城市联合会总部基地”外语标识的前期审核工作，完成八大处中国园林茶文化节宣传标语口号、石景山创新服务大厦“西山汇”商务楼宇英语标识规范工作。14家单位完成自查整改工作，发现不规范外语标识牌40余处，新增英语标识牌100余块；10家单位对英文菜单进行更正，8家单位新增英文菜单；配合做好《北京市组织机构、职务职称英文译法汇编》修订工作，新增组织机构名称5条，修改32条，废除5条，答复各单位组织机构和职务职称译法问题40余次。10月，组织参加北京外语游园会。同月举办市民讲外语活动周，评选出本区市民讲外语学习之星20名、4个市民讲外语活动基地，其中新华社社区被评为“北京市市民讲外语活动基地”。12月起，在《石景山报》上刊载《常用英语700句》，方便群众学习英语。

（冯　瓅）

【因公出国（境）管理】 区外办完善外事管理制度，依靠制度管权管人管事，探索加强因公出国（境）管理新办法，按全市统一要求全面实施因公电子护照的签发工作，全年本区出访团组和人员没有发生一起涉及政治、经济、安全等违纪违规事件，完成全年因公出国（境）量化管理与服务任务。探索管理办法，制定本区因公出国（境）工作暂行办法，提出因公出国（境）工作需遵循的各项原则，并重申因公出访团组团长负责制。固化出访团组行前会制度，加强对出访人员的教育培训，组织学习外事纪律有关文件，严格执行因公出访团组使用境外安排单位的审核程序，将境外安排单位情况列入外事工作的检查范围。制作因公出国（境）公示流程图，在全区范围内加强因公出国（境）公示管理，实行在出访前和出访后对团组有关事项进行内部公示，遏制一般性考察、持用因私证件执行公务、出访费用超标等现象，让因公出访工作在阳光下进行，确保实现“带着任务去，带着成果回”。

（冯　瓅）

石景山区人民政府区长、副区长

区　长　夏林茂

副区长　文　献　田利跃　李　艳（女，12月请辞）　司马红（女）　杨东起　刘亚泉

石景山区人民政府工作机构主要负责人

政府办主任	种　磊
发改委主任	高　明（3月免）
	岳林华（5月任）
教委主任	叶向红（女，9月免）
	郝显军（蒙古族，9月任）
教育督导室主任	刘志成（1月免）
科委主任	王亚迅
知识产权局局长	王亚迅（兼）
经信委主任	李元涛
监察局局长	许景山（兼）
行政投诉中心主任	许景山（兼）
民政局局长	王军辉
财政局局长	陈　伟
人力社保局局长	梁建新
环保局局长	李元员（女，5月任）
住建委主任	肖　平
市政市容委主任	高殿亮
水务局、地震局局长	高殿亮（兼）
商务委主任	宋世媛（女）
文化委主任	高洪雁（女，12月免）
卫生局局长	葛　强
动物卫生监督管理局局长	葛　强（兼）
人口计生委主任	张　帆（女）
审计局局长	王亚兰（女）
社会办主任	沈代平（副区级）
国资委主任	杨贵宝
监事会主席	杨贵宝（9月免）
	高　竹（女，9月任）
安全监督局局长	杨文明（7月免）
	韩从笔（7月任）
体育局局长	李劲挺
统计局局长	岳林华（5月免）
	李路海（5月任）
园林绿化局局长	付建国（11月免）

吴 燕(女,11月任)
旅游委主任 宋 平(女)
民防局局长 崔 泽
集体经济办主任 孙金生
民宗侨办主任 肖 贝(5月免)
高国强(5月任)
外事办主任 斯琴格日勒(女,蒙古族)
法制办主任 张培莉(女)
信访办主任 杜 涛
金融办主任 杨京春(女)
城市管理监督指挥中心主任 田利跃(兼)
城市管理监督指挥中心常务副主任
高殿亮(兼)
研究室主任 赵恩国(苗族)
中关村科技园区石景山园管委会主任 张晋福
西山八大处景区管委会主任 司尚国(兼)
行政服务中心主任 李景利
西建办主任 田利跃(兼,7月任)
城管监察大队大队长 冯重北

档案局(馆)局(馆)长 张相明
区志办主任 张相明(兼)
投促局局长 徐 涛
机关行政事务管理处处长 张建刚
环卫中心主任 张玉国(10月免)
梁锁生(10月任)
广电中心主任 魏志安
公园管理中心主任 王金兰(女)
八大处公园管理处主任 王金兰(女,1月免)
刘云清(9月任)
石景山医院院长 付 锐(12月免)
房屋征收事务中心主任 傅庆华
流管办主任 刘道东(兼)
维稳办主任 朱钢银(兼)
工商分局局长 高树田(12月免)
李广隆(12月任)
地方税务局局长 张兴明
气象局局长 赵焕勇(7月免)
食药监局局长 高德友(9月任)

政治协商会议石景山区委员会

中国人民政治协商会议北京市石景山区委员会(简称区政协),是中国人民政治协商会议北京市石景山区地方组织。九届政协委员会有委员193名,由27个界别组成。区政协常务委员会是区政协的常设机关,主持政协日常工作,召集并主持政协委员会会议。九届政协常委会组成人员33人,其中主席1人、副主席6人、秘书长1人、常委25人。下设办公室、研究室、专委会工作一室、专委会工作二室、专委会工作三室、专委会工作四室、专委会工作五室、专委会工作六室8个办事机构,行政编制27人。区政协牢牢把握团结和民主两大主题,坚持把“促发展、促民生、促稳定”作为工作的总要求,深化大局观念,紧扣党政重点工作,建实言办实事。认真履行政治协商、民主监督、参政议政职能,全年召开全体会议1次、常委会会议6次、主席会议10次,开展4项专题调研,形成主席会建议案4个,九届二次会议共收到提案196件,经审查立案188件,全年收集社情民意信息430条,向区委、区政府和市政协编发报送社情民意信息112期,市、区领导批示90期次,解决一批群众关心的经济发展、交通出行、环境卫生等问题。注重抓关键,把助推国家服务业综合改革试点区建设作为全年工作的重中之重。采取“四力合一”的措施助推试点区建设,即:把促进试点区建设作为年初向市政协全会提交的一份重要提案;作为区政协常委理论研讨会的主题;作为政协主席和政协专委会调研的课题。其间,组织各民主党派主委赴重庆市渝中区对试点工作进行专题调研。在区内开展产业发展、城市环境建设和支撑服务建设等13次调研活动,形成区政协常委会建议案。注重抓重点,把助推重点工程作为履职之要。组织视察北京西北热电中心建设工程和五里坨规模学校建设工程,视察北京西山八大处文化景区建设等工程,为区内重点工程建设“把脉”。注重挖潜力,把开展招商引资工作作为份内之事。调动委员积极性,发挥委员联系广泛等优势,主动服务招商、积极参与招商、全力支持招商,全年引进企业44家,注册资金超过158亿元。区政协工作有作为、有活力、有成效,为促进地区经济社会发展作出新贡献。

地址:石景山区石景山路18号
电话:88699212
邮编:100043

(李如松)

重要会议

概　　述

区政协的重要会议包括全体会议、常务委员会、主席会议。在常委会领导下,围绕全区大局和中心工作,认真履行政治协商、民主监督、参政议政职能。全年召开常委会会议6次、主席会议10次,形成主席会建议案4个。

(李如松)

【区政协九届二次会议】 1月8~10日在京燕饭店举行。会议审议并通过岳德顺代表九届政协常委会所作的工作报告;审议并通过提案工作情况报告;审议通过区政协九届二次会议期间提案审查情况报告;通过区政协九届二次会议政治决议。列席区第十五届人民代表大会第三次会议,听取并协商讨论政府工作报告和其他专项报告;举办委员咨询活动;9名委员作大会发言;收到委员提案196件,立案188件。市政协常务副主席沈宝昌出席开幕式,区领导荣华、夏林茂、赵玉民、吴克瑞等参加开幕式和闭幕式。区委、区政府各职能部门负责人、部分驻区的市政协委员应邀列席会议。

(李如松)

1月8日,区政协九届二次会议　　(区委宣传部供稿)

【主席会议】 年内召开10次。2月20日,岳德顺主持召开区政协九届九次主席会。会议审议通过区政协当年常委会工作要点(草案);审议通过各专委会工作计划(草案);审议通过新修订的区政协第九届委员会相关制度(草案);审议通过区政协关于切实发挥界别作用的意见试行草案;审议通过区政协九届八次常委会议程(草案)。5月2日,岳德顺主持召开区政协九届十次主席会。听取区政协委员培训情况汇报,并决定向区九届政协第九次常委会汇报;审议并原则通过新修订的区政协第二批相关制度(草案),决定将政协秘书长、副秘书长工作规则等5项制度提交九届区政协第九次常委会审议;审议并通过九届区政协第九次常委会议程(草案);审议并通过委员资格事项,并向九届区政协第九次常委会通报;会议审议并通过人事任免事项,决定提交九届区政协第九次常委会审议。同月23日,岳德顺主持召开区政协九届十一次主席会。组织主席会议成员到区人力社保局就劳动就业情况进行视察协商。视察区人力社保局服务大厅，听取区人力社保局关于全区就业工作情况的汇报，并就相关工作进行协商讨论，提出意见和建议。6月20日，岳德顺主持召开区政协九届十二次主席会。会议听取各专委会上半年工作情况的汇报。对下半年工作提出要求。7月4日，岳德顺主持召开区政协九届十三次主席会。会议审议各专委会调研报告和建议案，并提出常委会建议案建议，确定主席会议建议案；听取区政协第22次理论研讨会筹备工作的汇报；审议九届区政协十次常委会议程；审议增补九届区政协委员事项；审议增补九届区政协副秘书长事项。同月9日，岳德顺主持召开区政协九届十四次主席会，审议人事任免事项、增补委员事项。18日，岳德顺主持召开区政协九届十五次主席会。组织主席会议成员对旅游产业发展情况进行视察调研。实地视察首钢工业文化旅游区规划建设情况，听取区旅游委关于旅游产业发展情况的汇报。9月23日，岳德顺主持召开区政协九届十六次主席会。会议审议区政协关于聘任特邀委员的办法（试行）、审议区政协拟聘特邀委员名单（草案）。11月7日，岳德顺主持召开区政协九届十七次主席会。会议听取区政协各专门委员会工作总结汇报；听取关于网络游戏产业知识产权保护、大气污染防治、创新职业教育发展及加快推进模式口古镇保护和开发利用主席会建议案办理情况答复；审议区政协城市管理民主监督小组工作制度及人员名单（草案）；审议通过区政协九届十二次常委会议程（草案）。12月11日，岳德顺主持召开区政协九届十八次主席会。会议审议并通过区政协当年常委会工作报告（草案）、下年工作要点和常委会提案工作情况报告（草案）；审议并通过九届区政协第三次会议议程，日程，秘书处秘书长、副秘书长建议名单（草案），秘书长各组职责（草案），会议小组召集人建议名单（草案），列席单位建议名单（草案）和委员、列席单位分组建议名单（草案）；审议并通过区政协关于表彰当招商引资先进个人、优秀提案、优秀调研报告、优秀社情民意和委员承诺活动先进个人的决定及名单（草案）；审议并通过区政协关于下年继续深入开展“我是委员我承诺，我为发展做贡献”主题实践活动的意见（草案）；审议并通过区政协关于增补委员建议人选名单（草案）；审议并通过区政协第十三次、十四次常委会议程。

7月18日，到首钢调研　　（区委宣传部供稿）

（李如松）

【常务委员会会议】 年内召开6次。2月27日，于秀云主持召开区政协九届八次常委会。会议审议通过区政协2013年常委会工作要点（草案）；审议通过新修订的区政协第九届委员会部分制度（草案）；审议通过区政协关于切实发挥界别作用的意见试行草案。5月6日，高杰主持召开区政协九届九次常委会。会议听取区纪委关于党风廉政建设情况的通报；区发改委关于国家服务业综合改革试点区建设进展情况的通报；听取2013年区政协委员培训情况通报；审议并原则通过新修订的区政协第二批有关制度（草案）；通报委员资格任免事项；审议并通过人事任免事项。7月10日，岳德顺主持召开区政协九届十次常委会。会议审议通过区政协关于《我区国家服务业综合改革试点区建设》建议案，审议通过人事任免事项和委员增补事项。10月17日，开展区政协九届十一次常委会议视察活动。岳德顺与部分政协常委就北京市西北热电中心和五里坨规模学校建设情况进行会议视察，召开工作座谈会，听取区住建委关于区十项重点工程建设情况的汇报，副区长高重瞳参加本次常委会视察。11月21日，刘国庆主持召开区政协九届十二次常委会议。会议听取区政府《关于加快我区国家服务业综合改革试点区建设的建议案》办理情况报告；审议通过区政协城市管理民主监督小组工作制度（草案）；学习并传达中共十八届三中全会精神。12月12日，刘建国主持召开区政协九届十三次常委会。会议审议并通过区政协2013年常委会工作报告（草案）和常委会提案工作情况报告（草案）；审议并通过九届区政协第三次会议议程、日程和会议小组召集人建议名单（草案），议程提交九届三次全会预备会通过；审议并通过区政协关于表彰当年招商引资先进个人、优秀提案、优秀调研报告、优秀社情民意和委员承诺活动先进个人的决定及名单（草案）；审议并通过区政协关于下年继续深入开展“我是委员我承诺，我为发展做贡献”主题实践活动的意见（草案）；审议并通过区政协关于增补委员建议人选名单（草案）。

中国人民政治协商会议北京市石景山区第九届委员会

主　　席　岳德顺

副 主 席　刘国庆　司尚国　刘建国　赵继新　高　杰　于秀云(女)

秘 书 长　刘福利

常务委员　王　强　王亚迅　王明生　王泽群　毛　轩　左小兵　白德骏(回族)　刘志成　魏志强　王智勇　刘东晖(满族)　杨学兵　苏文颖　李凤芹(女)　汪礼俊　张　文　张　杰　张军柱　张春禄　陈文彰　赵　红(女)　赵建平　释常藏　秦玉山　郭绍华

石景山区政协专门委员会负责人

经济科技委员会主任　刘卫东

社会法制与民族宗教委员会主任　刘丙杰

城建环保委员会主任　孙立忠(7月免)
王智勇(7月任)

教文卫体委员会主任　杨玉玲(女)

提案委员会主任　于惠兰(女)

学习与文史委员会主任　蒋志谋(7月免)
蒙树红(女,7月任)

石景山区政协工作机构负责人

政协党组成员、秘书长　刘福利

政协党组成员、副秘书长、办公室主任　王彦明

政协研究室主任　蒋志谋(7月免)
刘　威(7月任)

政协专委会工作一室主任　刘卫东

政协专委会工作二室主任　刘丙杰

政协专委会工作三室主任　孙立忠(7月免)
王智勇(7月任)

政协专委会工作四室主任　杨玉玲(女)

政协专委会工作五室主任　于惠兰(女)

政协专委会工作六室主任　蒋志谋(7月免)
蒙树红(女,7月任)

北京 2014
石景山年鉴
BEIJINGSHIJINGSHANNIANJIAN

纪检·监察

石景山区2013年党风廉政建设暨深化廉政风险防控管理工作会

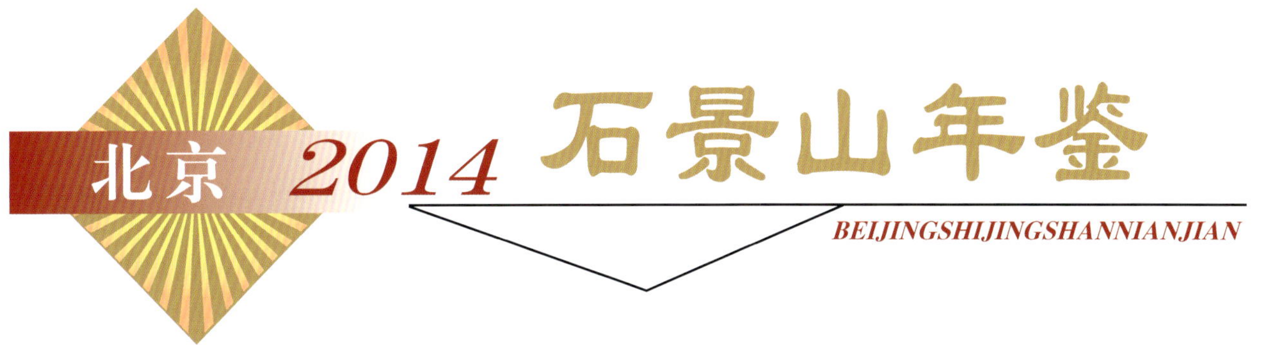

中共石景山区纪律检查委员会机关(简称区纪委)和北京市石景山区监察局(简称区监察局)合署办公,在区委、区政府和市纪委监察局双重领导下开展工作。内设10个职能部门,2个巡视组,2个联合纪检组,区行政投诉中心挂靠在区监察局。3月成立电子监察中心,10月增设预防腐败局、党风政风监督室,撤销领导干部廉洁自律工作室、纠正部门和行业不正之风办公室。全区有41个单位设置纪检监察机构,其中有10个纪委、14个纪工委、11个纪检组、35个监察科。区纪委有委员29人。年内,围绕区委中心工作,坚持党要管党、从严治党方针,切实履行《党章》赋予的职责,努力构建惩防腐败体系,深入推进党风建设和反腐败斗争。严格贯彻落实中央八项规定精神和市委、区委有关规定。抓住元旦、春节、中秋等重要时间节点,印发加强廉洁自律的相关工作通知,督促领导干部进一步做好廉洁自律工作,狠刹公款送贺卡送节礼、公款吃喝、公款旅游和奢侈浪费等不正之风。区委常委会和全区各级党政班子认真学习中央八项规定精神,通报市纪委查处违反八项规定案件工作专题会精神,及时选择有代表性、影响力的典型案例开展警示教育,达到惩处违法行为、震慑违纪分子和教育广大干部的目的。各级纪检监察组织认真履行执纪、问责、把关职责,加大对违反八项规定精神情况案件的调查和处理力度,建立查处情况月报告制度,共查处违反八项规定案件4件。严肃查办违纪违法案件。全年受理信访举报105件次,初核违纪线索44件,同比增长57%;立案19件,同比增长171%;结案12件,给予党纪政纪处分12人。发出《检查建议书》1份,帮助某区属国有企业堵塞经营漏洞并追回欠款一百多万元。制定实施信访举报月报告制度,下发原北京万商投资发展有限公司副总经理祝贵财等人严重违纪违法案件的通报,在全区党员干部中产生较大反响。加强对市、区重大决策部署的监督检查。重点开展对区政府折子工程、老旧小区改造、打击违法用地违法建设、东下庄房屋征收、重大项目建设等重大决策部署落实情况的监督检查。围绕十项重点工程、食品安全管理及保障性住房工作进行立项效能监察。协助市调查组开展10·11火灾事故调查工作,对《"10·11"火灾事故损失赔偿工作方案》的落实情况进行重点督查。加大行政投诉直查力度,受理投诉件48件,直查14件,直查率达到29.2%,查实11件,查实率为22.9%。受理"政风行风热线"715件,办结603件。加强对党政机关和领导干部行使权力的监督。对各单位贯彻落实党风廉政建设责任制情况进行检查,并按照新制定的责任制检查百分量化考核标准进行打分。深入推进廉政风险防控"三个体系"建设,全面开展清权确权工作,全区81家单位共清理确权事项10505项,集体决策事项1048项。各处级单位严格执行处级党政主要领导不直接分管人、财、物等重要事项的办法(试行)。对古城创业大厦等重大投资项目和老旧小区综合治理、便民工程等143个项目累计8.83亿元资金进行重点防控,确保资金使用安全、有效。积极推进电子监察平台建设。行政投诉和效能监察信息系统正式投入使用。开发行政投诉手机客户端软件,解决投诉案件中取证难、定性难的问题,引起社会广泛关注。加强党员干部廉政教育和管理。以"转作风、讲清廉、促发展"为主题,以"五廉"教育活动为主线,开展多种形式的廉政教育活动,对全区454名后备干部进行廉政法规测试,试点开展科级干部任前廉政测试;开展网络舆情收集和网络评论工作,加强网络宣传和引导;全面推进廉政文化产品创作,征集廉政微小说、廉政公益广告等作品1200余件。加强纪检监察机关自身建设。制定印发监察科长选拔任用工作的暂行规定(试行),进一步规范监察科长选拔任用工作。对全区140余名专兼职纪检监察干部进行集中培训。初步建立行政监察人才库,首批11个单位的15名人才顺利入库,增强专业监察力量。

地址:石景山区石景山路18号
电话:88699315
邮编:100043

(李 颖)

【电子监察】 区监察局在全市率先开展行政投诉手机客户端的开发、运行工作。1月,对全区11家试点单位进行培训,行政投诉模块上线运行。4月,十项重点工程、食品安全、住房保障3个效能监察项目,完成立项、签收和回执网上办理,系统对项目全过程进行监管,形成完整的区、受检单位两级的工作台账和问题台账。6月,行政

2月26日,廉政风险防控工作部署 (区委宣传部供稿)

投诉信息系统全区范围内推广应用，办理反映本级行政机关及工作人员有关行政行为和行政效能问题的投诉。7月后，开展行政服务大厅行政业务审批和监督系统开发工作，推进行政投诉模块市、区两级对接。10月在全区范围上线运行，《法制晚报》《北京日报》《北京晨报》等16家新闻媒体对此进行报道。行政投诉手机客户端的应用，让投诉人在办事现场第一时间将录音、视频、图像等资料通过手机上传至行政投诉信息系统，具有手机直接投诉、投诉过往信息查询、个人信息管理、96160电话直拨等功能，切实解决投诉调查取证难的问题，真正做到"用事实说话，用数据说话"，提高行政投诉办理质量和效能。

（王　雪）

5月31日，教育月主题党课　（区纪委供稿）

【廉政风险防控管理】 2月26日，区委召开党风廉政建设暨深化廉政风险防控管理工作会。在总结上年6家试点单位工作经验的基础上，下发当年廉政风险防控管理工作要点，编印《廉政风险防控管理工作手册》，明确目标、任务、时间节点和责任部门，在全区各单位全面推进廉政风险防控管理工作。4~7月，结合工作进度安排，举办四次专题业务工作培训。9月底，下发处级党政主要领导不直接分管人、财、物等重要事项的办法（试行），明确科学配置权力，坚持"正职监管、副职分管、集体领导、民主决策"工作方式。截至12月底，全区81家单位共清理确认涉权事项10505项，集体决策事项1048项。建立健全相关制度1116项，对外公开各类信息4864项，规范自由裁量权653项。

（穆志斌）

【电子监察中心成立】 经区编办批准，于3月设立。该中心为区纪委（区监察局）所属相当正科级全额拨款事业单位。主要职责是：负责电子监察系统的建设、开发、管理、运行和维护，利用信息网络技术为纪检监察工作提供技术支撑和服务保障；负责区廉政网络建设，电教资料的采集与制作和纪检监察业务培训工作。

（李　贤）

【重点工程立项监察】 3月25日，区监察局制定下发对当年十项重点工程建设实施立项效能监察的通知。成立由区监察局、行政投诉中心、区政府督查室、发改委、住建委、审计局、财政局、重大办组成的检查组，并邀请区政府特约监察员参加。采取听取汇报、查阅相关文件和资料、明察暗访、参加重点工作部署会和现场办公会、发现问题调查和督办、责任追究等方法，从工作部署是否落实到位、投标和工程建设是否依法合规、资金管理使用是否安全规范透明、工程建设是否按倒排工期、有关职能部门是否履行监督检查职责、项目建设过程中是否存在违法违纪行为六方面情况进行监督检查。

（王　勋）

【食品安全立项监察】 3月25日，区监察局制发对当年食品安全开展立项效能监察的通知。成立由区政府督查室、区食品安全办、工商分局、卫生局、审计局、财政局等参加的区食品安全工作监督领导小组，办公室设在区纪委监察局；同时建立监督检查领导小组联席会议制度。监督领导小组重点对食品安全重大决策部署落实情况；食品安全基础建设、日常规范制度建设和日常监管任务的完成情况；各部门履行食品安全监管职责、完成单项重点工作情况等几方面开展监督检查。年内未发生重特大食品安全事件，在各项工作中也未出现违法违纪问题。

（王　勋）

【保障性住房立项监察】 3月，区监察局制定下发对住房保障工作开展立项效能监察的实施方案及监察通知书。成立由区监察局、区行政投诉中心、区政府办督查室、区党风廉政监督员、区政府特约监督员组成的联合检查组，对14个被监察单位、10个保障性住房审核窗口和相关建设工程开展检查。打造"六个环节"，即在房源筹集环节、准入轮候环节、分配管理环节、运营管理环节、退出管理环节和投诉处理环节，排查廉政风险点，建立预警防控机制，确保保障性住房政策落到实处。参加4次保障性住房廉政风险防范工作联席会议，审核并原则同意解决71户特殊困难家庭住房问题，对2起群众举报保障性住房家庭骗租骗购案件进行调查取证。

（王　雪）

【纠风工作】 区纠风办在卫生系统内围绕抵制和预防收受"红包""回扣"，开展"一和三同"（和谐医患，同拒红包、同抵回扣、同葆健康）活动，围绕提高医疗服务质量，开展"三好一满意"（服务好、质量好、医德好，群众满意）

活动。全年受理市、区两级“政风行风热线”信件606件,全部办结。在教育系统,3月,开展公办中小学及幼儿园共建情况调研。4月,对实验幼儿园等10所学校和直属单位的教育收费情况进行检查。9月对石景山区第二幼儿园等12所中小学校、幼儿园教育收费行为进行专项检查。10月18日,市纠风办、市政风行风评议五组对石景山区政风行风热线工作进行现场评议。

(穆志斌)

【教育月活动】 4~5月,区纪委在全区党员干部中开展第22个党风廉政建设宣传教育月活动。活动以“转作风、讲清廉、促发展”为主题,以“五廉教育”活动为主线,以处级领导干部为重点,以全区党员干部为主体。活动内容包括:“学廉”——深入学习党的十八大报告、党章、十八届中央纪委二次全会和十一届市纪委二次全会精神、《中国共产党党员领导干部廉洁从政若干准则》、廉政教育警示教育片。“讲廉”——区委主要领导为区、处两级领导干部作题为“以优良作风真抓实干去实现伟大的人民梦”的党课,各单位党政主要领导讲党课50余次,受教育党员干部5000余人次。“践廉”——各单位处、科两级领导结合本单位本岗位特点签订“践廉承诺书”,将为群众承诺的践廉事项公开;围绕落实中央八项规定,组织开展廉政微小说、平面廉政公益广告、读书思廉征文、廉政短信、格言警句、照片等作品征集活动。“述廉”——各单位结合本部门实际召开述廉会,班子成员撰写述廉报告,公开述廉。“颂廉”——组织党员干部参观《光辉典范——抗战时期中国共产党党风廉政建设》主题展览;组织全区35岁以下及近两年新任处级干部到区法院大法庭旁听庭审活动;对社会上的廉洁楷模及单位内部的廉洁自律先进人物进行宣传,评选本单位勤廉之星。

(刘　霞)

【案件查办】 区纪委全年初核违纪线索44件,初核率81%,初核数量比上年增加63%,其中初核结31件,经初核转立案13件。全年新立案14件,其中大要案4件,新立案数比上年上升133%。坚持有案必查,有腐必反,把查办案件工作摆在更加突出的位置,严格依纪依法安全文明办案,努力提升查办案件的质量和水平。强化同公安、检察、审判、审计机关等在信息沟通、线索移送等方面的协调配合,不断增强协同办案能力。在加大办案力度的同时,突出查办案件的治本功能和综合效益。4月,针对一起严重违纪违法的典型案件,在全区范围内进行通报,增强对广大党员干部警示教育的针对性和有效性。9月,对办案中发现的某国有控股企业管理不规范等问题,及时发出纪律检查建议书,以查促改,帮助企业堵塞经营漏洞并追回欠款100余万元。

(刘铁飞)

【任前廉政知识测试】 5月初,区委常委会研究通过关于加强领导干部反腐倡廉教育的实施方案,提出“建立领导干部廉政评价体系,在领导干部选拔任用过程中,开展处级、科级干部任职前廉政法规知识考试。”区纪委与区委组织部共同组织任前廉政法规知识测试工作,作为处级后备干部集中调整工作的组成部分,考试成绩作为干部选拔任用的重要参考依据。测试时间安排在处级干部进入干部后备库之前,在通过面试及组织人事考察后。测试内容主要包括反腐倡廉建设的指导思想、基本原则、方针政策及工作部署和要求,党的各项纪律要求和党内监督、干部选拔任用、党风廉政建设责任制及领导干部廉洁自律等相关内容。首批测试由区纪委根据测试内容设立题库在石景山政务信息网上予以公布,考试以闭卷形式进行,实行百分制,设置合格线。测试对象为拟进入副处级及正处级后备库人员。全区454名正、副处级后备干部及非中共优秀干部参加此次测试,合格率100%,优秀率98.6%。

(刘　霞)

【信访举报月报告】 5月3日,召开全区纪检监察系统信访案件工作会。依据市纪委实行案件线索统一管理的有关要求,制定下发相关通知,在全区纪检监察系统实行信访举报月报告制度。及时了解基层单位纪检监察信访工作动态,进一步提高基层信访事件的办结效率,推动基层纪检监察组织处理信访工作力度。

(董　影)

【民主评议】 区纪委监察局制定下发开展2013年民主评议工作的通知,将民主评议工作分为民主评议系统行业、民主评议重点服务窗口和民主测评三部分。7~9月,组织党风监督员和特约监督员、群众代表750名,发放调查问卷1000余份,对9个社区卫生服务中心和18个重点服务窗口进行民主评议,收集群众意见建议50余条。制发500余份统计问卷,对统计教育、卫生、银行等7个系统16个部门进行测评工作。将八角街道范围内的公安派出所、城管分队等8个基层站所列为试点部门。9月25日,市纪委监察综合室主任参加八角街道“两规范一提高”民主评议基层站所会议。10月25日,市调研组对试点工作进行调研。

(穆志斌)

【行政监察人才库】 9月13日,在行政监察人才库专业人才第一次工作会上,区纪委监察局向15名人才颁发聘书。此前,建立石景山区行政监察人才库,第一批11个单位的15名人才入库。此举解决行政监察“三多一少”矛盾(即行政监察所涉及的领域多、部门多、知识多与具备各类专业知识和技能的人员少之间的矛盾),丰富监督手段,缓解人员不足,提升行政监察专业化水平。

(王　勋)

【纪检监察干部培训】 10月21~24日,区纪委组织全区专兼职纪检监察干部在区委党校开展为期4天的集中培训,培训内容涉及当前反腐败斗争的基本形势及走向、反腐倡廉网络舆情工作及案件、调研工作。同时,为增强此次培训的实用性,九室一中心室主任与专兼职纪检监察干部开展业务对接。全区专兼职纪检监察干部通过认真学习、潜心思考,深入探讨、广泛交流，达到统一思想、提高认识、凝聚力量、推动工作的预期目的，取得良好的效果。全区各单位专兼职纪检监察干部（含双管单位），委局机关各室、中心，区委巡视组和联合纪检组的纪检干部140余人参加培训。

（刘　霞）

【预防腐败局成立】 10月成立。区预防腐败局与区纪委监察局合署办公，负责本区预防腐败工作，列入区政府工作部门序列，不计入政府机构个数。在区政府和市预防腐败局双重领导下进行工作。主要职责是：负责贯彻落实上级关于预防腐败工作的决策部署和政策法规；负责本区预防腐败工作的政策研究、组织协调、综合规划、检查指导；负责组织协调本区惩治和预防腐败体系建设；组织推进本区廉政风险防控管理工作；负责开展廉政教育、法规宣传、网络舆情引导等工作，组织推进廉政文化建设；协调指导企业、事业单位、社会团体、中介机构和其他社会组织防治腐败工作；承办区政府和市预防腐败局交办的其他事项。

（李　贤）

【党风廉政建设责任制】 11～12月，区委对全区落实党风廉政建设责任制情况进行检查。下发党风廉政建设责任制检查考核表，将检查内容细化为十个方面，分解为43项具体考核内容，根据考核内容制定考核标准及分值，形成百分量化考核。要求各单位进行自查自评并打分，同时写出自查报告。在自查基础上，于12月上旬开始，由16位区领导带队，对区环卫中心、审计局等16个重点单位落实党风廉政建设责任制情况进行检查。综合自查、专项检查和重点检查情况，对各单位落实责任制情况进行书面反馈。12月26日，副市长林克庆率市委党风廉政建设责任制领导小组第四检查组，对石景山区贯彻落实党风廉政建设责任制情况进行全面检查。

（牛秋娟）

【信访举报】 区纪委信访室全年共受理信访举报105件次，同比增加11件次，上升11.7%。坚持区纪委、区委组织部信访联席会制度，了解党员领导干部和行政监察对象在贯彻执行党的路线、方针、政策，廉政建设、遵守党的政治纪律、组织纪律、群众纪律和经济工作纪律等方面存在的问题，全面掌握党员领导干部和行政监察对象违法违纪行为的来信来访、检举控告情况，提出具体处理意见和建议，强化对信访举报问题的集体排查。

12月11日，责任制检查　（区纪委供稿）

（董　影）

【案件审理】 区纪委全年受理案件12件，审结12件，其中，大要案5件。12人受到党纪处分，7人受到政纪处分，其中，7人受到双重处分。相当处级人员1人，科级及相当科级人员7人，科级以下人员4人。开除党籍11人，党内警告1人。开除公职5人，降职2人。主要违纪行为：贪污贿赂4人，妨害社会管理秩序7人，违反财经纪律1人。年内，从案件审理工作规范化、制度化、程序化入手，建立案件审理信息库，实现三项功能（查询功能、统计功能、监督管理功能）。同时，建立“四项机制”，即对上建立请示报告机制：对重大、疑难复杂案件及时请示报告市纪委，得到市纪委的指导；对下建立统一审理机制：凡是基层单位确定立案的案件都要报区纪委审理室，审理室下发审理意见后履行程序；对内建立提前介入机制：与检查室建立重大、典型、疑难案件提前介入制度；对外建立联系会机制：与区法院建立每半年联系会制度，及时对区属党员或监察对象被判刑的违法人员作出党纪政纪处理。案件审理坚持“事实清楚、证据确凿、定性准确、处理恰当、手续完备、程序合法”24字办案基本要求，严格依纪依法办案。

（范景兰）

【房屋征收监督】 区监察局借鉴上年二管厂征收工作创新经验，牵头成立纪检监察组，制定工作方案，抽调专人与区检察院现场联合办公，全程监督征收工作，对签约、选房、审批、补偿等环节流程进行重点监督，杜绝出现违规违纪等问题。

（王　勋）

【行政投诉】 区监察局全年接待投诉78件，属于受理范围50件，直接调查15件，全部办结，涉及9个区属部门及4个街道办事处。加大直查快办力度，直查率达到30%，查实11件，查实率为22%。研究建立科学有效的预防违法违规行政行为工作机制，包括行政投诉信息发布机制、与重点被投诉部门定期沟通协调机制、重点问题专项调研治理机制和辅助决策工作机制。建立3个必直查制度：对事关区委、区政府重大方针、政策、措施的投诉案件必直查；对保障性住房等民生工程的

投诉案件必直查;对群众反映的难点、热点问题必直查。开展北京市行政投诉电话96160宣传工作,全年接到市级转办投诉案件28件,占受理总量的56%。

(王　雪)

【巡视工作】 区纪委监察局贯彻上级“进一步发挥巡视制度的监督作用,增强发现问题的能力,提高巡视工作质量,注重巡视成果运用”的总体要求,围绕重大部署,加大对在统筹经济发展、重点工程建设、关系国计民生方面具有重要地位和作用的单位、部门的巡视。年内,对区住建委、市政市容委、教委、国资委、环保局和卫生局等单位进行巡视,提升巡视实效。不断完善工作机制,巡视对象数量有所增加,巡视成果有效运用。学习、实践、完善、提高成为巡视工作的常态。巡视工作得到被巡视单位领导的足够重视,对巡视反馈中指出的问题和不足,制定整改计划和措施,并逐一落实。

(王新华)

中共北京市石景山区第十一届纪律检查委员会

书　记　李文起

副书记　许景山　仲长军(女)　韩孟荣

常　委　张新东　高维华　王　朴(女)　杨春华　田成立

北京
2014
石景山年鉴
BEIJINGSHIJINGSHANNIANJIAN

民主党派·工商联

民建石景山区工委
区打工子弟学校助学启动仪式

石景山区有中国国民党革命委员会、中国民主同盟、中国民主建国会、中国民主促进会、中国农工民主党、中国致公党、九三学社7个民主党派的区工作委员会(简称区工委),为各党派北京市委的派出机构。接受党派市委领导,行使党派地方工作委员会职责。各民主党派区工委共有支部37个,党派成员1076人,同比增长5.7%。在各民主党派市委和中共石景山区委领导下,在区各有关部门关心支持下,各民主党派区工委认真学习贯彻中共十八大、十八届三中全会和习近平总书记系列重要讲话精神,围绕稳增长、惠民生、保稳定的重点任务,认真履行职能,为推动地区科学发展、深化全面转型作出积极贡献。

各党派区工委始终把促进发展作为参政议政的第一要务,围绕地区经济和社会发展的一些重大问题,建立机制、整合资源、深入调研、积极建言,为区委、区政府科学决策提供智力支持。响应区委、区政府号召,落实招商引资责任,宣传区域经济发展政策,广泛利用各种资源,调动一切积极因素,在招商引资中干实事,见实效。社会服务是各民主党派参政议政的延伸和重要社会实践活动,坚持"服务社会、讲求实效"宗旨,发挥成员特色,创新社会服务,深入街道、社区和学校,广泛开展文化、医疗、法律援助、扶贫助学等社会公益活动,受到群众好评。各党派区工委以思想建设为核心、以组织建设为重点、以制度建设为保障,进一步加强自身建设,教育引导广大成员践行社会主义核心价值体系和"北京精神",充分调动成员参政议政的热情,不断提高理论学习能力、政治把握能力、参政议政能力、合作共事能力以及调查研究能力。做好组织发展和教育管理工作,进一步增强组织凝聚力。

(贾晓智)

中国国民党革命委员会石景山区工作委员会

概　述

中国国民党革命委员会北京市委员会石景山区工作委员会(简称民革区工委)是民革北京市委的派出机构。有4个支部,民革党员115人。年内发展党员13人,党员中有市人大代表1人,市政协委员2人,区人大副主任1人,区人大常委1人,区政协常委2人,区政协委员9人。主要职责是带领民革党员履行政治协商,民主监督,参政议政职能。年内,加强自身建设,提高党员素质,积极报送信息,反映社情民意,与市政协、民革市委、区政协等单位进行联合调研。

地址:石景山区八角北路民主党派办公楼
电话:88927998
邮编:100043

(张　旭)

【组织活动】 区工委为每个支部提供2000元活动经费,要求各支部结合调研活动,开展形式多样的活动。1月1日,组织10余名党员观看升旗仪式,参观天安门城楼。3月1日,组织10名党员参加民革中央举行的庆祝"三八妇女节"联谊活动。5月8日,第一支部组织部分党员到北京射击场考察奥运场馆后期利用情况,针对场馆利用等问题与场馆负责人座谈,提出意见建议。第二支部组织党员到大兴区青云店镇大回城村、门头沟斋堂、河北兴隆等地开展文化下乡活动,与村民座谈,了解村史文化,创作多幅绘画和书法作品赠予村委会。第三支部与工委社会服务专委会分别在西山枫林与八角时代花园社区联合举办2次健康讲座。第二支部和第四支部分别于7月6日和10日组织党员到香山脚下的佟麟阁纪念馆,参加杨虎城将军诞辰120周年暨张学良杨虎城文史资料展。第四支部党员到金鑫老人家走访慰问。金鑫年已86岁,行动不便,曾就读于黄埔军校和四川德阳空军幼年学校,参加抗战。10月11日,民革区工委组织退休老党员参观第九届中国(北京)世界园林博览会。

(张　旭)

【思想建设】 民革区工委在组织党员参加民革市委和区委统战部组织的各项学习活动基础上,学习贯彻和落实中共十八届三中全会和全国及市、区"两会"精神,加强党员的政治把握能力、参政议政能力、民主监督能力和合作共事能力,增强接受中国共产党领导的坚定性和自觉性。3月,组织党员座谈研讨全国和市、区"两会"精神,解读《政府工作报告》。7月1日,召开庆祝中国共产党建党92周年会议。8月31日,区工委在海航大酒店举办暑期学习班,民革市委秘书长蒋耘晨出席并讲话。副主任杨学兵参加中央统战部组织的中央社会主义学院第30期民主党派干部研修班。副主任李智勇和委员闫金定在北京社会主义学院参加中青年干部培训班。通过在北京和重庆两地的课堂学习、参观交流及深入研讨,系统学习我国政党制度的形成和特色、中央最新统战政策精神、北京市经济社会发展形势等主要内容。10月19~20日,区工委班子成员和基层支部主委参加民革市委举办的基层组织工作会议。学习中国共产党领导的多党合作理论,部署开展坚持和发展中国特色社会主义学习实践活动的工作任务,基层组织交流工作经验,讨论《中国国民党革命委员会基层组织工作条例》(修改对照稿)。12月21日,召开学习贯彻落实中共十八届三中全会精神座谈会,组织党员畅谈"中国梦"。

(张　旭)

【党派调研】 区工委在党派调研报告上创新工作制度,鼓励并要求各支部开展调研活动,为每个支部提供1000元调研经费。3月31日,召开主委会议和第六次全委扩大会,确定每个副主委联系1个支部,支部和专委会每年完成1篇调研报告。初稿完成后召开支部全体会议讨论,交区工委后,由区工委委员和专家定稿。年终对区工委委员会议出勤情况进行统计并予以通报。区工委委员兼区政协委员者,每年至少完成1篇调研报告;区工委委员没有兼任区政协委员者,五年任期内至少完成两篇调研报告。鼓励党员为《团结报》《北京民革》和《民革石景山》等报刊投稿,年终根据稿件采用情况进行奖励。4月,3个支部按照区委研究室提供的调研目录分别选定课题开展调研，完成“关于在产业转型时期着力提升中关村石景山园公共服务质量的研究报告”“关于强化石景山区文物古迹保护利用的调研报告”和“关于加强石景山区基层老龄工作的调研报告”。11月10日，区工委召开调研工作总结会，各支部主委和报告执笔人分别介绍调研报告完成情况，与会人员对报告内容进行研讨，提出修改意见。

（张　旭）

【社会服务】 4月20日，区工委响应民革中央和民革市委的号召，组织四川省雅安市芦山县地震捐款活动，总计捐款76260元，李智勇和第四支部单楚童分别捐款5万元和2万元。第二支部肖红、王燕丰、湛小学、傅玉鹏等5人参加“心系雅安，同舟共济”北京统战系统抗震救灾书画笔会，奉献书法和绘画作品。区工委为古城高级中学和苹果园中学2位残疾同学负担全年学杂费。组织区工委委员捐款，号召全体党员自愿捐款，获年度民革市委区级组织创新成果。8月13日《团结报》在第一版做专题报道。同月22日，区工委到小飞象训练发展中心慰问老师同学，民革市委副主委参加活动，送去音响、玩具等学习用品。

（张　旭）

【参政议政】 5月22日，区工委召开全委会，民主推荐民革市委后备干部人选。与会委员按要求填写推荐表，报送民革市委。8月2日，区工委召开党派提案集中答复座谈会，区委办、区委督察室、区委宣传部、区民防局以及区投促局、八大处景区管委会等单位相关负责人针对区工委“关于全面设计文化创意产业布局加大文化创意产业发展力度的建议”和“关于对石景山区防灾空间建设的建议”两个党派提案，汇报提案办理情况。

（张　旭）

【信息报送】 年内，区工委报送信息200多条，被民革市委采用63条，被区委统战部采用40余条，在全市民革组织和本区各民主党派中排名前列。获年度区统战系统信息工作先进单位一等奖，李凤芹、肖红、陈光、柯玲获年度区统战系统优秀信息员称号。“‘十二五’期间进一步加强基层医疗卫生服务体系的建设”等4条信息被评为区统战系统优秀信息。“建议大力加强7·21灾后重点地区和重点人群疫情防控”等9条信息，被评为区政协优秀社情民意信息一等奖，占报送信息的41%。“正确处理公共安全与节能环保关系的建议”等8条信息被评为区政协优秀社情民意信息二等奖，占17%。“关于石景山区设立全国性钢材交易所的建议”被评为区政协优秀提案；“关于石景山区推进社区养老服务社会化的对策研究”被评为区政协优秀调研报告二等奖；“社区卫生服务机构居民满意度调研及进一步发展的对策建议”获区委统战部优秀调研报告评比二等奖和区政协优秀调研报告评比鼓励奖；“石景山区防灾空间调研报告”获区委统战部优秀调研报告评比三等奖。

（张　旭）

中国民主同盟石景山区工作委员会

概　述

民盟石景山区工作委员会（简称民盟区工委）是民盟北京市委的派出机构，共有8个支部，盟员266人，其中女盟员122人；在职盟员172人，占64.7%，离退休盟员94人，占35.3%，平均年龄52.8岁；高教界盟员96人，占36.1%，普教界45人，占16.9%，科技界22人，占8.3%，医卫界22人，占8.3%，文化艺术7人，占2.6%，新闻出版6人，占2.3%，公有制经济34人，占12.8%，机关团体10人，占3.8%，新社会阶层23人，占8.6%，其他1人，占0.4%；高级职称119人，占44.7%，中级职称96人，占36.1%。盟员中有现任市人大代表1人，市政协委员1人，区人大常委1人，区政协副主席1人，区政协常委1人，区政协委员6人。按照民盟中央和民盟市委的部署和要求，组织各支部和广大盟员学习宣传中共十八届三中全会精神，增强盟员的政治责任感和使命感，坚定盟员的政治信念和深化改革的信心，努力提高自身素质，积极参与盟务工作，把力量更好凝聚到实现中共十八大确定的奋斗目标和工作部署上来。

地址：石景山区八角北路民主党派人民团体办公楼
电话：88924684
邮编：100043

（张　慧）

【组织活动】 区工委组织多种活动，如“三八”节组织女盟员参观首都博物馆、组织新盟员到民盟中央参观盟史展、教师节组织教师盟员参观石景轩艺术中心、中秋节给部分老盟员送月饼、重阳节组织老盟员参观翠湖湿地公园等。区工委和各支部关心工作和生活遇到困难，身体不好、老弱多病的盟员，坚持春节前看望老盟员的传统，使盟员感受“盟员之家”的温暖。

（张　慧）

【暑期学习班】 7月27～28日，举办暑期学习班，20余位区工委委员、新盟员和入盟积极分子参加。采用领导讲话、盟员代表发言、专题辅导、分组讨论、联谊游览等多种形式，在寓教于乐氛围中，加深了解，增进友谊，提高学习效果。

（张　慧）

【理论研究】 区工委统战理论研究会于年内换届，对成员进行调整，新老结合。组织盟员讨论、认领课题，完成理论研究文章6篇。在12月13日民盟市委召开的统战理论研究年会上，区工委盟员胡燕作为盟市委重点课题“北京市完善民主党派代表人士安排使用机制研究”的代表作大会发言。

（张　慧）

【参政议政】 “关于对石景山区企业经营环境评估及优化并打造石景山服务品牌的建议”（民盟区工委）、“关于‘打造文化品牌，创建大型的文化活动中心’的建议”（刘智勇）和“关于在石景山区建立微创企业扶持机制的建议”（赵继新、刘智勇、吴玉兰等）被评为优秀提案；有15条被评为优秀社情民意。

（张　慧）

行举办石景山区企业服务季金融服务专场沙龙活动。嘉曼服饰、科影国际、东标电气等18家企业负责人参加沙龙活动,针对企业融资问题,银企双方进行一对一的交流洽谈,5家企业现场与平安银行达成初步合作协议。

(肖秋兰)

【社会公益】 5月25日,爱依家政举行"百万基金爱心捐赠"仪式。该基金自2011年启动,基金总金额为人民币100万元,主要用于捐赠在爱依家政长期工作、客户满意、家庭困难的家政服务员。本年度爱心捐赠额为30万元,惠及近千名家政服务员。京汉置业集团出资捐助西藏卡堆京汉希望小学,通过援藏支教、捐赠图书、组织学生来京参加"京汉爱心夏令营"等方式,支持该小学建设,关心学生成长。引导企业参与公益项目帮扶工作,促成10家企业与社区公益项目建立一对一的定向帮扶,承诺每年为对接公益项目提供总计100余万元的帮扶资金,完成4个原有帮扶项目的规范化运作工作。

(肖秋兰)

【就业服务】 5月26日,在区科技馆举办企业服务季人才服务专场之创业辅导学堂巡讲暨校企对接活动。北京东土科技股份有限公司董事长李平、北京天山新材料技术股份有限公司和北京东方信联科技有限公司相关负责人分别进行创业就业指导讲座,北京云学堂网络科技有限公司代表介绍区人才综合服务港项目。同时举行校企双选会,12家优秀企业为双选会提供105个职位,涵盖近600个岗位。来自清华大学等6所高校的100多名大学生和及驻区10多家企业代表参加此次活动。10月24日,与区内多家单位合作,举办区非公企业走进北方工业大学专场招聘会。活动分为"职在必得"现场求职和校园招聘两个单元。在"职在必得"现场求职单元,经过多场角逐,6名北工大学生获得搜狐畅游、物美集团、丽贝亚集团、嘉曼服饰4家会员企业提供的职位,2名学生与企业达成意向。在校园招聘单元,39家区内非公企业为近500名毕业生提供130余个岗位。

(肖秋兰)

【思想引领】 6月8日,在区科技馆召开非公有制经济人士理想信念教育实践活动动员会,活动以"信念、信任、信心、信誉"为主要内容,帮助解决企业在转型升级中遇到的困难问题,营造帮扶企业良好外部环境,引导非公有制经济人士提振转型升级信心,把发展动力和自身潜力释放出来,走专精特新发展道路。贯彻落实市委统战部和市工商联的实施意见,开展"民营企业家与中国梦"主题宣讲活动。引导非公有制经济人士结合自身创业发展的经历,忆成长、话梦想、讲贡献,激发创业热情和创新精神,把企业梦融入到中国梦中。组织驻区企业家代表赴革命圣地延安,实地感受革命老区,进一步增强感恩党、感恩国家、感恩人民的意识。编发活动简报26期,编辑出版《追逐梦想,成就辉煌——石景山区民营企业风采录》;区有线电视台"记者视线"栏目连续4期集中宣传20家非公企业,展现非公经济良好形象,扩大非公经济的社会影响力。

(肖秋兰)

【法律服务】 7月17日,在北京首特科技孵化器举办企业服务季法律服务专场"企业劳动法律实务"培训班,来自40家企业的56名相关负责人参训。培训以《劳动法》为核心,围绕《公司法》《侵权责任法》《知识产权法》《反不正当竞争法》《关于禁止侵犯商业秘密行为的若干规定》等法律进行培训,提高企业和从业人员法律素养和法律运用技能,帮助中小企业解决一些生产经营过程中面临的实际法律问题。联合区知识产权局举办民营企业知识产权专题讲座,分别对市、区知识产权政策进行解读,结合知识产权合同、专利布局和专利挖掘等方面案例对常见合同陷阱进行分析、提出建议。近100名企业负责人参加培训。

(肖秋兰)

【纪念活动】 9月9日,在区广电中心隆重举行"闪光的足迹——纪念区工商联恢复工作20周年暨第四届石景山区优秀中国特色社会主义事业建设者表彰活动"。活动以视频短片、授牌表彰、文艺演出等形式展开,内容包括家在石景山、创意创新创造、爱的诉说、放飞梦想四大主题。现场为7家分会组织颁发基层商会组织牌匾,对形成社区公益项目帮扶对接的10家非公企业和10个项目单位颁发"爱心工作站"牌匾,对10名被评为第四届石景山区优秀中国特色社会主义事业建设者进行表彰。

(肖秋兰)

石景山区各民主党派、工商联负责人

中国国民党革命委员会北京市委员会石景山区工作委员会主任委员　李凤芹(女)

中国民主同盟北京市委员会石景山区工作委员会主任委员　赵继新

中国民主建国会北京市委员会石景山区工作委员会主任委员　司马红(女)

中国民主促进会北京市委员会石景山区工作委员会主任委员　于秀云(女)

中国农工民主党北京市委员会石景山区工作委员会主任委员　王明生

中国致公党北京市委员会石景山区工作委员会主任委员　高　杰

九三学社北京市委员会石景山区工作委员会主任委员　左小兵

工商业联合会主席　马丽萍(女,回族)

北京
2014
石景山年鉴
BEIJINGSHIJINGSHANNIANJIAN

人民团体

共青团北京市石景山区第十二次代表大会

石景山区人民团体主要有石景山区总工会(简称区总工会)、共产主义青年团石景山区委员会(简称团区委)、石景山区妇女联合会(简称区妇联)、石景山区科学技术协会(简称区科协)、石景山区残疾人联合会(简称区残联,详见社会建设编)、石景山区文学艺术界联合会(简称区文联)、石景山区归国华侨联合会(简称区侨联)、石景山区红十字会(简称区红会)等。这些团体结合自身特点和优势,发挥党与群众联系的桥梁和纽带作用,团结带领全区广大职工群众、团员青年、各界妇女、科学技术人员、残疾人、侨界和文艺界人士,积极投身两个文明建设,在经济和社会发展中作出贡献。

石景山区总工会

概　　述

石景山区总工会是职工自愿结合的工人阶级群众组织。截至年底,区属各级工会组织 679 个,涵盖单位 5453 家,工会会员 73039 人。区总工会内设机构:办公室、财务部、组宣部、权益维护部、生产保障部、职工帮扶(服务)中心。工会机关公务员编制 13 个,全额拨款事业编制 9 个。全区共有 41 名专职工会社会工作者工作在基层服务站。在区委和市总领导下,围绕中心、服务大局,各级工会组织按照"建首善、创一流"的工作标准和"维权要到位、服务要做实、发展要全面"的工作要求,以组织覆盖为基础,以权益维护为重点,以普惠服务为核心,在创新中落实,在落实中创新,各项工作稳步推进。习近平总书记在 4 月和 10 月两次就工会工作发表重要讲话,为进一步做好工会工作提供基本遵循;中国工会十六大明确我国工人运动的时代主题,提出未来五年工会工作的目标任务,凝聚各级工会组织和工会干部的共识。强化对基层服务站点规范化建设的管理与指导,有效提升建设水平。按计划完成 5 家工会服务站规范化建设,将更多的服务项目赋予基层服务站点,方便为辖区内企业职工提供各种服务。对工会资产进行清查,全面掌握工会资产现状,完善工会资产监管制度。

地址:石景山区石景山路 42 号
电话:68863687
邮编:100043

(王　薇)

【送温暖工程】 区总工会将节日送温暖与日常送关爱相结合,将关爱困难群体与慰问生产一线职工相结合,开展春送岗位、夏送清凉、秋送助学、冬送温暖、常年送帮扶活动。慰问困难职工、一线职工 1199 人次,累计发放慰问款物共计近 26.61 万元。春节前夕,安排"两节送温暖"活动,陪同区领导走访慰问老山街道协管员武维奇、金顶街街道协管员李立红,为每人送去 3000 元慰问金和米、面、油等慰问品。送予区房屋经营和市场管理中心设备供暖所和区道路清扫队价值 3 万余元的春节慰问品。此外,区总工会慰问全区困难职工 99 户,由各街道服务站逐户走访慰问,发放慰问金 99000 元。为 13 名困难职工子女,发放助学金 2000 元;为 9 名因患重病造成家庭困难的职工进行临时医疗救助,救助金额 8.6 万元。看望并帮助在国家大剧院执勤过程中与歹徒搏斗英勇负伤的保安员。设立"农民工返乡订票窗口",帮助基层工会的农民工购买春运返乡团体车票。

(王　薇)

【职工互助保险】 区总工会推进以在职职工住院医疗等保障项目为主要内容的职工互助互济保障活动,扩大覆盖面、提高参保率,做到认识、宣传、措施、服务"四到位"。保险工作人员深入基层推介、讲解职工互助保障政策和险种,全区职工参保人数逐年增加。全年新增职工互助保险会员 5633 人,六项保费型险种总额 149 万余元。保费金额同比增长 47%,为 449 人进行赔付,赔付金额 508454 元。本区连续五年被评为"全国职工互助保障工作先进单位"。职工互助保险代办处连续多年被评为"北京市优秀代办处"。

(王　薇)

【帮扶服务劳动者】 区总工会争取政府购买社会服务资金 18 万元,用于"暖之家——职工服务""鹊之桥——单身联谊"等项目;与北方工业大学"励志社"等社会组织共同开展一加一帮扶关爱行动。地区工会主席联席会扩充三名成员单位,实现驻区中央市属企事业单位资源共享。年内,慰问困难职工、一线职工 1200 余人,发放慰问款物价值近 80 万元。对 99 名困难职工实施电子档案动态管理,针对不同情况采取定向帮扶与项目帮扶相结合。全区新增互助保障会员 5880 人,保费总收入 154 万余元,较上年递

4 月 27 日,"五一"表彰　　（区委宣传部供稿）

增47%。累计开发文化娱乐、医疗体检、生活服务等六大服务领域近200个优惠服务项目，享受优惠服务的职工8600人次。累计采集会员信息70523人，采集率达97%。

（王　薇）

【劳模服务与管理】 区总工会推荐评选全国五一劳动奖章2个、全国工人先锋号1个；首都劳动奖章8个，首都劳动奖状1个，北京市工人先锋号2个。劳模志愿服务队开展法律知识、环保知识、房屋管道维修和皮鞋养护与辨别等志愿服务10场，服务职工群众2400人次。开展劳模慰问、体检、疗休养等服务工作，累计投入资金42.5万元。

（王　薇）

【经济技术服务创新】 职工创新工作室建设有效推动全区职工创新活动的开展，普遍带动区内企业开展技术创新和成果展示，逐步树立石景山职工创新品牌。年内新增4家职工创新工作室，总数增至21家。发现、培养、选树区优秀人才、优秀青年、高技能人才、先进科技和优秀管理者13人。各级工会组织开展技能比赛、岗位练兵200余场，1.7万人次职工参与。通过多种途径倡导终身教育理念，开展在职职工职业发展助推计划专项培训，区职工服务中心设立专岗协助基层工会开展此项工作。区内55家单位2.2万名职工参与"安康杯"竞赛评比活动，衙门口第二水泥管厂安置房项目部被评为"全国优胜班组"。

（王　薇）

【京卡普惠劳动者】 截至年底，区总工会累计采集单位信息1141家，采集会员信息72503人，累计办理京卡·互助服务卡52363张。京卡免费为会员提供"非工伤意外伤害""家财火灾损失"和"在职职工医疗互助保障"（京卡二次报销）三项保险，其中33人获"非工伤意外伤害""家财火灾损失"两项保险赔付金额80982元。京卡二次报销受益职工累计8425人次，赔付金额118.5万元。

（王　薇）

【建会和会员发展】 区总工会明确建会工作的重点和目标，创新基层工会服务职工模式。将各街道辖区内不能独立建会的小微企业和零散就业人员纳入社区联合工会，同时设立社区职工之家和社区工会服务点，形成"会、家、点"三合一的基层工会服务模式。截至年底，区属各级工会组织679个，涵盖单位5453家，工会会员73039名，比照市总三年建会规划目标，建会率和入会率均超95%。

（王　薇）

【劳动争议调解】 区总工会把握劳动争议的动态和工作重点，实施职工法律服务。健全区、街两级劳动争议调解组织，设立企业调解中心1个，企业调解委员会39个，劳动关系协调员708人，形成完善的区域性调解组织网络。区劳动争议调解中心受理劳动争议案件306件，91%的案件调解成功，涉及金额602万元。开展多主题的法律宣传，接受职工咨询2000人次。区职工服务中心设立专业律师咨询岗，为职工提供法律服务210人次。

（王　薇）

【工资集体协商】 全区9个街道和园区均选树区域典型示范案例，带动区域性工资集体协商工作质量的同步提高。八角街道在社区联合工会中开展工资集体协商的典型经验被市政府《昨日市情》采纳。全区建会企业工资集体合同签订率达到94.2%，区域工资集体合同签订率达99.2%，签订集体合同的企业全部签订女工专项合同。采取成熟一个协商一个的做法，使百人以上独立建会企业全部建立集体协商机制，百人企业集体合同数据库录入率达95%。强化对工资协商指导员的管理，划分区域为每名指导员建立联系基层工作机制。

（王　薇）

【厂务公开民主管理】 区总工会进一步规范职代会集体协商程序，公有制企业职代会充分讨论职工工资和福利，不流于形式，非公企业通过职代会畅通职工反应意愿的渠道。年内把工作重点转向街道、园区的非公企业，促进规模企业建立独立的职代会；依托区域性、行业性职代会建设，帮助中小型企业建立组织机构，推动形成劳动关系和谐共建机制，并将厂务公开民主管理工作作为平等协商集体合同工作的载体和平台，明确工资协商要约前征求职工代表意见，协商结果必须经职代会审议通过，以集体协商工作促进职代会及厂务公开制度建设。4月19日，召开厂务公开民主管理工作会议，调整由15个成员单位组成的区厂务公开民主管理协调小组，公布协调小组工作方案。全区公有制企事业单位职代会建制率达93%，其中事业单位职代会建制率为97%，国有及其控股企业职代会建制率为100%，集体及其控股企业职代会建制率95%，非公有制企业职代会建制率84%。建立区域性行业性职代会69个；覆盖企业2511个；行业性职代会1个。石景山医院被评为全国厂务公开民主管理工作先进单位，区厂务公开协调小组和北京意科能源技术有限公司被评为北京市厂务公开民主管理工作先进单位。

（王　薇）

共青团石景山区委员会

概　　述

团区委是受中共石景山区委领导、经团的地方代表大会选举产生的团的地方领导机关，负责全区共青团工作，领导少先队区工委，指导区青年联合会，是全区先进青年的群众组织，是党联系青年的桥梁和纽带。年末，全区有基层团组织1076个。其中，团区委直属二级团组织38个，包括团工委15个，团委3个，团总支14个，团支部6个。共青团领导机关数据采集系统录入1533名团干信息，其中女性团干部977人，占团干部总人数的63.7%；少数民族团干部62人，占4.0%。14～28周岁青年人数为19146人，录入9145名团员信息。女团员5164人，占56.5%；少数民族团员477人，占5.2%；全年推优入党团员数12人，占0.1%。全区各级团组织以深入学习贯彻落实党的十八大和习近平总书记系列重要讲话精神为主线，服务

区域中心工作、服务青少年成才成长，努力做好探索构建复合型组织体系、巩固青少年维权关爱平台、加强团的自身建设三项重点工作，从创新工作载体、深化组织建设、加强社会管理、整合资源优势、完善机制体系五个方面，全面推进各项工作开展，团结带领全区广大团员青年为区域经济社会发展贡献力量。

地址：石景山区石景山路18号

电话：68607210

邮编：100043

（隗　婉）

【团区委十一届六次全委（扩大）会】 3月14日召开。会议总结上年工作，对当年工作进行全面部署。金顶街街道团工委和石景山医院团委进行工作交流。会议还为卸任团干部颁发证书，卸任团干部代表在会上分享几年来在团的岗位上工作的感受。

（王　闯）

【弱势青少年群体帮扶】 “两节”期间，团区委走访慰问困难青少年家庭、涉诉特困残疾未成年人等弱势青少年群体，为他们带去节日祝福和慰问物质。开展“爱心观影”活动，组织首钢周末家庭未成年子女观看少儿电影。继续开展“我和北京在一起”品牌活动，组织打工子弟学校师生前往首都博物馆、人民大会堂等地参观展览、观看话剧，丰富打工子弟课外生活，加深对城市生活的融入感。

（王　闯）

【百名青联委员植绿莲石湖】 4月13日，由全国青联主办，市青联协办，团区委、区青联承办的“同植希望树，共筑中国梦”全国青联委员活动日在莲石湖举行。团中央书记处常务书记、全国青联主席王晓，全国青联副主席、副市长程红和部分全国青联委员、市区青联委员共150余人参加，种下各类树木110余株。此次活动是全国青联“我的中国梦”主题教育实践系列活动的组成部分，旨在积极倡导绿色环保理念，引领广大青年主动参与首都平原造林，为首都生态文明和“绿色北京”建设作贡献。

（王　闯）

【“迎五四”系列活动】 4月26日，举办“青春团聚莲石湖 爱护北京母亲河”迎五四大型公益活动，通过鱼苗放生、成立志愿服务队、环湖健步走等环保公益实践活动，引领公众主动参与生态文明建设。面向全区青年启动第二届“青春石景山”主题摄影比赛，5月22日完成比赛评审工作。本次大赛共收到37家基层团组织报送的245幅作品，经过初期筛选、大众投票、专家评审等环节，产生一等奖2名、二等奖4名、三等奖6名和5个优秀组织奖。

（王　闯）

【青少年安全教育】 7～8月，区总工会组织区内10家示范社区青年汇200余名青年，开展“走进首都消防”体验营及特警基地参观体验营，了解平安和谐北京的保障机制，引导青年传递青春正能量，促使青少年积极地认识和融入社会。举办“平安进校园”系列活动，在5所学校开展应急避险、灾难逃生、自救互救等知识讲座，对2000余名中小学生进行安全教育，传授求生技能。依托“星光自护小卫士培训”“假期回社区报道”等品牌项目，以“青春自护”为主题，全年累计开展24次集中培训，1800余名青少年接受紧急避险、意外伤害等自护教育。

（王　闯）

【社区青年汇旗舰店】 团区委与市保障性住房建设投资中心协调办公用房，在燕保·京原家园公租房社区中争取约1000平方米场地，建设京原路7号·社区青年汇旗舰店。该社区为全市首个整建制公租房社区，可容纳约7000余人居住，聚集一大批青年职工、新毕业学生等需要重点关心的青年群体。该青年汇实现居民联谊、图书阅览、青年就业培训、中小学生课后托管和课外辅导、亲子活动、播放电影、运动健身、棋牌娱乐、志愿互助服务等功能，是本区青年汇联盟的领头雁，成为共青团服务区域经济社会建设的新载体，全市社区青年汇旗舰店自运转模式的探索者。9月1日，正式揭幕投入运营，团市委副书记熊卓等市、区领导和首开集团党委领导共同揭幕。当日晚6点，邀请“老歌老友”乐队在京原家园公租房小区露天广场举办“为青春和梦想加能量”公益演唱会。辖区各社区青年汇会员、小区居民以及音乐发烧友等约400余名观众前来观看演出。截至年底，旗舰店先后举办“你我携手 梦想起航”新青年学堂成考冲刺班开课、“粽香情，畅想梦”“陈飞陪你看电影”等25个市级活动、12个区级活动和42个自主活动。

（隗　婉）

【祭奠英雄消防员】 10月12日，团区委动员各级团组织开展“向英雄致敬，向英雄学习”系列活动。刘洪坤、刘洪魁烈士牺牲的第二日，为烈士家属送上两万元慰问金，与区妇联共同承诺资助刘洪坤女儿从小学到大学本科毕业每年5000元。同月14～17日，组织全区基层团干部和青年代表、志愿者代表、社区青年汇专职社工在八宝山革命公墓参加英雄消防员刘洪坤、刘洪魁烈士遗体告别仪式，并召开座谈会，号召全区青年弘扬英烈精神、学习先进事迹。28日，团市委、市人力社保局追授刘洪坤、刘洪魁“北京青年五四奖章”称号。

（王　闯）

【区团代会召开】 11月28日，共青团北京市石景山区第十二次代表大会召开。大会审议通过十一届委员会工作报告，选举产生由29名委员和13名候补委员组成的共青团石景山区第十二届委员会。在随后召开的十二届一次全体会议上，选举产生11名常委，杨俊峰当选为书记，马正秋、王传东为副书记。

（王　闯）

【青少年权益维护】 团区委联合公、检、法、司等相关单位，召开预防青少年犯罪暨未成年人保护工作会，明确工作责任，细化工作要求。考核全区63名法制副校长，加强未保预防一线领导队伍建设。开展“共青团与人大代表、政协委员面对面”活动，探讨构建本区未成年人司法保护体系问题。与专业社工事务所——海淀睿博社工事务所达成合作协议，在全区开展涉案未成年人社会调查工作，全年完成45例社会调查案件。探索全覆盖、立体化法制宣传体系，开展社区青年汇“12·4”法制宣传进社区、“青春船长 法制起航”校园法制宣传、“中国梦 法治梦”童心起航主题法制教育实践活动。

（王 闯）

【社区青年汇创建】 全年完成9个街道辖区内的示范社区青年汇的选址创建工作。以区社会建设工作领导小组名义下发加强社区青年汇工作的实施方案，明确社区青年汇工作的重要意义、指导原则、重点任务、组织领导、经费保障，推进社区青年汇建设。明确“总干事＋专职社工＋志愿者”的工作模式。全部实现社区青年汇总干事由街道（鲁谷社区）副科级以上干部或社区副职以上工作人员兼职担任，负责统筹协调社区青年汇相关事务。10家青年汇的专职社工均以政府购买服务方式，由社工事务所统一配备到岗。建立青年汇社工周会制度，完善社工督导制度及培训制度。全年开展市级活动98次，区级活动67次，自主活动70余次，有效联系青年5000余人次。

（王 闯）

【志愿服务长效化】 依托“首钢关爱”项目和黄庄学校“七彩小屋”基地，动员高校志愿者、爱心企业、公益基金等各类社会志愿团体与打工子弟学校、首钢周末家庭结对帮扶，推广“结对＋接力”服务长效机制，全年为首钢周末家庭未成年子女提供亲情陪伴、学业辅导、感知社会等方面的关爱服务600次，累计服务青少年1920余人次，“蓝天行动”开课460课时，服务农民工子女15840人次。

（王 闯）

【推进非公团建】 继续开展非公企业和社会组织团建工作，提高共青团的组织覆盖面。全年新建非公有制企业团组织141家，新社会组织团组织6家，全部超额完成任务。此外，在全区选取70家规模较大、人员较多、具有一定影响力的非公有制企业团组织作为团区委直接管理单位，培育一批带动作用强的示范性非公企业团组织。

（王 闯）

【青联统战工作】 区青联与黑龙江省牡丹江市青联缔结为“友好共建青联”，建立定期互访交流机制，服务两地经济发展。全年开展志愿募捐参观交流、植绿护绿等活动20余次，参与委员200余人次，调动委员参与区域建设的积极性。

（王 闯）

【系列公益活动】 团区委倡导志愿服务和公益生活理念，开展“温暖衣冬——为最需要的人送去一份寒冬里的温暖”爱心捐赠活动，依托10家社区青年汇，收到热心市民、爱心企业、青联委员及委员单位等500多人捐赠的棉衣1295件。持续推动希望工程、“100365首善行动”“善薪计划”等项目开展，募集物资价值42.4619万元，直接、间接资助青少年3800余人。为患有急性白血病的青年志愿者明淑喆同学募集善款共计5.585万元。

（王 闯）

5月29日，四套班子领导走访慰问 （区妇联供稿）

【服务青年就业】 制定年度“见习助就业·牵手毕业生”岗位对接活动安排，将见习活动与社区青年汇工作结合起来，在清理整改的基础上，组织见习基地开展见习岗位对接、见习政策咨询等活动，帮助本区域应届高校毕业生顺利就业。开展倾听日活动，对区内从事安保、物业、餐饮等行业外来务工青年就业情况、思想状况、休闲生活等进行深入细致的了解，并对35岁以下、大专学历以下的非京籍务工青年发放调查问卷。

（王 闯）

石景山区妇女联合会

概 述

区妇联是在区委领导下的社会群众团体。下设办公室、组宣部、权益部（儿童部）和区妇女儿童工作委员会办公室、妇女儿童活动中心。全区共有街道（含鲁谷社区）妇女联合会9个，社区妇联142个，各类妇委会15个，企业女职工委员会221个，区级妇女工作研究机构2个，行业和特殊群体女性联谊组织9个。区、街两级专兼职妇女干部20人，女性志愿者近1.5万人。年内，区妇联坚持围绕工作中心、服务大局、服务妇女，围绕“一条主线”（全面贯彻落实党的十八大精神），创新地开展妇女工作；建好“两个家”（“妇女之家”创建和“五好文明家庭”创建），做好十件实事。团结凝聚全区妇女积极投身经济社会建设，着力加强基层组织建设，努力建设“坚强阵地”和“温暖之家”。在维权保障方面，以妇女儿童民生为重点，加大救助力度，搭建社会化救助平台。在宣传教育方面，以“创办、创新、创优”（创办“十八大精神大课堂”、创新宣教载体，创优为民服务）模式，搭建宣教平台，强化思想引领。在“五好文明家庭”建设

方面，以家庭为阵地，开展特色活动。在“巾帼建功”方面，制作11集“我身边的优秀女性”系列专题片，发挥典型示范作用。在妇女之家建设方面，召开创建工作推进会，交流推广先进经验。在巧娘发展方面，以“石景山巧娘”为抓手，发挥巧娘发展促进会作用，先后成立钱钧、苗荟、陆慧宏工作室，打造特色精品，2名巧娘被市巧娘协会评为优秀会员。接待埃塞俄比亚妇女代表团、13家中央及市属媒体走基层活动团，与吉林、广州、佛山、珠海、深圳等妇联沟通交流，进一步扩大区妇联的对外影响力。

地址：石景山区石景山路18号

电话：68607200

邮编：100043

（何　巍）

2月28日，“两癌筛查”公益活动　　（区委宣传部供稿）

【送温暖活动】 1月25日，区妇联“营造温暖之家 共享美好生活”两节送温暖活动在八宝山街道永东北社区启动。市妇联副主席周志军等出席，来自全区100多名受助贫困妇女儿童参加活动。区妇联为192名贫困单亲母亲、3位老妇救会主任发放12万余元。启动仪式后，市、区有关领导入户走访2名具有代表性的困难妇女，为她们送去救助金和慰问品，并祝她们节日快乐。“送温暖”期间，共为395名受助人员发放援助款共计52万余元。自2007年以来，区妇联联合社会各界共同发起以救助单亲家庭贫困母亲为主要内容的真情援助行动，通过经济救助、心理疏导、创业扶持、医疗援助等多种援助形式，将党和政府、将社会各界的关爱和支持汇聚在一起，传递给贫困的单亲母亲、流动妇女、创业中的妇女，7年来共有2560名贫困母亲得到救助。年内，还开展为失独家庭“送健康”“送欢乐”“送服务”、为贫困儿童编织“爱心毛衣”等活动。

（何　巍）

【女企业家联谊会成立】 2月18日，区女企业家联谊会成立大会在合众建国饭店举行，大会审议并通过女企业家联谊会章程（草案）和女企业家联谊会第一届理事会、监事会选举办法，选举产生第一届理事会、监事会。中国女企业家协会会长朱蕤、协会常务副秘书长于凤云、全国妇联宣传部副巡视员朱晓征、市女企业家协会副会长刘宝玲、市妇联副主席赵丽君及区有关领导出席活动，并揭牌。联谊会由全区不同行业、不同所有制企事业单位中的女性企业家和女性高管自愿联合发起成立，经北区社会团体登记管理机关核准登记的非营利性社会团体法人。业务范围：把女企业家中深化企业改革和企业管理中的难点、热点作为主题，开展报告会、研讨会等多种活动，推动企业改革与发展；通过年会、会刊、座谈、访问、通信、投稿、报表等多种形式增进会员之间的了解和友谊；加强横向联系，开展本地区和跨地区企业间的经济交流与合作活动，促进企业及区域经济的发展；加强联谊会的整体网络功能，宣传表彰优秀女企业家，推进会员参政议政，促进提高女企业家的社会地位，扩大女企业家联谊会的影响，增强凝聚力，促进自身发展；关心会员的生活、婚姻、家庭，加强女企业家与当地政府的沟通和社会各界的联系，反映会员的愿望、建议和正当要求，呼吁、推动社会各有关方面依法维护女企业家的合法权益，为会员排忧解难；宣传石景山、发展会员，协助有关部门做好招商引资工作。

（何　巍）

【关爱女性健康】 2月28日，北京妇女儿童发展基金会、区妇联在燕都医院启动两癌（宫颈癌和乳腺癌）筛查公益项目，免费为流动妇女进行两癌筛查，为部分特别贫困妇女实施免费手术治疗。基金会和区妇联负责人为燕都医院颁发“两癌筛查爱心合作伙伴”证书。活动现场为流动妇女发放5000张体检卡。5月9日，区妇联在区妇女儿童中心启动“重塑美丽”关爱女性健康活动。争取企业6万余元的支持，为146名乳腺癌切除术后妇女定制义乳和文胸。

（何　巍）

【“三八”系列活动】 3月1日，区妇联举办“建小康、立新功、展风采”——巾帼风采展示活动。全区近300人参加展示活动。同月6日，区妇联组织街道妇联主席、社区妇联维权干部和维权五管员共计80名到区法院旁听继承纠纷案件。7日，区妇联召开“建设美丽石景山·成就女性新发展”——纪念“三八”国际妇女节103周年大会，表彰“三八”红旗集体与个人。期间，举办“庆三八”当代鼎城店专场展卖、看守所女干警联谊、三八维权周、春风行动等活动。

（何　巍）

【学雷锋系列活动】 3月5日，各级妇联组织广泛动员，以践行雷锋精神为主题，依托巾帼志愿者队伍，举办“学雷锋巾帼行”系列活动，推进学雷锋活动常态化，赋予雷锋精神崭新的时代内涵。同月21日，区妇联组织95081志愿服务队的志愿者为5户失独家庭提供免费家政服务，包括洗衣做饭、清扫卫生等，为他们送去关怀和温暖。

（何　巍）

【妇女之家创建】　4月2日，区妇联召开示范“妇女之家”创建工作推进会，命名22个示范“妇女之家”。各示范“妇女之家”和优秀妇女工作者进行经验交流推广，发挥示范带动作用，年内，创作戏歌联唱《我们的妇女之家真叫棒》。夯实妇女工作组织基础，推动基层组织建设上新台阶。

（何　巍）

【家庭教育活动】　5月10日，由区妇联主办的“智慧家教 关注成长”家庭教育主题活动在打工子弟学校——黄庄学校举行，100余名家长聆听讲座。来自北京大学心理咨询与治疗中心心理咨询师、中国心理学会注册心理师、加拿大儿童游戏心理治疗连续培训项目中方负责人，以“青春期的亲子关系”为题，结合青春期孩子特点，帮助家长及时调整亲子之间的关系以缓和冲突，让家长改变自己的教育方式以适应成长中的孩子。

（何　巍）

【儿童节系列活动】　5月22日，区妇联在区妇女儿童活动中心举办“悦读书香——亲子读书会”。同月27日，中国儿童少年基金会、市妇女儿童发展基金会、区妇联、北京金一文化发展股份有限公司在黄庄学校举办“关爱早教 情暖童心”捐赠活动。29日，区妇联协调区四套班子主要领导走访慰问区第三幼儿园、海特花园小学。30日，联合区文化委、计生委，在区少儿图书馆举办“梦想从这里起飞”——石景山区庆祝“六一”儿童节主题活动。

（何　巍）

【媒体走基层采访】　6月27日上午，中央及市属13家媒体的记者，在开展“媒体走基层采访活动”中，到瑞达大厦楼宇工作站参观妇女工作站。全国妇联宣传部巡视员、副部长张小媛，市妇联主席赵津芳、副主席周志军等参加活动。区有关领导、区妇联主席就妇联组织参与社会管理创新工作及成效进行全面介绍。

（何　巍）

【五好文明家庭创建】　7月14日，区妇联在区文化馆礼堂举办“美丽石景山 幸福新生活——石景山区家庭才艺展示暨‘五好文明家庭’命名大会”。来自100户家庭被授予区五好文明家庭称号。年内，“五好文明家庭”创建以家庭为阵地，开展特色活动，开展“建绿色家庭 圆美丽梦想”——家庭节能减排推进行动、“旧物交易亲子活动”“美丽阳台扮靓家”、变废炫宝网络秀等活动，带动更多家庭自觉践行绿色环保的生活方式，打造庭院美、阳台美的绿色生活环境。开展“百名好儿媳”评比、百家宴等活动，培育社会主义核心价值观。8月，区妇联举办第五届和谐家庭邻里节。活动内容包括：开展“我与中国梦”摄影作品征集展示活动，面向家庭征集“绿色梦”“幸福梦”“美丽梦”主题照片150余份；开展幸福家庭温情故事征集活动，发放2万张故事征集卡、1万本主题宣传册；请309医院营养科主任就骨质疏松与正确补钙进行详细讲解；苹果园街道举办“和谐社区 幸福家庭”流动课堂；鲁谷依北社区开办“多彩暑期社区活动我参与之面点制作”课堂等。

（何　巍）

【规划中期评估检查】　8月22日上午，市“十二五”时期妇女儿童规划中期评估督导组对本区妇女儿童规划实施情况进行督导检查。督导组听取汇报并到区妇女儿童活动中心进行实地检查。本区“十二五”规划重点监测的12大领域33项指标中，有27个指标已达到规划标准，达标率81.82%。其中妇女发展规划重点监测的21项量化指标，有17项达到或超过区规划目标，达标率为80.95%；儿童发展规划12项量化指标中，有10项已达到或超过区规划目标，达标率为83.33%。

（何　巍）

【妇女维权合议庭揭牌】　8月27日上午，区法院妇女维权合议庭在区法院民庭正式挂牌成立。合议庭的中心任务是加强协调配合，探索诉调对接等化解矛盾维护妇女权益有效方法，加强妇联人民陪审员队伍建设，做到妇女诉求有人听、妇女困难有人管、维权服务有人帮。该法庭由审判经验丰富、业务能力强、善于做思想工作的女法官组成，集中审理因家庭暴力引起的婚姻家庭案件、涉及侵害妇女合法权益的民事案件。同时，参与涉及妇女权益的讼诉外调解工作，引导女性当事人合理表达诉求、理性主张权利，使更多涉及妇女权益的案件在妇女维权合议庭得到公正、妥善的处理，使合议庭成为化解各类矛盾纠纷的终结地、宣传法律法规的大讲堂、构建社会化维权新机制的大平台。

（何　巍）

【救助慰问演出】　9月7日下午，区妇联在区文化馆百姓剧场举办“爱心点燃希望 真情助困助学”——石景山区贫困妇女儿童救助暨慰问演出活动。为200名贫困妇女和150名孩子发放28万元援助金。受助的困难家庭学生每人领到500～2000元的助学救助金。随后，为他们送上一场精彩的魔术杂技表演。

（何　巍）

【艾滋病防治宣传】　11月29日，区妇联与区卫生局在银河大街E地块工地开展艾滋病防治知识宣传活动。活动通过发放宣传彩页、宣传品，展出展板并讲解科普知识，发放首部预防艾滋病公益微电影《暖阳》光盘，有奖问答4种形式向银河大街E地块工地及周边3个工地的200余名施工人员宣传艾滋病基本知识及相关防治知识。活动共发放各类传染病宣传折页3000余份，宣传礼品500余份，解答咨询200余次，出动医务人员及艾滋病防治志愿者30余人。

（何　巍）

石景山区科学技术协会

概　述

区科协是区委领导下的人民团

体,是区科学技术工作者的群众组织,是区委、区政府联系科学技术工作者的桥梁和纽带,是推动科学技术事业发展的重要力量和学术交流主渠道、科普工作主力军。截至年末,有区属学、协会10个、街道(社区)科协9个。年内,围绕重点人群和基础工程建设,实施《全民科学素质行动计划纲要》。组织全区科技工作者进行学术交流,组织社会组织及科普志愿者走进社区、学校开展科技周、科普之夏、科普日等大型科普益民服务活动,组织数码大赛及青少年活动等各类重点主题科普活动。获市"青少年科技创新大赛优秀组织工作奖""自然知识竞赛优秀组织工作奖""信息工作先进集体""中小学生'我有一只灵巧的手'活动优秀组织工作奖""家庭数码大赛获优秀组织工作奖"等一系列荣誉。

地址:石景山区石景山路18号
电话:68607102
邮编:100043

(于 娜)

【委员会及活动】 2月25日,召开第七届委员会第五次全委(扩大)会议。调整白海波等8人为区科协七届委员会委员。年内,区科协开展会员活动,走访离任委员,组织会员考察园博会和翠湖国家湿地公园,开拓科技工作者视野。

(于 娜)

【实施科素纲要】 区科协配合市科协做好科学素质水平调查,全区抽样40个社区,1000人,申请专项调查经费15万元。区财政全年安排各成员单位科普经费1610.18万元,其中科普专项经费908万元。与中国网食品频道合作,在区教委、建委、档案局、街道等单位组织科普讲座12讲。做好H7N9禽流感和春季防病知识宣传。与广电中心合作制作3期农转居人员科学生活方式专题片,邀请专家深入社区进行宣讲10余次。4月2日,区科素纲要领导小组与区科普工作联席会议领导小组联合召开区科普工作会议。总结上年科素纲要工作和科普工作,部署当年科素纲要工作和科普工作重点。针对人事变动和工作需要,调整领导小组成员和联络员。

(于 娜)

【人才数据库】 区科协走访数十家驻区中央、市属单位和区属单位,收集整理科技专家人才资料,完成央地高端人才信息库信息收集工作。该信息库录入包括驻区中央、市属企事业单位和区属单位推荐的高端专业技术人才1574名。其中51人享受国务院特殊专家津贴。涵盖42个学科,90多个专业类别。利用信息库,组织相关领域专家开展调研论证。4月2日,与区经信委合作开展首钢旧址规划调研。5月13日,召开世界旅游城市体验中心项目专家研讨会。7月,出版第四期《融智石景山》,为建设世界旅游城市体验中心项目建言献策。印制央地高端人才数据库专家名录(2)。

(于 娜)

【科技周活动】 5月25日,区科协在古城公园举行以"科普志愿者与您同行"为主题的科技周大型科普宣传服务活动,市科协与区相关领导与5000余名居民参加活动。活动以"科普服务民生"为宗旨,40余家参与单位开展各类医疗咨询义诊、应急科普、青少年科普、环保节能宣传、科技成果展示等科普宣传服务活动,并开展现场有奖问答互动活动。到场领导还为包括北京大学首钢医院、招商银行玉泉路支行、首携乐智科普传播中心等8家新近加入区科普志愿者队伍的法人科普志愿者代表授牌。活动既传承往届科技周主场活动的主要特点,又体现精简办活动的年度特征。科技周期间,全区各相关单位组织开展科普活动总项目353个。发放宣传资料10万余份,组织科普报告会192场(次),科普展览72场,参观活动70次,咨询19场,开放科普基地(场馆)15个,中央在京单位参与活动1项,为青少年组织的活动总数75次,受益群众21万余人次,参与工作人员近1500人。

(于 娜)

【数字生活技能大赛】 5~10月,区科协组织开展第十届北京百万家庭数字生活技能大赛石景山赛区活动。本届大赛主题为"创建智慧家园,乐享数字生活",9368人参与答题,征集摄影作品近千幅,开展基层科普培训活动10次,宣传海报进社区100余个。获市组织工作一等奖,联勤部社区、高井路社区被评为市"数字魅力社区",区成教学会被评为突出贡献单位。

(于 娜)

【科普之夏活动】 7月15日~8月31日,区科协举办科普之夏活动。全区征集79项重点活动、71项社区科普活动、28项科普教育基地活动。开展各类科普讲座40余场,免费发放各类科普书籍及科普宣传资料,同时举办科普知识竞赛、健身比赛、开展科普夏令营、文艺演出等。7月31日,组织科普社区及科普志愿者代表赴中国航天城开展"科普之夏走进航天博物馆"参观及交流活动。并向官兵赠送科普读物和军事书籍。

(于 娜)

【社区科普志愿者】 区科协指导9个地区科普志愿者分会以及相关法人志愿者单位制定地区分会章程和管理办法,开展并完成地区分会志愿者统计备案工作。召开社区和法人科普志愿者工作座谈会,探讨科普志愿者管理及队伍建设的发展方向和具体做法。组织科普志愿者参加"科普在军营"队伍学习交流活动。首家科普志愿者培训基地——五里坨街道"科普志愿者服务基地"于7月26日揭牌。成立首支科协系统科普志愿者小分队及数码志愿者分队。批准首携乐智科普传播中心等8家单位成为第二批区法人科普志愿者。组织科普志愿者及其组织参加全区重点活动及地区特色科普活动。组织法人科普志愿者,通过政府购买服务等形式开展科普项目。开发建立科普志愿者信息库和科普志愿者服务管理系统。

(于 娜)

【社区科普益民计划】 区科协指导、监督社区科普益民计划项目实施,通过本市上年社区科普益民计划专项检查,评选出7名优秀科普宣传员,7个优秀科普社区,1个户外科普园地,获得83.5万元市级专项奖励和资助。申报下年科普益民项目,其中推荐申报8个优秀科普社区,1个经济适用房社区,1个优秀基层科普场馆,9名优秀科普宣传员。7月31日,组织社区科普益民计划科普社区参加科普之夏“科普在军营”交流与参观活动。配合市科普发展中心、市科协科普部完成对本市第一批科普示范社区——八角街道北路社区建设的调研工作,以及该社区科普互动设施等项目调整和建设。

(于　娜)

【科技工作者之家】　区科协服务科技工作者,搭建人才成长平台。组织科协委员开展交流研讨、加强与地区两院院士的工作交流。7月,完成第十三届中国青年科技奖候选人的推荐工作。9月,协助区委组织部完成“石景山区优秀人才”“石景山区优秀青年知识分子”和“石景山区先进科技、管理、高技能人才”推荐、评选表彰工作。建成市级科技工作者状况调查站点。

(于　娜)

【科普日活动】　9月15日,区科协在八大处公园举行全国科普日主场活动。本次活动内容全部由群众自主制定,以“美丽家乡我的梦”为主题,以引导-体验-领悟为活动主线,包括互动体验、科普知识展示、放飞梦想仪式三部分。北京青少年科技交流中心、区园林学会和区教育学会等12家单位参加活动。

(于　娜)

【青少年科普教育】　区科协召开青少年科普工作会,总结讲评成绩并提出当年重点工作。举办全区科技老师培训班。开展区青少年科技创新大赛并推荐作品入围第33届市赛。参加第十九届北京市中小学生自然科学知识竞赛、北京青少年“动手做”科技竞赛和第31届北京学生科技节等活动。获得市级一等奖27个、二等奖43个、三等奖91个,征集科技创新作品近200项。开展学生科技实验室建设,推荐3名科技特长学生申请市青少年科学探索专项资金,获得资金支持16000元。配合市科协开展对金顶街第二小学青少年科普教育调研。对北京景山学校远洋分校、京源学校、古中集团等学校开展抽样问卷调查并形成调研报告。与冰川馆共同开展科普夏令营活动。

(于　娜)

【科普项目申报】　区科协组织石景山医院、茂华口腔诊所等科普法人志愿者单位申报7个市级政府购买社会组织服务项目。完成“健康社区行,服务为人民”和“社区居民口腔健康大讲堂”两个政府购买服务项目。实施并完成由市财政专项资金支持的《首都科普志愿者——行动指南》,24集中小学DVD科普教育教学片《成长》拍摄,社区数字科普图书馆工程建设,科普志愿者服务管理体系建设工程4个项目,共计228.04万元。

(于　娜)

石景山区文学艺术界联合会

概　述

区文联是区委领导下的由全区各文艺家协会组成的人民团体,是区委、区政府联系区内文艺工作者的桥梁和纽带,是北京市文联的团体会员。现有团队16家,登记在册会员2000余人。年内,继续加强协会建设,充实艺术门类,支持法人注册。接收区检察官文学艺术联合会、区京西书画院(3月19日注册)为团体会员,为广聚文艺人才搭建平台。继续开展“石景山主题文艺创作活动”,围绕宣传区域发展创作文艺精品。倡导协会深入基层,深入挖掘京西文化内涵,争创文艺精品佳作,为服务石景山区转型发展营造良好的文艺氛围。鼓励创作反映歌颂石景山建设的优秀文艺作品。为纪念“古城之春艺术节”举办30届,创作丈二大幅作品——中国画《古城之春》。支持经典美术馆举办复兴之路书画笔会,开展石景山纪实美术作品创作。创作中国画——长卷《模式口记忆》《石景山风景名胜系列作品》,著名学者舒乙、香港文联主席张孝勇等撰写书法作品。文艺创作与本区非物质文化遗产相结合,将书法家范德安创作的作品《弟子规》篆刻于非物质文化遗产石府石上,既弘扬中国传统文化又使更多的人认识了解石景山非物质文化遗产项目的内涵。围绕区域经济社会发展进行主题文艺创作,举办多种形式不同门类展览。组织自创优秀文艺节目2个参加北京市区县(局)、产(行)业文联优秀原创文艺节目展演活动,分别获得一、二等奖。

地址:石景山区石景山路18号
电话:68607213
邮编:100043

(马彦斌)

【中小学生作文大赛】　1~4月,区文联、区教委主办,区作协承办“东方少年·中国梦”——北京首届“新创意”中小学生作文大赛石景山分赛区活动。此活动是市文联、北京作家协会为深入学习宣传贯彻党的十八大精神,在青少年中传播“中国梦”,引导中小学生树立投身民族伟大复兴的远大理想而举办。活动共征集稿件1000余篇,评选出获奖篇目70余篇。6月9日,在杨庄小学举行颁奖仪式,市作协秘书长等相关领导参加颁奖活动。

(马彦斌)

【举办书法展览】　4月22~29日,由区政协主办,区文联、区委老干部局、区文化委承办的“翰墨释怀——张俊山先生书法展览”在区委老干中心举办。张俊山是区文联名誉主席、区老年书画研究会会长,其作品曾获中国老年书画研究会优秀奖、中国市长书画院一等奖,并入编作品集,部分作品被中国市长书画院、彭德怀纪念馆收藏。展览共展出120余幅作品,所有展览作品汇集成册出版《翰墨释怀——张俊山先生书法集》,旨在弘扬中华传统文化,打造平台,培养和推出优秀文艺人才。

(马彦斌)

【摄影歌曲征集活动】　4月,区文联启动“美丽石景山摄影歌曲征集活动”。以歌曲和摄影的形式反映地区历史文化,集中表现坚持科学发展,深化全面转型,加快建设现代化首都新城区中的新变化、新气象、新风貌;突出体现践行“北京精神”,为实现“中国梦”而奋斗的价值追求。活动持续到9月底结束,征集到摄影作品1000多幅,歌曲60余首,其中选取近80幅摄影作品参加日本东京都板桥区摄影展。

(马彦斌)

【美术书法摄影展】 5月27日~6月6日,在区图书馆展厅和区委老干部局活动中心举办"生态石景山,美丽家园——美术书法摄影展"。活动由区文联、区文化委、区委老干部局共同主办。展出作品202幅,其中书法作品80幅,绘画作品90幅,摄影作品32幅。

(马彦斌)

【诗歌朗诵大赛】 5月,区文联与相关单位联合举办"梦之声"——首届北京诗歌朗诵大赛。活动以"美丽中国·美丽北京·美丽石景山"为主题,通过诗歌朗诵的艺术形式,推出一批优秀原创诗歌朗诵作品及艺术人才,丰富群众文化生活,提升区域文化影响力,促进首都文化繁荣发展。

(马彦斌)

【毛泽东诞辰展览】 11月1~3日,区文联集邮协会在区图书馆举办"纪念毛泽东同志诞辰120周年集邮展"。展览共分三部分:毛泽东及其老一辈无产阶级革命家;邮票上的社会主义五百年;从历届党代会看共产党对社会主义道路的探索。12月5日,区老年书画研究会举办"纪念毛泽东诞辰120周年书画展",分别在区图书馆和区委老干部活动中心展出。共展出作品150幅,作品以毛泽东诗词为主,会员自创诗词为辅。在这次展览中最为突出的是会员闫门凯创作"江山多娇"——毛泽东的巨幅画像和张俊山、孙有志题跋的周方彤毛体书法录写毛泽东诗词九首的16米长卷。区有线电视台等媒体对展览进行专题报道。

(马彦斌)

11月1日,集邮展览 (区文联供稿)

石景山区归国华侨联合会

概 述

截至年底,区属归国华侨10户,全区归侨110人。区侨联现有专职侨联干部3人;委员25人,其中主席1人,副主席3人,秘书长1人;基层侨联组织9个。区侨联在区委区政府领导下,在市侨联和区委统战部指导下,坚持围绕中心、服务大局,履行职能、发挥优势,团结带领归侨侨眷认真实践为侨服务的宗旨,努力维护归侨侨眷和海外侨胞的合法权益,不断加强自身组织建设,充分发挥侨联作为党和政府联系广大归侨侨眷、海外侨胞的桥梁和纽带作用,在为侨服务和为区域经济发展发挥侨联组织的独特作用。在凝聚侨心、汇集侨智、发挥侨力、维护侨益等方面开拓创新,凝聚力量,振奋精神,抓住机遇,开拓进取,为实现"中国梦"贡献侨界的智慧和力量。

地址:石景山区八角北路民主党派人民团体办公楼3层
电话:68863356、68878921
邮编:100043
传真:68811454

(孙金梅)

【组织活动】 5月,区侨联组织由60余人组成的合唱团,参加市侨联系统《我的中国梦》大合唱比赛,获得"第六届首都新侨乡文化节"合唱比赛亚军。6月8日,举办《健康和谐大讲堂》系列讲座,向归侨侨眷宣传普及健康保健常识。6月19日,区侨联举办侨界书画、摄影、手工艺品的展出活动,收集来自各个街道侨联选送的作品近200余件。7月5日,在海特剧场举办《我的中国梦》文艺汇演,400余人参加。组织乒乓球队、健身操队、民族歌舞队等参加市侨联、市侨办等单位主办的文体比赛。9月23日,在市侨联"第六届首都新侨乡文化节"总结大会上赢得市侨联系统"最佳组织奖"。12月2日,组织近百名归侨侨眷参加在人民大会堂举办的第九次全国归侨侨眷代表大会开幕式。成立区侨联第二个沙龙组织——归侨侨眷健步走沙龙。组织侨界代表参加"祖国·惦念你"春节联欢晚会现场。组织观看市侨联"情系祖国·回报社会"——"黄河之子"吕剧专场演出。年内,成立专题征文辅导小组,由侨界资深人士对征集文章进行反复修改,上交征文69篇,由侨眷官庆培和杨喜英撰写的《我的中国梦——我要活到99岁还为大家义务理发》《我的中国梦——清明上坟不烧纸》征文获得一等奖。编辑整理出版《我的中国梦》一书。在市侨联系统围棋比赛中获第三名和第六名。

(孙金梅)

【依法维护侨益】 区侨联围绕"为大局服务"和"为侨服务"两大主题开展活动。年内,完成理论文章和调研报告3篇,报送信息36条,《侨讯》出版2期。开展向困难归侨侨眷"送温暖、献爱心"活动,走访慰问病困归侨侨眷30余户。按照市侨联部署,实施"温暖侨心"扶贫助困工作,组织对志愿者到空巢老人家中进行调研,建立基础信息数据库,为筹备成立侨界空巢老人互助会夯实基础。在侨法宣传月活动中,组织街道侨联骨干和辖区内的归侨侨眷参与《侨法》知识答题活动,收集近千份侨法知识答卷,在活动中发放标有《侨法》的折扇2000余把。

(孙金梅)

【基层侨联活动】 "社区为侨服务,侨为社区贡献"是区侨联倡导的工作理念,侨联活动融入社区活动,调动归侨侨眷参与社区建设的积极性。各街道侨联分别组织辖区的归侨侨眷参加义务植树,举办老年人健康知识讲座,为困难归侨申领1800元的一次性补助,观看爱国主义电影,参观园林博览会,组织新春联谊会、春节团拜会、书画艺术展等活动。鲁谷社区侨联为空巢和80岁以上老人建立电子档案。发放一张"社区联系卡",建立一份健康档案,安排"一助一"对子服务,开展医疗、家政上门服务。八宝山街道侨联定期召开委员工作例会,走访慰问病困归侨侨眷形成长效机制。

(孙金梅)

石景山区红十字会

概　　述

区红会是中国红十字会的地方组织,是从事人道主义工作的社会救助团体,是党和政府人道救助领域的得力助手,依法取得社会团体法人资格,组织开展全区的红十字工作。年内,区红会在市红会指导和区委、区政府领导下,学习贯彻党的十八大、十八届三中全会、市红会九届理事会第五次会议精神和《国务院关于促进红十字事业发展的意见》,坚持围绕中心,服务大局,以关爱民生为要务,以特色项目为牵引,以创先争优为动力,以增强公信为支撑,努力加强核心业务建设,圆满完成各项任务,为加强和改进社会管理、保障和改善民生、促进社会和谐作出积极贡献。

地址:石景山区体育场南路6号院1号楼5层

电话:68605585

邮编:100043

(赵焕勇)

【拓展宣传动员】 区红会坚持以声誉建设为重点,弘扬红十字精神和首都红十字核心价值观,拓展红十字大宣传、大动员阵容。利用会员代表大会等会议、"红十字精神进万家""5·8"博爱文化月、国际红十字组织成立150周年、市红会建会85周年系列纪念活动等契机,广泛传播红十字精神和有关法律法规。区有关领导作2次电视动员讲话,在区有线电视台播放《美丽的红十字》宣传短片,印发《大力发展红十字事业》画册,参加区"我的梦·中国梦"百姓宣讲团,联合多家单位在国际雕塑园广场举办"5·12国家防灾减灾日"主题宣传活动。加强宣教基地、急救亭、公益宣传栏和"石景山红十字公益网站"的建设与使用。狠抓宣传信息骨干队伍建设,区内外媒体130余次报道区红会工作,在《石景山报》刊发4次专版。以活动载体为牵引,督导基层组织进行经常性、群众性的宣传动员。获全国红十字会报刊宣传先进集体二等奖、市红十字会宣传信息工作先进单位,在市红十字系统介绍经验。通过加强宣传动员,浓厚红十字文化氛围,恢复红会声誉,强化社会支撑。

(赵焕勇)

【创新应急培训】 区红会协调有关单位落实培训任务,健全"培训督导同步、考评组训分开"的督导考评制度,与有关单位达成长期培训协作协议。采取集中宣教活动、广告媒体宣传、业务工作渗透等多种形式,提高公众自救互救意识。推进应急救护知识进机关、进社区、进学校、进企业、进工地、进一线服务行业,扩展培训覆盖面。协调红十字中安救援队采取政府购买服务形式开展应急救护培训。召开应急救护培训教学研讨会,选派2人参加市红会师资督导、5人参加市红会应急救援、2人参加区应急办组织的培训,强化培训和演练骨干力量。举办应急救护取证培训班50余期,6000余人取得"初级急救员证";开办应急救护知识普及班30余期,6万余人参加培训,发放宣传资料6万余份,培训成效好于往年。科学指导基层组织开展经常化、有特色的活动,对专(兼)职工作者、基层应急干部、培训师资、专业救援队员230余人次进行不同形式的培训。

(赵焕勇)

【募捐救助】 区红会开展"博爱在京城,携手献爱心"募捐活动,全年募集

9月26日,区红会第七次会员代表大会　　(区委宣传部供稿)

善款57.9万余元,超额完成市红会下达的募捐计划。在第三届"北京市红十字系统捐赠工作先进集体和先进个人"评选表彰活动中,区红会、区政协、教委、科技园区获捐赠组织工作先进集体奖,13个企事业单位获公益捐赠贡献奖,1人获公益捐赠先进个人奖。建立区公益项目捐赠资金,有7家企业捐赠资金35万元,以救助患白血病、血友病、再生障碍性贫血、肾衰病、恶性肿瘤病生活困难家庭为重点,办6项惠民实事:"两节"送温暖走访慰问33户,支出救助款(物)134820元;救助因少儿大病致贫家庭2户,支出救助款1万元;"七一"联合慰问困难老党员2名,送去慰问款61034元;日常救助8户,发放救助款31500元;救助2名在救火中牺牲的消防官兵和2个雅安地震灾区在京务工困难家庭3万元;向149个社区赠送血压计;对口援助内蒙古宁城县红十字"博爱家园"10万元。全年发放救助款(物)387354.5元,完成区政府济困工程和办实事有关任务。

(赵焕勇)

【救援雅安灾区】 四川雅安发生7级强烈地震后,区红会响应市红会和区委、区政府号召,对抗震救灾工作做出安排。紧急启动抗震救灾募捐救援行动,下发募捐通知和募捐呼吁书,要求基层红十字组织和红会成员单位行动起来,倡议社会各界捐献善款。建立机关干部全时值班制度,设立募捐咨询热线电话,接收募捐款项。利用石景山红十字网站和区有关媒体,反映基层募捐动态,表扬好人好事,每天在红十字网站公示社会捐赠情况。区红会带头捐款,167个单位和42位爱心人士踊跃捐款捐物。接受社会救灾款857428.52元,一些单位还捐献雨布、卫生巾等灾区生活急需品,区红十字蓝天救援队、中安救援队参加雅安地震救援,中安救援队利用净水车解决25万灾民饮水问题,为雅安抗震救灾奉献博爱真情。

(赵焕勇)

【加强志愿服务】 区红会发挥区红十字蓝天救援队、中安救援队、绍家坡康复医院、艾滋病皮肤病性病防治协会、应急救护培训师资队伍,以及街道(社区)应急辅助队在志愿服务中的主力作用。召开高校造血干细胞捐献和无偿献血宣传工作推进会,邀请301医院、中华骨髓库北京分库专家进行造血干细胞和献血宣传,发放宣传资料(宣传品)2000余份。为37例遗体(器官)捐献者或亲属解答相关问题,制作和发放遗体(器官)捐献便民服务卡。协调区艾滋病皮肤病性病防治协会以政府购买服务形式开展防艾宣传。该协会30余次深入企事业单位、社区、学校、施工工地,以及旅游景点、餐饮、公共娱乐和洗浴场所等一线服务行业广泛开展艾滋病防治宣传、行为干预、心理咨询等活动,7万余人直接或间接受益,发放宣传品13380余份、安全套5300余个。

(赵焕勇)

【关爱青少年成长】 区红会与有关部门协作,创优学校红十字标准化、红十字示范校、健康促进学校和"十佳百优"活动。做好青少年应急救护知识培训工作,3000余名学生取得市红十字会颁发的"初级急救员证"。在中学生军训夏令营开设急救课程,对450余名师生进行普及培训。依托区红十字中安救援队开展"平安校园行"活动,近2万名学生受到安全知识教育。普遍开展青春生殖健康、艾滋病、眼睛保健知识讲座。截至年底,有42所中小学通过市健康促进学校检查验收,占总数的89.3%。景山学校远洋分校、市第九中学、京源学校和金顶街第四小学红十字会评为红十字青少年活动组织奖;6所学校的特色活动纳入市红十字青少年工作优秀项目;11名学生进入"北京市红十字百名优秀青少年"行列。

(赵焕勇)

石景山区人民团体负责人

总工会主席	李桂珍(女,副区级)
常务副主席	王智勇(7月免)
	蒋志谋(8月任)
共青团石景山区委书记	杨俊峰
妇女联合会主席	王宏芬(女,10月免)
	刘　红(女,10月任)
归国华侨联合会主席	张　文
文学艺术界联合会主席	郭　明
科学技术协会主席	佟长江(7月免)
	宋菁慧(女,7月任)
残疾人联合会理事长	高春玲(女)
红十字会会长	田春生(副区级)
常务副会长	宋菁慧(女,7月免)
	王颖玲(女,7月任)

政　法

全区政法工作以贯彻落实党的十八大和区委十一届六次全会精神为主线，紧紧围绕全国、全市、全区政法工作会议提出的各项工作任务，扎实推进平安石景山、法治石景山、过硬队伍建设三项重点工作，攻坚克难、主动作为，取得显著成绩，为区域经济持续健康发展和社会和谐稳定作出突出贡献。

维稳安保工作取得新成效。健全完善重大决策社会稳定风险评估机制，实现社会稳定风险应评尽评的工作目标，促进维稳工作由“被动保稳定”向“主动创稳定”的转变。加强战时维稳工作机制建设，形成周研判、月分析、季度总结的常态会商和战时每天会商、遇突发情况及时会商机制，圆满完成全国“两会”等重大活动、敏感时段的安保维稳任务。加大重点矛盾纠纷化解力度，协调各方面力量，妥善处置喜隆多火灾事故、西北热电中心GIS室拆迁工程等一批“急、大、难”案(事)件。加强重点人排查稳控及教育转化工作，做到底数清、情况明、方案周密、措施到位。强化互联网维稳工作，充分发挥公安分局网安部门作用，与宣传部紧密配合，及时发现上报、封堵删除各类有害信息2259条，妥善处置涉区重大舆情突发事件58起，维护涉区网络安全。始终对“法轮功”等邪教组织的违法犯罪活动保持高压震慑态势，扎实开展教育转化3年决战，实现“四个不发生”的工作目标。

平安石景山建设取得新进展。深入开展基层平安创建活动，形成专群结合、警民联防、人人参与、共保安全的良好局面。推进治安、交通、环境“三大秩序”管理整治，保证社会面的良好秩序。加强社会面防控，严打各类犯罪，全年刑事案件立案总量同比下降4.5%，群众安全感持续上升。推进科技创安工程，完成机动车图像识别监测系统一期规划招投标工作。2013年，本区被中央综治委授予“全国平安建设先进区”的荣誉称号。

服务区域发展取得新突破。针对区重大工程推进过程中遇到的各种难题，建立由政法委(维稳办)综合协调，实施主体各负其责的工作机制，多次召开专题会，形成合力，促进司法拆迁、违建拆除工作的顺利进行；公安分局严厉打击偷税骗税、金融诈骗、非法经营等严重破坏市场经济秩序的犯罪活动，营造良好的市场环境；区法院针对商事纠纷数量上升184%的形势，稳妥调处合同履行、金融信贷、房地产等事关区域经济发展的商事纠纷，做到司法审判的公平、公正。

执法司法水平有新提升。强化执法监督，聘请执法执纪特邀监督员，建立与人大、政协、社会团体、部分群众代表的联系机制。加强对涉法涉诉信访案件的督办力度，先后召开案件协调会20余次，积极推进涉法涉诉信访问题在法治轨道内解决。强化执法管理，健全完善大要案报告、案件质量管理、案件评查等制度。推进司法便民服务关口前移，深化“警民恳谈会”、社区民警驻区制；开展优秀检察官、法官进社区、进学校，派出流动法庭巡回审判，建立社区法律服务工作站。推进轻刑快审深入开展，作为先行先试典范，该项工作在中央政法委召开的现场会上作经验介绍，河南鹤壁市、辽宁营口市、黑龙江大庆市等省市政法系统先后来区参观学习。市委政法委在人民群众对区县政法工作满意度测评中，位列城6区第一名。

政法队伍建设取得新成绩。扎实开展政法干警核心价值观和“转作风、促发展、惠民生”主题教育实践活动，落实从优待警四项措施，力所能及地帮助干警解决实际困难和问题，公安分局推出爱警28件实事账单，着力解决民警实际困难。加强典型宣传工作，开展第七届人民满意政法干警、政法单位和先进窗口单位、基层五好党支部评选表彰、政法系统迎七·一“我的梦·中国梦”主题演讲比赛等系列活动，先后三次组织刘洪坤、刘洪魁两位烈士先进事迹报告会，创设“门美子工作室”，展示政法队伍的良好形象。

(孙晓红)

4月12日，政法系统“开放日”活动 (区委政法委供稿)

政法委员会

概 述

中共北京市石景山区委政法委员会(简称区委政法委)是区委领导政法工作的职能部门。内设维护稳定工作领导小组办公室(简称区维稳办)，作为区维护稳定工作领导小组常设办事机构。区委政法委行政编制7人、工勤编制1人，区维稳办行政编制3人，共计11人。年内，围绕区委、区政府的中心工作，全力做好维护社会稳定和服务区域经济社会发展工作。将重大决策社会稳定风险评估纳入区委常委会议、区委专题会议和区政府会议决策程序；强化情报信息报送、研判机制，排查化解各类社会矛盾纠纷，确保全年特别是重要期间全区社会安全稳定。积极协调、引导信访人前往执法、司法机关反映问题，对区领导批办的、群众反映强烈的涉法涉诉信访案件进行督办并及时反馈。深入开展政法干警核心价值观教育和"转作风、促发展、惠民生"等一系列主题教育实践活动，坚持从严治警，深化从优待警"四项制度"。表彰第七届人民满意的政法干警25名、人民满意的政法单位15个，公安分局老山派出所党支部等10个"五好党支部"，区法院民四庭等12个先进窗口单位。

地址：石景山区石景山路18号
电话：88699118
邮编：100043

（孙晓红）

【政法文化宣传】 4月12日，区委政法委组织开展全区政法系统"开放日"活动，主开放点设立在公安分局，区检察院、区法院、区司法局、区民政局分别设立分开放点，向群众发放便民、利民宣传手册和法律法规宣传资料，现场答疑解惑，接受群众对政法机关的意见和建议。6月27日，区委政法委组织开展区政法系统迎七一"我的梦·中国梦"主题演讲比赛，全区7个政法单位28名选手参加比赛，评选出一等奖1名，二等奖2名，三等奖3名，优秀奖3名。12月18日、26日，分别组织三场"烈火青春铸忠诚"先进事迹报告会，宣传在"10·11"喜隆多火灾救火工作中牺牲的刘洪坤、刘洪魁两名烈士及公安分局因公牺牲干警赵晓平英勇事迹，在全区政法系统掀起学习活动，弘扬政法队伍主旋律。

（孙晓红）

【开办网络平台】 根据市委政法委工作要求，区委政法委、区综治办联合开办的"石景山区政法综治网"于11月1日上线试运行。先后成立领导小组，制定政法综治网四级信息报送审查、日常管理、年终考核及网站维护机制的规章制度，建立一支由全区政法各单位科队站所和维稳、综治成员单位组成的105名信息员队伍。

（孙晓红）

【风险评估机制】 区委政法委先后在区、职能部门、街道层面建立三级风险评估机制，并将重大决策社会稳定风险评估纳入区委常委会、区委专题会和区政府会议决策程序，制定下发建立重大事项社会稳定风险评估机制的实施办法等3个文件，规范评估流程、提高评估效能。全年对东下庄综合改造项目、高能所物理平台建设、二管厂综合改造等8批项目实施风险评估，强化源头维稳。

（孙晓红）

【维稳信息研判】 区委政法委发挥各维稳职能部门、街道、社区三级情报信息网络的作用。形成周研判、月分析、季度总结的研判机制。逢重大政治活动、重要敏感时期，联合各部门启动战时会商，每天进行会商；遇突发情况及时会商。全年，召开会商研判会100余次，研判各类维稳情报信息累计千余条，编发《石景山维稳信息》111期，有效掌控社会面维稳动态，推动矛盾隐患化解工作。

（孙晓红）

【社会矛盾化解】 区委政法委开展矛盾纠纷排查工作，发现和化解基层群众的小诉求、小矛盾、小纠纷，确保第一时间受理、处置和化解，将矛盾化解在基层。围绕全区"急、大、难"案（事）件和各种涉稳突发事件，区维稳办牵头，发挥协调联动作用，协调各方面力量，解决每一个关乎全区社会稳定、关于群众切身利益的案事件，将维稳工作落实到实处。全年集中处置喜隆多火灾事故、东方家园商户赔偿等几十起涉稳案事件，确保全年特别是重要期间地区社会安全稳定。

（孙晓红）

【加强以法促迁】 针对区重大工程推进过程中遇到的难题，区委政法委搭建平台，成立由实施主体（法院或城管）负主责、各部门各负其责、政法委综合协调的工作机制，全年完成司法拆迁11件、违建拆除284处。提前介入，完成西北热电中心GIS室和东下庄综合改造两个市、区重点工程项目的促迁工作，历时短、质量高，没有出现涉稳信访上访问题。组织法院、城管、公安、卫生、宣传、消防、街道办事处等部门多次召开拆迁工作专题会，联合开展政策法律宣传，使部分提不合理要求、漫天要价户及时转变观念，配合落实协议履约。加强对已征收房屋的拆除工作和征迁红线内违建打击力度，坚持违章建筑"露头就打"。

（孙晓红）

社会管理综合治理

概　述

7月1日，区编委根据市编办函（京编办行［2013］123号）要求，将区社会治安综合治理委员会办公室更名为石景山区社会管理综合治理委员会办公室（简称区综治办），为区综治委的常设办事机构，与区委政法委机关一个机构、两块牌子。年内，社会管理综合治理工作按照中央和北京市的部署，根据区委十一届六次全会精神和政府工作报告提出的工作要求，以"平安石景山"建设为中心，围绕社会面防控、重点地区综合治理、社会管理创新三项重点内容，全面推动综治工作开展，有力维护全区改革发展稳定大局，为区域经济社会又好又快发展做出积极贡献。本区获"全国平安建设先进区"称号，荣华、岳德顺、刘道东受嘉奖，区综治办被评为"2009－2012年度首都综治工作先进集体"。

地址：石景山区石景山路18号
电话：88699106
邮编：100043

（张桂清）

【总结表彰】 1月31日，召开社区安全防范工作总结表彰大会。"十佳"社区民警、优秀社区综治委主任、先进治保积极分子、先进治保标兵、优秀治安巡逻志愿者，先进流管工作服务站、先进技防小区监控室、先进治保会等157名先进个人和139个先进集体受到表彰。

（张桂清）

【重点地区整治】 年内，区综治委组织协调区公安分局、城管大队、交通支队和各街道办事处等部门力量，以"交

通秩序、治安秩序、环境秩序”三大社会面突出秩序问题为突破口，开展社会治安重点地区排查整治工作。3月，制定并下发开展社会治安重点地区排查整治行动工作方案，明确社会治安和城市环境秩序重点地区22个。全年开展联合执法623次，发动各类群防力量44.3万人次，出动执法力量20312人次，执法车辆7092辆次，组织各类排查工作2318次，查处非法运营等各类车辆877辆(黑车479辆、摩的223辆、其他175辆)；查处无照游商20598起、罚款347750元；查处店外占道经营303起；查处小广告362起、收缴小广告5万余张；罚款、警告、批评教育等其他处理3738人，查处机动车涉牌、货车、摩托车等交通违法行为23587起；查处违法停车、加塞并线38948起。

(张桂清)

【落实责任制】 4月10日，区综治委召开第一次全体(扩大)会议，通报上年度综治工作考核情况，进行治安形势分析，开展成员单位及街道主要领导综治工作述职评议；会上区领导荣华、夏林茂、吴克瑞与全区50个成员单位、9个街道的党政正职签订《全面推进“平安石景山”建设夯实社会治安综合治理基层基础工作责任书》。年底，区“五部委”(组织部、纪委、人力社保局、纪检监察局、综治委)领导听取各街道和部分综治委成员单位的年度综治工作情况汇报，并按照“平安石景山”建设暨社会管理综合治理工作考核标准及评分细则对各单位的综治工作进行考核评分。

(张桂清)

【基层平安创建】 4月27日，区综治委制定并下发开展基层平安创建活动的方案，成立基层平安创建工作领导小组，明确各单位职责任务。综治委各成员单位、各街道于5月10日前共召开各系统、各街道基层平安创建工作会议35次，制定平安创建工作方案70余份，全面启动基层平安创建活动。8月15日，区综治委召开区基层平安创建工作推进会，以社区压发案、综治基层队伍规范化建设为抓手，在全区9个街道、142个社区、10个户籍派出所，开展“社区百日压发案”“综治基层队伍规范化达标”两个竞赛活动。年内，全区社区三类案件立案347起，同比下降3.3%；万人发案率低于预设目标。开展社区百日压发案竞赛(8月15日～11月22日)后，社区三类可防性案件环比下降86.5%，零发案社区达到60%以上。

(张桂清)

【参与园博会安保】 5月18日～11月18日，第九届中国(北京)国际园林博览会(简称园博会)在丰台区举办，会期半年。期间重点做好三项工作：参加由丰台区综治办组织召开的平安边界协调会，明确园博会周边社会面防控工作任务分配，签订平安边界工作责任书；召开各街道、公安、市政市容委等相关部门参加的园博会社会面安保工作会议，启动社会面防控等级工作，园博会开幕式当天全区出动专群力量约1.7万人；细化工作预案，加强应急值守，开展应急演练和舆情应急处置工作，城管、交通、公安等部门突出做好重点地区的治安、环境、交通工作检查，确保突发事件及时处置。

(张桂清)

【完善群防群治】 区综治委注重发挥社区社情恳谈会、公益反哺、新居民互助服务站等平台作用，动员组织群众参与到社会管理综合治理工作中来。全年启动社会面防控等级5次，出动专群力量73万余人次，确保社会面持续安全稳定。召开恳谈会145次，排查化解各类基层矛盾纠纷539件；落实志愿者星级管理，累计认定积分1600万分，认定70周岁以上的“五星级”荣誉志愿者395名，3500人次享受公益反哺服务。在原有194个“新居民互助服务站”、3832名互助队员的基础上，新增互助队员225名，直接受益流动人口18.9万人，占全区流动人口80%以上。

(张桂清)

【护路护线联防】 根据首都综治委工作要求，区综治委制定并下发本区铁路护路联防工作要点和铁路护路联防重点工作任务书等文件，明确各成员单位及街道的职责及分工。采用印制图文并茂的宣传小册，悬挂横幅和制作永久性金属警示牌及标牌、下发致京广高铁沿线人民群众的公开信等形式，集中开展“春节”“两会”及重要敏感日期间护路护线工作，排查高速铁路运行沿线环境综合整治及隐患排查。全年开展安全隐患排查37次，协调解决各类矛盾纠纷37件，全区未发生涉路交通事故，确保铁路沿线秩序良好和铁路运输安全畅通。

(张桂清)

【流动人口管理】 截至年底，全区有流动人口189209人，出租房屋20388户；新登流动人口49876人，核销77077人，更新6865人，市内迁移7928人；出租房屋新登790户，核销531户，更新396户。调动194个新居民互助服务站、3822名互助队员参与社区管理的积极性和主动性，发挥流动人口群团组织优势，探索建立“以党的组织为阵地、以群团组织为配套、以志愿组织为补充”的流动人口自治管理途径。由区流管办牵头，针对非法出租、群租房和利用出租房屋从事非法活动等突出问题开展专项整治工作，组织开展对鲁谷衙门口、苹果园西黄村、金顶山乞丐村等地区的清理排查整治6次，检查大院132处、废品回收站46处、五小门店等各类重点场所103处，查验证件5719人次，查获非法行医39起。

(张桂清)

公 安

概 述

北京市公安局石景山分局(简称公安分局)深入开展党的群众路线实践教育活动，履行公安保卫职责，扎实推进“平安石景山”建设，圆满完成十八届三中全会、中央经济工作会议等各项重大安保任务，确保安全警卫、敏感节点、大型活动的绝对安全，为全区经济社会发展创造和谐稳定的治安环境。全年破获各类刑事案件2730起，抓获各类违法犯罪嫌疑人1336名，破案数量同比上升10.2%，破获侵财案件同比上升15.3%，破获毒品案件同比上升15.4%，八角街道被评为“全国社区戒毒社区康复示范点”。年内，深入开展实有人口服务管理全覆盖体系二期建设，在全市核对验收评比中取得满分。社区民警驻区制工作始终走在全市前列，实有人口和房屋分层次、分类型掌控和防范能力有效提升，社区“三类”可防性案件同比下降3.3%。全年接消防警情1568起，其中火警801起，抢险救援767起，火警成灾99起，直接经济损失81.5万元。完成全区技防系统大普查工作，采集监控点位1.5万余个、物技防系统1220套，全区社会面图像信息系统设备完好率达到95%以上。在石景山医院、万达广场等5个重点场所建立警务工作室，落实重点单位驻警制；对全区中小学幼儿园全部落实“高峰勤务”防控机制；对全区水、电、气、热、油、金融等270家列管要害单位落实安全监管责任，对社会单位不间断地开展“拉网式”安全检查。全年出入境窗口服务9.8万余人次，发放出入境证件9.4万人次；户政服务窗口办理入户登记手续3958人次，接受电话咨询7200余次，受理制作居民身份证1.9万余张、临时身份证3900余张，窗口服务评价满意率100%。组织党委班子成员听取分管单位落实党风廉政责任制汇报35批次，开展领导干部任前诫勉和警示谈话12批61人次。对高风险岗位、高风险点逐岗、逐点落实源头管控；强化内部审计工作，修订完善一系列审计制度规定；全年走访党政机关和企事业单位1200余个，走访居民家庭8100余个、5.1万余人次，推出便民利民措施57项，化解信访矛盾639件；组织开展领导干部竞争选拔工作，41名考生分别入围市局党校研修班、推进队和青干班的培训实践。严格落实领导干部管理制度，全年提拔交流领导干部17人、免职32人，选拔后备干部5人，对119名领导干部开展任职、任期、试用期和专项考核；扎实做好爱警工作，全年投入600万余元，推出28件爱警实事账单和15件跟进完善爱警措施；不断深化民警身心健康管理，在职民警健康体检率达到98%；推树全国先进典型1名，市局先进集体15个、典型10名；八角派出所党支部被评为年度市政法系统“五好党支部”，另有2个基层支部、3名党员分别被评为市局先进党支部和优秀共产党员。

4月12日，警营开放日活动　　（公安分局供稿）

地址：石景山区古城南里甲1号
电话：68873814
邮编：100043

（王　成　申小荣）

【打好环境整治攻坚战】　1～3月，公安分局按照市局部署，启动交通、治安、环境三大秩序整治工作，突出对交通、治安、环境等影响城市秩序、车辆通行和群众反映集中的九类问题进行治理。出动执法力量7200余人次，开展整治、拆违等各类联合执法306次，打掉黄赌窝点71个、查扣赌博机213台，处罚黑开场所81家，查处各类黑车1339辆，批评教育2711人次，参与拆违2.2万平方米，全区秩序类警情同比下降30%、黄赌警情同比下降62.3%。

（王　成　申小荣）

【打击涉枪涉刀违法犯罪】　4～12月，公安分局全面开展缉枪治爆管刀专项行动。以“五区”（山区、林区、矿区、库区、风景游览区）、“五场”（建材化工、五金加工、小商品批发、大型集贸、物流配货市场）为重点深入摸排，通过动员上缴、举报查缴、检查收缴、破案追缴、深挖追缴，最大限度收缴社会面上散存的危险物品，净化社会环境，消除社会隐患。设计以“共建和谐石景山”为主题的宣传海报，印制、发放各类宣传材料。全区共张贴、发放宣传材料1万余份，张贴标语通告2千余张，致居民一封信2万余份，悬挂宣传条幅100余条。共摸排出35处涉爆涉枪场所，收缴废旧炮弹14枚，各类非法枪支15支，破获刑事案件5起，刑事拘留6人。

（王　成　申小荣）

【警营开放日活动】　4月12日，公安分局按照市局党委和区委政法委统一部署，组织开展“警营开放日”活动。分局在户政服务大厅门前广场设立活动主会场，各基层科所队分别在办公地点、社区警务站等处设立分会场。在主会场，分局邀请区人大代表、政协委员、警风警纪监督员、居委会干部、治保积极分子、退休老党员等社会各界群众150余人参加活动。主会场活动分为技能表演、现场咨询、装备展示和参观警营4个环节。分会场共有280余名民警与2600余名社会各界群众代表进行咨询和互动，发放户籍办理、治安防范、养犬工作、法律法规等各种宣传资料1万余份，收到各种意见建议150余条。

（王　成　申小荣）

【完成破案刚性目标】　公安分局紧密依托“打盗抢、保民安”“创最安全城市、净化社会面集中打击破案”“夏秋季社会治安打击整治百日会战”等专项工作战役，对刑事案件主动进攻、高压震慑。年内共破案 2730 起，比上年多 253 起，上升 10.2% ，完成市局规定增长的刚性目标；其中破获现案 1005 起，同比多 93 起，上升 10.2%，达到历史最高点。

（王 成 申小荣）

【保持高压严打态势】 公安分局深入贯彻市局党委关于推进首都平安建设的总体部署，以“反有组织犯罪惊蛰行动”为契机，重点针对涉稳领域内有影响力、号召力强的人物，全面彻底地开展摸、打、控、用等工作，确保底数清、打击准、掌控实、使用灵。打掉有组织犯罪团伙 15 个，刑事拘留各类团伙成员 70 人，破获刑事案件 17 起。

（王 成 申小荣）

【大型活动安全监管】 公安分局完成大型活动安全监管工作 22 项 109 场，活动现场共组织民警 4490 人次，接待群众 930500 人次。完成八大处觐香、佛牙舍利开放等不需安全许可的大型群众性活动 29 项 148 场次，活动现场共组织民警 3672 人次，共计接待群众 1574200 人次。

（王 成 申小荣）

【社会面管控】 公安分局年内布置 24 小时武装处突巡逻车 3 辆，弹性巡逻车 3 辆，依托 3 个警务站，采取定点停靠的巡控方式，向外辐射巡逻区域。通过“动静结合”达到对街头案件快速发现、快速处置的防控目标，提升社会面防控能力。期间，收集、上报街面治安动态信息 186 条；配合交通、城管执法 329 余次；清理黑车扰序、摊点摆放等问题 189 余次；盘查核录可疑人 9956 人次，可疑车 336 台次；受理群众求助、咨询 28438 人次；抓获各类违法犯罪嫌疑 38 人次。

（王 成 申小荣）

【基层平安创建】 公安分局贯彻落实全区基层平安创建推进大会部署，推进区政府折子工程，开展实有人口服务管理全覆盖体系二期建设，在全市核对验收评比中取得满分的好成绩。社区民警驻区制工作始终走在全市前列，实有人口和房屋分层次、分类型掌控和防范能力有效提升，社区“三类”可防性案件同比下降 3.3%。

（王 成 申小荣）

【公共安全监管】 公安分局在石景山医院、万达广场等 5 个重点场所建立警务工作室，落实重点单位驻警制。对全区中小学幼儿园全部落实“高峰勤务”防控机制。对全区水、电、气、热、油、金融等 270 家列管要害单位落实安全监管责任，对社会单位不间断地开展“拉网式”安全检查，全年检查 1.6 万余家次，发现整改安全隐患 1.9 万余处，下发《责令整改通知书》8506 份、行政处罚决定书 942 份，处罚问题单位 682 家。

（王 成 申小荣）

【科技创安】 公安分局研究制定 2013 ~ 2015 年科技创安图像信息系统建设规划和实施计划，组织完成机动车图像识别监测系统一期建设。完成全区技防系统大普查工作，采集监控点位 1.5 万余个、物技防系统 1220 套，全面落实年度社会面图像信息系统 194 个前端点位的建设规划任务，全区社会面图像信息系统设备完好率达到 95% 以上。

（王 成 申小荣）

6 月 26 日，“国际禁毒日”宣传 （公安分局供稿）

案例举要

【打掉销售网络游戏犯罪团伙】 1 月 10 日，公安分局打掉一个利用互联网淘宝店铺等方式销售网络游戏《破天一剑》外挂程序“破天贵族”的犯罪团伙，将嫌疑人王 XX（男，1973 年出生，黑龙江人）、李 XX（男，1984 年出生，四川人）、李 XX（男，1984 年出生，福建人）、曾 XX（男，1988 年出生，四川人）、马 XX（男，1973 年出生，福建人）、余 XX（男，1984 年出生，湖北人）等抓获，起获作案用电脑 7 部，扣押冻结涉案赃款物价值 300 余万元。经审，王 XX、李 XX 等嫌疑人对在网络上销售“破天贵族”外挂程序的犯罪事实均供认不讳。

（王 成 申小荣）

【破获系列入室盗窃案】 1 月 18 日，公安分局在辽宁鞍山市公安机关配合下，破获系列盗窃案。在当地将犯罪嫌疑人李 XX（男，1988 年出生，河北人）抓获，当场起获笔记本电脑、金戒指等被盗赃物。经审，李 XX 供认伙同他人在北京、辽宁等地实施入室盗窃作案 7 起（已核实 4 起）的犯罪事实。

（王 成 申小荣）

【破获跨省运输贩卖毒品团伙案】 3 月 26 日，公安分局在市局禁毒总队、江西省南昌市公安机关配合下，破获一起公安部督办毒品目标案件，打掉一个跨省运输、贩卖毒品团伙。将涉嫌运输、贩卖毒品的涂 XX（男，1968 年出生，江西宜春人）、马 XX（女，1968 年出生，辽宁省沈阳人）等9名嫌疑人抓获。缴获仿真手枪1支、收缴冰毒、K粉、麻古、摇头丸等各类毒品7343.42克以及新型毒品神仙水69瓶、毒咖啡890克，扣押涉案轿车一辆。

（王　成　申小荣）

【破获“4·08”故意杀人案】 4月9日，公安分局侦破“4·08”故意杀人案件，在石景山区千龙网都仙鹤店将犯罪嫌疑人李XX（男，1978年出生，山西朔州人）抓获。经审，犯罪嫌疑人李XX对杀害高XX（男，1980年出生，广东人）的犯罪事实供认不讳。

（王　成　申小荣）

【破获名人字画被盗案】 4月29日，公安分局在市局十二总队配合下，侦破“4·14名人字画被盗案”，在河北省三河市一出租房内将犯罪嫌疑人周X（男，1984年出生，江西进贤人）、陈XX（男，1974年出生，江西进贤人）、邹XX（男，1991年出生，江西进贤人）抓获，当场起获被盗名画6幅、印章22枚。经审，三名犯罪嫌疑人对实施盗窃的犯罪事实供认不讳。

（王　成　申小荣）

【破获非法吸收公众存款案】 6月15日，分局破获一起非法吸收公众存款案，抓获犯罪嫌疑人吴XX（男，1976年出生、湖南籍人、北京创富商贸有限公司法人代表）、王XX（1984年出生、吴之妻、湖南籍人）2名。经查，嫌疑人自2010年开始，租住在石景山万达广场，通过发布招聘广告、熟人介绍等方式，拉拢求职人员加入公司，以培训授课等形式，对入职人员宣传介绍公司经营的网上商城、实体店铺等盈利项目，以运营需要资金为名，以每月高额利息，到期还本付息，诱骗事主交纳保证金与该公司签订区域代理协议后投资加盟。后事主于XX、李XX等发现该公司不存在所谓的网上商城、实体店铺等项目，且该公司在返还2至3个月的利息后，便不再返利。随后该公司关门停业，公司法人吴XX等去向不明，18名报案事主累计被骗金额人民币129万元。经审，嫌疑人吴XX、王XX对开办北京创富商贸有限公司非法吸收公众存款的犯罪事实供认不讳。

（王　成　申小荣）

【破获技术开锁入室盗窃案】 8月8日，公安分局破获1起涉案金额20余万元的技术开锁特大入室盗窃案，将犯罪嫌疑人李X（男，1992年出生，湖南耒阳人）、李X（男，1988年出生，湖南耒阳人）抓获，当场起获苹果牌笔记本电脑等可疑物品。经审，嫌疑人供述实施入室盗窃的犯罪事实。

（王　成　申小荣）

【破获特大运输毒品案】 9月7日，公安分局在市局禁毒总队、十二总队的协助下，破获1起特大运输毒品案，将嫌疑人孙X（男，1968年1月出生，石景山区人）、宋XX（女，1970年3月出生，石景山区人）抓获，收缴冰毒252.77克。经审，犯罪嫌疑人孙X对购买运输冰毒的犯罪事实供认不讳被分局刑事拘留；宋XX因吸食毒品被分局行政拘留。

（王　成　申小荣）

【打掉倒卖烟草网络团伙】 10月22日，分局在市局治安总队和区烟草局指导配合下，打掉一个非法倒卖烟草的网络团伙，抓获犯罪嫌疑人8名，查获涉案香烟价值100余万元。经审查，8名犯罪嫌疑人对所有违法犯罪事实供认不讳。

（王　成　申小荣）

【破获系列盗窃轮胎案件】 12月7日，公安分局在市局指导配合下，在本市大兴区酝顺村将犯罪嫌疑人徐X（男，1988年出生，山东冠县人，大兴区酝顺村轮胎大全店员工）等2人抓获。经查，两名犯罪嫌疑人供认伙同王X（男，1979年出生，山东冠县人）共同盗窃汽车轮胎的犯罪事实。12月8日，在昌平区兰各庄村将犯罪嫌疑人王X抓获。经审，犯罪嫌疑人徐X、王X等人对共同盗窃汽车轮胎的犯罪事实供认不讳。

（王　成　申小荣）

检　察

概　述

北京市石景山区人民检察院（简称区检察院）是国家的法律监督机关，在辖区内依法独立行使检察权，接受市人民检察院和中共石景山区委领导，对本级人民代表大会及其常务委员会负责并报告工作。坚持“强化法律监督、维护公平正义”检察工作主题，紧紧围绕服务改革发展稳定大局，全面加强平安建设、法治建设、队伍建设，各项检察工作取得新成效。全年受理审查逮捕案件389件492人，同比下降18.5%和28.8%，审结386件489人。受理审查起诉案件453件543人，同比下降22.0%和38.7%，审结474件582人。销售有毒有害猪肉案，作为全市十大典型案例之一选送最高检；结合检察职能服务保障文化创意产业有序发展的做法被最高检全文转发。初查各类职务犯罪案件线索40件，立案14件16人，其中大案12件、要案1人。推动预防网络建设，开展预防咨询240余人次、警示教育宣传144次、行贿犯罪档案查询1236次。探索建立简易程序检法协作机制，设立简易程序专门办案组，出席简易程序庭审307件，有效提高办案效率和办案水平。正确适用未成年人刑事案件诉讼程序，听取辩护律师意见49人次，安排合适成年人到场23人次，法律援助23人次，督促公安机关在审查逮捕阶段开展社会调查20人次，审查起诉阶段自行开展社会调查3人次。推动本区设立未成年人社会调查专项基金，落实新法。区检察院获中华全国妇女联合会、全国维护妇女儿童权益暨平安家庭创建协调组颁发的“全国维护妇女儿童权益先进集体”荣誉称号，表彰区检察院在维护女性在押人员和未成年在押人员权益保障工作；获“档案工作市级优秀单位”。未成年人案件检察处获“2011－2012年度北京市未成年人保护工作先进集体”荣誉称号。17人入选北京市首届检察业务骨干人才，20人获评院检察岗位能手，形成以业务专家、业务骨干和岗位能手组成的专业化人才梯队。

地址：石景山区古城南里
电话：59734588
邮编：100043

（李　菲）

【开展帮教活动】 2月22日，区检察院邀请区人大代表到北京市女子监狱开展帮教活动。这是自1999年以来连续15年到市女子监狱服刑人员开展“大墙内希望工程”。石景山籍女性服刑人员共有85人次获减刑奖励，19人获假释奖励、5人通过高自考取得大学文凭，36人获得45个不同等级的烹饪、服装等专业执业证书。被帮教女犯服刑期间和服刑期满回归社会后未发生1起重新犯罪。

（李 菲）

【检察开放日活动】 4月12日，区检察院举办以“看得见的正义——联系群众、服务群众、自觉接受群众监督”为主题的检察开放日活动。邀请部分人大代表，八角街道古城南里、苹果园街道海特花园社区居民和北方工业大学师生参加活动。活动中，播放检察职能宣传片、讲解检察职能宣传展板、开放院史展室、办案工作区等展示类手段，增强活动吸引力和群众参与度，向社会各界介绍检察机关的性质、任务和工作职能，宣传检察机关和检察人员立足职能，履行法律监督，维护公平正义，关注民意、服务民生的主要做法及成果、为民实践的新机制和新举措。年内，区检察院以“五个一”（一次机关开放活动、一次社区普法活动、一次案件通报会、一次实践活动及一次街头宣传）活动为载体，扩大检务宣传效果，深入推进检务公开，拉近检察人员和人民群众的距离。

（李 菲）

【信息共享平台运行】 4月，区检察院行政执法与刑事司法信息共享平台（简称“两法衔接”）启动运行。标志着依托政府网对全区行政执法单位行政执法信息进行共享，实现案件的网上移送、网上受理、执法动态交流和业务研讨、案件信息流程跟踪和监控，畅通“两法衔接”的信息共享渠道。年内已有多个部门参与联网，运行良好，各行政执法机关及时把行政执法案件及案件办理各个环节的信息录入平台，区检察院通过信息平台对全部录入的执法行为实时跟踪和全程监督。

（李 菲）

【改革案件管理模式】 6月，区检察院建立“收案、流转、审核、监督”一体化案件管理模式，推进案件管理机制改革。主要做法是：规范收案流程，实现案件集中受理职能；快速流转案件，提升案件办理效率；加强结案审核，提高案件管理效率和办理质量；强化审限监督，提升案件管理水平。

（李 菲）

【网络律师接待平台】 7月1日，区检察院开通运行北京市检察机关网络律师接待平台，深入推进阳光检务。该平台提供服务内容包括：律师可通过该平台向选定检察院进行网上告知和网上预约。案管办工作人员登录平台后对律师的网上告知和网上预约进行网上审核，并及时将审核结果网上告知律师，与办案部门联系确定时间后网上告知来院阅卷等时间，保障辩护人及诉讼代理人在刑事诉讼活动中的合法权利。

（李 菲）

【服务国企宣传活动】 7月，区检察院在首钢迁安矿区开展为期2天的纪念检察联络室成立2周年系列活动暨检察机关服务京外大型国企集中宣传活动。首钢总公司纪委、首钢矿业公司、矿山街委会及社区居民参加活动。加强服务首都“飞地”建设，推进迁安检察联络室工作，开展法律讲座、法律咨询、先进事迹片放映等活动13次，《检察日报》《法制日报》《北京日报》《北京晚报》、正义网等8家媒体进行报道。

（马晓霞）

【民事执行法律监督】 10月，区检察院开展民事执行法律监督工作，结合本区民事执行工作的实际情况，与区法院签订民事执行活动法律监督实施办法。从提前介入、监督程序、联合息诉、重大案件个案通报4个方面创新规定，完善民事执行法律监督工作。

（马晓霞）

【羁押必要性审查】 11月，区检察院结合刑事诉讼规则（试行）及工作实际，探索羁押必要性审查，召开羁押必要性专题研讨会。制定羁押必要性审查工作办法（试行），从确立审查协作机制、细化审查启动程序、规范审查工作流程、落实审查保障制度4个方面创新细化规定。对无羁押必要的8名犯罪嫌疑人变更强制措施。

（马晓霞）

【法制副书记进社区】 区检察院深入推进社会服务管理创新，与八角街道办事处共同建立法制副书记进社区工作机制。区检察院选派新任中层副职到街道下辖社区担任法制副书记，建立“三个一”机制，即讲授一次法律课、化解一次矛盾、走访一户困难家庭，创立点对点订单式法律服务模式。推进法制社区建设，提升检察人员为民服务的意识和能力，形成社区更和谐、居民更守法、检察人员更爱民的多赢局面。

（李 菲）

【加强诉讼监督】 区检察院转变监督理念，采取措施，做到积极发现、认真研究、依法提出，增强监督实效。加强立案监督和侦查活动监督。受理刑事立案监督案件11件，监督立案7件，监督撤案1件。加强侦查活动监督，将以往单纯提前介入、引导侦查取证手段纳入侦查监督领域，纠正漏捕5人，获有罪判决3人，纠正漏诉2人，发出纠正违法通知书7份。加强刑事、民事审判监督和行政诉讼监督。提起刑事抗诉4件，同比增长300%。办理民事行政申诉案件27件，审结28件，2件提请抗诉案件获得市检察院支持并向市高级人民法院提出抗诉，经法院再审均以调解方式结案，1件再审检察建议得到区法院采纳，启动再审程序后予以改判。加强刑罚执行和监管活动监督。向不同地区司法部门发出纠正违法通知书22份，累计驻看守所检察304天，完成羁押期限和出所安全专项检察、交付执行与留所服刑专项检察工作。制定入所身体检查证据材料调取移送办法、指定居所监视居住执行检察实施细则。深入开展社区矫正工作，审查暂予监外执行案件13件。

（李 菲）

审　判

概　述

北京市石景山区人民法院(简称区法院)是国家审判机关,依法行使审判权,审判在法律规定范围内的第一审刑事案件、民事案件、商事案件、行政案件并承担相应的执行职责,通过依法审判,严惩犯罪分子,妥善化解民事、商事和行政纠纷。区法院设刑事审判庭、未成年人案件综合审判庭、民事审判第一庭、民事审判第二庭、民事审判第三庭、知识产权审判庭、五里坨法庭、行政审判庭、执行局(下设执行一庭、执行二庭、执行三庭)、立案庭、审判监督庭、涉诉信访办公室、审判管理办公室、诉讼服务办公室、书记员室、研究室、办公室、政治处、监察室、法警大队、保卫科等23个局、庭、处、科、室、队及信息技术中心和机关后勤服务中心2个全额拨款事业单位。全院干警158人,其中法官89人,书记员42人,行政序列人员12人,事业编人员8人,司法警察7人;具有研究生及以上学历的79人,占总人数的50%,本科学历的75人,占总人数的47.5%。年内,区法院深入学习贯彻党的十八大及十八届三中全会精神,围绕公正司法、司法为民工作主线,发挥司法审判职能作用,全年受理各类案件11580件,审、执结8935件,法官年人均结案104件,一审服判息诉率达91.63%。严格执行刑法修正案,审结醉驾案件41件;调处合同履行、金融信贷、房地产等事关区域经济发展的商事纠纷3578件,结案标的额4.89亿元;稳妥审理光大银行信用卡中心信用卡纠纷案件1795件,挽回经济损失6100余万元;坚持院庭长接待,开展源头化解,信访量整体下降30%;全年刊发各类稿件600余篇,组织开放日等活动共接待群众2000余人次,网络直播案件公开审理87次。区法院技术室被最高法院评选为"全国法院司法统计工作先进集体"。

地址:石景山区阜石路169号

4月12日,法院开放日活动　　（区法院供稿）

电话:68899888　68899777
邮编:100043

(张　晨)

【法院开放日活动】 4月12日,区法院按照上级部署,组织开展"法院开放日"活动。邀请机关单位、社区干部、群众代表30余人走进法院,零距离了解法院工作,感受司法的公开与公正。活动中,各界代表首先观看升旗仪式,欣赏干警擒拿格斗动作表演,通过听取讲解员现场讲解,参观了解"人民法官为人民"为民实践活动成果展。当天还观摩一起民事案件审理,之后,本次主审法官施舟骏接受群众的法律咨询。区法院领导表示,今后将更加注重加强和改进与社会各界的联系,延伸审判工作触角,多元化强化法院宣传,把"法院开放日"活动作为一项常态化工作坚持下来,并进一步完善"法院开放日"制度,创新开放形式,丰富公开内容,更好地接受社会各界监督。

(张　晨)

【知产案件审判】 区法院高度重视案件质效,在知识产权审判中以"调判双效"为核心,贯彻全程调解的工作要求,除在证据交换、开庭前、庭审中和庭审后等环节进行调解外,要求所有案件在宣判前再做一次调解工作,给当事人最后达成调解的机会,仍然调解不成的案件宣判后,立即对当事人进行充分释明,促使其服判息诉,在提升调解率和一审服判息率诉方面取得显著效果:在案件增长56.1%的情况下,全年案件调撤率达到90.8%,一审服判息诉率达到95.3%,均创历史新高,同比分别提升6%和9%。特别是在12月判决的所有案件,没有1件提起上诉,双方当事人均服判息诉。

(张　晨)

【商事纠纷预警服务】 区法院以帮助企业了解纠纷风险状况、为企业法律纠纷风险管理降低成本为目标,构建地区特色商事纠纷预警服务机制,工作流程:商事纠纷风险调查。收集企业各类诉讼案例,以便发现企业的法律管理制度及经营行为中存在的商事纠纷风险;商事纠纷风险识别。根据所获得的原始资料,判定企业所面临的在对外合同、人事制度以及业务规范等多项环节中的商事纠纷风险点;商事纠纷风险评估。采取定量分析的方法进行风险评估,确定纠纷风险在不同维度内的分值,综合分析出最终值;形成风险评估报告。主要内容包括企业纠纷风险状况、风险严重程度、风险结果,其中最主要的部分是纠纷风险描述和纠纷风险的评估结论;接受企业提交的反馈报告。企业应在反馈报告中针对每个纠纷风险点提出具体解决方案,并写明整改日期。反馈

报告作为下一阶段法院重新进行纠纷风险调查的重要材料。上述机制已试运行，物美商业集团及首钢、中铁建等驻区企业对此项工作给予肯定。

（张 晨）

【文创产业司法服务】 区法院在知识产权审判工作中提出“智护 CRD”工作思路，全方位、多角度为中关村科技园区石景山园提供优质司法服务。院领导带队深入搜狐畅游、中国华录等驻区重点文化创意企业进行实地调研，了解企业司法需求及知识产权保护面临的困难和问题；开展典型案件巡回审判或举办“园区讲堂”；为科技创新性企业提供专利和商业秘密保护方面的专题法律培训；与区知识产权联席会成员单位共签“司法助推科技发展合作协议”等。以此强化区域知识产权联动保护机制，整合司法和行政管理资源，为科技园区企业提供全方位司法服务。在最高人民法院向社会发布的《2012 年中国法院知识产权司法保护状况》（白皮书）中对区法院“智护 CRD”的工作思路进行肯定。

（张 晨）

【未成年人司法保护】 区法院在加强未成年审判工作的同时，加强对未成年人特别是在校学生的司法保护力度。如对未成年被告人实行审前社会调查制度及心理干预机制，从最有利于教育、感化、挽救未成年人的角度出发，整合多方资源为缓刑少年犯回归社会、重返校园提供帮助。深入学校和社区开展普法宣传，与区教委共建合作，联合开展模拟法庭活动，录制模拟法庭教学光盘。通过司法建议、法律指导、案件提示等多种形式，协助有关单位共同预防或减少未成年人违法犯罪的发生，提高在校师生学法、用法积极性。

（张 晨）

【法官下基层活动】 区法院根据全区的社会形势和人民群众的司法需求，坚持每季度到河北首钢迁安矿山开展巡回审判工作，选择典型案例就地开庭，就地宣传。开展“法官下基层”“法官留学”“兼职社区法制副书记”“法官担任社区工作者普法教员”等司法为民实践活动，组织法官走进社区、走进基层，了解群众需求，解答群众疑惑。发放法制宣传和相关诉讼资料 3000 余份，组织法院开放日活动 6 次，召开人大代表政协委员座谈会 10 余次，方便群众诉讼，减轻当事人的诉累，增强群众和一些企业的法律知识，促进全社会学法、用法的良好氛围。

（张 晨）

【“多员进站”促和谐社区建设】 区法院将服务辖区经济发展，服务辖区群众诉讼放在突出位置，加大与街道社区共建力度，创新工作机制，推行“多员进站”工作方法，提升居民法律保护意识，促进和谐社区建设。庭长进街道联络站，在辖区 9 个街道（鲁谷社区）建立联络站，9 位主要业务庭庭长作为联络员，季度走访街道、社区，了解人大代表和居民对法院司法服务工作的新期待、新要求。让青年法官及法官助理定期以担任调委会、居委会主任助理等形式进社区开展工作，教学相长，互利共赢。在五里坨地区试点“社区定点调解工作”，邀请 2 名熟悉当地社情民意、调解经验丰富的人民陪审员进社区调解站，为当地居民提供法律咨询，独立送达、谈话，调解部分简易案件。

（张 晨）

4 月 25 日，知识产权巡回法庭 （区法院供稿）

【“双拥共建”保和谐促发展】 区法院注重与北京军区双拥共建工作，通过沟通、交流与合作，解决困难、化解矛盾、宣传法律，保障涉军案件的及时有效解决。先后与北京军区法院、海军法院等驻京军事法院就涉军民事案件的审理、执行工作进行座谈研讨，共同研究制约涉军民事案件审理、执行中的难点问题，探讨解决办法。针对涉军案件审理中遇到困难，与军区协调，对涉军离婚类案件突出军内先行协调，对涉军不动产执行案件采取联动执行方式，确保涉军案件稳妥处理。采用“请进来、走出去”方式，定期举办涉军专场“开放日”活动，邀请部队有关单位来院参观、旁听及座谈，让官兵们深入了解法院及法官们的工作，通过旁听及普法讲座，增长官兵法律知识，促进军队法制化进程。

（张 晨）

【“阳光审判”实现双重效果】 区法院深化和创新便民利民新举措，结合实际推出特色审判和透明化两项举措，打造“阳光审判”格局。特色审判即搭建“类型化法庭”、实现“类型化调解”、推出“类型化服务”。“类型化法庭”是指针对妇女儿童特点成立妇女维权合议庭；“类型化调解”是指针对医疗、交通等特定类型案件所呈现的特点和当事人心理特征入手，采取分类、专人快速流程化调解；“类型化服务”是指打造便民立案大厅，推行立案首问责任制，建立无障碍通道和特殊群体接待室，透明化举措体现健全公开机制、公开法官信息两个方面。

（张　晨）

案例举要

【侵害作品信息网络传播权案】 北京搜狐互联网信息服务有限公司（以下简称原告）起诉芭乐互动（北京）文化传播有限公司（以下简称被告）称，《屌丝男士》（以下简称涉案电视剧）是由飞狐信息技术（天津）有限公司（简称飞狐公司）享有著作权的电视剧，后原告取得该部电视剧的独家信息网络传播权利。经调查，原告发现被告未经许可通过“芭乐影视”IOS客户端软件（以下简称涉案软件）在iPad平板电脑上播放该部电视剧，侵害原告享有的信息网络传播权，故诉至法院，请求判令：1、被告赔偿原告因侵权行为造成的经济损失50000元及合理诉讼费用3650元，共计53650元；2、由被告承担本案的诉讼费用。被告辩称，根据涉案电视剧的片尾署名，原告不能证明其系本案适合的诉讼主体，另外，被告的软件仅提供搜索链接功能，并未实施侵害原告信息网络传播权的行为，故不同意原告全部诉讼请求。

区法院经审理认为：根据我国著作权法的规定，由法人或者其他组织主持，代表法人或者其他组织意志创作，并由法人或者其他组织承担责任的作品，法人或者其他组织视为作者。根据著作权法的规定及本案证据显示，飞狐公司为涉案网络电视剧的原始著作权人。原告通过飞狐公司的《授权书》，取得涉案网络电视剧独家专有的信息网络传播权，故判定原告是本案适格的主体。同时，芭乐影视软件在播放此电视剧时，虽然显示搜狐视频的页面和水印，但是不能显示具体的网页链接地址，视频播放界面仍属于软件的组成部分，不能说明涉案网络电视剧来源于搜狐视频网站。其次，尽管涉案软件具有搜索链接功能，但是播放界面没有显示涉案网络电视剧的具体来源，无法仅凭页面和水印来确定涉案网络电视剧必然来自搜狐视频。由此法院推定，被告是涉案网络电视剧的内容服务提供者，未经著作权人同意通过信息网络向公众传播涉案网络电视剧，构成侵权行为，应当承担相应的侵权责任。最终，法院综合考虑涉案网络电视剧的影响力和点击播放次数、侵权行为的性质和过错程度、侵权时间等因素。最终判决被告芭乐互动（北京）文化传媒有限公司判决生效后七日内赔偿原告北京搜狐互联网信息服务有限公司经济损失13000元、合理诉讼费用1000元，以上共计14000元。一审判决后，双方当事人均未提出上诉。

（张　晨）

【取消《生育服务证》决定书案】 刘XX与李XX于2007年6月16日生育刘XX（女）。刘XX与前妻刘XX于2008年10月20日离婚，在《离婚协议书》中注明：“双方婚后生育一子，刘XX（男）已年满18岁，随女方生活。”刘XX与李XX于2010年8月31日登记结婚。后刘XX与李XX办理再生育一个子女申请审批手续，并提交相关证明。区计生委经对刘XX与李XX提交的上述申请材料审查后，于2010年11月9日在《再生育一个子女申请审批表》及二人申请办理的再生育一个子女的《生育服务证》（编号10799910133）中加盖公章。被告区计生委发现刘XX与李XX办理此《生育服务证》与刘XX（女）的出生情况不一致，遂将此《生育服务证》暂扣。刘XX对于被告做出的暂扣《生育服务证》行为不服，曾提起行政诉讼，后撤回起诉。2013年2月28日，被告区计生委向刘XX与李XX做出本案被诉的《取消<生育服务证>决定书》，并于2013年3月7日送达该决定书。刘XX、李XX、刘XX（女）不服，遂向本院提起本案行政诉讼。区法院经审理认为：根据《人口计生法》《人口计生条例》及《生育服务证管理办法》相关规定，被告区计生委作为区级人民政府计划生育行政部门对本行政区域内包括《生育服务证》管理在内的有关计划生育工作具有法定行政职责。《人口计生法》第三十七条第二款中规定，以不正当手段取得计划生育证明的，由计划生育部门取消其计划生育证明。由于刘XX与李XX在2007年已生育刘XX（女），且刘XX此前已生育一子，因此刘XX与李XX在2010年申请办理再生育一个子女的《生育服务证》时，提交的有关申请材料中注明李XX未生育子女，内容应属于虚假。刘XX和李XX根据上述包含虚假内容的申请材料取得再生育一个子女的《生育服务证》的行为，应属于以不正当手段取得《生育服务证》行为。故被告区计生委做出的本案被诉《取消<生育服务证>决定书》具有事实依据和法律依据，未侵害三名原告的合法权益，该院予以支持。对于三名原告提出的有关诉讼请求，本院不予支持。一、二审法院均驳回原告刘XX（女）、李XX、刘XX的诉讼请求。

（张　晨）

司法行政

概　述

北京市石景山区司法局（简称区司法局）是区政府负责司法行政工作的职能部门，业务上受市司法局指导。设办公室、政工科、法制科、监察科、基层工作科、法制宣传科、公证律师工作管理科、社区矫正和帮教安置工作科8个职能科室，同时承担着区法制宣传教育和依法治区领导小组办公室、区综治委特殊人群专项组办公室、区综治委社会矛盾多元调解专项组办公室的日常工作。区司法局行政人员编制60人。在全区8个街道和鲁谷社区、集体经济办公室分设10个司法所；下设1个参照公务员法管理事业单位（区法律援助中心），1个全额拨款事业单位（区阳光中途之家），1个自收自支事业单位（北京市燕京公证处）。年内，深入贯彻落实党的十八大、十八届三中全会精神，发挥司法行政部门在建设“平安石景山”“法治石景山”中的职能作用，打造法律服务品牌，逐步完善服务民生举措，不断深化社会管理创新，大力加强司法行政队伍建设，为推动地区科学发展、深化全面转型作

出积极贡献。被评为市社区矫正先进集体、区依法行政先进单位、区校外教育先进集体等多项集体荣誉,有30余人获部、市、区级奖励。

地址:石景山区八角北里

电话:68874144

邮编:100043

(王立永)

【司法行政开放日】 4月12日,区司法局以区法律援助中心为主会场,举办以"司法行政为人民"为主题的第三届司法行政开放日活动。通过制作宣传展板、接待群众咨询、发放宣传资料及调查问卷等方式主动接受社会公众监督,改进工作。活动制作宣传展板近40块,发放宣传资料3000余份,500余名区人大代表、政协委员,党风廉政监督员,机关、企事业单位代表及社区居民参加活动。

(王立永)

【首届法制艺术展】 9月11日,区司法局和金顶街街道共同举办的首届"美丽北京·美丽金顶街"法制摄影、书法、美术展。展出作品体现法治核心价值,全面展现社区居民共同追寻"中国梦"、构建法治和谐石景山的良好风貌。展览共征集作品500余件,展出200余件,其中摄影作品78件、书法作品32件、美术作品90件。

(王立永)

【"10·11"火灾善后】 "10·11"火灾发生后,区司法局及时反应,对火灾善后处理涉及到法律服务工作专门进行部署安排,组成人民调解服务团,制定调解方案,选出10名业务能力强、有经验的律师组成专家小组,为喜隆多火灾善后工作提供专业法律服务。燕京公证处接受委托为遴选火灾损失赔偿评估机构、火灾现场勘察提供公证服务。

(王立永)

【"法治石景山"创建】 "法治石景山"创建活动是区"六五"普法规划确定的一项基本工作,也是落实依法治国方略、推进全区民主法治进程的有效载体。区司法局起草实施意见,经区政府常务会和区委常委会讨论审议通过,在全区范围启动"法治石景山"创建活动。活动分为启动部署、基础建设、具体实施、总结评估4个阶段。12月3日,区法制宣传教育和依法治区领导小组办公室在区科技馆举办"12·4"全国法制宣传日暨"法治石景山"创建活动启动仪式,市局及区相关领导出席会议。鲁谷五芳园社区等4个社区被评为市"民主法治示范社区",授予军区联勤部大院社区、广宁街道高井路社区等9个社区为首批区"民主法治示范社区",区委党校、区广电中心等10家单位被命名为区"法制宣传教育基地"。会后,与会领导实地参观正在筹建中的黄南苑"法治家园"。

(王立永)

12月3日,"法治石景山"启动 (区司法局供稿)

【法制宣传教育】 区司法局针对不同群体需求,以"法律六进"为载体,结合春节、三八妇女节、学雷锋日、开学日、科技周、"12·4"法制宣传日抓好对重点对象的法制宣传教育。吸纳普法志愿者参与宣传活动,扎实开展针对性强、主题突出的宣传教育活动。创新形式,在全区范围内组织开展"做讲法制守秩序的好市民"网络法律知识有奖竞答活动。将"做讲法制守秩序的好市民"专题海报发到全区各个街道和社区,为活动创造良好的法制宣传氛围。全年开展普法宣传活动140余场次,受教育人数达10万余人次。

(王立永)

【规范人民调解】 区司法局强化基础工作,规范人民调解组织建设。全区共有调解委员会170个,其中街道调解委员会9个,社区调解委员会143个,矿山调委会7个,行业、专业调委会11个,调解人员2513人。为社区调委会统一制作各类标牌,实现调解基础工作"六统一"。开展人民调解优秀卷宗评比示范活动,提高调解卷宗和协议书的制作质量。深化争先创优,筑牢基层工作平台。通过典型示范引领作用,提升人民调解工作整体水平,全区1名人民调解员被司法部评为全国模范人民调解员,3名具有丰富调解经验的同志入选市级基层司法行政讲师库,20个社区调委会被评为市级规范化人民调解委员会,多篇典型调解案例被媒体采用。注重强化素质,提升能力水平。组织开展区级人民调解能力提升专题培训活动,各司法所结合地区实际情况,开展不同形式的人民调解培训、练兵活动。开展《人民调解法》知识竞赛,开辟案例解析、知识问答等专栏,形成"人人知调解、处处见和谐"的良好氛围。

(王立永)

【矛盾纠纷化解】 区司法局调整多元调解专项组组成人员,密切与各成员单位的配合协作,共同推进平安石景山建设。拓展人民调解工作领域,发挥民间纠纷联合调解室、道路交通、物业管理、劳动争议等行业性、专业性人民调解组织的重要作用。探索建立消费纠纷调解委员会，实现专业力量与调解资源的有益结合。强化预防调处，扎实开展社会矛盾排查化解工作。按照抓早、抓小、抓苗头的原则，抓好日常和重大敏感时期全区范围矛盾纠纷排查化解。主动服务区域重点工作，成立人民调解促迁服务团，参与房屋征收、拆违等项目，及时排查、化解可能影响拆迁进度的家庭矛盾，促进重点工程项目的推进。全年各级人民调解组织共调解矛盾纠纷6340件，调解成功6060件，调解成功率为95.6%。

（王立永）

【“两类”人员管控与服务】 区司法局加强对“两类”人员（社区矫正人员、刑释解教人员）管控与服务，以社区矫正法律法规落实为重点，全面提升矫正工作规范化水平。搭建基础台账信息化管理平台，完成社区矫正人员信息电子化录入工作，实现矫正人员基本信息的动态管理。开展社区矫正规范执法检查，确保管控工作的效果。建立拟矫正人员居住地核实和社会调查评估层级会审工作机制，开展服刑罪犯的基本信息核实工作，排除衔接上可能出现的脱节隐患。针对“两类”人员中的女性、未成年、病犯、老龄等不同群体，制定专门教育方案和转化措施，巩固工作成果。发挥中途之家集中教育、心理矫治等功能，开展专题培训，进行心理测评和社会适应性指导。通过开展入监帮教、节日送温暖、服刑人员未成年子女帮扶、回归人员需求调查分析、就业服务等工作，促进“两类”人员顺利回归社会。开展社区矫正十周年主题宣传月系列活动。开展主题讲座17次，发放宣传材料5000余份。全年共对“两类”人员进行走访1770人次，开展谈话3490人次，组织学习1759人次，组织公益劳动2056人次。

（王立永）

【司法大讲堂】 区司法局以“幸福北京”“法治北京”“美丽北京”“和谐北京”为主题，在全区范围内开展司法大讲堂活动128场，6万余名社区群众、青少年学生、军队离退休干部等社会群体参与活动，实现地区全覆盖、群众全覆盖、宣传全覆盖，在社区群众间引起强烈反响。

（王立永）

7月13日，未成年人知识竞赛　　（区司法局供稿）

【律师法律服务】 区司法局加强律师行业的服务和管理，办理行政许可事项，完成年度律师执业考核工作。全区律师事务所达到26家，执业律师170人。加大对律师事务所的管理力度，关注敏感案件，对重点关注的、有投诉的、有重大敏感案件的律师事务所采取重点巡查、约谈等方式，实行动态监控。加强对律协工作监督指导，加强律师投诉处理工作。指导区律协参加社会组织规范化建设评估工作，经评选区律协被评为4A级社会团体，为律师协会规范管理奠定良好的基础。继续做好律师参与区政府信访接待工作。全年共安排律师参与信访接待51人次。推进“法律服务村居行”活动，深化律师与社区“一对一”结对提供法律服务制度，开展“讲询调训”活动，提供法律咨询服务3922人次，实现法律服务地区全覆盖、群众全覆盖。

（王立永）

【拓展公证范围】 区司法局开展公证行业服务规范化建设，规范服务态度和服务质量，全面开展公证质量检查。坚持依法办理各类公证事项，严防各种以公证为手段的违法犯罪现象发生，有效提升公证服务质量和公信力。处理公证复查、信访事项，认真审核档案材料，调查取证，按时出具复查及信访决定。为区重点工程、城市环境整治、重点工作提供公证服务，多次组织公证人员对有关部门依法征收或拆除违法建设的事项提供公证服务，监督有关单位及部门依法开展工作。为本区及周边多家集体所有制企业、全民所有制企业改制提供公证服务等。全年办理各类公证事项12023件，其中国内民事、经济公证5047件，涉外民事公证6976件。

（王立永）

【法律援助服务】 区司法局规范大厅便民设施、改造残疾人通道、设置咨询台、更新咨询坐椅、公示律师信息，为来访群众提供更加舒适周到的服务环境。规范接待用语，公开服务承诺，实行首问负责制，接受群众监督。规范案件质量管理，从办案律师的选择到案件的具体管理、案卷整理归档提出明确要求严格落实。加强法律援助工作站网络建设，对已有法律援助工作站进行扩建、整合，在全区社区建立法律援助工作联络点，实现法律援助社区全覆盖。扩大宣传范围，开展《法律援助条例》实施十周年系列宣传、“法律援助手牵手和谐社会心连心”等主题突出、特色鲜明的宣传活动。全年共受理审批法律援助案件168件，其

中民事案件 86 件,刑事案件 82 件,为群众提供法律咨询 7599 人次。

(王立永)

案例精选

【情法理同时融入 调尽调释前嫌】 2013 年 5 月的一天,3 个未成年孩子一时淘气,爬到停在路边的车上玩耍,造成车前部严重划痕。车主刘 X 将宝马车(价值 76 万元)开去维修,共花费人民币 12400 元。事件发生后,车主情绪较为激动,找到 3 个孩子的家长要求赔偿,在社区群众引导下,治安联合调解室两名调解员及时介入,首先安抚双方情绪,尽力使双方在较为和缓的氛围中解决纠纷。调解员耐心为双方讲解《民法》《侵权责任法》的相关规定,经过耐心辨法说理,3 名家长同意各出 2000 元赔偿款,但车主刘 X 表示不能接受,坚持要求全额赔偿。调解员认真了解双方经济情况,希望能看到孩子年幼无知且家庭困难的份上,多一些包容。提到孩子,车主强硬的态度有所松动,调解员趁热打铁,使双方同意签订赔偿协议,并当场交付赔偿款。但双方当事人来到联合调解室,情况却发生变化。两名外来务工人员临时改变主意,只愿意各出 1000 元。车主看到这种情况后,立即火冒三丈,提出要到法院通过诉讼的方式解决问题,调解再度陷入僵局。面对这种情况,调解员没有放弃,觉得还没有到山穷水尽的地步,还有调解的余地。于是,分别通过电话和双方当事人沟通,询问是否真想对簿公堂,到法院诉讼,并顺势劝说双方都拿出诚意,不要为眼前这点小纠纷纠缠不休,双方看到两位热心的调解员是真心为自己着想,真心为孩子着想,很是感动,于是双方在调解员的努力下又坐到一起共同协商调解解决问题,最终,双方当事人签订人民调解协议书,内容为:于 X 赔偿车主刘 X2000 元,杨 X、张 X 各赔偿刘 X1000 元。协议即时履行,双方今后不再就此问题有任何争议,纠纷就此圆满解决。

(王立永)

【真情帮教 重塑人生】 王 X,因屡次犯盗窃罪被判有期徒刑 14 年,后经减刑于 2011 年 12 月出狱,被某司法所列为帮教对象。工作人员进行入监帮教,与王 X 谈话沟通,并多次走访居委会和其父母,了解到王 X 上小学时其父母离异,缺乏良好家庭教育导致多次盗窃,由于屡教不改,母亲非常失望,自 2001 年至今从未去监狱探望,生父也以家庭住房拥挤为由拒绝接纳王 X。司法所工作人员从亲情、社会责任多角度做王 X 父母的思想工作,最终其父母同意共同承担王 X 的租房费用和基本生活费用。司法所协调帮助王 X 申请办理最低生活保障,使其思想有明显转变,不再想着去犯罪;又多方联系用工单位,有一家公司决定录用王 X,安排在公司食堂从事厨师工作。王 X 工作格外认真,从不迟到早退,还尽自己所能帮助他人,获得同事认可和一致好评,工作期间他得到在京务工的河南姑娘的垂青,于 2012 年结婚,一年后有了 1 个活泼可爱的儿子。街坊邻居一致认为:王 X 经过帮教安置教育后,思想和行动有极大转变,精神面貌也有很大改观,能够与人沟通交流,并且做到助人为乐。

(王立永)

石景山区政法部门负责人

北京市公安局石景山分局局长	陈 强
北京市公安局石景山分局政委	郑燕生
人民检察院检察长	王春风
人民法院院长	王忠华
司法局局长	郭景明

北京
2014
石景山年鉴
BEIJINGSHIJINGSHANNIANJIAN

军 事

石景山区民兵预备役工作会议
先进人民武装部
荣誉证书

5096项次，其中：网络室190项次；815D指挥车2460项次；有线通信室172项次；无线系统184项次；电源系统552项次；三防系统332项次；给排水系统512项次；集中控制系统、综合显示系统、监控系统完成预检预修共574次。完成自备水井“取水证”更换和审查工作。

（崔建国）

【人防工程整治】 4月18日，区民防局分别召开人防工程区、街管理干部会议和人防工程产权、使用单位会议，部署协议到期的散租住人工程清退工作。全区关停10处，腾退后无偿提供给街道管理，用于社会公益事业，不得进行2次转租及经营性开发。期间，与安监局、住建委、公安分局、消防支队、信访办、各街道等部门开展联合执法，对住户进行工程关停告知，明确住户搬出期限。约谈使用人签收《人防工程清理整治工作告知书》，在工程内张贴《停止使用通告》。结合工程内租户早出晚归的实际情况，采取“五加二、白加黑”的做法，在晚上和周末到人防工程内对租户进行法规宣传、耐心解释。针对不能按期关停或租户不能全部清退的使用工程，采取“清退、拆除同步进行”的做法，每周定期对关停过程中的工程进行检查，对已清空的房间经管理员确认后对隔墙、隔板等进行拆除改造，按照相关制度履行施工预结算、验收、审计等程序，恢复工程结构原状。安装防盗门进行封闭管理。分别委托街道、物业等部门加强已关停工程的日常安全管理。对完成关停后渗漏水较严重的工程，采取提供地上管理办公用房，留守值班人员的做法，保证空置人防工程的日常维护和安全管理工作。

（崔建国）

【人防工程防汛】 4月23日，区民防局分别召开街道防汛工作会、单位工程管理单位防汛工作会和公用工程使用单位防汛工作会，签订防汛工作责任书71份。重新修订完善人防工程防汛应急预案，组建2支应急抢险队，准备充足的防汛物资。5月27日开展防汛应急抢险演练。为13处重点配备防汛沙袋和移动阻水挡板，修缮2处260余平方米采光窗遮雨板破损严重的人防工程。对西井中学南侧和古城路58号两处存在隐患的早期人防坑道进行回填治理，回填土方2600余立方米，按照市局要求，于6月上汛前全部完成，消除安全隐患。健全与区防汛办、气象局雨情沟通制度，利用短信群发系统为全区人防工程管理使用单位和物业发布雨前预警，要求管理使用单位加强应急值守，做好应急准备。发布防汛通知、雨情信息600余条，实现全区在用工程雨情预警全覆盖。严格防汛值班制度，处级领导带班，应急抢险人员在岗在位，24小时保持联络畅通，随时到位参加抢险。

（崔建国）

【设施维护管理】 4～10月，区民防局对全区所有防空警报进行检测和维护保养。先后动用车辆40余次，参检人员100余人次，排除故障5处，确保防空警报设施始终处于良好使用状态。

（崔建国）

【民防比武竞赛】 区民防局根据市局要求，6～8月组织开展民防训练比武竞赛。对象为区民防局领导、机关干部、直属事业单位全体人员。处级干部按照政策法规通、信息化知识通、建设管理通、战场情况通、组织指挥通、教育训练通“六通”能力要求，重点比人防理论；机关干部按照会读、会记、会算、会写、会画、会传“六会”基本要求，重点比人防理论、平时机关工作能力、战时业务技能3项内容。全区民防系统所有人员按照专业对口原则每人选择一个岗位专业参赛。采取试卷答题、机上作业和实装操作相结合的方法进行，按照理论学习和技能训练、预选、初赛、复赛、综合评定、汇报演示6个步骤组织实施。23人参加比武预赛，其中处级干部5人、机关干部8人、事业单位10人，参训和参考率为92%。8人参加比武初赛。实现“以竞赛带动学习，以学习获取技能，以技能促进工作”的目标。

（崔建国）

【组织疏散演练】 10月25日，区民防局在金顶街街道金一区居委会举行疏散演练。向居民发放《居民防空袭疏散告知卡》及相关应急宣传材料1000余份；社区居委会主任介绍本社区疏散掩蔽方案；组织志愿者队伍和社区居民进行应急疏散掩蔽演练。通过演练使居委会干部熟悉指挥程序，检验人员疏散掩蔽方案的可操作性，使社区居民遇有紧急情况下知道怎么跑、往哪躲、谁组织，熟悉防空防灾警报信号，了解防空防灾紧急疏散等应急避险知识，增强自我防护意识。

（崔建国）

【开展公益便民】 区民防局按照公益优先原则，调整和优化人防工程使用方向。全年办理人防工程使用证11件，其中新增人防车库5处，建筑面积20468平方米，新增车位704个，缓解居民停车难题。截至年底，作为车库使用的人防工程累计达到35处，建筑面积183216平方米，向社会单位和群众提供车位6107个。针对民间应急救援组织无办公地点，平时组织应急救援诸多不便，影响救援效果等实际情况，决定将条件好、设施全的人防工程无偿交给浩天、蓝天、中安、民安4支民间救援队，共4处、建筑面积4357平方米，作为办公、集结、训练和指挥场所。为鲁谷社区、古城街道、苹果园街道提供4处人防工程作为宣教基地及居民活动场所，面积5000多平方米。为北方工业大学提供2处人防工程作为办公、教育场所，面积2000多平方米。

（崔建国）

石景山区军事机构负责人

人民武装部党委第一书记　荣　华（女，11月免）
人民武装部部长　耿振虎
政委　高道忠

石景山消防支队队长　岳爱军
政委　高国富
民防局局长　崔　泽

北京 2014 石景山年鉴
BEIJINGSHIJINGSHANNIANJIAN

综合经济管理

中国经济普查
CHINA ECONOMIC CENSUS
见证中国梦 经普我出镜
石景山区第三次全国经济普查宣传月启动仪式
2013.12.18

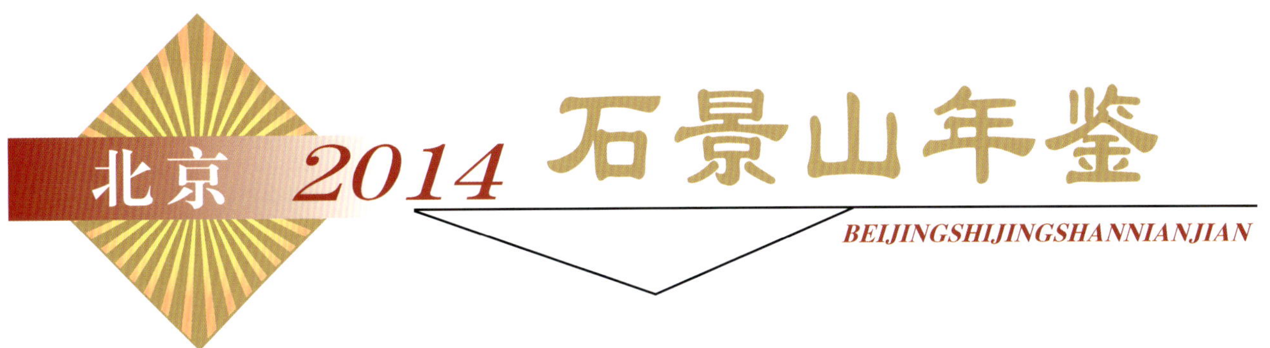

石景山区各经济职能部门在宏观经济发展下行压力加大的外部形势下,深入贯彻市、区各项工作部署,全面完成年度经济社会发展各项目标任务。主要指标运行平稳,保持转中趋稳、稳中有进、稳中提质的发展态势。各项重点任务均取得重大阶段性成果:主要指标实现快速增长,结构调整趋于稳中提质,"四区"(国家服务业综合改革试点区、中关村科技园石景山园、新首钢高端产业综合服务区、可持续发展实验区)建设取得新成效,招商引资实现高质高效,项目推进实现重大突破,民生事业实现稳步提升。主要得益于:一是市委、市政府高度重视石景山区的转型发展,相继出台《加快西部地区转型发展的实施意见》及《关于加快推进石景山区国家服务业综合改革试点区发展意见》(京政发[2013]17号),将本区纳入全国老工业基地调整改造范围,市政府各委办局积极兑现政策支持事项,不断加大对石景山区的支持力度,为产业转型升级,大力发展服务业提供强大动力。二是坚持转型发展不动摇,深入推进"四区"建设,重点功能区建设效果呈现,新首钢高端产业综合服务区和中国动漫游戏城已纳入中关村国家自主创新示范区空间范围,以现代金融、商务服务为代表的服务业对经济增长的支撑作用日益明显,地区发展正步入深入转型的良性轨道,发展积累的潜能逐步释放。三是坚持招商引资不动摇,不断改善服务发展的环境,围绕五大支柱产业的发展壮大,坚持"招大引强"与"内涵挖潜"相结合,打造好"石景山服务"品牌,积极涵养税源,招商引资成果丰硕,引进一批对区域经济贡献较大的龙头企业,有力推动区域经济总量的扩大。四是区委统揽全局,区政府狠抓工作落实,区人大、区政协大力支持,各职能部门紧密配合、落实责任,形成全区上下一盘棋、同心协力、共谋发展的良好氛围。

5月16日,市领导调研京能热电、大唐高井 (区委宣传部供稿)

综合经济调控

概 述

北京市石景山区发展与改革委员会(简称区发改委)是负责研究提出全区经济和社会发展战略规划,进行综合平衡,指导本区总体经济改革工作,行使价格行政和监督检查职能的区政府工作部门。年内,面对宏观环境复杂变化、转型压力持续加大的情况,贯彻中央、市、区各项决策部署,坚持"求快、求好、求实"工作总要求,全力破难题,促发展,攻坚克难、多措并举、深化转型。贯彻落实国家服务业综合改革试点区意见,深入学习、透彻研究,制定出服务业发展的实施方案和配套政策,深入推进经济转型升级。继续深化项目协调会机制,统筹区域供水、供电、供热、道路建设情况,推动相关社会事务平稳对接。抓好经济监测,把握好发展态势。密切关注经济发展走势,加强对宏观经济发展形势的预期把握,围绕经济社会发展热点、难点问题积极开展调研,提出建议,确保经济健康运行和全年目标实现。积极推进固定资产投资项目。促进区十项重点工程和77项重大项目按照时间节点顺利实施,同时积极谋划下年项目,分析、梳理条件成熟项目,全力争取市级支持资金。完成办理市人大、政协建议及提案2件,区人大、政协建议、提案3件,受到主办单位及代表好评。

地址:石景山区石景山路18号
电话:88699333
邮编:100043
网址:http://www.sjsfg.gov.cn

(张 青 邢钦卉)

【重大项目获批复】 3月,长安街西延(古城大街～三石路)道路工程项目建议书取得市发展改革委立项批复。长安街西延工程东起石景山区古城大街,西至门头沟区三石路,设计标准为城市主干路,全长约6.46公里,道路宽60米至80米,横跨丰沙铁路及永定河,将新建跨永定河特大桥1座。该道路辅路系统及雨水、绿化、照明、交通工程、环保、工程改移等工程同步实施。11月,北京市中低速磁悬浮交通示范线(S1线)工程可行性研究报告取得市发展改革委批复。长安街西延、S1线等市政基础设施类市级重大项目进入实质性建设阶段。

(张 萌)

【西北热电中心项目】 项目主体建设进展顺利。4月,大唐国际高井热电厂项目完成主厂房结构封顶工作,进入主设备安装阶段。京西热电公司"二拖一"燃机房钢架吊装全部完成,"一拖一"燃机房钢架吊装完成90%,1号燃机具备交货条件,2号燃机具备发运条件。项目配套"两进两出"积极推进。配套燃气进线工程取得立项批复和绿色通道审批单,两个标段取得规划许可证。配套热力管线工程中的长安街西延热力管线工程中首钢厂区外1.2千米获取规划意见书,电厂至长安街西延热力管线工程方案确定,部分标段取得规划意见书。配套电力送出方案取得并网温泉、聂各庄工程的立项、规划等批复文件,4月6日正式施工。配套中水管线完成方案编制工作,并取得高井沟至电厂段新建管线的项目核准文件。

(张　萌)

【服务类定点招标】 4~6月,采购中心启动区物业管理定点服务及区印刷定点服务公开招标采购项目,为首次对物业管理和印刷定点服务类项目招标采购。其中物业管理定点服务招标是指物业管理或专业服务项目费用(单项或批量)在100万元以下本单位不能承担水电供应维护、设备运行、门窗保养维护、保洁、保安等管理服务。定点企业为区级行政事业单位提供上述物业管理或专业服务。项目共分三包:物业服务、保安服务、保洁服务,各15家企业入围。印刷定点服务招标是指印刷服务费用(单项或批量)在1万元以上100万元(含)以下本单位不能承担的票据、证书、期刊文件、公文用纸、资料汇编等印刷业务服务,项目共分二包:普通印刷和快速印刷,普通印刷7家企业、快速印刷17家企业入围。

(赵　亮)

【楼堂馆所清理】 区发改委根据全市楼堂馆所清查和办公用房清理工作领导小组办公室关于落实中央党政机关停止新建楼堂馆所和清理办公用房的通知(特急)和进一步开展全市楼堂馆所清查和办公用房清理有关工作的通知以及市委办公厅有关文件精神,于6月、9月、12月在全区范围内开展三次新建政府性楼堂馆所清查及存量办公用房清理工作。制定工作方案,成立领导小组,全面落实清查清理工作。

(张　青)

【融资平台建设】 7月,本区获市发展改革委批复投融资平台资本金3亿元,从市政府固定资产投资中一次性予以安排。该项资金注入,既是市发展改革委支持本区国家服务业综合改革试点区建设,也是支持本区投融资平台规范、健康发展重要举措。自本年起,市政府固定资产投资以资本金注入等方式,每年3亿元,连续5年支持区域投融资平台建设,加快本区基础和公共服务设施、重点产业园区及重大产业项目建设。

(张　萌)

【重要活动电力保障】 9月12日,世界旅游城市体验活动在国际雕塑公园举行。17个国家,55个会员城市,近500人参加活动。活动举办前,区电力事故应急办协调石景山供电公司(以下简称供电公司)对电力设备实施增容改造。4次会同相关部门对铂尔曼酒店(主会场)和国际雕塑公园内部电力设施检查整改。当日,15:30~21:30,区电力事故应急办3人和供电公司8人组成联合保障队伍,出动电力应急抢修车5辆,采用现场驻守和外部巡检相结合方式,对铂尔曼酒店和国际雕塑公园开展全方位电力保障。

(顾术松)

【喜隆多火灾电力抢修】 10月11日凌晨3时许,苹果园南路东口喜隆多商场发生火灾。区发改委部署区电力事故应急办协调供电公司,进行实地勘察,制定处置方案。保障周边单位、商铺正常工作秩序和居民正常生活用电。

(顾术松)

【固定资产投资】 年内,全区重点建设项目有序推进,全社会固定资产投资实现稳步增长。全年辖区完成全社会固定资产投资162.9亿元,同比增长12.5%;完成率在城六区排名第二,在全市16区县排名第四;增速在城六区排名第二,全市排名第八。

(张　萌)

【推进32个项目建设】 区发改委全年管理工作涉及区十项重点工程、折子工程及区级重大项目库等32项工程,争取资金1.47亿元。严格按照重点项目倒排工期时间表,加快推进项目实施。市级项目中:推进长安街西延项目年底实现开工;协调跟进西北热电中心项目建设,确保年底实现投产。区级项目中:加快十项重点工程中已开工的项目建设进度,加快推进苹果园110KV变电站控规调整,确保石莲和永定110KV变电站建设工程、中关村科技园石景山园北Ⅰ区建设工程年底前实现开工;推进中海房地产老古城项目开工建设;加快苹果园交通枢纽工程、中国光大银行研发中心项目、永引渠南路等项目的前期工作。积极运作香山南路28号院、第二水泥管厂等地块上市交易工作。立项批复文化中心、八大处文化景区一期工程、黄庄职业高中改扩建工程;八大处文化景区一期工程获市政府100%资金支持。完成五里坨规模学校、妇幼保健院扩建审批;推进学前教育"三年行动计划",完成杨中幼儿园建设,实现杨北、实验、三幼、师附幼投入使用,缓解"入托难"问题。完成五里坨消防站概算审批,加快区"十二五"消防事业发展建设规划落地;加快京原路7号养老院项目建设,增加床位460个。

(张　青)

【加快"四区"建设】 促进产业结构优化升级。研究制定加快推进国家服务业综合改革试点区发展的行动计划并抓好工作落实,加强与上级对口部门工作对接,用足用好政策,落实具体任务,将政策优势转化为推动服务业发展的实际力量。加快编制文化创意产业功能板块专项发展规划,加强产业引导。鼓励科技创新,推动高新技术产业持续发展,加快中关村国家自主创新示范区特色区和国家可持续发展实验区建设进程。加快园区北Ⅰ区开发建设,重点启动保险产业园和互联网金融产业基地建设,以盛景国际广场A座为核心,吸引各类金融机构入驻,建设特色金融发展集聚区,努力打造"长安金轴",加快构建"一体两翼"空间布局。落实新首钢高端产业综合服务区建设发展行动计划,启动首钢广场建设的各项准备工作,加快首钢工业主题园西十筒仓街区改造工程,借力首钢二型材厂区改造,大力发展现代金融产业。进一步强化"促消费、保增长"奖励政策落实,引导传统商业企业积极适应市场需求变化,电商企

业突破区域消费瓶颈，拓宽销售渠道，挖掘消费潜力。积极争取全国"商业保理"试点落户，丰富金融服务体系。整合优势资源，依托"电商联盟"，促进产业集聚，提升商务服务产业发展水平。加快世界旅游城市联合会总部基地项目建设，推进首钢工业文化旅游区等旅游功能区建设，增强旅游休闲产业的文化内涵和国际影响力。

（张　青）

【实施便民工程106项】　关注民生问题，高质量完成便民工程和济困工程。全年实施13类106项便民工程，总投资约1.11亿元，其中区便民工程专项资金安排预算6000万元，区其他专项资金、市级资金及社会投资0.51亿元。主要建设区公安分局社会面图像信息系统、区商务委蔬菜零售网络体系及街道应急工程等。

（张　青）

【完成节能减碳指标】　全年完成30个节能登记类项目，3个节能专篇类项目初审，涉及总能耗1.31万吨标准煤。推动公共机构节能，完成全区381家公共机构节能名录库建设，录入数据7620余条。京能和高井两家电力公司各成功卖出一笔碳排放指标。组织5家社区完善创建报告，开展低碳社区创建活动。组织街道、企业单位900余人参观中欧城市博览会。年内，区发改委高标准编制区上年节能工作自查报告，通过市对区县政府上年节能目标责任评价考核，超额完成节能指标。被市政府评为2010－2012年度节能先进区县。

（吴　捷）

【规划指标完成85%】　规划中期评估结果显示，"十二五"前半期，全区加快主导产业培育、加速城市建设进程、加深社会建设创新、加强生态环境治理，转中求稳，稳中求进，稳中提质，各项重点任务均取得阶段性成果。规划主要经济社会指标进展顺利。《纲要》制定的27项主要指标基本实现提前或按进度完成，已完成或预期可完成指标22项，占全部指标85%。

（徐培培）

【加强综合调度】　区发改委研究制定指标任务，加强综合调度，避免重要指标运行出现大起大落。对于地区生产总值、三产比重、财政收入、投资、消费、居民人均可支配收入等重要指标进行准确测算并提前做好任务分解，针对年初确定的政府折子工程、稳增长任务等重点工作计划，加强部门调度和联动。认真盘点各部门各项责任制落实情况，积极推进，强化部门责任，加大督办力度，不折不扣地实现全年目标任务。结合国家、北京市相关政策法规及区域实际，研究制定鼓励类服务业指导目录，确定未来一段时期本区鼓励发展的6大产业53项领域，明确各产业发展重点，优化产业布局。

（张　青　康乃溶）

12月6日，价格监督检查　（区发改委供稿）

【电力安全检查】　年内，区发改委专门部署，积极开展电力安全生产督查工作。区领导先后3次带队检查石景山供电公司电力调度控制中心、南山110kV变电站和衙门口村等电力设施隐患地，动用车辆12台次，相关人员15人，检查情况总体良好，未发现重大安全生产隐患问题。

（顾术松）

【用能单位管理】　区发改委完成23家国家及市属重点用能单位能源利用状况报告审核工作。组织召开能源审计工作布置会和服务业企业清洁生产启动会，推动区内沃尔玛百货等5家单位开展能源审计、雕塑公园等4家单位开展清洁生产审核。配合市发改委对区重点用能单位开展夏季温度控制、能报数据核查等15次节能监测监察。对金隅加气混凝土等3家企业开展资源综合利用企业认定审核。

（吴　捷）

【清洁能源改造】　区发改委争取清洁能源改造项目资金支持。市发改委拨付本区资金支持2993万元，其中北重供热厂项目1202万元，鲁谷集中供热厂1791万元。完成年度老旧管网改造、喜隆多热力管线等项目立项和申报资金工作。组织区内街道和相关部门，召开方案研讨会，确定通过城市化进程和通过"煤改电"，消除平房居民区燃煤消耗方案。

（吴　捷）

【采购项目1699项】　区发改委全年政府采购中心完成政府采购项目1699项，合同金额18400万元，节约资金978万元，资金节约率5%。其中公开招标项目78项，合同金额7891万元；协议采购1532项，合同金额8821万元；便民工程89项，合同金额1695万元，便民工程节约资金127万元。

（赵　亮）

价格管理

【概况】　年内，物价工作坚持以"稳物价、促发展、惠民生、树形象"为主线，以强化价格和收费监管为重点。关注物价长期走势，强化价格监测和分析预警，完善价格异常波动调控应急机制，加强生活必需品市场价格监督检查，不断加大公用事业价格、经营服务性收费、中小学乱收费案件监督检查力度，进一步规范市场价格和收费行为。全年完成价格鉴定2310件，鉴定金额934.18万元。保障人民生活水平稳定。优化经济发展环境，促进全区经济又好又快发展。

（王志鹏）

【经适房价格管理】 2月上旬，按照区政府部署，区发改委通过石景山门户网站公示燕山水泥厂经济适用住房价格，销售基准价格每建筑平方米5960元。价格出台后，加强信息采集、排查、预测和报送工作，及时跟踪调查，掌握信访动态，处理相关问题，实现有效预防和超前化解。

（王志鹏）

【行政事业性收费管理】 3月20日～4月10日，根据市发改委统一部署，区发改委开展上年度行政事业性收费年审和换发证工作，年审69户，其中行政机关29户，事业单位39户（含学校36户）、社会团体1户（区医学会），参审率100%。年内取消发票工本费、企业注册登记费、干部任职培训费等20多项行政事业性收费，减轻企业负担。

（王志鹏）

【民办教育管理】 7～8月，经区政府批准，区发改委调整华奥、台京、黄庄和树人4所民办中小学校学费收费标准和六一小学住宿费收费标准。其中4所民办学校学费标准由原每生每学年2100元调整为3050元；初中学费标准由原每生每学年2900元调整为3850元；六一小学由原每生每学期460元调整为620元。缓解部分学校资金压力，促进教育健康发展。

（王志鹏）

【价格综合调控】 区发改委根据市价格协调小组文件精神，制定年度价格综合调控重点工作任务及分解方案，经第17次区长办公会审议通过。对五个方面15项重点任务逐项进行分解，明确牵头单位和完成时限，每月对工作进展情况进行统计汇总，督办落实。实行集贸市场摊位费收费公示。加强流通环节治理，会同区商务委、工商分局等相关部门对辖区20家农贸市场摊位费进行公示，规范集贸市场收费行为，维护市场流通环节费用合理上涨。

（王志鹏）

【停车收费管理】 区发改委全年核准机动车停车场206个（含新增机动车停车场30个），其中路外露天停车场55个，非露天停车场16个，占道停车场39个，居住小区停车场96个。继续实行大型活动期间机动车停车计次收费。对石景山游乐园“迎春庙会”、八大处公园“茶文化节”和“重阳游山会”等大型活动实行停车计次收费，缓解活动期间周边地区交通拥堵。

（王志鹏）

【价格监测】 区发改委加强价格监测预测、预警，对蔬菜、副食品、特色农产品、日用消费品、成品油、居民服务收费6类，177个品种进行日、周、旬、月价格监测，准确报送价格监测数据，对价格变动原因进行调查分析并及时上报。密切监控禽类及禽流感防护相关商品价格动态，对3家医院，11家药店，102种药品进行跟踪调查。连续三个季度市监测中心评比数据报送第一名，获得流动奖杯。

（胡彩霞）

【价格监督检查】 区发改委加强民生价格监管，开展妇幼保健院及二级医院妇产科、测绘费等价格收费专项检查；开展明码标价专项整治，现场检查指导经营者明码标价行为；加强节假日市场秩序监管，规范节日促销行为，引导企业自律。节前对公园景点、商贸流通等重点行业反复检查，节日期间对游乐场、八大处公园等重点地域巡查，维护假日良好价格秩序。加强政策指导，全年6次对30家停车企业、22家商贸流通企业进行价格法律、法规及物价方针政策培训。全年，检查机动车停车场、商场超市、公园景点、集贸市场等744户，办结价格行政处罚案件7件，经济制裁总金额116.53万元。其中，退还用户112.98万元，罚款3.48万元，没收违法所得0.075万元。做好群众价格咨询举报工作，接群众来信、来访、来电、电子邮件等共203件。其中，价格咨询140件，立案受理价格举报63件，市举报中心交办件40件，查出有价格违法问题29件，行政处罚6件，向消费者退款100.90万元。

（胡彩霞）

经济和信息化

概　　述

石景山区经济和信息化委员会（简称区经信委）是负责本区工业、软件和信息服务业发展、服务首钢搬迁建设、推进中小企业发展和信息化工作的政府工作部门。年内，以加快转变经济发展方式为主线，着力调结构促发展，积极做好经济运行、智慧建设、石景山服务、首钢搬迁建设等重点工作和各项基础工作。在经济运行方面，做好工业、软件和信息服务业的行业管理工作；在智慧建设方面，正式出台“智慧石景山顶层设计”，继续推进信息化项目建设，加快推进物联网工程建设，加大公共平台集约化建设，智慧应用形成初步成果；在打造“石景山服务”品牌过程中，加强统筹协调，加强资金引导，加强平台建设，取得实质进展；新首钢高端产业综合服务区和中国动漫游戏城项目是市级重大项目，在项目推进过程中，充分体现“市级牵头、市区联动、政企合作”特点，完善体制和工作机制，加大政策支持力度，推动规划调整和区域协调发展。同时做好电子政务和网络安全保障、集体企业管理等基础工作。

地址：石景山区石景山路18号
电话：88699890
邮编：100043
传真：88699665

（廖　慧）

【完成北京市弹簧厂改制】 区经信委支持企业积极探索灵活多样的“一企一策”办法，通过产权置换、土地置换，加快引导北京市弹簧厂企业改制，促成与北京泽洋房地产开发公司合作，为

5月16日，"智慧石景山"惠民示范工程启动　（区经信委供稿）

企业改制奠定基础。3月，企业与在职职工和退休职工签署相关协议书；7月，完成所有职工档案转出和"补偿款"的发放。

（代　蓉）

【石景山服务品牌建设】 4月16日，区经信委发挥"石景山服务"领导小组办公室统筹协调作用，召开领导小组全体会，细化任务分工，落实责任到人，定期进行总结，督查落实情况，以需求为导向，做好服务对接，解决实际困难，形成"石景山服务"全区一盘棋的良好局面。总结"石景山服务"工作经验，以统筹协调为核心，以资金扶持为引导，以平台搭建为重点，推动"石景山服务"各项工作深入开展，树立"石景山服务"品牌知名度和影响力。

（韩雅歆）

【政务门户升级改造】 4月，政务信息门户迁移改造完成，新版石景山政务信息门户上线。打破原有设计理念，优化系统性能，提升用户体验。至年末，服务全区4813名党政机关工作人员，日均登录量约3000人次，日均访问量约1.2万次，服务功能凸显。

（王继广）

【金顶街资讯上线】 5月，"智慧金顶街"资讯项目正式上线，为4339户、11961位居民提供包括新闻咨询、招工招聘、生活服务、办公指南、文化动态等与日常生活息息相关信息，开辟从"看电视"到"用电视"交互方式。区经信委依托高清交互数字电视网络现有基础探索智慧社区建设，在金顶街街道开展基于数字电视高清交互平台的"社区高清交互资讯"试点建设。该项目得到市社工委、市经信委领导高度评价，广州市萝岗区，朝阳区、大兴区等兄弟单位先后到金顶街参观交流。

（王继广）

【信息安全等级保护】 5～7月，区经信委组织开展全区信息安全等级保护工作，完成全区29家单位涉及90个电子政务信息系统定级备案。其中，一级系统66个，二级系统22个，三级系统2个。

（张　兰）

【服务中小企业】 8月8日，区经信委成立"石景山创业基地联盟"，首批整合12家区内载体加入，通过"联合服务""学习提升""政策辅导""信息互动""中介对接"等模式，推进中小企业服务体系建设，成为"石景山服务"向下延伸重要节点。10月，开展中小企业运行监测，第一批40家抽样监测企业报送经济运行监测数据，为领导决策、政策制定提供数据支持。探索集合信托等创新融资模式，拓宽中小企业融资渠道，11家中小企业获集合信托融资9860万元，获市级贴息支持197.2万元。

（沈晓风）

【1552.5万元支持中小企业】 9月，区经信委完成2012年区中小企业发展专项资金拨付，支持项目67个，支持金额1552.5万元。主要支持方向包括：一是支持中小企业融资，针对中小微企业普遍面临的融资难、融资贵问题，给予企业贷款贴息和担保费用补贴，降低企业融资负担，带动企业扩大融资规模。二是支持产业转型升级，支持高新技术、现代金融、商务服务和旅游休闲等CRD主导产业发展，支持工业结构调整和节能减排。三是培育小微企业加快发展，支持企业走"专精特新"发展道路、技术创新、获取风险投资、开拓国际市场。四是支持服务体系建设，支持开展各类公益性培训、公益性活动，支持搭建公共服务平台，支持专业化产业基地和主题楼宇建设，打造"石景山服务"品牌。五是对获得国家、市中小企业发展专项资金的项目，给予一定比例配套补贴。

（张　钦）

【新版信息网试运行】 11月，新版石景山信息网上线试运行。改版后的网站架构进一步优化，实现原有三个站点整合以及各个频道栏目调整。在网上办事方面，对照各部门办事事项内容，逐条确认、查漏补缺，保证网上行政服务事项及时、准确公开，与办事服务大厅保持一致。在服务百姓方面，创新推出"石景山微生活"，百姓通过二维码扫描，可获取周边服务设施相关信息，体验由地图定位带来的便捷服务。在工作机制方面，发布网站内容保障责任分工表。

（邱　君）

【3D数字沙盘展示系统】 11月，区经信委建设完成3D数字沙盘系统。该系统结合声光电、多媒体、电脑智能触摸控制、多媒体演示、大屏幕投影演示等立体化动态系统，直观展现石景山城市风貌和招商环境，通过互动方式提高参观者兴趣。

（金云龙）

【智慧石景山设计完成】 区经信委完成智慧石景山顶层设计。顶层设计从发展目标及愿景、总体架构、发展规划三方面描述"智慧石景山"建设总体思路,明确2012－2020年三步走建设步骤,涵盖重点工程、基础设施、资源体系、产业发展、智慧应用、服务支撑等内容,突出统筹、共享、融合、创新、服务和体制机制创新,助推“数字石景山”向“智慧石景山”跃升。

(闫金鹏)

【信息化基础设施建设】 区经信委围绕新一代宽带无线网络试点、3G无线通讯品质优化、高性能光纤网络建设和有线电视高清交互改造等重点工作展开,引导社会资金4.23亿元投入到区信息化公共基础设施建设。通信光缆铺设总长度2894.581沟公里,移动通讯基站1175个,具备百兆宽带互联网接入能力小区86个,具备百兆接入能力家庭用户15万户,全区56栋商务楼宇实现宽带接入,高清交互双向网建设164328户,完成3G移动网络覆盖100%,公共WLAN无线覆盖1.55平方公里。

(王继广)

【物联网示范应用工程】 年内,区经信委承担物联网区级示范项目。项目完成软件平台主体开发,安装、整合传感器2300余个,约占总量75%,实现对环境质量、楼宇能耗、大型游乐设施、平安校园、公园管理等领域覆盖。在“森林防火”“防汛指挥”“平安校园”等关键领域取得应用效果。森林防火领域,实现对老山郊野公园、八大处公园及法海寺三处森林密集区总面积85%以上森林区域监控。提供200余次视频巡查服务,成功发现20余次林区吸烟及室外用火事件;防汛指挥领域,全年汛期监测降雨量、积水水位等数据1000余条,提供金安桥、焦家坟、衙门口桥、莲芳桥等地区实时视频监控服务,向区应急、防汛、交通、市政、气象、消防等部门提供相关视频、信息、预警等服务;平安校园领域,实现区内10余所校园摄像头和红外对射全面监测覆盖,达到预期建设目标。

(闫金鹏)

【交互数字电视示范区建设】 年内,区经信委完成首钢居民区高清交互推广工作。全年免费发放4.43万台高清交互机顶盒,累计发放16.43万台,整体转换率95.54%。

(王继广)

【政务物联数据专网建设】 年内,政务物联数据专网建设根据城区覆盖补盲、山区河滩物联网示范应用覆盖需要,在曦景长安、八大处公园和莲石湖公园建设开通3处无线物联数据专网基站,累计完成16处基站改扩建,总投资1044万元。其中,莲石湖基站覆盖半径1.5公里,覆盖石景山、丰台和门头沟三区效果。本区政务物联数据专网基本实现一般城区网络覆盖设计目标,即区域内参考信号接收电平RSRP大于－110dBm面积占区域总面积90%以上,形成第四张“政府管理、企业运维、服务社会”政务网络。

(王继广)

【软件和信息服务业】 全区软件和信息服务业增长平稳。1～11月行业整体收入为142.63亿元,同比增长7.3%,上缴税金12.23亿元,同比增长21%,约占全区GDP11%。信息内容服务业增长稳健,总收入为77.549亿元,同比增长16.5%。以移动互联网、物联网智慧建设为代表的新兴软件和信息服务业增长迅速,信息技术服务业增长平稳,传统信息传输业务增长较慢。

(王继广)

【人口信息服务平台建设】 年内,由区经信委与人口计生委共同建设开发“人口综合信息管理与服务平台软件”。该平台主要提供五大服务:一是实现人口信息采集、联审、更新、上报、对比、抽样、校验。二是按人员基本信息及教育就业、家庭婚配、社会保障等扩展信息实现人员信息组合查询。三是以专题形式对特定人群信息进行查询筛选并展示。四是通过详实统计数据反映人口和经济社会发展变化情况,为区领导和各职能部门掌握详细全区人口、经济和社会建设状况提供依据。五是在电子地图上直观了解区内人口居住信息及基本情况,实现统计分析及人口预警等功能。

(王　闪)

【做好社区网格化建设】 区经信委配合区社工委及各试点街道做好社区网格化建设工作。完成全区网格化分、编码及制图工作;利用人口库、法人库、地理空间库、三维地图库、视频监控等资源,推进八角街道社区网格化管理系统建设;总结广宁、八角、八宝山三个试点街道建设过程中的经验、教训,制定辖区社区网格化管理系统建设标准。

(金云龙)

【工业节能降耗下降】 全年62家规模以上企业综合能源消费量262.67万吨标准煤,同比下降3.0%;万元产值能耗0.961吨标准煤,同比上升7.5%。

(赵　鹏)

统　计

概　述

北京市石景山区统计局、北京市石景山区经济社会调查队(简称区统计局、调查队)是区政府负责综合统计和国民经济核算的职能部门,受区政府和市统计局、调查总队双重领导。局机关设一室、一队、三中心、十四科:办公室,执法队,普查中心、数据中心、计算机中心,人事科、纪检监察科、综合科、工业科、商贸科、城建科、服务业科、价格调查科、住户调查科、能源监测科、人口就业科、专项调查科、宣传科、法规教育科。下设10个统计所。年内,以市局总队“深化改革年”工作目标为重点,密切围绕市、区中心工作,进一步提高综合统计能力,完成以统计科学服务为主的各项工作任务。

地址:石景山区杨庄东路71号

电话:88920357

邮编:100043

(刘　泽)

【落实折子工程】 区统计局、调查队根据区政府年度折子工程,石景山局队承担第三次全国经济普查牵头工作;责任单位16项,涉及主要经济指标6项。从加强数据管理入手,确保源头数据质量,主动加强与市局、总队及区内折子工程牵头部门沟通协作,保证折子工程顺利完成。强化部门统计指导，实现数据资源有效共享。

（刘　泽）

【完成6项专项调查】 区统计局、调查队先后组织完成《北京市摇号购车政策民意调查》《北京市居民文化消费现状及需求调查》《北京市居民养老现状与需求调查》《石景山区社会治安状况民意调查》《北京市企业发展状况调查》《北京市区县反腐倡廉建设民意调查》6项专项调查。调查涉及全区138个党政机关、企事业单位，780个调查样本，260个居民户。调查结果成为各级党政部门评测工作业绩、加强社会治安综合治理、反映本区社会经济发展状况和制定政策措施的重要参考。特别是“北京市区县反腐倡廉建设民意调查”结果，成为各级纪检监察部门掌握党风廉政和反腐倡廉建设成效的重要依据。

（杨福江）

【名录库管理维护】 区统计局、调查队建立健全基本单位名录库管理责任制度和基本单位名录数据质量控制办法，从制度层面保证数据质量。在做好单位库日常维护基础上，完成对569家准规模单位核查。

（石海平）

【统计能源监测】 区统计局、调查队根据市局关于调整能源、水统计报表制度通知要求，对能源统计调查职能进行整合。新增“能源生产、销售与库存”月报表、“煤炭销售去向”月报表和“能源产品订货”季报表，填报表范围为规模以上法人单位。按照市局工作部署，开展新能源与可再生能源利用调查，对全区36家单位41个项目进行统计调查。建立重点用能单位长期培训制度，形成市、区、企业三级联动。9月上旬，开展重点能耗统计单位培训班，全区非工业重点能耗单位80家企业参加，邀请市局授课，使企业更直接掌握能源统计要领，报表质量明显提高。

（田　超）

【必需品价格监测】 区统计局、调查队根据市局统一部署，继续开展居民生活必需品价格日监测工作。当年继续实行由PDA采价器进行数据采集，“CPI数据采集平台”数据审核模式进行上报工作，市统计局统一将生活必需品监测规格品与居民消费价格统计规格品相融合，由国家统计局数据采集平台统一审核，共采集25种规格品（规格品数量和内容随着监测重点改变随时调整）；全年价格监测频率为五日监测（每月5、10、15、20、25、30日进行价格监测）。数据采集汇总审核后，上报市局相关处室及区领导，全年撰写价格监测报告12期。

（盛　洁）

【全国经济普查】 区政府成立以常务副区长任组长的经普领导小组。根据市经普办统一部署，成立第三次全国经济普查综合试点工作组。经普办定期召开各街道会议，不断推进核查进程。进行实地调研，解决多项核查难题。利用其他职能部门优势，查找疑难单位。查找率达84.5%，在全市各区县中排名第七，城六区排名第一。

（王立军）

9月10日，“统计开放日”活动　　（区统计局供稿）

【统计宣传】 区统计局、调查队完善工作机制，确立新闻宣传工作方案、信息宣传工作考评办法、网站维护管理办法等制度。坚持做好宣传工作例会制度，搭建各部门信息联动平台，实现信息有效共享。组织各类型学习交流与培训工作，召开4次信息宣传业务培训。丰富宣传形式，利用报纸、电视、网络等媒体，宣传报道“感受CPI，共享好生活”“9·20”统计开放日等活动。借助第三次全国经济普查、年度人口抽样调查等大型普查、调查工作，开展有效统计宣传。提升服务能力，从提高信息质量为抓手，畅通信息报送渠道，局队共向市区两级部门报送信息800余篇。加强网站建设，围绕强化政府信息公开、突出统计工作职能特点、切合民众需求和整合网站资源等主题开展网站改版，新版网站细化统计数据的发布、统计信息分析解读等栏目，加强网站政府信息公开建设，实现与政府信息公开统一平台信息链接，搭建百姓与政府统计部门沟通平台。

（李岱丽）

【人口抽样调查】 按照全市统一部署，开展辖区年度人口抽样调查。调查涉及4个国家样本，分别为八角街道地铁古城家园004小区、八角街道景阳东街第一社区023小区、苹果园街道西山枫林第一社区023小区、金顶街街道西福村社区009小区。登记户数612户，登记人口1935人。实施时间从8月至12月，历经前期准备、入户摸底、登记复查、质量抽查、数据处理、工作总结、评估推算等环节。根据市年度人口抽样调查工作联席会议办公室反馈数据显示：石景山区2013年年末常住人口为64.4万人，常住外来人口为21.4万人，男性人口为32.6

万人，女性人口为31.8万人；常住人口中0－14岁人口5.7万人，15－64岁人口52.1万人，65岁及以上人口6.6万人，60岁及以上人口9.2万人；出生人口5027人，出生率为7.84‰；死亡人口3005人，死亡率为4.68‰。

（武洪敬）

【居民生活调查】　区统计局、调查队完成“城镇居民家庭生活情况日记账调查”“北京市城镇住户粮油消费日记账调查”“城镇居民生活能源消费情况调查”“北京市城镇居民家庭用水器具情况调查”4项居民生活调查。当年，是全国正式实施城乡住户调查一体化改革第一年，制定关于居民家庭生活调查人员管理的有关规定等10项管理制度。加强调查员业务培训，提高调查员队伍综合素质，大力推广电子记账，提高记账效率和质量，在400户记账户中推广手机记账和电脑记账112户。认真组织年定报数据收集与上报工作，严格审核流程，做好数据评估。

（张清淑）

【网站改版】　区统计调查队改版内外网站。外网改版从服务出发，把原有板块进行整合和调整，达到向公众提供准确、及时、全面的统计信息和必要的统计服务，普及统计知识和有关经济方面的知识，宣传有关法规、政策，对公众关心的热点、经济问题做出及时、详实解答或预警。内部办公网改版主要与统计局日常工作相结合，提高统计工作效率。

（罗　凯）

【投资考核】　区统计局、调查队创新投资统计管理方法，加强部门协作，保障区域内投资项目应统尽统。一是以卫星遥感调查为契机，定期开展全区项目踏查，确保区域投资项目不重不漏；二是加强与区发改委、建委、规划等职能部门沟通协调，发挥联席会制度作用，深入走访重大项目建设单位及建设现场，为区委区政府提供项目建设活情况；三是对重大、重点及新增项目单位加强培训，定期召开座谈会，提高源头数据质量。最终实现162.9亿元全社会投资纳入统计范围，超出年度计划任务2.9亿元。

（刘　欣）

【统计调研】　区统计局、调查队全年撰写进度类和专题类分析文章53篇，完成调研报告9篇。完成荣华牵头的重点协作调研课题分课题“关于石景山区实现可持续发展过程‘两个倍增’计划的路径研究”，在市统计系统科研立项并顺利结题，发表于《北京调研》。承担夏林茂调研报告分课题“打造首都新经济增长极主导产业统计监测评价体系研究”，在市统计系统科研立项并顺利结题，发表于《北京调研》《决策参考》《石景山工作》《打造首都经济新的增长极——石景山区创新发展战略研究》《北京市经济社会统计报告》。撰写“关于石景山区经济社会发展现状及若干问题的思考”，获年度区优秀调研报告一等奖，发表于《决策参考》、关于全区金融业发展现状及住宿餐饮业发展情况两篇统计分析获区领导批示。

（石海平）

【统计服务】　区统计局、调查队及时公布统计数据发布计划、统计信息发布计划，畅通统计咨询和信息发布渠道，做好面向社会各界统计信息服务。建立以石景山统计信息网、石景山信息网等网络发布为主，电话咨询、公函咨询、网上咨询和新闻媒体为辅的对外服务渠道，全年各渠道共提供统计数据110万余笔次。每月向区委区政府领导提供主要经济数据；编印经济发展统计月报11期及《石景山统计年鉴》(2013)。

（石海平）

【统计年报】　区统计局、调查队完成当年年报及下年定期统计工作。全年召开38场培训会，培训单位2500余家，涉及人员4000余人次。

（石海平）

【统计执法】　区统计局、调查队完成285家单位执法检查任务，超额完成5.5%。其中督导190家，常规检查95家(含30家互查)。立案(一般程序，不含全市互查立案数)18家单位，处罚金额4.5万元。首次开展专项查询执法检查，根据年初计划，结合市队要求，针对上年处罚单位立案指标开展专项查询检查，通过检查发现，有4家单位填报相同指标时，出现数据差错，加重处罚，处罚金额1.1万元。继续开展无证复查工作，复查单位38家，复查率100%。继续对上年常规执法中无证单位改正情况复查，其中14家在限期内仍未改正，依法受到警告并罚款1万元。

（张雪萌）

国有资产监督管理

概　　述

北京市石景山区国有资产监督管理委员会(简称区国资委)，是代表区政府履行国有资产出资人职责，承担国有资产监管职能的政府直属特设机构，监管范围为区政府履行出资人职责企业和授权实行企业化管理事业单位国有资产，并对区属国家原始出资集体资产进行指导监管。年内，区属国有经济呈现平稳健康发展的良好态势。截至年底，区属国企资产总额达到1165100万元，同比增长6.46%，负债总额612500万元，同比下降9.4%，净资产552600万元，同比增长1.79%。全年区属国企营业收入累计实现148800万元，同比增长18.9%；实现利润25200万元，同比增长16.2%；税收贡献11700万元，同比增长13.3%。

地址：石景山区杨庄东街59号今尊大厦10－11层
电话：68880498
邮编：100043

（孔　勤　李　滢）

【投融资平台服务】　10月，国资公司获国家发改委核准发行100000万元企业债券。通过以区内国有资产和自有经营性资产组合担保形式，为区投融资平台承担存量贷款担保责任，确保平台整改落到实处。争取3亿元市级补助资金，投融资平台金融杠杆功能不断增强。初步构建“投保贷”一体化资本运作模式。国资公司投资1500万元参股成立北京市文化科技融资担

企业联合发展,投资3000万元参股成立“北京市文化科技融资担保有限公司”。初步形成“投保贷”一体化资本运作模式,推动区域文化创意产业发展。首期出资1500万元,参股2%。

(徐鑫岩)

【基金运行良好】 区国资公司加大对初创期企业和高新技术企业投资力度,注资“北京服务·新首钢股权投资基金”,助推战略性新兴产业率先发展。全年基金完成投资项目5个,总金额13920万元,包括科技、金融、环保等企业项目。

(徐鑫岩)

【重点项目进展】 区国资公司围绕服务区域重大项目安置房建设,协调有关部门,完成创新园、创业园产业用地控规调整。做好企业拆迁安置,研究拟定拆迁安置补偿方案,服务区域经济发展布局。做好创新园升级改造准备,维护区域安全稳定,加快高端要素聚集,深度拓展与现代金融业互补产业融合发展。

(徐鑫岩)

【华游竞界扭亏为盈】 北京华游竞界科技发展有限公司实现扭亏为盈,全年收入712.44万元,利润37.66万元。成功举办竞游ECL2013全年赛季比赛,邀请多家主流视频媒体进行全程直播,扩大影响力。完善内部制度建设,加强场馆运营,开展多元化视频类别服务,扩展业务渠道。加快引进战略合作者,提升核心竞争力。

(徐鑫岩)

【北京银河嘉业公司】 北京银河嘉业商务管理有限公司拓展八大处停车场业务,加强停车场安全管理,扩大主营业务收入比重。开拓物业管理、广告及商务服务业务。全年实现收入364万元,利润10万元。

(徐鑫岩)

【石金小贷公司】 北京石金小额贷款股份有限公司利用公司自身资金及融资资金,面向区内微小型企业、科技型中小企业,提供信贷服务和融资新渠道,开展专项委托贷款业务,解决企业发展资金不足、融资困难等问题。全年累计发放贷款总额30730万元,实现利润1807万元。

(徐鑫岩)

3月15日,消法宣传进军营　　(工商分局供稿)

工商行政管理

概　述

北京市工商行政管理局石景山分局(简称工商分局)主要负责辖区内市场经济主体登记、商标广告监管、经济合同监管、市场竞争监管、流通领域食品安全监管、打假维权等工作,维护辖区市场经济秩序稳定。下设25个部门,其中,14个职能科室、5个工商所、5个事业单位、1个执法检查队。现有干部职工168人,其中,公务员136人,事业编29人,工勤人员3人。辖区面积约86平方千米,有各类市场主体38002户,其中,内资企业22317户,外资企业457户,个体户15228户。全年查处案件202件,罚没款共计314.73万元。年内,分局认真落实市局、区委、区政府各项工作部署,认真履行“市场监管、服务发展、消费维权、依法行政、队伍建设”五大职能,以“服务促监管、创新增效能”为工作着力点,努力强化创新能力,倾力锻造责任集体,全面提升监管效能,服务发展大局,为推动地区经济实现跨越式发展做出贡献。

地址:石景山区实兴大街64号

电话:88791318

邮编:100041

(耿瑞雪)

【春节市场秩序保障】 工商分局成立春节、元宵节期间市场秩序保障工作领导小组。小组下设食品安全保障组、消费者权益保障组、市场控制保障组、应急执法保障组及综合值班保障组,负责组织和具体开展职责范围内安全保障工作,主要解决疑难、重大、突发问题。节日期间,加强对重点地区和行业,尤其是对旅游景点周边及商业经营行为监管,共出动执法人员219人次,车辆111车次,检查各类经营主体616户。全区食品安全成员单位共出动执法人员427人次,车辆162车次,检查食品经营主体274户,取缔无照游商91起。严格监控零售网点,将烟花爆竹监管纳入风险控制工作,与安监等部门密切配合,形成监管合力。自2月4日起,实行每日两巡、错时巡查,检查53户烟花爆竹经营主体,累计1280次。分局12315投诉举报中心电话保持畅通,及时受理消费者投诉举报。春节期间,接到辖区消费者投诉5起,其中涉及服务类2起、商品质量类3起;举报1起,涉及无照经营1起。全面启动应急指挥系统,执法终端、800兆数字集群通讯设备24小时处于开机状态,做好及时处置突发事件准备工作。春节期间,未接到重大突发事件报告。

(耿瑞雪)

【"3·15"宣传活动】 工商分局围绕纪念"3·15"国际消费者权益保护日,开展系列宣传活动。一是联合区教委、物美集团举办第十一届"物美杯"青少年知识维权竞赛,深化消费维权和食品安全,与教委、企业形成青少年消费维权长期工作机制,延伸服务职能。二是联合区消协、区私个协会、北京军区联勤部,举办"服务军营,感受工商"主题活动,重点宣传4月1日即将实施的《北京市食品安全条例》及重点食品、电信等行业消费知识,组织私个协会员义务为官兵服务。三是普及消保维权常识。在区有线电视台《工商视点》栏目,就维护青少年合法权益制作专题访谈;在大中型商场、超市,开展宣传咨询或免费检测等相关消费者权益保护活动;利用网上工商工作站,发布辖区12315投诉举报分析、市局公布的19家检测机构名录等信息。

(耿瑞雪)

【助力区域经济发展】 3月15日,工商分局制发促进区域经济发展实施办法,创新工商服务。针对产业结构调整、拓展企业融资渠道、市场准入和年检服务、发展商标品牌战略等多方面创新特色服务产品。全年办理动产抵押登记10件,主债权金额23857万元。区私个协会与中国邮储银行西区支行等金融机构合作,为205户私营个体企业实现贷款29235万元。11月,推动全市首家金融信息服务企业落户本区,为商业保理行业企业办理前期注册。12月13日,区政府办转发工商分局关于支持国家服务业综合改革试点区发展的工作意见。年内,加大服务国有大中型企业力度,为"特钢园区"项目建设提供准入服务。继续推进落实促进个体工商户转型升级工作意见,全年共有39户个体工商户转型。在分局登记大厅设立"手机加油站",及时更新报刊架杂志刊物,提供饮用水、纸杯、花镜、签字笔、切纸机等必备用品。增设壁挂显示屏,为等候人员播放时事新闻或娱乐节目;遇雨雪冰雹或严寒酷热等极端天气,登记大厅提前20分钟开放。细化告知事项,将"登记注册直通车"浮动窗口设置在分局外网网页,内容包括一次性告知、相关表格、相关文件,不同企业类型登记材料模板,方便企业,提高效率。参与编制《石景山区鼓励类服务业指导目录》,优化全区服务业发展环境。服务新兴行业发展。

(耿瑞雪)

【"老苗汤"违法广告整治】 3月,工商分局按照市局要求,开展查处"老苗汤"违法广告专项整治。将整治与"两会"日常监管相结合,检查辖区内各类媒体、印刷品、户外广告,逐一排查洗浴中心、足疗保健等易发生问题经营场所。共计检查478家网站、219块户外广告、40种报纸杂志,未发现"老苗汤"违法广告。

(耿瑞雪)

【市食品安全条例宣传培训】 3月,工商分局大力开展修订后的《北京市食品安全条例》(4月1日正式施行)宣传培训活动。向社区居民发放宣传资料,就新条例如何为食品安全提供保障、如何增强风险管理以及食品违法行为所应承担的法律责任进行说明,解答群众现场咨询。对辖区超市、市场、零售店食品经营者讲解食品违法行为惩戒公示制度等7项条例新增内容,要求经营者严格落实八项基本制度,严把进货关、销售关、退市关,加强自律,消除食品安全隐患,共建良好食品消费环境。

(耿瑞雪)

【清明节市场监管】 工商分局围绕"绿色清明,文明祭扫"主题,创新殡葬用品市场社会化监管模式,加强清明节市场控制力度。共出动执法人员600人次,车辆85台次,检查丧葬用品经营者600户次,向经营者发放宣传材料及行政提示单160余份,没收非法宣传品500张,查扣非法销售冥币400公斤,转交民政部门。清明节期间未发生因购买祭扫用品引发的消费投诉。

(耿瑞雪)

【工商开放日活动】 年内,工商分局举办2次工商开放日。4月25日,举办第一次开放日活动,以"加强商务楼宇服务,延伸工作触角,助力经济发展"为主题,邀请部分区人大代表、政协委员、特约工商监督员代表、商务楼宇企业代表、社区市民代表参加。活动内容包括播放商务楼宇监管服务工作情况宣传片及分局汇报商务楼宇监管主要情况,与会代表对工商部门延伸工作触角加大对商务楼宇监管服务表示肯定,分局相关部门就代表提出的问题进行详细解答。会后,与会人员参观区青创园商务楼宇工商工作站。10月29日,举办第二次开放日活动,主题为"打击假冒伪劣,加强商品质量管理,维护首都消费者权益",邀请部分区人大代表、政协委员、特约工商监督员代表、企业代表和消费者代表参加。活动中,讲解商品质量知识、消费维权提示、商品监测流程及工商部门商品监管体系等内容,对流通领域商品质量监管、打击假冒伪劣净化市场秩序专项整治等工作进行汇报。代表们就开放日组织形式、市场盲区监管等方面提出建议。

(耿瑞雪)

【世界知识产权日宣传】 4月26日,工商分局会同区知识产权局在瑞达大厦设置主会场,开展宣传活动。现场发放"商标知识手册"等各种宣传材料,讲解商标知识和商标保护重要性,解答百姓和经营者提出的相关问题。同时,各工商所在辖区大、中型商场、超市设置分会场,发放宣传材料,举行系列宣传活动,加大保护商标专用权宣传力度。

(耿瑞雪)

【禽类市场监管】 4~5月,工商分局全面检查辖区禽类市场。第一时间制发关于加强禽类市场监管及信息报送的通知,各部门按照通知要求迅速开展禽类产品检查,及时报送相关情况。做到人员到位、制度到位、检查到位、措施到位,不留监管死角和盲区,维护正常市场流通和交易秩序。落实经营主体责任、进货检查验收、索证索票和每日巡查报告制度。要求集贸市场、社区菜市场主办单位、商场超市负责人,对其经营禽类产品商户严格管理,

未经检疫合格禽类产品一律不得销售。密切关注经营人员情况,发现异常情况第一时间报告辖区工商所。检查玉泉花卉市场,7户从事鸟类销售经营者,全部要求其暂停经营,并提示市场主办单位加强日常检查指导。畅通投诉举报渠道,认真受理投诉举报,及时检查。共出动执法人员733人次、284车次,共检查经营主体2247户次。

(耿瑞雪)

【五一市场秩序控制】 工商分局结合辖区实际,开展节前食品安全专项整治。食品办组织成员单位检查京客隆金顶街超市、大鸭梨烤鸭店等场所,重点检查禽类制品、节日食品索证索票、进货台帐、存贮条件、加工环境等情况。检查八大处景区茶文化节商户经营资质,行政指导主办单位。检查八大处公园、石景山游乐园等重点地区。加强监督检查商场、超市、市场等经营企业促销、广告宣传活动。落实信访责任制,及时处理群体性突发事件。节日期间共出动执法人员70人次,车辆25车次,检查经营户252户次,检查旅游景区11个次,快检食品样本28组,全部合格。其中检查销售禽类制品商场超市90户次,有形市场44个次。

(耿瑞雪)

【建成爱玛裕商务楼宇站】 5月16日,爱玛裕建材城综合管理服务站成立。是工商参与推动社会管理创新的新举措。实现通过站内办公电脑对内部商户信息的键式查询。促成地方政府、城管、公安、分局相关业务科室等多部门进驻,各司其责。形成职能部门日常培训和业务指导制度。

(耿瑞雪)

【智能手机存储量标识研讨会】 5月29日,工商分局联合中国消费者协会和中国电子商会,邀请29家智能手机厂商,召开"规范智能手机存储容量标识,促进行业企业诚信自律研讨会"。会议围绕智能手机内存标识存在的问题、规范手机内存标识现行做法及统一标识可操作性、行业诚信规范自律方式方法等进行研讨,拟定在行业内发布《规范智能手机存储容量标识,促进行业企业诚信自律倡议书》。会上,中国电子商会副会长王宁倡导手机厂商自觉遵守行业规范;中国消费者协会法律与理论研究部主任陈剑提示厂商发布信息要真实准确,保障消费者知情权;市工商局经济检查处处长薄宗林肯定工商分局的有益尝试,倡导企业、行业主管部门、行政管理部门三方携手,共创良好市场消费环境。工信部、商务部等相关部门领导参会。

(耿瑞雪)

【工商数据分析应用】 6月25日,成立工商分局和工商所两级主体数据信息分析队伍。相关科室予以业务指导,按季出版《市场秩序专报》,服务区政府和街道办事处。通过分析市场主体总量、类型、结构和分布变化趋势,为属地政府招商引资提供决策参考。密切关注监管重点和投诉热点,反馈群众反映强烈且涉及多个职能部门的重难点问题至区政府,维护辖区稳定。加大与地方政府沟通联系力度,根据需要调整报告内容,形成更具实效的数据分析报告。

(耿瑞雪)

【文创企业绿色通道】 7月25日,区政府下发《关于建立西山汇集中办公区文化创意类企业专项审批绿色通道的通知》,工商分局联合园区建立"西山汇集中办公区文化创意企业专项审批绿色通道",方便入驻文化创意企业在申请到ICP、SP、广播电视节目制作许可证等专项许可经营项目审批后,及时办理执照或增项,突破前置审批企业无法入驻集中办公区瓶颈。

(耿瑞雪)

【打击假冒伪劣】 8月,工商分局采取措施做好打击假冒伪劣专项整治工作。以所为单位建立重点商品监管台账,采取挂账管理方式,将重点区域、重点商品、主要问题细化,做到底数清、情况明。业务科牵头,工商所配合,科所联动集中对天宇商品市场、天圣发市场、万达百货、家乐福超市等大型市场和商场超市检查,对重点整治商品及主要问题集中检查。配合市检测中心开展重点商品抽样检测。对库巴、大扑网等辖区电子商务企业销售的纺织品、手机配件、小家电、儿童玩具等7类商品抽检样品40组,进行网络商品质量抽检。走进天宇商品市场、当代商城、家乐福等大型市场和商场超市,开展经营者商品质量讲座,协助企业完善商品质量进货检查验收制度、企业商品质量自检制度、商品追溯等制度,提高企业自觉抵制假冒伪劣商品意识。及时分派、查处制售假冒伪劣投诉举报,分析汇总12315投诉举报系统数据,为整治工作提供数据支持。

(耿瑞雪)

【宣传新《商标法》】 9～12月,工商分局做好新《商标法》宣传指导工作。通过日常巡查、企业年检、发放宣传材料等方式,广泛宣传新《商标法》中关于"生产、经营者不得将'驰名商标'字样用于商品、商品包装或容器上,用于广告宣传、展览以及其他商业活动中"的规定。上门走访相关企业,指导开展商标使用情况自查。

(耿瑞雪)

【中秋、国庆两节保障】 工商分局采取监管关口前移,注重行政指导,规范节日促销活动。增强消费者自我保护意识,加强电子商务领域商品质量和经营行为监管,确定节日期间重点防范区域、重点场所、重点行业。进入万达百货、当代商城、家乐福等大型商超,告知管理人员开展打折促销等活动注意事项,开展商品质量、消费投诉知识讲座,协助企业完善商品质量进货检查验收制度。进入社区、工商工作站,向社区居民开展商品知识讲座,结合投诉举报分析和典型案例,与消费者互动,讲述违法商家欺诈行为特点。对库巴、大扑网等辖区电子商务企业销售的纺织品、手机配件、小家电、儿童玩具等7类商品抽检样品40组;提前约见大型互联网企业负责人,提示企业在节日期间,做好销售与物流衔接,避免出现虚假宣传、违约销售等行为。汇总分析12315系统信息数据,为节日前夕执法整顿工作提供数据支持,对投诉多、商品质量问题多的商家,加大巡查力度,提前约见企业。加大对石景山游乐园、八大处公园、北京国际雕塑园周边的巡查力度和频次,确保旅游市场稳定有序。节日期间，共出动执法人员657人次，检查商场超市120户次，有形市场74个次，食品经营主体341户次，旅游景区17个次；快速抽检食品样本77组，未发现不合格样本；接收消费者投诉17件，其中涉及互联网服务质量15件，主要反映的问题是互联网企业在销售中拖延送货，受理举报1件。未接到市场秩序和食品安全以及内部安全管理等重大突发事件报告。

（耿瑞雪）

【宗教场所周边整治】 10月18日～12月31日，工商分局结合整治范围和整治重点，协调属地宗教、旅游等部门收集相关情况，建立和完善违法主体台账，确保“底数清、情况明”。对八大处周边等重点场所户外广告、印刷品等各类广告媒介中是否含有封建迷信内容进行摸底检查。发现4起涉嫌有算命内容的手写形式纸质广告，当场责令当事人销毁改正。联合公安、城管、民宗侨等相关职能部门，对销售宗教用品商户进行集中整治并采取行政指导，要求经营者加强守法自律经营。配合城管部门对周边游商进行集中清理。

（耿瑞雪）

【十八届三中全会应急保障】 11月4～13日，强化领导带班制度，加强组织领导，落实值守应急工作制度。执行24小时领导带班和值班制度，确保通信联络畅通，安排一定数量机动应急执法力量。加强风险防控，消除不稳定因素。确定辖区重点行业和重点地区，严厉打击各类影响市场秩序的突出问题。对易发生群访群诉事件行业，加强巡查，妥善化解矛盾，杜绝因行政行为不当引发社会负面影响。果断处置突发事件。遇有突发事件，启动应急预案，第一时间到达现场、疏导控制、上报情况。主责部门根据突发事件实际情况，及时启动现场指挥机制，做好现场管控。及时上报突发事件处置信息，确保信息畅通和指令传达顺畅。

（耿瑞雪）

【查处涉嫌假冒侵权酒1097瓶】 年内，工商分局联合牛栏山酒厂等12家酒类企业，以“查薄弱、挖死角”为目标，重点检查城乡结合部地区及小型烟酒店酒类产品，依法查扣涉嫌假冒侵权酒1097瓶，涉案金额90余万元。

（耿瑞雪）

【服务青年创业】 年内，工商分局履行市场准入职能，采取措施服务青年创业。密切配合区青年创业园，针对青年人投资方向、经营理念等诸多方面进行可行性分析及指导，并对在园区注册的企业给予房租优惠。针对青年创业资金少、融资难问题，区私个协发挥桥梁作用，常年保持与邮储银行密切合作，为符合条件小微企业提供贷款服务。区私个协与指定银行和担保公司就小微企业贷款达成框架合作协议，减轻贷款负担，放宽贷款条件，帮扶青年企业落到实处。

（耿瑞雪）

【市场主体发展】 截至年底，辖区实有市场主体38002户，同比增加0.45%。其中，内资企业22317户，同比增加10.85%，注册资本总额1437.26亿元，同比增加10.04%；外资企业457户，同比增加3.63%，注册资本总额80.4亿万元，同比减少10.40%；个体工商户15228户，同比减少11.76%。新设市场主体4008户，同比减少19.49%。其中，内资企业2688户，同比减少11.90%，注册资本总额109.03亿元，同比减少12.86%；外资企业41户，同比减少41.33%，注册资本总额2.82亿元，同比减少67%；设立代表机构3户；个体工商1276户，同比减少30.84%。新设企业中，注册资本100万元以内户数最多，占企业总数46.70%；注册资本在1000万元以上企业217户（含注册资本1亿元以上企业25户），主要分布在租赁和商务服务行业（101户）、科学研究和技术服务行业（48户）、批发和零售行业（15户）。

（耿瑞雪）

【有形市场情况】 截至年底，全区注册有形市场总数46个，实际经营35个，其中年内新建市场0个；市场内共有经营主体3272个、经营人员4509人、市场管理人员269人。按市场类型分，农副产品市场23个、服装鞋帽市场1个、建材家居市场2个、花鸟虫鱼市场1个、其他市场8个。

（耿瑞雪）

【全区注册商标12849件】 截至年末，全区有注册商标12849件。其中，年新增3174件。全区驰名商标2件，著名商标9件。

（耿瑞雪）

【“两会”服务保障】 工商分局组织专门力量投入全国“两会”市场秩序保障工作。强化24小时值班和领导带班制度，制定并完善安全保障应急预案。对代表驻地周边200米范围内商场、超市、食杂店采取定点定人方式，加大巡查力度；排查重点繁华地区、八大处公园、雕塑公园等重点旅游区、城乡结合部、大型商场超市食品安全隐患，打击食品违法行为；区食品办组织成员单位检查代表驻地周边食品经营行业，加强沟通配合，形成监管合力。重点对食品安全、代表委员驻地加强监管，对易发生群访群诉事件的美容、健身、洗浴及电子商务等行业，加大宣传教育，事先防范，妥善化解矛盾。及时发现并查处市场秩序安全隐患，将不稳定因素解决在萌芽状态。

（耿瑞雪）

【服务集中办公区】 工商分局简化企业办事流程，提高办事效率。为集中办公区企业提供政策宣传、投资策划等服务，加快企业落地。大力推进高新技术企业认定，切实落实好高新技术企业优惠政策，做到“安商富商”。发挥园区专用岗作用，严格落实“三定”“三提前”举措。定窗口，在登记大厅明显位置设置“园区企业登记注册窗口”；定人员，抽调业务骨干，负责受理、审核整个流程；定岗位，做好技术保障确保登记注册顺利进行。落实《重点企业个性化服务办法》，对园区内持有CRD绿卡重点企业开通“提前介入、提前受理、提前发照”登记注册“直通车”。规范集中办公区建设，试行派出制度。在新建集中办公区试行派出登记注册人员现场登记，减少企业排队等候时间。根据实际需要，不定期派受理人员到集中办公区现场指导，符合条件当场受理，由被动登记转

变为主动登记。深入开展“园区讲堂”“金桥工程”等品牌服务,建立“文化创意企业贷款融资绿色通道”,举办“企业家沙龙”等精品服务活动,为企业提供人才引进、资金筹措、市场开拓等深层次服务。放宽集中办公区企业登记政策。突出招商引资“两大一特”,即抓大企业落户、抓大项目落地,推动以数字娱乐为特色的文化创意产业快速发展,多方位满足企业意愿,从企业形式转换、名称审核、经营范围审核等登记政策给予倾斜及鼓励,凸显集中办公区企业优越性。

(耿瑞雪)

【完成年检、验照】 工商分局按照年检、验照工作部署会要求,规范人员、职责、标准,严格工作流程,提高办事效率,做好数据分析,做好注册代理机构年检,推广企业使用CA数字证书申报年检;采取短信提示、社区走访、集中上门、错时年检验照等方式为企业提供服务。全区应参加年检企业20360户,年检率93.97%,同比上升0.41%;应参加验照主体17074户,验照率84.67%,同比上升16.32%。

(耿瑞雪)

【参与“六五”普法】 工商分局开展形式多样的“六五”普法主题宣传活动。开展“做讲法制守秩序的好市民”主题宣传教育活动,全局干部积极参与网络法律知识竞答,增加法律知识。开展“法治普通话”作品征集活动,各执法部门结合业务特点及日常执法办案情况,认真创作,积极参与。结合“两送”工作,开展“百姓说法”活动。建立“百姓说法”平台,借助分局“网上服务平台”、工商工作站、微博等载体,引导干部和管理相对人自觉学法、用法、守法。

(耿瑞雪)

【流通领域商品质量监测】 工商分局全年抽样检验11类商品共275组,发现不合格商品22组;不合格商品涉及不符合保障人体健康和人身、财产安全的风险主要集中在小家电类商品,相关销售企业主要集中在市场个体经营主体和小超市中。

(耿瑞雪)

【消费者申诉举报】 工商分局全年共接收消费者申诉2046件,比去年同期增加5%。其中,工商部门受理1854件,调解成功1844件;为消费者挽回经济损失632272元。接收举报397件;经查属实48件,立案处理10件,行政指导38件,罚没金额27743元。

(耿瑞雪)

质量技术监督

概　述

北京市石景山区质量技术监督局(简称区质监局)隶属北京市质量技术监督局,有办公室、法制科、产品质量监督管理科、标准化科、计量监督科、特种设备安全监察科、纪检监察科7个内设机构,稽查队、组织机构代码管理中心、计量检测所(产品质量监督检验所)、特种设备检测所4个直属机构。负责区内工业产品监督管理,组织实施标准计量工作,承担特种设备安全监察责任。年内,围绕服务区域经济发展,以“夯基础、干实事、转作风、树正气”十二字工作方针,大力加强自身建设。在产品质量和特种设备安全保障、打击假冒伪劣、节能降耗、计量和特设检测、推进标准化和诚信计量、服务百姓生活等方面发挥重要作用。全年开展执法活动863起,出动执法人员1972人(次),办理行政处罚案件24起。罚没款6.48万元,100%收缴国库;办理投诉举报70起;端掉制假窝点1个。

地址:石景山区杨庄东路73号

电话:88921698

投诉电话:68827817

邮编:100043

(杨宗耀)

【电梯维护保养】 4月3日,区质监局召开全区电梯维护保养单位专项会议。全区60余家负责电梯维护保养单位参加会议。会议明确落实辖区3300台电梯维护保养安全主体责任,指出安全监察、检验过程中存在的共性问题,强调提高电梯维护保养质量,依法保障电梯安全运行。

(杨宗耀)

【压力容器安全使用】 4月3日,区质监局召开压力容器使用单位专项会议,全区50余家大型商厦、宾馆、写字楼负责人参加会议。会议要求使用单位依照《特种设备安全监察条例》,对在用中央空调的冷凝器、蒸发器、换热用容积式换热器等压力容器进行注册登记和定期检验;强调落实企业主体安全责任,重视压力容器安全工作,完善压力容器安全管理制度和档案资料。会后,执法人员对各使用压力容器单位进行管理状况和使用情况检查。

(杨宗耀)

2月27日,检查机动车检测场　(区质监局供稿)

【制定标准化纲要】 5月8日，第9次区长办公会审议通过“石景山区落实首都标准化战略纲要实施意见”，于同月29日以区政府办名义下发。该意见包括标准创制、公共服务、现代服务业、新兴产业、城市管理5个方面24项具体内容，充分体现区域特色，涉及全区经济和社会发展。以此标志石景山区标准化工作进入一个新阶段，对推动区域创新，加强现代服务业、新兴产业等重点产业和城市管理、公共服务等重点领域具有重要作用。

（杨宗耀）

【电子衡器专项培训】 5月18日，区质监局对相关行政执法人员(3人)、检测人员(11人)及100多名居民在金顶街五区进行“电子衡器作弊现状与查处技巧”专项培训。以应对利用科技手段对电子衡器等计量器具进行作弊，维护消费者权益。

（杨宗耀）

【“计量与生活”宣传】 5月20日“世界计量日”，区质监局联合区有线电视台开展以“计量与生活”为主题的宣传活动。重点对辖区内加油站日常监管和民众加油盲区进行宣传。活动现场工作人员向消费者介绍如何识别加油机计量原理、加油机经检定处于合格状态等日常知识。现场发放宣传图册200余份，解答消费者疑惑100余人次。

（杨宗耀）

【开展儿童玩具检查】 5月，区质监局对区内多家商场、超市在售电动玩具车、金属玩具、弹射玩具、塑胶玩具、毛绒玩具、娃娃玩具及童车、儿童座椅等产品进行检查。对无3C标识电动玩具，责令停止销售，并接受进一步处理。

（杨宗耀）

【制定质量发展纲要】 5月，区质监局根据市政府要求，结合本区实际，制定贯彻质量发展纲要的实施意见和当年行动计划，并以区政府办名义正式印发。此项工作推动快，效果好，走在全市前列。6月5日，召开贯彻落实国家《质量发展纲要》工作会，区政府、市质监局有关领导到会并讲话，区相关委办局领导60余人参加。

（杨宗耀）

【推进中小学质量教育】 6月14日，区质监局会同区教委在政府大楼会议室召开中小学质量教育社会实践基地建设工作推进会，生产企业、检验机构、科研机构共10余家单位参加会议。会议就“中小学质量教育社会实践基地”相关政策、依据进行介绍，明确政策出台是国家质检总局和教育部联合抓质量的重要举措，社会实践基地对企业和中小学质量教育具有意义，强化提高产品和服务质量意识，必须从娃娃抓起。9月10日，区质监局、区教委对申报“国家中小学质量教育社会实践教育基地”的首钢总公司教育基地建设情况进行实地调研，就教学目标、教学特点、课程设置、教学课件及场地建设等问题进行研究，提出改进建议，确保按时完成教育基地建设。

（杨宗耀）

【学习标准化战略】 8月23日上午，举行区、处两级中心组学习标准化战略报告会。邀请广东省标准化研究院副院长刘杰教授作“实施标准化战略，推动经济又好又快的发展”主题报告。区、处两级理论中心组成员、区直机关副处级以上干部和组织、宣传干部300余人参加报告会。刘杰从标准化基本概念入手，结合具体案例，围绕实施标准化战略的重大意义、如何培养标准化理念与方法、实施标准化战略三个主题进行讲解。

（杨宗耀）

【通过计量检定考核】 区计量检测所接受5年一次的法定计量检定机构考核。对照JJF1069—2012《法定计量检定机构考核规范》，查找存在问题。梳理档案资料，完善管理制度，健全质量手册，进行技能培训，提高业务水平和检测技能。投资10万元，扩大检测面积，增加检测设备，调校部分检测仪器。8月，一次通过市质监局评审考核。该所有29个检定项目、12个校准项目。

（杨宗耀）

【排查涉氨安全隐患】 “上海8·31液氨泄漏事故”发生后，区质监局全面排查区内2个涉氨单位，保障辖区涉氨特种设备安全运行。9月4日，联合区安监局、苹果园街道对西黄村牧业食品有限公司大型冷库中涉氨22台压力容器进行全面检查。同时检查单位领导组织、应急部署、人员持证、安全培训、特种设备定期检验等情况。检查中发现存在无安全检查计划、设备检修台帐不完善等问题，执法人员下达整改意见，督促企业落实主体责任，加强日常巡查，责任落实到人，确保安全。

（杨宗耀）

【电梯安全进校园活动】 9月16日，由市质监局主办，区质监局、区教委承办的“小手拉大手，安全带回家”电梯安全进校园活动，在北京教育学院石景山分院附小举办。此次活动是市质监局“质量月”“电梯安全宣传周”系列活动之一，通过向小学生发放《小手拉大手——电梯乘坐安全儿童阅读卡》及电梯安全知识现场授课等形式，倡导每一位同学在阅读卡片后，主动向家长讲解安全乘梯知识，实现“小手拉大手”。通过一个孩子带动六个大人效应，突出家庭作用，把安全带回家。通过授课，把安全乘梯理念和知识带进校园，帮助儿童从小树立安全乘梯意识，养成安全乘梯习惯、关心电梯安全状况，倡导全社会更多关注儿童乘梯安全，共同实现文明出行、正确乘梯。阅读卡由市局专门设计，与其他安全教育读物相比，阅读卡从电梯基本知识入手，以插画形式，向小学生传播安全乘坐电扶梯安全知识。

（杨宗耀）

【电梯安全宣传】 9月23日，区质监局组织召开“电梯安全宣传周”四方座谈会，首欣物业、圣德物业、实兴金海物业、芳星园物业等公司电梯安全主管，4家电梯维护保养单位代表，及璟公院、金顶阳光小区住户业主代表参加。参会人员针对小区电梯安全存在的实际问题和电梯维护维修等问题进行讨论，对提取公共维修基金、宣传安全文明乘梯、规范行业标准等方面提出建议。

（杨宗耀）

【食品监管职责转隶】 依照市委、市政府办公厅关于设立北京市食品药品

10月11日，安全生产部署 （区委宣传部供稿）

存在职业危害因素企业职业卫生基础建设活动工作方案，检查存在职业危害因素单位，对重点有限空间作业单位、宾馆饭店及部分物业企业执法检查，对承包协议不完整、无安全管理制度、无警示标识、防护设施不符合要求企业，下达限期整改通知书。对部分未及时整改工业、汽修企业实施行政处罚。

（王树伟）

【宣传教育培训】 区安监局按照“年有主线、季有主题、月有专题”的思路，制发宣传工作方案，把教育培训作为搞好安全生产最基础性工作和重要环节。从3月开始，每月一个专题，联合区广电中心摄制“安全在我身边”宣传片，在区有线电视台播放，达到宣传、教育、警示的目的。3月29日、9月17日、10月11日、11月6日，相继组织全区250家安全生产协会会员单位、60家区安委会成员单位开展“安全生产大课堂”活动。干部职工通过培训，“我要安全”意识和“我会安全”能力得到提高。

（王树伟）

【职业病防治宣传】 4月26日，区安监局通过发放宣传材料、播放警示视频、媒体滚动宣传等多种形式，在北京京能热电股份有限公司、北重阿尔斯通（北京）电气装备有限公司、北京巴威公司等5家企业设立现场宣传点，宣传普及《职业病防治法》。宣传活动悬挂横幅8条，发放《职业病防治法100问》500余本，《职业卫生法律法规汇编》60余本、职业防治法宣传画200余张，购物袋2500余个，受教育人员达到1万余人。为增强宣传效果，在区有线电视台新闻栏目滚动播出宣传用语。

（王树伟）

【电气安全专项检查】 5月6日～8月31日，结合商（市）场安全专项整治行动，在各类生产经营单位开展以电气线路敷设、配电箱柜和配电室运行安全以及电气作业人员安全管理为主要内容的电气隐患专项执法检查。共检查生产经营单位270家（次），发现整改安全隐患306处，行政处罚7起，罚款1.8万元。

（王树伟）

【安全生产月活动】 5月27日，召开第12个全国安全生产月活动动员部署会。按照北京市“安全生产月”活动方案的总体安排，围绕“强化安全基础，保障城市运行安全”这一主题，于6月面向全区组织开展一系列形式多样、内容新颖的安全生产宣传教育活动，深入宣传党中央、国务院和市委、市政府关于安全生产的方针、政策和总体部署，进一步普及安全生产法律法规和安全生产常识，提高公众安全意识和素质，弘扬安全文化，营造人人“关注安全、关爱生命”的良好氛围，活动分四个阶段进行，体现参与人员多、宣传形式多、覆盖范围广的特点。《中国安全生产报》《石景山报》和区有线电视台分别对活动情况进行报道。在8月28日市安委会评比中，区安监局和八宝山、八角街道获优秀组织奖；区安监局和高井热电厂、京能热电厂获最佳实践活动奖；区广电中心获优秀新闻报道奖。

（王树伟）

【危险化学品汛期安全管理】 5月30日，区安监局召开汛期安全管理工作会议。传达市局防汛工作方案精神，部署危险化学品汛期安全管理工作。危化品从业单位开展汛期隐患排查治理活动，进一步充实完善应急预案，开展防汛应急演练，严格落实应急值守制度，保持在岗在位，联络畅通。

（王树伟）

【特种作业“双打”行动】 6月8日～9月30日，以“落实企业主体责任，强化持证上岗意识”为目标，深入开展“持假证上岗、无证上岗”专项执法行动。坚持“行业分管，部门联动，突出重点”原则，区安监局组织协调区住建委、质监局对建筑施工、危化企业、宾馆饭店、商（市）场、文化娱乐场所、工业企业、物业管理和有限空间作业等重点行业领域特种作业及特种设备作业人员安全管理情况进行全面检查。共检查生产经营单位158家次，检查特种作业人员1535人次，治理纠正特种设备作业人员违规违章行为142起，查处假证或无证人员15人次，下达执法文书60份，行政处罚14起，处罚金额2.1万元。有效震慑企业违法违规行为，提高特种作业人员依法持证上岗意识。通过宣传，提高全社会对特种作业的认知度和知晓度。

（王树伟）

【安全生产大检查】 深刻吸取近期国内发生的多起特大安全生产事故教训，按照国务院和北京市安排部署，石景山区以落实习近平总书记和李克强总理关于做好安全生产工作的指示精神为指导，以全面维护辖区安全稳定、防范安全生产事故为目标，按照“全覆盖、零容忍、严执法、重实效”的总体要求，6～9月开展安全生产大检查活动。6月14日，在全市率先组织召开安全生产大检查工作部署会，并于7月22日、8月21日、10月18日、11月23日先后4次召开大检查工作推进会。印发2万份安全大检查宣传页。喜隆多大火后，为深刻吸取事故教训，再次全面启动安全生产大检查，针对辖区内的加油站、液氨使用单位等的排查整治工作率先启动。成立专项领导小组，从10月中旬至12月底，由区领导带队，对全区所有区域、所有行业、所有生产经营单位特别是人员密集场所进行检查。做到“三个突出”：一是突出危险化学品、消防、交通运输、建筑施工、餐饮行业等重点行业领域以及高层建筑、地下空间、建筑工地等重点单位；二是突出宾馆饭店、旅游景点、文化娱乐场所、商场市场、车站、医院、学校、幼儿园等人员密集场所；三是突出劳动密集型和从业人员相对集中的重点企业(包括员工住宿地)。把企业和单位管理责任落实、制度落实、主体责任落实情况和隐患排查治理、重大危险源管控等情况作为重点，通过边检查、边整改，督导企业排查隐患，找准薄弱环节，并严格按照整改“措施、责任、资金、时限、预案”五到位要求，彻底解决隐患苗头，杜绝安全生产事故发生。

（王树伟）

【城乡结合部专项整治】 根据全市部署，以区政府办名义制定下发集中开展城乡结合部地区安全生产专项整治工作实施方案，12月20日，组织18个相关行业部门和9个街道办事处，召开工作动员部署会。要求各单位安全生产立足防范、立足平时、立足严管重罚、立足落实责任，重点对城乡结合地区各类商品批发零售市场、工业大院、“五小企业”“六小场所”、仓储场所、再生资源回收站(点)及“三合一”“多合一”生产经营场所开展专项整治，严厉打击非法、违法生产经营行为，有效整治各类安全生产隐患。

9月5日，区食药监局揭牌　（区食药监局供稿）

（王树伟）

【安全生产控制指标】 年内，市安委会下达本区安全生产事故亡人控制指标21人(其中：道路交通12人，火灾1人，生产安全7人，铁路交通1人)。全年共发生交通、消防、生产安全事故5215起(交通5111起，消防99起，生产5起)，伤1718人(交通1716人，消防2人，生产0人)，亡16人(交通11人，生产5人)，未发生铁路亡人事故。各类事故亡人数均控制在进度目标内，占市安委会下达年度指标的76.2%。

（王树伟）

【应急演练600次】 年内，修订完善安全生产事故应急救援预案和危险化学品应急救援预案，相关行业主管部门结合实际修订各自专项应急预案。区相关行业部门、各街道及部分企业组织开展以消防灭火、火灾逃生、通讯联络、防踩踏、防洪、紧急救护等为内容的各种应急演练600次，参加演练近1.5万人。

（王树伟）

【执法检查1915家】 区安监局准确把握安全生产法律法规和标准，采取领导包片、科室包街道的方式，突出涉危企业、职业危害场所、有限空间、人员密集场所等重点部位，开展“链条式”执法检查。对现场整改的一般隐患，及时开展回头看，防止整改不到位或出现反弹；对限期整改的隐患，明确专人负责监督管理，确保在规定期限内整改到位，做到宣传教育到位、责任落实到位、依法监察到位、案件办结到位。全年检查生产经营单位1951家，查处并整改各类隐患1904处。行政处罚68家，罚款53.3万元。

（王树伟）

【安全生产标准化建设】 按照“提高认识，加强领导，认真研究，抓好协调，周密组织，落实责任”工作要求，通过抓认识、抓培训、抓运行、抓跟进、抓评审等，稳步推进安全生产标准化建设。全区79家企业达标。其中16家危化企业完成三级标准化达标，1家工业企业完成一级达标，8家工业企业完成二级达标，54家工业企业完成三级达标。

（王树伟）

【特种作业培训】 区安监局全年组织高低压电工、电气焊等特种作业培训班11期，培训近万人，取证率85%以上。

（王树伟）

食品药品监督管理

概　　述

北京市石景山区食品药品监督管理局(简称区食药监局)，下辖“十科一

队9所”，现有干部职工85人。主要负责本地区(行政区域)食品(含食品添加剂)、药品(含中药、民族药)、医疗器械、保健食品、化妆品(以下统称为食品药品)的日常监督管理工作。截至年末，全区有食品药品主体6082户(包括食品主体中屠宰企业1户，食品生产加工15户，流通领域食品经营2796户，保健食品生产经营219户，餐饮服务单位1162户，商场超市41家，农副产品市场24家；药品主体中生产企业3家，批发企业2家，连锁总部2家，零售药店115家；医疗机构192家；医疗器械生产企业39家，经营企业378家；保健食品生产企业3家，经营企业216家；化妆品生产企业2家，经营企业680家)。年内，遵循“保障公众安全健康至上、提供优质高效服务至上”的基本准则，按照“完善体系、实现共治；严格执法、确保安全；便捷准入、优化服务；营造环境、促进发展”总体思路，着力提升食品药品安全防控能力，着力完善食品药品安全共治体系，着力健全食品药品公共服务机制，着力营造食品药品产业发展环境。严格食品药品市场准入，强化食品药品市场监管，加强对全区“四品一械”市场秩序的监督执法，全力守住食品药品安全底线，让辖区群众享受更高水准的食品药品安全保障。全年食品药品稽查受理群众举报339件，接批转、协查93起，实施简易执法程序56起，立案查处108件，移送公安机关1起，罚没款83.83万元。器械保化科被市食药监局和市卫计委评为先进单位，局机关党支部被评为区“建设学习型党组织工作示范点”“机关文化建设项目”被评为区“学习品牌”。

地址：石景山区古城南里16号
电话：68885118
邮编：100043

(胡成杰)

【组建挂牌】 根据市有关指示，8月开始筹组区食药监局。9月5日，挂牌成立石景山区食品药品监督管理局，并加挂区食品药品监督管理办公室牌子。同月30日，挂牌成立各街道(鲁谷社区)食药监所并加挂街道(社区)食药安委会办公室牌子。自11月1日起，区食药监局正式履行监管职能，各业务科室、稽查大队和街道(社区)食品药品监管所开始接待群众咨询，受理行政许可、开展日常监管、查办投诉举报、查处违法行为，并承担起区食药安委会办公室日常工作。

(胡成杰)

【行政许可】 年内，区食药监局依法规范食品药品市场准入，简化服务流程，优化办事程序，完善网上审批，创新服务举措，推进首问责任制、服务承诺制和岗位责任制，不断促进行政许可服务工作的规范化、程序化。全年办理食品流通许可证3587个，食品流通受理审批新设、变更、延续、注销、补证申请861件，标注过期食品流通许可企业55户，餐饮服务许可1168户，药品经营行政许可145件，医疗器械经营行政许可459件，保健食品行政许可161件，均在受理期限内完成许可工作。

(胡成杰)

【质量检测】 年内，区食药监局对食品生产抽取糕点、肉制品、桶装水、原料乳粉等样本100个，检测全部合格。食品安全监测监督抽检录入完成1918个，其中不合格49个，合格率97.44%。15家企业自检室快检1.16万个，数据完成比率214.6%，居全市第一。142个社区食品安全监督员对所管辖区农副产品市场、超市的食品抽样检测，抽检食品样本8.32万个，数据完成比率103.2%；食品流通快检1672个样本，不合格样本101个，合格率94.48%。餐饮抽检冷荤凉菜、辣椒酱等415件，合格391件，合格率94.22%。药品完成抽验575件，不合格6批次，合格率98.96%，药检所完成药品监督性抽验280批次，药物基础测试97批次，药物快筛24批次。医疗器械抽验40件，合格率100%；保健食品抽验109件，保健食品安全风险监测15件，不合格3件，合格率97.25%；化妆品抽验35件，不合格1件，合格率97.14%。

(胡成杰)

【日常监管】 年内，区食药监局突出食品药品日常监督、专项检查等重点工作，按照监管地域无盲区、监管单位无盲点、监管环节无断层、监管品种无遗漏“四监管”要求，推出“四对照四查看四核对”(对照食品药品查看标识核对是否合法规范、对照标识查看台帐核对是否如实记录、对照台帐查看票据核对是否可溯来源、对照票据查看资质核对是否手续完备)的“四步工作法”，解决日常监管中存在的程序、方法和效能问题。区领导荣华、夏林茂等带队开展节前、“两会”食品市场检查5次，制定落实重点时期食品安全工作整治方案，确保“十八大”等重点时期食品质量安全。组织开展节日市场、游乐园庙会小吃一条街、夏季食品安全专项整治，对消夏露天餐饮、乳制品、鱼翅类食品、销售自制夏季饮品、豆制品、肉制品、假酒、天赋美素奶粉、羊肉片、大米、生姜、面粉、禽类等重点食品应急快速组织专项检查。全年共监督检查食品经营者880户次，检查餐饮单位3416户次，餐饮服务监督2974户次，其中不合格57户次，合格率98.1%；对药品日常监督155家次，对H7N9禽流感防控专项检查72家次，中药饮片质量专项检查40家次，“两打两建”专项检查26家次，开展整治无证经营、非法收售药品和制售假药行为、打击保健食品“四非”专项检查行动。

(胡成杰)

【企业监管】 辖区取得食品生产许可证认证的食品生产企业15家，其中桶装饮用水7家，糕点2家，肉制品2家，啤酒(鲜啤酒)1家，冷冻饮品(冰淇淋)1家，分装企业1家，调味品1家。年内，依据《食品安全法》及《食品安全法实施条例》等相关法律法规，对生产企业的人员管理、生产过程控制、生产设施设备管理、产品检验等情况进行严格执法检查，重点检查企业原辅料进货验证、生产加工环节必备条件、关键控制点监控以及出厂检验情况；制定夏季食品安全专项整治工作方案，开展夏季食品安全专项整治，对肉制品、糕点制品、乳制品、桶装水等重点产品开展专项执法检查；落实食品标识专项整治工作，开展执法检查51起，立案3起，罚款6000元，其中吊销生产许可证一起；按照区食品办下发的任务抽取糕点、肉制品、桶装水、原料乳粉样本100个，经检测全部合格。

（胡成杰）

【流通监管】 年内，区食药监局办理食品流通许可证3587个，其中有效食品流通许可证2867个（企业814个，个体2053个），过期注销食品流通许可证720个。全年组织执法干部和辖区商场超市、有形市场、食杂店350人次培训，深入56个社区、21家食品企业开展宣传教育讲座32次，推进食品经营主体责任落实。组织工商所干部检测专项技能培训活动，促进干部食品检测技能、日常监管、执法能力的有效提升。

（胡成杰）

【检测信息】 年内，区食药监局加大对高风险食品的抽检力度，扩大抽检覆盖面，整合各类检测数据信息，建立定期分析报告制度，完善评估预警机制，提高检测数据的深度利用价值，加大对不合格食品处罚力度。全年快检1672个样本，不合格样本101个，合格率94.48%；日常抽检815个样本，不合格样本20个，合格率96.75%；快检不合格经送检确认不合格率达到13.74%，其中通过快检发现最终抽检报批全市下架不合格食品8个批次；配合市局检测248组样本，不合格样本4个，合格率98.39%。经评估分析全年辖区共五类食品合格率低于90%，分别是茶叶、干果类、即食米面制品、蜜饯、牛肉及其制品。不合格项目涉及肉项不符、稀土元素、苯甲酸、甜蜜素、柠檬黄、菌落总数超标等。

（胡成杰）

【餐饮监管】 辖区有餐饮服务许可1168户。区食药监局重点开展不安全鱼翅类食品专项整治，检查78家餐饮单位有9家单位经营鱼翅类食品，加大对14家重点单位的监督力度；7月开展餐饮服务单位销售自制夏季饮品专项检查，对加工制作自制夏季饮品、食用冰块的23个餐饮服务单位进行约谈，监督检查快餐单位71户，合格69户，对不合格的单位进行现场责令改正并给予警告行政处罚；开展餐饮具清洗消毒企业专项整治，检查餐馆482户次，其中使用集中清洗消毒餐饮具的餐饮服务有127家，对不能出示餐具集中消毒企业的餐饮服务许可证的企业，督促其向餐饮具清洗消毒企业索要其餐饮服务许可证。全年监督餐饮企业2974户次，不合格单位57户次，合格率98.1%。

（胡成杰）

【露天排档整治】 区食药监局根据消夏露天餐饮经营活动专项整治工作方案，5～9月联合街道办事处、工商所、城管大队、派出所等多部门对露天餐饮大排档进行联合整治，建立整治工作台账89家，开展消夏露天餐饮专项检查33次，检查露天餐饮单位209户次，其中1户不符合条件，已责令关停。

（胡成杰）

【餐饮监督抽检】 区食药监局全年抽检冷荤凉菜40件、辣椒酱25件、火锅底料25件、非发酵豆制品25件、餐具130件、水发产品20件、月饼20件、盒饭30件、食用植物油20件、一次性餐盒30件、筷子30件、白酒20件，总计415件，其中合格391件，不合格凉菜样品1件和餐具23件，对不合格单位，依法责令改正并进行行政处罚。

（胡成杰）

【餐饮量化分级】 年内，区应量化分级的餐饮服务单位有1142户，已量化分级856户，量化率分级为75%。在已量化分级的856户单位中，优秀单位为297户，约占34%；良好单位为389户，约占45%；一般单位为170户，约占19%。

（胡成杰）

【药械经营监管】 区食药监局根据新版《药品经营质量管理规范》及市局“关于印发防控人感染H7N9禽流感药械市场监管和供应保障工作方案的通知”“关于经营环节‘两打两建’专项行动工作安排的通知“等有关精神，采取监督检查与抽验相结合、专项检查与日常监督相结合的方式，采取科室之间协调沟通的方式，对同一监管对象，多个监管主体的企业，现场检查前提前沟通，避免同一监管对象多次监管的情况出现，对重点区域、重点类型的企业进行全覆盖检查，共进行日常监督155家次，禽流感专项检查72家次，中药质量专项检查40家次，“两打两建”专项检查26家次。

（胡成杰）

【H7N9禽流感防控】 区食药监局根据防控人感染H7N9禽流感药械市场监管和供应保障工作方案，积极落实各项工作安排，与区卫生部门疾控中心沟通联系，第一时间获得本区可能发生禽流感的时间和地点，密切关注医疗机构使用相关感冒药品购入、储存、发放的基本情况，加强对防控H7N9流感有关药品生产及使用环节的监督检查。专项检查中检查药品生产企业1家，医疗机构96家次，医疗机构使用的相关感冒药品储备充足，供货渠道稳定，能够满足患者需求，未出现抗感冒类药异常情况。

（胡成杰）

【医疗机构药品监督】 区食药监局按照医疗机构药品监督管理办法（试行）实施细则，加强社区卫生服务中心、站点药品的日常监管，重点监督基本药物购进情况、其他非基本药物采购渠道、药品储存条件等情况，以保证基本药物的质量安全。对辖区医疗机构日常监督检查72家次，检查中发现个别单位进货商资质不全或不在有效期内，未按时对药房内温湿度进行记录等问题，要求相关单位现场进行整改，1家诊所使用过期药品，移交稽查处理。全年二级以上9家医疗机构累计上报药品不良反应510例，其中一般不良反应488例、占95.69%，严重不良反应22例、占4.31%。

（胡成杰）

【特殊药品使用管理】 区食药监局对二类精神药品批发企业、蛋白同化制剂和肽类激素批发企业加强日常监督检查，并通过使用药品追溯系统对企业销售药品情况进行追踪核查，加强麻醉药品、精神药品和药品类易制毒化学品监管，联合区卫计委、公安分局税信用等级A级企业。

地址：石景山区古城西路170号

电话：88708315

邮编：100041

（王雁舒）

【经济运行】 区烟草专卖局（公司）完成卷烟销量23251箱，同比降低8.8%。一类烟销量3910箱，同比增长14.20%；二类烟销量1485箱，同比增长24.50%。重点品牌销量21104箱，同比增长9%，占总销量比重83%。单箱价格2.53万元，同比增长9.2%；实现税利9200元，同比降低3.84%。平均费用率3.91%，比去年同期增长0.33个百分点。上缴各项税费6177万元，同比提高3.79%；进入区财政达801万元，同比增长6.09%；若将罚没款合计在内，财政入库金额807万元。

（王雁舒）

【网络建设】 区烟草专卖局（公司）推进零售终端建设，辖区零售终端信息采集户132户，占全区总户数15.2%，正常使用率95%。发展网订户139户，网订户总数累计826户，占95%，完成市局目标要求。实施“两卡”推广，召开零售客户企业卡、信用卡专题培训，全年办理企业卡11户，办理信用卡38户。

（王雁舒）

【市场营销】 区烟草专卖局（公司）挖掘品牌培育潜力，黄金叶、利群、长白山、南京四个品牌同比增长幅度60%以上。泰山、玉溪、黄山、双喜、黄果树、红河、七匹狼7个重点品牌不同程度增长。启动“提高卷烟需求预测准确率方法研究”，建立“需求采集－‘三维’预测－目标修正－报表生成－可视化展示”需求预测管理路径，实现多维度预测，创立需求预测管理应用平台，历时11个月通过市局验收。

（王雁舒）

【营销管理】 区烟草专卖局（公司）开展零售客户违规风险评估，确定风险点13个，制定卷烟零售户违规经营风险信息反馈单，实现风险信息共享，形成营销、专卖、内管三方综合信息网络。建立促销品发放审批制度，规范宣传促销环节；与零售客户签署《超高档卷烟协议书》，约束客户禁止销售1000元/条以上卷烟，定期走访检查落实。

（王雁舒）

【打网办案】 区烟草专卖局（公司）全年查办涉烟违法案件178起，查获违法卷烟400.57万支，案值332.67万元，实现罚没及变价款合计6.06万元。5万元以上大要案6起，查获卷烟207.06万支，案值127.61万余元。6月12日，联合公安部门破获辖区内首起大型超市非法批发案件，查获许某无证运输卷烟23个品种、25.7万支，合计23.85万元。破获“10·22”网络案件，查获各类违法卷烟78个品种、138.86万支，合计187.21万元，刑拘15人。

（王雁舒）

【市场监管】 区烟草专卖局（公司）新办许可证103个，变更40个，延续674个，停业15个，歇业48个。辖区现有持证户941户，其中正常经营户887户，无效许可证54户；无证经营户33户。修订烟草制品零售点合理布局规定，广泛征求意见并组织听证会，降低烟草零售许可证办理门槛，其中“100/345”（申请店铺所在普通街道、主要街道、繁华商业区道路同侧100米内零售户的户数上限分别为3个、4个和5个）的布局要求在全市起到示范作用。加强日常入户宣传教育与联合工商部门集中整治，引导符合办证条件零售户办证，对不符合条件经营者开展逐户清理。全年清理整治无证户43户，无证户比例从年初8%下降到年底3.3%。

（王雁舒）

【内部监管】 区烟草专卖局（公司）成立内管派驻办，建立领导带队走访市场制度、制定真烟非法流出情况处理、零售户状态变化处理和强化市场管控措施3个工作流程，深化专销内三部门联动工作机制，加强内真烟异常流动治理。年内，被外区查处非法流出卷烟38.22万支，真烟流出控制率均值0.31‰，排名全市第11位。通过预警处理发现案件线索，协助专卖部门查获“10·22”特大网络案件。全年发生异常预警170起，通过质询相关人员及实地调查，未发现行业内违规经营行为。

（王雁舒）

【法制宣传】 区烟草专卖局（公司）注重日常宣教检查，完善部门联动机制，真烟非法流动治理取得初步成效。专卖科探索网格化管理新模式，通过“文明监督卡”“电子警钟”短信提示、宣传页等形式，加强宣传教育。联合工商、质监部门对辖区名烟名酒店开展联合执法检查，重点检查“三不卖”落实情况。联合工商部门开展“3·15”宣传进军营活动，传授卷烟真伪辨别知识。

（王雁舒）

【服务提升】 区烟草专卖局（公司）推广零售户应知应会手册、守法经营应知应会手册、街区小组价格自律和“两卡”结算，改善客户经理对零售户经营指导与服务，宣传讲解烟草专卖法律法规和专卖诚信守法经营政策措施。辖区卷烟零售客户对公司工作总体满意度92.27%，全市排名第8位；对客户经理服务满意度97.3%，全市排名第8位；对客户经理拜访服务态度满意度100%。

（王雁舒）

财税·金融

财　政

概　述

北京市石景山区财政局(简称区财政局)是主管全区财政收支、财税政策、会计管理和财政、财务监督管理工作的区政府职能部门。设办公室、人事教育科、预算科、国库科、行政政法科、教科文科、社会保障科、城建科、其他事业财务管理科、综合计划科、会计科、政府采购管理科、法制监督科、绩效评价科、纪检监察科、行政科16个行政科室;下属石景山区财政局预算编审中心、石景山区财政局国库收付中心、绩效考评中心、石景山区财政监督检查所、石景山区财政局财政所、中华会计函校石景山分校6个事业单位。年内,区财政局围绕区委、区政府中心工作,继续实施积极财政政策,强化收入征管,优化支出结构,切实保障和改善民生,厉行勤俭节约,严格控制一般性支出,加强财政科学管理、廉洁自律及作风建设,不断提升财政工作效能,促进区域经济持续健康发展。

地址:石景山区阜石路167号
电话:68872800
邮编:100043

(范晋瑜)

7月18日,公务卡培训　　(区财政局供稿)

【财政收支平衡】 全年公共财政预算收入完成306090万元,为区人代会批准预算275700万元的111%,同比增长22.1%。政府性基金预算收入完成7764万元,国有土地使用权出让金收益返还41508万元,市对本区财力性转移支付补助175195万元,市追加专项转移支付补助160864万元,加上上年结余67307万元,扣除体制上解支出4317万元,财政总收入754411万元,同比增长23.2%,总支出698658万元,本年结余55753万元,实现财政收支平衡。

(范晋瑜)

【经济建设投入】 区财政局调整和优化支出结构,充分发挥财政政策和资金引导和撬动作用。投入支持经济发展资金56000万元,搭建现代金融产业平台、国家保险产业平台和中小企业金融服务平台,支持招商引资和企业技术改造、产业升级,落实园区企业贷款贴息政策,缓解中小微企业融资困难,推进区域经济转型发展。争取投融资平台注册资本金3亿元,加快推进市政基础设施和产业园区、重大产业项目建设。

(范晋瑜)

【民生投入】 区财政局坚持以保障和改善民生为重点,强化公共服务和社会管理,办好惠民实事,维护社会和谐稳定。投入资金93000万元,坚持教育优先发展,落实学前教育三年行动计划,改善教育基础设施,支持教育结构优化和学校布局调整;投入资金156000万元,保障帮扶救助政策资金落实,促进社会保障、就业和医疗卫生事业协调发展;投入资金36000万元,支持科技、文化和体育等事业发展;投入资金34000万元支持老旧小区综合改造和保障性住房建设及租金补贴;投入资金76000万元,用于城市基础设施建设、环境综合整治及便民工程,提升城市管理水平。

(范晋瑜)

【部门预算】 区财政局坚持"科学化、精细化"原则,加强部门预算管理。强化财政支出绩效管理和进度管理,扩大财政支出绩效目标考核范围,加强监管财政支出效率和效益,确保财政支出平稳有序。强化结余资金管理,减少资金沉淀,提高财政资金使用效益。借鉴市级及其他区县先进经验,完善本区财政性结余资金管理办法。

(范晋瑜)

【国库集中收付】 区财政局加快推进公务卡改革,在上年底20家单位试点基础上,年内,全区行政事业单位全面推行公务卡,并制定《石景山区区级预算单位公务卡强制结算目录》,规范财政资金使用。拓展国库集中支付资金范围,规范国库集中收付运行保障机制,完善动态监控系统,加强对预算单位公用经费、项目资金监督管理力度;开展对外借款清查,全面清理"暂付款"科目明细,理清每笔出借资金形成原因、审批程序、期限和现状。扩大非税收入收缴制度改革范围,在全市各区县中率先将疾控收费项目纳入非税收入收缴制度改革,将"新型墙体材料专项基金收入"项目纳入非税收入管理系统,非税收入征缴管理改革开始覆盖到政府性基金收入领域。

(范晋瑜)

【政府采购】 区财政局完善政府采购制度,拓宽政府采购范围,加强政府采购监督制约机制。稳步做好政府采购扩面增量工作。按照"应采尽采"原则,扩大集中采购目录定点采购范围,将车辆租赁服务和特殊行业意外伤害保险、互联网接入等服务类项目纳入政府采购管理实施范围;首次开展物业服务、印刷服务定点招投标采购工作。完善工程管理制度,将适用招标投标法工程采购项目逐步纳入政府采购执行统计范围;节能减排、城市建设、古建修缮、医疗设备等一批惠及民生项目推动采购规模快速增长,年内共完成采购项目1757个,政府采购预算金额46193.23万元,实际采购金额为45121.62万元,比预算金额节约资金1071.61万元,节约率2.32%。其中,公开招标采购比例98.82%。充分发挥政府采购政策功能作用。制定《石景山区关于开展政府采购信用担保试点工作实施方案》,提升中小企业参与政府采购能力;继续加大政府采购支持节能环保产品政策执行力度,严格进口产品审核管理。出台《石景山区2013政府采购集中采购目录及限额标准的通知》《石景山区财政局政府采购供应商投诉处理内部工作规程》《石景山区财政局关于政府采购项目档案备案管理调整的通知》等规范性文件,明确采购活动操作规程。认真开展政府采购监督检查工作。按照"事前审查、事后抽查、定期考核"要求,开展上年办公设备类协议供货商监督检查、政府采购代理机构备案登记、社会代理机构日常监督考核等一系列监督检查工作。建立区域联合采购,放大规模效益;建立协议价格监控机制,降低协议商品价格。

(范晋瑜)

【绩效评价】 区财政局完善绩效评价管理办法,研究制定《石景山区财政局预算绩效管理工作实施方案(试行)》,明确年中追加预算金额100万元以上一般性项目,必须填报绩效目标。不断扩大纳入预算绩效管理资金规模,全年对34个预算单位50个项目涉及44000万元资金开展绩效评价,实施绩效评价资金量和项目数量均为历史最高。深化绩效评价结果应用,将绩效评价结果向资金主管部门进行通报,向区政府、区人大进行汇报,总结第一批项目绩效评价问题,开展专题检查、整改,提高资金使用效率。

(范晋瑜)

【财政信息公开】 区财政局深入推进部门预算改革,公开范围由上年24家预算单位扩大到53家,公开形式由上年在各自门户网站公开变为统一在石景山信息网"政府信息公开系统"中自行公开。政府预算、决算及全区除涉密部门以外所有部门预算(含"三公"经费预算)全部公开。

(范晋瑜)

【资产管理】 区财政局出台行政单位国有资产管理暂行办法和行政事业单位国有资产处置实施细则,转发市日常资产配置和最低使用年限标准,提高资产管理规范性和约束性。完成资产动态系统升级,系统由单机版升级为网络版,通过资产动态系统为资产配置管理提供各单位日常办公设备的存量信息,为资产日常管理服务。

(范晋瑜)

【国有资本经营预算】 区财政局拟定国有资本经营预算管理暂行办法和《国有资本收益收缴管理暂行办法,确定开展国有资本经营预算工作部门职责和重点内容,对上缴程序、上缴比例和上缴范围作相应界定。初步拟定下年国有资本经营预算草案。以石景山区国有资产监督管理委员会为预算单位,以国资委直接监管11家企业为编报单位。

(范晋瑜)

【落实八项规定】 区财政贯彻落实中央八项规定和市、区实施意见,厉行勤俭节约,加强预算管理。全区年财政预算中因公出国(境)经费压缩10%,公务用车购置及运行经费支出实行零增长,公务接待费压缩20%,会议费压缩10%,培训费、印刷费压缩5%。开展公务用车专项治理活动,重新核定车辆编制,严格执行"只更新、不新购"车辆审批标准,建立公务用车动态管理工作机制。按照市委、市政府要求,开展"四风"突出问题专项整治工作,对"公款吃喝""超标配备公车""三公经费开支过大"和"损害涉农利益行为"开展专项检查。

(范晋瑜)

【财政监督】 区财政局完成上年度市财政专项资金检查工作。上年市财政追加本区专项资金172535万元,截至6月18日,已拨付专项资金172479万元,未拨付金额56万元,资金拨付率99.97%。组织年度会计监督检查工作。针对各被查单位部门预算编制和执行情况、决算账表一致、财政专项资金使用情况、单位资产核算管理情况、国有资产出租出借情况等进行核查,及时总结反馈问题,要求单位限时整改,上报整改报告。

(范晋瑜)

【规范性文件清理】 区财政局针对上年12月31日前制定并公布的规范性文件,从文件内容、制定和发布程序等方面逐一审查清理,保留以区政府名义制发规范性文件3件;保留以财政局名义制发规范性文件50件、废止44件。

(范晋瑜)

【会计管理】 区财政局研究新准则,调整会计核算系统方案,督促财务软件公司调整核算系统,制作会计科目变更操作手册、事业单位2013年建帐规则等资料,组织有关事业单位财会人员新准则、制度应用培训,指导单位正确作好政策衔接和应用。联合区档案局分两期举办全区"行政事业单位会计档案专题培训",250人参加培训;组织企业内部控制知识竞赛,区属有关单位400余名财会人员参加。

(范晋瑜)

【会计考试】 全年会计从业资格无纸化考试报名3929人,实考率83.3%;会计从业资格无纸化补充考试报名909人,实考率92.5%;会计专业技术初级资格报名1917人,实考率66.4%;会计专业技术中级资格应参加考试2405人,各科综合实考率39.7%。

(范晋瑜)

【代理记账】 年内,开展代理记账机构普查,全区参加普查机构31个,占应普查机构86.1%。上年度代理记账业务收入276.21万元,从业人员121

人，服务客户1157户。开展代理记账机构年度报备工作，对代理记账证书实施有效期管理制度。

（范晋瑜）

税　务

国家税务

【概况】 石景山区国家税务局（简称区国税局）隶属北京市国家税务局，设有征收管理科、货物和劳务税科、所得税科等14个科室，1个直属机构稽查局，2个事业单位（信息中心、机关服务中心），6个派出机构（6个税务所）。全局干部职工246人，其中大专以上文化程度226人，占91.9 %；科以上领导78人；党员149人、团员18人。主要负责首钢总公司、北京京能热电股份有限公司等大中型国有企业、联营企业、股份制企业、外资企业及私营、个体集贸税收征管。辖区管户23422户，其中内资企业18439户、外资企业155户、港澳台企业189户、消费税纳税人42户、个人所得税10户、企业所得税纳税人10162户、个体工商户4603户、集贸市场36个。缴纳增值税户20359户，其中一般纳税人4551户、小规模纳税人11283户，占55.42 %，个体工商户4525户。年内，围绕区经济转型与发展，以组收为中心，稳步推进税收征管改革，继续做好“营改增”工作，不断优化纳税服务，强化税收风险机制管理，税收各项工作取得显著成效。全年累计入库税收428132万元，同比增加56180万元，增长15.10%，完成市局计划的100%。累计入库改征增值税66701万元，若扣除改征增值税，累计入库税收361431万元，同比增加2550万元，增长0.71%。累计入库区级收入87491万元，同比增加27904万元，增长46.83%，完成区级计划83500万元的104.78%，超收3991万元。累计入库改征增值税区级收入33351万元，若扣除改征增值税，累计入库区级收入54140万元，同比增加1089万元，增长2.05%。获首都文明单位称号。

地址：石景山区老山西街5号
电话：88972125
邮编：100049

（杜志刚）

【增值税风险防控系统上线】 区国税局落实“信息管税”理念，结合业务需求设计开发增值税风险防控系统，4月正式上线运行。首期设计完成涉税风险指标21个，其中增值税指标18个、所得税指标3个；二期设计完成涉税风险指标63个，其中征收管理科指标18个、所得税指标22个、货物劳务科指标23个。全年，完成各部门报送数据需求450份，服务税收一线功能进一步增强。

（杜志刚）

5月23日，所得税政策培训　　（区国税局供稿）

【推进“营改增”改革】 自8月1日起，交通运输业和部分现代服务业“营改增”试点，广播影视服务划分到“营改增”范围。区国税局制定“营改增”方案，加强内外政策培训，设立政策解读咨询服务专线。全年，新增营改增纳税人1475户，一般纳税人160户、小规模纳税人1315户，其中广播影视服务业一般纳税人22户、小规模纳税人45户。营改增累计入库增值税税额45198万元，一般纳税人入库增值税税额37786万元、小规模纳税人入库增值税税额7412万元。其中广播影视业一般纳税人入库增值税税额472万元、小规模纳税人入库增值税税额46万元。

（杜志刚）

【个体税收管理】 区国税局规范委托代征市场代开机打发票管理，提高所辖46个市场管理质量。采取人员集中、精力集中、业务集中，深入市场调查，摸清底数，调整代开机打发票市场20个，各市场代开发票规范，得到市场主办方肯定。积极宣传税收政策，为市场提供优质服务。10月，喜隆多购物中心发生火灾，过火面积1500平方米。及时与喜隆多市场有关人员沟通，掌握第一手资料，对企业财产损失及经营影响进行评估；对市场内个体工商户及时进行定额核定做停业处理，集中补发新的税务登记证件，从多方面进行涉税帮扶，减少市场后顾之忧。年内，个体税收累计入库668万元，同比增加168万元，增长33.6%。

（杜志刚）

【增值税管理】 区国税局强化增值税管理基础工作，抓好增值税一般纳税人资格认定管理、专用发票管理和其他抵扣凭证审核检查管理、纳税评估管理等增值税管理11项岗位责任落实，下发相关文件82份。创新思路，加强税源专业化管理，建立闭环式风险防范联动管理机制，包括内部执法风险提示指标、外部事先告知指标、纳税人遵从度核查等指标执行，成立风险应对核查小组，对重大疑点事项和重点企业复核，强化税收执法督察管理。年内，通过对增值税等16项指标系统推送出现的1209条异常指标数据，纠正企业涉税问题278户，补征94户、3356万元。稳步推进金税工程、抵扣凭证审核检查系统、征前审核系统，提高增值税管理科技含量和工作效率。注重科所及服务单位配合、监督，把好数据采集关。继续加强对服务单位（四通金税石景山服务站）监督管理，每月征期后逐一对非常规报税企业数据进行核对，确保数据采集完整性，存根联数据采集率100%，并列全市第一；专用发票人工干预率、红字发票率、失控发票率下降幅度均名列全市前位。利用"风险点预警系统"中设置相应时限及"营改增收入达标"风险提示，将认定风险关口前移，从源头上提高一般纳税人认定管理质量。年内新认定增值税一般纳税人931户。

（杜志刚）

【出口退税管理】 区国税局帮扶企业应对金融危机持续影响，严格执行出口退税工作流程和三级审批制度把关，加强分阶段制定出口退（免）税计划需求，加快出口退税进度，及时办理退库、调库手续，减少企业办理退税在途时间，审批、退税过程不超30天。深化征管改革，调整出口退税业务流程，在办税服务大厅增加出口退（免）税申报业务职能，出口退税申报前置到办税服务大厅办理，加强后期对出口企业评估和核查。利用国税外网、手机短信、退税博客和电子邮箱，加强退税企业政策宣传。利用出口货物税收函调系统防范、打击骗取出口退税违法行为。认真开展出口退税监控和出口退税预警评估，出口退税精细化管理水平提升。年内，办理出口退税151户次，出口退税7076万元。回复核实函27件，涉及发票89份，金额456.32万元、退税额77.57万元。

（杜志刚）

【所得税管理】 区国税局做好上年度所得税汇算清缴工作。事前明确工作目标、事中加强数据监控、事后注重后续管理。开展内、外分类政策培训，完善汇算清缴工作流程，设置相关台账及衔接单，制定年度纳税申报表填报审核要求，编写并下发4期《所得税汇算清缴工作动态》。对申报率、申报质量、政策评价、减免税备案、资产损失税前扣除申报、汇算清缴外部培训、工作总结及报表7个方面进行考核。汇算清缴应汇算7958户，实汇算7950户，申报率99.9%。其中，查账征收企业4238户、核定征收企业3712户。所得税汇算清缴实现汇算净入库24565万元，创历史新高，同比增加7807万元，增长46.59%。规范企业所得税预缴管理，强化预缴过程控制，提高企业所得税专业化管理水平，21户企业按月预缴。按企业类型分：分支机构5户、总机构5户、非总机构11户。按预缴方式分：按实际利润预缴9户、定率预缴7户、分支机构5户。全局有核定征收企业4016户，核定率97.17%。开展高新技术企业税收政策落实情况自查核查，不合规企业4户，涉及应补缴税额249.62万元，加收滞纳金45.4万元。建立风险防控指标系统，强化所得税后续管理。通过"企业减免税备案与年度申报的比对""系统中开具滞纳金及罚款的税票与年度申报的比对"指标（系统直接比对），确定上年各类疑点企业11户，调增应纳税所得额2161万元，补缴所得税476万元，加收滞纳金10.5万元。通过中期验证优化指标，确定1户软件企业没有备案而自行享受免税优惠，补缴税款1127万元。深化征管改革，全面梳理所得税工作事项72项，规范工作流程，制作工作模板，执行统一口径，强化所得税基础管理。全年所得税累计入库179252万元，同比增加33795万元，增长23.23%。

12月1日，规范征管改革流程　（区国税局供稿）

（杜志刚）

【大企业和国际税收管理】 区国税局强化非居民企业管理，开具《税务证明》及《对外支付备案表》385份，其中涉及征税308份，涉及不予征税50份，涉及免税8份，涉及纯地税户19份。共代扣代缴所得税9650.87万元，同比8968.54万元，增加682.33万元，增长7.61%。完成9份特许权使用费及其他等情报交换。对税务所管理员进行关联业务往来报告表全面培训，提高反避税能力。采取事前宣传辅导、事中提醒跟踪、查找催促和事后总结提高等措施，完成上年企业关联业务往来申报工作。共计申报4294户次，关联企业申报率100%。加强中国首钢国际贸易工程公司自2007年至2010年向多家外国企业引进生产线支付境外设计费受付汇管理，实现德国西门子公司、德国西马克等非居民企业缴

纳预提所得税1143万元。完成13户企业股权转让核查,征收预提所得税9187.83元。完善大企业税收专业化管理,确定31户大企业列名管理企业范围,作好统计组织架构信息。对19户大企业开展名册信息核实。开展对中国烟草总公司、中国工商银行股份有限公司、中国大唐集团公司等3户集团、8户在京成员企业税收风险管理自查,补税8.91万元。

(杜志刚)

【税收稽查】 区国税局推进一级稽查模式,完善稽查工作制度,提高自选案件准确率,对22户收入过亿且税负较低企业基础信息、增值税及所得税申报情况进行查询并建立相关台账。依托一级稽查系统,强化案源管控。按照稽查类型、案件来源、所属行业等实行案源分类管理。修订完善《稽查局案件反馈管理办法》,完成19份征管建议交接,实现稽查与征管共同监管企业。开展税收专项检查和区域专项整治工作,市局下达案源56户,其中专项检查34户、专案检查8户、其他协查案件14户(含本局提请2户),检举案件3户。采取审理部门提前介入,减少检查和审理间反复,提高办案质量,全年累计审结61户,其中重大案件8户,占同期审理案件13%。对中电基础产品装备公司、北京洋基市政工程有限责任公司等6户企业开展自查辅导。做好各类协查接收、审核、回复,共发出委托111起,共241份发票;接到受托81起,共318份发票,协查回复率100%。按照“三必查”要求,严格查处发票违法企业55户,查处非法发票912份,涉及金额3574.35万元,查补税款275.73万元、罚款241.26万元、加收滞纳金90.14万元。全年查结案件61件,累计入库4146万元(含辅导企业自查补税和清理欠税3478万元),其中增值税2615万元、所得税798万元、滞纳金475万元、罚款258万元。

(杜志刚)

【深化征管模式改革】 区国税局按照市局规范一线和“一窗通办”要求,压缩环节、简并资料,整合资源,实施“前移审批事项,下放审批权限”,将依申请审批事项前移至办税服务厅。优化岗责流程,编写管理手册,推进办税厅标准化管理。改变管理所原管户模式,设置风险应对组和综合管理组两个专业组,强化以管事为主。针对不同种类纳税人、特定涉税事项,运用税收风险预警提示系统,加强事后跟踪管理,有效提高税收执法事前、事中、事后执法检查和全程监督控制力度,降低执法风险和纳税人负担。12月,启动征管改革,首个征期各项工作运行平稳,办税服务厅窗口共办理即办事项60项,5348户次,其中前移事项15项,246户次。

(杜志刚)

【税收宣传】 区国税局围绕“税收·发展·民生”税收宣传月活动主题,在办税服务厅开设由注册税务师、企业会计和税务干部及税收志愿者组成的“纳税诊所”,为纳税人答疑解惑。开通税收微博、微信,建立QQ群、微信群,发布税收政策、纳税指南、服务提醒、工作动态等内容。与区地税局、园区管委会等部门联合开展中关村科技园石景山园重点税源企业互动式专题培训;专题辅导上市企业税收政策12户;结合“营业税改征增值税”改革,加大对北京畅游天下网络技术有限公司、北京游戏谷信息技术等动漫、影视文化创意企业税收宣传服务力度;开展送税法进社区、到市场,提升税法社会覆盖面和遵从度。

(杜志刚)

地方税务

【概况】 北京市石景山区地方税务局(简称区地税局)隶属于北京市地方税务局,在北京市地方税务局和区委、区政府的领导下,行使行政区域内地方税收管辖权,负责营业税、企业所得税、个人所得税、土地增值税、城镇土地使用税、城市维护建设税、房产税、车船税、资源税、印花税、契税、耕地占用税、固定资产投资方向调节税、文化事业建设费、教育费附加、外商投资企业土地使用费、地方教育附加收入、残疾人就业保障金(代征)、工会经费(代征)及地方税收滞补罚收入共二十种税费的征收管理工作。设14个科室、10个税务所、1个稽查局和1个后勤服务中心。有干部职工265人,平均年龄44.04岁,其中处级领导职务6人,科级领导职务58人。大专以上学历254人,占95.85%;研究生学历11人,占4.15%。局内设1个机关党委,19个党支部,1个团总支部。有党员206名,占77.70%;团员6名,占2%。年内,全区税源登记户数38235户,同比增加2296户,增长幅度6.40%。从企业经济类型看,内资企业21663户,港澳台及外商投资企业377户,个体工商户16195户;从企业行业分类看,社会服务业15635户,批发、零售贸易业、餐饮业14034户,科教文卫业5179户,交通运输、仓储及邮电通信业963户,建筑业892户,制造业598户,房地产业468户,其他行业466户,分别占税务登记户总数的41.00%、36.70%、13.50%、2.50%、2.30%、1.60%、1.20%和1.20%。全年新增税源户2884户,因吊销、注销及转出等原因税源户减少949户,净增1935户。

地址:石景山区八角南路28号
电话:88911058
邮编:100043

(高文玲)

【税收收入】 年内,区地税局面对“营改增”、结构性减税、招商引资等不确定因素影响,准确判断组收形势,继续加强“七个税源平台”收入情况监控,做细三级税源分析,采取各项措施,严格落实组收责任制,提前80天完成全年组收任务,累计完成各项税费收入565674万元,同比增收66081万元,增长13.20%。其中,完成地方公共财政预算收入429866万元,同比增加59218万元,增长16%,完成全年计划350000万元的122.80%。实现区级收入203957万元,同比增加26918万元,增长15.20%。完成区政府下达区级收入任务175800万元的116%。征缴残疾人就业保障金6374万元,同比增加1282万元,增长25.20%。代收工会经费10719万元,同比增加1555万元,增长16.90%。

(高文玲)

【依法行政】 区地税局按照年初部署,推进依法行政,按照考核指标体系和项目要求,落实重点工作。一是注重开局谋篇,强化制度建设。制发年度依法行政工作要点,明确21项重点工作;制定干部学习计划,组织"领导学法课程"24讲;完成"十二五"时期推进依法行政工作项目分工48项,细化考核指标125项;开展依法行政考核试点工作,制定税收政策执行情况反馈制度,确立依法行政考核目标,分解落实考核指标;参与网上纳税人权益保护专区试点工作;开展行政处罚数据分析,做好行政执法与刑事司法数据更新。二是开展执法督查,规范执法行为。为保证税收法律、法规和税收政策贯彻实施,防范、化解执法风险,认真开展税收执法督查内审,提高工作质量。组织开展3次执法督查,涵盖各税务所和稽查局,调阅案卷256卷,下发税收执法督察处理意见书19份,提出建议11项。三是采取有效措施,加强督查效果。强化引导,提高认识,增强工作主动性;利用信息化资源,丰富督查手段;统筹协调,完善税收执法督查监督职能;加大问题整改力度,跟踪落实结果;加大督查人员教育培训力度,提高专业技能。

(高文玲)

【税收征管】 区地税局注重税源基础管理与征管质效管理。狠抓征管基础建设,坚持征管质量通报考核,年平均登记率、报到率、申报率、入库率、未申报核实处理率和欠税新增率分别达到100%、96.39%、99.96%、99.97%、98.37%和0%。开展无税申报核实清理工作。实地核实清理370户无税申报企业,有问题户24户,依法进行处理。开展征管业务流程培训。全局200余名干部参加培训,提高实际工作能力。开展非国标税控机及发票清理工作,统一实行国标税控。为2560台非国标税控机办理注销或丢失毁损手续,标记"停止使用"664户纳税人,涉及税控机676台。实行发票电子台账控管,掌握发票税控基础数据,强化发票管理,完成非国标税控发票缴销工作。建立征管工作协调研讨机制。税务所、稽查局一线干部共同研究征管工作中的问题与措施,解决基层征管实际问题。加强国际税收管理。开展年度企业关联申报和游戏产业反避税模式调研,协调解决中国居民在瑞士取得养老金征税事宜,做好对外支付税务证明审批制改为备案制后相关工作贯彻落实,开展支付证明检查,组织国际税收知识培训,对非居民企业所得税源泉扣缴工作开展调研。

(高文玲)

【纳税服务】 区地税局不断规范纳税服务工作。一是制定《石景山区地方税务局关于落实"积极发挥税收职能作用 促进区域经济社会发展的意见"的工作方案》,确立6项工作任务,20条具体措施,使服务区域经济更趋规范化。在全区民主评议基层站所(服务窗口)活动中,第一税务所名列第二名。二是发挥"税务讲堂"载体作用,加大内、外部培训力度。制定《新办纳税人集中纳税辅导工作方案》,明确辅导事项、规范、流程、要求,定期集中开展新办纳税人纳税辅导,从而达到内容规范、政策讲解统一目的。对全区新办户纳税人进行集中辅导,开展新办户和专项政策辅导14期。走访重点企业9户次,走访纳税人600人次。三是推动税收信用体系建设。认真组织开展纳税信用A、D等级评定工作,严格审核分析信息来源、评定依据和后续管理,106家企业被评定为纳税信用A级企业,2家企业被评定为D级企业。四是加强网站政策宣传、办税公开、信息发布力度和实效性,优化网站结构,及时发布税收政策和动态信息,满足纳税人网上互动需求,强化运行情况监管。全年本局网站共发布各类税收信息、动态103条,更新非正常户、失效户信息7439条,外网访问量3.20万人次。

(高文玲)

【纳税评估】 区地税局强化专业评估、精细评估和综合评估,实行纳税评估风险和遵从管理,努力实现"评估一个行业,规范一个行业评估"工作目标,发挥纳税评估职能作用。一是以行业纳税评估范本为精细化管理手段,有效指导双向税源管理,谋划纳税评估深层次发展,实现从凌乱的全面评估转变为有针对性的专业评估,从无标准的经验评估转变为有规范的精细评估,从不连贯的抽查转变为有互动的综合评估,形成"房地产开发与经营、建筑、运输、咨询服务、广告、典当、教育培训、住宿业、制造、餐饮"十个行业及土地增值税税种纳税评估范本、模型,为精细化管理奠定基础。二是细化案头分析,谋求纳税评估与信息管税的有效结合,变"普遍评估"为"精细评估",抓风险管理,变"全面评估"为"风险评估",全局统筹,分步实施,

1月12日,税务工作会 (区地税局供稿)

加大数据整合、校验和勾稽关系比对分析利用力度,找出合理评估疑点,提高评估准确率。发挥科、所两级评估优势,采用纳税申报信息全局数据集中调取、比对、分析、整理方式,将评估疑点对象集中分配、处理,进行疑点提示或相关税收政策评估辅导。全年组织实施纳税评估332户,有问题119户,有问题率36%,评估入库税款、滞纳金3514万元,同比增长169.48%,入库率100%。

(高文玲)

【税政职能】 区地税局以税政管理平台建设为基点,本着"多研究,多沟通,多跟踪,多反馈,少盲目,少忙乱"原则,落实营业税改征增值税(简称"营改增")试点改革工作,强化税政指导,落实税收优惠政策,发挥税政职能作用。一是结合税源结构特点,完善七个税政管理平台。即:税政指导工作平台,服务大企业平台,财产税重点税源备案管理平台,首钢集团减免税后续管理平台,汽车销售服务行业房产税、城镇土地使用税税源监控管理平台,国土用地信息一体化管理平台及重点税源监控管理平台。二是落实营改增试点改革工作。与区国税局、区财政局研究落实过渡性财政扶持政策,制定财政扶持资金管理措施;扩大交通运输业和部分现代服务业试点范围到1+7个行业,召开扩大试点工作会,制定《工作方案》和《计划分解表》。三是落实房地产市场调控通知精神。组织干部学习涉税政策,在服务大厅张贴公告,设置电子显示屏,增设咨询窗口和临时电话咨询岗位,应对二手房个税新政出台。四是落实结构性减税政策。高度重视各项税收优惠政策落实,通过税政指导,利用服务重点企业平台,提升政策宣传、培训效果。五是加强税种管理,夯实税基管理质效。组织培训,做好企业所得税汇算清缴和申报与入库比对工作;采取措施,做好二手房个人所得税政策落实;源头控管,加大土地增值税预征及清算工作执行力度。

(高文玲)

【税务稽查】 区地税局发挥税务稽查职能作用,努力提高稽查执法质效,实现选案科学化、检查精细化、执行时效化、培训专业化,坚持做到两个"切实",即:切实抓好税务稽查专业化建设,切实提高稽查部门执行力。一是注重研究探索,实行分级分类专项稽查,在案源选择、查前准备、任务部署、查中督办、事后反馈、经验总结环节,做好行业涉税违法问题收集、分析、反馈和汇总,对重点事项、行业实行调研式检查,深入研究资本交易事项涉税问题,实现精细化税务稽查管理。二是按照国家税务总局、市地方税务局统一部署,坚持必查原则,组织各类专项检查、专案检查,开展打击发票违法犯罪活动"买方市场"检查,配合公安机关加大发票违法犯罪活动"卖方市场"打击力度,做到"查账必查票,查案必查票,查税必查票,查票必查税"。三是强化责任意识,做好涉税举报工作,落实《税收违法行为检举管理工作办法》,加强对上级转办、交办、领导批办等各类检举案件管理,加强实名举报人身份核实和检举材料审核,落实工作规程和奖励办法。全年累计税务稽查85户,有问题82户,查补地方税收938.43万元,入库率100%;全年实施发票检查76户,有问题17户,查补税款6.76万元。

(高文玲)

金融服务

概　述

石景山区金融服务办公室(简称区金融办),是负责促进金融产业发展和金融服务工作的区政府管理机构。年内,以"抓机遇、谋大局、敢创新"工作思路,主推现代金融产业,高起点谋划发展战略,科学统筹金融高端要素聚集,通过"定制化"服务,引进中国光大银行信用卡中心、中国保险信息技术管理有限责任公司等全国性总部机构,促成"国家保险产业园"项目落户本区。成立互联网金融产业基地,并在全国发布石景山区支持互联网金融产业发展办法(试行)。为提升区域发展现代金融产业的知名度和影响力,起到强大推动作用。通过优化产业环境,创新服务、招大引强,全力落实各项支持金融产业发展政策。通过拓宽融资渠道,协调解决区内重点项目资金难题和多家企业融资需求。现代金融产业对区域经济增长贡献度达25%,增加值占地区生产总值比重超过9%,成为区域支柱产业。全区金融机构规模及效益实现突破性增长,截至年底,全区有107家金融机构,其中法人金融机构71家,注册资本金109.6亿元,同比增长57%。金融机构

8月30日,互联网金融产业基地揭牌　(区委宣传部供稿)

密集度达到每万人拥有1家法人机构，比全市平均水平高出2.4倍，现代金融机构基本形成银、证、保、投、管、贷等全行业覆盖。全年金融产业总收入377亿元，同比增长9倍；区内银行贷款余额445亿元，同比增长16%；全区4家小额贷款公司累计发放贷款354笔共24亿元，同比增长48%；对区域经济增长贡献达25%。获区招商引资工作突出贡献单位称号；年度督查考核评为业绩突出单位。

地址：石景山区石景山路18号
电话：88699584
邮编：100043

（于　培）

【保险产业园落户】 8月1日，中国保监会与市政府签署战略合作备忘录，确定第一个国家保险产业园落户本区。该项目占地面积64.5公顷，选址在中关村石景山园的北Ⅰ区，紧邻西山八大处和西五环路，浅山区优势明显，交通便利，是名符其实的京西“价值洼地”。保险产业园由保监会和市政府联手打造，吸引全国各类保险业态及新兴金融机构抢滩石景山，天安人寿保险公司总部从上海迁至石景山，填补区域总部型金融机构“零的突破”。该园着力构建完善的现代保险市场体系，承担保险业改革创新先行先试工作，重点吸引各类保险机构聚集，支持各保险公司设立数据中心、结算中心等机构，将保险产业园打造为国家保险产业聚集区、保险创新示范区和保险文化引领区。区金融办建立协调服务、专人代办、联席会议等三项机制，推进保险产业园建设，协调注册资本金20亿元的中国保险信息技术有限公司在本区注册设立，成为入驻“国家保险产业园”首家企业。与联合特华财经研究所共同开展保险产业园课题研究，科学制定保险产业园发展规划和工作方案，明确保险产业园建设“三步走”发展目标。

（于　培）

【融资担保公司成立】 8月22日，区域首家政策性融资担保公司——石创同盛融资担保公司成立。该公司由区政府参股，市中小企业信用再担保公司、北京服务·新首钢股权投资基金、万商投资公司等共同出资设立。公司设立最高10倍融资性担保，可缓解中小企业“融资难”问题。

（于　培）

6月28日，中国保监会主席到区调研　　（区金融办供稿）

【互联网金融产业基地设立】 8月，抢抓互联网金融发展先机，设立本市第一家互联网金融产业基地。率先在全国发布支持互联网金融产业发展办法（试行），为产业发展提供人才奖励、配套建设等一系列优惠政策和服务保障。每年安排1亿元专项资金用于基地建设，正式迈开建设国家互联网金融产业发展示范区的步伐。协调九一金融超市、易宝金融信息服务，成为北京市首批“金融信息服务”企业。

（于　培）

【参加金融博览会】 10月31日～11月3日，区金融办以“互联网金融产业基地”和“国家保险产业园”为主题参加第九届北京国际金融博览会。会展期间，石景山展区共接待访客1000余人，发放各类资料700余份。

（于　培）

【引进6家高端机构】 区金融办通过高端“定制化”服务，吸引龙头企业和创新型金融机构落户。完成中国光大银行信用卡中心、中国保险信息技术管理有限责任公司、中国农业产业发展基金等全国性总部机构和光大永明资产管理有限公司、大唐财富投资管理有限公司、北京乐瑞资产管理公司等创新型金融机构引进工作。

（于　培）

【完善产业政策】 区金融办贯彻落实市政府关于加快推进石景山区国家服务业综合改革试点区发展的意见要求，梳理政策体系，修改完善支持现代金融产业发展暂行办法实施细则，制定出台石景山区支持互联网金融产业发展办法（试行），逐步聚拢形成政策后发优势，打造整套金融政策体系，吸引更多金融企业入驻。

（于　培）

【打造“长安金轴”】 区金融办联合中国社科院金融所研究制定发展规划，按照差异化定位思路，围绕长安街西延线打造“长安金轴”，互联网金融这一新型金融产业作为其重要支撑。并全面承接金融街等主要功能区的溢出资源。通过科学规划和布局，围绕长安街西延长线这条交通优势主轴，建设以银河商务区为载体的高端资源集聚区、以盛景国际广场为载体的产业培育集聚区、依托首钢广场和京西商务会展区的创新发展集聚区，打造一条首都”长安金轴”。截至年底，利用盛景国际大厦等载体，布局20余家创新型金融机构。91金融信息服务公司和北京易宝金融信息服务有限公司分

别向工商分局提交工商登记注册材料,成为本市首批使用金融信息服务的互联网金融企业。

（于　培）

【优化金融服务】　区金融办通过调查问卷、企业走访等方式了解企业需求,进行政策修订,组织一次性补助、金融创新资金支持、公积金优惠等各类政策兑现。发挥“金融家俱乐部”作用,举办“天安杯”金融家自行车环湖赛等联谊活动,提升服务水平。

（于　培）

【金融风险防控】　区金融办采取多种形式强化金融服务民生意识,防范金融风险。举办防范打击非法集资宣传月系列活动,现场发放宣传材料600余份;组织区内各金融机构开展全面安全自查;在区内银行各网点开展“金融知识在您身边服务月”、防诈骗宣传、消费者权益保护等宣传活动11次;组织金融机构志愿者到银河小学和区社会福利院开展志愿服务,提升金融机构社会责任感。

（于　培）

驻区金融机构

概　　述

7月,市政府发布《关于加快推进石景山区国家服务业综合改革试点区发展的意见》,提出“推动现代金融业集聚发展,加快长安街西延线金融创新要素聚集,推动国家保险产业园、铁矿石交易中心等重大项目落地,加大各类金融机构引进力度”,本区在首都金融版图上正式明确战略定位与发展目标,形成全新的首都金融价值高地,现代金融投资洼地。区金融服务办坚持高起点策划、高标准推进,强化政策示范引领,在夯实传统金融机构基础上,重点引进高端、高效、高辐射型金融机构,先后完成中国光大银行信用卡中心、中国保险信息技术管理有限责任公司、中国农业产业发展基金等全国性总部机构引进工作,其中,中国农业产业发展基金和中国保险信息技术管理有限责任公司规模分别达到16亿元和20亿元。设立区首家国有资本参与的政策性担保机构——石创同盛融资担保公司。年内,全区有107家现代金融机构,其中有中国工商银行、中国农业银行、中国银行、中国建设银行、交通银行、北京银行、华夏银行、中国光大银行、北京农村商业银行、兴业银行、中国邮政储蓄银行、江苏银行、广发银行、中信银行14家银行在本区设立分支机构及营业网点;有信达证券、国泰君安证券、新时代证券、国联证券、中国银河证券、广发证券、中信建投证券、第一创业证券、华融证券9家证券机构在本区设立营业部;有天安人寿保险、新华人寿保险、泰康人寿保险、中华联合保险、中国人民保险、中国人民财产保险、中国人寿保险、阳光人寿保险、安邦财产保险、太平洋财产保险10家保险公司在本区设立总部机构及分支公司。年末,传统金融机构继续保持快速发展,银行机构贷款余额445亿元,同比增长16%;存款余额达到1276亿元。创新型准金融机构取得新突破。全区有保险资产管理和经纪公司5家;小额贷款公司4家;担保公司7家;各类交易所5家;股权投资公司10家(其中,经国务院和北京市批准备案3家);典当行15家;融资租赁2家。金融产业总收入377亿元,同比增长9倍;其中,全区4家小额贷款公司累计发放贷款354笔、24亿元,同比增长48%。

（于　培）

中国工商银行股份有限公司北京石景山支行

【概况】　中国工商银行股份有限公司北京石景山支行(简称工行石景山支行),隶属中国工商银行股份有限公司。年末,有员工492人。其中,在岗员工418人,柜员合同工33人,劳务人员41人;网点从业人员339人。下辖网点有八角支行,玉泉路支行,高井支行,北辛安支行,黄楼支行,八角北支行,古城东街支行,鲁谷支行,苹果园支行,八大处支行,游乐场支行,金顶街支行,重兴园支行,远洋山水支行,莲石东路支行,古城分理处,四平台分理处,五里坨储蓄所,第一储蓄所。支行网点19个,包括综合网点16个,单一网点3个。其中财富管理中心1个,贵宾理财中心10个。自助银行7个。

地址:石景山区石景山路63号
电话:68874128
邮编:100043

（李惠卿）

【经营发展】　全年实现本外币利润8.41亿元,同比增加5079万元。本外币各项存款余额431亿元,增加46亿元。本外币各项贷款余额140亿元,增加19亿元。

（李惠卿）

【个金业务】　年末,人民币储蓄存款余额253.75亿元,增加9.44亿元。信用卡新增发卡5.5万张,发卡量、消费额、融资额和收入四项指标继续保持系统领先地位。

（李惠卿）

【中间业务】　全年实现本外币中间业务收入2.34亿元,增加661万元。其中,信用卡收入4868万元,增加184万元;投资银行收入3014万元,增加963万元;金融资产服务业务收入占比53.13%,收入1.24亿元。

（李惠卿）

【资产业务】　年末,公司贷款余额92.62亿元,增加9.37亿元;其中一般法人贷款余额9.08亿元,增加3.58亿元;小企业贷款余额4.4亿元,增加1.02亿元。坚持打造以个人住房按揭贷款为主体、个人消费贷款和个人经营贷款为两翼、其他贷款品种为补充的个人信贷业务格局,全年贷款增加9.59亿元,日均新增、累放和增量均排名系统前列。

（李惠卿）

【支持区域基础建设】　工行石景山支行重点支持北京西北热电中心项目建设,分别为项目承建单位京西燃气、大唐国际发电公司发放12亿元和6亿元固定资产贷款。为区土地储备分中心授信10亿元。

（李惠卿）

【与163家签订公务卡协议】　工行石景山支行配合区属单位公务卡推广工

作,全方位做好区财政及下属单位相关服务。截至年末,与163家事业单位签订公务卡合作协议,总签约覆盖率85%。

(李惠卿)

中国银行股份有限公司北京石景山支行

【概况】 中国银行股份有限公司北京石景山支行(简称中行石景山支行),隶属中国银行股份有限公司北京市分行。下设5个职能部室,对外营业机构11家,包括支行营业部1家,二级支行9家,分理处1家。年末,在职员工231人。其中,大专以上学历225人(其中,硕士研究生19人,博士1人),占97.40%;党员80人。年内,坚持"调整结构,扩大规模,建设队伍,防控风险,做出成效,实现发展"总体工作思路,立足区域,服务实体经济,推进业务转型和结构调整,提升服务能力,在改善调整业务结构中谋求持续发展,在保证发展中不断打下稳固基础,各项工作取得新进展。年末,全行本外币全口径余额169.79亿元,同比减少21.89亿元;各项存款余额1697900万元,同比下降11.42%;各项贷款余额25.54亿元,同比增长19.12%;中间业务净收入6221万元;实现国际业务结算量2.72亿美元;新增信用卡14768张;新增自助设备6台,其中,ATM 4台、多功能自助终端2台。

地址:石景山区石景山路20号

电话:57832255

邮编:100040

(尹元靖)

【网点建设】 中行石景山支行着力推进网点建设,新建网点南宫支行11月28日正式开业,新网点采用4.0版本装修,功能分区更加合理,强化中国银行品牌形象。

(尹元靖)

【特色业务】 年内,推出公司金融中银日积月累日计划、中银日积月累收益累进、中银集富、区间宝、跨境人民币转收款、商业发票贴现、内保外贷、利率调期等产品;个人金融推出"启航贷""签证通"、海外见证代开户、跨境业务、圣斗士星矢联名借记IC卡、中银天龙八部信用卡、丽家宝贝联名卡、长城宝马俱乐部白金信用卡等产品。涵盖资产业务、负债业务、中间业务多个方面,满足细分市场需求。

(尹元靖)

【服务中小企业】 中行石景山支行加大中小企业授信业务拓展力度,结合区域经济特点以及园区招商引资政策,借助"雏鹰计划"为区内中小企业提供金融服务支持。全年新增授信余额2572万元,增长76%。

(尹元靖)

【构建风险防范长效机制】 年内,从"抓合规文化,突出抓人头;抓合规意识,突出抓苗头;抓合规操作,突出抓检查;抓合规管理,突出抓制度"四个方面入手,坚持依法合规经营,强化合规意识,创建合规文化,采取有效措施把风险控制落实到实处,有效防范重大违规现象和违纪案件发生。全年操作风险金保持零扣减。

(尹元靖)

中国建设银行股份有限公司北京石景山支行

【概况】 中国建设银行股份有限公司北京石景山支行(简称建行石景山支行),成立于1992年1月4日,隶属中国建设银行股份有限公司北京市分行。下设4个部室、10个二级支行,在职员工245人(其中,本科及以上学历127人,占51.84%。大专以上学历216人,占88.16%。党员71人)。年末,全行本外币资金量合计174.60亿元,同比增加16.60亿元;各项存款余额152.79亿元,同比增长12.90%;各项贷款余额107.66亿元,同比增长3.87%;中间业务净收入10666万元;实现国际业务结算量9500万美元;新增信用卡12710张;新增ATM机7台。

地址:石景山路22号

电话:51993506

邮编:100043

(苗一聪)

【服务区内高校】 9月,建行石景山支行进入北方工业大学为校园新生上门办理个人业务,为1200名学生办理北方工大校园关联储蓄卡及电子银行签约业务,签约学生惠业务1238人。

(苗一聪)

【授信二通项目】 建行石景山支行成功营销北京首钢房地产开发有限公司首钢二通厂中国动漫游戏城项目,向该项目匹配28亿元授信资金,为区域经济转型发展增添助力。

(苗一聪)

【助力区内中小企业】 建行石景山支行立足服务区内中小企业客户,通过善融贷等新型产品满足入区中小企业客户融资需求,全年发放成长之路贷款、速贷通、善融贷、保理业务等不同种类小企业贷款4731.79万元。

(苗一聪)

交通银行北京石景山支行

【概况】 交通银行股份有限公司北京石景山支行(简称交行石景山支行),隶属于交通银行北京西区支行管辖。有员工30人,全部为本科及以上学历。党员10人。网点内部设立8个对外营业窗口,其中包括对私业务窗口、对公业务窗口、贵宾通道、绿色通道和无障碍通道。网点设有自助设备6台,包括存取款一体机3台,ATM机1台,多媒体查询机2台。

地址:石景山区京燕饭店西配楼1层

电话:68876307

邮编:100043

(姜博文)

【金融宣传】 交行石景山支行配合公安机关,多次深入社区企业进行反假币宣传,普及居民金融知识、增加识别假币能力;组织员工前往某农民子弟小学捐款捐物,为孩子和老师们开展金融知识宣传活动。

(姜博文)

【网上服务】 交行石景山支行为满足客户需求,积极拓宽服务渠道。新增对公企业网上银行在线申请开立银行账户,大幅度减少客户柜台开立银行账户等待时间。

(姜博文)

北京银行石景山支行

【概况】 北京银行股份有限公司石景

山支行(简称北京银行石景山支行),隶属于北京银行股份有限公司。下设公司业务部、零售业务部、办公室、石景山营业室、京源路营业室5个部室。在职员工78人(其中,本科及以上学历1人,占员工总数65%,大专以上学历72人,占92%)。年末,各项存款余额53.17亿元;各项贷款余额12.69亿元;公司类中间业务净收入915万元;实现国际业务结算量4900万美元;新增信用卡2863张;新增自助设备3台。其中,ATM机1台,CDM机2台。获年度区"纳税百强单位""重点企业"等称号。

地址:石景山区石景山路42号
电话:68878220
邮编:100043

(朱汉京)

【委托贷款】 年内,贷款额度日趋紧张,北京银行石景山支行大力发展委托贷款业务,全年实现委托贷款中收36万元。

(朱汉京)

【直贴业务】 北京银行石景山支行大力开展票据贴现业务,贴现累计发生额28600万元,弥补政府平台贷款下降导致利润下降缺口。

(朱汉京)

【托管业务】 北京银行石景山支行开拓同业托管业务,承接齐鲁证券、中江国际信托股份有限公司银证信表外融资业务托管,累计托管金额166000万元,全年托管业务实现中收107万元。

(朱汉京)

【发放京卡-互助服务卡】 北京银行石景山支行为区总工会所属企业发放京卡-互助服务卡11577张。京卡-互助服务卡,是北京银行与北京市总工会联合发行的银联标准借记卡,互助服务卡项目可对工会会员实行多项福利政策。

(朱汉京)

中国光大银行股份有限公司北京石景山支行

【概况】 中国光大银行股份有限公司北京石景山支行(简称光大银行石景山支行),隶属于中国光大银行北京分行,是其在本区唯一分支机构。设有办公室、营业室、公司业务部、零售业务部、24小时自助银行及远洋山水社区支行。在职员工33人(其中,党员11人,占员工总数33%;本科及以上学历28人,占员工总数85%;研究生及以上学历5人,占15%)。年内,参与新经济、新产业发展,支持地方建设,为辖区内企业和群众提供优质金融服务。形成各主要业务条线均衡发展、零售业务人员贡献度不断提升、风险管理逐步完善、创新能力日益增强的经营格局。在重点发展中小微业务同时,致力于发展成为区域服务性银行。年末,支行全口径存款余额23亿元。其中对公存款余额15亿元,同比增加4亿元;对私存款余额8亿元。零售9项资产余额14亿元。

地址:石景山区泽洋大厦北座首层101室
电话:52638610
邮编:100043

(张　丽)

【第一家社区支行成立】 1月15日,光大银行石景山支行成立第一家社区银行远洋山水社区支行。服务时间采取10:00-20:00错时经营;服务项目优先提供缴费、理财、发卡、金融咨询等与社区居民生活息息相关业务,体现"亲民、便民"核心理念。远洋山水社区支行的成立是光大银行在区域重要部署及光大银行发展业务新生形态。

(张　丽)

7月11日,小微金融宣传
(光大银行石景山分行供稿)

【服务中小企业】 光大银行石景山支行结合周边市场情况,充分运用现有白金信用卡、乐惠金卡等小额授信渠道,为解决市场小微企业主融资、交易需求,推出支付易、小微助业贷款、个人综合消费贷款等多品种小微金融产品,打造为小微企业业主量身定做的快速融资渠道。强化与政府有关部门合作,结合区域金融工作环境,健全区域性金融服务。

(张　丽)

【品牌宣传】 光大银行石景山支行与石景山山姆会员商店合作打造品牌宣传,依托会员客流量大特点,定期宣传特色金融产品。定期宣传"打击非法集资""网银风险防范"等金融常识;每月举办理财知识讲座,普及股票、基金、保险、债券等金融知识。

(张　丽)

广发银行股份有限公司北京石景山支行

【概况】 广发银行股份有限公司北京市石景山支行(简称广发石景山支行),于10月16日成立。是一家全功能业务支行,隶属于广发银行股份有限公司北京分行。下设三部一室,即公司银行部、个人银行部、营业部及办公室。在职员工24人(其中,本科及以上学历21人,占员工总数87.5 %;大专学历3人,占1.25 %)。截至年末,全行本外币各项存款余额8.4亿元,各项贷款余额6000万元,中间业务收入26.68万元;发放信用卡(激活卡)210张;开发手机银行、个人网银客户442户;新增个人储蓄VIP客户85户。获广发北京辖区年度"网络金融业务突出贡献"奖。

地址:石景山区实兴大街30号院15号楼
电话:68809123
邮编:100041

(岳　虹)

【园区合作】 广发石景山支行支持园区打造CRD核心区,针对园区企业特点，确定信贷投放目标客户为文化创意类企业和科技类企业，全力支持园区中、小、微型企业发展。截至年末，开业75天，面向园区企业审批授信额度1.56亿元，实现实际投放6044万元。其中，园区某重点企业获批本行信用贷款额度2000万元，并全额出账。参加园区小微企业融资见面会，与联合信用等第三方机构合作，上报“创信通”贷款专案，全力为园区小微企业打造便利融资平台，创造畅通贷款渠道。

（岳 虹）

【业务推广】 广发石景山支行推出优利存款、黄金T+D、双语保证金存款证明、资产托管计划、私人银行定制产品、特价游天下、信用卡、集团理财等业务，满足客户需求。

（岳 虹）

江苏银行股份有限公司北京石景山支行

【概况】 江苏银行股份有限公司北京石景山支行（简称江苏银行北京石景山支行），隶属江苏银行北京分行。上年12月13日开业。下设4个部室，在职员工20人（其中，党员7人；本科及以上学历人员15人，占员工总数75%；大专以上学历19人，占95%）。业务范围：吸收公众存款；发放短期、中期和长期贷款；办理国内外结算；办理票据承兑与贴现；代理发行、代理兑付、承销政府债券；买卖、代理买卖外汇；从事银行卡业务；提供信用证服务及担保；代理收付款项及代理保险业务；提供保管箱服务；总行在中国银行业监督管理委员会批准的业务范围内授权的业务。年末，各项存款余额9.75亿元，同比增长99%；各项贷款余额11.3亿元，同比增长34.57%；中间业务净收入2.43亿元；实现国际业务结算量3737.41万美元；新增信用卡126张；理财销售新增1.18亿元。

地址：石景山区石景山路31号盛景国际广场1层

电话：57537005

邮编：100043

（孙婷婷）

【业务推广】 6~10月，江苏银行北京石景山支行推出“及时贷”、“卡易贷”个人消费贷款、信用卡大额（现金）分期、信用卡大额（汽车）分期、“天天金”理财等10余项新产品，涵盖个金、国结、信用卡、公司等领域，满足客户需求。

（孙婷婷）

【微信银行】 9月，江苏银行北京石景山支行江苏银行微信开通。江苏银行微信是集借记卡、信用卡业务、活动产品咨询订阅为一体的全客群综合服务平台。通过关注江苏银行官方微信，实现银行卡业务查询、公共信息查询及最新优惠活动信息查询等功能。

（孙婷婷）

【保障房项目】 江苏银行北京石景山支行针对保障房项目制定部分特殊政策。保障房开发公司实收资本最低限额可放宽至1000万元，保障性住房自有资金比例可以降低至30%，利率可在其他房地产项目贷款标准上适当降低，具体幅度视项目而定。

（孙婷婷）

中国邮政储蓄银行股份有限公司北京西区支行

【概况】 中国邮政储蓄银行北京西区支行（简称邮储银行西区支行），隶属于中国邮政储蓄银行北京分行。下设办公室、财务会计部、公司业务部、信贷业务部、个人金融业务部、风险稽查部、渠道与科技部7个部室。辖营业网点76家，ATM自助机具177台，自助银行11家。年内，以经营发展为核心，以强化管理，把控风险，培养队伍，构建文化为抓手，个金业务、公司业务和信贷业务“三驾马车”并驾齐驱。年末，拥有储蓄账户147万，管理对公对私客户金融资产136亿元，是辖区内重要金融服务力量。获北京分行“经营优胜单位”等荣誉称号。

地址：西城区阜成门北大街17号

电话：68332868

邮编：100035

（阮晓毅）

【获存量房交易监管资格】 邮储银行西区支行上年取得市“存量房交易服务平台监管银行资格”。4月，获区存量房交易服务平台监管银行资格，5月1日成功上线运行。截至年末，顺利办理多笔存量房资金监管业务，切实保障房屋买卖双方合法权益，维护存量房交易市场秩序。

（阮晓毅）

【助力中小企业】 10月，邮储银行西区支行与北京京西创业投资基金管理有限公司联合举办创富大赛石景山分赛区路演会，30余家科技型企业参与。截至年末，累计发放零售贷款13.5亿元，为1200多家中小企业和“创业园”青年创业者解决融资难题。

（阮晓毅）

【达成五里坨建设合作意向】 年内，邮储银行西区支行通过与相关政府机构接洽，达成五里坨建设组团土地储备项目合作意向，与其他银行配合为区域提供金融支持。

（阮晓毅）

【代发养老金】 邮储银行西区支行践行“普惠金融”企业理念，主动参与区域代发养老金工作，每月为本区代发养老金数额2亿元，代发近6万户，占区域代发总人数2/3。

（阮晓毅）

【关注百姓】 邮储银行西区支行着力打造“水、电、气、热、话、网”六位一体，“营业柜面、ATM、网上银行、电视银行”齐头并进的综合业务体系。为不同群体、不同行业、不同领域创新多元化卡类服务，为部队军人创建军人保障卡，为年轻群体开发DO卡，为政务单位开通公务卡，为企业商户提供惠商卡等。与行业客户建立合作，业务涵盖：电话费缴费，代理一卡通售卡、充值等业务，代收水费、供暖费、歌华有线电视费、报刊款及电费，代发社会保险金；开展POS收单业务；代销基金、理财、保险等。

（阮晓毅）

国泰君安证券股份有限公司鲁谷路营业部

【概况】 国泰君安证券股份有限公司鲁谷路营业部（简称国泰君安证券鲁谷路营业部）于2010年2月9日正式

开业,是国泰君安证券在京设立的第7家营业部,也是区域首家国内双A级券商营业部。依托总部从事证券经纪业务,服务范围覆盖整个京西地区。年内,在岗员工22名,其中硕士学历3人,占在岗员工13.64%;本科学历18人,占81.81%;大专学历1人,占4.55%。获年度国泰君安北京分公司"业务转型升级先进集体"称号。

地址:石景山区鲁谷路35号电子一所1层

电话:68658719

邮编:100040

(吴长峰)

【加入石景山区金融联盟】 3月26日,国泰君安证券鲁谷路营业部加入区科技金融服务联盟。发挥联盟成员单位作用,整合自身优势和资源,为园区企业提供专业化金融服务,为企业搭建资本化成功通道。

(吴长峰)

【业务宣传】 年内,国泰君安证券鲁谷路营业部针对五里坨地区拆迁户聚集,可能存在大量潜在客户资源情况,与区政府沟通协商达成一致,在五里砣派出所对面和市场两个人群密集地区进行宣传展示"国泰君安产品链和类贷款业务介绍",扩大客户源,增加营业部影响力及知名度。

(吴长峰)

【多元化创新业务】 国泰君安证券鲁谷路营业部开展为客户办理资产配置、融资融券业务、中小企业私募债业务、约定购回业务、新三板业务、大小非减持业务等多项创新业务。成功签订2单新三板业务,为260名客户开通融资融券业务。

(吴长峰)

广发证券股份有限公司北京鲁谷路证券营业部

【概况】 广发证券股份有限公司北京鲁谷路证券营业部(简称广发证券鲁谷路营业部)成立于2011年9月13日,内设综合部、电脑部、市场营销部、客户服务部,正式员工16人。年内,营业部秉承"知识图强、求实奉献"核心理念和"稳健经营、规范管理"经营原则,本着专业、专心、专为您的客户服务理念,为投资者提供证券投资服务,打造优质区域金融服务平台。全年营业收入333.51万元,股票基金交易量57.52亿元。

地址:石景山区鲁谷路74号中国瑞达大厦F608室

电话:68609565

邮编:100040

(付　帅)

【证券投资服务】 年内,广发证券鲁谷路营业部借助金融技术和金融创新,优化经纪业务服务平台,为投资者提供高效便捷证券交易服务。营业部汇集股票、国债、企业债、开放式基金销售业务、代办股份转让业务、期货业务、融资融券业务等。投资者可体验多种交易方式、投资资讯产品、多种投资增值服务及个性化量身定制专属投资理财服务。

(付　帅)

【创新金融业务】 年内,广发证券鲁谷路营业部发展新型金融产品,拓展个性化金融服务。开展国家级高新园区企业股份制改造、新三板挂牌、定向增资及交易、信息披露等证券交易、证券投资有关财务顾问业务;开展证券质押登记和解除质押业务;转融券业务开通,为符合条件机构客户提供证券出借交易代理服务。

(付　帅)

中信建投证券北京时代花园南路证券营业部

【概况】 中信建投证券北京时代花园南路证券营业部(简称中信建投证券时代花园南路营业部)成立于2011年10月31日。年末,有在岗员工16人,全部为正式员工。其中硕士学历2人,占12.5%;本科学历14人,占87.5%。年内秉承"诚信、专注、成长、共赢"的司训,做好区域老百姓投资理财工作。

地址:石景山区时代花园南路17号1层102

电话:88980800

邮编:100043

(甄宏伟)

【财富管理中心】 中信建投证券时代花园南路营业部倾力打造富有竞争力的财富管理中心,为广大投资者提供理财服务。通过产品组合和资产配置,为不同风险承受能力客户提供合适的投资理财方案。为客户提供专业的"智多星"投资顾问服务。

(刘丽娟)

【公司金融业务】 中信建投证券时代花园南路营业部致力于为上市公司、中小企业等机构提供全方位综合优质金融服务,包括债券融资、股权融资、财务顾问、新三板、股权质押等融资类服务和定向资管、现金宝、网下配售新股等资产管理业务。营业部成功辅导1家拟上新三版企业挂牌前准备工作,为实体企业经营提供有效金融支持。

(刘丽娟)

【融资融券业务】 中信建投证券时代花园南路营业部有序开展融资融券业务,为有融资和融券需求投资者提供融资融券账户开立、业务指导、交易策略等支持和服务。

(刘丽娟)

光大永明资产管理股份有限公司

【概况】 光大永明资产管理股份有限公司(以下简称"光大永明")是由中国光大(集团)总公司和光大永明人寿保险有限公司共同发起设立的保险资产管理公司。是中国保监会核准的第十二家保险资产管理公司。2011年9月获批筹建,2012年3月2日正式成立。主要经营业务:受托管理委托人委托的人民币、外币资金;管理运用自有人民币、外币资金;开展保险资产管理产品业务;中国保监会批准的其他业务;国务院其他部门批准的业务。有员工178人。其中,管理团队10人,前台部门人员104人、中台部门人员25人、后台部门人员39人,分别占员工总人数的5.62%、58.43%、14.04%、21.91%。硕士及以上学位员工占68%。年内,获中国保监会信用风险管理能力、债权投资计划产品创新能力和股票直接投资能力备案。年末,总资产71613万元,受托管理资产总规模2000亿元。

全年实现各项收入30797万元。

地址：石景山区实兴大街30号院8号楼3层307号房间

电话：57570088

邮编：100033

（曹姗姗）

【资本金增至50000万元】 5月18日，召开第二次股东大会，审议通过《关于增加光大永明资产管理股份有限公司注册资本的议案》，决议股东双方共同按持股比例增加公司注入资本4亿元人民币。注资后，光大永明资本金由1亿元人民币增至5亿元人民币，满足监管机构对推进第三方资产管理、债权投资计划等核心业务和创新业务资本金限制的规定。

（曹姗姗）

【官网上线】 8月9日，门户网站正式上线，标志着光大永明互联网公众信息发布平台建立。为光大永明品牌宣传、信息发布与披露提供官方渠道。

（曹姗姗）

【增资获批】 9月27日，保监会印发《关于光大永明资产管理股份有限公司修改公司章程的批复》，核准光大永明7月1日股东大会决议对公司章程做出的修改。

（曹姗姗）

中国农业产业发展基金有限公司

【概况】 中国农业产业发展基金有限公司（简称农业产业基金公司），是落实中央一号文件精神，经国务院批准，财政部联合中国农业发展银行、中国信达资产管理股份有限公司、中国中信集团有限公司3家国有金融企业共同发起设立的市场化投资实体，注册资本40亿元。上年12月18日成立，首期注册资本16亿元。基金下设董事会秘书处，负责承办和执行董事会会议决议具体事项。董事会秘书处在职员工6人（均为本科及以上学历人员，其中博士学位3人）。截至年末，基金资产总额16.12亿元，较年初增长1200万元。

地址：石景山区石景山路20号1201－02

电话：68081078

邮编：100045

（吴文军）

【保障农产品安全】 9月，农业产业基金公司向科尔沁牛业投资2.5亿元，践行“大种植带动大养殖”，探索肉牛行业安全之路。12月，农业产业基金公司向江苏立华牧业投资2亿元，在行业低谷支持企业，推动行业持续健康发展。

（吴文军）

【支持研制生产】 12月，农业产业基金公司向福华通达投资2亿元，发展高效低毒农药，提升整体种植业生产效率。

（吴文军）

【首年实现盈利】 年内，农业产业基金公司首年实现赢利1220万元。并通过基金管理人入户调研企业400多家，立项企业40家，投委会决议11家，董事会审议通过9家，全年投资总金额超过15亿元。

（吴文军）

【农业产业转型】 年内，农业产业基金公司协助企业进行战略规划、盈利模式优化、产品定位、品牌推广、渠道与网络建设，帮助企业成功转型为有自主品牌与渠道的消费品企业。同时，要求企业提升内部管理，从全面预算、内控制度、绩效考核、人力资源及企业信息化等方面进行升级，最大化获得整个产业链利润。6月，向吉林金塔集团投资1.3亿元，促进东北地区最大辣椒龙头企业在辣椒全产业链上布局，推动传统辣椒行业向现代化农业转变。

（吴文军）

北京铭鑫小额贷款有限公司

【概况】 北京铭鑫小额贷款有限公司（简称铭鑫小额贷款公司）经市金融工作局批准，在本区发起设立的股份制企业，公司主要发起人为北京市景山房地产有限公司、北京澳达天翼投资有限公司等，注册资金为1亿元人民币。6月18日开业。公司下设综合管理部、信贷部两大部门，公司现有员工7人，其中本科以上学历6人，大专1人。公司秉承为守信客户提供便捷贷款服务经营理念，以精干、专业的团队、高效的管理、快捷的流程为客户提供融资增值服务，以降低客户融资成本、提升客户市场竞争力。

地址：石景山区西井路17号2号楼四层

电话：88794608

邮编：100041

（唐丽君）

【主要经济指标】 年末，铭鑫小额贷款公司贷款余额10470万元，比上年同期增加3915万元；累计放款22140万元，同比增长34%；累计收回贷款18225万元，同比增长84%；实现利息收入1357万元，上交税款110万元。

（唐丽君）

【服务对象】 铭鑫小额贷款公司集金融产品开发、市场推广、信贷审批和贷后管理等专业化职能于一体，主要为区内急需资金支持的个人、个体工商户、中小、小微企业及其他组织机构提供小额贷款服务。

（唐丽君）

【主要业务】 铭鑫小额贷款公司主要业务包括流动资金贷款、综合授信额度贷款；担保方式可接受房产抵押、存货质押、商圈联保、第三方保证以及小额信用等。

（唐丽君）

北京市盛丰小额贷款有限责任公司

【概况】 北京市盛丰小额贷款有限责任公司（简称盛丰小额贷款公司），成立于上年5月10日，注册资本10亿元，经营区域覆盖北京市中关村国家自主创新示范区及京西地区，是北京市资金量最大的小额贷款公司。下设6个部室，在职员工20人（其中，本科及以上学历17人，占员工总数85%）。年内，最大单笔贷款金额为3000万元。年末，贷款余额132820万元。

地址：石景山区时代花园东街8号院2号楼

电话：88937113

邮编：100043

（陈　杰）

【风险控制】 年内，盛丰小额贷款公司建立一整套内部管理机制，涵盖内部制度流程、业务流程、财务管控、风险防范与控制。实现资金良性循环。在服务好中小微型企业、农户前提下，创新经营思路，借鉴、开发新业务模式和产品，拓展小微信贷市场，扩展客户群至个体商户、城镇居民等经济体，实现扩大市场份额，分散风险。

（陈　杰）

【支持三农产业】 盛丰小额贷款公司全年累计发放涉农贷款7000万元，支持区内中、小、微企业及三农经济体。与其他商业银行就全方位战略合作达成一致，派出业务团队学习商业银行业务后台管理系统，陆续进驻商业银行在各大型农贸市场等地办公室，整合资源，合作开发和服务小微型企业及个体商、农户。

（陈　杰）

【推出社会公益性贷款产品】 盛丰小额贷款公司支持大学生创业贷款，推出具有社会公益性质特色贷款品种。针对本市应届毕业生或毕业两年以内大学生，在生物工程和新医药、光电一体化、新材料等新兴高科技及电子信息、软件和集成电路设计等领域进行自主创业人员，推出特色贷款产品。

（陈　杰）

中央市属驻区企业

年内，首钢停产带来的工业下降态势仍在延续，受工业景气指数回落影响，驻区工业主导行业及重点企业表现乏力，黑色金属矿采选业等工业重点行业出现不同程度下降。受宏观经济形势趋紧及海外市场影响，62家规模以上工业企业累计完成工业总产值273亿元，同比下降9.8%。累计完成主营业务收入579.9亿元，同比下降11.8%；实现利润33.2亿元，同比下降61.1%；应缴税金18.3亿元，同比下降15.2%；出口交货值17.8亿元，同比下降1.8%。综合能源消费量262.67万吨标准煤，同比下降3.0%；万元产值能耗0.961吨标准煤，同比上升7.5%。符合地区转型发展的实际情况。

首钢集团

概　　述

首钢集团是以钢铁业为主，兼营矿业、电子、机械、建筑、服务业和海外贸易的大型企业集团，以首钢总公司作为母公司，下属北京首钢新钢有限责任公司、北京首钢股份有限公司、首钢迁安钢铁有限责任公司、秦皇岛首秦金属材料有限公司、北京首钢特殊钢有限公司、首钢矿业公司、中国首钢国际贸易工程公司、北京首钢房地产开发有限公司、北京首钢机电有限公司、北京首钢自动化信息技术有限公司、北京首钢实业有限公司、北京首钢国际工程技术公司、北京首钢建设集团有限公司13家子公司及其他独立经营单位；国内其它钢铁企业7家，分别是山西长治钢铁公司、贵州水城钢铁公司、贵阳特殊钢公司、新疆伊犁钢铁公司、吉林通化钢铁集团、贵州首黔资源开发有限公司和首钢凯西钢铁有限公司；在香港有4家上市公司，分别是首长国际企业有限公司、首长四方集团有限公司、首长科技集团有限公司、首长宝佳集团有限公司；在南美洲有首钢秘鲁铁矿股份公司等海外企业。年内，首钢集团销售收入2108亿元，实现利润2.12亿元。集团生铁产量3257万吨，粗钢产量3152万吨，钢材产量3037万吨。全年钢铁业四地推进产品产量996.8万吨，其中高端领先产品产量307.7万吨，同比增加102.9万吨。推进产品比普通产品增收47.26亿元，增效18.03亿元。全年四地钢铁业吨钢降低成本39.4亿元。清理部分钢铁企业外包外委降低费用2.57亿元。加强进口矿和国内原燃料市场运作，全年采购进口矿比当期普氏指数价格降低6.35亿元；年末四地原燃料及备件资金占用同比降低16.8亿元。钢铁业降低成本和减亏幅度实现近3年最好水平。京唐公司各工序费用创历史最好水平，同比减亏幅度66%。顺义冷轧公司强化产销衔接，提高高端领先产品比例。迁钢公司提高整体合同订单和重点产品整单兑现率，电工钢产销量108万吨，进入全国前3位。北京园区项目启动并实施。启动并实施西十筒仓改造、首钢广场综合体、二型材厂房利旧改造、二通园区、特钢绿能港科技中心等9个项目，其中西十筒仓改造通过国家发展改革委组织的专家评审，获得中央预算资金支持2600万元，已完成西十筒仓余料清理及设备设施、电力脱硫装置等14个项目拆除，累计拆除设备设施近2200台套、建构筑物超过10万平方米。首钢园区被国家发展改革委列入全国城市老工业区改造试点，被北京市列入首批绿色生态示范区。开展园区场地环境调查和风险评估工作。完成首钢广场项目概念性设计方案征集。非钢新产业盈利能力提升。全年非钢新产业盈利63.59亿元，同比增利25.33亿元，增长66%。中首公司实现利润44.1亿元。矿业公司精矿粉产量481万吨，实现利润3.7亿元，同比增利1亿元。矿业投资公司实现利润1.39亿元。12月23日，鲁家山生物质能源发电项目投入试生产。机电公司盈亏持平，国际工程公司实现利润1.9亿元，首自信公司实现利润1.19亿元。首建集团全年开发签约量90.42亿元，同比增加10.07亿元，实现利润1.1亿元。房地产公司实现利润4.2亿元。5月，新成立的医疗投资公司进行药品集中采购。首钢园区被授予国家级工业文化旅游AAA级景区。整合组建的首钢体育文化公司开始运营。

地址：石景山区石景山路厂东门
电话：88293520 68873606
邮编：100041
网址：www.shougang.com.cn

（李淑萍）

【获示范企业称号】 1月18日，首钢总公司被工业和信息化部授予"国家级信息化和工业化深度融合示范企业（2012年）"称号。获此称号企业218家，其中钢铁行业10家。

（李淑萍）

【获市科学技术一等奖】 2月，4300毫米宽厚板生产线超快速冷却系统开发及新一代TMCP工艺应用项目被市科技委员会评为科技一等奖。该项目依托首钢秦皇岛中厚板生产基地，开发出基于超快冷技术新一代控制冷却系统，形成具有首钢自主知识产权的高强度均匀化冷却新技术，实施新一代TMCP工艺，并在国内率先应用于管线钢、高强钢、水电钢、耐磨钢等系列高端品种钢生产，在确保产品性能的同时，减少合金含量和工艺流程，达到降低生产成本目标，节约成本年经济效益8000万元。经中国钢铁工业协会鉴定，该项目技术水平达到国际领先水平。年内，在国内鞍钢、南钢等推广应用，效果良好。4300毫米宽厚板生产线超快冷装置技术被国家发改委列入《产业结构调整指导目录（2011年本）》。在工业和信息化部印发的《产业关键共性技术发展指南（2011年）》中，以超快冷为核心的新一代TMCP（控轧控冷）技术被列为原材料工业钢铁产业关键共性技术。

（李淑萍）

【领导调研】 4月3日，李士祥到首钢调研，实地考察长安街西延道路工程项目进展情况。4月12日，郭金龙、王安顺等市领导到北京首钢生物质能源项目现场调研。5月19日，中共中央政治局委员、天津市委书记孙春兰，市长黄兴国到首钢京唐公司参观考察。5月22～23日，市政府副秘书长戴卫，

4月12日,市领导到首钢调研　　（首钢总公司供稿）

市经济信息化委副主任樊健一行就电机节能技术应用等工作到首钢迁钢公司、矿业公司调研。10月13日,李士祥到首钢生物质能源项目现场调研。12月20日,张工到首钢京西重工公司调研。

（李淑萍）

【铁色记忆音乐会】 5月11日始,中国男高音歌唱家戴玉强、魏松、莫华伦在首钢高炉区举办3场“铁色记忆——中国三大男高音‘唱响首钢’实景音乐会”。首钢总公司授予3人为“首钢荣誉职工”称号。这是全球首个在工业遗址举办的大型实景音乐会,也是首钢石景山厂区开发文化创意产业的重头项目之一。此次音乐会精心打造10首最具代表性的工业题材歌曲“中国工人组歌”。

（李淑萍）

【西十筒仓改造项目】 5月29日,老厂区内西十筒仓改造项目一期工程获国家发改委正式批复,列为全国老工业区搬迁改造首批试点项目,获中央预算资金2600万元支持。始建于1919年的西十筒仓项目,位于原首钢厂区北端。最早将西十筒仓所在街区作为矿石料场,后称西十料场、西十筒仓,沿用至今,成为石景山标志性地域。西十筒仓占地13公顷,改造后总建筑面积约10万平方米,分三期进行建设。一期项目总建筑面积1.27万平方米,完成环境影响评价,取得规划意见书。开展一期项目改造设计工作。7月15日,西十筒仓改造项目工程施工全面展开,筒仓内部结构建筑高度地上35米,地下10米。施工项目主要包括11～16号筒仓M4、M5、M6皮带机、仓下犁煤机及附属设备设施拆除。截至12月17日,完成皮带机拆除清运480吨,其中皮带总长约1000米。清理余料3.3万吨,其中清理焦炭0.77万吨、杂矿2.53万吨,合计降低费用2090万元,利用火车直接发往首秦公司,节省汽车倒运费用近175万元。通过对极具工业特色的筒仓、料仓及周边区域的改造,植入钢铁文化,以文化创意产业为主导,把西十筒仓打造成集创意服务、特色商务、工业旅游、文化娱乐、展览展示于一体的特色街区,使之成为办公与休闲相结合的人居环境产业园。

（李淑萍）

【首钢博物馆筹建】 5月30日,首钢第一批文物迁移入库启动仪式在钢区管理处举行。方坯结晶器、职工休息室桌椅、二炼钢原3号连铸机“康卡斯特标牌”等20件文物移至首钢博物馆。截至年底,第二批文物迁移入库。迁移文物涉及8家单位、20件文物,其中包括日本昭和时期车床,朱德赠送首钢的620车床,钱伟长设计的油压机,首钢最早使用的红旗、奔驰轿车,首钢20世纪90年代初期使用的卫星转播天线等。首钢博物馆已征集到各类文物1400件,拍摄及搜集资料照片2000张。委托西安建筑科技大学建筑学院承担首钢博物馆概念设计。成立首钢博物馆展陈大纲编写组,完成展陈大纲框架、目录、分类、细目。成立工业遗产保护领导小组、工作组,建立工业文物管理体系。成立文物鉴定组,征集文物1128件,拍摄资料照片800余张,对民国、日伪时期遗存的五锅炉房、炼焦设施等工业历史建筑进行抢救性保护,第一批32台件具有历史文化价值的工业设备、产品通过鉴定。启动口述史工作,完成第一批100人录制计划。

（李淑萍）

【汽车零部件供应商50强】 5月,在弗戈工业媒体举办“中国汽车制造业行业盛典”活动中,京西重工被评选为“中国汽车制造业优秀零部件供应商50强”,总公司领导、京西重工董事长方建一被评为“中国汽车零部件行业十大领军人物”。2010年2月20日,京西重工投资兴建房山减震器工厂,一期工程建设规模400万支减震器,生产后实现年产值8亿元。京西重工在全球拥有6家工厂、5个研发中心、14家客户服务中心,覆盖14个国家和地区。公司生产磁流变减震器、主动稳定杆系统、电子稳定性控制系统、防抱死制动系统等产品,技术处于世界高端水平。拥有宝马、法拉利、沃尔沃、一汽大众等国内外众多客户,获法拉利、捷豹路虎、上海通用等整车厂授予的最佳合作伙伴、优秀供应商奖项。

（李淑萍）

【连续3年进入世界500强】 7月8日,美国《财富》杂志发布世界500强企业排名,首钢集团以343.30亿美元(2166亿元人民币)营业收入列322位。这是首钢集团继2011年首次上榜后,连续3年入选榜单。年度世界500强名单中,中国企业89家,比上年增加16家,其中钢铁行业7家,除首钢外,另外6家企业是宝钢集团有限公司、河北钢铁集团、江苏沙钢集团、武汉钢铁(集团)公司和新兴际华集团和鞍钢集团公司,分别名列222位、269位、318位、328位、406位和493位。

(李淑萍)

【首钢园区服务公司成立】 7月10日,北京首钢园区综合服务有限公司成立。首钢总公司全额出资设立的法人企业,设立董事会、监事会,实行自主经营、独立核算,纳入北京园区体系管理。业务范围包括报废设备拆除、拆解及增值性修复加工;电梯、空调(制冷系统)及电气设备维护、检修、安装;园区基础设施维保和再利用资产项目施工;园区设备设施、修理材料及备件采购;为园区资产租赁、使用项目及新开发项目提供综合性服务。

(李淑萍)

【质量品牌】 7月18日,中国质量协会组织召开"2012年度质量技术奖励暨第十届全国六西格玛大会",首钢的《降低一热轧汽车板降级率》《提高直读法氮分析准确度》《提高热轧磨床的可投入率》《2160轧线Q345B/R钢性能优化》六西格玛项目被评为"2012年度中国质量协会质量技术奖优秀六西格玛项目",迁钢公司被评为"2012年度全国六西格玛管理推进先进企业"。

(李淑萍)

【首钢医药公司成立】 8月,首钢医药公司挂牌成立。总公司董事会通过首钢发展医疗健康产业实施方案。首钢与嘉事堂药业股份有限公司签署战略协议,双方合作率先在国内建立医药集中采购组运营模式,降低成本。启动北京大学首钢医院医药供应链管理模式改革和医药集中采购工作,特钢泰康医院、首钢矿山医院纳入供应链改革和医药集中采购范围。医药公司月均销售利润300万元。

(李淑萍)

【获冶金科学技术奖】 8月,首钢集团6项技术成果获中国冶金科学技术奖,其中一等奖1项,二等奖2项,三等奖3项。中国冶金科学技术奖是由中国钢铁协会和中国金属学会联合设立、经科技部批准的奖项。此次共评出76个奖项,包括特等奖1个、一等奖10个、二等奖24个、三等奖41个。首钢"超大型高炉高效低耗技术集成"荣获一等奖,"大型高效板坯连铸机自主设计与集成"和"冶金行业水电共生集成技术"荣获二等奖,"基于应变设计的X70HD大变形管线钢研制与开发""冶金过程控制系统开发平台"和"大型露天矿山胶带运输工艺高效运行关键技术研究与实践"荣获三等奖。"超大型高炉高效低耗技术集成"项目完成拥有首钢自主知识产权的全干法高风温5500立方米高炉的设计、建设及冶炼技术的研究、开发与应用,实现超大型高炉高效低耗生产,高炉利用系数2.37吨/时·立方米,燃料比480千克/吨铁,煤气利用率51%以上,高炉风温1300℃,大幅度降低二氧化碳排放。该项目实现中国超大型高炉关键技术和重大装备自主创新,形成授权发明专利9项,授权实用新型专利5项,技术秘密5项。

(李淑萍)

【节能环保】 9月8日,迁钢公司2×50兆瓦CCPP 2号机组燃气轮机一次并网成功,投产后迁钢公司年发电量增加4.98亿千瓦时。二通园区燃煤锅炉改清洁能源治理项目投产,11月14日,5台(20吨×5)燃煤锅炉正式供暖,每季度消减烟粉尘1.1吨、二氧化硫1.74吨。11月15日,老厂区内各蒸汽采暖区域供暖,供热面积缩减为22万平方米,供暖蒸汽消耗减少30%。11月20日,首秦公司35兆瓦发电机组并网运行,每年创经济效益8000万元,节约标准煤8.04万吨,首秦公司自发电率由15.3%提升到40%。

(李淑萍)

【开发超薄规格热轧酸洗板】 9月,京唐公司2250热轧生产线轧制出1.6毫米超薄SAPH440热轧酸洗板,其表面质量、板型和强硬度等指标均符合标准和厂家要求。热轧酸洗板是以优质热轧薄板为原料,生产直接冲压产品。市场需求主要集中在汽车、摩托车、压缩机、钢家具和电器控制柜等对钢板质量要求高的行业,具有环保、高强和价廉等优点。

(李淑萍)

【刘宏获评"百姓学习之星"】 10月13日,在全民终身学习活动周全国总开幕式上,首钢刘宏被评选为全国"百姓学习之星"。全国"百姓学习之星"共评出104人。刘宏曾创出5项焊接工艺最佳操作法,每年为企业创效益80万元。市人力社保局以刘宏命名的"刘宏首席技师工作室"揭牌。

(李淑萍)

【第一卷电镀锡卷下线】 10月15日,京唐公司第三冷轧厂1号电镀锡机组成功下线第一卷电镀锡卷,规格为0.3×1000毫米,钢卷外形整齐,表面光洁,质量合格。镀锡板俗称马口铁,具有耐腐蚀、无毒、强度高、延展性好的特性,广泛应用于食品、饮料、油脂、化工、涂料、油漆、气雾罐、瓶盖包装中。

(李淑萍)

【招商推介】 10月24日,第17届北京·香港经济合作研讨洽谈会期间,石景山区国家服务业综合改革试点区暨新首钢推介会在铂尔曼酒店举行。推介会由市投促局、区政府、首钢总公司和香港贸易发展局共同主办,170家企业参加。会议现场播放魅力石景山和新首钢高端产业综合服务区宣传片,首钢以"聚焦新亮点,投资新首钢"为题推介新首钢高端产业综合服务区。年内,首钢举办"驻京中外知名企业投资首钢行"活动,签署《建立联合招商合作机制协议书》。参与"第五届投资北京洽谈会",与企业洽谈对接,收集企业名录,组织媒体发布报道。开展新首钢园区标识及主题语征集活动,塑造园区形象。

(李淑萍)

【耐火材料生产线开工】 10月27日,耐火材料生产线开工建设。工程利用秦皇岛首耐高温陶瓷有限责任公司闲置空地开展技改扩建工程,建设一条全新生产线。引进德国2500吨全自动液压压砖机,配套国内先进称量、计量、混料等设备,设计能力年产量2万吨。

(李淑萍)

【冷轧生产线投产】 10月31日,京唐公司三冷轧正式投产。工程于上年3月开始土建施工。投产机组主要包括酸轧机联合机组、连续退火机组、电镀锡机组、电解脱脂机组、罩式退火炉机组、双机架平整机组、重卷机组、横切机组、翻卷机组。三冷轧关键设备采用德国可溶性阳极技术,设计能力年产量88万吨,产品为厚度0.12~0.55毫米高档饰品包装用电镀锡板及高档家电板。

(李淑萍)

【土壤修复】 10月,首钢集团修复处理被焦油污染后的土壤近万吨,全部转化为水泥熟料和基建、路基、场地平整用土,成为北京金隅水泥公司生产水泥的原材料。制订完成首钢钢渣场含垃圾杂物污染土壤处置预处理施工及运输实施方案,在市环保局备案后,项目全面开工,历时3个月。

(李淑萍)

【设备检修与管理】 11月1日,迁钢公司2160生产线中修后进行热负荷试车,一次性过钢成功。该生产线中修12天,处理影响轧机刚度和设备精度问题;对侧压机、板卷箱、飞剪等设备重要部位进行检查和强化;制定设备试车日计划,制定中修后设备保障方案。按期保质保量完成检修项目2744项。京唐公司首次检修清洗海水淡化设备U1蒸发器,每小时生产淡水量提高50吨,每月提高效益17万元;4号25兆瓦发电机组修复低调阀,加装抽汽调阀,发电功率提高2兆瓦,每月增加效益41万元。迁钢推进设备预知管理、劣化管理、周期管理,结合现场实际开展设备树梳理,修订完善点检标准222项、给油脂标准55项;采用设备状态检测技术及装备,对重要设备分类实施周期精密点检和在线连续检测,确立精密点检项目1620台套;自主开发设备管理信息化统一平台,完成设备基础数据及拆分件主要技术参数收集和整理;以产品质量异议和带出品设备原因分析为切入点,对当月设备功能精度项目实施、完成和达标情况进行动态跟踪和持续改进。

(李淑萍)

【荣誉称号】 11月8日,在北京市构建和谐劳动关系工作电视电话会议上,首钢总公司被授予"北京市构建和谐劳动关系先进单位"称号,闫永志被授予"北京市构建和谐劳动关系先进个人"称号。同月16~18日,在"中外企业文化2013上海峰会"上,中国企业文化研究会对企业文化建设系列成果进行表彰,首钢总公司获"改革开放35周年企业文化竞争力十大典范组织"称号,党委副书记姜兴宏获"改革开放35周年企业文化竞争力先进工作者"称号,销售公司、国际工程公司获"改革开放35周年企业文化竞争力优秀单位"称号。年内,2人获"北京市有突出贡献的高技能人才"称号,3人获市政府"技师特殊津贴"奖励。

(李淑萍)

【5万户机顶盒安装】 截至12月16日,经过两批次、4个月发放、安装,首钢家属区高清交互机顶盒安装工作全部完成,包括黄南苑、杨庄、八角、古城南路、老山、苹果园、金顶街、模式口等地区首钢家属区5万户居民。

(李淑萍)

【刘琪获五一劳动奖章】 12月25日,第4届全国职工职业技能大赛总结表彰大会上,组委会向车工、铣工、钳工、焊工、维修电工、数控机床装调维修工、计算机程序员7个比赛工种的21名选手授予"全国五一劳动奖章",首钢机电公司机械厂卫建平工作室车工刘琪名列其中。在全国76人的车工技术比赛中刘琪获得第三名,获"全国技术能手"称号。

(李淑萍)

【产品获特优质量奖】 12月,中国钢铁工业协会发布年度冶金产品实物质量认定结果,首钢"石油天然气输送管用热轧宽钢带""石油天然气输送管用热轧宽钢带"和"石油天然气输送管用宽厚钢板(高强度)"3项产品获"特优质量奖",另有20项产品获"金杯奖"。冶金产品实物质量认定活动每年组织一次,通过认定产品授予"特优质量奖"和"金杯奖"称号,有效期3年。此次首钢获"特优质量奖"中,2项为重新认定产品,20项"金杯奖"中有6项为复评。

(李淑萍)

【钢铁生产】 首钢集团生铁产量3257万吨,粗钢3152万吨,钢材3037万吨。钢铁业四地生产推进产品总量996.8万吨,同比增加186.2万吨,占钢材总量57.4%。生产高端领先产品产量307.7万吨,同比增加114.7万吨,占钢材总量17.6%,同比增加7.9%。推进产品增收47.3亿元,增利18.3亿元。汽车板产量176万吨,同比增加54万吨,市场占有率15%,汽车板出口6.6万吨。管线钢产量118.2万吨,同比减少11.7万吨,市场占有率

5月11日,铁色记忆音乐会 (区委宣传部供稿)

24%,连续四年居国内第一位。电工钢产量108万吨,同比增加33.4万吨,市场占有率16%,居国内前3位。耐候钢产量77万吨,同比增加2万吨,市场占有率24%,连续两年保持国内第一位。汽车结构钢产量49.9万吨,同比增加12.2万吨,市场占有率20%,居国内第二位。冷轧专用钢产量52.7万吨,同比增加37.4万吨。

(李淑萍)

【矿产资源业】 矿业公司精矿粉产量481.05万吨,供迁钢球团矿326.14万吨、烧结矿1106.07万吨;实现销售收入158.29亿元,利润3.7亿元,国有资本保值增值率119.11%。采剥总量6007万吨,销售矿产品44.67万吨。在露采、地采、选矿、球团、烧结76项可比技术经济指标中,44项进入前3位,29项排名第1位。二马采区、唐首马地采项目取得国家发改委下发的《项目前期工作函》。完成危机矿山杏山接替区详查工程,地质报告通过国土资源部矿产资源储量评审中心评审。实施杏山地采一期转段延伸工程,巷道掘进2164米。实施水厂铁矿新水尾矿库恢复使用工程,完成坝体堆石、磨石庵副坝压坡、排洪设施建设等主体施工任务。实施水厂铁矿D5皮带机加固工程。启动水厂修改设计工程,完成扩帮量1003.67万吨。新建乳化炸药生产线并投入使用,产品通过国家质检部门检验,各项指标达到露采和地采爆破性能要求,部分产品销往社会市场。球团一系列烟气脱硫工程按期投入使用,形成稳定的减排能力。完成360平方米烧结机点火技术改造。滨河村区域生活污水治理项目达到排放要求。完成电修公司列电煤场防尘治理。启动6台99平方米烧结机脱硫工程,完成烧结老系统5台工艺除尘器、球团195平方米除尘器大修。采用密相塔半干法脱硫工艺实施球团一系列烟气脱硫,通过政府部门验收及减排核查。杏山采区露天转地下开采工程获国家产业振兴和技术改造专项补助资金6700万元。

(李淑萍)

【钢材产品销售】 首钢集团全年钢铁业四地钢材产品销售量1933.60万吨。热轧管线钢销售量101.08万吨,继续保持国内钢厂首位;集装箱板销售量70.68万吨,市场占有率22.08%,连续两年国内销量第一,其中薄规格产品销售量34.62万吨,高强度钢销售量18.22万吨。开发1.5毫米薄规格产品,实现规格全覆盖。新增牌号15个,开拓应用新领域5个。汽车结构钢销售量48.30万吨,其中大梁钢700L、750L,车轮钢SCX400、540CL、590CL等高级别产品实现批量供货,车轮钢SPFH590实现小批量供货。冷轧汽车板销售量173万吨,比上年增长42.98%。家电板销售量198.50万吨,比上年增加1.60万吨,是国内最大家电板供货企业。焊丝用钢、涂镀基板、优碳钢等17类重点冷轧品种销售量49.60万吨,市场占有率9%。新开发搪瓷钢、导轨用钢、链条钢、电池壳用钢、油汀用钢、制桶专用钢、高级容器钢7大类品种。新开发用户215户,比上年增加10户;其中直供与三方直供155户,比上年增加24户。与中石油、中石化、中海油等33家代表用户合作,管线钢市场份额进一步稳固。集装箱板深化与中集、胜狮、新华昌、中海、马士基5大箱厂集团合作。大梁钢成功开发一汽集团,并实现对北汽福田、合肥常青高端大梁钢批量供货。车轮钢实现与国内知名企业正兴、兴民、日上及国际知名企业马可迅集团、CLN集团合作。高强钢实现对工程机械龙头企业徐工集团及宏昌天马小批量供货。对19家汽车生产企业开展认证工作,其中12家用户、70个车型的362个零件通过认证并转化为订单。知名家电企业在首钢订货总量85.10万吨,比上年增加6.60万吨,提高8.50%。12月,武汉分公司正式投入运营,实现向华中及西南地区销售延伸。上海分公司利用宝钢上海钢铁交易中心网上销售平台,自12月25日起,网上挂牌销售汽车板283吨。加工配送中心在原有首钢鹏龙、隆兴、浙金、中山四地加工中心基础上,首钢鄂尔多斯项目、青岛钢业项目、株洲项目、佛山中金项目陆续投产运营;8地加工配送中心合计加工量50.26万吨,销售量137.18万吨,开发用户254家。降低物流费用1602万元。重点战略客户升至36户,选派客户经理14人、客户代表28人、派驻代表7人。整体合同兑现率94.6%,比上年提高2.4个百分点。受理质量异议402件,结案381件,赔付281件,免赔处理98件,质量异议件数比上年减少143件;平均质量异议响应时间1.74天,比上年缩短0.13天。CRM平台实现产品入库、产品发运、到货的全程信息即时查询,并为用户提供网上查询、打印电子质保书及质量异议提报等便捷功能。召开市场开发和客户服务分析例会9次,反映问题99件,已解决40件。钢材出口27个国家和地区,出口量104.65万吨。

(李淑萍)

【生物质能源项目】 截至年底,首钢集团生物质能源项目完成单机调试和分系统调试工作,开始烘炉,进入全线热态调试阶段。项目于2011年7月动工,为垃圾焚烧发电厂,处理规模每天3000吨,年处理能力100万吨。项目利用烟气处理工艺,在国内垃圾焚烧发电厂中首次采用SCR脱硝;采用抽凝汽轮发电机组,实现热电联产;在国内垃圾焚烧发电中首次使用空冷技术,可节水80%,并采用雨水综合利用、沼气发电、太阳能发电等节能环保技术。项目投产后,年发电量为3亿度,年上网电量2.25亿度,年最大供热量为44.56兆瓦。

(李淑萍)

【环保产业】 首钢集团组织推进中国首家城市固体废物处理的"鲁家山循环经济(静脉产业)基地"建设规划工作。8月,编制的规划获得国家发改委批复。规划实施城市固体废物环保项目12项,其中建筑垃圾资源化处理项目、餐厨垃圾收运处一体化项目、残渣暂存场项目已上报市发改委申请立项,开展环境影响评价、水土保持方案、地质灾害评价、节能评估等工作。9月29日,完成二通园区污染土壤处理项目,共加工处理土壤近万吨。编制完成关于组建首钢能源环保产业平台的实施方案，获得总公司董事会正式批准。在国家工商总局完成“首钢环境产业有限公司”名称预核准工作。

（李淑萍）

【锂电池设备通过评估】 首科喷薄公司锂电池隔膜中试线设备通过市科委组织的专家评估，中试线设计产能达到每年30万平方米，性能达到设计要求，已喷制完成5种规格、以PET无纺布为芯材聚烯烃双面静电纺丝的三层复合膜（简称PET复合膜）。1月，型号PET－1－42和PET－1－45膜送中信国安盟固利公司组装成电池后，通过该公司在高真空度严苛条件下电池绝缘性能测试，其隔膜热收缩性、吸液量和高温条件件安全性能等指标测试，优于国外高品质隔膜，电化学性能接近国外先进水平。

（李淑萍）

【效能监察】 首钢集团实施效能监察项目56项，提出监察建议409条，督促建立完善规章制度88项，对发生事故责任人进行责任追究。集中检查矿业公司、实业公司等6家企业，与市国有企业监事会联合开展对通钢、长钢、水钢监督检查试点。组织实施37个审计项目，审计资产总额1029.6亿元，工程报审额181.37亿元，查出问题84项，披露重大经济事项及风险提示176项，提出整改建议112条。

（李淑萍）

【信息化建设】 年内，首钢集团实现钢铁主业主要业务信息化全覆盖和综合集成。采用五层系统技术架构，分别为一级设备控制系统，二级过程控制系统，三级车间级制造执行系统，四级企业资源计划系统，五级企业间管理系统及决策支持系统。运行企业资源计划系统（ERP），实现从生产、物料、质量、销售、财务、成本、资金、设备、项目等全流程主要功能管控，系统覆盖各子公司及职能机构，实现物流、信息流、资金流三流合一。建立以北京为中心的一业多地信息化运维体系，实现运维知识共享；基于ITIL理念，建立事件流程、问题流程、配置流程、变更流程，并固化到服务管理平台上，实现技术、人员、流程相结合的IT服务体系，保障信息系统稳定运行和持续优化。

（李淑萍）

【新产品开发】 首钢集团完成57项研发储备产品的业试制，其中37项实现商业供货，供货量24万吨。累计实现商业供货的板材牌号数达586个，同比增加7%。乘用车用热轧高强钢CPW800、高Al成分体系镀锌DP600产品取得突破。迁钢顺义冷轧生产线通过宝马、一汽大众等7个高端主机厂111个零件认证，宝马和一汽大众主机厂供货量分别达到0.4万吨和0.7万吨。京唐生产线通过16家车辆企业268个零件认证。高韧性管线钢X90通过中石油项目部认证与小批量试制，钢管综合性能排名国内第一。工程机械用钢SXQ460C和SXQ600D通过徐州重工认证并小批量供货400吨。API系列海洋工程用钢完成7个钢种产品认证。核电安全壳用钢SA738和10毫米～50毫米低磷低碳9Ni钢一次性试制成功，启动认证程序。新增金杯奖产品10项，金杯奖总数35项，其中3项产品获“特优质量奖”称号。

（李淑萍）

【科技成果】 首钢集团技术中心在国家认定的887家国家级企业技术中心评价中名列第二位，在冶金企业中名列第一位。取得科技成果124项，其中8项达到国际先进及以上水平，17项达到国内领先水平。获得上级科技奖励12项，其中“超大型高炉高效低耗技术集成”等3项获得冶金科学技术进步一等奖。申请专利583项，获得专利授权289项，其中发明专利104项。“热风炉定风温控制系统”获得“中国专利优秀奖”。形成技术秘密190项，其中绝密级4项，机密级25项，秘密级161项。首钢总公司获得市首批“企业知识产权管理标准化单位”。

（李淑萍）

【国家科技项目】 首钢集团获国家科技项目2项，项目获政府资金支持1506.6万元。“北京市能源用钢工程技术研究中心”获北京市科委认定。“管线钢优秀创新团队”入围北京市国资委创新团队支持项目，获资金支持50万元。

（李淑萍）

【开发合作】 首钢集团与台湾中钢双边交流拓展到热轧工序、冷轧工序和产品开发，制定恢复精轧机架除鳞等8项改进措施。与北汽联合成立“汽车材料联合研发中心”，实现980兆帕级双相钢的小批量试用。与山东兴民签订共建“车轮钢联合实验室”的协议。与美的集团就材料升级和产品增值签订先期介入合作协议。

（李淑萍）

【环保治理项目】 首钢集团钢铁业完成节能项目18项，年收益12278万元，年节约标煤54871吨。钢铁基地开展环境污染治理项目5项，投入治理资金18503万元。1号球团烟气脱硫、2×150平方米烧结机烟气脱硫、2×200平方米烧结烟气脱硫、焦化酚氰废水处理设施治理项目投入运行。削减烟粉尘750吨、二氧化硫1273吨，化学需氧量2154吨、氨氮212吨。完成二通院内污染土的处置及后期构筑物拆除，具备环保验收条件。电力厂脱硫运行费项目和环境监测能力建设2个项目获2012年度北京市污染减排奖励资金1118.8万元。完成“房地产公司二通燃煤锅炉改清洁燃料项目”改造工作，获北京市锅炉补助资金1000万元。参与北京市发改委组织的碳排放权交易政策和办法的研讨，完成《总公司碳排放权交易管理办法（试行）》制定及征求意见工作。

（李淑萍）

【首文碳纤维项目】 首钢集团首文碳纤维项目先后申请专利10项，“高强中模”特色碳纤维产品研发项目获得安徽省科技厅专项财政支持1000万元。首文高新磁性材料在产品研发和市场开发上取得较明显效果。

（李淑萍）

【出口创汇6.97亿美元】 首钢集团出口钢铁产品创汇6.97亿美元，出口收汇6.8亿美元。钢铁产品出口量104.68万吨。海外的秘鲁铁矿公司全年矿产品产销量1041万吨，跨入千万吨级矿山企业行列。与其它境外机构签订经营目标责任书，修订完善境外企业管理办法。全年进口炼焦煤到达量229.7万吨，降低采购成本1.9亿元。利用新加坡世界航运中心税收低、可享受相关优惠政策等优势，在新加坡注册设立卓航海运(新加坡)有限公司。汽车板出口意大利和瑞士，全年签约5.1万吨。热轧管线钢X70成功签约1.25万吨出口土耳其和西班牙。中厚板深加工项目的风塔门框，取得出口印度、巴西连续订单。产品出口市场包括韩国、美国、越南、智利、比利时、台湾、西班牙、墨西哥、中东等国家和地区。全年签订设备引进合同36个，累计签约金额1149万美元；到货161批，金额6469万美元；办理减免税金额5710.97万元。承揽的马来西亚综合钢厂项目发货38批次，共计4.85万吨，实现收汇12765万美元。印度埃萨焦化项目收汇6000万美元。秘鲁除尘项目完成发运设备707吨、3522立方米。

(李淑萍)

中铁二十二局集团有限公司

概 述

中铁二十二局集团有限公司(简称集团公司)是拥有铁路工程施工总承包特级，铁道行业甲(Ⅱ)级设计资质。公路、市政公用、水利水电、房屋建筑施工总承包一级，公路路基、桥梁、隧道、钢结构工程专业承包一级，地质灾害治理工程甲级和城市轨道交通工程专业承包资质企业。拥有对外工程和境内国际招标工程经营资质、外派遣实施境外工程所需劳务人员特许经营权的集团公司。截至年底，集团公司有施工、运输、生产、测量及试验等实物设备资产8463台(套)，设备原值14.647亿元，净值7.548亿元，设备成新率51.53%。年末，在建项目182个，合同总投资740亿元，剩余合同投资311.6亿元，全年累计完成施工产值191.98亿元。完成主要实物工程量：路基土石方5815万方，桥梁48330延长米，公路制梁3033片，铁路制梁2495孔，公路架梁3363片，铁路架梁1775孔，完成铁路、公路隧道合计73302延长米，完成房建85.7万平方米，完成铁路正线铺轨596公里，站线铺轨70公里。获国家级工法三项，获铁道学会部级科学技术奖4项，中国施工企业协会科学技术奖4项，股份公司科学技术奖3项。评定科学技术奖6项，其中一等奖3项、二等奖2项、三等奖1项；认定企业三级工法9项；评定优秀论文62篇。受理专利21项；授权专利16项，其中发明专利2项。组织5项科研项目申报北京市科委组织的企业“加计扣除”科研项目鉴定工作，归集研发经费933万元，减免企业所得税116.6万元。获全国工程建设质量管理优秀企业、股份公司安全生产达标单位，18项工程获省部级和中国铁建杯优质工程奖，获6个国家级和9个省部级优秀QC成果。

地址：石景山区石景山路35号
电话：51889839
邮编：100043

(万红梅)

【主要经济指标】 年内，集团公司新签合同项目175项，合同总额为202.28亿元，实现营业收入195.28亿元。国有资产保值增值率120.89%，应上交款完成率100%。全年上缴利税15.98亿元，其中企业所得税1.04亿元，个人所得税0.25亿元，上缴地税9.36亿元。

(钱春元 贺毓陶)

【邯黄铁路Ⅳ标段完工】 邯郸(邢台)至黄骅港铁路第Ⅳ标段工程线路位于河北省沧州市境内，沿途经过沧州市东光县、南皮县、孟村回族自治县、盐山县、海兴县、黄骅市、渤海新区，线路起自赵庄跨京沪高速公路特大桥桥尾DK254+973，止于港区矿石码头装车站DK386+650，标段全长130.05公里。合同投资额289453万元。主要工程量：路基土石方1596万断面方，特大桥8座22436延长米，大桥10座2502延长米，中桥29座2329延长米，框构桥15座，涵洞356座6793横延米。12月28日全线开通。项目于2010年9月开工。

(李 坛)

【茂名至湛江铁路完工】 新建茂名至湛江铁路位于广东省西部，连接茂名、湛江两地级市。沿途经茂名市(茂南区)、湛江市(吴川市、坡头区、遂溪县等县市区)，新设吴川站、塘缀站、黄略站，接入黎湛铁路塘口站，同时预留黄略至湛江西站正线连接条件。合同投资额为149017万元。主要工程量：线路正线全长77.05公里(双线)，计划架梁1135孔，其中32米梁1076孔，24米梁50孔，20米梁9孔。正线铺轨155.05公里，车站2个，道岔铺设30组，站线铺轨6.439公里。道砟44万方；以及铺轨基地和三处存砟场等大临设施建设工程。12月28日正式开通。项目于2009年9月开工。

(李 坛)

【湘桂铁路柳南段工程完工】 湘桂铁路柳南段标段里程：D1K660+569.91－D1K692+569.29(柳南线)；NGDK660+569.91－NGDK692+678.84(南黎线)，全长64.361公里。线路途经黎塘、古辣等五个镇。标段范围内改移道路、迁改、路基、桥涵(含梁体预制及架设)、隧道、房屋、站场、其他运营生产设备及建筑物、大临及过渡工程、同时承建2～5标段铺架工程。合同投资额447354万元。主要工程量：路基土石方288万断面方、桩基钻孔16.4万米、混凝土130万立方、道碴约126.6万方、钢材约15万吨、基底处理(水泥搅拌桩44.6万米、CFG桩6.4万米、抗滑桩砼1.7万方、桩板挡土墙砼1742方)。12月30日正式开通。项目于2009年10月开工。

(李 坛)

【津秦铁路工程完工】 天津至秦皇岛客运专线铁路集团公司下属津秦指挥部负责DK41+932.43－DK69+615.92段施工，全长24.358公里。主要工程为滨海站、永定新河特大桥、滨海北站及滨海站引出动车走行线。本管段轨道板单线48.7公里。重点工程为宁车沽永定新河特大桥，大桥全长19.2公里，共593孔。上部结构以单孔32米和24米简支箱梁为主，其中32米简支箱梁503孔、24米简支箱梁60孔、28米简支箱梁2孔、20米简支箱梁3孔、27米简支箱梁2孔、40米现浇简支梁2孔和连续梁7联，分别跨越北环铁路、杨北公路及匝道、京津高速公路、永定新河及南岸河堤、规划津汉快速路等。合同投资额107102万元。12月1日正式开通运营。项目于2008年11月开工。

（李　坛）

【安全质量】 集团公司坚持“安全第一，预防为主，综合治理”和“百年大计，质量第一”方针，牢固树立“质量建企，安全稳企”理念，以标准化建设为主线，风险控制为关键，确保结构安全为重点，落实终端责任制为支撑，严格管理，依靠科技，加大安全质量投入，改善安全生产环境，构建安全质量长效机制。与工程公司、直属指挥（项目）部签订安全生产包保责任状，各级实行层层承包，实现安全目标。明确安全生产目标、机构、人员、责任，加大奖励与处罚力度等，形成上下联动安全质量管理网络。开展“全国安全月”和“全国质量月”活动，召开专题视频会议，部署安全质量工作。全年未发生较大及以上安全责任事故；未发生重大责任交通、火灾、火工品及铁路行车险性事故；未发生重大施工质量事故。

（任朝敏）

【科技成果】 集团公司新立科研课题27项，资助经费125万元。分级审查重大、重要、一般技术专项方案125项。其中，科技部组织重大专项技术方案审查18项。7项科技成果通过股份公司评审，成果水平评价为国际先进水平2项，国内领先水平4项，国内先进水平1项。获国家级工法三项，其中《跨四线提梁机配合运架一体机架梁施工工法》获国家一级工法；《海底隧道穿越浅滩富水砂层分区止水施工工法》《超高双肢空心墩快速施工工法》获国家二级工法。获铁道学会部级科学技术奖4项，其中《广州新客站综合施工技术研究》《复杂条件下深水大跨双线铁路连续刚构梁柔性拱施工综合技术》获二等奖，《岩溶地区高风险瓦斯突出隧道关键施工技术研究》及《现场预制砼T型梁整体立、拆模系统及整体钢筋笼制安系统及配套系统》获三等奖。获中国施工企业协会科学技术奖4项，其中《复杂条件下深水大跨双线铁路连续刚构梁柔性拱施工综合技术》获一等奖；《液压龙门式轨排铺轨机铺轨施工技术》《隧道衬砌台车快速定位系统开发与应用》《哈尔滨地铁一号线利用既有人防工程关键技术研究》获二等奖。获股份公司科学技术奖3项，其中《卵漂石富水地层城市地铁暗挖隧道下穿南水北调管廊施工综合技术研究》获二等奖；《M5－10型车载式布枕机研制与应用》《严寒条件下框架桥火灾病害大面积维修加固施工技术》获三等奖。《严寒条件下框架桥火灾病害大面积维修加固施工工法》获优秀工法二等奖。评定科学技术奖6项，其中一等奖3项、二等奖2项、三等奖1项；认定企业三级工法9项；评定优秀论文62篇。受理专利21项；授权专利16项，其中发明专利2项。

（应爱武）

北京北重汽轮电机有限责任公司

概　述

北京北重汽轮电机有限责任公司隶属于北京京城机电控股有限责任公司，前身是创建于1958年的北京重型电机厂，2000年10月实施“分立式”债转股正式设立北京北重汽轮电机有限责任公司（以下简称北重公司）。以生产经营电站汽轮机、汽轮发电机、电站辅机、燃气轮机等设备及工程总包业务为主的大型发电装备制造企业。拥有以数控设备为主的生产加工设备700多台（套），装备水平精良；拥有高速动平衡室、发电机试验站、理化实验室、X光射线室、无损探伤室、绝缘试验室等试验检测设施，试验检测设施完备。占地面积26万平方米，其中建筑面积18万平方米。注册资本7.8亿元，员工1800余人，其中工程技术人员330人。年内，贯彻落实科学发展观，面向国内外发电设备细分市场，以“清洁高效、制造精良，成为在细分市场中具有竞争优势的发电设备制造和服务的供应商”为使命，形成以亚临界、超临界300MW及360MW湿冷、空冷、单双抽供热火电机组和超超临界660MW机组等大机组，以及余热利用、生物质发电、热电联产、垃圾发电等领域小机组为主导产品系列，产品容量自12MW到660MW，具有年产5000MW火电机组的生产能力。拥有专业的售后服务平台，为客户提供660MW及以下汽轮发电机组改造、技术咨询以及电厂节能降耗全面解决方案，具备电站设备成套、电厂检修、工程总包业务能力。公司生产的300MW等级机组各项性能达到国际先进水平，在“全国发电可靠性火电300MW级金牌机组”

1月14日，热电站系统签约　　（北重公司供稿）

及“全国火电300MW级机组竞赛”评比中获得多项荣誉,产品遍及中国各大发电集团和地方(企业)电力公司的众多电厂,并出口到印度、印度尼西亚、越南等国家。获中华全国总工会授予“全国模范职工之家”荣誉称号;与青海华鼎重型机床有限责任公司合作的CK61315×18/100数控重型卧式车床,获年度能源装备企业应用国产数控机床优秀合作项目;获北京市厂务公开协调小组授予“北京市厂务公开民主管理先进单位”称号。发电机制造部装配车间转子QC小组发表的《提高转子线圈装配质量》和辅机制造部QC小组发表的《提高汽封体焊接质量》QC成果获全国机械工业优秀质量管理小组活动成果一等奖。

地址:石景山区吴家村57号
电话:68632552
邮编:100040
传真:68639675
网址:http//www.bzd.com.cn
邮箱:office@bzd.cn

(唐　艳)

【主要指标完成情况】 北重公司主营业务收入完成81300万元,其中大机组业务完成40000万元,小机组业务完成6400万元,服务业务完成34900万元。应收账款净额39800万元。新增订货完成172000万元。主营货币收入116500万元。产品包括:电站汽轮机,大机组4台/1030MW、小机组4台/84MW。汽轮发电机,大机组3台/1050MW、小机组6台/200MW。汽轮机、发电机改造各2台/400MW。辅机330MW冷凝器5台、低加4台、机座4台,600MW低加2台。

(唐　艳)

【推进战略举措】 北重公司完成“十二五”战略中期评估,深度分析公司内外部环境变化,明确培育燃机业务作为新增长点的思路,调整公司战略目标,制定下一步经营策略。推动重型燃机技术引进工作,开展与Alstom合作谈判,组成联合投标体。完成对华能北京热电项目、华电石家庄热电项目、京能深圳钰湖项目的技术推介。整合质量检验、试验资源,对质量保证部组织机构、岗位与职能进行优化。

(唐　艳)

【区域营销管理】 北重公司区域营销管理模式初显成效。合理配备区域营销队伍,加强与各区域对口单位联系及重点区域项目跟踪力度,在新疆签订6台300MW级机组。在控股公司组织下,与中国通用技术集团就项目合作进行对接,为开拓海外市场打下基础。借助首台套超临界350MW机组成功运行业绩,宣传超(超)临界660MW机组新产品技术,提升公司影响力。

(唐　艳)

【做宽服务业】 北重公司继续动态跟踪业主机组服务需求,拓宽渠道,签订台州8#通流改造及发电机定子修理、阿达尼转子备件等重点机组改造、备件修理等合同。借助控股公司融资租赁平台,成功获得山西同德铝业设备总包及山东益仁纸业二期工程总包项目,为获取总包资质、推动总包业务发展奠定基础。

(唐　艳)

【科技开发】 北重公司汽轮机产品开发:完成君正200MW、其亚360MW、神华25MW等17项合同产品开发;完成超临界350MW采暖抽汽凝汽式汽轮机等3项新产品开发;完成712叶片动频试验以及660MW机组调节级安全性分析、通流气动设计及隔板加工工艺优化等5项科研项目开发;完成25-50MW机组主油泵结构及调节保安系统、管式冷油器设计优化,以及330MW机组整体喷嘴组工装优化、汽缸T型槽加工方案优化设计。电机产品开发:完成Q100其亚360MW、Q86S17-18越南安庆60MW、Q76S32奥福30MW等14项合同产品的开发;完成Q109空内冷75MW、Q108双水内冷330MW以及二代小机组中20MW、25MW、33MW功率等级的高、低压产品技术设计等11项储备产品开发;完成660MW发电机转子风扇叶型和特性曲线测定等7项科研项目;完成60MW发电机二机无刷励磁机技术完善。

(唐　艳)

【质量管理】 北重公司坚持推进质量损失统计、分析、责任追究工作,加大质量考核力度,对旗能、其亚等项目质量事故责任人进行经济处罚;推进PQR质量控制文件编制;从供货成本、质量、进度、服务等方面对部分供方完成测评,加强对供方的动态管理;有序推进体系认证、质量检查及督查、QC活动、质量评选等工作。

(唐　艳)

【财务管理】 北重公司出台成本费用管理制度,完善成本费用管控流程,常态化管控目标成本,定期开展差异分析和预警;创新工作方法,与银行开展应收保理业务,有效缓解公司资金压力;统筹资金支付,提高资金使用效率,全年降低财务费用922万元;规范审批流程,发挥价格管理作用,对成套目录外物资采购审减金额879万元,切实推进采购降成本工作;财务、技术等部门配合,争取到1000万元国有资本经营预算资金支持;获财政部进口物资免税73.4万元。

(唐　艳)

北京巴布科克·威尔科克斯有限公司

概　　述

北京巴布科克·威尔科克斯有限公司(简称北京巴威公司)成立于1986年,是美国巴布科克·威尔科克斯有限公司(简称美国B&W公司)与北京京城机电控股有限责任公司各投资50%组建的国内首家合资电站锅炉制造企业,具有生产百万及以下等级超临界电站锅炉、超超临界电站锅炉、W火焰超临界电站锅炉、锅炉岛以及烟气脱硝(SCR)等相关电站环保产品生产能力,为电站提供设计方案和技术服务,年生产能力800万千瓦,总资产51亿元。年内,北京巴威公司面对电力市场长期处于低位运行、生产能力过剩、经营竞争激烈局面,公司全体员工创新营销,努力寻求市场突破,严控风险,保持公司稳健发展。签订浙江温州2×660MW高效参数超超临界、贵州安顺2×660MW W火焰超临界、内蒙集宁2×350MW超临界、河北涿州2×350MW超临界锅炉及脱硝项目合同，签订合同额32亿元，实现销售收入20.6亿元。取得首台出口越南翁岸锅炉岛项目1号锅炉一次水压试验成功、首台出口印度尼西亚阿迪帕拉（Adipala）1×660MW锅炉成功完成整体水压试验、首台百万等级浙江舟山2×1030MW超超临界1号锅炉水压试验获得成功、首个总承包工程甘肃张掖脱硝改造项目顺利通过168小时试运行业绩。电站技术服务分公司推进电站环保产品，发展服务业务，营销合同3.2亿元，为公司开辟新的利润增长点。北京巴威公司“论装备制造业战略转型中的信息化服务精细管理”和“生产用刀据及备品备件集中管理体系的构建与实施”两项目获第二十八届北京市企业管理现代化创新成果二等奖；燃烧器车间锻工段、备料段分别获年度全国机械工业优秀质量信得过班组一等奖和二等奖；重容车间QC小组、改变QC小组分别获年度全国机械工业优秀质量管理小组活动成果一等奖和二等奖。

地址：石景山区石景山路36号
电话：68862244
邮编：100043
传真：68861336

（南英杰）

出口越南锅炉岛设备投产运行　（巴威公司供稿）

【签订浙江温州锅炉合同】 1月，北京巴威公司与浙江能源集团签订温州电厂四期2×660MW超超临界燃煤机组项目合同。温州电厂四期“上大压小”项目列入浙江省“十二五”电力发展规划，该工程可行性研究报告于2011年2月通过电力规划设计总院审查，上年1月，国家能源局批复同意。该工程业主定标方案为一次高效，即锅炉的主要设计参数为1958T/H，29.40MPa(a)/605/623℃。1月6日，北京巴威公司召开温州电厂四期2×660MW超超临界燃煤机组项目移交会。此合同是北京巴威公司第一个高效参数锅炉合同，同时成为国内第三家拥有高效参数合同业绩锅炉制造商。

（南英杰）

【签订安顺锅炉合同】 5月30日，北京巴威公司与国电贵州安顺发电有限公司签订2×660MW三期扩建工程锅炉及附属设备采购合同。该项目由国电集团出资建设，上年4月取得国家发展改革委员会核准批文，上年12月4日由国电诚信招标有限公司公开招标。1月25日开始合同谈判，5月30日合同签订。北京巴威公司签订的2×660MW三期扩建工程是国务院2012年2号文件《关于进一步促进贵州又好又快发展的若干意见》中点名的火电项目，是贵州省“西电东送”“黔电送粤”主要电源点之一。

（南英杰）

【签订内蒙锅炉合同】 8月5日，北京巴威公司与京能内蒙古集宁电厂签订2×350MW超临界锅炉及附属设备采购合同。该项目由北京能源投资（集团）有限公司投资建设，内蒙古京能集宁热电项目筹建处负责筹建。5月，由北京国际电气工程有限责任公司负责公开招标，北京巴威公司参与投标。上年9月开始合同谈判，是年8月5日合同签订。该项目主要为集宁工业园区和集宁新建城区供热，是政府支持的民生工程。本期工程建设2×350MW空冷超临界燃煤供热机组，规划容量为4×350MW间接空冷超临界燃煤供热机组。工程由华北电力设计院负责规划，煤质为锡林郭勒盟神华胜利煤田褐煤，属于高挥发分、低灰分、高水分、中高硫分、低热值褐煤，同步建设脱硝装置。此项目是北京巴威公司承接的国内首台褐煤超临界机组。

（南英杰）

【首个EPC总承包工程】 10月9日，北京巴威公司电站技术服务分公司首个总承包工程甘肃电投张掖发电有限责任公司脱硝改造项目2号锅炉顺利通过168小时试运行。张掖脱硝项目3月28日开始施工，5月1日2号锅炉第一罐混凝土浇筑，5月26日吊装钢架第一钩，8月18日烟道通烟，9月25日氨站一次试车成功和首次喷氨一次成功。10月9日顺利完成168小时试运行。

（南英杰）

【签订河北涿州锅炉合同】 10月12日，北京巴威公司与京能河北涿州京源热电有限责任公司签订2×350MW超临界锅炉及脱硝设备采购合同。该项目由北京能源投资（集团）有限公司投资建设，北京能源涿州热电项目筹建处负责筹建。1月28日取得国家发展改革委员会批复。7月，由北京国际电气工程有限责任公司负责公开招标。9月开始合同谈判，10月12日双方正式签订合同。本期建设2×350MW超临界供热发电机组，年供电量约35亿千瓦时，年供热量约543万吉焦，供热面积约1800万平方米。工程由华北电力设计院负责规划，煤质燃料为准格尔矿区和大同矿区混煤，同步建设脱硝、脱硫装置。

（南英杰）

【开发锅炉大板梁设计软件】 11月20日，北京巴威公司与清华大学合作进行的电站锅炉大板梁设计、制造和安装技术软件正式启用。该技术研究与开发得出具有研究价值和实用价值的结论，为公司工程技术人员设计工作提供技术支撑。该软件通用性强，覆盖北京巴威公司几乎所有锅炉产品，能有效实现锅炉大板梁计算程序化。

（赵　斌）

【出口印度尼西亚锅炉】 12月29日，北京巴威公司设计制造的印度尼西亚阿迪帕拉（Adipala）1×660MW超临界锅炉成功完成整体水压试验。该锅炉水压试验压力按ASME规范及B&W公司标准，经过一次汽系统和二次汽系统分别升压稳压，检查无泄漏现象。该锅炉上年开始安装，是印度尼西亚国家首台使用的660MW超临界锅炉。

（南英杰）

【新技术取得发明专利】 上年，北京巴威公司为越南汪秘热电厂设计制造的330MW燃煤机组成功完成360小时试运行，成为在世界范围内第一台纯烧越南无烟煤运行的锅炉，该炉型成功解决此煤种点火、稳燃技术难题。年内，该项技术取得发明专利。

（南英杰）

【电站技术服务分公司】 上年，电站技术服务分公司成立。是年，完成首个总承包工程甘肃张掖脱硝改造项目，顺利通过168小时试运行。电站技术服务分公司已具备执行EPC项目基本能力和运行经验，形成EPC项目管理体系。完成首台锅炉低氮燃烧改造，完成第一个智能吹灰项目——内蒙准格尔项目。

（南英杰）

【首台百万等级锅炉】 北京巴威公司设计制造的首台百万等级浙江舟山2×1030MW超超临界1号锅炉水压试验获得成功。1号锅炉于11月13日开始水压试验，经过一次汽系统和二次汽系统分别试验，在压力升至规定压力后，系统无泄漏等异常现象，稳压阶段压力稳定，经电厂及相关单位全程见证，由中国特种设备检验研究院宣布通过水压试验。浙江舟山项目是2010年北京巴威公司与浙能集团签订的2×1030MW超超临界锅炉，北京巴威公司按照用户要求设计超超临界参数、螺旋炉膛、一次中间再热、平衡通风、固态排渣、全钢构架、全悬吊结构Ⅱ型布置，锅炉配有带循环泵的内置式启动系统。锅炉设计煤种为烟混煤，校核煤种为晋北烟煤，锅炉采用中速磨冷一次风机直吹式制粉系统，前后墙对冲的燃烧方式，两台锅炉同时安装脱硝装置。2010至2011年，北京巴威公司进入全面设计阶段。2011年至2012年，锅炉多个部件进入生产制造阶段。舟山项目是北京巴威公司实施的首台百万等级锅炉。

（南英杰）

【科技研发】 年内，北京巴威公司加大研发投入，在1000MW“W”火焰锅炉、1000MW塔式锅炉研发取得技术创新。全年获6项技术创新项目实用新型专利、2项软件著作权。

（南英杰）

北京
2014
石景山年鉴
BEIJINGSHIJINGSHANNIANJIAN

商业贸易

华夏典当行
品真阁
PinZhenGe

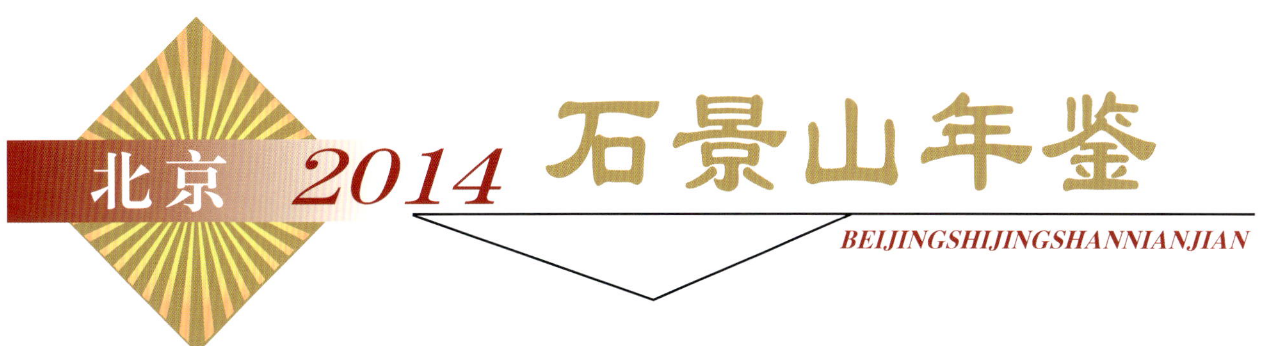

石景山区商业经过多年的培育打造，大体量商业不断涌现，商业服务设施总体规模不断扩大，形成囊括百货店、购物中心、综合超市、专业店等较为完善的商业业态，总商业面积超百万平方米，其中万平方米以上综合百货4家、购物中心1家、仓储会员店1家，千平方米以上超市17家，规模餐饮企业53家，专业店5家，市级特色商街1条。

年内，区委、区政府高度重视社区商业建设工作，从便民、利民出发，以早餐店(餐饮)、超市便民商店、便民菜(水果)店、再生资源、美容美发、洗染、代收代缴七种业态为重点，全面推进社区商业便民服务体系全覆盖工作。截至年末，全区142个社区中95个社区实现全覆盖，覆盖率达到67%，7个社区获评北京市商业示范社区，其中玉泉西里西社区、西山枫林社区获国家级商业示范社区。

石景山区不断加快转变外经贸经济发展方式，坚持稳中求进，扩大增量，提高质量。引进外经贸企业从工业生产到商业零售、汽车出租、科技研发、咨询服务、文化创意产业等领域，全部符合区域发展定位。外资来源遍及亚洲、美洲、欧洲和大洋洲的30个国家和地区，为石景山改革发展创造更好经济环境。全年新批外商投资企业33家，投资总额1亿美元；注册资本6338万美元；合同外资总额5695万美元；平均投资规模303万美元。

商　　务

概　　述

北京市石景山区商务委员会(简称区商务委)是负责本区内外贸易和对外经济合作的区政府工作部门。年内，围绕年初确定的工作思路，做好“促消费、保增长”、深化“数字商务”应用、创建“电商联盟”、统筹蔬菜零售网点布局、完善社区商业一刻钟服务圈体系、规范再生资源回收体系建设、打造总部经济格局、争取商业保理试点、探索文化保税区落地、强化机关党建，完成市、区折子工程、拟办实事等重要工作任务。实现全区社会消费品零售额2070000万元，同比增长12.2%。统筹推出“2013主题消费年活动”，以汽车穿越、点击购物、美食特色、时尚潮流四大板块贯穿全年，打破原有“政府搭台，企业唱戏”模式，以企业为主体，市场为导向，整合商业、旅游、文化、体育等资源，针对不同业态、消费人群、消费热点施行整合营销新模式，提升和拉动本区社会购买力。按照“一刻钟”覆盖要求，以“菜市场、生鲜超市、便民菜店为主体，以车载直销点为补充的‘3+1’模式”为主要内容，规划三年蔬菜零售网络格局。加强社区商业便民服务体系建设和研究，完成全区142个社区7种社区商业主要业态调查分析。明确社区商业便民服务体系建设思路，提出三级社区商业发展模式和“一提二转三补四建”建设思路。完成早餐市场情况调研，提出早餐工程建设试点工作方案，争取试点区县资格。全面应用“数字商务”系统，做好产业规划布局。拟定开展北京市商业保理试点工作实施方案，与市商务委沟通，争取“北京市商业保理试点”落户本区。出台促进商务楼宇经济发展若干办法，创建“一站三平台”商务楼宇经济运行服务站，实现楼宇运行监测与分析，促进形成商务服务业集聚区和主题楼宇。引进国内最大家电电子商务服务商新七天，家庭电视购物平台环球购物及知名电子商务研究调查机构艾瑞咨询等，全区电子商务企业近300家。银河综合商务区获市首批商务服务业集聚区称号。

地址：石景山区石景山路18号
电话：68607225
邮编：100043

(郝　响　张　焰)

【永辉电子商务总部落户】 3月初，永辉超市股份有限公司旗下电子商务全国总部——北京永汇众腾科技有限公司在本区完成注册登记，注册资金5000万元。永辉超市是中国首批将生鲜农产品引进现代超市流通企业之一，被百姓誉为“民生超市、百姓永辉”。北京永汇众腾科技有限公司是一家集设计、生产、销售一体化的品牌运营企业。

(董　华　张　震)

【万达电子商务总部落户】 3月初，万达集团电子商务全国总部——万达信息科技有限公司在本区完成注册登记，注册资金6000万元。万达信息科技有限公司是万达集团根据石景山区产业发展定位及自身发展需求设立的专业电子商务公司，以线上线下结合(即O2O模式)为主要经营模式。

(董　华　张　震)

9月7日，京西消费节　(区商务委供稿)

【典当行业年审】 3月,完成北京市典当企业年审工作。14家典当企业通过审核。其中,12家被评为A类企业(最高级),2家被评为B级,1家(北京融通典当有限公司)停业整改。上年全区15家典当企业开展业务1488笔,典当总额累计70743.73万元,同比增长13.2%。业务范围涵盖动产质押、房地产抵押、财产权利质押等。

(刘　珊)

【粮食平衡调查】 3月,完成上年辖区粮食供需平衡调查。调查城镇居民64户、粮食经营及转化企业30家、餐饮企业及单位食堂30家,形成2012年度石景山区粮油供需平衡调查报告。基本掌握全区上年粮油产品供给量、需求量、库存量等基础性数据。

(刘　珊)

9月24日,新五星菜市场升级改造完成　(区商务委供稿)

【电子商务消费节】 5月26日~6月30日举行。由区商业联合会、区电子商务联盟主办,丰台区、房山区、门头沟区商业联合会支持举办。本届电子商务消费节是2013京西消费年四大重要板块活动之一,延续上届"惊喜在京西"理念,突出"跃动指尖,点击惊喜"活动主题,主要包含京交会电子商务大会、电子商务知识大讲堂、点击购物微博影展和每日一战大庆典等主题活动。拉动参与企业销售增长15.4%,实现销售额突破亿元,带动电子商务服务企业服务收入超过4000万元。

(徐　沫)

【成品油行业年检】 5~7月,区商务委组织开展辖区成品油经营企业上年度经营资格年检工作,应参加年检企业17家(其中包括加油站16家,石油制品商店1家),实际参检企业11家,年检率64.7%,合格率100%。北京福寿岭加油站等6家加油站因为拆迁、申请变更事项等原因未参加经营资格检查。

(刘　珊)

【参与电子商务大会】 5月28日~6月1日,2013中国(北京)电子商务大会与第二届京交会同步举行。区商务委积极参与电商大会展览、推介、政策发布和项目签约等多个板块活动。在大会分论坛"电子商务企业推介会"上,本区发布电子商务政策,组织大朴网、易宝支付等驻区电子商务企业进行企业家对话、项目推介、项目签约,举行石景山区电子商务联盟揭牌仪式;在5家企业选择最适合电子商务企业落户区县的匿名投票环节中独得3票,区域电子商务发展环境和政策得到与会观众和媒体的广泛关注和肯定。本区电子商务联盟展位吸引和聚集大量专业观众咨询、互动,服务交易较业届增加。

(徐　沫)

【京交会签约150000万元】 在6月1日第二届京交会"北京日"活动中,北京漫游谷信息技术有限公司、北京丽贝亚建筑装饰工程有限公司分别与境内外多家企业签约相关服务贸易,合同总金额突破70000万元人民币。期间,驻区参会企业达成签约150000万元人民币,相比首届京交会交易额增长20%。

(董　华　张　震)

【银河商务区获集聚区称号】 在京交会"北京日"活动中,银河综合商务区被授予北京市首批商务服务业集聚区称号。该商务区是本区"十二五"规划重点打造高端商务功能区之一。至年末,北方中惠国际中心、首钢资源大厦、搜狐畅游大厦等多个总部落户银河综合商务区,形成总部经济为特征的商务服务集聚区。

(徐　沫)

【华夏典当行分店开业】 7月26日,华夏典当行北京第25家分店——品真阁在当代鼎城店开业。华夏典当行首创"典当+绝当品销售"全新商业模式,成功塑造"品真阁"子品牌,创造性地形成"民品典当、综合典当、绝当品销售"三大业务主线,融合典当行"金融属性及商品流通属性"。为本区引入一种新型商业模式,填补行业空白。

(董　华　张　震)

【京西消费节】 9月7日~10月10日,区商务委按照年度主题消费年部署,组织重点商业企业参与开展"2013京西消费节"活动。活动以"惠"购、"会"玩、"慧"生活为主题,以企业为主导,整合文、商、旅、体优势资源,联合开展活动。本届消费节突出创新引入租赁自行车流动广告,利用全区新设立30余个租赁站点和500余辆自行车,宣传京西消费节活动,倡导环保出行、绿色消费;开幕式以企业为主导,推出文、商、旅、体相融合大型展示秀,展示驻区企业品牌形象,提升企业知名度。活动期间,参与企业客流量2亿人次,销售额同比增长近20%。

(刘　颖　滕小宇)

【北京台湾美食文化节】 "第四届北

京台湾美食文化节”与京西消费节同步举办。活动由“两岸食品展暨中秋月饼展”“明月牵两岸，浓情系海峡”主题演出及台湾街系列主题活动三部分组成。区商务委组织北京台湾街各驻街商家旺顺阁（北京）投资管理有限公司、邓丽君音乐主题餐厅、五桂楼、艺铭东方等推出多项系列特色主题活动，包括企业优惠派送、邓丽君音乐主题餐厅——君姐私房美食季等促销活动。公众可通过活动组委会官方微博、微信加关注、博文转发等方式参与促销活动。

（刘　斌　崔晶雪）

【“数字商务”平台】 9月，由区商务委创建、经信委支持的“石景山区数字商务”系统1期开发建设完成并投入试用。该系统引用地理信息技术，采用信息化管理手段，叠加土地利用规划分析及社区人口服务能力分析等功能，为合理规划商业布局、加快商务功能区建设、推动便民工程等工作提供支撑。通过依托“数字商务”平台，利用“一刻钟”分析功能，规划社区蔬菜零售网络格局。利用“数字商务”平台，对全区社区商业网点总量、分布情况梳理，整合老社区商业布局，完善新社区商业功能。利用系统中社区人口统计、网点服务半径分析等，完成早餐市场情况调研和规划布局，实现早餐网点合理配置。通过系统中的规划选址分析辅助决策功能，对再生资源回收站点、专业分拣中心选址建设提供规划依据。

（董　华　张　震）

【新七天电子商务落户】 10月16日，北京新七天电子商务有限公司（简称新七天）商务服务商落户瑞达大厦，为本区打造特色主题楼宇增加了新兴电子商务营销模式。新七天成立于2008年5月，是国内最早一批尝试家电网上零售独立B2C平台，有完备供应、采购、仓储物流、销售体系与流程。

（董　华　张　震）

【落实总部经济政策】 10月，区商务委调查驻区129家企业资产总计和营业收入均超亿元企业，梳理出符合政策规定总部型企业近40家，初步掌握驻区总部企业基本情况，与企业建立联系。为开展政策宣讲、政策兑现，推动总部经济发展奠定基础。

（董　华　张　震）

【商业保理研讨】 11月28日，国家服务业综合改革试点区商业保理政策研讨会在区商务委会议室召开。会上，市商务委委员听取区商务委关于商业保理工作开展情况及企业讨论后强调：一要创新驱动转型。以体制机制改革为动力，优化现代服务业发展环境，创新培育和聚集优质服务企业，推动石景山区由传统制造业向现代服务业跨越转型。二要创新推动工作。继续完善办法及相关支持政策，开展商业保理业务，加强监管，强化服务中小商贸流通企业融资服务，推动商贸流通业发展。三要创新服务企业。吸引优质服务资源，创新服务模式，为企业发展提供全方位支持。司马红提出要全力以赴做好商业保理试点工作，同时严格准入制度控制风险。市商务委、相关委办局与首创集团北京农投、京西创投集团、兆通集团等10家企业领导参加会议。

（董　华　张　震）

【政策引导商务楼宇经济】 区商务委争取市级商务服务业主题示范楼宇扶持资金，出台促进商务楼宇经济发展若干办法，通过政策引导、激励，促进商务楼宇产业调整和产出提升。

（徐　沫）

【促消费保增长】 区商务委把握“稳中求进”总基调，确保社会消费品零售额稳步增长，全年实现社会消费品零售额207亿元，同比增长12.2%，增速位列城六区首位。统筹推出2013主题消费年活动，以汽车穿越、点击购物、美食特色、时尚潮流四大板块贯穿全年，打破原有“政府搭台，企业唱戏”模式，以企业为主体，市场为导向，重点商业服务业地域为载体，整合商业、旅游、文化、体育等资源，针对不同业态、消费人群、消费热点施行整合营销新模式，提升和拉动本区社会购买力。深化联席制度，加强分析研究。调整监测企业样本，新加入京顺宝、冀发贵2家零售企业和新联冶、中铁工业2家批发企业，准确预判社会零售额运行趋势。与统计局联合摸查企业纳统情况，将旺顺阁、骏宝捷等新增企业纳入统计范围。完善消费政策，挖掘企业潜力。制定《石景山区2013年“促消费、保增长”奖励办法》，兑付17家企业上年促销费奖励资金220万元，调动企业积极性，拉动消费增长。

（刘　颖　滕小宇）

【“双打”工作小组成立】 按照市“双打”办要求，成立打击侵犯知识产权和制售假冒伪劣商品工作领导小组，两位主管副区长任组长，区商务委、区知识产权局、区工商分局等25家相关部门为成员单位，办公室设在区商务委，承担双打工作组织协调。

（刘　颖　滕小宇）

【酒类流通管理】 年内，区商务委结合安全生产大检查，稳步推进酒类流通管理工作。全年新增酒类备案企业60家，售卖随附单8800份。

（刘　颖　滕小宇）

【蔬菜零售网络建设】 区商务委按照加快蔬菜零售网络建设工作方案（2013－2015年），系统推进蔬菜零售网络体系建设。统一网点建设标准、形象标识、完善支持政策。按照以菜市场、生鲜超市、社区菜店为主体，车载车售为补充“3＋1”模式，完成新五星菜市场升级改造等示范项目。截至8月，本区有菜市场、超市（便利店）、菜店247家，售菜面积24419万平方米，蔬菜日销量17.4万公斤，售菜面积38.3平方米/千人。其中，菜市场23家，售菜面积为20760平方米，蔬菜日销量13.7万公斤；超市（便利店）161家，其中经营蔬菜零售46家，售菜面积2470平方米，蔬菜日销量2.6万公斤；蔬菜（水果）店63家，售菜面积1189平方米，蔬菜日销量1.1万公斤。

（刘　珊）

【社区商业便民服务】 区商务委加强社区商业便民服务体系建设和研究，完成全区142个社区7种社区商业主要业态调查分析。截至8月，全区社区商业网点总营业面积31.65万平方米，总店面1208个。其中，早餐（餐饮）300家，超市（便利店）161家，菜市场23家,蔬菜(水果)店63家,洗染58家,美发美容221家,代收代缴55家,可再生资源回收68家。

(刘　珊)

【新增典当企业】　年内,新增典当企业3家。分别为:北京融惠典当有限公司、北京宝盛源典当有限公司、北京泰德典当有限公司,分支机构1个:北京和信典当有限公司石景山区分公司。截至年末,本区有典当企业18家,分支机构1个。

(刘　珊)

【安全宣传培训】　区商务委组织企业负责人参加市商务委举办的大型公开课,提高企业负责人安全生产责任意识。针对问题进行专项培训,讲解两个安全生产规定、燃气安全等知识和安全生产法律、法规等内容,提高企业安全隐患排查能力。深入企业开展专项培训,提高员工应急防范和处置突发事件能力。结合"安全生产月"等专项活动,面向社会开展宣传。先后组织、参与"安全生产月"咨询日、"消防主题日""安全生产条例"宣传日等大型专题宣传活动,共向市民发放安全生产宣传材料6000余份,制作宣传展板18块,确保安全宣传工作落实到位。

(张　弋)

【安全生产检查】　区商务委成立安全生产大检查工作领导小组,制定工作方案,按照安全生产规定,从安全基础、安全制度、安全监管等方面开展安全生产大检查。组织企业召开安全生产工作会10次,向企业下发文件材料2000余份,全面传达上级精神,强调企业做好安全生产工作重要性。要求企业认真落实"九个一":即落实一个责任;建立一个组织;制定一个方案;召开一个会议;开展一个检查;建立一个台帐;搞好一个整改;做好一个记录;写好一个总结,确保安全大检查工作落到实处。成立三个检查小组,检查全区83家重点规模以上商业零售、餐饮企业和菜市场。全年出动检查人员780人次,检查259家次,发现并整改隐患56处,全部整改完毕,整改率100%。

(张　弋)

对外经济

概　述

年内,以全年完成实际利用外资8748万美元,同比增长12%;新批外商投资企业33家,投资总额1亿美元;注册资本6338万美元;合同外资总额5695万美元;平均投资规模303万美元。开业外商投资企业新增投资总额1.6亿美元,新增注册资本1.4亿美元,其中外方增资1亿美元。投资总额1000万美元以上大项目3个,合计投资总额5935.8万美元,注册资本3442.9万美元,合同外资总额2901.3万美元,分别占全部新批项目56.9%、54.3%和50.9%。对外投资新设立企业8家,变更2家。对外贸易经营者备案183件。完成进出口总额7.1亿美元,同比增长13.2%,其中出口额3.5亿美元,同比增长1.6%,进口额3.6亿美元,同比增长27.0%。全年缩短承诺审批率71%。

(刘　斌　崔晶雪)

【搭建服务平台】　区商务委搭建企业与企业之间、企业与金融机构之间、企业与政府之间互动服务平台,帮助企业走出逆境,推动区外经贸企业良性发展。3月下旬,召开外贸出口企业座谈会,了解企业实际困难,分析制定工作计划及相关政策,解决企业面临问题。通过政策引导,帮助中小企业挖掘潜力,稳定中小企业外贸出口。

(刘　斌　崔晶雪)

【外贸进出口】　全年完成进出口总额7.1亿美元,同比增长13.2%,其中出口额3.5亿美元,同比增长1.6%,进口额3.6亿美元,同比增长27.0%。出口商品以工业制成品为主,主要销往美国、香港、南非、日本、新加坡、荷兰、英国、德国等国家和地区。

(刘　斌　崔晶雪)

【外资来源】　辖区累计外资主要来源增加到33个国家和地区。其中企业数量最多为中国香港,设立"三资"企业185家,外资额5亿美元;其次为美国,设立"三资"企业23家,外资额2435万美元;英国(含维尔京群岛和开曼群岛)首次超过日本,位居第三,设立"三资"企业21家,外资额1.1亿美元;三个国家和地区投资企业数分别占全区外资企业总数55.6%、2.7%和12.2%。

(刘　斌　崔晶雪)

【外资大项目】　年内,全区投资总额1000万美元以上大项目3个,合计投资总额5935.8万美元,注册资本3442.9万美元,合同外资总额2901.3万美元,分别占全部新批项目的56.9%、54.3%和50.9%。

(刘　斌　崔晶雪)

【外资结构】　截至年底,开业外商投资企业337家。按企业生产方式划分,生产型企业71家,非生产型企业266家;按合作方式划分,合资企业95家,独资企业242家,合作企业3家。累计投资总额16.5亿美元,注册资本11.9亿美元,合同外资8.5亿美元,企业平均投资规模489.6万美元。

(刘　斌　崔晶雪)

【新批外资结构】　全区新批"三资"企业中,从企业类型上分,合资企业6家,投资总额3346.9万美元,注册资本1731.7万美元,合同外资总额1118.0万美元;独资企业27家,投资总额7086.4万美元,注册资本4601万美元,合同外资总额4577万美元。从产业结构上分,新批"三资"企业全部符合本区产业发展定位。其中,商务服务类企业占97%。投资涉及科技研发、商业批发、商务咨询、外贸进出口等主要行业。

(刘　斌　崔晶雪)

【审核权限下放】　区商务委实施"走出去"战略支持政策,支持中小企业走出国门,开拓国际市场。辖区21家企业报送资料,申报待审批项目72个,合计实际拨付金额138.2万元。申报项目中:境外展览会项目22个、境外市场考察项目25个、管理体系认证项目5个、产品认证项目6个、国际市场宣传推介项目6个、电子商务项目3个、广告商标注册项目3个。其中,拥有自主知识产权和自主创新产品1家。办理"中小开"企业资质审核6家。

（刘　斌　崔晶雪）

【为外资企业解困】 区商务委深入企业调研，及时了解企业动态。重点外资外贸企业北重阿尔斯通（北京）电气装备有限公司人民币结算业务受阻，区商务委与市商务委多次沟通，解决企业前期受阻人民币结算业务。

（刘　斌　崔晶雪）

招商引资

概　述

北京市石景山区投资促进局（简称区投促局）是区政府直属负责组织、管理、协调、指导全区招商引资工作的职能部门，属工资规范管理事业单位，机构规格为正处级，下设六部一室（投资信息部、投资公关部、投资服务部、载体资源部、市场运营部、投资发展部和办公室）。年内，坚持以"大调整、大建设、大发展"为主基调，以"招大引强"为抓手，进一步解放思想，转变观念，深入挖潜，开拓创新，逐步实现招商引资由数量型向质量型的根本性转变。全年新引进企业1100家，累计注册资本金136亿元。其中，千万元以上企业130家，包括亿元以上企业23家。全区累计新增企业9343家。其中，注册资金千万元以上企业累计达904家，亿元以上企业100家。坚持金融文化双轮驱动，招大引强实现新突破。成功引进光大银行信用卡中心，并实现区级财政贡献近2亿元，成为本区第一纳税大户。第一个国家保险产业园成功落户本区。加快互联网金融产业基地建设。全年招商引资企业实现税收42.5亿元，入区库14.2亿元。经济总量不断提升，财政收入稳步增加。

地址：石景山区石景山路18号
电话：88683088
邮编：100043

（邵　彬）

【新首钢建设】 8月8日，区政府、首钢集团和市投促局签署建立联合招商合作机制协议书，共同举办"驻京中外知名企业投资首钢行"活动和第十七届京港洽谈会—"北京市石景山区国家服务业综合改革试点区暨新首钢推介会"。新首钢投资服务中心全年接待各类企业和团体20批次、200余人次参观考察首钢主厂区及动漫游戏城等地。西十筒仓街区改造方案初步确定，规划改造后总建筑面积约10万平方米，通过改造极具工业特色筒仓、料仓，打造集创意服务、工业旅游、展览展示于一体的特色街区。

（邵　彬）

【新引进企业1100家】 截至年末，全区新引进企业1100家，同比下降39%；累计注册资金136亿元，同比上升51%。其中，千万元以上企业130家，包括亿元以上企业23家，同比赠长44%。全区累计新增企业9343家。其中，注册资金千万元以上企业累计达904家，亿元以上企业达100家。招商引资企业当年实现税收42.5亿元；入区库14.2亿元，同比增长均为42%。占全区公共财政预算收入的47%。招商引资企业成为促进区域经济转型主力军。

（邵　彬）

【光大银行信用卡中心落地】 中国光大银行信用卡中心拟在本市注册为分行级专营机构，区相关部门得知信息后，积极接洽核心管理人员，宣传区相关优惠政策，力促该中心尽快在区完成工商注册及相关税务登记手续。区投促局请区人力社保局和区金融办进行多轮商讨，并与市人力社保局反复沟通，在信用卡中心因尚未办理正式落户手续，不具备人才引进条件的情况下，先行启动其高管人才引进的前置审批，大大缩短信用卡中心落地后办理人才引进的时限。年底，信用卡中心实现区级财政贡献1.94亿元，成为本区第一纳税大户。

（邵　彬）

【互联网金融产业基地建设】 区投促局实施"三项"举措，加快互联网金融产业基地建设。一是设立国家服务业综合改革试点区互联网金融产业基地，被纳入中关村互联网金融产业园战略规划，成为北京市首个挂牌互联网金融基地；二是率先在全国发布《石景山区支持互联网金融产业发展办法》（试行），为企业发展提供一系列人才、政策、服务保障；三是联合清华大学五道口金融学院共同成立北京互联网金融研究院，进一步实现本区金融创新研究与资源整合。

（邵　彬）

【载体项目建设稳步推进】 年内，中关村石景山园北Ⅰ区取得建设用地批准书，结合国家保险产业园功能定位，发挥保险行业总部企业集聚，形成以保险产业为主，依托下一代信息技术运行现代金融产业链，形成科技金融

10月24日，试点区暨新首钢推介会　　（区投促局供稿）

创新产业园区。西山汇完成建设，借助互联网技术、移动通信技术实现资金融通、支付和信息中介等新型金融模式，发展互联网与金融相结合的新兴产业，形成互联网金融产业基地。国家无线电监测中心检测中心、首钢新钢联科贸公司等80余家已入驻。西山汇A2号楼“石景山创新平台”完成内部功能布局和装修工程。

（邵　彬）

【推进重点商务功能区】　银河商务区K地块、北京市弹簧厂地块、京西商务中心东区及西区地块、北京国际雕塑园地下文化娱乐中心地块全部成功上市交易。苹果园交通枢纽规划方案基本确定；香山南路28号院（东侧用地）已具备上市条件。

（邵　彬）

【树立“石景山服务”品牌】　年内，以全区绿色通道各成员单位为重点企业办理前置审批、人才引进等各类服务事项4505件，同比增长57%；组织召开区招商引资工作领导小组专题会议2次，对19家企业申请“一企一策”政策进行研究审议；组织召开全区经济发展推进大会，重新修订26项区域经济促进政策，编制《石景山2013经济发展推进大会政策汇编》；建立服务体系，制定服务规则，为企业提供精细化服务；借助社会力量，举办各类专业知识培训和讲座13次，受众1700人次；联合招商、光大等12家银行为区内搭建投融资服务平台，先后完成融资额度2.3亿元。

（邵　彬）

【加大招商宣传力度】　区投促局联合市、区有关部门举办“第十七届京港洽谈会石景山专场推介会”“驻京中外知名企业石景山行”等大型招商活动7次，加大国家服务业综合改革试点区宣传力度；组织接待中国煤炭地质总局、中国太平保险集团、浙江和仁科技有限公司等40家高品质成熟企业；与中意赛达产业发展集团公司、香港国誉置业有限公司等15家企业签署战略合作框架协议；设立石景山区海外招商欧盟办事处，为中意两地企业搭建交流合作平台；制作宣传片《石景山——一个美丽新世界》和《首钢回忆》《创新石景山》等5部纪录片，加大搜狐视频宣传力度；策划制作《石景山招商画册》，开通“北京市石景山区投资促进局”公众微信账号。

（邵　彬）

企业经营

北京万商投资发展有限公司

【概况】　北京万商投资发展有限公司是北京市石景山区现有的大型国有独资企业之一，前身是原北京市石景山区城市建设开发公司。2006年，经石景山区人民政府批准，改制为北京万商投资发展有限公司（简称万商公司）。万商公司现有员工近千名，总资产近20亿元。以万商公司为母公司，下辖5家全资子公司及多家参股公司。子公司中含有四星级酒店北京万商花园酒店，三星级酒店北京海特饭店及北京万商如一快捷酒店管理有限公司（经济型酒店）；含有管理甲级涉外写字楼及停车场等综合物业的北京万商物业管理有限公司及石景山机动车检测场。为促进万商公司集团化转型，万商公司坚持酒店经营管理为主业，探索多元化经济发展思路，先后参股投资一家担保公司和小额贷款公司，为进军金融产业奠定基础。年内，万商公司连续三年营业收入近两亿元，上缴税金数千万元。万商物业管理有限公司获区企事业单位治安防范协会授予的先进集体称号。

地址：石景山区石景山路22号

电话：68681188

邮编：100043

（李　瑾）

【万商如一酒店分店开业】　2月22日，万商如一酒店八角游乐园店正式开业。该店是万商如一公司开办的第7家连锁店，也是经营规模最大店。

（李　瑾）

【签订K地块收购合同】　3月15日，万商公司与市土地整理储备中心石景山区分中心就K地块事宜签订《银河商务区K地块北京市国有土地收购合同》。

（李　瑾）

【机动车检测场行政许可复评】　5月21日，由市技术监督局评审组专家对机动车检测场进行《机动车安全技术检验机构检验资格许可技术条件》资格复评审，经过评审组专家进行现场评审，确定检测场达到验车资格要求，通过行政许可资格复评审。核发《机动车安全技术检验机构检验资格许可证》资格证书。

（李　瑾）

【万商大厦北停车场改造】　7月22日，万商大厦北广场升级改造工程启

2月22日，万商如一酒店八角游乐园店开业　　（万商公司供稿）

动,改造项目包括:排污管道系统、排水系统、强弱电及监控管线铺设、主路沥青混泥土铺设、路面机刨石砖铺设、北侧墙面空心砌块砖装饰、行车道及步行道改造、北侧路灯安装等。9月中旬,北停车场改造工程竣工。12月13日,车场更新收费系统,由原来的刷卡系统升级为智能拍照系统,万商停车场改造完成。

(李　瑾)

【签订K地块用地协议】 7月23日,市国土局与中标方福州泰禾房地产开发有限公司和北京华澜恒泰房地产开发有限公司联合体签订位于鲁谷路银河商务区K地块C2商业金融项目用地的《国有建设用地使用权出让合同》。

(李　瑾)

【华联商厦重装营业】 9月13日,华联商厦完成装修改造,正式营业。装修后增加面积约3000平方米,内部软件全面提升。

(袁　媛)

【续签市政府采购协议】 12月,万商公司下属单位万商花园酒店和海特饭店,向市政府采购中心递交北京市2014-2015年党政机关会议定点协议单位投标标书。万商花园酒店和海特饭店均取得市2014-2015年党政机关会议定点协议单位资格。

(李　瑾)

北京市永定林工商公司

【概况】 北京市永定林工商公司(简称公司)位于北京西南永定河绿色走廊莲石湖畔,是石景山区打造CRD重要生态功能区,与园博园隔河相对。总面积141万平方米,其中公园绿化区121万平方米,工副业经营区17万平方米,总部办公区3万平方米。总注册资金3021万元。公司机关设办公室、人事劳资科、计划财务科和经营管理科、后勤服务部。下设都西景河绿化公司、林业送变电工程公司等5个直属单位。在职职工114人,其中高级技术人员3人,中级技术人员21人,中高级技术工人90人。年内,全面贯彻落实党的十八大精神,实施园林绿化"十二五"规划,公司经营由生产型向管理服务型转变。公司党委领导班子按照"坚持绿色转型、提升经营发展、传承永定精神、打造一流公园"发展方针,坚持以"促转型、谋发展、凝众心、构和谐"为中心,完成休闲森林公园项目建设和园博园北京园服务接待工作。探索建立公园长效运营发展机制,各项工作总体进展顺利,综合成效明显。全年实现经营收入1.7亿元、税前创利600万元、上交各种税金510万元。

地址:石景山区京原路55号
电话:88957379
邮编:100043
传真:88957379
邮箱:ndhmp@126.com

(巩云鹏)

【永定河森林公园建设管理】 永定河休闲森林公园于2012年4月开工建设,2013年4月20日基本建设完成。同月28日正式开园。总投资约1.6亿元,总面积1815亩。为市局直属公益性城市公园,是永定河绿色生态发展带"五园一带"首个建成公园。引进"永定号"观光小火车,串联核心景观,提高公园整体游览效果和吸引力。年内,公园最大客流量4000多人次/日。

(巩云鹏)

【园博园北京园日常管理】 公司于4月26日接收园博园北京园日常管理及接待工作。制定北京园文明接待、消防应急、档案管理、信息报送、后勤服务等各项制度,设立综合协调部、接待服务部、物业管理部、安全保卫部等部门,配备管理、讲解、茶艺、安保、保洁等专职人员,严格做到分工明确,责任到人。投资60余万元购置现场办公用品、室内陈设及3辆电瓶车,专门用于北京园日常管理接待工作。

(巩云鹏)

【完成重点区域环境整治】 按照市、区政府关于加强永定河周边环境整治专项治理方案要求,结合自身实际,公司完成相关重点区域环境整治及基础设施改造工作。完成京原路石景山区与丰台区分界处两侧沿路1193米的围栏及永定河休闲森林公园、莲石湖公园出入口、停车场等重点区域的大门建设;按照区政府整治要求,自行拆除辖区内金属材料厂周边违章建筑约1960平方米,清理永定河堤顶路附近生活、建筑垃圾约1260立方米。

(巩云鹏)

北京市星宇商贸有限公司

【概况】 北京市星宇商贸有限公司(简称星宇公司)前身为北京市石景山区星宇总公司,于2006年7月改制,隶属于北京市供销合作总社,公司占地总面积2.1万平方米,其中可运营资产面积2.27万平方米。下设一室两部,即办公室、资产部、财务部。核算单位4个,即北京市星宇商贸有限公司、北京市石景山区供销合作社、北京星宇京西物资回收有限公司、北京星宇锐智广告有限公司。业务经营范围包括:房屋租赁;物业管理;广告设计及发布、企业形象策划等。年内,紧紧围绕"再改革、快发展,做大做强新型供销社"工作思路,强化管理、创新工作、内强素质、外树品牌,不断提高服务质量,维护企业和谐稳定,实现企业健康持续发展。

地址:石景山区杨庄东路128号
电话:68863473
邮编:100043

(周　烈)

【企业经营】 星宇公司坚持以资产运营为主、资本运营为辅的经营模式,探索多元化经营发展新途径。加快资产改造进程,通过提高资产运营档次,创造优良办公条件,吸引优质客户入驻,增强品牌影响力。全年完成营业收入总额1211.4万元,实现综合效益377.5万元。

(周　烈)

【土地确权登记】 年内,星宇公司完成所有土地确权、登记、核准工作,明确产权归属,彻底解决历史遗留问题。

(周　烈)

【精细化管理】 星宇公司严格贯彻落实新修订制度,保障各项工作有序开展;搭建企业办公OA系统平台和资产业务软件管理平台,规范、简化办公和业务流程,提高办公效率,全面实现电子化协同管理办公;加强各项安全管理工作,形成安全检查工作制度化、常态化、规范化,实现全年安全无事故。

(周 烈)

宏润公司

【概况】 北京宏润投资经营公司(简称宏润公司)前身为石景山区商业网点管理处,2000年1月28日,北京宏润投资经营公司正式挂牌成立,专门从事区政府授权范围内的国有资产经营和资本运营,受区国有资产管理委员会直接领导。公司注册资金5000万元。主要业务为商品零售、房地产开发、旅馆服务、粮油销售和房屋租赁。公司实行董事会领导下的总经理负责制。董事会由4名董事组成,设董事长1人;监事会由3名监事组成,设监事会主席1人;设总经理1人,副经理4人。下设4个部门:综合办公室、资产运营部、业务拓展部、财审中心。年末,在册职工428人,退休职工2921人,离休职工10人。公司其下全资企业5家:北京石景山区天翔贸易总公司、北京市京石大谷粮油供应站、北京市宏通家庭服务公司、北京市天利翔饭店、北京市康青工贸公司。控参股公司7家:北京星座商厦股份有限公司、北京石金小额贷款公司、北京嘉事堂药业股份有限公司、北京宏润圣德物业公司、北京嘉和农贸市场有限公司、北京宏鑫源房地产开发有限公司、北京宏路通商贸公司。分公司1家:古城宾馆。托管集体企业1家:北京市恒辰工贸集团。年底,宏润公司营业总收入12883万元,资产总额45064万元。

地址:北京市石景山区八角西街商业1号楼
电话:68875965
邮编:100043

(李 雷)

【星座商厦重装开业】 上年4月1日停业,启动装修改造工程。2月2日,工程完成并重新开业。改造项目包括扩大黄金、珠宝、女装经营面积,改造升级服务设施、消防设施等。改造后商场定位从综合性百货转变为以女性消费者为目标客户群的定位。

(李 雷)

【星座商厦引入杭州银行】 10月16日,北京星座商厦股份有限公司与杭州银行股份有限公司正式签约。年内,配合本区促进主导产业向高端发展,打造"长安金轴"战略,星座商厦利用一层西侧544平方米及五层西侧780平方米,引进杭州银行股份有限公司。

(李 雷)

【国华商场入驻星座商厦】 11月13日,星座商厦与国华商场举行黄金珠宝联营签约。星座商厦面对市场形势,及时调整经营业态,成功引进国华商场黄金珠宝专柜。

(李 雷)

【星座商厦完成股本调整】 年内,根据区国资委关于完善星座商厦管理体制专题研讨会精神,自4月始,历经近7个月,完成股东及股本结构调整。此次调整由原5家股东调整为3家。北京宏润投资经营公司出资人民币300万元收购北京实兴腾飞置业发展公司所持280万元股本及北京市石景山区天翔贸易总公司所持20万元股本。调整后股本结构为:星座商厦注册资本5955万元。其中,北京宏润投资经营公司出资2952.2万元,占注册资本49.58%;北京万商投资发展公司出资2463.8万元,占注册资本41.37%;北京市国有资产经营公司出资539万元,占注册资本9.05%。

(李 雷)

【变更出租车运营合作方式】 年内,北京市《关于加强出租汽车管理提高运营服务水平的意见》出台,进一步规范出租汽车行业管理。宏润公司与北京金建出租汽车公司多次协商,双方达成一致变更原合作方式。宏润公司与金建公司共同管理的北京市财福出租汽车公司,由金建公司采取一次性补偿预期效益损失775万元支付给宏润公司。宏润公司将25部出租汽车完全交于金建公司经营,与其相关的经济损益情况和债权、债务与宏润公司剥离。

(李 雷)

石景山区物资总公司

【概况】 北京市石景山区物资总公司(简称物资公司)成立于1992年8月,是以资产运营为主业的小型国有企业,下设综合办公室和开发办公室。设控股1家,即北京天庆源金属材料有限公司(以下简称"天庆源公司")。2000年8月31日成立,注册资金50万元(其中物资公司参股28万元,原金属公司10名职工入股22万元)。以物资经营为主,自负盈亏。有职工7人,劳资人事关系由物资公司统一管理。年底,物资公司有职工22人,其中男职工15人,女职工7人。年内,坚持以科学发展、安全发展为主题,围绕年度目标,推进物资经营、资产运营、内部管理、安全生产等工作,经济平稳运行,无安全、交通、火灾、上访等事件发生。

地址:石景山区古城北路3号
电话:68861843
邮编:100043

(徐国燕)

【集体协商工资】 4月28日,物资公司在平房会议室召开工会六届十二次职代会和全体职工大会。工会主席宣读工资集体协商协议和关于调整岗位工资决议,全体职工讨论并举手表决通过"自1月1日起,总公司所属在岗职工岗位工资按原工资额不高于10%比例,按岗位实际情况酌情调整"规定。

(徐国燕)

【安全生产】 10月11日,喜隆多商场火灾事故后,物资公司加大安全生产工作,重点开展安全生产大检查、安全隐患大排查大治理、火灾隐患攻坚整治"铁拳"行动、"两排一清及合用场所"消防安全排查、可燃物清理专项行动等工作。明确"一把手"对安全工作负总责,开发办为主责部门,与各科室、公司、承租方签订安全生产责任书、消防安全责任书和消防安全承诺书,层层落实安全生产责任制和消防安全责任制。落实各项安全管理制度和消防安全制度,建立安全生产管理台账和消防安全档案,修订完善各类应急预案,定期组织演练。召开安全会议部署研究,开展安全隐患自查自纠,做好日常排查检查和重要节日、重

要时期安全生产和消防安全检查，加强消防投入，配齐各种消防设施，指定专人管理。通过宣传栏、宣传单、会议、面对面讲解等多种形式，加强职工及承租方安全意识。年内，成立检查组1个。组织检查43次，发现并整改安全隐患6处，隐患整改率100%。开展宣传教育培训43次，开展演练4次，受教育20人。年内，无安全生产和消防安全事故发生。

（徐国燕）

【资产运营】 物资公司以安全与收益为工作目标，加强对综合办公楼及门面房消防安全防控管理，定期开展隐患排查整治和安全宣传教育；做好租户日常服务管理，加强房租、水电、物业管理费用催收，及时续签物业管理服务协议。年内，房屋出租率和租金足额收取率均为100%，房租收入总额281万元，与上年持平；利润总额9.9万元，比上年的9.6万元增加0.3万元，增长3.1%；上缴税金19.8万元。

（徐国燕）

【物资经营】 天庆源公司应对市场考验，加强远程代理业务进销票据催收，确保及时回款到账；谨慎开展工地业务，发展工地用户，严格工地用户考查、合同签定、价格定位、发货送货、回款期限、售后服务等环节。年内，销售钢材24200吨，比上年的31699吨减少7499吨；销售收入7660万元，比上年的10716.3万元减少3056.3万元，减少28.5%；完成利润2.7万元；上缴税金27万元。

（徐国燕）

【资产运营情况调研】 物资公司通过查看档案资料和账目、听取汇报、现场调研、座谈分析等形式，对资产开发运营工作情况进行专题调研，完成区物资总公司资产开发运营工作调研报告。

（徐国燕）

北京
2014
石景山年鉴
BEIJINGSHIJINGSHANNIANJIAN

旅游业

多彩石景山·光影新钢城
主办方:石景山区委 区政府、首钢总公司
2013光影文化季
2013 Light Art Carnival

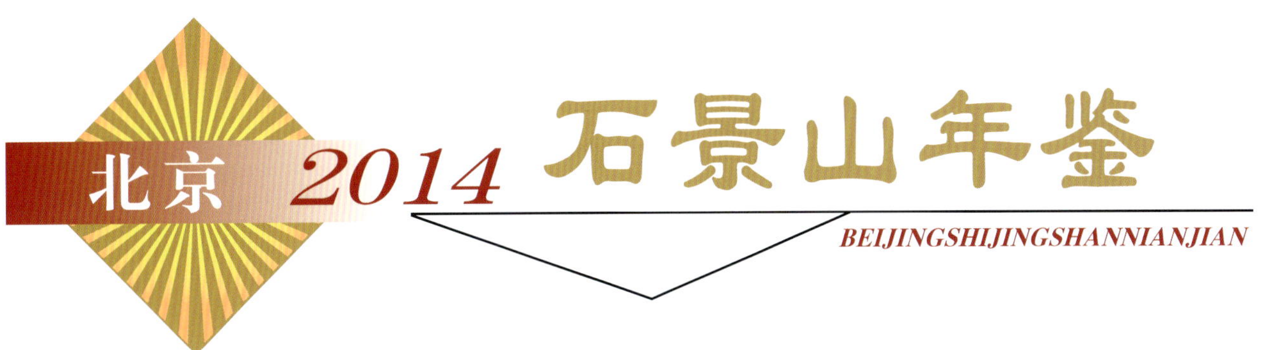

9月27日，世界旅游城市体验中心揭幕　　（区旅游委供稿）

石景山区地处北京西部，一半山水一半城，风格独特，历史悠久。自然风光优美，人文景观独特，区域旅游资源丰富多样。作为一个日益崛起的首都文化娱乐休闲区，青山碧水，笑靥温馨，充满精彩和神奇。从春秋战国的燕国碣石宫到魏晋南北朝的戾陵堰遗址，从精美绝伦的法海寺宫廷壁画到蜚声中外的八大处释迦摩尼佛牙舍利，从西进京城的军事交通要塞模式口古镇到北京现代工业的发祥地百年首钢，从华北规模最大项目最多的石景山游乐园到长安街边最大的现代绿色艺术天地北京国际雕塑公园……沿着蜿蜒的永定河，听着悠扬的古道驼铃，历史的厚重积淀，人文的溢彩流连，加之绿色、时尚、创意、科技的高度融合，成就一座真正的魅力之城，精彩绽放，欢乐飞扬。随着北京城市空间发展规划调整和城市功能转变，区委区政府提出由传统工业石景山向绿色生态石景山全面转型，以近城山水和都市林荫为特色，按照北京建设"世界一流旅游城市"要求，以国家服务业综合改革试点区建设为契机，将旅游休闲产业作为五大支柱产业之一，致力于打造"首都文化娱乐休闲区(CRD)"和"首都旅游创新发展区"。年内，挖掘区内丰富历史文化和旅游资源，全面推进西山八大处文化景区、首钢工业文化旅游区、世界旅游城市联合会总部基地和世界旅游城市体验中心建设，完善4A景区及旅游道路等基础设施，深化四季节庆品牌活动。尝试建立旅游决策的长效工作机制，设立旅游发展专项资金，注重挖掘项目，促进旅游产业融合发展。建设智慧旅游服务平台，举办"光影文化季""动漫北京"、京西消费节、台湾美食文化节等，开展系列惠民文化旅游项目。同时，深入研究关于促进旅游与文化、商业、体育、信息等相关产业融合的有效措施，积极推动区域合作，探索京津冀一卡通旅游区域合作新模式。加强旅游行业管理，全面提升服务水平，形成旅游大发展新格局，旅游经济总量实现较快增长。全区旅游实现综合收入38.69亿元，同比增长12.3%，旅游接待人数超过900万人次。截至年底，全区有旅游经营单位185家，经营规模进入全市旅游统计范围的41家。主要景区点共8家，其中4A级景区2家，3A级景区1家，文物参观点4家，精品公园1家。星级宾馆5家，其中四星级1家，三星级2家，二星级2家，社会旅馆110家。驻区旅行社20家，旅行社分支机构42家。

旅游管理

概　　述

北京市石景山区旅游发展委员会（简称区旅游委）是负责本区旅游行业管理的区政府工作部门。当年，在区委、区政府领导下，召开旅游产业发展大会，推进体制机制创新，出台加快旅游产业发展的若干意见，设立区旅游产业发展专项资金，推动旅游产业跨越式发展；争取世界旅游城市联合会总部基地和体验中心市级重大项目落户石景山，完成世界旅游城市联合会总部基地体验中心一期工程；推进北京西山八大处文化景区和首钢工业文化旅游区建设，举办"2013光影文化季"系列活动，首钢工业文化旅游区获批市3A级旅游景区；推进旅游公共服务体系建设，提升公共服务水平；做好平安旅游创建，优化旅游发展环境。全区实现旅游综合收入38.69亿元，同比增长12.30%，接待人数892万人次，人均消费较去年同期明显提高。截至年底，有旅游经营单位185家，景区点8家、住宿单位115家、驻区旅行社20家、旅行社分支机构42家。其中规模纳入全市旅游统计范围的41家（景区4家、住宿单位22家、旅行社15家）；主要景区点中，4A级景区2家，即石景山游乐园、八大处公园；3A级景区1家，即首钢工业文化旅游区；文物参观点4家，即法海寺、慈善寺、田义墓、第四纪冰川陈列馆；精品公园1家，即北京国际雕塑公园。全部住宿单位中，星级宾馆5家，其中四星级1家，即万商花园酒店；三星级2家，即京燕饭店、海特饭店；二星级2家，即首钢红楼迎宾馆、中科院高能物理专家招待所。社会旅馆110家。

地址：石景山区石景山路18号
电话：68607216
邮编：100043

（李文娟）

【市旅游委专题调研】　1月18日，市旅游委主任鲁勇针对辖区申请世界旅游城市博览园及总部基地落户石景山区项目进行专项调研。听取专题汇报后，鲁勇对前期工作给予肯定，就下一步工作开展提出四点意见：一是要高度重视世界旅游城市博览园及总部基地整体功能提升，搭建会员城市交流平台、旅游活动交易平台、国际化媒体平台；二是要科学调整北京国际雕塑园发展定位，与世界旅游城市博览园国际高度相匹配；三是要深入研究北京国际雕塑公园现有绿地控规调整方案；四是要充分考虑世界旅游城市博览园后续利用问题。

（李文娟）

【行业安全工作部署】 1月23日，区旅游委召开行业安全工作大会，全面部署旅游安全工作。会议要求重点抓好责任制落实、规范化管理、安全教育培训、安全隐患治理及应急保障能力建设。与113家旅游经营单位签订旅游行业安全管理工作责任书。

（李文娟）

【旅游研讨会】 2月1日，在区机关北楼201会议室召开。区有关领导及区文化委、区商务委、区旅游委、区体育局、区公园管理中心、首钢源景文化公司等单位负责人参加。会上，区旅游委主任着重从旅游委争取1个项目落地、推进2大功能区建设、完善3大工程、做好5项工作四个方面汇报上年旅游工作重点。与会领导分别从加强旅游宣传、加强产业融合、开发旅游商品、利用奥运场馆、突出旅游重点等方面提出意见和建议。

（李文娟）

【旅游安全检查】 2月4～6日，区领导分别带领区假日办成员单位检查本区两个A级景区和部分星级宾馆、饭店，仔细查看酒店食品、卫生、安全监控室、消防通道及景区内安全应急预案和节前环境布置等情况，详细了解安全生产制度、节日期间人流量较大时应急疏散等情况，现场对酒店员工对灭火器的使用常识、掌握情况进行抽查。假日办各成员单位，卫生、公安、消防、安监、质监等部门按职能分工有针对性的进行检查并明确注意事项。

（李文娟）

【春节收入增长18.94%】 "春节"期间各项旅游接待主要指标创历史新高，全区旅游营业收入1578.57万元，同比增长18.94%；其中门票收入366.01万元，同比增长17.62%。2月9～17日(大年三十至初八)，石景山游乐园开展迎春洋庙会——金蛇狂舞闹新春快快乐乐逛庙会；北京国际雕塑公园开展以京城民俗为特色的第五届新春文化庙会；北京八大处公园举行新年敲钟祈福活动。

（李文娟）

【联合开展旅游咨询】 3月15日，区旅游委联合怀柔、门头沟旅游委共同举办以"打造首都综合服务中心，共建和谐旅游新生活"为主题的旅游咨询活动在沃尔玛广场举行。活动期间，发放旅游宣传资料18000余份，接待市民6000余人次。

（李文娟）

【"清明"接待游客10.84万人】 4月4～6日3天假期，辖区纳入旅游统计3家主要旅游景区接待10.84万人次，经营收入221.12万元。其中，石景山游乐园接待游客2.8万人次，营业收入196万元；八大处公园接待游客3.9万人次，实现经营收入19.35万元；国际雕塑公园接待游客4.14万人次，实现经营收入5.77万元。纳入旅游统计5家市区级住宿监测点接待游人1262人次，综合收入17.92万元。

（李文娟）

【八大处规划研讨】 4月24日，区旅游委和西山八大处文化景区管委会组织召开西山八大处历史文化风景区旅游规划研讨会，旅游规划专家张广瑞、李明德、邵隽、李磊参加会议。会上，北京天泰兴业公司介绍西山八大处历史文化风景区旅游规划主要内容，专家对此规划进行深入讨论。李明德指出：一是要把握"历史文化风景区"主线，在保护挖掘外，要创造区域新的辉煌；二是要以八大处为核心，保证八大处完整性和原真性；三是模式口镇域要搞特色镇；四是天泰山要与周边景区差异化发展。张广瑞从天泰山风景区的规划定位和功能出发，强调一是要明确景区是公益性为主的风景区还是经济性为主的风景区；二是要注重生态问题；三是要处理好景区利益相关方的关系。邵隽和李磊分别从景区形象设计、历史文化活化、文物环境保护等方面对规划提出意见。

（李文娟）

【4家加盟京津冀旅游一卡通】 4月，经过区旅游委组织动员和严格筛选，神农庄园、万商花园酒店、京燕饭店、第四纪冰川擦痕遗迹陈列馆4家旅游经营单位加盟"京津冀旅游一卡通"项目。此项目是北京与天津落实区域合作一体化，推进区域旅游合作，履行合作协议的10项重要工程之一。加入一卡通的企业可获得北京、天津、河北三地银行近2000个网点、3000万银行核心用户的宣传与推介；金融融资服务；旅游联盟推介；优势资源引入等特色服务。

（李文娟）

【出台实施意见】 4月，区政府出台《关于加快石景山区旅游业发展的实施意见》。《意见》分为总体要求、主要任务、保障措施三个部分。总体要求部分明确本区旅游业发展的指导思想、发展目标；主要任务部分提出14项具体要求；保障措施部分分为加强领导、发挥协会作用、资金投入3方面内容。首次明确区政府设立5000万元旅游发展专项资金，用于旅游功能区建设资金配套、重点旅游项目建设引导、旅游宣传营销推广、旅游大型活动举办和旅游基础设施完善等。该意见是旅游休闲列为五大主导产业之后推出的又一项重要举措。

（李文娟）

【"五一"接待游客21.5万人】 "五一"小长假，辖区纳入假日旅游统计范围景区共接待旅游人数21.5万人，营业收入538.08万元，同比增长1.02%。其中，石景山游乐园接待游人6.7万人次，综合收入483万元，同比增长2.77%；八大处公园接待游人6.6万人次，综合收入29.4万元，同比减少31.98%；国际雕塑公园接待游人8.2万人次，综合收入9.82万元，同比增加37.37%。纳入假日旅游统计范围星级饭店，营业收入85.95万元，同比增长39.42%；平均出租率57.7%。

（李文娟）

【"唱响首钢"实景音乐会】 5月11日，"铁色记忆——中国三大男高音'唱响首钢'实景音乐会"在首钢石景山厂区高炉旁举办。此次音乐会由戴玉强、魏松、莫华伦联袂演唱，精心打

造10首最具代表性的工业题材歌曲“中国工人组歌”。此举是自2010年底首钢石景山厂区停产后，第一次在高炉区举办大型演艺活动。以此次音乐会为开端，首钢石景山厂区陆续举办月季赏花会、观光火车游览、“当一天工人”体验、音乐演出季、第二届光影文化季暨首钢灯光节等系列旅游、休闲活动，形成长达5个月的娱乐消费旺季。

（李文娟）

【专家研讨会】 5月13日，石景山区召开世界旅游城市体验中心项目专家研讨会。区旅游委与区科协联合聘请7位信息科学方面专家，研讨世界旅游城市体验中心规划设计。专家从规划内容和理念进行研讨，完善世界旅游城市体验中心设计规划。一是规划内容方面。专家提出考虑目标群体需求基础上，规划内容要突出针对性；基于联合会性质，规划内容要突出世界性；未来考虑吸引人气，规划内容要突出新奇性。展现技术方面，明确技术是服务内容手段，要考虑硬件通用性、后期维护费用及未来更新换代。二是规划理念方面。指出应打造泛在旅游理念，将新媒体技术应用于旅游，使旅游移动化、平民化、游戏化，在理念上实现跨越式突破。

（李文娟）

【旅行社专项整顿】 5月17日，区旅游委下发通知要求全区各旅行社进行自查。5月20～21日，联合工商、人力社保等部门，由市旅游委专家带队，检查30家旅行社分社和服务网点。其中，暂停营业3家；经营地址变更6家；无法取得联系且注册经营地址未找到旅行社1家；正常营业20家。其中，正常营业的旅行社中全部规范经营3家。涉及名称标牌不规范12家；门市不能及时提供管理手册和管理制度9家；经营地址变更，相关证照没有及时变更4家；未悬挂备案登记证1家；签约合同不规范和不能提供已签约合同进行检查6家；广告宣传材料不规范1家；未给员工购买法定社会保险1家。5月底，组织社会力量对旅行社分社和服务网点进行不定期暗访，有问题旅行社全部整改完毕。

（李文娟）

【中国旅游日宣传】 5月19日，第三个中国旅游日逢首部《旅游法》的颁布。区旅游委参加市旅游委在前门大街举办的“5·19中国旅游日”宣传咨询活动，推介辖区特色旅游和精品旅游线路。八大处公园、石景山游乐园、万商花园酒店及台湾街等区内旅游企业参加。当日发放“石景山旅游地图”“石景山区旅游一册通”、精品旅游主题扑克等宣传品及旅游纪念品2500余份，接待咨询者1500人次。

（李文娟）

【加强旅游统计】 6月8日，区旅游委与区统计局，联合召开旅游行业统计工作会。对旅游统计口径、测算方法及统计报表填报方法向统计单位进行解读，部署全年假日旅游统计工作。会议健全统计工作制度，确保旅游统计数据真实性、准确性和及时性，完善旅游统计的定期分析通报制度，建立旅游统计工作长效机制，将旅游统计单位的统计工作与星级饭店复核、旅行社星级评定和奖励、A级景区评定、旅游项目资金补贴等奖励挂钩。

（李文娟）

【2项目通过评审】 6月19日，在北京市旅游产业发展专项资金项目评审会上，本区世界旅游城市体验中心项目、西山八大处文化景区旅游配套服务设施提升项目顺利通过专家评审。

（李文娟）

【世界旅游城市体验中心迎客】 9月12日，位于北京国际雕塑公园的世界旅游城市体验中心（一期工程）完工。副市长程红、市旅游委主任鲁勇、区主要领导及参加第二届峰会的国内外会员城市市长、副市长等领导，进入中心参观体验。一期工程以蝶形展厅为中心建设10个体验项目，采用4D、三维动漫技术、数字全息展示技术、数字立体投影等高科技手段，以实体和人机互动形式展示世界旅游城市联合会会员城市自然景观、风土人情。10月1～6日，完成世界旅游城市体验中心测试体验接待任务。接待各级领导和游客700余人次，回收调查问卷500余份。

（李文娟）

【首钢获评3A级旅游景区】 9月12日，经市旅游委评审，首钢石景山工业文化景区成为3A级旅游景区。景区内有36项重要工业遗存，冷却塔、烟囱、高炉等记载首钢历史的建筑从污染项目变成工业景观和城市工业文明象征。景区内原有的“当一天钢铁工人”中小学生社会实践大课堂，乘坐“穿越钢城动脉之旅”观光火车等活动继续保留。

（李文娟）

【第二届首钢灯光节】 9月24日～10月5日，由区委、区政府、首钢总公司联合主办，区旅游委、区文化委、北京首钢源景文化发展有限公司承办的

9月24日，第二届首钢灯光节开幕　　（区委宣传部供稿）

2013光影文化季暨第二届首钢灯光节在首钢群明湖广场及首钢五号高炉演艺广场举办。市有关领导及首钢、区主要领导以及上千名观众参加开幕式。活动以彩灯装置为特色，依托首钢工业遗迹形态，用大型实景灯组配合灯光装置及水幕等，点亮群明湖，呈现光影主题乐园。不仅有激光水鼓秀、光影舞蹈等表演项目，期间还上演"梦动钢城"音乐汇，由董路、水木年华成员缪杰、著名音乐人贾南、民谣歌者杨峰等艺人组成的"老歌老友"乐队带来近60首耳熟能详的经典老歌，丹麦混合酝酿（Blended Brew）摇滚乐队也进行专场演出，配合各种声光电设备，打造炫丽的激情之夜。10月4～5日，北京歌剧舞剧院民族乐团呈现全面混搭世界音乐风格的多媒体音乐舞台剧《弹琴说爱》，把不同乐器种类与戏曲、声乐、多媒体等艺术形式巧妙结合，妙不可言。

（李文娟）

【"十一"揽客48.06万人】 国庆长假7天，辖区实现旅游综合收入1767.95万元，同比增长4.34%，旅游接待人数48.06万人次。其中，石景山游乐园接待游人18.5万人次，实现营业收入950万元，与去年持平；八大处公园接待游人14.97万人次，实现营业收入76.03万元，同比下降23.06%；国际雕塑公园接待游人14.05万人次，同比增长40.82%，实现营业收入25.24万元，同比增长86.55%。纳入假日旅游统计范围住宿单位接待宾客4748人次，同比增长15.49%，实现营业收入716.05万元，同比增长0.76%。

（李文娟）

【北京礼物大赛】 10月10日，区旅游委参加以"北京礼物，为北京代言"为主题的第十届"北京礼物"旅游商品大赛。本区"北京风景"系列纪念墨和八大处祈福系列"纳．福"U盘获铜奖；区旅游委获优秀组织奖。

（李文娟）

【开展安全排查】 10月12～30日，区旅游委集中开展隐患排查，累计出动执法检查人员82人次，执法车辆26台次，检查生产经营单位101家。其中，45家单位存在安全隐患，现场消除各类问题隐患72项，下达执法文书62份，收回整改报告20余份。检查发现30家住宿单位存在安全生产记录不完善；47家企业存在灭火器过期未及时更换及烟感、报警器失效不能正常工作；34家企业在中控室、配电室、消防通道、应急出口等重点部位，堆积杂物、电线凌乱、设备老化等隐患。至11底全部隐患整改完毕。

（李文娟）

【体验中心资金获批】 12月，市旅游委下达年度世界旅游城市体验中心（一期）建设项目专项资金批复。体验中心（一期）建设项目经市旅游委委托资金管理平台组织专家评审，通过评审后，通过财政转移支付安排旅游发展专项资金6893万元作为项目补贴。世界旅游城市体验中心占地面积36.9万平方米，是经市政府批准在国际雕塑公园内建设的重点项目，是全国首个以世界旅游城市为展示主体的高科技旅游体验项目，在先进的科技手段辅助下，使游客身临其境地领略世界各地的城市风光和人文风情，体验旅游、科技、文化相融合的城市魅力。体验中心（一期）总投资约8000万元，包含10个体验项目，采用4D、三维动漫技术、数字全息展示技术、数字立体投影等高科技手段，实现场景转换，以实体和人机互动的形式展示上百个世界旅游城市联合会会员城市和企业的自然景观、风土人情和特色服务。游客在体验园可以感受旅游城市多种旅游资源，为游客创造身临其境的体验经历和互动空间。

（李文娟）

【拓展境外市场】 区旅游委以中俄建交旅游年为契机，加强与俄方旅游交流，拓展境外旅游市场。邀请俄罗斯哈巴罗夫斯克著名青少年艺术团体"阿姆河的黎明"民族舞蹈团深度参与区旅游文化活动。在"春在石景山"系列活动之"第十届玉兰文化节""第十二届八大处中国园林茶文化节""青春飞扬游乐园"期间进行现场表演。以北京CRD旅游网、北京旅游咨询服务等平台为载体，与俄罗斯赤塔市相关旅游平台进行友情链接，实现旅游信息资源共享。通过资料交换、互推产品、专业洽谈等方式，与俄罗斯旅游服务机构进行合作，点对点宣传推介，将辖区旅游资源深入俄罗斯相关区域，拓展旅游市场。

（李文娟）

【推出精品线路】 区旅游委设计出包括"别样城市 同样心动"世界旅游城市体验中心—北京国际雕塑公园特色体验游；"当一天炼铁工人"—首钢工业文化旅游，区"铁色记忆"体验游；访八处古刹，拜释迦牟尼佛牙舍利—八大处祈福纳祥之旅3条主题旅游产品线路。

（李文娟）

【培育会奖旅游】 区旅游委争取市级奖励资金，为企业创造发展平台。落实多项措施促进高端旅游业发展，包括发布奖励政策、积极引进国际项目、及时推出高端特色精品线路等。高端会奖旅游是旅游产业中的新生事物，区海航大酒店成功申请2.78万元奖励资金。

（李文娟）

北京石景山游乐园

概　　述

北京石景山游乐园（简称游乐园）占地面积35万平方米，拥有大中型主题游艺项目87项，是国家AAAA级旅游区（点）；是国内唯一一家通过ISO14001：2004环境管理体系、ISO9001：2008质量管理体系、GB/T28001－2001职业健康安全管理体系认证的游乐园。年内，游乐园认真贯彻落实党的十八大和区委十一届六次全会精神，把握游乐园"稳中求进"的工作总基调以及"清理、调整、规划、改造"的工作总方针，按照"安全、规范、服务、创新"的经营理念，进一步推进企业机构改革，扎实开展工作。全年接待游客147万人，经营收入9966万元。4月，调整管理机构，由原来16个职能部门整合为7个职能中心。获"全国精神文明建设工作先进单位"

“首都文明单位标兵”“基层双拥工作示范单位”“北京市旅游标准化示范单位”及区“纳税百强单位”等。

地址:石景山区石景山路 25 号

电话:68876016

邮编:100043

(艾咏梅)

【迎春洋庙会】 2 月 9 ~ 17 日举办。以“金蛇狂舞闹新春、快快乐乐逛庙会”为主题,把传统中国民俗节庆集会庙市活动与西洋游乐文化活动结合,共分为美食、购物、表演、娱乐、游艺、游园六大板块。本届庙会特色活动包括:营造浓郁热烈、喜庆祥和的节日气氛园容景观;6 辆彩车及百余名演员组成的“花车巡游表演”队伍,是京城庙会唯一表演项目;4 万粉丝参与“征集最美灰姑娘”活动。本届庙会历时 9 天,接待游客 31.2 万人次,综合经营收入 1017 万元。

(艾咏梅)

【通过三体系外部审核】 3 月 15 ~ 16 日,北京创源信诚管理体系认证有限公司对游乐园进行 ISO14001:2004 环境管理体系、ISO9001:2008 质量管理体系、GB/T28001 - 2001 职业健康安全管理体系外部审核认证,顺利通过。

(艾咏梅)

【拉萨儿童游乐园培训】 3 月 18 日 ~ 4 月 2 日,西藏拉萨市德吉罗布游乐园管理人员一行 15 人(藏族 10 人,汉族 5 人)在游乐园进行为期 16 天的培训。此次培训是北京市对口支援西藏的项目之一。期间,游乐园抽调专门人员对西藏拉萨市德吉罗布游乐园管理人员,通过专题研讨座谈、观摩交流、现场操作等形式,培训经营管理、游艺设备安全操作、游艺设备维护、票务管理、市场宣传等内容。

(艾咏梅)

“欢乐金秋”花车巡游

(游乐园供稿)

【“青春飞扬”游园会】 4 月 29 日 ~ 5 月 1 日举办。游园会以“春动乐园,青春飞扬”为主题,内容包括科普春天体验游、有氧健步走、微博晒笑脸、“劳动者礼遇”劳模免费游园等活动,集休闲、观光、踏青、游乐为一体,把低碳、环保的健康理念与游园活动融合。游园会历时 3 天,接待游客 7.3 万人次、综合经营收入 562 万元。

(艾咏梅)

【大型相亲活动上头版】 5 月 4 日,游乐园与区总工会、团区委联合举办以“缘在工会,爱在乐园”为主题的“情牵石景山,爱在游乐园”大型相亲活动。当日,接待游客 8000 人次,经营收入 61 万元。《北京晚报》头版刊登相亲会活动图片。

(艾咏梅)

【7 游艺项目停运】 为优化游乐设备,提高游乐园经营效益,游乐园对运营效率低及安全性能差的游艺项目采取停运。5 月起,陆续停运广场鸽 、救火勇士、水上挑战者、鹿园 、玛雅之旅、波浪飞椅、罗马战车 7 个项目。

(艾咏梅)

【童心童趣快乐六一游】 6 月 1 ~ 2 日举办。活动内容包括:“未来之星展才艺”和“DIY 手工体验坊”。70 余名儿童展示拉丁舞、民族舞、跆拳道、少儿柔术、少儿杂技等才艺。部分儿童参加陶瓷石膏彩绘、沙画、漫画、儿童塑胶画、创意软陶的现场创作等活动。当日,接待游客 2.8 万人次,经营收入 235 万元。

(艾咏梅)

【“狂欢之夏”游园会】 7 月 13 日 ~ 8 月 31 日举办。以“Happy 乐园,High 爽夏日”为主题。活动内容包括:嗨啤(Happy)Party,蓝色浪漫炫光游、摄影嘉年华、畅游新攻略、夏日缤纷购、七夕乞巧浪漫牵手、乐园公益汇等。同时开展以“安全、规范、服务、效益”为主题的劳动竞赛活动。游园会历时 50 天,接待游客 34 万人次,经营收入 2700 万元。

(艾咏梅)

【搜狐第四届网友节】 7 月 27 日,游乐园与搜狐公司合作举办以“走你,那些年的日子”为主题,提升品牌市场活跃度及品牌影响力。搜狐网络平台开辟推广展示专区,在搜狐首页搜狐社区文字链、搜狐社区首页焦点图、搜狐社区首页活动大本营 banner、搜狐社区读帖等资源位置,展示游乐园 LOGO 以及宣传展图。搜狐视频、百度播拍、凤凰网(娱乐)、人民网(社区)等多家网络媒体植入性推广游乐园品牌。相关活动资讯搜狐社区网长期保留。

(艾咏梅)

【欢乐金秋游园会】 9 月 19 日 ~ 10 月 7 日举办。主要内容包括音乐歌舞表演、摄影嘉年华、亲子游乐、卡通人迎宾等内容。期间,“2013 北京美食文化嘉年华”亮相,风味小吃、异国风情美食街、时尚美食坊、美厨风尚广场、亲子乐园、书画怡苑等活动汇聚,各种美食烹饪绝活儿亮相现场。10 月 1 ~ 6 日,获得 CCTV3《星光大道》年度十强、月冠军、周冠军的郝弟、唐伯虎、五洲辣妹及其他获奖选手、非洲 “Rocking” 及由小帅虎、乖乖虎、霹雳虎组成的“虎妞队”参加异国风情花车巡游表演。游园会接待游客 10.3 万人次,综合收入 849.1 万元。

(艾咏梅)

【绿色广场修缮】 11 月 4 日 ~ 12 月 15 日,游乐园绿色广场破损路面修缮工程展开。修缮内容包括更换修复破损路面地砖、花岗岩、路牙石等部分石材,油饰刷漆隔栏,更换景观灯等。投入资金 86 万元,铺装面积 1500 平方米。

(艾咏梅)

【园内设施更新改造】 年内,游乐园改造完成应急广播系统,更新全套无线发射设备及天线，安装防水高保真无线音箱设备139台，保证全园日常及大型活动应急广播和背景音乐的正常使用。更新改造应急指挥中心，增设4块55寸高清屏幕，提高应急水平。

（艾咏梅）

【提示信息】 入园开放时间4月1日至10月31日每天9:00～17:30;11月1日至3月31日每天9:00～16:30。节假日期间正常营业，闭园时间根据当日具体情况适当延长，持老干部离休证、残疾证和身高不足1.2米的儿童免门票入园；持学生证、老年证购买门票享受半价优惠。

（艾咏梅）

八大处公园

概　述

八大处公园是国家AAAA级景区、北京市一级一类公园。年内，公园全面加强党建工作，深入开展“转作风，促发展，惠民生”主题活动，积极推进景区规划，加大基础设施建设，优化景区服务环境，策划开展四季品牌活动。全年综合经营收入1954万元，同比下降2.3%；门票收入1646万元，同比增长3.7%；入园人数458万人次，与上年持平。公园获市交通安全先进单位。

地址：石景山区八大处路3号
电话：88964661
邮编：100144
网址：http://www.badachu.com.cn

（王少卿）

【清凉寺、姚家寺遗址考古发掘】 自上年10月始，公园委托市文物研究所对清凉寺、姚家寺（1号院）遗址进行考古挖掘，至1月结束。累计发掘面积4000余平方米，市文物局投入相关资金107万元。挖掘后，清凉寺呈现山门、前殿、正殿、转角房、角楼等建筑遗址，姚家寺（1号院）发掘出山门殿、正殿、甬路、台阶等遗址。

（王少卿）

【姚家寺塔修缮】 3月开工，6月竣工。此次修缮清理修复塔刹，加固各层塔身，修补更换残损的砖石构件，整座塔安装避雷设施，一侧增修石头护坡墙，塔周边地面进行两层铺装。工程造价170万元。

（王少卿）

【中日共同祈祷世界和平法会】 4月6日，应“中国国际友好联络会”邀请，日本阿含宗访华团和灵光寺常驻法师在佛牙舍利塔前共同举办“中日共同祈祷世界和平法会”；法会结束后，中友联、中佛协、日本阿含宗友好访华团和公园管理处随喜灵光寺四众弟子共同参加“中日佛教友谊林纪念植树”活动，中日佛教界高僧及友人携手种植黄栌150余株。

（王少卿）

【第十二届园林茶文化节】 4月27日～5月5日举办。本届茶文化节主题为“以茶伴禅，以禅入茶”。将禅茶文化与禅茶素食、书画、养生、鉴水、旅游等融合起来，打造北京茶叶界亮点，拓展“雅”“俗”结合的饮茶群体。活动期间举办全国禅茶师茶艺擂台赛、品茶斗水大赛、禅茶茶点素食品鉴会、禅茶书画交流等多项活动。原全国政协常委、现中国禅茶协会会长金日光，北京大学国学大师楼宇烈等出席开幕式。会期9天，接待游客21.2万人次，门票收入77.3万元。

（王少卿）

修缮后的姚家寺塔

（八大处公园供稿）

【斯里兰卡总统参拜佛牙舍利】 5月27日，斯里兰卡总统马欣达·拉贾帕克萨夫妇及随行人员来寺参拜佛牙舍利，并至灵光寺五百罗汉墙下隆重拜祭其所赠的定中佛像。常藏大和尚率灵光寺两序大众隆重迎接拉贾帕克萨总统一行，并向总统夫妇结缘殊胜法宝，祝愿中斯友谊源远绵长。

（王少卿）

【西山八大处禅林文化节】 7月12～14日，以“走进清凉八大处，体验绿色石景山”为主题的西山八大处禅林文化节在八大处公园举办。活动期间，举办晒经大法会、法事活动，非遗手工艺展演、书法笔会等文化展示活动。为游客提供近距离感受和参与佛教文化的机会。其中，把藏经楼内1800卷经书全部搬到二处灵光寺院内，举行晒经活动，这也是八大处有史以来首次对市民开放晒经活动。市民不仅可以参与诵经、抄经和印经，还有90余位高僧莅临现场为市民开光祈福。会期3天，接待游客4.8万人次，门票收入15万元。

（王少卿）

【游客中心油漆彩画】 8～10月，八大处公园完成游客服务中心油漆彩画工程。项目具体包括对游客服务中心主体建筑进行金龙和玺彩画施工，以及对配套用房进行苏式彩画施工。工程造价191万元。

（王少卿）

【中秋慈善晚会】 9月18日晚，由区佛教协会和北京灵光寺共同主办，八大处公园和区民宗侨办协办的以“慈悲情怀·利乐众生”为主题的第五届中秋慈善晚会在灵光寺前广场举行。会上为少数困难群众发放慰问金，受济群众代表发表感言，灵光寺方丈常藏大和尚和区相关领导致辞。灵光寺佛乐团和众多知名艺术家参加演出。市宗教局和佛教协会有关负责人及岳德顺等区领导出席晚会。

（王少卿）

【第二十六届重阳游山会】 9月27日～10月13日举办。以央视大型主题演出——《岁月如歌》2013北京重阳诗歌音乐会拉开活动序幕。本届活动以“满园花菊郁金黄·重阳佳节洒青春”为主题，以弘扬“尊老敬长”的传统美德为宗旨。活动分由“致青春”重阳唱诗会、西山八大处系列文化活动、石景山重阳诗会三个板块组成。其中“致青春”重阳唱诗会以古代诗词贯穿，共同追忆青春，为青春喝彩。八大处系列文化活动包括“庆重阳忆青春”歌舞文化周、“重阳节里的青春范儿”书画笔会、“最美八大处 最美石景山”书画摄影展、“重拾八大处的青春”老北京曲艺荟萃、“青春再现”重阳三宝的古与今、“发现青春”曲阳文化造像展、“点亮青春”盏盏灯吕寄情思等丰富多彩的活动。游客在参与精彩活动之余，还在八大处登高祈福，品尝美味，为老人送去欢乐和健康。会期16天，接待游客37.7万人次，门票收入120.9万元。

（王少卿）

【与泰国黎明寺喜结友好寺院】 10月15日，泰国僧伽最高委员会委员（副僧王级）、泰国摩诃朱拉隆功大学校长帕·菩拉玛攀迪长老与副校长沙威法师一行30人来寺参拜佛牙舍利，并展开一系列加深法谊之互动活动。中国佛教协会会长传印长老在灵光寺迎客厅会见帕·菩拉玛攀迪长老一行并致辞。举行北京灵光寺和泰国黎明寺缔结友好寺院签字仪式，为中佛协副秘书长兼北京灵光寺方丈常藏大和尚颁发摩诃朱拉隆功大学荣誉博士证书。随后中泰两国僧侣在佛牙舍利塔前庄严举行祈祷世界和平、中泰两国国运昌盛、人民幸福安乐大法会。国家宗教局和中佛协有关负责人出席盛会。

（王少卿）

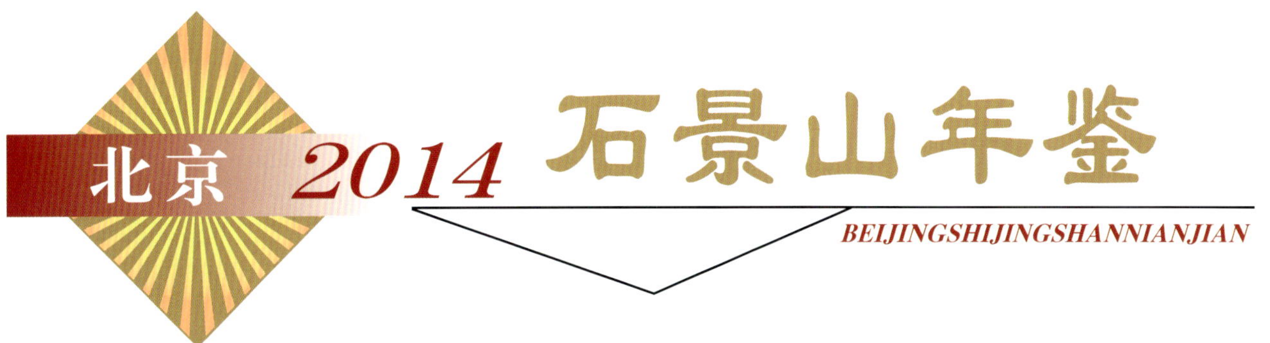

规划建设

规划管理

概　　述

北京市规划委员会石景山分局(简称规划分局)于2003年3月1日正式挂牌成立,是北京市规划委员会派出机构。设办公室、纪检监察科、综合科、建设工程管理科、规划科、用地科、市政交通科、执法队。下辖北京市石景山区城市建设档案信息中心,负责全区城建档案信息管理工作。年内,规划分局学习贯彻十八大精神,以"首都规划核心价值观"为指引,以创先争优活动为载体,结合区域发展实际,充分发挥规划管理在各项事业发展中的科学性、前瞻性和综合性服务作用,强化规划管理,提升规划服务水平,推进规划各项工作不断前进。截至年底,共受理并核发行政许可事项(两证一书)及规划服务事项207件。其中,城镇建筑工程建设工程规划许可证19件;市政类建设工程规划许可证46件;临时建设工程规划许可证1件;城镇建筑工程建设用地规划许可证15件;市政类建设用地规划许可证4件;核发规划条件5件;市政类选址意见书8件;规划意见复函19件;规划验收60件;建筑物命名3件;道路名命名2件;受理信息公开工作18件。

地址:石景山区八角南路9号
电话:报建大厅68863815
办公室68870345
邮编:100043

(张杰磊)

【京门新线方案获批】 2月,京门新线(三家店~高井)道路工程初步设计方案获批。京门新线(三家店~高井)西起京门公路与五里坨西一路相交路口,向东南经规划油库路、五里坨西路、五里坨中街、五里坨路后折向东,经河滩路、规划油库沟、现状高井沟后,至工程终点京门公路与黑石头路相交路口,道路全长1.87千米。规划道路红线宽60米,设计速度为50公里/小时。

(张杰磊)

【精细化设计讲座】 6月,邀请景观设计专家举办题为"精细化设计—石景山区便民工程(社区活动场地)景观设计"讲座。讲座针对各街道办事处城市精细化管理工作中出现的问题进行总结,指出前期工作中不足,提出建议。市规划委建管一处、辖区各街道办事处、社区党政一把手和区城建相关单位领导46人参加讲座。

(张杰磊)

【地铁6号线西延规划调整】 12月,地铁6号线西延工程规划方案调整获批。在原规划方案基础上,该线路杨庄大街至苹果园段约2.2公里线路敷设方式由高架调整为地下,并西延1站至金安桥站,调整后线路全长10.3公里。将苹果园南路站和苹果园枢纽站(M1和S1线换乘)由高架车站调整为地下站,并向西延伸1站至金安桥东南角,设金安桥站(与S1及规划M11线换乘)。

(张杰磊)

【东下庄安置房控规调整】 项目北至规划东下庄北路南红线,东至规划东下庄北路西红线,南至规划疗养院北侧路北红线,总建设用地面积2万平方米,总建筑规模5万平方米。年内,该项目获得市政府批复,同意其按照"三定三限三结合"(三定指定性、定向、定量;三限指限户、现价、现交易;三结合指与相对应的征地拆迁方式相结合,与相对应的征地、拆迁补偿标准及农村产权制度改革相关政策相结合,与本市现行的农村地区拆迁安置用房政策相结合)原则实施定向安置房建设。规划分局依据市政府批复精神,经现场踏勘调研,同意该项目建设并核发项目规划条件,核发规划意见复函。

(张杰磊)

【创业创新园控规调整】 科技园北Ⅱ区创业创新园项目用地控规调整获批复。项目位于石景山科技园北Ⅱ区,东临北京双鹭药业有限公司,南临中国电子科学研究院,西临刘娘府东街,北临永引渠南路,总用地约4.7公顷。该用地西部约2公顷调整为居住用地,容积率2.5,建筑高度45米(局部60米),绿地率30%;东部约2.6公顷用地调整为高新技术产业用地,容积率3.5,建筑高度45米(局部60米),绿地率30%。

(张杰磊)

【编制区域规划】 年内,规划分局结合金安桥站点一体化设计工作和北辛安棚户区改造,组织优化中关村科技园石景山园南区控制性详细规划调整方案。梳理建设用地调整情况,组织五里坨建设区控规方案编制。推进西山八大处文化景区建设规划编制。组织开展西部地区暨高井热电厂控规修编,结合上位规划就麻峪、电厂地区774公顷范围进行研究,内容包括结合西北热电中心建设规划用地情况和滨水经济发展要求,提出适宜该地区的主导产业,解决广宁、麻峪、高井居民搬迁安置问题,从而实现整体改造目标等。完成衙门口地区规划方案研究。

(张杰磊)

【重点地区控规调整】 规划分局完成区妇幼保健院改扩建项目、五里坨规模学校建设项目、石莲110KV变电站项目、古城农工商创业大厦、绍加坡公租房项目控规调整。完成科技园区创业创新园项目调规任务、五里坨特勤消防站建筑密度调整。研究玉泉大厦、麻峪农工商仓储物流中心、绍家坡公租房用地项目。

(张杰磊)

【完成规划评估】 规划分局全力配合相关单位,完成区"十二五"时期人口发展和调控规划、"十二五"时期商务服务业发展规划、"十二五"时期产业发展规划、"十二五"时期绿色石景山建设规划、"十二五"时期重大发展机遇下的空间规划中期评估报告。

(张杰磊)

【模式口文保区研究】 根据区政协提案《建议大力推进模式口历史文化街区建设》及2013(50)号专项督查通知单要求,规划分局组织区发改委、建委、国土分局(土地储备中心)、文委等单位展开研讨,形成模式口历史文化街区保护改造实施方案,完成模式口历史文化街区改造方案研究情况报告。

(张杰磊)

【棚户区改造整治】 规划分局对全区棚户区改造和环境整治改造范围、户数、现状等基本情况进行全面调查摸底，建立棚户区改造和环境整治项目基本台账。按照“拆建分离”原则，分别拟定年度计划实施项目(9 项)及未来五年计划实施项目(3 大类，11 项)。全年计划中棚户区改造项目 6 项，城中村边角地项目 3 项，总投资约 273 亿元，占地面积约 296 公顷，产权户约 7300 户，人口 67941 人(其中常住人口 20440 人，流动人口 47501 人)。

(张杰磊)

【保障性住房建设】 规划分局按照法规程序与标准进行建设工程批后全程规划监督，把违法建设消除在萌芽状态。公开制度，严厉查处违法建设。曝光情节恶劣、影响严重违法建设，发挥舆论和公众监督作用，推进保障性住房项目按规划实施。完成古城村、五里坨等 26 项定向安置房规划验收，验收住宅面积 417300 平方米。

(张杰磊)

【查处违法建设】 规划分局梳理出 2008 年至本年末涉及卫星查违图斑 148 处，经复核，确认 47 处无证违法建设中 34 处未拆除，未拆违法建设面积 178660 平方米。通过不定期规划检查、巡查，发现违法建设 91 处，面积 112800 平方米。全年配合城管拆除违法建设 292 处，拆违面积 157000 平方米。

(张杰磊)

【重点项目实施】 规划分局围绕区重点建设项目，按照效能监察要求，完成五里坨规模学校建设工程、区文化中心项目、黄庄职业高中改扩建工程选址意见书核发。核发北京东标电气股份有限公司中压大功率变频实验楼项目、北京重型电机厂大电机厂房改扩建项目、区妇幼保健院改扩建工程、西黄村综合改造定向安置房项目的用地规划条件。协助区土地储备分中心办理上市土地规划条件，完成银河商务区 K 地块、香山南路 28 号院、京西会展等 8 块上市地块上市规划条件。

(张杰磊)

【城建档案整理】 规划分局梳理 2002 年至 2011 年规划审批档案，整理出十

12 月 30 日，市相关部门到区调研规划工作　　(规划分局供稿)

年中建设用地规划许可证、建设工程规划许可证和规划验收文号、建设单位、建设地点、项目名称、档案号，以及每件档案所包含卷数。梳理档案全部形成电子目录，方便档案管理和信息公开。

(张杰磊)

【信访与提案办理】 规划分局全年处理信访件 76 件，接待群众来访 75 人次，接听群众电话 860 余人次；完成提(议)案 28 件，其中主办件 7 件，会办件 21 件，答复满意率 100%。

(张杰磊)

国土资源管理

概　　述

北京市国土资源局石景山分局(简称区国土分局)为北京市国土资源局派出机构，在市国土局领导下，按照管理权限，负责组织实施本行政区域内土地、矿产资源行政管理工作。分局内设办公室(财务科)、综合科、地籍科、土地利用科(耕地保护科)、地质矿产科、政工科和纪检监察科 7 个职能科室，下属执法监察队、土地权属登记事务中心、土地利用事务中心、土地储备分中心、国土管理所和土地一级开发管理中心(区属事业单位)6 个事业单位。编制 80 人，其中行政编制 27 人、事业编制 53 人。年内，围绕落实“十二五”规划和 CRD 战略发展大局，以促进区域经济社会全面发展为中心任务，切实践行党的群众路线，着力创建团结氛围、学习氛围、创新氛围和奉献氛围“四种氛围”，注重提升执行能力、沟通能力、管理能力和宣传能力“四种能力”，各项工作稳步推进，全面完成各项工作任务。连续 7 年获“首都文明单位标兵”及年度市国土资源系统先进基层党组织、区先进基层党组织。

地址：石景山区八角西街 66 号方地大厦
电话：68861188
邮编：100043

(胡　旭)

【集体土地使用权确权】 4 月 12 日，区国土分局召开集体建设用地使用权确权登记发证工作动员会，全面启动本区集体建设用地使用权确权工作。全年完成集体土地所有权地籍调查 49 件以及全部 203 宗集体建设用地使用权外业调查和地籍测绘工作。

(胡晓明)

【国际合作基地】 5 月，区国土分局被确定为北京市第二批国际合作示范基地在建单位。经过学习调研、组织申报、建设实施和验收挂牌四个阶段工

作,完成国际合作示范基地各项创建任务。11月28日,由国土资源部科技与国际合作司和市国土资源局共同验收挂牌。

(胡　旭)

【国土资源概况】　辖区土地总面积84.38平方公里,其中山地占35.7%,平原占64.3%。城镇各类土地面积5268.81公顷。其中,商服用地385.8公顷,占城镇汇总范围7.3%;工矿仓储用地1389.72公顷,占城镇汇总范围26.4%;住宅用地1381.47公顷,占城镇汇总范围26.2%;公共管理与公共服务用地974.35公顷,占城镇汇总范围18.5%;特殊用地505.61公顷,占城镇汇总范围9.6%;交通运输用地561.89公顷,占城镇汇总范围10.7%;其他土地69.97公顷,占城镇汇总范围1.3%。

(胡　旭)

【土地储备项目上市】　年内,区国土分局完成供地项目6个。分别为老古城综合改造项目(D、J、B地块)、弹簧厂项目、银河商务区K地块、南宫住宅小区(A、B地块)与京西商务中心(西区)商业金融用地、五里坨建设组团02号地B地块与京西商务中心(东区)商业金融用地、国际雕塑园地下文化娱乐中心项目。总供地面积39公顷,建设用地面积31公顷,总规划建筑面积104.77万平方米。其中,住宅用地供地面积为15.49公顷,建设用地面积为15.12公顷,规划建筑面积为36.05万平方米。商业用地供地面积为23.51公顷,建设用地面积为15.92公顷,规划建筑面积为68.72万平方米。总成交价120.47亿元,超过前十年土地成交金额总和,实现政府收益72.93亿元,其中可返还区财政18.38亿元。

(岳　娜)

【土地供应】　年内,全区土地实际供应总量34.55公顷。其中出让项目12个,用地面积30.47公顷;租赁项目1个,用地面积4.08公顷。完成首钢铸造村集资建房配套幼儿园等3个项目划拨供地方案批复工作,面积1.69公顷。

(刘丽娟)

【出让土地批后监管】　年内,区国土分局对全区31宗出让土地按照《关于加强土地出让合同批后监管的通知》要求进行外业踏勘、现场照相、收集施工许可证和竣工备案资料,对出让项目土地进行监督管理,对涉嫌土地闲置项目进行清理整顿。

(刘丽娟)

【商品房补办出让手续】　年内,区国土分局完成石景山路23号8号楼6单元703号房屋等4套楼房补办出让手续,收缴土地出让金5.91万元。

(刘丽娟)

【耕地占补平衡】　年内,区国土分局完成北京实兴腾飞公司五里坨油库沟治理工程项目0.169公顷耕地占用市级耕地指标审核上报工作。

(刘丽娟)

【政协提案办理】　年内,区国土分局完成政协北京市石景山区第九届委员会第二次会议委员联名提案第171号《关于加快推进在西部地区建设三级综合医院的建议》提案的会办意见、政协北京市石景山区第九届委员会第二次会议委员联名提案第130号《关于尽快打造模式口历史文化街区的建议》提案的会办意见、政协北京市石景山区第九届委员会第二次会议委员个人提案第38号《关于“腾笼换鸟”加快载体建设的建议》提案的会办意见;协助市国土资源局完成政协北京市十二届一次会议第161号提案(左小兵)《关于支持石景山农村集体经济组织发展的提案》的会办意见。

(刘丽娟)

【信息化建设】　区国土分局应用综合监管平台共收31件。其中许可类20件,服务类11件,办结31件。电子报盘应收件31件,实际收件31件,执行电子报盘比例100%。国土综合信息系统共受理数套商品房土地出让业务5件、地籍调查业务74件、土地登记业务178件(其中小业主110件)、抵押登记业务115件(其中小业主83件)、抵押注销登记业务55件(其中小业主25件),土地权属审查业务33件,公文流转业务861件。共受理1321件、办结1321件。形成274G基础数据资源,包括基础地形图、航空遥感影像、宗地图、地下管网等数据资源;68.7G业务数据,包括土地规划、土地利用、土地地籍、矿产资源和土地储备等数据资源。

(赵　亮)

【行政复议和行政诉讼】　年内,无针对区国土分局行政复议案件,行政诉讼案件1件,涉及不履行土地颁证职责方面。经法院审理后驳回当事人诉讼请求,分局胜诉。相对上年6件行政诉讼,年度案件数量大幅下降。

(赵　亮)

【规划中期评估】　区国土分局完成《石景山区“十二五”时期国土资源保护与开发利用规划》中期评估工作。其中,建设用地规模指标控制在规划目标年(2015)目标值范围之内,建设用地节约集约利用指标、土地生态环境保护指标、供应计划指标三项指标完成速度与规划速度基本一致。

(原慧慧)

【土地节约集约复核】　年内,区国土分局完成上年度“全国国土资源节约集约模范县(市)”复核工作,最终得分83.98分,复核达标。

(原慧慧)

【征地及农用地转用】　区国土分局完成东下庄土地一级开发项目、区油库沟治理工程项目、西黄村综合改造项目A地块征地初审工作,共计28.4851公顷。张贴东下庄、西黄村综合改造项目A地块、刘娘府综合改造项目A1地块征地公告,共61.2123公顷(其中农用地20.7909公顷)。完成东下庄土地一级开发项目与刘娘府综合改造项目A1地块2个土地利用计划内项目,共50.1042公顷(其中农用地15.4752公顷,耕地2.1119公顷),完成年土地利用计划55.09%。

(陈　晶)

【一级开发授权】　区国土分局依申请办理并批复《北京市国土资源局石景山分局关于石景山区东下庄土地一级开发项目继续实施土地一级开发有关问题的批复》。

(刘丽娟)

【土地登记】　区国土分局全年办结各

权属类业务424件。其中土地登记52件、抵押登记30件、抵押注销登记29件;城镇成套住宅分摊国有土地使用权登记115件,抵押登记79件,抵押注销登记102件;权属审核16件,勘测定界1件。完成国有土地权属审查、登记类业务地籍调查69件。严格执行退件制度,全年退件26件。

(胡晓明)

【市供销总社土地确权】 区国土分局贯彻落实《北京市国土资源局与北京市人民政府国有资产监督管理委员会关于加快办理本市供销合作社土地确权登记手续的通知》精神,与用地单位配合,将原北京市星宇商贸有限公司名下土地变更登记到北京供销社投资管理中心名下。

(胡晓明)

【登记结果公开】 区国土分局按市国土资源局要求及时向中国土地市场网上传抵押登记数据(个人房产抵押除外),年内共完成本区自1993年颁发土地证书以来历年登记结果808条、抵押登记结果70条。

(胡晓明)

【档案管理】 区国土分局全年组卷、归档444卷,共20542页。其中登记54卷、4950页;抵押登记60卷、3641页;央产土地登记1卷、100页;权属审核21卷、1214页;城镇成套住宅分摊国有土地使用权登记115卷、3430页;城镇成套住宅分摊国有土地使用权抵押登记193卷、7207页。年初与东方基业公司启动上年和年度日常档案数字化工作。全年完成上年各类专业档案671卷(共计48592页)、年度各类专业档案1882卷(共计84376页)的数字化,实现2010年、2011年和2012年文书档案2608件(共29980页)数字化。

(胡晓明)

【矿产管理】 区国土分局开展对区域内矿泉水企业开采、矿产资源开发利用、矿产资源补偿费缴纳检查。对矿泉水企业开发利用进行年检、数据梳理,完成数据库数据模块更新。开展对矿泉水企业生产用原水水质检测,以及建设用地压覆矿产资源核查。

(赵晓宾)

【地质灾害防治】 区国土分局修订完善石景山国土分局年度《地质灾害防治方案》《应急预案》及《应急通讯录》。组织相关街道、社区群测群防员参加市国土局培训,协调街道与群测群防员签订地灾防治《责任书》。汛期成立应急队伍,严格落实双人值班、巡查检查、信息报送、地质灾害报告等制度,对相关街道、隐患点的居民,及时发放防灾《明白卡》。开展区域地质灾害1:50000详查,以及地质灾害避险路线、场地现状调查工作。

(赵晓宾)

【地质灾害隐患点治理】 经专家评审,确定石景山区域内地质灾害隐患点(共24处),涉及金顶街、广宁、苹果园、五里坨4个街道,隐患点多为人工削坡违章建房形成人工边坡造成隐患。协调多方出资,做好地质灾害隐患点治理。年内,6处隐患点治理完成;1处隐患点居民搬迁;5处隐患点治理启动。

(赵晓宾)

【政府信息公开】 区国土分局在分局网站、首都之窗政府信息公开专栏主动公开政府信息301条(规划计划类2条、业务动态类299条)。受理政府信息依申请公开29件,其中涉及征地拆迁补偿事项13件、土地登记权属事项10件、其他事项6件。制定依申请提供政府公开信息收费实施方案。年内,收取信息公开费用2笔、21.2元。

(赵 亮)

【建设项目用地预审】 区国土分局全年完成20个项目建设项目用地预审审批工作,审批用地面积约78.07公顷。

(崔茜倩)

【土地供应计划编制】 区国土分局全年完成《石景山区2014年度国有建设用地供应计划建议方案及附表》编制工作。方案计划2014年本区计划供应19个项目,计划供地总量78.41公顷。

(崔茜倩)

【土地利用总体规划审查】 全年区国土分局完成国土资源部对《石景山区土地利用总体规划(2006-2020)》乡级规划数据库审查工作。

(原慧慧)

【执法监察】 区国土分局开展季度自有卫星执法检查,对全部35块图斑进行现场核查,监测面积12.09公顷。开展国土资源部2012年度土地矿产卫片执法检查工作,新增建设用地疑似违法图斑6宗,监测占地面积1.328公顷,无涉及占用耕地图斑。立案查处3宗,监测面积0.89公顷,均已依据土地管理法对违法当事人进行没收罚款处罚,没收违法用地地上建筑物总面积73236.1平方米,罚款金额55.75万余元,罚款全部缴纳,没收建筑物移交区集体经济办公室,并按照要求对相关责任人进行处理。非立案处理2宗,占地监测面积0.33公顷,全部拆除完毕,拆除建筑物面积约3904.63平方米。

(张雅谦)

建设管理

概 述

石景山区住房和城乡建设委员会(简称区住建委)是负责本区住房和城乡建设行政管理的区政府工作部门。主要职责是贯彻执行国家、北京市关于住房和城乡建设方面的法律、法规、规章和政策;研究编制本区住房和城市建设的中长期规划和年度计划,并组织实施。承担保障本区城镇低收入家庭住房的责任;建立和完善住房保障管理制度;负责本区廉租住房、经济适用住房、限价住房、公租房等保障性住房、政策性住房的建设管理工作。承担推进本区住房制度改革的责任;落实住房制度改革相关政策;指导直管公房经营管理体制改革;负责公有住房出售、集资合作建房、住房分配货币化的管理工作。负责本区工程建设管理工作,承担本区重点工程项目建设的计划、协调、调度和监管责任;负责新建、改建住宅小区项目建设方案备案以及监督管理;会同相关部门研究推进危旧房改造、自然村改造和古都风貌保护的工作方案,并组织实施。

承担本区建筑市场监督管理、规范市场秩序、推动建筑行业发展的责任；依据市区分工，负责本区建筑市场主体资格认定和监督管理；负责建设工程施工许可、招标投标监督管理、施工合同管理等工作；负责招标投标代理机构、建设市场中介机构的资格审核、申报工作；负责工程造价管理制度的组织实施。承担本区建设工程质量和施工安全监管的责任；组织实施国家和北京市有关建设工程质量及安全生产的法规、规章；负责对建设工程监理机构的监督管理；参与建设工程质量、施工安全事故调查处理；承担石景山区建筑工程事故应急指挥部的具体工作。承担本区建筑节能和行业科技发展的责任；督促有关单位落实国家和地方建筑节能标准，推进住房和城乡建设科技进步和成果转化；负责建筑节能、墙体材料革新和散装水泥管理工作。承担本区房地产市场监督管理、规范市场秩序、促进房地产业发展的责任；研究拟订房地产业发展中长期规划并组织实施；负责房地产开发、房地产转让、房屋租赁及房地产中介服务的监督管理；按照市区分工，负责房地产开发企业的资质管理。承担本区城镇房屋管理的责任；负责房屋登记管理；负责城镇房屋使用安全的管理工作，牵头组织协调危险房屋的排险解危工作，协调有关房屋防汛工作；负责物业服务的监督管理，指导、规范物业管理市场；按照市、区分工，负责物业服务企业资质等行政许可；督促、协调落实私房政策。承担本区房屋拆迁监督管理的责任；制定房屋拆迁规划与年度计划，负责城市房屋拆迁许可证核发；负责房屋征收拆迁管理和重大项目征收拆迁的协调工作；负责房屋征收拆迁行业和现场管理等。年内，大部分房地产项目按年初计划稳步推进。老古城D地块房地产开发项目、创新创业产业园等项目开工建设，景山财富中心、融科创意产业中心等项目竣工。全年本区房地产开发企业实现开复工面积290万平方米，比上年增长5%。其中，新开工面积73万平方米，增长25%；完成投资806000万元，增长25%；实现销售收入635000万元，增长174%。

地址：石景山区八角西街66号方地大厦

电话：68829989

邮编：100043

（田佳丽　寇　佳）

【房屋安全度汛】 上年10月至当年2月，区住建委开展全区城镇房屋及设备安全检查，共检查城镇各类房屋建筑面积2171.48万平方米，比上年增加183.87万平方米；检查城镇私有房屋10237户、46865间，建筑面积约60.93万平方米，其中查出危房193间，已上报市住建委与区防汛办。整个汛期，防汛分指挥部先后出动89人次，检查楼房98栋次，平房1569间次；发现平房漏雨20间，楼房漏雨38幢，院落积水1处。全部汛情均在第一时间处理。

（郭倩楠　薛　松）

【八角地区商业金融项目】 1月8日竣工。工程位于八角南路南侧，于2011年5月24日开工。工程规模113242平方米，框架结构，工程总造价32904.5936万元。北京融科景元房地产开发有限公司建设，北京市建筑设计研究院设计，中建二局第三建筑工程有限公司施工，北京双圆工程咨询监理有限公司监理。

（郭庆珍　王　蕊）

【古城西路商业金融项目】 1月30日竣工。工程位于古城西路，于2011年6月17日开工。工程规模42789.11平方米，框剪结构，工程总造价11750.1969万元。北京华怡房地产开发有限公司建设，北京军都晨宇工程设计有限责任公司设计，北京顺天通建筑工程有限公司施工，北京中景恒基工程管理有限公司监理。

（郭庆珍　王　蕊）

【北工大学生服务楼项目】 4月27日，北方工业大学学生食堂及学生活动用房竣工。工程位于晋元庄路5号，于2011年11月30日开工。工程规模12968平方米，框架结构，工程总造价4158.1329万元。北方工业大学建设，北京中色北方建筑设计院有限责任公司设计，中城建第五工程局有限公司施工，鑫诚建设监理咨询有限公司监理。

（郭庆珍　王　蕊）

【五里坨安置房项目】 4月28日，B-5号等3项工程竣工。工程位于五里坨，于2010年11月27日开工，工程规模29602.28平方米，剪力墙结构，工程总造价62666.4355万元。北京实兴腾飞置业发展公司建设，北京维美工程设计有限公司设计，江苏盐城二建集团有限公司施工，北京方正建设工程管理有限公司监理。

（郭庆珍　王　蕊）

1月8日，融科创意中心竣工　（区住建委供稿）

【老古城定向安置房项目】 6月4日,老古城综合改造E地块定向安置房项目3~4号楼及地下车库工程竣工。工程位于古城西街,于上年4月28日开工。工程规模32298.26平方米,剪力墙结构,工程总造价10668.1598万元。北京古城兴业置业有限公司建设,中旭建筑设计有限责任公司设计,中国中铁航空港建设集团有限公司施工,北京建拓工程管理有限公司监理。

(郭庆珍 王 蕊)

【衙门口居住及公建项目】 6月17日竣工,工程位于衙门口,于2011年11月14日开工。为衙门口居住及公建项目A1-2(3号楼及地下车库)、A1-3(1号楼及地下室),工程规模42583.17平方米,框架结构,工程总造价15905.1749万元。北京天石基业房地产开发有限公司建设,中国中元国际工程公司设计,北京天恒建设工程有限公司施工,北京方恒基业工程咨询有限公司监理。

(郭庆珍 王 蕊)

【刘娘府定向安置房项目】 7月3日,刘娘府综合改造定向安置房项目B地块B1号住宅楼等8项工程竣工。工程位于刘娘府,于2011年3月10日开工。规模87901.55平方米,剪力墙结构,工程总造价25838.7525万元。北京奥宸房地产开发有限公司建设,北京维美工程设计有限公司设计,湖南省第四工程有限公司施工,北京建宇工程管理有限责任公司监理。

(郭庆珍 王 蕊)

【北工大第十学生公寓项目】 8月9日竣工。工程位于晋元庄路5号,于上年6月29日开工。工程规模12830平方米,剪力墙结构,工程总造价3678.1389万元。北方工业大学建设,北京中色北方建筑设计院有限责任公司设计,鹏达建设集团有限公司施工,鑫诚建设监理咨询有限公司监理。

(郭庆珍 王 蕊)

【苹果园交通枢纽G地块】 8月26日,G地块商业金融项目竣工。工程位于苹果园大街西侧,于上年1月31日开工。工程规模34850平方米,框剪结构,工程总造价7059.7514万元。北京通润景园房地产开发有限公司建设,中外建工程设计顾问有限公司设计,中国新兴保信建设总公司施工,北京京盛工程建设监理有限公司监理。

(郭庆珍 王 蕊)

【五里坨建设组团01号地块】 9月6日,01号地块定向安置房A地块A-1号、A-11号楼等8项工程竣工。工程位于五里坨,于2010年10月5日开工。工程规模44153.67平方米,剪力墙结构,工程总造价43357.4331万元。北京实兴腾飞置业发展公司建设,北京中联环建文建筑设计有限公司设计,中铁建设集团有限公司施工,北京五环建设监理公司监理。

(郭庆珍 王 蕊)

【二管厂经适房】 9月10、11日,1、2标段项目分别竣工。工程位于八角,分别于上年5月22、24日开工。其中1标段2~4号住宅楼,工程规模43088.11平方米,剪力墙结构,工程总造价7766.5047万元。2标段1、5号住宅楼,工程规模15428.49平方米,剪力墙结构,工程总造价4506.9068万元。京汉置业集团股份有限公司建设,北京京澳凯芬斯设计有限公司设计,分别由区建筑公司和金坛建工集团有限公司施工,北京五环建设监理公司监理。

(郭庆珍 王 蕊)

【老古城安置房项目】 9月18日,老古城安置房项目1~2号楼、锅炉房、物业用房竣工。工程位于古城西街,于上年9月10开工。工程规模29655.74平方米,剪力墙结构,工程总造价10668.1598万元。北京古城兴业置业有限公司建设,中旭建筑设计有限责任公司设计,中国中铁航空港建设集团有限公司施工,北京建拓工程管理有限公司监理。

(郭庆珍 王 蕊)

【五里坨建设组团项目】 10月18日,01号A地块和安置房A3号项目竣工。其中,01号A地块工程于2011年8月9日开工,工程规模78436.46平方米,剪力墙结构,工程总造价39999.9016万元。安置房A3号项目于上年8月13日开工。为定向安置房项目A-3号、A-6号、A-8号、A-12号住宅楼,工程规模46291.28平方米,剪力墙结构,工程总造价39999.9016万元。以上项目均由北京实兴腾飞置业发展公司建设,北京中联环建文建筑设计有限公司设计,河南省建设集团有限公司施工,北京市双利工程建设监理有限责任公司监理。

(郭庆珍 王 蕊)

【石槽商业项目】 11月29日,E03地块项目竣工。工程位于石槽路,于2011年5月5日开工。工程规模30944平方米,框架结构,工程总造价5906.81669万元。远洋地产有限公司建设,中国建筑设计研究院设计,远洋国际建设有限公司施工,北京方圆工程监理有限公司监理。

(郭庆珍 王 蕊)

【燕山水泥厂B地块】 12月3日,B3、B1、B4部分项目竣工,工程位于京源路68号。其中B地块B3工程于2011年11月24日开工。工程规模16734.44平方米,剪力墙结构,工程总造价3191.1327万元。B1、B4部分项目为限价商品房项目,B地块B-8号、B-9号住宅楼等9项工程,于2011年11月24日开工。规模73086.58平方米,剪力墙结构,工程总造价14399.5305万元。以上项目由北京金隅嘉业房地产开发有限公司建设,北京建都设计研究院有限责任公司设计,北京城建十建设工程有限公司施工,北京建拓工程管理有限公司监理。

(郭庆珍 王 蕊)

【燕山水泥厂E地块】 12月9日,E1-8号住宅楼竣工。工程位于京原路68号,于2011年9月29日开工。为经济适用住房,工程规模122414.7平方米,剪力墙结构,工程总造价19400.19万元。北京金隅嘉业房地产开发有限公司建设,北京建都设计研究院有限责任公司设计,中国建筑股份有限公司施工,北京建拓工程管理有限公司监理。

(郭庆珍 王 蕊)

【燕山水泥厂F地块】 12月11日,F地块F1号楼、幼儿园等3项工程竣

工。工程位于京原路68号，于2011年10月27日开工。为经济适用住房，规模65794.98平方米，剪力墙结构，工程总造价10564.83万元。北京金隅嘉业房地产开发有限公司建设，北京建都设计研究院有限责任公司设计，中国建筑股份有限公司施工，北京建拓工程管理有限公司监理。

（郭庆珍　王　蕊）

【衙门口居住公建项目】 12月12日，居住及公建项目A1－5(4号楼)竣工。工程位于衙门口，于上年12月21日开工。工程规模2万平方米，框剪结构，工程总造价4940.8858万元。北京天石基业房地产开发有限公司建设，中国中元国际工程公司设计，北京天恒建设工程有限公司施工，北京方恒基业工程咨询有限公司监理。

（郭庆珍　王　蕊）

【五里坨项目B地块】 12月16日，B地块B－1号住宅楼等6项工程竣工。工程位于五里坨，于2011年3月15日开工。为定向安置房，工程规模69558.09平方米，剪力墙结构，工程总造价62666.4355万元。北京实兴腾飞置业发展公司建设，北京维美工程设计有限公司设计，江苏盐城二建集团有限公司施工，北京方正建设工程管理有限公司监理。

（郭庆珍　王　蕊）

【十项重点工程建设】 区政府总投资63.86亿元推进十项重点工程建设。其中老旧小区综合整治二期工程4月开工建设，年内完工。西山八大处文化景区一期建设工程、城区防洪设施治理工程、金顶北路建设工程及平原绿化及环境改造工程3月开工，年内完工。五里坨地区规模学校建设工程、区妇幼保健院扩建工程8月开工建设。古城创业大厦和泰然国际大厦建设工程、石莲和苹果园110Kv变电站建设工程10月开工建设。

（闫晓辉　贾　洁）

【房地产企业资质管理】 年内，共有43家房地产开发企业办理开发资质升级、延续、变更等手续。截至12月底，全区共有房地产开发企业67家。其中一级资质企业3家，二级资质企业4家，三级资质企业1家，四级资质企业31家，暂定资质企业28家。

（闫晓辉　贾　洁）

【保障性住房建设】 区住建委落实各类保障性住房建设，其中老古城D地块配建公租房项目建筑规模5000平方米，建设公共租赁住房100套；东下庄定向安置房6.5万平方米，建设定向安置房677套；中关村科技园石景山园北一区定向安置房项目先期开工2万平方米，建设定向安置房248套；五里坨2号地B地块总建筑规模约16.9万平方米，先期开工建设限价商品住房1100套。竣工和基本建成各类保障房项目3个（五里坨定向安置房、老古城E地块定向安置房、刘娘府定向安置房），竣工总面积23万平方米/2803套，超额完成全年竣工任务指标。

（张　明　郭家麟）

【保障性住房管理】 区住建委落实保障性住房相关政策，实现申请家庭应保尽保，审核通过廉租住房申请343件，3181户享受廉租住房待遇，租金补贴2578户、2020.31万元，收缴租金26.43万元。2002年至本年底，实物配租603户，通过租金补贴还贷方式解决买房难问题2户。举行1次经济适用住房摇号配售活动，295户家庭签订购房意向书；举行1次限价商品住房摇号配售活动，3182户申请家庭参加摇号活动。协助市投资中心完成本区1554户公租房申请家庭入住燕保京园家园公租房项目，其中外省市在本区工作人员109户。根据市住保办出台政策，不再单独受理廉租住房、经济适用住房、限价商品住房及公共租赁住房申请，改为统一申请保障性住房(公共租赁住房)。

（王晓庆　左静伟）

【东下庄棚户区改造】 项目位于西五环外北京军区南门，为前往八大处的必经之路，交通拥堵，环境脏乱差，流动人口聚集，市政基础设施薄弱。项目总用地面积0.732万平方米，原有建筑面积3.12万平方米，其中住宅建筑面积3.1万平方米，非住宅建筑面积0.02万平方米。年内，被区政府纳入棚户区改造和环境整治范围，并启动房屋征收工作。截至年底，征收工作完成97.5%，定向安置房已开工建设。

（周广宏　石　云）

【苹果园东口整治】 项目位于苹果园地区，原为花鸟鱼虫市场，流动人口聚集，经营业态低端，与周边新建小区、商业综合体形象不匹配。项目总用地面积0.158万平方米，原有建筑面积1.48万平方米，租户153户。年内，被区政府纳入棚户区改造和环境整治范围，组织力量推动区域环境整治。截至年底，租户腾退和房屋拆除工作全部完成。

（周广宏　石　云）

【西井棚户区改造】 项目位于西五环外，中关村科技园区石景山园东侧，环境脏乱差，基础设施薄弱，经营业态低端，与周边石景山科技园区形象不匹配。项目总用地面积1.215万平方米，原有建筑面积5.73万平方米，其中住宅建筑面积1.2万平方米，非住宅建筑面积4.53万平方米，产权户数118户，流动人口1841人。年内，区政府将其纳入棚户区改造和环境整治范围，积极推进项目进展。截至年底，项目取得规划条件、用地预审、立项、征地批复等全部前期手续，完成入户调查及征收补偿方案编制，涉及腾退4家单位中3家完成签约，非住宅腾退工作完成75%。

（周广宏　石　云）

【永引渠环境整治】 项目位于西五环外永定河引水渠周边，总用地面积0.754万平方米，原有建筑面积3.25万平方米，共有产权单位18家。截至年底，项目涉及房屋腾退18家单位中，已有15家签订腾退协议，完成率83%。

（周广宏　石　云）

【资质企业管理】 区住建委受理、审核、上报申报资质企业61家次，26家企业取得资质证书，其中晋级2家、资质增项7家、新设立企业取得资质17家；完成63家企业名称、注册地址、注册资本金、企业法人、技术负责人等资质内容变更审批工作；迁入本区企业5

家。完成577人二级建造师初审，其中初始注册361人、变更145人、注销58人、遗失补办9人、重新注册2人、增项2人；完成年度《安全生产考核合格证书》续期初审，共计685人，其中A证82人、B证267人、C证336人。

（李万生　杨慧宇）

【劳务管理】　全区工地全面执行以施工项目劳务管理手册为核心的区域劳务管理政策；所有新开工程全部实行项目负责人政策交底约谈；建立用工企业、劳务队长、班组长等相关人员诚信档案，对发生过群体讨薪事件问题企业限制在区内承揽工程项目，逐步探索采取市场手段制约问题企业管理模式。联合相关职能部门开展全区在建项目农民工岗位培训教育，参加人数近万人；开展排查工作，强化行业监管与部门配合，主管领导多次带队检查工地。出动劳务检查执法力量214人次，覆盖全区所有备案工地，保证50余家总包企业、180余家分包企业、2.6万多名农民工合法权益，全区劳务用工管理总体情况处于受控状态。

（李万生　杨慧宇）

【建筑节能】　全区建筑节能设计审查备案项目23个，其中居住类项目7个，甲类公建项目6个，乙类公建项目10个，总建筑面积92.6万平方米。新型墙体材料征收工程23个，征收总金额925.7万元。新型墙体材料返退工程1个，返退工程建筑面积11.4万平方米，返退金额105.5万元。散装水泥专项资金征收金额626.7万元，返退工程3个，返退工程建筑面积15.4万平方米，返退金额7.7万元。建筑节能竣工验收备案工程21个。

（李红印　王立波）

【工程安全监督】　区住建委监督工程67项，执法检查371次，约谈告诫5次，责令限期整改14次，责令停工整改6次，排查治理安全隐患1449条。完成37个工程项目安全监督交底工作。组织开展深基坑工程、高大模板支撑体系、高大脚手架、临时用电工程、特殊工种、消防及建筑起重机械安全专项执法检查24次。参与建筑市场综合执法检查56次。开展农民工安全教育培训工作4次。加强科室自身建设，开展业务学习交流8次。

（张庆平　许建林）

【房屋质量监管】　全区开复工工程111项，建筑面积375万平方米。全区在监工程89项，建筑面积302万平方米。其中住宅工程26项（包括1项无手续工程），建筑面积131万平方米；公建工程31项，建筑面积91万平方米；装修工程23项，建筑面积74万平方米；市政工程4项，工程造价3348万元；完工未验收工程5项，建筑面积6.3万平方米。

（郭庆珍　王　蕊）

【工程施工招标】　区住建委办理建设工程施工招标92项（其中公开招55项，邀请招标37项），招标工程建筑面积92.82万平方米，中标价412986.19万元；办理建设工程监理招标52项（其中公开招标37项，邀请招标15项），中标监理费6612.95万元。

（高相波）

【施工安全管理】　区住建委开展安全生产大检查和打非治违等隐患排查治理，其中专项和日常检查300余人次，检查单位160余家次；联合检查6次；土方运输夜查30余家次。加强工地扬尘监管，强化绿色文明施工管理，组织全区工地严格落实市2013－2017清洁空气行动计划以及生态文明和环境建设相关工作，建筑工地现场绿色施工和扬尘管理达标率达92%。全区施工安全形势总体处于平稳受控状态，未发生较大以上事故。突出行业综合管理，落实施工现场消防、食品、环境、扰民、治安等各类工作，施工现场综合管理水平提升。

（杨剑海）

【老旧小区整治】　区住建委按照市委市政府关于老旧小区综合整治工作任务的整体部署，继续开展全区老旧小区综合整治工作。计划实施老旧小区抗震加固改造5万平方米；节能改造66.79万平方米；启动简易楼改造7栋，2.83万平方米；完成八角北里、八角北路、永乐东3个小区的公共区域改造。其中，节能改造工程除继续完成上年改造项目外，新启动34个小区、148栋楼、11278户的改造工作，涉及8个街道办事处。分别为：古城街道18栋，1303户，77159.5平方米；八角街道64栋，5404户，326001.35平方米；鲁谷社区14栋，1091户，54748.82平方米；老山街道12栋，1179户，71405.45平方米；金顶街街道5栋，258户，15008平方米；苹果园街道9栋，564户，34924平方米；广宁街道18栋，1012户，59708.09平方米；五里坨街道6栋，311户，18654.57平方米。改造内容包括外墙外保温、更换节能外窗、屋面保温以及热计量改造等项目。4月中旬全面开工。公共区域方面，涉及3个小区，改造项目具体为：八角北里改造污水管线、道路、停车位、围墙、安防、绿化及弱线入地7项，八角北路进行补建停车位、绿化2项，永乐东小区改造道路、停车位、污水管线3项。截至年底，完成老旧小区抗震加固工作4栋，1.11万平方米；完成节能综合改造146栋，66.73万平方米；完成热计量改造82万平方米；腾空简易楼4栋，1.38万平方米；实施公共区域改造3个小区，完成污水管线改造1.02万平方米，修建停车位286个，修建道路0.42万平方米；完成投资额22300万元。

（陈全燕　张倩倩）

【物业资质管理】　截至年底，在本区登记注册物业服务企业50家（其中一级资质2家，二级资质11家，三级资质35家，三级暂定2家）。

（郭倩楠　薛　松）

【房改售房】　区住建委核准批复房改售房方案13件（含农转居安置住房方案4件）。对145个单位次（含退件2件）的房改售（调）房进行审核备案，共售964套、7.93万平方米；调整住房83套、5756平方米。

（安建恒　戚全章）

【住房补贴】　区住建委会同区财政局、人力社保局、审计局、监察局，完成全区机关事业单位职工住房补贴申报审核备案，职工住房补贴补报续报资金23500万元已核拨到各申报单位。配合区人力社保局做好自主择业军转干部住房补贴工作，此项资金全部核

拨到位。

（安建恒　戚金章）

【单位售房及维修金审核】 区住建委审核通过6个产权单位支取售后公有住房专项维修资金318.63万元。审核单位支取售房款资助职工建立住房公积金单位缴存部分4.50万元。

（安建恒　戚金章）

【房地产经纪机构管理】 区住建委组织开展房地产经纪行业专项执法检查，引导并规范经纪机构及执（从）业人员经营行为。办理初始备案证明58件（其中经纪机构30件，分支机构28件），办理变更（续期）备案证明35件（其中经纪机构16件，分支机构19件），办理注销备案13件（其中经纪机构0件，分支机构13件）。截至年底，全区房地产经纪机构171家（其中经纪机构75家，分支机构96家）。巡查经纪（分支）机构530余次，发出责令改正通知39份，受理投诉181件（其中网上投诉81件，直接投诉31件，电话投诉50件，便民转办单17件，信访件2件），约谈经纪机构20家次，处罚房地产经纪机构8家，罚款18万元。

（何艳珺　董　静）

【群租房治理】 区住建委配合相关部门参加房屋违法出租治理活动，加大对群租房综合治理力度。建立统筹领导协调工作机制，增强联合检查合力，查纠打隔断群租违法违规行为，推动全区房屋租赁市场秩序治理和规范。与市住建委联合检查群租房2次，与区流管办、区公安分局等单位督查群租房试点小区治理5次，联合相关街道检查15次、查处群租房投诉46件。

（何艳珺　许阳托）

【普通地下室管理】 区住建委围绕“强化日常巡查，突出专项治理；推进备案登记，督促规范使用；落实防汛责任，保障住用安全；普及政策法规，组织应急演练；妥善处理投诉，化解矛盾纠纷”5个方面，开展普通地下室综合管理工作。累计日常巡查3015处次，开展专项检查治理行动8次，与相关部门联合执法检查80（处）次，消除各类隐患99处，关停存在安全隐患、违规使用和合同到期普通地下室10处（散租5处、员工宿舍4处、生产经营1处），完成普通地下室居住人员“零增长”工作目标。妥善处理投诉、信访26件，办理普通地下室使用备案6处。

（何艳珺　陈　哲）

【房屋权属登记】 区住建委完成房屋权属登记业务28318件，完成预售许可初审9件，上门服务27件，绿色通道办理800余件。档案查询接待2779人次，涉及档案5783卷。5月1日起，开展存量房交易服务平台试点工作，全年共办理存量房房源核验3242件。

（王云松　陈　洁）

【行政处罚】 区住建委全年完成行政处罚8起，罚款13.2万元。其中，一般程序行政处罚6起，均为房地产经纪公司违规行政处罚，罚款13万元；简易程序行政处罚2起，均为施工单位存在事故隐患行政处罚，罚款0.2万元。

（张继奎　董　莹）

房屋经营和市场管理

【概况】 年内，石景山区房屋经营和市场管理中心（简称中心）认真学习贯彻党的十八大精神，以及区委、区政府一系列决策部署，紧紧围绕年度工作目标，抓班子、带队伍，抓党建、促业务，抓项目、增效益，抓作风、出效率贯穿始终，认真履行职能，开展经营管理活动，确保各项任务目标全面完成，实现总收入3855.73万元，同比增长1.88%。

地址：石景山区古城东街103号

电话：68880771

邮编：100043

传真：68861581

（任　群）

【安全生产】 年内，中心成立安全生产领导小组，采取同业主签订《安全生产目标责任书》，向广大业主普及安全常识，举办安全生产培训班，开展防汛、电梯逃生科目实战演练，“打非治违”专项行动等多种手段开展工作。与各出租户签订130份消防安全责任书，对检查中发现的3类26处问题，及时进行督促整改。中心监督检查53次（其中突击检查16次），下发整改通知7份；所属各单位自查累计125次，下发整改通知20份，强化安全防范措施。全年中心无安全责任事故。

（任　群）

【信访维稳】 中心各单位结合自身实际，以社会风险评估为重点，完善风险评估制度，加强源头预防力度。领导干部接访下访，力求矛盾纠纷“不出中心、就地化解”，做到事事有反馈，件件有回音。全年受理办结诉求便民电话转办单40件、信访9件、处理住户来电41人次、政风行风热线1件、人大提案1件。

（任　群）

【廉租房管理】 中心在廉租房工作中注重加强日常零维修。针对住户难点、热点问题，加大后期服务监管力度，提高工作效率和服务质量。金顶阳光廉租房管理工作成效显著，租金收缴率93%以上，连续三年在北京市排名居前。配合区住建委做好调研和部分项目选房工作，不断完善本区保障性住房管理运行机制，为统一出台相关政策法规提供参考和依据。

（任　群）

【物业管理服务】 中心主动做好房屋安全普查和鉴定、房屋修缮、供暖、设备普查、节能改造等物业管理服务工作。普查房屋总面积69.1万平方米。其中辖区楼房158栋，正规楼130栋、62.52万平方米（其中托代管11.85万平方米）；简易楼28栋、0.44万平方米；平房3676间、6.14万平方米。完成房鉴定112处，总面积约33万平方米。

（任　群）

【开展售房】 中心严格执行标准，规范流程，做好各类房改售房工作，完成办理标准价（优惠价）改成本价手续11户。集中办理京九铁路拆迁安置房屋产权办理298户。规范租赁合同管理和直管公房租赁变更管理，严格执行审核报批程序。优化办事程序，在一线窗口实行挂牌上岗，接受群众监督。

（任　群）

【供暖保障】 中心改进供暖管理模式，提升管理水平，做好88.2万平方米供暖保障工作。一是做好供暖前期维检工作。提前对外部管网等供暖设备进行检修、维护,减少跑冒滴漏和供热死角。对5个换热站电锅炉、控制柜、电控柜、补水泵维修保养103台,对站内各类阀门维修保养136个。对外围管线阀门检修188个,更换阀门57个,更换管线620米。二是采取措施实现节能降耗,加大对外管单位自管供暖管线排查,做到节能降耗,确保供暖质量。三是优化资源配置调整供暖力量。成立由25人组成的供暖部,加强供暖服务。制作便民维修服务联系卡5000张,方便住户报修。

(任 群)

【测绘管理】 中心发挥信誉优势,多方承揽项目,不断提高测绘成果质量。截至目前,累计完成各类房屋测绘面积15万余平方米,各类房产发证94件,危房鉴定1件,其他业务4件。

(任 群)

【推进拆迁】 中心坚持"诚信、奉献、创新、效率"原则,稳步推进拆迁工作落实。稳妥推进第二水泥管厂成套楼拆迁在施项目,完成222户成套楼签约,占总拆迁户数40.22%。加大琅山苗圃动迁项目政策宣传力度。全力推进新承揽的北辛安(S1、M6线)项目前期测算和M6线西黄村车站、北重厂北路西延及引水渠南路前期调查。完成苹果园粮食局搬迁结转扫尾项目;金顶北路和苹果园北路非住宅院落搬迁工作。

(任 群)

房地产开发

北京石开房地产开发有限公司

【概况】 北京石开房地产开发有限公司于2006年2月8日成立,由北京市石景山区国有资产经营公司和金融街(北京)置业有限公司共同出资组建。注册资本4亿元。公司主营房地产开发建设、商品房销售,是全国房地产开发资质一级企业、银行资信一级企业。石开公司是在原区城市建设开发公司的基础上进行企业改制组建而成的。公司现有职工86人,其中研究生8人,大学本科53人;具有高级职称7人,中级职称27人,初级职称19人。2009年3月,石开公司与金融街控股共同出资成立北京天石基业房地产开发有限公司,作为衙门口居住公建用地项目开发主体。年内,受调控政策影响,商品住宅销售增速放缓。公司在双方股东领导下,面对日益严峻的行业环境,坚持经营和管理两手抓原则,落实精细化管理,提高经营收益。完成融景城项目和各项任务指标。全年完成签约额3.08亿元,完成回款额7.6亿元,实现营业收入10.4亿元,实现净利润2.53亿元。

地址:石景山区体育场路2号

电话:51810266

邮编:100043

(马 光)

【石开公司减资】 年内,石开公司为有效使用存量资金,公司双方股东意向将石开资本金由40000万元减至6000万元。经股东批准,5月正式签署三会决议,60天完成媒体公示、资产评估、减资工商变更登记手续等工作,合法向股东腾退资金34000万元。

(马 光)

【石开一分公司注销】 一分公司为石开公司改制的前身公司,专门为开发"天和景园项目"设立。由于不具备独立法人资格,一旦发生经营风险全部由石开公司承担。年内,在完成一分公司税审工作基础上,向股东提交三会文件审批。7月3日,完成一分公司注销全部工商手续。

(马 光)

【住宅签约回款13568万元】 公司大力协调2011年区政府调整景秀园C6号楼限价房使用性质,未与市住保办达成一致,致景秀园C6号楼延迟签约工作。9月,促成市住保办与区政府达成一致,京石科园受让整楼。10月完成全部回款约11700万元。其余剩余房源,年底前由区重点工程建设中心一次性签约购买,实现回款1868万元。

(马 光)

【融景四期公建按期回款】 公司做好大客户销售服务,中储粮购买融景广场四期公建按合同约定年内交房,可收回购房款占据公司回款任务70%。公司安排专人负责做好大客户服务,紧盯合同履约关键节点,及时解决客户所提问题,促成客户按期履行付款义务,年底前实现4.94亿元全部回款。

(马 光)

【融景城还建写字楼签约】 公司与景阳农工商公司就还建宾馆事宜持续洽谈。按照土地补偿协议,公司需向景阳农工商和向阳农工商还建楼房。年初与对方就交付标准达成一致,将还建宾馆转为办公用房,内部设施相应减少、外装方案调整,减少成本投放。年底,实现签约7566.9万元。就四期商业A座实现签约433.6万元。

(马 光)

【维修维保管理】 公司将客服管理工作前置,将客服部办公场所搬到项目现场,安排人员周末值班;完善维修维保制度,按照控股要求加大400系统跟踪管理力度,定期进行维修维保回访;对维保款支付提出"总包维修未完项暂缓支付、分包维修未完成则不予支付"原则。加强对第三方维保工作管理,客服部本年度处理业主投诉5例,处理跟进业主报修约3700例;处理业主索赔12例。截至12月27日,融景城小区维修关闭率二期92%、三期88%、景秀园97%,较年初明显提高。

(马 光)

【质量安全监管】 公司加强质量安全监管,加强日常施工安全监督管理,确保全年安全生产目标。完善制度建设、强化责任意识,加强日常施工安全监督管理,加强开发项目安全巡查,开展专项治理和专项检查,始终坚持"安全第一,预防为主,确保质量"方针。全年对开发项目进行安全检查60余次,下发整改通知52份,查出安全隐患260余项,隐患整改率92%。与相关单位签订安全生产协议11份。全年无甲方主体责任安全事故。依法合规加强过程监管,突出重点工序监控。公司质量管理从责任主体行为、进场材料、设备、实体质量、各类验收程序和资料等严格把关，严格要求工程相应责任主体单位，杜绝质量事故。强化建筑原材料质量管理；落实强制性标准，加强工程实体质量管理；加强建筑质量通病防治工作，采取有效措施减少各类质量通病发生；严格住宅工程分户验收管理。年内未出现重大质量事故，完成质量目标。

（马 光）

北京实兴腾飞置业发展公司

【概况】 北京实兴腾飞置业发展公司（简称实兴腾飞）注册资金6000万元，总资产13亿元，为二级房地产开发资质，是本区最大国有房地产开发企业。下属9家子公司，包括5家全资子公司（北京实兴金海物业管理中心、北京实兴建材公司、北京实兴腾飞酒店物业管理有限公司、北京天泰兴业置业发展有限公司、北京鎏金置业有限责任公司）；2家参股子公司（北京石海兴业置业发展有限公司、北京金石融景房地产开发有限公司）；1家控股子公司（北京西部联合置业发展有限公司）；1家代管公司（北京金鼎园大学生公寓物业管理中心）。年内，实现经营收入22170万元（9家合并数），实现利润总额3427万元，净资产收益率8.94%，成本费用利润率20.09%，不良资产率20.27%。与国资委下达考核指标（利润总额2949万元、净资产收益率6.42%、成本费用利润率10.09%，不良资产率20.45%）相比，利润总额超额478万元，净资产收益率超额完成2.52%，成本费用利润率超额完成10%，不良资产率下降0.18%，全面完成区国资委下达的年度经营考核指标。

地址：石景山区杨庄东街59号
电话：68880853
邮编：100043

（刘笑忱）

【金石融景公司成立】 7月，实兴腾飞与金融街控股股份有限公司联合成立项目公司——北京金石融景房地产开发有限公司，注册资金10亿元，实兴腾飞占20%股份。年内，以38亿元总标价竞得京西商务中心（西区）商业金融用地和五里坨南宫A、B地块保障性用地开发使用权。

（刘笑忱）

【基础设施建设】 重点建设中心共承担15项各类市政工程项目，按计划推进。文化中心项目取得立项、用地规划许可证等前期批复，完成腾退工作。8月启动西北热电中心变电站项目拆迁，25天完成GIS室项目120余户住宅拆迁，节约拆迁资金近5000万元。完成热力管线、电力出线所涉拆迁。

（刘笑忱）

【五里坨建设组团项目】 年底，五里坨定向安置房全面竣工交付使用。建安置房5525套，建设历时3年。截至年底，安置房销售累计签约4870套，占安置房总量88%，已入住4676套。一级开发住宅拆迁累计签约3537户，完成97%，剩余产权户110户。国有土地拆迁剩余4家未签约（其中农委部分签约）。集体土地拆迁，五里坨农工商公司剩余8家，黑石头农工商公司剩余约20家。油库沟治理授权由实兴腾飞实施。隆恩寺沟、潭峪沟治理工程实施主体为区水务局，启动隆恩寺沟南段建设。安置房地块周边各市政单项施工图设计工作完成。2号地B地块完成土地交易，3－5号地块详规指标报送市规划院进行方案评审。

（刘笑忱）

【其他项目建设】 天泰兴业公司在建项目苹果园交通枢纽H地块廉租房完工。站前小区项目进入政府回购程序。石海兴业负责的西井项目完成西井中学拆除，支付首期拆迁款200万元。完成八大处农工商公司集体土地和国有土地非住宅拆除，支付首期拆迁款2000万元。鎏金置业公司负责的西黄村项目持续推进3栋安置房开工前准备工作，重点前期手续基本完成。

（刘笑忱）

【资产管理】 实兴腾飞完成拆除西井锅炉房违章建筑，收回西井锅炉房拆迁补偿款2380万元；完成海特饭店划转万商公司权属认定、土地测绘等相关工作；海特花园57号楼案件执行办理完毕，底商一、二层及7套住宅房屋产权划归实兴腾飞公司，挽回20000万元经济损失；撤出持有星座商厦4.7%股份（280万元）。完成九重科贸公司出资人及法定代表人变更；处理建材公司1076万元不良资产。

（刘笑忱）

【实兴腾飞助学基金】 年内，实兴腾飞向"实兴腾飞助学基金"注资20万元，资助贫困学生。自2010年"基金"启动，已累计资助困难学生450人次，累计发放资助金54余万元。

（刘笑忱）

石景山区建筑公司

【概况】 北京市石景山区建筑公司（简称建筑公司），是区属全民所有制建筑企业。具有房屋建筑工程施工总承包二级资质，城市及道路照明工程专业承包三级资质。1999年2月，通过ISO9001质量管理体系认证，成为区属建筑业企业第一个通过该认证建筑公司。2006年1月，通过质量、环境保护及职业健康安全管理体系认证。2009年，成为本区首批持"CRD绿卡"88家重点企业之一。现有7个职能科室，8个土建分公司，1个电气分公司，正式职工169人，工程技术及专业管理人员123人。其中，高级技术职称4人，中级技术职称21人。年内，杨庄水厂配套用房翻建工程、第二水泥管厂经济适用房项目2#－4#楼工程、区计划生育生殖健康技术指导中心改扩建项目等竣工。全年完成营业收入21021万元，上缴税金605万元，开复工面积28.4万平方米，竣工面积4.6万平方米。获北京市建筑工程最高质量奖"结构长城杯"和"长城杯工程奖"15项、北京市优质工程6项、北京市文明安全工地16个，连续多年获区"百强企业""重合同、守信誉"企业。

地址：石景山区西井路15号静洋科技大厦五层
电话：68863898
邮编：100041
传真：68829495

（贾海艳）

【通过三体系认证审核】 12月18日、19日两天，方圆标志认证中心专家审核组，对公司本部和所属基层项目部运行最新质量管理、环境保护、职业健康安全三体系及《工程建设施工企业质量管理规范》情况进行认证审核，审核结论为“审核结果符合要求，给予认证注册资格。”

（贾海艳）

【二管厂项目竣工】 工程位于八角地区第二水泥管厂内，为经济适用房项目，工程包括1栋18层和2栋21层高层住宅，建筑面积42944平方米，合同造价8496万元。工程为全现浇剪力墙结构。2011年1月开工，是年6月竣工。建设单位是京汉置业集团股份有限公司，第六分公司负责承建。

（贾海艳）

【生殖健康指导中心项目】 工程位于杨庄东路甲65号，为区计划生育生殖健康技术指导中心改扩建工程。项目在原有四层砖混建筑基础上扩建加层，扩建面积520平方米，并对整个建筑维修装饰，合同总造价741万元。上年9月开工，是年6月竣工。建设单位是区人口计生委，由第八分公司承建。

（贾海艳）

【“安康杯”竞赛优秀班组】 区建筑公司第六分公司武京平项目部在年度“安康杯”劳动竞赛活动中被市总工会评为2013年度“安康杯”竞赛优秀班组。

（贾海艳）

西部建设办公室

【概况】 石景山区西部建设办公室（简称区西建办）是全面组织协调石景山西部地区开发建设工作的区政府派出机构，行政编制12名，内设综合办公室、规划发展科、项目推进科（挂工程管理办公室的牌子）。年内，区西建办机构进行调整，主管区长兼任主任，设常务副主任，同时组建党组。实有人员11人，其中，党组书记1名（副区级待遇），常务副主任1名（党组成员，正处级），副主任1名（党组成员，副处级），科级干部（含副主任科员）7人。

南马场水库修复完工　（区西建办供稿）

年内，区西建办按照统筹考虑、把握节奏、突出重点、高端发展要求，认真把握西部建设所处阶段，秉承“规划引领”工作思路，不断完善西部地区规划体系，为西部建设确定科学合理的发展定位和目标；同时，抓住土地集中上市前时间差，重点推进市政工程、公益设施等民生保障类项目建设，切实履行好政府职责，促进地区公共服务能力和整体品质提升。截至年底，西部地区共实现固定资产投资约180亿元，占同期全区总量25%，成为本区投资建设重要区域。

地址：石景山区五里坨车站路1号
电话：88907327
邮编：100042

（杜玉敏）

【五里坨建设区控规调整】 区西建办在实地踏勘、全面掌握情况的基础上，委托市规划院对控规作进一步调整，并对建设区产业定位和综合开发成本及收益情况进行研究测算。与规划分局多次组织五里坨建设区规划专题会议，研讨控规调整方案，请市规划院总体所、交通所指导规划编制；在进一步明确区域功能定位基础上深入梳理产业体系；要求规划设计单位在解读用地布局基础上，对道路红线、河道蓝线等细致校核；并与综合交通规划衔接，按规模核定场站布局等基础设施；对教育设施进一步校核。调整后，总建筑规模达到450万平方米，较06版控规增加约61万平方米。规划调整方案经区政府同意并向市规委行文报审。

（杜玉敏）

【广宁建设区规划研究】 区西建办结合西北热电中心建设及周边环境整治项目的实施，在前期广宁建设区概念性规划研究成果基础上，及时启动广宁、高井、麻峪地区整体规划研究。年内，已完成区域基本情况、发展现状等基础资料采集和问题梳理工作。

（杜玉敏）

【五里坨建设区产业定位】 年内，区西建办开展五里坨建设区产业定位研究。结合市政府关于加快西部地区转型发展意见、推进国家服务业综合改革试点区发展意见等文件精神和区CRD五大主导产业发展方向，把握五里坨建设区区位优势，初步确定商业服务、旅游疗养、教育科研3类产业为五里坨建设区未来发展主导产业。

（杜玉敏）

【西部地区土地一级开发】 区西建办把握一级开发处于攻坚克难阶段特点，统筹协调、重点突破，借势定向安置房入住、安全整治等契机，采取分地块重点促迁等方式加快推进土地一级开发。年内，居民住宅累计签约3537户，剩余110户，完成总量的97%；非住宅拆迁完成率达85%以上。4858栋五里坨定向安置用房交付使用。南宫

A、B和五里坨02B保障房地块上市并开工建设。

(杜玉敏)

【道路工程和公益项目建设】 年内,西部地区"三横三纵"路网体系得到完善,区域内交通通行能力和道路设施条件得到明显提升。五里坨路完成全线铺油,黑石头村路北段工程实现年内建设,年内通车。完成南马场水库生态修复工程。

(杜玉敏)

【剩余村落及边角地开发利用】 区西建办对西部地区能纳入棚户区改造有关情况全面摸底,建立西部地区棚户区改造和环境整治项目基本台账。包括高井村、麻峪村、广宁村、陈家沟村、双泉寺村、潭峪村、新隆恩寺村等未纳入土地一级开发村落及部分边角地区,被列入2013-2018年棚户区改造和环境整治工作计划。

(杜玉敏)

【西部地区宣传推介】 年内,区西建办推出"美丽西部"系列宣传活动,开展"聚焦石景山,展现西部美"微博摄影大赛和"扮靓石景山,美丽西部我知道"有奖知识问答活动,累计收到微博照片300余幅、群众答卷365封。加大推介,先后接待融科智地、中信房地产、光耀集团、儿研所等企事业单位50余批次,重点宣传和介绍西部开发情况,部分企业表达投资合作意愿。

(杜玉敏)

北京燕金源置业有限公司

【概况】 北京燕金源置业有限公司(简称燕金源公司)是本区国有控股房地产公司,注册资本4.5亿元,具有房地产开发四级资质,负责实施苹果园交通枢纽商务区土地一级开发项目建设工作,配合做好苹果园交通枢纽建设相关工作。苹果园交通枢纽商务区项目位于石景山区中部,其四至为:东至苹果园大街、杨庄大街,南至阜石路,西至规划金顶西路,北至琅山苗圃(其中,不包含苹果园交通枢纽范围)。总用地面积52.81公顷,总建筑控制规模55.14万平方米。苹果园交通枢纽位于地区中部,以苹果园地铁站为中心,北至苹果园路,南至阜石路,东至金顶东路,西至规划一路。规划占地规模为4.77公顷,总建筑面积34.132万平方米,其中枢纽7.624万平方米,商业19.822万平方米。

地址:石景山区杨庄北区甲12号楼底商二层
电话:68868123
邮编:100043

(孙　蕊)

【拆除阜石路69号院内违建】 6月20日,根据查违工作要求,区专项行动指挥部组织区委政法委、法制办、监察局、集经办、城管大队、公安分局等部门和单位,出动130余人次,对阜石路69号院内15处违法建设实施强制拆除,拆除面积2215平方米。

(孙　蕊)

【防震减灾】 10月29日,燕金源公司组织疏散演练。通过演练增强员工防震避震安全意识,提高地震中的逃生自救、互救能力和抵御、应对紧急突发事件能力。

(孙　蕊)

【安全工作】 燕金源公司坚持"安全第一、预防为主、综合治理"方针,明确领导分工、建立完善制度、加强宣传教育、组织模拟演练,全年安全无事故。加强安全监管,安排专人每天巡视即将上市地块,发现新增私搭乱建以及违章建筑棚房,协调拆除。主动与被拆迁人约谈,安抚情绪,避免矛盾激化,耐心做思想工作。

(孙　蕊)

北京金石融景房地产开发有限公司

【概况】 北京金石融景房地产开发有限公司于8月21日成立,由金融街控股股份有限公司和北京实兴腾飞置业发展公司共同出资。注册资本10亿元,金融街控股出资8亿元,占股权80%;实兴腾飞置业出资2亿元,占20%。7月,金融街控股和实兴腾飞联合体成功获取京西、南宫项目后,注册成立金石融景公司,以该公司为主体开发京西商务中心和南宫保障房项目。主营业务为房地产开发,主要开发京西商务中心项目和南宫保障房项目。根据股东意向,新公司是石开公司、天石基业公司现有人员为基础进行组建。截至年末,公司职工68人。

地址:石景山区体育场路2号
电话:51810266
邮编:100043

(马　光)

【南宫地块保障房项目开工】 11月8日,南宫保障房项目A地块举行开工典礼。该项目位于五里坨,是区重点工程之一。项目于7月15日获取土地,10月22日规划方案经区长办公会批准。从获得土地至开工历时近4个月。

(马　光)

【京西项目】 京西商务中心(西区)商业金融项目规划建设用地面积52734.267平方米,地上建筑控制规模23.7万平方米,含地下建筑面积35.65万平方米;业态分为写字楼、公寓和商业;该地块已办理移交手续,年内办理相关前期证照。

(马　光)

【南宫项目】 五里坨南宫(A、B地块)保障性住房项目规划建设用地面积58766.7平方米,地上建筑控制规模11.86万平方米,含地下建筑面积为15万平方米;该地块整体规划方案于10月22日经区长办公会批准,A地块于11月8日正式开工。

(马　光)

城市管理

市政市容管理

概述

北京市石景山区市政市容管理委员会(简称区市政市容委),是主管全区市政基础设施建设与管理、城市环境建设、交通管理、水务管理、爱国卫生、防震减灾工作的区政府职能部门。下设27个职能科室,8个直属事业单位。年内,夯实市政基础设施建设与管理,提升社会发展承载力,实现长安街西延、北辛安路北段开工建设,加快金顶北路等续建项目建设,推进双园路等开工项目建设,做好永引渠北路等重点前期项目建设。加强市政设施养护管理,完成鲁谷大街等多条道路大、中修及日常养护,加强铁路道口管理,地下管网巡管,区属桥梁安全监管。增开微循环专线,解决人口密集地区出行难问题;建立公共自行车服务系统,建设服务站点32个,投入公共自行车1000辆,解决居民出行"最后一公里"问题。推进停车设施建设,增设停车位2502个,有效缓解停车难问题。推进轨道交通建设,推进地铁6号线西延金安桥站一体化方案设计,启动S1线拆迁准备工作,M6线西黄村站于10月份入场施工。加强供热基础设施改造,对既有节能居住建筑进行供热计量改造。夯实城市环境建设与管理,不断完善人居环境质量,加强莲石路、108国道沿线,永定河东岸等园博会周边环境,华联、沃尔玛两商业中心区域环境的综合整治工作,开展5个校园周边、12条背街小巷环境综合整治,加强城市环境景观建设。加强环卫基础设施建设,完成21座旱厕改造,完成衙门口转运站大修改造,建立街道环境卫生作业保障体系。加强市容环境卫生管理,对全区48个施工工地开展拉网式排查,专项治理建筑垃圾,启动北方工业大学和苹果园中学2处餐厨垃圾就地资源化处理设施建设,新增18个垃圾分类达标试点居住小区,实施环境精细化管理,建立完善环境卫生责任区地理信息系统,实现全区环境卫生管理"一张图"。夯实水务基础设施建设与管理,提升城市水务保障能力,加快推进永定河绿化升级改造工程。加强供水工程建设,实施燕山水泥厂等安置房小区配套供水管网工程,开展杨庄水厂水源地扩建工程。全力做好防汛工作,实施16项防汛消隐工程,配合市排水集团实施麻峪雨水泵站升级改造工程,成立道路雨水口打捞队,保障全区易积水的43条主要道路排水通畅。推进人民渠首钢段、北八渠2条中小河道治理,解决鲁谷地区、金苹地区排水瓶颈问题,完成黑石头生态清洁小流域一期治理工程,配合市水务局建成五里坨污水处理厂并投入试运行,完成五里坨污水处理厂配套截污工程和五里坨定向安置房临时截污工程。加强节水管理,为老旧小区换装节水型器具5000套。建立完善水务普查数据档案。加大水务执法力度。加强信息化城市管理,不断提升城市科学管理效能,逐步建立起以"格"为基础、以"网"为依托、以"大屏"为终端、以"城管通"为手段的"城市管理公共服务平台",结案率逐年提高。

地址:石景山区杨庄东路9号
电话:68866937
邮编:100043

(王　璐)

【城市清洁周】 1月28日~2月1日,区市政市容委开展"迎接新春佳节,创建干净整洁城乡环境"为主题的城市清洁周卫生大扫除活动。全区各部门178名主要领导参加,动员辖区236个单位,出动车辆153台,清理房顶26368平方米,清除卫生死角1368处,清理堆物堆料828吨,清理白色污染216吨,清除非法张贴小广告24800张。

(侯宇卅)

【防汛消隐工程】 2~5月,区防汛办与各街道防汛分指挥部沟通,确定实施衙门口道路边沟改造、柳林庄雨排水改造、金顶山道路排水综合改造等16项防汛消隐工程,投资749万元。配合市排水集团实施麻峪雨水泵站升级改造工程,提高麻峪铁路桥下道路排水能力。提高防汛应急抢险能力,成立3支区属应急抢险队,成立道路雨水口打捞队。投资623万元,采购、补充防汛物资储备,布置12个防汛摄像头和10个自动雨量计。绘制永定河石景山段防汛部署图。组织莲石湖城市防汛演习,对应急抢险队伍协调配合、城市应急排水、预警避险等方面能力进行检验。

(郭建超)

【污水厂配套截污工程】 3月25日,污水厂配套截污工程正式开工。将五里坨、高井地区市政主干管道未涉及到的70多个排污口的污水全部截流纳入市政主干管道,收集进入污水处理厂统一消纳。主要工程量为铺设污水管线2685米,建设检查井95座,工程总投资约1210万元,年底前全部完工。高井沟为西部地区重要的排水明沟,沿线没有市政管线,两侧及上游居民将生活污水直接排入沟道内,导致该沟在非汛期基本为污水渠。工程的实施,确保高井沟污水顺五里坨配套污水管线(高井沟北岸段)进入五里坨污水处理厂,标志着石景山西部地区初步建立较为完善的污水收集及处理系统。

(马　惠)

【污水厂配套管线贯通】 五里坨污水处理厂是北京市规划的15座污水处理厂站之一,由市政府以BOT模式进行项目建设运营。由市排水集团申报立项的五里坨配套污水管线工程于2005年进入施工阶段。工程建设规模为:设计全长5.86千米,采用人工顶管施工。工程于2008年9月完成约70%工程建设后进入停工状态,剩余6段近1.0千米管线未完成建设。上年交由排水集团基建分公司继续建设,剩余管线部位的拆迁、施工占地、树木伐移等外部工作于4月重新启动,5月10日进场复工,上年底完成配套管线续建637米,新建退水管线306米。3月30日该段具备通水条件。4月1日污水顺利进入污水处理厂,为水厂正式投入运营创造条件。

(姜　楠)

【小区街巷胡同评选】 4月,开展以"共建环境优美社区,共享宜居美好生活”为主题的“环境优美居住小区街巷胡同评选活动”。通过本区筛选和推荐,西山枫林小区三期获“优美居住小区”,苹果园双园路、古城路、隋口园小路、黑石头路获“优美街巷胡同”。

(姜　蓓)

【“五一”城市清洁日】 区市政市容委与其他六部门联合组织以“迎五一国际劳动节,净化美化市容环境”为主题环境卫生大扫除活动。印发《致全区居民的一封信》30万张,制作条幅560条,发放宣传海报2500余张。全区共组织干部职工、群众、青年志愿者参加卫生大扫除2.58万人次,出动车辆300余台,清理楼顶2.4万平方米,清除卫生死角1200处,清理堆物堆料垃圾340余吨,清理白色污染2.5吨,清理非法小广告8万多张。

(侯宇卅)

【防震减灾】 5月12日,围绕“5·12”防震减灾日,区地震局与区科协联合开展专题宣传教育。组织学校、社区、地震志愿者开展地震应急疏散演练、培训。开展沃尔玛、东方家园停车场及茂华公园应急避难场所建设工作。完成5个地震安全示范社区及2所防震减灾校建设工作。完成3处前兆及数字化强震台站改造工作。

(乔　怡)

【禁止烟草广告】 5月31日,第26个“世界无烟日”,区爱卫办组织开展以“禁止烟草广告、促销和赞助”为主题的宣传活动。各街道办事处(鲁谷社区)设立宣传点,发放宣传材料2万余份,制作展板20余块,粘贴控烟海报50余张。

(赵　欣)

【汛前安全检查】 汛前,各专业部门对全区防汛隐患进行全面排查,累计检查在用人防工程105处,各类城镇房屋2110.55万平方米,城镇私有平房10237户、46865间;对永定河石景山段13.8千米防洪大堤、重点防守部位、险工地段、防洪堵口进行检查。排查道路排水系统,冲刷雨水支管15千米,掏挖雨水口10300座,新安装防坠网725座,清理麻峪泵站进退水管线150米。同时对存在安全隐患的树木进行修剪,对新植树木进行支撑预防倒伏,为汛期安全度汛奠定基础。

(郭建超)

【公共自行车服务系统】 6月1日,公共自行车服务系统正式运营。区交通委以石景山路为轴,辐射周边1~3千米范围内的服务区域,建设服务站点32个。包括6个公建服务站点、3个轨道交通站点、21个居住区站点,主要位于古城、八角、鲁谷、八宝山4个街道社区的小区周边,地铁、公交站点以及公园等附近所在的主要街道便道上,共设1000个自行车桩位,投入公共自行车600辆。截至年底,为居民开通市政一卡通租还车功能卡0.8万张,车辆租还68万余次。公共自行车租用服务点分为自助式服务点和人工式服务点两种。其中人工服务点的服务时间为6:00~24:00,自助点24小时无人看守。收费采取1小时内免费,1小时以上每小时1元的收费价格,租赁每日最高收费为10元。租赁公共自行车一次不得连续超过3天,超过3天后须还车后到服务网点对实名租车功能进行再激活,才能再次租赁自行车。

(马超骥)

【黑石头小流域治理】 6月26日工程开工,投资约1000万元。黑石头小流域位于石景山西北部,流域面积8.02平方千米。对小流域上游南马场水库周边的垃圾,沟道两侧边坡及环境等问题进行综合整治,治理内容主要有:建设生态挡墙工程,修复梯田,修整水库消力池出口,修复库区滨湖路,新建栈桥,清理垃圾等,年底基本完工。治理采取21项措施,实现小流域内“污水、垃圾、厕所、河道、环境”五项同步治理,使黑石头沟小流域上游水土流失得到有效控制,流域出水水质得到明显改善,植被覆盖率大幅提高,生态环境更加自然和谐。

(马　惠)

【规范户外广告门头牌匾】 6月,对鲁谷大街、古城大街等15条市区级重点大街户外广告、门头牌匾进行整治。在整治活动中拆除阜石路等重点大街违规户外广告60块,整治门头牌匾30块,拆除楼顶广告7处12块。投资80万元对鲁谷大街门头牌匾进行集中整治更新,拆除违规广告54块、门头牌匾80块,统一更新规范门头牌匾124块,提升城市道路观瞻秩序。

(张慧筠)

【水务规划评估】 6月,区水务局组织涉水相关科室对“十二五”水务发展规划的目标、重点工作完成情况进行中期评估,并编制评估报告。规划重点指标包括水资源保护、污水处理及再生水利用、供水、节水、防洪5项。评估从主要指标完成情况、水务工程进展情况、主要工作和举措、存在主要问

6月26日,黑石头治理工程开工　　(区市政市容委供稿)

题及原因、进一步推进规划实施面临形势和对策5个方面，对水务规划及重点工作任务完成情况进行评价与分析。

（赵振英）

【开通融景城便民班车】 6月底，区交通委协调327车队，开通融景城便民班车，接驳地铁一号线八角游乐园站，解决融景城小区及周边居民乘车不便问题。

（张　庆）

【莲石湖工程两项收尾】 9月，莲石湖绿化工程养护期满后，区市政市容委组织质量监督、运行管理、设计、监理、施工、跟踪审计等参建单位，针对其绿化工程内容进行专题验收。年内，收集、归档各项工程资料，完成莲石湖主体、雨毁修复工程及新增项目结算审计工作。

（马　惠）

【改善道路状况】 10～11月，长安街西延、北辛安路北段分别开工建设。永引渠南路设计方案、环评报告已批复，项目可研报告已上报市发改委。区市政市容委协调市公联公司推进京西高标准城市主干路、杨庄大街二期、北辛安路南段、古城南街、锅炉厂南路等重点前期项目建设。加快金顶北路、金顶西路、苹果园北路、古城西路等6项续建项目建设。推进双园路西段、四海西路、刘娘府路等7项开工项目建设。做好西北热电中心周边规划三路、永引渠北路、实兴西街北延等7项重点前期项目建设。加强日常巡查，完善各类预案，确保市政设施突发事件得到及时处置。加强区属桥梁安全监管，确保城市交通和居民出行安全。

（张　亮）

【中小河道第一阶段治理完成】 根据区水利工程建设实施方案（2012～2015）和中小河道行动（2012～2015）安排，完成第一阶段中小河道治理任务。主要对人民渠首钢段及北八沟共计2.05千米河道进行治理，解决制约本区中部、东部排水体系瓶颈问题。累计挖淤泥650方，土方疏挖4.56万立方米，达到20年一遇的防洪标准。汛期人民渠首钢段水流平稳，鲁谷大街过路涵未出现出槽漫溢现象。北八沟排水顺畅，金安桥区无积水现象。人民渠鲁谷大街过路涵和金安桥作为地区两个最严重的积水点，经过第一阶段治理得到明显改善。

（马　惠）

【中小河道第二阶段治理启动】 对隆恩寺沟和潭峪沟共计4.113千米的河道进行治理，工程总投资约2.4亿元。其中，隆恩寺沟治理河道总长为1439米，起点为隆恩寺水库挡水建筑物，终点为油库沟。治理后河道上开口宽3～12米，河底宽3～11.4米。治理内容包括疏挖河道，修建跌水9座，交通桥2座，雨水口5座，河道绿化以及相关地下管线改移等，静态总投资6909.96万元。潭峪沟治理河道总长度为2674米，起点为河涧村北，终点至油库沟。治理后河道上开口宽9～16米，河底宽9～15.4米。治理内容包括疏挖河道，修建跌水18座，交通桥4座，雨水口14座，河道绿化以及相关地下管线改移，静态总投资17164.87万元。11月23日，落实市政府关于《北京市水利工程建设实施方案》精神，做好冬季水利会战工作，区相关领导与志愿者在位于五里坨地区的潭峪沟开展生态文明水务工程建设劳动。此次活动标志着中小河道第二阶段治理任务全面展开。隆恩寺沟及潭峪沟治理后，达到20年一遇的防洪标准。截至年底，两项治理工程完成前期手续办理工作。

绿色出行、低碳生活

（区市政市容委供稿）

（姜　楠）

【人民渠截污工程】 人民渠隶属于京水河水系，玉泉路以西称人民渠，玉泉路以东称新开渠。人民渠起点为白庙村，终点至玉泉路，全长4.8千米，功能以排洪为主，专门用于汛期排除老山、鲁谷、八宝山地区的雨水。从2003年开始，对人民渠进行河道治理、截污、拓宽、护砌以及绿化等改造工作，河道状况和周边环境明显改善。由于上游老山地区乱改管线和私自往雨水井排污，污染人民渠水质。初步测算，每天约有几百立方米污水流入渠内。发现问题后，市排水集团利用排水车将这段管线中的污水临时抽送到污水井中。为彻底解决污水的问题，排水集团通过开槽挖道的方式，把这股污水改接到附近20米左右的一个污水管道内。截污工程于12月完成。期间每天往河道里喷洒生物制剂，在药物和霉菌共同作用下，对污水中的有害物质进行分解和消毒，达到去污去臭效果，且不会产生二次污染。

（马　惠）

【景观亮化工程】 区市政市容委实施主要道路景观和建筑照明设施综合升级改造。重点对西五环八角桥、石景山医院过街桥、华联商厦过街桥，石景山游乐园、区政府路段周边两侧实施景观照明建设和提升改造。实施区政府楼顶端铁塔景观灯安装照明靓丽工程，采用多种照明手法相结合、分时段控制等管理手段，及时监测节能效果。

（张慧筠）

【市政设施养护管理】 区市政市容委投资4265万元，完成鲁谷大街等4条道路大修及13座区管桥梁维修，维修面积6万平方米。完成杨庄东街、八大处路等26条道路中修，维修面积4万平方米。投资723万元，完成道路日常养护，面积5.7万平方米。整修检查井和雨水口412座，处理应急问题285件。做好地下管网巡管工作，补装无主井盖、雨水篦14个，协调各权属单位处置问题井盖736个、雨水篦157个。开展道口宣传教育、安全培训，加大道口设施检查、维护工作，确保道口设施安全运行。强化道口监督检查，累计检查110次，实现全年安全无事故。在市交通委路政局对城六区区管城市道路进行道路路况检测、养护资金投入水平和基础管理等方面检查中，本区获综合评比第一名。

（姜　楠）

【停车设施建设】 区交通委分两批进行居住区停车位补建工作，向市级部门申请补助资金520.7万元，在16个居住区新增停车位2502个。根据市级停车设施“一车位一编号”工作要求，区交通委完成全区4.4万个备案停车设施编号和施划工作。进一步规范停车场备案工作流程，全年新增备案停车场20个，停车位6585个。

（张　庆）

【交通图修订与运力调查】 区交通战备办公室在2009年北京市国防交通图基础上，完成区国防交通图更新与修订工作，新增道路数据10条，修改数据2条。根据市交战办相关要求，开展区民用运力动员调查，共统计3506辆机动车相关数据。

（马超骥）

【供热计量改造】 区市政市容委组织相关供热单位，对西山枫林、石景雅居、金顶街三区、金顶街五区、聚兴园等居民小区合计148万平方米既有节能居住建筑进行供热计量改造，为实行供热计量收费、促进节能减排、推进供热体制改革奠定基础。

（樊　典）

【加强燃气管理】 区市政市容委加强区属燃气企业行业管理，落实燃气事故应急处置预案，将燃气使用安全联合执法检查工作贯穿全年。区老楼“西下庄菜蔬楼天然气工程”完成验收通气。

（曹　冰）

【环境精细化管理】 区市政市容委研究制定街道办事处环境卫生作业检查考评办法（试行）、非法小广告专项治理行动工作方案、市容环境卫生管理专项工作方案等文件。在全市率先设立2400万专项资金，纳入区财政年度预算。建立街道环境卫生作业保障体系，实施“日检查、月通报、年汇总”考评和通报制度，实现背街小巷达标率60%。完成园林绿地、七沟八渠、街巷胡同和小广告作业责任区调整工作。建立完善环境卫生责任区地理信息系统，在一张图上体现和区分各有关单位环境卫生作业责任。落实非法小广告冲刷经费316万元和七沟八渠保洁经费56万元，纳入区财政年度预算。开展建筑垃圾专项治理，拉网式排查48个施工工地，设卡夜查运输车辆272台。

（李　娟）

【环卫设施改造】 区市政市容委落实市区财政资金1.2亿元，建设与改造本区环卫设施。其中，争取并落实市级非正规垃圾填埋场治理、垃圾分类、可持续发展科技项目等补助资金3600余万元。投资2700余万元，购置机扫、洗地、冲刷等道路清扫新工艺作业车辆19台，实现道路清扫新工艺覆盖率90%。完成21座旱厕改造工作。完成衙门口转运站大修改造工程。完成黑石头垃圾场后期治理资金申请、报批等工作，启动北方工业大学和苹果园中学2处餐厨垃圾就地资源化设施建设工作。投资1000万元，新增18个垃圾分类达标试点小区，落实资金预算1300万元，巩固和保障已达标99个居住垃圾的垃圾分类实施效果，在军一社区等小区试点专业化、市场化运作模式，提高垃圾分类实施效能。

（李　娟）

【安置房临时截污工程】 为解决五里坨定向安置房临时截污问题，以三家店出水口为起点，高井沟内油库沟汇入口为终点，将油库沟及其周边污水收集进入污水处理厂统一处理并消纳。工程铺设截污管线1898米，设置检查井37座，总投资650万元。截至年底，约完成总工程量90%。

（马　惠）

【节水管理】 按照市水务局下达的计划用水指标，区节水用水办公室制定区管用水单位计划用水指标。全年计划用水指标2032万立方米，其中工业、公共服务、生态环境用新水732万立方米。严格执行双月考核制度和超计划用水累进加价制度。加强对新增用水户监管，及时纳入计划用水管理，规范程序，从严核定用水计划指标。规范用水办理流程，严格行政审批程序，全年办理临时用水指标审批6项，建设项目节水设施设计方案审查1项，建设项目配套节水设施竣工验收1项。开展水资源与节水专项执法检查，规范用水秩序。开展现场制售饮用水设备清查和集中整治，对辖区内247台现场制售饮用水设备进行登记，建立台账，督促整改，年底前全部按要求安装尾水回收设施。投入资金694万元，完成五芳园北区透水砖铺设及雨水利用工程建设，铺装透水砖地面1.3万平方米，建设蓄水能力为300立方米雨水调蓄池。投入资金53.57万元，完成换装节水型器具5000套（件）。投入资金28.8万元，完成12个节水型单位、2个节水型小区创建以及9个节水型单位复审工作。

（鲁　翠）

【节水宣传】 区节水办结合第21届“世界水日”（3月22日）、第26届“中国水周”（3月22～28日）和第22个“全国城市节约用水宣传周”（5月12～18日），围绕“推进城市节水，保护水系生态”活动主题，发动街道、社区以及全区用水单位广泛参与。在全区9个街道分别设立宣传点，开展多种形式节水主题宣传活动。推动节水宣传进学校、进社区、进企业、进机关，宣传节水法规、节水常识及水资源管理制度，提升全社会对节约用水认识。

（鲁　翠）

【园博会周边整治】 区市政市容委为配合园博会整体建设工作，开展对莲石路、108国道沿线、永定河东岸等园博会周边环境综合治理工作。拆除违法建设14500余平方米、清理垃圾渣土100余吨、拆除违规广告牌匾40余块、粉饰外立面200余平方米、规范“门前三包”30余起、新建围墙200余米。

（姜　蓓）

【重点部位整治】 区市政市容委开展对5处校园周边及12条背街小巷环境整治,5处校园为:苹果园中学、实验中学、外国语实验小学、北京九中、实验小学;12条背街小巷为:金顶街、政达路、老山东小街、严正街、雕塑园中街、五景桥东街、体育场北路、西井路、玉泉西街、上庄东街、慈善寺路、佟家坟路。截至11月,共清除非法小广告5000张,绿化补建600平米,清除脏乱点垃圾杂物100吨,清理非法路边经营500起。

(姜 蓓)

【商业区域整治】 区市政市容委对沃尔玛商业中心、华联商业中心两个区域开展环境治理和环境建设,共平整土地6.4万余平方米、铺设路面2.3万余平方米、清理垃圾渣土2万余吨、铺设步道500平方米、实施绿化300平方米、清理小广告6900余处、清理堆物堆料45处。

(姜 蓓)

【重点大街达标】 区市政市容委选取鲁谷大街、古城东街、八角路、八角东街、上庄大街5条大街作为市级达标大街;雕塑园中街、政达路等10条道路为区级达标大街。全年共清理粉饰外立面500余平方米、粉饰护栏2400延米、铺设路面1.75万平方米、铺设步道1万余平方米、拆除违规广告23块、实施绿化2000余平方米、清理小广告9000余处、设置自行车停车区域15处等,有效提升城市主次干路沿线环境景观水平。

(姜 蓓)

【架空线入地】 年内,全区通信架空线入地任务共13条道路,总长度18321米,管道施工设计20.25千米。截至年底,区市政市容委组织完成管道施工任务15.25千米。金顶北路、金顶东街、古城西路及古城西街4条道路完成架空线入地、穿缆、撤线、清杆工作。八大处路、石景山路西段和鲁谷南路中段3条道路完成管道施工工程。

(姜 蓓)

【除“四害”】 区爱卫办于春季、冬季开展灭鼠工作,夏季灭蚊蝇工作以及灭蟑工作。灭鼠重点是市政地下管线、中小餐饮、宾馆(饭店)、农贸市场、建筑工地、拆迁工地、居民小区等场所。6月底至9月初,开展全区统一灭蚊蝇工作。同时发动社会单位、社区居民共同参加灭蚊蝇活动,开展无蚊蝇社区创建活动。加强公园、公共绿地、河湖、沟渠、垃圾站、市政下水道等外环境消杀,发放灭蚊药物156箱。

(侯宇卅)

【网格化管理】 区网格化城市管理平台共接受各类城市管理问题265608件,立案251816件,办结242501件,结案率96.3%。其中,区属案件248558件,占全部案件的98.7%,结案240213件,结案率96.6%;市属案件3258件,占全部案件的1.3%,结案2288件,结案率70.2%(市属案件由市级平台负责处理)。协调街道、环卫、城管等部门解决疑难问题823件,疑难案件结案率提高到97.6%。发动城市管理监督员自行解决各类问题23751件,清除非法小广告4.5万张。汛期组织监督员进行防汛隐患排查,发现道路积水、树木倾倒、下水道堵塞等隐患569处,交由专业部门解决。按照市“网格地标”系统更新要求,对网格平台、城管通手机及其应用系统进行彻底更新,完成235部城管通手机更换与人员培训,更新城市基础地形及6大类100小类城市部件数据,部件由25.2万个增加到28.4万个。7月1日,新系统正式上线运行。

(侯 森)

园林绿化

概 述

全区实有绿地4009.25公顷,实有树木485.37万株、古树1462株、草坪1110.79万平方米,绿地率47.74%;绿化覆盖面积4233.42公顷,绿化覆盖率50.41%;人均绿地面积106.63平方米;公共绿地总面积1153.6公顷,人均公共绿地面积30.68平方米。区属公园9个,占地面积315.34公顷。街旁绿地103.98公顷,道路绿化面积155公顷,居住区绿地面积129.27公顷,单位附属绿地面积569.32公顷,防护绿地面积1995.11公顷。石景山区园林绿化局(区绿化办)是负责本区园林绿化的区政府工作部门。年内,全区完成绿化面积144.85公顷,其中新建10.35公顷,改造134.5公顷,种植各类乔灌木11.1万株,铺草34.3万平方米,栽摆花卉96.1万株,实施屋顶绿化7600平方米。4月,本区被全国绿化委员会授予“全国绿化模范城市”称号。团区委、中国光大银行信用卡中心并评为“首都全民义务植树先进单位”;区园林绿化局玉泉花圃、古城街道办事处、老山街道办事处被评为“首都绿化美化先进单位”;绿化工程一队、首钢党校、北京景山学校远洋分校被评为“首都绿化美化花园式单位”;八宝山街道远洋山水西里中社区、老山街道高能所社区被评为“首都绿化美化花园式社区”;陈玉宝等10人被评为“首都绿化美化先进个人”。

地址:石景山区石景山路15号

电话:56317000

邮编:100049

(郑文靖)

【春季义务植树】 春季,区园林绿化局先后组织7次义务植树活动。4月6日是首都全民义务植树日,本区在永定河莲石湖景观提升工程(二期)现场举行主题为“弘扬生态文明 建设美丽石景山”大型义务植树活动。区领导、驻区部队官兵、机关企事业单位干部职工、学生及海外华人1000多人参与活动,共种植油松、雪松、银杏等十余种树木3000余株。春季,开展全民义务植树、湿地保护、资源保护、生态安全等主题宣传。在主要大街、繁华地段设立宣传站点60余个,发放宣传材料、接待群众咨询。利用报纸、网络及电视等媒介扩大宣传覆盖面,掀起义务植树、美化家园的高潮。

(郑文靖)

【有害生物普防】 4月18日~10月31日,区园林绿化局开展以美国白蛾为主的3次林木有害生物普防和普查工作。全区出动防控队伍16支、累计投入人工7172人次、出动2869车次、动用防治机械18台(套)、使用药剂19吨、预防面积14.45万亩,有效控制疫情扩大。其中普查区域包括135千米公路、60千米铁路、96千米河流、7个公园、20个重点单位,累计普查面积16.9万亩,普查树木约301万余株。年内,区园林绿化局以《北京市林业有害生物防控工程建设标准》为基础,测算并明确各项防控作业项目单价水平,建立防控计划报审和开工审批制度,加强防控工程规范性和计划性。引入第三方监督机制,细化工程量记录制度,加强防控过程管理力度。

(蒲子雯)

【释放周氏啮小蜂】 6~7月,第一代美国白蛾老熟幼虫逐渐进入化蛹期。区园林绿化局根据美国白蛾生物学特性,在上年检测网络调整基础上,开展周氏啮小蜂集中释放工作。6月26日和7月3日,在美国白蛾防控重点地段的64个释放点,集中释放美国白蛾天敌周氏啮小蜂1.6亿万头。释放周氏啮小蜂是一种高效、无毒、无害生物防治手段,周氏啮小蜂也是杨扇舟蛾、榆毒蛾和柳毒蛾等鳞翅目害虫的寄生性天敌。

(蒲子雯)

【清理拉拉秧】 9月,区园林绿化局根据市政府要求,开展以清除拉拉秧为重点的林木绿地专项整治活动。全区出动队伍103支,参加人数1835人次、出动车辆240辆,在主要道路、铁路、河道、社区清理拉拉秧1600处、死树213株。

(孙鹏君 郑文靖)

【森林防火宣传】 11月1日,区森林防火指挥部办公室在沃尔玛广场举办以"人人防火、珍惜森林、共享绿色"为主题宣传活动。通过悬挂横幅、发放宣传品、设置展板等多种形式,宣传森林防火法律法规、预防和扑救森林火灾基本常识,大力营造"人人防火、珍惜森林、共享绿色"浓厚氛围。当日,发放各类宣传品2万余份、制作森林防火宣传展板20块、出动宣传车5辆。

(马 蕾)

【重点绿化工程】 年内,区园林绿化局实施"1-8-22"重点绿化工程建设。即:完成"1"条绿色通道(京石客运专线沿线)建设,结合园博园沿线环境整治项目,对京石客运专线沿线部分裸露地块进行绿化整治,累计实施绿化面积5公顷,栽植花灌木8000余株;完成区域内永定河文化公园、永定河莲石湖景观提升工程(二期)、站前小区代征绿地等8处公共绿地建设,累计完成绿化面积120余公顷,栽植乔灌木近7万株,基本形成区域内中、东部地区出行500米见公共绿地;实施国际雕塑园中南街、重聚路北、石景山路老山居住区南等22条道路绿化建设及改造工程,实施绿化面积19公顷,累计栽植乔灌木2.5万余株。

8月6日,花卉栽植　　(区园林绿化局供稿)

(孙鹏君)

【林木绿地认建认养】 年内,区园林绿化局继续开展林木绿地认建认养活动。全年接待区青联委员、光大信用卡中心、日本关西在职中国人交流协会等多家单位及个人参与,全区期内绿地面积39338平方米,认建认养树木(含古树)1039株。

(郑文靖)

【花卉布置】 按照市局要求并结合区环境整治项目,区园林绿化局完成以莲石路为主的"园博园"联络线环境改造及城市绿地、道路景观布置,打造以莲石路为主要干线的"园博园"生态景观走廊。参加园博园北京馆石景山区园林成果展,摆放"花之初"立体花坛,获综合金奖和优秀设计奖;参加根雕展及第十一届中国菊展,获组织奖。共栽摆花卉40.8万株。完成节日环境布置,全区累计摆放花卉96.1余万盆株。

(孙鹏君)

【群众性绿化创建】 区园林绿化局完成"首都绿化美化花园式单位(社区)"年度创建工作,其中首钢总公司党校、景山学校远洋分校、园林局绿化工程一队被评为"首都绿化美化花园式单位";八宝山街道远洋山水西里中社区、老山街道高能所社区被评为"首都绿化美化花园式社区"。依托便民工程、市老旧小区环境综合改造项目,各街道办事处、首钢对5个小区进行绿化环境改造提升,改造面积15500平方米。对原有苗木进行调整、补植,铺设草坪,整合绿地浇灌设施,增加园林休闲设施。动员义务植树单位和社会各界力量参与新农村建设,全区9个街道(社区)全部与对口乡村签订"手拉手协议",改善对口村庄环境面貌,打造"最美乡村"。

(郑文靖)

【"六进"活动】 区绿化办开展多种形式绿化美化"六进"活动。组织专业队伍对部队营区、单位庭院进行绿化设

计改造、养护技术指导、提供苗木及病虫害防治服务；开展“送花进社区”活动，举办家庭养花知识讲座，动员居民进行居室、阳台绿化等身边绿化活动；在学校开展“绿色课堂”，增强学生积极参与绿化美化、保护生态环境意识。

（郑文靖）

【古树复壮】 本区在册古树1462株，其中树龄高于300年一级古树133株。古树由于处于生命衰退周期，生命力下降，抗逆性差，容易引起安全隐患，对周边人民群众生命财产造成威胁。上年底至是年初，完成69株古树应急排险和抢救复壮工作。排除安全隐患51处，古树保护环境得到改善。

（蒲子雯）

【野生动物保护】 区森林公安处联合区园林绿化局野生动物主管部门先后多次在全区范围内开展集中整治专项行动。整治非法捕捉、贩卖野生动物行为，查处粘鸟、售鸟等违法活动，净化区内文玩市场。在整治专项行动中，救助国家和市级保护动物夜鹭4只、隼鹗3只，泰国鳄1只，黑眉锦蛇4条，煤山雀、灰喜鹊等保护鸟类754只。

（蒲子雯）

【学会活动】 区园林学会按照市局总体安排，分别开展科技周宣传活动、湿地保护宣传活动，宣传《北京市绿化条例》《北京市湿地保护条例》等内容以及义务植树、林业碳汇、低碳生活、家庭养花等知识。其间接待咨询义务植树、绿地认建认养、园林科技运用以及生活养花常识市民500余人，发放宣传彩页11000余份，发放科技、环保方面宣传品2000余份。全年组织专业技术骨干以及园林局职工参加“绿色科技 多彩生活－2013园林绿化科技创新暨科学普及活动月”、2013年北京市优质工程项目参观、第十一届中国菊花展览会、“首都增彩延绿科技示范工程”项目现场交流会、“园林绿化实用技术”培训班、《北京城市园林绿化与生态文明建设》学术论坛等科普参观及培训活动。

（叶 宏）

【森林防火】 年内，森林公安处加强组织领导、宣传教育、重点监管及队伍建设。区森林防火指挥部办公室全年组织召开森林防火专题会议7次，组队检查传达市、区会议精神20余次，与区内有林单位签订各类森林防火责任书26份。严格落实24小时值班、领导带班，接警及时、信息报送准确。全年接报火警2起，同比下降33%，未发生较大以上森林火灾。连续十一年被评为“北京市森林防火先进单位”。

（马 蕾）

【涉林案件办理】 森林公安处全年办理案件4起，其中行政案件1起（徐垒非法野外用火案）。刑事案件3起，分别为“7·31”非法出售珍贵、濒危野生动物案“9·23”非法收购、出售珍贵、濒危野生动物制品案、“10·27”非法狩猎案。其中“9·23”案、“10·27”案被国家林业局森林公安局评为典型案件。全年抓获犯罪嫌疑人4人，行政处罚1人，取保候审4人，重点打击本区难点地区和违法犯罪高发地段，从源头上减少破坏野生动物资源违法犯罪活动。

（马 蕾）

公园管理

概 述

北京市石景山区公园管理中心（简称公园管理中心）是负责区属公园及其他所属机构规划、建设、管理、安保、服务、科技工作的区政府直属相当正处级全额拨款事业单位，管理北京国际雕塑公园、老山城市休闲公园、古城公园、石景山雕塑公园、法海寺森林公园5所公园。年初，八大处公园从公园管理中心剥离，归西山八大处文化景区管委会管理。年内，区公园管理中心认真学习贯彻落实党的十八大、十八届三中全会精神和区委区政府的决策部署，紧紧围绕发展主题主线，牢牢把握“求快、求好、求实”的工作总要求，迎难而上、团结拼搏，转作风、促发展、惠民生，所属公园发展稳中有进、稳中有为，内外部环境保持和谐稳定。截至年底，所属公园接待游人总量620万人次，同比增长9.6%，市民和游客游园保持较高满意度。

地址：石景山区杨庄路6号
电话：88961698
邮编：100043
网址：http://www.sjsacp.org.cn
邮箱：sjsgyzx@163.com

（叶 萌）

【第五届“新春文化庙会”】 2月10～16日，由北京国际雕塑公园主办、北京世博万通文化发展有限公司承办的第五届“新春文化庙会”在公园东区奥运文化广场举行。本届庙会以“逛都市庙会，赏民俗文化”为主题，努力挖掘传统民俗、民间、民族的文化魅力，将天桥绝活、民间花会、非遗展演等民俗特色文化活动融汇于此，把各地美食名吃、杂艺百货集于一会。兼顾男女老少、雅俗共赏的文化需求，注重动静结合、观赏与参与等多方位、多层次、多角度的活动形式和内容调配，让游客共同领略民族文化的风采，让红火热烈的喜庆气氛陪伴游客度过整个佳节。活动期间，共接待游人18.12万人次，门票收入62.11万元。

（叶 萌）

【第十届玉兰文化节】 4月4日～5月1日，2013年踏青季暨第十届玉兰文化节在北京国际雕塑公园举行。本届活动围绕“踏青观景赏玉兰，怡情休闲品文化”的主题，充分挖掘玉兰文化内涵，推出“中国梦·美丽玉兰书画展”、百姓才艺秀演出、首届“站前茶舍杯”摄影大赛、“交流·融合·超越”雕塑回顾展、学名家健身拳、非物质文化遗产展卖、俄罗斯舞蹈表演等特色活动。活动期间，共接待游人21.13万人次，门票收入35.24万元。

（叶 萌）

【首届惠民文化消费季】 9月28日～10月7日，首届北京惠民文化消费季——工艺美术非遗嘉年华在北京国际雕塑公园举行。工艺美术非遗嘉年华是首届北京惠民文化消费季的重要组成部分，是北京市着力打造的重点文化品牌。嘉年华活动现场，有传统的紫砂、陶瓷、珐琅、宫绣、字画、篆刻多种工美非遗项目，有时尚创新的珠宝首饰、紫檀、沉香、木刻、旅游纪念品和家具用品,也有多家海内外知名工艺美术机构和非遗单位现场展览展示。在活动现场搭建了具有浓郁北京特色的"城门"。"门"是北京文化的集中体现,体现工艺美术非遗嘉年华的活动主题。在整个展会期间,推出"鉴赏讲座",邀请收藏界文化名人和工美大师,现场讲解,提升文化消费品质,讲出作品背后的文化典故和制作细节。在展区中,既有静态展位,也设置现场互动展区,展商现场展示非遗技艺,让参观者真正融入文化氛围之中。此外,还将无底价拍卖引入活动现场,对部分热门工艺美术品进行无底价拍卖销售,让更多消费者感受工美非遗产品的文化魅力。活动期间,共接待游人13.92万人次,门票收入13.39万元。

(叶　萌)

【公园森林防火】 公园管理中心自筹资金完成老山城市休闲公园1200平方米防火道路铺设。在老山城市休闲公园和法海寺森林公园新建13个监控点位,新建2座森林消防站,重点防火区域内接通消防栓;安装2组喷灌设备,更换、维修、保养300余具灭火器材;增设12块防火宣传牌示,张贴50处防火宣传标语,悬挂16处防火横幅,发放5万份宣传材料;组织10次防火实战演练;清打55万平方米防火阻隔带,清理30吨林下可燃物,洒水近千吨;制止林地内各种违法用火行为100余次,及时处置2起(老山城市休闲公园和法海寺森林公园)游人违法用火引发的火情。

(叶　萌)

【公园安全保卫】 公园管理中心扎实推进安全生产、维稳、防汛工作的落实,全力开展打击违法用地、违法建设、环境治理专项行动。针对今年安全生产、维稳、防汛工作形势,提早部署,以开展安全生产月活动为契机,组织开展安全生产、维稳、防汛隐患排查46次,严格落实安全生产责任;制定安全生产工作方案、防汛工作方案,加大安全生产、维稳、防汛工作的培训力度,加强应急预案演练;坚持每日巡查和夜间值守制度,建立健全隐患排查整治长效机制和突发事件预警机制,切实提高应急处置和实战能力。结合全区开展的严厉打击违法用地、违法建设专项行动,出台违法用地、违法建设、环境治理工作方案;围绕工作方案对所属公园开展专项检查,同时对中心所属公园范围内土地上房屋进行摸底调查、统计,建立工作台账,列出存在问题;多次召开专题会议研究、梳理存在问题,下发整改通知单,严格督促整改,保证责任到人;共查出问题30余起,其中突出问题7起,全部整改完成。

(叶　萌)

【园林绿化养护】 公园管理中心所属各公园通过补绿插绿、立体延绿、添彩增绿,不断改善林地植物结构,增加观赏区域。围绕环境整治,建设绿色公园,共新植、调整树木7000余株,公园生态功能和景观环境明显提升;广泛发动周边居民在公园内开展大规模义务植树和认建认养活动,共栽种、认建认养树木3000余株。全面完成元旦、春节、全国两会、"清明""五一""端午""中秋""国庆"等一系列重要活动和重点节日期间景观环境布置任务;累计栽摆花卉20万株,播种地被、花卉面积达60万平方米。

(叶　萌)

【园容卫生整治】 公园管理中心整治所属各公园及周边环境卫生,加强园内绿地清理。持续开展"清洁环境卫生义务劳动日"活动。共清理垃圾100余吨,水池内淤泥50余吨,清除小广告2000余张。

(叶　萌)

【有害生物防治】 公园管理中心加强植物病虫害防治工作。开展林木有害生物防控专项检查行动,加大动态监测和普查普防力度。重点加强以美国白蛾为主的林木有害生物防治,新增各种诱捕工具30余个,释放各种生物天敌近1.5亿头,监测诱杀美国白蛾成虫;出动防控人员600人次,车辆350次,使用各类防治药品1200公斤,累计完成防治作业面积500公顷。

(叶　萌)

【资源保护管理】 公园管理中心加强生物多样性保护。开展树木普查工作,完成树木复壮200余株,修剪维护各类植物75万余株,累计施肥、灌溉面积300公顷;急救大风沙尘天气致园内受损的树木,现场拍照、记录;结合H7N9禽流感防控工作,完善野生动物疫源疫病监测体系;加强公园林地绿地资源保护,制止毁坏古树、非法占用绿地、砍伐盗伐林木等违法行为3起。

(叶　萌)

【公园项目建设】 公园管理中心全力推进重大项目建设。加快推进世界旅游城市博览园及总部基地落户北京国际雕塑公园,配合市区两级旅游部门做好世界旅游城市体验中心建设工作。截至年底,世界旅游城市体验中心项目一期工程完工。争取市财政资金2000余万元,对所属公园设施进行改造提升。完成总投资额1128万元的区重点区域森林消防监控、调度、指挥中心项目设计和施工招标。

(叶　萌)

【公园服务保障】 公园管理中心不断改善公园服务设施和服务形象,优化公共服务设施,更新维护路椅、垃圾箱、路灯等园容设施60余个,推进公园景观标识、牌示改建50块。开展行业管理专项行动,加大对一线服务岗位监督检查力度,在重要活动、重点节假日前夕开展行业检查28次,严格整改各类问题,狠抓服务规范落实。持续开展"打非治野"游园环境游览秩序整治行动,制止各类扰乱正常秩序行为近1600次。妥善处置市民游客意见建议,加强矛盾纠纷排查调处,加大信访案件化解力度,制定涉及公园重大改造项目事先征求游客意见制度、舆情信息监测管理制度,增设游客意见箱、公告栏,主动出击搜集舆情信息。办理便民服务等非紧急救助事项39件,政风行风热线5件,联系、走访、解答群众反映的实际问题3件,接听投诉电话30余次,办结满意、同意率98.7%。

(叶　萌)

【开展园内活动】 公园管理中心所属各公园发挥公益宣传窗口和科普文化

传播基地作用,组织开展各类公益文化宣传活动30余次。北京国际雕塑公园举办“健康快乐幸福生活”清明踏青健身活动;“放飞中国梦·劳动最光荣”“五一”国际劳动节庆祝大会;“永远的雷锋”主题展览石景山巡展;“5·12国家防灾减灾日”主题活动;“多彩童年,欢乐六一”石景山区庆六一主题活动暨第二届家庭人口文化节开幕式;北京公园群众文化活动展演;“摒弃恶行,拥抱文明,美丽公园,放飞梦想”公园节宣传活动;“会买车购车季”活动。老山城市休闲公园举办自行车健身体验山地赛。古城公园举办“石景山区科技周大型科普宣传服务活动”“以珍爱生命 远离非法行医为主题的卫生宣传活动”“重阳节义诊活动”“古城服装生活用品购物节”。

(叶　萌)

市容卫生

概　述

石景山区环境卫生服务中心(简称区环卫中心)是区政府全额拨款直属事业单位。机关设有9个职能科室,下属5个专业作业队和1个离退休人员管理办公室。有干部职工1870人,其中在职干部职工413人,离退休人员452人,非事业编务工人员1005人。环卫中心承担全区环境卫生方面技术性、服务性、事务性工作,一线工作主要根据区政府下达的环境卫生作业任务、指标和要求,组织专业单位作业,并对其实施监督、检查和管理;负责全区主要道路以及部分受委托绿地、街巷道路清扫保洁作业和冬季道路除雪作业;全区环卫产权垃圾楼管理及垃圾清运,区内环卫产权公厕管理、粪便清运与消纳;环卫设施规划提出和实施,环卫经费、单位国有资产管理和使用;全区重大活动、重点节假日环境卫生保障和特殊天气条件下环境卫生应急保障。年内,区环卫中心围绕全区“稳中求进”和“求快、求好、求实”总基调,真抓实干,狠抓落实。贯彻“一个目标,两条主线,五项考核,七个建设”工作思路,狠抓精细化管理,注重长效机制建设,大力强化队伍作风建设,全面提升职工素质,努力提高专业作业水平,加大环卫设施设备升级改造投入,完成全区115条大街和52条街巷道路机扫、保洁任务,总面积448.32万平方米,五项机械化绩效考核指标全部达标;生活垃圾日产日清,全年处理生活垃圾14.3万吨,全部转运出区实行卫生填埋;负责81个小区厨余垃圾规范化密闭清运,清运厨余垃圾3900余吨;春节期间集中清理烟花爆竹残屑近300吨;清掏245座环卫产权公厕,全年处理粪便近8.6万吨,粪便抽运及处理全部达到规范要求。中心团总支获年度“北京市五四红旗团委(团支部)”称号。

地址:石景山区杨庄东街65号
电话:68887692
邮编:100043

(谢　昊)

【专项应急保障】 年初,全市雨雪天气频繁,区环卫中心依据天气情况启动应急预案,实施融雪作业,及时清理道路积雪,保证城市交通和市民安全出行。夏季强降雨,区环卫中心坚持“安全第一、常备不懈、以防为主、防重于抢”原则,全力做好防汛工作,强化雨天汛情巡查责任制,清理路面积水、淤泥,清除塌方渣土和道路阻塞,及时恢复市容环境。配备专业无线电通讯设备,提高应急特勤响应速度,形成环卫指挥集群,提升部门沟通效率,增强各部门协调处理应急保障能力。全年累计出动车辆1975车次,出动人员7559人次,清理无主垃圾、渣土和道路遗撒11154.6吨。

(谢　昊)

【“两节”环卫保障】 区环卫中心成立工作领导小组和应急分队,负责“两节”期间环境卫生保障工作,节前对全区责任范围进行环境卫生大扫除,重点清除责任范围内卫生死角,加强绿地内白色污染物以及道路遗撒、乱倒垃圾渣土的清理,加强所属环卫设施内外环境卫生清理,做好节前车辆、设施、设备安全排查和运行维护,加大进出京通道及“春运”交通枢纽周边环境保障及重点地区周边公厕保洁清掏力度,做好烟花爆竹残屑清理,加强各街道重点时段、重点地区水车消防辅助备勤,协助消防支队做好水源补给及重点地区洒水降尘工作。节日期间加强值班值守,确保生活垃圾日产日清。

(谢　昊)

【重要节点保障】 区环卫中心针对全国“两会”、重点节假日等固定保障任务,分级分类制定专项任务保障方案,加强重点区域和驻会酒店周边道路清扫保洁作业,按照清扫保洁新工艺要求,增加作业频次,严格实施环境卫生作业标准,做到定人定段定时、巡回保洁不断线;加强垃圾收集清运以及粪便清掏管理,做到规范收集和运输,车容车貌整洁完好。强化一线作业人员、作业车辆安全和运行管理,对环境卫生突发事件、群众反映的热点难点问题迅速处理。强化检查成效,每季度检查管辖道路、设备、设施,检查率100%。全年检查道路、街巷2957条/次,天桥252座/次,清洁站、管理间1104、755座/次,环卫产权公厕、管理间1811、640座/次,作业车辆2259台次,组织夜间检查31次,提出问题104项,全部落实整改。

(谢　昊)

【完成专业作业】 区环卫中心完成全区115条大街和52条街巷道路机扫、保洁任务,总面积448.32万平方米,五项机械化绩效考核指标全部达标。生活垃圾日产日清,全年处理生活垃圾14.3万吨,全部转运出区实行卫生填埋。负责81个小区厨余垃圾规范化密闭清运,清运厨余垃圾3900余吨。春节期间集中清理烟花爆竹残屑近300吨。负责全区245座环卫产权公厕正常使用、保洁及维护工作,全年清掏处理粪便近8.6万吨,粪便抽运及处理全部达到规范要求。完成夏季雨后推水工作,强化雨天汛情巡查责任制,及时清除路面积水,迅速恢复道路清洁水平。加强打药灭蝇作业培训、安全防护和规范化管理,合理配置灭蝇工具,严格按照工作计划施撒,坚持常态化运行,确保环卫设施灭蝇效果。

(谢　昊)

【突发事件应急保障】 10月11日喜隆多发生火灾，区环卫中心于8时紧急派遣由60名专业作业人员、10台水车组成应急保障队伍赶到火灾现场，为消防用水提供充足供应。大火扑灭后，专业作业人员和车辆迅速有序投入现场清理，一直持续到22时。期间共出动车辆12台（其中扫车2台，多功能车2台，铲车1台，其他作业车辆7辆），清理垃圾废物20余吨。

（谢 昊）

【设施设备升级】 区环卫中心结合现有环卫场站布局和未来发展需要，修改完善规划与设计，开展综合场站建设。启动衙门口场站东配楼建设；推进西部和南山综合场站项目前期工作，完成场站用地普测和土地权属审查。添置6台大型扫车、2台小型扫车、5台水车及4台新工艺洗地车；完成6台垃圾转运车采购；为19台环卫电动车配套充电桩；淘汰61台老旧电动自行车，配备61台电动三轮车；环卫场站、基础设施、车载消防器材近400件器械全部更新升级。

（谢 昊）

【安全生产管理】 区环卫中心强化一线岗位安全管理和职工教育，突出安全管理工作重心下移，将安全例会开到基层，在一线生产作业岗位广泛开展“环卫专业作业技能大比武”“百日安全无事故竞赛”“红旗驾驶员”评选等争创活动和安全知识讲座，有效强化一线职工安全生产意识。定期组织安全隐患排查，重点加强有限空间安全作业管理。结合新《道路交通安全法》规定，对驾驶员进行安全教育，根据专业作业特点，制定安全行车标准，提高安全驾驶意识。

（谢 昊）

环境保护

概 述

石景山区环境保护局（简称区环保局）是负责环境保护工作的区政府组成部门。年内，在区委、区政府领导和市环保局指导下，区环保局全面贯彻落实市、区生态文明和城乡环境建设动员大会精神，通过贯彻落实《北京市2013－2017年清洁空气行动计划》，推动各项工作不断前进。全区二氧化硫、氮氧化物、挥发性有机物（VOC）排放量分别削减4.13%、5.27%、11.2%，超额完成年度任务；大气中可吸入颗粒物、二氧化硫、二氧化氮平均浓度分别为116.4、24.9、63.3微克/立方米，其中可吸入颗粒物同比下降5.9%，降幅居全市之首，二氧化硫月均浓度值稳定保持在城六区最低水平；顺利完成市政府下达的100蒸吨燃煤锅炉清洁能源改造任务，成为继东、西城区后全市第三个集中供暖无燃煤锅炉地区；开展“蓝天行动”，实施子站周边精细化管理；落实空气重污染应急措施；实行区域监管责任制，完成全市污染源动态活动水平调查、餐饮业专项执法检查等；环境执法力度显著加大，处罚金额大幅增加；环保实事全部按时完成；加强总量控制力度，严把环保准入关；深化结构减排，污染源进一步减少；妥善解决环境信访；淘汰老旧机动车11213辆；水环境、辐射环境安全得到巩固和加强；推动环保宣传，有力提升公众环保意识和环保工作影响力。切实提高大气环境质量，加快推进传统工业石景山向绿色生态石景山的转型。

地址：石景山区古城路8号
电话：68876190
邮编：100043

（井梦远）

【开展“蓝天行动”】 7月，区环保局启动“蓝天行动”。成立青年突击队，以“立足岗位、勤勉敬业、冲锋在前、勇挑重担”为准则，详细排查子站周边污染源，于每天早、晚及节假日等8小时以外时间对餐饮油烟排放、经营性小煤炉使用等情况开展错时检查、突击检查，累计检查926家次，加班578小时。与交通、城管等部门联动16次，检查子站核心区燃煤、油烟污染等违法排污行为，约谈90多家次，实施处罚32家。

（井梦远）

【子站精细化管理】 区环保局制定国控9号空气质量监测子站核心区精细化管理的实施方案，全区15个职能部门综合施策、密切协同，召开6次工作协调会，联合检查4000余人次，集中力量开展污染达标控制示范区创建活动。餐饮单位全部使用油烟净化设施，规范大排档，燃煤早点摊及露天烧烤基本绝迹，黑车、黑摩的明显减少，施工工地扬尘污染控制措施有效落实。

（井梦远）

【区域监管责任制】 区环保局出台污染源区域监管责任制工作方案，对指定区域内各类污染源承担监管职责。通过检查是否进行环评审批、是否通过环保验收、是否污染物排放达标等“三查清”，进一步摸清全区污染源活动水平。完成全市污染源动态活动水平

7月29日，道路洒水保障 （区环卫中心供稿）

4月11日，餐饮业专项执法 （区环保局供稿）

调查、餐饮业专项执法检查等工作。

（井梦远）

【分解重点任务】 区环保局完成2013～2017年清洁空气行动计划实施方案及重点任务分解、工作措施3个区政府环保文件撰写，将“压煤、控车、降尘、治污”四大工程，54条、106项具体任务，细化分解落实到37个牵头单位、69个责任单位，为持续改善区域环境质量奠定工作基础。

（井梦远）

【重污染应急演练】 区环保局根据区政府空气重污染应急预案（试行），按照市环保局统一部署，启动重污染一级应急演练1次，启动重污染环保应急演练5次，联动信息畅通，减排措施落实及时。市政府第一督察组督查辖区大气污染紧急措施落实情况，肯定本区应急措施工作。

（井梦远）

【清洁能源改造】 区环保局全年组织召开会商会15次，先后协调市热力集团、市燃气集团、丰台区交通支队、市路政管理处等部门，解决市政热力管线项目报审、燃气管线路由踏勘、燃油锅炉设施论证、燃气管线施工协调等一系列难点问题，完成首钢重型机器分公司100蒸吨燃煤锅炉清洁能源改造项目。

（井梦远）

【环保实事】 本年度环保实事总投资37.3亿元，区财政资金支持1463万元，其中，大气污染治理项目7项，水污染治理、生态建设和环保能力建设项目各1项。全部实事均按计划按时完成，实现减少集中供暖燃煤2800吨，减少天然气用量1200万立方米，削减散煤47.52吨，高井热电厂除尘效率达99.96%，全区9个街道（社区）扬尘污染控制水平进一步提升。

（井梦远）

【总量控制】 区环保局严把环保准入关，在项目审批工作中坚持原则，统一尺度，年度内审批各类建设项目135件。同时正式启动总量前置管理，对未获得主要污染物排放总量指标建设项目不予受理。提前介入首钢高端产业综合服务区建设规划，提前开展规划环评，为区域发展实现总量控制奠定基础。

（井梦远）

【结构减排】 年内，西北热电中心一期建设主体工程全部完工，高井热电厂燃煤机组关停按计划有序推进。区环保局坚持淘汰落后产能，督促关停首钢特宇板材有限公司、北京惠万环保技术有限公司、北京森聚柯高分子材料有限公司、北京市京深达家具厂等企业，辖区污染源进一步减少。

（井梦远）

【餐饮专项监管】 区环保局组织召开全区重点餐饮企业动员大会，60余家重点单位作出承诺。开展餐饮行业专项执法行动7次，检查餐饮单位600家，约谈及限期整改77家，实施行政处罚11家，大中型餐饮企业达到“4个100%”目标。全市率先启动餐饮油烟在线监测示范工程，实现联网监控34家大中型餐馆。

（井梦远）

【扬尘污染控制】 区环保局建立扬尘信息共享平台，进一步加强交流合作；与各成员单位开展联合执法30余次，检查各类污染源单位5700余家次，行政罚款66.6万元；评选出4家绿色样板工地，工地考核优良率90%以上。

（井梦远）

【环境信访】 区环保局牵头办理“关于开展生态评估工作制定全区生态经济发展纲要的建议”等人大建议、政协提案5件，认真解答社会热点环保问题。全年处理环境信访618件，同比增加40.8%。实现按时办结率、办理率、群众满意率“3个100%”。其中，3件被12369中心评为优秀件，3件得到信访人表扬。

（井梦远）

【环境监察】 区环保局出动监察执法人员9708人次，检查排污企业2584家次，约谈企业12家，责令24家单位开展限期治理，罚款11家次，罚款总额3.9万元。与上年同期相比，处罚起数提高83.3%。

（井梦远）

【工业污染源监管】 区环保局每月对京能、高井两家电厂至少监察1次，通过在线监测数据实时监控大气污染物排放情况，确保脱硫、脱硝、除尘系统正常运行，指导两家电厂按时完成监测数据公开工作。

（井梦远）

【饮用水源地管理】 区环保局完成集中式饮用水水源上年度环境状况评估报告编制工作。经过5个月资料收集、现场踏勘、模型确定、专家论证等环节，完成地区集中式饮用水源保护区划分工作，为区域经济持续发展提供科学依据。对饮用水源地周边重点污染源加强检查，确保达标排放。加强生态涵养区水质监测，增加南马场水库、五里坨垃圾填埋场两个水质监测点，密切关注水环境状况。与门头沟区加强合作，对地表水体加强联合执法和数据通报，有效预防水污染问题。

（井梦远）

【区域辐射环境安全】 区环保局受理Ⅲ类辐射项目行政许可和放射源、放射性同位素备案事项79件。加强核技术利用单位监管，累计检查108家次，北京巴威公司顺利通过γ探伤辐射安全示范单位创建，成为全市21家示范单位之一。检查危险废物产生单位75家次，在全市危险废物规范化管理考核中，综合排名第一。限期整改7家，行政处罚2家，罚款6万元。完成化学品环境情况调查工作，首次建立辖区生产化学品环境管理档案。

（井梦远）

【机动车污染控制】 区环保局深化“五重三查机制，与区交通支队密切配合，在重点时段、重点地区、重点道路，对重点单位、重点车型加强路检、夜查、入户抽查等执法工作，形成完善的机动车监管体系。出动环保执法人员2792人次，检查机动车33.1万辆，处罚2939辆，是去年同期2.6倍。淘汰老旧机动车11213辆，淘汰率8.81%。检查加油站960家次，抽测48家次。

（井梦远）

【环境监测】 区环保局推进环境保护监测站标准化建设。投资160万元，新增监测用房面积300多平方米；投资220万元，购买气相色谱、等离子发射光谱等大型监测设备；新增上岗合格证考核项目40个。编写2012年区环境状况公报、环境质量报告书和污染源报告书，为环境管理提供依据。

（井梦远）

【科技创新】 区环保局利用市科委专项资金，组织完成区环境空气质量自动监测系统完善和应用项目，新建3个站点，增加细颗粒物（PM2.5）、二氧化硫（SO_2）、二氧化氮（NO_2）、一氧化碳（CO）和臭氧（O_3）等监测项目，初步建成覆盖全区9个街道（社区）的环境空气质量自动监测网络。与中科院大气所合作，开展数据分析和研究工作，查找区空气污染物理特性和化学成分组成，揭示区大气边界层结构和空气污染形成、消解过程，为客观、全面评价辖区空气质量，提出大气治理措施提供科学依据。

（井梦远）

【环保宣传】 区环保局在“六·五”世界环境日举办“绿色行动我参与，共建美丽石景山”活动。评选出八大处公园、冰川馆等首批5家环境教育地基，为公众搭建环保实践的平台。主动回应社会高度关注的环保问题，精心策划录制《雾霾天访谈》《露天烧烤治理》《机动车污染》等电视专题节目。在《中国环境报》《北京日报》等报刊累计刊发信息80篇，在区有线电视台报道新闻90多条，制作电视专题节目11期，提升公众环保意识。

（井梦远）

【排污申报】 区环保局完成对新增1132家单位的申报登记。对上年进行排污申报的990家餐饮单位、88家汽修单位、32家医疗单位进行回访调查，其中餐饮业减少80家，汽修业减少2家，有信息变化单位603家，在《北京市排污费征收管理》系统软件中对以上全部单位进行动态更新。超额完成北京市下达的排污申报登记任务。

（井梦远）

【声环境质量】 全区建成区区域环境噪声昼间平均值为54.4分贝，总体水平为二级。与上年相比，建成区区域环境噪声昼间平均值上升了3.8分贝。

表5 区域环境昼间噪声监测统计表

年度	监测网格数（个）	网格（米）	监测面积（平方公里）	环境噪声（分贝）
2012年	112	500×500	28.00	50.6
2013年	117（112个小网格，5个大网格）	大网格：2500×2500 小网格：500×500	28.00	54.4
对比	在原有基础上增设5个大网格		0	3.8

（井梦远）

【水环境质量】 地下水环境质量除硬度略有超标外，其他指标均在国家三级标准之内。

表6 地下水环境质量监测主要项目数据统计表 毫克/升

年度	测点＼项目	总硬度	高锰酸盐指数	氨氮	亚硝酸盐 氮	硝酸盐氮	氟化物
	三类国标	≤450	≤3.0	≤0.2	≤0.02	≤20	≤1.0
2012	首钢物业苹果园	511	0.5	<0.025	<0.003	12.4	0.30
	杨庄水厂深水井	298	<0.5	<0.025	<0.003	1.18	0.38
	杨庄水厂浅水井	490	<0.5	<0.025	<0.003	16.2	0.34
	永定林工商公司	456	0.6	<0.025	<0.003	9.97	0.36

续表

年度	测点 \ 项目	总硬度	高锰酸盐指数	氨氮	亚硝酸盐 氮	硝酸盐氮	氟化物
	三类国标	≤450	≤3.0	≤0.2	≤0.02	≤20	≤1.0
2013	首钢物业苹果园	479	0.43	0.023	<0.003	12.4	0.41
	杨庄水厂深水井	301	<0.5	<0.025	<0.003	1.29	0.40
	杨庄水厂浅水井	474	0.55	0.023	<0.003	16.2	0.34
	永定林工商公司	563	1.2	0.040	<0.003	10.6	0.44

（井梦远）

【大气环境质量】 全区空气中可吸入颗粒物（PM10）年平均浓度值为116.4μg/m³，同比下降5.9%；二氧化硫（SO_2）年平均浓度值为24.9μg/m³，同比上升2.0%；二氧化氮（NO_2）年平均浓度值为63.3μg/m³，同比上升15.3%；降尘量年平均浓度值为8.5吨/平方公里·月，同比下降2.3%。

表7　　大气主要污染物浓度统计表

年　度	可吸入颗粒物 PM10（μg/m³）	二氧化硫 SO_2（μg/m³）	二氧化氮 NO_2（μg/m³）	降尘（吨/平方公里·月）
2012年	123.7	24.4	54.9	8.7
2013年	116.4	24.9	63.3	8.5
标准	70	60	40	10.8

（井梦远）

城市管理监察

概　　述

根据区编办批复，北京市石景山区城市管理监察大队更名为北京市石景山区城市管理综合行政执法监察局（简称区城管执法局），为区政府直属行政执法机构，10月14日正式挂牌。区城管执法局是集中行使行政处罚权，专司行政执法的区政府组成部门。主要行使工商、园林、规划、市容、市政管理、公共事业等12个方面、371项行政处罚职能。设党委办公室、行政办公室、信访办公室、查处违法建设办公室、宣传科、监察科、督察科、法制科、教育培训科、装备财务科、指挥调度中心；下辖3个直属队、10个地区执法队。年内，按照区委、区政府和市城管行政执法局工作部署，结合区城管工作实际，集中全局人力和物力，不断加大执法力度，以生态文明和城乡环境建设工作为重点，发挥"打击违法用地违法建设指挥部办公室""城市管理综合行政执法协调领导小组办公室"作用，全面履行城市管理行政执法职能，探索人性化、精细化、数字化和全民参与的城市管理模式。全年组织开展78次专项行动，94次环境保障，1800次联合执法，出动执法人员177586人次，查处各类违法行为50435起、罚款145.73万元；发放《违法建设告知单》1534份，办理违法建设确认105起，冻结房产交易2处；拆除各类违法建设432处、23万平方米，同比增长186.8%；受理热线举报15128件，群众回访满意率86.5%。全区重点大街、重点区域、重点违法形态有效控制。

地址：石景山区八角西街32号
电话：68862289
邮编：100043

（吴英莉）

【烟花爆竹管理】 元旦春节期间加强烟花爆竹安全管理。全面开展查处无照流动兜售非法烟花爆竹违法行为，规范烟花爆竹经营秩序。1月5～8日，区城管执法局会同安监、交通、工商、园林、质监、消防部门对本区烟花爆竹零售网点大棚搭建是否符合标准开展4次联合检查。对检查中存在问题的7家零售网点大棚，现场责令其重新选址。2月9日（除夕）18时至2月10日（正月初一）1时；2月10日（正月初一）9～11时；2月14日（正月初五）18～22时；2月24日（正月十五）18～23时，列为重点管控时间段。安排9个地区执法队和直属分队各组织1车、4人加强街面无照兜售烟花爆竹行为查处；同时配合公安机关做好秩序维护工作，及时纠正、制止违法燃放行为。出动执法人员3092人次，执法车辆763台次，检查街区80条，宣传告诫3700余人次，发放宣传资料4200余份，未接到相关投诉举报，发现街面无照经营兜售烟花爆竹1起，暂扣鞭炮44挂、二踢脚400余个、其他烟花若干，拆除保暖棚20处。

（吴英莉）

【预防煤气中毒】 1月17日～3月15日，区城管执法局开展预防煤气中毒"温暖二号—温暖四号"执法活动。确定城乡结合部平房区、出租房屋集中的北辛安等地区为高发部位。对高发部位及使用煤火取暖的集体宿舍、工地工棚、打工子弟学校、门店、值班室等重点点位进行排查并建立基础台帐，对存在安全隐患地点及时下发整改通知书并注重复查。加强无照出售炉具行为检查；加强私搭乱建违法建筑查处。期间，出动执法队员2634人次、执法车辆686台次，走访各类单位、企业、学校432家、住户12313户，检查工地工棚55处，累计发放宣传材料11521份，签订责任书167份，取缔无照销售取暖用煤行为2起。

（吴英莉）

【食品安全整治】 1～11月，区城管执法局抓住每天早、中、晚和双休日等"执法空档期"，中央、市区领导调研等重大时期，中小学开学、上学、放学等校园管理重点时期，消夏露天大排档、施工工地管理、露天烧烤等违法行为多发期，开展波次性专项执法行动。加强地沟油整治和餐厨废弃油脂管理、打击食品非法添加和滥用食品添加剂专项执法行动。出动执法人员23200人（次），执法车辆5130台（次），组织开展食品安全管理专项执法检查120次，与公安、工商、卫生等部门开展联合执法行动67次；设置宣传站点10个（次），发放宣传材料2700余份，宣传告诫3500余人（次）；取缔露天烧烤390起，规范大排档3360起，规范门前三包9500起；查处无照经营食品违法行为18950起，罚款314200元。

（吴英莉）

【强拆西黄村违建】 4月18日，严格按照相关司法程序流程并报请区政府批准，区严厉打击违法用地违法建设专项行动指挥部组织城管、公安等多部门，对与北方工大仅一墙之隔的三角地1570平方米违法建设予以强制拆除。该处违建位于铁路沿线和居民聚居区周边，与周边房屋建筑距离较近，影响居民住宅采光通风，群众反应强烈。相对人态度经常反复，强拆案件办理程序复杂持久等原因，致违建拆除历经艰难。上年3月，经区城管执法局查处，相对人自拆3332.25平方米违法建设。相对人后又在原违建拆除处复建1570平方米违法建设。区城管执法局多次上门要求自行拆除违建工作无果。此举是自3月28日本市召开环境整治大会至今区县中首个被采取强拆的违建。

（吴英莉）

【开展主题宣传】 4月，区专项行动指挥部开展以"打击违法用地违法建设"为主题的宣传动员活动。印制《致广大居民的一封信》等宣传材料，各地区执法队分别在重点地区设立宣传站点。区有线电视台制作查违专题宣传片，曝光违法建设案例，宣传自拆典型，重点时段循环播放。《石景山报》编印查违专刊扩大发放，向社会公布查违程序、组织机构、举报电话等。印制一批宣传横幅，通过"八个一"（即召开一次动员会、公布一批举报电话、发放一封信、装备一批流动宣传站（车）、印制一批宣传横幅、制作一档电视专访节目、开设一期报纸专版、开展一系列拆除现场宣传报道）宣传形式持续开展宣传动员，增强群众守法意识，争取社会各界和广大群众的理解、支持和参与。利用电视、报刊、政府网站等各种载体发放宣传材料2万余份，编发《查违工作简报》9期、《专项行动工作简报》45期。被市级以上媒体刊登报道30余篇次，市专项行动指挥部转发本区经验材料5次。其中，"永定河畔拆除违建近万平方米""今天强行拆除违建'三角地'"等新闻选题，先后被北京电视台《北京新闻》《特别关注》《北京您早》《晚间新闻报道》等栏目专题播出；被《北京日报》《北京晚报》《京华时报》《北京青年报》《法制晚报》《新京报》《北京晨报》、北京交通103.9广播予以报道。

（吴英莉）

【拆除出租大院】 5月8日，五里坨地区分指挥部调动社会各界力量，形成"多方合力，全面施压"工作态势，迫使违建相对人自行拆除面积1200平方米的出租大院。该处违建位于五里坨三二工区永引渠涵洞之上，房屋地基包裹一条废弃铁轨，建房人将它用于库房和外来人口居住。

（吴英莉）

【夏季环境整治】 5～9月，定时、定点重点巡查主要大街、繁华场所周边等重点区域。对鲁谷美廉美超市门前、永乐西小区门口、重聚园小区周边、玉泉花鸟鱼市场对面非法花鸟市场、首钢工学院北门周边、八角西街物美超市周边、古城南小街、实兴大街、苹果园东口喜隆多市场周边、八大处公园周边、金顶街四区周边、金顶街959公交车站周边等12处无照聚集马路市场，全区33条重点大街和居民小区、胡同设点布控，每日9～15时安排三分之一执法力量日常巡控，15～19时安排三分之二执法力量开展高峰时段整治工作。期间，出动执法人员6165人（次），执法车辆1414台（次），宣传告知餐饮商户1358家；查处露天烧烤128起；查处重点区域无证食品摊贩597起，罚款15200元；查处非法露天大排档11起；规范大排档189起。

（吴英莉）

【拆除4处大杂院】 7月11日，对苹果园地铁西北侧4处流动人口聚居大杂院违法建设实施强制拆除。区专项行动指挥部组织城管、公安、交通、消防、卫生、司法、流管办、供水、供电等部门，出动执法人员200余人次，拆除违建131间，面积4520平方米，搬离流动人口420余人。

（吴英莉）

【大气污染控制】 7月29日～10月31日，每日晚间开展运输车辆集中夜查行动。出动执法人员10340人次，车辆2585台次，罚款39.98万元。其中共启动10余次大风扬尘、重污染日应急预案，检查施工工地2400余次，罚款17万元；开展运输车辆检查210次，处罚128辆，罚款20.8万元；取缔露天烧烤270余起，没收烧烤工具62个，规范大排档1037家次，劝阻焚烧树叶、枯草等行为299起；规范门前三包3600余起，罚款2.18万元。

（吴英莉）

【违建隐患排查】 10月11日，喜隆多火灾后，区城管执法局开展全区违法建设隐患排查工作。出动执法人员1300人次，车辆510余台次，发放、张贴《违法建设告知单》《危房告知书》《隐患建筑所有人及使用人限期自行拆除的紧急通知书》及减灾防灾知识等材料3000余份。组织拆除存在安全隐患违法建设84处，面积17752平方米。

（吴英莉）

【执法协调机制】 10月，区城管执法局召开城市管理综合行政执法协调专题会议，成立区城市管理综合行政执法协调领导小组（简称区协调领导小组）。由区委常委、常务副区长任组长，区政府办主任为副组长。区属35

个职能部门和各街道办事处(鲁谷社区)主要领导为小组成员。在区协调领导小组统筹协调下,建立健全以街道管理为主体、行业权属为主责、执法部门积极履责、城管部门执法监管、综合部门指导评价的工作运行机制;促进区相关职能部门、街道办事处(鲁谷社区)落实城市管理和行政执法责任,及时解决问题,形成城市管理合力。年内,区协调领导小组召开城市管理工作例会7次,研究讨论重点、难点问题45个,制定专项整治行动方案17个,通报、整改城市管理问题143个,办理监管通知单36件,反馈率100%,整改率80%。

(吴英莉)

【提高执法效能】 区城管执法局调整督察思路,多次走访街道执法队征求意见,召开研讨会,修改完善绩效考核办法。督察考核在时间上向8小时以外延伸。在方式上实行督察与现场考核相结合,坚持"重点督察""专项督察"和"日常督察"相结合的督察考核模式。印发《督察动态》43期,《督察专刊》11期,下发督察单244件,反馈问题534起,通报执法类问题8起,涉及执法队1个、队员10人,对违反考核规定执法人员进行处理。

(吴英莉)

【完善依法行政】 区城管执法局完善科学民主行政决策制度,修订四级审核体系、集体议案制度、重大案件集体审议制度,建立专家论证和本局决定相结合的行政决策机制,增加行政决策科学性和透明度,杜绝领导决策随意性,确保决策程序规范合法,全年审查一般案件752卷,合格率100%。制定行政执法风险评估办法,评估涉及重大行政处罚、强制执行案件风险。全年制定强拆方案和应急预案45件(套)。执行重大案件决策安全顺利,未出现意外风险。

(吴英莉)

【环境秩序管控】 区城管执法局按照"严管、严控、严巡"三级巡控标准,采取"节前整治,节中监控,抓重点,保全局"工作措施,对全区主要大街和重点路段实行等级化管理,确保环境秩序。开展西下庄、八大处公园周边专项治理、长安街沿线违法行为"零容忍"专项治理、农用机动车售货专项治理等52次专项行动。捣毁非法食品制售窝点,杜绝长安街沿线无照经营、非法营运、散发小广告,古城地铁周边无照售卖食品等违法行为,完成元旦、春节、全国"两会"、清明、五一和高考等59次重大环境保障工作。建立全区43处脏乱点综合治理任务书,依托整治平台,组建由公安、交通、城管组成的实名制联合执法小组,对实兴大街、首钢工学院、游乐园、万达广场、玉泉路地铁周边等环境秩序乱点开展高频次、多部门参与的集中治理,取缔实兴大街、古城南小街、北工大北门路、玉泉花鸟鱼市场等非法市场;查扣三轮车、摩的、农用三轮车444辆;查处黑出租车41辆、运输车286辆。

(吴英莉)

【取缔西多士餐饮车】 年内,解决83辆西多士餐饮车影响街面环境秩序的问题。区政府多次召开协调会,区城管执法局进行6个月的调查研究,制定工作方案和应急处置预案,联合公安分局、交通支队、工商分局、区食品与药品监督管理局和各街道办事处,利用夜间快速清除83辆西多士餐饮车。并配合区政府完成善后相关事宜。

(吴英莉)

【规范门前三包】 各地区执法队按照精细化管理成立自治联合会,创建示范街,利用城管通终端设备,建立门前三包微信群,宣讲政策法规,传达管理信息,搭建沟通平台。做到4个100%,即入户宣传告知率100%;日常巡查覆盖面100%;专项执法规范100%;立案处罚率100%。加大"门前三包"宣传教育和管理力度,逐户上门与责任范围内商户、单位签订责任书,签订率100%;及时处理群众举报,加大执法检查力度。年内,开展门前三包专项宣传活动75次,发放宣传材料23000余份。出动执法人员5598人次,执法车辆1338台次。查处门前三包、店外经营等市容环境问题9945起,罚款334050元。

(吴英莉)

【查处违建行动】 区城管执法局针对严厉打击违法用地违法建设中存在的主要问题,多次召开部署会、工作研讨会,进行专题研究,牵头起草深入推进严厉打击违法用地违法建设工作的意见等7个文件,开展严厉打击违法用地违法建设专项行动。召开全区动员部署大会,建立四个机制:一是领导机制。成立由区委书记,区长担任总指挥的组织领导体系。二是会商机制。实行情况通报周会商、数据信息日报送,保证信息畅通、指挥灵活。三是责任机制。完善区指挥部办公室和各地区街道分指挥办公室分级负责工作机制,明确工作职责、参加单位和人员,实行"分级分类拆除"。四是督查机制。区监察局、查违指挥部成立专项督查督导组,确保查处违法建设统一行动严肃性和有效性。全区各职能部门抽调9名科级干部,成立指挥、宣传、督导、综合四个工作组,加强区级层面指挥协调和科学运转。

(吴英莉)

【违法建设零增长】 年内,区政府从人力、物力大力支持打击违法用地违法建设,下拨专款180余万元,新增保安30名,充实到各地区分指挥部。由科级领导带队建立巡视队伍,加强建筑建材市场、建材运输车辆及出入辖区施工车辆和人员排查监控,做好全天候不间断动态巡查,第一时间对划线挖槽、堆砖存料相对人展开宣教,及时制止违建。年内,拆除新生违法建设166处,面积约51590平方米,违法建设基本实现零增长。

(吴英莉)

【运输车辆专项执法】 区城管执法局加大渣土运输和道路遗撒夜间检查力度。专项执法月期间,开展专项整治140次,检查告知运输车辆550辆,查扣42辆,罚款51500元。加大对西黄村五环桥下、衙门口京九铁路桥下、阜石路与古城大街交叉路口3处非法聚集不规范建筑垃圾运输车辆整治打击力度,有效控制运输车辆不符合规定、泄漏遗撒、车轮带泥行驶等违法行为发生。出动执法人员4700余人次、执法车辆920余台次,检查运输车辆900

余辆,处罚运输车辆违法行为334起,罚款315500元。

(吴英莉)

【施工工地专项执法】 区城管执法局全年对31个施工工地进行检查,对土石方施工阶段工地巡查4次。对施工现场易发、多发违法行为进行再梳理,以施工车辆运输、砂石土方存放、路面硬化等违法问题为重点,把握重点时期、重点点位、重点区域,加强对阜石路、莲石湖、水泥厂经适房、老古城、杨庄路工地管理,出动执法人员5300余人次、执法车辆1200余台次,对全区工地检查,查处各类施工扬尘违法行为556起,罚款37.5万元。

(吴英莉)

【建筑垃圾源头治理】 区城管执法局落实北京市2013~2017年清洁空气行动计划,开展工地源头治理专项执法行动。在渣土运输车辆执法检查月中,每晚20~24时对辖区在建施工工地、工地周边街路、渣土运输车辆泄漏遗撒、未按要求运输频发路段及乱倒乱卸严重的道路进行不间断巡控,联合公安、交通、环保等部门,在运输车辆密集区、施工工地多发区开展不定期执法检查,监督相关单位规范运输车辆。晚22时至次日1时会同区公安、交通在莲石路设卡开展货车集中夜查行动,加大力度打击不规范建筑垃圾运输车辆。10月10日~11月15日,出动执法人员2560人次,执法车辆640台次,盯守出土工地3个,检查施工工地330个次,纠正问题31个,处罚5起,罚款5000元;开展专项整治37次,其中多部门联合检查28次,检查告知运输车辆308辆,查扣54辆,罚款66000元。

(吴英莉)

交通管理

概　　述

北京市公安局公安交通管理局石景山交通支队(简称交通支队)是本区道路交通的管理机关,主要职能是对道路交通依法进行管理。截至年底,在编干警184人,支队下属7个职能科室,2个执勤大队。年内,围绕"建设最安全城市、打造最廉洁警队"战略部署,牢牢把握"务实为民"本质要求,以"事故少、秩序好、道路畅通、群众满意"为目标,全面改革"勤务运行、警务保障、社会联动"三大机制,努力构建以路面管理为核心、警务管理为保障、社会管理为依托的"三位一体"工作格局,广泛开展"执法不公、群众不满问题大整顿"活动,进一步深化群众工作,努力打造过硬能战的高素质交警队伍,全面推动首都交通管理工作科学发展,为首都经济社会发展创造良好道路交通环境。全年处理交通事故5585起。其中,一般程序立案135起。其中,重大死亡事故10起,亡11人;简易程序处理5450起;全年处罚各类交通违法行为6100余笔,罚款582余万元。查获酒后驾驶机动车544起、醉酒47起、涉牌7695起、行政拘留106人,暂扣残残疾人三轮车263辆。监管交通事故死亡7人,占市下达本区监管交通事故死亡控制指标(8人)87.5%。

地址:石景山区杨庄路8号
电话:68873720
邮编:100043

(杨　晶)

【静态交通秩序整治】 交通支队按照市委、市政府和市局关于加强静态停车秩序管理工作部署,本着"突出重点、以点带面"原则,采取多种工作措施加强占路停车秩序整治工作。发挥摄录像纠违优势,合理调配民警和协管员岗位,全面整顿违法停车行为。以石景山路和规范大街、路口为重点,合理调配民警和协管员岗位,对石景山路违法停车和各类交通违法行为进行全面综合整顿。利用各类物理隔离设施,杜绝乱停车交通违法行为。针对地铁周边、小区出入口周边黑车违法停放扰乱交通秩序情况,协调市局秩序处、设施处等部门在上述地点加装便道隔离桩。做好先期宣传发动工作,组织民警深入社区等部门,宣传停车秩序整治政策,同时粘贴"宣传告知单"。全年粘贴违法停车通知单64364万张,通过电视监控录入违法停车行为12467起。开展集中整顿,对辖区重兴园小区、古城南路、金顶商务区等违法停车问题严重、群众反映强烈的重点地区和道路,开展停车秩序专项整顿,加大执法处罚力度,营造严管氛围。

(刘　峥)

【重点车辆单位管控】 交通支队采取将全区新排查出的危险货物生产、经营、使用单位全部纳入监管视线,在危化货物运输单位中设立交通安全监督员,组成专项检查组深入危化运输、客运、货运单位检查,加强驾驶员交通安全法律法规意识,加大危化运输单位及运输车辆监管力度。加强私人大客车、私人大货车源头管理,有效遏制严重违法行为。对全区交通违法连续超标、严重交通违法发生率较高和发生过交通事故重点单位加大安监执法力度。全年对582家发生严重交通违法行为和交通违法超标单位发放限期整改通知书,对106家存在严重交通安全隐患单位采取禁止机动车上路行驶措施。

(张建军)

【"两会"交通安保】 交通支队完成全国"两会"交通安保工作,出动警力192人次,出动警车58辆次,确保绝对安全,万无一失。严格按照工作方案和预案,对勤务路线、岗位、设施提前进行全面检查,确保安保措施到位。支队各级领导干部按照分工,排查勤务路线,确保卡、断、疏导措施到位,并根据勤务运行情况,动态调整管控措施,最大限度兼顾社会交通。采取支队领导包"面"、科队干部包"线"、执勤民警包"点"工作方法,扎实做好勤务安保工作。住地民警随身携带"交警联系卡",为"两会"人员出行提供服务。

(李　栋)

【清明节交通秩序】 交通支队提前着手,确保清明祭扫活动交通秩序畅通有序、交通组织科学合理、人民群众安全满意。成立专项工作领导小组,落实领导干部分工责任制、岗位责任制,并将各项管理措施和任务细化分解到各科队,确保责任到人、落实到位。各

级领导干部按照方案分工，深入各重点岗位，靠前指挥、带头值守，坚持在实战中发现问题、研究问题、解决问题，细化完善各项交通安保措施，及时查漏补缺。周密制定交通维护方案，采取打通停车场进出通道、完善改进交通诱导指示标志、协调临时公交、出租站点等多项有效措施。通过规划停车引导设施、开辟临时停车场地、增加临时公交摆渡车辆、发动社会维护力量、新闻广播及显示屏引导等有效手段和途径，为群众祭扫活动提供便捷出行环境。五是加大路面管控。加强与巡警、治安、城管等执法力量联勤联动，重点围绕苹果园地铁、万达商业区、石景山游乐园、八大处公园等人流车流集中区域，全面加大对乱停车，黑车、摩的聚集扰序，占路摊商、散发小广告等违法行为打击力度。

（李　栋）

【交通安全社会化宣传】 交通支队通过采取多种措施，开展交通安全宣传活动。组织发动社会力量开展行人、非机动车通行秩序整治，推进“文明礼让出行，畅通美丽北京”活动，对行人、非机动车横穿马路、闯灯越线等交通违法行为进行劝阻，基本达到路口无闯灯越线、无行人乱穿“双无标准”；开展“文明礼让出行，畅通美丽北京”志愿服务日集中宣传活动；以“小手拉大手，共创首都文明交通环境”为主题，开展交通安全进学校活动，通过特色宣传，以点带面，全面启动“小手拉大手，携手促安全”主题宣传活动；广泛开展安全文明驾驶人评选活动，评选出55名驾驶员为区安全文明驾驶人，其中有10名被评为市级安全文明驾驶人；通过管界内设立宣传站点，设置展板，悬挂横幅、彩旗，发放宣传材料等形式，集中开展以“文明出行，平安春运”为主题的交通安全宣传活动，全力做好春运、春节交通安全工作。

（张建军）

消　防

概　述

北京市石景山消防支队（简称消防支队）隶属于市公安消防总队，属于武警现役编制单位，在行政业务上归公安分局领导。年内，以实现“两最目标”为重点，以提高战斗力为基础，结合实际，不断创新社会消防管理机制，推动信息化建设步伐，落实体系化作战模式，强化宣传导向作用，加快队站建设步伐，各项工作稳中有进，实中有新。实现社会面火灾形势和部队内部两个稳定。年末，支队八大处和古城两个执勤中队完成一星级铁军中队创建，银河中队完成二星级铁军中队评定。石电、高能所合建共管中队完成总队正规化验收。支队20人荣立个人三等功；114人荣获嘉奖；2人被评为年度市局岗位标兵；2位警嫂被评为年度市局优秀警嫂；1人被评为第七届首都消防“优秀女警官”；3人被市消防局授予年度优秀共产党员称号；1人被评为“两会”安保优秀共产党员。

地址：石景山区古城北路甲2号

电话：68886208 转 9508

邮编：100043

（尹成云）

【“防灾减灾日”宣传】 5月11日，消防支队联合公安分局、区应急办、民防局、区委宣传部、区红十字会等相关部门，在国际雕塑园开展以“识别灾害风险、掌握应急技能”为主题的防灾减灾宣教活动。活动现场设立消防抢险救援车和多种特种器材装备展示区、发放宣传材料和解答群众问题区。近2000名市民参与活动。北京电视台、区有线电视台等多家媒体进行现场报道。

（尹成云）

【澳门消防官参观交流】 6月10日，按照市消防总队接待方案安排，澳门消防官研修班一行12人到支队参观交流。双方人员就消防编制、人员配备、职能定位、职责履行、支队人员梯次结构以及机关各部门设置等问题进行交流。会后，研修班成员参观支队调度指挥中心大厅；古城中队学习室、阅览室、文体活动室、中队官兵宿舍等营房设施及中队执勤车辆器材装备展示。

（尹成云）

【喜隆多购物中心火灾】 10月11日凌晨2时59分接到报警，苹果园南路东口麦当劳餐厅发生火灾。市消防总队迅速调集八大处等15个中队的63部消防车、300余名官兵，开展灭火救援。市长王安顺，公安部副部长、市委常委、市公安局局长傅政华等以及公安部消防局、市消防总队和区有关领导亲赴现场，组织扑救及处置工作。11时，火灾扑灭。消防支队参谋长刘洪坤（35岁，山东滕州人，少校副团）及八大处消防中队副中队长刘洪魁（28岁，山东曲阜人，中尉副连）2人牺牲。经查，起火部位为该购物中心一层门店麦当劳餐厅甜品站，火势沿外墙蔓延至喜隆多购物中心二至四层，过火面积1500平方米。

（尹成云）

【十八届三中全会攻坚决战】 11月4日，消防支队召开消防保卫动员部署会。同月6日，按照分局部署，支队提前进入会议期，按照会议召开的标准落实各项工作。8日18时～13日8时，支队启动二级战备执勤，实行双值班制度，全面停止休假，全力打好消防保卫主动仗，确保各项工作落实有序。结合区域特点，按照“一阶段，一重点、一成效”的总体要求，结合重大保卫、重要节日、重要时段、敏感日期等关键节点火灾防控，支队集中抽调司政后防各部门警力，分阶段、分步骤攻坚整治，拉网式排查每类场所、每个街道、每片区域，做到排查一处、放心一处，整治一片、放心一片。紧盯城乡结合部地区，高层、地下、彩钢板建筑，人员密集场所、建筑施工工地、易燃易爆化学危险品场所等“三类地区、三类建筑、五类场所”，重点打击电气设备充电或者运行期间未落实24小时专人看护措施、易燃易爆化学危险品场所安全操作流程不规范、安全防范设施不符合配置要求等八类问题，保持隐患整治高压态势。发现隐患问题，以“拘留、三停、查封、曝光”强化打击。深挖根源，提高处理违法责任人层次，加大对法人、消防安全管理人拘留、约谈力度，加大对知名企业、规模场所曝光力度，形成舆论声势，起到震慑作用。

（尹成云）

【全年接警1568起】 消防支队全年接报119调度指挥中心警情1568起，其中火警801起，抢险救援767起。火警成灾99起，死亡0人，伤2人，直接经济损失81.5万元。火灾四项指标与上年同期相比：火灾起数增加9起，上升10%；受伤人数持平；直接财产损失增加42.3万元，上升107.9%。。

（尹成云）

【执法检查16211家次】 消防支队全年监督检查社会单位16211家次，发现隐患和违法行为22437件。督促整改21924件，下发《责令改正通知书》8506份，下发行政处罚决定书942份，累计金额617.1万元。依法责令停工、停产、停业单位381家、临时查封274处、拘留46人，17件区级挂账火灾隐患全部销账。

（尹成云）

【器材装备287种】 年内，消防支队配备32米登高车、大功率大吨位水罐车、陆虎60雪炮拖车、高倍泡沫排烟车、器材保障车、地震救援应急保障车、马基路斯路轨两用救援车、抢险救援车、消防泡沫车、照明车等消防车31辆。截至年底，支队有器材装备287种、16916件（套），其中堵漏类器材34件（套）、防护器材7947件（套）、呼吸器材2366件（套）、警戒器材132件（套）、救援1283件（套）、灭火器材4196件（套）、破拆器材98件（套）、水上装备49件（套）、针检器材102件（套）、照明器材709件（套）。

（尹成云）

【队站建设】 消防支队根据区“十二五”消防事业发展规划总体要求，强化后勤保障支撑。年内争取区财政经费1502.37万元，其中追加预算452.37万元，用于购置维稳处突车辆及专业消防器材等。五里坨特勤消防站年底开工。

（尹成云）

【灭火救援效能】 消防支队组织官兵开展辖区重点单位“六熟悉”（即：熟悉消防队责任区的交通道路、水源情况；熟悉责任区内重点单位的分类、数量及分布情况；熟悉责任区内主要灾害事故处置的对策及基本程序；熟悉责任区内重点单位建筑物使用及重点部位情况；熟悉重点单位内部的消防设施情况；熟悉重点单位的消防组织及其灭火救援任务分工情况）工作，逐一制定“六熟悉”卡，集中开展重点单位消防设施测试。立足提高“初战、攻坚、机动”三大能力，按照“5、10分钟”标准制定灭火救援预案，通过实战演练，提高灭火救援预案实用性和可操作性。落实以“实战班组”为单元的“六熟悉”工作制度，有效结合建筑消防设施测试和车辆装备作战效能专项测试，按照定人、定点、定时、定质、定量“五定”原则和“六个一”（即一间消防工作室、一套消防档案、一支义务消防队、一处固定消防宣传栏、一个消防器材箱和一条消防车通道）的工作要求，开展对辖区重点单位、人员密集场所和消防水源薄弱地区“六熟悉”调研200余次，组织人员对辖区9大类单位制定、完善灭火救援作战预案。开展地震救援、防汛救援、反恐处突、高层建筑火灾扑救为主要内容的灭火救援实战演练50余次。组织攻坚组人员复训、指挥员培训和战勤员培训等一系列培训工作，组织开展2次支队级比武竞赛活动。在总队岗位练兵迎春长跑比赛中，支队取得团体总分第三名。

（尹成云）

【开展消防宣传】 消防支队发动52名消防协管员、136名网格管理员、150名消防志愿者，330名商务楼宇信息员、社区楼门组长和单位安保队伍等1000余人，建立“专业型、服务型、知识型、责任型”特色消防志愿者宣传队，开展形式多样、内容丰富的消防宣传活动。组织流动消防宣传队，深入街道、社区开展消防宣传活动298余场次，滚动播放消防公益广告、防火安全提示5万条（次），发放宣传资料2万余份；组织开展消防安全培训、咨询、演练活动190余场次。火灾事故案例进行曝光29次。建立区级、街道级、社区级三级火灾隐患情报信息工作站146个，通过举报热线、消防微博、网络邮箱等多种渠道，发动群众举报投诉火灾隐患，收集群众来电举报381个，火灾隐患情报信息系统收集审核上报火灾隐患6711件，有效整治火灾隐患。

（尹成云）

气象

概述

石景山区气象局（简称区气象局）是科技型、基础性社会公益事业单位，受市气象局和区政府双重领导。主要负责区域内防灾减灾、地面气象观测、

10月11日，扑救喜隆多商场大火　（消防支队供稿）

公共气象服务、气象科普宣传、气象依法行政等工作。下设3个科室(综合办公室、业务管理科和法制管理科)和2个具有独立法人直属单位(北京市石景山区气象台和北京市石景山区避雷装置安全检测站)。有职工16人,其中大学本科以上学历8人;高级工程师3人,工程师4人;党员8人。年内,开展气象观测和气象预报服务工作,全年向区委、区政府和相关部门发布预报预警信息;通过手机短信平台向区各级防汛部门领导和下属防汛联系人、气象信息员和社会公众发送天气预报预警短信息;通过微博发布气象信息。12月成立石景山区气象台。6月开通"石景山气象"新浪官方微博。

地址:石景山区杨庄北区20楼9单元201室

电话:68887008

邮编:100043

(王琳琳)

【依法行政】 区气象局于2月20日、27日先后与教育、安监等部门开展多项安全联合检查,对学校、医院、易燃易爆场所等防雷重点单位开展集中抽查,发现隐患及时督促整改,确保公共安全。6月7日,与区安监局就做好防雷安全管理工作联合下发进一步加强防雷安全管理工作的通知。自6月起,加大防雷安全执法检查力度。与市气象局执法站、海淀区气象局、区消防支队、区安监局共同进行22次防雷现场安全大检查。全年审批施放气球125次,施放气球730个;受理、审批防雷装置行政许可3件、行政审批125件。到施放气球现场检查20次,在施放气球过程中没有发生任何事故。全年无行政执法处罚案件,无气象行政执法举报和投诉。

(王琳琳)

【气象宣传】 区气象局开展"3·23"世界气象日、"法制宣传日"和"5·12"全国防灾减灾日宣传活动,发放宣传手册600份,展出展板30块。7月,与科协联合参加区广电中心关于预防雷电灾害节目录制;10月,与区科协联系利用宣传橱窗制作气象科普知识、防雷知识宣传展板10块。

(王琳琳)

【气象服务】 6月,区气象台开通"石景山气象"新浪官方微博,通过新媒体向社会公众发布最新气象预报、预警信息;气象手机短信平台作用增强,联系人数由上年747人增加到2052人。10月新增八大处公园气象信息电子显示屏,提供天气预报和预警信息。气象服务分为常规气象服务和汛期气象服务。常规气象服务继续每旬向区政府、区应急办等部门转发长期预报和重要天气信息,为区防汛抗旱指挥部、区扫雪铲冰指挥部的领导和成员提供中、长期天气预报服务和短期预报电话、传真。根据《北京市突发事件预警信息管理暂行办法》,自8月1日起,自主发布灾害性天气预警信息。汛期(6月1日至9月15日),向区应急办、区防汛办和3个防汛指挥部发送气象信息专报(节假日预报)7期,共27份。天气预报、预警信息、天气情况通报、重要天气报告142期,共568份;通过手机短信平台向区各级防汛部门领导和下属防汛联系人、气象信息员和社会公众发送天气预报预警短信息211次,共241968条;通过信件向区防汛有关部门领导发送长期预报11期,共231份;通过电话转发天气预报1000次;通过微博发布气象信息358条。5月,完成"2013年夏季趋势预测分析报告"。11月,完成"2013年冬季石景山天气预测与供暖形势分析报告"。

(王琳琳)

【区气象台成立】 12月,石景山区气象台成立。承担制作、发布区域天气预报、灾害性天气预警、实况天气信息及全年八大处、模式口、雕塑公园和老山自行车馆4个区域自动气象站维护。

(王琳琳)

【气候评价】 本年度的主要气候特点:气温接近常年平均值,降水偏少。年平均气温12.8℃,接近常年(12.7℃)平均值。年极端最高气温37.8℃,出现在7月24日(常年平均值为37.6℃)。年极端最低气温-14.1℃,出现在1月4日(常年平均值为-13.8℃);年总降水量519.8毫米,比常年(540.7毫米)偏少,较上年964.5毫米偏少46%。一日最大降水量70.1毫米,出现在9月4日。年平均气温接近常年,温度起伏明显。1月、2月、4月、6月较常年偏低,其中4月较常年同期明显偏低(偏低2.1℃),3月、9月、10月接近常年同期,5月、7月、8月、11月、12月均较常年有不同程度偏高。全年温度季节变化特点为:春、夏、冬季温度均接近常年,秋季较常年偏高;本年度总降水量较常年偏少。降水时间分布特点为:春、夏、冬季均较常年偏少,秋季较常年偏多。降水集中在夏秋两季(占年总量93%);年无霜期207天,较常年213天偏少;年内大雾日数3天,大风、浮尘、扬沙各出现1次,其中大风出现在7月4日;年内无气象灾害。

表8 石景山区月平均气温统计表 单位:℃

1月	2月	3月	4月	5月	6月	7月	8月	9月	10月	11月	12月	全年
-4.3	-1.1	6.2	12.8	22.0	23.7	27.1	27.0	20.3	13.2	6.1	0.3	12.8
-3.6	-1.4	5.9	16.3	22.9	24.7	27.2	26.0	20.7	13.9	4.0	-4.3	12.7

(王琳琳)

北京 2014 石景山年鉴

BEIJINGSHIJINGSHANNIANJIAN

科学技术

石景山区科技资源优势明显，科研机构实力较强。全区现有市级以上驻区科研院所或机构17家，国家级科技园区1个，国家级重点实验室6家，国家级授牌产业基地6个，市级以上企业技术中心13家，市级文化创意产业集聚区2个，市级以上科技孵化器3家，市级创业园2个，总体呈现出数量精、实力强的特点。企业资源特色鲜明。以首钢为龙头的制造业科技研发创新实力较为强大。近几年快速兴起的高新技术产业和文化创意产业，逐步成为石景山区科技创新的主力军。同时，石景山区的文化创意产业和高新技术产业融合发展特色明显，两大产业融合度已达到60%以上，具有鲜明特色的数字娱乐产业初具规模。研发及成果转化基地基础良好。自2004年北京数字娱乐产业示范基地落户石景山区后，"国家数字媒体技术产业化基地""国家电子竞技运动发展中心""国家网络游戏动漫产业发展基地""国家动画产业发展基地"和"国家文化产业示范基地"5个国家级基地也先后落户。以数字娱乐产业为主导的文化创意产业发展势头迅猛，石景山区已成为国内首屈一指的文化创意产业集聚区和先导区。科技人才队伍不断壮大。石景山区科技人才已达到7万余人，其中专业技术人才约3.5万人，占总量的50%，企业经营管理人才约1.6万人，占总量的23%，企业已经成为吸纳和培养科技人才的主体。18人入选"千人计划""海聚工程""高聚工程"，4人入选北京市科技新星计划，5人进入科技北京百名领军人才培养工程，2人入选中关村"金种子工程"创业导师名单，8家博士后(青年英才)创新实践基地引入博士后(青年英才)16名。

区委区政府不断加强对科技工作的领导，"科教兴区"战略已成为长期战略。围绕建设"首都文化娱乐休闲区(CRD)"的发展定位和全面转型、科学发展的方向，区政府科技工作领导小组在研究解决科技发展重大问题中，突出园区战略，狠抓招商引资，调整产业结构，优化发展环境，发展非公经济，提高科技支撑能力。区科委完善科技管理体制，引导科技创新、规范发展，科技工作地位不断提升，进入到区域经济发展的核心战场。科技投入逐年加大，本级科学技术支出13078万元，占当年本级财政一般预算支出比例2.1%，同比增长41%，为社会全面发展提供有力支撑。开创"奋力争先、科学发展"的科技工作新局面，石景山区跻身"全国科技进步先进区""国家可持续发展实验区"行列，区科委先后获得"全国科技管理系统先进集体""全国专利系统先进集体"等荣誉。

科学管理

概　　述

石景山区科学技术委员会（简称区科委）是区政府主管全区科技工作的综合职能部门，与知识产权局和园区管委会合署办公，对内简称"科委园区"，现有编制60人。区科委紧抓中关村国家自主创新示范区扩园机遇，以科技创新为核心动力，推动区域全面转型科学发展，加快中关村国家自主创新示范区特色园区和国家可持续发展实验区两块牌子建设，全面提升党建科学化水平，深入实施科技创新、文化创新双轮驱动战略，努力推动石景山由传统工业区向绿色生态区的转型。全区科技文化金融产业高端融合发展特色突出，已经形成高新技术、科技金融、文化创意互为支撑的新兴高端产业发展格局。2013年，全区高新技术产业实现收入850亿元，税收33亿元，同比增长30%和32%，分别占园区经济总量的77%和94%。可持续发展实验区建设稳步推进，在本区成功举办中国可持续发展论坛，顺利通过国家可持续发展实验区中期检查和国家科技进步考核，16项可持续发展指标提前达到2014年规划目标。承担和参与国家科技支撑计划项目，"黑石头垃圾填埋场治理后期植被恢复的监测与评价研究"获市科委可持续发展专项资金支持。科学技术奖励工作取得新进展，中国电子科技集团公司电子科学研究院王小谟院士荣获2012年度国家最高科学技术奖，43项科技成果获得区科学技术奖奖励，18个项目获得2012年度北京市科学技术奖励，其中一等奖6项，二等奖7项，三等奖5项，获奖质量创历史新高。知识产权创新服务取得新成效，分别被国家、市知识产权局批准为"国家知识产权试点城市"和"国家专利产业化试点基地"。全年专利申请量突破2000件，其中发明专利占50%以上，高于全市平均水平3个百分点，专利申请质量明显提升。技术合同交易额39.5

3月26日，科技金融联盟大会　（区科委供稿）

亿元,同比增长21%。企业创新能力显著增强,全区共有国家重点实验室5家,北京市重点实验室4家,北京市工程技术研究中心6家,市级以上企业技术中心13家。"京西创业公社""石谷轻文化创业基地""微电影咖啡吧"和"蒲公英国际青年创业驿站"等一批创新型孵化器发展迅速,产业链型创业孵化新模式初步显现,区各类科技企业孵化器已达20余家。强化科普联席会议职能,已建有国家级科普教育基地2家,市级科普基地8家,市创新型科普社区6家,区级科普基地21家,区级创新型科普工作室31家,区级科普社区100家。

地址:石景山区八角西街40号
电话:68863659　68863626
邮编:100043
网址:http://sjskw.bjsjs.gov.cn
邮箱:sjskw@263.net.cn

(岳继华)

【中国可持续发展论坛年会】 1月16日,由中国可持续发展研究会和区政府联合主办的"2012中国可持续发展论坛暨中国可持续发展研究会学术年会"在本区召开。中国可持续发展论坛暨学术年会是国内可持续发展研究领域规格最高、规模最大、影响最深远的学术盛会,至今已连续举办9年。本届年会深入贯彻党的"十八大"精神,以"发展方式转变与绿色转型"为主题,探讨新形势下可持续发展与绿色发展、循环发展、低碳发展的关系,内容涵盖绿色经济与生态建设、水生态文明和安全防灾体系建设等多方面专业议题。会上,石景山区以全票当选中国可持续发展研究会理事单位。

(高延娜)

【再获国家最高科学技术奖】 1月18日,在人民大会堂举行2012年度国家科学技术奖励大会。中国预警机事业开拓者和奠基人、著名雷达专家、中国工程院院士王小谟,荣获2012年度国家最高科学技术奖。这是继中国科学院高能物理研究所谢家麟院士获2011年度国家最高科学技术奖后,驻区单位——中国电子科技集团公司电子科学研究院王小谟院士再获此殊荣。王小谟院士现为中国电子科技集团公司科技委副主任。

(石桂莲)

【18个项目获市科学技术奖】 2月21日,北京市召开2012年度科学技术奖励大会。全市共有184项成果获市科学技术奖励,本区有18个项目获奖。其中一等奖6项,二等奖7项,三等奖5项,获奖质量创历史新高。在三个方面实现突破:一是在一等奖获奖项目数量上取得突破。首钢总公司及首钢机电公司等企业的6个项目获得一等奖,比上年增加两倍,占全市一等奖获奖项目的1/5。二是在民营企业获奖等次上取得突破。继上年民营企业"东土科技"首次获二等奖后,"科博联"和"阿尔西"的"污泥好氧生物发酵处理成套设备研发与应用"项目和"防腐高效烟气冷凝热能回收装置与烟气余热深度利用技术及产业化"项目均荣获一等奖殊荣,开创本区民营企业在市级科技奖励获奖等级先河。三是在新兴产业创新成果上取得突破。本区获奖的18个项目,主要涉及电子信息、新材料、节能环保、设计等高新技术和文化创意产业,特别是5项工程设计创新成果获奖。其中,首钢国际工程技术公司和中铁建电气化局的2项成果获一等奖,首钢国际工程技术公司3项成果获二等奖,体现出新兴产业培育,创新驱动转型初见成效。

(石桂莲)

【公司产品外挂侵权案告破】 2月28日,园区企业"游艺春秋"向区政府、公安分局、科技园区赠送锦旗,感谢区政府及相关部门联合破获游戏外挂侵权一案,为公司挽回逾千万元损失。游艺春秋网络科技(北京)有限公司2007年注册,以网络游戏的研发及运营为主营业务,上年实现收入3550万元,税收179万元,平均年收入增长率达到70%以上。截至上年3月,公司旗下的Iccgame游戏平台注册用户已超过4000万。由于游戏外挂的侵权影响,公司游戏用户大量流失,合法权益长期受到侵害。上年8月,该公司就游戏产品受外挂侵权向公安分局报案。区政府高度重视此侵权案件,公安分局立即展开调查,科委园区配合协助,在多部门共同努力下,公安分局在黑龙江、四川等6个省市、历时5个月侦查,于当年1月成功抓捕这一侵害公司产品权益长达五年、涉案金额逾千万元的"贵族"外挂制销一条龙犯罪团伙,为公司挽回大量财产损失。

(崔海霞)

【国家专利产业化试点基地揭牌】 4月17日,石景山区召开2013年知识产权联席会议工作会。市知识产权局副局长王淑贤、副区长李艳出席会议,区知识产权联席会成员单位相关领导、驻区科研院所、企业代表100余人参加会议。会议对中国科学院大学、北京易华录信息技术股份有限公司等10家2012年度石景山区知识产权工作先进单位进行表彰,区公安分局代表联席会成员单位就知识产权保护工作做典型发言,王淑贤和李艳共同为石景山区"国家专利产业化试点基地"揭牌。

(陈　京)

【获国家校外实践教育基地称号】 5月7日,石景山园与北方工大联合申报的"北方工业大学－中关村科技园区石景山园工程实践教育中心"荣获国家级"本科教学工程"大学生校外实践教育基地称号。该基地是教育部"十二五"期间"本科教学工程"的重要建设内容,旨在通过建设校外实践教育基地,促进高校和行业、企事业单位、科研院所、政法机关联合培养人才新机制的建立,提升高校学生的创新精神、实践能力、社会责任感和就业能力。

(毛慧敏)

【"青年英才"工作站授牌】 6月6日,中科博联环境工程有限公司和北京易维先创科技有限公司被区人力社保局授牌为博士后(青年英才)工作站,并为获得资助的设站单位发放资助款共142.8万元。至此,全区博士后(青年英才)创新实践基地中,设立工作站的企业增至8家。石景山区博士后(青年英才)工作站2011年开始筹建,目前,启动研究项目13个,招收16名进站博士,发表论文15篇,行业涉及新

一代信息技术、生物医药、新能源、节能环保、新材料等战略性新兴产业以及信息服务、流通服务等生产性服务业，对区域经济的发展起到切实的推动作用。

（孟宪然）

【新增"北京市著名商标"】 6月8日，石景山区高新技术企业北京奥力助兴石化有限公司"飞圣达"品牌获"北京市著名商标"称号。该公司是一家集工业润滑油、燃料油添加剂、汽车化学品研发、生产、销售和服务于一体的国家高新技术企业，下设"飞圣达"研究院，拥有自主研发的专利技术10余项，是国内首批获得ISO9001认证的石油工业企业。已与首钢集团、北京奔驰、北汽福田等上百家国内大型企业建立良好、稳定的合作关系。本区"北京市著名商标"企业已增至10家，中国驰名商标达到2件。

（陈　京）

【加大知识产权服务力度】 6月26日，北京市知识产权局与石景山区知识产权局在石景山万商花园酒店签署专利行政执法委托协议。市知识产权局副局长潘新胜出席，区知识产权联席会议成员单位区公安分局、区法院、区工商分局、区商务委、区文化委等参加。该协议的签订使石景山区知识产权局具备独立的对辖区内假冒专利案件进行查处和对专利纠纷案件进行调解的职能，增强本区知识产权保护能力，有力维护社会经济秩序，营造良好自主创新发展环境。

（陈　京）

【5家企业获市级项目支持】 7月5日，市科委2013年北京市设计创新中心支持单位名单和2013年度首都设计提升计划支持项目名单揭晓。首钢国际工程技术有限公司和漫游谷信息技术有限公司获2013年度北京市设计创新中心认定，首钢国际工程技术有限公司获创新环境培育支持；帷幄三谛数码科技有限公司、华录亿动科技发展有限公司和信力筑正新能源技术股份有限公司获2013年度首都设计提升计划支持。

（李　成）

【"蓝色梦想"科学夏令营】 7月13～14日，"蓝色梦想"科学夏令营活动在区科技馆举办。本次活动由科委园区和中科院科普团队携手举办，以化学、物理、生物、生化、能源为主题，旨在通过讲解知识、实验演示、动手实践等方式，激发学生学习自然科学兴趣，提高独立思考和动手创造能力。自制大象牙膏、制备草莓DNA、制作爱迪生电灯等内容新颖、趣味性和科学性强的活动，深受学生们的欢迎。石景山区中小学生30余人参加活动。

（雪　冰）

【可持续发展实验区通过检查】 7月17日，科技部国家可持续发展实验区办公室和市科委组织检查组，按照"国家可持续发展实验区管理办法"，对建设已满三年的石景山区"国家可持续发展实验区"进行中期检查。检查组实地考察智慧石景山、趣游科技集团有限公司、区自来水公司可持续发展供节水信息平台、新首钢高端产业综合服务区建设和永定河生态绿色景观升级改造工程等单位，检查组认为实验区建设规划的执行情况总体良好，达到预期要求，形成"以科技创新驱动经济发展，以重点功能区建设带动协调发展，以优化生态环境促进和谐发展，以创新社会管理提高民生福祉，以增强科学发展能力保障区域可持续发展"的建设特色。石景山区于2010年3月被科技部批准为"国家可持续发展实验区"。

（高延娜）

7月17日，可持续发展实验区中期检查　（区科委供稿）

【获"国家知识产权试点城市"】 8月28日，国家知识产权局正式批准石景山区成为国家知识产权试点城市，成为继海淀区、朝阳区之后全市第三个获此殊荣的区县。上年石景山区专利申请量达2162件，发明专利占52%，专利授权量达1185件，申请和授权量同比均增长20%，每万人拥有发明专利授权数为19.45件，是"十一五"末的2.2倍。易华录、东土科技、通融通等一大批知识产权优势企业涌现，支撑区域经济社会全面转型发展。区知识产权局先后荣获"全国专利系统先进集体"和"北京市专利试点先进单位"称号，知识产权管理和服务两方面工作列全市前三名。

（陈　京）

【中德"环境、冲突与合作"巡展】 9月4日，中德"环境、冲突与合作"（ECC）巡展活动启动仪式在区科技馆举行。本次活动由中国可持续发展研究会、德国阿德非研究院主办，德国联邦外交部支持，区建设国家可持续发展实验区领导小组办公室承办，区科技馆协办。中国21世纪议程管理中心副主任、德国阿德非研究院院长、科技日报社副社长出席启动仪式。本次展览为模块化展览，主题为"环境、冲突与合作”，直观地展示全球环境变化对世界带来的影响正在逐渐扩大，突出环保合作和可持续发展在促进社会和平、稳定发展中扮演的重要角色。启动仪式上，京源学校学生代表用英语作题为“唤醒者”的主题演讲，参会领导与嘉宾就环境保护、可持续发展等问题与大家进行开放讨论，并举行可持续科普读本赠书仪式。本区中小学生、社区居民、机关和企事业单位约150余人参观展览。

（裴菊芳）

中关村科技园区石景山园

概　　述

中关村科技园区石景山园（简称园区），是中关村科技园区“一区十园”重要组成部分。园区以科技创新为动力，围绕推进全区科学发展、深化全面转型的总体目标，进一步明确产业高端融合发展思路，发挥中关村先行先试优势，加快中关村国家自主创新示范区特色园区和国家可持续发展实验区建设，努力培育新兴产业，打造新经济增长点。2013年底，园区收入过亿企业95家，过千万元企业220家；税收过千万企业65家，过百万元企业200家。16家企业入选中关村“十百千工程”，13家企业上市，7家企业登陆新三板。园区全年实现收入突破1100亿元，税收35亿元，同比分别增长30%以上，对区财政贡献超过30%，成为中关村第6个千亿级产业园区。招商引资成效显著，以新一代信息技术为支撑的高新技术产业和新兴产业高端融合化发展为方向，全年新增注册资本过千万企业126家。建立“石景山园科技金融服务联盟”，启动“石景山园科技金融服务联盟金融机构数据库”建设，筹划石景山科技金融服务平台。推出“科技金融日”服务模式，举办园区讲堂34期，征集融资项目60余个。积极做好中关村扩园后的各项协同发展和载体建设工作。园区配套设施建设进展顺利，完成双园路西段施工，协调市公交公司开通园区班车，解决地铁到园区的上下班高峰时段员工出行问题。3500平方米园区公共餐厅9月开始营业。扩园后，石景山园从3.45平方公里扩至13.34平方公里，着力在北Ⅰ区筹建国家保险产业园，在西山汇打造互联网金融产业基地，西山汇入驻企业已达150余家。园区形成以高新技术产业为主体，科技文化金融产业高端融合为特色，现代服务业总部经济为支撑的发展格局，成为全市首批“战略性新兴产业科技成果转化基地”。年内园区实现收入1100亿元、税收35亿元，同比增长30%以上，入区税收在全区经济占比达32%。园区科技文化融合的文化创意产业全年实现收入290亿，税收15亿，同比增长20%和23%。科技金融产业实现收入140亿元，税收7.5亿，同比增长10倍以上。建立中关村文化创意产业高端人才创业基地和“中关村雏鹰人才创业基地”。构建常青藤、金种子、蒲公英等青年创业就业综合服务平台，创新高端人才创业服务模式。18人入选“千人计划”“海聚工程”“高聚工程”，4人入选北京市科技新星计划，5人进入科技北京百名领军人才培养工程，2人入选中关村“金种子工程”创业导师名单，8家博士后（青年英才）创新实践基地引入博士后（青年英才）16名。创新实践非公党建工作，大力实施“1234”凝聚力工程。建立企业党支部163个，商务楼宇社会工作站13个。建立基层工会382家，规模企业党组织覆盖率达到100%。园区被中央党校中国企业党建研究中心评为“2013年度全国企业党建创新示范基地”，园区党工委被评为“北京市第十一届思想政治工作优秀单位”。

地址：石景山区实兴大街64号、八角西街40号

电话：88794457　68863659

邮编：100041　100043

网址：www.zgc－sjs.gov.cn

邮箱：sjskw@263.net.cn

（岳继华）

【3家企业在“新三板”挂牌】　1月8日，园区企业北京道从交通安全科技股份有限公司挂牌深交所中关村非上市股份公司代办股份转让系统（简称“新三板”），股票代码430181。该公司主要从事道路交通安全设施的研发、生产、销售及相关技术服务，致力于为客户提供“系统化、一站式、高附加值”的交通安全解决方案。8月9日，园区企业布雷尔利（北京）金属家居用品股份有限公司挂牌“新三板”，股票代码430260。该公司是一家集家居装饰设计、生产、销售为一体的行业领先企业，为客户提供“专业化、个性化、高品质”的家居装饰设计方案和产品。11月6日，华韩整形美容医院投资股份有限公司（430335.NEEQ）成功挂牌交

6月18日，雏鹰人才基地金融专场　　（区科委供稿）

9月4日，“环境、冲突与合作”巡展　（区科委供稿）

易。华韩整形是一家集整形美容医院、投资管理和技术研发为一体的控股型公司，部分技术和服务已达到国际水平。园区挂牌企业累计数量达到7家。

（王　震）

【中关村系列评选榜单揭晓】　1月16日，2012年度中关村十大系列评选榜单发布会在中关村展示中心举行。园区4家企业获奖。园区企业趣游科技董事长玉红荣获“中关村十大年度人物”奖。暴风影音荣获“中关村十大卓越品牌”奖。趣游科技、博韩伟业2家企业获“中关村新锐企业十强”奖。

（曹　洁）

【文创高端人才创业基地】　1月22日，中关村文化创意产业高端人才创业基地第一批意向入驻企业评审会召开。中关村管委会副主任主持会议，中关村管委会人才资源处、石景山园管委会等相关单位负责人组成评审组，对示范区16家重点企业进行评审，10家企业通过评审。该基地是中关村管委会和区政府在石景山园北Ⅱ区西山汇载体范围内共建的示范区人才特区建设项目，基地为符合条件的入驻企业提供房租补贴、企业培育、项目支持等政策扶持和公共服务，实现以文化创意产业为主导的高端人才和高端项目与新建载体的有效聚集和结合。

（曹　洁）

【雏鹰人才创业基地】　1月起，北京京西创业投资基金管理有限公司（以下简称京西创业）承担中关村雏鹰人才创业基地（简称基地）运营工作。基地按照“基地＋基金”“股权＋债权”“政策＋市场”等服务模式，构建创业人才培育机制，营造创业大生态环境，形成可持续发展的全产业链新型基地。年内，三次扩展面积，基地面积从3400平方米扩展至25000平方米，企业从36家扩展到220家，成为中关村首批雏鹰基地中入驻企业最多、规模最大的基地。腾讯创业基地（北京首个）、微软亚洲研发基地（北京首个）等知名企业纷纷入驻。

（孟宪然）

【科技金融服务联盟揭牌】　3月26日，中关村石景山园科技金融服务推进会暨中关村石景山园科技金融服务联盟成立大会在万商花园酒店举行。50余家金融机构及百余家园区重点企业参会。市知识产权局副局长、中关村管委员会主任助理和区相关领导出席会议并为联盟揭牌。该联盟是由园区发起，32家金融机构、信用担保、券商、基金等机构组成的非营利性和开放式的合作组织，在提升本区科技金融服务的专业化、精细化水平发挥重要作用。现代金融产业是石景山区重点发展的主导产业之一，该联盟是支持石景山区产业转型发展的重要平台。

（罗耀玲）

【中交机电工程局落户】　4月16日，中国交通建设股份有限公司全资子公司中交机电工程局有限公司落户石景山园。中国交通建设股份有限公司是中国第一家成功实现境外整体上市的特大型国有基建企业。作为世界500强企业，主要从事港口、航道、公路、桥梁、铁路、市政等基础设施建设和房地产开发业务，业务遍及世界100多个国家和地区。中交机电工程局有限公司是该公司在石景山设立的全资二级公司，注册资金5亿元，中交机电局将整合中交股份内部机电成套工程业务，着力打造成为涵盖总体策划、设计、采购、安装、调试、运营、售后服务等全产业链的一体化机电成套工程业务系统服务商。预计三年内收入规模将达50亿元。

（付　琦）

【新增44家国家高新技术企业】　至4月底，本区44家企业通过科技部认定，获批国家高新技术企业。获批企业呈现三个特点：一是多业态高端融合态势显著，以可牛网络技术（北京）有限公司等为代表22家企业体现计算机信息技术与文化、金融等产业的高度融合互促。二是高新技术促进传统产业改造升级作用显著，以学成世纪（北京）信息技术有限公司等为代表9家企业体现高、新技术对教育培训、传统制造业等的改造升级。三是新兴产业类企业申报积极，以北京西街驰宇电子商务有限公司为代表的13家企业，分属电子商务、创意设计等领域，为高新技术产业群注入新活力。截至年底，全区通过科技部认定的国家高新技术企业共计248家。

（张　旭）

【金融产业联盟活动】　6月18～19日，由中关村石景山园金融产业联盟携手创业公社、华海基业、中国银行、21世纪天使投资等多家机构在石景山区科技馆连续举办“企飞京西——雏鹰人才基地金融专场”“游戏动漫类项目投融资对接会”等金融产业联盟系列活动。会上，仙境乐网公司、卓信智恒公司两家企业获得中国银行无抵押信用贷款，金额合计500万元，多家企业与参会金融机构达成意向合同。中关村管委会、中国银行北京分行领导出席会议，百余家企业和80余家金融机构参会。

（罗耀玲）

【多款智能机器人参展】 6月26～28日，园区企业北京正兴天宝自动化科技有限公司自主研发的多款智能机器人集成自动化系统在第3届北京（国际）自动化暨工业智能展览会上亮相。展品包括焊接搬运打磨自动化解决方案，柔性生产线3D视觉自动分拣解决方案，机器人加工中心上下料解决方案等，吸引《京华时报》、日本NHK等多家国内外媒体的关注和报道。公司共接待参观客户5万人次，购买意向客户超过300个。

（耿　璐）

【全国企业党建创新示范基地】 7月6日，中关村石景山园工委参加由中共中央党校主管的中国领导科学研究会、中国合作贸易企业协会、中国企业党建研究中心共同在北京举办的“2013全国企业党建创新论坛暨全国企业党建工作先进单位和全国企业优秀党委书记表彰大会”。石景山园与中国运载火箭技术研究院、中关村科技园区海淀园等5家单位被评为“2013年度全国企业党建创新示范基地”，园区党工委党建工作经验“加强党的先进性建设，为区域经济发展作出新贡献”入选《2013中国企业党建优秀成果》。园区在非公企业实施的非公党建“1234”凝聚力工程，被市委组织部评为基层党建创新项目；园区党工委录制的非公企业《“三会一课”制度电视宣传片》，被中组部评为优秀作品下发全国组织部门；2家企业党支部被评为北京市社会领域先进党组织；1家企业被评为市政治宣传工作先进单位；3家企业党支部被市文资办党委评为文资系统基层党建先进单位；4家企业被评为区社会领域先进党组织；7名出资人被评为市劳动模范；9名企业家出资人被评为市、区“两会”代表和政协委员；22家企业党支部、40名党员骨干被园区评为先进单位和先进个人。园区2075家企业的收入、税收、固定资产投资连续四年以30%速度增长，发展速度居中关村一区十六园前列，经济总量排名第六。

（孟宪然）

【国家级保险产业园落户】 8月1日，中国保监会与市政府正式签订战略合作备忘录，明确提出联合在石景山区打造国家级保险产业园区，借助各自优势共同构建保险业集中发展区域。产业园以中国保险信息技术有限公司为核心，吸引全国各类保险业态及新兴金融机构入住产业园。产业园选址在中关村石景山园北I区，占地面积64.5公顷。产业园吸引各类保险机构聚集，支持各保险公司设立数据中心、结算中心等机构，打造为国家保险产业聚集区、保险创新示范区和保险文化引领区。

（祁　月）

【互联网金融产业基地】 “北京市石景山区国家服务业综合改革试点区互联网金融产业基地”吸引众多企业入住。8月20日，贷款搜索及服务平台类代表性企业好贷网旗下好贷天下信息技术（北京）有限公司正式落户石景山园。好贷网（www.haodai.com）是中国覆盖率最全的中小企业及个人贷款搜索服务平台，其业务覆盖全国65个城市，与超过2500家金融信贷机构产生合作，成为中国市场覆盖率第一的在线贷款搜索及服务平台。9月11日，由中关村国际环保产业促进中心等6家单位发起成立的北京中关村云能态投资管理有限公司落户基地。该公司是一家标志性互联网金融企业，重点搭建投资于节能环保、新能源与现代服务业产业的投资平台。11月14日，腾讯（北京）创业基地落户石景山，腾讯创业人才云服务技术支持平台落户石景山园雏鹰人才创业基地。腾讯集团作为国内最大的互联网公司，在第三方开发扶持和云服务方面拥有先进技术平台和资源。互联网金融是借助互联网技术、移动通信技术实现资金融通、支付和信息中介等业务的新兴金融模式。其基地包括石景山园的西山汇、北I区和新首钢高端产业综合服务区的部分区域，建筑规模20万平方米。

（付　航　张　晟）

【市级科技成果转化基地授牌】 8月22日，市科委举行“北京市战略性新性产业科技成果转化基地”授牌仪式，石景山园成为首批认定的10个基地之一。同时，园区的Q3D游戏引擎研发项目、基于国标的高清节目制作系统项目和物联网无线感知技术服务平台

11月7日，动漫游戏产业发展国际论坛　（区委宣传部供稿）

建设项目获得北京市战略性新兴产业科技成果转化项目。石景山园在自主创新和科技成果转化工作中取得显著成效:全区现有国家级重点实验室5家,市级重点实验室4家,北京市工程技术研究中心6家,市级以上企业技术中心13家;平均每年专利申请量达2000余件,授权量1000余件,被批准为国家专利产业化试点基地。

(罗耀玲)

【中关村论坛年会】 9月12日,2013中关村论坛年会在国家会议中心举行。主题为"科技创新与产业革命"。论坛年会共开设六个专场论坛和一个圆桌会议,其中创意产业发展分论坛由中关村管委会和区政府主办,石景山园管委会承办。中关村管委会副主任王汝芳、副区长李艳出席创意产业发展分论坛并致辞。暴风科技CEO冯鑫、游戏谷公司副总张伟、京西创业总经理赵天旸等嘉宾结合本企业情况,分别讲述企业文化与科技融合的突出成就和最新进展。来自美国3位嘉宾就国际创意产业发展的最新动态和发展趋势进行陈述。本次创意产业发展分论坛,宣传石景山区的投资环境和经济形象,对石景山区文化创意产业发展提供新思路、新启示。产业专家、各高校领导、知名企业家和政府官员等国内外200余名参会。

(马海涛)

【国际交流】 9月13日,巴西南大河州科学、创新与技术发展局副局长Ghissia Hauser一行到国家文化产业示范基地——北京数字娱乐产业示范基地参观。巴西代表团一行与趣游科技集团有限公司进行交流,重点到趣游科技集团轻文化产业园进行考察。

(马海涛)

【园区第一餐厅营业】 9月16日,中关村石景山园第一家员工餐厅"园区第一餐厅"正式营业。科委园区按照"物业监督管理、餐厅自主经营、园区宣传推介"的公共餐厅运作模式,以园区北II区崇新物业食堂楼为载体建设"园区第一餐厅",引进"首钢餐饮公司"入驻运营。该餐厅就餐面积800平方米、餐位400余个,定位为普通工作餐,确保园区员工以优惠的价格,吃上放心实惠的工作餐。餐厅的正式营业对完善园区配套服务、优化园区环境、提升园区服务能力起到积极促进作用。

(高延娜)

【猫妹微电影咖啡开业】 10月9日,猫妹微电影咖啡在中关村石景山园西山汇正式开业,总额为5000万的猫妹微电影基金正式启动。同时,猫妹一款集移动投影、充电、播放于一体的后移动时代新概念终端正式发布,举行"布袋中国"开机仪式。工信部、科技部、市侨办、中关村园区及区相关领导出席启动仪式。"布袋中国"由猫妹团队与著名导演张洪涛、台湾动漫大师兼布袋专家杨灿辉、动作捕捉设备开发者中国创造代表人物刘浩扬、留美博士及亚洲动漫协会会长台湾动漫人黄志勇联合组建,是将中国传统的布袋艺术形式和现代的动作捕捉技术和动漫手法相结合,以漫画为背景,皮影为人物形象,利用动作捕捉技术给予皮影生命,制作故事性的动画片或者微电影。微电影咖啡不但提供创业空间、影视拍摄基地,更有微电影基金为影视项目做投资,扶持优秀的微电影创作团队,《球哥囧事》剧组、《江河十年行》剧组等十余个签约团队入驻微电影创业基地。

(李　成)

【数字媒体产业联盟成立】 11月8日,中关村石景山园企业新媒联盟(北京)文化传播有限公司、搜狐畅游、华录出版传媒等发起的中关村数字媒体产业联盟成立大会召开。来自数字媒体、互联网、IT咨询、研究机构等行业的30多家理事单位代表出席大会。经过理事会选举,产生联盟理事长、监事长、秘书长等,中关村首个数字媒体产业促进与合作的联合体正式宣告成立。以数字化媒体为代表的新媒体,是文化创意产业重要组成部分。随着移动互联网、数字娱乐、动漫游戏等数字媒体产业蓬勃发展,数字媒体产业已成为文化创意产业与新兴经济的重要基础。

(曹　杰)

【获中关村创业之星称号】 11月28日,由北京中关村高新技术企业协会主办的"2013中关村创业之星"榜单发布。评选出"2013中关村创业之星"上榜企业家20名。园区企业北京中天金谷科技股份有限公司董事长李宁获得"2013年中关村创业之星"荣誉称号。该公司是园区高新技术企业,主要从事粮油技术开发、粮油机械自主研发及制造,目前,该公司已完成改制,计划近期登陆中关村"新三板"。

(王　震)

【外贸转型升级示范基地授牌】 12月5日,市商务委召开北京市外贸转型升级示范基地工作会议,向全市8家单位进行"北京市第二批外贸转型升级示范基地"授牌。园区两家文化创意企业趣游科技集团有限公司、华录百纳影视股份有限公司分别获得"趣游集团游戏出口基地""华录百纳影视文化产品出口基地"称号。趣游集团2012年度海外收入近1亿元人民币;华录百纳2012年度出口创汇达51.12万美元,折合人民币319.58万元。

(耿　璐)

【获游戏行业9项大奖】 12月7日,2013年度(第十届)中国游戏行业年会在安徽召开,石景山园企业斩获22个奖项中的9项大奖,显示石景山区打造中国数字娱乐第一区的雄厚实力。其中,畅游时代公司总裁陈德文、漫游谷公司CEO张福茂、蓝港在线(北京)公司董事长王峰、海游公司总裁李捷、乐动卓越CEO邢山虎、趣游公司CEO玉红6人荣获"2013年度优秀企业家"奖项;畅游时代公司COO洪晓建、蓝港在线(北京)公司总裁廖明香、昱天时空公司COO韩静3人荣获"2013年度新锐人物"奖项;畅游时代公司、漫游谷公司、蓝港在线(北京)公司、海游公司、乐动卓越公司、趣游公司6家荣获"2013年度优秀企业"奖项;漫游谷公司、蓝港在线(北京)公司、乐动卓越公司3家荣获"2013年度产品研发先进单位"奖项;蓝港在线(北京)公司游戏《苍穹之剑》、乐动卓越公司游戏《佣兵天下》荣获"2013年度最受期待手机游戏"奖项;乐动卓越公司游戏《我叫

MT》、蓝港在线(北京)公司游戏《王者之剑》荣获“2013年度优秀手机游戏”奖项;趣游公司游戏《横扫天下》荣获“2013年度优秀网页游戏”奖项;畅游时代公司游戏《蛮荒搜神记》荣获“2013年度最受期待网络游戏”奖项;其《新天龙八部》荣获“2013年度优秀网络游戏”奖项。

(曹 杰)

【创新平台展览展示厅】 12月初,石景山创新平台展览展示厅正式投入使用。该展厅由“数字沙盘”和“区情展示厅”两部分组成。“数字沙盘”以石景山数字沙盘三维模型平台系统为支撑,实现多通道大屏幕投影显示,生动展示展示石景山区的规划方案。“区情展示厅”通过数字多媒体终端、以及实物、灯箱、图片等介质,综合展示本区的区情区貌,包括总体规划、功能定位、政策优势、发展历程、产业集聚优势以及高端产业的融合发展等内容。石景山创新平台展览展示厅成为宣传石景山的亮点工程之一。

(马海涛)

【“科技金融日”】 “科技金融日”是园区2013年推出的金融服务新模式,即依托专业服务机构,在每月第三周的周四,组织不少于5项企业需求,有针对性地与金融机构开展需求对接,开展投融资策划、财务管理、战略规划、政策咨询等金融服务。“科技金融日”已举办10余期,包括:游戏动漫项目投融资对接会、企飞京西——雏鹰人才基地金融专场、“首都文化金融服务季”动漫游戏专场、“百家企业进银行”等,百余家企业和金融机构参与,受到企业广泛好评。通过“科技金融日”活动,“冲击波”“趣游”和北京银行,“丽贝亚”和建设银行、兴业银行等30余家企业与金融机构达成合作,融资金额超过5亿元,有效支撑企业创新发展。

(罗耀玲)

11月19日,新政宣讲会 (区科委供稿)

驻区科研单位

中国科学院高能物理研究所

【概况】 中国科学院高能物理研究所(简称高能所)是以基础研究和应用基础研究为主的多学科综合性研究所。主要学科方向是粒子物理研究、加速器物理及技术研究和射线技术及应用研究,并兼顾核分析技术及多学科交叉研究;优势研究领域包括粒子物理、粒子天体物理、同步辐射技术及其应用、加速器物理及技术、核分析技术。高能所建有北京正负电子对撞机国家实验室、核探测与核电子学国家重点实验室(与中国科学技术大学共建),3个院级重点实验室:核辐射与核能技术重点实验室(与上海应用物理研究所共建)、粒子天体物理重点实验室、纳米生物效应与安全性重点实验室(与国家纳米中心共建),2个北京市重点实验室:北京市射线成像技术与装备工程中心、网络安全防护技术北京市重点实验室,1个非法人研究单位:中国科学院大科学装置理论物理研究中心(挂靠高能所);1个国家级国际联合研究中心:高能物理国际研发中心;1个北京市国际科技合作基地:直线加速器技术及射线应用国际科技合作基地;2个所级实验室:X射线光学与技术实验室、粒子加速物理与技术实验室。高能所下设东莞分部、实验物理中心、粒子天体物理中心、理论物理室、计算中心、加速器中心、多学科研究中心、核技术应用研究中心8个研究单位;拥有北京正负电子对撞机、北京谱仪、北京同步辐射装置、西藏羊八井国际宇宙线观测站、中国散裂中子源(在建)、大亚湾中微子实验装置、硬X射线调制望远镜卫星(在建)等大型科研装置。截至年底,在职职工1425人。其中科技人员1184人、科技支撑人员241人,包括中国科学院院士7人、中国工程院院士2人、发展中国家科学院院士1人、研究员及正高级工程技术人员176人、副研究员及高级工程技术人员430人。国家高层次人才特殊支持计划(万人计划)入选者1人,国家海外高层次人才引进计划(千人计划)入选者3人,“青年千人计划”入选者2人;中国科学院“百人计划”入选者46人,国家杰出青年科学基金获得者18人。作为国务院学位委员会批准的首批博士、硕士学位授予权单位之一,现设有理论物理、粒子物理与原子核物理、凝聚态物理、光学、无机化学、生物无机化学6个理学博士、硕士培养点,设有核技术及应用、计算机应用技术2个工学博士、硕士培养点,设有材料工程、动力工程、机械工程、电子与通讯工程、核能与核技术工程、计算机技术、化学工程7个全日制工程硕士培养点,并设有物理学、核科学与技术2个博士后流动站,共有在学研究生475人(其中博士生260人、

硕士生 162 人、全日制工程硕士生 53 人)、在站博士后 54 人(其中外籍 8 人)。是高能物理学会、粒子加速器学会、同步辐射专业委员会、核电子学与探测技术学会、引力与相对论专业委员会、中国毒理学会纳米毒理学专业委员会、中国物理学会中子散射专业委员会的挂靠单位;主办的刊物有《中国物理 C》(月刊)、《现代物理知识》(科普双月刊)。

地址:石景山区玉泉路 19 号乙院

电话:88233092

邮编:100049

(王晨芳)

【科研项目】 全年承担在研项目 305 项(包括新增项目 96 项)。其中,主持(或承担)国家重点基础研究发展计划(973)和国家重大科学研究计划项目 6 项、课题 40 项,国家高技术研究发展计划(863)项目 1 项,国家自然科学基金重大项目 3 项、重点项目 16 项、面上项目 215 项、国家杰出青年科学基金项目 2 项,中国科学院战略性先导科技专项课题 33 项,(科技部、国家自然科学基金委、财政部和院)重大仪器研制项目 1 项。

(王晨芳)

【科研进展】 在基础前沿研究和完成国家重大任务方面,北京谱仪Ⅲ实验发现新的共振结构 Zc(3900),被美国《物理》杂志评为 2013 年国际物理学领域重要成果第一名;嫦娥三号粒子激发 X 射线谱仪成功运行,首获月面元素就位探测精细能谱,能谱分辨达到国际先进水平;大亚湾中微子实验首次公布对中微子质量平方差的测量结果,对揭示中微子的基本属性具有重大物理意义,文章在 PRL 发表;胶球性质的理论研究首次利用格点 QCD 数值模拟计算 J/到胶球的电磁形状因子(合作),对实验确认胶球态和唯象研究胶球性质具有重要指导意义,文章在 PRL 发表。完成 dGTP 激活 SAMHD1 四聚体的结构机制研究(合作),文章在 Nature Communications 发表;BSRF 小角 X 射线散射技术研究汞污染取得新进展,文章在 Environmental Science & Technology 发表;提出萃取分离锕系元素的创新方法,文章在 Inorganic Chemistry 发表;参与 ATLAS、CMS 等多项重要国际实验,为 Higgs 的发现做出重要贡献。在国家大科学工程建设、运行任务方面,BEPCII/BESIII/BSRF 圆满完成高能物理取数运行和同步辐射专、兼用光运行,大亚湾中微子实验平稳运行,CSNS 工程建设进展显著,HXMT 通过转正样评审,ADS 攻克多项关键技术难点,JUNO 先导专项启动,HEPS、LHAASO 项目的立项取得重要进展。

(王晨芳)

【科研成果】 "北京谱仪 II 实验发现新粒子"获本年度国家自然科学奖二等奖。全年发表论文 1207 篇,科学引文索引(SCI)数据库收录论文 851 篇,EI 数据库收录 453 篇,ISTP 数据库收录 35 篇,MEDLINE 数据库收录 11 篇。根据 ISI－ESI 数据库中全球论文影响力百分比基线,被引用次数进入同类学科前万分之一的论文 3 篇,进入千分之一但不足万分之一的论文 7 篇,进入百分之一但不足千分之一的论文 33 篇。年内申请专利 72 件,获得专利授权 31 件、软件著作权 13 件。2013 年立项修订国家标准《核仪器及系统安全要求第 2 部分:放射性测量仪的结构要求和分级》。

(王晨芳)

【成果转化】 在电子辐照加速器方面,组织完成 L 波段辐照加速器的鉴定,在武汉新建成 S 波段辐照加速器辐照中心;在超导磁体方面,用于高岭土提纯的超导磁选机已生产 5 台并开始销售生产;乳腺 PET 组织完成在天津肿瘤医院、北京宣武医院 400 病例的临床试验;核检测设备产业化方面,建立"分布式动态放射性探测成像系统"中试基地并投入运行,已形成系列产品;在低毒肿瘤纳米药物方面,建立中试生产线并投入使用。全所有 100 人左右从事科技开发工作,现有 7 家投资公司在运营,全年营业收入总额约为 2426 万元。

(王晨芳)

【国际合作】 全年共签署 5 项科技合作协议,包括中美高能物理合作协议、高能所与台湾光源合作备忘录、高能所与日本强流质子加速器研究联合体合作修订协议、高能所与美国阿冈国家实验室基于高能物理及基础能源科学合作谅解备忘录、高能所与欧洲同步辐射光源合作解备忘录等。承办高能物理领域国际研讨会 18 次。接待国外(境外)来访学者约 1000 人次,组织所内科研人员出国(境)进行学术交流 600 余人次。参加欧洲核子研究中心的大型强子对撞机 LHC 上的 ATLAS 和 CMS 实验、丁肇中教授领导的 AMS 实验、国际直线对撞机(ILC)、BELLE & BELLE II、PANDA 等国际合作项目。

(王晨芳)

工业和信息化部电子科学技术情报研究所

【概况】 工业和信息化部电子科学技术情报研究所(简称电子情报所)是工业和信息化部直属事业单位。现有职工 800 余人,专业技术人员占 85% 以上,其中国家级突出贡献专家 2 人,部级突出贡献专家 2 人,享受政府特殊津贴人员 21 人。主要从事情报研究和信息咨询服务,服务对象遍及工业和信息化部、国防科工局、总装备部等政府和军队领导机关及相关科研院所、生产企业和高等院校。代工业和信息化部行使情报、成果、期刊、电子知识产权、电子工业档案和工程建设等行业管理职能,并提供媒体出版、声像服务、文献服务、软件开发、数据库建设等多元化服务。编辑出版《中国信息产业年鉴》等公开出版物和《世界信息产业与技术发展年度报告》《世界信息化发展年度报告》《世界网络与信息安全发展年度报告》《世界软件产业发展年度报告》《国外军事电子发展年度报告》等系列研究报告,以及《世界军事电子装备与技术发展研究》等内部刊物。同时还是中国电子学会情报分会等社团组织的挂靠单位。由电子情报所控股的计世传媒集团是目前国内最大的 IT 传媒集团,经营规模连续多年位居全国报刊业前十强,出版《计算机世界》《IT 经理世界》《网络世界》等业界知名品牌媒体。电子情报所也是工业和信息化部直属单位唯一一家同时获得“中央国家机关文明单位标兵”和“首都文明单位标兵”的双标兵单位。

地址:石景山区鲁谷路35号

电话:68632898

邮编:100040

（赵　莹）

【大数据研究开发中心成立】 4月7日,电子情报所与北京汇金科技股份有限公司在清华科技园举行大数据研究开发中心成立签约仪式。该中心计划在政府、企业数据中心建设中开展合作,承接相关科研、工程项目和咨询服务项目。大数据技术是未来数据中心建设的关键技术,是针对大规模数据集合的智能分析处理,通过对数据量巨大、数据类型复杂多样的大数据的获取、存储、管理和分析,可以充分挖掘大数据背后的情报价值,对国家治理、企业决策都将产生深远影响。

（赵　莹）

【战略合作】 5月6日,电子情报所与北京亚控科技发展有限公司(以下简称亚控科技)签署战略合作协议,加强双方在工业控制系统信息安全领域的研究合作,共同推动国家工业控制系统信息安全的发展。此次战略合作是为充分落实工业和信息化部关于加强工业控制系统信息安全管理工作的要求,推动双方在工业控制系统信息安全技术研究、标准研究、技术咨询与培训,以及联合申报项目等方面开展全方位的合作,力争联合开创信息安全研究机构与工控企业合作共赢的发展新局面。

（赵　莹）

【首都农村信息化联盟成立】 7月30日,由电子情报所、北京市农林科学院等13家知名企事业单位联合发起成立的首都农业农村信息化服务联盟(以下简称联盟)成立并召开第一届理事会。联盟秉承“服务为先”的理念,在三个方面深入开展工作:一是梳理农业农村相关信息化需求,帮助农民专业合作组织、涉农企业、家庭农场、行政村明确信息化发展方向和思路,并协助选择信息服务提供商,提供专业信息化服务;二是通过整合企业的服务资源,促进产、学、研、用结合和成果共享,形成相互支撑、协调并进、有效联合的产业发展环境;三是通过搭建沟通桥梁,衔接农业农村信息化需求与供给,形成全产业链良性合作、服务成果保障监督等长效机制,推动行业自律,保障服务品质,提高用户信誉度,营造互信互利的良好发展氛围。

（赵　莹）

【建立国家级软件评测实验室】 8月28日,电子情报所在整合所内相关资源基础上成立的赛瑞评测中心顺利通过国家实验室认可(注册号:CNAS L6378)及资质认定审查,成为国家级软件评测实验室。该中心建立符合《检测和校准实验室能力认可准则》(CNAS-CL01:2006)和《实验室认可准则在信息技术软件产品检测领域的应用说明》(CNAS-CL20:2006)要求的实验室质量管理体系,并依据国家标准制定软件评测相关作业指导书,可以对外出具具有法律效力的检测报告。

（赵　莹）

【举办中国IT两会】 11月30日,由电子情报所下属计世传媒集团《计算机世界报》主办的2013年中国IT两会——2013中国IT财富(CEO)年会和中国信息主管(CIO)年会在北京举办。本届大会将焦点聚集在“IT产业+产业IT”。中国IT产业和信息化领域的核心人物、IT业界与行业用户的代表,以及传统产业的技术与研发人员,国内外新闻媒体记者近2000人参加会议。

（赵　莹）

【第十五届中国专利奖荣誉】 以电子情报所知识产权中心为依托的中国电子工业标准化技术协会知识产权工作委员会(SIPR)荣获第十五届中国专利奖优秀组织奖。推荐的朗科公司申报的“用于数据处理系统的快闪电子式外存储方法及其装置”专利项目荣获中国专利金奖(2/20),SIPR会员单位海信集团申报的“分体壁挂式房间空调器”荣获中国外观设计金奖(1/5)。中国专利奖是由国家知识产权局和世界知识产权组织联合颁发的国家专利领域最高专业奖项,代表国家自主创新的最高水准。

（赵　莹）

北京建筑材料科学研究总院

【概况】 北京建筑材料科学研究总院(简称北京建材总院)成立于1959年,隶属于北京金隅股份有限公司。2000年由事业型研究单位转制为高新技术企业,2007年成为金隅集团国家级企业技术中心,2010年成为固废资源化利用与节能建材国家重点实验室。经过多年的发展,北京建筑材料科学研究总院已成为集科研开发、质检服务为核心的综合型研发机构。上年,以北京建材总院研发平台为基础成立金隅中央研究院,主要职责是研究开发与集团发展密切相关的水泥与混凝土、新型节能建材、水泥窑环保等高新技术、关键技术和超前技术,同时推进这些技术的产业化转化工作,形成新的高新技术产业。经过多年发展,总院已成为集科研开发、质检服务为核心的综合型研发机构。

地址:石景山区金顶北路69号

电话:88721857

邮编:100041

（刘　燕）

【资源整合】 4月,北京建材总院下属单位检验中心更名为北京建筑材料检验研究院(简称建材检验院)。先后完成“三站两所”事业单位法人的注销工作,原有授权资质和检验业务全部并入检验院运行,质检产业权属更加清晰,内部运行将更加顺畅,为打造国内一流、国际先进的检测服务机构奠定基础。

（刘　燕）

【科研平台】 7月,北京建材总院与河北联合大学签署共建“研究生创新实践基地”协议,被市知识产权局评为“北京市专利示范单位”。11月,成功获批“博士后科研工作站”。

（刘　燕）

【科研项目】 年内,北京建材总院在研国家课题11项,其中“973”计划项目2项,“863”计划项目3项,“十二五”科技支撑项目6项,其中,“973”计划项目《水泥生产替代原燃料重金属迁移控制机制》通过国家科技部组织的专家论证，实现总院承担国家最高研究水平科技计划的零突破；《生活垃圾预处理与水泥窑无害化协同处置及示范线技术研究》项目完成在太行前景水泥厂的垃圾试烧工作；高强石膏项目通过中试线生产积累实践经验，不断解决生产过程中工艺和设备问题，为工业化生产线的建设奠定技术基础。开展水泥基自流平砂浆的系列研究与应用，建设专用中试生产线，生产并销售水泥基自流平砂浆50余吨，施工面积达1万平方米。

（刘　燕）

【科研课题】 建材检验院打破单一业务模式，贯彻科技兴检战略，“检验”与“研究”并举，两者相辅相成、相互促进。年内承担来自国家质监总局、市住建委、科委、经信委等政府主管部门的科研课题共10项，获得科研经费近300万元；主持或参与编制的标准30项，创历史之最。

（刘　燕）

【科研成果】 北京建材总院全年申请专利12项，新授权专利8项；发表科技论文77篇，主持或参与编制标准9项，其中5项已发布实施。《外墙外保温防火关键技术研究与应用》获得北京市科学技术奖二等奖；“脱硫石膏基JD-α高强石膏”产品获得科技部颁发的国家重点新产品称号；全年共获得外部科技资金960余万元。

（刘　燕）

【技术服务】 北京建材总院积极推广高性能混凝土技术，提供增值服务；为水泥企业转产干混砂浆项目制定建设实施方案；对水泥窑协同处置生活垃圾中试线进行改造，助力企业转型升级。为琉璃河水泥公司垃圾飞灰项目工艺贯通提供技术支持，提出阻垢剂缓解MVR降膜蒸发器结垢的技术方案并实施，从原来100吨水需清洗一次，清洗时间达7天，提升到5000吨水清洗一次，清洗时间仅为2～3小时，取得可观的经济效益。

（刘　燕）

【项目建设】 北京建材总院总投资超过7000万元的国家防火中心一期建设全面完成。3月初，取得计量认证和授权证书，具备对外开展检验业务的条件，在资质方面有突破。工程建设以“精心组织、科学管理、安全第一”为原则，具备国内一流检测水平的综合试验楼和构件防火检测楼按进度完成。

（刘　燕）

【对外合作】 建材检验院走强强联合之路，检测范围向更加广泛的领域和纵深方面发展。在国际方面，先后与德国斯图加特大学建筑能源研究所签署合作意向书；取得澳洲燃气阀门协会（AGA）的实验室认可；获得IAPMO外标认证证书；通过美国UPC的实验室监督评审；通过日本农林水产省－农林水产消费安全技术中心的验收；同法国BV公司合作开展出口检验业务等。在国内方面，与中国能效标识管理中心、中国十环认证中心、中国质量认证中心、中国康居认证中心、方圆标志认证等机构保持良好的密切合作关系。

（刘　燕）

【设备投入】 建材检验院检验仪器设备的硬件投入创历史新高。全年设备总投入超过3000万元，除国家防火中心检测设备外，还完成通州分部门窗物理性能实验室的整体搬迁以及一批具有国际先进水平且实验室急需的检测仪器设备的更新置换，检测能力和检测手段得到实质提升。

（刘　燕）

【“千万级”实验室】 建材检验院“千万级”实验室队伍不断壮大，成为带动检验院整体快速发展的火车头。继上年营业收入首次突破亿元大关后，完成从量变到质变的飞跃成为一道重要课题，继节能与防火检测部、水暖卫浴检测部之后，化学建材检测部、结构材料检测部业务收入先后跨越千万级门槛。

（刘　燕）

北京首钢国际工程技术有限公司

【概况】 北京首钢国际工程技术有限公司（中文简称首钢国际工程公司，英文简称BSIET）是2008年由原北京首钢设计院改制成立、首钢集团相对控股的国际型工程公司，注册资本15000万元，员工1200余人，拥有中日联、考克利尔等9家投资公司。公司是“国家火炬计划重点高新技术企业”和“北京市设计创新中心”，拥有国家最高等级的工程设计综合甲级资质及工程咨询甲级资质。主要从事冶金、市政、建筑、节能环保等行业的规划咨询、工程设计、设备成套、项目管理、工程总承包业务。公司注重技术研发和自主创新，拥有300余项专利和大批具有竞争优势的专有技术，承担了国家“十一

9月16日，动漫北京商务大会　　（区委宣传部供稿）

五”科技支撑计划、国家发改委重大产业专项、国家新世纪百千万人才工程资助项目、中国工程院科技计划项目等多个国家级重大科技课题的研发工作，主编或参编了多项国家和行业标准规范。近年来，获得国家科学技术奖和全国优秀设计奖60余项，获得冶金行业和北京市优秀设计及科技进步奖300余项，有多个项目创造中国企业新纪录。先后获得全国建筑业企业工程总承包先进企业、全国冶金建设优秀企业、全国优秀勘察设计院、全国勘察行业创优型企业等殊荣，并连续多年荣获北京市“守信企业”称号。

地址：石景山区石景山路60号
电话：68872480
邮编：100043
传真：88295389

（齐　岳）

【市场开发】 首钢国际工程公司坚决实施“走出去”战略，坚持营销和技术销售一体化，服务首钢市场、抢占国内市场、拓展海外市场。在国际市场，通过创新项目组织运行模式和开展良好的商务运作，促成伊朗MK球团合同顺利落地执行。在国内市场，与国内一流工程技术公司同台竞技，成功中标青钢2号高炉系统总承包项目；成功签订包钢500万t/a带式焙烧机球团工程、宣钢3#烧结机改造项目、昆钢650车间技改等设计合同；签订4套干熄焦总包工程。在首钢内部市场，服务总公司“钢铁主业做强，多业协同发展”，与首贵公司确定了转炉炼钢、精品棒材等项目总承包框架，签订霍邱总体设计及公辅设计系列合同、特钢冷轧搬迁工程合同等；积极跟踪首钢园区开发和新产业类项目，提供前期咨询和技术服务，为项目落地创造条件。

（齐　岳）

【承包工程】 首钢国际工程公司严格把控资金流风险，稳步推进重点项目实施。首贵精品线材工程，克服资金到位慢、施工条件艰苦等不利因素，试车圆满成功，为首贵新特材料基地建设打响头炮；四川德胜球团工程，全面满足业主“工期短、投资省、见效快”的目标要求，顺利投产运行，受到客户表彰；临沂华商球团项目，克服工期异常紧张的困难，在元旦顺利烘炉点火，业主给予高度评价；太钢球团工程出色地完成实施任务，公司获评太钢“五比五赛创先争优”集体一等功；重钢干熄焦项目顺利投产，被重庆市总工会授予“重庆市工人先锋号”，同时获重庆市“集体一等功”等。

（齐　岳）

【工程设计】 首钢国际工程公司提升服务意识，强化设计管理，工程技术服务水平持续提升。根据项目特性加强策划管理，合理调配资源，协同开展服务；设计经理、专业技术骨干深入现场，主动服务、深度服务，为客户生产高效运行提出建设性意见；加强质量管理，强化图纸会审，积极配合业主完善设计方案。2013年以京唐结构调整、首贵新特材料基地、霍邱铁矿深加工等首钢战略布局项目和包钢热轧、球团和宣钢烧结改造、山东墨龙熔融还原等外部工程为重点，开展工程设计和技术服务。

（齐　岳）

【社会荣誉】 年内，首钢国际工程公司荣获“国家火炬计划重点高新技术企业”认定和首批“北京市设计创新中心”的认定，成功中标北京设计产业示范基地公共服务平台建设项目，获评北京市国资委2013年企业优秀科技创新团队称号，将对公司在国内和国际市场品牌知名度和认可度的提升产生重要影响。

（齐　岳）

【科技开发】 首钢国际工程公司按照“完善创新体系、提升创新能力、满足用户需求、追求技术领先、实现跨越发展”的指导方针，以产品功能性研究为重点，加强科技开发工作，推进科技成果应用，增强企业技术实力和核心竞争力。全年共设立HIsmelt熔融还原工艺技术的研究开发与应用、BSIET棒材生产低温倍尺飞剪综合技术的研究与应用、400万t/a链篦机－回转窑球团生产工艺及设备的研究与应用等65项课题，其中公司级9项，专业级56项，投入研发经费989.8万元，较2012年增加27.6%

（齐　岳）

【科技成果】 年内，首钢国际工程公司申报科技成果和技术成果奖励取得优异成绩，共获得市级以上奖励22项。其中，海水淡化联合发电关键技术研究与应用、超大型高炉高效低耗技术集成研究与应用获得北京科技进步奖；超大型高炉高效低耗技术集成获冶金科学技术一等奖；首钢京唐钢铁厂4号连铸机工程设计、首钢迁钢150MW CCPP工程设计获冶金行业优秀设计一等奖；首钢京唐钢铁厂项目一期轧钢（2250mm热轧、2230mm冷轧）工程设计获全国工程建设项目优秀设计成果一等奖；钢吊车梁系统设计图平面表示方法和构造详图设计获冶金行业优秀标准设计一等奖。

（齐　岳）

【申请专利】 首钢国际工程公司全年申请专利64项，其中发明24项、实用新型40项，主要专利有：一种钢铁厂浓盐水零排放处理工艺、适用低温多效海水淡化系统用汽轮机的调节系统、高炉铁水运输一罐到底工艺双向运输系统、一种直接熔炼炉煤气能量回收和干法除尘工艺等。

（齐　岳）

【人才管理】 首钢国际工程公司围绕需求推进人力资源开发，录用应届毕业生40人（其中硕士以上21人），引进社会人才6人。组织公司级培训27期，1809人次参加培训。修订年度绩效考核工作实施方案，丰富考核标准、手段和方法，通过年度绩效考评对174人的岗级和薪酬标准进行调整。经首钢总公司评选，公司13人获得“首钢技术专家”称号，29人获得“首钢技术带头人”称号。经北京市审核，批准公司2人获得新世纪百千万人才工程培养经费。推荐1人申请中国工程院院士，并入选2013年中国工程院院士增选有效候选人。推荐1人申报北京市2013年百千万人才工程国家级人选候选人。组织申报第六批“首钢优秀青年人才”，推荐人选43名。

（齐　岳）

【情报管理】 首钢国际工程公司充分

利用网络资源，将最新信息整合并发布到公司“冶金信息全文检索系统”，全年发布各类信息2386条。开展科技图书期刊管理工作，全年编目图书719本，其中下发图书783本，入库105本；验收期刊1980本，其中下发900本，入库1080本。为纪念公司成立四十周年暨改制五周年，完成《冶金工程设计研究与创新》的出版工作。该书收录公司文献386篇，是冶金勘察设计类企业第一次对本企业科技创新工作系统、全面的回顾与总结，其时间跨度之长、内容之丰富、工作量之大开创了本行业的先河。2013年公司员工在各种学术会议和期刊杂志上共发表论文83篇。

（齐　岳）

【学术年会】 12月20日，公司举办首届学术年会，160余人参加大会。本届学术年会以“创新驱动发展，科技引领未来”为主题，以提高公司技术人员的学术水平和创新思维层次、营造浓厚的学术氛围为目的，为公司技术人员搭建学术交流平台。大会为31名优秀青年科技论文获得者颁奖，鼓励青年人充分发挥聪明才智，积极参与科技创新，为公司转型发展做出更大贡献。

（齐　岳）

【技术中心】 12月，首钢国际工程公司正式成立企业技术中心，设立12个技术分中心，建成冶金、烧结球团、电气自动化等多个专业工程实验室，推进冶金新工艺、新技术、新设备的研发与应用；建立了“冶金工程三维仿真设计研究中心”，借助动态模拟仿真、有限元技术、三维设计等多种先进手段，不断提升工程技术研究和工程设计质量与效率。

（齐　岳）

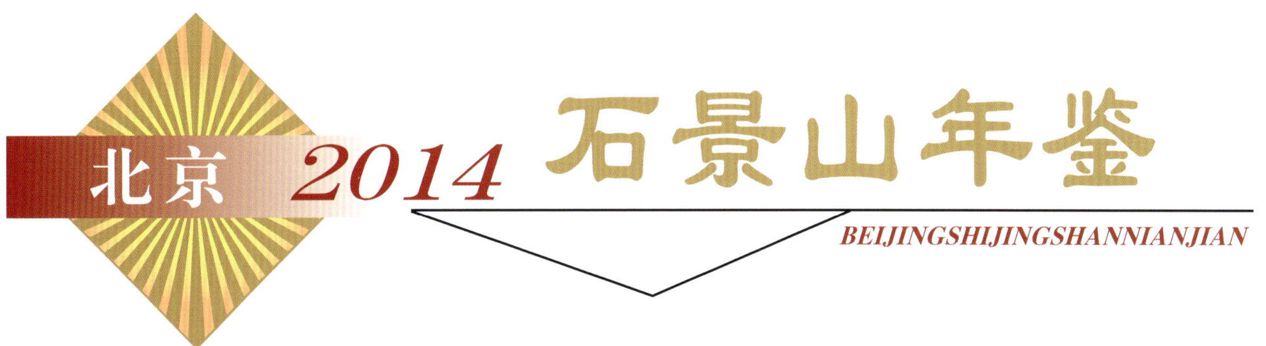

教育

年末，全区有各级各类幼儿园50所。其中市级示范园5所，一级一类幼儿园15所，市级早期教育示范基地16所，市级特殊儿童教育示范基地2所。在园幼儿13319名。教职工2137名。

全区有小学39所（其中一贯制学校小学部8部），中学24所，其中初中11所，高中3所，完全中学2所，一贯制学校8所。有特殊教育学校1所，区属中等职业学校1所，全区小学在校生人数为22903人（其中外省市户口借读生12393人），初中在校生人数为15217人（其中外省市户口借读生6212人）。全区义务教育阶段现有教职工3132人。小学、初中入学率、巩固率、毕业及格率连续保持在100%，超过首都教育发展纲要提出的全市义务教育入学率保持在99%以上的发展目标。

辖区有1个社区市民总校（社区学院），9个市民学校中心校（街道社区教育中心），139个市民学校分校（设在居委会）。

全区经审核批准的各级各类民办教育学校、培训机构共104所。其中民办普通中学3所，民办幼儿园19所，民办职业高中1所，外地来京务工人员自办学校3所，其他文化、教育、技术等非学历培训学校78所。

辖区有北方工业大学、中国科学院大学、北京工业职业技术学院、首钢工学院、中国新闻学院、国家检察官学院等高等院校。

教育行政

概　　述

北京市石景山区教育委员会（简称区教委）是区政府主管教育事业的职能部门，负责管理、推动发展全区学前教育、基础教育、职业教育、成人与社区教育等工作。下设科室18个，有公务员78名，下属教育信息中心、青少年活动中心、业余大学等单位10家。年内，以“10项重点工程和50个主要项目”为着力点，推动落实“十二五”教育规划年度目标，完成“十二五”规划中期评估。稳步推进7项国家级和市级教育体制改革项目。深化“大学－区域－学校”三方合作，深入推动“绿色教育发展实验区”和“国家可持续发展教育实验区”建设。首次开展“学校绿色发展指数评估”，促进学校科学发展。全面完成学前教育三年行动计划，新增学位1080个。开工建设五里坨规模学校和黄庄职高改扩建工程。完成北京市城乡新区一体化学校（九中、九中分校）建设项目。以优质学校为龙头，通过教育集团、学校联盟、一长执两校、九年一贯组团、学校一体化等方式推进区域教育集群化、组团式发展。推动高中高品质特色发展，进一步深化北京九中教育集团“垂直课程”改革、古城教育集团外语教学改革。黄庄职业高中跻身“国家中等职业教育改革发展示范校”项目建设序列，开办电子商务专业“3＋2”中高职试验班。大力推进学习型城区建设，举办第九届社区学习节。保障特殊群体受教育权利，稳步推进新疆内高班各项工作。加强民办教育规范管理，103个民办教育机构通过年检。认真办理人大代表议案、建议和政协委员提案，按期结案率100%，满意率100%。信访办结率97%。在“一网一报一刊一台”为主阵地的基础上，重点发展网络新闻和手机新闻播报等新的宣传形式，及时、全面展示区域教育改革发展成果。全年出版《石景山教育》6期，《石景山报·教育导刊》20期，刊登网站新闻900余条，制作并播出《教育新视线》栏目24期，发布手机新闻播报32期，同时在市级以上媒体刊稿近600条，进一步提升石景山教育整体形象。

地址：石景山区八角西街95号
电话：68872844
邮编：100043

（魏　莉）

【开展素质教育】 区教委以“我的中国梦”为主线，将社会主义核心价值体系融入教育全过程，推进德育课程建设。制定中小学德育课程体系建设指导意见，举办中学生第五届模拟联合国大会、模拟法庭展示活动。建立社会大课堂议事制度，推进大课堂评价实践研究。全面实施“体育、艺术2＋1项目”，广泛开展阳光体育运动，持续开展“三大球进校园”活动。制定并实施加强中小学校（幼儿园）体育、艺术和科技教育工作的意见，进行学生艺术、科学素养水平监测，不断提高学生体质健康水平。举办学生艺术节、科技节、中小幼师生作品“四联展”、经典阅读展示活动。成立区少年之家，推广每周半日课外校外教育试点，开展“校外教育伴我成长”系列活动，通过北京市校外教育督导评估。

（王　蕾）

【育人模式创新】 区教委加强创新人才培养校际联盟和共同体建设，完成北京市创新人才培养项目申报工作。深入实施青少年领导力培养“飞翔计划”，开展大学生与中学生手拉手互助活动，举办优秀中学生领导力集训营。组织筹备北京市创新学院石景山分院工作，完成市“翱翔计划”学员的各项申报和面试工作，组织基地校申报评审，举办京源基地雏鹰少年科学院第一届科学营成果展示活动，加大拔尖创新人才培养力度。开展生涯发展指导教材建设，承办市《高中生涯规划与管理》地方教材实验现场会，落实高中学生发展指导与生涯规划课程，组织项目展示活动，推动生涯教育向小学初中阶段拓展辐射。成立区级家长、教师、社区教育联合会，推动学校－家庭－社区三方联动发展。组织中小学生与美国、德国、韩国等10余个国家和地区的学生开展交流互访活动。

（王　蕾）

【人才队伍建设】 区教委加大高素质人才引进力度，接收硕士研究生51人，博士研究生4人（含博士后2人）。完成新一届370名市、区骨干教师、青年教学能手推选工作。全面推进教师成长阶梯研修计划，选派优秀干部教师参加北京市中小学干部教师“国内访学计划”。与北京教育学院合作开展40名青年硕士人才培养项目。干部、教师境外培训37人次。开发中小学干部在线学习平台，区内2所学校入选北京市中小学校长培训实践基地。深入实施"双名工程",完成名师学术能力研修项目。成立5个博士后工作室。完成第二期"校长成长工作室"总结评估。成立"可持续发展教育专家工作室",启动第三期"校长成长工作室"。成立5个"名校长工作室",15名中青年校长进入工作室研修。深化"绿色·生命·爱与尊重"师德教育活动,市级师德先进2人、优秀教师7人、"紫禁杯"优秀班主任10人、第四届教师奖励基金"梦想领路人－晨曦之光"奖1人、"魅力教师"1人;市职业院校专业带头人1人、优秀青年骨干教师3人。北京九中等18所学校、单位获区级"教育先进单位",田勇等189名教师获区级"优秀教育工作者"。全区"年度人民满意学校"整体满意率达92.17%。

（王　蕾）

【十项教育实事】 区教委完成十项教育实事。包括:开工建设五里坨规模学校和黄庄职高改扩建工程。申请到1020万元的中央补助专项资金支持黄庄职高创建国家中等职业教育发展改革示范校;北京市城乡新区一体化学校(九中、九中分校)建设项目全部完成;新建4所配套幼儿园,年内新增学前教育学位1080个,三年共增5400个学前学位,全面完成学前教育三年行动计划;推进第二期"双名工程",安排1批干部教师境外培训项目。深化绩效工资改革,提高教师薪酬待遇。建成教育系统老干部活动中心并投入使用;投入专项资金884.5万元,加强学校平安校园建设,不断完善校园人防、技防、物防体系;投入市区专项资金4700余万元,实施8所学校(幼儿园)综合维修工程和11所学校电力增容改造工程;安排1250万元市级专项资金,开展学校校园文化建设。7所学校被认定为北京市科技示范校,8所学校被认定为北京市中小学艺术教育特色学校;安排1200万元专项资金,用于数字化校园建设以及学校网络运行、现代教育技术整合、设备维护和技术培训等方面,进一步提升教育信息化水平。

（曹艳玲　魏　莉）

5月17日,学校文化和特色建设论坛　（区教委供稿）

【平安校园建设】 区教委实施校园安全巡查和安全形势月分析制度,深入推进平安校园建设。完成教育系统技防建设普查工作,105所中小学幼儿园、7家独立校舍的培训学校、7个教工楼居民区、5个教育直属单位、1个机关办公区,共125个单位接受普查。其中,89所公办中小学(幼儿园)共装备2733个摄像头、64个主动报警按钮、884个报警探测器点位。召开4个地区校园及周边治安综合治理工作协调会,推进校园周边安全隐患综合治理。对48所中小学、7所幼儿园、11个直属单位开展安全巡查,抽查、夜查中小学幼儿园9校次,检查公办、民办144校次。2次通过教育部、公安部专项检查。组织11·9消防日、12·2交通安全日、12·4法制宣传日、安全自护自救等主题宣传活动。取缔未经批准、存在严重安全隐患的贝贝之星幼儿园、好孩子幼儿园、芳草地幼儿园3所自办幼儿园。成立区学生营养餐工作办公室,执行营养餐公司评审准入制度,加强学生在校集体就餐管理。

（王幺喜　王　蕾）

【中学生柔道分会落户】 1月5日,中国中学生体育协会柔道分会在苹果园中学正式成立。北京市石景山中学、北京市第三十五中学、济南第二十六中学、上海浦兴中学、内蒙古鄂尔多斯杭锦旗中学等58所学校成为会员单位。颁布《中国中学生体育协会柔道分会章程》。分会主要工作是让更多青少年投入到柔道学习中来,强健体魄,丰富学生课余生活,也为柔道教育创造交流和发展机会,有助于培养高素质柔道人才。柔道运动是一项集运动和礼仪与一身的全面综合性项目,苹果园中学已经开设柔道选修课,很受高中生欢迎。不仅能使青少年拥有健壮体魄,同时在道德品质、自立自强等诸多方面获取更多素养。

（赵丽娜）

【九中获评国家实验学校】 1月12日,北京可持续发展教育协会常务理事会在北京九中举行。原市委副书记汪家镠,联合国教科文组织世界联合会副主席陶西平,国家督学、北京可持续发展教育协会副会长高玉琛,中国联合国教科文组织全国委员会秘书长杜越,国家教育发展研究中心主任张力,中国教育学会秘书长杨念鲁,北京市教委主任罗洁,北京教科院院长时龙、党委书记唐亦勤,全市部分区县教委主任、各区县可持续发展教育联络员、各国家实验学校校长代表,以及北京可持续发展教育协会常务理事共100余人参加团拜会。教育部副部长刘利民书面致辞。中国可持续发展教育全国工作委员会做年度总结和计划。中国可持续发展教育项目荣获联合国教科文组织亚太地区教育创新奖“文晖奖”，九中等22校为“首批中国可持续发展教育国家实验学校”、聘任33名“首批中国可持续发展教育项目专家”。

（魏 莉）

【走进高中特色校活动】 4月22日，由市教委、北京教育学会高中研究分会主办，区教委、京源学校承办的“走进高中特色校－京源学校”活动在京源学校举行。市、区县教委相关领导、高中校校长等领导和嘉宾320余人出席活动。活动包括以“唯一的地球－我们的家”为主题的“现在进行时”翱翔特别论坛、主题辩论会、美术鉴赏、美术设计、生涯规划及初高中衔接等特色课程，以“世界地球日”为主题的绘画、摄影、图片、手工创意和建言作品展示。

（魏 莉）

【学校文化和特色建设论坛】 5月17～18日，由北京师范大学教育管理学院和区教委主办的全国“绿色教育理念下的学校文化和特色建设”高层论坛在京源学校举行，来自北师大的专家学者、北京市部分区县及全国部分省市教育系统领导、校长、教研员共160余人参加活动。该论坛包括品牌学校建设、学校文化领导、特色学校建设、校长领导力培养等专题，北师大专家学者作“品牌学校的内涵与要素”等专题报告，京源学校、杨庄中学、爱乐实验小学、八角北路小学、古城二小、北师大励耘实验学校等项目校交流学校文化和特色建设的策略和路径，与会者共同观摩京源学校第20期翱翔特别论坛和“第五届翱翔学员京源基地地理领域答辩”会，以及精彩的特色课、30余种社团活动展示。

（魏 莉）

【第五届模拟联合国大会】 5月18～19日，第五届模拟联合国大会在北师大励耘实验学校举行，来自全区5所高中学校160名学生代表参加活动。本届模拟联合国大会分设安全理事会、经济与社会理事会、环境规划署3个委员会，分别就叙利亚危机、朝鲜核问题、全球就业市场恢复、新能源的推广与应用4个议题进行深入研讨与广泛交流。

（林 臻）

【绚丽童年·梦想起航】 5月31日，“绚丽童年 梦想起航”——石景山区庆祝“六一”国际儿童节“中国梦”主题教育活动在景山学校远洋分校举行。全区1300名少先队员参与到欢乐迎宾、奠基梦想舞台、播种梦想仪式3个部分，8个版块，48项活动中。活动从人文、科技、艺术、体育等方面展示区域教育成果：“梦想大课堂”展示中小幼人文教育活动；“梦想实验室”展示学校科技创新教育活动；“梦之队竞技场”展示体育教育发展成果；“梦想艺术馆”展示艺术教育和社团教育成果；“梦想行动家”板块以红领巾环保时装秀、红领巾志愿者行动、红领巾环保节目录制、红领巾爱心义卖等内容展示区域德育和少先队教育成果，以及全区少年儿童精神风貌。活动后，区教委面向全体少先队员征集摄影及绘画作品，并刊印成书赠送师生。

（张 蕾）

【三方教育联合会成立】 7月13日，区教委召开家长、教师、社区教育联合会成立大会。会议表决通过联合会章程，内容包括总则、成员、权利与义务、执行委员会、制度、经费共6章25款。联合会由各学校家长委员会会长、学校教育主管教师、各街道文教科长、区内教育资源单位负责人组成。执行委员会作为联合会的日常办公机构，设会长1名，由家长担任；设副会长4名，分别由中学家长、小学家长、教师、社区三方面人员担任；在5个教育片区（永乐、古城、苹果园、金顶街、五里坨）分设家长委员和教师委员各1名，在9个街道设社区委员各1名，共同开展联合会各项工作。

（林 臻）

【首闪绿色发展指数评估】 9月初，区教委首次向全区各中小学发放“学校绿色发展指数”教育体检表。绿色发展指数包括三个维度，即“学生发展”含品德行为、学业水平、学业相对增值、体质健康、艺术素养、科学素养、学业负担、心理健康8项；“教师发展”含师德、教学能力、研究能力3项；“学校支持性条件”含学校课程状况、学生餐、家校协同、学校舒适度、学校美誉度5项，每项分值为1～10分。“绿色发展指数”计划每学年公布一次，为学校以及教育行政部门改进工作和改善管理提供可靠的依据。

（魏 莉）

【小学规范化建设总结】 12月12日，区教委召开小学规范化建设工程总结会暨小学教育品质提升工作启动会。听取“加强小学规范化建设，提升小学教育品质”总结汇报，六一小学、爱乐实

9月6日，教师节庆祝大会 （区教委供稿）

验小学、教育技术装备中心分别作题为“筑六一教育之路，奠道、德、业、身之基”“优质办学，提升内涵，特色发展”“把握标准，精益求精，为小学规范化建设做好加强后盾”的经验交流。大会表彰市级先进9人，区级先进41人、集体15个单位。其中区教育技术装备中心、六一小学、爱乐实验小学3个单位获市级先进单位；会议就下阶段进一步推进小学教育品质提升工作提出要求：以突出公平、优质、特色、和谐为工作导向，以建立公共服务保障体系、实现育人质量提升、提升学校文化品质、推动教育生态和谐发展为具体目标，促进小学教育科学发展，创造适合学生的教育。

（武　瑞）

【基础教育课程改革总结】　12月24日，区教委召开2012～2013学年度基础教育课程改革总结会。区教育行政、教研、科研等、各中小学校长130人，听取“夯实基础，深化改革，全面提升区域教育品质”总结报告，区教育分院作第十一届教育教学设计和课堂教学竞赛情况报告，北京九中、实验中学和实验小学分别作“打造‘全人教育’的学校课程体系”“为学生选择未来奠基”“整体推进三级课程、培养实小英才少年”的经验介绍。总结会表彰市区基础教育课程改革建设先进单位15个，综合素质评价先进单位12个，区教育教学竞赛群星奖单位41个。

（王贤鑫）

学前教育

概　述

石景山区有各级各类幼儿园50所。年内，离园幼儿2445名，入园幼儿4584名，在园幼儿13319名。教职工2137名，其中，专任教师1165名。幼儿园占地面积21.46万平方米。学前教育总投入26909.20万元，其中财政性学前教育投入25357.00万元，本级财政投入4764.30万元，财政性学前教育投入占财政性教育总投入的比例为17.3%。区教委继续落实学前教育三年行动计划，建构区域“绿色学前活动课程”和“教师培养工作室”，推进“管理促发展、研究促提高、师资兴教育”的工作进程，加快学前教育的内涵发展，着力解决入园难问题，办好人民满意的学前教育。

（黎　铮）

12月19日，民办幼儿园经验交流　（区教委供稿）

【学前名师工程】　3月1日，区教委继续实施“石景山区学前教育三年行动计划”，制定学前教育名师培养工程实施方案。区域16所幼儿园高级教师，市、区园三级骨干16人，加入北京师范大学教育学部学前教育研究所等7人的“名师培养工程”专家团队，进行为期2年的教育教学研究。北京教育学院石景山分院负责常规管理工作。

（曹艳玲）

【教师工作室】　5月10日，区幼儿园语言教育教师培养工作室邀请美国北卡大学教授、北师大教授和研究生、区绿色活动课程语言领域实验园教师共30人，参与教师工作室活动，观摩教学、分析案例、专题讲座等，共同研讨幼儿语言教学。

（黎　铮）

【“指南”培训】　5月，区教委举办《3－6岁儿童学习与发展指南》培训。全区各类幼儿园园长、教师200人，听取“学习、运用‘指南’提高幼儿园集体教学质量”讲座，交流“指南”的价值导向、内容框架、教育要点的收获和做法。

（黎　铮）

【萌芽杯评比】　5～11月，区教委举办第十届“萌芽杯”教育教学系列评比活动。评比包括教师152人参加的“学习‘指南’征文活动”，62人参加“教学案例评优活动”，17个教研组参加“优秀教研组评选活动”。共有151名教师获奖，结集出版《2013年石景山区学前系统第十届“萌芽杯”教育研究系列活动优秀作品集》。

（黎　铮）

【流动儿童教师培训】　6～12月，区教委联合国际救助儿童会北京处代表，启动流动儿童幼儿园教师提高性培训项目。13所幼儿园教师50人参加理念知识培训、现场教学观摩和实习锻炼活动，34名教师结业。

（黎　铮）

【三大单元培训】　9～11月，学前系统组织三大单元培训。260名教师参与关于情绪管理、课程建构等专题讲座；骨干教师参加“中国幼教南北精品展示”活动，观摩学习增强教学实践能力；教研员、园长、骨干教师19人赴广州、东莞、深圳优质幼儿园考察学习。

（黎　铮）

基础教育

概 述

石景山区有小学39所(其中一贯制学校小学部8部),教学班709个,招生4613人(其中外省市户口借读生2370人),在校生22903人(其中外省市户口借读生12393人),毕业生3269人(其中外省市户口借读生1686人);教职工1534人,其中专任教师1345人;小学入学率100%,巩固率100%,毕业及格率100%。中学24所,其中初中11所,高中3所,完全中学2所,一贯制学校8所;教学班482个,其中初中323个教学班,高中159个教学班;在校生15217人(其中外省市户口借读生6212人),其中初中10048人(其中外省市户口借读生4784人),高中5169人(其中外省市户口借读生1428人);招生5064人(其中外省市户口借读生2263人),其中初中3341人(其中外省市户口借读生1712人),高中1723人(其中外省市户口借读生551人);毕业生4197人(其中外省市户口借读生1187人),其中初中2860人(其中外省市户口借读生995人),高中1337人(其中外省市户口借读生192人);初中入学率为100%,普通高中入学率为88.69%,高考上线率为97.8%,高考录取率为87.6%,应届高考录取率为95.4%;教职工2551人,其中专任教师1607人。特殊教育学校数1所,10个教学班,招生7人,结业14人,在校100人;教职工31人,其中专任教师27人;残疾儿童入学率100%,巩固率100%,结业率为100%。校外教育单位1个,教职工63人,其中专任教师35人。小学教师学历合格率99%,初中教师合格率99%,高中教师合格率99.8%。中小学具有高级技术职务488人,中小学具有中级技术职务1585人。全区中小学图书馆藏书1687919册。固定资产总值93670.50万元。全年教育经费投入156699.20万元,其中国拨146531.20万元,自筹10168.00万元。

(施 爽)

【资源研讨】 1月11日,区教委召开随班就读资源教师交流研讨会。分院附小、实验中学、实验小学、金顶街第二小学分别从学校资源教室的基础建设情况、资源教室的组织管理体系、日常运作、功能开发等方面进行交流发言。听取市资源教室指导专家宋晓华作"资源教室方案的实施"主题讲座,内容涉及资源教室和资源教室方案、资源教室方案应具备的资源、实施资源教室方案的步骤、实施资源教室方案应注意的问题四个方面。3月21日,区教委召开学困生项目研究方案研讨会。26所项目校参会,听取银河小学等5所小学、高井中学等4校,汇报中小学学困生工作研究的进展情况;区学困生研究会阐述"群体干预提升学困生学习质量"的年度工作重点。4月9日,组织学校"减负增效"工作交流研讨会。实验中学、银河小学等10校,分别汇报和交流,研讨课程设置、课外活动、作息安排及解决困难的措施和办法。

(周 冬 王贤鑫)

【课程建设】 3月8日～6月9日,区教委复评2012～2013学年度基础教育课程建设优秀成果,确定《手球校本课程》《文物模型制作校本课程》《跟夫子品博学》《楹联文化校本课程开发与实践研究课题实践成果》《用数学家的眼光看待生活》《"传承民族优秀文化,促进学生全面健康发展"课程体系建设》《依托新音乐教育理念建构爱乐绿色课程体系》《灵动的科学－研究性学习课程》《小学毕业班心理辅导课程》《"快乐英语,快乐阅读"英语校本阅读课程的开发》10项成果。区实验中学承办"为学生选择未来奠基"的课程建设现场会。实验中学推出"自我探索之我的能力""旗之舞""太阳能DIY""Enjoy English""有声语言的舞蹈""泥土的生命－陶工""碧石足迹""法海寺"8节研究课,从不同维度展现实验中学在"身心健康类""生涯规划类""科学技术类""社会人文类""文学艺术类""环境资源类"6大系列校本课程建设成果。实验中学、北师大励耘实验学校和京源学校介绍"课程建设,促进学校特色发展"的实践探索。

(王贤鑫)

【信息化应用】 3月14日～9月24日,区教委召开"信息化与学科教学深层次整合推进应用项目"工作会。北师大专家4人项目课题组通报项目实施开展情况。海特花园小学、杨庄小学、金顶街二小、区教育分院附属校和杨庄中学5所实验校30人,观摩运用平板电脑进行英语教学实验的"Are these tomatoes"、非网络环境下的二年级阅读课"一分钟"。

(王贤鑫)

【教育教学研讨月】 3～5月,区教委举办"关注绿色成长,奠基美好人生"的第七届教育教学研讨月。启动仪式围绕"减负增效""带题授课""习惯养成""阳光体育"主题开启教育教学论坛,金顶街第二小学、爱乐实验小学、北京九中分校做学校课程建设、"减负增效"经验介绍。研讨月覆盖各中小学,包括培训、展示课、说课、评课、研讨、竞赛等形式,涉及思想道德教育、课程体系建设、学校特色建设、学科课堂教学、心理健康教育等领域,共推出区校活动80项、科研带题授课60项、德育心理活动18项、学科教研活动38项,共196项。

(施 爽)

【随班就读评优课】 4～5月,区教委、区教育分院、区特教中心组织"石景山区随班就读评优课"。35所学校、教师47人,参加小学、初中的语文、数学、英语3学科的"课堂教学评比"和"教学设计评比",一等奖10人。

(周 冬)

【高中校特色建设研讨】 4月24日～10月25日,区教委召开高中校特色建设研讨。区内7所高中校进入国家《高中特色建设项目实验》、市级《首都特色北京市普通高中课程改革实施研究及推进项目》和区《"绿色教育"引领下的高中学校特色课程体系建设研究》课题。京源学校阐述《学校特色建设和发展策略的思考》,北京九中、苹果园中学、北师大励耘实验学校、古城高级中学和景山学校远洋分校介绍

《提升学校办学品质，实现学校多样化特色发展》的策略和具体措施。

（王贤鑫）

【第四届武林大会】 5月17日，区教委主持“武术进校园项目”，金顶街第二小学与山东莱州中华武校联合承办“2013年石景山中小学第四届武林大会”。20所中小学、699人参加拳术、长短器械、传统器械等项目的比赛。麻峪小学、电厂路小学4校获最佳表演奖；实验小学、分院附小等6校获最佳创意奖；北京九中分校、水泥厂小学等9校获得精神风貌奖；古城第二小学等10校获最佳组织奖；区青少年活动中心获突出贡献奖。自2007年9月启动武术进校园项目以来，武术教育纳入学校课程体系，成立武术教研组。全区试点校22所，涉及140教学班、中小学生5000人。

（王贤鑫）

【经典阅读展示】 5月21日，“让书香溢满校园，让阅读成为习惯”阅读活动展示现场会在石景山分院附小举行。区教委、教育分院、市课程中心、北京师范大学等相关领导和全区中小学教学干部、语文教师等参加了此次活动。本次活动通过学生经典诵读、7节语文研究课、教师经验交流等活动，展示我区阅读活动的成果。

（施 爽）

【创新成果展示】 5月27日，区教委与昌平区教委联合承办市“基础教育跨越式发展创新试验研究”项目阶段性成果现场展示会。现场课分享、经验分享、共享课堂、专家点评、现场互动五个单元，集中展示北京市“基础教育跨越式发展创新试验研究”阶段性经验成果和信息化与学科教学深层次推进应用成果。

（王贤鑫）

【“四联展”进社区】 5～6月，区教委联合区精神文明办举办“创新课程育人模式，促进学生全面健康发展”第27届中小幼师生“四联展”。区属中小幼师生优秀绘画、书法、篆刻、工艺四类作品共1754件在全区9个街道130个社区的精神文明建设宣传栏展出。

（武 瑞）

【参加作文大赛】 6月9日，全区中小学万名学生参与由北京市“2013东方少年·中国梦——首届‘新创意’中小学生作文大赛”。1000篇作文进入市级复评，获评一等奖10篇，二等奖15篇，三等奖25篇，优秀奖30篇。庞素芬、吕雪梅等5人获指导教师奖。北京九中分校、天泰中学、杨庄小学、古城二小、海特小学获组织奖。

（武 瑞）

【特色课程展示】 9月12日，区教委组织特色课程展示活动。北京教科院课程中心、各校听取主报告“传承中华传统文化，促进学校特色发展”，观摩三级课程建设展示课：“特色课间操－太极扇”“鸡兔同笼”“毛猴制作”“风筝绘画”“制作节日饮食－打月饼”和“书法”。中国教科院教授孙智昌给予肯定，提出意见和建议。

（王贤鑫）

【教育教学培训】 9～10月，组织开展第十一届教育教学培训与展示活动。围绕“强化教师基本功，促进教师专业发展”主题，进行教学设计和课堂组织教学培训。520名教师参加中学、小学组各学科竞赛，教学设计一等奖113人，二等奖172，三等奖168人；课堂教学一等奖113人，二等奖172人，三等奖170人。

（施 爽）

【校章建设交流】 10月18日～12月3日，区教委召开中小学校章建设与学校管理改进研究项目推进交流会。区实验小学、古城第二小学、京源学校、实验中学、杨庄中学五所学校被确定为第一批项目样本实验学校。古城第二小学、六一小学、同文中学作“校章建设与学校教育品质提升”“校章建设与学校育人特色”“校章建设与学校科学管理”大会交流。邀请教育部民族教育发展中心综合研究室教授陈立鹏作“总则、分则、附则、章、条、款、项的涵义及写作规范”的指导培训。

（武 瑞）

【通用技术教学展示】 10月，区教委组队参加2013年北京市高中通用技术学科教师创意设计与展示交流活动。全区高中通用技术学科教师代表5人参加，其中北师大励芸实验学校翟永霞、古城高级中学姚春林、北京景山学校远洋分校曹宁获优秀奖。优良率100%，优秀率60%，均据各区县之首。

（王贤鑫）

【专题研讨】 11月13日，区教委组织学习方式系统变革项目研讨。与会人员观摩小学五年级语文课《圆明园的毁灭》和数学课《编码》，进行“学习的内涵与外延思考”“教师与教学的重大转变”“新技术条件下学习力提升”“学习方式变革立足课堂”等专题研讨。同月22日，古城二小、金顶街二小、红旗小学、实验小学、外语实验小学、银

11月27日，特色课程研讨 （区教委供稿）

河小学、景山学校远洋分校参加小学“质量·特色·习惯养成”专题研讨会，各自从生活习惯与学习习惯、学习兴趣、艺术教育三个方面作交流。

（王贤鑫）

【质量测试分析】 11月15日，区教委召开义务教育科学、艺术（音乐、美术）质量分析会。落实切实加强中小学校（幼儿园）体育、艺术和科技教育工作的意见精神，初步了解区域内学生基本艺术素养现状，在初中二年级进行艺术学科（音乐、美术），在小学六年级进行科学、艺术（音乐、美术）学科的监测。测试结果显示，对于科学、艺术（音乐、美术）等学科的重视程度需进一步增强，学生艺术素养有待提高，教师队伍建设需进一步加强。

（周 冬）

【课程实验研究】 11月26～27日，区教委开展北京市义务教育课程改革项目、首都特色地方课程开发与管理模式实验研究项目的交流活动。各中小学课程建设实验校听取“爱我家乡石景山”“石景山区古迹探寻”“经典诵读”3门地方课程7节课的课堂教学，京源学校“在地方课程开发与实施过程中成长”“创新实践地方课程，润泽生命奠基人生”的汇报，区课程建设研究室“优化推进方式，加强特色地方课程的有效实施”的报告，共同梳理学校在地方课程实施方面的思路与做法、地方课程实施与推进的总体构想与工作方式。

（王贤鑫）

【教研成果推介】 12月4日，区教委召开北京市优秀教育成果推广石景山推介会。推介交流获市第四届基础教育教学优秀成果奖7项，包括：整合资源构建中、小、幼一体生涯教育课程体系的实践研究；高中职业生涯规划教育研究；基于“无边界学习”理念构建学校综合实践活动课程体系；开展“文物模型制作”活动，提高初中生综合实践能力；依托课程实现“六一育人模式”的实践研究；“经典阅读”地方课程的实施模式与有效策略；经验型和新手型教师课堂提问技能对比个案及追踪研究。获市第六届教育科学研究优秀成果2项成果为：高中生职业生涯规划辅导研究；经验型和新手型教师课堂提问技能对比个案研究。各校200人与会。

（王贤鑫）

【市级项目通过评审】 12月10日，区教委召开“北京市创新人才培养项目”评审工作会，北京青少年创新学院专家5人莅临。石景山教育分院和北京九中、苹果园中学、励耘实验学校、古城中学、景山学校远洋分校5校，分别通过“北京青少年创新学院石景山分院基地校”的答辩和“北京市创新人才培养项目”的申报。区教委从研究推进、模式探索、课程建设、队伍建设和平台建设五方面，阐释《2014年“北京市创新人才培养项目”计划》。

（王贤鑫）

【学困生年会】 12月20日，市教育学会、北师大首都基础教育研究院主办，区教委承办的北京市“关注差异、关爱学生，促进学生与教师共同发展交流研修会名师大讲堂”暨第六届学困生年会。区教委向17个区县代表300人，作“绿色教育理念引领，区域推进学困生干预研究”“六项策略”成果和“发展绿色教育，办好人民满意教育”汇报。全区各中小学校长听取北师大认知神经科学与学习研究所“尊重规律，科学育人”的专题讲座。九中分校、苹中分校、金二小、杨庄小学、京原小学、分院附校展示初中、小学各6节研究观摩课；古二小等6校围绕学科教学和班级发展两个主题作交流发言。

（周 冬）

社区教育

概 述

全区有1个社区市民总校（社区学院），9个市民学校中心校（街道社区教育中心），143个市民学校分校（设在居委会）。区教委下派社区专职教师26名，登记在册社区教育志愿者4011人。全年完成各类社区教育市民培训223574人次。社区教育工作围绕创建学习型城区工作展开，依托《石景山社区教育通讯》等媒体面向社区宣传终身教育理念；评选、认定并表彰1个市级首都市民学习品牌、4个市级首都市民学习之星、11个区级学习品牌、16个区级学习之星、35个（七类）区级学习型组织；加强对社区教育工作的管理和考核，建立健全社区教育中心各项管理制度；发挥社区学院龙头作用，举办社区市民讲外语活动周、社区学习节、全民终身学习周、周末大讲堂、市民公益英语大课堂、“名师送教进社区”“一街一品”、社区教育八大工程等系列活动，丰富市民文化生活。各街道社区教育中心结合自身条件，发挥自身优势，开展多项文化娱乐活动；街道建立老年大学分校，促进老年教育开展；开展青少年家庭教育，确保学校、社区、家庭三位一体教育模式的有效构建；推动中小学及驻区单位合作，促进社区教育资源共享。

（姜葵葵）

【承办社区工作者招聘】 6月9～16日，社区学院承办社区工作者公开招考的报名和笔试的组考工作。本次公开招考社区工作者涉及全区9个街道（社区）工作、楼宇党建以及枢纽型社会组织等22个岗位。全天接待报名者900余人，其中814人通过审核取得笔试资格。由于报名人数较多，笔试需在社区学院和古城外国语学校两个考点进行，共设置考场27个。

（姜葵葵）

【第九届社区学习节】 7月5～12日，区教委举办主题为“多彩学习、品质生活”的第九届社区学习节。对1个市级首都市民学习品牌、4个市级首都市民学习之星、11个区级学习品牌、16个区级学习之星进行表彰。首届市民学习生活技能作品展亮相。

（姜葵葵）

【家庭快乐厨艺大赛】 11月16日，第一届家庭快乐厨艺风采大赛在黄庄职业高中举办，9个街道（社区）组队参赛。旨在树立健康、文明、科学、简约的现代生活理念，将“健康与文化”带进社区。大赛以“舌尖上的邻里情，健康饮食新生活”为主题，分设“我的厨艺情”等五环节。对参赛选手刀工技法、选料配比、菜品外观以及营养价值等多方面进行综合考评，最终评出大赛前三名。

（姜葵葵）

【终身学习周】 11月15～22日，举办全民终身学习周活动。各街道、社区围绕“为实现中国梦——全民终身学习，共建学习型城区”的活动主题，宣传终身教育、终身学习理念，通过开展系列读书活动、学习体验、知识竞赛等学习活动，交流学习体会，展示学习成果，营造学习氛围，提高市民学习积极性。在22日闭幕式上，社区学院打造的“智慧社区加油站”首都市民学习品牌、苗天娥等4名首都市民学习之星，区民宗侨办等3个区级学习型机关，区环保局等1个区级学习型党组织，八角街道等1个区级学习型街道，石景山实验小学等7个区级学习型学校，区自来水公司等4个区级学习型企业，八宝山街道瑞达社区等7个区级学习型社区，杨红等10个区级学习型家庭受到表彰。此外，还对21个“书香家庭”“我眼中的北京城”摄影比赛、“舌尖上的邻里情”厨艺大赛、“身边榜样的力量”征文和演讲比赛的60位获奖者进行表彰。

（姜葵葵）

职业与成人教育

概　　述

2013年，石景山区职业高中学校占地面积9.06万平方米，建筑面积4.42万平方米。全年教育经费投入11786万元，包括国家拨款11281万元、自筹经费505万元。固定资产总值15819.51万元，包括教学、科研仪器设备总值8245.42万元。图书馆建筑面积0.16万平方米，藏有纸质图书13.57万册、电子图书30万册。多媒体教室座位1920个，计算机1625台。信息化建设投入300万元，网络信息点1280个，校园网出口总带宽50Mbps，上网课程5门，数字资源量4096GB。学校划分学历教育、实训经营、综合培训服务等6个校区，开设服装设计与工艺、美容美发与形象设计、旅游服务与管理等8个专业。教职工191人，其中，专任教师161人、教辅人员5人。专任教师本科以上学历100%，研究生学历12人；高级专业技术职务45人、中级66人；“双师型”教师91人。另外聘教师15人。学校招生381人。在校生33个教学班、2674人。毕业生420人，就业率98%，职业资格证书取证率91%。网址：www.huangzhi.net.cn。年内，区属成人高校有石景山区业余大学、北京电大石景山分校2所。两校合署办学统一管理，教职工122人，本科学历以上101人，其中研究生学历33人。专任教师35人，其中研究生学历24人、教授1人、副教授12人，讲师22人。学校划分八角、鲁谷、八大处3个教学区，合计占地面积1.06万平方米，建筑面积2.45万平方米。固定资产12752万元，藏书137129册。全年教育经费投入4873.44万元，其中财政拨款2897.09万元。区业大开设经济管理、市场营销、城市轨道运营与管理、会计、英语、计算机信息管理、人力资源管理、电脑艺术设计、广告设计与制作、多媒体设计与制作、幼儿艺术教育11个专业，在校生888人，毕业310人，招生574人。电大石景山分校开设法学、学前教育、广告等11个本科专业，行政管理、工商管理、会计等4个大专专业，在校生2335人，春季招生409人，秋季招生521人，毕业生712人。奥鹏远程学历教育开设广告学、工程管理、财务管理、汉语言文学等30个本、专科专业，在读生480人。全年共开设短期培训班2350个，培训学生72388人。开展社区教育培训项目37项，培训人数7720人。网址：sjsyd.com.cn。年内，学校被评为区教育先进单位、区教育系统新闻宣传工作先进单位、“共建双承诺”先进单位、北京广播电视大学2012年度招生先进集体等荣誉称号。

（姜葵葵）

【专业技能比赛获佳绩】 4月13日，黄庄职业高中服装专业7人参加北京市中等职业学校“晨晓阳杯”服装设计与制作专业技能比赛，获一金、五银、一铜和团体总成绩第一名。金融专业9人参加“技能成就梦想－2013年北京市中等职业技能大赛暨全国职业院校技能大赛北京地区预赛‘友邦·博宇杯’会计技能大赛”，获一金、五银、三铜。

（姜葵葵）

【试点“3＋2”中高职衔接】 4月～6月29日，黄庄职业高中获准为北京市第二批“3＋2”（即学生在完成3年中职教育后再接受2年高职教育，让中职生有了不参加高自考就进入高职的新途径）中高职教育衔接办学试点单位。与北京市工业职业技术学院经济工程系，就电子商务“3＋2”中高职教育衔接的“人才培养方案”开展研讨。区教委、区商务委领导及恒泰天瑞科技（北京）有限公司等企业专家，分别从区域人才储备、校企合作等方面洽谈关于“3＋2”的联合培养模式，探讨为市、区电商产业系统培养高素质技能人才的途径。

（姜葵葵）

【业大校园招聘会】 5月25日～10月19日，区业余大学举办春、秋两季学生就业大型校园招聘会。第一太平戴维斯物业顾问北京公司等40家、北京丰科建酒店有限公司等66家企业提供2000余个就业岗位。业大、电大在校生、毕业生及附近市民2000余人到场咨询求职。

（许怀达）

【成人教育培训服务】 9月10日，黄庄职高参加北京开放大学召开的北京市成人教育培训服务等三项国家标准试点领导小组成员会议。会议拟定实施《成人教育培训服务术语》《成人教育培训工作者服务能力评价》《成人教育培训组织服务通则》三项国家标准，北京非凡培训学校、区业余大学培训学校为北京市成人教育培训服务等三项国家标准试点单位。

（姜葵葵）

【与中央统战部合作】 10月15日，黄庄职业高中应中央统战部机关服务局洽谈共建实习实训基地的合作。学校

召开座谈会，组织校园文化和实训基地参观等，双方在合作模式等方面达成初步意向。

（姜葵葵）

【校园文化建设研讨】 12月4～22日，黄庄职业高中召开校园文化建设研讨会。北师大教育学部职业与成人教育研究所教授和震，美国俄亥俄州立大学副教授克里斯·泽克尔（Chris Zirkle）应邀出席，对示范校校园文化特色项目进行办学理念、校园文化读本、校志编写等方面工作提出意见和建议。黄庄职业高中获“2013中国校园媒体建设百佳示范学校”称号。

（姜葵葵）

【获评优秀教学团队】 年内，区业余大学教改课题“会计专业实训教学体系的建设与实践”获北京市高等教育教学成果二等奖，会计专业教学团队被评为“2013年北京高等学校继续教育优秀教学团队”及“2013年北京高校继续教育重点建设教学团队”。

（许怀达）

【开发朗诵主持项目】 年内，北方艺校主要面对8岁以上的儿童少年，开发朗诵主持、口才表演两个新项目。朗诵主持人班，聘任中央广播电台一线栏目、曾获全国十佳主持人的专业人士授课。口才表演班授课对象是5～8岁的儿童少年，进行语言表达和形体表演两部分教学训练。首期各有11名孩子报名参加。

（许怀达）

教育督导

概　　述

2013年，石景山区人民政府教育督导室（简称教育督导室）坚持督政与督学并重、监督与指导并重；以督促改，以导促建。依据《北京市幼儿园全面实施素质教育评价指标体系》和市、区“学前教育三年行动计划”，完成7所幼儿园督导随访。完成学前教育发展状况监测统计和学前教育调研报告。完成6校“小学规范化建设工程督导”回访复查，9所中学“减轻学生过重课业负担与落实体育锻炼一小时”“义务教育均衡发展与初中内涵建设”“高中多样化建设特色办学”等专题督导随访，综合督导民办学校1所，督导随访4所，回访复查1所。开展艺术、体育类民办学校办学状况调研，完成“石景山区校外教育工作督导评价方案（试行版）”的研制，并综合督导第四纪冰川遗迹陈列馆，及督导随访中小学10校、八角街道、区少儿图书馆、区校外联席会办公室、区青少年活动中心等校外教育机构。会同区教委研制中小学校责任督学挂牌督导工作实施方案（征求意见稿），完成10所学校挂牌。完成全区执行教育法律法规情况自查，考核相关34个委办局党政干部78人，上报教育执法自查报告。会同区教委完成“人民满意学校”测评工作，颁发55校“石景山区人民满意学校”奖牌。年内，教育督导室有专职督学8人、兼职督学16人、特约督学14人、挂职督学2人。

（王桂洋）

【校外教育专题随访】 3月，教育督导室督导随访中小学校外教育工作。针对校外教育工作计划及课程计划、管理制度、运行机制等方面情况，随访实验中学、银河小学等8所中小学校外教育工作。随访区青少年学生校外教育工作联席会议办公室，了解联席会议委员会组织领导、科学规划、工作机制、校外教育队伍、教育场所及功能、特色成绩等，完善校外教育工作督导评价方案（征求意见稿）。

（厉　丽　刘国峰）

【民办学校随访调研】 3月26日，教育督导室制发艺术、体育类民办学校情况调查问卷及培训项目、师资、办学条件等学校基本情况调查表，面向17个民办艺术类、体育类教育培训机构，展开基本情况调研。下发17套调查问卷和表格，回收17套。完成培训专业设置、招生情况、场所状况、财务状况、办学绩效等方面的信息收集、数据汇总、信息分析，撰写“石景山区艺术、体育类民办学校办学基本情况调研报告”。5～12月，教育督导室依据《民办教育促进法》和区民办教育学校办学水平综合评价方案，分别督导随访区青少年文化教育培训学校、向日葵钢琴艺术培训学校、加祥培训学校和立万专艺国际艺术培训学校4所民办学校。督导评价组听取学校领导的工作汇报、巡视教育教学环境、课堂听课28节、访谈干部教师60余人、查阅管理档案，了解学校办学现状。双方进一步交流瓶颈问题和发展建议。

（厉　丽　刘国峰）

【高中多样化建设随访】 4月9日，教育督导室就高中多样化特色发展和落实“减负”工作情况，随访督导古中。专兼职、特约督学11人，听取学校工作汇报、巡视校园环境、观看两操、听课7节、访谈干部教师7人，查看档案资料等，收集发展规划与课程建设、教学与科研、干部队伍建设、德育、体育等方面信息，反馈交流学校扁平化管理、班主任模式、走班制等高中多样化的办学特色。

（武凤鸣）

【义教均衡减负增效督导】 4月11～18日，教育督导室专兼职、特约督学，依据“北京市区县政府推进义务教育均衡发展工作督导评估指标体系”，督导随访苹果园中学分校、九中分校、杨庄中学“义务教育均衡发展、减负增效”工作情况。督导组听取学校工作汇报、分组听课、观看课间阳光体育活动、访谈干部教师，查看档案资料，就学校软硬件建设、干部与教师队伍建设、德育工作、教学工作、教科研等，与学校进行反馈交流。

（武凤鸣）

【小学规范化建设复查】 4～5月，教育督导室督导复查小学规范化建设。督导评价组从学校目标规划与干部队伍建设、教学管理与教师队伍建设、德育、体卫和校园文化建设、硬件建设的整改情况，及“减负”工作机制，听取校长汇报、查阅档案资料、观看课间操、听推门课、访谈干部教师、问卷调查学生，逐一完成对古城第二小学等6校“小学规范化建设”的复查回访。

（于文芳）

【“十二五”课题培训】 5月8日～7月3日，教育督导室组织12校教育评价与督导研究“十二五”课题培训。从课题概述、文献综述、目标研究与假设、后期研究计划等八个方面，进行“课题研究中期报告撰写培训”。组织教育评价与督导“十二五”市级立项科研课题中期推进会，古城中学、爱乐实验小学等9校课题的负责人分别介绍“中学生综合素质评价的质性与量化研究”“运用‘爱乐少年成长手册’，培养学生良好的行为习惯”等课题的中期进展情况及取得的阶段性成果。北京师范大学、北京教育科学研究院、区教育科学研究所专家3人莅临指导。

（千文芳）

【学前教育随访调研】 6月4～8日，教育督导室分别对3所一级一类园石景山区第二幼儿园、八角幼儿园、八角北路幼儿园，以及北辛安小学幼儿部、北京军区联勤部机关幼儿园、麻峪小学幼儿部和石景山第三幼儿园，进行督导随访。督导组听取园长汇报，观看儿童集体教育活动和区域活动、户外活动，查看档案资料、访谈干部，就幼儿园基本情况、设施设备投入、两支队伍建设、办园特色及发展中的主要问题，进行交流。11月1日，完成“2013年石景山区学前教育调研报告”。该报告整理分析2010～2012年有关幼儿园建设相关数据，当前幼儿园数量及分布情况；针对学前教育存在的区域分布尚不均衡，民办园数量增加带来的教师教育教学能力有待提高等问题，提出加大学前教育投入力度，科学合理配置学前教育资源，加强对民办幼儿园的监督管理，提高学前教育师资水平等建议。

（荆　林　千文芳）

【人民满意校问卷调查】 6月，教育督导室会同区教委开展“2012～2013学年度人民满意学校”的问卷调查。调查对象覆盖全区公办校除高三年级外所有中、小、幼、职学生家长，中学生及4～6年级小学生，派出所、街道和社区工作人员。五套问卷包括学生在校学习、生活状况、学校管理、家校沟通、教师、教学和环境设施和总体评价等内容。总计向家长、派出所、街道和社区发出问卷35716份，回收有效问卷33729份，问卷有效率为94.44%；发出学生问卷15662份，回收有效问卷15515份，问卷有效率99.06%。总体有效回收率达到95.85%。“人民满意评价”统计结果表明，全区整体满意率达92.17%，55个学校获评区“2013年人民满意学校”。

（王桂洋）

10月23日，市校外教育督导　（区教委供稿）

【督导冰川遗迹陈列馆】 7月10日，教育督导室就校外教育工作综合督导中国第四纪冰川遗迹陈列馆。听取该馆校外教育组织领导、科学规划、队伍建设、活动开展、工作亮点及特色等工作情况汇报，视察冰川馆展馆设施，查阅档案资料，问卷调查，访谈工作人员和学生。肯定冰川馆不断加强软硬件建设，积极搭建校外教育平台；挖掘资源及人员优势服务于中小学生；立足科研、科教、科普的功能定位，多角度发挥博物馆功能，突出实践育人；挖掘资源优势，深入贯彻爱国主义教育实施纲要，开展市青少年社会大课堂校外实践活动；创办并坚持开展“流动的博物馆－科普大篷车”巡展、“青少年勘探队”地质勘探夏令营、“博物馆里过大年”“北京地区地质调查”等特色课外活动等方面工作成绩。同时对其校外教育工作管理、档案管理等方面提出改进意见。

（厉　丽　刘国峰）

【校外教育机构随访】 9月12～24日，教育督导室随访区少儿图书馆、八角街道办事处、青少年活动中心校外教育工作。督导组听取汇报、巡视校外活动场所、访谈教职工、查阅管理档案。其间，就组织领导、规划计划、队伍建设、活动课程、工作特色、社会效益等，相互交流总结。

（厉　丽　刘国峰）

【接受市校外教育督导】 10月23～24日，区政府接受市政府教育督导室校外教育专题督导。区政府主管领导从加强领导、强化责任、建立校外教育保障体系；加强培训、锤炼师资、提升校外教育质量；科学统筹、追求成效、形成校外教育工作特色三个方面作“统筹规划，办有特色，全面提升青少年校外教育质量”的工作报告。市督导评价组一行17人，与区教委等相关委办局、区校外教育机构和未成年人校外活动场所等，就建设目标达标情况、保障校外教育经费投入情况、教师配备情况、校外建设的经验和管理、校内校外有效衔接的措施经验等内容座谈。实地考察区青少年活动中心、京源学校、金顶街第二小学、八角街道办事处、第四纪冰川遗迹陈列馆、区少儿图书馆校外教育工作情况。市政府教育督导室认为，本区校外教育工作做到了“落实责任，统筹管理；整合资源，合理布

局;建设队伍,提升素质;发挥职能,规范管理;特色突出,成效明显”。同时建议进一步加强校外活动场所的统筹管理及校外教育骨干教师队伍建设。

(王桂洋)

【小学规范化督导总结】 11月28日,教育督导室总结小学规范化建设工程督导验收工作。总结2009~2012年对全区31所公办小学的“小学规范化建设工程”的督导验收情况。督导验收工作规范有序,程序完整。肯定公办小学在“小学规范化建设工程”中取得的校舍条件进一步改善、学校管理进一步科学有效等成绩。征求专兼职督学意见后,撰写小学规范化建设工作总结,下发全区各小学。

(千文芳)

【责任督学挂牌督导】 12月2日,教育督导室建立中小学校责任督学挂牌督导制度,制定中小学责任督学挂牌督导实施方案(征求意见稿)。对实施责任督学挂牌督导工作的意义,责任督学的督导内容等作了说明,并首批从石景山教育分院聘请3名教师,作为6所含高中学段学校的责任督学。会同区教委、区教育分院,就责任督学职责、任务、人选、待遇等进一步研讨,并在全区所有公办中小学中开展。

(千文芳)

民办教育

概 述

年内,全区有各级各类民办教育学校、培训机构共114所。其中民办普通中学3所,民办幼儿园23所,民办职业高中1所,外地来京务工人员自办学校4所,其他文化、教育、技术等非学历培训学校83所。各类培训机构全年培训人数达93320人,基础教育阶段在校生4899人,职业高中在校生150人,幼儿园在校生7439人。各类学历类学校教职工合计1685人,其中专任教师930人。年内审批民办学校6所,其中幼儿园1所,小学1所,培训机构4所。

(周晓敏)

【民办校安全检查】 3月3~4日,区教委组成9个检查组,拉网式安全检查辖区内民办中小学、幼儿园26所。依据学校与教委签订的“年度校园安全责任书”条款,听汇报、看档案、实地察看。下发整改通知书4份,责令有关学校和幼儿园限期整改、接受复查。

(周晓敏)

【民办校系列培训】 4月11日~12月26日,区教委组织民办校系列培训。邀请区食品药品监督局、消防支队、中宣育会计师事务所、石景山教育分院等,分别进行消防、食品卫生知识、H7N9禽流感防控、财务知识、教师教育技术等内容的培训,并对课件制作评比中获奖的91名教师进行表彰。

(丁荣利)

【民办校年检】 5月9日,区教委召开2012年度民办校年检会。区内各级各类民办教育学校、培训机构103所通过年检。会议总结区民办教育工作情况,表彰区业余大学培训中心、礼文中学等6个民办教育先进集体和民办教育先进17人,进行“教育发展形势”和相关法律法规培训。民办校教师获区成人教育学会优秀论文奖7人。

(丁荣利)

【取缔非法幼儿园】 11月28日,区政府召开取缔未经批准自办幼儿园协调会。区教委、公安分局、卫生局、城管大队、消防支队、工商局、农委、广电中心、各街道办事处出席,副区长杨东起主持“非法自办幼儿园”的取缔工作。会后,区教委在相关部门配合下,对古城地区贝贝之星幼儿园、衙门口地区好孩子幼儿园、芳草地幼儿园3所办园条件差、安全隐患较大的未经批准自办幼儿园进行取缔,共涉及幼儿122人。采取约谈举办者,向举办者下发“责令停止办学告知书”,向家长下发“致家长信”、对举办者提出的实际困难,在合情合理、不违反相关规定的情况下,协调相关部门尽力予以解决,与3所幼儿园附近的幼儿园提前进行沟通,要求其做好幼儿分流准备等措施,保证取缔工作顺利、平稳进行。

(丁荣利)

驻区高校

中国科学院大学

【概况】 中国科学院大学(简称国科大)是国家教育部正式批准成立的一所以研究生教育为主的科教融合、独具特色的新型高等学校。国科大的前身是中国科学院研究生院,成立于1978年,是经党中央国务院批准创办的新中国第一所研究生院,培养了我国的第一个理学博士、第一个工学博士、第一个女博士、第一个双学位博士。依托中国科学院各研究所的高水平科研优势和高层次人才资源,国科大形成由京内4个校区、京外5个教育基地和分布全国的117个研究所组成的“大学校”。学校实行“院所融合的领导体制、师资队伍、管理制度、培养体系”;完善在集中教学校区完成为期一年的课程教学、进入研究所跟随导师在科研实践中开展课题研究并完成学位论文的“两段式”培养模式;形成以国科大为核心和平台、以研究所为基础和延伸的完整教育体系。2013年,国科大在学研究生达41200余名,其中博士生占50%,累计授予109882名研究生硕士、博士学位,年度学位授予人数首次突破10000名。国科大拥有门类齐全的学科体系。年内共有博士学位授权一级学科点39个,分布在教育学、理学、工学、农学、医学、管理学6个学科门类;硕士学位授权一级学科53个,分布在哲学、经济学、法学、教育学、文学、理学、工学、农学、医学、管理学10个学科门类,覆盖54个一级学科。此外,国科大还拥有工程、工商管理、应用统计、应用心理、翻译、农业推广、药学、工程管理8类专业学位授权点。国科大设有数学科学学院、物理学院、化学与化工学院、材料科学与光电技术学院、地球科学学院、资源与环境学院、生命科学学院、计算机与控制学院、电子电器与通信工程学院、管理学院、人文学院、外语系、工程管理与信息技术学院和中丹学院等直属院系,以及中国科学院虚拟经济与数据科学研究中心、科技资源管理研究中心和中科院国家创新与发展战略研究会等研究机构。聘请席南华、高鸿钧、万立骏、李树深、朱日祥、傅伯杰、李国杰、吴一戎、康乐院士担任国科大基础学院院长。2012～2013学年,北京集中教学校区共开设课程1672门,其中秋季学期707门,春季学期710门,夏季学期255门。另外,开设文献阅读课12门,高级强化课100门,系列讲座116门。截至年底,国科大指导教师共计12658名,其中博士生导师6185名。分布在各研究所的3个国家实验室、84个国家重点实验室、163个中国科学院重点实验室、41个国家工程研究中心(实验室),以及众多国家级前沿科研项目,为学生培养提供宏大的科研实践平台。年内,毕业研究生9595人,其中全日制研究生9119人(博士生4752人、硕士生4367人)、非计划招收在职人员攻读研究生学位毕业476人(博士生4人、硕士生472人);其中来华留学研究生毕业19人。招收全日制研究生13847人(博士生6061人、硕士生7786人)、非计划招收在职人员攻读学位研究生622人(同等学力博士4人、同等学力硕士55人、专业学位硕士生563人);其中招收来华留学研究生292人。在校研究生43591人,其中全日制研究生41216人(博士生20492人、硕士生20724人)、非计划招收在职人员攻读研究生学位2375人(博士生51人、硕士生2324人);其中478人为在校来华留学研究生。

地址:石景山区玉泉路19号(甲)
电话:88256030
邮编:100049
传真:88256006
网址:http://www.ucas.edu.cn
邮箱:po@ucas.edu.cn

(张怡然)

【首届“科学+文化”论坛】 5月18日,由中国科学院学部、国科大和海淀区政府主办的首届“科学+文化”论坛在国科大礼堂正式启动。本次论坛旨在发挥中国科学院“构建科研、学部、教育”三位一体的特色优势以及北京地区科教和文化的资源优势,协同推进科学与文化的传播,让公众走进科学院,让科学院融入社会。吸引大中学生、政府官员、企业代表、社会公众以及新闻媒体共计500余人参加。

(严苑轩)

【3所专业学院揭牌】 6月20日,国科大深圳先进技术学院在深圳揭牌成立,该学院将开展全日制和非全日制研究生教育,以及技能培训。专业的设置,充分融合深圳先进学院的现有学科特色,将出科研成果和培养人才相结合,形成“科研－教学－学习”结合的枢纽。7月25日,国科大在长春光学精密机械与物理研究所举行大珩学院揭牌仪式,双方共同签署学院建设备忘录。10月8日,中国科学院大学昆明生命科学学院在中国科学院昆明分院揭牌成立。学院充分发挥西南地区丰富的生物科教资源优势,切实贯彻“三位一体”发展战略,深入推动科教融合。

(张怡然)

【年度学位授予人数破万】 7月15日,国科大学位授予仪式在玉泉路校区举行。中国科学院院长、国科大校长白春礼院士出席典礼并致辞。中国科学院副秘书长、国科大党委书记兼常务副校长邓勇教授宣读2013年度学位授予决定。国科大副校长、学位评定委员会委员王颖教授主持典礼。共计5188名学生获得博士学位、4966名学生获得硕士学位,年度学位授予人数首次突破一万名。

(严苑轩)

【习近平总书记考察】 7月17日,中共中央总书记、国家主席、中央军委主席习近平在国科大玉泉路校区礼堂会议室,同中国科学院负责人和科技人员代表座谈。座谈会由白春礼主持,李振声院士、潘建伟院士、学生代表冯端在会上发言。习近平在讲话中要求中国科学院牢记责任,率先实现科学技术跨越发展,率先建成国家创新人才高地,率先建成国家高水平科技智库,率先建设国际一流科研机构。临别时习近平与国科大学生握手交谈,希望他们立志报效祖国、服务人民。

(中科院科学传播局)

【雁栖湖校区启用】 9月3日,国科大开学典礼在雁栖湖校区举行,国科大雁栖湖校区正式启用。白春礼出席典礼并致辞,4500余名师生代表参加典礼。雁栖湖校区总用地1070亩,总建筑面积36余万平米,将作为国科大主校区满足10000余名研究生、2000余名教师的正常教学、科研和生活使用。9月,数学科学学院等10个院系的3200余名学生入驻雁栖湖校区学习。

(张怡然)

【首届生态学论坛】 10月11日,首届

9月3日,雁栖湖校区开学 (国科大供稿)

北京研究生生态学论坛在国科大玉泉路校区召开。本次论坛由北京生态学学会主办，国科大资源与环境学院、生命科学学院和中国科学院怀柔生态综合观测研究站联合承办。来自北京各高校和研究院所的13名研究生结合自身正在研究的领域分别进行报告。报告涵盖全球变化生态学、景观生态学和生态经济等众多生态学热点，从不同方面向大家展现了生态学研究的可能性和广阔的未来发展前景。本次论坛的成功举办为今后生态论坛的开办铺下了基石。它不仅给生态学研究生提供一个展示自我、展示学术研究的舞台，而且促进不同生态学学术思想的交流与融合，将对拓展生态视野、推动生态发展、提高生态水平、促进协同创新起到极大的促进作用。

（马天啸　周胜男）

【与香港城大合作】 11月25日，常务副校长吴岳良院士和香港城市大学副校长吕坚教授分别代表两校签署“中国科学院大学和香港城市大学联合培养博士研究生协议”。根据协议，两校将在双方都具有优势和特色的学科、领域联合培养博士研究生。该联合培养计划为期三年：第一年里，入选博士生将在本校完成公共必修课和学科基础课程，其后两年分别在国科大和香港城市大学完成专业课及学位论文。成功完成联合培养计划所有内容的学生，将有资格获得由国科大和香港城市大学分别授予的博士学位。项目计划于2014年实施。

（张怡然）

【4个中心挂牌】 12月7日，中国科学院大学中国企业管理研究中心、中国创新与创业研究中心、中国区域发展研究中心、中国产业研究中心挂牌仪式在国科大管理学院举行。国科大管理学院院长成思危先生、国科大副校长王颖教授出席仪式，管理学院常务副院长汪寿阳教授主持仪式。此次成立的四个研究中心，是管理学院全面贯彻国科大“三统一、四融合”的办学方针的重要内容之一，充分体现科教融合的特色，是深化科研管理体制改革、实现中国科学院出成果、出人才、出思想“三位一体”战略使命的重要举措。研究中心依托于国科大，旨在整合中国科学院内部的智力资源，搭建引领国际前沿的学术科研平台，建立培育高素质人才的科教一体化创新模式，打造科学院高端智力库和思想库，为建设创新型国家输送高素质创新创业人才，为落实国家创新驱动发展战略做出贡献。

（褚晓玲）

【与丹麦开展国际合作】 12月18日，中丹科教中心丹麦工业基金会大厦建设启动协议签字仪式在国科大雁栖湖校区举行。丹麦科学创新高等教育部常务副部长Uffe Toudal Pedersen先生及丹麦工业基金会执行总裁Mads Lebech先生率丹麦代表团参加签字仪式。邓勇会见丹麦代表团并在仪式上致辞。根据中丹中心大厦建设启动协议，丹麦工业基金会将捐献1.096亿人民币用于国科大雁栖湖校区中丹中心大楼的建设，大楼将因此命名为中丹科教中心丹麦工业基金会大厦。大楼将为中丹双方提供有效可行的科研与教育环境，并用作中丹高校和企业进行展示的窗口。

（顾　盼）

【举办12场报告会】 年内，国科大举办“中国科学与人文论坛”报告会12场。邀请嘉宾包括澳大利亚前总理陆克文、德国驻华大使施明贤、印度前驻美大使米拉·尚卡尔、俄罗斯前驻德大使弗拉基米尔·科特内夫、巴西驻英大使罗伯托·贾古里波、美国乔治顿大学教授查尔斯·库普坎、诺贝尔奖得主Paul Nurse等。该论坛创办于2003年4月，由著名科学家路甬祥和著名理论家郑必坚共同倡导发起，由国科大和高等教育出版社共同主办。论坛邀集中国高层领导、外国政要和国内外著名学者和专家，就人们共同关心的政治、科技、教育、经济、外交、环境、社会发展和人类文明进步等方面的问题进行广泛深入的学术研讨和交流，从科学与人文的角度研究国家战略问题，从国家战略的高度探讨科学与人文的发展，致力于自然科学与人文社会科学的结合，致力于科学精神和人文精神的贯通。

（张怡然）

北方工业大学

【概况】 北方工业大学（英文：North China University of Technology；英文缩写：NCUT）是北京市重点建设的多科性大学，由中央与北京市共建，以北京市管理为主，简称北方工大。校园占地32.05万平方米，建筑面积36.4万平方米。固定资产总值84733.9万元，其中教科仪器设备总值38472.75万元。全年教育经费投入73089万元。北方工大是一所以工为主、文理兼融，具有学士、硕士、博士培养层次和高水平棒垒球运动员招收资格的多科性高等学府，具有硕士研究生免试推荐资格，是教育部“卓越工程师教育培养”院校，为北京市市属一本院校。学校有北京市重点实验室1个，6个省部级研究中心，1个国家级实验教学示范中心，5个北京市实验教学示范中心。其综合实力已达到或接近国内“211工程”院校水平。设有8个学院，14个教学实验中心，30个研究设计院（所）；开设43个本科专业，19个一级学科硕士授权点、50个二级学科硕士授权点、11个专业硕士学位领域、同等学力人员申请硕士学位资格，1个第二学士学位点，1个博士生培养项目。有3个国家级特色专业，5个北京市特色专业，4个北京市品牌专业，拥有数量经济学、经济法学、思想政治教育、机械电子工程、检测技术与自动化装置、计算机应用技术、电力电子与电力传动7个北京市重点建设学科。教职工1359人，其中专任教师775人。专任教师中，教授95人，副教授268人；硕士生导师402人；享受政府特殊津贴专家（在职）5人。外籍教师9人。毕业生3982人，其中，学历教育学生中全日制硕士研究生504人，普通本专科生2543人（本科2523人、第二学士学位10人、专科0人），成人教育本专科生935人（本科522人、专科413人）。招生4503人，其中，学历教育学生中全日制硕士研究生623人（博士生2人、硕士生621人、研究生班0人），普通本专科生

2896人(本科2877人、第二学士学位19人),成人教育本专科生984人(本科生499人、专科485人)。全校在校生14424人,其中,学历教育学生中全日制硕士研究生1678人(博士生2人、硕士生1676人、研究生班0人),普通本专科生10661人(本科10632人、第二学士学位29人、专科生0人),成人教育本专科生2085人(本科生1160人、专科925人)。本科毕业生就业率96.34%,高考招生北京地区提档线一本理科550分,文科518分。留学生毕业168人,招生253人,在校生342人。图书馆建筑面积1.97万平方米,馆藏图书140.75万册,其中,电子图书111.85万册。

地址:石景山区晋元庄路5号
电话:88802114
邮编:100041
网址:www.ncut.edu.cn

(杨嵩松)

【社会荣誉】 1月9日,在北京高校后勤2012年度表彰暨总结工作会上,北方工大后勤集团荣获"北京高校食堂工作先进集体"和"北京高校学生公寓工作先进集体"两个奖项,并被授予"北京市高校标准化物业"达标单位称号。4人获"北京高校食堂工作先进个人"称号,2人获"北京高校学生公寓工作先进个人"称号。同日,北京市召开学生资助工作会议,表彰2012年北京市学生资助工作先进单位,北方工大荣获"2012年北京市学生资助工作先进单位"称号。15日,由市委教育工委宣教处、市高等学校校报研究会联合组织召开的"2012年北京高校新闻宣传工作先进集体与个人"表彰会在北京交通大学召开。北方工大共获得4项奖励:校党委副书记沈志莉被评为"2012年度北京高校关心新闻宣传工作校领导";3人分获"2012年度北京高校校报优秀总编辑""2012年度北京高校新闻网优秀编辑""2012年度北京高校校报优秀记者"称号。2月,北方工大后勤集团被市政府、首都绿化委授予"2012年首都绿化美化先进集体"称号,后勤集团绿化卫生服务部经理荣获"首都绿化美化先进个人"称号。

3月29日,校外人才培训基地签约 (北方工大供稿)

12月26日,北京高校"我的梦·中国梦"主题教育活动总结会在中国地质大学国际会议中心举行。会议对北京高校"美丽校园"推选展示活动进行总结表彰,北方工大被授予"十佳美丽校园"殊荣。

(杨嵩松)

【项目签约】 1月12日,北方工大与中国钢研科技集团有限公司举行项目合作签约仪式。双方将针对变截面辊弯成形和冶金设备开展相关的工艺开发、设备研制、工程化的科学技术研究,利用双方科研平台合作开展博士、硕士人才培养,以及共性关键技术研发工作和科技成果工程化技术攻关。

(杨嵩松)

【科教荣誉】 3月31日,北方工大获第七届北京高校思想政治理论课教学基本功比赛"马克思主义基本原理概论"课程组一等奖1项,"毛泽东思想和中国特色社会主义理论体系概论"课程组一等奖1项。7月,市委、市政府发文,表彰北京市"有突出贡献的科学、技术、管理人才",北方工大李正熙教授被授予"北京市有突出贡献的科学、技术、管理人才"荣誉称号。9月26日,全国大学生电子设计竞赛结果揭晓。北方工大学生在竞赛中表现出色,获得全国一等奖2项、二等奖3项,北京赛区一等奖5项、二等奖15项、三等奖10项,在参赛的31所高校中,北工大获奖总数名列第二,被北京市教委授予2013年北京市大学生电子设计竞赛"优秀组织学校"称号。11月8日,第二届中国电源学会科学技术奖评审结果揭晓,北方工大作为第一完成单位的"交流无频闪MH灯用电子电源系统基础理论和关键技术研究"获技术发明一等奖,"大功率三电平变换器关键技术研究及应用"获科技进步三等奖。中国电源学会科学技术奖(国科奖社证字第0220号)经国家科学技术部批准设立,是国家电源行业最高水平的科技奖励活动。11月,全国第五届大学生数学竞赛暨北京市第二十四届大学生数学竞赛成绩揭晓,北方工大共有66名学生获奖,获奖人数名列北京赛区第四名。北方工大2名教师分获北京高校第八届青年教师教学基本功比赛理工类B组一等奖和文史类B组三等奖;同时还获得理工类B组最佳演示奖、最佳教案奖、最受学生欢迎奖三个奖项;1名教师获得优秀指导教师奖。北方工大获2012年北京市大学生动漫设计竞赛动画类和数字媒体类金奖。该赛事由北京市教委主办。

(杨嵩松)

【《新人文丛书》首发式】 4月2日举行。《新人文丛书》是由北方工大与新星出版社联合编辑出版的一项大型文化项目,旨在推出国内外一流学者的代表性著作,为国内知识界以及高校学生提供人文素质教育优质书籍,目前已经成功出版9种图书。

(杨嵩松)

【集成电路校企合作联盟】 4月9日举行授牌仪式。为探索集成电路教学、科研、设计、生产有机结合的新模式，由北京电子学会牵头，北方工大、北京工业大学及北京华大九天软件公司联合发起成立的“集成电路教育发展校企合作联盟”，上述四家单位获任联盟常任理事单位。

（杨嵩松）

【与农行签署合作协议】 4月19日，北方工大与中国农业银行股份有限公司北京市分行签署战略合作框架协议。此次战略合作协议的签署，本着“平等互利、优势互补、共同发展、和谐共赢”的原则，将对探索学校与国有商业银行长期业务合作模式与领域，创建高水平大学发挥积极作用。

（杨嵩松）

【第18届高校棒垒球锦标赛】 由市大学生体育协会棒垒球分会和美国职业棒球大联盟（MLB）主办，北方工大和清华大学承办的MLB第十八届首都高校棒垒球锦标赛于4月20日开幕。来自清华大学、北京大学、北京师范大学、北京理工大学等18所高校的28支棒垒球队参加本次大赛。

（杨嵩松）

【入选教育部教学指导委员会】 4月，教育部公布2013～2017年高等学校教学指导委员会委员名单。北方工大信息工程学院教授张卫平入选电气类专业教学指导委员会委员。

（杨嵩松）

【校外教学通过评估】 市教委于6～11月对高等学校在京成人高等教育校外教学站进行检查评估。北方工大参检的4个校外教学站全部通过评估，其中房山、昌平、丰台3个教学站获评有办学特色校外教学站。在市2012年高等教育教学成果评审中，获特等奖1项，一等奖2项，二等奖8项，总计11项，获奖率为78.57%，高出市属院校平均获奖率55.74%近23个百分点，是学校近20年来教学成果所获奖项最多的一次。

（杨嵩松）

【国家级实验教学示范中心】 7月，北方工大“综合工程训练中心”被教育部批准成为“国家级实验教学示范中心”。

（杨嵩松）

【学生公寓、服务楼投入使用】 9月，学生十公寓、学生服务楼工程投入使用。学生十公寓工程总建筑面积1.28万平方米，地上4～10层，地下2层，房屋主要用途为学生宿舍用房。学生服务楼工程总建筑面积1.27万平方米，地上4层，地下1层，房屋主要用途为食堂、学生管理与服务用房等。

（杨嵩松）

【央视报道学生创意作品】 北方工大数字媒体技术专业学生参加由蒲公英国际青年创业驿站组织的创意产品推介会，展示开发的手机“疯狂的闹钟”APP、“梦想计算器”APP、“拼饭计划”策划方案等创意作品，受到企业专家好评。11月7日央视新闻频道和11月12日央视综合频道的新闻联播对此进行报道，引起社会广泛关注。“疯狂的闹钟”获得第四届全国大学生服务外包创业、创新大赛三等奖，以及最佳作品展示奖。

（杨嵩松）

9月，学生服务楼投入使用 （北方工大供稿）

【获批国家级校外实践教育基地】 教育部下发“关于公布地方所属高校‘本科教学工程’大学生校外实践教育基地建设项目的通知”（教高司函[2013]48号），北方工大和中关村石景山园联合申报的“北方工业大学－中关村科技园区石景山园工程实践教育中心”获批国家级大学生校外实践教育基地。

（杨嵩松）

【获高层次人才项目资助】 根据市教委“关于印发《北京市属高等学校高层次人才引进与培养三年行动计划（2013～2015年）》的通知”（京教人[2012]15号）和市教委“关于印发北京市属高等学校创新团队建设与教师职业发展计划实施意见的通知”（京教人[2012]14号），在学校推荐和专家评议的基础上，经市教育系统人才工作领导小组审定，北方工大2个团队入选创新团队、1人入选长城学者培养计划、8人入选青年拔尖人才培育计划。

（杨嵩松）

【国际交流】 年内，北方工大同巴西、格鲁吉亚、波黑、韩国等国的5所院校签署校际合作协议。同美国东田纳西州立大学、中田纳西州立大学、美国劳伦斯理工大学开展3＋2本硕连读项目。目前与学校开展长期稳定合作的学校达到12个国家24所高校。另外，还与16个国家的40余所高校签署合作协议。合作办学形式也更加灵活、多样、务实。

（杨嵩松）

【人才培养】 根据教育部“卓越工程师教育培养计划第三批学科专业名单”（教高厅函[2013]38号）得悉，北方工大"机械设计制造及其自动化"本科专业成功入选教育部卓越工程师培养计划。"机械设计制造及其自动化"本科专业是学校传统优势专业，也是首批从事本科生和研究生培养的专业之一。近年来，该专业在双师型师资队伍建设、校内实践教学平台建设、校企协作实践教学基地建设、大学生实践能力培养和职业资格认证等方面都取得长足进步。

（杨嵩松）

北京工业职业技术学院

【概况】 北京工业职业技术学院（简称北工职院）。占地面积24.01万平方米，产权校舍建筑面积19.25万平方米。全年教育经费投入39717.52万元，其中，国家拨款35327.52万元、自筹经费4390万元。固定资产总值57560.76万元，其中，教学、科研仪器设备总值38831.92万元。图书馆建筑面积5868平方米，藏有纸质图书55.07万册、电子图书9371GB。拥有计算机4651台，多媒体教室98间。学校信息化经费投入439.14万元，信息化设备资产10264.90万元，网络信息点3450个，校园网出口总带宽610Mbps，电子邮件系统用户450个，上网课程125门，数字资源量23245.77GB，管理信息系统数据总量55.6GB。设有7个系部，开设工程测量技术、机电一体化技术、通信技术和安全技术管理等高职专业33个，包括国家级重点专业5个、北京市重点专业7个。获国家教育教学成果二等奖2项，北京市教育教学成果一等奖3项、二等奖5项，国家级精品资源共享课程5门、国家级精品课程10门、北京市精品课程11门。教职工487人，其中，专任教师348人，包括教授及教授级高级工程师30人，副教授及高级工程师以上143人；博士26人，硕士283人；"双师型"教师212人。聘请校外教师142人。毕业生1687人，其中，高职生1660人、中职生9人、成人教育专科生18人。毕业生一次就业率98.37%，一次签约率85%。招生2567人，其中，高职生1872人、中职生488人、成人教育专科生207人。高考北京地区提档线文科152分、理科164分，单考单招159分。在校生7064人，其中，高职生4971人、中职生1571人、成人教育专科生522人。

地址：石景山区石门路368号
电话：51511004
邮编：100042
网址：www.bgy.org.cn

（谢光辉　白旭东）

【环渤海高职教育研讨会】 2月27日，环渤海高等职业教育合作工作研讨会召开。会议由教育部主办，北工职院承办，旨在推进环渤海高等职业院校的务实有效合作。会议重点围绕合作机制、合作模式以及提高人才培养质量等内容进行深入研讨，在合作组织扩容，开展教学、科研和招生就业三个层面交流研讨，加强优质资源共享、建立网络交流平台以及加强项目研究等方面达成共识。教育部有关领导、环渤海高等职业院校合作会议发起单位及部分成员院校负责人参加会议。

（谢光辉　白旭东）

【全国高职技能大赛获佳绩】 6月28日，全国职业院校技能大赛结束，北工职院学生成绩优异。获得高职组比赛一等奖7项、二等奖5项、三等奖3项，总成绩位居全市高职院校第一名，在全国高职院校中名列前茅。其中，连续三年在汽车检测与维修技能比赛中蝉联一等奖，连续两年在测绘测量赛项中获得多项一等奖。

（谢光辉　白旭东）

【信息化教学大赛获奖】 12月4日，教育部办公厅公布2013年全国职业院校信息化教学大赛获奖名单，北工职院7个教师团队参加比赛，全部获得一等奖。一等奖数量居全国第一，北京代表团获得优秀组织奖。该比赛于10月18～21日由教育部办公厅举办，来自全国37个省区市和新疆生产建设兵团667件作品、1168名教师参加比赛，经过网络初评与现场决赛，共决出一等奖67人。

（谢光辉　白旭东）

【与国家部门合作】 12月12日，北工职院与国家测绘地理信息局职业技能鉴定指导中心签署战略合作协议。根据协议，双方在测绘地理信息行业技术技能型人才培养与评价，测绘地理信息专业设置、教学计划制定、课程开发、教材建设等方面加强合作，搭建注册测绘师学习交流平台，共同推进测绘地理信息人力资源建设，为测绘地理信息事业发展提供人才保障和智力支持。

（谢光辉　白旭东）

【退役士兵培训】 12月13日，北工职院与区政府就退伍军人职业技能培训事宜签署合作协议。根据协议，学校对退役士兵进行培训并负责推荐就业，依托北工职院成立"石景山区退役

6月21日，全国职业技能大赛高职组获奖　（北工职院供稿）

士兵培训基地”;学校根据就业岗位需求情况,对退役士兵开展机电一体化技术和电子信息工程技术两个专业的职业技能培训,真正实现“入伍即入学、在伍有作为、退伍即成才”目标。这是该校推进军地融合式发展,继续与北京军区、区委区政府共同实施“强军育才工程”的重要举措。

(谢光辉 白旭东)

【与北方工大合作】 12月26日,北工职院与北方工业大学签署合作框架协议。根据协议,双方在师资队伍建设、教师交流、加强专业建设、实习实训基地共用、开展高职与普通本科分段培养、联合培养项目等方面开展深层次合作。

(谢光辉 白旭东)

【社会培训7500人次】 北工职院开展面向企事业单位职工的职业素养和职业技能培训。发挥国家级安全培训机构和北京市矿山安全生产培训基地作用,坚持开展各类安全培训。依托设在学校的北京市职业院校“建筑类专业教师培训基地”和“新教师入职培训基地”,组织全市职业院校师资培训。实施“强军育才工程”,推进军地融合式发展,为驻区部队现役士兵免费开展职业技能培训。至年底,共完成社会培训7500余人次。

(谢光辉 白旭东)

【探索中高职衔接新模式】 至年底,北工职院探索开展中高等职业教育衔接新模式。与区教委、黄庄职业高中三方联动,立足综合改革试验区大背景,紧密结合地区发展战略和定位,共同筹划和实施电子商务、会计电算化专业中高职衔接。以“企业需求”为过程导向前提下,确定以“三个方案”(一体化人才培养方案、课程开发方案、招生改革录取方案)为衔接主体的工作思路,对服务区域经济发展的中高职衔接进行探索,为构建现代职业教育体系积累经验。

(谢光辉 白旭东)

文化·传媒

北京作为全国的文化中心,是世界闻名的古都和历史文化名城,数千年来文脉绵延不断,底蕴深厚。石景山区作为北京市重要的功能拓展区,也拥有丰富且独特的文化资源。历史文化具有突出的古文化特征,涵盖古刹、宗教、古镇、墓藏和宦官等方面的内容。拥有33处各级文物保护单位。其中,国家级文物保护单位2处,市级14处,区级17处。区域内拥有西山八大处、石景山、天泰山和永定河等诸多山水资源,呈现出"一半山水一半城"的独特格局。对自然生态资源的合理开发利用,不仅能满足居民的休闲需求,而且还会为地区发展带来良好的经济效益。如,目前正在开发的永定河绿色生态发展带、西山八大处文化景区等,都是被看好的文化休闲项目。现代娱乐文化资源优势突出,主要体现在主题公园、数码娱乐、休闲体育、休闲购物等方面。北京国际雕塑公园是国家级的雕塑文化艺术园区,也是北京市十大精品公园之一;石景山区游乐园是国家4A级景区,建设布局在中国园林中融入欧洲城堡建筑风格,特色鲜明;同时,石景山区还是北京数字娱乐产业示范基地核心区;另外,还有老山自行车场馆、万达广场等休闲场所。工业文化特色鲜明。首钢具有近百年的冶炼史,作为一个时期的象征,留下了很多文化财富。文化基础设施较为完善,文化社团及从业人员众多,文化活动丰富多彩。现有国家一级图书馆2座、国家二级文化馆1座、电影院2个,剧场5座;各街道均建有街道文化站,全区140个社区中138个社区建有社区文化室,建有率98.6%;文化广场125个,其中1000平方米以上的社区文化广场27个;9个街道全部建有图书分馆、基层图书流动网点64个。文化从业人员2135人,文化创意产业从业人员2万余人,并且已经涌现出一批领军人才。石景山区不断对原有文化活动的内容内涵、表现形式进行创新。赋予古城之春艺术节、夏日文化广场等已经具有一定区域影响力的文化活动以新的时代内涵;结合春节、清明、端午、中秋、重阳等传统文化节日,组织顺应时代要求的主题活动。将文化活动植入文物景点,承接"清明诗会""舞动北京"等市级大型群众文化活动。这些传统文化活动的新呈现及新活动的不断组织,一方面丰富了当地居民的精神文化生活,另一方面也提升了石景山区的文化辐射力、影响力。

文　化

概　述

北京市石景山区文化委员会(简称区文化委),是负责全区文化艺术、文物、博物馆、文化娱乐、新闻出版和广播电影电视行业管理的区政府工作部门。年内,落实区十一次党代会精神,围绕区域转型发展,按照"求快、求好、求实"的工作总要求,在文化工作中以"文化兴区、文化惠民"为目标,充分发挥文化引领风尚、教育人民、服务社会、推动发展的作用。坚持先进方向、以人为本、创新驱动、多元融合、重点带动、强化特色原则,大力推进文化设施建设、文化惠民、品牌打造、文物保护、人才建设等重点工程,完善公共文化服务体系,提升服务能力,继续完善五个机制,深化五个转变,深入推进八项工程,促进地区文化事业繁荣发展。以节庆活动为契机,大力提升群众文化活动水平。以元旦、春节、古城之春艺术节、清明、中秋、重阳等重要节庆为契机,以"美丽石景山·幸福新生活"为主题,积极弘扬党的"十八大"精神、"北京精神""中国梦""美丽中国"等社会主义核心价值观,与北京军区战友文工团、中国京剧艺术基金会等专业团体合作,开展一系列群众文化活动,营造浓厚的文化氛围。重修缮,夯基础,建平台,文化遗产价值充分发挥。争取市级文物保护资金1.2亿元,对皇姑寺等文保单位进行修缮;完成2013~2015年文物保护工程项目库建设;完成灵光寺等2013年区文物保护工程项目的申报工作。启动法海寺安技防工程等8个文物保护工程。配合西山八大处文化景区建设,举办第二届禅林文化节系列活动,通过"百年辙痕——京西老物件征集"等活动充分挖掘展示京西文化内涵。编辑出版《永定河传说》等非遗项目丛书;组织实施10个非遗项目的论证报告撰写、修改、申报片拍摄等工作。以"扫黄打非"和打击非法出版物为重点,加大文化市场综合整治力度。做好"两会"、春节等重要节点的文化市场安全工作,开展网吧专项整治行动等十余次专项行动,严打非法政治出版物,确保文化市场有序规范。

地址:石景山区石景山路18号
电话:68607158
邮编:100043

(张　课)

群众文化

【概况】 年内,区文化委以"文化兴区、文化惠民"为目标,先后举办军民春节联欢晚会、第30届"古城之春"艺术节、第六届北京"清明诗会"、第九届"舞动北京"群众舞蹈大赛等主题文化活动。坚持先进方向、以人为本、创新驱动、多元融合、重点带动、强化特色的原则,着力提升公共文化设施建设水平,着力推进文化惠民工程,着力打造区域文化品牌,不断加强公共文化服务体系建设,推动本区公共文化事业建设再上新台阶。

(王肖北)

【军民春节联欢晚会】 2月5日,2013年石景山区军民春节联欢晚会在北京军区大礼堂举行。北京军区副政治委员黄建国以及军区司、政、联、装各部的首长,区领导荣华、夏林茂、赵玉民、岳德顺以及区四套班子的其他领导和来自全区各条战线的千余名群众、部队官兵欢聚一堂,共贺新春。活动以军地融合发展为主题,以综艺晚会的形式展现CRD建设和军民双拥共建成果,实现思想性、艺术性、群众性的高度结合。

(王肖北)

【第30届古城之春艺术节】 5~7月,第30届"古城之春"艺术节在全区范围内举办。活动以"美丽石景山,幸福新生活"为主题,分为"30年纪念性活动"

和“群众性赛事”两条主线。艺术节集艺术比赛、系列展演、图片展览、电视访谈、出版纪念画册和优秀作品集等活动为一体，内容丰富，覆盖面广，吸引近百支群众艺术团队、50余家社会单位、共举办活动210场次，近10万人次群众参加。其中，联合市级文化部门，面向全市举办“放飞梦想”－首届北京诗歌朗诵大赛，提升区域文化影响力；开展“美丽石景山·幸福新生活”器乐、合唱、舞蹈大赛，为群众艺术团队提供多样化的展示平台；组织来京创业者才艺大赛、残疾人文化周、职工艺术节、中小学生艺术节、家庭才艺展演、各街道“一街一品”系列展演等，针对不同人群的文化需求开展特色文化活动，进一步提升艺术节活动的覆盖面和参与度。逐步形成全区上下统一联动，社会各界共办文化，市、区群众广泛参与的良好格局。创办于1984年的“古城之春”艺术节，历经30年的发展创新，累计开展各类文化活动4000余场次，惠及群众300余万人，逐渐成长为石景山区参与面最广、参与人数最多、社会影响最大的品牌群众文化活动。

（王肖北）

【北京诗歌朗诵大赛】 6月23日，由市文化局、市文联、区政府联合主办的“放飞梦想”－首届北京诗歌朗诵大赛决赛在区广电中心举行。大赛以“美丽中国 美丽北京”为主题，于5月至6月在全市范围内开展，推出一批优秀原创诗歌朗诵作品及艺术人才。共有来自14个区县的293件作品、367名诗歌朗诵爱好者参加比赛。大赛参赛作品内容丰富多彩，原创作品比例达40%。参赛选手均为各区县选拔推荐的优秀朗诵人才，其中年龄最大的87岁，最小的5岁。经过层层选拔，共有30个少儿组作品、30个成人组作品进入最终决赛。经过激烈角逐，由曾柔朗诵的“假如我是蜗牛”，满运杰朗诵的“生命的激情”，王萍香、张喜莲朗诵的“大杂院小胡同”等作品脱颖而出，取得优异成绩。“我们的太阳”“燕州梦谣”等作品获得原创作品奖。

（李　威　王肖北）

8月30日，夏日文化广场活动　　（区文委供稿）

【文化交流演出】 6月24日，新疆维吾尔自治区和田市玉都文工团赴京文化交流演出在区文化馆百姓剧场举行。和田市文广局书记买买提·艾力，北京文化艺术活动中心副主任等出席活动并和在场200余名观众共同观看演出。活动旨在促进石景山区同新疆各族群众的文化交流，为百姓了解新疆文化搭建交流平台。

（王肖北）

【夏日文化广场活动】 7月19日，第30届“古城之春”艺术节闭幕式暨2013年夏日文化广场开幕式在区文化馆百姓剧场举办。本届夏日文化广场活动于8～9月期间开展。活动突出勤俭节约、形式多样、门类齐全、专群结合等特点，采用公益演出和公益电影放映相结合形式，将文化活动送到基层，送到社区，送到群众身边。依托社区文化广场平台，引进中国评剧院、盛世梨园、世纪英蒙艺术团等专业院团深入街道社区进行公益演出，让市民群众在家门口就能观赏到综艺、戏曲、杂技等多种门类的高水平的文艺演出。本次活动本着勤俭节约办文化的原则，在保证活动效果的前提下，在演出灯光、舞美、后勤保障、演员等方面均做到低投入高水准。先后走入八角街道、苹果园街道、驻区部队等基层单位，以“庆祝建党92周年”“八一建军节”“迎国庆”、交通法规宣传等为主题的综合性文艺演出近20场次、公益电影30场次，惠及群众2万余人次。

（王肖北）

【非遗项目专场演出】 10月1日，以“古韵京西”为主题的石景山区非遗项目专场演出在门头沟永定河文化广场举办。该演出是第七届中国北京永定河文化节系列活动的重要组成部分，也是本区“夏日文化广场”活动期间开展区县文化交流展示的重要活动。区文化委向门头沟区文化委赠送本区非物质文化遗产丛书——国家级非遗项目《永定河传说》书籍。

（王肖北）

【北京重阳诗歌会】 10月13日，在八大处公园举办“敬老重阳 放飞梦想”——石景山区2013年重阳诗歌会暨禅林文化节闭幕式活动。活动由区委宣传部、区社工委、文明办、文化委、民政局、西山八大处文化景区管委会主办，八大处公园管理处、区文化馆、北京万方荣辉文化发展有限公司承办。诗歌会通过歌曲、小品、诗朗诵等多种艺术形式，弘扬“尊老、敬老、爱老、助老”的传统美德。区文化委对整体节目主基调进行把控并负责部分节目的组织协调。

（王肖北）

【承办群众舞蹈大赛】 11月30日，由市文化局主办，北京文化艺术活动中心、区文化委承办的“舞动北京－群众舞蹈大赛”原创精品节目展演活动在石景山体育馆举办。市文化局局长陈冬等出席活动。演出以历届比赛精品节目展演为主，分五个篇章共20个节目。“舞动北京－群众舞蹈大赛”已成功举办8届，成为首都具有影响力的群众文化品牌。区文化委作为承办单位之一，就参演团队接待、场地提供、安全后勤保障、观众组织等工作进行安排部署，确保活动有序开展。

（王肖北）

【基层文化设施建设】 年内，区文化委完成40项公共文化设施项目的申报工作，争取市级文化发展资金1500余万元用于区文化馆、区图书馆、区少儿图书馆以及街道社区的基础文化设施建设。完成30项基层文化设施项目建设。重点完成八角街道文化广场改建工程；金顶街街道文化活动中心改建工程及音响设施配备；为八宝山街道西里南社区、四季园社区、三山园社区、社区学院建舞蹈室、图书室并安装LED灯及音响设备；全力推进鲁谷社区半月园文化广场扩建工程和鲁谷人防工程改建社区文化室内部设施配置工作。完成区文化馆百姓剧场改造，图书馆基础设施改造升级和少儿馆外立面亮化等工程项目。

（王肖北）

【非遗保护】 区文化委编辑出版《永定河传说》等非遗项目丛书。组织实施10个非遗项目的论证报告撰写、修改、申报片拍摄等工作。结合“通背拳”等武术项目开展非遗武术项目进校园系列活动，开展中国文化遗产日等主题宣传活动。建立北辛安小学太平鼓传承示范点，加大活态传承力度。依托两图《永定河传说》传承教育基地开展民间传说故事传承活动，有力推进非遗传承工作。

（王肖北）

【文艺创作】 区文化委结合区域历史文化内涵和CRD建设成果，创编一批反映传统历史文化、展现区域转型发展成就、弘扬“北京精神”的文艺作品。由区文化馆创编的“映山红·记忆”在2013奥运社区大舞台活动中获得时尚流行舞第一名。歌曲“孔子说”获得第十届中国艺术节优秀演出奖、全国第十六届“群星奖”优秀表演奖。

（王肖北）

【文化馆阵地建设】 区文化委丰富文化馆阵地服务项目和内容。以文化馆为主阵地，实现文化辅导培训菜单式服务，实施基层文化干部培训工程，开展合唱指挥、诗歌朗诵、活动组织策划等文化艺术培训15期，培训干部1300余人次；创新引进周末剧场演出落户文化馆。采取“公益演出、公司运作、政府购买、百姓受益”运行模式，引进中国评剧院、北京歌剧舞剧院、北京儿童艺术剧院等数十家优秀文艺院团、40余部优秀剧目演出，为群众提供低票价观看高水平演出的平台。

（王肖北）

6月10日，区文化遗产保护中心成立　（区文委供稿）

图书馆

【概况】 全年，区图书馆和少儿图书馆共办理借阅证19908个，接待读者63.09万人次，外借图书67.63万册，送书下基层326次、14.79万册次，开展讲座、演出、征文、比赛、展览等读者活动435场次，参与人数达8.52万人次。区图书馆全年代检索课题25项，编制二次文献4种。区少儿图书馆（区少儿支中心）以过硬的硬件设施和优质的文化惠民活动，荣获文化部颁发的“全国文化信息资源共享工程·公共电子阅览室示范点”称号，成为全国仅有的两个获奖少儿馆之一。

（王肖北）

【青少年健康教育基地】 区图书馆与区计生委联合设立“青少年健康教育基地”。1月29日，首场讲座在区图书馆举办，由中国计划生育协会青春健康教育主持人杨光主讲。活动为参加讲座的青少年学生提供相互交流内心困惑和需求的平台。

（王肖北）

【第三届换书大集】 4月19～20日，在少儿图书馆内举办“换书大集”活动，两天的活动参与人数达到500人，收到读者图书上千册。交换活动不仅盘活读者手中的闲置图书，也吸引读者对少儿图书馆的关注，提升社会影响力。图书馆为百姓提供一个“分享阅读，交换快乐”的场所，让图书“走”了起来。

（王肖北）

【第五次评估定级】 5月，市专家评估组对区图书馆和区少儿图书馆进行第五次全国公共图书馆评估定级检查。评估组按照“地、市级图书馆评估标准”，通过听取汇报、审阅材料、问卷调查、实地查看等方式，对2009年以来的各项工作进行全面评审。在本次评估定级工作中，区图书馆和区少儿图书馆均再次被评为国家一级图书馆。

（王肖北）

【诵读比赛】 8月14日，来自九个街道的26名选手参加在区图书馆举办的“实现中国梦,先从读书始”全民诵读比赛。选手通过演讲的方式全方位、多角度地展现各行各业的典型事例。活动调动全区诵读爱好者的参与热情,展现诵读的艺术魅力。

(王肖北)

【名家讲坛】 10月25日,国家审计署退休干部、前国务院副总理邓子恢的女儿邓小燕做客区图书馆“名家讲坛”。邓小燕介绍其父母一生的革命历程,以及本人作为红色后代的人生道路。社区居民、学生、部队战士等100多人聆听讲座。

(王肖北)

【文化助残】 在第23个“全国助残日”到来之际,区少儿图书馆来到区培智学校开展“我们在一起 拥抱中国梦”的助残活动。活动中,区少儿馆将纪念画册送到培智学校和少儿馆的每一位残疾读者手中,用实际行动为残疾儿童送去关怀与服务。

(王肖北)

【少儿特色读书】 区少儿图书馆阵地活动频频出新。先后开展主题为“我爱美丽的北京”系列活动、“小小书虫俱乐部”“开心菜园-我是小小园艺家”蔬菜种植活动、“小叮当手偶剧表演”“儿童阅读体验剧”等多种特色活动。以读绘本、做手工、画图画等一系列方式开发小读者智力、培养小读者兴趣、促进亲子融洽的读者活动,受到小读者欢迎。

(王肖北)

文物管理

【概况】 文物系统深入学习贯彻党的十八大精神,使文物工作在传承文化发展,弘扬社会主义核心价值观,提升百姓文化民生、服务社会、促进发展等方面发挥重要作用,把文物安全和执法工作作为重中之重,进一步树立大文物、大安全意识,进一步完善政府主导、社会协同、公众参与的文物安全执法工作机制,在提高全社会公民文物保护意识上下功夫,在完善机制创新方法、提高水平上寻突破,确保文物安全,促进地区文物事业发展。

(贾卫平)

【文物保护】 区文化委先后完成皇姑寺、慈善寺、姚家寺塔、涌泉寺、模式口76号院、田义墓修缮工程,法海寺、慈善寺安技防工程8个文物保护工程的招投标工作。同时完成2013~2015年文物保护工程项目库建设;完成当年和下年文物保护工程项目申报工作。当年度市、区两级财政投入文物保护突破1.2亿元。同时,区财政加大对文保单位基础设施的投资力度,投入200余万元,对法海寺、承恩寺、慈善寺、显应寺、冰川馆等文物保护单位,进行水电、消防设施以及锅炉低硫化处理等改造工程,排除这些单位存在的安全隐患。

(贾卫平)

【文保工程项目库】 区文化委完成2013年本区文物保护工程项目申报工作,共计16个工程项目,12887.69万元。其中:1、上石府村龙王庙修缮工程,516.89万元;2、五里坨王家院修缮工程,301.05万元;3、贤良寺塔修缮工程,26.06万元;4、史履晋别墅修缮工程,211.34万元;5、显应寺智能化监控广播系统工程,84.02万元;6、显应寺直击雷防护工程,113.91万元;7、显应寺报警电子围栏系统工程,28.64万元;8、西山八大处灵光寺修缮工程(含消防、防雷工程),1274.49万元;9、西山八大处龙王堂修缮工程(含消防、防雷工程),1378.85万元;10、西山八大处证果寺修缮工程(含消防、防雷工程),1091.21万元;11、八大处姚家寺修复工程,1238.73万元;12、八大处清凉寺修复工程,6241.51万元;13、清凉寺、姚家寺考古发掘工程,107.33万元;14、西山八大处龙王堂智能化安全防范系统工程,96.28万元;15、西山八大处宝珠洞智能化安全防范系统工程,80.94万元;16、西山八大处宝珠洞直击雷防护工程,96.45万元。为做好文化遗存传承提供资金支持和保障。

(杨晓红)

【八大处景区规划建设】 区文化委争取到北京市历史文化保护区专项资金1704.75万元。启动西山八大处三处三山庵修缮工程、西山八大处六处香界寺修缮工程、西山八大处七处宝珠洞修缮工程。同时,完成西山八大处文化景区内文物保护单位5个修缮工程项目3个安技防工程、2处遗址考古发掘工程项目的申报工作,为西山八大处文化景区建设夯实基础。

(杨晓红)

【实施惠民工程】 区文化委会同区文物保护协会,编辑完成《灵秀石景山》。书中收录区文史专家撰写的43篇文章,11万字、160张图片,内容涵盖地区历史、地理、社会、人物等诸多方面内容。编写《石景山区文物简介》,全面、系统、准确地反映全区100处文物保护单位的地域文化、风土人情、景区风貌。该书将作为讲解词工具书向全区文物使占单位推广。在冰川馆举办“走进冰川馆”系列活动。其中与北京市第九中学共同举办“冰川馆里过大年”主题活动;与九中、瑞典交流学生举办模拟联合国辩论大会活动;接待延庆八里庄小学190名师生到冰川馆体验活动;参加金顶街街道寒假“科普之旅”、模式口南里居委会居民7·1主题活动;走进佳汇中学举办“中国古钱币文化漫谈”讲座、金顶街二小自然与环境保护知识讲座等。

(杨晓红)

【弘扬京西文化】 区文化委利用区域文物资源优势,先后开展博物馆里过大年、国际博物馆日、中国文化遗产日主题宣传活动等。禅林文化系列活动相继在法海寺、承恩寺、慈善寺、西山八大处成功举行。通过系列活动,弘扬京西文化,进一步宣传石景山,扩大区域影响力,发挥历史文化资源的辐射作用,提升和传播区域文化形象。

(杨晓红)

文化市场

【概况】 全年区文化委共接待咨询办事人员2000余人次,共受理各类行政许可23件,其中新审批歌舞娱乐场所2家,营业性演出5场7次,出版物发行单位16家。受理各类变更事项41家次。完成年度审核换证219家。其中歌舞厅33家、网吧36家、电影院2家、文艺表演团体8家、书店117家、印

刷企业23家。同时，相继开展网吧专项整治行动、“两会”期间出版物市场专项整治行动、淫秽色情信息专项治理“净网”行动、查堵反制香港反动出版活动专项治理“清源”行动、整治销售非法出版物游商集中行动、文化市场安全生产专项整治行动、火灾隐患攻坚整治“铁拳”行动以及非法报刊专项治理“秋风”行动等多项专项行动。共出动执法人员2100余人次，出动执法车辆360余台次；检查文化市场经营单位达2000余家次；立案62起，罚款20.4万元，没收违法所得1.334万元；收缴盗版图书500余册，盗版光盘2万余张；取缔游商20余人次，落实群众举报27起。

（赵 勤 王艳君）

【知识产权日宣传】 4月26日，世界知识产权日到来之际，执法队在区少儿馆开展4·26世界知识产权日版权保护走进青少年、进社区宣传活动。执法队向参加宣传活动的广大青少年及家长、社区居民发放制作精美的宣传海报和涉及版权知识的小书签等有关知识产权的宣传材料4000余份，为市民解答专利、商标、版权等有关问题80余次，宣传普及知识产权法律知识受教育群众达5000人。

（赵 勤 王艳君）

【禁毒知识宣教培训】 6月20日，区文化委行政执法队联合公安分局禁毒中队对辖区娱乐场所业主进行禁毒知识宣传教育培训，全区33家文化娱乐场所60余位法人和负责人参训。播放禁毒宣传片，原市公安局毒品检验鉴定中心、现北京通达首成司法鉴定所毒检室主任分析新型毒品的概念、种类、危害等；市禁毒总队监督管理大队副大队长就歌舞娱乐场所如何防范新型毒品及《禁毒法》《娱乐场所管理条例》等相关法律知识进行讲解。与文化娱乐场所法人、负责人签订“文化娱乐场所从业人员禁毒责任书”和“承诺书”，表示坚决杜绝毒品在娱乐场所滋生。

（赵 勤 王艳君）

【整治销售非法出版物】 6月25日～7月6日，在全区开展整治销售非法出版物游商集中行动工作，严厉打击制作、销售、储运非法出版物的违法行为，特别是重点地区、交通枢纽、旅游景点、繁华街区游商兜售非法出版物行为。区文化、公安、工商、城管和各街道办事处加强市场巡查，特别是中午、傍晚等重点时段，实施高密度巡查。对销售非法出版物的游商，一律清查取缔；对其销售、存储的非法出版物，一律收缴、登记、销毁；对涉嫌销售非法出版物问题严重的游商，一律立案追源，力求在查处传播源头、印刷窝点、重点案件上取得突破。

（王艳君）

【惠民月电影展映】 9月1日至10月中旬，本区开展“文化惠民月电影展映活动”，实行进社区免费放映。区流动放映队在全区九个街道30个社区，共放映“十二生肖”“人在囧途之泰囧”等影片30场次，观影观众达4580人次，受到群众好评。

（赵 勤）

传　媒

广播电视

【概况】 石景山区广播电视中心（简称区广电中心）围绕中心，服务大局，发挥电视媒体的职能作用，为辖区深化全面转型营造良好的舆论氛围。全年制作播发新闻1800条。在市以上电视媒体播发新闻443条，其中央视播发16条，北京新闻播发84条。拍摄制作各类专题片48部。组织、策划并录制电视文艺节目5场。各类自办专题、栏目制作播出共计1020期。其中“石景山新闻”播出252期，新闻专题栏目“记者视线”播出209期，“法治聚焦”“百姓DV”等社教类电视栏目制作播出373期，区县合作栏目“区县风采”播出186期。“记者视线”加强对突发性事件的纪实报道。关注热点问题。对民生问题强化深度报道。“石景山服务，助力区域成功转型”“为群众办实事，惠民生得民意”“碧水蓝天绕京城”“智慧金顶街”等分别在市以上电视台新闻报道中播出。走“贴近”之路，办好百姓系列栏目，新推出一档“百姓诵读”栏目。参加京内外各项业务交流活动，专题片“品味承德”获“聚焦承德”活动电视专题片类一等奖。“三番照片两番景”“好人好事”“京城汉子”三部专题片，受到业内同行和市局领导、专家肯定。整个制作过程既锻炼、凝聚队伍，又充分体现“作风过硬、业务精良、勇于担当、甘于奉献”的广电精神。在受诸多因素影响，创收工作困难重重的情况下，各一线创收部门积极应对，较好完成创收任务。全年实现总收入1613万元，其中事业创收898万元。基本实现年初预定目标，全年结余191万元，为今后发展打下了坚实的物质基础。

地址：石景山区古城大街61号
电话：68849799
邮编：100043

（张 凡）

【新闻栏目】 区广电中心全年制作播发新闻1800条。在市级以上电视媒体播发新闻443条，其中中央台播发16条，北京新闻播发84条。拍摄制作各类专题片48部。组织、策划并录制电视文艺节目5场。各类自办专题、栏目制作播出共计1020期。其中“石景山新闻”播出252期，新闻专题栏目“记者视线”播出209期，“法治聚焦”“百姓DV”等社教类电视栏目制作播出373期，区县合作栏目“区县风采”播出186期。新闻部积极策划主题新闻，力求全面、充分、及时的报道全区重点工作。在“石景山新闻”中开设12个主题板块和系列报道。相继推出“学习十八大报告”“学习宣传三中全会精神”“周末好去处”等系列报道，使新闻内容更加丰富、更加贴近实际、贴近群众、贴近生活，主题特色更加鲜明。“记者视线”加强对突发性事件的纪实报道。关注雾霾天气、雅安地震、H7N9型禽流感等热点问题。对“农超对接”等便民菜篮子工程、疾病预防、食品用药安全、就业等百姓关注的民生问题强化深度报道。围绕“三八”、清明等节庆和八大处茶文化节、京西消费节、世界环境日等重点活动，开展深度报道，突出“记者视线”新闻评论的效果和作用。积极与市以上媒体记者沟通,策划选题,并将全年目标任务落实到人。新闻部主管主任抓策划、责任编辑抓选题,编辑记者抓落实,将外宣任务落实到每位编辑记者。新闻"石景山服务,助力区域成功转型""为群众办实事,惠民生得民意""碧水蓝天绕京城""智慧金顶街"等分别在市以上电视台播出。

(张 凡)

【百姓栏目】 区广电中心在继续做好百姓系列栏目的同时,又新推出一档"百姓诵读"栏目,全年播出13期。打造百姓系列栏目,使之成为便民、助民、乐民的一项工程,成为开展群众性精神文明创建活动的一个载体。

(张 凡)

【节目创优】 区广电中心在原有节目审查制度的基础上,推出科级领导监审制度。由科级干部轮流监审中心播出的节目,每月写出监审报告。这项制度对提高自办节目制作水平起到促进作用。中心积极参加北京市以及外省市组织的业务交流活动,在"京津"市县区电视媒体"聚焦承德"活动中,记者编辑与同行交流中开拓眼界,中心选题拍摄的专题片"品味承德"获活动组织方电视专题片类一等奖。在市局组织对十四区县竞标拍摄公共服务类节目评比中,中心组织策划拍摄的"三番照片两番景""好人好事""京城汉子"三部专题片,受到业内同行和市局领导、专家肯定。广电中心3位主持人参加京津沪渝四市主持人大赛,获一银两铜好成绩。电视栏目"法制聚焦"荣获北京市广播影视优秀作品奖;参与北京电视台报道的"7·21大雨"新闻,入围全国好新闻评比。

(张 凡)

【高清体系】 区广电中心积极推进高清电视制播存平台建设。起草广播电视高清制播存体系建设实施方案,并向区领导以及相关单位作专题汇报,形成报会文件。技术播出部对中心历年来录制的文艺节目进行整理,对节目各种具体信息内容进行汇总编目,整理出自1997年以来的文艺节目102场,单体节目数量在500个以上,并全部刻成光盘保存,方便中心各部门对以往文艺节目资料的引用。广电中心高清媒资系统通过市局验收,成为14个区县中第一家可以与北京电视台互传高清素材的区县媒体。

(张 凡)

石景山报

【概况】 《石景山报》为中共石景山区委机关报,由区委宣传部主办。主要职责是:宣传区委政策方针,反映基层工作动态,报道先进典型事迹;在首都主流报刊和电台做好本区新闻宣传,负责与新闻媒体联系,办好石景山宣传网等。年内,编辑部全体同志紧紧围绕全区中心工作,服务大局,牢牢把握正确舆论导向,坚持团结稳定鼓劲、正面宣传为主的方针,以深入创新为途径,以"零差错"为目标,集中力量、提前策划,全年编辑出版《石景山报》100期,共1200版,办报质量不断提高。开展"走基层、转文风、改作风"活动,坚持"三贴近",开辟学习宣传贯彻十八大精神专栏,围绕重点工作,深入基层一线开展采访报道,采编各类新闻报道近6000篇,约460余万字,达到增信心、聚人心的宣传效果。围绕学习宣传贯彻十八大精神开展工作,全年刊登各类文章200余篇,约100万字,与科委园区合办《石景山区可持续发展通讯》,编印4期。为地区繁荣发展作出新贡献。

地址:石景山区石景山路18号
电话:88699820
邮编:100043

(杜 雷)

【"十大新闻"评选】 1月17日,"京西电子市场杯"《石景山报》2012年度十大新闻评选会召开,"2012年防汛救灾总结表彰大会隆重举行""寿山福海成为北京市首个五星级养老机构"等10条新闻榜上有名。此次入选的10条新闻,从不同侧面反映本区一年来大力深化经济结构调整,在政治、经济、社会、文化各领域所取得的发展成果。其中,"我区一级好天又创新高""石景山区绿化覆盖率、人均公共绿地面积居六城区之首"反映生态治理所取得的成果;"首届2012'闪耀北京'光影文化季在本区举办""第七届中小企业电子商务大会在石景山区举行"反映在经济领域战略转型取得的新突破;"100名身边榜样受表彰"反映和谐社会建设;"蔬菜零售网络'3+1'模式受欢迎"突出反映区委区政府重视民生工程所做出的努力。

(杜 雷)

【"画"说石景山】 3月6日,在第十二届全国人大第一次会议北京代表团第三次全体会上,全国人大代表荣华拿出3张时间跨度近半个世纪的照片,展示不同时期石景山空气质量的变化,也展示着不同发展阶段北京市民

1月31日,"十大新闻"评选颁奖 (石景山报供稿)

对于美好生活的向往。《政府工作报告》提出，要大力加强生态文明建设，下决心解决好关系群众切身利益的大气、水、土壤等突出环境污染问题，推进生态文明建设，共建美丽中国。让北京代表团各位代表对于进一步改善环境质量充满信心。

（杜　雷）

【重要会议报道】 《石景山报》全力报道年度重要会议工作思路、主要目标和工作措施。主要报道区人大十五届三次会议，区政协九届二次会议，政府工作会，党务工作会，四套班子联席会，第七次经济发展推进大会，党风廉政建设工作会等重要会议，关注代表、委员的意见和建议。仅“两会”期间就专访30名人大代表和政协委员，报纸还在民主法制版为代表、委员参政议政开辟了专栏。在北京市第十四届人大一次会议期间，市长王安顺参加石景山代表团讨论，《石景山报》派记者到会议中心采访，并作重点报道。

（杜　雷）

【重点工程报道】 《石景山报》围绕本区实施重点工程、便民工程、济困工程及扩大内需、惠及民生、加快转变发展方式等重点工作，组织专题报道，深度报道，系列报道。同时发挥专栏优势，积极同各办栏单位协作，做好“市政前沿”（市政管委）“城市美容师”（环卫中心）“靓丽城市”（城管大队）“红盾风采”（工商分局）“劳动保障”（人力社保局）“绿色石景山”（环保局）“开启健康之门”（卫生局）“情系我的兄弟姐妹”（区残联）等专栏，展示全区各项工作的成就和亮点。

（杜　雷）

【推介“石景山服务”】 利用《石景山报》，将“石景山服务”品牌做深做细。发挥区域媒体优势，服务于区域经济社会发展，全力打造“石景山服务”品牌。编采消息及时报道，对重大政策、服务信息、重大活动等进行全方位报道，全年共刊发各类稿件200余篇，其中头版刊发20余篇。开设专栏重点报道，与区人力社保局、住建委、民政局、妇联等单位合办专栏30余个，宣传区域经济发展规划、招商引资政策、帮扶企业措施、经济建设成果；与科委园区合作，全年共制作经济类专版40余块，在不同程度上反映经济领域所取得的成绩；与区委组织部合作，开办“石景山区优秀企业家”“石景山区科技人才”系列报道，共报道明星企业和企业家50次，收到良好社会反响。策划选题特别报道，联合区科委园区、工商联、海联会在全区范围内，以《石景山报》、石景山信息网、石景山统一战线网、石景山非公经济信息网为平台，开展非公经济领域统战系列报道。以“每期一个专版、每版一个企业”的方式，在全区范围内宣传驻区企业，连续报道20家驻区民营企业。通过系列报道，为企业交流经验、学习借鉴搭建平台，使非公经济人士在参考比较中发现企业自身成长中的问题，推动非公经济发展探索新思路和新途径。

（杜　雷）

【民生问题报道】 民生问题是区委区政府的重点工作任务。《石景山报》开辟专栏，对有关领导进行专访，组织评论员文章，营造舆论氛围。为劳动就业、住房保障、医疗、帮困等政策进行解读，围绕就业援助月活动宣传就业创业先进典型，开辟专栏8个，刊登各类报道100余篇。加大对社区的报道，开辟社区新闻、社区人物版面，宣传正面典型人物和故事。全年报道社区人物20余名，成为报纸的品牌栏目。加大贴近百姓的宣传，开辟卫生健康、民主法制、百姓生活、市民学校、消费维权等版面。特别对医疗制度改革，生产、食品、药品安全生产，居民文明养犬，黑车治理、烟花安全燃放等工作进行大量重点报道。

（杜　雷）

【国防建设报道】 《石景山报》围绕国防建设开展情况，抓住全民国防教育日、“八一”和“春节”军地走访慰问和军民共建开展活动时机，抓住民兵整组、训练、征兵、重大活动时机，抓住学校德育教育时机，抓住国际国内形势教育时机，安排记者，进行重点报道，做到图文并茂，为群众所喜闻乐见。设立固定的国防教育专栏，宣传国防知识。读者普遍认为收获大，不仅了解国防知识，对军事知识有更加浓厚的兴趣，更重要的是在自理、自立以及身体素质、纪律等方面也有很大提高；在重要时点刊登专版，加大报道力度，集中报道，做到国防教育专题宣传进入街道、进入社区、进入校园、进入企业、进入机关、进入部队，确保国防教育进家入户，深入人心。

（杜　雷）

北京 2014 石景山年鉴
BEIJINGSHIJINGSHANNIANJIAN

医疗卫生

石景山区医学重点学科建设项目启动会暨授牌仪式

北京市石景山区卫生局(简称区卫生局)是区政府负责本区卫生工作的职能部门。10月31日,区卫生局与区食品药品监督管理局联合发布“关于餐饮服务食品安全工作职能调整的公告”,自11月1日起,区卫生局不再受理餐饮服务食品安全许可申请,不再受理有关餐饮服务食品安全的投诉举报,大型活动保障中的餐饮服务食品安全监管工作亦由卫生行政部门划转到食品药品监督管理部门。截至年底,辖区有各级各类医疗卫生机构208个(含北京朝阳医院西院、北京军区总医院西院、首钢矿山医院及矿山地区社区卫生服务站1个和医务室2个),其中医疗机构203个(三级医院4个,二级医院8个、一级医院14个、社区卫生服务中心9个、社区卫生服务站43、门诊部及以下医疗机构125个);其他卫生机构5个。实有床位4628张。全区卫生技术人员7649人,其中执业(助理)医师2905人、注册护士3466人、药师(士)447人、检验技师(士)268人、影像技师(士)91人、其他卫生技术人员472人。编制床位5149张,实有床位数4628张(其中实有医院床位数4513张)。平均每千常住人口拥有床位数、卫生技术人员数、执业(助理)医师数、注册护士数分别为7.19张、11.88人、4.51人、5.38人。全区医疗机构门诊6155303人次,同比增长14.34%;急诊339976人次,同比增长1.50%。入院96082人次,同比增长10.52%;出院95709人次,同比增长9.19%;住院手术45935人次,同比增长7.87%;门诊次均费用349.25元,同比增加3.71%;住院次均费用16652.44元,同比增长9.94%;药品收入占业务收入54.88%,同比增长0.17个百分点。其中,二级以上医院门诊3774395人次,同比增长12.20%;急诊302867人次,同比增长2.50%;出院92258人次,同比增长8.80%;住院手术45348人次,同比增长8.20%;门诊次均费用414.81元,同比增加5.80%;住院次均费用16704.08元,同比增长10.79%;药品收入占业务收入48.04%,同比提高0.50个百分点。社区卫生服务机构全年门急诊1723374人次,同比增长23.20%。组织献血258.94万毫升,同比增长24.75%,医疗用血170.86万毫升,同比增长0.43%。全区甲、乙类传染病报告发病率177.22/10万,国家免疫规划疫苗接种率保持在99%以上,孕产妇系统管理率97.23%,孕产妇死亡率0,婴儿死亡率2.90‰,5岁以下儿童死亡率3.23‰。区人均期望寿命81.39岁,疾病死因顺位前三位依次为恶性肿瘤、心脏病和脑血管病。石景山区被评为首批“全国餐饮服务食品安全示范区”“北京市慢性病综合防控示范区”。广宁街道社区卫生服务中心被评为“全国示范社区卫生服务中心”,金顶街社区卫生服务中心被为“北京市示范社区卫生服务中心”。区卫生局获“首都文明单位”“北京市卫生监督绩效考核优秀单位”“北京市无偿献血工作先进集体”等荣誉。

地址:石景山区体育场南路6号院
电话:68873891　68879937
邮编:100043

(刘　喆　赵超英)

卫生改革

概　　述

在区医改领导小组各成员单位共同努力下,对医改难点任务予以重点推进,完善区属公立医院管理委员会工作机制,稳步推进公立医院改革。制定“石景山区医疗机构设置规划(2013~2015)”,进一步完善医疗服务体系;积极探索康复医疗体系的建设。至年底,医改工作在建设基本医疗保障制度、建立基本药物制度、健全基层医疗服务体系、促进基本公共卫生服务均等化及推进公立医院改革试点等区深化医药卫生体制改革八个方面的44项重点工作任务基本完成。职工医保平均参保率97.4%,居民医保住院费用支付比例提高到70%;基本药物制度实施范围涵盖规划内所有政府办及非政府办社区卫生服务机构;在年中、年末对区属公立医院改革情况实施考评;完善社会办医绿色通道,社会资本举办医疗机构达111家;医联体建设方案初步形成,三级康复医疗服务体系不断完善;进一步完善药品供应保障体系;推进区域卫生信息平台建设;进一步提升公共卫生服务均等化水平。全年投入医改资金23590万元,比上年增长20.1%。在全市2012年度医改工作考核中,石景山区医改责任书完成情况、医改工作推进情况为第一档全市排名第三,医改创新情况为第二档全市排名第八。石景山区加强引领作用,积极探索政府购买公共卫生服务;统筹医疗资源,创新工作模式,深入推进康复医疗服务体系建设的医改创新做法在全市进行交流。

(刘　喆　刘媛媛)

【公立医院改革】 区医改办印发区属公立医院目标管理考评细则。由区医院管理委员会办公室牵头在年中、年末对区属4家公立医院进行目标管理考评。考评结果作为对医院领导班子成员聘任的重要条件、政府对医院服务补偿的重要依据和审批重大项目的重要参考。4家公立医院诊疗1622365人次,同比增长10.69%。根据区属公立医院改革要求,区卫生、财政、人力社保、监察多部门联合对区属4家公立医院进行考评。严格规范购买大型设备和申请贷款等行为,禁止公立医院举债建设。

(刘　喆　刘媛媛)

【社会资本办医】 截至年底,社会资本举办医疗机构111家,占全区医疗机构54.68%。年内,落实北京市“关于进一步鼓励和引导社会资本举办医疗机构若干政策”,将民营医疗机构的设置审批作为重点招商引资项目之一,建立社会资本举办医疗机构设置审批的绿色通道,对符合设置条件的申请人或申请机构,优先审核材料,缩短审批时限,及时送达医疗机构设置批准书。

(刘　喆　刘媛媛)

【基层医疗机构改革】 区卫生局完善基层医疗卫生机构补偿机制,继续政府举办机构实行收支两条线管理、非政府举办机构实行购买服务管理，同时不分举办类型，对基层医疗机构的零差率药品销售、返聘专家、公共卫生等工作进行专项补偿，确保基层医疗卫生机构正常运转。推进基层改革重点工作：重点推进家庭医生式服务工作，累计签约157013户、402885人，签约率63.0%；开展基层医疗卫生机构与大医院转诊预约工作，建立健全分级诊疗、双向转诊制度，全年预约转诊10737人次（含一老一小转诊），上转14017人次，下转655人次。

（刘 喆 刘媛媛）

【完善医疗保障体系】 本区实现城镇职工基本医疗保险（简称职工医保）、城镇居民基本医疗保险（简称居民医保）的平均参保率稳定在96%以上。居民医保政策范围内住院费用支付比例达到70%。调整社区用药报销范围，增加治疗常见病、慢性病、老年病药品共计224种。落实城乡特困人员重大疾病医疗救助政策，人力社保部门解决因病致贫，救助特困人员25个单位33个人，拨款64万元；卫生部门解决低保特困人员住院救助10人，直接免除住院费用3.03万元，贫困精神障碍患者免费服药2254人次，投入资金30.85万元；民政部门累计审批医疗救助5623人次，支出医疗救助金591.71万元，其中重大疾病救助71人次，涉及资金29.22万元，住院押金减免5人次，涉及资金2.18万元。加大医保监管和查处力度，全年专项检查126户次，约谈23家定点医疗机构的院长及相关负责人，查处违规并拒付不合理费用46.8万元，追回不合理费用39.8万元。

（刘 喆 刘媛媛）

【完善基本药物制度】 区食药监局落实基本药物制度，结合基层医疗卫生机构功能定位、用药特点以及基本医疗保险用药目录，制定非零差率药物目录，合理确定基层医疗卫生机构用药范围。做好药品采购、配送等监管工作，确保社区卫生服务机构于10月底前全面使用2012年北京市基本药物集中采购中标结果的药品及新增医保报销品种。全区49家社区卫生服务机构开展零差率药品销售，全年零差率药品销售20806万元，同比增长24.03%。

（刘 喆 刘媛媛）

【药品供应保障体系】 区卫生局完善基本药物储备制度，实施基本药物全品种抽验和电子监管。全区共抽验236批次，其中基本药物118批次，其他药品抽验118批次，总合格率98.73%。完善药品不良反应监测体系，全区二级以上医疗机构9家累计上报药品不良反应510例，95.69%为一般不良反应。完善药品追溯系统建设，利用北京药品监管网和中国药品电子监管网对药品实施有效动态监管和异常情况预警，提高监管效率。

（刘 喆 刘媛媛）

【公共卫生服务水平】 区卫生局推进疾病预防控制和卫生监督机构、人口和计划生育服务机构标准化建设。全面落实国家及本市基本和重大公共卫生服务项目，辖区居民人均期望寿命81.39岁，国家免疫规划中一类疫苗接种率99%以上，全区甲、乙类传染病发病率为177.22/10万，重性精神病人管理率100%。累计建立居民健康档案531656份，其中电子健康档案463299份，电子化率71.9%。高血压规范管理38383人，糖尿病规范管理13475人。为65岁以上老年人健康管理12159人，为60岁以上无保障老年人免费体检662人。为60岁以上老年人和在校中小学生免费接种流感疫苗35408支。为适龄妇女乳腺癌及宫颈癌筛查8288人，为孕产妇免费发放叶酸639人份，新生儿疾病筛查5482人，为0～6岁儿童免费健康体检45217人次。培养家庭保健员562名。

（刘 喆 刘媛媛）

卫生应急

概 述

年内，区卫生局健全突发公共卫生事件应急机制，完善区域卫生应急体系建设，提高卫生应急处置能力，有效处理突发公共卫生事件。突发公共卫生事件报告率、报告及时率、网络直报率、报告完整率、事件评估率均达到100%；继续加强院前急救规范化管理，开展急救演练、强化专业培训。全年开展应急演练5次，桌面推演1次。组织参加市卫生应急演练和培训5次。组织卫生应急健康教育活动5次。圆满完成“10·11”喜隆多商场大火现场医疗救治等全区各类重大事件、重要活动和节日的医疗卫生保障任务。

（李大鹏）

【禽流感疫情防控】 4月22日，区政

4月7日，禽流感防控专题会　（区卫生局供稿）

府办公室印发人间禽流感突发疫情应急预案，成立人感染H7N9禽流感防控工作领导小组，统一协调指挥人感染H7N9禽流感防控工作。区卫生局组织全区医疗机构开展流感样病例和不明原因肺炎筛查工作，累计监测医院门急诊就诊病例182963人次，流感样病例数2781人次，未收到人感染H7N9禽流感确诊病例报告。向区应急委及市卫生局报送防控人感染H7N9禽流感工作信息83篇。

（李大鹏）

【大型活动医疗保障】 区卫生局完成全区各类重大事件、重要活动和节日、全国政协十二届一次会议的医疗卫生保障任务97次。10月11日，喜隆多商场火灾现场医疗保障共派救护车3辆，出动人员10人，现场医疗救治武警消防伤员6人，转运牺牲消防战士2名。

（李大鹏）

【突发公共卫生事件】 区卫生局全年处置突发公共卫生事件2起，包括1起乙型脑炎临床诊断事件及1起手足口病暴发疫情；暴发疫情处置3起，分别为麻疹2起、水痘1起；犬咬伤多人事件2起（致伤人数8人）。全年现场处理集体单位首发病例、重点疾病、关联性事件、暴发、突发等各种事件190起，出动疫情处理人员550人次，车辆190车次，规范处置率100%。督导传染病门诊472次，出动人员1154人次，277车次。处置突发事件7起，其中，斗殴事件1起（死亡1人，危重1人，轻伤4人）、车祸2起（共计造成重伤1人，轻伤10人）、精神病人致人伤害2起（共计造成轻伤2人，重伤1人）、火灾1起（死亡2人）、高空坠亡1起（死亡1人）。

（李大鹏）

医疗管理

概　述

区卫生局提高医疗服务质量取得新突破。在全市率先开展区级医学重点学科建设，启动11个医学重点学科建设项目，打造有特色的优势学科，提升区域医疗卫生服务水平。推广便民惠民措施，全面实施预约诊疗、双向转诊工作和双休日门诊。开展“服务百姓健康行动”大型义诊活动。加强医疗服务监管，继续开展“三好一满意”、抗菌药物专项整治、基层医疗机构集中整治和医疗废物检查等专项活动。充分发挥17个医疗质控办的作用，通过开展学术论坛、专项培训和现场督导，进一步细化医疗质量管理。优质护理服务工作得到提升。推进康复医疗服务体系建设，开展康复医疗资源调研，在全市率先举办区级康复治疗技能竞赛和康复论坛。推动中医药文化建设，开展“以病人为中心，发挥中医药特色优势提高中医临床疗效”活动。在全区医疗机构开展4次医疗纠纷矛盾排查和化解工作，积极稳妥受理来信来访。完成对新疆、京郊区县及社区卫生服务机构的对口支援，促进区域卫生工作协调发展。加强基础设施建设，石景山医院原病房楼装修改造项目按时交付使用、区妇幼保健院改扩建项目按期开工并平稳实施、新建小区配套的社区卫生服务站完成装修改造。同时，协助推进驻区医疗机构基础设施建设。加强卫生人才培养，举办391项继续医学教育项目，开展19项各级各类卫生应急和传染病专业培训。大力提倡无偿献血，加强临床安全用血管理。

（刘　喆　赵超英）

【医院感染管理】 1月，区卫生局开展发热门诊现场督导，召开冬季传染病医疗救治专题工作会，组织区级专家对重症流感患者会诊。4月，制定人感染H7N9禽流感的医疗救治工作方案，成立医疗救治专家组。向医疗机构下发各级相关文件13个，召开医疗机构工作部署会4次，组织辖区医疗机构参加人感染H7N9禽流感医疗救治与防控工作通报和培训视频会3次，开展人感染H7N9禽流感的医疗救治与防控知识培训。同月，完成对基层医疗机构院感管理督导检查。8月，组织对区内各二级以上设置感染性疾病科的医院进行院感调查。9月，组织区各级各类医疗机构开展中东呼吸综合症防治培训。对一级医院、社区卫生服务中心（站）进行医疗废物管理专项督查。11～12月，对区内设有发热门诊的医院进行专项检查。辖区医院院内感染率1.42%。

（乔彦云）

【优质护理服务】 4月8日，区卫生局组织区内二级以上医疗机构护理管理人员参加德国专家护理讲座。5月9日，举办纪念“5·12”国际护士节活动暨优秀护理论文表彰会，对获得优秀论文奖和优秀组织奖的个人和单位进行表彰并颁发证书。开展“护士条例”颁布五周年宣传活动。6月26日，召开全区优质护理服务论坛。9月，完成区“十二五”护理事业发展中期评估。年内，区护理质控办督导检查辖区二、三级医院优质护理服务工作，其中4家三级医院、3家二级医院的“优质护理服务病区”覆盖率达100%。

（乔彦云　武凤娇）

【科研管理】 7月，区卫生局制定并下发区医学重点学科建设工作方案。9月，通过自主申报、专家评审、领导小组确认、向社会公示，确定区级医学重点学科建设项目11个，有临床、中医、慢病管理、公共卫生等学科，覆盖二、三级医院、社区卫生服务机构、疾病预防控制机构等。三年为一个建设周期，政府在一个建设周期内投入专项资金240万，建设项目所在医疗卫生机构匹配相应资金共同扶持医学重点学科建设。有临床、中医、慢病管理、公共卫生等学科，覆盖二、三级医院、社区卫生服务机构、疾病预防控制机构等。9月26日，召开项目启动大会暨授牌仪式。签定协议书，颁发区医学重点学科建设项目牌匾。从10月份开始，在《石景山周刊》和区有线电视台启动区医学重点学科建设项目的专版宣传和专题报道，对11个学科向辖区百姓进行逐一介绍。二级医疗机构申报科研课题3项，其中国家级2项、市级1项。课题结题4项：国家自然科学基金2项、北京自然科学基金及首都医学发展科研基金各1项。获区科技进步三等奖1项。区属单位全年发表论文 285 篇,其中 SCI 收录 9 篇,在核心期刊发表 146 篇。编辑出版《石景山医药卫生》专刊,刊载论文 47 篇。

(乔彦云　李　晶)

【医疗服务】　全区医疗机构年门诊 6155303 人次,同比增长 14.34%;急诊 339976 人次,同比增长 1.50%;入院 96082 人次,同比增长 10.52%;出院 95709 人次,同比增长 9.19%;住院手术 45935 人次,同比增长 7.87%;门诊次均费用 349.25 元,同比增加 3.71%;住院次均费用 16652.44 元,同比增长 9.94%;药品收入占业务收入 54.88%,同比增长 0.17 个百分点。二级以上医院门诊 3774395 人次,同比增长 12.20%;急诊 302867 人次,同比增长 2.50%;出院 92258 人次,同比增长 8.80%;住院手术 45348 人次,同比增长 8.20%;门诊次均费用 414.81 元,同比增加 5.80%;住院次均费用 16704.08 元,同比增长 10.79%;药品收入占业务收入 48.04%,同比提高 0.50 个百分点。二级以上综合医院出院患者平均住院日 10.78 天,同比减少 0.21 天。实有病床使用率 90.83%,同比降低 1.83 个百分点;床位周转 30.69 次,同比降低 0.15 次。

(乔伯文)

【准入管理】　区卫生局全年办理医疗机构许可 72 件,审批医疗机构 7 个,其中社区卫生服务机构 2 个、诊所 3 个、医务(卫生)室 2 个;医疗机构变更登记 52 家 65 项;注销 7 个。完成医疗机构医疗广告初审 6 件;整理修订医疗机构设置审批、登记注册、申请校验、变更登记、注销登记 5 个许可事项办事须知及办事流程图。办理执业医师首次注册 49 人次、变更注册 325 人次。

(高　晖　李　卓)

【医疗质量管理】　区卫生局发挥 17 个医疗质量控制和改进办公室及专家成员的智囊团队作用,细化质量管理措施。制定并下发质量控制与改进年度工作汇编,部署年质量控制与改进工作重点。制定并组织实施基层医疗机构集中整治工作实施方案。开展

10 月 12 日,义诊活动　　（区卫生局供稿）

“三好一满意”、抗菌药物专项整治活动、养老机构规范医疗服务行为专项检查、口腔机构专项检查。对区中医医院进行绩效考核。举办区第三期临床实验室技术与质量控制提高班。举办首届京西口腔年会暨 2013 年口腔质控培训班,来自海淀、门头沟及本区的口腔医师 200 人参会。进行康复医疗专项督导,组织康复医疗资源调研,在全市率先举办区级康复治疗技能竞赛和康复论坛。对辖区内二、三级医院落实党的十八届三中全会医疗安全和矛盾排查与化解专项行动情况进行专项检查。完善病历质量管理制度。举办“医疗纠纷防范与应对”专题培训。根据近年来医疗纠纷发生情况,抽查二级以上医院有关病历,提出改进意见和建议。

(乔彦云)

【对口支援】　区卫生局完善转诊预约工作,在双向转诊的基础上,建立大医院与社区卫生服务机构转诊预约绿色通道。15 家社区卫生服务中心(站)分别与首钢医院、朝阳医院西院、石景山医院签订预约转诊关系协议书。全年转诊预约 10737 人次。选派 2 名医务人员到新疆进行为期 1 年的医疗技术支援。派出医疗队 12 支,医务人员 63 人次,对口支援内蒙古自治区及本市房山、门头沟等区县开展诊疗服务,诊治患者 5492 人次,讲座 37 次。接受受援医院进修医师 15 人。

(李　卓　汪　磊)

【中医管理】　区卫生局组织开展中医持续改进活动,制定并组织实施“开展中医医院以‘以病人为中心,发挥中医药特色优势提高中医临床疗效’为主题的持续改进活动实施方案”。区中医医院郝燕梅、王嘉梅 2 个老中医传承工作室被市中医局批准为薪火传承“3＋3”工程基层老中医传承工作室建设项目。全区有 6 家医院开展冬病夏治穴位贴敷工作,共计 3999 人次。开展全区社区卫生“中医推进月”活动,印制并发放中医健康教育处方 19 种 190 万张、“十二导引术”图书 150 册、光盘 50 张至各社区卫生服务机构,组织各社区卫生服务机构开展中医药服务进军队、进学校、进机关、进企业、进社区活动。承担国家科技支撑计划“中医预防保健(治未病)服务技术研究与示范”项目,推荐金顶街、鲁谷、广宁、苹果园、老山等社区卫生服务机构参加北京市基层中医药综合服务区建设单位项目、国家局治未病协作成员单位。推进老年人中医健康指导试点工作,将 60 岁以上老年人中医体质辨识结果录入到电子档案与慢病管理中,根据不同体质给予个性化指导。全年完成老年人中医体质

辨识20543人。

(高 晖 汪 磊)

【药械管理】 区卫生局制定并组织实施抗菌药物临床应用专项整治活动方案。与27家医院签订责任书,重点对全区7家二级医院的控制指标进行月监控,对7家二级医院抗菌药物临床应用专项整治工作进行督导检查。联合公安分局、药监分局对持有“麻醉药品、第一类精神药品购用印鉴卡”的15家医疗机构进行专项督导检查。对3家医疗机构申请配置和更新大型医用设备情况进行初审。

(高 晖)

【血液管理】 全年组织无偿献血12947单位(200毫升/单位),其中团体无偿献血2638单位、街头献血10309单位。医疗用血8543单位。获市级无偿献血先进集体148个、先进个人152个。表彰区级无偿献血先进集体130个、先进个人132个。

(李小洁)

【医疗设备】 辖区医疗卫生机构万元以上设备总价值76541万元,万元以上设备4676台,其中10万~49万元设备1040台,50万~99万元设备160台,100万元以上设备86台。本年新增万元以上设备1479台。

(乔伯文)

【纠纷处理】 区卫生局全年接待医疗纠纷来信、来访、来电182人次。调整和完善医疗事故技术鉴定专家库。进行医疗事故技术鉴定1起,鉴定结论为一级甲等医疗事故。

(李 卓 曹 静)

【继续教育】 区卫生局举办国家级继续医学教育项目36项、市级继续医学教育项目32项、区级继续医学教育项目343项。全区卫生人员传染病防治知识培训5236人,全部合格。辖区二、三级医疗机构卫生人员继续医学教育达标率98.31%,区属单位继续医学教育学分达标率99.31%。

(武凤娇)

【队伍建设】 区卫生局全年招收应届毕业生8人,招聘社会在职人员28人,内部调整10人。区属卫生事业单位专业技术岗位新聘用194人,其中,正高4人、副高16人、中级69人、初级105人。获批5项区人才工作重点项目:在全区医疗机构范围内开展医学重点学科建设项目、强化卫生监督人才培养提高卫生监督执法能力、区疾控系统突发事件应对人才培养、开展卫生监督技能竞赛提升卫生监督人员实战能力、区公共卫生专业技术人才培养专项行动。选送二、三级医疗机构5人参加中法急救高级模拟培训班;二级医疗机构6人参加市级肺癌的早期诊断与治疗培训;选送石景山医院ICU、血液净化、急诊急救、手术室、肿瘤科的护士5人参加市级专科护士培训。辖区一、二级医疗机构的住院医师37人参加北京市住院医师规范化培训。开展社区卫生业务骨干培训4次。

(任 爽 李 晶)

【信息化建设】 区卫生局完成OA系统升级改造工作,局机关实现无纸化办公。继续开展社区卫生服务信息化建设,完成杨庄站、中础站的社区卫生服务信息系统上线运行,完成社区卫生服务信息系统的区级平台的热备份工作。开展区医疗联合体信息化建设工作调研,完成相关建设方案初稿。开展饮用水二次供水水质监测的物联网项目建设。加强卫生统计数据的质量控制和结果分析。

(乔伯文)

【基本建设】 区动物疫病防控体系建设项目业务用房工程、石景山医院原住院病房楼装修改造工程完工并投入使用。区妇幼保健院改扩建工程项目列入区十项重点工程之一于8月开工;至年底,完成主体结构封顶。八角社区卫生服务中心新址装修改造工程开工建设。协助推进驻区医疗机构基础设施建设。朝阳医院京西院区改造工程主体已完工,玉泉医院医疗教学综合楼一期建设主体结构、北京康复中心改扩建项目一期工程完工并投入使用,整形外科医院改扩建工程前期准备工作顺利推进。

(郭振玲 黄旭红)

【年度收支】 区属医疗卫生单位上年结余8645.14万元。全年收入131916.46万元(含基本建设拨款1300.82万元),其中财政拨款22684.52万元、事业收入103242.6万元、其他收入5989.34万元;总支出128646.61万元,收支结余3269.85万元;结余分配3675.77万元,年末结余11914.98万元。

(薛 冬)

社区卫生服务

概 述

北京市石景山区社区卫生服务管理中心是隶属于区卫生局的事业单位,负责对辖区社区卫生服务机构实施检查、评估和专业技术指导。年内,完善社区卫生服务站点调整设置方案及“社区卫生服务绩效考核方案,以深入开展家庭医生式规范服务、做实老年人健康管理、有效利用电子化健康档案规范慢病管理、强化推进社区中医药工作为重点,以加大绩效考核力度、完善激励机制、强化内涵建设为手段,创建国家社区卫生服务示范中心,打造社区卫生品牌,以点带面,不断推进全区社区卫生工作持续发展。加强社区卫生服务标准化建设和服务能力,继续开展中医药服务推进月工作,提升中医药服务能力水平;成立慢病管理、家庭医生式服务创新、医疗质量、护理质量、中医质量5个社区卫生质控管理小组,努力提升社区卫生服务质量。广宁街道社区卫生服务中心获“国家示范社区卫生服务中心”称号。金顶街社区卫生服务中心获“北京市示范社区卫生服务中心”称号。

(田爱红 张佳蕊)

【家庭医生式服务】 3月25日,医改办印发“推进家庭医生式服务工作深化服务内涵的实施方案”,继续推进家庭医生式服务工作,并将其纳入社区卫生服务中心(站)年度绩效考核。开展家庭医生式服务推进月活动,深化服务内涵,树立主动服务意识、规范服务内容。下发家庭医生式服务相关的宣传资料,包括无纺布袋6000个、居民联系卡5万张、家庭医生式服务手册1000本、爱心联络卡1000个。至年底，累计建立社区卫生家庭医生式服务团队83个，累计签约157013户、402885人，签约率63.0%。

（张佳蕊　曾玉香）

【服务体系建设】　年内，实际运行社区卫生服务中心9个、社区卫生服务站41个。形成针对购买服务机构每年两次、收支两条线机构每年三次的绩效考核方式。根据完成基本医疗和公共卫生服务数量和质量、服务对象满意度、居民健康状况改善情况等绩效指标，对基层医疗卫生机构进行综合量化考核。考核结果分别与购买服务经费及财政补助经费挂钩。全年门急诊1723374人次，比上年增长23.20%；医疗收入48054.8万元，比上年增长29.23%；药品收入41642.3万元，比上年增加29.12%。免疫接种197673人次，同比增长16.49%；儿童保健102846人次，比上年增长208.37%；孕产妇保健13537人次，比上年减少2.25%；访视精神病患者13276人次，比上年增长18.42%；累计建立家庭医生式服务团队83个，签约157013户402885人。实施慢性病管理，管理高血压患者47991人，其中规范管理38383人，规范管理率79.98%；管理糖尿病患者16044人，其中规范管理13475人，规范管理率83.99%；管理冠心病患者7221人，管理脑卒中患者3621人。建立居民健康档案531656份，其中电子健康档案463299份，电子健康档案建档率71.9%。9个社区卫生服务中心和40个社区卫生服务站实行药品零差率销售，销售总额20806万元，比上年增长24.03%。

（田爱红　张佳蕊）

【门诊延时服务】　辖区9个社区卫生服务中心延长门诊服务时间至晚8时，提供全科医疗、药房、输液等服务项目，保证“健康通”手机通畅，及时解答居民的医疗卫生问题，提供测量血压、健康指导与咨询。全年延长门诊服务时间段内投入医生4196人次，护士3904人次，医技4510人次，其他人员3373人次。延长门诊服务时间段内累计门诊28586人次，免费测量血压10890人次，咨询8900人次。在区政府、检察院、公安分局、消防支队办公区建立的4个功能社区卫生服务站，共计诊疗8124人次。

（田爱红　汪　磊）

【预约转诊】　完善转诊预约工作，在双向转诊基础上，建立大医院与社区卫生服务机构转诊预约绿色通道。15家社区卫生服务中心（站）分别与首钢医院、朝阳医院西院、石景山医院签订预约转诊关系协议书。预约转诊10737人次（含一老一小转诊），上转14017人次，下转655人次。

（张佳蕊　汪　磊）

【返聘退休专家】　返聘专家79人服务于23家社区卫生服务机构。专家门诊310842人次，会诊4280人次，开展培训432人次、宣教9328人次、带教208人次、咨询19393人次、查房8581人次、其他929人次。

（王小雪　张佳蕊）

【自助健康监测】　9个社区卫生服务中心均配备自助健康监测设备，包括动态心电记录器、电子血糖测试仪、身体成分分析仪、全自动血压计、医生工作站。辖区居民持医疗保险卡进入健康小屋在医务人员的帮助下可进行基本健康状况监测，便于签约的家庭医生式服务团队给予正确的健康指导。共计服务居民6018人次，其中监测血压5452人次，监测血糖2092人次，身体脂肪成分测量580人次，心电图监测1245人次。

（郝伶敏　张佳蕊）

【社区健康通服务】　全区23家社区卫生服务机构开通“健康通”手机200部，“健康通”手机24小时向社区居民开放。居民可以通过给团队成员打电话，随时随地与社区医护人员沟通，得到方便、快捷的健康指导和咨询服务。

（王　珏　王小雪）

【老年人健康管理】　社区卫生服务机构为65岁以上老年人提供健康管理12159人次，管理率21.4%；为60岁以上无保障老年人进行免费体检662人次，体检率13.35%。

（王　珏　栾　兰）

【卫生人才培养】　加强对社区卫生首席专家1人、健康管理专家4人、社区卫生业务骨干16人等“十百千”卫生人才的培养、使用和管理。聘请社区首席专家、健康管理专家对社区卫生医务人员开展慢病规范化管理工作培训2次；组织社区卫生业务骨干参加市级培训2次，参加区级培训4次、交流会1次。组织“十百千”社区卫生人才到其它区县学习考察2次。举办全科医师诊疗常规、中成药合理使用、全科医师诊疗常规、慢病适宜技术等培训36次，培训社区卫生技术人员5865

4月26日，家庭医生式服务宣传　（区卫生局供稿）

9月29日，参加市疾控技术大赛　　　　（区卫生局供稿）

人次。

（田爱红　汪　磊）

【家庭保健员培养】　全年培养家庭保健员562人，其中中医家庭保健员50人。共授课144场，其中中医课程52场。举行区家庭保健员课件演讲比赛活动。

（栾　兰　张佳蕊）

疾病预防与控制

概　　述

石景山区疾病预防控制中心（简称疾控中心），为市禽流感、麻疹、艾滋病及甲型H1N1流感病毒网络实验室，承担着疾病预防与控制、应急事件预警与处置、疫情收集与报告、监测检验与评价、健康教育与促进、应用研究与指导、技术管理与服务等重要公共卫生职责。可开展各类检验检测328项。具有国家计量认证合格证书以及职业健康检查和职业病危害因素检测与评价的资质。在编职工90人，其中专业技术人员79人；副高及以上10人，中级36人，初级33人。年内，加强传染病疫情防控，做好重点地区、重点人群的监测和防控，强化疫情监测和报告，及时对疫情进行分析及趋势研判；加大卫生防病知识宣教，提高群众的防病意识。深入贯彻落实健康北京人－全民健康促进十年行动规划（2009～2018年）实施方案，全面开展健康教育和健康促进活动，推进"健康促进1.2.6.8工程"，启动创建北京市慢性非传染性疾病综合防控示范区工作，提高全民健康知晓率，增强市民的健康素质。会同多部门组织举办全面健康生活方式行动厨艺比赛、全民健康生活方式行动演讲比赛活动等。获全市疾控系统技术大练兵及技能竞赛活动团体第二名，分别有3人和6人获得"北京市疾控系统技术标兵"和"北京市疾控系统技术能手"荣誉称号。

（班玉贞　张艳霞）

【慢病防治】　1月16日，区政府召开成立创建慢性非传染性疾病综合防控示范区专家启动会。2～4月，召开相关工作推进会3次，按照考评标准逐条审阅档案资料并查缺补漏。5月29日，石景山区慢病示范区工作接受并通过了北京市创建慢病示范区专家组考评组的现场考评。6月20日，石景山区被市卫生局授予"北京市慢性非传染性综合防控示范区"，并被市卫生局推荐申报国家级慢性非传染性综合防控示范区。年内，对筛查出的脑卒中高危人群进行随访管理，随访3933人次，现场督导15次。高血压自我管理小组累计51个，组织授课及活动260次。全民健康生活方式行动区级人员培训覆盖率达100%，收集征文130余篇，发放盐勺、油壶等支持性工具2000件。有21个创建点通过了全民生活方式示范创建市级验收。建立居民健康档案531656份，其中电子健康档案463299份。管理高血压47991人，其中规范管理38383人，规范管理率79.98%；管理糖尿病16044人，其中规范管理13475人，规范管理率83.99%；管理冠心病7221人、脑卒中3621人。培养家庭保健员562人。开展城市癌症早诊早治工作，开展肺癌、乳腺癌、大肠癌、肝癌、上消化道癌危险因素评估，共评估出高危人群3304人，指导其到指定医院进行相关临床筛查。开展高血压日、糖尿病日等宣传活动19次，发放宣传材料28种12万余份。发表科普文章160篇。

（班玉贞　张艳霞）

【生命统计】　全年出生3100人，出生率8.30‰；死亡2459人，死亡率6.58‰；自然增长率1.72‰。死因顺位前十位依次为：恶性肿瘤，心脏病，脑血管病，呼吸系统疾病，内分泌、营养和代谢性免疫疾病，损伤和中毒，消化系统疾病，神经系统疾病，传染病，精神障碍。本区人均期望寿命81.39岁，其中男性79.88岁、女性83.01岁。

（张艳霞）

【传染病防治】　全年报告法定传染病20种4264例，发病率为653.68/10万，其中报告死亡5例，均为乙类传染病，包括乙肝3例、丙肝1例、肺结核1例，死亡率0.77/10万，病死率0.12%。甲类传染病无报告。乙类传染病13种999例，发病率153.15/10万，其中，细菌性痢疾441例、肺结核180例、梅毒151例、猩红热61例、淋病59例、甲型H1N1流感36例、病毒性肝炎35例、麻疹17例、艾滋病14例、登革热2例、出血热1例、乙脑1例、伤寒1例。丙类传染病7种3265例，发病率500.53/10万，其中，报告其他感染性腹泻病1898例、手足口病1203例、流行性感冒81例、流行性腮腺炎69例、急性出血性结膜炎11例、风疹2例、斑疹伤寒1

例。流感样病例监测累计监测门急诊就诊病例1586900人次，其中流感样病例18041人次。全年无脊灰野病毒病例发生，接报处理AFP病例2例(外地病例)，无百日咳、白喉、新生儿破伤风、流脑、狂犬病病例发生。发病率居前三位的传染病为其他感染性腹泻(发病1898例，发病率290.97/10万)、手足口病(发病1203例，发病率184.42/10万)、痢疾(发病441例，发病率67.61/10万)。

(张艳霞)

【性病防治】 全年报告5种性病467例(较上年531例下降12.1%)，包括梅毒178例(占38.1%)、淋病72例(占15.4%)、尖锐湿疣169例(占36.2%)、生殖道沙眼衣原体27例(占5.8%)、生殖器疱疹21例(占4.5%)。组织辖区各部门及医疗卫生机构开展辖区居民及重点人群性病防治宣传活动，共发放性病防治宣传材料1.5万余份。每季度及全年对辖区内性病报告情况进行分析。对辖区性病报告单位开展性病漏报调查以及性病报告准确性现场复核工作。

(张艳霞)

【艾滋病防控】 全年新增艾滋病病毒感染者126例，其中艾滋病病人18例。全区艾滋病病毒感染者/艾滋病病人累计236人。筛查检测艾滋病抗体125087人份，阳性者142人，HIV抗体检出率0.11%；艾滋病哨点监测调查各类人群1691人，检出艾滋病抗体阳性者5人，阳性率0.3%。艾滋病高危人群干预40508人次，抗体检测11026人份，阳性者92人，检出率0.8%。3个艾滋病自愿咨询检测门诊共接待艾滋病咨询检测者1024人，检出艾滋病抗体阳性者34人，检出率3.3%。社区药物维持治疗门诊累计治疗486人，在治253人，维持治疗率92.3%。开展"中盖艾滋病项目""十二五吸毒人群队列调查"及"北京市高危人群干预及动员检测项目"等艾滋病防治项目工作，健全性病艾滋病防治网络，落实全区"三位一体"艾滋病防治工作模式，加强艾滋病实验室建设，开展艾滋病确证检测以及CD4淋巴细胞检测；对各级各类医疗机构性病艾滋病防治情况进行督导检查。采取广播、电视、互联网、报纸、杂志等多种形式，开展性病艾滋病防控宣传活动，全年发放宣传资料共计12种146825份，免费发放安全套20248只、润滑油43687支。

(班玉贞 张艳霞)

【计划免疫】 疾控中心全年召开专业会议和专业培训31期，参加人次数1718人次，其中学校托幼3次，参会162人次。辖区20个预防接种门诊全年应急接种MV(NR)2117人、MMR52人、水痘疫苗507人。儿童免疫规划疫苗接种163085人次，其中基础108454剂次，实接种108454，接种率99.99%；加强疫苗应接种55370人次，实接种55369人次，接种率99.99%。本市学龄前儿童建卡17794人、建卡率100%；流动儿童建卡15023人、建卡率97.49%；学校、托幼园所接种证查验13974人，补种疫苗11种，补种2915人次，补种率99%以上。遵循"知情同意、自愿免费"原则，全区累计接种招标免费流感疫苗35408支，其中60岁以上老年人15913支，学生19495支。接报处理疑似预防接种反应3例，处置及时率100%。外来务工人员接种流脑A+C疫苗2125人，接种麻疹疫苗2417人。对学龄前流动儿童强化查漏补种调查16369人，补卡147人、补证50人，补卡补证率100%。补种糖丸65人次、麻风59人次、麻风腮96人次、流脑60人次、百白破20人次、乙脑33人次、乙肝11人次，累计补种344人次，补种率100%。全年报告疑似预防接种异常反应42例，无死亡，无群体性接种反应，无接种差错事故，报告率15.77/10万；疑似预防接种反应调查及时率、录入完整率、及时审核率及个案调查完整率均为100%，全部达到监测标准。

(班玉贞 张艳霞)

【手足口病防控】 全年报告手足口病1203例，发病率184.42/10万。对全部病例完成个案调查、随访；及时处置集体单位首例病例、聚集性和暴发疫情，全年共处置疫情69起。开展手足口病病原学监测，全年采集检测手足口病咽拭子标本133件，检出肠道病毒阳性标本92件，阳性率69.2%；其中EV71型阳性26件(28.3%)，CoxA16型28件(30.4%)，CoxA6型17件(18.5%)，其它肠道病毒21件(22.8%)。通过报纸、广播电视以及现场宣传(进社区、进学校)完成手足口病、肠道传染病宣传工作，共计发放宣传资料9种1.6万余份宣传折页、张贴宣传画500余页，制作广播电视节目1期，撰写报纸宣传稿件2件。

(班玉贞 张艳霞)

【结核病防治】 疾控中心贯彻落实北京市结核病防治规划(2011～2015年)，做好结核病防控常规工作，全年全区无结核病疫情发生。区结防所门诊5102人次，免费查痰抗酸染色涂片1260份，其中涂阳184份；培养778份，其中培阳71份。登记管理84人，其中本市59人、外地30人，监化率100%，发放免费药品23040人次，继续执行DOTS策略防治结核病。对大学新生5945人进行结核菌素监测，其中强阳性206例，免费胸片检查206人，未发现结核病人。新生儿卡介苗接种4873人，PPD监测1056人次，卡介苗复查2237人次。组织有关医疗卫生单位开展"世界防治结核病日"宣传活动，开展结核病防治培训5次。

(班玉贞 张艳霞)

【精神卫生】 本区继续坚持"政府主导，多部门合作"的精神卫生管理联席会制度，协调解决工作中存在的问题，加强信息沟通与资源共享，努力提升全区精神卫生防治水平。举办《中华人民共和国精神卫生法》培训，全区精神卫生联席会成员单位共计220人参加。组织全区21家精神卫生随访机构和3家诊断机构开展"重性精神疾病管理治疗工作自查"。登记在册重性精神障碍患者2681人，其中住院治疗279人、社区管理2402人。对患者进行分级分期管理，开展日常走访评估。为贫困患者免费发放药品2138人次，入户访视具有肇事肇祸倾向的重点精神障碍患者60人次，审核贫困重性精神碍患者免费服药资质32人。成立精神障碍患者肇事肇祸事件领导小组及应急处置队伍，按照应急处置工作流程及时处置突发事件，完成了重大节假日的保障工作。联合区残联、公安分局举办“石景山区第四届精神康复者职业技能大赛”，选派精神康复者参加北京市第四届精神康复者职业技能大赛，获集体三等奖。组织有关医疗机构开展“世界精神卫生日”宣传活动。

（班玉贞　杨咸枝）

【公共卫生监测】 疾控中心全年检测职业危害场所9家，检测样品226件，合格223件，合格率98.7%。网络直报尘肺病、职业病、疑似职业病和农药中毒36例。培训医院职报人员2次，对部分医院开展职业病网络直报绩效考核。完成食品委托检测240件，除大肠菌群检测方法与卫生标准不符无法评价外，其他指标均合格的食品240件，合格率100%。食品现场抽检170件，合格率100%；餐具现场抽检130件，合格率87.7%。开展食品安全风险监测，其中食源性致病菌监测水平样品342件，合格332件，合格率97.1%；食品污染物监测129件，合格126件，合格率97.7%。对1128户公共场所进行办证和审证的监测，监测37819件，合格37735件，合格率99.8%。监测自备井和二次供水88件，合格61件，合格率69.3%；监测末梢水112件，合格101件，合格率90.2%；检测地下水10件，合格率0。食品从业人员体检33337人，公共场所从业人员体检11806人。

（张艳霞）

【感染防治】 疾控中心全年监测医疗机构区级以上11个，区级以下18个，诊所45个，学校医务室4个，托幼机构25个。共监测150户次，采样1468件，合格1449件，合格率98.7%，其中物表及工作人员手涂抹采样1061件，合格1049件，合格率98.9%；空气采样226间(件)，合格225间(件)，合格率99.6%；高压锅监测采样96件，合格90件，合格率93.8%；医院污水3件，其它82件，全部合格。托幼机构消毒效果监测55户次，采样826件，合格807件，合格率97.7%。其中物表及手采样504件，合格486件，合格率96.4%；空气采样141间(件)，合格141间(件)，合格率100%；其它181件，合格180件，合格率99.4%。消毒工作检查医疗机构150户次，托幼机构55次。传染病病家或疫点消毒13户次，进行物表消毒面积达5020平方米，消毒效果评价3户。传染病疫情病家消毒技术指导112户次，检查社区服务站(中心)40户次。传染病防控督导检查，发热门诊检查2户次，肠道门诊8户次。举办消毒技术培训讲座3次，培训203人次。疫源地消毒专项工作处理疫情3起，消毒面积850平方米，对二溴海因消毒效果进行评价，其对菌落总数杀灭率为100%，判定为合格。病媒生物监测：蝇监测21次，共6类环境每次设点7个场所，累计布放蝇笼119个；蚊监测共18次，成蚊共监测3类环境每次5个点，累计布放诱蚊灯180套；白纹伊蚊专项监测6次，2个点，布放诱蚊诱卵器600个；幼蚊监测共4类环境每次6个点，累计检查容器46个，取水样270勺。蟑螂密度监测12次，每次设点8个场所，累计布放粘蟑板4080张。鼠密度监测12次，每次设点4个，布粉块600块，鼠夹1300把。出血热鼠监测，布放鼠夹1500把，捕鼠30只，鼠心肺标本送市CDC实验室进行出血热抗原抗体的检测。蚊虫的病原学监测采集标本630只。开展居民区蜱虫及臭虫等调查监测，对居民反映的臭虫、蜱虫滋扰事件进行现场调查和妥善处理，共发放“臭虫防制知识要点”等宣传材料1500份。选择高效氯氰菊酯、溴氰菊酯、仲丁威、双硫磷、敌敌畏5种药物，进行住区淡色库蚊幼虫抗药性监测。

（张艳霞）

【学校卫生】 年内，疾控中心普及中小学生传染病早期预警监测系统，实现晨午检防病相关信息网络实时报告。对中小学校医进行二级培训16次，发放手册、挂图等宣传品共2.6万余份。对辖区中小学校36345名学生进行健康体检，其中中学生14775人、小学生21570人，监测率100%，建档率100%，结果反馈率100%。中小学生常见病监测情况：中小学生视力不良率60.14%，小学生视力不良率44.33%，中学生视力不良率81.14%。中小学生肥胖率14.30%，中学生肥胖率12.99%，小学生肥胖率15.28%。营养不良率：小学生率13.10%，比上年上升0.42%；中学生率16.15%，比上年下降0.40%。龋齿患病率：小学生率9.97%，比上年下降1.73%；中学生率27.94%，比上年上升0.97%。中小学生的沙眼患病率均为0。贫血患病率：小学生率1.60%，中学生率3.58%。完成20所中小学校的教学物质环境监测，实现对中小学物质环境监测2年全覆盖。在全区学校开展“6·6”爱眼日活动、“爱眼护眼 从小做起 从我做起”的预防近视眼专题活动30场。对全区57所中小学校食堂及送餐情况大检查。摸底调查区青少年的吸烟情况，完成“2013年石景山区青少年烟草监测分析报告”。利用“5·31”禁烟日活动，广泛开展学生控烟烟宣活动，制作30块控烟知识宣传展板在各中小学校轮流展出。开展控烟宣传16场，签名横幅10幅，师生参与2000余人。7～9岁和12～14岁儿童开展第一和第二恒磨牙的窝沟封闭预防龋齿7135人次、16295颗牙。

（班玉贞　张艳霞）

【健康教育与促进】 疾控中心完成区2012年健康促进工作自查考核评估。开展“阳光长城计划2013”行动，建立1000名志愿者组成的健康宣传志愿者队伍；启动肺癌早诊早治项目，开展问卷调查6233人，低剂量螺旋CT筛查2392人。开展北京市健康素养和烟草流行监测工作，获优秀组织奖。在社区、机关、企业、部队开展北京健康科普专家巡讲团讲座6次。健康科普讲师团112人，举办社区健康大课堂讲座231场，受众12988人次。开展各类卫生主题日宣传活动14次，发放宣传品25种22万余份，咨询8500人次。在《石景山报》刊登健康教育科普文章50篇，石景山电视台播放健康知识45次，石景山卫生信息网发表科普文章30篇，开辟户外电子显示屏5块，广告宣传栏37块。区健康教育所全年发微博1306条,粉丝19488人。

(班玉贞　张艳霞)

【妇女保健】　区卫生局组织专家对危重孕产妇抢救病例25例进行评审。本区助产机构产妇分娩5479人,刨宫产率45.29%,无孕产妇死亡。其中,本区产妇3067人,孕产妇系统管理2982人,系统管理率97.23%。计划生育手术6225例,无手术并发症。妇女病检查12923人,患妇女病4415人,患病率34.16%;未发现妇科及乳腺恶性肿瘤。两癌免费筛查8288人,其中乳腺浸润癌4人,宫颈癌前病变10人。婚前医学检查870人,检出疾病113人,疾病检出率13.0%,婚前卫生指导率100%。开展适龄妇女增补叶酸预防神经管缺陷工作,全区16个发药医疗机构为育龄妇女提供叶酸免费发放和咨询指导,免费发放叶酸639人份。

(祁　强　郭淑菊)

【儿童保健】　本区助产机构活产5470人,围产儿死亡16例,死亡率2.93‰。其中,本区户籍出生数3106人,活产3100人,围产儿死亡9人,死亡率2.89‰。新生儿疾病筛查率100.26%,新生儿死亡率2.26‰,婴儿死亡率2.90‰,5岁以下儿童死亡率3.23‰。监测围产儿5480人,其中本市户口3363人,发生出生缺陷51例,其中本市户籍35例,本市户籍出生缺陷发生率10.40‰。6个月内婴儿母乳喂养率70.13%;儿童保健系统管理率96.94%;高危儿智力监测覆盖率100%。新生儿访视7512人次,新生儿疾病筛查5482人次,智力筛查5114人次,听力筛查25295人次,视力筛查9120人次,口腔检查23121人次,血色素检查23692人次。0－1岁儿童神经心理测查率103.08%。3～6岁儿童开展口腔检查和氟化泡沫预防龋齿18240人。1～6岁儿童听力筛查率92.80%,0～6岁儿童免费体检45217人次。开展预防艾滋病、梅毒和乙肝母婴传播项目,发放乙肝免疫球蛋白60支,为42名乙肝表面抗原感染孕妇所生婴儿进行注射,为梅毒孕产所生婴儿4例进行随访12人次。

(祁　强　郭淑菊)

【母婴保健技术许可】　区卫生局对17家医疗机构计划生育技术服务及4家助产机构的新生儿室息抢救技术、危重症孕产妇转会诊流程、爱婴医院等内容进行专项督导检查;组织开展产前筛查、超声筛查、出生缺陷监测、妇幼报表等工作的质控20次;对督导与质控中发现的问题,要求各相关机构及时整改。对玉泉医院等9家医疗机构计划生育资质许可换证工作,对145名母婴保健技术服务人员资质进行换证及新考证工作,补发出生医学证明66例。全区计划生育手术6225例,其中本市户口2418例,外地户口3807例,无节育手术并发症发生。

(祁　强　郭淑菊)

卫生监督

概　述

石景山区卫生局卫生监督所(简称卫生监督所)为区卫生局直属副处级行政执法机构,核定行政专项执法编制64人。10月31日,区卫生局与区食药监局联合发布“关于餐饮服务食品安全工作职能调整的公告”,自11月1日起,区卫生局不再受理餐饮服务食品安全许可申请,不再受理有关餐饮服务食品安全的投诉举报,大型活动保障中的餐饮服务食品安全监管工作亦由卫生行政部门划转到食品药品监督管理部门。11月29日,将卫生监督所19名行政执法专项编制划入区食药监局。调整后,卫生监督所行政执法专项编制45人,工勤1人。现有公务员42人,工勤1人。设办公室、党群办公室、法规督察科、审批办证科、医疗机构监督执法队、传染病消毒执法队、饮用水卫生执法队、环境卫生执法队和综合执法队9个科室。年内,加大卫生监督执法力度,将日常监督与专项整治有机结合,开展食品、生活饮用水、公共场所、学校、职业放射及医疗安全卫生监督检查7712户次,行政处罚133起,其中一般程序68起,简易程序65起,处罚金额12.97万元。对重点项目开通绿色审批通道,设置重点项目审批岗,实行一对一的服务,进行全程代办,将许可时限由法定20个工作日压缩至10个工作日。全年完成光大银行等“绿色通道”卫生行政许可共计50项。全年发放卫生许可证974件,全年受理投诉举报161起,办结率100%。全年未发生食物中毒和生活饮用水污染事件。获首批国家餐饮服务食品安全示范区;获首都文明单位、区“三八”红旗集体,区优秀服务窗口、行政服务大厅金奖。

(贺　辰　张树华)

【行政审批】　卫生监督所全年受理卫生行政许可申请1778件,现场审查1868户次,发放餐饮服务、公共场所、生活饮用水卫生许可证974件,其中新办证353件,准予延续卫生行政许可591件、变更卫生行政许可事项30件。执业医师变更、注册申请受理201件,护士注册1363人次,母婴保健申请受理23件,医疗机构放射诊疗许可41件。

(徐　进　张树华)

【公共卫生检查】　食品卫生。有餐饮服务单位1153个,其中餐馆604个、快餐店23个、小吃店88个、饮品店44个、食堂331个、集体用餐配送单位6个、现制现售55个、其他2个。餐饮单位建档率100%。监督检查2974户次,合格2927户次,合格率为98.10%。应量化的餐饮服务单位1070个,已量化907个,量化率84.77%;其中优秀289个、良好440个、一般178个。公共场所卫生。有公共场所经营单位758个,其中旅店业112个、文化娱乐场所31个、公共浴室25个、理发店及美容店544个、游泳场13个、体育场2个、商场31个。监督检查1124户次,合格990户次,合格率88.08%,对242户公共场所进行公共场所卫生量化分级。生活饮用水卫生。有供水单位201个,其中集中式供水25个、二次供水176个。监督检查280户次,合格280户次,合格率100%。在全市率先应用物联网技术试点水质在线监测,安装并使用水质监测设备24套。

(张　越　张树华)

【学校卫生监督】　区内有学校87所,

其中公立中学22所、公立小学18所、大学1所、民办高校5所、其他学校9所、托幼机构32所。学生营养餐配送单位3个。有学校、托幼机构食堂共101个。其中中小学食堂35个、大学食堂18个、托幼机构食堂48个。全年开展学校卫生监督检查65户次,合格率100%。监督覆盖率85.71%。开展学生营养餐配送单位监督检查28户次,合格率100%。

(平志国　张树华)

【放射卫生监督】 辖区有职业卫生技术服务(放射防护)单位3个。监督检查3户次,覆盖率100%。有放射诊疗单位37个,全年监督检查35户次,覆盖率94.59%。开展《职业病防治法》宣传系列活动。制作悬挂条幅4条,展板6快,发放张贴宣传画400张,发放宣传材料1500份,宣传册500本,宣传袋200个,咨询2500人次。对在岗放射工作人员进行培训。

(吕　军　张树华)

【医疗卫生监督】 年内,卫生监督所开展人感染H7N9禽流感防控、传染病疫情防控、医疗机构依法执业、医疗废物管理、预防接种门诊、肠道门诊、结核病防治、母婴保健(计生、助产)、学校、托幼机构传染病防控、实验室安全、临床用血安全、冬季传染病防控、消毒产品生产企业、打击非法行医等专项监督检查。全年对医疗机构和传染病疫情防控监督检查3152户次,合格3065户次,合格率97.24%。其中:检查医疗机构许可376户次、卫生技术人员执业许可709户次、传染病防控和疫情报告339户次、消毒隔离367户次、医疗废物291户次、消毒产品346户次、预防接种33户次、实验室安全46户次、医疗美容2户次、医疗广告101户次、母婴保健15户次、血液安全7户次、医疗质量337户次、受理投诉举报及信访件63件、查抄取缔非法行医120户次。全区200家医疗、预防、保健机构全年日常监督检查覆盖100%。

(崔　超　张树华)

【大型活动保障】 卫生监督所完成节日、全国政协第12届一次会议卫生保障。巡回监督检查100户次,共保障委员5950人次、工作人员12500人次安全就餐,制作现场检查笔录100份,卫生监督意见书3份;采集冷荤食品样品10件、工用具涂抹10件,现场快速检测300件,均合格。完成区第十五届人大第三次会议、政协北京市石景山区第九届委员会第二次会议、北京国际太极柔力球交流大会、北京国际雕塑公园世界旅游城市体验中心活动卫生保障工作。出动监督员77人次、监督车辆21车次,对驻地周边进行卫生监督检查108户次。未发生食物中毒、生活饮用水污染等公共卫生突发事件。

(张　越　张树华)

【产品抽检】 卫生监督所全年进行食品卫生抽检9类食品、4类食品相关产品255件样品,合格232件,合格率为90.98%。对于抽检不合格单位下达卫生监督意见书和责令改正通知书。抽检商场超市的室内空气质量8家,美容美发场所毛巾、公用具抽检5家,洗浴场所棉织品、公用具抽检5家,住宿场所棉织品、公用具抽检11家,集中空调通风系统抽检12家,游泳池水抽检16家,共计57家,合格31家,合格率54.39%。对于公共场所抽检不合格单位,依法进行警告的行政处罚,下达卫生监督意见书和责令改正通知书。

(平志国　张树华)

2月27日,检测商场空气质量　　(区卫生局供稿)

动物卫生监督

概　述

石景山区动物卫生监督所(简称动监所)隶属于石景山区动物卫生监督管理局。承担区内动物防疫、检疫、兽医医政、药政以及动物及动物产品安全监管的行政执法工作,并受石景山区动物卫生监督管理局委托行使兽药、饲料、种畜禽监督执法工作。年内,区防治重大动物疫病指挥部办公室与区防治重大动物疫病成员单位30家签订动物防疫工作责任书。动监所加大动物卫生监督执法力度,以确保动物和动物产品安全,确保不发生区域性重大动物疫情,全年监督检查动物及动物产品各类场所1175户次,行政处罚31起,罚款2710元;查扣并无害化处理违法销售的动物产品860千克;销毁假劣兽药200支。取缔活禽交易摊点23个,查扣并无害化处理活禽824只。办理动物诊疗机构执业兽医注册备案31人次。开展"文明养犬进社区"宣传活动12次。

(翟君辉　崔瑞莲)

【病死动物无害化处理】 9月,区动物卫生监督管理局经过综合评估确定康健动物医院及远洋山水动物医院为区病死动物暂存点并与其签订协议书;为其统一配置暂存设备,各配置 450 升冰柜 1 台;按照每只犬、猫 10 元标准给予补偿。动物医院提供场地,承担宠物及其它动物尸体的接收和暂存任务,制定相应防疫、暂存制度,保障 24 小时接收病死动物。

(王艳红)

【动物防疫和检疫】 辖区存栏肉牛 120 头,特禽 4 只,羊 150 只,马 8 匹,注册犬 7990 条。开展春、秋季集中免疫,口蹄疫、禽流感免疫率 100%;同时做好重点动物疫病净化,肉牛按规定进行结核、布病检疫,马属动物马鼻疽、马传染性贫血检疫全部阴性,采集 120 份犬血清、120 份犬唾液、40 份猫血清进行狂犬病、犬布病、弓形虫相关监测,结果全部为阴性;落实布鲁氏菌病、结核病、狂犬病等 8 种动物疫病的防控措施。

(翟君辉 崔瑞莲)

【动物及产品检疫】 年内,产地检疫鸽子 42853 羽,犬、猫 93 只,动物产品 1800 余吨;屠宰检疫生猪 67938 头,回收检疫证明 1510 份,耳标 67938 枚。

(翟君辉 崔瑞莲)

【动物及产品监督】 动监所监管对象 1303 个,其中养殖户 12 个,屠宰企业 1 个,动物产品加工企业 4 个,动物诊疗机构 14 个(医院 8 个、诊所 6 个),超市、农贸市场、专营店、冷库 98 个,宾馆餐厅、食堂、饭店 1174 个。采取日常监督与专项整治相结合的方式,检查各类场所 1175 户次;立案查处违法经营案件 17 起,简易程序处理 14 件,纠正其他违规经营行为 32 件次,全部做到事实清楚、证据确凿、程序合法、处理处罚适当,没有行政败诉案件发生,收缴罚款 2710 元;查扣、无害化动物产品 860 千克;销毁过期兽药 200 支。

(翟君辉 崔瑞莲)

【动物产品安全检查】 动监所对西黄村牧业食品公司屠宰的生猪开展生猪尿样检测,累计抽检生猪 9450 头,未检出盐酸克伦特罗、沙丁胺醇和莱克多巴胺残留阳性样品;配合农业部、市动物卫生监督所、市药监所对辖区畜产品的抽检工作,共采集猪肝样品 85 份、猪尿样品 10 份、猪肉 6 份,牛肉 3 份,鸡蛋 3 份,监测结果反馈,抽检样品合格率 100%。

(翟君辉 崔瑞莲)

【禽流感防控】 动监所修订完善禽流感应急预案,加强防疫物资与应急装备储备,年内,受理群众关于死鸟举报 37 次,出动执法车辆 37 车次,执法人员 111 人次,收集死鸟 86 只,采集样本 290 份检测;开展活禽经营市场专项整治活动,共取缔活禽非法屠宰交易摊点 23 个,出动执法人员 288 人次,执法车辆 64 辆次,查扣并无害化处理活禽 824 只,其中包括鸡 586 只,鸽子 225 羽,鸭 7 只,鹅 6 只。

(翟君辉 崔瑞莲)

【诚信责任体系建设】 动监所继续落实北京市动物卫生监督所提出的“风险分级、量化监督、档案管理”和诚信责任体系建设的精神。对具备资质的 245 家单位建立更新纸质、电子档案,并进行风险分级、量化监督,其中达到 A 级 44 家、B 级 182 家、C 级 19 家。通过电话、电子邮件、现场宣传告知和送达方式将诚信体系责任建设相关文书送达到被监管单位,与 102 家被监管单位签订责任书,监督被监管单位面向社会签订承诺书 21 份,与商品提供商签订协议书 112 份。

(翟君辉 崔瑞莲)

医疗机构

中医医院

【概况】 石景山区中医医院是一所政府举办的非营利性二级中医综合医院。属于市基本医疗保险定点医院。编制床位 120 张,实际开放床位 100 张,设有临床科室 12 个,医技科室 5 个,肾病、内科、骨伤、肛肠、针灸病区 5 个。至年底,有职工 105 人(不含八角社区卫生服务中心),其中,卫生技术人员 87 人(含高级 9 人、中级 42 人、初级师 30 人、初级士 6 人)。医疗设备总价值 1548 万元,本年度新购置医疗设备总值 38 万元。年内,医院坚持以百姓满意为目标,以内涵建设为重点,以中医药特色服务为核心,努力提高医疗质量,积极改善服务态度,为广大群众提供优质满意的服务,取得良好的经济效益和社会效益。

地址:石景山区八角北路
电话:6886290(院办)
88982461(医务科)
68875912(医疗保险科)
邮编:100043
网址:www.sjszyy.cn

(孟林洁)

【医疗服务】 中医医院全年门急诊 220937 人次,比上年增长 16.88%;日均门急诊 880.19 人次,同比增长 16.79%;住院 988 人次,门诊采用纯中医非药物治疗 32448 人次,占门诊总人次的 14.88%;出院者平均住院日 20.22 天,比上年下降 1.27%;院感率 1.22%;出院病人实施临床路径管理的病人数 29 例。年内,成立医疗质量、护理质量、医院感染、生物安全、药事 5 个管理委员会,加强医院医疗质量和医疗安全的监管。制定电子病历书写及管理质量规定,开展“以病人为中心,发挥中医药特色优势提高中医临床疗效”“抗菌药物临床应用专项整治”“三好一满意”等活动。全年检查处方 18578 张、处罚超常处方 15 张。检查病历 378 份,其中甲级病历 360 份,甲级率 95.2%。对于检查中发现的乙级病历和超长处方,在医院的公示栏进行通报,推进病历、处方质量规范和提高。年内抗菌素合理使用率达标,门诊患者抗菌药物处方比例 8.6%,急诊患者抗菌药物处方比例 37.1%,住院患者抗菌药物使用率 39.83%。住院患者特殊使用抗菌药物使用率 0.3%。开展医疗废物专项治理工作,实现医疗废物的分类收集管理。安排 10 名医师下社区出诊,支援八角社区卫生服务中心及下属社区卫生服务站,诊疗患者 5864 人次。全年双向转诊 21 人次 ,社区上转 5 人次,医院下转 16 人次。

(李长征)

【传染病防控】 中医医院规范院发热门诊就诊流程,制定人感染 H7N9 禽流感防控、麻疹防控等工作预案,进行相

关物资储备,组建医院应急小分队。加强人感染H7N9禽流感防控工作,门诊大厅设立预检分诊台,由专人负责。加强传染病防治知识培训,开展鼠疫、人感染H7N9禽流感、不明原因肺炎、慢性乙型肝炎、手足口病、麻疹病毒、中东呼吸综合症等传染病防治知识培训9次。

(李长征)

【学科建设】 郝燕梅、王嘉梅被批准为北京中医药薪火传承"3+3"工程基层老中医传承工作室建设项目,肾病科被批准为"基层中医药肾病学科团队基地"。骨伤科被认定为区级"中医骨伤"重点专科。完善艾滋病实验室相关设施。

(李长征)

【人才培养】 潘贵春被确定为北京市第一期复合型中医药学术带头人培养项目研修对象,齐昕被确定为北京首批中药人才培养对象候选人。通过社会招聘引进麻醉专业、推拿按摩技术人员各1名。聘任CT专业主任医师1名,外送1名医生在首钢医院CT科进修。选派7人参加市中医局组织的中医护理知识培训,3人参加"中医理论基础和基本技能知识竞赛"。

(李长征)

【义诊惠民】 年内,中医医院开展"中医专家下社区""社区健康大讲堂""中医药服务百姓"健康周等活动,与朝阳医院西院、北京中医医院联合义诊等惠民活动10次。全年义诊咨询患者5000余人次,发放宣传材料近万份。与区广电中心合作,为本院中医肾病、骨伤、针灸、皮肤等学科制作宣传短片。

(李长征)

【护理服务】 中医医院完善各项护理制度、操作规程、流程及应急预案等,细化部分护理质量评价标准,对经常发现的问题,采用PDCA的方法进行持续改进。每月进行护理安全隐患排查及做好护理差错事故、护理缺陷纠纷、护理不良事件和护理投诉的归因分析,提出防范与改进措施。4个病区优质护理覆盖率达100%。

(陈　涌)

【科研教育】 肛肠科任毅出版专著《炎症性肠病中西医治疗新解》(中医古籍出版社);内科孙宏伟在"中国医学创新"杂志发表论文"参松养心胶囊与厄贝沙坦联合治疗老年阵发性房颤临床观察",内科富俊有在"医学信息"杂志发表论文"糖尿病健康教育"。全年开展继续医学教育讲课40次,其中,区级项目17次、院级项目20次、无学分讲课3次。

(李长征)

【社区卫生服务】 八角社区卫生服务中心有职工101人,其中卫生技术人员95人(含高级6人、中级45人、初级师23人、初级士17人)。下设社区卫生服务站8个,服务人口9.2万人。年内,成立医疗质量、护理质量、健康教育、慢性病及健康档案管理、中医质量管理等6个指控小组。结合"三好一满意""抗菌药物合理使用""一和三同""廉政风险防范"等活动,加强质量管理,强化内部运行管理机制,提高服务水平。全年诊疗总人次64164人次,比上年增长4.52%,其中门诊60200人次,比上年增长4.14%。出诊服务3964人次,比上年增长16.58%。年免费量血压21609人次,比上年增长19.27%。为辖区老年人及无保障老年人进行免费体检1514人。组建一支14人的儿童健康管理团队,为辖区10所幼儿园的2132名儿童进行免费健康体检,智力筛查349人次,听力筛查419人次,儿童保健访视521人次。儿童计划免疫24558人次,比上年增长10.37%。为5所学校学生应急接种297人次。为65岁以上老年人免费接种流感疫苗2200人次。自费疫苗接种7512人次。管理高血压患者6678人,其中规范管理5008人;管理糖尿病患者1917人,其中规范管理1438人。建立居民个人健康档案63490份,同比增长0.24%。老年人健康档案17799份,同比增长10.75%。家庭医生式服务签约66115人次,较上年增长44%。发放健康材料6637份,告知健康信息7834人次,健康通咨询服务3994人次,上门服务3513人次。

(周　强)

妇幼保健院

【概况】 石景山区妇幼保健院位于依翠园小区,是区卫生局直属的二级妇幼保健机构,承担全区妇女保健、儿童保健、婚前保健、出生缺陷监测及计划生育技术指导与管理工作,作为地区公共卫生体系重要组成部分。是以保健为中心,医疗、科研、健康教育为一体的医疗保险定点专科医院。截至年底,有职工54人,其中卫生专业技术人员46人(高级职称2人、中级职称21人、初级职称23人),非卫生专业技术人员3人,工勤人员1人。年内新购置医疗设备总值300.41万元,其中10万元以上设备3台。获"北京市口腔公共卫生服务项目单项先进单位"称号。

地址:石景山区依翠园5号
电话:68625569
邮编:100040

(郭淑菊　董全娜)

【改革与管理】 年内,妇幼保健院开展妇幼保健新项目。3月,开展应用麻醉镇痛技术实施负压吸引术、儿童气质测查。5月,安装使用儿童早期综合发展系统软件,开设中医科。

(郭淑菊)

【医疗保健】 妇产科门诊6395人次;计划生育手术469人次。妇女保健门诊4245人次,口腔科门诊634人次,儿科门诊2886人次,儿童保健门诊2966人次;儿童健康体检13859人次,其中,儿童入托体检6553人次;预防接种6301人次。托幼园所保教人员体检1002人次,亲子班陪护、务工人员和集体体检共计4476人次。

(郭淑菊　侯杉杉)

【儿童保健】 本区全年完成0~6岁儿童免费健康体检45217人次,新生儿访视7521人,新生儿疾病筛查5482人次,听力筛查25292人次,智力筛查5114人次,视力筛查9120人次,口腔检查23121人次,血色素检查23692人次。督导、检查托幼园所卫生保健工作47户次。5所托幼园所卫生保健达标,获得"卫生保健合格证"。

(郭淑菊　王　红)

【妇女保健】 妇幼保健院协调危重症

孕产妇的转会诊工作，组织专家对危重孕产妇抢救病例25例进行评审。开展预防艾滋病、梅毒和乙肝母婴传播项目，为梅毒孕产所生婴儿4例进行随访12人次。开展本区适龄妇女增补叶酸预防神经管缺陷工作，通过16个医疗机构为育龄妇女提供叶酸免费发放和咨询指导，累计发放叶酸639人份。

（郭淑菊　侯杉杉）

【婚前保健】 妇幼保健院婚前医学检查870人，婚前医学检查率9.6%，疾病检出率13.0%，以生殖系统疾病为主，对受检者进行婚前卫生指导和卫生咨询。

（郭淑菊　侯杉杉）

【两癌筛查】 妇幼保健院继续开展2012～2013年适龄妇女两癌免费筛查，全区累计为辖区35～65岁妇女进行两癌免费筛查8288人，其中，乳腺可疑病例转诊1456人，乳腺浸润癌4人；宫颈可疑病例转诊402人，宫颈癌前病变10人。

（郭淑菊　李　娟）

【健康教育】 妇幼保健院开展“健康北京人——母婴健康行动”传播妇幼健康知识，参加学习育龄妇女6701人。全年发放宣传海报和折页3000份。5月，开展“降低剖宫产率，促进自然分娩”区级讲师演讲比赛，选拔出区级讲师6名，举办大型讲座6场，听课500余人次。与区计生委合办围孕期妇女“人生课堂”43次，累计听课744人次，发放围产保健相关宣传材料850份。

（郭淑菊　侯杉杉）

【完成业务】 助产机构：分娩总数5479人，活产数5470人，其中剖宫产2482例，剖宫产率45.29%，围产儿死亡数16例，围产儿死亡率2.93‰。产前筛查：孕20～24周B超筛查胎儿4800例，筛查异常282例；血清学筛查4189例，筛查异常226例。围产儿出生缺陷监测：监测围产儿总数5480人，其中本市户口3363人；发生出生缺陷51例，其中本市户口35例，本市户籍出生缺陷发生率10.40‰。孕产妇系统管理：本区户籍出生数3106人，产妇数3067人，活产数3100人；孕产妇死亡0人，死亡率0；围产儿死亡9人，死亡率2.89‰；孕产妇系统管理2982人，孕产妇系统管理率97.23%。计划生育技术服务：计划生育手术总数6225例，其中本市户口2418例，外地户口3807例，无节育手术并发症发生。儿童保健指标：新生儿疾病筛查率100.26%，新生儿听力筛查率100.11%，新生儿死亡率2.26‰，婴儿死亡率2.90‰；5岁以下儿童死亡率3.23‰，六个月内婴儿母乳喂养率70.13%，儿童保健系统管理率96.94%，1～6岁儿童听力筛查率92.80%，高危儿智力监测覆盖率100%，0～1岁神经心理测查率103.08%。妇女病体检：实查12923人，患妇女病4415人，妇女病患病率34.16%。按单病种患病率排前五位的依次为：乳腺增生4580例（患病率38.72%）、子宫肌瘤1068例（患病率8.26%）、阴道炎915例（患病率7.90%）、宫颈炎589例（患病率10.93%）、其他乳腺良性疾病393例（患病率3.32%）。宫颈癌前病变3人，宫颈癌前病变检出率25.78/10万（3/11638），未发现宫颈癌及其他妇科恶性肿瘤；乳腺癌前病变未检出，发现乳腺癌1例，乳腺癌检出率8.45/10万（1/11829）。

（郭淑菊　任　霞）

五里坨医院

【概况】 五里坨医院位于石景山西部开发区内，是一所集石景山区五里坨医院、石景山区精神卫生保健所、五里坨社区卫生服务中心为一体的医疗机构，为北京市医疗保险定点机构。医院建筑面积11075平方米，人员编制总数183人，有职工208人，包括正式职工148人，聘用职工60人。床位编制280张。承担全区精神病人门诊治疗、住院康复及面向全区开展老年疾病的治疗护理工作。医院坚持以病人为中心、以全面提高医疗质量为主题、以建立和谐医患关系为目标，严抓医疗规范化和核心制度的落实，从源头防控医疗隐患，创新思维、转变观念，使医院的各项工作高效有序的进行，全面推进医院科学发展。精神卫生保健所承担全区精神病人治疗、管理及“中央补助地方重性精神疾病管理治疗项目”工作。与区公安、残联、民政、街道等联席部门密切合作，有效控制地区精神病人肇事肇祸事件的发生。自1997年起连续获区“文明单位”称号。

地址：石景山区石门路322号
电话：88902313
邮编：100042

（李　靖）

【精神疾病防治】 五里坨医院坚持“政府主导，多部门合作”的精神卫生管理联席会制度，召开3次联席会，协调解决工作中存在的问题，加强信息沟通与资源共享，努力提升全区精神卫生防治水平。举办《中华人民共和国精神卫生法》培训，全区精神卫生联席会成员单位220人参加培训。登记在册重性精神障碍患者2681人，其中住院治疗279人。对患者进行分级分期管理，开展日常走访评估。为贫困患者免费发放药品2138人次，入户访视具有肇事肇祸倾向的重点精神障碍患者60人次，审核贫困重性精神碍患者免费服药资质32人。成立精神障碍患者肇事肇祸事件领导小组及应急处置队伍，完成重大节假日的保障工作。世界精神卫生日，联合区残联、公安分局举办区第四届精神康复者职业技能大赛；选派精神康复者参加北京市第四届精神康复者职业技能大赛，获集体三等奖。

（薛　云）

【老年病救治】 五里坨医院全年收治患有老年痴呆症、抑郁症、脑血管疾病、酒中毒所致精神障碍的患者共180人。根据病人病情，做好评估，制定适合每个病人的治疗方案和康复措施，开展心理治疗、行为矫正、各种工娱治疗、理疗、针灸、按摩等康复治疗。开展人性化的服务，针对老年人病情发展快、并发症多的特点，制定出一套护理计划，应急预案；制定防跌倒、防褥疮、防噎食、防外跑及各种并发症等具

体措施。

（辛建华）

【社区卫生服务】 五里坨社区服务中心有职工68人，其中执业医师22人、注册护士18人，含副高级及以上职称8人。服务面积26.94平方公里。下设北辛安社区卫生服务站、公安分局及检察院功能社区站，为辖区居民提供防、治、保、康、健、教、计划生育适宜技术的六位一体社区卫生服务，开设有保健科、全科、妇产科、口腔科、康复科、检验科、中医科等科室。全年门诊83988人次，门诊观察10695人次。管理高血压患者1317人，规范管理1053人；管理糖尿病患者378人，规范管理321人。0～6岁儿童预防接种9685人次，0～6岁儿童健康管理596人次；孕产妇健康管理1096人次。培养家庭保健员44人。社区卫生家庭医生式服务团队累计签约6743户，12782人。

（沈凌霞）

北京市石景山医院

【概况】 石景山医院创建于1987年10月20日，是区政府举办的集医、教、研、防于一体，以心内科、骨科等为重点学科的二级甲等综合医院，是市急救中心石景山分中心、首都医科大学教学医院、市医疗保险A类定点医疗机构、中华医院管理学会"百姓放心示范医院"，2011年被市卫生局认定为区域医疗中心。医院总占地面积近5万余平方米，建筑面积9.5万余平方米。编制床位600张，实际开放床位740张，设有30个临床科室，13个医技科室，4个社区卫生服务站。现有在岗职工1437人（在编775人、合同662人），其中卫生技术人员1180人（含正高25人、副高72人、中级318人）。医疗设备总价值20243.49万元，拥有医用磁共振成像设备（MRI）、X线电子计算机断层扫描装置（64排螺旋CT）、单光子放射性电子计算机断层扫描仪（SPECT/CT）、800mA以上数字减影血管造影X线机（DSA）、数字影像多功能X光机（DR）、彩色Doppler超声诊断仪、全自动生化分析仪、体外震波碎石机、血液透析机（人工肾）、16人高压氧舱、电子内窥镜、腹腔镜、MD－2000脑立体定向系统和百级层流手术室等万元以上设备1221台件。本年度新购置医疗设备总值4676.74万元，包括SPECT/CT、鼻咽喉纤维内窥镜、手术显微镜等万元以上设备177台件，其中10～100万元设备58台，100万元以上设备23台。医院立足石景山区，辐射京西地区，秉承"仁爱厚德、大医精诚"的院训，坚持不懈、孜孜以求，为人民群众提供优质高效的医疗服务。荣获"全国厂务公开民主管理先进单位"、中国科协"全国科技工作者状况调查AA级优秀站点"称号；获年度市"体检统计工作先进单位""医疗保险管理工作一等奖"。

地址：石景山区石景山路24号
电话：68668131
邮编：100043
网址：www.bjsjsyy.com.cn

（靳淑琴）

10月25日，开展"三好一满意"检查 （区卫生局供稿）

【社区卫生服务】 5月，融景城社区卫生服务站获得医疗机构执业许可证，医务人员为居民建立健康档案并进行慢病管理。医院下属4个社区站全年总收入1611.1万元，比上年增加13%；公共卫生服务全部达标，绩效考核拨款96万元；计划生育咨询服务获得优秀奖。全年组织健康教育36次，发放宣传材料3600份，居民参加1620人次。

（靳淑琴）

【医疗服务】 石景山医院全年门急诊1375385人次（不含社区），同比增长10.28%，其中门诊1261445人次，急诊113940人次；急诊危重症抢救成功率97.22%。药品收入比53.15%；抗菌素使用强度45.18DDD；传染病漏报率0.2%。出院病人18652人次，同比增长6.46%；住院病人手术例数3982例，同比增长0.99%，甲乙级手术比37.0%。病床使用率95.0%，病床周转次数31.6次/年；平均住院日11.0天。孕产妇死亡率0/万，新生儿死亡率0‰，围产儿死亡率0.494‰。开展颈动脉体瘤切除术、腰椎骨折经皮微创脊柱内固定术、消化道早癌内镜治疗等新技术新项目34项。临床路径管理病种增至28个，全年临床路径入组率68%，完成率97%，有效缩短患者住院时间，诊疗过程更加规范、合理。开展抗菌素专项整治工作，全院抗菌素品规34种；临床抗菌素使用实行分级管理；编发《石景山医院处方集－感染疾病用药》；对Ⅰ类切口用药重点监测，加入北京市抗菌药物临床应用监测网。成立重症医学科。组织院内会诊11次，外院专家会诊214次。修订临床用血审批制度，制定临床用血科室评价及公示制度，试行输血信息化管理。全年检查运行病历1124份、终末病历11572份，甲级病历率99.78%。

组织院级三基三严培训6次，全院149名临床医技人员分别参加徒手心肺复苏、气管插管、电除颤考核。院内感染管理。修订医院感染管理制度。完成新建消毒供应中心的选址及布局流程规划，对新建科室及改建部门进行院感指导与监测。更新、完善全院手卫生设施。医院感染率1.34%，医院感染漏报率3.23%。重症医学科成立，逐步规范院感管理，ICU中心静脉置管的千日感染率1.31‰；呼吸机相关肺炎1.91‰；泌尿道插管相关性尿路感染0.31‰。医疗支援。向大安山卫生院、琉璃卫生院派出3批8人次医务人员完成支农工作，共计127天。派出51人次共714天次对口支援八宝山及广宁社区卫生服务中心。1名援疆医务人员完成任务于1月18日返京；3月11日，选派泌尿外科、麻醉科主治医生各1人赴新疆和田县人民医院进行为期1年的医疗支援。医疗纠纷处理。全年发生医疗纠纷53例，赔付61.45万元，其中经第三方调解解决29例，赔付61.45万元。

（靳淑琴）

【优质医疗】 石景山医院开展主题为“转变服务作风、切实惠及患者、促进医院发展”的深化优质服务活动。在原有自助服务体系的基础上，开展自助缴费项目，形成完善的自助服务系统，在检验科、住院处安装取号叫号系统和电子显示屏。上线后台备药模式并整合西药与中成药窗口，优化门诊药房服务流程。门诊收费挂号窗口增加至27个。全年收到锦旗159面，表扬信1271封。

（靳淑琴）

【预防保健】 石景山医院开展人感染H7N9禽流感及中东呼吸综合症防控工作，加强培训、实行预检分诊，加强对发热患者的筛查和对不明原因肺炎监测，进行传染病应急演练等。全年完成医务人员麻疹疫苗应急接种1125针次，儿童计划免疫接种3335人次，免费流感疫苗接种1570人次。

（靳淑琴）

【护理服务】 石景山医院全面落实三级医院评审标准，重新修订护理工作制度和职责等，完善各个专业护理常规。强化法律意识，组织培训，学习“护士条例”和“护士守则”。推行优质护理服务，全面落实责任制小组护理。执行分层管理和绩效考核管理，试行岗位管理。参加卫生部万人护理人才培训2次，参加国内护理管理或专业提高班学习10人次。以33项基础护理为基准，强化护士礼仪服务，规范服务标准，扎实护理技能，提高护士综合素质。召开“5·12”纪念国际护士节暨总结表彰会，表彰在护理工作岗位上作出突出贡献的优秀集体4个及优秀护士48人。获区卫生系统优秀论文三等奖。

（靳淑琴）

【科研教学】 石景山医院作为中国科协的调查站点，完成各项调查任务，荣获“全国AA级优秀调查站点”称号。获区科技进步三等奖1项。发表论文183篇，其中SCI论文4篇，中华系列论文7篇，核心期刊发表论文87篇；获批首都医科大学校长基金1项、学生科研创新项目2项，发表教学论文10篇。心内科、骨外科被批准为区医学重点学科，获得资助。开展继续教育项目297项，其中市级项目22项、区级项目55项、院级项目220项，传染病防治知识培训38次。全院971名卫生专业技术人员，继教学时学分达标率99.78%。通过市卫生局组织的全科医师临床基地复审，成为全市27家全科医师临床培训基地之一。承担首医150名临床本科生的临床教学工作，完成理论授课871学时、见习带教489学时；承担新疆和田进修班2012级48名学员的临床授课任务。眼科主任李哲清获市教委青年教师比赛理工类B组二等奖、最佳教案奖，同时获首都医科大学优秀教师奖。

（靳淑琴）

【信息化建设】 石景山医院完善门诊自助服务系统、门诊药房预摆药及叫号系统的建设。细化门诊自助服务项目，增加门诊患者满意度调查和随诊功能。医院收费系统与银行系统进行衔接，完成POS转MIS的改造工作，增加门诊住院收费的安全性和准确性。研发诊间缴费机并投入使用。完成门急诊病历采集及上报系统改造工作。

（靳淑琴）

【基础建设】 总投资1.5亿元、近3万平方米的新医疗大楼正式投入使用。新医疗楼主体建筑高度约60米，共设置病床360张。主要功能包括：住院大厅、药房、检验科、病理科、儿科、重症监护室（ICU）、CCU、手术中心以及9个护理单元。使用近20年的旧住院病房楼改造工程竣工，每间病房都有独立卫生间，安装中央空调，住院条件明显改善。启动急诊科、核医学科、消毒供应中心装修改造及门诊布局调整，基础建设投入2975.3万元。

（靳淑琴）

北京大学首钢医院

【概况】 北京大学首钢医院（简称首钢医院）建于1949年10月，是一所非营利性三级综合医院和市医保A类定点医院。职工总数1818人（在编职工数1177人、合同制人数641人），其中：卫生技术人员数1450人（不包括职能处室卫生技术人员）（含正高级职称33人、副高级职称96人、中级职称449人、初级师384人、初级士176人、无职称312人）。医疗设备固定资产总值25131.95万元，新购置医疗设备总值6595.59元，其中10万元以上设备67台（套），百万元以上设备8台（套）。获市卫生局组织的“医患的故事”征文活动优秀组织奖；获当年度医疗卫生领域“优秀科研管理单位”称号；获年度市“医疗保险管理二等奖”；被市药监局批准成为“北京生物医药创新促进平台成员单位”。获市卫生局“临床安全用药工作组”年度优秀集体奖；获市科委“优秀药物临床试验机构”；获市药监局、市卫生局“药物警戒工作先进单位”，获“肿瘤登记工作优秀奖”；金顶街社区卫生服务中心被评为市“敬老爱老为老服务示范单位”。

地址：石景山区晋元庄路9号
电话：57830827（办公室）
邮编：100144
网址：www.sgyy.com.cn

（吴妍彦）

【改革与管理】 3月18日，首钢总公司党委对首钢医院领导班子进行调整。聘任陈仲强为首钢医院院长；聘任雷福明、向平超、张祥华、王健松为副院长。7月4日，召开首钢医院理事会会议。年内，编写并印制规章制度及岗位职责(2013版)及应知应会公共部分，建立对医师定期业务能力评价及手术授权/再培训、再授权的管理工作；对"非计划再次手术"进行监测，并分析原因、反馈、提出整改措施。成立医院发展与安全运行委员会、医疗管理委员会、护理管理委员会、药事管理与药物治疗学委员会、教学工作管理委员会、防火安全委员会、病案管理委员会、临床用血管理委员会等质量安全管理控制体系，确保环节治疗控制管理。制定深化医疗质量安全管理与持续改进实施方案、抗菌药物临床应用专项整治活动方案、全面推进医院评审工作方案、医德医风管理办法、术中意外抢救管理办法等相关制度和方案；建立读书报告会制度，强化三级查房、交接班、危重症管理以及疑难病例讨论制度。开展"珍惜幸福生活 远离职务犯罪""重医德，塑医者仁心；保廉洁，创美好生活"医德医风与医院廉政教育活动；修订三重一大实施细则，定期对制度落实情况进行监督检查。规范执业行为和关键业务流程，完善医德医风考评体系建设。医务人员拒收"红包"57人次，共计7.5万元；收到表扬信108封、锦旗103面。

(吴妍彦)

【机构设置】 6月4日，首钢医院撤并医政处、医疗质量处、医患关系处，成立医务处；撤并人事处、劳动工资处，成立人事处；成立基建处。7月15日，成立病案科。8月1日，成立干部保健科(外科)，原干部保健科更名为干部保健科(内科)。9月4日，成立疼痛科。11月19日，将原物业管理处(物业管理公司)职能进行合理分解归类，成立总务处。12月5日，成立药物临床试验机构办公室。

(吴妍彦)

【医疗服务】 首钢医院全年门急诊940644人次，编制床位1006张，实际开放床位859张，出院患者25051人次，比年增长11.6%；住院病人手术6904例，同比增长7.6%；病床使用率89.8%，出院患者平均住院日11.1天，同比缩短0.7天；全院患者药占比52.1%，同比下降1.7%。病案管理。加强病历质量监管，贯彻执行"病历书写基本规范"，运行病历以网上病历实时监控为主，监控重点为病历是否按"病历书写基本规范"要求时限完成、特殊检查/用药的使用依据及抗菌药物的合理使用等内容，发现不足随时电话沟通或发帖反馈，以便及时修改或完善。每月抽查终末病历。甲级病案率91.08%。医院感染管理。医院感染发生率为2.14%。制定人感染H7N9禽流感医院感染预防与控制制度，并进行培训和督查工作。完成流感防控措施培训，并多次督查感染疾病科、急诊科、儿科、呼吸科等重点科室；做好耐药菌患者防控和监测工作。医保工作。全年医保病人出院16975人次，出院医保病人总费用29336.07万元，次均费用16975元。与区医保中心签订医保医师协议，该院医生纳入医保医师的档案管理。全年为首钢公司领导干部健康体检321人，为首钢职工进行健康体检28596人。组织医务人员开展各类宣传义诊活动12次，发放健康教育处方8007张，自制宣传材料8580余份，患者22010人次参加。为医务人员举办健康教育讲座38次。医疗纠纷处理。本年度保险缴费96.41万元，保险赔付24.19万元。经市医疗纠纷人民调解委员会调解10起，经法院判决4起。

(吴妍彦)

【对口支援】 首钢医院组织12名队员赴内蒙古自治区丰镇市医院进行为期3个月对口活动，累计支援时间36个月，开展临床诊疗、教学培训、疑难病例讨论等，开展学术讲座和对相应科室查房、会诊等活动，其中开展专题讲座36次。接待受援单位进修16人，累计48个月。

(吴妍彦)

【社区医疗】 首钢医院社区卫生服务管理人口211515人，69306户。提供家庭病床服务床日1246个，上门医疗健康服务1478次。发放宣传材料21073份、家庭医生总数59人，签约人数132826人，户数46051户。管理高血压病患者62076人次，糖尿病患者18369人次，冠心病患者1575人次，脑血管病患者1411人次，精神病10970人次，恶性肿瘤患者152人次，建立健康档案999860份。预防接种54674人次，接种率100%，新生儿管理覆盖率100%。首钢医院对苹果园、老山社区卫生服务中心和金顶街社区卫生站进行装修改造。社区开展中医、康复治疗，添置医疗设备，拓宽服务内容和诊疗科目，方便社区患者就医。对社区全部人员进行公共必修课和岗位必修课培训。

(吴妍彦)

【护理服务】 首钢医院修订完善护理流程和护理制度共50项，补充10项。实施护理技能培训师和临床护理导师机制，考评认定护理技能培训师33名、临床护理规范化培训导师19名；建立护理人员分层级数据库。护理文件书写合格率91.33%，基础护理合格率90%，特级、一级护理合格率90%，技术操作合格率100%，优质护理服务质量达标率90%，满意度88%，急救物品完好率100%。医院护理人员在统计源期刊发表论文6篇，完成首发基金科研项目2项，2项护理技术创新获批国家实用新型专利，3项护理课题通过院级立项。举办继续教育项目市级4次、区级18次、院级14次。全院护理人员继续教育学习达标率98.6%，通过北京市的抽查。完成护理临床实(见)习带教193人，其中本科生47名，护理教学大专生146名。完成继续学历教育53人，其中本科教育46人，大专教育7人。5月10日下午，首钢医院召开庆祝"5·12"国际护士节表彰大会，对2012年度护理工作中表现突出的护理团队以及优秀护士长和优秀护士进行表彰。

(吴妍彦)

【科研项目】 首钢医院年内在研项目11项，其中北京市自然科学基金1项，首都特色临床应用研究1项。全年发表论文90篇,其中SCI收录11篇,核心期刊69篇;著作2篇。5月24日,举行第二届京西血液净化论坛。6月20日,由区呼吸专委会主办,首钢医院承办的2013年京西地区呼吸论坛举行。6月21~22日,首钢医院与区医学会联合举办"2013年北京西部医学论坛"。9月26日,首钢医院呼吸内科和金顶街社区卫生服务中心的课题建设项目"炎症反应和影像学改变在频繁急性加重慢性阻塞性肺疾病表型中的研究"和"慢病合并抑郁老年患者的社区管理"相继启动。11月,首钢医院院长、骨科名誉主任、首席专家陈仲强教授连任中华医学会骨科学分会副主任委员。

(吴妍彦)

【医学教育】 首钢医院本科教育方面,完成北医2009级生物医学英语专业临床教学和2009级口腔专业教学共41人,956学时;完成2009、2010级辽宁医学院临床教学任务,开设临床课程20门、2100学时。培养硕士研究生6人,博士生1人。参加市卫生局专科医师规范化培训的住院医师共116人,其中一阶段82人、二阶段34人。参加继续医学教育的医疗、医技人员575人,护理人员775人。接收来院进修生共30人。举办短期学习班12次,1800人次参加。为本院职工举办学习班62次,参加人数150人次。脱产学习149人次,到院外进修6人。录取研究生43人,其中硕士研究生28人、博士研究生3人。1月,首钢医院内科学心血管病专业成为北京大学医学部硕士研究生培养点。

(吴妍彦)

【国际交流】 年内,首钢医院外出参加各种学术交流149人次,其中,赴美国、法国、日本、英国、香港、台湾等地参加学术交流人12人次。11月,新加坡Ng Teng Fong General Hospital&Jurong Community Hospital的护理专家15人来首钢医院进行参观考察。

(吴妍彦)

【信息化建设】 首钢医院实现HIS系统与LIS、PACS等系统的集成。检验、检查系统能够共享HIS系统患者的信息,实现检验标本的条码化管理,检验报告患者自助打印以及检验危急值的预警。实现门诊按医师工作量实时统计查询;门诊、住院次均费用统计;重新规划医疗耗材统计报表。完成4个社区卫生服务中心医保数据库升级;新建医院OA系统,预算管理系统、病理管理系统、住院合理用药系统。

(吴妍彦)

【基本建设】 首钢医院实施医疗房屋腾挪改造和设备安装项目19个,完成妇产科门诊及病房的改造,骨科病床增扩30张;建立集中的导管介入治疗平台;住院大楼三层装修改造;完成输血科、药剂科、感染性疾病科肠道门诊、儿科门诊装修改造等工作。

(吴妍彦)

清华大学玉泉医院

【概况】 清华大学玉泉医院(清华大学第二附属医院,简称玉泉医院)是一所向社会开放的二级甲等综合性医院,1983年12月建院,2003年4月10日划归清华大学。为医疗保险定点医院,具有高级干部医疗保健资质;被评为"爱婴医院",妇产科获得三级助产机构资质;加入市社区服务热线呼叫系统(96156);2012年,被市人力社保局定为市工伤保险定点医疗机构。占地面积3.258万平方米,建筑面积5.2万平方米,绿化面积近1万平方米。截至年底,有职工723人,其中正式在编人员384人,合同制人员339人。其中卫生技术人员564人(高级职称78人、中级职称161人、初级职称298人、未聘任专业技术人员4人),其他专业技术人员48人,管理人员58人,工勤人员51人,停薪人员2人。年内,引进各类人员17人,其中博士1人、硕士5人、本科6人。设备总价值10222万元。本年度引进设备167台件,总价值627.90万元,其中万元以上设备33台件,10万元以上9台件,100万元以上2台。重点学科是神经中心和妇产科。神经中心汇集一批高学历、临床经验丰富的医师,是清华大学医学院博士后流动站及博士学位授予点,也是清华大学生命科学与医学研究院脑科学与神经疾病研究所的临床治疗中心。下设功能及微创神经外科、脊髓神经外科、脑瘫及周围神经外科、癫痫研究中心、脑肿瘤、精神卫生科等多个临床专业组;年内新增小儿神经外科专业。根据专业开设六个病区。妇产科开设普需和特需专家门诊及VIP病房,满足不同医疗需求者,采取医疗与保健相结合的服务模式,提供系统的孕前、孕期、产后一条龙服务。被中国妇幼保健协会授予全国首家"导乐分娩示范医院"称号。年内,妇产科通过三级助产机构资质复审。

地址:石景山区石景山路5号
电话:88257755
邮编:100049
网址:www.yuquanhosp.com

(于殿文)

【医疗服务】 玉泉医院全年门诊232140人次,同比减少1.2%;急诊19825人次,同比增长8.3%;出院病人7945人次,同比减少12.78%;平均住院日12.79天,同比增加0.99天;病床使用率84.26%,同比减少3.04个百分点;病床周转次数24.13,同比减少3.27次;病房手术4262人次,同比减少12.41%;门诊手术756人次,同比增加38.97%。妇产科分娩1557例,比上年减少31.92%。健康体检21226人次,比上年增加11.5%。检验科实施检验报告自助打印。妇产科新开展胰岛素生长因子测试胎膜早破、动态血糖监测以及24小时动态血压监测。神经外科5病区新开展临床神经心理测评。全年网上和电话预约挂号28397人次,同比预约率提高1.5%。成立应急办,定期对应急志愿者队伍、应急专家库、应急处置小分队成员进行培训和演练,及时更新应急物资和药品。成立疾控办公室,负责发热、肠道及感染性疾病的预防、防控及医疗救治工作。成立质控办,全面加强医院医疗相关质量管理工作,实施三级医疗质控管理体系,全面督导、检查、考核和协调全院医疗质量管理工作,落实各项质控内容的奖惩条例,以质控积分管理的方式实施科室层面的质

控管理。结合医师定期考核记录对所有注册在本院的在职在岗医师建立医师日常行为记录数据库,以积分考评的方式将所有质控内容纳入医师行为记录,据此进行年度质控优秀科室及质控优秀医生的奖励。血透、口腔科、检验科纳入市级质控管理体系,定期迎接专项检查,并按照要求对血库进行改建,并逐步落实增项工作。推进抗菌药物专项整治工作。落实医院抗菌药物分级管理制度。制定抗菌药物分级目录,对不同管理级别的抗菌药物处方权进行严格限定,明确各级医师使用抗菌药物的处方权限;完善特殊抗菌药物临床应用审批程序。制定明确的限制使用抗菌药物和特殊使用抗菌药物临床应用程序;完善抗菌药物使用率和使用强度控制制度、抗菌药物临床应用监测与评估制度。门诊抗菌药物使用率17.15%,急诊抗菌药物使用率40%。临床路径管理工作。建立临床路径指导评价小组专题会议制度、专家组督查制度、分析报告制度和定期评估制度,对妇产科、神经外科、普外科3个学科5个病种进行路径管理。加强放射辐射管理工作,增加放射辐射规划化制度,重新办理放射工作许可证和辐射安全许可证。组织放射防护全院培训,并组织突发辐射事故应急演练。对口支援。继续对口支援房山南窖乡卫生院、房山区佛子庄乡及区杨庄社区卫生服务站的医疗工作。

(于殿文)

【医疗保障】 玉泉医院全年医保出院2922人次,同比减少7%,总费用3699.1万元,同比增加30%。医保病人次均费用12659.4元/人次,自费比例4.16 %,平均住院日11.8天,各项考核指标均控制在合理水平。总额预付工作在保证患者合理治疗的同时,杜绝不合理用药和超医保目录用药。控制病人的次均住院费用,控制药占比,减少自费比例,减轻患者负担。本年度基本医疗分配使用总额4810万元,医院完成预付额的97.22%。医保工作在北京市医保管理评比中获三等奖,同时获北京市总额预付试点工作奖励,共获奖金50万元。

(于殿文)

【院感管理】 玉泉医院坚持对新上岗的的医生、护士、实习生进行有关医院感染的知识培训,并进行理论考核。继续开展医院感染漏报率调查,提高医务人员感染报告意识。加强多重耐药菌管理。完善规章制度,制定管理规范、流程,做到发现病例及时到科室指导。定期与不定期的消毒隔离检查,及时发现问题,改进消毒隔离工作。继续加强医疗废物的管理,坚持定期检查反馈,使医疗废物的管理趋于规范。编印内部刊物《临床药学与医院感染》,指导医院感染管理工作。落实手卫生规范,加强检查,监测,提高洗手依从性。

(于殿文)

【护理服务】 玉泉医院制订“住院患者管路滑脱危险度评估表”“手术患者交接记录单”“住院患者转科交接记录单”,并配套下发相关制度和应急预案。完善护理质量管理体系,重新制定并下发各质控组检查标准14项。1月,重新组建ICU病房,使神经外科危重病人得以集中管理。9月,组织全院各科室医护人员进行患者突发病情变化时应急抢救演练1次。设立护理专项补贴,向临床一线、合同护士倾斜,稳定护士队伍。在神经中心试行每日护理带教计划新模式。加强全院毒麻药规范性管理,双人双锁、残余药量统一登记,下发特殊药品标识。注重抓好基础护理,结合优质护理服务工作,制作“住院患者基础护理服务项目”公示展板。选派专科护士培训1人,参加各专业学习班17人,外出参观学习21人。组织新技术讲座14次,“三基”训练操作考核309人次。新护士培训班1期,带教老师学习班1期。护士节表彰优秀护士23人、优秀代教老师3人、先进集体4个。发表论文7篇。护理工作总量1634346人次,比上年增加237077人次。

(于殿文)

【科研教学】 玉泉医院以第一作者单位发表论文66篇,其中SCI收录7篇;到账经费的科研项目4项:清华大学资助科研计划(50万)、与日本罗姆公司合作研究课题(30万)、卫生部医学发展基金(10万)、973项目子课题(10万)。区级医学继续教育项目25项,举办院内继续教育课程60课时,邀请院外专家授课或讲座报告9人次。在清华大学医学院招收博士研究生2人、硕士生1人。接收滨州医学院、大庆医学高等专科学校实习生9人,接收进修人员8人。参加市住院医师培训2人。

(于殿文)

【信息化建设】 玉泉医院本部及部门诊的门诊及住院发票更换及工伤持卡结算接口改造、认证等工作。安装抗菌药管理软件,完善HIS与LIS检验系统软件接口。完善HIS系统软件功能,实施医院计算机及相关外设维护及修理工作。新购进并安装调试计算机20台,打印机13台。

(于殿文)

首都医科大学附属北京康复医院(北京工人疗养院)

【概况】 2013年12月18日,经市卫生局批准,北京工人疗养院(北京康复中心)正式更名为首都医科大学附属北京康复医院(简称北京康复医院),北京工人疗养院为第二名称。北京康复医院(北京工人疗养院)是市总工会下属的全民所有制事业单位。实际开放医疗床位566张,占地面积86532平方米。先后被批准为涉外医疗机构、市劳动模范健康体检唯一定点医疗单位、市医疗保险定点医院、市工伤定点医院、市残联小儿脑瘫定点医院、全国工伤康复定点医院、区康复医疗质量控制和改进办公室。设有门急诊、医技、住院、康复、体检中心和管理服务科室25个。年内,确定医疗业务科室“四部、三轨”的运行机制,设置临床医学部、门诊医疗部、医技功能部、康复医学部;管理和服务科室“四部制”三级管理架构,设置行政管理部、党群人力部、医疗管理部和后勤保障部。拥有康复机器人、步态分析系统、CT、DR、多普勒超声、心电图机、骨密度仪、运动平板、呼吸机、心电监护、高压氧舱、减重步行跑步机、悬吊系统、运动控制训练系统、平衡评价训练系统、言语及吞咽治疗评价系统、起立床、MOTOMED上下肢主被动训练仪、理疗仪器等各种医疗设备和康复设备。医院坚持以康复医学为导向的“大康复、强综合”医教研三位一体的功能定位，在神经康复、骨科康复、儿童康复、心肺康复、肾病康复、老年康复、康复治疗和重症医学等方面形成较为成熟的学科队伍，并在劳模体检方面形成自己的特色。现有在编职工290人，其中专业技术人员230人(包括高级32人、中级89人、初级89人)，行政后勤人员60人；外聘职工217人，其中专业技术人员168人(包括高级职称2人、中级职称7人、初级职称122人)，行政后勤人员49人。

地址：石景山区八大处西下庄
电话：56981517(院办公室)
56981111(客服)
邮编：100144
网址：www.bjkfyy.com.cn

(王瑞华)

【医疗服务】 北京康复医院全年诊疗338358人次，门急诊70772人次，出院患者2747人次，住院手术253例次，病床使用率86.84%，病床周转6.92次，平均住院日47.09天，危重病人抢救28人次，抢救成功率38.64%，住院患者死亡率1.09%，临床路径入径率94.12%，退径率0.81%，平均药占比40.33%，患者满意度93.52%。全年病案甲级率99.88%。出院基本医疗保险患者1131人次，金额1725.45万元；次均住院费用1.53万元。强化医保检查、抽查管理机制，加大医保门诊处方及住院病历的复审力度，全年复审病历1011份(含工伤医保、工伤康复818份)，审核金额3327.38万元。审核门诊金额1510万元。成立医院感染质量控制检查小组。开展导管相关血流感染等多项目标性监测。落实感染防控基础性措施，开展环境卫生学及消毒灭菌效果检测。开展人感染H7N9禽流感防控培训和演练。组织院感培训、传染病防治培训3700人次。

(王瑞华)

【护理服务】 北京康复医院护理人员实行“首迎负责制”“首问负责制”。组织开展“六个一”“四个多一点”“八声”“三前”护理服务。召开护理质量分析会12次，护士长读书报告会12次，护患换位交流会1次。成立PI CC护理小组，康复护理小组。开展护士院内外在职培训、进修学习、参观交流、资格认证、技能考核累计1500余人次，完成护工培训697人次。统筹做好护理带教工作。全年未发生护理事故及严重差错。危重病人护理合格率98.25%，基础护理合格率99.72%。护理表格书写合格率99.5%。毒麻药品管理合格率100%。急救药械管理合格率99.33%。消毒隔离管理合格率98.04%。

(王瑞华)

【预防保健】 北京康复医院完成妇幼保健、计划免疫、传染病、结核病、性病、艾滋病管理、精神卫生管理、计划生育管理、健康教育等国家指令性任务。共排查门诊病例70772人次、病房2747人次；传染病管理率、妇幼访视率、访视及时率、访视合格率、疫源地消毒率均为100%，宣教率98%；地段预防接种率95%。

(王瑞华)

【教育科研】 北京康复医院修订“科研项目管理办法”“进修实习人员管理办法”“学术(伦理)委员会章程”“科教经费管理办法”等相关规章制度。获批国家级和市级继续教育项目共2项，区级继续教育项目32项。获批市科委首都市民健康项目培育项目1项；制定年度院内科研课题活动方案，其中立项7项。核心期刊发表论文19篇。坚持开展“三基三严”全员培训和技能操作评比。开展岗位练兵，组织举办石景山区第一届青年康复治疗师技能竞赛。举办康复治疗技术系列学术论坛3次，来自全球康复专业人员420余人次参加。组织院内外继续教育讲座、学习、进修、培训等共计45次，参加5000余人次。接收实习、进修人员86人次。完成五里坨社区卫生服务中心和龙泉医院对口支援工作。

(王瑞华)

【管理改革】 年内，北京康复医院启动管理组织机构改革，制定“四部制”管理架构，设置行政管理部、党群人力部、医疗管理部和后勤保障部；深挖管理内涵，由自上而下的管理转变为以“服务”为核心的前置式管理模式。

(王瑞华)

【公益服务】 北京康复医院与中华慈善总会和香港凯德基金合作，开展“中华凯德慈善残疾儿童康复项目”，完成60名马蹄内翻足儿童的公益救治和康

3月25日，共建签约仪式　　(北京康复医院供稿)

复治疗。

（王瑞华）

【建设项目】 北京康复医院改扩建一期（医疗综合楼等4项）工程分包招标全部完成。新建医疗综合楼、康复楼、液氧站、污水处理站及2号楼改造基本竣工。配套市政设施包括红线外热力工程、供电工程竣工并投入使用。红线内沥青道路基层施工完毕；启动红线外供气工程施工；启动1号楼加固改造及院区园林绿化施工招标工作。

（王瑞华）

中国医学科学院整形外科医院

【概况】 中国医学科学院整形外科医院（简称整形外科医院）于1957年由著名整形外科专家宋儒耀教授创建，是中国整形外科事业的摇篮。医院占地10万平方米，是一座中国古典式的园林建筑群，以中国古典特色建筑入选《英国世界建筑大全》。经过50年发展，现已成为集医疗、教学、科研于一体的整形外科三级甲等专科医院。系国家卫生部直属单位之一，是北京协和医学院临床教学医院，设整形外科研究所，是《中华整形外科杂志》的编辑出版单位。医院现有职工704人（在编职工450人，派遣制员工248人，无固定期及合同制职工6人），其中正、副高级职称100人，中级职称196人。开设床位328张，包括普通整形外科、现代美容外科等24个特色中心，并在平安大街开设平安门诊部，在国贸中心开设北京医科整形美容门诊部。研究所设有研究中心，下设分子生物学实验室、细胞生物学实验室、组织与免疫化学实验室、动物实验室和解剖实验室。医院是北京协和医学院整形外科学、麻醉学和生物化学与分子生物学的博士研究生和硕士研究生的培养点，口腔学的硕士研究生的培养点，也是卫生部整形外科专业进修生的培训基地。现有博士生导师22人，硕士生导师22人。成功举办第五届国际美容整形外科高级研讨会暨脂肪移植国际会议。有来自中国、美国、意大利、日本4个国家和地区的近500名医师参会。有12名专家进行20场专题发言。年内来院外宾7批12人次。每年定期举办整形美容学习班和科普宣教讲座，自1979年恢复建院以来共接待国际整形外科专家300余人，举行大型国际学术会议18次，参加人数达5500余人次。

地址：石景山区八大处路33号
电话：88964826
邮编：100144
网址：www.zhengxing.com.cn

（郝亚利）

【医疗服务】 整形外科医院全年门急诊11081人次，比上年增长22.37%；实际床位328张，入院11408人次，比上年减少15.98%；床位使用率76.97%，平均住院日12.46天；门诊手术25449台次，比上年增长8.37%；住院手术9362台次，比上年减少1.2%。七日确诊率100%，出入院诊断率100%，死亡率为0。规范医疗技术操作规程，完善、修订医疗核心制度、临床科室管理手册，建立持续提高医疗质量长效机制；严格落实首诊负责制和三级医师查房等医疗安全核心制度，编写“应知应会”临床医师作用手册。继续强化抗菌素规范使用和临床路径管理，制定抗菌药物临床应用专项整治活动方案。医院抗菌药物合理使用的12项指标全部达到卫计委规定的标准。有9个病种入组临床路径。每月对各临床科室进行“医护人员对实施临床路径管理的满意度调查”和“临床路径管理患者满意度调查”，使临床路径管理工作逐步规范化、科学化。完成“整形外科国家临床重点专科建设项目”申报及69项新技术、新项目的院内审批；“美容外科、美容牙科”两个二级科目设置注册获市卫生局批准；完成82名美容主诊医师资格认定及证书发放工作。调整公共卫生应急小组成员并组织应急医疗救治演练7次，进行院内危重、疑难等病历讨论21次，召开各专业委员会会议及专题讲座等23次。住院医师规范化培训17人次。为300余人次医疗保险或新型农村合作医疗办理转诊转院审批手续。收治“明天计划”患者1人。全年接收进修医师43名。选拔优秀青年医师出国进修学习计划4批38人。已派出27名青年医师出国进修学习，已有23名医师学成回国。出国率71.05%，学成回国率85.19%。

（郝亚利）

【护理服务】 整形外科医院护理部深化优质护理服务，根据三甲医院医疗质量评审评价工作，重新编印“护理制度和职责”，其中制度73项、职责52项，护理应急预案38项；编印并下发“护士应知应会”。护理部将工作归纳为组织管理、制度规范、人力资源、绩效管理、护理安全、护理质量、优质护理服务、护理教学、护理科研9个条目，分类整理出70余款具体实施工作项目，并将工作记录存档。在核心期刊发表论文11篇；获得协和青年基金1项。

（郝亚利）

【医学科研】 整形外科医院中标国家自然科学基金7项，获科研经费258万元。其中高校博士点新教师专项基金中标2项，北京协和青年基金中标7项，研究生创新基金中标5项，北京市科技计划项目1项，市科委“首都医疗特色项目”4项，区医学重点学科建设项目1项，人事部留学回国人员基金1项。参与联合申请“国家科技支撑计划”1项。完成科技体制改革和科研业务经费的申报，资助经费112万元。毕业博士研究生11名，硕士研究生18名。招收博士研究生21名，硕士研究生36名。有2名博士、2名硕士通过研究生国家奖学金评审。举办2期国家级继续教育培训班，讲授25项国家级继续教育项目，培训学员1100人次；全年发表论文188篇，其中SCI论文61篇，最高影响因子39.06，平均影响因子2.85。核心期刊127篇；年内获得授权发明专利3项，实用新型3项。

（郝亚利）

中国中医科学院眼科医院

【概况】 中国中医科学院眼科医院（简称眼科医院）于1986年经卫生部

批准兴建，建立于1994年9月，是集医疗、科研、教学为一体的中医、中西医结合非营利性三级甲等医院（专科）。有职工331人（在编168人、合同制243人），其中卫生技术人员313人，包括正高21人、副高32人、中级75人、初级185人。医疗设备总价值8862万元，其中10万元以上设备148台（套），100万元以上设备10台。新购置医疗设备总值2661万元，其中10万元以上设备22台（套），100万元以上设备3台。眼科医院经济管理处获北京地区中医、中西医结合民族医医疗机构信息服务三等奖和中医医疗质量检测工作三等奖。

地址：石景山区鲁谷路33号

电话：68688877

邮编：100040

网址：www.ykhospital.com.cn

（杨　丹）

【机构设置】　1月，眼科医院启用骨科病区，床位26张；成立屈光手术科。3月，启用针灸科病区，床位18张。6月，启用屈光科病区，床位13张；成立纪监审办公室、经济管理处、药学部、设备处。7月，成立疾控科。8月，成立共青团眼科医院团委、激光科、超声科。12月，成立物价科、统计科。

（杨　丹）

【改革与管理】　眼科医院完善临床路径管理，颁布第三批重点专病3个病种（视直如曲、目倦、目痒）的临床路径。各科室严格按照“临床路径管理办法”开展工作，已纳入临床路径218人次，并将骨科的腰椎间盘突出症及屈光手术科的高度近视黄斑出血新增纳入临床路径运行及管理。组织各临床科室参加市中医临床路径培训推进会1次。推进市中医管理局携手网络工程建设工作，形成覆盖北京远郊区县的医教研一体化平台，带动远郊区县眼科的全面发展。在对密云、房山等多家医院进行帮扶的同时，举办国家级中医药继续教育项目“疑难性眼病防治及网络平台建设研讨会”。新增就诊卡，实行全天通挂服务和分时段预约挂号等多项服务。在冬季流感流行期间，服务台发放中药汤剂5000余人次。整合资源，新增一楼综合服务台，为患者提供10项便民服务措施。加强医德医风建设，制订医德医风绩效考核指标，并纳入考核体系，与个人、科室奖金分配和年终评优相结合。全年收到锦旗106面，表扬信128封，患者满意度达到90.8%，拒收红包20次，共计6万元。2月26日创刊《中国中医科学院眼科医院院报》，全年出版6期。

（杨　丹）

【医疗服务】　眼科医院全年门诊294733人次，急诊3876人次。床位300张，入院5942人次，出院5858人次，床位周转21.54次，床位使用率95.24%，平均住院日16.14天，住院手术10830例。接收诊治境外住院患者9人次，门诊患者95人次。成立屈光手术科，开展全飞秒激光、准分子激光等新技术工作。病案管理。共查病历1440份，甲级病历率100%。培训3次，每月出病历质控简报。院内感染管理。全年监测5858人，发生医院感染7人，感染率0.12%，无医院感染漏报。编写医院感染管理指南，规范临床科室医院感染管理，每月逐项检查和平时抽查相结合，发现问题要求各科室及时整改；完成医院感染工作的输机、上报及数据汇总；每季度对重点部门的空气、物体表面、手进行轮转监测，并将监测结果汇总、分析，通过“院感通讯”反馈给各科室。全年进行培训5次，总计培训711人次。抗菌药物管理。全年抗菌药物使用率12.06%，Ⅰ类切口抗菌药物使用率12.61%；医院与临床科室主任分别签订抗菌药物临床应用专项整治活动责任书；设抗菌药物管理小组，每月抽查一定比例病历，不合理使用抗菌药物医师名单在“院感通讯”进行公示；设临床药师专门负责抗菌药物药学工作，对存在不合理使用抗菌药物的处方及医嘱进行干预；门诊抗菌药物处方点评纳入科室绩效考核；举行年度抗菌药物临床应用培训并答题考试。门诊患者抗菌药物使用率、抗菌药物使用强度、住院患者抗菌药物使用率、Ⅰ类切口手术患者预防使用抗菌药物比例完全达到指标。医保工作。全年医保出院2529人次，总费用3285.66万元，次均费用1.30万元。年内，逐步将医保管理模式转变为信息化、精细化、动态化管理模式。每月对重点科室进行医保点评、通报，并与科室绩效挂钩。出台控制医保费用增长的规定等一系列制度，规范临床医师执业行为，确保医保基金合理使用。医疗支援工作。医院共对13家社区、机关和基层医疗机构开展教学查房、疑难病例讨论、示教手术、专题讲座、健康宣教等多种形式的对口帮扶工作。通过对口帮扶内蒙古满洲里市中蒙医院、河南省周口市眼科医院、湖北省麻城市乘马岗乡卫生院、与国际广播电台、景山小学远洋分校签订协作协议等工作推进“中医中药进社区、进家庭”活动。全年义诊16次，参与医护人员91人，义诊人数4300人次。医疗纠纷处理。完成全院医药护技人员274人医责险投保工作，投保金额共计37.38万元。共接待院内投诉151起，区卫生局转办2起，市12320公共卫生热线投诉1起，诉讼1起，尚未结案。因差错致医院、科室及个人赔偿共计6.16万元。

（杨　丹）

【护理服务】　眼科医院新聘任护理部副主任1名，护士长2名。成立中医护理研究室、教研室，制定相关工作制度9项。修改和完善护理质量检查标准8项。召开全院护理质量分析会10次。护理文件书写合格率100%，护理病历书写合格率100%，基础护理合格率100%，特级、一级护理合格率100%，技术操作合格率100%，安全护理合格率100%，急救物品完好率100%，无护理差错与事故发生。医院有49名护理人员参加护理专升本学习，有5名护理骨干参加硕士研究课程班学习，1名参加硕士研究生学习。全院护理人员大专学历占98.48%，本科以上学历占62.9%。选送4名护理骨干进修学习。选送32人次参加各类学术会议。举办1期区级继续教育项目、1期国家级继续教育项目。每月1次组织全院护理人员业务学习，全年参加培训490人次；护理技术操

作考核520人次,培训及考核合格率100%。

(杨 丹)

【科研管理】 眼科医院申报各级各类课题48项,中标课题17项,其中,国家自然科学基金2项,国家支撑计划子课题1项,国家中医药管理局子课题1项,科技部子课题1项,市中医药管理局课题1项,市科委首都临床特色应用研究专项1项,中国中医科学院特色诊疗技术5项,中国中医科学院自由探索项目5项。科研总经费745.4万元。在研课题30项,结题7项。获中华中医药学会科学技术奖二等奖1项。发明专利1项,实用新型专利2项。分别与广安门医院、东方医院签订技术服务合同。发表论文76篇,其中SCI 3篇,最高影响因子5.563,平均影响因子4.072。参编专著2部。

(杨 丹)

【医学教育】 眼科医院参加继续教育273人,通过继续医学教育管理系统-ICME进行管理。承担中国中医科学院研究生院、北京中医药大学、天津中医药大学、首都医科大学的研究生及本科生教育。录取研究生6人,其中博士生2人,硕士生4人;接收进修人数9人,其中对口支援单位进修4人。举办短期学习班16次,每次参加人数50~150人不等。为本院职工举办专业技术讲座45次,每次参加人数50~100人不等。到院外进修10人。

(杨 丹)

【学术交流】 眼科医院接待境外参观交流23人次,选出3名优秀人才出国研修,办理因公出国3人次。在5月29日第二届京交会中医药主题日启动仪式上,中国中医科学院副院长、眼科医院院长范吉平代表眼科医院与美国UCLA大学东西医学中心教授许家杰签署合作协议,双方就加强教育、科研等项目的合作达成共识。

(杨 丹)

首都医科大学附属北京朝阳医院(西院)

【概况】 首都医科大学附属北京朝阳医院是集医疗、教学、科研、预防于一体的三级甲等综合医院、首都医科大学第三临床医学院、北京市医疗保险A类定点医疗机构。2004年12月31日原中铁建总医院整体划转市卫生局并入北京朝阳医院,命名为北京朝阳医院(京西院区),2005年5月19日正式开院。2013年9月12日,北京朝阳医院完成两院区营业执照合并工作,将北京朝阳医院(京西院区)更名为北京朝阳医院(西院),以下简称"西院"。西院占地面积5.9万平方米,建筑面积7.6万平方米。构成以呼吸与危重症医学、肝胆外科、疝和腹壁外科、心脏病学、急诊医学、泌尿外科为优势的学科发展体系,在微创手术、介入治疗等方面形成较大的技术优势。截至年底,西院医疗设备总价值11215万元,其中10~100万元设备186台,100万元以上设备32台。全年新购置医疗设备总值210万元。编制床位500张,开放床位479张,在职职工981人,其中卫生专业技术人员833人(其中正高34人、副高80人、中级213人、初级师358人、初级士148人)。

地址:朝阳区工人体育场南路8号
电话:85231000
邮编:100020
西院地址:石景山区京原路5号
电话:51718999
邮编:100043
网址:www.bjcyh.com.cn

(肖久庆)

【改革与管理】 西院进一步深化公立医院改革各项任务。加强预约挂号管理,通过诊后、窗口、院内电话、出院、114电话、网络等预约方式进行患者就诊预约。设立门诊综合服务台,扩展服务功能,提升服务质量。倡导预约优先理念,引导患者分级就诊,缩短患者就诊等候时间。全年门诊预约364149人次,门诊就诊预约率60.21%,出院复诊预约率94.82%,全院履约率73.14%;深化临床路径管理工作,全院共开展病种121种,入组8226例、入组率84.16%,完成2868例、完成率95.65%;开展抗菌药物临床应用专项整治活动,进一步加强抗菌药物临床应用管理,优化抗菌药物临床应用结构,严格落实医管局抗菌药物管理指标。全面开展三甲医院复审工作,进一步提升医疗服务质量,深化服务内涵建设,提高患者满意度。

(肖久庆)

【医疗服务】 西院全年门急诊890123人次,同比增长11.9%;日均门急诊2439人次,同比增长21.61%;出院人数17364人次,同比增长8.4%;病房手术7796例,同比增长8.81%,其中,大中手术比例62.9%;床位使用率92.08%;平均住院日9.25天,同比降低0.54天;住院外地患者所占比例为17.32%,同比增加0.42%;全年医药总收入达54500万元,同比增长17%。院内感染管理。修订医院感染管理制度。召开医院感染管理委员会会议,明确各部门在预防和控制医院感染工作中的责任。全年医院感染发生率为0.78%,医院感染漏报率3.68%,一类手术切口感染率0.12%。接受上级行政部门检查38次,检查结果均合格。医疗支援。继续开展对房山阎村镇中心卫生院的医疗定点支援工作。加强管理和考核,安排各级医师到社区卫生服务中心出诊、授课。周六、日在院内开展义诊及健康讲座活动,全年义诊191次,参与医护人员511人次,接受义诊服务5193人次;健康讲座157次,覆盖医疗科室36个,参加听课人数5193人,发放各类宣传资料3500余份。医疗风险防范。加大医疗纠纷处理力度,增强医务人员的法律意识和责任意识。积极参加医政管理沙龙座谈交流会,增强与其他医院医疗安全信息方面的互通工作,不断总结交流工作经验。医保工作。严格执行医保政策,加大费用审核力度,全面分析历史数据,做到"三个到位"即前期数据监管到位,后期数据预测到位,异常数据干预到位。继续开展北京市职工基本医疗保险总额预付试点工作。推进医保持卡实时结算工作。门诊就诊医保患者530000人次,次均费用324元。审核申报医保出院10458人次,次均费用14030元。

(肖久庆)

【护理服务】 西院以护理服务质量、

数量、技术风险和患者满意度为重点落实绩效考核,注重临床表现和工作业绩,向工作量大、技术性难度高的临床护理岗位倾斜,体现同工同酬、多劳多得、优绩优酬。完善三级垂直管理体系,加大护理工作管理力度,使护理管理走向科学化、程序化和制度化。在"一科一特色"护理服务的基础上,更加注重人文关怀,重视患者的感受和体验,对护理服务态度及责任心投诉实行"零容忍",持续提升患者满意度,为患者提供全面、全程、专业和人性化的护理服务。全年完成市、区、院级各类继续教育培训15次,其中外请专家来院授课3次,参加3258人次。完成全院护理人员学分审核及录入工作,全年30名护士接受北京市继教委开展的继续教育培训情况抽检,抽检结果全部达标。全年发表护理论文10篇(其中论著6篇,护理研究3篇,个案报道1篇)。3名护士分别获区论文评选活动的一、二、三等奖。

(肖久庆)

【医疗科研】 西院全年发表科研论文104篇。其中,SCI论文23篇、中华类期刊29篇、核心期刊51篇、国外期刊1篇。课题立项28项,其中:省部级课题2项、局级课题2项、区级课题2项、校级课题12项、院级课题5项、社会课题5项,获资助金额118万元。肝胆外科、疝和腹壁外科获批区医学重点学科建设项目。

(肖久庆)

【医学教育】 西院继续建设规范化教学体系。现有专科医师培训基地24个,其中普通专科14个、亚专科10个。承担首都医科大学公共卫生学院2011级卫生法学专业、首都医科大学第三临床医学院2009级临床医学专业、北京护士学校2011级的教学及临床实习80人。全年举办继续教育讲座、技能培训等活动109次,参与培训11029人次。

(肖久庆)

【社区医疗】 西院社区卫生服务机构年门诊217035人次,同比增长11.37%。开展家庭医生式服务工作,宣传4场,义诊活动4场,签约37000人。管理高血压等各类慢性病患者23000人次,完成无保障老年人健康体检及脑卒中规范随诊480人。计免门诊20426人次,健康教育讲座36场次,参加人数1800人次;更新宣传板报12块,完成各类辅助检查60137人次,上门服务1104人次。

(肖久庆)

首钢矿山医院

【概况】 首钢矿山医院始建于1959年,由首钢矿业公司管理,是市二级甲等医院、医保定点医院、工伤医疗定点医院、职业健康检查定点医院、爱婴医院、区大病统筹定点医院、唐山市医保定点医院、华北煤炭医学院定点教学医院。医院占地42202平方米,建筑面积25590平方米,设有临床、医技科室17个,职能管理科室8个,后勤服务科室1个。有职工306人,其中卫生技术人员260人(含副高23人、中级91人、初级110人),行政管理人员18人,工勤人员16人,其他技术人员10人;退养2人。有CR机、16排CT机、高千伏X光机等医疗设备227台(件)。固定资产原值8032.49万元,净值3724.35万元。年内新购置医疗设备34台(件),价值273万元。荣获市年度"医疗保险管理服务"三等奖。

地址:河北省迁安市首钢矿业公司
电话:0315－7710856　7713124
邮编:064404

(徐晓梅)

【改革与管理】 首钢矿山医院积极拓展医疗合作,在与中医科学院眼科医院等合作基础上,又与唐山开滦总医院合作。每月定期邀请专家来矿出诊、手术、查房,为矿区危重症患者会诊、转诊提供绿色通道,引进先进的技术和管理理念,带动全院技术水平的提高。加强信息化建设,依托药品寄售管理软件,尝试开展药品寄售管理,减少库存药品积压。严格落实岗位优质服务规范和岗位文明用语规范,在全院范围内开展以"五个一"为主题的优质服务教育月活动,增强服务意识,提升医疗队伍职业形象,年内收到表扬信10封,锦旗6面。扎实开展健康教育促进活动,深入厂区、社区,举办医疗咨询、现场讲课10件次,组织电视知识讲座1期,利用局域网发布健康知识22期,提高职工、群众防病意识。加强职业道德建设,以防范商业贿赂为重点,坚持廉洁文化建设与廉洁行医教育相结合,开展廉洁从业"十个一"活动,组织全体领导干部和有业务处置权岗位人员签订廉洁从业保证书。举办"青工畅廉"演讲比赛及廉洁从业测试,提高全体医务人员廉洁从业意识。

(徐晓梅)

【医疗服务】 首钢矿山医院全年门诊174082人次,急重症抢救106人次,抢救及时率100%。床位255张,入院4606人次,出院4796人次,床位周转率21.13次/床,床位使用率100%,平均住院日22.73天,住院患者好转率96.07%。无孕产妇及新生儿、围产儿死亡。医疗质量管理。严格落实医疗规章制度和诊疗常规,修订完善医疗质量检查考评标准,有针对性地制订防范措施,确保医疗安全。定期组织召开医疗、病案、院感、输血、药事委员会会议及医疗质量分析会,进行讲评分析,规范科室质量管理。制定抗菌药物专项整治活动实施方案,督促医务人员严格落实分级管理制度要求,做到合理使用抗菌素。对20种疾病开展临床路径管理,规范临床诊疗流程,提高医疗质量。病案管理。成立病案检查组,对医疗文件书写实施全程监控,采取定期抽查和日常检查相结合的方式,及时发现医疗文件书写中存在的问题,并积极组织整改,提高病案书写质量。甲级病案率为90%以上,无丙级病历。医院感染管理。加强重点科室的空气消毒措施,为血透室、口腔科、输液室配置空气净化消毒机。完成手术部位感染预防与控制、医务人员外科手消毒、术中锐器伤防护等10个标准操作规程的修订。加大监测力度,组织医务人员院感防控技能培训、技能操作抽考等。院感发生率控制在0.27%,无院感爆发流行。医保工作。落实北京市及河北省医保政策,坚持

“四个合理”，加大医保病人资质审核力度，做到实名制就医。严格执行住院病人管理制度，修订工伤住院病人管理办法，签署科主任管理责任书，对基本医疗保险病人、工伤病人严把医疗处置关，做到依法依规行医。加强医保政策的宣传教育，组织全员开展医保政策法规的学习和培训，普及医保知识。

（徐晓梅）

【护理服务】 首钢矿山医院严格执行护理规章制度，组织召开护理质量与安全分析会，深入分析护理工作存在问题，制订改进措施，提高护理质量。加强基础护理质量管理，明确患者实施治疗、生活护理、健康指导等具体内容8项，提高住院患者基础护理质量。强化“三基、三严”训练，组织全员培训，开展护理岗位技能比赛，提高护理人员综合素质。

（徐晓梅）

【医疗科研】 年内，首钢矿山医院有14篇论文在科技核心期刊杂志上发表。开展软通道立体定向脑穿刺脑血肿清除术及粗隆间骨折DHS手术内固定探索、D—2聚体检测项目、应用缪刺法结合运动针法治疗软组织损伤等多项新技术、新项目。有2项课题获矿业公司“优秀科技项目科技成果类三等奖”。

（徐晓梅）

【医学教育】 首钢矿山医院深入开展“六个一”（即读一本书、将一堂课、练一项技能、攻一项课题、写一篇论文、带一名学生）活动，组织业务讲课、技术练兵63次，召开技术创新和管理案例讲坛4期，促进业务水平和管理能力的提高。对35岁以下专业技术人员开展“个人职业发展规划设计”活动，制订考评标准，定期考评，促进青年人才成长。制定深化导师带徒活动，实行导师津贴暂行规定，组织签订师徒对子42对。强化对专业技术骨干的重点培养，选派骨科、妇科、B超等专业技术骨干外出进修，参加短期培训班，带动专科技术水平的提升。

（徐晓梅）

【体检服务】 首钢矿山医院加强体检环节质控，定期召开体检质量分析会，确保体检结果及数据的准确。提高检后服务质量，严格落实异常结果告知制度，年内共告知异常结果2741人次。加强检后服务，开设咨询电话、组织健康知识讲座、解读体检报告。全年完成各类体检38695人次。

（徐晓梅）

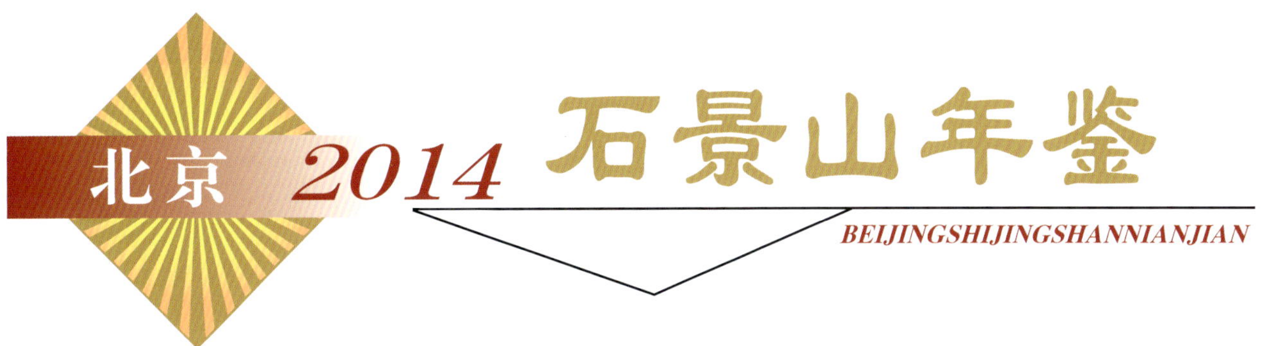

体　育

北京市石景山区体育局(简称区体育局)是负责全区体育工作的区政府职能部门。年内,广泛开展全民健身运动,完善体育公共服务体系,推进竞技体育机制创新,优化体育产业结构,充分发挥体育在提高群众健康素质、推动区域经济社会转型中的积极作用。认真落实"石景山区全民健身实施计划(2011—2015年)"各项目标任务,加强公共体育设施建设,打造"自行车全民健身示范基地",强化基层体育组织功能,新建体育生活化社区30家,举办金秋体育盛会、阳春保健社区体育生活周、清明踏青健身等群体活动30余项,充分满足市民健身需求。深化体教结合,有序推进"三大球进校园"工作,强化体育传统项目学校和青少年体育俱乐部的建设,推动学校体育与竞技体育协调发展。加强业余训练管理,年内,区体校连续第三次被命名为"国家高水平体育后备人才基地"。竞技体育成绩显著,在第十二届全运会上,石景山区输送的21名运动员代表北京参赛,获得2金、1银、1铜。举办北京国际太极柔力球交流大会、中国篮球联赛、ECL电子竞技冠军联赛等高水平赛事,增强产业集聚效应,推进八大处网络体育集聚区和西五环体育产业带的建设。争取市级引导资金,规划设计国家自行车大众健身产业基地项目,加快体育产业化进程。强化体育市场监管,联合公安、消防等部门组织开展安全检查,及时排查安全隐患,确保群众健身安全。

地址:石景山区石景山路32号
电话:68878705
邮编:100043

(贺琼瑶)

群众体育

概　　述

区体育局贯彻落实《全民健身条例》,广泛开展阳春保健社区体育生活周、金秋体育盛会、自行车环区骑行等各类活动30余项,简化活动形式,更加深入社区、贴近群众,吸引居民广泛参与。利用体育彩票公益金,对街道社区、军营、学校、科技园区的健身设施进行配建和更新,使公共体育设施惠及各类人群。推进体育生活化社区建设,年内,共有30个社区获得"北京市体育生活化社区"命名。加强基层体育组织建设,加大社会体育指导员的培训力度,充分发挥全区22家体育协会、119个晨晚练辅导站点、14个国民体质测试点的作用,为群众科学健身提供服务。区直机关工委、区业余体校被国家体育总局授予"全国群众体育先进单位"称号。

(贺琼瑶)

【群体工作评估】 1月14日,市体育局评估小组一行对本区近年群众体育工作开展情况进行综合评估。评估内容包括体育组织、体育设施、健身活动、社会体育指导员、体质测试和健身指导、社区体育、特殊人群体育、健身气功、社会宣传、行政管理、工作规范、经费支持12个方面。评估小组在听取汇报、查阅相关数据材料后,对本区群体工作给予充分肯定,并对今后工作提出意见和建议。

(贺琼瑶)

【清明踏青健身】 4月2日,区委宣传部、区体育局、公园管理中心联合主办的"健康快乐 幸福生活"清明踏青健身活动在国际雕塑公园举行。来自机关、企事业单位以及街道社区700余名体育爱好者参加抖花棍、跳绳、踢毽、抖空竹等民俗传统体育项目,还组织500余人的集体跳绳比赛,活动弘扬民俗体育文化,丰富清明传统节日的内涵,将科学健身、传递亲情、弘扬文化融为一体,培养科学、健康、文明的假期休闲方式,营造全民健身的浓厚氛围。

(贺琼瑶)

【群体活动培训】 4月22日,区体育局组织上年新创建的37个体育生活化社区的社区主任、社区工作者以及所在街道的文体专干共计83人,参加北京市体育生活化社区体质促进项目培训会。22～23日,社会体育指导员太极拳项目培训在区体育中心举行,来自各街道(社区)85名太极拳爱好者参加培训及考核。24～25日,社会体育指导员健身气功项目培训在区体育中心举行,来自各街道(社区)52名学员参加健身气功、二十四式太极拳、太极剑等项目的技能和理论知识培训,并进行理论和实践考核。5月14～17日,社会体育指导员健身花棍项目培训在区体育中心举行,培训主要内容包括社会体育指导员的理论知识和健身花棍技能,120人次参加培训。

(贺琼瑶)

【自行车健身基地启动】 4月27日,区体育局举行自行车全民健身示范基地启动仪式暨2013年"健康生活 骑乐无限"骑行活动。活动主会场设在石景山体育场,在各街道社区设有7个分会场,骑行长度共计28.5千米,1500余名自行车爱好者参加。国家体育总局自行车击剑运动管理中心副主任石书刚和市、区有关领导出席启动仪式,并参加骑行活动。自行车全民健身示范基地是一个集健身、培训、赛事、文化于一体的自行车运动平台,区体育局整合各方资源,开展骑行活动,完善配套服务,希望以基地的建设,提高全民健身服务水平,推动体育与文化、旅游等融合发展。

(贺琼瑶)

【民族传统项目比赛】 5月10日,由区体育局、区民宗侨办联合主办的全区民族传统体育项目比赛在区体育中心举办,全区240余名运动员参加3个大项10个小项的角逐。在本区生活着48个少数民族的2万余人,占全区人口的3.4%。民族传统文化丰富多彩,其中,民族传统体育是民族文化的重要组成部分,有着广泛群众基础,具有鲜明民族特色。在12所小学、5所中学、1所大学和部分社区中普及角球、珍珠球、蹴球等民族传统体育项目,十余套富有民族特色的健身套路在各族居民中推广,参与活动人数达3000多人。此次比赛旨在推广普及民族传统体育活动,同时为下年组队参加北京市民族运动会奠定基础。

(贺琼瑶)

【阳春保健社区体育生活周】 5月24日,第二十八届阳春保健社区体育生活周开幕式暨全区第十届中老年优秀健身项目展示活动在石景山体育馆举办。阳春保健社区体育生活周是本区一项传统性群众体育活动，具有广泛影响力，深受群众喜爱。启动仪式上，举行第十届中老年优秀健身项目展示，来自各街道(社区)及涉老部门的22支代表队约600余名中老年人参加太极拳、健身秧歌、踢踏舞，以及各种市民自编自演的健身舞展演。阳春保健社区体育生活周期间，各街道、社区开展丰富多彩的体育活动，让体育工作更加贴近群众、贴近基层、贴近生活。

(贺琼瑶)

【参加健身气功项目比赛】 6月6～7日，北京市第五届体育大会健身气功项目比赛在京体健身中心举行。区武术协会组队参赛，与来自全市16个区县及经济技术开发区、燕山地区和彤康快车操舞培训中心的34支代表队，共136名运动员展开激烈角逐，在比赛中不畏强手，奋勇拼搏，获集体项目4个二等奖、个人项目4个二等奖。

(贺琼瑶)

【市钓鱼锦标赛夺冠】 6月16日，北京市第五届体育大会钓鱼(台钓)比赛暨北京市钓鱼锦标赛在昌平区常兴庄渔场举行，全市40支参赛队约140名运动员参加。区体育局组队参加，摘得团体冠军。

(贺琼瑶)

【参加第九套广播操决赛】 6月23日，区体育局组织四支代表队参加在地坛体育馆举行的北京市市民第九套广播体操比赛总决赛。区人大代表队获得二等奖，区纪委、老干部局、财政局获得优胜奖。作为北京市第九届全民健身体育节重点活动之一，有来自各区县层层选拔的50支优胜队伍600余名选手参加总决赛。

(贺琼瑶)

【中老年健身表演】 6月26日，由市社体中心、市老年体协主办的北京市第十六届中老年优秀健身项目表演赛在石景山体育馆举行。表演赛共设7个项目，除健身球操、健身秧歌(腰鼓)、太极、健身气功、柔力球5个全国老年人的传统体育健身项目，还增设

8月6日，"全民健身日"活动 (区体育局供稿)

创新项、综合才艺两个项目，涵盖北京老年人所喜爱的各类健身项目，共有82支队伍参赛。设优胜队、优秀队、优秀组织奖。区翠微太极拳表演队、八宝山街道军旅情舞蹈队、鲁谷依锦绣舞蹈队、金顶翠微舞蹈队获得优胜奖，金顶街翠微舞蹈队、区总工会踢踏舞俱乐部获得优秀奖，区老年体协荣获优秀组织奖。

(贺琼瑶)

【"全民健身日"活动】 8月8日是国家第五个"全民健身日"，8月6日，由区体育局、金顶街街道主办的"全民健身日"武术社区行活动在金顶街五区文化广场举行，近千名社区居民观看。邀请少林八法、通臂拳、陈氏太极拳、天罡十三刀、硬气功等数十项传统武术名家，进入社区展示并教学，进一步传承和弘扬民族传统体育项目，吸引群众参与健身运动。

(贺琼瑶)

【参加健身秧歌大赛】 9月27日，区体育局组队参加在广安体育馆举行的北京市第五届健身秧歌大赛。本届大赛倡导"每天锻炼一小时，健康工作五十年，幸福生活一辈子"，比赛分规定套路和自选套路两种项目形式，其中规定套路参赛队26支，自选套路参赛队伍11支，来自全市16个区县37支代表队近600名秧歌爱好者参赛。区妇女儿童活动中心代表队获自选套路二等奖，金顶街街道代表队获规定套路三等奖。

(贺琼瑶)

【区和谐杯乒乓球赛】 9月29日，第二十八届金秋体育盛会乒乓球比赛暨全区第七届"和谐杯"乒乓球比赛在石景山体育馆举行，来自全区16个委、办、局、街道办事处及驻区单位的150名运动员参加。经过近70场比赛的角逐，区教委获得男子团体、女子团体冠军；区财政局、石景山医院、区检察院、区民政局、区经信委获得体育道德风尚奖。

(贺琼瑶)

【金秋体育盛会】 10月12日，第二十八届石景山区金秋体育盛会在莲石湖公园开幕。市、区有关领导出席开幕式，并为区全民健身活动基地－莲石湖公园揭牌。本届金秋体育盛会取消往年的入场式和大型表演等内容，以搭建全民健身大舞台，展示有特色、小规模的体育项目优秀成果来代替。活动设一个主会场和多个分会场，主会场有舞狮、少林八法、健身腰鼓、空竹、太极刀、武术硬功等传统民俗体育项目和自行车特技、健身操舞等时尚体育项目，分会场由环湖自行车计时赛、科学健身大课堂、体育生活化社区运动会、民俗趣味运动会、民俗传统体育

项目展示、学校体育优秀项目展示等部分组成，群众可以自主参加各类活动。金秋体育盛会是本区一项传统性、综合性全民健身赛事，自1984年举办至今已成功举办27届。本届盛会系列活动从8月开始至10月结束，历时三个月，开展自行车、篮球、登山、乒乓球等10余项体育赛事活动。覆盖各机关、企事业单位、街道社区及驻区单位，参与活动人数达30万人次。

（贺琼瑶）

【第四届登山大会】 10月18日，以“九九重阳，登高望远”为主题的北京市第四届登山大会（石景山分站）暨第二十八届石景山区金秋体育盛会登山活动在八大处公园举行，来自全区各机关、街道社区及企事业单位的20支队伍近500名运动员参加活动。参与者在走进自然、享受阳光、拥有健康的同时，树立热爱自然，保护环境的意识，在推进全民健身的同时，将体育产业、休闲健身、宣传旅游资源融为一体，形成石景山一项特色活动。

（贺琼瑶）

【百城千村健身气功展示】 11月7日，全国“百城千村”健身气功交流展示（北京石景山站）暨2013年全区健身气功比赛在石景山体育馆举行，比赛设大舞、八段锦两个项目，来自全区22个健身气功辅导站的85支队伍共500余名健身气功爱好者参加。健身气功是中华传统文化的组成部分，是经国家体育总局批准正式开展的第62个体育项目。先后向社会推出9种新功法，并通过组织表演展示、举办功法培训、举行学术报告、实施段位等级等方法，满足广大民众练习健身气功需求，倡导科学健身养生理念。

（贺琼瑶）

【老年人健步走活动】 11月11日，组织全区50余名老年人参加在圆明园公园举行的全国老年人健步走大联动北京分会场活动。参与群众在做完手杖操后，沿着圆明园的健身步道进行持杖健走运动。活动由中国老年人体育协会、市老年人体育协会联合主办，旨在号召和动员更多中老年人参加体育健身，提高全民健身活动的自觉性和广泛性。

（贺琼瑶）

【市和谐杯乒乓球赛】 11月16日，北京市第七届“和谐杯”乒乓球比赛总决赛在昌平体育馆圆满收官。历经初、复赛、总决赛三个阶段，金顶街街道代表队获得一等奖，八宝山街道、区民政局代表队获三等奖；区体育局、区法院、区检察院、金顶街街道、八宝山街道、苹果园街道、鲁谷社区、区社体中心被评为“优秀组织奖”；区广电中心新闻部被评为“优秀报道奖”。

（贺琼瑶）

【自行车运动协会成立】 11月26日，区自行车运动协会成立大会暨第一届理事会第一次会议在区体育总会会议室召开。区体育总会、体育局、国资公司有关领导以及9个街道（社区）、区环保局等单位的相关负责人出席会议。会议审议通过协会章程（草案）及协会第一届理事会、监事会成员，选举北京航轮运动器材有限公司总经理刘春宇为区自行车运动协会第一届理事会主席。协会的成立，进一步推动全区自行车运动的发展，引导更多群众参与进来。

（贺琼瑶）

【公共体育设施建设】 区体育局申请体育彩票公益金，对街道社区、军营、学校、科技园区的健身设施进行配建和维护。加大对乒乓球、棋牌等专项场地建设的扶持力度，按照国家标准对2008年前安装的全民健身工程进行全面更新，指导街道对9个社区的体育文化广场进行改造，新建中关村石景山园职工健身中心，建设覆盖面广的公共体育场地设施，使健身设施惠及各类人群。

（贺琼瑶）

【提升全民健身服务水平】 区体育局加强晨晚练辅导站的管理，对119个晨晚练辅导站进行注册登记，搭建全民健身活动平台。重视基层体育队伍的培养，对923名社会体育指导员进行网络注册，组织87名社区体育骨干参加一级社会体育指导员培训，开展太极拳、花棍、柔力球三个项目的社会体育指导员培训班，为体育骨干配发服装，全面提高运动技能水平和活动组织能力，建立一支能组织、善传授的体育工作者队伍，指导群众科学健身。

（贺琼瑶）

【体育生活化社区创建】 区体育局努力推进市级“体育生活化社区”创建工作。年内，共推荐全区30个社区申报“北京市体育生活化社区”并获得命名。截至年底，全区共创建71家北京市“体育生活化社区”。此外，在区政府支持下，将融景城、模式口等5个体育生活化示范社区试点工程纳入便民工程，争取专项资金，推进各项服务设施的完善，有序推进工程建设，使体育

10月12日，金秋体育盛会 （区体育局供稿）

进一步深入群众身边，成为居民重要的生活要素。

（贺琼瑶）

竞技体育

概 述

区体育局加强业余训练工作，完善区体校硬件设施，优化训练环境，加强教学管理，提升训练水平，全年向上级部门输送体育后备人才16名。年内，区体校连续第三个奥运周期被评为“国家高水平体育后备人才基地”。积极备战第十四届市运会，组织选材测试工作，及时调整队伍；加强教练员业务培训，提高训练质量；组织学生参加市级比赛，共组织运动员651人次参加15个项目共24次市级比赛，以赛促训、赛训结合，提升运动员的综合素质。竞技体育成绩显著，在第十二届全国运动会上，本区输送的21名运动员代表北京市参加花样游泳、射箭等9个项目的比赛，取得2金1银1铜，为北京和石景山区赢得巨大荣誉，区体育局被市体育局授予输送金牌项目“后备人才突出贡献单位”称号。有序推进“三大球进校园”工作，深入学校调研，掌握校园“三大球”活动开展情况，向学校发放球类器材，完善教师培训、联赛、考核等制度。深化体教结合，尝试部分业余训练项目进校园，强化体育传统项目学校和青少年体育俱乐部的建设，推动学校体育与竞技体育良性均衡发展，探索建立优秀后备人才培养机制。

（贺琼瑶）

【获评“最美体育人”】 4月3日，北京市“身边榜样－最美体育人”表彰报告会在什刹海体校礼堂举行，本区培养输送的运动员常思、邢宇当选。活动由市体育局主办，目的是宣传榜样事迹，倡导奉献精神，鼓舞全运士气，再创体育佳绩。

（贺琼瑶）

【国家体育后备人才基地命名】 4月16日，区体校连续第三次被国家体育总局命名为“国家高水平体育后备人才基地”。“国家高水平体育后备人才基地”是国家体育总局实施奥运战略的后备人才精品工程，同时也是对全国业余训练单位授予的最高荣誉，每4年奥运周期结束后评定一次。

（贺琼瑶）

【参加业余体校武术套路锦标赛】 5月25日，北京市业余体校武术套路锦标赛在石景山体育馆举行，各区县体校13支代表队378名运动员参加比赛。区体校在比赛中取得10个第一名、12个第二名、12个第三名的优异成绩。

（贺琼瑶）

【参加业余体校武术散打锦标赛】 6月1日，区体校组织运动员参加在北京少林武校举办的全市业余体校武术散打锦标赛，取得1个第一名、3个第二名、1个第三名的佳绩。比赛由市体育局青少年体育处主办、北京武术院承办，来自各区县13支代表队200余名选手参加。

（贺琼瑶）

【参加业余体校田径锦标赛】 6月15～16日，区体校组织运动员参加在朝阳体育中心举行的北京市业余体校田径锦标赛，全市18支代表队1239名运动员参加。经过激烈角逐，区体校田径队取得7个第一名，3个第二名，4个第三名的佳绩，其中王雨濛获女丙100米、跳远两项第一名，刘紫萱获女丙跳高、三级跳两项第一名。

（贺琼瑶）

【射箭世界杯赛土耳其站获佳绩】 6月17日，在2013年国际箭联射箭世界杯赛土耳其站的比赛中，本区培养输送的22岁射箭运动员邢宇在混合团体比赛中夺得冠军，在男子团体赛中摘得铜牌。

（贺琼瑶）

【全国少年体操比赛创佳绩】 7月29日～8月4日，本区培养输送的11岁体操运动员张骏，在广东佛山举行的“李宁杯”全国少年体操比赛总决赛中，摘得男子甲组个人全能、单杠、跳马、鞍马4个项目金牌，同时获得2枚铜牌、1个团体第五名的优异成绩。

（贺琼瑶）

【参加青少年击剑锦标赛】 7月30日～8月1日，区体校组队参加在朝阳区第二业余体校举行的北京市青少年击剑锦标赛，比赛由北京市体育竞赛管理中心主办、朝阳区体育局承办，来自全市8个区县317名运动员参加。区体校队员奋勇争先，取得7个第一名，3个第二名、6个第三名的优异成绩，展现本区运动健儿良好的精神风貌。

（贺琼瑶）

【参加青少年射箭锦标赛】 8月3～4日，区体校组织运动员参加北京市青少年射箭锦标赛，获得21枚金牌（本次比赛共有金牌32枚）、15枚银牌、15枚铜牌。其中肖俊锦获男子乙组7金，董睿琪获女子乙组7金，赵穆妍获女子甲组5金。

（贺琼瑶）

【参加青少年举重锦标赛】 8月8～9日，区体校组织运动员参加北京市青少年举重锦标赛，取得3枚金牌、4枚银牌、1枚铜牌的佳绩。

（贺琼瑶）

【参加青少年武术锦标赛】 8月8～9日，区体校组织运动员参加市青少年武术锦标赛，获2枚金牌、5枚银牌、6枚铜牌的佳绩。

（贺琼瑶）

【第十二届全运会获佳绩】 8月31日～9月12日，在辽宁举行第十二届全国运动会上，石景山区输送的21名运动员代表北京参赛并获2金、1银和1铜。其中，常思、党晗、党曈、范佳晨、李昂获花样游泳自由组合团体金牌；韩笑、单庆涛、刘一获男子排球金牌；李佳曼获射箭女子团体银牌；胡瀛获男子手球第三名。区体育局被市体育局授予输送金牌项目“后备人才突出贡献单位”称号。

（贺琼瑶）

【参加业余体校游泳锦标赛】 12月7日，区体校组队参加在英东游泳馆举行的北京市业余体校游泳锦标赛，各区县体校12支代表队1290名运动员参加，区体校取得1个第一名。

（贺琼瑶）

【参加业余体校举重比赛】 12月21日，

9月15日，国际太极柔力球交流大会 （区体育局供稿）

区体校组队参加北京市青少年业余体校举重比赛，来自各区县体校的14支代表队155名运动员参加。区体校运动员取得14个第一名、1个第二名。

（贺琼瑶）

【参加市运会田径资格赛】 12月21～22日，区体校组织运动员参加北京市青少年田径室内赛即北京市第十四届运动会资格赛，来自全市各区县体校的16支代表队1756名运动员参加。区体校取得7个第一名、1个第二名、3个第三名的优异成绩。

（贺琼瑶）

【体育后备人才培养】 区体校以备战市运会为契机，积极整合资源，培育重点项目；狠抓体校管理，严格业余训练；强化场地设施建设，优化教学环境；加强教练员培训，提升训练水平，科学选拔、培养体育后备人才。年内，向上级体育部门输送体育后备人才16名。

（贺琼瑶）

体育产业

概 述

区体育局依托老山自行车击剑运动管理中心、首钢篮球中心、石景山体育中心、射击射箭运动管理中心等场馆资源，举办北京国际太极柔力球交流大会、CBA篮球联赛、ECL电子竞技联赛、ABDF国际标准舞亚洲锦标赛等高水平赛事，优化竞赛运营方式，提高市场化程度，西五环赛事经济不断壮大。加快八大处网络体育集聚区建设，提升ECL电竞冠军联赛运营水平，重视市场培育，推进电子竞技运动中心项目，增强产业集聚效应。目前，全区体育经营单位共62家，涉及网球、游泳等多种体育项目，为丰富群众业余生活、增强区域经济竞争力发挥作用。整合资源，利用城市绿地、郊野公园等资源，健全健身步道、自行车道等体育设施，争取引导资金，规划设计“国家自行车大众健身产业基地”项目，为西五环体育产业带的发展注入新能量。

（贺琼瑶）

【世界搏击王者争霸赛】 2月5日，由中央电视台体育节目中心联合国家体育总局拳击跆拳道运动管理中心主办的CCTV“贺岁杯”世界搏击王者争霸赛在石景山体育馆举行。来自中国、美国、俄罗斯、韩国、法国等多个国家的选手进行拳击、跆拳道、桑博（俄式搏击）、赛法斗（法式拳击）等项目的对决。中国亚运会拳击冠军孟繁龙、跆拳道奥运冠军侯玉琢等选手参赛。

（贺琼瑶）

【中国机器人公开赛】 3月21～24日，2013年中国机器人公开赛暨国际青少年世界杯中国赛区选拔赛在石景山体育馆举行，来自全国各省市的240余支参赛代表队进行机器人救援、机器人舞蹈、机器人足球等项目的比试。

（贺琼瑶）

【“孙剑云杯”传统武术比赛】 4月13日，由北京武术院主办的北京市第五届体育大会暨“孙剑云杯”传统武术比赛在石景山体育馆举行，来自全市各区县代表队、各传统拳种协会以及外省市的传统拳习练者600余人参加比赛。比赛设拳术、器械、对练三大类项目，分为儿童组、少儿组、青年组、成年组四个年龄段。比赛以武会友、切磋拳艺，对发展北京地区的传统武术起到积极作用。

（贺琼瑶）

【“申佰圣杯”武术太极拳比赛】 4月20日，由市体育局、市体育总会主办，北京武术院、北京市武术协会承办的第五届北京市体育大会暨北京市“申佰圣杯”武术太极拳比赛在石景山体育馆举行，来自全市各区县武协、拳种研究会、武术馆校、培训中心、各大院校的46支代表队987人参加比赛。比赛分男女青年组、中年甲组、中年乙组、老年组四个组别，包括太极推手、规定套路等18个项目。该比赛是北京传统太极拳比赛，本届比赛融入到北京市体育大会之中，以科学有效的方式弘扬武术文化，深入推动太极拳运动的普及和传承，促进北京太极拳的蓬勃发展。

（贺琼瑶）

【第六届国标舞亚洲锦标赛】 4月29日～5月1日，由亚洲国际标准舞联合会主办的第六届ABDF国际标准舞锦标赛暨“亚洲杯”标准舞、拉丁舞国际公开赛在石景山体育馆举行，来自中国、法国、德国、波兰、俄罗斯、泰国等10多个国家的3500余名选手，分少儿组、成人组、专业院校组等多个组别参加比赛。

（贺琼瑶）

【市职工足球联赛】 5月18日，“蓝色·风尚杯”第四届北京市职工足球联赛（甲组）在石景山体育场开赛。赛事由市总工会、市体育局主办,5月15日在工人体育场正式开幕,共有16支代表队参加。比赛按参赛队水平高低分成甲、乙组,甲组6支球队,乙组10支球队。比赛场地设在丰台体育中心和石景山体育场,自开赛至6月16日之间的每周六、日在石景山体育场进行比赛。本项赛事是全市水平最高的职工足球比赛,也是北京市全民健身领域的知名品牌赛事之一。

(贺琼瑶)

【市第十三届柔力球交流大会】 5月28日,由市老年体育协会主办的北京市第十三届暨"卓越杯"柔力球交流大会在石景山体育馆举行。本届交流活动分竞技项目、套路项目两组比赛,其中,5月26日在北京体育大学举行竞技项目比赛,共9支队伍参赛。套路项目比赛在石景山体育馆举行,来自全市36支代表队的493名运动员参加。本届比赛的参赛队伍数和参赛人数均创下北京柔力球赛事历史之最。

(贺琼瑶)

【市中小学生跆拳道品势比赛】 6月16日,北京市首届中小学生跆拳道品势比赛在石景山体育馆举行,来自全市各区县56个参赛单位的600多名学生参加比赛。小选手通过比赛,切磋技艺、增进友谊。起到锻炼意志品质、强健身体的目地,同时对这项运动有进一步理解,学到很多做人道理。

(贺琼瑶)

【区自行车公开赛】 7月20日,首届石景山区自行车公开赛在老山城市休闲公园举行,比赛设山地团体赛、公路团体赛、山地个人赛(男、女组)、公路个人赛(男、女组)和普通车体验组骑行7个项目。本着"参与第一,比赛第二"的宗旨,组委会精心设计赛道,适当降低难度,并租用世界级专业自行车比赛电子芯片计时设备,吸引来自北京、河北的300余名自行车爱好者参加。

(贺琼瑶)

【市青少年武术散打锦标赛】 7月30~31日,由北京市体育竞赛管理中心主办,区体育局承办的北京市青少年武术散打锦标赛在石景山体育馆举行,来自12个区县114名运动员参赛。

(贺琼瑶)

【北京国际太极柔力球交流大会】 9月15日,市对外友好协会、区政府、市体育总会、市残联、市侨联共同主办的2013年北京国际太极柔力球大会在石景山体育馆举办,来自中国、俄罗斯、英国、法国等18个国家和地区,以及来自北京、天津、上海等7个省市,54支代表队650多名运动员参加展演和比赛,市对外友协会长赵家骐、市政府副秘书长候玉兰、市体育局副局长李丽莉、市外办副主任田雁、市对外友协副会长国爱华、潘以生、邓少辉等领导出席活动。

(贺琼瑶)

【市青少年武术比赛】 10月13日,由北京武术院主办的北京青少年武术比赛在石景山体育馆举行。来自北京武术体育特长校的160名青少年进行自选拳术、自选器械、传统拳术、传统器械等项目的比赛。本次比赛旨在吸引、调动青少年参与武术项目,加强体育锻炼,增强身体素质,并推动体育特长校的建设,发现、培养体育后备人才,实现体教结合,为建设体育中心城市奠定基础。

(贺琼瑶)

【"舞动中国"全国排舞联赛】 10月27日,由国家体育总局体操运动管理中心、全国排舞推广中心共同主办的"舞动中国·全国排舞联赛"(北京赛区)暨北京市首届排舞大赛在石景山体育馆举行,来自北京高等院校、中小学校、机关事业单位及健身俱乐部约400名选手参加4大项11个组别的比赛。

(贺琼瑶)

【市中小学生跆拳道公开赛】 11月2~3日,由市体育局、市中小学生体育运动协会主办,市跆拳道协会、北京日月天地体育文化有限公司承办的"八喜"杯北京市中小学生跆拳道公开赛在石景山区体育馆举行,来自北京各区县195所学校、俱乐部的1300余名运动员参加普通组和专业组的个人竞技比赛。此次公开赛设162个级别,采用中国跆拳道协会审定的单败淘汰制的最新竞赛规则。

(贺琼瑶)

【MSI Beat it 全球总决赛】 11月22~24日,由微星科技MSI举办的Msi"Beat It"全球电子竞技总决赛在石景山体育馆举办,来自7个不同国家的12支顶级CS:GO战队参加,最终法国VG战队战胜瑞典Fnatic战队夺冠。MSI Beat It 2013比赛是一项国际性的电竞赛事,第一名奖金为10000美元,二、三名奖金分别为7000美元、5000美元。比赛现场除了精彩比赛外,还有Msi及合作伙伴的顶级电脑产品供观众参观和试玩。

(贺琼瑶)

【北京群众舞蹈大赛】 11月30日,由市文化局支持,北京文化艺术活动中心主办、区文化委承办、各区县文委、文化馆协办的"舞动北京——北京群众舞蹈大赛原创精品节目展演"在石景山体育馆举办,全市16个区县19个文化馆及相关委办局选送的20件作品参加本次活动。"舞动北京-群众舞蹈大赛"自2004年创办以来,已成为首都最具特色和影响力的群众文化品牌。本次活动是近年来北京市群众舞蹈艺术成果的集中展示,也是历届规模最大、群众参与面最广的一次,以回顾十年来历届比赛精品节目展示为主要内容。

(贺琼瑶)

【申办国际机器人竞赛】 12月15~21日,由副区长杨东起带队,区体育局、区委宣传部、区旅游委相关人员组成的申办代表团一行,赴美国丹佛市参加第十五届国际机器人奥林匹克竞赛,向国际机器人奥林匹克委员会(IROC)递交申办报告并进行申办陈述,最终成功申办2014年第十六届国际机器人奥林匹克竞赛。第十六届赛事定于2014年在石景山体育馆举行。

(贺琼瑶)

【西五环体育产业带发展】 西五环体育产业带包括老山自行车击剑运动管理中心、首钢篮球中心、石景山体育中心、射击射箭运动管理中心等奥运场馆资源,被列为本市六大体育产业功能区之一。年内,承办中国篮球职业

联赛、北京国际太极柔力球交流大会、ABDF国际标准舞亚洲锦标赛等高水平赛事,发展体育赛事经济,打造石景山的特色名片。利用城市绿地、公园等资源,完善健身步道、自行车道设施,同时对老山健身长廊等场地进行改造,启动"自行车全民健身示范基地"项目,规划设计"国家自行车大众健身产业基地"项目,争取引导资金,为西五环体育产业带的发展注入新能量。

(贺琼瑶)

【八大处网络体育集聚区建设】 年内,成功举办ECL电子竞技冠军联赛、Msi Beat It全球电子竞技总决赛等品牌电竞赛事,完善市场化运营机制,提升赛事组织水平和专业化程度,让更多的人了解并体验电子竞技运动的魅力,推广并普及电子竞技运动,推动中国电子竞技运动中心的建设运营,不断增强产业集聚效应,加快八大处网络体育集聚区发展。

(贺琼瑶)

体育执法

概　述

年内,区体育局强化体育监管,采用日常巡查、联合检查和随机抽查相结合的方式,严格落实监管责任,重点对人员密集场所、地下经营和存在转承包关系的体育经营单位进行检查,突出隐患排查治理,确保市场安全有序。召开体育经营单位安全工作会,定期对体育从业人员进行安全培训;组织执法人员参加业务培训和执法考试,提升执法队伍整体素质。开展体育经营场所消防演习,健全安全生产管理制度和应急预案,提高处置突发事故的能力,营造安全有序的工作环境。以节假日、法制宣传日、全民健身日为契机,开展法制宣传活动,向体育经营单位、健身群众发放各类法规和安全生产宣传材料,制作专题宣传展板,切实提高体育经营单位负责人、从业人员和健身群众的安全意识。全区体育经营单位未发生重大安全事故和溺亡事故,群众健身安全得到有效保障。

(贺琼瑶)

【行政执法】 区体育局强化日常安全巡查力度和两会、节假日、十八届三中全会期间的专项安全执法工作,与体育经营单位签订安全生产责任书,并协助体育经营单位制定和落实安全生产管理制度。重视减溺工作,完善联席会工作机制,联合卫生局、公安分局、消防支队等部门对区内游泳场所进行不定期检查,及时排除隐患;严格游泳培训班的审批,加强游泳救生员的管理、培训和资质审查,全年本区游泳场馆无溺亡事故。加强应急演练,7月17日,组织石景山体育馆职工在场馆南侧进行灭火实战演练,切实增强事故应急反应能力,完善应急预案,明确岗位职责,不断提升场馆的安全防范水平。全年,体育经营单位无重大安全事故发生,有效保障区内群众的生命财产安全。

(贺琼瑶)

【经营场所安全检查】 7月4日,区主管领导带队,区体育局、公安分局、卫生局、安监局、消防支队等单位组成的联合检查组对远洋山水小区内的浩沙健身俱乐部、高能物理研究所室外游泳场等体育经营场所进行执法检查,重点检查地下健身场所、游泳场馆的安全问题,切实排除各类安全隐患,保障群众的生命安全。

(贺琼瑶)

【体育消防安全检查】 10月30日,区主管领导率联合检查组,对忆石羽毛球馆、云川台球俱乐部等体育经营场所进行消防安全检查。对检查中发现的安全出口堆放杂物、消防报警设施被遮挡、员工消防培训不到位等问题,执法人员明确整改时限,及时跟踪,确保隐患彻底整改,保障人民群众的生命财产安全。

(贺琼瑶)

【体育法制宣传】 区体育局重视体育法规知识宣传工作,开展体育经营单位消防安全专题讲座,加强安全教育和指导。年内,以全民健身日、法制宣传日为契机,向体育经营单位、健身群众发放安全手册,制作安全生产、依法经营的宣传展板10块,切实提高体育经营单位法人、从业人员以及健身群众的法制安全意识。

(贺琼瑶)

【等级证书审批】 区体育局按照国家有关规定,严格做好运动员等级审批和裁判员注册工作,公开办事程序。全年共审批等级运动员55人次,涉及篮球、击剑、田径7个项目,注册裁判员近200人,新批裁判员85人,注册信息通过市体育局网站、区政府信息公开进行公示,无一例虚假投诉现象。

(贺琼瑶)

北京
2014
石景山年鉴
BEIJINGSHIJINGSHANNIANJIAN

社会事业

2013年石景山区
随军家属专场招聘会

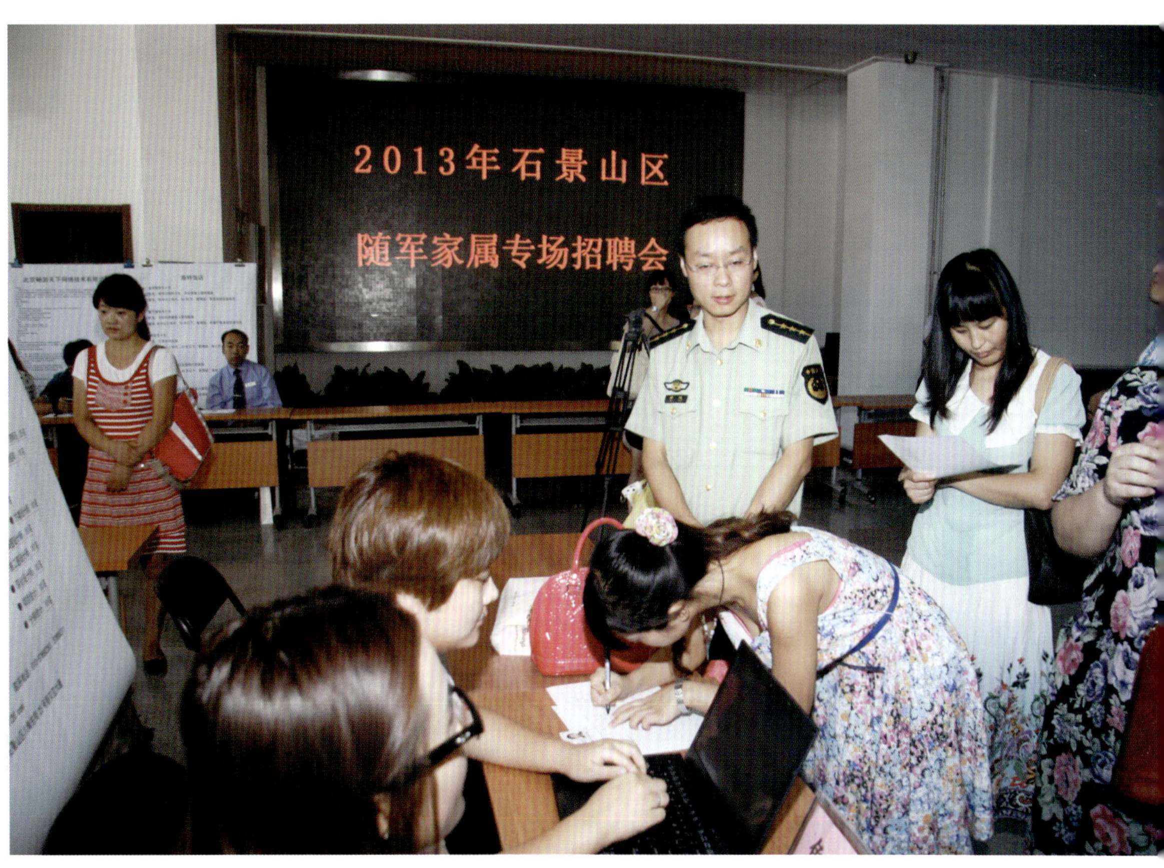

民政工作

概述

北京市石景山区民政局(简称区民政局)是负责本区民政事业管理工作的区政府工作部门。年内,全区民政工作把握“稳中求进”总基调和“求快、求好、求实”总要求,围绕改善基本民生、创新社会管理、强化社会服务、提升队伍素质等重点任务,发挥民政在社会建设中的骨干作用,基本民生兜底保障作用进一步拓展。全年实施救助项目98项,投入资金1.28亿元,救助困难群众26.43万余人(户)次。社会福利普惠共享水平进一步提升,推选市级孝星320名、为老服务先进单位40家。推动社会组织建设和管理创新,社会组织达到230个,比上年末增加9%。进一步完善婚姻登记服务,共办理结婚登记4221对,离婚登记1643对,补发婚姻登记证1135对。登记合格率100%。

地址:石景山区古城北路
电话:68863615
邮编:100043

(杜海营)

【调整超转人员补贴】 1月,区民政局根据北京市调整企业退休人员基本养老金的通知(京人社养发〔2013〕34号)精神,调整超转人员生活补贴。本区有超转人员1501名,其中市管超转人员1267人,区管超转人员234人,调整生活补贴幅度为9.92%。一般人员生活补贴每人每月由1210元调至1330元;病残和孤老人员生活补贴每人每月由1265元调至1391元。4月,为超转人员办理医保卡,完善征地超转人员医疗待遇和管理。

(杜海营)

【见义勇为权益保护】 1月,区民政局正式受理陈超、闫京川、常亚军三人在火灾现场救出瘫痪老人见义勇为申请。经过多方调查取证,依法确认常亚军见义勇为行为,并对上年郑瑞谦在首钢矿山街道小区阻止歹徒行凶见义勇为行为依法确认。全年为36名见义勇为人员送去慰问金4.2万元、慰问品价值2万余元。向4名生活较困难见义勇为人员发放专项补助金2.1万元。

(杜海营)

【城市低保和医疗救助】 1月,依据市民政局、财政局关于调整社会救助相关标准的通知(京民社救[2012]525号)精神,区民政局将城市低保标准由520元调整至580元。调整后,月人均领取低保金由471.41元增至523.46元;低收入家庭认定标准由731元调至740元。全年累计有59545户次121234人次享受低保待遇,支出救助金6346.11万元。有38353户次44778人次享受粮油帮困待遇,支出救助金179.11万元。两项合计支出6525.22万元。为4986户次低保家庭、10190人次低保对象发放市级临时生活补贴,支出资金203.8万元。为730户次家庭发放燃煤自采暖补助,支出资金36.43万元;为852户次低保家庭发放清洁能源自采暖,支出资金91.23万元。全区有71人次享受重大疾病医疗救助,累计支出救助金29.22万元。

(杜海营)

【清明节扫墓服务】 清明节期间,北京市八宝山革命公墓、人民公墓、老山骨灰堂和福田公墓集中接待扫墓群众444222人、车辆48255台。其中,4月4日当天,接待扫墓群众119514人,车辆11313台,创单日接待祭扫人员车辆数历史最高。为430人发放丧葬补贴215万元。

(杜海营)

【支援芦山地震】 “4·20”雅安芦山地震发生后,区民政局启动接收救灾捐赠应急机制,紧急开通捐赠渠道,接收社会各界捐赠,共接收社会捐赠11.8万余元,全部上缴北京市接受救灾捐赠事务管理中心,用于芦山地震灾区的救灾、救助及灾后重建。

(杜海营)

【军休党委建设】 4~9月,组织开展“践行‘石景山军休精神’,争当先进军休人”活动,有100名军休人员获得“公益模范”“互助模范”“魅力之星”“健康之星”和“服务标兵”的光荣称号。年内,军休党员捐款7.75万元,慰问生活困难老党员26名。编写《石景山军休》专刊12期。

(杜海营)

【流浪乞讨人员救助】 6月1日,区民政局围绕“传递温暖,关爱救助;合力保学、快乐成长”主题,组织各街道开展“流浪孩子回校园”专项行动宣传活动,共发放宣传材料4000余份。12月,开展“寒冬送温暖”专项救助行动。通过增加巡视频率、延长巡视时间、扩大巡视范围等方式,主动开展街面救助;通过建立流浪乞讨人员发现报告机制,引导流浪乞讨人员接受救助,维

2月1日,慈善晚会 (区民政局供稿)

护流浪乞讨人员基本生存权益。期间，救助流浪乞讨人员20余人次。全年开展16次集中救助行动，参加巡视的工作人员328人次，出动救助车辆164台次，共救助流浪乞讨人员390人次。

（杜海营）

【敬老活动和服务】 10月，联合区委老干部局举办“长乐”杯老年门球赛，组织比赛64场，300余名老人参与；围绕重阳敬老活动，配合区委宣传部、区文化委在八大处新游客广场举办“敬老重阳放飞梦想”重阳诗歌会；牵手区社工委在古城公园主办“搭乘敬老文明号，展现银龄新风采”主题庆祝活动；推动各街道、社区以“重阳敬老月”为载体举办庆祝活动150余场。在春节及重阳节期间，向高龄特困和百岁老人发放慰问金共计6.72万元。年内，推选市级“孝星”320名，为老服务示范单位40家，区老龄办获得“北京市2013年度敬老爱老助老为老服务示范单位”称号。

（杜海营）

【养老机构建设】 全年新增养老床位120张。全区8家养老机构共有床位3090张；养老护理员360人，其中，持证人员308人，养老护理员持证率由上年79.9%上升到85.6%。全区有5家养老机构被评为星级养老服务机构，占62.5%。年内，组织养老机构年检，审核运营资助480.49万元。

（杜海营）

【落实“九养”政策】 区民政局全年为90周岁以上高龄老人发放津贴104.26万元(含矿山)，为95周岁以上高龄老人发放医疗补助16.34万元，为本地65周岁以上老人办理优待卡4285张，为符合条件外埠老人办理优待卡4261张，为高龄空巢老人安装“一按灵”492部。

（杜海营）

【调整地退人员补贴】 全区有地退人员173人，建国前老工人7人，建国后一般人员165人，退职1人。1月，根据市人社局关于机关离退休人员增加离退休补贴有关问题的说明和调整事业单位离退休人员补贴有关问题的通知精神，调整21名地退人员年龄补贴，月增资20元，共增资420元；增加退职人员补贴200元，建国后增加退休补贴300元，建国前增加退休补贴800元左右。

（杜海营）

【防灾减灾管理】 区民政局在“5·12”“10·13”两个减灾日期间开展防灾减灾宣传活动，参加人次约500余人，向群众发放减灾宣传小手册、宣传袋、宣传笔等共计1000余份，为各街道发放灾害、气象等知识宣传品5400余份。年内，5个社区被国家减灾委、民政部评为“全国综合减灾示范社区”，19个社区被市民政局评为市级“综合减灾示范社区”。通过培训，83名社区灾害信息员取得初级灾害信息员证书。

（杜海营）

【实施济困工程98项】 全区开展济困工程98项，共投入资金约1.28亿元，救助各类困难群众24.38万余人(户)次。与上年相比，“济困工程”项目数量和投入资金基本持平，救助人数有降低，减少2.05万人(户)次。主要原因是由于拆迁补偿、就业、再就业等因素，低保家庭数量与上年同期相比减少117户316人。

（杜海营）

【建成4家养老服务站】 全年建成八角街道特钢社区养老管理服务站、古城街道特钢社区养老管理服务站、广宁街道东山社区养老管理服务站、八宝山街道永东南社区养老管理服务站4家社区级养老管理服务中心。养老管理服务站通过开展就餐送餐、日间照料、文体娱乐、心理慰藉、康复护理等服务满足社区老年人的需求。

（杜海营）

【开展优待抚恤】 区民政局全年为50名残疾军人办理换证；为3名残疾军人补证；为3名伤残警察评残；为4名优抚对象更换轮椅和病理鞋等器械。为4名病故军人遗属办理定期补助金；为561名优抚对象调标78余万元；为特困优抚对象及困难复员军人发放临时性救助2.9万元；为部队立功受奖人员发放奖励金8.82万元。全年共为561名优抚对象发放抚恤补助金819.72万元；发放义务兵优待金427万元。

（杜海营）

【退役士兵安置】 全区共接收退役士兵136名(女兵7名，男兵129名)，其中义务兵98名，一期士官13名，二期士官5人，转业士官19名，复员士官1名。年内，复工7人，复学31人，自主就业41人，政府安置57人。

（杜海营）

【婚姻收养登记】 区婚姻登记处全年办理结婚登记4221对，离婚登记1643对，补发婚姻登记证1135对，出具婚姻登记证明1601件；办理补领收养登记证6件，整理完成登记档案295卷。

（杜海营）

【慈善救助】 区民政局举办“爱心在传递”慈善晚会、“共产党员献爱心”捐款活动，全年接受善款超过386万元。实施慈善“进社区”“进军营”等项目，做好大病应急救助，对河北省革命老区、甘肃省地震灾区进行援助，共投入资金407万余元，捐助困难群众2000余人次。

（杜海营）

【社会捐赠和救助】 全区捐赠网点由上年的56个增至131个，92%以上的街道、社区建立捐赠站点，并在北京市捐赠网上公布，方便社会捐赠。通过组织“送温暖、献爱心”等捐助活动，全年接受捐款447.9万余元。投入资金407万余元，援助河北省革命老区、甘肃省地震灾区，帮助困难群众2000余人次。爱心家园全年累计救助5381户11065人次，向困难群众发放粮油物资39603千克，帮扶困难群众的基本生活。

（杜海营）

【福利彩票发行】 全年共销售福利彩票1.4亿元，其中销售电脑型福利彩票1.15亿元，比上年同期减少4.9%；销售即开型福利彩票2490万元。

（杜海营）

【社会组织管理】 区民政局全年共审批社会组织行政许可事项47项，其中成立20项(社团2项、民非18项)，变更22项(社团9项、民非13项)，社团筹备、增设4项，注销民非1项。本区有社会组织230个,其中社会团体68个,民办非企业单位162个,社会组织总数比上年末增加9%;171个社会组织完成年检四级审批和网上发布,其中年检合格167个,基本合格4个;石景山区律师协会等18个社会组织参加评估,被评为4A级12个、3A级6个,累计评估率达到42.19%。

(杜海营)

【军休干部安置管理】 全年新接收军队离退休干部253人,其中退休干部249人,退休士官4人。本区累计接收军休干部2182人,实有军休干部1706人。为军休干部办好事实事10件,主要包括:完成军休五所整体售房,办理房产证151份;配合区住建委完成八角北里、八角北路小区军休专项住宅楼改造;投入专项资金143余万元,对办公楼设施进行改造。

(杜海营)

【无军籍退休职工管理】 全年新接收无军籍职工261人。本区累计接收军队无军籍退休职工1647人,实有1513人,分散在8个街道管理。全年组织军工工作业务培训3次,在4个重大节日期间集中走访慰问全体军工,并分3批组织军工外出参观疗养。

(杜海营)

【福利企业生产】 截至年底,本区有福利企业4家,共安排社会劳动力238人,其中残疾人职工84人;福利企业全年累计销售收入2982.49万元,实现利税-141.08万元。区福利企业生产办提取20万元残疾人公益金,支持北京市香香唯一食品厂发展,并积极做好该厂迁址协调和职工思想稳定工作。

(杜海营)

双拥工作

【概况】 石景山区是北京军区机关所在地,驻有陆、空、武警部队团以上单位31个。年内,区委区政府始终坚持抓经济建设与双拥工作并重,积极贯彻拥军优属政策,认真落实军转干部、退役士兵、军休干部和优抚对象的政治、生活待遇,努力为驻区部队解决基础设施建设、随军家属安置和军人子女入学入托等大量的实际问题,实施"强军育才接力工程"和"强军爱兵暖心工程",形成覆盖驻区部队、惠及官兵和家属的拥军特色系列工程,进一步密切新时期军政军民关系。

(张宏印)

【春节军民联欢】 2月5日,石景山区2013年春节军民联欢会在北京军区大礼堂举行。北京军区副政治委员黄建国、副参谋长陈建、政治部副主任谢建华、联勤部副政委张圣荣、装备部副部长王大喜等,区领导及首钢总公司、国际广播电台、北方工业大学等驻区企事业单位负责人,驻区部队团以上单位领导,以及部分驻区企事业单位领导和驻区部队官兵、各界群众代表近2000人观看演出。北京军区战友文工团和区文艺工作者演出精彩节目。演出以军地融合发展为主题,热情讴歌新时期军爱民、民拥军、军民团结一家亲的军民鱼水之情,反映石景山区与驻区部队共同携手、共谋发展,争创全国双拥模范城"六连冠"的历程。

(张宏印)

【强军育才培训】 4月,"强军育才接力工程"职业技能培训第三期培训班开课。北京工业职业技术学院和石景山区业余大学共开设6个教学班(点),驻区部队官兵358人参加汽车维修和计算机应用学习。培训着眼部队现实需要和战士退伍后用得上要求,以"入伍即入学、在伍有作为、退伍即成才"的目标,为驻区部队储备技术人才。9月10日,吴克瑞、何洪江等军地领导先后到北京工业职业技术学院和石景山区业余大学八大处分校,慰问教学一线教职员工。

(张宏印)

【体验军营生活】 7月12日,在建军86周年来临之际,区领导带领相关委办局处干部一行40余人走进密云古北口镇北京军区装备部66352部队,走访慰问基层部队官兵,体验"军营一日"生活,为部队官兵送上节日祝福,并送去慰问金5万元。大家前往部队靶场,在教官悉心指导下,进行步枪卧姿100米射击,还参观官兵工作、生活、文化娱乐场所,体验军队生活,感受新时期军营文化氛围。

(张宏印)

【慈善拥军活动】 7月22日,军地双方在北京军区装备部礼堂举行"强军爱兵暖心工程"慈善拥军活动启动仪式,这是继"强军育才接力工程"之后双拥工作又一项创新举措。北京军区装备部部长王小京,市慈善协会会长王长连、秘书长唐濛,区委副书记吴克瑞和北京军区机关、驻区部队有关负责人及官兵代表400余人参加活动。启动仪式由区慈善协会会长主持,区民政局局长介绍石景山区双拥工作和实施"强军爱兵暖心工程"有关情况,

7月22日,强军爱兵暖心工程 (区委宣传部供稿)

王长连对石景山区推动慈善事业发展所做的工作给予充分肯定，军地有关领导先后讲话。仪式结束后，军地领导共同来到军区装备部勤务汽车队看望慰问受助战士，并与他们亲切交谈。此次受助官兵73人，分别来自驻区部队11个单位，每人受助6000元，受助金额共计43.8万元。

（张宏印）

【随军家属招聘】 7月24日，区人才交流中心举办随军家属专场招聘洽谈会。21家单位提供483个岗位供随军家属选择。其中区属4家事业单位、3家街道办事处、3家区属国有企业、驻区11家非公企业参会。共招聘5个事业岗位、10个社区工作者岗位、23个国有企业岗位、300余个非公企业岗位。新成立的毕业生创业基地在现场对有创业意向的随军家属进行免费的创业帮扶和指导。五里坨街道还专门组织举办就业指导进军营系列活动，聘请培训机构老师从自我评估、应聘技巧及求职定位等方面分析军属就业的"先天优势"和"现实短板"，并在红卫路军营社区组织举办辖区军属专场招聘会，北京百货、中石商联、中国联通、物美超市、红顺培训学校、赛迪通呼叫中心等近10余家优秀企业结合军属特点，提供20多种100余个涉及出纳、呼叫中心话务员、销售助理、超市前台、客服人员等就业岗位，有10余人在招聘会现场签订就业意向书。

（张宏印）

【健康讲堂进军营】 7月24日，由区人口计生委与古城街道联合举办的"石景山区男性健康大讲堂——家庭幸福需要男人健康"活动走进区消防支队古城中队，邀请北京大学首钢医院吴阶平泌尿外科中心副主任医师贺利军，重点从男性的生殖健康保健入手，系统、通俗讲解男性不育、前列腺增生、避孕节育等知识，受到部队官兵欢迎。

（张宏印）

【举办书画笔会】 7月30日，区双拥办在军队离退休干部第五休养所多功能厅举办"纪念建军86周年暨延安双拥运动70周年书画笔会"。邀请市、区老年书画研究会，区书协、区美协等10余位军地书画名家参加。精选优秀书画作品60幅，编辑出版《石景山区纪念建军86周年暨延安双拥运动70周年书画册》。

（张宏印）

【军营现场办公】 7月31日，在北京军区装备部会议厅召开区长第31次进军营现场办公会。军区副政委黄建国及司、政、联、装四部领导陈建、谢建华、曾广超、王大喜与荣华、岳德顺、吴克瑞等军地领导，区有关部门、驻区部队团以上单位领导70余人参加会议。会上，针对北京军区司、政、联、装机关提出的12个具体问题，夏林茂及区政府相关职能部门负责人分别作出答复，对一时难以解决的问题作了说明。对司令部军体大队接入市政自来水、政治部文网中心综合楼电力增容、联勤部机关大院排污接入市政管网和装备部导修站安装燃气管道以及军区疾控中心健身器材配备等提出具体解决方案，明确解决时限，并给予510万元的资金支持。荣华、黄建国分别发表讲话。军地双方领导还就进一步做好双拥工作进行深入交流，一致表示要进一步密切军政军民关系，相互支持、密切配合，坚持走军民融合式发展路子，不断谱写双拥工作新篇章。

（张宏印）

【法律拥军"进法庭"】 八一前夕，驻区部队80多名官兵在区司法局、区法院、苹果园街道办事处组织下，参观法院诉讼服务中心、立案大厅、审判庭等，听取法院各项职能以及法院审判工作和涉军维权工作的情况介绍。随后，官兵们现场旁听一起民事析产案件的庭审过程。庭审结束后，官兵们就当前部分社会热点、军人军属合法权益保护等问题与法官们进行互动交流，并就自身或家庭生活中遇到的各种涉法问题向法官们进行咨询。

（张宏印）

【抢险救灾爱人民】 10月11日，石景山喜隆多商场发生火灾，消防官兵视火情为命令，不畏艰险、不怕牺牲，全力抢救人民生命财产。消防支队参谋长刘洪坤、八大处中队副中队长刘洪魁为此献出宝贵生命。区双拥办为烈士家属送去慰问金80万元，褒奖烈士英雄行为。

（张宏印）

【拥军优属活动】 春节前夕，军地领导带领职能部门分四组深入各街道、鲁谷社区，走访优抚对象、残疾和特困家庭，并赠送价值600元慰问品和1000元慰问金。区民政局筹集慰问金155万余元，走访慰问2145户次优抚对象和残疾和特困家庭。7月31日，荣华、夏林茂、岳德顺等分别带队，先后到武警十九支队、区消防支队、区武装部、预备役高炮四团、军区联勤部和装备部新兵营等基层部队走访慰问。与部队领导进行座谈，互相介绍军地建设和发展情况，并对如何进一步做好双拥工作，走军民融合式发展之路，实现互促共长、互助共赢深入交换意见，共赠送420万元慰问金和慰问品。同时，各街道、社区和企事业单位普遍走访慰问驻所属辖区的部（分）队，为他们送去慰问金和慰问品。

（张宏印）

殡葬管理与服务

【概况】 北京市殡葬管理处隶属于北京市民政局，所属事业法人单位20家，其中下属公墓17家，殡仪馆2家，培训中心1家。年内，完成以重大治丧活动、清明服务保障、敏感时期安全维稳为重点的各项任务。创新推进"零百千万"工程，为低保、优抚对象免费提供5至8种"保障类骨灰盒"的选择，确保千元殡仪服务组合环节达到8项以上，推出多种"万"元墓型或骨灰安葬方式，为殡葬改革的深入推进提供支撑。截至年底，共办理骨灰撒海业务39次，撒放骨灰1201份。处属殡仪馆免费提供保障类骨灰盒37个，销售百元骨灰盒1586个，百元骨灰盒销售率为12.7%；办理千元殡仪服务6804份，千元服务办理率为22.2%。处属公墓办理万元以下骨灰安葬业务1748个，万元工程办理率为23.8%。标准化建设进展顺利，完成福田公墓、八宝山人民公墓、天慈墓园3个单位的标准体系建设。清明期间，开展"行

4月2日，清明红色祭扫 （区民政局供稿）

风建设月活动”“百万鲜花免费送”“丧葬用品平价供”，实现安全无事故、服务零投诉预期目标。3月23日至4月7日，20个扫墓点共接待扫墓群众153.3万余人，车辆26.1万辆。其中，八宝山地区接待扫墓群众36.5万余人，车辆3.5万辆。

地址：石景山区石景山路9号
电话：88257779
邮编：100039
网址：www.babaoshan.com.cn

（王　琦　梁卫东）

【马耀骥遗体送别】 3月7日上午，中国共产党的优秀党员，忠诚的共产主义战士，第五届、第七届、第八届全国人民代表大会代表，原交通部常务副部长、党委副书记，北京市委原常委、组织部原部长，北京市第七届、第八届、第九届人民代表大会常务委员会副主任、党组副书记马耀骥遗体送别仪式在八宝山殡仪馆大礼堂举行。贾庆林、郭金龙等及曾经担任党和国家领导职务的老同志，社会各界群众数千人参加送别活动。

（曹丽娟　杨秉洪）

【清明服务】 3月23日～4月7日，20个扫墓点共接待扫墓群众153.3万余人，车辆26.1万辆。其中，八宝山地区接待扫墓群众36.5万余人，车辆3.5万辆。八宝山殡仪馆开展“绿色通道”服务，开通LED显示屏、免费赠送鲜花、降低污染排放等。八宝山革命公墓整修烈士堂，优化环境，并接访各类社团70批次。万安公墓清洗自备井，提高水质，并开展“追寻红色印记”等爱国主义教育活动。东郊殡仪馆购买殡仪车消毒液、预防H7N9禽流感防护用品，消除病源隐患。福田公墓注重“微环境”建设，“平安清明·惠民清明·文化清明”等主题剪纸文化墙增添人文气息。在八宝山革命公墓任弼时广场举行以“继承先烈遗志，建设美丽北京”为主题的清明红色共祭活动；在八宝山殡仪馆举办“外埠来京人员集体共祭”活动，倡导“清明春祠 温情思怀 感念先辈 遥寄祝福”的清明意境，满足和方便外埠来京人员祭奠故人的需求；在长青园骨灰林基地举办骨灰撒海公祭周活动，为逝者亲属提供了抒发哀思、祭奠亲人场地。

（综　合）

【殡葬理论研究】 3月，参加民政部组织的清明论坛，2篇论文获得一等奖，2篇论文获得二等奖，6篇论文获得三等奖，2篇论文获得优秀奖，获得优秀组织奖和优秀成果奖。全年出版《八宝山》杂志4期、《殡葬理论研究》5期。

（王　琦　张　青）

【刘复之遗体送别】 9月1日上午，中国共产党的优秀党员，久经考验的忠诚的共产主义战士，无产阶级革命家，我国政法战线的杰出领导人，原中共中央顾问委员会委员，最高人民检察院原检察长刘复之遗体送别仪式在八宝山殡仪馆大礼堂举行。习近平、李克强、张德江、俞正声、刘云山、王岐山、张高丽、胡锦涛等党和国家领导人及曾经担任党和国家领导职务的老同志，以及社会各界群众数千人参加送别活动。

（曹丽娟　杨秉洪）

【郑天翔遗体送别】 10月16日上午，中国共产党的优秀党员，久经考验的忠诚的共产主义战士，无产阶级革命家，我国政法战线的杰出领导人，原中共中央顾问委员会委员，最高人民法院原院长郑天翔遗体送别仪式在八宝山殡仪馆大礼堂举行。习近平、李克强、张德江、俞正声、刘云山、王岐山、张高丽、胡锦涛等党和国家领导人及曾经担任党和国家领导职务的老同志，以及社会各界群众数千人参加送别活动。

（曹丽娟　杨秉洪）

【重大治丧活动】 按照“精益求精、万无一失”的标准，完成重大治丧保障任务19起。八宝山殡仪馆，妥善完成“两会”期间突发心脏病逝世的全国人大代表、杭州市委副书记（市长）邵占维遗体处置工作。为在喜隆多购物中心救火中英勇牺牲的两名武警消防员进行整容复型，家属和遗体送别主办单位表示认可。圆满保障“10·28”事件殡葬服务。东郊殡仪馆高效完成小武基村库房火灾12名遇难人员的遗体送别、火化等处置。外事服务收到美国驻华大使骆家辉亲笔署名的感谢信。

（王　琦　张　青）

【惠民工程】 各殡仪馆和公墓推出“百万鲜花免费送”“丧葬用品平价供”等活动，并协调285台轮椅用于各扫墓点便民服务，得到祭扫群众和社会舆论广泛好评。八宝山殡仪馆推出20项惠民措施。革命公墓骨灰堂、烈士堂设立11个免费鲜花祭台。万安公墓为78座烈士及名人墓免费摆花2万余盆。东郊殡仪馆向参加告别的丧属提供免费的胸花和黑纱。福田公墓为扫墓家属免费提供咖啡、热水等服务。八宝山人民公墓集中设置便民服务区和休息室，办理预约免费擦碑描字服务。殡仪服务中心在八宝山殡仪馆、革命公墓、东郊殡仪馆、人民公墓、老山骨灰堂等单位设置便民服务点，免费发放3万多份惠民、公益宣传册。长青园制作4个大型不锈钢花架、30余块便民指示牌。西北旺公墓新购擦鞋机等便民设备，专门设置祭扫休息场所。万佛陵园为方便群众，在园区内设置16个临时厕所。金山陵园增加摆渡车、温泉墓园提供18种手机充电站、天慈墓园免费提供糕点和茶饮等。

（综　合）

【殡葬业务】　截至年底，殡仪馆火化遗体30657具；公墓（陵园）办理墓穴租赁业务5687份，占用土地6.9亩；殡仪馆、公墓骨灰堂寄存骨灰7536份；办理骨灰墙、廊、亭等租赁业务1179份。

（王　琦　张　青）

【老墓续租改造】　根据市民政局、市社会福利事务管理中心有关要求，继续全面开展墓穴续租工作，加大老墓改造力度。截至年底，办理墓穴续租业务5643份，办理老墓改造业务1423份。

（王　琦　张　青）

人力资源和社会保障

概　　述

北京市石景山区人力资源和社会保障局（简称区人力社保局）是负责全区人力资源和社会保障工作的区政府职能部门。内设19个行政科室和11个事业单位。2月，搭建完成区社会保险基金管理中心升格，整合后改称“石景山区社会保险事业管理中心”，设总支书记、主任各一名。年内，城镇登记失业率控制在2.1%，比指标2.6%低0.5个百分点；连续六年保持“零就业家庭”动态为“零”的目标；九个街道社保所连续三年成为本市全部达到五星级标准的唯一区县。做强博士后（青年英才）建设，建站数量在全市排名第一，进站人员数量位居全市第二；创建全市首家毕业生创业基地，支持134名毕业生创业者；全区2000余名公务员参加在线学习，实现全覆盖。社保网上业务申报使用率在全市名列前茅；社会保险扩面征缴工作稳步推进，社保基金年收支首次突破百亿元大关；五项社会保险基金收缴率均达到98%以上。受理劳动人事争议案件1701件，结案率94.5%；连续六年实现农民工工资“无拖欠”目标，维护地区劳动关系和谐稳定。全年行政复议、行政诉讼案件胜诉率达100%，实现连续7年行政复议、行政诉讼案件零败诉。区社会保险事业管理中心荣获“2011－2013年度全国人力资源和社会保障系统优质服务窗口”和“全国巾帼文明岗”称号。

地址：石景山区杨庄路66号
电话：68861840
邮编：100043

（李艾娟）

【新一轮就业优惠政策】　1月1日起，区人力社保局执行新一轮区域促进就业优惠政策，涉及失业人员自谋职业、灵活就业社会保险补贴，大学生自主创业社会保险补贴、用人单位补贴，非公企业法人奖励等各项区域优惠政策。截至年底，累计申请促进就业资金总额1.21亿元，其中：失业保险基金1.03亿元，区再就业资金1807.62万元。共惠及20236人，其中本年度新一轮促进就业优惠政策实施以来，共有5192名本区户籍失业人员申请享受自谋职业、灵活就业社会保险补贴。

（李艾娟）

【调整离退休人员补贴】　1月起，区人力社保局调整机关事业单位离退休人员补贴。调整后，区离休人员月人均增资940元，机关退休人员月人均增资418元，事业单位退休人员月人均增资486元，退职人员月人均增资200元。

（李艾娟）

【开展专项执法检查】　上年11月26日～当年1月30日，区人力社保局开展“春节”前农民工工资支付情况专项执法大检查。共检查用人单位145户，涉及职工16563人，其中农民工15823人。通过专项执法大检查，共为农民工436人追回工资361.58万元。2月25日～3月25日，开展清理整顿人力资源市场秩序专项执法大检查。出动执法检查人员76人次，检查单位89家。向单位口头责改4次，下达询问通知书4份。4～9月，开展“劳动用工规范一条街工程”。将石景山路万商商业圈、八角东街、高科技园区实兴东街作为规范重点，规范单位135户。

（李艾娟）

【定点医疗机构管理】　年初，区人力社保局成立定点医疗机构总额控制工作领导小组，制定总额控制实施方案。辖区内各定点医疗机构成立由院长任组长的总额控制工作小组，制定相应方案。4月1日，个人监控指标上线。区人力社保局配合北京市严厉打击医保参保人骗保行为，严格审核个人监控指标，审核异常数据16115笔，下发个人告知书349人次，对57名违规人员进行了处理，追回个人违规金额19人次、7.1万元。加强定点医疗机构监管力度，完善约谈制度，共约谈23家定点医疗机构院长、医保办主任，对总量控制超标的6家定点医疗机构法人代表下发预警告知书。共拒付定点医疗机构违规费用60余万元。检查定点医疗机构129家次，追回不合理费用39.8万余元。区社保中心联合区卫生局成立处方点评委员会，突击抽取定点医疗机构处方进行点评，控制药品费用的不合理增长。出台医保医师管理办法、医保医师管理协议、协议管理补充规定，为下年度医保工作明确目标。

（李艾娟）

【就业服务“三进”活动】　4月，区人力社保局开展进“进街道、进单位、进社区”活动。活动期间举办“走进企业，稳定就业巡讲会”，为中关村石景山园区30家企业进行人力资源专项指导活动；走进驻区高校为800余名学生开展“就业辅导”进校园服务；进街道、

7月9日，全市首家毕生创业基地成立　（区委宣传部供稿）

社区开展就业指导大讲堂活动7次，受众达万余人。

（李艾娟）

【"城乡手拉手"促就业】 5月8日，区人力社保局与门头沟区人力社保局、鲁谷社区社保所与门头沟雁翅镇社保所"城乡手拉手"活动正式签约，两区街镇"二级对接"就业协作关系更加密切。互设服务窗口，为用工单位及求职人员优先提供登记入网、职业素质测评、职业指导及匹配推荐等多项免费服务；搭建招聘、求职双向信息发布平台。5月30日，两区共同举办职业指导能力培训班，特聘北京市信息学院教授进行职业素质测评知识专题讲座，60名职业指导师参加培训。鲁谷社保所与雁翅镇社保所开展"城乡手拉手"活动2次，帮扶80人就业。10月30日，八角社保所与门头沟东辛房社保所举办专场招聘会，10家单位提供岗位210个，147人达成初步就业意向。与房山区人力社保局于5月28日、7月12日、9月23日在韩村河镇、张坊镇、大石窝镇联合举办3次专场招聘会，帮助房山受灾地区劳动力尽快实现就业。

（李艾娟）

【推进社保业务下沉】 6月起，社会保险业务下沉工作逐步展开，街道社保所操作权限逐步下放，社保所开始独立操作社保登记业务。明确社会保险系统权限及业务印章管理和使用的责任和义务，下发通知，明确社保所经办业务权限。制定社保所经办业务印章管理规定及社保所使用社保系统操作权限的规定，并与街道社保所统一签订社会保险经办业务系统权限及业务印章管理使用协议。截至年底，下沉工作涉及13项业务，下沉业务量达3.5万多人次，大幅提高经办效率，有效缓解区社保服务大厅的业务压力。

（李艾娟）

【成立毕业生创业基地】 落实北京市"用创业带动就业，形式多样促进我市毕业生就业工作"精神，开展"政企联合，校企合作"有益尝试，与蒲公英国际青年创业驿站合作，成立本市首家毕业生创业基地，为毕业生实现创业搭建平台，为全国有创业意愿毕业生提供从创业教育、创业战略指导，到创业融资等系列服务。7月9日，举行"创业基地"启动仪式。基地将区内百强企业的领军人才聘任到培训导师团队中，为创业者提供全方位的指导与支持。与北京大学、清华大学的创业园及首师大、中青学院等11所院校签署支持合作协议，实现资源互通共享。年内，进校园创业巡讲10余场，受益人员350人。截至年底，基地共支持134名毕业生创业，其中2013届毕业生83人（北京户籍12人），成功注册公司32人，带动697人就业。2家毕业生企业入选中关村金种子工程。基地创业者、创业团队共获企业融资总额近亿元。

（李艾娟）

【随军家属就业安置】 7月24日，区人力社保局举办随军家属专场招聘洽谈会，有21家单位（其中有4家事业单位、3家街道办事处、3家区属国有企业，11家驻区非公企业）参会，提供483个就业岗位。100余名随军家属到场求职，报名参加事业单位、街道社区考试的有15人，与企业洽谈现场达成就业意向的有11人。11月28日，协办北京市随军家属招聘会。此次招聘会共有43家单位参加，共提供400余个就业岗位，其中本区9家单位提供70余个就业岗位，拟聘150余人。400余名随军家属到场求职。区行政、事业单位共接收随军家属26人，社区聘用9人。

（李艾娟）

【农民工调查】 落实市人力社保局、市公安局关于开展来京人员就业状况抽样调查的通知精神，10月，区人力社保局成立农民工工作领导小组，联合公安分局，开展来京人员就业状况抽样调查工作。从稳定和扩大农民工就业创业情况、开展农民工职业技能培训情况、维护农民工劳动保障权益情况、扩大农民工参加社会保险覆盖面情况、推动农民工平等享受城镇基本公共服务情况、促进农民工社会融合情况、加强农民工工作组织领导情况等七大方面进行全面调查、梳理和总结。调查涉及本区4家社保所、7家社区居委会，共计301人。

（李艾娟）

【超额完成就业指标】 全区城镇登记失业人员总量11320人，同比减少409人，下降3.49%；登记失业人员实现就业6842人，完成指标5500人的124.40%；就业率60.44%，比指标55%高出5.44个百分点；困难人员实现就业3826人，困难人员就业率58.6%，比控制指标55%高3.6个百分点；全区城乡劳动力在绿色岗位实现就业444人，完成指标300人的148%；认定零就业家庭13户，累计消除13户，保持"零就业家庭"动态为零的目标；新认定进入社区公益性就业组织的就业特困人员111名，托底安置率100%；社区岗位安置就业困难人员5192人，完成指标任务的177%；用人单位招用就业困难人员122人，完成指标任务的122%。全区在人力社保部门存档的流动就业人员50017人，新接收流动人员档案12363份，其中接收首钢解合人员档案988份，同比增长1200%；转出档案15220份。流动人员参加社会保险8901人，办理退休业务1784人。截至年底，社会化管理退休人数26158人，新办理退休人员档案转移1702份。全年职业培训总量3765人，其中，定点培训机构实施"市级政策补贴"培训27人，本区组织实施各类培训137人，非政策补贴3601人；全年职业技能考核鉴定561人次，取得相关职业资格证书384人次。全区城镇新增就业7358人，12月末实有城镇登记失业人员4077人。城镇登记失业率2.1%，比控制指标2.6%低0.5个百分点。

（李艾娟）

【区域性就业政策】 1月，区人力社保局、区财政局联合印发促进就业优惠政策实施细则(石人社发[2013]1号)，为区域政策的实施提供操作性依据；同月，区政府制定职业培训工作的实施意见(石政发〔2013〕2号)，旨在提升本区劳动者的就业能力、职业转换能力、岗位适应能力和创业能力，实现"有培训需求的劳动者职业培训全覆盖"的目标，这是本区第一个指导全区职业培训及技能人才工作的意见，通过全方位职业技能培训达到促进就业、稳定就业并全面提升就业质量的效果。年内，区人力社保局、区财政局联合印发企业在职职工岗前、岗位技能提升培训补贴实施细则(试行)(石人社发[2013]13号)、失业人员参加免费培训期间给予生活补贴的通知(石人社发[2013]12号)，鼓励在职职工和失业人员参加技能培训。创新就业重点工作目标责任书下达方式。首次由区社会保障和就业工作领导小组组长、常务副区长与9个街道(社区)及36家成员单位的一把手分别签订45份不同内容的就业重点工作目标责任书，进一步明确各街道(社区)及成员单位承担的责任。开展四次就业相关数据会商，各成员单位将就业融入到各自部门业务范畴，"大就业"模式逐步形成。

（李艾娟）

【就业服务平台建设】 9个街道社保所全部完成基层平台的信息化建设，金顶街街道社保所凭借"办公平台"和"智慧金顶街咨询服务窗口"建设成为市人力社保基层平台建设现场观摩单位，为全市16个区县介绍并展示经验成果。建立社保所、社区定期走访和工作联动机制，及时全面掌握社保所业务工作状况，加强基层平台建设工作指导，根据业务工作开展情况，评选"优秀社保所"。全区9个街道社保所连续三年全部达到五星级标准，成为全市达标第一区。9个街道认定充分就业社区90个，占全区总数63.83%。认定充分就业街道2个，占全区总数22.22%。苹果园街道海特花园第一社区和古城街道古城路社区被评为"北京市充分就业示范社区"。全年培训劳动保障协理员112人，其中103人通过资格鉴定。劳动保障协理员持证上岗率达到81.4%。141个社区基本公共服务实现全部覆盖。

（李艾娟）

【招聘会和职业指导】 区人力社保局与相关部门联合举办"春风行动""就业援助月""高校毕业生双向选择服务月""民营企业招聘月""军人家属专场招聘会"等专场招聘会92场，参会单位1869家，提供岗位29256个，现场达成意向4345人次，发放各种宣传材料12000余份。将职业指导、职业素质测评与岗位推荐相结合，为求职提供职业测评与招聘一体化精细服务。开展"2013年职业指导大讲堂"、职业素质测评等活动，为用人单位和求职人员搭建就业服务平台。全年采集空岗信息21490个，完成指标18200个的119.24%；开展职业指导17928人次，完成指标11600人次的154.55%。

（李艾娟）

【创业带动就业】 区人力社保局拓展创业辅导和优惠政策宣传覆盖面。举办自主择业军转干部创业指导培训班；走进科技园区为小企业主解读小额担保贷款和免费创业培训政策；与区有线电视台联合制作成功创业典型节目，并对多项优惠政策进行宣传讲解。选取6名创业成功者的先进事迹材料在"创业北京—北京市创新创业成果展示"活动中进行展示。加强与担保公司、银行的沟通协调和对小额贷款企业的监督，定期了解资金使用

3月27日，苹果园春季招聘会 （区人力社保局供稿）

情况及经营状况，帮助创业企业快速成长。以北京首特孵化器为试点，搭建“石景山服务”中的人力社保服务平台，举办四期“人力资源和社会保障系列讲座”。年底，印发营造创新创业环境推进创业带动就业的意见，创立区创业工作联席会议制度，依靠制度保障推进创业工作稳步发展。全年实现创业 914 人，完成指标 410 人的 222.93%；带动就业 2031 人，完成指标 1600 人的 126.94%；创业培训 117 人，完成指标 100 人的 117%；发放小额担保贷款 222 万元，完成指标 100 万元的 222%。

（李艾娟）

【人事考试平稳有序】 区人事考试中心于上年 10 月成立后，全面开展相关业务。市考试中心委托的人事考试任务全面下放到各区县，陆续展开网上报名、资格审核、编排考场、遴选监考员、落实考务工作、征订考试用书、发放资格证书等工作。完善规章制度 22 项，涉及业务范围、试卷安全、应急预案、考务安排等。成立以区人力社保局、教委、公安分局、经信委、卫生局为成员单位的人事考试工作联席会机制。全年共承接考试任务 16 场次，落实考点学校 49 所、考场 894 个，承接考试科目 44 科次，接待考生 66047 人次。发放各类证书 5000 余人次。

（李艾娟）

【社会保险扩面征缴】 全年完成 6380 户参保单位五险基数采集核定，涉及参保人员 45 万余人次。推广使用网上申报，全年缴费单位网上申报业务共计 16 万笔。用人单位主动申报率 98%，人均申报月缴费基数为 4475.6 元。举办“社保大讲堂”40 期，987 家参保单位 2000 余名经办人员参加。6 月，“社保大讲堂”被评为区级学习品牌。新增参保单位 1782 家，新参保职工 2.24 万人。截止 12 月底，变更为银行缴费方式的单位共有 4588 家，占缴费单位的 65.37%。全区 1536 名超转人员（因国家建设征地农民户转为居民户的原农村劳动力中年龄超过安置年限人员）纳入北京市基本医疗保险管理。全年共办理转移接续业务 3217 笔，转入保险基金 1416.76 万元，转出保险基金 1379.07 万元。全年五项社会保险基金累计收入 46.7 亿元；累计支出 63.4 亿元。收支总额达 110 亿元以上，首次突破 100 亿元。各项社会保险基金收缴率均达到 98%以上。全区共有 8367 家单位 38.77 万人参加（含离退休人员）养老保险，收缴基金 283787 万元，累计基金支出 391170 万元；有 8585 家单位 40.34 万人参加（含离退休人员）基本医疗保险，收缴基金 149447 万元，累计基金支出 220274 万元；有 8466 家单位 24.42 万人参加失业保险，收缴基金 11653 万元，累计基金支出 11487 万元；有 8722 家单位 23.29 万人参加工伤保险，收缴基金 2809 万元，累计基金支出 8828 万元；有 8357 家单位 23.58 万人参加生育保险，收缴基金 9264 万元，累计基金支出 2024 万元。城镇居民医疗保险参保 56269 人，其中“一老”10066 人，“一小”44104 人，无业居民 2099 人；城乡居民养老保险参保 1917 人，收缴基金 317.19 万元。

（李艾娟）

【社会保障水平提高】 全年完成六项社会保险待遇调整，涉及金额 4234 万元。各项社保待遇及时足额发放。养老金异地资格认证 12132 人，完成率 98.75%。全区 212 名“五七”家属工全部参加基本养老保险，并完成待遇补支，共补发金额 538.84 万元。为参加基本医疗保险的 25 家单位 33 人进行救助，涉及金额 64 万元。根据北京市基本医疗保险社区卫生用药报销范围，扩容社区药品报销范围，社区目录药品由 1211 种调整为 1435 种。全年审批退休人员共计 6538 人，其中特殊工种提前退休 1954 人，因病提前退休 332 人，失业军转干部提前退休 12 人，正常退休 4240 人。养老金总计 1924.08 万元，养老金人均水平 2942.92 元，同比增长 8.85%。

（李艾娟）

【社会保险稽核】 全年发放社会保险催缴通知书 1453 封，累计催缴 3266 户次，催缴单位到账 1309 户，到账金额 1066.27 万元，催缴到账率 94.4%，完成市局每月 80%催缴到账率的考核指标；专项审计 29 户，应补实补 20 户，补缴共计 464.55 万元；清理历年欠费 61.59 万元，完成市局清欠考核指标 57 万元的 108.05%。

（李艾娟）

【工伤认定与劳动鉴定】 全年接收工伤认定申请 567 件，受理 565 件，认定工伤 556 件，视同工伤 9 件。推荐到康复医院进行康复治疗的工伤人员 41 人，工伤鉴定伤残等级人数 320 人，康复指标完成率 177%。10 月起，个人委托存档人员和失业人员非因工负伤或因病提前退休的劳动能力鉴定实行属地管理，区劳鉴中心与石景山医院合作，在石景山医院体检中心开展劳动能力现场鉴定，缓解鉴定量剧增、鉴定场地紧张压力。全年劳动能力鉴定 475 人次，其中：职工工伤鉴定、职业病鉴定 396 人次；因病提前退休劳动能力鉴定确认 79 人次。劳动能力再次鉴定结论改变率为“零”。12 月 9～11 日，对首钢医院、石景山医院、玉泉医院、西山医院、矿山医院 5 家医院的工伤职工“持卡就医、实时结算”管理系统改造进行验收，本区成为全市首个辖区内工伤定点医院全部通过验收的区县。

（李艾娟）

【社保基金监管】 区人力社保局开展非现场基金监督，收集社保各险种的会计报表，查找基金异动现象，按季度进行报表汇总分析。做好社会保险缴费专项审计补缴落实，专审应补缴单位 20 家，完成补缴 20 家，累计实际补缴完成额 402.18 万元，完成率 95.6%，完成市局下达补缴任务完成率不低于 80%任务指标。运用四险（养老、失业、工伤、生育）、医疗基金监督系统处理疑似问题，加强基金监督工作。全年累计产生疑似问题 1368 条，处理完成率 100%，追回违规金额 1.29 万元。

（李艾娟）

【公务员考核机制】 落实市委组织部、市人力社保局进一步加强公务员考核工作的意见等文件精神，加强公务员平时考核。推进实施公务员平时考核工作实施意见，强化从月度工作纪实到各季度考评的长效考核机制。各党政群机关制定本单位的平时考核方案，并按方案按时作好月度工作纪实、季度量化考核。完成平时量化考核备案工作，38个处级行政机关和事业单位、9个街道根据要求按时完成平时考核备案。加强对北京市公务员年度考核基本称职、不称职等次标准（试行）的宣传，针对考核基本称职、不称职等次标准各八种情况，广泛组织学习，严格执行，做到每位公务员人手一册。各单位采取集中组织学习等方式进行宣传，让每个公务员熟知熟记，并作为日常应遵守的行为准则。

（李艾娟）

【公务员管理服务】 区人力社保局完成上年度全区目标督查考核，在69家参加督查考核单位中，有23家单位被确定为"业绩突出"单位，30家单位被评为"工作创新"单位，16家单位被确定为"考核达标"单位。无考核不达标单位。全区有2170名工作人员参加考核，被评为优秀等次422名，称职1694名，未定等次54名。8月，印发进一步做好选派机关年轻干部到基层锻炼工作的通知，对没有基层工作经历或基层工作经历不满两年的科级及以下，年龄在35周岁以下年轻干部全部统一安排到基层社区挂任社区主任助理进行锻炼。规划分三批完成，第一批挂职锻炼人员35人。将9个街道社保所181名事业单位工作人员纳入工资规范管理。落实北京市表彰奖励相关规定，推荐区检察院门美子为北京市"全国人民满意公务员候选人选"的备选人之一。完成北京市公务员管理工作先进集体和先进个人候选单位和人选的推荐工作，全区有60名公务员和参照公务员法管理人员获北京市系统单项表彰。完成科级领导职务任职备案125人，其中科长88名，副科长37名。截至年底，区政府系统有公务员1798名，参照公务员法管理人员306名。

（李艾娟）

【人才引进】 根据首都中长期人才发展规划要求，着眼于高层次人才队伍建设，按照北京市人才引进公开招聘管理办法等相关规定，实施国内引进人才专项计划，通过企业申报、区人力社保部门初审、市局审核，区3家企业的9个职位面向全国公开招聘11名高层次人才。全区共申报引进硕士以上学历及高级专业技术人才53人，与上年相比增长76.7%。其中机关事业单位28人，非公经济企业25人；博士研究生13人，具有高级职称16人，留学人才引进5人，中关村"十百千"工程企业高级管理人员12人，金融企业4人，为金融企业、文化创意企业2名领军人才申请破格办理人才引进；办理北京市工作居住证1204人次，与上年相比增长104%。

（李艾娟）

【毕业生就业】 年内，通过7项措施促进毕业生就业。一是成立区毕业生就业工作领导小组，对辖区内离校未就业毕业生进行实名登记，自主创业或合伙创办企业及办理求职登记的毕业生可享受区级就业资金帮扶。二是实行毕业生就业推荐制度，重点针对各类中小企业、民营企业和岗位需求较大行业收集需求信息，作为推荐毕业生就业主要渠道。三是对求职登记的未就业毕业生，按照专业对口或相近的原则，向用人单位推荐，确保困难家庭毕业生100%就业。四是协调区教委收集毕业生基本情况，与街道社保所联系，采取入户走访形式全面摸清辖区离校未就业高校毕业生的人数和基本情况，建立实名制信息数据库，截至年底共133人入库。五是与北大、清华、传媒大学等10所知名院校建立合作关系，提供20家大学生见习基地。采取开展就业见习、就业指导和创业指导、举办专场招聘洽谈会等措施促进离校未就业毕业生就业。六是在公务员招录、事业单位招聘工作中，积极为毕业生提供岗位。全区事业单位发布面向毕业生招聘岗位250余个（其中教师岗位招录140人），公务员招录毕业生25人。七是按照总量控制、专业对口、择优引进的原则，在非京生源进京指标使用上，合理分配指标，重点支持区域经济发展重点保障的企业。全年共申报非京生源毕业生183人（不含教育），其中非公企业127人。

（李艾娟）

【机关事业单位招录】 51家次行政单位在上半年和下半年两次公开招录中招录121人，经过面试、体检、考察环节，录用98人。45家次事业单位在两次公开招聘中招聘88人，经笔试、面试、体检、考察等环节，聘用70人。面向合同期满大学生"村官"招录公务员2名。面向服役期满退役大学生士兵招录公务员2名，3家事业单位面向复员士兵招聘10人。

（李艾娟）

【军转干部安置服务】 全区21家行政单位接收军转干部19人，17家事业单位接收军转干部22人。完成分配本区27名自主择业军转干部个人档案审查、退役金发放、落户及适应性培训等。为213名自主择业军转干部发放2011～2012年度取暖费44万余元。完成286名自主择业军转干部基本工资套改，以及本人及家庭住房情况调查，补发补贴金额2714.8万元。完成301名自主择业军转干部年度退役金增资签字，签字率达100%。为在街道存档的5名企业军转干部办理提前退休手续，为1名职介存档的困难企业军转干部办理社会保险补助。

（李艾娟）

【博士后基地】 年内，基地工作站发展到8家，共启动研究项目22个，招收22名进站博士。行业涉及新一代信息技术、生物医药、新能源、节能环保、新材料等战略性新兴产业以及信息服务、流通服务等生产性服务业。截至年底，与工作站建立合作关系的科研院所、高等院校35个，开展科研项目合作38个，获得市、区两级资助142.8万元。在站研究人员在国际、国内核心期刊发表论文30余篇，出版学术专著1部；获得专利授权31项，正在申请的专利9项；攻克技术难关12个，研发正式投产的新产品10个。市、区配套资助直接带动设站单位科研经费投入共计4032万元，推进产、学研、用一体化的创新研发机制建设。本区建站数量在全市排名第一，

进站人员数量位居第二。创新实践基地和两家工作站被市局评为优秀。

（李艾娟）

【人才培养服务】 年内，完善补充区高级专家数据库信息建设，高级专家达到140名。有1名专家经国务院批准，享受国务院特殊津贴，津贴标准2万元，由中央财政专项列支拨款，免征个人所得税，实现本区十年以来“零”的突破。区人力社保局组织驻区18家企业高端领军人才参加全市教授级高级工程师直接评审，6家企业高端领军人才进入函投初审，其中4名高端领军人才通过专家答辩，资格评审，取得教授级高级工程师证书。

（李艾娟）

【事业单位管理】 截至年底，全区256家事业单位岗位设置总量9195个（其中管理岗位1629个，专业技术岗位6171个，工勤岗位1395个）。实际聘用人员7960人（其中管理岗位1264人，专业技术岗位5652人，工勤岗1044人）。区事业单位聘用人员进行岗位变更700余人次，其中管理岗位变更260余人次，专业技术人员变更350余人次，工勤岗位变更90余人次。处级单位五、六级管理岗位和科级单位七、八级管理岗位均未超过核定的岗位职数；专业技术岗位、工勤技能岗位均未超过核定的结构比例聘用人员。完成上年度机关事业单位技术工人职业技能鉴定，全区机关工勤申报7人，事业单位申报34人。总计涉及申报工种11个。完成事业单位上年度考核。全区256个事业单位共计7516人参加考核。通过总结述职、民主测评、公示、确定考核结果等环节，1101人获得考核优秀等次和一次性奖励。

（李艾娟）

【中小学职称评审】 区中学高级教师职称评委会及学科评议成员从14个学科84名高级评审专家库中产生，通过随机抽取确定42名学科评议组成员，并从中产生14名评议委员会委员。经评审，确定有168人取得高、中级教师职务任职资格，其中评审确定中学高级教师56人、中学一级教师52人、小学高级教师60人。评审程序规范、评审环境公正、评审质量严格、评审结果准确，全部通过北京市检查验收，验收合格率100%

（李艾娟）

【公务员在线学习】 区人力社保局落实市委组织部、市局关于全市公务员在线学习全覆盖工作实施方案精神，将全区科级及以下公务员、参照公务员法管理单位人员（以下统称公务员）纳入干部在线学习范围。梳理组织机构及管理员信息，要求各单位专门指定人员负责本单位在线学习工作，并按干部管理权限报主管部门备案。每季度对公务员在线学习情况进行检查通报，下半年对完成较差的单位进行督促，并在年底通报。全区2409名科级及以下公务员完成在线学习任务。

（李艾娟）

【劳动合同规范】 区人力社保局以非公经济组织及中小企业为重点，规范企业劳动用工管理。全年累计监控企业442户，同比监控企业户数增加20%，涉及职工69185人，其中城镇职工41189人，农民工27996人；签订劳动合同67558人，劳动合同签订率97.65%，其中城镇职工签订劳动合同39799人，劳动合同签订率96.63%；农民工27759人，劳动合同签订率99.15%。辖区57家企业申请集体合同通过审查备案，其中新增21家企业，涉及职工37631人；续订36户、涉及职工55794人。截至年底，集体合同执行期内企业共125户，涉及职工115817人，其中专项集体合同企业43户，涉及职工38958人；工资集体协商40户，涉及职工38722人。

（李艾娟）

【劳动保障监察】 全年对辖区1695家用人单位进行劳动保障监察，涉及职工38730人，完成市局下达指标的141%。检查非公企业占检查用人单位总数的98%。共接待群众来信、来访、来电472件、1281人次。督促用人单位签订劳动合同60份。立案查处各类劳动违法案件244件，其中日常巡查49件，查处职工举报投诉结案195件，无逾期未结案件，结案率100%。做出行政处罚11件，处罚款1.49万元。

（李艾娟）

【追回欠薪1242万元】 区人力社保局建立企业欠薪预警机制，全面查清建筑工程项目和施工企业情况，编制在建施工项目和施工企业目录，实施工资支付情况动态监控。对拖欠工资案件，采取投诉举报与巡视检查相结合的方式，快速立案查处。对4人以下的投诉举报，由案件处理组负责。对5人以上的投诉举报，由巡查组或者应急小组到现场处理。全年查处工资类违法案件148件，为劳动者1858人追回拖欠工资1242万元；其中，处理建筑企业拖欠农民工工资案件78件，为农民工1596人追回工资1105万元。

（李艾娟）

【劳动人事争议仲裁】 全年共处理劳动人事争议案件2939件（人事争议案件2件），其中，受理案件1701件，案前行政调解1238件。在受理的案件中，集体劳动争议87起，涉及职工918人，除公告和中止审理案件外，全年审结1610件，结案率94.6%。在审结的案件中，以裁决方式结案801件，占结案的50%；调解或经调解撤诉的结案586件，占结案的36%，其他方式结案223件，占结案的14%。完成全年调解率35%以上、结案率90%以上的工作指标。通过仲裁裁决或调解方式企业为劳动者支付劳动报酬326.83万元；经济补偿及赔偿金869.29万元。年内，稳妥解决东方家园家居建材商业有限公司、东方尚美建筑工程有限公司等四家单位集体投诉案件，共支付96人经济补偿金171.23万元。

（李艾娟）

【劳动人事争议调解】 首钢劳动争议调解中心全年受理劳动争议43件，调解成功32件，调解成功率74.4%，首钢各基层调解组织全年共受理劳动争议227件，成功调解178件，成功率78.4%。物美劳动争议调解中心及下属各店调解组织全年受理劳动争议17件，调解成功16件，调解成功率94%。按照市局、市总工会、市司法局等六方联动机制要求，所有要求仲裁立案的案件均推荐到区劳动争议调解中心先行调解。全年推荐到区劳动争议调解中心调解的案件1701件，受理435件，成功调解396件，成功率91%。全年面向用人单位开展劳动法规及政策宣传3000余人次。

（李艾娟）

残疾人事业

概　　述

北京市石景山区残疾人联合会（简称区残联）是全区残疾人的统一组织，是将残疾人自身代表组织、社会福利团体和事业管理机构融为一体的残疾人事业团体。归口区委管理，业务上接受市残联指导。下属残疾人就业服务中心、活动中心、康复中心3个事业单位，在9个街道设街道残联，142个社区成立残疾人协会，形成区、街道、社区三级工作网络。区残联主要职责是履行“代表、服务、管理”职能，代表残疾人共同利益，维护残疾人合法权益；开展各项业务和活动，直接为残疾人服务。年内，办理审批残疾人证1761份，发放残疾人专用机动轮椅车燃油补贴22.15万元，在《石景山报》《挚友》等市、区媒体刊发宣传稿件182篇。区残联被评为“北京市居家养老助残工作示范单位”和“北京市人力资源服务机构诚信建设工作示范单位”。

地址：石景山区古城北路
电话：68860754
邮编：100043

（刘会生）

【文体团队建设】　4月，成立区残联男生小合唱团，形成以区残疾人合唱团为基础，区男声合唱队、女声合唱队为纽带，带动各街道不同文艺团队发展的格局。6月，区残疾人代表在首届北京诗歌朗诵大赛上获得一等奖。11月，成立残疾人书画摄影协会，提升残疾人文化艺术修养，使残疾人文化生活融入社会。年内，在苹果园街道组建轮椅太极扇队、在古城街道组建回春操表演队、在八角街道组建柔力球表演队。截至年底，全区建有残疾人艺术团队10支。

（刘会生）

【特困家庭资助】　5月16日，区政协社法民宗委、经科委及社会福利与社会保障界别活动小组、民族宗教界别活动小组代表捐助“特困残疾人家庭资助资金”11万余元。区残联利用1.3万元资助5户因大病生活困难残疾人，解决他们在看病就医方面的困难。年内，区残联开展经常性走访慰问活动，全年共走访慰问残疾人6500户，发放慰问款187万余元。

（刘会生）

【助残日活动】　5月16日，结合第23次全国助残日，在首钢影剧院启动“扶贫助残 共享幸福”主题活动。区残联名誉主席为5个社区残疾人代表发放辅助器具；区领导为3个企业代表颁发残疾人就业实训基地牌匾；企业代表宣读扶残助残倡议书；市残联党组书记马大军、区有关领导为区扶残助残志愿者协会和街道、矿山10支志愿者队伍授旗。活动期间，共销售残疾人职业康复劳动产品78件，涉及30多个品种，销售金额1.08万元。

（刘会生）

【残疾人就业】　5月19日，区残联组织49家企事业单位在鲁谷社区半月园文化广场开展“提供一个岗位 幸福一个家庭”大型残疾人专场就业招聘会，提供就业岗位225个，151名残疾人与单位达成用工意向。同日，在京燕饭店、万商集团、物美超市建立区残疾人就业实训基地，为残疾人开展定岗培训和职业技能培训，促进残疾人就业。全年共举办招聘会15次，推荐残疾人366人次，为416人次残疾人提供专业化就业服务，新安置残疾人就业120人。向集中安置残疾人就业和超比例安置残疾人就业单位发放就业岗位补贴和超比例奖励金额559万余元，向24名个体就业残疾人发放保险补贴13.2万元。给予个体就业残疾人韩金良、自主创业残疾人张连贵一次性扶持资金补贴6万元。

（刘会生）

【残疾志愿者招募】　5月19日，由区残联和区人力社保局主办，在鲁谷社区举行“提供一个岗位　幸福一个家庭”第23次全国助残日招聘会和服务活动。招募志愿者30名，并制定“志愿服务，个性化助残”服务项目。该项目列为区社工委购买项目，争取资金8万元。

（刘会生）

【征文和宣讲活动】　8月，区残联开展“我的梦·中国梦”征文活动，残工委成员单位及400余名残疾人参加。共征集文章72篇，选取40篇编辑成书下发至街道及残疾人手中。10月，从征文中推选具有代表性作品，在中铁大厦报告厅举办“我多彩的梦”主题宣讲活动，全区32个残工委成员单位和近百名残疾人代表参加活动，8名残疾人及残疾人工作者进行宣讲。

（刘会生）

【信访与维权】　9月，在全区9个街道示范残疾人温馨家园内建立法律维权服务站，组织开展“残疾人法律大讲堂”活动，聘请市残联领导及律师讲授财产保护及权益维护等法律知识讲座，提高残疾人遵法守法、维护自身权益意识和能力。年内，开展信访重点事件、重点人排查调处，协助有关部门妥善处理香香唯一食品厂残疾人职工就业问题。全年接待来信、来访、来电共76件，全部得到解决。

（刘会生）

【第十届残疾人运动会】　10月13日，在北京九中举办区第十届残疾人运动会，9个街道近1000名残疾人报名参加乒乓球、飞镖、羽毛球、田径四大类64个小项目的比赛。396名运动员在比赛中取得名次。

（刘会生）

【“光明行”文艺比赛】　11月，区第三届盲人“光明行”艺术比赛在区图书馆举办。联合国残疾人权利委员会副主席、中国盲协、北京市盲协副主席杨佳出席。来自澳大利亚、委内瑞拉等外国朋友、区盲协委员及盲人朋友近60人参加比赛。古城街道萧鹏表演的葫芦丝独奏《月光下的凤尾竹》、郝宝昆表演的京剧《三家店》和金顶街街道夏元浩表演的歌曲《中国功夫》等作品获

残疾人手工艺品展示 （区残联供稿）

得一等奖。

（刘会生）

【残疾人康复服务】 全年为149个社区配发轮椅、助行器、腋拐、四脚手杖等8大类辅助器具1192件，价值近30万元。建立社区辅助站，为社区病患者和受伤人员及老年人临时出行提供方便。借助中国残联“七彩梦行动计划”“专项彩票公益金”辅助器具适配项目，为64名贫困残疾人评估适配各类辅助器具155件。开展家庭康复培训34次，培训残疾人和家属1674人，全区接受各种康复服务的残疾人达到7581人次。11月，制定进一步培育发展和规范管理残疾人社会组织的规划，指导未来三年社会组织建设。截至年底，小飞象训练发展中心、太阳花聋儿听力言语康复中心和漂亮妈妈聋儿听力言语康复中心3家残疾人社会组织通过市残联评估。

（刘会生）

【残疾人救助】 区残联落实各项保障政策，开展残疾人生活补助、康复训练补助、医疗救助、养老助残券发放等救助活动。全区享受低保残疾人1171人、城市重残生活补助残疾人214人、北京市残疾人生活补助2022人、廉租住房政策残疾人家庭464户、居家养老(助残)券残疾人3232名。全年发放助残券381.72万元，结算金额330.274万元。为331名智力、稳定期精神残疾人拨付运行经费180万余元；为24名个体就业残疾人发放保险补贴13.2万元；为14家盲人按摩店发放行业扶持款17万元；为60名残疾儿童支付康复救助资金33万余元。免费为277名精神残疾人发放药物，资助19名贫困精神残疾人入住农疗基地，支出经费10万余元。

（刘会生）

【职业技能培训】 年内，新建棋槟职业技能培训学校、古城职业技能培训学校、区职工业余大学3家残疾人职业技能培训学校，学校数量增至5家。各学校重点围绕在职在岗培训、赛前培训、定岗和定向培训，开展多种职业技能培训，培训项目包括家政服务、西式面点、食品包装、食品加工、丝网花、转岗培训、素质教育等特色项目，其中，市比赛项目毛线画制作在八大处公园销售。全年共培训残疾人412人次。

（刘会生）

【就业保障金审核代征】 区残联依法开展按比例安排残疾人就业保障金审核代征。区有线电视台新闻期间滚动播出审核政策，记者视线进行专题报道，《石景山报》开办“残疾人就业保障金审核代缴工作”专版，石景山政务网通报行政机关和事业单位审核情况。年内，通过开展网上申报、电话或上门走访，为用人单位送政策、送服务；设置10个工作台，提供综合服务，方便用人单位审核征缴。全年核定用人单位1.18万家，核定金额6300万余元。

（刘会生）

【无障碍环境建设】 区残联每月16日开展无障碍推动宣传日活动，并解决无障碍建设信访问题，全年共解决7起信访上访事件。年内，配合区无障碍领导小组办公室，对4个老旧小区无障碍改造项目进行审计验收；为369户残疾人家庭实行无障碍设施改造；开展全区道路无障碍监督检查2次。

（刘会生）

人口和计划生育

概　　述

年末，全区常住人口64.4万人，较上年的63.9万人增加0.5万人，同比增长0.78%，与上年基本持平，明显低于全市2.2%的增速。常住人口占全市总人口(2114.8万人)3.05%，所占份额在城六区中最低。常住外来人口21.4万人，与上年相比没有增加，低于全市外来人口增速3.7%水平。常住外来人口占常住人口总量33.2%，低于全市38%水平。人口性别结构均衡发展，常住人口中男性为32.6万人、女性31.8万人，男女性别比为102.5(女性=100)。老年人口比重持续上升，常住人口中0~14岁人口5.7万人，15~64岁人口52.1万人，65岁及以上人口6.6万人，65岁及以上人口占全区常住人口的10.25%，较上年10%提高0.25个百分点。人口自然增长态势基本稳定，全年出生人口5027人，人口出生率为7.87‰；死亡人口3005人，人口死亡率为4.68‰；自然增长人口2022人，人口自然增长率为3.19‰。石景山区人口和计划生育委员会(简称区人口计生委)是区政府依法负责全区人口和计划生育工作的职能部门，年内，被评为区“社会综合治理先进单位”。

地址：石景山区杨庄东街甲65号

电话:68863385
邮编:100043

（王 芹）

【幸福家庭创建活动】 1月4日,区人口计生委与区民政局联合开展“温馨服务为新人暖心”活动,在婚姻登记处为321对新人发放新婚礼包。同月24日,在古城街道启动第三届“温暖国策百里行”春节走访慰问活动,走访慰问102户计划生育困难家庭。6月1～2日,开展“大手牵小手,幸福和谐家”计划生育家庭“六一”亲子游园活动,220户计划生育家庭代表参加。7月24日,在区消防支队古城中队举办“男性健康大讲堂——家庭幸福需要男人健康”活动,40余名消防官兵聆听男性健康知识讲座。10月13日,组织86名50～60岁社区常住男性无业人员,在北京大学首钢医院吴阶平泌尿外科医学中心进行男性健康体检。12月12日,在高井热电厂举办“和谐计生,爱在大唐”计划生育优质服务主题活动,150余名干部职工参加。

（王 芹）

【免费孕前优生项目】 1月起,根据国家人口计生委、财政部通知要求,全面推进国家免费孕前优生健康检查项目全覆盖。该项目总目标是:建立免费孕前优生健康检查制度,让每一对计划怀孕夫妇都能享受免费孕前优生健康检查服务,有效降低出生缺陷发生风险,提高出生人口素质。项目目标人群为:符合生育政策并准备怀孕的夫妇;夫妇至少一方为农业人口或界定为农村居民户口;夫妇至少一方具备本地户籍或夫妇双方非本地户籍但在本地居住半年以上。项目服务内容是:为计划怀孕夫妇提供优生健康教育、病史询问、体格检查、临床实验室检查、影像学检查、风险评估、咨询指导等免费孕前优生健康检查服务。项目按照确认目标人群、提供免费服务、经费结算、信息收集管理等程序实施。全年共为849对待孕夫妇提供免费孕前优生健康检查服务,完成国家指标。

（王 芹）

【早教联盟成立】 3月,成立由区人口计生委、街道计生办和区内7家社会早教机构组成的“石景山早教联盟”。成立该组织旨在加强沟通协作,实现资源共享,充分发挥社会早教机构在早教服务中的作用。年内,制作温馨服务卡,向全区0～3岁婴幼儿家庭发放,家长可持卡享受免费体验和相关优惠政策。

（王 芹）

【流动人口健康倡导】 3月起,在全区9个街道和鲁谷社区举办“流动人口健康教育大讲堂”巡回讲座,内容涉及生殖健康、心理健康、青春健康、人口国情、健康养生等内容,聘请相关领域专家授课,并进行个别咨询和指导。全年共举办13期讲座,参加讲座的流动人口逾1000人。5月29日,在区妇幼保健院启动免费筛查试点工作,用一个月时间为392名流动适龄妇女提供乳腺癌、宫颈癌免费筛查,对可疑病例提出检查建议,并进行追访。10月,开展健康检查进校园活动,为4所打工子弟学校1～2年级1001名学生进行免费健康检查,项目包括儿童视功能检查、口腔保健检查、血常规检查和一般健康检查等。

（王 芹）

【非公企业计生协会】 5月27日,古城街道强大伟业(北京)保安服务中心计划生育协会正式成立,标志非公企业计划生育协会组织建设得到新发展。强大伟业保安服务中心遍布全市16个区县,招聘保安2600多人,其中男性非京籍人员占96%以上。古城街道计生协按照“面向企业,满足需要,温馨服务,开拓创新”原则,经与企业协商成立计划生育协会。在非公企业成立协会是计生协会根据工作重点转移而拓展的业务,在计划生育群众自治建设中发挥重要作用。全区有非公企业计划生育协会2家。

（王 芹）

【家庭人口文化节】 5月29日～7月12日,区人口计生委举办“第二届家庭人口文化节”,历时45天。在北京国际雕塑公园举行启动仪式。期间,各街道、社区、企事业单位以“幸福家庭·和谐人口”为主题举办幸福家庭评选、“宝宝大赛”、知识讲座、摄影比赛、DV大赛、家庭趣味运动会、演讲比赛、亲情服务、京郊一日游等各类文体宣教服务活动30多场,参与群众6000余人。7月12日,在万商酒店举行闭幕式,20个区级幸福家庭,30个人口文化活动室、协会会员之家达标社区,10名“幸福家庭DV大赛”获奖作者和10名“最美一家人、最美计生人”摄影比赛获奖作者受到表彰。

（王 芹）

【统计分析手册发布】 8月9日,召开《石景山区2013年人口统计分析》手册发布会。该手册是由区人口计生委、区统计局联合相关部门编辑的数据信息

5月25日,计生主题活动　　（区人口计生委供稿）

工具手册。手册以图文并茂的形式，汇总上年全区人口和经济社会建设的数据，分析过去十年全区人口发展变化的趋势。手册把分散的人口数据整合汇总起来，有效解决数出多门的问题，可满足各部门对人口信息的共享需求，也为区领导决策提供基础依据。

（王　芹）

【完成研究课题】 10月，完成区重点协作课题子课题——“石景山区人口结构优化与可持续发展问题研究”等4个重点调研课题，其中“石景山区人口结构优化与可持续发展问题研究”“关于石景山区人口阶层结构问题研究”分获区优秀调研报告一等奖，“关于构建石景山区人口家庭公共服务体系的研究”获二等奖。编印《2013年石景山区人口与发展调研报告汇编》，促进调研成果转化。

（王　芹）

【优质服务拓展年】 区人口计生委围绕“抓统筹、重服务、强基层、转作风、促落实”思路，开展“计划生育优质服务拓展年”活动，并研究制定活动方案和考评标准。活动共分三个阶段：1～3月为启动阶段，4～10月为实施阶段，11～12月为考评阶段。活动围绕作风建设、宣传教育、依法行政、窗口建设、早教工作、流动人口、信息管理7个方面开展，主要由各街道组织实施，区人口计生委加强检查指导。年底进行“优质服务之星”评选，15名计生专干受到表彰，评选出“优质服务示范窗口”12个。

（王　芹）

私营个体经济

概　　述

北京市石景山区私营个体经济协会（简称区私个协）由全区经营企业、个体经营者及其从业人员组成，下设5个直属分会、4个行业分会。年内，区私个协会与各分会走访企业50余户，组织会员培训3期，90余户个体工商户转为企业，181家企业获贷款28311万元。向企业提供有效法律服务，挽回经济损失800余万元。区私个协会被评为全国私个协会系统先进单位。

地址：石景山区八角西街12号

电话：88708326

邮编：100043

（杨文彪）

【“光彩服务日”学雷锋活动】 3月5日和10月18日，协会组织“光彩服务日”会员义务服务活动。各分会学雷锋小组分别走进社区、养老院、军营等地，为300余名群众及部队官兵提供理发，修车、修理电器等免费服务。

（杨文彪）

【钟青林获首都“雷锋标兵”】 3月，区协会推荐6名会员参加全市“身边雷锋”评选活动。会员钟青林因乐于助人，诚信经营，无偿服务社会事迹突出，被市委宣传部、首都文明办评为首都“雷锋标兵”。钟青林是北京市三林星鞋城总经理。作为北京稀有血型“爱心之家”骨干成员，多年来无偿献血4800毫升。多次为灾区孩子捐赠鞋物，鞋城坚持为客户免费修鞋，打气筒和体重秤放在门外供大家免费使用。

（杨文彪）

【支援四川地震】 4月20日，四川雅安发生地震，区协会理事单位物美商业集团公司第一时间组织调运帐篷、方便面等价值几十万元急需物资送达灾区。在区私个协倡导下，古城分会向灾区捐赠物资达41万余元。苹果园分会理事单位及市场百余户个体工商户共捐助资金5万余元。

（杨文彪）

【组织承担社会责任演讲】 7月18日，区私个协组织“胸怀中国梦践行北京精神承担社会责任”演讲比赛。25家企业参加，通过宣传、初选、预赛几个环节，7家企业进入决赛，现场为200多名私个会员进行展示。北京当代商城石景山分公司代表苑晶获比赛一等奖，北京市金生丽水商贸有限公司新生活商业城代表张春丽获二等奖，北京田园美市场有限公司代表冯梦婕获三等奖。区私个协会推荐一名选手参加全市“企业承担社会责任”演讲活动，从环保角度论述企业责任与践行活动，取得总分第二名好成绩，获全市一等奖。

（杨文彪）

【181家私个企业成功贷款】 截至年底，区私个协与中国邮储银行西区支行深入合作，共为181家私个企业成功贷款，总金额28311万元。帮助会员企业从其他金融机构成功融资24笔共计924万元。为提高融资服务效果，协会多次与银行和担保公司等金融机构协商，开展小、微企业信用担保服务，共解决小、微企业无抵押贷款900余万元。

（杨文彪）

【4家企业建立党支部】 北京田园美

7月18日，演讲比赛活动　（区私个协供稿）

农贸市场有限公司、北京市京西北方旧货市场有限公司、北京玉泉鲁谷农副产品交易市场有限公司、北京华普联合商业投资有限公司4家企业建立党支部,并按照章程要求组织开展党员活动。北京田园美农贸市场有限公司开展“中国梦”为主题的演讲比赛。北京市京西北方旧货市场有限公司建立党员图书角,开展读书活动。北京玉泉鲁谷农副产品交易市场有限公司在党员中开展健身娱乐活动。

(杨文彪)

居民生活状况

概　　述

截至年底,全区有9个街道40个调查小区400户居民家庭调查户,街道覆盖率为100%。据居民家庭生活调查资料显示,本区常住居民家庭人均总收入42996.42元,同比增长7.1%,其中人均可支配收入38657.10元,同比增长9.1%,人均消费性支出22411.12元,同比增长9.2%,居民生活水平得到稳步提高。

(张清淑)

【居民收入】 全年实现居民家庭人均可支配收入38657.10元,同比增长9.1%。从收入构成来看,四项收入中,工资性收入呈小幅增长,财产、经营性收入增速均大幅提升,转移性收入仍保持平稳增长态势,拉动总收入增长3.7个百分点,为主要拉动力量(详见表9)。

表9　　石景山区城镇居民收入主要构成及增长情况表

收入项目	金额(元)	同比增长(%)	拉动总收入增长(百分点)	构成(%)
家庭总收入	42996.42	7.1	—	100
其中:可支配收入	38657.10	9.1	—	—
一、工资性收入	26251.96	1.2	1.4	61.1
二、经营净收入	985.58	190.8	1.0	2.3
三、财产性收入	920.35	81.6	1.0	2.1
四、转移性收入	14838.54	11.0	3.7	34.5

(张清淑)

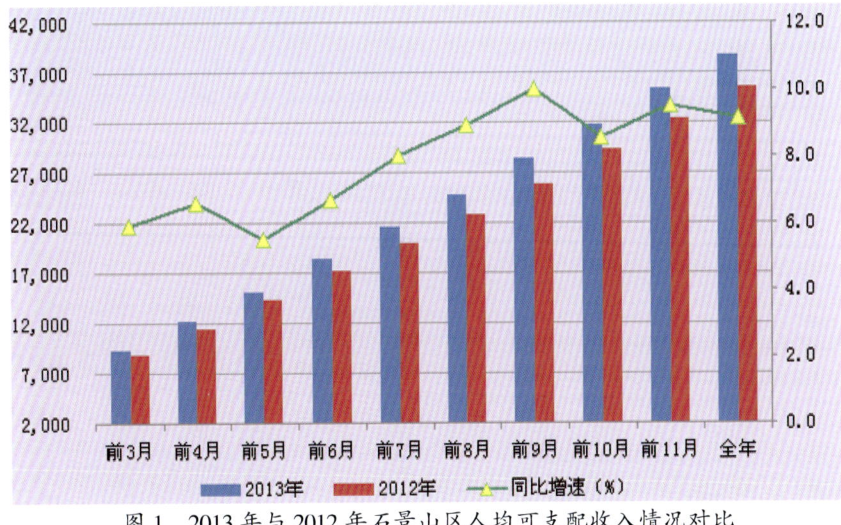

图1　2013年与2012年石景山区人均可支配收入情况对比

【消费支出】 居民消费需求活跃,消费结构进一步优化,全年实现人均消费性支出22411.12元,同比增长9.2%,增速比去年同期高出13个百分点。八大类消费中,居住项目受住房装潢拉动,呈现“异军突起”。家庭生活用品及服务受电商业蓬勃发展的影响,刺激居民愿意去“淘宝”,同比增幅也居高不下,达到39.9%。居民人均食品烟酒消费支出7073.53元,同比增长1.13%,占消费性支出的31.6%(恩格尔系数),比上年下降了2.5个百分点。随着居民收入的稳步提高,生活水平不断提升(详见表10)。

表10　　石景山区城镇居民消费支出构成及增长情况表

消费项目	金额(元)	同比增长(%)	拉动消费支出增长(百分点)	构成(%)
消费性支出	22411.12	9.2	—	100
一、食品烟酒	7073.53	1.1	0.4	31.6
二、衣着	1841.82	2.2	0.2	8.2
三、居住	2042.35	71.1	4.1	9.1
四、生活用品及服务	1659.73	39.9	2.3	7.4
五、交通和通信	3927.70	7.3	1.3	17.5

续表

消费项目	金额(元)	同比增长(%)	拉动消费支出增长(百分点)	构成(%)
六、教育、文化和娱乐	2911.43	4.7	0.6	13.0
七、医疗保健	2109.99	5.9	0.6	9.4
八、其他用品及服务	844.57	-8.0	-0.4	3.8

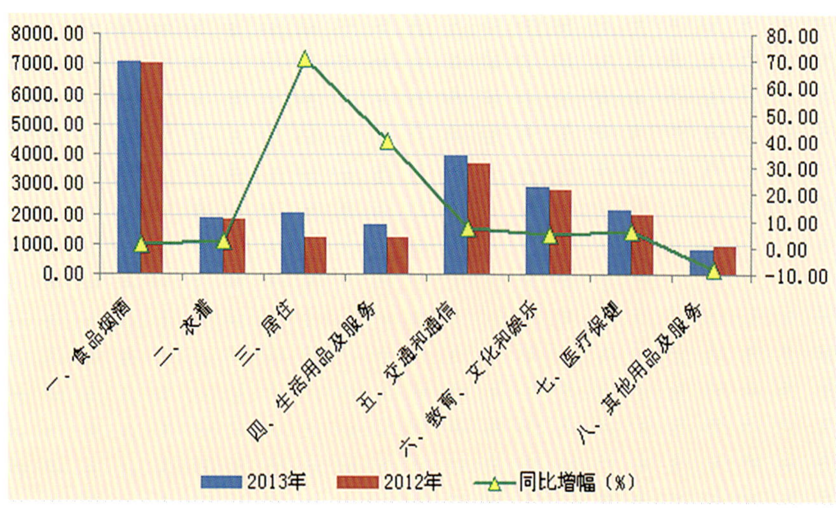

图 2 2013 年与 2012 年石景山区城镇居民家庭消费支出情况对比

【百户耐用消费品拥有量】 每百户耐用消费品拥有量最高为移动电话,拥有量为 209.8 部;最低为健身器材,拥有量为 2.1 套(见表 11)。

表 11 每百户耐用消费品拥有量统计表

项 目	单 位	数 量
摩托车	辆	2.7
助力车	辆	8.1
家用汽车	辆	32.4
洗衣机	台	91.9
电冰箱	台	97.3
彩色电视机	台	132.4
家用电脑	台	97.3
组合音响	套	5.4
摄像机	架	21.6
照相机	架	67.6
中高档乐器	件	5.4
微波炉	台	81.1
空调器	台	151.4
淋浴热水器	台	89.2
消毒碗柜	台	2.7
健身器材	套	2.1
固定电话	部	82.7
移动电话	部	209.8

(张清淑)

北京 2014 石景山年鉴
BEIJINGSHIJINGSHANNIANJIAN

社会建设

苹二社区服务站
PINGER COMMUNITY SERVICE CENTER
1 劳动就业
7 文化共建

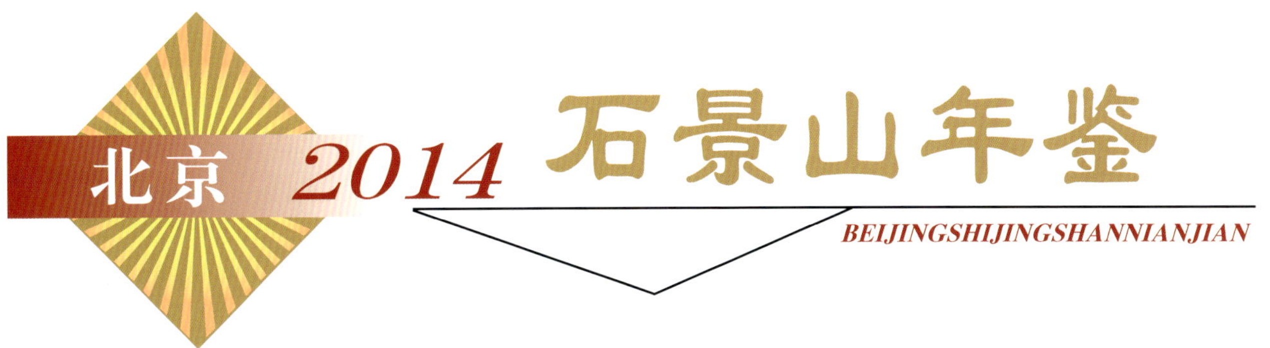

社会领域党建及社会建设

概　　述

石景山区委社会工作委员会(简称区委社会工委)是负责本区社会建设工作的区委派出机构,石景山区社会建设工作办公室(简称区社会办)是负责本区社会建设工作的区政府工作部门。机关行政编制17名,其中:区委社会工委(区社会办)书记(主任)1名,区委社会工委副书记1名,纪工委书记1名,区社会办副主任2名,科级领导职数5正2副;机关工勤事业编制1名,随自然减员逐步核销。

年内,石景山区社区建设水平进一步提升。网格化社会服务管理体系建设扎实推进,全区共划分428个网格,配备专兼职人员1269人,完成八角、广宁、八宝山3个试点街道的"社会服务管理综合指挥分中心"建设;制定关于统筹规范街道协管员队伍管理的实施方案(试行),将20类协管员由相关部门管理调整为街道统筹管理;全区142个社区用房平均面积达到437平方米,达标率97%;完成6个市级、9个区级社区规范化示范点创建,招录社区工作者240名;29个社区通过市政府绩效管理工作领导小组"六型"社区(即:干净社区、规范社区、服务社区、安全社区、健康社区和文化社区)考核评议,14个"智慧"社区(是指利用物联网、云计算、移动互联网等新一代信息技术的集成应用,为社区居民提供安全、舒适、便利的现代化、智慧化生活环境,从而形成基于信息化、智能化社会管理与服务的一种新的管理形态的社区)通过市社会办检查验收。全区共完成16个(市级11个、区级5个)"一刻钟社区服务圈"(指社区居民从居住地出发步行15分钟之内可办理日常政务服务,享受到快捷的商业、生活、文体娱乐等便民服务),覆盖社区28个,服务人口12.7万。社会领域党建稳步开展,全年下拨党建经费209万元。在非公企业开展党建精品项目——"向日葵"工程(把每个非公企业比作"向日葵",通过加强党组织活动载体建设,使非公企业在党的阳光沐浴下茁壮成长),成立32个非公企业党组织,建立3个商务楼宇中心站;评出33个"星级党建示范社区"、50名"星级党务工作者"、100名"星级党员"、20个"党建精品项目"及"非公党建十大标兵"。社会组织发展建设健康有序,为10家区级枢纽型社会组织配备18名专职社工;联合区委统战部、区工商联,促成10家驻区爱心企业与十大公益品牌项目共建对接;推出政府购买社会组织服务十大公益品牌,区政府购买服务得到北京市政府购买服务绩效评估小组高度认可,总体评价名列各区县前茅,并有3个项目被评为北京市政府购买社会组织服务优秀项目。

地址:石景山区石景山路18号
电话:88699851
邮编:100043

(王　磊)

【社会动员工作试点】 2月,根据市社会办要求,选定鲁谷社区行政事务管理中心、广宁街道高井路社区、八角街道八角北路特钢社区作为石景山区首批社会动员工作试点,并发放工作启动资金16万元。试点工作内容包括:推动共驻共建、推进依法自治、完善应急动员机制、深化志愿服务、加强市民劝导队建设、完善基本保障政策等。

(李明轩)

【"向日葵"非公党建工程】 3月起,在非公企业开展党建精品项目——"向日葵"工程。年内,实行"10+N"工作模式,即以"十大标兵"企业带动周围N家非公企业党组织建设。选树培育非公党建十大标兵非公企业,选派9个街道、科委园区主管领导担任党建指导员,开展一对一业务指导。在全区选聘100名非公有制经济组织党建工作指导员,督促"口袋"党员(即对把党员关系证放在口袋里,不愿意表明身份党员的比喻)亮明身份,发挥作用,推进非公企业党建"三培养"(把企业生产经营技术骨干培养成党员,把党员培养成生产经营技术骨干,把党员生产经营骨干培养成企业经营管理人员)。"十大标兵"企业与19家单位结对共建,签订承诺书。全年新成立32个非公企业党组织。

(高　欣)

【"六型"社区创建】 3月,区委社会工委、区社会办根据北京市"六型社区"指导标准细则,成立干净、规范、服务、安全、健康、文化六个建设指导小组,明确区市政市容委、社会办、民政局、综治办、卫生局、文化委分别为牵头单位,实现主责部门牵头、成员单位指导、街道社区具体落实工作责任体系。定期召开工作协调会,深入创建社区,对创建工作中存在问题和困难逐条分析,梳理责任,研究整改工作针对性措

3月27日,社区工作者培训　　(区委社会工委供稿)

施。各街道成立领导小组，健全工作机制。4～11月，通过自查、互查、联查，相互借鉴创建经验，及时整改存在问题，确保申报社区达标合规。12月，有29个社区通过市政府绩效管理工作领导小组“六型”社区考核评议，完成挑战值目标。

（金　超）

【规范志愿反哺管理】 3月，在各街道、社区实施志愿反哺管理办法（试行）。明确规定志愿者星级认定、反哺标准和工作程序，即反哺对象应满足如下条件：在区各志愿者协会实名注册的志愿者；年龄在70～80周岁之间；累计志愿服务时间达到1000小时或在大型志愿服务活动、应急志愿服务中作出较大贡献，或在经常性志愿服务中取得较大成绩的。年内，通过政府购买服务形式，设立45万元公益反哺专项经费。

（李明轩）

【建成3个管理分中心】 6月4日，召开网格化社会服务管理体系建设推进会。八角、广宁、八宝山3个试点街道作建设情况汇报。年底，3个街道社会服务管理综合指挥分中心基本建成，主要负责地区社会服务管理事项综合协调，协助和监督职能部门及时处理各类事件，初步实现掌握基础数据、反映群众需求、提供社会服务、管理实有人口、保障城市运行、排查化解矛盾、维护治安秩序、落实矫正帮教、指导安全生产、动员社会参与10大职能。

（谢云改）

【社区工作者队伍建设】 6月，经报名、笔试、面试、体检和政审等环节，公开招录240名社区工作者。同期与区人力社保局联合招录9名军嫂进入社区工作。年内，组织社区工作者培训4期，培训人数850余人，占社区工作者总数54.8%；对240名新招录社区工作者进行初任培训；举办两期60余人的“青年社工沙龙”活动，开办社工师、助理社工师高级研修班。截至年底，全区142个社区，共有1551名社区工作者，其中党员595人。大专以上学历的1428人，占总数的92%。432人取得社工师、助理社工师资格证书，占27.9%。

（董妍君）

9月9日，爱心工作站授牌　　（区委社会工委供稿）

【规范街道协管员队伍】 8月22日，召开全区街道协管员队伍统筹规范工作部署会，出台统筹规范街道协管员队伍管理工作实施方案（试行）。确定“一岗多责、一人多能”工作目标和“科学统筹协调、分级分类管理、强化街道作用、规范队伍建设”工作原则。建立“区、街、社区”三级管理机制，按照职责将协管员整合为城市管理类、社会事务管理类和公共服务类三类，管理方式由主管部门派驻为主调整为街道统筹为主。在现行经费保障渠道和工资体系不变基础上，增加奖励资金，增设季度奖和年终奖，提高工作积极性。从1985年招聘第一批流动人口协管员至今，全区共有42类协管员、5767人。其中，劳动保障、城管、公共设施维护、残疾人、住房保障、消防安全等协管员通过社区公益性就业组织托底安置，交通、低保、残疾人、居家养老、工会、军工、流动人口计生、流动人口等协管员由职能部门设置。他们的工资标准均不低于北京市最低工资线1160元，经费大多来源于市、区财政，招聘人员以4050、3540及符合条件的退休、失业人员居多。协管员队伍在不同层面协助政府有关部门、街道、社区完成相关工作任务，成为社区一支不可或缺的力量。

（王　昕）

【王海青获评首都“最美社工”】 8月，市委社会工委、市社会办联合中国社会工作协会举办第二届“寻找最美社工”活动。11月，经过申报、初审、媒体走访、公示及票选、专家评审等环节，在104位优秀候选人中评选出12位首都“最美社工”，鲁谷五芳园社区王海青荣获首都“最美社工”称号。

（刘欢欢）

【建立企业爱心工作站】 9月9日，区委社会工委联合区委统战部、区工商联举办企业爱心工作站颁牌仪式，全区十大公益品牌项目与驻区爱心企业完成对接。对接后，企业在公益项目单位建立爱心工作站，持续为公益项目提供资金资助、资源共享、专业支撑、志愿服务等方面支持；公益项目单位在企业文化建设、员工培训、教育实践等方面为企业提供平台，强化企业社会责任，实现企业和公益项目互惠互利。

（李明轩）

【联勤部社区获评“魅力社区”】 9月26日，历时三个月的北京第六届（2013年度）十大“魅力社区”评选活动揭晓，五里坨街道联勤部社区获十大“魅力社区”荣誉称号，并获得2万元“魅力社区基金”，这是自北京市 2006 年开展“魅力社区”评选活动以来石景山区首次获此殊荣。本届活动申报社区数量达 330 个，较上届增长近三成。魅力社区评选以“魅力十条”为评选依据，包括文体活动多、大小事有人管、停车文明有序等，号召和鼓动社区居民参与完善社区环境、服务、安全、和谐氛围、文体活动等各个方面。

（刘欢欢）

【新居民社区建设试点】 12 月 11 日，区委社会工委、区社会办、清华大学社会科学学院、嘉里集团郭氏基金会举行“新居民社区建设试点项目”签约仪式。嘉里集团郭氏基金会委托清华大学社会科学学院开展“北京流动人口服务管理”课题研究，确定老山街道梁公庵水厂大院为基金会在北京的第一个示范社区。该项目是政府部门、社会力量、科研机构通过在新居民社区环境、消防、安全、卫生、教育、就业、文化、组织建设等方面开展合作，支持和援助城市新居民进行社会融入的探索。

（李明轩）

【老旧小区自我服务管理】 老旧小区主要指 1995 年实行小区物业管理前所建成并入住的小区，全区共有 62 个。其中完全物业管理的小区 13 个，完全自管的小区 39 个，既有物业管理又有自管的小区 4 个，既有物业又有自管兼有直管公房的小区 6 个。无物业老旧小区服务管理最突出的问题包括卫生、绿化、治安、基础设施等问题。年内，区社会办以八角街道八角北路社区、八角北里社区、公园北社区及苹果园街道八大处社区 4 个社区为试点，健全老旧小区自我服务管理自治组织与制度。通过采取精细化、自治化、社会化、自主化以及重点化“五化”管理方式，在老旧小区自我服务管理问题的解决上突出实效，与居民、驻区单位、社会组织协同合作，提升小区自我服务管理水平，为居民打造健康、安全社区氛围和宜家宜居的生活环境。

（刘欢欢）

【完成便民工程 106 项】 区社会办和各街道社区统筹推进“便民工程”，以解决社区居民活动难、出行难、用水用电难等热点问题为出发点，投入资金近 1.11 亿元，完成社区用房修缮、道路维护、水电维修、管线改造、蔬菜零售网点建设等 13 类 106 项“便民工程”。

（谢云政）

【政府购买公共服务】 区社会办以社会需求为导向，以群众满意为准则，积极探索公共服务供给新方式，通过引入市场机制，调动社会组织力量承担部分公共服务和社会管理事项，并根据服务数量和质量向社会组织支付费用。全年购买 38 个服务项目，其中争取市级政府购买服务经费 300 万元，用于购买 21 个社会组织提供的公共服务项目；区级政府购买服务专项经费增至 350 万元。打造出一批“抓得实、叫得响、立得住”的公共服务品牌，满足不同人群的特殊服务需求，中央电视台、北京电视台、《人民日报》《北京日报》等主流媒体对此进行专题报道。在项目日常监管中，加大过程监督，随时掌握项目运行情况；结项时成立由社工委、财政、民政、监察等部门及清华大学、北方工大等高校专家组成的考评小组，对项目进行集中抽查评估；在工作收尾时，由第三方进行项目资金审计，确保资金使用效益。2010 年以来，累计争取市级专项资金及区财政投入 1600 余万元，实施项目 175 个，取得显著成效。

（李明轩）

联勤部社区推进“六型”社区建设　　（区委社会工委供稿）

【培育社工事务所 6 家】 区社会办全年培育社会工作事务所 6 家，专兼职社工 62 人，相对固定志愿服务团队 550 余人，主要开展重点人群关怀、养老服务、社区服务、医疗卫生服务、就业指导、残孤儿童救助等服务项目。金顶阳光社工事务所以金顶阳光两限房、廉租房小区重点人群为主要服务对象，重点开展“社区关怀计划”。乐龄老年社会工作服务中心通过开展乐龄互助小组、日间老年照料室等项目，推进以志愿服务为主要内容的参与式社区居家养老服务。泉源儿童之家开展北京及周边省市残孤儿童的医疗救助和康复照料。星缘社工事务所以志愿服务管理和项目开发为重点，倡导“奉献、友爱、互助、进步”志愿服务精神。智达社工事务所针对首钢分流人员及 4050 失业人员开展就业指导和就业岗位开发。长庚社工事务所依托北京长庚医院，专注于为老年人、残疾人等弱势群体和社区居民提供健康服务，业务范围包含健康咨询、健康课堂、健康督导、医疗研究、志愿服务等方面。

（李明轩）

【购买社工岗位 30 个】 区社会办全年为各个街道、社工事务所及枢纽型社会组织购买专业社工岗位 30 个。其中，市委社会工委下拨资金 37 万元购买 13 个岗位，全区配套近 100 万元，购买 17 个工作岗位。针对不同岗位，分别制订岗位职责和管理办法，提高专业社工岗位管理制度化、规范化水平。

（李明轩）

【志愿者网上实名注册】 区志愿者联合会组织下属各志愿者分会开展志愿者网上实名注册，累计注册志愿者数为67218人，注册志愿组织57个。同时，与市志愿者联合会沟通协调，将本区志愿反哺积分与志愿者服务计时进行对接，及时维护库内已有志愿者网上数据，对新注册志愿者志愿服务计时进行前期调试。

（李明轩）

社区党建

【概况】 全区共有社区党组织142个，社区党员33252名。有社区党委78个，党总支42个，党支部22个。社区党组织书记142人，平均年龄43.7岁；社区党组织副书记101人，平均年龄37岁，社区党组织班子成员763人，平均年龄50.1岁。年内，通过健全社区党组织，提高社区党组织班子的整体素质，扩大社区民主政治建设发展趋势，夯实社区党组织在构建和谐社区中主导地位。

（高　欣）

【健全党建运行机制】 1月，鲁谷社区制定党务工作者队伍素质工程三年规划，从政治思想素质、专业技能素质、职业道德素质、心理素质、领导素质5个方面，提出目标要求、思路措施和评估办法。4月，制定基层党组织书记量化考评办法、基层党务工作者诫勉制度，实行组织考核与居民民主测评相结合、日常考察与年度考核相结合、定性与定量相结合，全面考核评价干部。制定党建经费管理办法（试行），增加党建经费人头标准，提高党建经费使用效益。

（马玉秋）

【党员奉献积分制】 4月，古城街道在“转作风、促发展、惠民生”活动中，以加强基层服务型党组织建设和发挥共产党员先锋模范作用为目标，创新开展“党员奉献积分制”活动。制定党员奉献积分细则，将党员教育培训、履行义务、党员承诺、服务奉献等进行量化考核，督促社区党员践行党员承诺，带头奉献社区，参与和谐家园建设。辖区共有2040名党员参与党员奉献积分制活动，开展志愿活动176次，为群众解决实际问题143件。《古城街道探索建立“党员奉献积分制”创新为民服务新举措》被《北京信息》（综合快报）第189期采用。

（孔　微）

6月27日，召开党建推进会　　（区委社会工委供稿）

【实行社区书记“1+1”制度】 5月，古城街道实行社区书记“1+1”结对制度。街道党工委向每个社区选派1名科级党员干部任社区党组织“名誉书记”（共20名），通过参与社区活动，提升机关干部参与社区党建积极性，使科级干部零距离联系基层、服务群众，更好地听取民声、汇集民智、纾解民困。截至年底，20位名誉书记到社区参会193次，为社区解决实事85件。

（孔　微）

【举办党建回顾展】 6月，苹果园街道举办“党建工作回顾展”。借助文字、图片、影像、实物等形式客观记录苹果园地区从贫穷落后到繁荣昌盛、从偏僻京郊农村到现代化新城区的历程，总结地区及党建工作发展成就。展出期间，地区党员、居民和社会各界人士2万多人次参观展览。

（王　静）

【推进基层党组织建设】 6月，八宝山街道开展“立足本岗，实现梦想”社区书记讲党课学习教育活动，推进基层学习型党组织建设。永东北社区、玉泉西里西社区设置“青年先锋”党支部和“夕阳红”党支部，利用党员QQ群活动、观看经典电影等形式组织学习，提供就业创业指导，成为区学习型党组织建设示范点。年内，组建街道宣讲团和“青春畅想”大学生社工宣讲团，围绕“我的梦·中国梦”核心主题宣讲34场，举办道德讲堂26场。

（孟令姝）

【开通“党群直通车”】 9月，五里坨街道以“沉下去、敞开门、纳群言、纠偏差、建机制”等方式，开展党群直通车“六个一”活动（即一栏、一问、一文、一议、一帮、一答）。制作服务群众公示栏，公布科室服务群众内容、联系方式和具体负责人；机关干部结合工作实际，制定并发放调查问卷，深入社区、深入党员群众，征求意见建议；机关干部立足岗位，结合“转作风、促发展、惠民生”学习讨论，撰写一篇群众工作心得体会；召开群众意见商议会，将征求到的意见建议进行梳理归类，提出解决对策，商议制定出整改落实办法；与困难党员群众结帮扶对子，建立长期帮扶机制；对征求到的意见建议进行公开答复，整改落实办法向群众进行公示答复，诚恳接受群众监督。

（张振颖）

6~7月,党建回顾展 (苹果园街道供稿)

【深化社区党建"三级联创"】 年内,区委社工委将基层党建考评与社区党建"三级联创"活动有机结合,按照基层党建"五好"(即领导班子好、党员队伍好、工作机制好、工作业绩好、群众反映好)标准抓好落实,建立健全社区党组织工作台账,全面推进"党员在格上,工作进网格"的网格化管理模式。结合社会领域党建特点,建立健全创先争优长效机制,先后形成项目管理机制、星级党建示范社区争创机制、定期研讨和现场推进机制,调动基层的积极性和主动性。

(高 欣)

【公民道德讲堂】 老山街道全年举办公民"道德讲堂"110多场,参加人数达4100多人次。将"道德讲堂"活动作为地区精神文明建设重要载体,抓好阵地建设。完善课程计划,将学雷锋系列活动、党员先进性教育、道德模范、先进典型、名人语录、民族传统文化等方面内容纳入课程计划;采取"唱、听、看、讲、议"等多种形式,使群众易于接受、易于参与。选树典型示范,注重挖掘鲜活感人道德故事,宣讲"红蜡烛"老山街道特殊家庭子女跟踪教育小组、中国科学院杨佳教授困境中重生的感人故事等,通过用身边人讲身边事,身边人说自己的事,身边事教身边人,让居民开展自我教育、互相教育活动。

(魏国清)

【党代表服务基层】 古城街道深入开展党代表联系服务基层活动,广泛征求群众意见,听取群众诉求,解决群众切身利益问题。解决的主要问题有:一是针对古城大街至杨庄大街马路扩宽改造后过马路乘车、购物不便问题,发挥人大代表的作用,协调区交通等相关部门,在古城大街与古城路交叉口附近增设人行横道;二是在基础设施薄弱、配套设施不完善的北辛安地区,协调北辛安小学为居民开放部分场地,用于居民开展活动,丰富居民文化生活。

(孔 微)

【麻峪北社区红色网格建设】 广宁街道麻峪北社区根据党小组和社区党员以及人口的分布情况,将所辖区域划分成10个网格,每个网格由一名党小组长任格长,党员为网格成员,参与社区服务和管理。年内,制定红色网格建设实施意见、网格负责人工作职责、网格长工作职责等规章制度,把社区工作与红色网格建设有效兼容,做到社区党组组织和党员发挥作用最大化。

(赵小艳)

【创新基层党建载体】 鲁谷社区22个居民区党组织推出"书记项目"。即以"促进基层党建项目化、党建载体特色化、服务群众具体化"为主旨,每个党组织书记作为第一责任人,通过申报项目、建项目库、扶持培养和加强管理等方式,打造示范型、推广型、创新型项目。重兴园党总支"银龄栖息站"(为老服务项目)等3个项目被区社工委评为"优秀党建精品项目"。年内,开展"四联四送"活动,党组织班子成员每人联系一个困难户送温暖,联系一名下岗失业人员送建议,联系一户空巢家庭送服务,联系一个普通党员送真情。

(马玉秋)

【新增9家党建示范社区】 鲁谷社区党工委以市委组织部"三级联创"(在区、街道和社区党组织三级联动,开展党建考评创建活动)为契机,按照"细化、量化、具体化"要求,开展居民区党组织创建活动。六合园南、永西南、永西北、重兴园、衙门口西、衙门口东、西厂、碣石坪、聚兴园9个居委会被评为区"五星级党建示范社区"。截至年底,鲁谷社区22个居民区党组织全部成为"五星级党建示范社区"。

(马玉秋)

八宝山街道

概 述

八宝山街道位于本区东南部,东起玉泉路,西至鲁谷大街,南起吴家村路,北至石景山路,辖区面积5.24平方千米,与海淀区、丰台区、石景山鲁谷社区行政事务管理中心、老山街道办事处相接。区域道路近30条,呈四纵(石景山路、鲁谷南路、莲石路、吴家村路)四横(玉泉路、鲁谷东街、鲁谷大街、雕塑中街)分布,京九铁路、一线地铁从辖区内穿过,30多条公共汽车运营线路途径此地。辖区有社区17个,常住居民1.86万余户4.4万余人,流动人口6679余户2.2万余人。街道内设机构12个,其中街道工委内设机构4个,办事处内设机构8个;共有机关行政编制60人,工勤编制4人,事业单位编制33人。年内完成便民工程7

项;清运无主垃圾渣土150余吨,拆除违法建3963.9平方米;办理老年人优待证455张、老龄证905张,为65名高龄老人发放高龄津贴3.69万元;安置失业人员310人,与30家企业建立长期联动机制,为企业输送失业人员200余人。

地址:石景山区鲁谷东街18号

电话:68682169

邮编:100040

(孟令姝)

【计划生育宣传】 4月,八宝山街道举办首届"美丽社区幸福家庭"摄影大赛,征集摄影作品100余件,从中精选40件作品制作成展板在街道机关和社区中展出。5月,与燕都医院和区妇幼保健医院联合开展"关爱母亲呵护健康"母亲节免费体检活动,受益人员334人。组织开展"优质服务拓展年"系列活动,为独生子女伤残特别扶助家庭和社区计生专干落实免费意外伤害保险,为失独家庭提供理发、免费健康体检等项目;加大"春蕾奖学金"推广力度,连续8年为品学兼优独生女孩发放奖学金,奖励标准由300元增至400元,并对3名优秀教师进行表彰。

(孟令姝)

【远洋山水社区青年汇】 5月,八宝山街道在远洋论坛设置青年汇版块,建立青年汇QQ群、微信群,有效联系远洋山水社区青年。组织参观可口可乐公司、"爱我北京随手拍"等新青年体验营活动,增强青年社区归属感。

(孟令姝)

【"大综治"维稳格局】 八宝山街道依托"联防、联调、联治、联动、联创"五联机制,发挥"群防群控"优势,坚持日常排查与专项行动相结合,开展"拉网式"检查10余次,铁路护路联防和"三大秩序"(交通、治安和环境秩序)整治效果明显。投入5万元开展预防煤气中毒专项排查;在远洋小区建立安全文明养犬基地。制定完善各类综治维稳方案、预案10余项,新订、修订各项制度21条,明确各类责任11款。完成春节烟花爆竹禁限放、"两会"、敏感日、世界旅游城市体验中心推介活动、"8·15"涉日维稳等各项安全保障任务。

(孟令姝)

【深入推广信访代理制】 八宝山街道搭建"三三四"信访工作平台(即三级信访工作机构、三员队伍和四位一体矛盾排查调解机制),定期召开社情民意恳谈会,通过恳谈排查矛盾纠纷69起,参与调处群体性重点矛盾5起,开展信访代理员、信息员、矛盾调解员"三员"队伍培训9次。深入推广信访代理制度,全面落实领导干部"四访"制度(接访、下访、约访以及联合接访制度),接待群众来电、来信、来访、网上来件共391人次。

(孟令姝)

【安全生产检查】 八宝山街道抓好重点单位、重要部位、重要时段安全检查督促。年内,建立辖区1156个生产经营单位及小门店的详细台账,检查重点路段沿线单位门店800余家,发现隐患问题近100处,及时督促整改。在各企业单位中开展安全生产咨询日等大型宣传活动4次,组织应急演练1次。10月24日,通过市安全生产大检查工作督导组检查督导。

(孟令姝)

【流动人口服务管理】 八宝山地区有流动人口2.2万人,出租房屋3222户。按照"以证管人、以房管人、以业控人"管理思路,开展基础数据录入、核查、更新和出租房屋隐患排查。发现隐患出租房屋21户,协助房管所清理群租房屋13处,协助派出所处理出租房扰民事件2起。投资5万余元用于预防煤气中毒,安装风斗260个;组织开展7次"拉网式"入户大检查,整改合格率达100%。全年未发生煤气中毒事故。

(孟令姝)

【网格化社会服务管理】 八宝山街道进一步探索网格化社会服务管理,将地区划分为45个网格,其中居民格34个、社会单位格10个、商务楼宇格1个。重新梳理业务数据,充实地区人、地、事、物、组织等数据资料;指导各社区建立网格化工作台账,通过网格QQ群、网格热线、网格日志等方式,收集、处理各种问题50余次。将街道五楼大会议室作为街道网格指挥中心,并与区经信委、社工委、北科等多家单位沟通协作,确定网格指挥中心设计、装修施工、会议系统配置、软件系统配备等方案,网格指挥中心进入施工建设。

(孟令姝)

【发放扶贫助困资金】 八宝山地区有低保家庭452户855人。元旦和春节期间,发放低保金过节费10万元、低保春节临时性补贴21万元、优抚春节过节费3.3万元、优抚临时性补贴2.6万元。共计发放低保优抚金37.7万元、困难家庭慈善救助金13户5.1万元。为11户低保家庭申报清洁能源分户自采暖补贴,合计7800元。医疗救助低保人员95人次,救助金额20万元。发放军工工资75万元、地退工资97万元、超转工资92万元,为70名超转人员办理医保卡。发放"助残券"

6月9日,五月鲜花艺术节　　(八宝山街道供稿)

1822 人次 18 万元。

（孟令姝）

【住房保障建设】 八宝山街道全年共受理限价房 63 户，经适房 15 户，公租房 55 户，廉租房 14 户，变更户 85 户，受理保障房申请家庭 60 户；办理公租房入住数 133 户，实物配租站前小区 35 户。街道落实北京市住房保障新政策，统一审核限价房、经适房、廉租房和公租房申请（四项申请表合一）。认真核查轮候家庭（已取得备案资格，尚未配租或配售家庭），其中核查经适房 39 户，限价房 166 户。已配售家庭经适房 15 户、廉租房 1 户、公租 5 户。

（孟令姝）

【"孝星代理团"服务】 八宝山街道社保大厅推出"孝星代理团"服务，将"孝心"理念融入社保服务，针对老年人、残疾人员及特困人员实际需求，提供"六零、三助、三上门"服务，即：零距离热情服务、零障碍特殊服务、零时空垂询服务、零差错规范服务、零投诉满意服务、零接触社区服务；帮助服务对象填写社保申报材料、帮助服务对象了解社保惠民新政、帮助服务对象将办理结果送达家中；康复训练上门，康复医疗上门，康复器械发放上门，并开通社保服务热线 88682938。全年共为 35 人预约延时服务，上门服务 300 余人。

（孟令姝）

【群众文体活动】 八宝山街道落实文化建设资金支持约 110 万元，为辖区 27 支文艺队伍提供软件、硬件支持。组织开展夏日广场及金秋文艺等系列文化活动 49 场，参与人数达 1 万人次。在"古城之春艺术节"系列文化活动中，获得二等奖 1 个、三等奖 2 个和优秀奖 4 个。在玉泉西里西、电科院、中铁建、永东南等 4 个社区开展"体育生活化社区"试点，实现社区体育由街道到社区最终进入家庭的三步走构想。

（孟令姝）

【完成 7 项便民工程】 八宝山街道投入资金 147 万元，完成便民工程 7 个项目。包括三山园社区道路积水改造、四季园北广场及周边道路修护、社区电路改造、社区综合改造、街道综合服务升级改造、三山园社区停车位改造、四季园乒乓球健身广场建设等民生工程，解决老百姓关心的热点、难点问题。

（孟令姝）

【打造社区科普阵地】 八宝山街道争取科普经费 20 余万元，用于建设电子阅览室和图书馆分馆，为辖区居民提供便捷的公共阅览服务。电子阅览室共有电脑 10 台、电子阅报器 1 台、电视机 1 台；图书阅览室有藏书 3000 册。街道充分利用社区资源，组织开展"科技周""科普日""科普之夏"活动，共举办各类讲座培训 30 次，受益群众 6500 余人次。

（孟令姝）

【推进非公企业党建】 八宝山街道推进非公企业"组织有形覆盖"和"工作有效覆盖"双覆盖工程。年内，选派 4 名离退休党员担任非公企业党建指导员，每人联系 4 家企业，定期开展党建指导。6 月，成立盛通时代国际商务酒店党支部。截至年底，员工在 20 人以上非公企业全部建立党组织。

（孟令姝）

鲁谷社区

概　　述

鲁谷社区位于本区东部，长安街西延长线南侧，东起鲁谷大街，西至五环路，北临西长安街，南与丰台区交界。辖区面积 6.19 平方千米，总人口 9.78 万人，其中：常住人口 6.17 万人，流动人口 3.61 万人。下辖 22 个社区居委会，社区工作者 253 人。中央、市、区级单位 40 家，各类商业服务网点 800 余个，小区物业服务企业 21 个。京广铁路贯穿而过，石景山路、鲁谷路、莲石路、鲁谷大街、银河大街、五环路等"三横三纵"6 条主要街路经纬交错。辖区绿化面积 265.4 万平方米，绿化覆盖率 40.41%。全年共办理来电来信 143 件，协调解决农民工讨薪、居民区停电等 7 起突发事件。1631 名党员通过"党员承诺"活动为群众办好事实事 863 件。新华社居委会被国务院侨务办公室授予"全国社区侨务工作明星社区"。鲁谷五芳园社区王海青荣获首都"最美社工"称号。

地址：石景山区鲁谷南路 8 号

电话：68622901

邮编：100040

（马玉秋）

【建立 2 个社工自治组织】 1 月，成立"鲁谷社区主任站长论坛"和"鲁谷社区青年社工心语协会"两个自治组织。开展社区主任、站长论坛及青年社工羽毛球比赛、"登香山 攀高峰 爱家园"等系列活动，调动青年社工积极性，促进社区间沟通协调，增强社工凝聚力。

（马玉秋）

【非公企业党组织建设】 1 月，鲁谷社区在社区服务中心建立非公企业党群活动中心，面积 82 平方米，能同时容纳 60 余人，配有党旗、誓词、电视、网络等活动设施。同时，在新岚大厦、久筑居委会的党员电教室建立 3 个分中心，为非公企业党员开展教育培训、文体活动提供便利条件。同月，建立党建指导员管理制度，招收 25 名非公企业党建指导员，为发展党员、教育党员、管理党员提供组织保证。年内，新建非公党组织 3 个，发展党员 6 名。

（马玉秋）

【丰富文化生活】 1 月，举办第十届"鲁谷杯"楹联征集活动，共收到 186 位参赛者的 277 副楹联作品。6 月，承办区第 30 届古城之春艺术节的器乐比赛，获得优秀组织奖、个人二等奖和三等奖；并在区第十届中老年优秀健身项目展示中获得优胜奖及最佳创编奖。7 月，以庆祝鲁谷社区成立十周年为主题，举办第九届"和谐鲁谷"文化节大型综合类文艺演出。8 月，组织 300 余名社区干部和居民参加环区自行车接力骑行活动，获得"优秀组织奖"。截至年底，社区拥有文化队伍 111 支，文体指导员和志愿者 2450 人，各居委会举办群众活动 136 场次。

（马玉秋）

【安全生产隐患排查】 3 月，鲁谷社区开展生产经营单位调查摸底，走访 1300 多家单位，核实并登记生产经营单位921家。同月，召开辖区安全生产大会，与重点单位和居委会签订安全生产责任书78份。组织安全生产大检查，出动执法检查3700多人次，检查生产经营单位625家，排查整改各类问题隐患1225件。10月，深刻吸取“10·11”喜隆多商场火灾事故教训，制定《安全生产领域安全隐患大排查实施方案》和《火灾隐患攻坚整治“铁拳”行动实施方案》，开展四次联合夜查行动，消除隐患39处。

（马玉秋）

【提升社工队伍素质】 3月，鲁谷社区制定非正职社区工作者量化绩效考核办法（试行）和基层组织正职社工量化绩效考核办法（试行），组织各社区居民代表及相关科室对社区工作者正职综合能力进行考评。8月，招收录用社工26名。年内，组织社工参加北京市万名社工培训、“加强和创新社会服务与管理社工人才”高级研修班、大学生社工沙龙、幸福“心”动力社工等培训，全年共培训社工200余人次。

（马玉秋）

【“青馨苑”社区青年汇成立】 鲁谷社区以团结凝聚青年群体为目标，以建设“一个好玩的俱乐部，一个靠谱的朋友圈”为载体。5月，社区共青团组织成立“青馨苑”青年汇，作为辖区内地域性青年活动平台，配备专职社工，通过QQ、飞信、微博平台定期发布活动信息。依托社区青年汇，策划组织“关爱打工子弟”“健康生活骑乐无限”环区骑行、“青春团聚莲石湖，爱护北京母亲河”健步走等活动，得到团市委、香港无国界社工事务所肯定。

（马玉秋）

【新华社居委会获评全国明星社区】 9月，新华社居委会被国务院侨务办公室授予全国社区侨务工作明星社区。居委会有归侨3人、侨眷119人。多年来，居委会坚持以侨为本、为侨服务理念，形成具有特色的侨务工作制度。居委会与新华社建立协作支持机制，利用新华社多功能厅、图书室、电脑网络室开展活动；利用新华社幼儿园、医务室保障孩子入托和老人就医。搭建文化生活平台，先后成立“新华侨馨苑”等十支文艺队伍，多次为香港妇女代表团、中外女企业家代表团等进行表演。

（马玉秋）

7月16日，“和谐鲁谷”文化节 （鲁谷社区供稿）

【开展3项宣传教育活动】 鲁谷社区开展“中国梦”学习宣传教育活动，建立宣讲员人才库，组建一支50人的宣讲团，组织宣讲40余场，听取宣讲群众达5000余人次；开展“向身边的雷锋学习”宣传教育活动，新岚大厦社区“帮帮团”（由36位社区老党员、志愿者组成的公益性志愿者组织），被首都文明办授予“身边雷锋团队”，社区榜样赵迎春、赵生杰、赵国强3人被授予“身边雷锋”荣誉称号。组织开设“道德讲堂”活动，采取“身边人讲身边事，身边人讲自己事，身边事教身边人”的形式，每月突出一个主题，弘扬和践行北京精神。

（马玉秋）

【发挥人大代表作用】 鲁谷社区工委以“代表之家”“人大代表社区联络站”为载体，开展“走选区、听民意、顺民心”活动，为人大代表依法履行职责提供服务和保障。组织9个选区人大代表与选民见面活动和代表向选民述职活动，收集各类意见建议23条；全程跟踪人大代表批评、建议和意见的办理，完成2件代表建议的答复工作。开展人大代表补选，涉及3个选区15000余选民，补选代表5名。

（马玉秋）

【环境综合整治】 截至年底，鲁谷社区清理整治小广告2.3万平方米、废弃物6600立方米，衙门口村环境秩序类信访投诉件同比下降16.7%。开展专项执法行动50次，出动执法车辆400余次、人员1800人次，查处游商、无照经营、张贴小广告共650余起，拆除违法建设58处，拆除面积4.3万平方米，取缔家乐福周边黑市场，整治朝阳医院周边非法行医问题。排查加固危房6户17间，检测食品样品11626份，组织300余人次义务植树。

（马玉秋）

【821人实现就业和创业】 鲁谷社区盘活辖区资源，与50家企事业单位签订劳动力供需协议书，提供岗位2735个。与门头沟区雁翅镇共同举办“手拉手促就业”失业人员专场招聘会，实现用工资源共享，用工机会共创。开展春风行动招聘月及“和谐暖鲁谷，携手共就业”等系列就业援助活动，全年职业介绍所召开各类招聘会6场，参与单位135家，进行职业指导1376人次，实现职业介绍就业763人，成功创业58人。社会保障事务所612名失业人员实现档案转移就业。

（马玉秋）

【低保救助发放】 辖区有低保家庭

358户694人。全年新增16户36人，退出28户57人，审核低保金434万元，发放帮困卡金13万元，医疗救助197人次，发放救助金34万元，爱心家园发放救助粮油257户。

（马玉秋）

【社区保障服务】 辖区有社会化退休人员2195人，全年接管退休人员档案2172份。“一老一小”、无业人员参保3862人，领取失业金1483人次，涉及金额约161万元。审核四房（限价房、经济适用房、廉租房、公租房）280户，累计审核2607户。为255名残疾人办理残疾证，走访慰问688人，发放补助近75万元。依托“居家养老”平台，与7家老年餐桌服务商续签合同，结算养老助残券近21.4万元，向1431位老人累计发放养老（助残）券160余万元；40人获得市级“为老助老孝星”称号

（马玉秋）

【计划生育管理】 鲁谷社区全年办理一胎生育服务证483例、二胎生育服务证39例、独生子女证179例、新生儿入户410例，人口计划生育率达98%。计划生育全程办事服务项目14项。

（马玉秋）

【社会组织建设】 鲁谷社区全年注册社区社会组织4家，新增各类志愿者37人，调解纠纷22次；组织开展“学习雷锋助人为民”推动日和鲁谷义工真情服务承诺签字授旗仪式，得到广大群众认可；组织558名三星级以上义工进行免费体检，关爱义工的身体健康。截至年底，鲁谷义工协会有注册社会组织13家、义工1196名。

（马玉秋）

老山街道

概　　述

老山街道位于石景山区东部，东起玉泉北路，北至田村山南路，与海淀区接壤；南起石景山路，与八宝山街道相连；西至西五环路，与八角街道相接。辖区面积6.1平方千米，常住人口49945人，其中：户籍人口28830人、流动人口11076人。辖区有中央、市属、区属企事业单位218家。下设11个内设机构，其中党工委机构4个，办事处机构7个，人员编制77人，实有人员74人，下辖12个社区居委会，社区干部114人。年内，街道推进“城市管理、社区建设、社区服务”三大体系建设，深化为民服务实践成效，获得“首都绿化美化先进单位”“身边雷锋·最美北京人标兵团队”“第二届首都未成年人思想道德建设工作先进单位”、“北京市第九届全民健身体育节优秀组织奖”等多项市级、区级荣誉。

地址：石景山区老山南路18号
电话：88972978
邮编：100049

（魏国清）

【“中国梦”宣讲活动】 5～9月，老山街道组织开展“我的梦·中国梦”系列宣讲活动。机关、社区组建3个宣讲团，到各社区宣讲27场，受到地区干部群众欢迎。街道收集上报“我的梦·中国梦”主题征文50篇，开展“中国梦”学习教育知识答卷活动。

（魏国清）

【平安社区创建】 8～11月，老山街道全面开展社区“百日压发案”和“综治基层队伍规范化达标”两个竞赛活动。以人民内部矛盾纠纷排查调处工作为重点，利用综治维稳工作中心、社区社情恳谈会、新居民互助服务站和流动人口党支部3个平台，通过专职巡逻队、安全稳定信息员以及治安巡逻志愿者3支队伍，重点排查社区内“五小”（小旅馆、小发廊、小网吧、小餐馆、娱乐）场所和流动人口聚居区，织密社区巡逻防控网络。全年召开社区社情恳谈会300余场次，参加人员6000余人次，化解矛盾560余件。

（魏国清）

【规范社区运行】 12月，老山街道按照“一分（划分职责职能）、三定（定人员、定经费、定任务）、两规范（规范运行机制、规范工作流程）、两目标（社区工作规范化、社区工作者专业化）”工作思路，编制社区工作规范化手册和进一步提升社区党组织、居委会、服务站规范化运行水平的实施意见，形成各项规章制度55项，规范引导社区“三驾马车”（社区党组织、居委会、服务站）进入职能清晰、分工明确、三方拉动、动态平衡的良性运行机制。

（魏国清）

【40万元加强防汛】 老山街道加强防汛基础设施投入与建设。投入近30万元整治梁公庵排洪沟，保证沟渠顺畅；投入资金15万元，在梁公庵北路铺设下水管线300米，安装排水泵1台，增强地区防汛抗洪能力。开展辖区重点部位清查，清淤10余吨，拆除十一号院社区周边违章建筑120平方米。

（魏国清）

7月12日，“中国梦”百姓宣讲　　（老山街道供稿）

【开展经济普查】 老山街道在辖区全面展开展经济普查，共核查841家单位，其中新增单位105家，底册原有单位736家。在底册原有单位中吊销、注销单位77家，非吊销、注销类标记单位40家，外区单位54家，外街道单位83家。

(魏国清)

【超额完成就业指标】 老山街道全年安置就业困难人员296人，其中：社区岗位安置特困失业人员286人，完成指标的158.9%；公益性岗位托底安置10人。举办招聘会3场，匹配成功112人，发布就业信息1009条，城镇新增失业人员就业401人，完成全年指标的100.25%。举办创业培训班，实现创业41人，完成全年指标164%；带动就业108人，完成全年指标108%。

(魏国清)

【流动人口调查】 老山街道开展流动人口基础调查，共查验出租房2581户，流动人口9839人。将清理清查与数据更新相结合，按照住宅小区、市场街面、企业"三条线"全面铺开，实行拉网式排查。"住宅小区线"通过组织人员对辖区内所有住宅小区，逐户走访，采集人员信息；"市场街面线"通过与工商所密切配合，对辖区内市场、街面进行清理清查；"企业线"结合工商、税务信息，摸清辖区内企业底数，通过现场调查、查阅档案等形式，掌握人员情况，为规范管理奠定基础。

(魏国清)

【环境秩序整治】 老山街道与交通、公安、城管等执法部门密切合作，开展交通、治安、环境三大秩序管理整治行动。以辖区石景山路、上庄大街2条严管大街和八宝山地铁站周边、万达广场周边、八角地铁站周边、玉泉路口4处秩序乱点为重点，开展九大类秩序突出问题联合治理、九类治安突出问题打防管控一体化专项整治。共开展联合执法75次，出动执法力量350余人次，查处非法运营8起、暂扣黑三轮、黑摩的6辆，查处违法行为87起。

(魏国清)

【安全生产监管】 老山街道按照每月不少于30家标准，全年共开展安全生产监督检查160次。检查单位480家次(其中，复查240家次，开展联合执法检查36次，领导带队执法检查12次)，下发执法文书240份，发现并整改安全隐患960项。检查高危高毒企业35家次、施工工地42家次、商市场85家次、人员密集型场所22家次、地下空间15家次。

(魏国清)

【民生保障救助】 老山街道全年发放失业金、养老金等271万元，为377名社保人员报销药费125万元。辖区有1474位老人(新增226人)享受特殊老年人养老服务补贴，发放补贴券164.12万元，结算补贴金额167901元。有160位(新增5人)残疾人享受困难生活补助金，累计发放44万元；为252名残疾人办理养老助残券，累计发放302400元。新增低保20户45人，停发41户82人，共有316户615人享受城市最低生活保障，累计发放生活保障金409万元，帮困补助12万元。审核备案保障性住房193户，其中经济适用房申请家庭28户、限价房申请家庭103户、廉租房申请家庭12户、公租房5户、新政策保障性住房45户。

(魏国清)

【社区干部队伍】 老山街道组织社区干部参加"大学生社工沙龙"、高研班骨干及北大组织的社区主任进修等培训，选调优秀年轻社区干部10人次到区、街相关部室挂职锻炼。全年选拔6名具有较强政治、文化和专业素质的优秀人才担任社区党支部书记、居委会主任和服务站站长，新招录社区工作者12名。

(魏国清)

【实施文化惠民】 老山街道组建老山彩虹桥舞蹈队、老山戏迷乐京剧队、老山金韵合唱团等街道级文体队伍12支和东里南欢乐合唱团、东里社区舞蹈队等社区级文体队伍30余支。年内，参加"舞动北京——原创舞蹈大赛"、重阳登高诗会、国际柔力球大会等市区级大型活动36场，参与群众2500人次。组织开展街道第四届翠谷音乐节、"幸福老山"品牌团队展演、老山戏曲节等演出，丰富活跃群众文化生活。投资58.6万元，为社区配备舞台会议用音响、液晶电视、电钢琴、安装LED显示屏、改造图书室等设施。投资5万余元，修缮"红蜡烛"特殊家庭子女跟踪教育小组固定活动场地，配备电脑、打印机、电视等办公用品。

(魏国清)

【非公企业建会】 老山街道全年完成建会任务106家，发展会员219人。辖区共有407家企业建会，会员1875人，其中：8人以上独立建会非公企业28家，会员1049人；联合工会15家，涵盖小型企业379家单位，会员826人。辖区有23家企业上缴工会经费，收缴工会经费627082.11元。办理各种职工互助保险180人，保费8730元。

(魏国清)

【计划生育服务】 老山街道开展不同人群健康检查，为63对夫妇提供免费孕前优生健康检查，为40名流动人口适龄妇女提供"两癌"筛查，为28名男性提供生殖健康检查。全年共发放免费药具2449套，办理一孩生育服务证299人、二孩审批29人、新生儿登记上报267人、独生子女父母光荣证98人。

(魏国清)

古城街道

概　述

古城街道位于本区中部，辖区总面积15.5平方千米，占全区总面积的18.2%；人口总数68597人，户籍人口40002人，常住流动人口28595人，多为汉族，还有满族、蒙古族、苗族等8个少数民族；20个社区居委会。辖区内有企业2530家，其中，第一产业4家，第二产业273家，第三产业2253家；内资企业2503家，外资企业17家，港澳台商投资10家。辖区内既有市管大街，又有区管、自管街巷；既有"城中村"，又有条件较差的"厂中村"。年内，街道获评"全国人口和计划生育依法行政示范乡镇(街道)"称号。"96156社区服务平台"连续4年荣获"北京市先进工作单位"称号，在全市270余个街道中排名第二名。

地址：石景山区古城路6号
电话：68872356
邮编：100043

（孔　微）

【非公领域党建】 1月，古城街道成立商务楼宇联合党支部，加强商务楼宇流动党员的教育和管理，并组建一支13人的非公党建指导员队伍。通过采取“两人多企”形式，即党建指导员2人一组负责多个企业，深入企业宣传政策，带动企业开展党建活动，加强非公领域党建力度。6月，成立强大伟业保安服务中心党支部，扩大非公领域党组织覆盖率，把党组织思想政治优势、组织优势和群众工作优势转化为企业的创新优势和发展优势，促进企业做大做强。

（孔　微）

【查处违法建设】 4月，古城街道在违建突出的北辛安、养马场南坑地区设立查违小组办公室，实行现场督办，将日常排查与重点地区定点值守相结合，发挥社区居委会、城管监督员、城管队员、办事处人员“四位一体”监控作用，将违法建设遏制在萌芽状态，共查处违法建设面积1.03万平方米。

（孔　微）

【社区法律服务站】 由古城街道综治办牵头，依托社区居委会，组织协调地区公安、检察、法院、司法、信访五个部门，调集工作经验丰富、善于沟通和化解矛盾的工作人员组成“五人工作小组”，定期巡回进社区，深入基层为社区居民提供法律服务、开展法制宣传、化解矛盾纠纷，形成法制与民情良性互动，将矛盾问题解决在基层，实现“小事不出社区，大事不出街道”。年内，古城街道按照“先期试点、逐步推开”原则，在十万平社区成立法律服务工作站，进行先期试点。

（孔　微）

【矛盾纠纷调处】 古城街道全年共接待上访284起，协调处置和回复非紧急救助转办单97件；使用化解资金71550元，救助困难上访人员14人，有效化解各类矛盾纠纷。年内，主要解决杨庄大街道路扩宽改造问题，达到施工方与居民双方满意效果；推进水屯村平房区电力改造，协调区有关部门和首钢合作，解决该地区多年存在供电问题；通过开展联合执法，解决夏季户外宵夜大排挡扰民等问题。

（孔　微）

【安全隐患排查】 在“10·11”火灾事故发生之后，古城街道采取措施，落实区安全生产会议精神。召开古城地区安全生产紧急部署会，明确各单位安全生产责任，逐级落实责任；向地区单位发放《安全提示通知书》3000份，入户发放《致古城地区居民的一封信》。对辖区所有行业领域、所有生产经营单位进行全面安全检查，共组织联合执法大检查6次，检查企业520家，发现存在安全隐患问题企业49家，责令立即整改40家，限期整改9家，并加强后期督查指导力度。

（孔　微）

【“六型”社区创建】 古城街道继续做好“六型”社区创建工作。对新增4个创建社区采取与上年4个试点社区结对子、互帮扶的方法，逐项对照“六型”社区创建标准，建立台账、完善措施、严格整改，4个社区完成北京信用协会第二轮的专业评估。在十万平社区居委会建立楼栋委员会3个，提升楼栋居民的自治能力。加强社区公益经费申请和使用管理，实行专业管理、民主监督，发挥社区自治组织作用，

（孔　微）

【“非遗”文化进校园】 北辛安地区太平鼓作为历史发展的见证和民俗文化的传承，在古城地区民俗活动中发挥着重要作用，并且具有广泛群众基础。3月，在北辛安小学成立“国家非物质文化遗产太平鼓传承教育基地”，通过开展“非遗”文化进校园活动，扩大太平鼓文化在民间传承面，并寻找新的接班人，让传承工作更富有延续性。年内，共参加北京市及区级“非遗”活动5次。

（孔　微）

【社区文化建设】 古城街道开展“古城之春”艺术节、清明诗会等特色文化活动，共组织社区之声合唱比赛、广场舞比赛、社区文艺演出等活动7场。加强社区文体设施建设，为18个社区配备图书柜75组，并在西路北社区建立古城图书分馆；保护老古城村文化遗存，开展老古城民俗街及民俗馆前期申请和筹建。

（孔　微）

【社区为老服务】 古城街道通过政府购买公共服务方式，开展为老服务。建立特钢社区居家养老管理服务中心和西路南社区托老所，与加盟服务商百合烤鸭店联合举办“感恩老人生日宴”活动，为过生日老人开展“四送一优惠”活动（即送贺卡（信）、送长寿面、送果盘、送七寸全家福照片，并持生日贺卡到百合烤鸭店消费享受折扣优

6月24日，社区法律服务工作站启动　（古城街道供稿）

惠)。与6家商户签订居家养老协议,其中老年餐桌1家。截至年底,享受居家养老人员1656人,批量发放养老券6665本。

(孔　微)

八角街道

概　　述

八角街道位于本区中部,辖区面积5.48平方千米,常驻人口11.6万人,其中:户籍人口8.2万人、流动人口3.4万人。辖区有21个社区居委会,有16个党委、3个党总支、2个直属党支部,6628名党员。年内,街道实施便民工程7项,建成八角北里、八角南路社区居家养老服务点2个,建立“一刻钟社区服务圈”8个,创建北京市“五星级社区”和“六型社区”示范社区各4个。配合全区第三次经济普查,完成企业核查3020家,核查企业数和录入数位于全区前列。街道获得“全国社区戒毒社区康复工作示范点”“北京市工会女职工工作示范单位”等多项荣誉。

地址:石景山区八角北路甲36号
电话:88982141
邮编:100043

(孔存娣)

【开展“转、促、惠”活动】 八角街道建立“认亲、访友、串门”活动机制。“认亲”就是与社区弱势群众认亲结对帮扶,做到帮生活、帮就业、帮就学;“访友”就是与楼门组长、社区党员、普通群众交友交流,倾听民意;“串门”就是与地区社会单位、人大代表、政协委员加强沟通,主动上门问需问计问政。建立“四个直通”沉底儿机制。做到直通社区,开展“走基层、体民情、办实事”活动;直通网格,机关干部担任“网格群众工作CEO”;直通楼门,处级干部与楼门组长交朋友;直通家庭,走近普通群众,慰问困难党员群众,切实解决问题。建立开门接待机制。实行周五“工委书记谈心日”、半月“办事处主任社区办公日”、季度“党务政务服务开放日”制度,现场解决小区报刊邮箱加固、地锁拆除等事关居民生活问题。

(孔存娣)

【“五个+”非公党建模式】 辖区共有商务楼宇示范工作站8个。街道于年内建立“支部+商会”模式,成立7个非公党组织,抓好党支部书记、党建指导员、楼宇专职工作者队伍,成立楼宇商会,以现场办公、政企恳谈会等方式帮助企业解决问题。建立“引领+服务”模式,推出百项服务进楼宇活动,实行一刻钟党建服务联盟。建立“独建+联建”模式,对重点规模企业,采用定向催化法、搭载孵化法等独立建党组织;对分散微小企业,采用区域、行业、楼宇联建等联合建党组织。建立“楼宇+社区”模式,楼宇工作站与属地社区党组织负责人交叉任职,社区居委会与楼宇非公企业党组织结对共建。建立“制度+科技”,制定联席会议等规章制度,开展“8分钟党课”网上支部活动。茂华、盛景、星宇工作站荣获“北京市商务楼宇示范工作站”称号。

(孔存娣)

11月12日,区人大代表补选　　(八角街道供稿)

【工资集体协商全覆盖】 辖区建立18家社区联合工会,吸收861家小微企业、2179名企业职工纳入联合工会体系。社区联合工会开展集体合同及工资集体协商宣传,并通过时代花园联合工会、金寰亚咨询管理有限公司等示范单位,推进企业职工工资增长、福利待遇协商等工作。辖区企业集体合同、工资集体协商协议书签订率达100%,在全市首家实现区域性工资集体协商全覆盖,得到市人大常委会副主任、总工会主席梁伟批示。

(孔存娣)

【补选3名区人大代表】 10～12月,历经两个半月时间,完成两次区人大代表补选,参加选民1万余人,投票率及得票率均在99%以上,补选牛青山、陈婷婷、李金克3位区人大代表。

(孔存娣)

【社会服务网格化】 八角街道运用物联网等技术手段,设立数据中心,实现辖区内各种信息资源在一分钟内能够互联互通,各种公共服务管理数据一分钟内能够实现交换共享。通过街道社会管理平台,建立“五分钟管理格”。在维护社会和谐稳定、推进城市精细化管理等方面需求,实现地区人、地、物、事、组织五分钟内即可得到响应目标。以街道社会服务平台为载体,建立“一刻钟服务圈”。即通过网上网下“双渠道服务”,使社区居民从居住地出发步行一刻钟时间内就可享受党建、公共、便民(商业)、公益、特色服务5大类服务,做到“小需求不出社区,大需求不远离社区”。

(孔存娣)

【完成7项便民工程】 八角街道利用区政府投资226万元，完成北路特钢社区金色亲情房屋改扩建、八角南路道路积水改造、公园北社区危房防水及修复、八角北里居民活动大厅升级改造、八角北里养老服务中心、老旧小区安装休闲座椅、八角街道"廉政文化墙"建设等7项便民工程。

（孔存娣）

【丰富社区文化活动】 八角街道举办"喜庆十八大群心向党"文艺演出、"我的中国梦征文演讲"等活动，累计参加群众近10万人次。利用八角CRD文化广场和百姓大舞台，为百姓提供活动和表演舞台。发挥八角艺术团引领作用，带动52支共计3000余人文化队伍，创作小品、舞蹈、诗歌、戏曲等形式优秀作品百余个。在19个社区开展"道德讲堂"200余场。

（孔存娣）

【建成2个养老服务点】 截至年底，八角街道建成八角北里、八角南路2个社区居家养老服务点。八角北里社区居家养老服务点建设面积240平方米，八角南路社区居家养老服务点建设面积746平方米，可提供日托照料、老年餐桌、心理咨询、家政、图书阅览、文体娱乐等服务，主要服务基本能够自理的低保、残疾、空巢老人。

（孔存娣）

【深化"心灵家园"工程】 八角街道将特别帮扶家庭信息定位到社区网格，网格员定期入户走访，建立包括家庭收入、健康状况、个人需求等22项内容的信息档案库。整合地区餐饮、家政资源，提供送餐帮厨、打扫卫生、上门理发等优惠服务300多人次。建立由百余人组成"亲情陪伴"志愿者队伍，每天1小时开展心理咨询、心理疏导、读报、陪老人聊天等服务；成立由特扶家庭组成的时装模特队、合唱队，每月开展活动；将地区水电气暖等部门电话，制作成爱心卡送给特扶家庭；开通亲情短信服务平台，发送短信节日、生日慰问短信260余条。

（孔存娣）

【精细服务残疾人】 八角街道全年发放轮椅等辅助器具161件，为19名0～16岁儿童申请办理儿童康复补贴，发放轮椅等辅助器具190件，为49户残疾人家庭进行无障碍改造。对1130名残疾人进行就业需求调查，组织54名残疾人参加招聘会，5名残疾人实现就业。组织残疾人参加盲人按摩、美甲、创业等培训，提高就业能力。6月，成立残疾人法律服务站，为30余名残疾人提供法律咨询、法律援助和司法救助，解决家庭财产纠纷等问题。

（孔存娣）

【促进就业服务】 八角街道利用网格化管理机制，将地区失业人员信息定位到网格，网格员依托信息采集系统，定期入户走访，摸清劳动力状况、求职愿望、培训愿望等，做到一户一档案。建立免费技能培训奖励机制，对就业困难人员实施就业培训援助，参加非等级技能培训按培训周期上课的，给予100元奖励；参加等级技能培训或创业培训按培训周期上课取得合格证书的，给予300元奖励。全年挖掘空岗信息1654个，举办失业人员专场招聘会5次，职业指导失业人员1116人，安置失业人员266人。

（孔存娣）

【6个老旧小区保洁专业化】 通过招投标程序，八角街道委托北京首欣物业管理有限公司、新中利业清洁服务（北京）有限公司，对八角北路等6个老旧社区公共环境实施卫生保洁。保洁项目包括道路清扫保洁、绿地保洁、垃圾收集清运、小广告清除、各级卫生检查及节假日环境保障等9大项。物业公司保洁情况，由街道办事处、社区居委会、居民实施监督、考核和评估。

（孔存娣）

【社区法制建设】 八角街道在黄南苑社区开展试点，打造法制文化长廊、"法博士"问题邮箱、法制宣传志愿者队伍、法制书屋"四位一体"法制社区，形成司法帮扶、街道支持、社区牵头、居民广泛参与的"社区法制家园"，举办"学法律，创和谐——青少年用法自护及北京市司法大讲堂社区行"系列活动。黄南苑社区获得石景山区首批"法治平安示范社区"称号。

（孔存娣）

苹果园街道

概　　述

苹果园街道地处石景山区北部，东经新四平台与海淀区搭界，南抵京门铁路，西起首钢福寿岭疗养院、礼王坟、金顶山一线，与金顶街街道连接，北依京西翠微、青龙诸峰与五里坨街道隔界。辖区面积13.13平方千米。北京射击场、北京工人疗养院、中国医学科学院整形医院、中关村高科技园区石景山园、北京军区机关、中宣部培训中心等中央、市属机关企事业单位坐落在辖区内。街道下辖社区22个。辖区建有西井社区老年福托老（残）所和金梦圆社区托老（残）所2家，家政服务商4家，餐饮服务商9家，基本满足本社区老年人入住养老院、日常家政、基本就餐等服务需求。创办西山枫林街级温馨家园，为残疾人提供优质个性化服务。年内，街道以夯实基层基础党建工作为支撑，着眼统筹社会力量，全力推进社会管理，获得"首都绿化美化先进单位"等荣誉称号。

地址：石景山区苹果园南路23号
电话：68872724
邮编：100144

（王　静）

【评选"身边雷锋"22名】 上年10月，苹果园街道启动评选活动，通过社区、社会单位及群众推荐和自荐方式，推举学雷锋行动突出党员群众76名。经过居民投票，于当年1月，选出"雷锋式先进个人"22名。2月，组织优秀代表赶赴沈阳军区雷锋团学习交流，与"当代雷锋"郭明义共同畅谈对雷锋精神的理解及实践，发挥典型带动作用，深化基层党建成果建设。

（王　静）

【创新地区建设管理】 3月，苹果园街道针对地区"牛皮癣"（非法张贴的小广告）问题，制定收集小广告奖励机制，设立奖励兑现点，压缩小广告停留时间和空间。活动开展以来，累计收到小广告170余万张。吸纳66018部队等专业力量，参与地区应急救援志愿者服务队组建，并开展避震救险和防火减灾应急演练，提高居民应对突发公共事件及自然灾害的自救能力。年内，开展打击违法用地和违法建设专项行动，协调辖区城管分队，拆除违建80处，拆违面积为8708.55平方米；协调区城管执法局拆除违法建设面积达26600平方米。

（王　静）

【“10·11”火灾事故处理】 10月11日，辖区喜隆多商场发生重大火灾事故。同日，苹果园街道成立火灾善后工作应急小组，协助做好火灾善后商户安抚、现场秩序维护及民警执勤等后勤保障。及时对西井四区14号及23号楼受损居民100余户进行摸底走访，稳定居民情绪，共登记23户窗户受损、7户窗框变形，更换受损玻璃90余块。10～12月，根据区里关于“打击违法建设，强化安全生产”工作部署，街道通过机关干部包片社区查、城市监督员网格化查、城建科与城管分队联合查、农工商公司自己查等“四查”方式，摸排违法建设12万平方米，排查安全隐患777处，拆除违法建设80处，拆除违法建设面积8708.55平方米，确保地区安全稳定。

（王　静）

【霞光暖心理发室成立】 由苹果园街道总工会牵头，在22个社区成立霞光暖心理发室，发挥社区志愿者作用，更好为地区孤寡老人、残疾人等弱势群体提供理发服务。年内，组织熟悉理发技能的志愿者为地区残疾人和孤寡老人免费理发400余人次。该服务项目被评定为区政府购买公共服务项目。

（王　静）

【加强地区综合治理】 苹果园街道开展16次环境清理整治行动和4轮安全隐患摸排。全年清运垃圾120余吨、可燃物40吨，取缔店外经营、无照游商摊位203个，排除安全隐患11处，营造良好社会环境。加强流动人口服务管理和社会面防控，共出动150余人次，检查出租房屋1312余户，流动人口2万余人。

（王　静）

霞光暖心理发室　　（苹果园街道供稿）

【公益反哺家园建设】 苹果园街道坚持专群结合、群防群控，形成多层次、全方位、无缝隙的安保网络，街道实名制管理登记在册平安志愿者1898名，参加治安巡逻时间273万小时，积分526万分。全年共认定70周岁以上的荣誉志愿者385名，有12320人次享受家政、送餐等公益反哺服务。

（王　静）

【社工队伍建设】 苹果园街道提升社区工作者党政业务素质，制定社区考核评议办法，坚持“德才兼备、注重实绩、居民满意”的原则，实行组织考评与社区居民民主测评相结合，日常考评与年度考评相结合，定性与定量相结合的方法，按照规定的条件、标准和程序进行。日常考评重点考评社区工作者完成日常工作任务、在岗工作情况以及考勤情况；年度考评以日常考评为基础，以社区居民满意度和组织评议为主要依据，综合进行考评，规范社区队伍建设。年内，健全社区干部选拔机制，通过笔试、面试环节，建成由51名社工组成的社区后备人才库。

（王　静）

【推进地区就业】 苹果园街道19个社区达到“充分就业社区”标准。年内，建立中关村石景山园区、当代商城、万达广场、沃尔玛超市4个就业基地，走访用工单位265家次，召开招聘会8次，累计就业1246人；为再就业人员申报政策性补贴1671万元；举办失业人员职业指导、技能培训26次。

（王　静）

【社会救助】 苹果园街道共为24类服务人群，提供约16万人次的社会救助等服务；审核、发放低保、养老券等各种资金，共计1510.5万元，惠及群众近2万人。新建1个市级“一刻钟社区服务圈”，辖区累计建成市级“一刻钟社区服务圈”7个。

（王　静）

【社区服务】 苹果园街道投资181万元，完成社区办公用房建设1029平方米。截至年底，达标社区达17个，占社区总数的77%。投资14万元，完善智慧社区建设，开发苹果园街道智慧社区网站。年内，丰富苹二社区“烛光行动”（扶助下岗失业人员和低保家庭）、装司社区“红飘带行动”等11个社区特色活动，加强与居民的沟通，实现服务与管理“双赢”。

（王　静）

【特色文化活动】 苹果园街道以“文化惠民，品质为先”宗旨，依托金苹果乐团，引导、扶持社区成立舞蹈、合唱等文艺队伍98支，着力打造踢踏舞、粉丝带等13支特色骨干团队。以“一街、一品、一区、一特色”为依托，组织开展迎新春文化月、金苹果艺术团专场晚会、夏日文化广场、社区文艺展演等精品文化活动。着力打造海特文化广场，为群众自发开展文化活动提供阵地保障，满足居民对文化生活需求，提升辖区文化服务品质。

（王　静）

【居家养老服务】　苹果园街道居家养老券享受人数总计2790人，发放服务券面值305.79万元。为地区老年人（含外埠老人）办理老年证872张、乘车卡1603张；为630名老人（含已故）发放高龄津贴18.54万元，为地区10人次95周岁以上老人发放高龄医疗补助1.12万元。为51名空巢老人家庭安装"一按灵"。年内，选出市级孝星36人，社区为老服务示范单位5个。

（王　静）

【推进军政双拥共建】　苹果园街道坚持开展"军政双拥座谈会""春节联欢会"和"双拥书画展"等双拥共建活动，不断开创军民融合式发展新局面。新年、春节及"八一"双拥月期间，街道领导走访慰问共建单位2家，送去价值6万元慰问品。在建军86周年之际，专门举办"同庆建军佳节、共贺鱼水情深"暨"海特杯"舞蹈表演赛活动，邀请部队官兵与居民共同演出，增进军民情谊，推动地区双拥共建、和谐双赢开展。

（王　静）

金顶街街道

概　　述

金顶街街道位于本区西北部，地区面积6.9平方千米。东以金顶山为界与苹果园街道毗邻，南以京门铁路为界与古城街道相接，西以黑头山为界与广宁街道接壤，北至蟠龙山与五里坨街道相连。地势西高东低，地区内浅山多、古迹多、学校多，文化底蕴厚重，旅游资源丰富。山地约占地区面积1/3，主要分布有金顶山、翠微山、蟠龙山、红光山和黑头山，永定河引水渠流经这里。有市级历史文化保护地区模式口村，有法海寺、承恩寺、田义墓、第四纪冰川馆等古迹，另有1处伊斯兰教活动场所清真寺，非物质文化遗产太平鼓文化在此传承。地区有10所学校，其中高中1所、初中3所、小学3所、幼儿园2所。驻区法人和产业活动单位906家（近50%不在本地经营），其中国有企业28家，行政事业单位27家。地区注册个体门店638家。金顶街街道划分16个社区，地区总人口91953人，其中常住人口78015人，登记流动人口13938人。年内，荣获"北京市安全生产月活动优秀组织奖"、北京市第七届"和谐杯"乒乓球比赛总决赛一等奖、"北京市社会组织示范基地"等荣誉称号。

地址：石景山区金顶街五区一号金顶街街道办公楼
电话：88711860
邮编：100041

（炼立颖）

【街道社工协会成立】　1月16日，成立金顶街社区工作者协会，搭建社工民主管理、自治提升、沟通交流、维权解惑、砥砺共进平台，服务居民、建设社区。社工协会先后举办社区正职工作研讨会、社工迎国庆卡拉OK比赛、"我的中国梦"演讲比赛、社区管理制度知识竞赛、青年社工座谈会等活动，组织两次助理社会工作师考试培训，提升社工综合素质，活跃社工生活。

（炼立颖）

【扩大非公领域党建】　1月18日，金顶街街道成立工商联金顶街分会党支部，强化对非公企业党员的服务管理，发挥党员先锋模范作用，为推进非公企业成立党组织打下基础。从提升服务意识、强化服务质量入手，在金隅大厦建设"开放式、融入式、亲情式"的"五站合一"楼宇党建工作站，整合工青妇、社保、计生、文教等多方资源，为商务楼宇内的非公企业党组织和党员群众提供服务支持，并组织楼宇党建社工招考报名。

（炼立颖）

【文化活动中心建成】　4月，投资近76万元的街道综合文化活动中心竣工。中心面积280.69平方米，设有综合培训室、文艺活动室、舞蹈排练厅等，并配备音响、调音台、话筒、投影仪、投影幕、电视等设备，为地区舞蹈队、合唱队、曲艺队、书画班及文艺爱好者提供日常活动场地。年内，组织开展"歌颂祖国"社区歌手卡拉OK比赛、"我的中国梦"卡拉OK比赛、金顶街地区书画展等活动。

（炼立颖）

【协会及党总支成立十周年】　5月，举办"庆辉煌十载、展金顶风采、爱美丽家园——金顶街社区服务者协会及党总支十周年庆典晚会"，推出摄影展和书画展，表彰优秀团队和先进个人，为协会发展注入动力。协会和党总支于

6月18日，社区服务者协会十周年庆典　　（金顶街街道供稿）

2003年成立，该组织以“奉献、友爱、互助、进步”为宗旨，倡导会员参与社区建设，传播社会文明，已发展团队14支、会员3000多名，被市民政局授予“2013年度首都社区志愿服务组织之星”“北京市社会组织示范基地”等荣誉称号。

（炼立颖）

【开展“转、促、惠”活动】 7月，街道党工委制定活动实施方案。确定街道处级干部每人1～2个联系点，每月至少一次到联系点开展调研；确定科级干部每人1个联系社区，每半月至少一次到社区办公；开展机关和社区干部“1带1”活动，组织老同志带领年轻人进社区、进企业、进门店；开展机关和社区“1帮1”活动，与地区152个困难党员群众结成帮扶对子；召开2场推进会，组织34场座谈会，共收集转变作风、服务群众、班子建设等方面的意见建议9大类430多条。针对收集的意见建议，确定“精简社区工作会议、细化联系群众制度、年轻干部参与信访”等整改措施，制定和完善机关干部深入窗口单位服务群众的工作意见等制度20项，为地区群众办实事好事350多件。

（炼立颖）

【保障改善民生】 金顶街街道依托就业援助月、春风行动、民营企业招聘周、高校毕业生就业服务月等就业平台，为就业困难人员、首钢解合人员、来京务工人员、高校未就业毕业生等群体提供专项就业服务。年内，开展就业指导2362次，1349人实现就业、再就业。低保工作实现应保尽保，为28940人发放低保金1584万元。住保工作有序推进，初审保障性住房735户，公租房补贴备案225户。推动“康乐为老”服务品牌健康发展，办老年证941个，发放高龄津贴15万元。依托生活救助、温馨家园、海燕艺术团等组织，为地区2745名残疾人做好各项服务。

（炼立颖）

【维护地区稳定】 金顶街街道在全国、市“两会”、重要敏感日等期间维护辖区社会稳定。交通、环境、安全“三大秩序”整治共开展联合执法80余次，出动各类执法人员3630人次、执法车辆380台次，驱散劝离黑车230辆次、黑摩的160辆次，协调交管部门处理违章停车14辆。查处无照经营、占道经营等违法行为1050起次，规范门前三包270起，辖区秩序乱点的交通、环境、治安秩序明显好转。建立领导包案制度，畅通和规范群众诉求表达、利益协调、权益保障渠道，召开社区社情恳谈会60余次，协调解决问题146件，妥善处理群众来访116起，应急处置突发事件10余起。开展安全检查1253次，出动检查人员1080人次，检查单位656家，整改安全隐患351处。

（炼立颖）

【建成9个维稳工作站】 金顶街街道在管辖区域建立9个以社区党委书记为站长，社区居委会、社区服务站、警务工作站、物业公司、楼门组长为成员的社区综治维稳工作站，下设平安建设组、信访接待组、矛盾调处组、亲情帮教组、应急处置组、流动人口与出租房屋信息采集组等6个分设机构。辖区被划分为46个区域，共组建区域化管理工作信息员队伍215人，并建立社区层级突发事件和不稳定因素预警、矛盾排查调解等防控机制，与街道综治维稳工作中心实现工作联动、信息互通、力量互补，达到有效调解各类家庭矛盾、民间纠纷，提高社区服务管理水平，维护社会治安秩序目的。

（炼立颖）

【模式口地区综合治理】 金顶街街道全面发动、合力共抓模式口地区综合治理。综治行动小组成员每日早上6点到岗，重点清理占道流商、规范门店经营，解决交通拥堵等问题。针对区域性反弹现象，调动城管监督协管员和志愿者力量，强化每日巡查工作效果。累计出动整治人员600余人次，出动执法车辆85台次，发放宣传材料500余份，宣传告知160余人，取缔无照经营54起，规范“门前三包”单位96起，有效提升模式口周边经济和社会秩序。

（炼立颖）

【完成8项便民工程】 金顶街街道利用区政府投资163万元、社会投资20万元，完成铸造村和模西北社区道路修整及硬化、西福村社区休闲场所及围墙改造、模式口村28号院下水道铺装、居委会办公用房改善等8项便民工程。

（炼立颖）

【改善社区服务环境】 金项街街道从软硬件两个方面改善社区服务环境。在硬件上，采取落实配建指标、资源整合利用等方式，抓社区办公和服务用房达标建设。投资283万元新建西里北区社区用房480平方米，改、扩建西里南区社区用房240平方米；为金四区、金五区、模南里、模中里、西里中区5个社区安装门楣、影像墙、指示牌、LED屏；为金三区、模北里、铸造村3个社区服务站安装服务台。在软件上，累计投资80余万元，建设“智慧金顶街”资讯平台、智慧社区移动综合服务平台、社区服务信息网，为居民提供生活资讯、政策法规、办事指南、社区活动等信息资源。

（炼立颖）

【延伸社工服务内涵】 金顶阳光社会工作事务所通过政府购买服务项目形式，让专业社会工作服务介入到社区日常管理和服务中，为小区居民提供专业社工服务。以金顶阳光廉租房服务为基础，整合法律工作者、义工、社区志愿者等资源，多次举办法律大讲堂、法律咨询、残疾人快乐园艺等活动，走访40户残疾人廉租房住户，开展社区文化宣传活动10余次。

（炼立颖）

【推进经济普查】 金顶街街道按照《统计法》《全国经济普查条例》，区、街道普查实施方案，组织开展所辖范围经济普查。建立工作例会、普查目标管理责任书、重点数据监控、普查区无障碍沟通等项制度，形成长效工作机制，完成单位核查、数据处理、企业培训等工作步骤。年内，基础核查单位1015家，其中底册单位975家，新增单位40家。法人和产业活动单位853家，个体户2304个，678个法人和产业活动单位参培训。

（炼立颖）

【丰富群众文化生活】 金顶街街道构建“一街一品,一区一特”的社区体育活动格局。全年检查16个社区体育健身器材,更新全民健身工程器材5处。以各种培训、交流、演出、比赛活动为契机,不断挖掘人才,提升素质,发展和壮大文体队伍。开展形式多样的文化、教育、卫生、科普活动累计389次,为丰富社区居民文化生活搭建平台,强化全民健身理念。

(炼立颖)

广宁街道

概　　述

广宁街道地处本区西部,辖区面积6.1平方千米,户籍人口12212人,流动人口10605人。境内东南是由四平山、黑头山边麓形成的山地,与金顶街街道接壤;西部是沿永定河东北岸干涸的河滩和麻峪工贸公司企业用地,与门头沟区相邻;四平山北侧是由大唐国际北京高井热电厂及一些中小企业形成的工业区和沿高井排洪渠两岸形成的电厂住宅小区,与五里坨街道相接;南部为广宁村住宅小区。境内有丰沙、京门两条铁路穿过,广宁路、电厂路、双峪路、阜石路高架四条为市级主干道,有过境公共汽车线路12条。广宁村、麻峪村、柳林庄、电务三段、麻峪29号院小区及高井是境内6个主要住宅小区,并以此为主形成了麻峪、麻峪北、高井路、新立街、东山五个社区。辖区设有一所中学、三所小学。广宁地区是北京市电力主要生产基地,北京京能热电股份有限公司、大唐国际北京京西发电有限公司、大唐国际北京高井热电三厂三家电力企业比肩立于此地,成为广宁地区的支柱产业和经济命脉,西北热电中心正在建设之中;北京恒坤集团公司是新崛起的非公经济组织。年内,街道招募轻度残疾人志愿者14名,与重残人结成帮扶对子。开展职业指导496人,社区安置就业困难人员180人,实现创业47人,失业人员再就业215人。流动人口和出租房屋基础信息录入率、重点项目完整率和准确率均达到100%。

3月19日,学习雷锋活动　　(区委宣传部供稿)

地址:石景山区广宁村新立街4号
电话:88992395
邮编:100041

(赵小艳)

【志愿服务活动】 3月19日,广宁街道举行“雷锋精神在身边 志愿服务我先行”主题活动,400名爱心志愿者面向队旗庄严宣誓,与会领导和部分志愿者代表在签名板上签名。活动旨在通过弘扬雷锋精神,进一步激发志愿者参与志愿服务的热情,营造“人人为我,我为人人”良好社会氛围,促进地区志愿服务事业常态化、深入化、规范化。

(赵小艳)

【强化安全生产】 3月22日,广宁街道组织召开“广宁地区安全生产工作大会”,地区各职能部门负责人,各社区主任及重点单位主要负责人50人参加会议。会上,办事处领导与38家重点单位签订安全生产责任书。10月15日,再次召开安全生产大检查部署会,成立处级领导包片、机关干部下片与社区干部相结合的检查组,进行为期一个月的安全大检查。全年共组织各类公共安全检查组177次,出动检查人员594人次,检查单位491家次,发出警告13次,责令整改隐患73起。

(赵小艳)

【环境卫生管理】 4月,广宁街道成立环境卫生应急队伍,快速处置城市环境管理中的突发事件52起,有效提升地区环境质量。年内,街道推广麻峪村环境卫生物业化管理的成功经验,在广宁村、柳林庄区域实行环境卫生的物业化管理,实现广宁辖区范围内环境卫生物业化管理全覆盖。协调麻峪工贸公司和京西电厂出资350万元,新建垃圾楼和公厕升级改造。开展群众性大扫除活动6次,参加人员8674人次,清除各类建筑物外立面上的非法小广告2700处,规范、更换和拆除门头牌匾79块,出动各种车辆50台次,清运垃圾渣土1070吨。

(赵小艳)

【组建艺枫艺术团】 4月,组建广宁街道艺枫艺术团,下辖艺枫舞蹈队、艺枫合唱团和艺枫模特队3支队伍,有群众文体骨干110人。艺术团与辖区企业形成文化资源共享机制,在公共文体设施配备、使用等方面,共治共享,为地区文体事业健康蓬勃发展搭建更大平台。年内,参加市区级比赛4次,均取得较好成绩。举办“永远跟党走,实现中国梦”建党92周年庆祝演出、学雷锋志愿者表彰活动演出等11场。

(赵小艳)

【“互促青年汇”成立】 5月,成立“广

宇社区·互促青年汇”。通过建立属于广宁地区的“熟人社会”,旨在打造“一个好玩的俱乐部,一个靠谱的朋友圈”。活动场所设在广宁村老东山居委会二楼,建有微博、博客、QQ群等新媒体平台。截至年底,组织各类青年汇活动20余次。

(赵小艳)

【书画摄影作品展】 6月19日,“第六届首都新侨乡文化节”—石景山区书画摄影艺术作品展在广宁街道举办。展览共征集书画作品47幅,摄影作品56幅,各种手工艺品40件,全部来自石景山区归侨、侨眷和侨务工作者。作品以歌颂党、歌颂祖国、歌颂改革开放和社会主义现代化建设为主题,反映首都风貌和变化,展示人与社会、自然的和谐之美。

(赵小艳)

【拆除违建48处】 7月,广宁街道制定拆除违法建设规则,提出安排专项资金作为拆违经费,强调在信息互通、快速处置和联合执法方面加强协作,对地区违法建设实行零容忍,对违法建设采取自拆、助拆和强拆三步走的拆除步骤,达到快速拆除违建、遏制违法建设产生的目的。全年共拆除违法建设48处,面积达4.6万余平方米。

(赵小艳)

【开展经济普查】 9月,启动广宁街道第三次全国经济普查,组织召开由工商、税务、派出所、城管、各社区主任等相关人员参加的工作动员会,成立普查领导小组,下设办公室,同时划拨专项经费,并多次组织召开核查摸底培训会。年内完成第一阶段的核查任务,核查底数754个单位,核查完成单位697个,核查率92.4%。

(赵小艳)

【区人大代表补选】 11月12日,广宁街道高井路第二选区投票补选区第十五届人民代表大会代表。共有选民1044人,参加投票选民1039人,参选率99.52%。邵立文当选区人大代表。

(赵小艳)

【完成便民工程8项】 年内,广宁街道投资548万元,完成便民工程8项。包括新建广宁村、麻峪村便民服务网点用房、建成广宁村停车场2处,改扩建高井便民菜市场和其他影响群众生活的基础设施建设。

(赵小艳)

【保障房备案管理】 广宁街道全年共接待咨询2100人次,审核备案62户。累计备案1234户,其中:限价房545户、经适房367户、廉租房164户、公租房158户。取消保障房资格16户,处理信访、举报、筛查等45户。

(赵小艳)

【规范计生管理】 广宁街道制定街道版和社区版的计生工作办事流程,建立计生咨询办理登记表。全年依法办理一胎《生育服务证》69份、二胎《生育服务证》6份、《独生子女父母光荣证》33份,育龄人员转档登记88人,新生儿报出生101人,围产保健97人,外地来京人员生育服务联系单21人。

(赵小艳)

【保障重点建设】 年内,西北热电中心建设进入关键期,燃气输送工程、热力输出工程、电力传输工程、中水管线工程、迁坟工程相关配套工程陆续开工。8月,广宁街道成立西北热电中心工程建设社会事务对接工作协调小组,旨在化解工程施工中的各类矛盾和纠纷,为西北热电中心项目建设保驾护航。妥善解决4起1060户居民因施工扰民和车辆通行发生的纠纷;并对4400户居民用水、用电、用暖问题进行前瞻性调研,为区委、区政府提供决策依据。

(赵小艳)

【社区规范化建设】 区政府投资400万元,新建麻峪北社区办公用房,改扩建新立街社区办公用房。年内,建立以社区居民代表和街道科室共同对社区工作者进行评议的考评制度、社区居委会与社区服务站紧密对接和协调联动机制,规范社区事务听证会、楼门院管理等制度。截至年底,街道5个社区办公活动用房均在450平方米以上,均建有60平方米以上的一站式服务大厅。东山社区被评为市“六型社区”示范单位。

(赵小艳)

【网格化信息平台】 广宁街道网格化社会服务管理取得实质性进展。区政府出资60万元,完成网格化信息平台的软件系统开发。将辖区划分为14个网格,落实网格员,完成社区户籍人口信息录入,共录入户信息5232条,居民信息11195条(包括人户一致、空挂户以及人在户不在等情况)。

(赵小艳)

五里坨街道

概　　述

五里坨街道位于石景山北部,东沿香山公园西南、青龙山、翠微山、虎头山一线与海淀区、苹果园街道接壤,南沿福寿岭、109国道、高井村、丰沙铁路、永定河一线与金顶街街道、广宁街道相连,西与门头沟区三家店为邻,北沿猴山、克勤峪、白石岗诸峰与门头沟区、海淀区毗连,辖区面积21.5平方千米,常住人口4.1万人,流动人口1.1万人。109国道(石门路)过境,有黑陈路、潭峪路、红卫路市政公路3条,黑石头村路北段道路完成大修改造,隆恩寺路实现通车。管辖社区11个,农转居社区6个、军营社区2个、军企社区1个、校园社区1个、楼房社区1个。辖区内有行政、事业单位19个,大小企业217家,驻区团以上部队18个。街道机构由11个部室组成,其中工委4个,办事处7个;机关行政编44人,副处级以上职数8人,科级领导职数18正2副;机关工勤事业编制2名,随自然减员逐步核销。年内,配合完成5000余户拆迁居民回迁安置、西北热电重点工程开工、改造现代建材公司老旧小区;规模学校等市区重点项目建设加快推进。五里坨街道军区联勤部大院社区居委会获“全国敬老文明号”“魅力社区”,五里坨街道获“防范处理邪教工作先进集体”等国家、市、区级荣誉60余项。

地址:石景山区五里坨车站路1号
电话:88904238
邮编:100042

(张振颖)

【安全生产零事故】 3月,办事处召开

3月5日，义工协会开展义诊　　（五里坨街道供稿）

地区安全生产会议，签订安全生产责任书，落实街道、社区、企业三级责任。开展安全生产教育15次，组织安全生产应急演练6次。常态化检查督促企业安全生产、整改安全隐患，动态监控273家企业，督促整改率100%。投资10万元，印制《公共安全知识》1万册，发放到每家每户。喜隆多商场发生火灾后，按照全覆盖、“零容忍”的要求，组织群防群治力量1372人次，检查企业965家次，排查隐患10类135项，开展“铁拳”“零点夜查”行动8次，整改隐患164处，处罚企业6家，查封、责令整改彩钢房3家2000平方米，辖区安全生产态势总体平稳，全年未发生安全生产责任事故。

（张振颖）

【民兵整组和征兵】 3月，五里坨街道成立民兵工作领导小组，开展民兵预备役常识教育，走访摸底8家社会单位。对纳编人员登记造册，与区集体经济办合编民兵连一个，在街道机关建立网络防护分队一个，应急分队一个，由6个社区共同成立民兵营一个（含三个民兵连），共计编入234人。整组后期抽查点验，通过率达95%以上。6月，走访登记适龄青年预征对象52名，政审适龄青年10名，为部队输送高学历优质兵员7名。

（张振颖）

【基层平安建设年】 5月，五里坨街道召开基层平安建设年部署会、深化平安创建推进会，与相关单位签订责任书和承诺书。年内，完善8大类综合治理基础台账，新成立综治维稳工作中心11个，网上实名制注册各类志愿者1900人。开展专职巡逻员、治安志愿者、维稳信息员技能培训4次。健全应急处突方案、专项预案，完善制度机制，组织区域性演练2次。专群联动，加强治安重点区域夜间防范，社区3类案件警情明显下降。储备群防群治力量，启动等级防控41次，投入力量5.5万人次，保障十八届三中全会、重要节假日期间社会面安全稳定。

（张振颖）

【义工协会建设】 6月，五里坨街道义工协会通过市评估团、区民政局4A级考评验收。年内，新成立义工协会分会10个，选举产生组织机构，健全协会章程、考核机制，组建义工队伍41支800余人。以学雷锋宣传日、志愿服务日为契机，广泛开展义诊、法律咨询、卫生保洁、消防知识培训等志愿活动。

（张振颖）

【就业服务保障】 8月，五里坨街道创办“温暖工程志愿者服务站”，依托红顺职业技能培训学校、黄庄职业中学、古城职高教育培训资源，定期举办职业培训、就业服务、创业指导等培训。以企业联建、岗位共享、招工招聘等多种形式促就业，举办招聘会5场，新登失业365人，实现就业333人，新登就业率91%。

（张振颖）

【“领雁”培养工程】 8月，五里坨街道制定社区“领雁”培养工程实施意见，以3年为周期培养储备社区人才。围绕五里坨开发建设、社区服务管理等辩题举办13场“聚焦五里坨·共筑青春梦”青年干部辩论赛，3名社区优秀选手走上社区服务站长、社区党组织副书记和服务站站长助理岗位。通过竞聘方式，选拔社区服务站副站长和站长助理12名，成绩优异者纳入人才后备库。设立书记论坛，以头脑风暴方式集中力量解决社区常见问题，促进交流互动。社区“领雁”培养工程被区委组织部确定为基层党建重点项目。

（张振颖）

【最美五里坨人评选】 8月，五里坨街道开展首届“最美五里坨人”群众评选活动。本着从严标准、代表性强、事迹突出的原则，采取个人申报、社区推荐、大众评选、组织审核、公示表彰程序，从44名推荐参选人中，确定候选人14名。经大众投票选举，分别评选出助人为乐、孝老爱亲、老有所为、敬业奉献先进个人奖5名，提名奖9名。结合评选活动，编辑最美五里坨人材料汇编，宣传当选人员先进事迹，提升公民文明素质，推动地区精神文明建设。

（张振颖）

【经济普查摸底】 8月，五里坨街道成立经济普查领导小组，对普查员进行区、街两级培训，做好核查摸底工作。依托社区上下联动，加强信息沟通交流，依靠三个机制（联络机制、通报机制、督导机制）推进工作，核查底册单位数量577家，年内审核录入545家，核查率94.5%。11月，在区经济普查宣传动员大会上作典型发言。

（张振颖）

【双拥月活动】 8月，开展“四送”（送文化、送温暖、送岗位、送知识）活动，推动军民融合深度发展。活动内容包括:举办"美丽西部·鱼水情深"联欢晚会,军地领导与群众代表300余人观看演出;看望慰问驻地官兵,送去价值万元慰问品;举行军营社区专场招聘会,提供岗位100余个;对官兵家属进行就业政策、专业知识、求职面试培训。

(张振颖)

【区人大代表补选】 11月12日,五里坨街道第五选区投票站投票补选区第十五届人民代表大会代表。共有选民1799人,参加投票选民1752人,参选率97.39%。周西松当选区人大代表。

(张振颖)

【加强综合整治】 五里坨街道结合地区拆迁区域面积大、建设施工工地多、市容环境基础薄弱现状,加强综合整治。协调国土、实兴公司落实拆迁裸露土地整治、清除施工工地垃圾等事宜。以石门路沿线为重点推进环境综合整治,边沟铺装、荒地改绿3000平方米;开展28次专项行动,拆除违法建设15起1.1万平方米,取缔无照经营260余起,消除新隆恩寺路路口无照经营、黑车非法运营等现象。

(张振颖)

【环境精细管理】 五里坨街道配合区市政市容委完成地区46条街巷及绿地实地勘测,确定街道保洁区域8.8万余平方米。引进物业保洁公司,自1月1日起,在高井村进行承包试点,聘请保洁公司承包自然村卫生保洁,实现环境卫生企业化运作。年内,推广试点经验,全面推开主路支线、边角地、自然村环境卫生精细管理,高井村、隆恩寺村,黑板路、慈善寺路、陈家沟路等地,实现专人巡查、随时保洁,卫生状况明显改善,受到群众普遍好评。

(张振颖)

【保障改善民生】 五里坨街道低保工作实现动态管理,应保尽保。全年低保新申请9户12人,复审185户391人,取消15户33人;低保家庭170户355人,共发放保障金、救助金、慰问金等234万余元。全区取得廉租房资格129户、经济适用房资格393户、限价商品房资格744户、公共租赁住房资格178户。新引进服务企业4家,提供家政、送餐、就餐、托老等便民服务;扶持联勤部军营社区托老所升级改造,申报工程资金57万余元;发放养老券共计98万余元。

(张振颖)

【社会领域党建】 五里坨街道新成立非公企业党支部1个,投资建成非公党群活动中心,选聘4名非公党建指导员,联系指导199家非公企业,实现党的工作全覆盖。深化"我是党员我承诺,服务群众我先行"主题实践活动,19个基层党组织1444名党员分别承诺2421条,履诺率均达100%。截至年底,10个社区党组织全部达到五星级,新创"星级党建示范社区"4个

(张振颖)

【社区青年汇成立】 五里坨街道根据市委关于加强和创新社会管理全面推进社会建设的意见和市社会建设工作领导小组关于进一步加强社区青年汇工作的意见,于5月成立新风尚社区青年汇,搭建青年学习、交流互动平台,促进志愿服务发展。截至年底,开展系列知识讲座、座谈交流、组织参观、联谊活动10余次,服务青年100余人。

(张振颖)

【重点信访化解】 五里坨街道配合西北热电、回迁安置等市区重点项目建设信访化解,召开协调化解会28次,约谈当事人100余人次,稳控过激居民阻止工程施工等事件。街道配合主责单位协调落实回迁小区周边道路保洁、交通秩序整治,清理大型机械占道车、"僵尸车"(长期停靠在路边不能开动的占道车辆)15辆,重点信访案件趋于平缓。全年接访54件59批次388人次,其中群体访19件19批次269人次,化解48件,化解率90%,答复率100%。

(张振颖)

【军工服务】 五里坨街道落实军退职工各项政治生活待遇。整理军退职工归并工资档案354份,办理工资调标、年龄补贴,补发工资总计170万元;走访慰问生活困难及生病军工26户,发放慰问金5000余元;发放军退职工慰问品1760人次13万余元;协助区军退办组织39名军退职工外出疗养,30名70岁以上军工观光北京郊区;组织军工文艺演出活动7次,参加人数达500余人次。落实超转人员政策,完成25名超转人员工资调整和慰问金发放。

(张振颖)

石景山区街道(社区)工委办事处负责人

八宝山街道
- 工委书记 崔恩平
- 办事处主任 吴　燕(女,10月免)
- 　　　　　　宁慧娟(女,10月任)

鲁谷社区行政管理中心
- 工委书记 崔章程
- 中心主任 高国强(4月免)
- 　　　　　迟志禹(4月任)

老山街道
- 工委书记 孙　钢
- 办事处主任 崔　宁(1月免)
- 　　　　　　肖　贝(4月任)

古城街道
- 工委书记 齐　兵
- 办事处主任 王永明

八角街道
- 工委书记 李路海(4月免)
- 　　　　　陈婷婷(女,藏族,4月任)
- 办事处主任 陈婷婷(女,藏族,4月免)
- 　　　　　　李金克(4月任)

苹果园街道

工委书记　王春燕

办事处主任　杨旭东

金顶街街道

工委书记　吕秀艳（女）

办事处主任　刘云清（9月免）

张玉国（10月任）

广宁街道

工委书记　胡冀民

办事处主任　迟志禹（4月免）

邵立文（7月任）

五里坨街道

工委书记　韩　冰（女）

办事处主任　周西松

先　进

全国（含系统）先进集体及先进个人

先进集体

全国科技进步先进区
　　石景山区
全国平安建设先进区
　　石景山区
全国绿化模范城市
　　石景山区
全国工人先锋号
　　区住建委行政服务中心
全国五一巾帼标兵岗
　　区教育工会女职工委员会
全国巾帼文明岗
　　区社会保险事业管理中心
全国侨务宣传角
　　鲁谷社区新华社居委会
全国群众体育先进单位
　　区体校
　　区直机关工委
全国法院司法统计工作先进集体
　　法院技术室
全国个私协系统先进单位
　　区私个协
全国广播电视安全播出先进集体
　　区广电中心技术播出部
全国敬老文明号
　　五里坨街道军区联勤部大院社区居委会
　　寿山福海养老服务中心
全国人口和计划生育依法行政示范乡镇（街道）
　　古城街道办事处
全国人力资源和社会保障系统优质服务窗口
　　区社会保险事业管理中心
全国社区戒毒社区康复工作示范点
　　八角街道
全国社区侨务工作明星社区
　　鲁谷社区新华社居委会
全国五好基层关工委先进集体
　　区教育系统关工委
全国优秀少先队集体
　　外语实验小学
全国组织发展工作先进集体
　　民盟石景山区工委
全国维护妇女儿童权益先进集体
　　区检察院

先进个人

全国五一劳动奖章
　　王宝录　区自来水公司党支部书记兼经理
　　宋起柱　国家无线电监测中心检测中心技术总监
全国巾帼建功标兵
　　高洪雁（女）　区文化委主任
全国工商行政管理系统先进工作者
　　杨锦志　工商分局
全国归侨侨眷先进个人
　　徐炜彦　区侨联
全国模范人民调解员
　　李俊华　区司法局
全国侨联工作者先进个人
　　张　文　区侨联
全国群众体育先进个人
　　张　帆　区体校
中国最美社工
　　王海青　鲁谷社区

北京（含系统）先进集体及先进个人

先进集体

首都工人先锋号
　　区城管大队老山分队
　　北京中康佳中医药研究院长庚医院骨伤科
北京市节能先进区县
　　石景山区

北京市五四红旗团委

八角街道团工委

北京景山学校远洋分校团委

北京市五四红旗团支部

区环卫中心团总支

区师范附属幼儿园教工团支部

北京教育学院石景山分院附属学校初三(1)团支部

北京市青年文明号(新认定)

首钢总公司首钢京唐热轧部2250分厂精轧岗位

区住建委住房保障服务中心

石景山体育局社会体育管理中心

石景山医院急诊科护理组

区古城第二小学体育教研组

北京市三八红旗集体

区国税局

第一税务所

区法院政治处

八角街道

杨南社区居委会

区残疾人劳动就业服务中心

区旅游咨询服务中心

区广电中心新闻部

区巧娘手工艺发展促进会

区古城第二小学

北京市先进居委会

五里坨街道南宫社区

鲁谷社区依翠园北居委会

“身边雷锋·最美北京人”标兵团队

老山街道“红蜡烛”特殊家庭子女跟踪教育服务队

“身边雷锋·最美北京人”团队

八角街道“金色亲情”志愿者服务队

鲁谷社区新岚大厦“爱心帮帮团”

北京市思想政治工作优秀单位

中关村科技园区石景山园工作委员会

八角街道工作委员会

首都民族团结进步先进集体

区伊斯兰教协会

先进个人

首都劳动奖章

王晓庆　区住建委住房保障科科长

李金菊(女)　八宝山街道瑞达社区党总支书记、居委会主任

张　洁(女)　区培智中心学校教师

郑玉琴(女)　石景山医院中医科主任

黄　春　北京银建汽车修理有限公司员工

孙利红　北京市爱依家政服务有限责任公司员工

赵增强　北京沃尔玛百货有限公司山姆会员店员工

北京青年五四奖章

刘洪魁　八大处消防中队副中队长

刘洪坤　石景山区公安消防支队司令部参谋长

由　班　北京市古城中学

杨战旗　八宝山殡葬管理处

北京市优秀共青团干部

段建忠　团区委权益部科员

徐继先　区团教工委书记

班嘉映　区蓝天第一学校团委书记

北京市优秀共青团员

周　炯　趣游时代(北京)科技有限公司产品经理

王　璐　区希望之星幼儿园老师

牛　靖　北京市高井中学教师

北京市三八红旗奖章

王　莹　区投促局办公室主任

王宏芬　区委老干部局局长、区委组织部副部长(兼)

王景红　区城管执法监察局直属一队教导员

吕宝红　区少年国防教育基地主任

刘　震　北京丽贝亚建筑装饰工程有限公司

孙艳艳　石景山医院检验科主任、党支部书记

李　钧　公安分局鲁谷派出所副调研员

杨　磊　鲁谷社区久筑居委会主任、社区妇联主席

杨京春　区金融办主任

谷　茜　北京军区政治部宣传部俱乐部副处

汪　心　区自来水公司副书记

赵　星　小飞象训练发展中心主任

郝丽霞　首钢迁钢公司炼钢作业部生产技术室品种质量专业员

郭　婧　区直机关工委书记

薛维平　区燕京公证处主任

戴　兵　光大银行信用卡中心党总支书记、总经理、总行机关党委委员

首都精神文明建设奖

吕　丽(女)北京市第九中学党总支书记

高殿亮　区市政市容委主任

刘德宏　北京华录百纳影视股份有限公司总经理

劳裕明　公安分局鲁谷派出所副所长

徐　进　区卫生局卫生监督所审批办证科科长

刘双义　八角街道特钢社区居民

赵书兵　苹果园街道西黄村体彩站店主

茹雪莲(女)　区私个协副秘书长

“身边雷锋·最美北京人”标兵

赵书兵　苹果园街道西黄村体彩站店主

王晓庆　区住建委住房保障科科长

钟青林　北京市三林星鞋城总经理

“身边雷锋·最美北京人”

刘洪德　五里坨街道红卫路社区居委会主任

赵生杰　区树仁学校校长

门美子(女)　区检察院公诉二处副处长
李富瑞　区环卫中心道路清扫队队长助理
贾树庆　区保安公司海特花园小区保安队队长
邵誉培(女)　首钢研究所退休干部
梁金才　苹果园街道海二社区居民
王钢成　区环卫中心粪肥管理处职工
王玉娟(女)　八角街道八角北里社区党委书记、居委会主任
杨　红(女)　八角街道八角南路社区居民
赵迎春(女)　鲁谷社区居民
朱军盈　区自来水公司管网抢修班班长
包羡华(女)　八宝山街道永乐北社区居民
万苏建　区红会绍家坡康复医院院长
赵　五　区垃圾清运队抽运段管工班长
张　鹏　古城供电所职工

北京市优秀思想政治工作者

张雪瑛(女)　苹果园街道西山枫林第一社区党委书记、主任
王景泉　区委政法委常务副书记
杨文霞(女)　业余大学党总支书记
王宏芬(女)　区妇联主席

首都民族团结进步先进个人

韩　君(女,回族)　区民宗侨办公室主任科员
张永清　苹果园街道流动人口和出租房屋管理委员会办公室主任
聂纪军　鲁谷社区行政事务管理中心社区事务部科长

北京市优秀社区科普宣传员

杨燕频　八宝山街道玉泉西里中社区
陈　鹏　八角街道杨庄北区社区
柯　宏　广宁街道办事处
张佳鑫　老山街道京源路社区
鹿海文　鲁谷社区重兴园社区
赵继红　苹果园街道社区卫生服务中心
刘艳珍(女)　五里坨街道东街社区

统计资料

地区生产总值

表 1　　单位:万元

项　　目	2013 年	2012 年	增长速度%（现价）	增长速度%（不变价）
合　　计	3651929	3382138	8.0	7.0
第一产业				
第二产业	1333174	1278246	4.3	5.3
工业	817225	770787	6.0	5.8
建筑业	515949	507459	1.7	4.5
第三产业	2318755	2103892	10.2	8.1
交通运输、仓储和邮政业	60516	56384	7.3	6.1
信息传输、计算机服务和软件业	533876	485167	10.0	9.3
批发和零售业	226791	230496	-1.6	-1.4
住宿和餐饮业	60804	58456	4.0	0.2
金融业	223806	198416	12.8	12.6
房地产业	197708	174913	13.0	10.6
租赁与商务服务业	159446	139761	14.1	9.0
科学研究、技术服务和地质勘察业	228816	191882	19.2	16.5
水利、环境和公共设施管理业	26177	23877	9.6	3.5
居民服务和其他服务业	50651	46883	8.0	3.7
教育	174323	157674	10.6	6.3
卫生、社会保障和社会福利业	116465	100400	16.0	13.1
文化、体育和娱乐业	115700	103665	11.6	7.1
公共管理和社会组织	143676	135918	5.7	2.3

注:此表为地区生产总值初步核算数。

数据来源:北京市统计局反馈。

表2

财政收入与支出

单位:万元

项　　目	金额	项　　目	金额
一、财政收入总计	675383	二、财政支出总计	1018679
公共财政预算收入合计	306090	公共财政预算支出合计	612543
(一)区县固定税收小计	39641	一般公共服务	48919
房产税	16194	国防	547
车船税	8821	公共安全	43662
印花税	8983	教育	92786
资源税		其中:教育费附加支出	27843
耕地占用税	4653	科学技术	13078
(二)共享税收小计	260189	文化体育与传媒	22363
增值税	55677	社会保障和就业	118650
营业税	196594	医疗卫生	35928
城镇土地使用税	1560	环境保护	13998
土地增值税	15290	其中:排污费支出	221
教育费附加收入	7080	城乡社区事务	119120
城市维护建设税(85%)	28094	农林水事务	22255
企业所得税	45984	其中:水资源费支出	823
企业所得税退税		交通运输	
(三)分级收入小计	6260	资源勘探电力信息等事务	51780
国有资本经营收入		商业服务业等事务	1867
国有资源(资产)有偿使用收入	1629	金融监管支出	299
其他收入	23	地震灾后恢复重建支出	
罚没收入	1381	国土资源气象等事务	1640
行政性事业性收费	3226	住房保障支出	9267
排污费收入	1	粮油物资储备等管理事务	660
水资源费收入		债务付息支出	
公路运输管理费收入		其他支出	14105
政府性基金预算收入合计	369293	政府性基金预算支出合计	406136
国有土地使用权出让收入	361529	教育	29544
政府住房基金收入	27	文化体育与传煤	
残疾人就业保障金收入	3824	社会保障和就业	3344
其他政府性基金收入	3913	城乡社区事务	367995
		其他支出	5148
国有资本经营预算收入合计		国有资本经营预算支出合计	
债务收入合计		债务还本支出合计	

资料来源:石景山区财政局。

表3

银行存贷款情况

单位:万元

项　　目	2013年	2012年	增长速度%
1、期末银行存款余额	12289998.3	11501470	6.9
#单位存款	6327319.7	6157443	2.8
储蓄存款	5648168.2	5237595	7.8
其他存款	35839.6	47596	-24.7
2、期末银行贷款余额	4874233.6	3667823	32.9
#境内短期贷款	1697180.3	1185875	43.1
境内中长期贷款	3105079.2	2454196	26.5

资料来源:北京市统计局。

现金收支情况(年人均)

表 4　　单位:元

收　　入	金　额	支　　出	金　额
一、期初手存现金	3289.7	五、家庭总支出	29055.9
二、可支配收入	38657.1	(一)消费支出	22411.1
三、家庭总收入	42996.4	其中:服务性消费支出	
(一)工资性收入	26252.0	(二)购房与建房支出	6.96
1. 工资及补贴收入	24678.6	(三)转移性支出	3020.0
2. 其他劳动收入	1303.4	其中:1. 交纳的个人收入税	555.5
(二)经营净收入	985.6	2. 捐赠支出发	1931.8
(三)财产性收入	920.3	3. 购买彩票	8.4
(四)转移性收入	14838.5	4. 赡养支出	301.7
其中:1. 养老金或离退休金	12430.2	(四)社会保障支出	3442.2
2. 赡养收入	256.0	六、借贷支出	689.2
3. 捐赠收入	755.7	其中:1. 存入储蓄款	16.6
四、借贷收入	3221.8	2. 归还借款	32.1
其中:提取储蓄存款	3134.3	3. 借出款	0.8
		4. 储蓄性保险支出	149.0
		5. 归还住房贷款	321.7
		七、期末手存现金	30.3

消费性支出(年人均)

表 5　　单位:元

项　　目	金　额	项　　目	金　额	项　　目	金　额
消费支出	22411.1	其他衣着用品	57.1	其他	0
一、食品	7073.5	衣着加工服务费	8.5	五、交通和通讯	3927.7
粮油类	795.1	三、家庭设备用品及服务	1659.7	交通	3067.1
肉禽蛋水产类	1533.4	耐用消费品	778.7	通信	860.6
蔬菜类	623.6	室内装饰品	50.3	六、教育文化娱乐服务	2911.4
调味品	121.4	床上用品	111	文化娱乐用品	673.5
糖烟酒饮料类	802.2	家庭日用杂品	581.5	文化娱乐服务	1195.7
干鲜瓜果类	768.2	家具材料	2.6	教育	1042.2
糕点、奶及奶制品	693.7	家庭服务	135.6	七、居住	2042.4
其他食品	53.3	四、医疗保健	2110	住房	957.5
饮食服务	1682.6	医疗器具	31.1	水电燃料及其它	939.2
二、衣着	1841.8	保健器具	32.1	居住服务费	145.7
服装	1351.7	药品费	754.5	八、杂项商品和服务	844.6
衣着材料	8.2	滋补保健品	183.3	其它商品	625
鞋类	416.3	医疗费	1109.1	服务	219.6

固定资产投资完成情况(建设地)

表 6　　单位:万元、平方米

项　　目	计　划总投资	自项目开始至期末累计完成投资	本年完成投资	#住宅	本年新增固定资产	房屋建筑施工面积	#住宅	房屋建筑竣工面积	#住宅
合　计	3440044	1628624	803360	31316	245493	783015	12831	200329	12830
按隶属关系分									
中　央	594794	391084	173543	0	2964	107335	0	0	0
市　属	1527799	297624	157415	2054	73587	233098	12830	74820	12830
区　属	612662	445329	166539	29262	124995	186160	1	75017	0
其　他	704789	494587	305863	0	43947	256422	0	50492	0

房地产开发建设生产情况

表 7

建设单位分组情况	完成投资额（万元）	#商品房及经济适用房	#住宅	房屋建筑施工面积（m^2）	#商品房及经济适用房	#住宅	房屋建筑竣工面积（m^2）	#商品房及经济适用房	#住宅
合　计	825629	290712	350654	2851315	2134748	1566726	980705	945855	624470
市　属	198491	125332	128741	688002	0	489772	34850	0	0
区　属	91091	61459	51347	744792	727327	487485	484274	484274	361333
其他	536047	103921	170566	1418521	1407421	589469	461581	461581	263137

注：1."本年完成投资"下的"商品房及经济适用房"是由"本年完成投资"减"土地开发投资"减"其他费用"得到的。
2."房屋建筑施工面积"下的"商品房及经济适用房"是由"房屋建筑施工面积"减非房地产开发项目的施工面积得到的。
3."房屋建筑竣工面积"下的"商品房及经济适用房"是由"房屋建筑竣工面积"减非房地产开发项目的竣工面积得到的。

户籍人口数

表 8　　　　单位：人

地　区	2013 年户籍人口	男	女	2012 年户籍人口
合　计	375995	194111	181884	371347
八宝山街道	30749	16237	14512	29265
老山街道	28849	15022	13827	28810
八角街道	71892	37144	34748	70798
古城街道	39986	20316	19670	40187
苹果园街道	59850	29904	29946	59105
金顶街街道	55640	28767	26873	54816
广宁街道	12313	6263	6050	12334
五里坨街道	21721	10791	10930	21450
鲁谷社区	42152	21397	20755	41544
迁安矿区	9314	5463	3851	9394
首钢集体户	3529	2807	722	3644

数据来源：北京市公安局石景山分局。

人口出生与自然增长情况

表 9

单位名称	出生人数（人）	死亡人数（人）	出生率（‰）	死亡率（‰）	自然增长率（‰）
合　计	3497	1506	9.36	4.03	5.33
八宝山街道	393	99	13.10	3.30	9.80
老山街道	245	111	8.50	3.85	4.65
八角街道	652	254	9.14	3.56	5.58
古城街道	319	224	7.96	5.59	2.37
苹果园街道	565	242	9.50	4.07	5.43
金顶街街道	499	244	9.04	4.42	4.62
广宁街道	97	49	7.87	3.98	3.89
五里坨街道	220	86	10.19	3.98	6.21
鲁谷社区	410	149	9.80	3.56	6.24
迁安矿	26	44	2.78	4.70	－1.92
首钢集体户	71	4	19.79	1.12	18.68

数据来源：北京市石景山区人口和计划生育委员会。

附　录

中共北京市石景山区委主要文件目录

中共北京市石景山区委文件

京石发〔2013〕1号　中共北京市石景山区委关于印发区委常委会工作报告的通知

京石发〔2013〕2号　中共北京市石景山区委北京市石景山区人民政府北京市石景山区人民武装部关于加强民兵预备役政治工作的实施意见

京石发〔2013〕3号　中共北京市石景山区委关于开展“中国梦”学习宣传教育工作的实施意见

京石发〔2013〕4号　中共北京市石景山区委北京市石景山区人民政府印发《石景山区事业单位分类工作实施方案》的通知

京石发〔2013〕5号　中共北京市石景山区委印发《关于处级党政主要领导不直接分管人、财、物等重要事项的办法(试行)》的通知

京石发〔2013〕6号　中共北京市石景山区委北京市石景山区人民政府关于开展向刘洪坤、刘洪魁同志学习活动的通知

京石发〔2013〕7号　中共北京市石景山区委关于深入学习宣传贯彻党的十八届三中全会精神的通知

京石发〔2013〕8号　中共北京市石景山区委北京市石景山区人民政府印发《关于加快推进石景山区国家服务业综合改革试点区发展三年行动计划(2013－2015年)》的通知

中共北京市石景山区委办公室文件

京石办发〔2013〕1号　中共北京市石景山区委办公室北京市石景山区人民政府办公室关于转发《石景山区2013年双拥工作要点》的通知

京石办发〔2013〕2号　中共北京市石景山区委办公室关于印发《区委常委会2013年议题计划》的通知

京石办发〔2013〕3号　中共北京市石景山区委办公室北京市石景山区人民政府办公室关于成立石景山区评选表彰工作领导小组的通知

京石办发〔2013〕4号　中共北京市石景山区委办公室北京市石景山区人民政府办公室关于认真贯彻落实习近平总书记重要批示和中央、北京市有关要求的通知

京石办发〔2013〕5号　中共北京市石景山区委办公室北京市石景山区人民政府办公室关于转发《石景山区2013年重点协作调研课题计划》的通知

京石办发〔2013〕6号　中共北京市石景山区委办公室关于调整区委常委分工的通知

京石办发〔2013〕7号　中共北京市石景山区委办公室关于印发《区委2013年党务工作任务分解》的通知

京石办发〔2013〕8号　中共北京市石景山区委办公室北京市石景山区人民政府办公室关于印发《石景山区2013－2015年科技创安图像信息系统建设规划》的通知

京石办发〔2013〕9号　中共北京市石景山区委办公室北京市石景山区人民政府办公室关于成立石景山区非公经济服务和管理协调领导小组的通知

京石办发〔2013〕10号　中共北京市石景山区委办公室关于转发《中共北京市石景山区委党的建设工作领导小组2013年工作要点》的通知

京石办发〔2013〕11号　中共北京市石景山区委办公室北京市石景山区人民政府办公室关于成立石景山区分类推进事业单位改革工作领导小组的通知

京石办发〔2013〕12号　中共北京市石景山区委办公室转发《区纪委、区委组织部、区委宣传部关于加强领导干部反腐倡廉教育的实施方案》的通知

京石办发〔2013〕13号　中共北京市石景山区委办公室北京市石景山区人民政府办公室关于成

立石景山区严厉打击违法用地违法建设专项行动工作指挥部的通知

京石办发〔2013〕14 号 中共北京市石景山区委办公室北京市石景山区人民政府办公室印发《关于建立健全重大决策部署贯彻执行情况监督检查机制的实施意见》的通知

京石办发〔2013〕15 号 中共北京市石景山区委办公室北京市石景山区人民政府办公室印发《2013 年北京市石景山区厉行勤俭节约、加强预算管理的实施意见》的通知

京石办发〔2013〕16 号 中共北京市石景山区委办公室印发《北京市石景山区党内规范性文件备案审查实施办法(试行)》的通知

京石办发〔2013〕17 号 中共北京市石景山区委办公室北京市石景山区人民政府办公室关于将重大决策社会稳定风险评估纳入区委常委会议、区委专题会议和区政府会议决策程序的通知

京石办发〔2013〕18 号 中共北京市石景山区委办公室北京市石景山区人民政府办公室转发区双拥办《关于 2013 年“八一”期间开展双拥月活动的意见》的通知

京石办发〔2013〕19 号 中共北京市石景山区委办公室北京市石景山区人民政府办公室关于印发《石景山区电子文件管理暂行办法》的通知

京石办发〔2013〕20 号 中共北京市石景山区委办公室北京市石景山区人民政府办公室印发《关于开展法治石景山创建活动的实施意见》的通知

京石办发〔2013〕21 号 中共北京市石景山区委办公室印发《关于进一步加强党管人才工作的实施意见》的通知

京石办发〔2013〕22 号 中共北京市石景山区委办公室北京市石景山区人民政府办公室关于成立石景山区“10·11”火灾事故善后处置工作领导小组的通知

京石办发〔2013〕23 号 中共北京市石景山区委办公室北京市石景山区人民政府办公室关于调整区清理和规范节庆论坛展会活动工作领导机构的通知

北京市石景山区人民政府主要文件目录

北京市石景山区人民政府文件

石政发〔2013〕1 号 关于印发《二〇一三年折子工程》的通知

石政发〔2013〕2 号 关于印发《石景山区关于进一步做好职业培训工作的实施意见》的通知

石政发〔2013〕3 号 关于印发《石景山区 2012 年“促消费、保增长”资金鼓励办法》的通知

石政发〔2013〕4 号 印发《关于加强气象灾害监测预警及信息发布有关工作的意见》的通知

石政发〔2013〕5 号 印发《加快石景山区蔬菜零售网络建设的工作方案(2013 年 - 2015 年)》的通知

石政发〔2013〕6 号 关于印发《石景山区水利工程建设实施方案(2013 年 - 2015 年)》的通知

石政发〔2013〕7 号 关于园博会周边环境综合整治的通告

石政发〔2013〕8 号 关于在西山汇 C4 号楼设立中关村石景山园新集中办公区的通知

石政发〔2013〕9 号 进一步加强极重污染日党政机关企事业单位停驶公务用车工作的通知

石政发〔2013〕10 号 关于印发《石景山区 2013 年度保障性安居工程用地供应计划》的通知

石政发〔2013〕11 号 关于规范清明节期间群众祭扫活动和治理乱埋乱葬行为的通告

石政发〔2013〕12 号 关于印发《石景山区 2013 年人力资源和社会保障工作要点》的通知

石政发〔2013〕13 号 印发《关于加快石景山区旅游业发展的实施意见》的通知

石政发〔2013〕14 号 关于开展第三次全国经济普查的通知

石政发〔2013〕15 号 关于印发《石景山区人民政府工作规则》的通知

石政发〔2013〕16 号 关于开展“放飞梦想”——首届北京诗歌朗诵大赛活动的通知

石政发〔2013〕17 号 关于印发“十二五”时期专项规划的通知

石政发〔2013〕18 号 关于印发石景山区重点流域水污染防治规划实施方案的通知

石政发〔2013〕19 号 关于印发石景山区食品摊贩监督管理办法的通知

石政发〔2013〕20 号 关于治理无证无照经营行为维护市场经营秩序的实施意见

石政发〔2013〕21 号 关于印发石景山区促进商务楼宇经济发展的若干办法的通知

石政发〔2013〕22 号 关于表彰 2012 年度石景山区区域经济发展突出贡献单位、纳税百强单位的决定

石政发〔2013〕23 号 关于印发石景山区街道精细管理美化市容资金使用管理实施意见的通知

石政发〔2013〕24 号 关于印发石景山区 2013 年十件教育拟办实事项目的通知

石政发〔2013〕25 号 关于印发石景山区政府性债务管理办

法的通知
石政发〔2013〕26号　印发关于经人民法院裁定准予强制执行房屋征收案件的实施办法的通知
石政发〔2013〕27号　2013年夏秋季征兵命令
石政发〔2013〕28号　关于建立西山汇集中办公区文化创意类企业专项审批绿色通道的通知
石政发〔2013〕29号　关于表彰2013年教育先进单位和优秀教育工作者的决
石政发〔2013〕30号　关于发布2012年度石景山区科学技术奖评审结果的通知
石政发〔2013〕31号　关于印发北京市石景山区2013－2017年清洁空气行动计划实施方案的通知
石政发〔2013〕32号　关于印发石景山区空气重污染应急预案(试行)的通知
石政发〔2013〕33号　印发关于加强社区综合防灾减灾工作的指导意见的通知

北京市石景山区人民政府办公室文件

石政办发〔2013〕1号　关于成立石景山区疏堵治堵工作领导小组的通知
石政办发〔2013〕2号　关于印发《2013年区政府常务会议和区长办公会议议题计划》的通知
石政办发〔2013〕3号　关于印发《石景山区政府绩效管理任务考核办法》的通知
石政办发〔2013〕4号　关于印发2013年石景山区政府系统政务信息目标考核评比细则的通知
石政办发〔2013〕5号　转发区民政局《关于做好第五批军队无军籍退休退职职工接收安置工作意见》的通知
石政办发〔2013〕6号　关于印发《石景山区创建国家慢性非传染性疾病综合防控示范区工作实施方案》的通知
石政办发〔2013〕7号　关于印发《2013年石景山区清明节群众扫墓服务工作方案》的通知
石政办发〔2013〕8号　关于印发《邀请区人大代表政协委员列席区政府常务会议的规定(试行)》的通知
石政办发〔2013〕9号　关于印发《石景山区关于进一步推进企业安全生产标准化建设工作的意见》的通知
石政办发〔2013〕10号　关于禁止存在食品加工作坊的通知
石政办发〔2013〕11号　转发区药监分局关于进一步加强药品安全监管工作的通知
石政办发〔2013〕12号　关于印发石景山区人间禽流感突发疫情应急预案的通知
石政办发〔2013〕13号　关于南通启益建设集团有限公司“3·9”一般生产安全事故结案的通知
石政办发〔2013〕14号　关于完善招商引资“一企一策”决策机制的意见
石政办发〔2013〕15号　关于加强石景山区服务业统计工作的实施意见
石政办发〔2013〕16号　关于加强和改进对招商引资企业统计登记管理的通知
石政办发〔2013〕17号　关于印发2013年区政府联络人大、政协工作安排的通知
石政办发〔2013〕18号　转发石景山区全国科技进步考核工作领导小组办公室关于做好我区参加2011－2012年度全国科技进步考核工作的通知
石政办发〔2013〕19号　转发石景山区建设国家可持续发展实验区领导小组关于做好我区建设国家可持续发展实验区中期检查工作的通知
石政办发〔2013〕20号　关于印发石景山区慢性病防治工作规划(2012－2015年)的通知
石政办发〔2013〕21号　关于印发石景山区“十二五”规划中期评估工作方案的通知
石政办发〔2013〕22号　关于印发石景山区落实首都标准化战略纲要实施意见的通知
石政办发〔2013〕23号　印发石景山区关于贯彻《质量发展纲要(2011－2020年)》的实施意见的通知
石政办发〔2013〕24号　印发石景山区贯彻《质量发展纲要》实施意见2013年行动计划的通知
石政办发〔2013〕25号　转发区气象局关于切实加强气象灾害防御工作的实施意见
石政办发〔2013〕26号　关于成立城市环境建设工作领导小组的通知
石政办发〔2013〕27号　关于印发石景山区交通排堵保畅第十阶段(2013年)工作方案的通知
石政办发〔2013〕28号　印发石景山区关于进一步加强城市环境建设工作方案的通知
石政办发〔2013〕29号　关于印发石景山区生活饮用水卫生安全保障规划实施方案的通知
石政办发〔2013〕30号　关于印发石景山区加快污水处理和再生水利用设施建设三年行动方案(2013－2015年)的通知
石政办发〔2013〕31号　关于开展本区行政规范性文件清理工作的通知
石政办发〔2013〕32号　关于印发北京石景山区域内气象探测环境保护要求的通知
石政办发〔2013〕33号　关于印发石景山区第三次全国经济普查领导小组组成人员名单的通知
石政办发〔2013〕34号　关于印发石景山区审计结果公告暂行办法的通知
石政办发〔2013〕35号　转发石景山区地方税务局关于积极

发挥税收职能作用促进区域经济社会发展意见的工作方案的通知
石政办发〔2013〕36 号　关于沧州广顺基础工程有限公司“7·2”一般生产安全事故结案的通知
石政办发〔2013〕37 号　关于邯郸市兴泰建筑劳务有限公司“7·12”一般生产安全事故结案的通知
石政办发〔2013〕38 号　关于启用“北京市石景山区城市管理综合行政执法监察局”印章的通知
石政办发〔2013〕39 号　关于启用北京市石景山区第三次全国经济普查领导小组及其办公室等印章的通知
石政办发〔2013〕40 号　关于组织开展 2013 年区级火灾隐患挂账督办工作的通知
石政办发〔2013〕41 号　关于印发石景山区消防工作考核实施办法的通知
石政办发〔2013〕42 号　关于启用“北京市石景山区建设国家可持续发展实验区领导小组”印章的通知
石政办发〔2013〕43 号　关于启用“北京市石景山区人民政府督查室”等印章的通知
石政办发〔2013〕44 号　印发关于贯彻实施《机关事务管理条例》的工作方案的通知
石政办发〔2013〕45 号　关于成立打击侵犯知识产权和制售假冒伪劣商品工作领导小组的通知
石政办发〔2013〕46 号　关于印发安全生产领域安全隐患大排查实施方案的通知
石政办发〔2013〕47 号　关于公布行政规范性文件清理结果的通知
石政办发〔2013〕48 号　关于北京市石景山区 2013—2017 年清洁空气行动计划重点任务分解的通知
石政办发〔2013〕49 号　关于成立石景山区食品药品安全委员会办公室的通知
石政办发〔2013〕50 号　关于印发石景山区 2013 至 2014 年度预防煤气中毒工作方案的通知
石政办发〔2013〕51 号　关于印发北京市石景山区医疗机构设置规划(2013 年—2015 年)的通知
石政办发〔2013〕52 号　关于印发石景山区林地保护利用规划(2010 - 2020 年)的通知
石政办发〔2013〕53 号　关于印发石景山区非法小广告专项治理行动工作方案的通知
石政办发〔2013〕54 号　关于成立石景山区气象灾害防御工作领导小组的通知
石政办发〔2013〕55 号　关于成立石景山区经济责任审计工作领导小组的通知
石政办发〔2013〕56 号　关于印发石景山区各类市场安全隐患专项整治工作方案的通知
石政办发〔2013〕57 号　关于华峰伟业钢铁集团有限公司“10·31”一般生产安全事故结案的通知
石政办发〔2013〕58 号　印发关于规范我区菜市场发展的相关意见的通知
石政办发〔2013〕59 号　关于印发北京市石景山区人民政府及其工作部门诉讼案件应诉工作规则的通知
石政办发〔2013〕60 号　转发区工商分局《关于支持石景山区国家服务业综合改革试点区发展的工作意见》的通知
石政办发〔2013〕61 号　关于印发石景山区 2014 年元旦春节烟花爆竹安全管理实施工作方案的通知
石政办发〔2013〕62 号　印发关于加强石景山区城市管理综合行政执法监管的实施意见的通知
石政办发〔2013〕63 号　关于印发石景山区集中开展城乡结合部地区安全生产专项整治工作实施方案的通知
石政办发〔2013〕64 号　转发区人力社保局关于营造石景山区创新创业环境推进创业带动就业工作的意见
石政办发〔2013〕65 号　关于组织对近期排查确认 12 件突出火灾隐患实施挂账督办工作的通知

区域教育单位名录

石景山区幼儿园名录

机构名称	机构地址	办公电话	行政负责人	办学类型
北京市石景山区师范学校附属幼儿园	北京市石景山区永乐小区甲 42 号院	68652877	王　斌	幼儿园
北京市石景山区实验幼儿园	北京市石景山区八角北里小区	68843113	张艳君	幼儿园
北京市石景山区幼儿园	北京市石景山区古城南里 17 号	68874902	左丽君	幼儿园
北京市石景山区第二幼儿园	北京市石景山区八角南路东街	68874643	张洪霞	幼儿园
北京市石景山区八角北路幼儿园	北京市石景山区八角北路甲 18 号	68876355	佟桂香	幼儿园
北京市石景山区八角幼儿园	北京市石景山区八角南路甲 18 号	68874744	许亚文	幼儿园

机构名称	机构地址	办公电话	行政负责人	办学类型
北京市石景山区第三幼儿园	北京市石景山区海特花园小区	88794819	鲁建平	幼儿园
北京市京源学校幼儿部	北京市石景山区京原路10号	68645864	王　珣	幼儿园
北京师范大学石景山附属幼儿园	北京市石景山区杨庄北区	88953860	马炳霞	幼儿园
北京市石景山区北辛安小学	北京市石景山区北辛安南岔13号	68872398	章　雯	附设幼儿班
北京市石景山区麻峪小学	北京市石景山区麻峪南街51号	88991876	肖印军	附设幼儿班
中国科学院高能物理研究所幼儿园	北京市石景山区玉泉路19号乙	88235964	杨红宇	幼儿园
北京市石景山区向阳农工商公司幼儿园	北京市石景山区衙门口村向阳亨泰投资管理公司院内	68684485	牛彦玲	幼儿园
古城地区民族幼儿园	北京市石景山区古城西路	68872073	李玉伶	幼儿园
北京军区机关幼儿园	北京市石景山区八大处甲1号	66399546	段春梅	幼儿园
北京军区联勤部机关幼儿园	北京市石景山区高井甲32号	66384436	王　青	幼儿园
北京特钢燕鼎金地幼教中心	北京市石景山区八角北路特钢小区内	68872802	高亚丽	幼儿园
首钢矿山街道居民管理委员会第二幼儿园	河北省迁安市首钢矿业公司滨河村	0315－7713469	刘赞芬	幼儿园
首钢矿山街道居民管理委员会第三幼儿园	河北省迁安市首钢矿业公司鸽子湾	0315－7713550	孙兴霞	幼儿园
北京金色未来幼教中心首钢大地老山西里幼儿园	北京市石景山区老山西里社区	88297108	李　荣	幼儿园
北京金色未来幼教中心首钢大地老山东里幼儿园	北京市石景山区首钢老山东里小区	88973110	王　慧	幼儿园
北京金色未来幼教中心首钢大地古城幼儿园	北京市石景山区古城小街15号	68872147	史玉玲	幼儿园
北京金色未来幼教中心首钢大地八角幼儿园	北京市石景山区古城南路10号	68874088	马　建	幼儿园
北京金色未来幼教中心首钢大地苹果园幼儿园	北京市石景山区苹果园大街151号	88727831	时进霞	幼儿园
北京金色未来幼教中心金苹果幼儿园	北京市石景山区苹果园街道七区16号	88754805	张桂萍	幼儿园
北京金色未来幼教中心首钢大地金顶街幼儿园	北京市石景山区金顶街五区	88723422	白　静	幼儿园
北京金色未来幼教中心首钢大地模式口幼儿园	北京市石景山区模式口南里小区内	88294643	王明翠	幼儿园
北京市石景山区灵童潜能开发幼稚园	北京市石景山区玉泉路北临1号翠谷玉景苑15号楼	58974885	谢　承	幼儿园
北京市石景山区希望之星幼儿园	北京市石景山区吴庄重兴园小区	68654023	李兆兰	幼儿园
北京市石景山区新世纪幼儿园	北京市石景山区八宝山街道六合园八区8号	68626456	王世兰	幼儿园
北京市石景山区瑞吉欧双语艺术幼儿园	北京市石景山区八角南路47号	68822781	左海燕	幼儿园
北京市石景山区方舟双语艺术幼儿园	北京市石景山区西井路19号	88798467	李金霞	幼儿园
北京市石景山区首钢大地现代幼儿园	北京市石景山区黑石头现代生活小区	51725817	王艳弟	幼儿园
北京市石景山区京西生态双语幼儿园	北京市石景山区隆恩寺红卫路1号	51517985	邢　丽	幼儿园
北京市石景山区家宝贝艺术幼儿园	北京市石景山区鲁谷路74号住宅配套楼	68609368	杨　丽	幼儿园
北京市石景山区蓝天宇锋幼儿园	北京市石景山区景阳东街	68602930	孙玉兰	幼儿园
北京市石景山区伊顿慧智双语幼儿园	北京市石景山区玉泉西里一区14号楼	59623300	闫　坤	幼儿园

机构名称	机构地址	办公电话	行政负责人	办学类型
北京市石景山区尚德幼儿园	北京市石景山区五里坨街道办事处周转房	68080006	高美玲	幼儿园
北京市石景山区三色幼儿园	北京市石景山区杨庄南区甲5号	88982799	徐　娜	幼儿园
北京市石景山区新世界国际幼儿园	北京市石景山区石景山路2号	68663536	韩显云	幼儿园
北京市石景山区可儿幼儿园	北京市石景山区鲁谷东街20号	68659763	杨　彬	幼儿园
北京市石景山区新世界实验幼儿园	北京市石景山区广宁村新立街151号	88991225	左爱华	幼儿园
北京市石景山区爱贝儿幼儿园	北京市石景山区五里坨炮厂小区	51583197	王春英	幼儿园
北京市石景山区二十一世纪实验幼儿园	北京市石景山区西黄新村西里雍景四季小区东门11号楼	88938065	张　曼	幼儿园
北京常春藤双语幼儿园	北京市石景山区老山东里甲20号	88972449	王雅君	幼儿园
北京市石景山金鼎实验幼儿园	北京市石景山区金顶东街糕点八厂16号楼	57280819	陈茂玲	幼儿园
北京市石景山童年实验幼儿园	北京市石景山区古城南街路东31号－17号	68825072	张言超	幼儿园
北京市石景山东方龙人幼儿园	北京市石景山区石景山路2号北京台湾街12号楼	88272788	梁　晶	幼儿园
北京市石景山凯迪双语实验幼儿园	北京市石景山区聚兴园小区8号楼	52630068	杜翠红	幼儿园
北京市石景山区黄庄学校附设幼儿班	北京市石景山区黄庄村43号	88681619	陈恩显	附设幼儿班

石景山区小学名录

机构名称	机构地址	学校类型	办公电话	行政负责人
北京市石景山区爱乐实验小学	北京市石景山区重聚中街	小学	68656411	张竟芳
北京市石景山区实验小学	北京市石景山区八角北里39号院	小学	68863879	叶　艳
北京市石景山区北辛安小学	北京市石景山区北辛安南岔13号	小学	68872398	章　雯
北京市石景山区杨庄小学	北京市石景山区杨庄小区	小学	68813625	张美玲
北京市石景山区金顶街第四小学	北京市石景山区金顶街北路	小学	88722510	陈　娜
北京市石景山区京原小学	北京市石景山区鲁谷路66号	小学	68660464	厉左艺
北京市石景山区金顶街第二小学	北京市石景山区金顶北路71号	小学	88717111	陈凤云
北京市石景山区六一小学	北京市石景山区八大处路乙2号	小学	88963055	王京兰
北京市石景山区苹果园第二小学	北京市石景山区苹果园一区甲10号	小学	68872198	杜　杰
北京市石景山区西黄村小学	北京市石景山区八大处路102号	小学	88932653	张立田
北京市石景山区第二实验小学	北京市石景山区老山西街21号	小学	88970161	苑爱红
北京市石景山外语实验小学	北京市石景山区首钢黄南苑小区内	小学	88996422	刘世彬
北京市石景山区海特花园小学	北京市石景山区海特花园小区	小学	88798911	吴幼颖
北京市石景山区师范学校附属小学	北京市石景山区永乐东区甲31号	小学	68655415	王瑞敏
北京市石景山区石景山小学	北京市石景山区模式口西里甲32号	小学	88992808	蒋新华
北京市石景山区古城第二小学	北京市石景山区古城南路东小街	小学	88923449	王　英
北京教育学院石景山分院附属小学	北京市石景山区古城小街18号	小学	68872083	贾洪波
北京市石景山区向阳小学	北京市石景山区衙门口村大横街	小学	68687838	马宝兰
北京市石景山区水泥厂小学	北京市石景山区京原路68号	小学	88958865	陈　军
北京市石景山区先锋小学	北京市石景山区绍家坡1号	小学	88722419	魏春英

机构名称	机构地址	学校类型	办公电话	行政负责人
北京市石景山区红旗小学	北京市石景山区高井甲 32 号	小学	88902251	孔德英
北京市石景山区八角北路小学	北京市石景山区八角北路 52 号	小学	68830747	吴继红
北京市石景山区古城第二小学分校	北京市石景山区古城南里 18 号院	小学	68875305	王　英
北京市石景山区炮厂小学	北京市石景山区黑石头 7312 厂院内	小学	88950092	朴红丽
北京市石景山区广宁村小学	北京市石景山区广宁村新立街 151 号	小学	88993222	苏银德
北京市石景山区玉泉路小学	北京市石景山区玉泉路西何家坟北	小学	88233583	王建华
北京市石景山区银河小学	北京市石景山区六合园甲 24 号	小学	68644930	杨丽红
北京市石景山区麻峪小学	北京市石景山区麻峪南街 51 号	小学	88991876	肖印军
北京市石景山区电厂路小学	北京市石景山区高井路 18 号	小学	88953963	薛　东
北京市石景山区五里坨小学	北京市石景山区五里坨车站路 7 号	小学	88904267	王迎梅
北京市石景山区树仁小学	北京市石景山区衙门口东街	小学	52633318	赵生杰
北京市蓝天第一学校小学部	北京市石景山区苹果园三区	一贯制学校小学部	88742739	牛淑英
北京市京源学校小学部	北京市石景山区京原路 10 号	一贯制学校小学部	68644124	白宏宽
北京景山学校远洋分校小学部	北京市石景山区鲁谷东街 22 号	一贯制学校小学部	88690802	徐秀筠
北京师范大学励耘实验学校小学部	北京市石景山区八大处路 8 号	一贯制学校小学部	88962352	林福森
首钢矿业公司职工子弟学校小学部	河北省迁安市杨店子镇滨河村	一贯制学校小学部	0315－7710094	武书育
北京市石景山区黄庄学校小学部	北京市石景山区黄庄村 43 号	一贯制学校小学部	88681619	陈恩显
北京市石景山区台京学校小学部	北京市石景山区衙门口村西南后街	一贯制学校小学部	68663821	刘运贵
北京市石景山区华奥学校小学部	北京市石景山区永乐东小区	一贯制学校小学部	68664165	王桂云

石景山区中学名录

机构名称	机构地址	学校类型	办公电话	行政负责人
北京市石景山区石景山中学	北京市石景山区模式口西里甲 31 号院	初级中学	88293411	张素元
北京市蓝天第二中学	北京市石景山区老山西里甲 2 号	初级中学	88979150	王立山
北京市第九中学分校	北京市石景山区金顶北路 8 号	初级中学	88751337	林乐光
北京市天泰中学	北京市石景山区石门路 342 号	初级中学	88902163	焦凤儒
北京市石景山区实验中学	北京市石景山区八角路 40 号	初级中学	68861032	冯　岩
北京市杨庄中学	北京市石景山区八角北路 53 号	初级中学	68861314	曾科建
北京市高井中学	北京市石景山区高井路 26 号	初级中学	88953764	刘福花
北京市苹果园中学分校	北京市石景山区苹果园南路 25 号	初级中学	88931340	于志勇
北京佳汇中学	北京市石景山区模式口南里	初级中学	88296005	麻宝山
北京市同文中学	北京市石景山区永乐小区甲 8 号	初级中学	68653297	叶　奔
北京教育学院石景山分院附属学校	北京市石景山区古城东街 5 号	初级中学	68888118	贾洪波
北京市蓝天第一学校	北京市石景山区苹果园三区	九年一贯制学校	88742739	牛淑英
北京市古城中学	北京市石景山区古城南路 6 号	完全中学	68871582	李先平
北京市苹果园中学	北京市石景山区苹果园南路 25 号	高级中学	88932450	于志勇
北京市第九中学	北京市石景山区模式口大街 16 号	高级中学	88753160	林乐光
北京市京源学校	北京市石景山区京原路 10 号	十二年一贯制学校	68644124	白宏宽
北京师范大学励耘实验学校	北京市石景山区八大处路 8 号	十二年一贯制学校	88962352	林福森

机构名称	机构地址	学校类型	办公电话	行政负责人
北京景山学校远洋分校	北京市石景山区鲁谷东街22号	十二年一贯制学校	88690802	徐秀筠
首钢矿业公司职工子弟学校	河北省迁安市杨店子镇滨河村	十二年一贯制学校	0315－7710094	武书育
北京市石景山区台京学校	北京市石景山区衙门口村西南后街	九年一贯制学校	68663821	刘运贵
北京市石景山区华奥学校	北京市石景山区永乐东小区	九年一贯制学校	68664165	王桂云
北京市石景山区黄庄学校	北京市石景山区黄庄村43号	九年一贯制学校	88681619	陈恩显
北京市艺考高级中学	北京市石景山区八大处杏石口甲2号	高级中学	82593068	邹　群
北京市礼文中学	北京市石景山区老山东里甲19号	完全中学	88977433	欧阳蒙

石景山区职业教育、高等教育学校名录

机构名称	机构地址	学校类型	办公电话	行政负责人
北京市黄庄职业高中	北京市石景山区鲁谷东街29号	职业高中学校	68638293	王彦荣
北京市古城旅游职业学校	北京市石景山区玉泉南街8号	职业高中学校	68638293	王彦荣
北京盛基艺术学校	北京市石景山区隆恩寺路1号	职业高中学校	88903140	荆　跃
北京工业职业技术学院	北京市石景山区石门路368号	高校附设中职班	51511004	陈建民

石景山区民办教育机构名录

学 校 名 称	学 校 地 址	负责人	电　话
北京盛基艺术学校	北京市石景山区隆恩寺路1号	荆　跃	51511888
北京佳汇中学	北京市石景山区模式口南里	麻宝山	88291033
北京市石景山区华奥学校	北京市石景山区永乐东小区	王桂云	68664165
北京市石景山区台京学校	北京市石景山区衙门口村西南后街	李文英	68663821
北京市石景山区黄庄学校	北京市石景山区黄庄村43号	陈恩显	88681619
北京市石景山区树仁小学	北京市石景山区衙门口东街	赵生杰	52633318
北京市艺考高级中学	北京市石景山区八大处杏石口甲2号	邹　群	88704163
北京市礼文中学	北京市石景山区老山东里甲19号	欧阳蒙	88977433
北京市石景山区希望之星幼儿园	北京市石景山区吴庄重兴园小区	李兆兰	68638180
北京市石景山区新世纪幼儿园	北京市石景山区八宝山街道六合园八区8号	王世兰	68626456
北京市石景山区瑞吉欧双语艺术幼儿园	北京市石景山区八角南路47号	左海燕	68822781
北京市石景山区方舟双语幼儿园	北京市石景山区西井路19号	李金霞	88798467
北京市石景山区灵童潜能开发幼稚园	北京市石景山区玉泉路北临1号翠谷玉景苑15号楼	谢　承	58974071
北京市石景山区首钢大地现代幼儿园	北京市石景山区黑石头现代生活小区	王艳弟	517285817
北京市石景山区爱贝儿幼儿园	北京市石景山区五里坨炮厂小区	许爱国	51583197
北京市石景山区新世界国际幼儿园	北京市石景山区石景山路2号	韩显云	68662026
北京市石景山区二十一世纪实验幼儿园	北京市石景山区西黄新村西里雍景四季11楼	张　曼	88938065
北京市石景山区可儿幼儿园	北京市石景山区鲁谷东街20号	杨　彬	68659763
北京市石景山区新世界实验幼儿园	北京市石景山区广宁村新立街151号广宁小学南楼	刘变英	88991225
北京常春藤双语幼儿园	北京市石景山区老山东里甲20号	曹礼南	88977842
北京市石景山区京西生态双语幼儿园	北京石景山区隆恩寺红卫路1号	邢　丽	51517985
北京市石景山区家宝贝艺术幼儿园	北京市石景山区鲁谷路74号住宅配套楼	杨君荣	68609368

学校名称	学校地址	负责人	电话
北京市石景山区蓝天宇锋幼儿园	北京市石景山区景阳东街	宋良萍	68602930
北京市石景山区伊顿慧智双语幼儿园	北京市石景山区玉泉西里一区 14 号楼	闫　坤	59623300－1008
北京市石景山区尚德幼儿园	北京市石景山区五里坨街道办事处周转房	张雪英	68080006
北京市石景山区三色幼儿园	北京市石景山区杨庄南区甲 5 号	徐　娜	88982799
首钢幼儿保教中心	北京市石景山区古城小街 15 号	张春红	88293522
北京市石景山区金鼎实验幼儿园	北京市石景山区金顶东街糕点八厂 16 号楼	陈茂玲	88715022
北京市石景山区东方龙人幼儿园	北京市石景山区石景山路 2 号北京台湾街 12 号楼	于士明	13651091666
北京市石景山区童年实验幼儿园	北京市石景山区古城南街路东 31 号－17 号	张言超	68825072
北京市石景山区凯迪双语实验幼儿园	北京市石景山区聚兴园小区 8 号楼	王长国	52630068
北京群星表演艺术学校	北京市石景山区黄庄职业高中	吕丽萍	68688730
北京市石景山区苹果园培训学校	北京市石景山区苹果园南路 25 号	李鸿池	68872390
北京市石景山区信德培训学校	北京市石景山区模式口东街	王桂梅	88748048
北京市古城旅游服务培训学校	北京市石景山区古城大街 23 号	文大信	68877223
国家检察官学院培训中心	北京市石景山区香山南路 111 号	杨迎泽	61731377
北京市石景山区成教培训中心	北京市石景山区 51 号院	张　燕	68865852
北京市石景山区启蒙艺术培训学校	北京市石景山区八角北里	张金玲	68830104
中国成人教育协会培训中心	北京市石景山区晋元庄路 6 号院	孙永龙	59805870
北京市石景山区育人培训学校	北京市石景山区古城高级中学院内	蒲秀莲	88706836
北京市石景山区海特艺术培训学校	北京市石景山区海特花园	周淑芬	88796176
北京市石景山区统计干部培训学校	北京市石景山区杨庄东路 71 号	董年龙	68826046
中国医学科学院整形外科医院培训中心	北京市石景山区八大处路 33 号	曹谊林	88772048
首钢工学院培训学校	北京市石景山区晋元庄路 6 号	王　林	59805671
北京市石景山区图书馆培训学校	北京市石景山区八角南路 2 号	王　红	68878504－8409
中国科学院大学培训中心	北京市石景山区玉泉路甲 19 号	苗建明	88256553
北京市石景山区金帆艺术培训学校	北京市石景山区京源路 10 号	张玉娟	68628570
北京市北方艺术学校	北京市石景山区苹果园大街 161 号	王　松	68861396
中国国际广播电台培训中心	北京市石景山区石景山路甲 16 号	李　萍	68892473
北京市石景山区创新教育培训中心	北京市石景山区古城第二小学	张　平	68820786
北京市石景山区阳光培训学校	河北迁安首钢矿业子弟学校	李诚阳	0315－7710094
北京市石景山区非凡培训学校	北京市石景山区八宝山南路	刘　冰	68873626
北京市石景山老年大学	北京市石景山区八角北路 7 号	王　松	68875723
北京新旅程培训中心	北京市石景山区八角北路 9 号	吴献斌	68669555
北京市石景山区业余大学培训中心	北京市石景山区八角北路 51 号	王　松	68645188
北京市石景山区青少年文化教育培训学校	北京市石景山区鲁谷南路 11 号	付桂荣	68681406
北京市石景山区精华培训学校	北京市石景山区石景山图书馆 4 层	廖中扬	62122020－6230
北京市石景山区瑞博教育培训中心	北京市石景山区八角西街 95 号	高世宝	68838533
北方工业大学培训中心	北京市石景山区晋元庄路 5 号	罗学科	88803283
北京市石景山区巨人文化艺术培训学校	北京市石景山区西黄新村西里 4 号楼 2 层	尹　雄	51608188－8444

学校名称	学校地址	负责人	电　话
北京市石景山区玛雅乐清培训学校	北京市石景山京原路7号	马　雅	58370260
北京市石景山区信实培训学校	北京市石景山区依翠园乙16号3层	张　伦	68625403
北京市石景山区豪斯曼培训学校	北京七色光百货商场	赵云凤	88974272
北京市石景山区沃格办公自动化培训学校	北京市石景山区古城北路地铁家园平台	王荣富	85494112
北京市石景山区金晓文化培训学校	北京市石景山区苹果园北大街甲2号	牛淑和	68821514
北京市石景山区中软培训学校	北京市石景山区向阳小学院内	田若珠	88970430
北京市石景山区华特培训学校	北京市石景山区八大处22号	王　河	68874428
北京市石景山区智诚文化补习学校	北京市石景山区首钢工学院12号楼	何　新	58973068
北京市石景山区华英培训学校	北京市石景山区首钢工学院8号楼	李明明	88995559
北京市石景山区泰兆培训学校	北京市石景山区八大处路22号7天酒店6层601室	桂卫红	13241921399
北京市石景山区翠薇文化补习学校	北京市石景山区首钢高级技工学校10号楼	王知勉	51911268
北京市石景山区兴华文化补习学校	北京市石景山区古城二小内	佟维萍	88910127
北京市石景山区金实艺术文化培训学校	北京市石景山区杨庄南区地铁古城家园东区	孙淑洁	68812304
北京市石景山区爱德斯培训学校	北京市石景山区鲁谷六合园814号	马　亮	64183765
北京市石景山区华夏英才培训学校	北京市石景山区古城第六小学	杨　肇	68815096
北京市石景山区金苹果电脑培训学校	北京市石景山区苹果园南路23号	郎兆圣	88921172
北京市石景山区升华培训学校	北京市石景山路甲18号院3号楼万达广场E座2211室	邵日新	88977226
北京市石景山区增智培训中心	北京工业职业技术学院东角楼	安源福	88750302
北京市石景山区爱华外语研修学校	北京市石景山区古城南路古城第六小学	陈　曦	68823303
北京市石景山区新思维文化艺术培训学校	北京市石景山区模式口西里石景山小学	杨　琦	68876015
北京市石景山区希望培训学校	北京市石景山区金顶街第二小学	王敬东	81810902
北京市石景山区知能培训学校	北京市石景山区福田寺甲3号	刘立生	15611207221
北京市石景山区汇英艺术文化培训学校	北京市石景山区银河商务区写字楼17层1901	许蕴卿	68692273
北京市石景山区中意汽车驾驶学校	北京市石景山区永乐西小区57号综合楼	赵国业	83603837
北京市西郊驾驶学校	北京市石景山区吴庄	赵忠立	68689739
国家体育总局老山汽车摩托车驾驶学校	北京市石景山区老山西街15号	张燕华	68862585
北京市石景山区启明星艺术培训学校	北京市石景山区石景山路46号	刘宣明	68869262
北京市石景山区加祥培训学校	北京市石景山区八角西街95号	徐瑞春	68867861
北京市石景山区好贝德培训学校	北京市石景山区五里坨小学	王瑞平	13311158310
北京市石景山区星乐汇培训学校	北京市石景山区八角西街85号2层	张荣欣	88288666
北京市石景山区向日葵钢琴艺术培训学校	北京市石景山区鲁谷东街22号	李瑞霞	13381379416
北京建达培训学校	北京市石景山区鲁谷东街29号	王　超	13611162778
北京市石景山区领语堂培训学校	北京市石景山区石景山路22号长城大厦4层	赵　勇	68653355
北京市石景山区华育信息技术学校	北京市石景山区隆恩寺红卫路1号院	周海涛	13911483398
北京市石景山区新国人培训学校	北京市石景山区八角南路房管所办公楼2层	许建琦	66127398
北京市电力公司进网作业电工培训中心	北京市石景山区模式口3号院	顾联军	63679970
北京市清大世纪培训学校	北京市石景山区八大处高科技园区西井路3号	王　政	68609368
首钢幼儿保教中心培训学校	北京市石景山区西井一区综合楼	孙丽凤	88295796
北京市石景山区前程教育培训学校	北京市石景山区金顶街首钢今时宾馆3号楼	杨建荣	88719608

学校名称	学校地址	负责人	电话
北京博识教育中心	北京市石景山区晋元庄6号首钢工学院15号楼	李　民	13701373842
北京市石景山区佳煜天下培训学校	北京市石景山区苹果园南路13号1F－133号	倪　娜	13911215625
北京市石景山区广学天梯教育学校	北京市石景山区古城大街51号	才广学	51712890
北京市石景山区金科教育培训学校	石景山区八大处高科技园区西井路3号	朱丙国	15699795895
北京市石景山区东方女子古筝新筝乐团培训学校	北京市石景山区磁石坪11号楼	姜　淼	68662633
北京市石景山区鑫昀教育培训学校	北京市石景山区鲁谷路35号冠辉大厦	施敏强	88696309
北京市石景山区学而思培训学校	北京市石景山区石景山路23号中础大厦	张超月	52926759
北京市石景山区博森睿智国际教育中心	北京教育学院石景山分院	田　静	13641175327
北京市石景山区阳光未来培训学校	北京市石景山区阜石路159号	钱晓辉	15010118153
北京市石景山区立万专艺国际艺术培训学校	北京市石景山区石景山路乙18号院3号楼13层	马丁丁	56293090
北京市石景山区新方向培训学校	北京市石景山区金顶北路20号院1栋阳光教育大厦1层底商	张　磊	88775640
北京市石景山区魔奇英语培训学校	北京市石景山区鲁谷大街重聚路40号底商2层	刘宏冰	68687621
北京市石景山区学大教育培训学校	北京市石景山区石景山路22号长城大厦B11底商、11层1101室	李如彬	51667210
北京市石景山区励步儿童英语培训学校	北京市石景山区玉泉西里二区38号楼2层	曹　伟	88604829

石景山区特殊教育学校名录

学校性质	机构名称	机构地址	学校类型	办公电话	行政负责人
基础教育	北京市石景山区培智中心学校	北京市石景山区老山西里甲30号	特教学校	88759797	傅立新

区域科研机构名录

驻区科研单位

中国科学院高能物理研究所	玉泉路19号乙	88235008
中国科学院大学	玉泉路19号甲	88256030
工业和信息化部电子科学技术情报研究所	鲁谷路35号	88686108
中国瑞达系统装备公司	鲁谷路74号(北京市134信箱)	68608573
中国医学科学院整形外科医院	八大处路33号	88772077
北京首钢国际工程技术有限公司	石景山路60号	68872480
首钢技术研究院	杨庄大街69号	88293178
北京市建筑材料科学研究总院有限公司	金顶北路69号	88721857
北方工业大学	晋元庄路5号	88804420
首钢工学院	晋元庄路6号	68871841
北京工业职业技术学院	石门路368号	51511004
中国政法大学法庭科学研究所	鲁谷路116号	68621174
国家检察官学院(中央检察官管理学院)	香山南路111号	61719114
中国电子科学研究院	高科技园区双园路11号	68893295
国家无线电监测中心检测中心	科技园区实兴大街30号院15号楼(B区)	68009178
中央财政经大学石景山分部	福寿岭	88714733/4838

区域卫生机构名录

卫生医疗单位

综合医院 12 家

北京大学首钢医院	北京市石景山区西黄村晋元路 9 号	88294978
首都医科大学附属北京朝阳医院(西院)	北京市石景山区京源路 5 号	51718020
北京市石景山医院	北京市石景山区石景山路 24 号	88689000
清华大学玉泉医院	北京市石景山区石景山路 5 号	88257755
首钢矿山医院	河北省迁安市滨河村	0315－7710856
北京市石景山区五里坨医院	北京市石景山区石门路 322 号	51513851
北京首钢特殊钢有限公司泰康医院	石景山区古城小街 1 号	88924142
中国瑞达系统装备公司瑞达医院	北京市石景山区鲁谷路 74 号院	68689047
北京市燕都医院	石景山区鲁谷大街重兴嘉园 1 号	88730120
北京市石景山区同心医院	北京市石景山区鲁谷大街吴家村	68632004
北京市昆仑医院	北京市石景山区永乐小区东区	88682537
北京中康佳中医药研究院长庚医院	北京市石景山区古城南里 8 号	88296303

中医医院 5 家

中国中医科学院眼科医院	北京市石景山区鲁谷路 33 号	68688877
北京市石景山区中医医院	北京市石景山区八角北路	68877025
北京联科中医肾病医院	北京市石景山区模式口西 102 号	88122258
北京市石景山区老医药卫生工作者协会模式口中医医院	北京市石景山区模式口甲 48 号	88719986
北京市石景山区老医药卫生工作者协会中医骨伤医院	北京市石景山区冠景新城 B 区 3 号楼	68885018

专科医院 7 家

中国医学科学院整形外科医院	北京石景山区八大处路 33 号	88964826
首都医科大学附属北京康复医院(北京工人疗养院)	北京市石景山区八大处西下庄	56981586
北京米赫眼科医院	北京市石景山区永乐东小区(原黄楼幼儿园)	68669720
北京市石景山区老医药卫生工作者协会路安康复医院	北京市石景山区古城西路安和小区 6、7 号楼	68874318
北京市石景山区红十字绍家坡康复医院	北京市石景山区绍家坡金顶山路 19 号	88729330
北京市石景山区老医药卫生工作者协会风湿病医院	石景山区古城小街 1 号	68874320
北京古城都市丽人医院	北京市石景山区古城大街 37 号	68882323－8998

部队医院 1 家

北京军区总医院京西医院	北京市石景山区八大处甲 1 号	66399244

门诊部 10 家

北京市石景山区疾病预防控制中心门诊部	北京市石景山体育场南路 6 号院	68662805
中国科学院研究生院门诊部	北京市石景山区玉泉路甲(19)号	88256119
北京市石景山区民政局北里门诊部	北京市石景山区民政局北里门诊部	68875716
北京圣唐思邈中医门诊部	北京市石景山区黑石头村东侧	68882802
北京市石景山区老医药卫生工作者协会口腔门诊部	北京市石景山区依翠园 19 号楼底商(银河大街 11－8 号)	88680288
北京市石景山区老医药卫生工作者协会京西门诊部	北京市石景山区鲁谷路 35 号	68657699
北京张海明整形美容门诊部	石景山区石景山路 29 号京燕饭店 4 层	68870821
北京易宏堂门诊部	石景山区玉泉西里二区 33 号楼配套 1－2 层公建 33－2 号、33－1 号 2 层	68663938
北京康瑞祥中医门诊部	北京市石景山区万商花园酒店运动中心南侧	68606565
北京市石景山区预防医学会门诊部	北京市石景山区体育场南路 6 号	88605032

妇幼保健院 1 家

北京市石景山区妇幼保健院	北京市石景山区依翠园 5 号	68625569

精神病防治所 1 家

北京市石景山区精神卫生保健所	北京市石景山区石门路 322 号	51513851

急救站 1 家

北京市石景山区急救站	北京市石景山区石景山路 24 号	68667890

疾病预防控制中心 1 家

北京市石景山区疾病预防控制中心	北京市石景山体育场南路 6 号	68662805

卫生监督所 1 家

北京市石景山区卫生局卫生监督所	北京市石景山体育场南路 6 号	88605081

中小学保健所 1 家

北京市石景山区中小学卫生保健所	北京市石景山区永乐西小区	68611300

社区卫生服务中心(站)52 家

北京市石景山区古城社区卫生服务中心	北京市石景山区古城路	88296532
北京市石景山区八角社区卫生服务中心	北京市石景山区八角北路	88928019
北京市石景山区八宝山社区卫生服务中心	北京市石景山区八宝山南路重聚园小区北侧	68680189
北京市石景山区金顶街社区卫生服务中心	北京市石景山区金顶北路 22 号院 1 号楼	88293218
北京市石景山区老山社区卫生服务中心	北京市石景山区老山西里老山门诊	88778785
北京市石景山区广宁街道社区卫生服务中心	北京市石景山区广宁中学院内	88990400
北京市石景山区五里坨街道社区卫生服务中心	北京市石景山区石门路 322 号	51513851
北京市石景山区苹果园社区卫生服务中心	北京市石景山区苹果园大街 86 号	88707858
北京市石景山区鲁谷社区卫生服务中心	北京市石景山区鲁谷小区六合园 2 号	51718209
石景山区五里坨街道黑石头社区卫生服务站	北京市石景山区五里坨街道黑石头村口	88954148
北京市石景山区五里坨街道南宫社区卫生服务站	北京市石景山区石门路 368 号	51511215
北京市石景山区古城街道水泥厂社区卫生服务站	北京市石景山区京源路 68 号	88806839
北京市石景山区西黄村社区卫生服务站	北京市石景山区西黄村后街 24 号	88702957
北京市石景山区老古城社区卫生服务站	北京市石景山区老古城北后道 8 号	68820341
北方工业大学社区卫生服务站	北京市石景山区晋元庄路 5 号	88803257
北京市石景山区西山社区卫生服务站	北京市石景山区黑石头路 99 号	88952242
北京市石景山区杨庄社区卫生服务站	北京市石景山区杨庄路西口	68874002
北京市石景山区八角街道体育馆路社区卫生服务站	石景山体育场内四看台处	88707949
北京市石景山区鲁谷街道永乐社区卫生服务站	石景山区永乐西小区 39 号楼平房院	
北京市石景山区广宁街道寿山福海社区卫生服务站	北京市石景山区双峪路 23 号	88991616－9961
北京市石景山区老山街道中础社区卫生服务站	北京市石景山区石景山路 23 号院	68885504
北京市石景山区八宝山街道远洋沁山水社区卫生服务站	石景山区八宝山街道玉泉西里一区一号楼底商	88689021
北京市石景山区广宁街道麻峪社区卫生服务站	北京市石景山区麻峪南沟甲 5 号	13439149590
北京市石景山区金顶街四区社区卫生服务站	北京市石景山区金顶街四区	88757497
北京市石景山区苹果园街道刘娘府社区卫生服务站	北京市石景山区苹果园街道西井路 19 号院	88734456
北京市石景山区苹果园街道西山枫林社区卫生服务站	北京市石景山区香山南路 166 号院 56 号	88994615
北京市石景山区八宝山街道远洋山水社区卫生服务站	北京市石景山区玉泉西里二区 29 号楼	68652494
北京市石景山区广宁街道高井社区卫生服务站	北京市石景山区高井	88954101
北京市石景山区海特花园社区卫生服务站	北京市石景山区苹果园街道海特花园 45 号楼 101 室	88794771
北京市石景山区金顶街街道模西社区卫生服务站	北京市石景山区模式口西里小区	88293254
北京市石景山区古城街道北辛安社区卫生服务站	北京市石景山区古城街道北辛安南岔 149 号	68872427
北京市石景山区八角街道中里社区卫生服务站	北京市石景山区八角中里居委会	88928021
北京市石景山区政达社区卫生服务站	北京市石景山区石景山路 18 号	88699406

北京市石景山区依翠园社区卫生服务站	北京市石景山翠微园 5 号	68625536
北京市石景山区重兴园社区卫生服务站	北京市石景山区八宝山南路重兴嘉园 1 号楼一层	85858188 – 6512
北京市石景山区金顶街街道赵山社区卫生服务站	北京市石景山区金顶街赵山宿舍院内平房	88714801
北京市石景山区八角街道古城南里社区卫生服务站	石景山区古城南里 5 号楼 2 门 43 号	68844325
北京市石景山区八角街道南路社区卫生服务站	北京市石景山区八角南路 20 栋旁	68816992
北京市石景山区八角街道北里社区卫生服务站	石景山区八角北里物业楼 1 层西门	68863275
北京市石景山区古城街道金世界社区卫生服务站	石景山区杨庄北区 22 栋 7 门 102	88929572
北京市石景山区璟都馨园社区卫生服务站	北京市石景山区时代花园南路 28 号院 2 号楼底商	88980010
北京市石景山区苹果园街道雍景四季社区卫生服务站	北京市石景山区苹果园街道冠景新城 B 区 12 号楼首层 106 室	68898184
北京市石景山区首钢厂东门社区卫生服务站	石景山区首钢总公司办公厅院 3 号楼	68872042
北京市石景山区苹果园街道西井一区社区卫生服务站	北京市石景山苹果园西井小区	88707926
北京市石景山区金顶街街道模东社区卫生服务站	北京市石景山模式口东里	88292145
北京市石景山区五里坨街道红卫路社区卫生服务站	北京市石景山区隆恩寺路 99 号(工程兵管理卫生所)	66394546
北京市石景山区消防支队社区卫生服务站	北京市石景山区古城北路甲 2 号	15311084361
北京市石景山区八宝山街道永乐第二社区卫生服务站	石景山区八宝山街道永乐东区 23 楼 4 单元	68837183
北京市石景山区古城街道十万平社区卫生服务站	古城街道十万平 17 栋北	88707925
北京市石景山区八角街道八角北路社区卫生服务站	石景山区八角北路特钢小区 17 栋旁	68884381
北京市石景山区八角街道融景城社区卫生服务站	北京市石景山区景阳东街 67 号院 C1 号楼 3 层	
首钢矿山水厂社区卫生服务站	首钢矿山医院水厂第二住院部一层	03157710068 转 5200

诊所 59 家

北京市天泰悦馨诊所	北京市石景山区五里坨西街 20 号	88903073
北京嘉信诊所	北京市石景山区西下庄 1 号楼综合商场一层	88965818
北京市高宝维内科诊所	北京市石景山区老古城前街 22 号	68235565
北京建国清秀诊所	北京市石景山区衙门口西后街 21 号	68633440
北京佳铭诊所	北京市鲁谷村 7 号楼	68650314
北京鲁谷永乐诊所	北京市石景山区鲁谷大街永乐东区 36 号楼底商	88684265
北京中健安康口腔诊所	北京市石景山区杨庄银创家园南小区 D 座 1 单元 101 号	88293369
北京德康杏林诊所	北京市石景山区鲁谷村 7 号楼底商 1 号	13811632659
北京金象大药房医药连锁有限责任公司鲁谷金象诊所	北京市石景山区鲁谷路公汽八场 3 号楼	68636155
北京张丽华中医诊所	北京市石景山区玉泉路 65 号	51887598
北京孙家琪中西医诊所	北京市石景山区把角北里 29 – 7 – 102	68848351
北京锦安堂诊所	北京市石景山区鲁谷小区五芳园 18 号	68623263
北京同仁堂连锁药店有限责任公司古城中医诊所	北京市石景山区古城南路 32 号	88981624
北京弘泰堂中医诊所	北京市石景山区麻峪村东街 36 号院 2 号	88991807
北京诚安堂药房有限公司老山诊所	北京市石景山区老山东里 29 栋	88973788 – 813
北京市弘济药店有限公司苹果园诊所	北京市石景山区苹果园南路 128 号	68833437
北京市时珍平安诊所	北京市石景山区八宝山南路 29 号 7 号楼 1 层	51885505
北京仁顺堂中医诊所	石景山区玉泉西里远洋山水 39 号楼 10 号	15911012697
北京珍鹊中医诊所	北京市石景山区香山南路 166 号院 18 号	13522706056
三齐正康(北京)国际医学研究院中医诊所	北京市石景山区玉泉西街 8 号 1 层 1011	88177646
北京耿银珠中西医诊所	北京市石景山区石门路 408 号	88906659
北京市李奇灿中西医诊所	北京市石景山区金世界物业中心后院(杨庄北区)	68870165
北京济润中西医诊所	北京石景山鲁谷依翠园 13 号底商 2 号	68629347

名称	地址	电话
北京市翟鸿印中西医诊所	北京市石景山区边府社区服务中心	88724608
北京市弘济药店有限公司诊所	北京市石景山区杨庄北路	68842624
北京济世慈仁中医药研究院中西医诊所	石景山区高井路 29－9 号	88953048
北京市王建岐中西医诊所	北京市模式口大街 168 号	88725119
北京文杰枫林诊所	北京市石景山区(南)香山南路 168－121	88774182
北京时雨中西医诊所	北京市石景山区游乐园南门广场商用房	13520692721
北京市圣医坊诊所	北京市石景山区海特花园商业楼一层 2－A2－B	51956112
北京兴安口腔诊所	北京市石景山区香山南路 168 号院 7 号楼一层 48 号	13552975197
北京市刘锦玲口腔科诊所	北京市石景山区黄南苑小区院内物业楼一层	88997785
北京市石景山区老医药卫生工作者协会口腔科诊所	北京市石景山区海特花园 57 栋北区 2 号	51956726
北京市王秀玲口腔镶复诊所	北京市石景山区老古城西路	68823784
北京市赵慧兰口腔科诊所	北京市石景山区苹果园三区 20 栋 8－102	88715618
北京市石景山区老医药卫生工作者协会模式口西里口腔科诊所	北京市石景山区模式口西里	88721625
北京志雅口腔诊所	北京市石景山区老山西街八角公园门区 12 号商业用房	88978953
北京梅宝馨口腔科诊所	北京市石景山区五里坨新马路 8 号	88906454
北京市王志国口腔科诊所	北京市石景山区模式口中街南职工宿舍	86056674
北京雅士美口腔专科诊所	石景山区鲁谷路 27 号	68653707
北京市黄德民口腔科诊所	石景山区西黄新村东里 1＃底商 07 号	88705688
北京中健安康口腔诊所有限公司正达口腔诊所	石景山区八角南里 15 栋门面	88923369
北京嘉信泽洋口腔诊所	北京市石景山区阜石路 166 号泽洋大厦 309 室	88909890
北京皓齿口腔诊所	石景山区古城大街 51 号	68838461
北京吉田光军口腔诊所	北京市石景山鲁谷大街北重西厂十二号楼二单元 102	88687707
北京市唐凡华口腔科诊所	北京市石景山区古城路园北小区 54 栋平房	88927485
北京市日新口腔诊所	北京市石景山区八角西街 61 号西二楼一层	88921249
北京市王雅红口腔镶复诊所	北京市石景山区古城大街 75 号院羲景长安 1－1－107	68870013
北京立文同创科技发展有限公司吉源口腔诊所	北京市石景山区苹果园海特花园 28 号楼 1 门 102	88794859
北京王雅平口腔镶复诊所	北京市石景山区金顶街西口	88738997
北京市张玫口腔诊所	北京市石景山区模式口村农村信用社旧址	88753398
北京博杰爱雅口腔诊所	八角南里 15 号楼首层 7 号	68887628
北京茂华口腔诊所	北京市石景山区时代花园东街 1 号楼 111－112 室	88980808
北京瑞嘉口腔诊所	北京市石景山区八宝山南路重兴嘉园4号楼102	68636560
北京爱丽森口腔诊所	石景山区西黄村西里 2 号楼 119 底商	68898996
北京万康园口腔诊所	北京市石景山区玉泉西里 2 区 12 号楼 1 层商业 02	53669212
北京冰蝶整形美容诊所	北京市石景山区银河大街 1 号万商花园酒店运动中心 3、4 层	68667799
北京市石景山区建筑公司万方诊所	石景山区古城西路 15 号	68844118
北京市古城娜仙子美容美体有限责任公司惜娜医疗美容诊所	北京市石景山区杨庄 28 号西城忆树 1 号楼 1 号底商	88909802

卫生所、医务室 53 家

名称	地址	电话
北京市黄庄职业高中卫生室	石景山区鲁谷东街 29 号	68652190－2104
北京市蓝天第二中学卫生室	石景山老山西里	68872461－8023
北京市石景山区第二幼儿园卫生室	北京市石景山区苹果园海特花园	88792445
北京市古城中学卫生室	石景山古城南路	68872084

北京市石景山区古城第二小学卫生室	北京市石景山古城南路	68832985
北京市石景山区第二幼儿园卫生室	北京市石景山区第二幼儿园卫生室	68874643
北京市石景山区八角北路幼儿园卫生室	北京市石景山区八角北路幼儿园	68876355
北京市石景山区实验小学卫生室	北京市石景山区八角北里	68862278－810
北京市天泰中学卫生室	北京市石景山区石门路 342 号	88902163
北京市石景山区师范学校附属幼儿园卫生室	北京市石景山区永乐东小区	68652877
北京市石景山区幼儿园卫生室	石景山区古城南里	68874902
北京市高井中学卫生室	石景山区高井路 26 号	88953764
首钢幼儿保教中心大地金苹果幼儿园卫生室	石景山区苹果园路 16 号	68815812
北京市石景山区八角幼儿园卫生室	北京市石景山区八角南路幼儿园	68874744
新华通讯社机关事务管理局鲁谷卫生室	北京市石景山区京源路 8 号	63076032
北京市石景山区佳汇中学卫生室	北京市石景山区金顶街街道模式口南里小区	88296005
北京市京源学校卫生室	北京市石景山区鲁谷小区七星园	68644122－8888
北京市石景山外语实验小学卫生室	北京市石景山区八角北里	68862278－8810
北京市同文中学卫生室	石景山区永乐东小区	68653297－804
北京市石景山区青少年活动中心卫生室	北京市石景山区鲁谷南路 11 号	68662402
中国科学院高能物理研究所幼儿园卫生室	北京市石景山区玉泉路 19 号(乙院)	88235961
北京市苹果园中学卫生室	北京市苹果园中学南路 25 号	889794698－8039
北京市石景山实验中学卫生室	北京市石景山区模式口西里	68293411－805
北京市第一中级人民法院卫生室	石景山区石景山路 16 号	59891120
中国科学院高能物理研究所卫生所	北京市石景山区玉泉路 19 号乙院	88235961
国家体育总局射击射箭运动管理中心医务室	北京市石景山福田寺甲 3 号	88962277－790
北京市石景山区石景山中学医务室	石景山区模式口西里	88293411－805
北京市红十字会急诊抢救中心石景山区看守所医务室	北京市石景山区古城南里甲 1 号	15301059381
首钢幼儿保教中心大地模式口幼儿园医务室	北京市石景山区模式口南里小区	88755285
首钢工学院医务室	北京市石景山区西黄村	68816107
北京市第九中学分校医务室	石景山区金顶北路 8 号	88751337－8003
北京市石景山区少年国防教育基地医务室	北京市石景山区红卫路 1 号	88901083
首钢幼儿保教中心大地八角幼儿园医务室	石景山区古城南路 10 号	68874088
北京市人民检察院医务室	北京市石景山区石景山路 12 号	68299132
国家广播电影电视总局国际台医务室	北京市石景山区鲁谷小区 65 号楼 7－102 号	68636183
北京市第九中学医务室	石景山区模式口大街	88759928
北京市石景山区社会福利院医务室	北京市石景山区杨庄村 17 号	68865347
北京市杨庄中学医务室	石景山八角北路 53 号	68873778
国家体育总局自行车击剑运动管理中心医务室	北京市石景山区老山西街 15 号	68868432
北京市石景山区六一小学医务室	北京市石景山区六一小学八大处路乙 2 号	88964512
工业和信息化部电子科学技术情报研究所医务室	北京市石景山区鲁谷 35 号电科大厦	88686046
北京市石景山区实验幼儿园医务室	石景山区八角北里	68864966
北京金梦圆老年乐园医务室	北京市石景山区八大处路 35 号	88961161
北京市苹果园中学分校卫生室	石景山区西黄村西口	88931340－231
中国地震应急搜救中心医务室	北京市石景山区玉泉西街 1 号	59956422
北京市石景山区民族养老院医务室	北京市石景山区模式口南里清真寺西侧	88719092
北京市石景山区金顶街第二小学医务室	北京市石景山金顶街北路	88717777
中国电子科技集团公司电子科学研究院医务室	北京市石景山区八大处高科技园区双园路 11 号	68893711
北京市石景山区颐养年养老院医务室	北京市石景山区高井北街 149 号	88908996
北京师范大学励耘实验学校卫生室	北京市石景山区八大处路 8 号	88962352－8106

首钢幼儿保教中心大地苹果园幼儿园卫生室	北京市石景山区苹果园大街151号	87655335
首钢矿山医院迁钢厂区医务室	河北省迁安市杨垫子镇车圆寨村	03157710856
首钢矿山医院迁钢生活区医务室	河北省迁安市区	
其他卫生机构3家		
北京市石景山区卫生局社区卫生服务管理中心	北京市石景山区石景山路24号(石景山医院办公楼四层)	68832727
北京市石景山区卫生局医院管理中心	北京市石景山区石景山路24号	68635049
北京市石景山区卫生信息中心	石景山区体育场南路6号院	88605067

区域文化设施名录

全国重点文物保护单位

法海寺	模式口大街北	88713976
承恩寺	模式口大街东段路北	88724148

北京市重点文物保护单位

长安寺	八大处	88964661
灵光寺	八大处	88964661
三山庵	八大处	88964661
大悲寺	八大处	88964661
龙泉庵	八大处	88964661
香界寺	八大处	88964661
宝珠洞	八大处	88964661
证果寺	八大处	88964661
八宝山革命公墓	石景山路	88255681
慈善寺	五里坨天泰山	88905988
冰川馆	模式口大街28号	88722585
田义墓	模式口大街北	88724148
老山汉墓	老山驾校内	68607156
皇姑寺	西黄村	88701190

石景山区文物保护单位

崇兴庵	鲁谷村	68607156
龙泉寺	模式口大街北	88713976
双泉寺	双泉寺村	68607156
礼王府	福寿岭铁路疗养院内	88961133
万善桥	黑石头村东	68607156
隆恩寺冰川擦痕	五里坨	68607156
雍正御制碑亭	首钢制氧厂内	68607156
福田公墓	福田寺村	68607156
贤良寺塔院	八大处长安寺南200米	68607156
石景山古井	石景山南侧	68607156
石景山古建群	石景山南侧	68607156
八大处冰川漂砾	八大处公园五处龙泉庵	68607156
四柏一孔桥	模式口大街北	88713976
瑞王坟碑楼	西山枫林东南角	68607156
兴隆寺	五里坨小青山上	68607156
翠云庵	高井村	68607156
崇国寺塔	八宝山革命公墓南300米	68607156

图　书　馆

石景山区图书馆	八角南路2号	68874077
石景山区少年儿童图书馆	古城南路11号	68875256

电影院放映场所

北京市石景山古城电影院	古城南路15号	68866386
北京万达国际电影城有限公司石景山店	石景山路乙18号4号楼3层万达影城	68663399

歌舞娱乐场所

北京萃朋苑餐饮有限公司	双峪路37号	88993572 13801014252
北京老来福娱乐有限公司	永乐西小区得实电子有限公司	68688584 13910061761
北京康悦娱乐有限责任公司	衙门口虹艺玩具厂院内15号	68635056 13051576880
北京市遥感星空音乐茶座	刘娘府路西侧琅山苗圃院内	88728068 13801369383
北京市仙鹤楼酒店管理顾问有限公司	京源路口	68665588 13331072999
北京神农庄园饮食管理有限公司	实兴北街东侧	13901054689
北京鑫金玉阁歌厅	古城南街东侧55-1	13910933608
北京京港之夜娱乐有限公司	古城北路81号	13651340335
北京市星光歌厅有限责任公司	古城南路45号	68873241 13901234999
北京心相乐歌厅	五里坨2号	13366771336
北京玉鼎娱乐有限责任公司	金顶街西口星座兴石超市四层	88749385 13371729920
北京海特饭店飘歌舞厅	实兴东街1号	88795844 13331137931
北京大歌星餐饮娱乐有限公司	石景山路乙18号万达广场D座2层	13699262001
北京金雁翎饮食中心	麻峪村北	88992470 13126681649
北京湾仔情娱乐有限责任公司	八大处希望公园内	13901165510
北京派丽舫餐饮娱乐有限公司	八大处西黄村西口	13911232399
北京午夜至尊娱乐有限公司	八大处58号对面	13601057908
北京京西豪门娱乐城	八宝山南路29号院7号楼地下室一层	51885112
北京海龙腾歌厅	古城西路121号	68884183 86185846
北京漂森情娱乐中心	鲁谷路58号院	13601010466
北京荣荟星园音乐茶座	北辛安和平街29号	13381152569
北京鑫鑫金唱纳练歌场有限公司	八角西街68号	13341019581
北京华晨兔兔娱乐有限责任公司	八角北里1号楼东侧甲2号	15011261007
北京时尚风情娱乐中心	古城北路甲4号	88928881 13601317222
北京火焰娱乐有限公司	古城南里甲5号	68877332 13901326447
北京花丽都娱乐俱乐部有限公司	海特花园50号楼公建工程5层	13911727579
北京市鑫鑫沁园春饭庄	广东门(区服务公司)商业房	13522007896
北京金色海滩洗浴中心	古城西路南侧北京明塑包装厂内	13901380791
北京西山明珠歌厅	西黄村西头三角地红房子东房	13370155799
北京温情如家啤酒屋	八宝山南路29号	13810200633
北京大江南花园酒店有限责任公司	八大处路58号北段路东	88703883 139010586582

音像制品经营单位

北京歪歪兔教育科技有限公司	八大处高科技园区西井路3号3号楼1283室	68883303
北京秋彤健身顾问有限公司丹彤健身俱乐部	海特花园57号楼底商二层2-2	52638806
北京昊冶文化有限公司	鲁谷路52号(皓月写字楼)536号	13911466606
北京格动音像制品有限公司	古城西路90号	88914841
北京雅利华文商贸中心	黄庄村43号	88680676

北京布娃娃教育科技有限公司	石景山路23号院科研中试楼八层801室	68867900
中基育通(北京)教育科技有限公司	石景山路23号院办公楼西配楼8层	13910701393
北京市根源升商贸中心	永乐东小区49栋西平房1号	51811319
北京书霖文苑图书销售中心	古城路58－1－1号	
北京东兴文化传播有限公司	双园路1号1号院107室	
北京天厚科贸有限公司图书城	苹果园南路甲11号	88796548
八大处百货商场	杏石口路	13661220882
北京诚安堂药房有限公司金顶街分店	金顶街二区商业用房一层	88973774－812
北京诚安堂药房有限公司	老山东里	
北京市谷香佳膳食品有限责任公司	香山南路168号院7号楼一层底商48号	13910182508
北京市喜隆多购物中心有限公司	苹果园南路13号	13521911171
北京传奇时代图书有限公司	八宝山南路重兴嘉园4号楼一层102号	
北京市新动感音像制品经营部	高井路29－2号	13381185276
北京翰良文化有限公司	体育场南路2号景阳宏昌大厦811室	13701295252
北京市金彩蝶音像制品服务部	东下庄11号	13146457156
北京世纪宏辉文化传播有限公司	八大处高科技园京宝公司办公楼426室	88790886
北京牡丹四星音像有限公司第二十八分店	阜石路158号一楼入口北侧	64037312
北京乐友达康科技有限公司石景山母婴用品专营店	八宝山南路重兴嘉园4号楼三层	13801285889
北京日东升投资有限责任公司	古城南街52号	13521911171
北京好旺通音像制品中心	刘娘府四海公园2、3号房	13126935613
北京市宝龙行商贸有限责任公司	杨庄北大街路西商用平方	13901337879
北京福星闪亮音像制品销售中心	古城南路锅炉厂(副食品商店2号)	13718756733
创意博奥教育科技(北京)有限公司	石景山路23号科研中试楼八层811室	68867900
北京市瑞奇晓婉商贸中心	八宝山南路(台宝加油站对面)	13911220520
北京银贝文化交流中心	依翠园3号楼商业用房	68610499
北京光合作用文化传播有限公司石景山店	石景山路乙18号4号楼万达广场商业步行街233号	13811928430
北京龙逸雅轩文化发展中心	古城大街特钢公司十一区(首特创业基地A座721号)	13683079371
北京梦幻明星文化发展中心	八角(石景山游乐园内)	68876016
北京东方托普文化传播有限公司	八大处高科技园区北京京宝办公楼424室	13269198770
北京语航环球教育咨询有限公司	苹果园北大街甲2号427室	13911839244
北京当代商城有限责任公司石景山分公司	阜石路与杨庄东路交叉西北角	13901231613
北京华科堂图书有限公司第一经营部	海特花园57号底商福客隆超市内	13801006776
决策探索(北京)管理咨询中心	双锦园10号楼8302号	13901008017
北京牡丹四星音像有限公司第四十六分店	石景山路乙18号院4号楼地下一层32课	13911083532
北京边听边看音像店	苹果园南路甲11号天宇商海小商品市场前二楼25、26号	13693252785
北京丽英宇音像店	苹果园南路甲11号天宇商海小商品市场前二楼18号	13651304313
北京丽君海音像店	苹果园南路甲11号天宇商海小商品市场前二楼15号	13718286366

互联网上网服务营业场所

名　　称	地　　址	电　话
北京协成金豆互联网上网服务有限公司	古城路古城小街甲6号	13011296431
北京百合海业英达上网服务有限公司	南路甲11号	88931058
北京市万亚辰上网服务有限公司	苹果园地铁斜对面二楼	13901009250
北京崇光成辉上网服务有限公司	金顶街西街南北装饰公司内	88731067
北京世纪传讯上网服务中心	西黄村首钢地质勘查院外	13301083939

名　称	地　址	电　话
北京金正上网服务有限公司	八大处路22号办公楼一层西厅	13311397223
北京红峰鸟上网服务中心	鲁谷新岚大厦西侧一层大厅	13910610610
北京忠义合上网服务有限责任公司	古城大街10号	13241012153
北京市瑞龙嘉恒上网服务中心	石景山永乐西小区得实电子有限公司二层	68627095
北京一线缘好风景上网服务有限公司	杨庄西口福利院内	68826475
北京天之使者上网服务有限公司	钢校煤厂	13901068167
北京喻世三言上网服务有限公司	西黄村北方工大路北东侧	13801364329
北京腾龙网信上网服务中心	南宫石门路379号	13801193332
北京余乐网上网服务有限公司	古城西路28号	13911086366
北京吉祥在线上网服务有限公司	北京市石八角东街181号	13301037009
北京市龙腾神州上网服务中心	古城大街53号	13691166820
北京市零星上网服务有限公司	古城路南里甲5号办公楼二层北侧	13901388874
北京永远在线上网服务中心	鲁谷新岚大厦西二层	13520722506
北京市华翼三友上网服务有限公司	古城北路甲3号	13301083939
北京天罗网上网服务有限责任公司	西黄村物美超市二楼	13055067830
北京龙之风上网服务有限公司	金顶西街杨家坡临街楼	13301369225
北京市聚友网缘上网服务有限公司	苹果园路物美天翔超市(原副食商场)三层	13366033718
北京世纪金福上网服务中心	八角南里14号楼	88923231
北京宏泰基业上网服务有限公司	银河大街3号	68684303
北京千龙网都华城上网服务有限公司	海特花园50号楼地下一层北侧	13301365207
北京千龙网都火凤凰上网服务有限公司	石景山路42号地下一层	13269697070
北京瑞得在线流星雨上网服务中心	古城东街18号星座超市3层	13311560780
北京千龙网都市联友上网服务有限公司	金顶街西口华禹铸造厂南侧	13051088171
北京千龙网都和美上网服务有限公司	五里坨路2号	13381080822
北京红色起点上网服务有限公司	石门路318号	13701011103
北京千龙网都宇亿通达上网服务有限公司	模式口北里40号楼前	13801169012
北京千龙网都立龙上网服务有限公司	模式口东里	13301365416
北京零度聚阵黄金时代上网服务有限公司	八宝山街道办事处二层	13911056612
北京千龙网都任君行上网服务有限公司	古城南大街1号	13701213005
北京雅思网艺互联网上网服务有限公司	苹果园大街(原副食商场二楼)	13366066406
北京零度聚阵华文上网服务有限公司	苹果园刘娘府路四海公园西侧	13301378786
北京千龙网都瀚海网缘上网服务有限公司	八宝山南路首钢机电有限公司重型机器分公司七千米西半部	15910820776
北京千龙网都旗舰上网服务有限公司	苹果园北路苹果园大街甲2号	13381129021
北京千龙网都鑫领域上网服务有限公司	苹果园大街135号	13241198218
北京零度聚阵飞越上网服务有限公司	衙门口村村北口	13901040405
北京千龙网都鸿利云霄上网服务有限公司	八大处路26号亚视办公楼	13901080433
北京千龙网都新起点上网服务有限公司	八角北路甲18号	15801269188
北京千龙网都巨大上网服务有限公司	鲁谷南路重聚园商业楼	13911160661
北京千龙网都仙鹤楼上网服务有限公司	鲁谷路五环桥东仙鹤楼	13381272000
北京千龙网都天润上网服务有限公司	杨庄中区锅炉房	68848849
北京千龙网都三色人生上网服务有限公司	八角南路18#三层	68864073
北京千龙网都网聚时空上网服务有限公司	金鼎商业中心二层298号	88725654
北京零度聚阵天天上网服务有限公司	古城西街西侧	13701278257

名称	地址	电话
北京千龙网都骑士在线上网服务有限公司	鲁谷路74号院9号楼裙楼地下一层	68664563
炫秀(北京)上网服务中心	杨庄东路128号	13910961019
北京市快乐吧吧上网服务有限公司	老山西街八角公园门区10、11号	13901063883
北京天龙忆达上网服务有限公司	北辛安大街69号	13051887957
北京双胜鑫上网服务有限公司	鲁谷大街118号永乐西小区9号楼前商业楼	13901190224
北京裕丰文盛上网服务有限责任公司	老山西里41号楼南侧	13381095839
北京美速上网服务有限公司	古城南里甲5号	13301369288
易网世界(北京)国际上网服务有限公司	八宝山南路29号院7号楼地下一层	13901258628
北京市风行龙互联网上网服务中心	古城西路20号	13801391130
北京嘉仕金诚上网服务有限公司	八宝山南路重兴园甲2号	13311578087

图书经营场所

单位名称	经营地址	法人	联系电话
北京康达振华文化发展有限公司	鲁谷路74号院十号楼206室	张桂虎	68658976
北京广协出版信息中心	杨庄东路126号	杨秀玲	82597155
北京百福鑫创劳务有限公司	北辛安和平街9号	李运鼎	68810487
北京乘云阁图书有限公司	八角中里科技馆	俎俊玉	88708914
北京新华联合文化传播中心	京原路口南向阳综合楼	李　婧	68624789
北京金锋盾经济文化发展中心	京原路展龙大厦312室	梅金锁	68624321
北京锐标文化发展中心	古城大街古城宾馆319室	杨　肇	68815096
北京新锐时空文化交流中心	古城大街西侧	魏明明	88924586
北京市古城文社书店	古城大街古城宾馆旁	龚文瑞	88916704
北京市九州博文图书有限公司	北辛安袁家胡同12号	何小满	
北京京审华信书刊经营中心	杨庄路110号华信大厦909室	李　刚	68829564
北京红旗在线图书有限公司	鲁谷路52号	王　军	68650181
北京水木文泉图书有限公司文泉学苑书店	北方工业大学办公楼一层	范为国	88802018
北京经卫联合医药信息研究所	七星园展龙写字楼515	李宝山	68611602
华教联合(北京)文化传播中心	京原路口南展龙大厦	施进军	68624789
水木时代(北京)教材教学研究中心	景阳宏昌大厦1113室	宣　侠	82866611 82866284
北京华联综合超市股份有限公司 石景山分公司	石景山路万商大厦裙楼	赵国清	68666688-6508 68666688-6518
北京市鑫海威信息中心	鲁谷路35号电科大厦10层	万鹏远	88686257
北京华普联合商业投资有限公司鲁谷超市	鲁谷西路	翦英海	68639939
北京市石景山区利众书店	鲁谷大街12号	尹庆章	68667246
北京林墨轩文化用品销售中心	八角北路小学南侧门面房	芦永杰	88915656
北京万卷天地图书有限公司	南大荒80号院西侧3号平房	王德高	84495089
北京国联图书有限公司	八角北路小学北侧	卢永青	88915656
中基育通(北京)教育科技有限公司	石景山路23号院办公楼西配楼8层	徐美玉	68867900

单　位　名　称	经　营　地　址	法人	联系电话
北京结缘龙腾文化用品店	鲁谷路玉都雅风市场二层 0928	刘本平	68864116
北京秀雅香轩文化用品店	鲁谷路玉都雅风市场二层 0948	彭述中	
北京燕传书文化用品店	鲁谷路玉都雅风市场二层 0938	李秀平	
北京天之星经济文化中心	玉泉西路地震局综合观测中心院内	闪中明	88257899 51522188
北京天厚科贸有限公司图书城	苹果园南路甲 11 号后三楼	蒲红英	88796548
北京翰良文化有限公司	景阳宏昌大厦 1115 室	李长河	51810666
北京首钢源景文化发展有限公司	首钢厂东门院内陶楼三层	姜兴宏	88293618
北京金华鸿文化传播中心	京原路向阳综合楼展龙写字楼 609 号	许华丽	86950883
北京市和讯通达书店	金顶街红光金鼎市场 1B394 号	张道敏	86183880
北京陆机文化传媒有限公司	展龙大厦 617 室	田向阳	68610322 68621751
北京众智百川教育科技科技中心	杨庄 110 号华信大厦 1218 室	温广超	51713700
北京世纪宏辉文化传播有限公司	八大处高科技园京宝公司办公楼 426 室	马朝晖	88795937 88790886
北京东方托普文化传播有限公司	八大处高科技园京宝公司办公楼 424 室	丁　颖	88790886 88795937
北京海纳天成文化传播有限公司	八角北里综合商业楼 211 号	芦　刚	51957089
北京昊冶文化有限公司	鲁谷路 52 号皓月写字楼 536 室	王　茹	87993827 88685009
北京市文力本果品商亭	五里坨石门路 258 号	夏文伏	88908187
北京金蚂蚁文化发展中心八角分部	八角地铁东北出入口内	祝亚君	68286894 68151832
北京轩地方圆书店	古城西路 20 号 5 号楼景华丰写字楼 A603 室	李金平	68845399
北京龙翔世纪文化发展中心	京原路向阳综合楼 A327 号	袁明高	51713210
北京育禾华盛文化传播中心	京原路口南向阳综合楼 B448 室	施成军	68610788
北京卓远今朝国际文化传播有限公司	石景山路 22 号长城大厦 629 室	李纪梅	65469653
北京建享和谐文化交流中心	古城西路 20 号景华丰写字楼 A408	屈　刚	52631350
北京心灵坊文化传播中心	鲁谷南路 26 号展龙写字楼 1002 室	赵　猛	68625649
北京市虹彩天空书店	金顶街红光金鼎商业中心一层 1B176 号	刁景民	88730133
北京嘉文视野文化传播有限公司	阜石路 166 号泽洋大厦 301B 室	曾柳江	52638558
北京大唐天和文化传播有限公司	古城西路 20 号 5 号楼 A621	刘紫栋	52631688
北京世达环球科贸有限公司	阜石路 166 号泽洋大厦 706 室	李　超	88909467
北京银贝文化交流中心	依翠园 3 号楼商业用房	王金英	68644110
北京布娃娃教育科技有限公司	石景山路 23 号科研中试楼八层 801	徐美玉	68867900
北京市喜隆多购物中心有限公司	苹果园南路 13 号	刘东晖	52635123
北京诚安堂药房有限公司	老山东里	李伯军	88973774－812
北京日东升投资有限责任公司	古城南街 52 号	刘东晖	52635123
北京歪歪兔教育科技有限公司	八大处高科技园区西井路3号3号楼 1283 室	宗芳斌	63992580－115
北京中住联合科技发展有限公司	衙门口向阳工业小区	李浩桢	81822311

单 位 名 称	经 营 地 址	法人	联系电话
北京诚安堂药房有限公司金顶街分店	金顶街二区商业用房一层	李伯军	88973774－812
北京牵手文化交流有限公司	黄庄村43号院东4幢	李慧琴	88878138
北京光合作用文化传播有限公司石景山店	石景山路乙18号4号楼二层233号	廖建宇	
北京市元培林书屋	古城南路北方锅炉厂宿舍区校外活动站	方其林	88797871
北京大唐之都文化传播有限公司	古城西路20号5号楼A620	刘紫栋	52631655 15301091782
北京辉煌文化交流有限公司	古城北路21楼5单元一层西2间	赵雅莉	68861115
北京昊福文化传播有限公司	阜石路166号泽洋大厦1102室	福 生	52638909
北京丽家丽婴婴童用品有限公司第四十一便利店	石景山路22号A座长城大厦A－2底商	周 威	
北京龙腾达文化发展中心	古城西路20号5号楼B605	刘江霞	
北京龙腾瀚海文化传播有限公司	古城西街25号C座113室	蒋 泰	15810358793 13161830059
北京美廉美连锁商业有限公司鲁谷超市	鲁谷依翠园新岚大厦地上一层	李小南	13701276754 82034533
创艺博奥教育科技(北京)有限公司	石景山路23号科研中试楼八层811室	徐美玉	68867900
北京智慧文渊信息咨询中心	麻峪新街58号	梁 勇	13681347419
北京五月书香文化传播有限责任公司	古城西街25号B座406室	边丽涛	13681156080
北京永辉超市有限公司	鲁谷大街东侧	张轩松	
北京物美商业集团股份有限公司西山枫林店	香山南路168号院15栋一层	许少川	
北京诚安堂药房有限公司五芳园店	五芳园15号楼1层3号	李伯军	88973788－820
北京诚安堂药房有限公司八角北里店	八角北里实验小学对面华联超市内	李伯军	88973788－820
北京华裕恒泰国际管理咨询有限公司	京原路向阳综合楼展龙写字楼528B室	杨勇刚	68686637
北京龙逸雅轩文化发展中心	古城大街特钢公司十一区首特创业基地A座721	袁明高	13683079371
北京九州博文科贸有限公司	八大处高科技园区西井路3号3号楼2410房间	刘永壮	13120089764
北京双春阁书店	八大处路东侧(天翔超市)	喻士丰	88968700
北京卓远启明国际文化传播中心	双峪路35号	李纪梅	
北京中科工研工程咨询服务有限责任公司	玉泉路19号(甲)21号楼科研楼东二层204、205	侯泉林	88256707
北京语航环球教育咨询有限公司	苹果园北大街甲2号427室	董红军	88795169 88256709
北京永辉超市有限公司石景山分公司	鲁谷大街东侧二层	彭华生	
北京经纶纵横生物科技传媒有限公司	鲁谷路128号2号楼102室	李 昊	68658301 68658322
北京东方仕林书店	重聚园9楼901室	李 淼	
北京时代音符文化发展中心	八宝山南路重兴嘉园4号楼401－26	郝洪学	
北京博弈前程教育科技有限公司	金顶街首钢今时宾馆一层11号	杨建荣	88719608
北京当代商城有限责任公司石景山分公司	阜石路与杨庄东路交叉西北角	刘建勤	88939169

区域体育健身设施名录

石景山区体育经营单位

名　　称	地　　址	开设项目
万商美居酒店健身中心	石景山路22号	游泳、健身
北京实兴海特健身中心	八大处科技园区	游泳、健身、保龄球
北京环美游泳馆	苹果园北路36号	游泳
国家体育总局射击射箭运动管理中心射击场	福田寺甲3号	射击
首钢体育馆	首钢篮球中心	篮球、排球、羽毛球、网球、壁球、乒乓球、台球
北京市兴钢文化交流中心模式口分部	模式口南里活动站1号	健身、健美
北京市兴钢文化交流中心苹果园分部	苹果园1-3号	健身、健美
北京市兴钢文化交流中心八角分部	八角小区内	乒乓球
北京市兴钢文化交流中心老山分部	老山东里49、60、61、62号一层	健身、乒乓球
北京市石景山区高井节能服务公司康体中心	电厂路东侧	游泳、健美
石景山区体育中心网球中心	石景山路32号	网球
老山自摩中心一健身中心	老山自摩中心内	游泳、健美
北京军区联勤部健身中心	北京军区联勤部院内	游泳、保龄球
石体娱乐中心游泳馆	石景山路32号	游泳
首钢红楼游泳馆	石景山路首钢总公司院内	游泳
九中游泳馆	北京市第九中学内	游泳
高能物理研究所游泳场	玉泉路高能物理研究所内	游泳
工业职业技术学校游泳馆、网球馆	五里坨工业职业技术学校内	游泳、网球
首钢杨庄游泳馆	杨庄小区内	游泳
国广公寓游泳馆	鲁谷大街国广电台内	游泳
丹彤健身中心	海特小区内	健美
石景山区体育场	石景山路32号	足球、田径
石景山区体育馆	石景山路32号	篮球、羽毛球、排球、乒乓球
首钢老山游泳场	老山小区内	钓鱼
北方工业大学游泳场	北方工业大学南院	游泳
北京铁路职工培训中心	市政铁路疗养院内	保龄球、沙壶球、乒乓球、健身、网球、篮球、游泳
北京市星球娱乐有限责任公司	鲁谷74号院	台球
北京市国利伟业体育交流中心-8台	永乐西小区粮管所	台球
北京巨龙大成文化体育用品商店	首钢八角小区43号	台球
北京金络台球厅	鲁谷新岚大厦南三层	台球
古城百合台球厅	古城路	台球
北京星牌伟业体育发展有限公司星牌台球俱乐部	阜石路159号	台球

名　　称	地　　址	开设项目
浩沙健身远洋山水店	远洋山水小区内	健身、游泳
海特饭店网球场	苹果园大街	网球
博雄拳馆	鲁谷社区五芳园	健身、武术
忆石羽毛球馆	莲石路42号	羽毛球
绅雅台球厅	古城公园入口	台球
北京星运深泉台球厅	阜石路杨庄北区内	台球
海航酒店游泳馆	石景山路32号(石景山体育馆南)	游泳
上公网球场	莲石路44号	网球
万商大厦美居酒店网球馆	石景山路22号	网球
万达铂尔曼酒店游泳馆	石景山路甲18号1号楼	游泳
北京奥酷羽毛球馆	石景山区宝荣汽修院内	羽毛球
铁人轮滑俱乐部	五里坨炮厂小区内	轮滑
石景山棋院	八角北路小学3层	棋类
诶万健身俱乐部	鲁谷社区服务中心地下1层	健身
泰而康球馆	杨庄中学西侧	台球、乒乓球
18号高尔夫练习场	西山枫林一区对面	高尔夫
嘉安卡丁车	老山自行车馆西北侧	卡丁车
华北宾馆游泳馆	华北宾馆内	游泳
云川台球(远洋山水东店)	远洋山水小区东侧	台球
云川台球(远洋山水西店)	远洋山水小区西侧	台球
衙门口羽毛球馆	衙门口南	羽毛球
恒川台球俱乐部	八角北路京铁家园物业楼2层	台球
京山天宏高尔夫练习场	莲石东路南侧	高尔夫
大玩家桌球	石景山路乙18号院3号	台球、轮滑
极道场	石景山交通队西侧社区服务中心主楼B1楼	跆拳道

职业服务机构名录

职业介绍机构名录

名　　称	电　话	地　　址	备　注
区职业介绍服务中心	68879893	杨庄路66号	
区外来劳动力职介中心	68879893	杨庄路66号	
鲁谷社区职介所	68642117	六合园东部社区中心	
广宁街道职介所	88993075	广宁村立新街4号	
八宝山街道职介所	88682938	八宝山街道办事处	
古城街道职介所	68879143	古城街道办事处综合服务大厅	

名　　称	电　话	地　　址	备　注
苹果园街道职介所	88799673	苹果园街道办事处	
八角街道职介所	88982139	八角街道办事处	
老山街道职介所	88973349	老山东里	
金顶街街道职介所	68873043	金顶街街道办事处	
区残疾人劳动就业服务中心	68821872	古城幼儿园东院	
区工会职介所	88930313	石景山路 35 号	
区妇女儿童活动中心	68875501	八角西街	
爱依家政服务有限责任公司	68826919 68870438	古城南路 52 号	
爱依家政服务有限责任公司杨庄分部	68826919	杨庄社区服务中心一层	
爱依家政服务有限责任公司古城分部	68826919	古城公园西墙外	
益友嘉职业介绍有限公司	68885486	八角北路社区服务中心	
益友嘉职业介绍有限公司永乐分部	68885486	永乐小区长城羊毛衫厂西侧	
五里坨街道职介所	88905460	五里坨车站路 1 号	
田慧园人力资源服务公司	68874794	北辛安和平街	
国广一帆人力资源管理有限公司	68892001	石景山路甲 16 号北院	
区人才服务中心	68868107	石景山区杨庄东路 66 号	
易建安盛(北京)教育科技有限公司	18611393230 68874173	石景山区杨庄路 110 号院(华信大厦)11 层 1101 室	
京邮通科技(北京)有限公司	13810446464 62264906	石景山区西井路 3 号 3 号楼 4131	
北京四达光彩人力资源服务有限公司	13466390530 68861594	石景山区古城大街 1 号领秀大厦 A 座 121 房间	
北京千橡网景科技发展有限公司	15011568894	石景山实兴东街 11 号北楼 B1011 室	
北京市仁立地途企业管理顾问有限公司	15910611821	石景山路 20 号 19 层 1901－08 室	

民办职业技能培训学校

学校全称	办学许可证号	学校地址	负责人	办学类型 (允许开办的培训职业(工种)名称和培训层次)	招生电话
北京市石景山区职业技能培训学校	1107104000001	石景山区古城东街 11 号	王　辉	计算机文字录入处理员、中式烹调师、家政服务员、保健按摩师、花卉工(初、中级)	68875360
北京市古城职业技能培训学校	1107103000002	石景山区古城大街 23 号	刘　冰	美容师、美发师、中式烹调师(高)、餐厅服务员、调酒师、花卉工、西式面点师、计算机调试(初、中、高级)。	68873414
北京市石景山区业余大学职业技能培训学校	1107103000003	石景山区八角北路 51 号院	王　松	计算机文字录入处理员、秘书(高)、公关员(高)、物业管理员、保育员、育婴员。(初、中、高级)。	68875355
北京市石景山区阳光职业技能培训学校	1107104000004	石景山区模式口西里培智学校院内	张　昶	计算机操作员、计算机维修工、中式烹调师、中式面点师、餐厅服务员、保健按摩师、美容师、美发师、家政服务员。(初、中级)	88748051

学校全称	办学许可证号	学校地址	负责人	办学类型 (允许开办的培训职业(工种)名称和培训层次)	招生电话
北京市首钢职业技能培训学校	1107101000005	石景山区晋元庄6号首钢技师学院内	孙继伶	维修电工、装配钳工、机修钳工、焊工、车工、铣工、冷作钣金工(高级技师、技师、高、中级、初级)营销师(技师、高、中级)企业人力资源管理、电子商务、项目管理、加工中心操作员(高、中级)汽车维修工(高、中、初级)数控铣床操作工(中级)家政服务员、仓库保管工、计算机文字录入处理员、计算机调试工、计算机操作员、制作设备维修工(中、初级)	59805765
北京市石景山区现代服务职业技能培训学校	1107124000006	石景山区京原路2号桥三角地1号3号楼	李孔文	家政服务员、育婴员、养老护理员(初、中级)	57172214
北京市石景山区安邦职业技能培训学校	1107104000007	石景山区老山西里21号实验二小院内	项学贤	保健按摩师(初、中级)	68680867
北京市石景山区红顺职业技能培训学校	1107104000013	石景山区八角街道社区服务中心	李清华	按摩师、美容师、仓库保管员、商品营业员、花卉工、客房服务员、医药商品购销员、计算机调试工、制冷维修工、中式面点师、公共区域保洁员、足部按摩师、手工编织(非等级)(初、中级)	51620651
北京市石景山区育才职业技能培训学校	1107104000009	石景山区鲁谷大街18号	王龙军	计算机文字录入员、计算机维修工、家政服务员、按摩师(初、中级)	52636543
北京市石景山区棋槟职业技能培训学校	1107104000010	石景山区模式口南里文化馆一层	赵丽华	汽车维修工、工艺编结工(初、中级)	88996229
北京市石景山区博闻职业技能培训学校	1107104000011	石景山区鲁谷南路26号展龙大厦西楼二层	高　丰	家政服务员、公共区域保洁员、停车场管理员(非等级)(初、中级)	68622858
北京市石景山区新天地职业技能培训学校	1107104000012	石景山区古城北路3号	李长春	计算机调试工、美容师、花卉工、中式烹调师、办公应用软件(初、中级)	51952585
北京市石景山区偲美职业技能培训学校	1107134000008	石景山区石景山路2号台湾街c2-5-b	聂　鑫	美容师	901238825 18810091351
北京市石景山区时尚瑞丽职业技能培训学校	1107134000014	石景山区政达路2号1单元	王洪达	美甲师、化妆师(初中级) 18611966676	

律师、公证服务机构

律师事务所

北京方正律师事务所	北京市石景山区八角北里	68842567
北京市华夏律师事务所	北京市石景山区石景山路22号万商大厦602	68636613?
北京市双全律师事务所	北京市石景山路甲18号万达广场E座2811室	13501000103
北京市博天律师事务所	北京市石景山路甲18号万达广场E座3层309室	68681755
北京市合达律师事务所	北京市石景山路甲18号万达广场C座2210	88696642
北京市佳泰律师事务所	海特花园46号楼2单元601室	68810997
北京市信之源律师事务所	北京市石景山路甲18号万达广场E座1611	13501394769
北京市中顾律师事务所	八大处高科技园区西井路三号楼1227室	82616007
北京市京晓律师事务所	北京市石景山区政达路2号CRD银座1029	88930905
北京市兆泰律师事务所	北京市石景山路甲18号万达广场F座612	88682216
北京市凯诺律师事务所	北京市石景山区政达路6号北方中惠国际中心D座801	52632699
北京孙海清律师事务所	石景山区八角北路45号楼1单元3号	13521779287
北京市恒顿律师事务所	北京市石景山路甲18号院万达广场E座512室	88696916
北京市品臻律师事务所	北京市石景山区石景山路22号万商大厦1318室	88684266
北京京扬律师事务所	北京市石景山区政达路2号CRD银座1434	68647528
北京京青律师事务所	北京市石景山区政达路2号CRD银座722室	68647587
北京京翔律师事务所	北京市石景山区杨庄北区16号楼105室	68863605
北京思科律师事务所	北京市石景山路甲18号万达广场C座1807室	88696089
北京市俊望律师事务所	北京市石景山路18号万达广场c座1213室	88696173
北京翔帮律师事务所	北京市石景山区古城南里甲5号318	68866445
北京法铭律师事务所	北京市石景山区石景山路3号玉泉大厦815室	88258209 13910997933
北京华本律师事务所	北京市石景山区政达路2号CRD银座1单元8层822室	68647508
北京冉民律师事务所	北京市石景山区石景山路23号中础大厦420	52402867
北京新儒律师事务所	北京市石景山区政达路2号CRD银座B座1323室	52420877
北京锦竹律师事务所	北京市石景山区石景山路甲18号院万达广场E座2206、1512	13911948567
北京秉道律师事务所	北京市石景山区银河南街2号院紫御国际3号楼1211	88865600
北京万贝律师事务所	北京市石景山区石景山路18号院万达广场C座1811	88696089

公　证　处

北京市燕京公证处	八角北里司法局2楼	88915322 68834410 68875084

法律服务所

北京市石景山区八宝山街道法律服务所	永乐西小区	13911506990
北京市石景山区八角街道法律服务所	鼎城9层	13501293959
北京市石景山区古城街道法律服务所	杨庄敬老院2楼205室	13321191098
北京市石景山区苹果园街道法律服务所	苹果园首钢文化馆二楼	13801014427

石景山公安分局派出所

八宝山派出所	永乐小区甲66号	68668751
八角派出所	八角北路甲38号	68875652
古城派出所	老古城北后道甲1号	68872373
苹果园派出所	实兴大街甲1号	68836781 68872303

老山派出所	老山东里	88971590
模式口派出所	模式口南里甲 1 号	68875574
金顶街派出所	金顶街五区 3 栋	88732328
鲁谷派出所	依翠园甲 16 号	88682186
广宁派出所	广宁复兴街 75 号	88992177
五里坨派出所	五里坨东街甲 1 号	88952410
石景山路派出所	石景山体育馆内	68875350
八大处派出所	八大处公园内	88964250
高井派出所	高井甲 32 号	66384471
四平台派出所	八大处甲 1 号	88963060

科技中介服务组织

北京爱思济会计事务所	石景山路 23 号中础大厦 206 室	68872158
北京普洋会计事务所	实兴大街 30 号西山汇 A2 楼一层 10 号	13699238288
北京源中源登记注册代理事务所	实兴大街 30 号西山汇 A2 楼一层 1 号	13311284514
北京金海会计服务有限公司	实兴大街 30 号西山汇 A2 楼一层 1 号	13601259623
北京安平生财务咨询有限公司	实兴大街 30 号西山汇 A2 楼一层 1 号	13521837702
财智信商联盟(北京)科技有限公司	石景山科技馆二楼	13910777439
首钢总公司专利中心	首钢厂东门首钢技术研究院	88296581
石景山区人才交流中心	杨庄东路 66 号人才交流中心	68871056
北京国辰世纪企业管理咨询中心	石景山路 22 号长城大厦	68666240
石景山区生产力促进中心	八角西街 40 号	68863350
北京 863 信息安全科技发展有限公司	石景山路 40 号	68812109
首特科技孵化器	特钢公司院内	88982098
北京盛世易达咨询有限公司	双园路 9 号京宝公司 307 室	13001263436
北京汇丰国际登记注册代理事务所	实兴大街 30 号西山汇 A2 楼一层 3 号	13911131343
北京颖通嘉琳登记注册代理事务所	阜石路 166 号泽洋大厦 718X6	13641314173
北京市双全律师事务所	碣石坪 12 号 1－2303B	68667174
北京领步科技发展有限公司	苹果园西井路 3 号	51620688
金嘉恒科技发展有限公司	西井路 3 号 3 号楼	13911827608
北瑞驰胜安科技开发有限公司	石景山路甲 18 号院 2 号楼	5249615
北京顺然天成咨询有限公司	实兴大街 30 号西山汇 A2 楼一层 16 号	13520369807
北京英信国和会计师事务所	实兴大街 30 号西山汇 A2 楼一层 13 号	13911717803　68256488
北京华海基业科技孵化器有限公司	石景山路 22 号长城大厦 506 室	68666252
联合信用管理有限公司北京分公司	实兴大街 30 号西山汇 A2 楼一层 17 号	13521855803　64912118－814
北京国帆知识产权代理事务所	实兴大街 30 号西山汇 A2 楼一层 18 号	13901311903
北京知易知识产权代理有限公司	实兴大街 30 号西山汇 A2 楼一层 19 号	13691067119
泽羚投资咨询(北京)有限公司	实兴大街 30 号西山汇 A2 楼一层 24 号	13910630689
北京国泰创业投资基金管理有限公司	实兴大街 30 号西山汇 A2 楼一层 34 号	18618333678
北京市外商投资企业职业介绍中心	实兴大街 30 号西山汇 A2 楼一层 35 号	13901325723
北京柏卓人力资源开发咨询有限公司	实兴大街 30 号西山汇 A2 楼一层 35 号	13901052348
中国互联网协会	实兴大街 30 号西山汇 A2 楼一层 28 号	13301127966
工业和信息化部电子知识产权中心	鲁谷路 35 号电科大厦 6 层	88686227
古城小学科技企业工地	古城西街 19 号	13810135889

福利机构

北京市石景山区社会福利院	杨庄路 17 号	68842135
北京市金顶街街道敬老院	法海寺公园旁	88720370
北京市慈善寺敬老院	五里坨潭峪村口	88903508
北京市金梦圆老年乐园	八大处路 35 号	88961199
北京市寿山福海养老服务中心	双峪路 23 号	88990006
北京市天泰老年公寓	黑石头村	88959754
北京市颐养年养老院	高井北街 149 号	88908996
北京市西山八大处老年公寓	八大处北空院内	88965745
北京市民族养老院	模式口南里小区	88719092
北京市老年福敬老院	模式口西里小区	88292255

街道社区居委会

古城街道

八千平社区居委会	古城北路八千平	68875184
古城路社区居委会	古城路 18 栋楼前车棚	68874653
南路东社区居委会	古城南路 28 栋前	68835582 68874955
南路西社区居委会	古城南路 16 栋前地下室对面车棚	68875391 68827934
十万平社区居委会	老古城大楼十万平 5 栋西	68874328
北小区社区居委会	古城北路 8 栋前	68875712
环铁社区居委会	杨庄大街地铁车辆段居民区	68835233
特钢社区居委会	特钢东门大楼一栋前	68810165
西路南社区居委会	古城西路 8 栋	68882076
西路北社区居委会	古城西路北 10 栋	68874303 68829434
天翔社区居委会	古城北路 21 栋后院	68882488
古前街社区居委会	北后道刑警大队门口	68819071 68878506
古后街社区居委会	北后道刑警大队门口	68819073 68878343
大街社区居委会	北辛安大街 56 号	68826703
南北岔社区居委会	北辛安南岔 34 号	68876114 68836117
铁新社区居委会	北辛安新房子 16 号	68871476
南大荒社区居委会	永定林居民区院	88806089 88806150
水泥厂社区居委会	京源路 68 号	88957201
白庙社区居委会	白庙村 35 号	88912423
庞村社区居委会	庞村后街 2 号	88295211

苹果园街道

苹一区社区居委会	苹一区 5 栋楼北侧	68844260 68877461
苹二区社区居委会	苹二区 6 号楼后面	68844546 68870591
苹三区社区居委会	苹三区 19 栋西	88719085 88736486
苹四区社区居委会	苹四区 13 栋对面	88708061 88725239
海特第一社区居委会	海特花园 15 栋后平房	88790239
海特第二社区居委会	海特小学北侧	88790874
海特第三社区居委会	海特花园 56 号楼旁平房	88796485 88791077
西井社区居委会	西井二区甲一号	88931244 88932431

西黄村社区居委会	西黄村木材厂南侧三楼	88705057
西黄新村社区居委会	西黄新村北里 12 号楼 109 号	88783611
琅山村社区居委会	琅山村 64 号	88728914 88752643
边府社区居委会	雍王府 1 号	52637020 88759370
装备部社区居委会	装备部大院 37 号	66397155 66397061
八大处社区居委会	八大处路 6 号六一教工院内	88962994
三疗社区居委会	工人疗养院 6 号楼前平房	88960306
西山枫林一社区居委会	香山南路 168 号院 8－9－101	88782445
西山枫林二社区居委会	香山南路 166 号院 8－6－102	88774971
军区第一社区居委会	军区大院 58－1－101	66398257
军区第二社区居委会	军区大院 15－3－104	66398446
西黄新村东里社区居委会	西黄新村东里 13 号楼 108 号	88702083
西黄新村西里社区居委会	西黄新村西里 13 号楼旁 12 号楼北侧	88701646
下庄社区居委会	八大处路甲 26 号院 8 栋 11 门 101 号	88960745

金顶街街道

金一区社区居委会	金顶北路 20 号院 19 号楼首层	88775047 88749902
金二区社区居委会	金顶北路 8 号院 13 栋底商	88750554 88750423
金三区社区居委会	金 3 区 6 栋东南侧平房	88748025
金四区社区居委会	金顶北街 68 号(金顶街工商银行北侧)	88722550 88748026
金五区社区居委会	金五区甲 9 栋楼一层	88724302 88749971
赵山社区居委会	赵山 2 号楼北侧平房	88744007 88748007
西福村社区居委会	金顶山路 168 号院 9 栋旁	88723576
铸造村社区居委会	铸造村 1 区新 1 号(14 栋旁)	88714343 88748033
模式口村社区居委会	模式口村 76 号	88728098 88750148
模东里社区居委会	模式口东里 9 号楼西侧	88728152 88717592
模南里社区居委会	模南里 9 栋北侧	88722187
模中里社区居委会	模南里 26 栋楼前	88728616
模北里社区居委会	模北里 44 号楼南侧	88748010 8991155－3713
模西中社区居委会	模西 20 栋楼前	88722602 88748826
模西南社区居委会	模西 33 栋北侧	88722602
模西北社区居委会	模西物业所院办	88724325

五里坨街道

军区联勤部大院社区居委会	高井甲 32 号	66384479
西山机械厂社区居委会	北京 99 号信箱	51725435
石府社区居委会	五里坨石府南路 26 号	88951287
西街社区居委会	五里坨东街 47 号	88902443
东街社区居委会	五里坨东街 47 号	88902445
高井社区居委会	高井南街 11 号	88902446
南宫社区居委会	石门路 368 号居委会	51511273
黑石头社区居委会	黑石头南街 49 号	88951284
隆恩寺社区居委会	五里坨隆恩寺礼堂	88901286
红卫路社区居委会	北京 1228 信箱工兵管理处转居委会	51512279
隆恩寺新区社区居委会	隆恩寺路 19 号院西山峻景业 1 楼	61803063

广宁街道

新立街社区居委会	广宁村新立街 113 号	88991868

东山社区居委会	广宁村复兴街东山	88991398
高井路社区居委会	广宁村电厂路 21 号	52552881
麻峪社区居委会	麻峪南沟五十五亩地	88991640
麻峪北社区居委会	双峪路麻峪新街北口	88991282

八宝山街道

三山园社区居委会	永乐东区 84 楼东侧平房	68657086
四季园社区居委会	永乐东区 27 楼前白楼	68681076
永东南社区居委会	永乐东区 32 楼南平房	68684695
永东北社区居委会	永乐东区 7 号楼前	68658546
鲁谷住宅社区居委会	鲁谷住宅 7 楼东侧一层	68636654
情报所社区居委会	情报所 24 号楼前平房	88686047
电科院社区居委会	电科院社区院 31 号楼东二层	68683508
玉泉西社区居委会	玉泉路甲 65 号院平房	68636681
瑞达社区居委会	瑞达社区北院 11 号楼北侧	68689014
青年楼社区居委会	青年楼社区内	68687279
中铁建社区居委会	八宝山南路 29 号院食堂二层	51885679
西里西社区居委会	西里二区 7—3—106	88685338
西里中社区居委会	西里二区 29 号楼一层(底商)	88609638
西里北社区居委会	西里二区 1 号楼一层(底商)	88680676

鲁谷社区

依翠园南社区居委会	依翠园 13 号楼底商依翠园南居委会	68624224
依翠园北社区居委会	鲁谷路市运八场 3 号楼南侧	68663737
双锦园社区居委会	永乐西小区 3 号楼东面	68636674
五芳园社区居委会	鲁谷南路 5 号	68620956
六合园南社区居委会	六合园 20 号楼南侧	68625271
六合园北社区居委会	六合园 12 号楼北侧平房	68626880
七星园南社区居委会	七星园 10－13－101	68627417
七星园北社区居委会	七星园 7 号楼对面	68627418
衙门口东社区居委会	衙门口上后街南头	88681730
衙门口西社区居委会	衙门口西街 44 号	68636683
衙门口南社区居委会	衙门口西南后街	88681010
新华社社区居委会	京原路 8 号新华社第二工作区西配楼 102 室	3077157
石景山医院社区居委会	碣石坪小区 3 号楼西侧平房居委会	68659138
久筑社区居委会	双锦园 16 号楼底商久筑服务站	68658542
西厂东社区居委会	北京重型机电厂西厂宿舍 10 号楼 3 门 103 号	68683321
新岚社区居委会	依翠园乙 16 号新岚大厦一层	68641236
永乐西南社区居委会	永乐西区 20 号楼北侧平房院	88681799
永乐西北社区居委会	永乐西区 20 号楼北侧平房院	68686532
重聚园社区居委会	重聚园 18 号楼西侧物业综合办公楼四层	68686316
重兴园社区居委会	重兴嘉园 1 号楼 6 层居委会	68655994
碣石坪社区居委会	碣石坪 12 号一单元 101	88690992
聚兴园社区居委会	天和景园 1－10－101	53666011

八角街道

八角北里社区居委会	八角北里 45 栋北侧	68883787
八角中里社区居委会	八角中里 21 栋北侧	68863698

八角南里社区居委会	八角南里 17 栋楼旁	88910810 68849734
八角北路社区居委会	八角北路 44 栋楼前平房	68882386 68872161
八角路社区居委会	八角路 11 栋西边	68874285
八角南路社区居委会	八角南路 12 栋东侧	68873979 68879213
杨庄南区社区居委会	杨庄小学北侧	68875242
杨庄中区社区居委会	杨庄中区 1 号楼西侧	68872711
杨庄北区社区居委会	杨庄北区 49 栋西侧	52651532
公园北社区居委会	古城路甲 61 号	68872798
古城南路社区居委会	古城南路 50 栋院内	68874196
古城南里社区居委会	古城南里 5 号楼南侧	68874340
建钢南里社区居委会	八角南里 1 号楼南侧平房	68879285
八角北路特钢社区居委会	八角北路 9 栋北侧	68878797
地铁古城家园社区居委会	八角北路 59 号	88922228
黄南苑社区居委会	黄南苑小区 2 号楼前平房	88996424
中铁建总医院社区居委会	京源路 5 号院 1 号楼东侧	51718491
时代花园社区居委会	时代花园南路 23 号院 15 号楼一层	88937457
景阳东街第二社区居委会	景阳东街 65 号院 3 号楼 2 单元一层	88605660
景阳东街第三社区居委会	景阳东街 358 号楼公建 A 一层	88602430

老山街道

老山西里社区居委会	老山西里 4 栋南侧平房	88970474
老山东里社区居委会	老山东里 5 栋东侧小树林内	88975996
老山东里南社区居委会	老山东里 28 栋东侧平房	88973339
老山东里北社区居委会	老山东里 49 栋北侧平房	88973470
何家坟社区居委会	玉泉西街何家坟居委会	88255146
高能所社区居委会	玉泉路 19 号乙高能所居委会	88233098
玉泉西路社区居委会	玉泉西街 1 号院玉泉社区	88255501
11 号院社区居委会	玉泉路 11 号院	68289034
翠谷玉景苑社区居委会	翠谷玉景苑 1－6－103 号	68289034
京源社区居委会	石景山路 23 号院	68810401
玉泉北里二区第一社区居委会	玉泉新城 19 号楼地下室	88620097
中国科学院大学社区居委会	玉泉路 19 号丙 16 号楼北侧平房	88256073

索　引

说　明

· 本索引为主题索引，又称内容分析索引，主题词（标目）以《北京石景山年鉴》（2014）正文中出现的专业名词、名词词组、机构名称为主。

· 本索引共三部分。第一部分为汉语拼音索引，以音序排列，音序相同时，以第二字排序，以此类推；第二、第三部分为数字索引和英文字母索引。

· 本索引的文字部分为主题词，主题词之后的阿拉伯数字表示所在正文中的页码（地址项），数字之后的小写英文字母（a、b、c）分别表示该页的左、中、右栏。主题词后有多个页码的，表示该主题词均在这些位置出现。

· 总述、特载、专文、大事记、人物、统计资料、附录及正文中的表格、图片等内容不在索引范围内。

汉语拼音索引

A

B

E

F

G

H

J

K

L

S

Y

数字索引

英文字母索引